U0629778

"十三五"国家重点出版物出版规划项目
国家自然科学基金重大项目

应对老龄社会的基础科学问题研究丛书

主编　彭希哲

多维家庭人口预测方法创新与应用研究

曾　毅　等/著

北京大学国家发展研究院智库报告和中国人口与发展研究中心智库报告

本专著是由曾毅负责和协调的研究团队成员们协同攻关的集体科研成果，各章作者姓名及其工作单位和邮箱地址等信息见各章首页的脚注，全书由曾毅统稿。我们衷心感谢国家统计局人口和就业统计司和中国人口与发展研究中心以及贺丹、张许颖和史文钊的大力支持，衷心感谢李曼、杨涵墨、张旭熙、刘旻晖和陈华帅的研究协助。

科学出版社
龍門書局
北　京

内 容 简 介

本书介绍多维家庭人口预测方法创新与应用，全书共分为四篇。第一篇介绍方法创新、所需数据及其估算、精度评估、小区域家庭户和居住安排预测以及退休金缺口率预测的简易方法等。第二篇介绍在中国的应用，包括全国和五大区域及分省城乡家庭户和居住安排预测、老年家庭结构及照料需求/成本预测和对策探讨、家庭人口和生育政策分析、延迟退休年龄对人力资本的影响、住房和家庭户能源需求及家庭金融预测等。第三篇介绍在美国全国、50个州、华盛顿特区和南加州六个县、奥地利、加拿大、巴西和伊朗的家庭人口预测及应用，包括未来残障老人家庭照料需求/成本、老年宜居住房需求、家庭人口老化对未来碳排放和环境保护的影响、家用汽车需求预测分析等。第四篇介绍如何使用多维家庭人口预测 ProFamy 软件。

本书适合相关领域学者，大学和专科学校师生，房地产、家用能源、汽车和耐用消费品、家庭金融等相关企业管理和市场分析研究人员，政府官员和社会公众阅读和参考。

图书在版编目（CIP）数据

多维家庭人口预测方法创新与应用研究 / 曾毅等著. —北京：龙门书局，2021.11

（应对老龄社会的基础科学问题研究丛书 / 彭希哲主编）

“十三五”国家重点出版物出版规划项目 国家出版基金项目 国家自然科学基金重大项目

ISBN 978-7-5088-5877-7

Ⅰ. ①多… Ⅱ. ①曾… Ⅲ. ①人口预测－研究－中国 Ⅳ. ①C924.23

中国版本图书馆 CIP 数据核字（2020）第 228827 号

责任编辑：魏如萍　郝　静 / 责任校对：杨　赛
责任印制：霍　兵 / 封面设计：无极书装

科学出版社
龍門書局 出版

北京东黄城根北街 16 号
邮政编码：100717
http://www.sciencep.com

北京厚诚则铭印刷科技有限公司 印刷

科学出版社发行　各地新华书店经销

*

2021 年 11 月第　一　版　开本：720 × 1000　1/16
2021 年 11 月第一次印刷　印张：45 1/4
字数：950 000

定价：286.00 元

（如有印装质量问题，我社负责调换）

丛书编委会

“应对老龄社会的基础科学问题研究丛书”序

人口老龄化是一个世界性议题，它是人口再生产模式从传统型向现代型转变的必然结果，也是当今社会经济发展和社会现代化的一个重要趋势，并已成为中国社会的常态。在目前的社会经济制度安排下，我们仍对这种前所未有的人口学变化及其所带来的影响缺乏必要和及时的反应、适应和调整，中国人口老龄化的特殊进程亦使得这种挑战更显严峻。

人口老龄化首先表现为人口问题，我们不仅要对人口进行更深入的研究与调控，更要考虑到社会、经济、环境等多元要素对老龄化进程的制约。老龄化的影响已经逐渐渗透到中国社会的各个方面，并与各种历史的、当前的和未来的社会发展要素不断地相互影响，形成一个超复杂的经济社会系统问题。因此，应对老龄社会需要统筹中国社会的各种资源以形成合力，对整个社会的组织和运行进行改革和再设计，以使中国社会在老龄化的背景下继续健康、协调地运行和发展。

为此，国家自然科学基金委员会经过两年的论证，于 2014 年启动了重大项目“应对老龄社会的基础科学问题研究”（71490730）的招标工作。其主要目标有两方面。

其一，立足中国经济、社会和环境的现实，针对中国老龄社会的自身特征，在全球化、市场化、信息化的时代背景下，充分考虑中国人口转变和社会转型的进程，响应城乡统筹、代际和谐发展的时代要求，深入研究面向社会整合和可持续发展的应对中国老龄社会的重大基础科学问题，进行理论创新和前瞻性研究，提出符合中国实践的新理论和新方法。

其二，根据我国转变经济发展方式、保障和改善民生的重大需求，针对老龄化的发生发展规律、现在及未来老年人群体的新特征、老龄社会的社会支持系统与经济形态，以及相关制度安排和政策重构等科学问题展开系统研究，支撑国家宏观决策和治理实践需求，并造就一支在国内外有影响的跨学科研究队伍。

最终，经过选拔和评审，以复旦大学作为牵头单位并联合中国人民大学、北京大学、浙江大学、上海社会科学院所组成的跨学科研究团队承担了这一重大项目，首席科学家为复旦大学的彭希哲教授，经费量 1800 万元，执行期自 2015 年起至 2019 年止。项目涵括 5 个相互独立却又紧密关联的专项课题：

课题一“特征、规律与前景——老龄社会的人口学基础研究”（71490731）由中国人民大学承担，负责人为翟振武教授；课题二“健康老龄化——老年人口健康影响因素及有效干预的基础科学问题研究”（71490732）由北京大学承担，负责人为曾毅教授；课题三“代际均衡与多元共治——老龄社会的社会支持体系研究”（71490733）由浙江大学承担，负责人为何文炯教授；课题四“公平、活力与可持续——老龄社会的经济特征及支持体系研究”（71490734）由上海社会科学院承担，负责人为左学金研究员；课题五“整体性治理——应对老龄社会的公共政策和公共管理体系重构研究”（71490735）由复旦大学承担，负责人为彭希哲教授。整个项目的核心团队成员超过50人，聚集了一批人口学、管理学、经济学、社会学、心理学、医学、生物学、数学、环境科学、信息科学、政治学等领域的一流专家学者，其中不乏教育部长江学者、新世纪百千万人才工程专家等顶尖人才。经过团队成员五年多的鼎力合作，产生了一大批高质量的科研成果，在《中国社会科学》、*The Lancet*、*Demography*、*Governance* 等国内外重要学术期刊发表论文近400篇，由其形成的决策咨询报告多次得到国家领导人批示，获得第八届中华人口奖、第七届高等学校科学研究优秀成果奖（人文社会科学）、第八届高等学校科学研究优秀成果奖（人文社会科学）、第七届中国人口科学优秀成果奖、第三届中国老年学奖、第七届钱学森城市学金奖等各类国家及省部级奖项近60种，并参与资助了两项大型老龄社会追踪调查：CLASS（China Longitudinal Aging Social Survey，中国老年社会追踪调查）和 CLHLS（Chinese Longitudinal Healthy Longevity Survey，中国老年健康影响因素跟踪调查）。

为了推动这些成果在更大的范围内共享，促进相关学科领域的发展和高水平研究队伍的建设，为老龄社会相关的制度、政策与法规的设计、制定和运行提供理论指导与方法支撑，项目组和科学出版社合作，论证设计了“应对老龄社会的基础科学问题研究丛书”出版计划，并于2018年入选“十三五”国家重点出版物出版规划项目，2020年获得国家出版基金支持。丛书计划持续出版系列老龄科学研究领域的学术专著，并于2021～2022年推出第一批17部。

作为国家自然科学基金重大项目“应对老龄社会的基础科学问题研究”的重要研究成果集群，本丛书的出版是多方通力合作、协同努力的结果。我们首先衷心感谢国家自然科学基金委员会的大力支持，感谢吴启迪、何鸣鸿、李一军、高自友、杨列勋、刘作仪等基金委时任领导的鼓励与指导，感谢于景元、辜胜阻、汪寿阳、李善同、李树茁、杨泽等学术领导小组专家的指点与建议，感谢吴刚、霍红、方德斌、卢启程、杜少甫、张江华等基金委工作人员的细致工作和周到服务，感谢原新、丁金宏、李娟、林义、黄鲁成、凌亢、冯帅章等专家学者的帮助，感谢复旦大学、中国人民大学、北京大学、浙江大学、上海社会科学院的支持及在管理上提供的便利，感谢复旦大学公共管理与公共政策研究国家哲学社会科学创新基地、复旦大学人口与发展政策研究中心、中国人民大学人口与发展研究中心、北京大学国家发展研究院、浙江大学老龄和健康研究中心、上海社会科学院经济研究所的团队支持，感谢全国老龄工作委员会、中国老龄协会、国家卫生健康委员会、民政部、人力资源和社会保障部、国家统计局及各级政府部门的帮助，感谢兄弟院校和合作科研机构及团队的帮助，感谢项目组全体成员和参与项目工作的博士后及研究生们的辛勤劳动。此外还要感谢科学出版社的认可及支持，尤其是马跃和魏如萍老师对于我们申报“十三五”国家重点出版物出版规划项目和国家出版基金的鼎力协助。我们将再接再厉，为推动建设一个“不分年龄人人共建共治共享”的社会而奋斗。

“应对老龄社会的基础科学问题研究”项目组

2020 年 12 月

目　　录

第一篇　家庭户与居住安排预测方法创新、所需数据和评估

第二篇 多维家庭人口预测方法在中国的应用

第三篇　多维家庭人口预测方法在美国和其他国家的应用

第四篇　多维家庭人口预测 ProFamy 软件使用手册

第一篇　家庭户与居住安排预测方法创新、所需数据和评估

第 1 章　绪论：家庭户与居住安排预测的重要意义和传统方法综述[①]

1.1　引　　言

预期的人口要素变化将对不同类型的家庭户数量和比例产生影响，并引申出一系列重要的人口社会经济问题：未来将有多少空巢老人，即多少家庭只有一对老年夫妻，或者一个老人独居？多少老人与子女或者其他亲人一起居住？多少老人将在机构养老？多少老人在日常生活中需要照料，身边却没有配偶子女的帮助？多少中年人将同时肩负起照料老人和抚养年幼孩子的责任？多少孩子将生活在单亲家庭里？多少未成年或成年的单亲妈妈将在没有配偶的情况下独自抚养孩子？这些家庭户变化的可能情况对家庭照料、社会和医疗服务系统有着怎样的影响？本书介绍的用于家庭人口和居住安排预测的新方法、应用及用户友好型软件可以用来回答这些重要问题。这种用于预测和评估人口要素变化对未来家庭户动态变化和居住安排的影响的方法，在实证研究、理论探讨、政策分析和商业管理中均非常实用。

本书分为四篇。第一篇介绍相关基本概念、多维家庭人口预测方法、所需数据及估算，以及若干相关分析案例。第二篇和第三篇分别报告多维家庭人口预测方法在中国（最大的发展中国家）和其他国家，包括美国（最大的发达国家）、奥地利、加拿大、巴西和伊朗的应用，从学术和政策分析、市场研究等方面具体探讨该方法在预测未来家庭结构变化趋势、老年人居住安排、残障老人家庭照料需求和成本、家庭住房需求、家用汽车和能源消费以及家庭金融等方面的应用。第四篇是多维家庭人口预测 ProFamy 软件用户指南；第四篇最后一章概述全书的主要研究发现，并对多维家庭人口预测及其在可持续发展研究中的应用、局限性和进一步研发进行展望分析。

---

① 本章由曾毅（北京大学国家发展研究院教授和杜克大学老龄与人类发展研究中心教授；zengyi@nsd.plu.edu.cn）、王正联（中国人口与发展研究中心特聘研究员；wangzhenglian8886@163.com）、顾大男（联合国人口司研究员；gudanan@yahoo.com）和杨涵墨（北京大学国家发展研究院博士研究生：hmyang2018@nsd.pku.edu.cn）撰写。

1.2　家庭和家庭户的定义

根据联合国的定义，住户（household）是指由居住在一起，不论是否具有婚姻、血缘或收养关系的人组成的生活单元（United Nations，2008）。住户可分为一般意义上的私人家庭户（private household）和集体户（collective household）。集体户包括生活在学校宿舍或者宗教组织、医院、军事基地、监狱、养老院、临终关怀机构或康复中心等集体生活单元的人群。一般将私人家庭户简称为家庭户，而广义的住户概念包括家庭户和集体户，读者可以根据上下文讨论的内容来分辨。

家庭（family）通常是一个泛指家庭亲属网络的不太精确的词汇。狭义的家庭可以是仅包含父母和未婚子女的“核心家庭”，而广义的家庭可以包括家族的所有亲属（Wachter，1987）。本书采用 Ryder（1987）的定义：家庭户为一组居住在一起，并具有婚姻、同居、血缘或收养关系的人；家庭户也可能包含没有亲属关系的同住者（如保姆或者护工）。总之，本书以“家庭户”（family household）或者简称“户”（household）为分析单位。

本书经常用到的术语“预测”（projection）通常包括对学术和政策研究的短期和中长期模拟分析，而常用的另一个术语“预报”（forecast）通常是指商业和社会经济规划的短期推测。这两个术语在本书中交替使用，因为我们讨论的多维家庭人口预测方法、数据处理和分析研究对短期预报与中长期模拟都适用。

1.3　为何需要预测家庭户和居住安排？

1.3.1　家庭户预测、社会经济发展规划与政策分析

家庭户预测在社会经济规划和政策分析研究中用途很大，尤其是在家庭户的数量与结构随着人口和社会经济的发展而发生较大变化的时代。例如，美国的一些福利项目仅限于单亲家庭（Yelowitz，1998），对这些福利项目成本的估算在很大程度上依赖于对未来单亲家庭户数量、类型和住户规模的预测。Moffitt（2000）认为，女性为户主的家庭户数量增长等人口变化是造成美国抚养未成年儿童家庭援助项目（Aid to Families with Dependent Children，AFDC）支出增长的最主要因素。Moffitt 还建议，“对家庭户变动趋势更好的预测”可以减少福利政策制定和执行过程中的失误；因此，对包括未成年儿童的家庭户（尤其是单亲家庭户）进行更好、更精准的预测应该成为政府的一个重要政策目标（Moffitt，2000）。

过往的研究已经证实，家庭户和居住安排是老人长期照料方式、时间长度和

成本的主要决定因素之一（Chappell，1991；FIFARS，2010；Morris et al.，1998；Soldo et al.，1990），对老人的长期照料往往取决于家庭户和居住安排状态。显然，国家乃至全世界都需要通过学术和政策研究的进步来应对人口快速老龄化带来的挑战，这与老人居住安排等家庭人口预测是直接相关的。对于中国而言，人口快速老龄化社会环境下的家庭户结构规模分析预测具有特别重要的意义，老年人的长期照料问题及其对策研究尤为重要。政策制定者、研究人员以及公众都应该了解不同的政策选择在未来数十年对我国家庭人口老化和可持续发展的可能影响。例如，将二孩政策进一步完善并鼓励二孩、允许三孩，其结果又会对未来的家庭户结构和老人家庭照料产生什么影响？本书介绍的多维家庭人口预测方法正适用于这些政策分析研究。

家庭户预测对政府的人口、环境和可持续发展的政策制定非常重要。例如，生活能源通常以家庭户而不是个人为单位进行消费（Lutz and Prinz，1994）。离婚和结束同居产生的新的家庭会直接造成能源消费增加，因为离婚而产生的新的家庭户比一个新增婴儿造成的二氧化碳排放要多得多（Mackellar et al.，1995）。两篇在*Nature*发表的文章表明，小型家庭户的增多会导致人均能源消费显著增多，将对能源资源造成严重威胁（Keilman，2003），也给生物多样性保护带来严峻挑战（Liu et al.，2003）。

1.3.2　家庭户预测与消费市场分析

不管是对公共服务还是私企产品而言，衡量需求的基本单元是家庭户而不是个人，因为家庭户既是社会的基本单元，也是消费的基本单元。例如，对未来家庭户规模、结构及各类家庭户数量的预测是住房需求规划的重要基础，也是制定科学的住房政策的前提。消费者对电器、家具和汽车等耐用品的需求，煤气、水、电等家用能源的需求，以及当地社区服务设施建设的需求，也都取决于未来家庭户规模、结构和数量的变化（Myers et al.，2002；Davis，2003，2004；Prskawetz et al.，2004；Dalton et al.，2008）。因此，对住房、家用能源、交通出行及许多其他家庭消费产品和服务需求的市场分析，通常都基于对家庭户的预测而不是对个体的预测。例如，在人口快速老化的北美洲、南美洲、欧洲、亚洲以及一些非洲国家，养老服务的市场正快速扩张。为使养老市场运行更有效率，亟须对未来家庭户和老人居住安排进行预测（Goldscheider，1990；Himes，1992）。除此之外，对家庭户规模和结构的预测还有许多其他应用。对家庭人口预测方法和人机友好软件的需求日益增长，例如，《家庭户预测报告》是 20 世纪 90 年代加拿大统计局的畅销出版物（George，1999）。

需要注意的是，由于区域间存在差异，对国家层面的预测在地区层面并不一定适用。从 20 世纪 90 年代末开始，越来越多的学者和政策制定者关注对省（或州）[①]、市、县以及小区域（small area）[②]的家庭人口预测（Crowley，2004；Ip and McRae，1999；Rao，2003；Treadway，1997）。地区层面的家庭户预测在许多方面都能起到重要作用，包括政府分配资金、配置各种资源、规划基础和公共服务设施的发展，制造商的市场研究，家庭户相关产品和服务的设计和规划，以及当地商业和企业规模的扩张或缩小的决策等（Smith et al.，2001；Swanson and Pol，2009）。

1.3.3　人口学理论发展的工具

理论是代表现实世界某些方面的一系列相互协调的思想，能够在某种意义上解释一个或一类社会现象（Boland，1989；Burch，1999b）。许多社会科学家提出的理论性概念或者命题都是从田野考察或有限的实证数据分析中得来的。伴随着信息技术和计算机科技的革命性进步，计算机模拟理论的应用在物理学和生物科学上已经司空见惯。本书讨论的多维家庭人口预测模拟是基于计算机模拟理论的思考，也可以作为人口学理论发展的一个工具。

家庭人口学可能是人口学中最复杂的子学科之一，因为它同时涉及了几乎所有主要的人口要素变化过程，如生育、结婚、离婚、同居、分居、死亡、迁移、离家等。这些复杂的模型处理经常大大超出了数学解析公式的范畴，使分析人员很难从理论假设和数学公式直接推算出符合逻辑和实际的结果。但基于人口学定量分析模型的用户友好计算机软件和模拟预测能够严谨地表述、分析和验证理论思想，是一种非常实用的研究工具。这种工具也在统计分析功效和灵活性上超越了数学解析公式，而且适用于没有高深数学功底和计算机编程专业技能的社会科学家（Burch，1999b）。这种工具实际上提高了研究者在推论理论命题上的能力，比只用逻辑推理甚至数学分析做出的推论要更加精细。研究者通过使用这种工具对客观实际理解的广度和深度可以与不断发展的理论相匹配，并使理论与实证研究真正紧密地结合起来。显然，多维家庭人口预测模型和 ProFamy 软件的应用有益于理论发展。例如，通过对现在的低生育率、晚婚增多、婚姻减少、同居增多、高离婚率等情况在未来的三种可能发展趋势（保持不变、愈发加重、逐渐减轻）进行预测和模拟，可以进一步发展第二次人口转变（second demographic transition）理论（van de Kaa，2008）。又例如，Lakdawalla 和 Philipson（2002）提出过一个理论：由于男性老人相较于女性老人更不容易丧偶，男性老人的快速增长伴随着配偶照料的增加，将会导致对机构养老的需求相对减少。但是，这种影响可能被 20 世纪 60 年代以来大幅上升的离婚率及大幅下降的结婚率所抵消，因为一方面，

① 美国的州相当于我国的省。

② “小区域”是指人口规模较小的小城镇、社区或住宅区。

这表示未来有配偶的男性老年人将减少（Goldscheider，1990），得到配偶照料的可能性也随之降低。另一方面，由于同居变得越来越流行，家庭照料的供给也相应增多。这些情况可以在预测和模拟老人家庭户时整合起来进一步探讨，以充分考虑死亡、结婚、离婚、同居、分居的可能变化，也许能总结出更完善的理论。

又例如，一项应用多维家庭人口预测模型和 ProFamy 软件的研究表明，即使假设人口事件发生/风险率在未来几十年保持不变，美国家庭户的分布和老人居住安排也将在未来几十年有相当大的变化。根据基于多维家庭人口预测模型进行的模拟分析的结果，曾毅等提出了一个新的理论——家庭户惯性（family household momentum）（Zeng et al.，2006；见本书第 25.4 节），这个理论类似于 20 世纪 70 年代初期 Keyfitz（1971）提出的人口惯性（population momentum）理论。家庭户惯性理论的基础是，即使现在的人口事件发生/风险率保持不变，现代家庭模式的年轻群体将在未来逐渐取代传统家庭模式的老人群体，而导致家庭户规模和结构不断发生变化；而多维家庭人口预测模型和 ProFamy 软件在通过模拟分析而建立这一新理论过程中起到了重要的作用。

显然，从仅仅分析过去观察到的数据，到进一步将分析过去观察到的数据和预测分析未来发展趋势紧密结合，多维家庭人口预测模型是拓展理论创新发展的一个有用的工具。

1.4　为什么家庭户预测需要用到人口事件发生/风险率?

1.4.1　人口要素变化与家庭户动态

人口转变过程和生育率、结婚率、离婚率、同居率、同居终止率及死亡率等的变化程度因不同国家而异，使得世界各国构成了新的家庭户结构和居住安排模式。美国的离婚率在 20 世纪 70 年代中期比 20 世纪 50 年代翻了一倍，自 1980 年起一直稳定在一个较高水平上（可能略有下降）（National Center for Health Statistics，2002；Goldstein，1999；Strow C W and Strow B K，2006），40%到 50%的婚姻以离婚收场（Cherlin，1992，1999；Schoen and Standish，2001）。在过去的几十年中，同居状态（未婚异性恋同住）增长迅速（Bumpass and Sweet，1995；Casper and Cohen，2000；Zeng et al.，2012），且逐渐变成了一种普遍可以接受的居住安排（Bumpass and Lu，2000；Smock，2000；Thornton et al.，2007）。在美国，大约一半的年轻人在婚前都有同居经历（Bumpass and Lu，2000）；初婚率有所下降，离婚妇女的再婚率也呈下降趋势（Zeng et al.，2012）。美国青少年生育率在 20 世纪 80 年代末快速增长，然后 1991 年至 1997 年持续下降，在 2009～2010 年达到历史新低（Hamilton and Ventura，2012）。1970～2000 年，美国女性初婚年龄的中位数提高了 4.3 岁，达到了 25.1 岁；男性初婚年龄的中位数提高了 3.6 岁，达到了 26.8 岁（U.S. Census Bureau，2001）。20 世纪 90 年代，美国初婚年龄持续攀升，至 2011 年女性初婚年龄的中位数达到 26.9 岁，男性达到 28.9 岁（U.S. Census Bureau，2001）。女性生育的年龄结构也发生了变化，越来越多的人选择更晚生育自己的第一个孩子（U.S. Census Bureau，1998）。Samuel Preston 在美国人口学会年会主席报告中曾表示，美国婚姻、离婚与同居等人口要素的变化犹如“美国家庭的地震”（the earthquake that shuddered through the American families）（Preston，1984）。

学者将过去几十年中欧洲国家的人口结构变迁称为第二次人口转变（Lesthaeghe and van de Kaa，1986；van de Kaa，2008）。第二次人口转变的基本特征为：晚婚和未婚同居增多，出生率降至自然更迭水平以下，非婚生育的比例上升，家庭户规模减小，家庭户类型呈现多样化（van de Kaa，2008）。

我国的出生率经历了大幅下降。20 世纪五六十年代，我国平均每个女性生育超过 6 个孩子，而 21 世纪前 15 年平均每个女性只生育 1.6 个孩子左右，2015 年底实施普遍允许二孩政策以后，2017 年平均每个女性也只生育 1.7 个孩子左右，仍然显著低于美国的生育水平。我国的离婚率在 1982 年至 1990 年间提高了 42%，随后持续增长（Zeng and Wu，2000）。我国的男、女两性合计的平均期望寿命持续提高，1950 年只有 43.3 岁，到 1990 年达到 69.5 岁，2000 年为 72.1 岁，2010 年达到 75.2 岁，预计在未来还会继续升高（United Nations，2013）。20 世纪五六十年代生育高峰期出生的庞大人群已经或即将步入老年人的行列，而我国经历了 20 世纪 70 年代以来生育率的急剧下降，并一直保持在很低水平。由于出生率和死亡率都发生了巨大变化，未来我国老年家庭结构将与当今老年家庭结构有很大不同。因为 20 世纪 70 年代后出生的这代人比上一代人的兄弟姐妹少得多，如果未来基本延续我国大部分父母与至少一个已婚子女一起居住的传统，这些成年子女离开父母组建独立的核心家庭户的可能性就更小了（Zeng，1986，1991）。人口要素的显著变化决定了我国正以极快的速度和极大的规模步入老龄化社会，这对家庭户规模结构、老年健康和照料需求/成本必然产生重要影响。

值得注意的是，我国并不是唯一一个处于人口要素大幅变化导致家庭人口快速老化变革中的国家，许多发展中国家也正经历这种变革（Zeng and George，2010）。因此，各个国家的家庭户预测必须以衡量人口要素变化的人口事件发生/风险率作为输入。

1.4.2　人口要素变化、老人居住安排与照料需求/成本

在未来几十年，发达国家和发展中国家的老年人口数量都大大增加（United Nations，2013），将对家庭户结构的变化产生显著影响（Wolf，1994）。几乎所有国家的人均寿命都将不断延长（United Nations，2013），越来越多的中年人将既有子女又有父母，甚至祖父母在世，需要同时照料上辈和下辈（Watkins et al.，1987）。尽管有实证研究表明，绝大多数国家平均期望寿命的性别差异正在逐渐缩小（Clark and Peck，2012），但男性的平均期望寿命仍然较低，导致丧偶女性多于男性。人口的大量迁移与流动使许多年轻人远离父母异地就业谋生。

人口要素、家庭户结构、居住安排、老人的健康状态及他们的照料需求/成本的变化之间存在重要的相互影响关系。独居老人由于得不到住在一起或附近的子女经常的支持与帮助，他们的健康状况往往更差。即便在发达国家，老年人也依赖于配偶和子女在情感上与精神上的支持，偶尔也需要经济帮助。在退休金和社会保障体系尚未广泛覆盖的发展中国家和地区，老年人在很大程度上要依赖家庭养老支持（National Research Council，2001）。如果缺乏家庭支持和照料，养老院、社会养老服务与医疗服务的需求/成本将显著增加。在包括美国在内的许多发达国家，为老年人提供的医疗和社会服务的支出超过了 GDP 的 10%（OECD，2013），随着老年人口比重的上升和人口变化带来的居家养老减少，此类支出将快速增加。自 1970 年起，美国的老人长期照料支出每十年翻一番，1995 年支出达到 1065 亿美元，到 2009 年增长至 2430 亿美元（Frank，2012）；机构养老支出在 1990～1995 年增长了 33.4%，1999～2004 年增长了 24%；而与之相比，居家养老支出在同期分别增长了 90.7%和 39%（Hartman et al.，2008；Stallard，2000）。毫无疑问，居家养老比机构养老的需求和支出的增长速度要快很多，尤其是对高龄老年人而言（Cutler and Meara，1999；Hartman et al.，2008）。

由人口要素变化导致的家庭户结构和居住安排的变化强有力地影响着老人照料需求和成本，以及长期照料和医疗服务体系相关政策的制定（Doty，1986；Himes，1992）。多维家庭人口预测方法和软件可以被用来分析探讨生育、死亡、结婚、离婚、同居、同居终止，以及迁移等人口要素变化对老年人的家庭户规模结构、居住安排和照料需求/成本的影响（相关方法和实证分析见第 16 章、第 17 章和第 28 章）。深入分析研究这些问题，对改善老年照料体系和社会服务医疗卫生相关的政策制定起着至关重要的作用。

1.4.3　人口要素变化与未成年子女居住安排

作为离婚率上升等人口要素变化的结果，在 20 世纪 90 年代和 21 世纪初期，分别有大约 30%和 40%的美国儿童由单亲妈妈生育（National Center for Health

Statistics，2012）；由单亲家庭抚养的孩子比例大幅上升，从 2000 年的 30%增加至 2011 年的 35%（Annie E. Casey Foundation，2012）。单亲家庭户的比例也从 1990 年的 24%上升到 2008 年的近 30%（U.S. Census Bureau，2012）。调查数据持续证实，相比在双亲家庭成长的孩子，单亲家庭成长的孩子往往经济水平较低，在校表现较差，心理健康较差（Cherlin，1999）。通过分析研究家庭结构和未成年子女居住安排的变化，人口学家辨识了决定子女居住安排的人口要素，包括结婚、同居、离婚、再婚、非婚生育等。以往对子女家庭生命历程的人口学研究往往聚焦在单亲家庭子女的横截面数据分析或者是单亲家庭“人生经历”的队列数据分析。一些研究者利用恒定的人口事件发生/风险率和辨识的有限几个状态，基于多状态生命表来研究孩子的家庭生命历程（Dykstra et al.，2006；Heuveline and Timberlake，2003；Hofferth，1987；van Gaalen and van Poppel，2009）。横截面数据分析、人生经历队列分析和多状态生命表等方法虽然是重要的研究方法，但是它们无法回答以下重要问题：根据预期的随时间变化的人口事件发生/风险率，未来有多少孩子将与父母一起生活？多少孩子将在单亲家庭成长？这些状态将会在孩子的生命历程中持续多久？本书介绍的多维家庭人口预测模型和软件可以通过预测孩子的家庭户结构和居住安排来回答这些问题。需要注意的是，多维家庭人口预测模型是基于人口要素变化的综合模型。这种综合多维模型的设计非常实用，因为孩子的家庭户结构和居住安排同时受到多维人口要素的影响，如结婚、离婚、同居、同居终止、婚内生育、非婚生育等；如果将这些人口要素分别孤立来看，就无法估测它们相互抵消、叠加或协同作用产生的影响。

1.4.4 人口要素变化与成年人（尤其单身母亲）的家庭生命历程

人口要素变化不仅影响老人和孩子的居住安排和生命历程，也同时影响着青年和中年人（简称成年人）。当婚姻或者同居关系瓦解的时候，女性往往较男性而言更处于弱势。例如，在分居或离婚后，母亲往往比父亲更愿意照顾孩子，而无论婚姻关系破裂与否，男性往往更可能有工作，且比女性收入更高；婚姻关系破裂对女性造成的社会和经济威胁也往往更大（Bianchi et al.，1999）。因此，在研究成年人的家庭生命历程时，必须尤其重视女性。未成年人生育是一个重要的社会问题，也是许多国家贫困代际传递的主要因素之一。本书介绍的多维家庭人口预测模型和软件可以模拟评估结婚率、离婚率、同居率、同居终止率，以及未成年人生育率的变化将会给成年人带来怎样的影响，尤其是对单亲妈妈及其子女的影响。例如，减少或者消除未成年人生育现象能够对单亲妈妈数量产生怎样的影响？又能够为政府在资助单亲母亲家庭项目上节省多少开支？

1.5　家庭户预测和模拟方法的简要综述

目前国际上应用最多的三类家庭户预测模型是户主率方法、微观模拟模型、宏观模拟模型。

1.5.1　户主率方法

户主率方法是长久以来人口学家进行家庭户预测的一种传统方法。在人口普查或调查研究中，每个家庭户均有一个成员被认定为“户主”。区分年龄和性别的户主率是该年龄组户主数与同性别、年龄的总人数之间的比率。对户主率进行回归外推可预测家庭户的未来状况。尽管户主率方法仍然被较广泛地应用，但它存在很大缺陷，自 20 世纪 90 年代初以来遭到人口学家的广泛批评。首先，“户主”概念本身有许多模糊不清之处。不同地区分性别的户主率可能因普查或调查入户访问时间而异；如果入户访谈在白天，由女主人回答或填写问卷的可能性更大，女性户主率将大大上升；反之，如果入户访谈在晚上，由男主人回答或填写问卷的可能性更大，男性户主率将大大上升（Murphy，1991）。其次，户主率方法的另一个大问题是，它与婚姻、生育、迁移、死亡等人口事件发生/风险率的内在关系极不清楚，无法通过估计或假定人口参数变化来推测户主率的变动（Mason and Racelis，1992；Spicer et al.，1992）。最后，户主率方法将所有除户主以外的家庭成员归并为“非户主”（Burch，1999a），使得无法进一步研究老人、孩子和中青年等其他“非户主”成员的生命历程。第 4.3 节将进一步阐述并详细比较传统的户主率方法和多维家庭人口预测方法。

1.5.2　微观模拟模型

微观模拟模型的基本思路是根据事件按一定概率分布随机发生的原理，利用计算机仿真技术对每一个样本个体一生中生育、死亡、婚姻、家庭关系与状态变化进行模拟，然后予以汇总得出家庭人口的整体特征与分布。微观模拟方法为亲属网络关系和家庭养老的研究提供了支持。例如，Hammel 和 Wachter 提出的 SOCSIM（sociodemographic microsimulation，社会人口微观模拟）模型（Hammel et al.，1981，1991；Hammel，2005；Murphy，2004，2011；Wachter，1987；Zagheni，2011），Wolf（1988，1990，1994）提出的 KINSIM（kinship microsimulation，亲属微观模拟）模型，Ruggles（1987，1993）提出的 MOMSIM（model of multifamily simulation，多家庭模拟模型），以及 CAMSIM（Cambridge simulation，剑桥模拟）模型（Laslett，1986，1988，1994）和 APPSIM（Australian population policy simulation，澳大利亚人口政策模拟）模型（Bacon and Pennec，2007）。

与下面将概述的宏观模拟模型相比，微观模拟模型有三个优势：①可以同时包括更多的协变量；②可以精细地模拟研究个体或较小群体之间的异质性；③可以给出其输出结果的概率随机分布。这三个优势对于复杂的亲属关系网络模拟分析研究而言是强有力的，是宏观模拟模型和户主率方法所无法做到的。

然而，这些优势也伴随着成本。以往文献中对微观模拟模型三种随机变异（random variation）有详细的讨论（van Imhoff and Post，1998；van Imhoff，1999）。第一种随机变异源于 Monte Carlo （蒙特卡罗）随机实验的特性：对于相同的模型和输入，每次运行会产出不同的结果。虽然这种固有的随机性可以通过扩大样本量或者运行次数再取平均值的方式来降低，但它不能被完全消除。

第二种随机变异是由于微观模拟模型的起点人口是给定总人口中的样本，可能会存在传统的抽样误差，特别是对于高龄老人和青少年单亲妈妈这样的小规模子群体。对简单的短期预测而言，这种抽样误差可以通过事后加权处理来减少，使得有明确特征个体的加权和与基线总人口相符。然而，如何精确估算未来中长期预测的事后加权则很成问题。由于微观模拟模型对家庭人口个体特征分类比较精细，作为预测起点的样本人口规模与抽样比必须足够大才能有较好的代表性。例如，2020 年的中国与美国人口的 1%样本分别是 1412 万与 330 万左右，按微观模拟方法对数百数千万个体一个一个地分别就其生育、死亡、婚姻、迁移、离家等各种人口事件做精细的仿真模拟，将耗费大量的计算机机时。如果样本规模巨大且模型足够复杂，计算机模拟可能要花几天的时间。另一个问题是，人口普查通常只询问一些简单的问题，无法为微观模拟提供足够的数据以对详细的个体特征信息建模。为解决这个问题，Hammel、Wachter 和同事用预测起点年份之前的几十年的数据做了一个预模拟（pre-simulation）。通过便于管理的样本来进行预模拟，可以大概估得预测起点年份的家庭、家庭户和亲属关系的分布，再对未来进一步模拟，其结果对于政策分析很有意义。从以规划为宗旨的实用角度来看，这种方法远不及直接将人口普查得到的 100%人口和家庭户分布当作预测起点的准确性。这是因为模拟所得的预测起点年份家庭人口分布很可能与人口普查中观测到的不一致。另外，预模拟方法需要预测起点年份前几十年的详细数据，但这些数据并不一定可得，尤其是在发展中国家。

微观模拟的第三种随机变异指它包含了很多解释变量和个体间复杂的关系，增加了模型预测结果的随机性和计算偏误；这种偏差会增大预测误差，被一些学者称为规格随机性（specification randomness）（Pudney and Sutherland，1994；van Imhoff and Post，1998）。

1.5.3　宏观模拟模型

宏观模拟模型的基本单位是群组，如一组有相同生育数和婚姻状态的同龄人组成的队列。选定的不同群组通过状态转换概率依次逐个进行迭代计算。宏观模拟模型没有户主率方法本身存在的概念模糊和无法与人口要素直接联系的缺点，在分析异质性差异和概率分布以及模拟亲属网络关系方面虽然没有微观模拟模型那么精细、灵活，但它没有 Monte Carlo 随机实验的内在的随机变异问题以及初始人口的抽样误差问题；宏观模拟模型可以充分且有效地使用常规人口普查或人口登记数据作为起点进行预测。

规格随机性的问题也存在于宏观模拟模型中，但它不像在微观模拟模型中那么严重，因为宏观模拟模型一般不会过于复杂（van Imhoff and Post，1998）。然而，关于这个问题的争论一直在持续：一些学者认为在预测模型中加入更多协变量可以完善预测，而另一些学者则认为太过复杂的预测模型反而不如简单一些的模型预测效果好（Ahlburg，1995；Smith，1997）。另外，基于宏观模拟模型可以相对比较容易地设计出用户友好型计算机软件，方便没有高超数学和编程专业技能的一般研究人员和政策规划分析人员使用。在用户友好型软件和通俗易懂的指南手册帮助下，一般研究人员和政策规划分析人员可以比较方便地使用个人电脑或上网进行宏观模拟预测，在比较复杂的各项数据和参数准备工作完成后，不到一分钟的时间便可获得预测和模拟结果。

对微观模拟模型或宏观模拟模型的选择取决于用户任务的复杂程度。若要对复杂的家庭亲属关系网络或行为模式进行详细分析，微观模拟模型则更为适用。如果目的是利用常见的数据为学术研究、政策和市场趋势分析及社会经济规划等进行家庭人口预测，宏观模拟模型也许更合适。

Keilman（1988）以及 van Imhoff 和 Keilman（1992）的文章依据宏观模拟模型考察了一些动态的家庭户模型，发现绝大部分模型都需要不同家庭户类型之间相互转换的转移概率数据，而这些数据必须通过专门设计的家庭户调查才能获得，常规的人口统计、普查与调查中没有这些特别的数据。因此，建立只需要常规人口数据的宏观模拟模型是一项具有重要理论与应用价值的研究。

LIPRO（lifestyle projection，生活方式预测）模型是一个由 van Imhoff 和 Keilman（1992）建立的宏观模拟模型。典型的 LIPRO 模型应用辨识了 11 种家庭户状态：一人独居、夫妇无子女、夫妇有子女、同居无子女、同居有子女、单亲家庭户的户主、已婚夫妇户中的子女、同居夫妇户中的子女、单亲家庭户中的子女、与户主无家庭关系的成人，以及其他个体家庭户成员。在 LIPRO 模型里，每一个年龄的男性和女性分别要有一个包含 11×11（=121）个元素的家庭户状态转换概率矩阵（van Imhoff and Keilman，1992）。

如 van Imhoff 和 Keilman（1992） 所述，严格的数据需求，尤其是对不易得到的家庭户类型状态转换概率数据的需求，是 LIPRO 等宏观模拟模型发展缓慢和应用较少的重要原因。除了已定义的状态空间（如上面定义的 11 种家庭户状态），LIPRO 模型没有关于所定义状态组以外的其他家庭户预测信息。例如，除非家庭户规模已明确包含在状态空间里，否则该模型不可能预测按规模分的家庭户分布（van Imhoff et al.，1995）。如果在状态空间里包含家庭户规模，则将大大增加可辨识的家庭户状态数量（如从 11 到 20），并且大大增加所必需估算的每个年龄男性和女性家庭状态转换概率的矩阵维数（如从 11×11=121 到 20×20=400），因而在实际应用中不具可行性。此外，基于家庭户类型状态转换数据的模型无法将家庭户结构变化和常规的人口事件（婚姻、生育、死亡、迁移）发生率直接联系。例如，从与配偶和一个或多个子女一起居住向不与配偶和子女一起居住的状态转变取决于离婚率、配偶死亡率、同居终止率、生育率，以及子女的离家率等的变化。然而，这些人口事件发生/风险率怎样与家庭状态转换概率相关联是很不明确的。因为此类模型是以家庭户类型的状态转换概率作为数据输入，而与人口事件发生/风险率的联系不明确，所以此类模型难以识别家庭户结构变化中人口要素变化的影响。显然，建立只需要从常规人口统计、普查与调查获得数据的动态家庭户模拟预测模型具有重要的理论和实际价值。

得益于多状态人口学（multi-state demography）的进步（Rogers，1975；Willekens et al.，1982；Land and Rogers，1982；Schoen，1988），特别是多状态婚姻状态生命表模型（Willekens et al.，1982；Schoen and Standish，2001），Bongaarts（1987）提出了核心家庭状态生命表模型；他根据人口转变的三个时间点（转变前、转变中、转变后）构建了三种假定的核心家庭状态生命表人口的案例应用。Watkins 等（1987） 利用 Bongaarts 核心家庭状态生命表模型，采用美国 1800 年、1900 年、1960 年、1980 年的人口统计数据估算了生命表队列成员在不同家庭状态下的生活时间长度。不仅有至少一位 65 岁及以上父母存活的时间变长了（1900 年少于 10 年，1980 年达到将近 20 年），而且作为结果，有至少一位 65 岁及以上的父母存活的时间占成年人平均生命总长度的比例也提高了，从 15% 上升至 29%。运用 Bongaarts 核心家庭状态生命表模型，Lee 和 Palloni（1992）估算了在 1890～1894 年、1910～1914 年、1930～1934 年、1950～1954 年，以及 1970～1974 年出生的韩国老年女性的队列核心家庭状态生命表，并对她们的家庭状态变化进行了队列和截面分析。

中国学者建立的家庭状态生命表模型突破了 Bongaarts 核心家庭状态生命表模型的限制，既包括核心家庭，又包括三代家庭 （Zeng，1986，1988，1991），并且开发了被称为“FAMY”的相关软件 （Zeng，1990）。然而，家庭状态生命表模型只是女性主导单性别生命表模型，即只模拟女性，且假定分年龄的人口事件发生/风险率恒定不变。在家庭状态生命表模型基础上，Zeng 等（1997，1998）建立了一个同时包括男、女两性全体人口且人口事件发生/风险率随时间变化的多维家庭人口预测模型。Zeng 等（2006，2013a）又对模型进行了扩展。新的模型是一种拓展的队列—要素多维家庭人口预测方法，与之配套的软件被称为

ProFamy。多维家庭人口预测模型的基本原理是通过预测每一队列的人口要素（婚姻状态、生育、离家、死亡、迁移等）的变化来预测未来家庭户类型和规模的分布。多维家庭人口预测模型只需要常规的人口数据，而不需要家庭户状态转换概率数据，在预测个体人口特征基础上得出家庭户规模、结构的数量及类型分布，同时进行家庭户与人口年龄性别分布的预测，并保证两者的一致性（Zeng et al.，1998，2006）。这是对于传统的队列—要素人口预测模型的一个实质性的拓展。多维家庭人口预测模型以个体作为基本单元，这样处理的主要理由与优点在于可将常规的人口事件发生/风险率直接应用到人口个体，再从人口个体的家庭状态特征计算家庭户数量及其规模结构分布。与大多数其他宏观模拟模型相比，这是一个重要的进步；因为其他宏观模拟模型以家庭户作为预测的基本单元，以家庭户状态转换概率矩阵作为输入，并依赖于无法从常规人口数据资源中获得的数据。Lutz 和 Prinz（1994）指出，以往的人口和家庭户预测模型无法将以个体为单位的信息直接转换成家庭户的信息。即使个人信息和家庭户信息在预测的起点年份可以匹配，但无法保证两种模式在未来能始终保持同步变化。多维家庭人口预测模型可以根据人口事件发生/风险率同时进行家庭户与人口预测，并保证两者的一致性（Zeng et al.，1997，1998，2006，2013a）。我们将在第 2 章、第 3 章详细阐述多维家庭人口预测方法及其所需数据和估算。

1.6　小结：关于家庭户预测和模拟三类方法的比较

家庭户预测在社会经济、保险精算、福利规划、政策分析和市场趋势等研究中非常实用。目前人口学家主要用三种方法进行家庭户预测：户主率方法、微观模拟模型和宏观模拟模型。传统的户主率方法在家庭户预测中存在着严重的局限性：它不能与人口事件发生/风险率相关联，仅能预测少量几种家庭户类型，无法预测家庭户规模，而且无法预测分析户主以外的其他家庭户成员。户主率方法虽然自 20 世纪 90 年代以来受到人口学家的普遍批评，但仍被较广泛使用。对微观模拟模型或宏观模拟模型的选择取决于用户任务的复杂程度。若要对复杂的家庭亲属关系网络或行为模式进行详细分析，微观模拟模型更为适用。如果打算为学术和政策分析、市场趋势研究、社会经济规划等进行相对不太复杂的家庭人口预测，宏观模拟模型也许更合适。多维家庭人口预测模型是一种典型的宏观模拟方法。与广受批评的户主率方法相比，多维家庭人口预测方法将人口事件发生/风险率作为输入，可以提供比户主率方法更详细的家庭户类型和规模的预测，并可以分析家庭户所有成员的居住安排。第 2 章至第 4 章将分别介绍多维家庭人口预测模型的方法、所需数据和估算，预测精度评估以及与户主率方法的详细比较分析。

第 2 章　ProFamy 多维家庭人口预测方法创新：拓展的队列要素法[①]

2.1　引　　言

本章聚焦于 ProFamy 多维家庭人口预测方法，即“拓展的队列要素法”模型方法的创新，包括阐述与讨论家庭户与居住安排状态辨识和分析单元，ProFamy 多维家庭人口预测的核心理念和计算方法，家庭人口状态转换方程，同时进行家庭户规模结构与人口年龄性别分布预测的特色，并保证男女两性婚姻状态转换的一致性、父母子女一起居住状态转换的一致性、按照育龄女性与育龄男性分别计算的出生数之间的一致性、男女双方离婚（或同居终止）前后以及再婚（或同居）前后一起居住子女数之间的一致性等。

2.2　家庭户与居住安排状态辨识和分析单元

在多维家庭人口预测模型中，预测起始年份及未来各年份的人口个体均按以下状态予以辨识分类：年龄、性别、婚姻与同居状态、曾生子女数、一起居住子女数、是否与父母一起居住，城乡居住地（或种族）（表 2.1）。我们将居住状态进一步分为住在家中或入住机构（即集体户）。多维家庭人口预测模型选用个体作为基本单元，只需要人口普查与调查的常规人口数据 （Zeng et al.，2006）。如第 1 章所述，以个体作为基本单元的方法与以家庭户作为基本单元的家庭预测的宏观模拟模型大有不同，后者必须通过专门设计的专项调查才能搜集到不同家庭户类型转换概率数据，而这是无法从常规人口数据（普查、调查、日常统计）中得到的（van Imhoff and Keilman，1992；Keilman，1988）。这也使得此类模型的广泛应用和快速发展受到了阻碍（van Imhoff et al.，1995）。此外，基于家庭户类型转移的模型无法将家庭户结构变化和常规的人口事件发生/风险率联系到一起，也就无法直接通过人

---

① 本章由曾毅教授、王正联研究员、顾大男研究员和杨涵墨博士研究生撰写；作者工作单位和邮箱地址见第 1 章首页脚注。

口个体的家庭状态特征计算家庭户数量及其规模结构分布。

表 2.1　多维家庭人口预测模型中个体状态辨识及其定义

状态	标识	定义	中国应用实例
年龄	x	0,1,2,3,…,W；最高年龄 W 由使用者确定	x=0,1,2,3,…,100
性别	s	1. 女性；2. 男性	s=1,2
城乡居住地（或种族）	r	1. 农村；2. 城镇（或种族 r=1,2,…）	r=1,2 （农村、城镇）
婚姻与同居状态	m	由使用者确定 4 或 7 种婚姻与同居状态	m=1,2,3,4
是否与父母一起居住	k	1. 与父母双亲一起住；2. 与父或母一起住；3. 不与父母一起住	k=1,2,3
曾生子女数	p	p = 0,1,2,…,H；最高孩次 H 由使用者确定	p=0,1,2,3,4,5+
一起居住子女数	c	c = 0,1,2,…,H （$c \leqslant p$）	c=0,1,2,3,4,5+
预测年份	t	t_1=预测起始年份；t_2=预测结束年份；t_1、t_2 由使用者确定	t_1=2010；t_2=2050

注：①多维家庭人口预测模型中状态 k 也可以不考虑一起居住状态，只表示有 0、1、2 位父母亲健在(k=0,1,2)。状态 c 也可以不考虑一起居住状态，只表示有 1,2,…,p 位子女存活。基于这种定义，使用者就可以预测未来存活的父母和子女数量。②多维家庭人口预测模型将曾生子女数状态定义为生育或领养的所有孩子数。③5+表示 5 个或更多。本书其他地方的某个数字后面带“+”号的也是表示该数或更多，如 80+岁表示 80 岁及 80 岁以上

在使用多维家庭人口预测模型及 ProFamy 软件时，使用者可选择传统的四种婚姻状态模型或七种婚姻状态模型。传统的四种婚姻状态模型辨识未婚、已婚、丧偶、离婚四种婚姻状态（Willekens et al.，1982），见图 2.1。这种模型对数据的要求较低，但没有包含很多在社会已经成为普遍现象的同居状态。为此，多维家庭人口预测模型拓展了传统模型，可辨识七种婚姻状态：未婚未同居、已婚、丧偶未同居、离婚未同居、未婚同居、丧偶同居以及离婚同居（图 2.2）[①]。

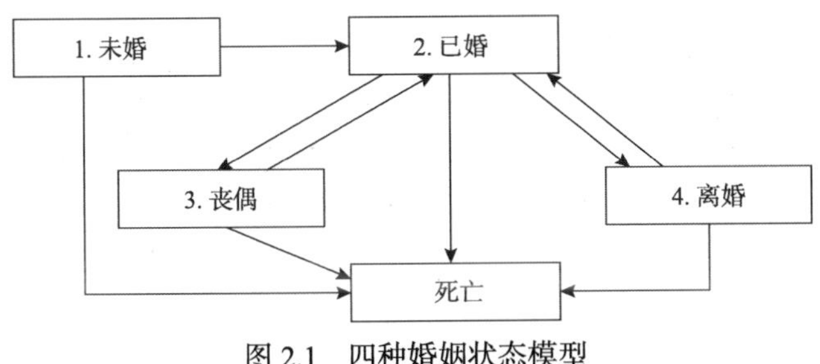

图 2.1　四种婚姻状态模型

① 也许有人觉得为简化模型，可将未婚同居、丧偶同居和离婚同居三类合并为同居一类。然而在这样简化后的模型中，一旦同居关系终止，三种不同法律婚姻状态的同居者都将转换为未婚未同居，这在实证分析和预测研究中是不合适的。

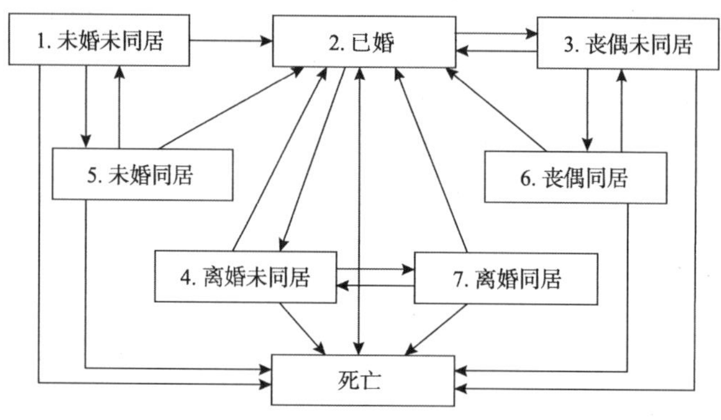

图 2.2　七种婚姻状态模型

对于美国和其他一些多种族国家而言，人口事件发生/风险率具有显著的种族差异，因此辨识种族是准确进行家庭人口预测的关键。以美国的明尼苏达州和佛罗里达州为例，如果不区分种族，两个州之间的人口事件发生/风险率呈现出很大差别。但如果对年龄和种族进行一个简单的标准化处理，这些州际差别几乎消失了，说明这些差别主要来自两州不同的种族人口构成，并非分种族的人口事件发生/风险率的差别（Morgan，2004）。因此，对于美国和其他一些有多个主要种族群体以及不同种族的人口事件发生/风险率具有显著差异的国家而言，在预测分析中包括种族分组是必要的。考虑到跨种族婚姻的存在，而且需要满足两性婚姻状态变化的一致性，我们不能简单地在各种族群体内分别进行家庭人口预测，而必须将所有可辨识的种族群体放在一个多维家庭人口预测模型中进行计算和分析。通过分种族的美国家庭户预测的实践证实，多维家庭人口预测模型包括了跨种族婚姻和同居，且满足男、女两性婚姻状态变化一致性（即所有种族的已婚男性人数与已婚女性人数相等）的要求；使用者可根据所研究国家实际数据和分种族人口事件发生/风险率之间的差异，自行选择区分几类种族群体（或者不区分种族）。

如果所研究国家或区域的城乡差异显著（如中国和其他一些发展中国家）并有分城乡的数据，可在多维家庭人口预测模型和 ProFamy 软件应用中包括城乡居住地这一状态。如果没有分城乡数据或城乡差异可以忽略不计（如西方发达国家），则可将城乡合一进行预测。

2.3　ProFamy 多维家庭人口预测的核心理念和计算方法

多维家庭人口预测模型的设计基于以下阐述的四个核心理念（Zeng et al., 2013）。

2.3.1　核心理念 1：　多状态预测模型

多维家庭人口预测模型最核心的理念是 t 年至 t+1 年婚姻状态和家庭状态的转换。我们采用 Brass 提出的“标记”（marker）方法，从人口个体特征推测家庭户状态；将代表家庭户的个体称为“家庭户标记”（marker of the household）（Brass，1983）。不论是在 Brass 的原作中，还是在 Bongaarts （1987）构造的核心家庭状态生命表模型，或中国学者建立的既包括核心家庭又包括三代家庭的家庭状态生命表（Zeng，1986，1988，1991）中，只有成年女性可成为家庭户标记，因而这些模型都是女性主导的单性别生命表模型。Zeng 等 （1997，1998） 将家庭状态生命表模型扩展为同时包括男、女两性全体人口的多维家庭人口预测模型。当一个家庭没有成年女性可作为家庭户标记时，家庭中的一位成年男性则被选为家庭户标记。

除了要辨识人口个体的单岁年龄、性别，以及必要时辨识城乡（种族）外，多维家庭人口预测模型也计算每一年人口个体家庭状态的转变，包括婚姻与同居状态、是否与父母一起居住以及一起居住子女数状态。Brass（1983）提出的家庭户标记为如何联结人口个体特征与家庭户状态提供了思路。家庭户标记代表家庭户，从他们的个体特征组合可以直接推导出家庭户类型与规模等状态。例如，有配偶或处于同居状态，不与父母一起住（$k=0$），有 c 个子女一起居住（$c=1,2,3,4,5+$）的妇女是二代夫妇核心家庭户的代表，其家庭户规模是 $2+c$；有配偶或处于同居状态，与父母双亲（$k=2$）或一位父或母（$k=1$）一起居住，有 c 个子女一起居住的妇女代表三代家庭户，其家庭户规模为 $2+c+k$；如果妇女无配偶且未同居，有 c 个子女一起居住，不与父母一起居住，其代表的是二代单亲（母）户，户规模为 $1+c$；无配偶且未同居，不与父母一起住，有 c 个子女一起居住的男子[①]代表二代单亲（父）户，其户规模为 $1+c$。关于如何根据家庭户代表的状态来辨识其家庭户类型与规模以及家庭户数的计算公式列在表2.2中。需要注意的是，以无配偶且不与子女一起居住的妇女（男子），以及与子女一起

① 有配偶或处于同居状态的男性不能作为家庭户代表，因为我们已经选择他的配偶或者同居女性作为家庭户代表，而一个家庭户不能有两个代表。

居住的单亲母（父）亲为代表的家庭户，其分类以该妇女（男子）的年龄和婚姻状态为依据。与子女一起居住和不与子女一起居住的夫妇家庭户的分类依据女方的年龄和婚姻状态。与父母双亲或一位父或母一起居住的三代家庭户标记由中间一代的女性（或男性，如果中间一代是无配偶男性）担任。三代家庭户的类别多适用于亚洲国家和其他一些发展中国家，而在西方国家的家庭户预测中则不常见，因为三代同住的现象在西方国家很少见。需要指出的是，在识别一人户及单亲家庭户代表时，我们包括了少数已婚夫妇的分居状态，即除了预测未婚、丧偶、离婚者的一人户和单亲家庭户外，也预测虽然已婚但处于分居状态的一人户和单亲家庭户。

表 2.2 根据“家庭户标记”状态辨识家庭户类型、规模及家庭户数计算公式

家庭户类型	家庭户标记的个人状态					家庭户规模	t 年家庭户数计算公式
	s	k	m	p	c		
一代户							
女性一人户	1	3	1，3，4	≥0	0	1	$G_a^1(t)=\sum_{x=\alpha}^{W}\sum_{m=1,3,4}\sum_{p=0}^{H}N_{3,m,p,0}(x,t,1)$
男性一人户	2	3	1，3，4	≥0	0	1	$G_b^1(t)=\sum_{x=\alpha}^{W}\sum_{m=1,3,4}\sum_{p=0}^{H}N_{3,m,p,0}(x,t,2)$
一对夫妇户	1	3	2，5，6，7	≥0	0	2	$G_c^1(t)=\sum_{x=\alpha}^{W}\sum_{m\neq1,3,4}\sum_{p=0}^{H}N_{3,m,p,0}(x,t,1)$
二代户							
父母双亲户	1	3	2，5，6，7	>0	>0	2+c	$G_a^2(t)=\sum_{x=\alpha}^{W}\sum_{m\neq1,3,4}\sum_{p=1}^{H}N_{3,m,p,c}(x,t,1)-(G_a^3+G_c^3+G_e^3)$
单亲母亲	1	3	1，3，4	>0	>0	1+c	$G_b^2(t)=\sum_{x=\alpha}^{W}\sum_{m=1,3,4}\sum_{p=1}^{H}N_{3,m,p,c}(x,t,1)-(G_b^3+G_d^3+G_f^3)R$
单亲父亲	2	3	1，3，4	>0	>0	1+c	$G_c^2(t)=\sum_{x=\alpha}^{W}\sum_{m=1,3,4}\sum_{p=1}^{H}N_{3,m,p,c}(x,t,2)-(G_b^3+G_d^3+G_f^3)(1-R)$
三代户							
祖父母2老人+中青年夫妇+孩子	1	1	2，5，6，7	>0	>0	2+2+c	$G_a^3(t)=\sum_{x=\alpha}^{W}\sum_{m\neq1,3,4}\sum_{p=1}^{H}N_{1,m,p,c}(x,t,1)$

续表

家庭户类型	家庭户标记的个人状态					家庭户规模	t 年家庭户数计算公式
	s	k	m	p	c		
祖父或祖母 1 老人+中青年夫妇+孩子	1	2	2，5，6，7	＞0	>0	1+2+c	$G_b^3(t)=\sum_{x=\alpha}^{W}\sum_{m\neq1,3,4}\sum_{p=1}^{H}N_{2,m,p,c}(x,t,1)$
祖父母 2 老人+中青年单母+孩子	1	1	1，3，4	＞0	>0	2+1+c	$G_c^3(t)=\sum_{x=\alpha}^{W}\sum_{m=1,3,4}\sum_{p=1}^{H}N_{1,m,p,c}(x,t,1)$
祖父母 1 老人+中青年单母+孩子	1	2	1，3，4	＞0	>0	1+1+c	$G_d^3(t)=\sum_{x=\alpha}^{W}\sum_{m=1,3,4}\sum_{p=1}^{H}N_{2,m,p,c}(x,t,1)$
祖父母 2 老人+中青年单父+孩子	2	1	1，3，4	＞0	>0	2+1+c	$G_e^3(t)=\sum_{x=\alpha}^{W}\sum_{m=1,3,4}\sum_{p=1}^{H}N_{1,m,p,c}(x,t,2)$
祖父或祖母 1 老人+中青年单父+孩子	2	2	1，3，4	＞0	>0	1+1+c	$G_f^3(t)=\sum_{x=\alpha}^{W}\sum_{m=1,3,4}\sum_{p=1}^{H}N_{2,m,p,c}(x,t,2)$

注：① x、s、m、k、p、c、t、W、H 的定义见表 2.1。$N_{k,m,p,c}(x,t,s)$ 表示在 t 年，年龄为 x，性别为 s，状态为 k、m、p、c 的人口数。② α 表示家庭户代表的最低年龄，一般设为 15 岁，也可由用户自行选择（如 18 岁）。③三代家庭户标记由中间一代的女性（或男性，如果中间一代是无配偶男性）担任，所以生活在三代家庭户中的祖父母老人不能作为家庭户标记，因为一个家庭户不能有两个代表。然而，他们的 $k=3$，$c>0$，符合二代户标记的状态条件，但他们绝不是二代户标记。因此，在计算二代户数时必须将这些符合二代户标记状态条件，但不是把二代户标记的生活在三代户中的祖父母老人人数去掉，即计算 $G_a^2(t)$、$G_b^2(t)$、$G_c^2(t)$ 时，必须分别减去 T_a、T_b、T_c，$T_a=G_a^3(t)+G_c^3(t)+G_e^3(t)$。④我们计算 $G_b^2(t)$ 和 $G_c^2(t)$ 时应分别减去 $(G_b^3(t)+G_d^3(t)+G_f^3(t))\times R$ 和 $(G_b^3(t)+G_d^3(t)+G_f^3(t))\times(1-R)$。$R$ 是 49 岁以上、不与父母一起居住（k=3）且 c>0 的女性人数占 49 岁以上 k=3 且 c>0 女性人数与 51 岁以上 k=3 且 c>0 男性人数之和的比例

上述计算模型在现实应用中能达到的精度如何？为了回答这一问题，我们用实际观测数据予以验证。我们对所研究人口每一个体的以下状态予以辨识分类：性别、婚姻与同居状态、曾生子女数、一起居住子女数以及是否与父母一起居住。根据这些状态，我们选定家庭户代表，进而根据多维家庭人口预测模型和表 2.2 中的计算公式得出按家庭类型与规模划分的户数分布。这样得出的家庭户数分布可以称为模型计算。另外，我们依照标准的人口普查制表方法，根据家庭户成员及其与家庭户代表的关系代码直接计算出家庭户数分布，称为直接计算。模型计算和直接计算都排除了父母子女外的其他亲属和非亲属，为检验提供了可比性。

表 2.3 的（A）对比了使用模型计算和直接计算两种方法从美国 2000 年人口普查数据和中国 2000 年人口普查数据中得到的在国家层面和地区层面的家庭户类型分布。结果表明，两个计算方法得到的结果的差异均小于 1%。

表 2.3 的（B）对比了使用模型计算和直接计算两种方法从美国 2000 年人口普查数据和中国 2000 年人口普查数据中得到的在国家层面和地区层面的家庭户规模分布。两种计算方法得到的家庭户规模频率分布的差异也非常小，除个别外均小于 1%。一个差异较大的特例是模型计算将我国 6 人及以上的大家庭户比例相对低估了 7.33%，主要原因有两个：其一，多维家庭人口预测模型计算虽然辨识三代家庭户，但忽略了一小部分四代及以上家庭户和联合家庭户（即多于一个已婚兄弟或姐妹、其配偶以及他们的孩子生活在一起的家庭）；其二，我们的模型计算将最高生育孩次数定为 5，有可能低估了一小部分有 6 个及以上孩子的大家庭户。因为四代及以上户、联合家庭户以及有 6 个及以上孩子的大家庭将越来越少，所以这种低估 6 人及以上的大家庭户的情况也将会趋于减少。

表 2.3　模型计算和直接计算的家庭户类型比例的比较

（A）家庭户类型				（B）家庭户规模			
类型	直接计算	模型计算	差异	规模	直接计算	模型计算	差异
美国全国 2000 年							
一对夫妇户	0.2574	0.2571	–0.12%	1 人	0.2908	0.2909	0.03%
一代户	0.5482	0.5480	–0.04%	2～3 人	0.4843	0.4843	0
二代户	0.4158	0.4162	0.10%	4～5 人	0.1992	0.1993	0.05%
三代户	0.0361	0.0358	–0.83%	6 人及以上	0.0258	0.0255	–1.16%
美国明尼苏达州 2000 年							
一对夫妇户	0.2937	0.2936	–0.03%	1 人	0.2853	0.2852	–0.04%
一代户	0.5790	0.5788	–0.03%	2～3 人	0.4812	0.4812	0
二代户	0.4070	0.4073	0.07%	4～5 人	0.2056	0.2057	0.05%
三代户	0.0140	0.0139	–0.71%	6 人及以上	0.0280	0.0279	–0.36%
美国洛杉矶市 2000 年							
一对夫妇户	0.1803	0.1793	–0.55%	1 人	0.2979	0.2983	0.13%
一代户	0.4781	0.4777	–0.08%	2～3 人	0.4127	0.4128	0.02%
二代户	0.4521	0.4531	0.22%	4～5 人	0.2398	0.2401	0.13%
三代户	0.0697	0.0692	–0.72%	6 人及以上	0.0496	0.0488	–1.61%
中国 2000 年							
一对夫妇户	0.1313	0.1308	–0.38%	1 人	0.0957	0.0956	–0.10%
一代户	0.2271	0.2264	–0.31%	2～3 人	0.4896	0.4891	–0.10%

续表

(A) 家庭户类型				(B) 家庭户规模			
类型	直接计算	模型计算	差异	规模	直接计算	模型计算	差异
二代户	0.5934	0.5942	0.13%	4～5 人	0.3602	0.3648	1.28%
三代户	0.1795	0.1794	−0.06%	6 人及以上	0.0546	0.0506	−7.33%

注：差异=100%×(模型计算–直接计算)/直接计算；本表数据因进行了四舍五入，存在比例合计不等于 1 的情况

需要注意的是，我们的多状态计算模型只辨识了家庭户代表与其配偶、子女、父母一起居住的状态，但没有辨识与其他亲属或非亲属一起居住的状态，因而可能造成在预测起始年份和未来的家庭户规模分布计算的不准确。这一问题可以按本章附录 A2.1 节阐述的调整方法和步骤合理地解决。另外，其他亲属和非亲属不能作为家庭户代表，因为一个家庭户不能有多于一个代表。本章附录 A2.2 节阐述了避免其他亲属和非亲属被选为家庭户代表的方法和步骤。

2.3.2　核心理念 2：关于（$x, x+1$）年龄区间人口事件计算策略

多维家庭人口预测模型辨识的维数和家庭状态数较多，如果采用一般的多状态人口模型计算方法，则需要进行高维度的状态转换概率矩阵的估算。例如，一项关于美国家庭户与居住安排的预测研究辨识了七种婚姻与同居状态（图 2.2）、三种是否与父母一起居住状态（k=0,1,2）、六种曾生子女数状态（p=0,1,2,3,4,5+）以及六种一起居住子女数状态（c=0,1,2,3,4,5+）（Zeng et al., 2006）；如果采用一般的多状态人口模型计算方法，那么对于每一种族群体每一年龄组的男性和女性都将分别估算一个包含 194 481（=441×441，其中 $441=7\times3\times\sum_{p=0}^{5}(p+1)$）个元素[①] 的状态转换概率矩阵。然而，估算每一年龄的状态转换概率矩阵如此之多的元素（即不同交叉组合状态之间的相互转换概率）是不可能的，因为尽管各年龄的状态转换概率矩阵元素中有些是零，待估参数仍然太多，需要极大样本，即使特大样本的调查也很难收集到如此详细的不同组合状态变化数据，其成本也太高。因此，多维家庭人口预测模型采取以下计算策略来解决这一问题。

（1）在单岁年龄区间的第一个半年与第二个半年分别计算生育事件；第一个半年的生育取决于年初的婚姻与孩次状态，而第二个半年的生育则取决于年中婚姻状态与第一个半年生育事件之后新的曾生子女数状态。

① 因为一起居住子女数小于或等于曾生子女数，所以两个变量的组合状态个数是 $\sum_{p=0}^{5}(p+1)$，而不是（6×6）。

（2）婚姻状态、死亡、迁移、是否与父母一起居住状态的变化以及由子女离家或返家引起的一起居住子女数的变化等人口事件在单岁年龄区间的年中计算（图 2.3）。

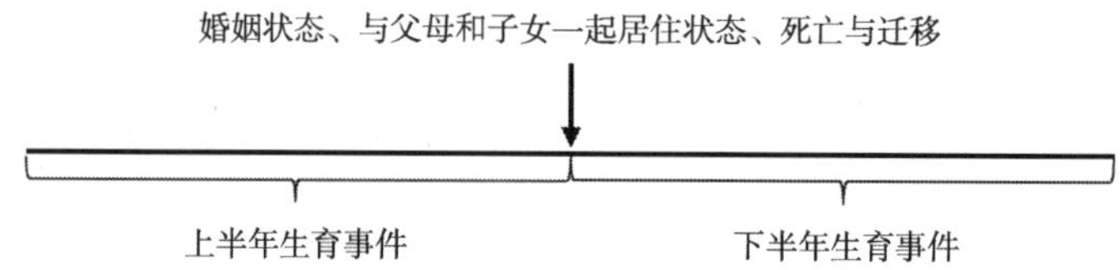

图 2.3　生育、婚姻状态、与父母和子女一起居住状态转换、死亡与迁移的计算策略

采取上述计算策略后，就有可能利用已有的调查和普查数据分别估算男女年龄别婚姻状态转换率、年龄—婚姻状态—孩次别生育率、男女年龄别迁移率以及死亡率等，从而大大简化了家庭状态转换的计算，避免了无法解决的估算超巨大状态转换概率矩阵的问题。这一计算策略最初由 Bongaarts（1987）提出，Zeng（1991）做了进一步的数学证明和数值模拟验证。

2.3.3　核心理念 3：　审慎应用人口事件发生相互独立的假设

多维家庭人口预测模型假定婚姻与同居状态的转换取决于年龄、性别、种族，而与曾生子女数、是否与父母一起居住、一起居住子女数无关[①]。生育率取决于年龄、种族、曾生子女数，以及婚姻和同居状态，而与一起居住子女数及是否与父母一起居住无关。死亡率取决于年龄、性别、种族以及婚姻和同居状态，而与曾生子女数、是否与父母一起居住以及一起居住子女数无关。另外，将父母的死亡概率相乘，可以得到在同一年父母双亡的概率；将每一个子女离家的概率相乘，可以得到在同一年多个子女离家的概率。

将上述关于审慎应用人口事件发生相互独立的统计学假设的核心理念 3 与前面阐述的核心理念 2 相结合，能大大简化多状态转移概率的估算，其理论和实践基础是：并非状态转移概率矩阵中每一个元素都与其他元素有显著的相关关系。事实上，有些元素在现实中与其他元素关联很小，因此我们可以合理假设它们是相互独立的。这一理念最初由 Bongaarts （1987）提出，后又经过 Zeng 等（1997，1998）的改进和扩展。同时，按年龄、性别分的状态转换概率与较多其他协变量相关，但数据往往非常有限，所以不得不采取人口事件发生相互独立的统计学假设；而且在多维多状态模拟预测模型中包括很多协变量，将导致模型过分复杂并因太多变量误差叠加使模型精度下降。

① 如果数据可获，按曾生子女数和与一起居住子女数来区分婚姻状态转换概率是最为理想的。然而，这样做需要极大的样本来较为合理地估算每个年龄按种族分的组合状态转换概率，目前还无法实现。

2.3.4　核心理念 4：应用全国年龄别人口事件发生/风险率标准模式和区域综合参数

值得注意的是，用于估算分种族、性别、年龄的生育率、死亡率、结婚率、离婚率、同居率、同居终止率及离家率的标准模式的数据可能在地区层面不可得。然而，一旦我们有了在国家层面的分种族、性别、年龄的人口事件发生/风险率，就可以将它们作为在地区层面进行预测的人口事件发生/风险率的标准模式。这与人口预测和估算中广泛应用的模型生命表（Coale et al.，1983；United Nations，1982）、Brass-Logit 相关模型生命表（Murray et al.，2003）、Brass-Gompertz 相关生育模型（Brass，1974），以及人口预测和估算的其他参数模型（Coale and Trussell，1974；Rogers，1986）相似。大量研究表明，综合应用年龄别人口事件发生/风险率标准模式和少量综合参数是预测与估算区域分年龄人口事件发生/风险率的高效且实用的方法（Brass，1974；Booth，1984；Paget and Timaeus，1994；Zeng et al.，1994）。

与核心理念 4 相关，使用模型生命表和其他人口事件发生/风险率标准模式的理论基础是：年龄别标准模式决定一般比较稳定的人口事件发生/风险率的年龄结构分布，而综合参数对分年龄人口事件发生的水平及平均年龄的变化有至关重要的影响。例如，相关综合参数（平均年龄、中位数年龄等）可以控制年龄别标准模式年龄分布的宽窄和人口事件发生时间的早晚。在此前提下，分种族、性别、年龄的标准模式一般对预测和估算结果并不高度敏感。我们以往发表的三篇文章（Zeng et al.，2000，2006，2013a）对这一理论和实证研究基础做了以下三个方面的验证。

我们应用多维家庭人口预测模型，通过国家层面的分年龄、性别的人口事件发生/风险率标准模式以及地区层面的综合参数，对美国 50 个州和华盛顿哥伦比亚特区（简称华盛顿特区）以及中国的省级地区的家庭户结构、居住安排和人口进行预测。对比 1990～2000 年的预测以及 2000 年的普查观测数，美国各州和华盛顿特区的预测绝对百分比误差（absolute percent error，APE）小于 3.00%的占 68.0%，在 3.00%～4.99%区间的占 17.0%，在 5.00%～6.99%区间的占 11.2%，大于 10.00%的占 3.8%。我们对比 1990～2000 年中国省级地区层面家庭户和人口主要指标的预测和 2000 年的普查观测数，得到的预测误差也非常小（详见第 4.2 节）。

Zeng 等（2006）对 1990～2020 年美国国家层面进行了两套分种族的家庭人口预测。两套预测使用了完全相同的分种族的综合参数，唯一不同的是两套预测分别使用基于 20 世纪 90 年代数据和 20 世纪 80 年代数据的分种族、年龄、性别的人口事件发生/风险率标准模式。对比两套预测的关于家庭户、居住安排、人口的 17 个主要指标在 2000 年、2010 年和 2020 年的预测值，可以发现当输入的综合参数相同时，用 20 世纪 90 年代和 20 世纪 80 年代的年龄别人口事件发生/风险率标准模式进行的预测所得结果几乎相同，预测所得到的主要指标 2/3 的差异的绝对值小于 2%，另外 1/3 的差异的绝对值在 2.0%～3.4%（表 2.4 和表 2.5）。

表 2.4 应用多维家庭人口预测方法，当输入的综合指标相同时，使用美国不同年代年龄别标准模式得到的家庭户总数、类型和规模等预测结果的比较

家庭户数和规模	2000 年			2010 年			2020 年		
	80 年代标准模式	90 年代标准模式	差异	80 年代标准模式	90 年代标准模式	差异	80 年代标准模式	90 年代标准模式	差异
家庭户总数/户	105 779 128	105 901 696	0.1%	120 269 184	120 454 376	0.2%	134 421 136	134 627 744	0.2%
平均家庭户规模/人	2.53	2.53	0	2.47	2.47	0	2.44	2.44	0
不同规模家庭户占比									
1 人户	25.77%	25.19%	–2.3%	26.85%	26.09%	–2.8%	27.36%	26.52%	–3.1%
2 人户	32.95%	33.81%	2.6%	34.68%	35.77%	3.1%	35.72%	36.95%	3.4%
3 人户	18.02%	18.09%	0.4%	17.22%	17.33%	0.6%	16.36%	16.48%	0.7%
4 人户	13.98%	13.8%	–1.3%	12.38%	12.17%	–1.7%	11.74%	11.48%	–2.2%
5＋人户	9.28%	9.11%	–1.8%	8.86%	8.64%	–2.5%	8.83%	8.58%	–2.8%
夫妇户	53.85%	53.69%	–0.3%	47.36%	47.20%	–0.3%	42.38%	42.23%	–0.4%

注：本表数据因进行了四舍五入，存在比例合计不等于 100%的情况

表 2.5 应用多维家庭人口预测方法，当输入的综合指标相同时，使用美国不同年代的年龄别标准模式得到的主要人口指标预测结果的比较

主要人口指标	2000 年			2010 年			2020 年		
	80 年代标准模式	90 年代标准模式	差异	80 年代标准模式	90 年代标准模式	差异	80 年代标准模式	90 年代标准模式	差异
总人口数/亿人	2.7648	2.7642	0	3.0690	3.0690	0	3.3927	3.3919	0
18 岁以下未成年人比例	25.35%	25.33%	–0.1%	24.30%	24.31%	0	23.92%	23.91%	0
60+岁人口比例	16.92%	16.92%	0	19.00%	19.00%	0	22.93%	22.93%	0
65+岁人口比例	13.03%	13.04%	0.1%	13.60%	13.60%	0	16.74%	16.75%	0.1%
80+岁人口比例	3.61%	3.61%	0	4.15%	4.15%	0	4.27%	4.27%	0
集体户人口比例	2.73%	2.73%	0	2.84%	2.84%	0	2.85%	2.86%	0.4%
抚养比									
少儿抚养比	0.41	0.41	0	0.39	0.39	0	0.40	0.40	0
老年抚养比	0.21	0.21	0	0.22	0.22	0	0.28	0.28	0
老少抚养比	0.62	0.62	0	0.61	0.61	0	0.69	0.69	0

注：表中数据按照原始数据计算后四舍五入得到

在另一个实证研究评估中，Zeng 等（2000）采用 Bass-Gompertz 相关生育模型，用一个人口群体观测的综合参数（某人口事件发生水平的综合参数、中位数年龄、四分位差）以及基于该人口群体数据或另一个相似人口群体估计的年龄别人口事件发生/风险率标准模式，来估算年龄别人口事件发生/风险率，并对比估算所得和实际观测的年龄别人口事件发生/风险率，做了以下估算和对比。

（1）根据实际观测的澳大利亚 1970 年年龄别离婚率标准模式和 1975 年综合参数，估计 1975 年澳大利亚的女性年龄别离婚率，并与 1975 年实际观测的年龄别离婚率相比较。

（2）根据实际观测的 1978 年荷兰的综合参数，以澳大利亚 1975 年年龄别再婚率作为标准模式，估计荷兰 1978 年的女性丧偶者年龄别再婚率，再与荷兰 1978 年相应的实际观测数相比较。

（3）根据中国实际观测的 1981～1989 年中国的综合参数，以美国 1970～1980 年年龄—孩次别生育率作为标准模式，估计 1981～1989 年中国年龄—孩次别生育率，并与中国 1981～1989 年实际观测的年龄—孩次别生育率相比较。

（4）根据实际观测的中国某一省（直辖市）综合指标，以其他十一个省（直辖市）的平均年龄—婚后年数别离家率作为标准模式，分别估计十二个省（直辖市）每一个省（直辖市）1950～1969 年结婚队列和 1970～1979 年结婚队列的女性年龄—婚后年数别离家率，并与相应的实际观测数相比较。

结果表明，几乎所有的上述年龄别估算值和观测值都很接近，而且几乎所有的拟合指数都大于 0.95（Zeng et al.，2000），证明这些估算非常准确；而这些准确的估算结果充分说明：基于所研究人口早一些年份的数据或另一个相似人口的年龄别标准模式可以比较合理地代表所研究人口的人口事件发生/风险率年龄分布模式。例如，20 世纪 70 年代，澳大利亚、荷兰、美国的离婚率和再婚率的一般年龄结构分布并没有很大差异，因此相关的估算结果比较准确。在 20 世纪 80 年代，中国的较低生育水平已经呈现出与美国 20 世纪 70 年代较低生育模式类似的年龄结构分布。因此，美国 1970～1980 年的年龄—孩次别生育率可以作为估计中国 20 世纪 80 年代年龄—孩次别生育率的标准模式；而我国 20 世纪 80 年代观测的孩次别总和生育率、中位数年龄和四分位差等综合参数则可以充分地表述和量测中国和美国在生育水平、生育早晚和生育曲线形状之间的差异。

上面阐述讨论的实证评估案例表明，使用国家层面的年龄别标准模式和所研究地区层面的综合参数来估测家庭人口预测所需的分性别、年龄的人口事件发生/风险率，在理论和实践上都是切实可行的。在估计或选定国家层面年龄别标准模式以后，分析者就可以专注于预测未来的人口事件发生综合参数。这可以使用统计软件（SAS、SPSS、Stata）的传统时间序列分析方法或者专家估测[①]方法来完成；其他相关社会经济协变量（平均收入、教育、城镇化水平等）的时间序列数据也可以用来预测人口事件发生综合参数。

2.4　家庭人口状态转换方程

我们用家庭人口状态转换方程来计算预测未来每一年的男、女性人口数量，以及其死亡、婚姻状态、曾生子女数、一起居住子女数、是否与父母一起居住等的变化。家庭人口状态转换方程的基本结构如下。

在$t+1$时，状态为 i，年龄为$x+1$的人数 =（在 t 时，状态为 i，年龄为 x 的人数）+（在$t+1$时，年龄为$x+1$，在时间区间（$t,t+1$）内新进入状态 i 的人数）–（在 t 时，年龄为x，在时间区间（$t,t+1$）内离开状态 i 的人数）。

造成状态转换的因素包括在年龄区间（$x,x+1$）内的生育、死亡、迁移、结婚（或同居）、离婚（或同居终止）、再婚（或再同居），以及离开父母家和返回父母家等。为计算这些事件的发生次数，我们用当年有可能经历上述事件且年龄为 x 的人数，乘以在一年内（年龄区间（$x,x+1$），或时间区间（$t,t+1$））事件发生的概率。

我们推导出了计算在年龄区间（$x,x+1$）和时间区间（$t,t+1$）内的状态变化的方程公式。计算在年龄区间（$x,x+1$）和时间区间（$t,t+1$）中状态 k、m、p 和 c（定义见表 2.1）的变化包括以下三个步骤（对数学公式没有兴趣的读者可以直接跳到 2.5 节）。

t 代表年份，s 代表性别（$s=1$为女性，$s=2$为男性）。如果辨识了城乡居住地或者种族，所有的变量都要再加上标识 r，即城乡居住地或种族的维度。

用$N_{k,m,p,c}(x,t,s)$和$N_{k,m,p,c}(x+0.5,t+0.5,s)$分别表示年龄为 x，性别为 s，在年份 t 的年初和年中时具有 k、m、p、c 状态的人数；年中须更新状态 p 和 c。用$\frac{1}{2}b_{p,m}(x,t,s)$表示年龄为 x，性别为 s，生育孩数为 p，婚姻状态为 m 的人在 t 年第一个半年生育第 p+1 个孩子的概率；本章附录 A2.3 节具体介绍了基于年龄—孩次别生育率数据来估算$\frac{1}{2}b_{p,m}(x,t,s)$的方法及其证明。

用$p(0,t)$表示在年份 t 出生的孩子（男、女合计）存活到年底的平均概率。$p(0,t)$根据年份 t 生命表 0～1 岁生存率估得。

第一步，根据第一个半年（$t,t+0.5$）的生育事件更新状态 p 和 c。

① 专家估测是指专家或者在该领域有丰富知识的人的评估意见（见 http://wiki.answers.com/Q/ Define_expert_opinion）。

当 p=0，c=0（注意： c 不可能大于 p），

$$N_{k,m,0,0}\left(x+0.5,t+0.5,s\right) = N_{k,m,0,0}(x,t,s)\,(1-\frac{1}{2}b_{p,m}(x,t,s)) \quad (2.1)$$

当 $p>0$，$c=0$，

$$\begin{aligned}&N_{k,m,p,0}\left(x+0.5,t+0.5,s\right)\\&=N_{k,m,p,0}(x,t,s)\left(1-\frac{1}{2}b_{p,m}(x,t,s)\right)\\&\quad+N_{k,m,p-1,0}(x,t,s)\frac{1}{2}b_{p-1,m}(x,t,s)(1-p(0,t))\end{aligned} \quad (2.2)$$

当 $p>0$，$c>0$且$p>c$，

$$\begin{aligned}&N_{k,m,p,c}\left(x+0.5,t+0.5,s\right)\\&=N_{k,m,p,c}(x,t,s)\left(1-\frac{1}{2}b_{p,m}(x,t,s)\right)\\&\quad+N_{k,m,p-1,c-1}(x,t,s)\frac{1}{2}b_{p-1,m}(x,t,s)p(0,t)\\&\quad+N_{k,m,p-1,c}(x,t,s)\frac{1}{2}b_{p-1,m}(x,t,s)(1-p(0,t))\end{aligned} \quad (2.3)$$

当 $p>0$，$c>0$且p=c，

$$\begin{aligned}&N_{k,m,p,c}\left(x+0.5,t+0.5,s\right)\\&=N_{k,m,p,c}\left(x,t,s\right)\left(1-\frac{1}{2}b_{p,m}\left(x,t,s\right)\right)\\&\quad+N_{k,m,p-1,c-1}\left(x,t,s\right)\frac{1}{2}b_{p-1,m}\left(x,t,s\right)p\left(0,t\right)\end{aligned} \quad (2.4)$$

第二步，计算年中的死亡、迁移（包括农村—城镇和其他国内、国际迁移）、婚姻状态、与父母一起居住状态及一起居住子女数的变化。

计算婚姻状态转换和存活、死亡数量的方法在以往文献中有详细介绍（Bongaarts，1987；Schoen，1988；Willekens et al.，1982），在此不再赘述。

多维家庭人口预测模型及 ProFamy 软件为使用者提供了以下关于计算净迁移、迁入、迁出的多种选择。

如果是在国家层面进行预测，在以下两个选项中选择其一：①国际迁入、国际迁出；②国际净迁移（注：净迁移等于迁入减去迁出）。

如果是在地区层面进行预测，在以下选项中选择其一：①国际净迁移、国内迁入、国内迁出；②合并国际和国内迁入，合并国际和国内迁出；③合并国

际和国内净迁移；④国际迁入和迁出，国内净迁移；⑤国际净迁移，国内净迁移；⑥国际迁入和迁出，国内迁入和迁出。

例如，如果使用者在地区层面的预测中选择“合并国际和国内迁入，合并国际和国内迁出”，从世界其他各地迁入研究区域的分年龄、性别的人数可以用女性和男性迁入总人数乘以分年龄、性别的迁入者的标准频率分布得到（如果数据可得，也可以分婚姻状态和与子女一起居住状态）。从研究区域迁出到世界其他各地的分年龄、性别的人数可以用女性和男性本地年龄别人数乘以分年龄、性别的迁出概率，从而得到大概的分年龄、性别的迁出人数（如果数据可得，也可以分婚姻状态和与子女一起居住状态）；然后等比例调整估得的迁出人数，以保证调整后的迁出总人数等于预测或假定的 t 年迁出总人数。

如果分城乡预测，则根据预测或假定的 t 年城镇人口占总人口比例和分年龄性别（如果数据可得，也可以分婚姻状态和一起居住子女数状态）的农村—城镇净迁移标准模式来计算每年的农村—城镇净迁移。我们用 t 年的总人口乘以 t 年和 $t-1$ 年城镇人口比例之差来计算 t 年的农村—城镇净迁移总人数，再用它乘以分年龄、性别的农村—城镇净迁移标准频率（根据人口普查数据估得），来估算分年龄、性别的农村—城镇净迁移人数。需要注意的是，分年龄、性别的农村—城镇净迁移标准频率之和等于 1.0。

用 $w_{ij}(x,t,s,m)$ 表示性别为 s，婚姻状态为 m 的人在 t 年 x 岁时与父母一起居住状态为 i，而在 $t+1$ 年 $x+1$ 岁时与父母一起居住状态转换为 j 的概率。导致与父母一起居住状态转换的事件包括一位父或母或两位父母去世、父母离婚、无配偶的父或母再婚、子女离开父母家以及返回父母家。我们假设这些事件是相互独立的，所以转换概率 $w_{ij}(x,t,s,m)$ 可以根据年龄别死亡率、离婚率、再婚率、离家率，以及返家率来估算（见本章附录 A2.4 节）。

用 $N'_{i,m,p,c}(x+0.5,t+0.5,s)$ 表示在计算死亡、迁入、迁出、农村—城镇迁移（如果包括城乡分组），以及婚姻状态转换后的 t 年年中人口数。

用 $N''_{j,m,p,c}(x+0.5,t+0.5,s)$ 表示更新状态 k 后的 t 年年中人口数。

因此，

$$
\begin{aligned}
&N''_{j,m,p,c}(x+0.5,t+0.5,s) \\
&=\sum_{i=1}^{3} N'_{j,m,p,c}(x+0.5,t+0.5,s)\,w_{ij}(x,t,s,m)
\end{aligned}
\tag{2.5}
$$

为了简化表达，我们不妨假设最高生育孩次为 3（最高生育孩次大于 3 的计算方法基本相同，但表述更为复杂）。用 $s_1(t)$、$s_2(t)$、$s_3(t)$ 分别表示一个、两个、三个在 t 年初与父母一起居住的子女在 t 年底存活且依然与父母一起居住的概率；用 $d_1(t)$、$d_2(t)$、$d_3(t)$ 分别表示一个、两个、三个在 t 年初与父母一起居住的子女在 t 年底死亡或离开父母家的概率。用 $d_{12}(t)$、$d_{13}(t)$、$d_{23}(t)$ 分别表示两个子女中的一个、三个子女中的一个、三个子女中的两个在 t 年底死亡或离开父母家的概率。假设离开父母家和死亡事件相互独立，我们可以比较方便地估算出 $s_1(t)$、$s_2(t)$、$s_3(t)$、$d_1(t)$、$d_2(t)$、$d_3(t)$、$d_{12}(t)$、$d_{13}(t)$、$d_{23}(t)$（见本章附录 A2.5 节）。

用 $N'''_{i,m,p,c}(x+0.5,t+0.5,s)$ 表示根据子女离家、返家、死亡等事件发生计算更新状态 c 后的 t 年年中人口数。

当 $p=0$且$p=c$,

$$N'''_{k,m,0,0}(x+0.5,t+0.5,s) = N''_{k,m,0,0}(x+0.5,t+0.5,s) \tag{2.6}$$

当 $p>0$ 且 $p\geqslant c$,

$$\begin{aligned} &N'''_{k,m,p,0}(x+0.5,t+0.5,s)\\ &=N''_{k,m,p,0}(x+0.5,t+0.5,s)\\ &\quad+N''_{k,m,p,1}(x+0.5,t+0.5,s)d_1(t)\\ &\quad+N''_{k,m,p,2}(x+0.5,t+0.5,s)d_2(t)\\ &\quad+N''_{k,m,p,3}(x+0.5,t+0.5,s)d_3(t) \end{aligned} \tag{2.7}$$

$$\begin{aligned} &N'''_{k,m,p,1}(x+0.5,t+0.5,s)\\ &=N''_{k,m,p,1}(x+0.5,t+0.5,s)s_1(t)\\ &\quad+N''_{k,m,p,2}(x+0.5,t+0.5,s)d_{12}(t)\\ &\quad+N''_{k,m,p,3}(x+0.5,t+0.5,s)d_{23}(t) \end{aligned} \tag{2.8}$$

$$\begin{aligned} &N'''_{k,m,p,2}(x+0.5,t+0.5,s)\\ &=N''_{k,m,p,2}(x+0.5,t+0.5,s)s_2(t)\\ &\quad+N''_{k,m,p,3}(x+0.5,t+0.5,s)d_{13}(t) \end{aligned} \tag{2.9}$$

$$N'''_{k,m,p,3}(x+0.5,t+0.5,s)=N''_{k,m,p,3}(x+0.5,t+0.5,s)s_3(t) \tag{2.10}$$

第三步，根据第二个半年的生育事件更新状态 p 和 c。

需要注意的是，因为从怀孕到生育一般需要 10 个月，我们假设 t 年第一个半年生育的女性在第二个半年不会再生育，所以只有那些 t 年第一个半年没有生育的女性在第二个半年才有可能生育。因此，我们需要计算所有 $t+0.5$ 年时年龄为

$x+0.5$ 岁且状态为 k、m、p、c 的女性中，第一个半年没有生育女性的比例，用 $B0_{k,m,p,c}(x,t,s)$ 表示。在 $t+0.5$ 年时年龄为 $x+0.5$ 岁且状态为 k、m、p、c 的女性人数（用 $N_{k,m,p,c}(x+0.5,t+0.5,s)$ 表示）包括在 x 岁到 $x+0.5$ 岁时生育孩次 p 保持不变（即在第一个半年没有生育过）的女性，以及在 x 岁时生育孩次为 $p-1$，但在 $x+0.5$ 岁时生育孩次为 p（即在第一个半年有生育）的女性。其估算方程是

$$B0_{k,m,p,c}(x,t,s)=N_{k,m,p,c}(x,t,s)\left(1-\frac{1}{2}b_{p,m}(x,t,s)\right)\Big/N_{k,m,p,c}(x+0.5,t+0.5,s)$$

当 $p=0$，$c=0$（注意： c 不可能大于 p），

$$\begin{aligned}&N_{k,m,0,0}(x+1,t+1,s)\\&=N'''_{k,m,0,0}(x+0.5,t+0.5,s)\left(1-\frac{1}{2}b_{0,m}(x+0.5,t+0.5,s)\right)\end{aligned}\tag{2.11}$$

当 $p>0$，$c=0$，

$$\begin{aligned}&N_{k,m,p,0}(x+1,t+1,s)\\&=N'''_{k,m,p,0}(x+0.5,t+0.5,s)\\&\quad-N'''_{k,m,p,0}(x+0.5,t+0.5,s)B0_{k,m,p,0}(x,t,s)\\&\quad\times\frac{1}{2}b_{p,m}(x+0.5,t+0.5,s)\\&\quad+N'''_{k,m,p-1,0}(x+0.5,t+0.5,s)B0_{k,m,p,0}(x,t,s)\\&\quad\times\frac{1}{2}b_{p-1,m}(x+0.5,t+0.5,s)(1-p(0,t))\end{aligned}\tag{2.12}$$

当 $p>0$，$c>0$且$p>c$，

$$\begin{aligned}&N_{k,m,p,c}(x+1,t+1,s)\\&=N'''_{k,m,p,c}(x+0.5,t+0.5,s)\\&\quad-N'''_{k,m,p,c}(x+0.5,t+0.5,s)B0_{k,m,p,c}(x,t,s)\\&\quad\times\frac{1}{2}b_{p,m}(x+0.5,t+0.5,s)\\&\quad+N'''_{k,m,p-1,c-1}(x+0.5,t+0.5,s)B0_{k,m,p-1,c-1}(x,t,s)\\&\quad\times\frac{1}{2}b_{p-1,m}(x+0.5,t+0.5,s)p(0,t)\\&\quad+N'''_{k,m,p-1,c}(x+0.5,t+0.5,s)B0_{k,m,p-1,c}(x,t,s)\\&\quad\times\frac{1}{2}b_{p-1,m}(x+0.5,t+0.5,s)(1-p(0,t))\end{aligned}\tag{2.13}$$

当 $p>0$，$c>0$且$p=c$，

$$\begin{aligned}&N_{k,m,p,c}\left(x+1,t+1,s\right)\\&=N'''_{k,m,p,c}\left(x+0.5,t+0.5,s\right)\\&\quad-N'''_{k,m,p,c}\left(x+0.5,t+0.5,s\right)B0_{k,m,p,c}\left(x,t,s\right)\\&\quad\times\frac{1}{2}b_{p,m}\left(x+0.5,t+0.5,s\right)\\&\quad+N'''_{k,m,p-1,c-1}\left(x+0.5,t+0.5,s\right)B0_{k,m,p-1,c-1}\left(x,t,s\right)\\&\quad\times\frac{1}{2}b_{p-1,m}\left(x+0.5,t+0.5,s\right)\,p\left(0,t\right)\end{aligned}\tag{2.14}$$

2.5　ProFamy 方法同时进行家庭户规模结构与人口年龄性别分布预测

上面讨论的计算公式包括了预测起始年份和未来年份总人口中的所有个体，而家庭户规模和结构的分布是从家庭户代表的特征中得来的。同时，我们对所研究人口中包括的所有家庭户代表和非代表的所有人的婚姻状态、生育孩次、是否与父母一起居住和一起居住子女数等家庭状态都进行了预测。因此，我们可以汇总得出人口规模，年龄性别分布，不同状态的老年、中年、青年、儿童的人口数量及其比例，以及老少抚养比、劳动力规模、年龄结构等人口指标。简而言之，多维家庭人口预测模型同时预测家庭户规模结构和人口年龄性别分布，并保证人口与家庭户规模结构的变化相一致，这是多维家庭人口预测模型的一大优势。

2.6　男女两性模型和代际模型的一致性

由于多维家庭人口预测模型同时包括男性和女性，以及父母与子女不同世代，我们应用以下方法来保证两性之间及父母与子女辈之间相关事件计算的一致性。

2.6.1　男女两性婚姻状态转换的一致性

男女两性婚姻状态转换的一致性是任何两性模型计算婚姻状态转换必须达到的要求；即保证在每一个预测年份，男女结婚人数相等和男女离婚人数相等[①]，

① 多维家庭人口预测模型不考虑同性恋婚姻的情况。

当年男性（女性）丧偶人数等于女性（男性）临终前有配偶的死亡人数。如果使用者选择在模型中包括非婚同居状态，则必须保证在每一个预测年份，当年新进入同居状态的男女人数相等，男女于当年终止同居关系的人数相等，男性（女性）的同居伴侣当年死亡人数等于女性（男性）临终前处于同居状态的死亡人数。

以上介绍的男女两性婚姻状态转换的一致性要求不仅针对不考虑跨地区结婚的封闭式婚姻市场，也包括有来自外地或外国新郎、新娘的开放式婚姻市场。对于开放式婚姻市场人口，我们仍需要保证男女两性婚姻状态转换的一致性，因为外来的新郎、新娘通过迁移成为所研究国家或地区的居民。不论如何，在每一个预测年份，在同一地区或国家内，新结婚（或新同居）的男性人数必须等于新结婚（或新同居）的女性人数。我们应用调和均值法来保证一夫一妻制度下家庭人口预测模型中男女两性婚姻状态变化的一致性。调和均值法符合大多数解决两性模型中一致性问题的理论要求和实际考量(Pollard, 1977; Schoen, 1981; Keilman, 1985; van Imhoff and Keilman, 1992），其计算公式非常简单：A 和 B 的调和均值为

$$(2\times A\times B)/(A+B) \tag{2.15}$$

关于调和均值的讨论在其他文献中有详细介绍（Keilman，1985）。

2.6.2 父母子女一起居住状态转换的一致性

我们从子女的角度定义以下三个变量[①]。

C_1：由本人离家造成的从与父母一起居住向不与父母一起居住状态转换数。

C_2：由父(母)死亡造成的从与父母一起居住向不与父母一起居住状态转换数。

C_3：与父母一起居住子女的死亡数。

记 $S_1=C_1+C_2+C_3$，注意，S_1、C_1、C_2、C_3 及其他本节中所有变量都是分预测年份计算的。为了简化表述，我们省略了年份时间标识。

我们从父母的角度定义以下三个变量。

P_1：由子女离家造成的一起居住子女数下降的事件数。

P_2：由子女死亡造成的一起居住子女数下降的事件数。

P_3：在同一年父母双亡的事件数和一起居住子女数的乘积与父（母）一人死亡的事件数和一起居住子女数的乘积二者之和[注意，在同一年父母双亡或父(母)一人死亡的情况下，从子女角度出发，与父母一起居住的状态将会改变]。

① “子女”是相对父母而言的一个相对概念，不受年龄限制。例如，一个 60 岁以上的老人与仍然存活的父母一起居住，其仍然是“子女”。

记$S_2 = P_1 + P_2 + P_3$。

从理论上来说，在任何年份 S_1 与 S_2 必须相等。然而，在实际应用数值计算中，初始得到的 S_1 与 S_2 不一定完全相等，即有可能产生父母与子女相关状态变化的不一致性。因此，我们需要做适当的调整以保证父母与子女相关状态变化的一致性。按照调和均值法的原理，以下两个方程式必须成立：

$$C_1a_1 + C_2a_2 + C_3a_3 = 2\ S_1S_2/(S_1 + S_2) \tag{2.16}$$

$$P_1b_1 + P_2b_2 + P_3b_3 = 2\ S_1S_2/(S_1 + S_2) \tag{2.17}$$

其中，a_1、a_2、a_3、b_1、b_2、b_3 表示待估调整系数。

按照上文给出的C_2、C_3、P_2、P_3的定义，以下两个等式必须成立：$C_2a_2 = P_3b_3$和$C_3a_3 = P_2b_2$，C_3 与 P_3 是按年龄别存活人数与年龄别死亡率计算的，比较准确。而 C_2 与 P_2 的计算准确程度相对差一些，因为在模拟预测计算过程中虽知道每个人自己的确切年龄，但却不知道其父母与子女的确切年龄，只能从父母—子女平均年龄差去估算。因此，我们不对 C_3 与 P_3 进行调整。a_1、a_2、a_3、b_1、b_2和b_3的估算公式如下：

$$a_3=1.0 \tag{2.18}$$

$$b_3=1.0 \tag{2.19}$$

$$a_2 = P_3 / C_2 \tag{2.20}$$

$$b_2 = C_3 / P_2 \tag{2.21}$$

$$a_1 = (2S_1S_2/(S_1 + S_2) - C_2a_2 - C_3a_3)/C_1 \tag{2.22}$$

$$b_1 = (2S_1S_2/(S_1 + S_2) - P_2b_2 + P_3b_3)/P_1 \tag{2.23}$$

2.6.3　按照育龄女性与育龄男性分别计算的出生数之间的一致性

在我们的两性多代模型中，必须计算女性人口与男性人口的曾生子女数与一起居住子女数的状态变化。因此，必须保证按照育龄女性人口计算的出生数等于按照育龄男性人口计算的出生数，已婚有配偶且与 i 个孩子一起居住的女性人数必须等于已婚有配偶且与 i 个孩子一起居住的男性人数，非婚同居且与 i 个孩子一起居住的女性人数必须等于非婚同居且与 i 个孩子一起居住的男性人数。一般我们只有女性年龄—孩次别生育率数据，而男性年龄—孩次别生育率则依据女性数据及男、女生育平均年龄差估算而得。显然，按照女性人口计算的出生数比按男性人口计算的出生数更加准确，因此，我们以育龄女性人口计算的出生数为标准来调整按男性人口计算的出生数，使两者相等。在多维家庭人口预测模型中，关于女性生育率与婚姻状态密切相关的假设也同样适用于男性。

2.6.4 男女双方离婚（或同居终止）前后以及再婚（或同居）前后一起居住子女数之间的一致性

子女在父母离婚（或同居终止）后会与父亲或母亲一起居住，因此，父母离婚（或同居终止）后与父亲或母亲一起居住的子女数必须等于父母离婚前一起居住子女数。离婚后子女抚养权归属是一个复杂的社会问题，这方面的数据十分少见。在当代大部分社会中，年幼的子女在父母分手后多与母亲生活在一起，很多家庭也不愿子女在成长环境中彼此分离。考虑到这一因素，多维家庭人口预测软件允许使用者选择假设“全部子女在父母离婚后随母亲一起居住”。另一个选项是，假定若父母离婚前有奇数个子女一起居住，则离婚后与母亲一起居住子女数比与父亲一起居住子女数多一个，若离婚前有偶数个子女一起居住，则离婚后与母亲一起居住子女数和与父亲一起居住子女数相等。

随单亲父亲的孩子与随单亲母亲的孩子在其父或母再婚（或同居）后将加入新组成的家庭中。再婚（或同居）后当时一起居住的子女数必须等于再婚（或同居）前与男、女方分别一起居住的子女数之和。我们在保证这项一致性时假定一个新再婚（或新同居）女子或男子的一起居住子女数在新再婚（或新同居）当年增加的概率取决于当年新再婚（或新同居）男子或女子的一起居住子女数的频率分布①。

2.7 多维家庭人口预测模型的基本假设

如 2.3.2 节所述，从图 2.3 可以看出，我们假设生育事件在第一个半年和第二个半年发生，而其他相关人口事件（包括死亡）在年中发生。如 2.3.3 节所讨论，我们审慎地假设一些事件是局部相互独立的，例如，假定子女死亡和子女离家是相互独立的，死亡和生育是相互独立的，死亡与曾生子女数和一起居住子女数是相互独立的；假定一位或两位父母死亡、父母离婚、父母再婚、子女离家、子女返家是相互独立的。如 2.6.4 节所述，我们为父母离婚（或同居终止）或再婚（或同居）后子女的居住安排也做了一些合理假设。此外，我们采用了马尔可夫假设：状态转换不取决于状态持续的时间长度，仅取决于单岁年龄区间起始点的年龄和

---

① 计算这一频率分布时未包括初婚且无婚前生育的女子，因为考虑到初婚且无婚前生育的女子与离婚男子结婚的概率一般较小。

状态，以避免由数据的不可获和模型的过分复杂造成的不可操作性。我们假设父母有可能与一个已婚子女、其配偶及其未成年孩子一起居住，也可能不与他们一起居住，但不考虑已婚兄弟姐妹继续生活在一个联合大家庭的情况，因为这在当代社会中很少见到。

第 3 章将讨论用多维家庭人口预测模型来进行家庭户和居住安排预测所需的数据和估算。第 4 章将应用多维家庭人口预测模型在中国和美国的国家层面与地区层面进行预测精度评估检验，并将多维家庭人口预测模型与现在仍广泛使用的户主率方法进行详细的对比。

本 章 附 录

A2.1　如何修正其他亲属或非亲属住户成员可能导致的家庭户规模估算误差

根据普查数据，我们可以估计 $h(i,j,t)$，即在 t 年有 i 位直系亲属和 j 位其他亲属或非亲属一起居住的家庭户数量占所有有 i 位直系亲属一起居住的家庭户数量的比例；其中直系亲属指家庭户代表的配偶（或同居伴侣）、子女和父母。

所有 i 均满足 $\sum_{j=0}^{M} h(i,j,t)=1.0$，$i$ 的最大值为 $2+2+P$，即最大的三代家庭户有两个老人（父母），一对成年子女夫妇和 P 个一起居住的孩子（P 是最高生育孩次数）；$j=0, 1, 2, 3,\cdots,M$，其中 M 为一起居住的其他亲属或非亲属数量的最大值。在 ProFamy 软件中，我们设定这个最大值为 5，因为现代社会中，多于 5 个其他亲属或非亲属的家庭户数量极少，可以忽略不计。

我们用 $H(i,t)$ 表示调整前规模为 i 的家庭户数量；用 $N(i,j,t)$ 表示在 t 年有 i 位直系亲属和 j 位其他亲属或非亲属一起居住的家庭户数量。

$N(i,j,t)=H(i,t)h(i,j,t)$，$N(i,j,t)$ 的家庭户规模为 $i+j$。用 z 表示 $i+j$，我们得到调整后的 t 年规模为 z 的家庭户数量，记作 $H(z,t) = N(i, j, t)$，其中 $z=1,2,3,\cdots,2+2+P+M$（即最大的家庭户规模为 $2+2+P+M$）。

有 i 位直系亲属的家庭户平均有 $a(i,t)(a(i,t)=\sum_{j=0}^{M} h(i,j,t)j)$ 位其他亲属或非亲属，$a(i,t)$ 可以随预测时间而变动。我们假设 $t-1$ 年至 t 年过程中，当 $j>0$，$h(i,j,t)$ 的变化与 $a(i,t)$ 的变化一致，即假设当 $j>0$，$h(i,j,t)=h(i,j,t-1)a(i,t)/a(i,t-1)$。如果 $h(i,j,t)(j>0)$ 对于 j 的加总大于 1（在现实生活中一般不可能发生），我们则需

要将 $h(i,j,t)(j>0)$ 标准化，以保证它们的和小于等于 1。$h(i,0,t)=1.0-\sum_{j=1}^{M}h(i,j,t)$。

例如，基于美国 1990 年人口普查数据，美国家庭户中有 4 位直系亲属和 0、1、2、3、4、5 位其他亲属或非亲属一起居住的家庭户数量的比重分别为 0.9320、0.0516、0.0102、0.0040、0.0012、0.0011，在 1990 年有 4 位直系亲属的家庭户平均有 0.09 位其他亲属或非亲属一起居住。我们假设这个平均数将在 2000 年上升至 0.11 位，然后得出以下估算结果。

$$h(4,1,2000)=h(4,1,1990)\times 0.11/0.09=0.0516\times 1.222=0.0631。$$

$$h(4,2,2000)=h(4,2,1990)\times 0.11/0.09=0.0102\times 1.222=0.0125。$$

$$h(4,3,2000)=h(4,3,1990)\times 0.11/0.09=0.0040\times 1.222=0.0049。$$

$$h(4,4,2000)=h(4,4,1990)\times 0.11/0.09=0.0012\times 1.222=0.0015。$$

$$h(4,5,2000)=h(4,5,1990)\times 0.11/0.09=0.0011\times 1.222=0.0013。$$

$$h(4,0,2000)=1.0-(0.0631+0.0125+0.0049+0.0015+0.0013)=0.9167。$$

A2.2 如何确保其他亲属或非亲属住户成员不能成为家庭户代表而重复计算家庭户

一起居住的其他亲属或非亲属住户成员不能成为家庭户代表，他们不是家庭户代表的父母和子女，他们的 $k=3$（即不与父母一起居住）以及 $c=0$（即不与子女一起居住）。如果不对这部分人做调整，其中大部分的未婚（或未同居）的人会被归为一人户，小部分的已婚（或同居）的人会被归为一对夫妇户。因此，为了得到准确的一人户和一对夫妇户预测结果，必须将这部分其他亲属或非亲属住户成员从 $k=3$ 和 $c=0$ 的人数中剔除，进行适当调整。

基于起始年份的普查样本数据，我们计算了按五岁年龄组和婚姻状态分的其他亲属及非亲属占所有相同年龄和婚姻状态不与父母子女一起居住人数的比例。我们可以假设这个比例在未来预测年份保持不变或随时间变化；用这一比例分布和不与父母子女一起居住（$k=3$，$c=0$）的人数相乘，可以得出未来年份这些其他亲属或非亲属的总数量。再从不与父母子女一起居住的人群中减去这些其他亲属和非亲属，我们就保证了其他亲属和非亲属不会被选为家庭户代表。

A2.3　第一个与第二个半年的年龄—孩次别生育率的估算

用 $f_p(x, m)$ 表示年龄为 x，婚姻状态为 m 的妇女生育 p 孩的发生/风险率，具体定义为母亲婚姻状态 m，年龄在 x 岁到 $x+1$ 岁之间 p 孩生育数，除以该婚姻状态和年龄且生育孩次为 $p-1$ 的 x 岁到 $x+1$ 岁之间妇女人年数。记 $b_p(x,m)$ 为婚姻状态为 m，年龄为 x 岁且生育孩次为 $p-1$ 的妇女在 x 岁到 $x+1$ 岁之间生育 p 孩的概率。我们可以用常规方法估算 $b_p(x,m)$，即假设生育事件的发生在年龄 x 岁到 $x+1$ 岁之间均匀分布：

$$b_p(x,m) = \frac{f_p(x,m)}{1+\frac{1}{2}f_p(x,m)} \tag{A2.1}$$

如前所述，我们需要分别计算第一个半年和第二个半年的生育孩次状态的转换。我们假定每个妇女在一年之中最多生育一次。这个假设基于两个原因：第一，一年内生育两次很少见到；第二，计算生育率一般用出生孩子人数除以育龄妇女人数，而一年内生育两次或多胞胎的情况已经在分子的出生人数里计算过了，不宜重复计算。

记 $\frac{1}{2}b_p(x,m)$ 和 $\frac{1}{2}b_p(x+0.5,m)$ 分别为在具有婚姻状态 m 的妇女在 x 岁到 $x+0.5$ 岁之间生育 p 孩与在 $x+0.5$ 岁到 $x+1$ 岁之间生育 p 孩的概率。用 W 表示年龄为 x 且生育孩次为 $p-1$ 的妇女人数。假设一年中的出生事件是均匀分布的，那么 W 位妇女在第一个半年与第二个半年生育的人数相同，均为 $\frac{1}{2}Wb_p(x,m)$。在第一个半年生育 p 孩的概率为

$$\frac{1}{2}b_p(x,m) = \frac{1}{2}Wb_p(x,m)/W = b_p(x,m)/2 \tag{A2.2}$$

在年中生育孩次为 $p-1$ 且有可能生育 p 孩的妇女人数为 $W-\frac{1}{2}Wb_p(x,m)$，所以在第二个半年生育 p 孩的概率是

$$\begin{aligned}\frac{1}{2}b_p(x+0.5,m) &= \frac{1}{2}Wb_p(x,m)\Big/(W-0.5Wb_p(x,m)) \\ &= b_p(x,m)/(2-b_p(x,m))\end{aligned} \tag{A2.3}$$

$f_p(x,m)$ 的年龄区间为一年，但在 x 岁到 $x+1$ 岁之间的生育孩次状态是依照

式（A2.2）和式（A2.3）分两步计算的。然而，分两步用 $\frac{1}{2}b_p\left(x,m\right)$ 和 $\frac{1}{2}b_p\left(x+0.5,m\right)$ 计算的年末生育孩次分布与直接使用 $f_p\left(x,\ m\right)$ 一步计算的结果相同。以下数学推导证明了这一点。

首先，将两步合为一步，这些妇女在 x 岁到 $x+1$ 岁之间生育第 p 胎的概率为

$$
\begin{aligned}
&\frac{1}{2}b_p\left(x,m\right)+\left[1-\frac{1}{2}b_p\left(x,m\right)\right]\frac{1}{2}b_p\left(x+0.5,m\right)\\
&=\frac{1}{2}b_p\left(x,m\right)+\frac{\left[1-0.5b_p\left(x,m\right)\right]b_p\left(x,m\right)}{2-b_p\left(x,m\right)}\\
&=b_p\left(x,m\right)
\end{aligned}
$$

其次，这些妇女在 x 岁到 $x+1$ 岁之间不生育 p 孩的概率为

$$
\begin{aligned}
&\left[1-\frac{1}{2}b_p\left(x,m\right)\right]\left[1-\frac{1}{2}b_p\left(x+0.5,m\right)\right]\\
&=\left[1-\frac{b_p\left(x,m\right)}{2}\right]\left[1-\frac{b_p\left(x,m\right)}{2-b_p\left(x,m\right)}\right]\\
&=1-b_p\left(x,m\right)
\end{aligned}
$$

以上数学推导验证表明，我们分第一、第二个半年分两步计算所得结果与直接使用 $b_p\left(x,m\right)$ 按一步计算所得的结果完全相同（Zeng，1991）。

A2.4　与父母一起居住状态转换概率的估算

用 $w_{ij}\left(x,t,s,m\right)$ 表示性别为 s，婚姻状态为 m 的人在 t 到 t+1 年，年龄为 x 岁到 $x+1$ 岁，与父母一起居住状态由 i 转换为 j 的概率。其中，i=1,2,3，j=1,2,3。

用 $q_{\mathrm{m}}\left(x,t\right)$ 和 $q_{\mathrm{f}}\left(x,t\right)$ 分别表示年龄为 x 岁的人的母亲和父亲在 t 年的死亡概率。

用 $d_{\mathrm{m}}\left(x,t\right)$ 和 $d_{\mathrm{f}}\left(x,t\right)$ 分别表示年龄为 x 岁的人的母亲和父亲在 t 年的离婚概率。

用 $q_1\left(x,t\right)$ 和 $q_2\left(x,t\right)$ 分别表示女性和男性在 t 年的死亡概率。

用 $d_1\left(x,t\right)$ 和 $d_2\left(x,t\right)$ 分别表示女性和男性在 t 年的离婚概率。

用 z 表示已婚或同居男女的平均年龄差。

$$
q_{\mathrm{m}}(x,t)=\sum_{i=15}^{49}q_1(x+i,t)f_1(i)\qquad q_{\mathrm{f}}(x,t)=\sum_{i=15}^{49}q_2(x+z+i,t)f_2(i)
$$

$$
d_{\mathrm{m}}(x,t)=\sum_{i=15}^{49}d_1(x+i,t)f_1(i)\qquad d_{\mathrm{f}}(x,t)=\sum_{i=15}^{49}d_2(x+z+i,t)f_2(i)
$$

$f_1(i)$ 和 $f_2(i)$ 分别是不同年龄生育率和条件生存概率的乘积的频率分布：

$$f_1(i)=(b(i)l_1(x+i)/l_1(i))\Big/\sum_{i=15}^{49}(b(i)l_1(x+i)/l_1(i))$$

$$f_2(i)=(b(i)l_2(x+i)/l_2(i))\Big/\sum_{i=15}^{49}((b(i)l_2(x+i)/l_2(i))$$

其中，$b(i)$ 表示年龄别生育率；$l_1(x)$ 和 $l_2(x)$ 分别表示 x 岁女性和男性的存活概率。

一位父或母死亡或者父母离婚，将使与父母一起居住状态从 1 变为 2。如果一位父或母死亡在先，离婚将不可能发生，但离婚可以在死亡前发生。因此，

$$\begin{aligned}w_{12}(x,t,s,m)=&q_{\mathrm{m}}(x,t)+q_{\mathrm{f}}(x,t)+d(x,t)-q_{\mathrm{m}}(x,t)q_{\mathrm{f}}(x,t)\\&-q_{\mathrm{m}}(x,t)d(x,t)/2-q_{\mathrm{f}}(x,t)d(x,t)/2\end{aligned} \quad (\text{A2.4})$$

其中，$d(x,t)=\left(d_{\mathrm{m}}(x,t)+d_{\mathrm{f}}(x,t)\right)/2$。

一个年龄为 x 岁的人因为本人离家或者父母双亡，与父母一起居住状态将从 1 变为 3。如果父母双亡在先，则本人离家将不会发生，但本人离家可以发生在一位父或母死亡，或者父母双亡之前。因此：

$$\begin{aligned}w_{13}(x,t,s,m)=&l(x,t,s,m)+q_{\mathrm{m}}(x,t)q_{\mathrm{f}}(x,t)\\&-\frac{2}{3}q_{\mathrm{m}}(x,t)\ q_{\mathrm{f}}(x,t)\ l(x,t,s,m)\end{aligned} \quad (\text{A2.5})$$

其中，$l(x,t,s,m)$ 表示在 t 年，年龄为 x 岁，性别为 s，婚姻状态为 m 的人离开父母家的概率。

一个年龄为 x 岁的人因为本人离家或者单亲父亲或单亲母亲死亡，与父母一起居住状态将从 2 变为 3。如果单亲父亲或单亲母亲的死亡发生在先，则本人离开父母家将不会发生。因此：

$$w_{23}(x,t,s,m)=l(x,t,s,m)+q(x,t)-\left(l(x,t,s,m)\ q(x,t)\right)/2 \quad (\text{A2.6})$$

其中，$q(x,t)=\left(q_{\mathrm{m}}(x,t)+q_{\mathrm{f}}(x,t)\right)/2$。

由于丧偶或离婚的单亲父亲或单亲母亲的再婚或同居，与父母一起居住状态将从 2 变为 1。用 $r_{\mathrm{d1}}(x,t)$ 和 $r_{\mathrm{d2}}(x,t)$ 分别表示离婚的女性和男性在 t 年的再婚率；用 $r_{\mathrm{w1}}(x,t)$ 和 $r_{\mathrm{w2}}(x,t)$ 分别表示丧偶的女性和男性在 t 年的再婚率。

$$\begin{aligned}
&w_{21}(x,t,s,m) \\
&=\left(\sum_{i=15}^{49} r_{\mathrm{d}1}(x+i,t) f_1(i)\right) g_{\mathrm{d}1}(x) \\
&+\left(\sum_{i=15}^{49} r_{\mathrm{d}2}(x+z+i,t) f_2(i)\right) g_{\mathrm{d}2}(x+z) \\
&+\left(\sum_{i=15}^{49} r_{\mathrm{w}1}(x+i,t) f_1(i)\right) g_{\mathrm{w}1}(x) \\
&+\left(\sum_{i=15}^{49} r_{\mathrm{w}2}(x+z+i,t) f_2(i)\right) g_{\mathrm{w}2}(x+z)
\end{aligned} \tag{A2.7}$$

其中，

$$\begin{aligned}
g_{\mathrm{d}1}(x)=\sum_{i=15}^{49} N_{\mathrm{d}1}(x+i) \Big/ \sum_{i=15}^{49}(N_{\mathrm{d}1}(x+i) \\
+N_{\mathrm{d}2}(x+z+i)+N_{\mathrm{w}1}(x+i)+N_{\mathrm{w}2}(x+z+i))
\end{aligned}$$

$$\begin{aligned}
g_{\mathrm{d}2}(x)=\sum_{i=15}^{49} N_{\mathrm{d}2}(x+i) \Big/ \sum_{i=15}^{49}(N_{\mathrm{d}1}(x+i) \\
+N_{\mathrm{d}2}(x+z+i)+N_{\mathrm{w}1}(x+i)+N_{\mathrm{w}2}(x+z+i))
\end{aligned}$$

$$\begin{aligned}
g_{\mathrm{w}1}(x)=\sum_{i=15}^{49} N_{\mathrm{w}1}(x+i) \Big/ \sum_{i=15}^{49}(N_{\mathrm{d}1}(x+i) \\
+N_{\mathrm{d}2}(x+z+i)+N_{\mathrm{w}1}(x+i)+N_{\mathrm{w}2}(x+z+i))
\end{aligned}$$

$$\begin{aligned}
g_{\mathrm{w}2}(x)=\sum_{i=15}^{49} N_{\mathrm{w}2}(x+i) \Big/ \sum_{i=15}^{49}(N_{\mathrm{d}1}(x+i) \\
+N_{\mathrm{d}2}(x+z+i)+N_{\mathrm{w}1}(x+i)+N_{\mathrm{w}2}(x+z+i))
\end{aligned}$$

其中，$N_{\mathrm{d}1}(x+i)$、$N_{\mathrm{d}2}(x+z+i)$、$N_{\mathrm{w}1}(x+i)$和$N_{\mathrm{w}2}(x+z+i)$分别表示在 t 年至少与一子女一起居住，且年龄为 $x+i$ 岁或 $x+z+i$ 岁的离婚女性、离婚男性、丧偶女性、丧偶男性的数量。

一个年龄为 x 岁的人返回父母家重新与父母一起居住，与父母一起居住状态将从 3 变为 1；一个年龄为 x 岁的人返回单亲父亲或单亲母亲家，与父母一起居住状态将从 3 变为 2。因此，

$$\begin{aligned}
&w_{31}(x,t,s,m) \\
&=h(x,t,s,m) \\
&\left(N_{\mathrm{k}1}(x,t,s,m)/\left(N_{\mathrm{k}1}(x,t,s,m)+N_{\mathrm{k}2}(x,t,s,m)\right)\right)
\end{aligned} \tag{A2.8}$$

$$w_{32}\left(x,t,s,m\right) = h\left(x,t,s,m\right) \left(N_{k2}\left(x,t,s,m\right)/\left(N_{k1}\left(x,t,s,m\right)+N_{k2}\left(x,t,s,m\right)\right)\right) \tag{A2.9}$$

其中，$h(x,t,s,m)$表示年龄在 x 岁到 $x+1$ 岁之间，性别为 s，婚姻状态为 m 的人在 t 年返回父母家重新与父母一起居住的概率；$N_{k1}(x,t,s,m)$ 和 $N_{k2}(x,t,s,m)$ 分别表示在 t 年，年龄为 x 岁，性别为 s，婚姻状态为 m，且与父母双亲或一位父（或母）一起居住的人数。此外，

$$w_{11}\left(x,t,s,m\right)=1-w_{12}\left(x,t,s,m\right)-w_{13}\left(x,t,s,m\right) \tag{A2.10}$$

$$w_{22}\left(x,t,s,m\right)=1-w_{21}\left(x,t,s,m\right)-w_{23}\left(x,t,s,m\right) \tag{A2.11}$$

$$w_{33}\left(x,t,s,m\right)=1-w_{31}\left(x,t,s,m\right)-w_{32}\left(x,t,s,m\right) \tag{A2.12}$$

A2.5　一起居住子女数状态变化概率的估算

用 q_1 表示年龄为 x 岁的母亲或父亲的子女平均死亡概率。

用 q_2 表示年龄为 x 岁的母亲或父亲的子女离开父母家平均概率。

用 $q(x-i)$ 表示分年龄、性别的子女平均死亡率。

用 $h(x-i)$ 表示分年龄、性别的子女平均离家率，用 $f(i)$ 表示父母年龄在α岁到 x 岁之间子女出生率的频率分布。

$\sum_{i=\alpha}^{x} f(i)=1.0$，$i$ 表示子女出生时母亲或父亲的年龄；α表示子女出生时父亲或母亲的最低年龄。

由模型可知，一个年龄为 x 岁的人有 c（c=0,1,2,⋯）个子女一起居住，但为了避免模型过分复杂，我们对 c 个子女的年龄未做辨识。用 $f(i)$ 表示年龄为 x 岁的人在 i 岁生育，子女现在为 $x-i$ 岁的概率。年龄为 x 岁的人子女死亡概率的加权平均值可用以下公式估算：

$$q_1=\sum_{i=\alpha}^{x} q(x-i)\times f(i) \tag{A2.13}$$

年龄为 x 岁的人的子女离家概率的加权平均值可用以下公式估算。

（1）如果考虑三代户，

$$q_2=\sum_{i=\alpha}^{x} h(x-i)\times f(i) \tag{A2.14}$$

（2）如果不考虑三代户（如在西方国家），我们假设所有婚前或同居前未离开父母家的子女，将在结婚或开始同居的那一年离开父母家。也就是说，在年底还单身的子女离家概率为 $h(x-i)$，在一年内结婚或开始同居的子女的离家概率为 1.0。

$$q_2 = \sum_{i=\alpha}^{x} (h(x-i)(1-m(x-i)) + 1.0m(x-i)) \times f(i) \quad \text{（A2.15）}$$

其中，$m(x-i)$ 表示分年龄、性别的子女初婚或初次同居的平均概率。

子女存活并继续与父母一起居住的概率是 $p=(1-q_1)(1-q_2)$；子女死亡或者离开父母家的概率是 $1-p$ 。

假设死亡和离开父母家是局部相互独立的两个事件，我们可以比较容易地估算一起居住子女状态 c 的变化及其概率。为简化表达，我们在这里假定每个家庭户最多生育 3 个孩子（生育 3 个以上孩子的计算方法相同）。

用 $s_1(t)$、$s_2(t)$和$s_3(t)$ 分别表示在 t 年初与父母一起居住的一个、两个、三个子女在年末依然存活且与父母一起居住的概率。

用 $d_1(t)$、$d_2(t)$和$d_3(t)$ 分别表示在 t 年初与父母一起居住的一个、两个、三个子女在年末全部死亡或离家的概率。

此外，用 $d_{12}(t)$ 表示 t 年末两个子女中有一个死亡或离家的概率，$d_{13}(t)$ 表示 t 年末三个子女中有一个死亡或离家的概率，用 $d_{23}(t)$ 表示 t 年末三个子女中有两个死亡或离家的概率。

$s_1(t)$、$s_2(t)$、$s_3(t)$、$d_1(t)$、$d_2(t)$、$d_3(t)$、$d_{12}(t)$、$d_{23}(t)$和$d_{13}(t)$ 的估算公式分别为

$$s_1(t) = p \quad \text{（A2.16）}$$

$$s_2(t) = p \times p \quad \text{（A2.17）}$$

$$s_3(t) = p \times p \times p \quad \text{（A2.18）}$$

$$d_1(t) = 1-p \quad \text{（A2.19）}$$

$$d_2(t) = (1-p) \times (1-p) \quad \text{（A2.20）}$$

$$d_3(t) = (1-p) \times (1-p) \times (1-p) \quad \text{（A2.21）}$$

$$d_{12}(t) = 2 \times p(1-p) \quad \text{（A2.22）}$$

$$d_{23}(t) = 3 \times p \times (1-p) \times (1-p) \quad \text{（A2.23）}$$

$$d_{13}(t) = 3 \times p \times p \times (1-p) \quad \text{（A2.24）}$$

例如，在 t 年末三个子女中有两个死亡或离家（$d_{23}(t)$），两个死亡或离家且一个存活或留在家中的不同组合有三种，所以我们用“3”乘以“$p \times (1-p) \times (1-p)$”。

第 3 章　ProFamy 多维家庭人口预测所需数据和估算①

3.1　引　　言

本章首先阐述和讨论利用多维家庭人口预测模型在国家层面和地方层面进行家庭户和居住安排预测所需的数据，然后介绍分年龄性别的人口事件发生/风险率标准模式的定义和估算和合并多个调查数据来估算分年龄性别的人口事件发生/风险率标准模式的合理性，最后阐述和讨论估算婚姻/同居、生育、迁移、死亡等人口要素的综合参数的基本方法。

3.2　所 需 数 据

利用多维家庭人口预测模型在国家层面和地方层面进行家庭户和居住安排预测所需的数据如下。

（1）国家和地区的基数人口。从人口普查微观样本数据、人口登记数据或特别大型的调查数据中获取的样本数据，需要包含性别、年龄、婚姻状态、与户主的关系，以及住在家中或入住机构等变量（表 3.1）。ProFamy 软件可以从样本数据中导出预测起始年份的基数人口数据，按以下状态予以识别分类：年龄、性别、婚姻状态、曾生子女数、一起居住子女数、是否与父母一起居住，以及是否居住在家庭户或集体户。曾生子女数的数据并不一定必要，因为其在模型中的作用只是表示分孩次、年龄、婚姻状态的生育率。如果人口普查没有收集曾生子女数的数据，我们可用一起居住子女数替代。如果使用一个样本数据，则必须从人口普查全部数据或者人口登记数据中导出总人口和居住在集体户的人的年龄、性别分布表，以及家庭户总数量，以确保预测起始年份总人口规模、年龄性别分布和家庭户总数的准确性（详见本章附录 A3.1 节），而样本

① 本章由曾毅教授、王正联研究员、顾大男研究员和杨涵墨博士研究生撰写；作者工作单位和邮箱地址见第 1 章首页脚注。

数据则提供了更详细的状态分布信息。

（2）国家层面的年龄别标准模式（可以用于地区层面的预测）（详见 2.5 节）。

分年龄性别标准模式的参数估计可以从近期生命表和调查数据中获得。

从近期生命表中得出的分年龄、性别（如果可能，分婚姻状态）存活概率。

从调查数据估算的分年龄、性别的初婚、离婚、再婚发生/风险率；如包括同居状态，还需要估算分年龄、性别的同居和同居终止发生/风险率（图 2.1 和图 2.2）。

从调查数据估算的年龄—孩次别婚内生育和非婚生育发生/风险率。ProFamy 软件的使用者可以选择只提供一组年龄—孩次别婚内生育发生/风险率（假定不考虑非婚生育），或者多组年龄—孩次别的不同婚姻状态妇女的生育发生/风险率。

利用 ProFamy 软件包的计算模块，基于两个临近的人口普查微观数据，应用队列内部迭代内插方法（Coale，1984，1985；Stupp，1988；Zeng et al.，1994）估得分年龄、性别的子女净离家率。

分年龄、性别的国际迁入率与迁出率，或者分年龄、性别的国际人口净迁移。

分年龄、性别（如果可能，分婚姻状态）的从研究地区迁出到国内其他地区的迁出率；分年龄、性别（如果可能，分婚姻状态）的从国内其他地区迁入到研究地区的迁入频率分布。如果没有分年龄、性别的迁入率和迁出率数据，则可以用分年龄、性别的国内净迁移数据。可以依据人口普查微观数据估得国家或地区的分年龄、性别的国内迁移率。

表 3.1　用 ProFamy 方法进行家庭人口预测所需数据及其与常规的人口预测所需数据的比较

数据内容及其来源	ProFamy 方法	常规人口预测
（1）国家或地区的基数人口		
（a）从人口普查微观样本数据、人口登记数据或特别大型的调查数据中获取的样本数据，包含性别、年龄、婚姻状态、与户主的关系、住在家中或入住机构等变量 （b）如果用样本数据来预测状态分布，则需要人口普查中全部人口分年龄、性别（如果可能，分婚姻状态）的分布，包括居住在集体户的人，以及家庭户总数	√ （以及几个来自普查数据的婚姻家庭变量）	√
（2） 国家层面年龄别标准模式（可以用作地区层面的预测）		
（a）分年龄、性别（如果可能，分婚姻状态）的存活概率	√	√
（b）–1 年龄别生育率 （b）–2 分年龄、孩次别的婚内生育和非婚生育发生/风险率（根据人口调查数据估计）	√ √	√

续表

数据内容及其来源	ProFamy方法	常规人口预测
（c）分年龄、性别的初婚、离婚、再婚发生／风险率；如包括同居状态，还需要分年龄、性别的同居和同居终止发生／风险率（根据人口调查数据估计）	√	
（d）分年龄、性别的子女净离家率，利用 ProFamy 软件，基于两个临近的人口普查微观数据，应用队列内部迭代内插方法（Coale，1984；Stupp，1988；Zeng et al.，1994）估得	√	
（e）分年龄、性别的国际迁入率与迁出率，或者分年龄、性别的国际净迁移	√	√
（f）分年龄、性别的国内迁入和迁出率	√	√
（3）国家层面和地区层面综合参数		
（a）孩次别总和生育率	√	√
（b）出生期望寿命	√	√
（c）男性和女性总迁入率和总迁出率	√	√
（d）平均生育年龄	√	√
（e）标准化一般结婚率和一般离婚率；如果包括同居状态，还需要标准化一般同居率和一般同居终止率	√	
（f）45～49 岁的人中不与父母一起居住比例（根据人口普查数据估得）	√	
（g）分年龄、性别的与子女一起居住的老人比例（根据人口普查数据估得）	√	
（h）分年龄、性别的居住在集体户比例（根据人口普查数据估得）	√	

注：种族和城乡居住地类型的数据可以由使用者选择是否包括，具体根据人口的实际情况、数据是否可得，以及研究的国家或地区来决定。例如，在对美国的家庭户和居住安排的预测中包括了种族分类，但对种族差异不大的国家和地区进行预测时，在数据不可得或者在少数民族人口数量过少时，就可以忽略种族维度。如果城乡差异显著且分城乡的数据可得，如对中国的预测，则可以包括城乡居住地类型分类。如果预测需要种族（或城乡）分类，则表中的所有项都需要区分不同种族和城乡居住地类型

通常来说，生育、死亡、初婚、离婚、再婚、同居、同居终止和国际迁移的标准模式［表 3.1 第（2）项］只要在国家层面估得，就可以应用于地区层面的预测。分年龄、性别的地区层面的国内迁入率和迁出率可依据人口普查或大型调查的微观数据来估算。

（3）综合参数［表 3.1 第（3）项］。这些参数包括：未来的孩次别总和生育率（TFR）、出生期望寿命（e_0），标准化一般结婚率、一般离婚率、一般同居率、一般同居终止率（以上标准化一般人口事件发生/风险率的定义见本章附录 A3.2 节）、男性和女性总迁入率和总迁出率与平均生育年龄等。无论对国家层面和地区层面的家庭人口预测，都需要这些综合参数指标。

需要注意的是，表 3.1 的第（1）项至第（3）项中所罗列以及上面阐述的多维家庭人口预测所需数据均能从常规的人口统计、人口普查和大型人口调查中获

得（Zeng et al.，2006）。

总而言之，使用国家层面的年龄别标准模式和多维家庭人口预测方法来预测国家和地区的家庭户和居住安排，需要的是人口普查微观数据和预测（或假定）的未来几年的综合参数。如果使用者选择包括城乡居住地类别（如在中国的应用），表 3.1 中的第（1）项至第（3）项将要区分城镇和农村；还需要分年龄、性别（如果可能，分婚姻状态）的国内或地区内的城乡净迁移频率分布数据，并且预测未来预测年份的城镇人口占总人口比例。如果预测需要考虑种族分类（如在美国的应用），则表 3.1 中的第（1）项至第（3）项需要区分不同种族。

若有表 3.1 中第（1）项和第（2）项中所述的近期国家或地区层面的年龄别标准模式，这是比较理想的。如果没有地区层面的分年龄、性别的标准模式，则可以使用国家层面的年龄别标准模式，甚至可以使用与研究地区相似的其他国家或地区的年龄别标准模式。例如，如果加拿大的分年龄、性别的同居及同居终止的年龄别标准模式不可得，可以使用美国的数据作为年龄别标准模式，以预估的加拿大未来一般同居率、一般同居终止率作为综合参数。因为加拿大的同居和同居终止的一般年龄结构与美国的相似，所以使用美国的年龄别标准模式可以较为合理地预测未来加拿大分年龄、性别的一般同居率和一般同居终止率。这种方法类似于用地区模型生命表作为年龄别标准模式，出生期望寿命作为预估的死亡水平综合参数来预测未来的年龄别死亡率（详见 2.5 节）。

3.3　分年龄、性别的人口事件发生/风险率标准模式的定义和估算

Keyfitz（1972）曾指出，用横断面趋势推测法预测每个年龄别人口事件发生/风险率会牺牲灵活性，导致结果不稳定和误差扩大。因此，我们对综合参数进行估算和预测，并用分年龄、性别的人口事件发生/风险率的标准模式来决定人口事件发生的年龄分布。我们可以假定这种年龄别标准模式是稳定的，也可以将预测年份年龄别标准模式的形状和事件发生时间的改变纳入考虑（Zeng et al.，2000）。例如，当生育被推迟或提前时，则要根据平均生育年龄的上升或下降来向右或向左调整生育的年龄别标准模式，但生育模式的形状保持不变。我们也可以通过参数建模调整生育模式曲线形状的宽度（Zeng et al.，2000）。

Zeng 等（2013a）估算了 20 世纪 70～90 年代美国分种族、年龄、性别的婚姻状态转移发生/风险率和分种族、年龄、孩次别、婚姻状态的生育发生/风险率。这项工作基于 1980～1996 年美国 4 个主要国家级调查项目的 10 次调查。调查样

本包括女性和男性，合计样本数为 394 791 人。估算结果显示，在 20 世纪 70～90 年代，人口标准模式的形状基本保持稳定，但人口事件发生的年龄早晚变化很大。我们于是可以合理地假定，在一般情况下，分年龄、性别的标准模式的基本形状会保持稳定，而事件发生年龄早晚的变化以在家庭户预测中的平均结婚年龄和平均生育年龄的变化来进行量测。

如果只拥有已婚妇女的分年龄、孩次别的生育发生/风险率的标准模式，但非婚生育又不能忽略时，则在假定非婚生育女性和婚内生育女性生育水平不同的前提下，可以假定非婚生育和婚内生育的生育模式基本相同，或者假定两者的生育模式存在系统性差异。使用者可以适当地调整已婚妇女的年龄别标准模式来匹配估得的非婚生育妇女的生育水平。例如，可以用已婚妇女的分年龄、孩次别的生育发生/风险率乘以不同婚姻状态的非婚生育女性的一般生育率与已婚妇女的一般生育率之比。分婚姻状态的一般生育率是指某种婚姻状态下女性的生育总数除以该婚姻状态下育龄女性总数（15～49 岁）。如果假定未婚且未同居的女性比已婚女性生育更早，则将年龄别标准模式相应向左调整以匹配两组女性生育的年龄差异。涉及以上思考的所有计算均可用 Excel 软件来实现。

在多维家庭人口预测模型中，我们采用简单的方法来计算所需的未来随时间变化的年龄别生育率、死亡率及迁移率；换言之，我们按比例调整分年龄、性别和婚姻状态的生育率、死亡率及迁移率的年龄别标准模式，以得到未来年份与预期孩次别总和生育率、出生期望寿命以及总迁移率的随时间变化的分年龄、性别和婚姻状态的人口事件发生/风险率。我们用平均生育年龄和平均初婚年龄来反映在预测年份的生育和初婚年龄早晚的变动。本章附录 A3.4 节介绍了一个分两个步骤的方法，能在保证两性一致性和预测所得的标准化一般结婚率、一般离婚率、一般同居率、一般同居终止率相一致的前提下，计算分性别、年龄的人口事件发生/风险率。

3.4 合并多个调查数据来估算分年龄、性别的人口事件发生/风险率标准模式的合理性

以往的实证研究表明，合并多个调查的数据可以增加样本量，进而改善估算结果。合并的数据包含独立取样的观察样本，大大排除了误差之间存在自相关性的可能性（Wooldridge，2003）。Schenker 和 Raghunathan （2007）的文章中举例表明，美国国家卫生统计中心和其他一些机构进行的一些研究项目将不同途径得来的数据合并，通过扩大样本覆盖改善对自我申报数据的分析，提高对较小地区和小群体度量的准确性，进而改善估算结果。来自澳大利亚多所大学的学者结合 9 个国家和地区的纵向调查开展了一项关于“成功老龄化”的研究项目。这些

调查的年龄区间和抽样方法各不相同，具体包括随机抽样、分层抽样、整群抽样等（Anstey et al.，2010）。研究团队表示，在适当加权后，合并的数据在全国具有代表性，而且这种分析方法能够突破单项调查涵盖人口数量少的局限，提高统计精度，增强诸如高龄老人、患有低发性残障老人和患有多种慢性疾病老人等特殊群体之间的可比性 （Anstey et al.，2010）。“欧洲人口老龄化纵向比较研究”（Comparison of Longitudinal European Studies on Aging，CLESA）调查也采用了类似的方法，合并了 6 个纵向调查的数据并加以分析（Minicuci et al.，2003；Anstey et al.，2010）。联合国儿童死亡率估算机构间小组将每一个国家相对可靠的民政登记数据、人口普查、家庭调查等很多个数据合并，再对其儿童和新生儿死亡率进行最佳估测 （UNICEF et al.，2007）。将多个调查数据进行合并的方法在其他一些研究领域也被认可，如计量经济学（Wooldridge，2003）、民意调查（Brace et al.，2002），以及除了人类以外的物种的生物学研究（Fancy，1997）。

然而，合并的数据也有一定的局限性。因为并不是所有的数据在国家层面都有相同的代表性，所以样本需要被重新加权再用作人口预测。所有的回顾性调查和纵向调查的数据都可能因为被访者记忆失真、样本损耗、样本死亡，以及无应答等产生偏误（Anstey et al.，2010）；这些客观存在的问题必须予以重视和认真考虑研究。

3.5　估算婚姻/同居、生育、迁移、死亡等人口要素的综合参数

对总和生育率、出生期望寿命、总迁移率、平均初婚年龄和平均生育年龄等综合参数的估算是非常直接的，无须在此详细讨论。结婚/同居的综合参数估算则相对复杂一些，需要在此展开讨论。我们建议使用可得性较好并能付诸实际应用的一般结婚率、一般离婚率、一般同居率、一般同居终止率作为结婚/同居的综合参数，因为所需数据在国家层面和地区层面通常易得。我们用结婚、离婚、同居、同居终止的事件发生数分别除以可能经历这些事件的人数，得到 t 年的一般结婚率、一般离婚率、一般同居率、一般同居终止率。我们还需注意以下几点。

首先，我们将最近的普查统计得到的分性别、年龄的婚姻状态分布（即家庭户预测的基线人口）作为“标准”来计算未来预测年份的标准化一般事件发生率。根据 Preston 等（2001）的表述，t 年的标准化一般率可由 t 年的性别—年龄别的发生/风险率和最近普查年份（即预测起始年份）人口的年龄分布来估算。通过对预测年份采用标准化一般率，我们消除了由年龄结构变化而造成的结婚、离婚、同居、同居终止水平的扭曲。例如，即使年龄别结婚率和离婚率没有改变，仅仅由于老年人

口数量的结构性增加（或减少），未经标准化的一般结婚率和离婚率也将相应下降（或上升）。这是因为老年人结婚（或离婚）的可能性比年轻人低很多。

其次，我们不能使用分性别的一般结婚率、一般离婚率、一般同居率、一般同居终止率作为预测未来的综合参数，因为无法保证分性别的一般率满足两性婚姻/同居的一致性。这是因为两性婚姻/同居一致性也取决于未知的未来年份的分性别、年龄的婚姻/同居状态分布。因此，我们定义男、女合一的一般结婚率、一般离婚率、一般同居率、一般同居终止率。所以，在满足两性婚姻/同居一致性的同时，年龄别一般结婚率、一般离婚率、一般同居率、一般同居终止率的性别差异取决于分性别、年龄的婚姻状态转换发生/风险率的标准模式和预测所得的未来分年龄、性别、婚姻状态的人口结构。

最后，我们估算结婚和同居的综合参数，不具体区分结婚和同居前的婚姻状态。这是因为未婚、丧偶、离婚的男性和女性可能会结婚，同居伴侣可能会结为法定夫妻，处于同居关系的人也有可能离开现在的伴侣和另一个人结婚。同样，未婚、丧偶、离婚的人也可能开始同居。因为处于不同婚姻状态分组的人可以跨组结婚或同居，所以对不同未婚、丧偶、离婚和同居状态的人分别采用结婚和同居的综合指标将无法保证两性婚姻/同居的一致性。所以，我们不区分结婚和同居前的婚姻状态，只定义总体的结婚和同居的综合参数（GM(t)，GC(t)）。这意味着各种婚姻状态和同居状态的相关变化与婚姻/同居综合参数的改变成正比。如果使用者不满意这种假定，也可以根据自己的假定分别调整未婚、丧偶、离婚人群分性别、年龄的结婚率和同居率的标准模式。这种调整将反映未来预测的差异，而总体的婚姻/同居综合参数则反映整体水平。另外，我们分别计算结婚和同居前有不同婚姻状态的人的分年龄、性别、状态的结婚率和同居率。结合分性别、年龄、状态的事件发生率和整体的结婚、同居的综合参数是一种在确保两性一致性的同时，对未婚、未同居等不同婚姻状态的人的结婚和同居的差异建模的合理方法。

本章附录 A3.5 节以美国州级的预测为例，介绍了估算预测起始年份一般结婚率、一般离婚率、一般同居率、一般同居终止率的步骤。

本 章 附 录

A3.1 如何确保预测起始年份基数家庭人口状态分布和人口规模和家庭户数的准确性

A3.1.1 如何确保预测起始年份人口规模和年龄性别分布准确性

我们做出以下定义。

$W(k,m,p,c,x,s,T1)$：从人口普查微观样本数据中得到的在预测起始年份 $T1$，

年龄为 x、性别为 s、与父母同住状态为 k、婚姻状态为 m、曾生子女数为 p、同住子女数为 c 的人数。

$N(m,x,s,T1)$：根据 100%人口普查交叉表数据得到的预测起始年份分年龄、性别、婚姻状态的人数。

为了保证总人口规模和年龄、性别分布的准确性，需要调整

$$W(k,m,p,c,x,s,T1):W'(k,m,p,c,x,s,T1) \\ =W(k,m,p,c,x,s,T1) \\ \left[N(m,x,s,T1)\Big/\sum_{k}\sum_{p}\sum_{c}W(k,m,p,c,x,s,T1)\right] \tag{A3.1}$$

如果没有 100%人口普查分年龄、性别、婚姻状态的人数，但有在起始年份的基于 100%人口普查分年龄、性别的人数（$N(x,s,T1)$），调整式（A3.1）为

$$W'(k,m,p,c,x,s,T1) \\ =W(k,m,p,c,x,s,T1) \\ \left[N(x,s,T1)\Big/\sum_{k}\sum_{p}\sum_{c}\sum_{m}W(k,m,p,c,x,s,T1)\right] \tag{A3.2}$$

A3.1.2　如何确保预测起始年份家庭总户数准确性

根据 A3.1.1 节介绍的步骤，我们得到了预测起始年份分年龄、性别，状态为 k、m、p、c 的总人口的准确数据（$W'(k,m,p,c,x,s,T1)$）。通过多维家庭人口预测模型的计算，我们首先得到预测起始年份的家庭户总数，但这也许与 100%人口普查计数所得家庭户总数不同。以美国 1980 年和 1990 年人口普查微观数据和同年的分年龄、性别的 100%人口普查数据为例，使用多维家庭人口预测模型计数和人口普查计数的家庭户总数之差为 1.5%～2%。导致这个差异的原因是人口个体和家庭户单元的抽样比不完全一致。尽管这种差异通常较小，为保证预测起始年份家庭户总数的准确性，我们需要做一些简单调整，具体步骤如下（Zeng et al.，2006）。需要注意的是，以下步骤假定我们没有按户主年龄分的 100%的家庭户普查数分布（通常情况下，这也是事实）。

我们定义以下变量。

$H1(j)$：基于人口普查个体样本数据和 100%的分年龄、性别（如果可能，分婚姻状态）的普查数据，由多维家庭人口预测模型估算的预测起始年份规模为 j 的家庭户数。

$H2(j)$：预测起始年份规模为 j 的 100%的家庭户普查数。

TH2：预测起始年份 100%的家庭户普查总户数。

$T(x,s)$：预测起始年份分年龄、性别的总人数（包括家庭户代表和其他家庭成员）。

$W1(x,s,j)$：由多维家庭人口预测模型估计的预测起始年份家庭户规模为 j 的分年龄、性别的家庭户代表人数分布。

$\mathrm{NW1}(x,s)$：由多维家庭人口预测模型估计的预测起始年份分年龄、性别的其他家庭成员的人数分布。其中，$T(x,s)=\sum_j W1(x,s,j)+\mathrm{NW1}(x,s)$。

$W2(x,s,j)$ 和 $\mathrm{NW2}(x,s)$ 分别表示调整后的家庭户规模为 j 分年龄、性别的家庭户代表人数分布和其他家庭成员人数分布。

$T(x,s)$、$W1(x,s,j)$、$\mathrm{NW1}(x,s)$、$W2(x,s,j)$ 和 $\mathrm{NW2}(x,s)$ 均为 5 岁组数据。

（1）初步调整家庭户规模分布以确保其与 100%普查数据一致：

$$W2'(x,s,j)=W1(x,s,j)[H2(j)/H1(j)]$$

（2）进一步调整以确保家庭户总数与 100%普查数据一致，但家庭户规模分布比例与步骤（1）的结果相同：

$$W2(x,s,j)=W2'(x,s,j)\left\{\mathrm{TH2}\Big/\left[\sum_x\sum_s\sum_j W2'(x,s,j)\right]\right\}$$

（3）调整非家庭户代表的家庭成员数：

$$\mathrm{NW2}(x,s)=\mathrm{NW1}(x,s)\ \left\{\left[T(x,s)-\sum_j W2(x,s,j)\right]/[T(x,s)-W1(x,s)]\right\}$$

证明：

$$\begin{aligned}&\sum_x\sum_s\sum_j W2(x,s,j)\\&=\sum_x\sum_s\sum_j W2'(x,s,j)\left\{\mathrm{TH2}\Big/\left[\sum_x\sum_s\sum_j W2'(x,s,j)\right]\right\}=\mathrm{TH2}\end{aligned}$$

$$\begin{aligned}&\mathrm{NW2}(x,s)\\&=\mathrm{NW1}(x,s)\left\{\left[T(x,s)-\sum_j W2(x,s,j)\right]\Big/[T(x,s)-W1(x,s)]\right\}\\&=\mathrm{NW1}(x,s)\left\{\left[T(x,s)-\sum_j W2(x,s,j)\right]\Big/[W1(x,s)+\mathrm{NW1}(x,s)-W1(x,s)]\right\}\\&=T(x,s)-\sum_j W2(x,s,j)\end{aligned}$$

所以，

$$\sum_j W2(x,s,j) + \mathrm{NW2}(x,s)$$
$$= \sum_j W2(x,s,j) + T(x,s) - \sum_j W2(x,s,j) = T(x,s)$$

A3.2　标准化的一般结婚率、一般离婚率、一般同居率和一般同居终止率

我们定义预测 t 年的标准化一般结婚率、一般离婚率、一般同居率、一般同居终止率为将预测起始年份从人口普查得到的分年龄、性别的婚姻状态人数与 t 年分年龄、性别的人口事件发生/风险率相乘而得到的结婚、离婚、同居、终止同居事件的发生数除以起始年份相应历险人群数（Zeng et al.，2006），具体定义表述如下。

用 $N_i(x,s,r,T1)$ 表示在最近的普查年 $T1$（即预测起始年份）登记的年龄为 x，婚姻状态为 i，种族和城乡居住地类型为 r，性别为 s 的人数。

用 $m_{ij}(x,s,r,t)$ 表示 t 年分年龄、性别的婚姻状态由 i 转换为 j 的转换率($i \neq j$)。

我们通过多维家庭人口预测模型计算 $m_{ij}(x,s,r,t)$，同时确保以下定义的 t 年标准化一般结婚率、一般离婚率、一般同居率、一般同居终止率的两性一致性（计算 $m_{ij}(x,s,r,t)$ 的方法见 A3.4 节）。

用 GM（r,t）表示 t 年分种族（或城乡）的男女合一标准化一般结婚率（包括初婚和再婚）。

$$\mathrm{GM}(r,t) = \frac{\sum_{x=\alpha}^{\beta}\sum_{s=1,2}\sum_{i} N_i(x,s,r,T1)m_{i2}(x,s,r,t)}{\sum_{x=\alpha}^{\beta}\sum_{s=1,2}\sum_{i\neq 2} N_i(x,s,r,T1)},\ i = 1,3,4,5,6,7 \qquad \text{(A3.3)}$$

其中，α 表示最低结婚年龄；β 表示我们定义的一般结婚率、一般离婚率、一般同居率、一般同居终止率的年龄范围的上限。

用 GD（r,t）表示 t 年分种族（或城乡）的男女合一标准化一般离婚率。

$$\mathrm{GD}(r,t) = \frac{\sum_{x=\alpha}^{\beta}\sum_{s=1,2} N_2(x,s,r,T1)m_{24}(x,s,r,t)}{\sum_{x=\alpha}^{\beta}\sum_{s=1,2} N_2(x,s,r,T1)} \qquad \text{(A3.4)}$$

用 GC（r,t）表示 t 年分种族（或城乡）的未婚同居、离婚同居和丧偶同居与曾婚的男女合一标准化一般同居率。

$$\mathrm{GC}(r,t)=\frac{\sum_{x=\alpha}^{\beta}\sum_{s=1,2}[N_1(x,s,r,T1)m_{15}(x,s,r,t)+N_3(x,s,r,T1)m_{36}(x,s,r,t)+N_4(x,s,r,T1)m_{47}(x,s,r,t)]}{\sum_{x=\alpha}^{\beta}\sum_{s=1,2}[N_1(x,s,r,T1)+N_3(x,s,r,T1)+N_4(x,s,r,T1)]}$$

（A3.5）

用 GCD（r,t）表示 t 年的分种族（或城乡）的男女合一标准化一般同居终止率。

$$\mathrm{GCD}(r,t)=\frac{\sum_{x=\alpha}^{\beta}\sum_{s=1,2}[N_5(x,s,r,T1)m_{51}(x,s,r,t)+N_6(x,s,r,T1)m_{63}(x,s,r,t)+N_7(x,s,r,T1)m_{74}(x,s,r,t)]}{\sum_{x=\alpha}^{\beta}\sum_{s=1,2}[N_5(x,s,r,T1)+N_6(x,s,r,T1)+N_7(x,s,r,T1)]}$$

（A3.6）

A3.3　估测与结婚/同居综合参数相对应的分性别、年龄的婚姻/同居状态转换概率，并确保男女两性婚姻/同居事件发生数的一致性

输入的综合参数如下。

GM（r,t）、GD（r,t）、GC（r,t）、GCD（r,t）：预测（或假定）的 t 年分种族或居住地类型的标准化一般结婚率、一般离婚率、一般同居率和一般同居终止率；r 代表种族或居住地类型。

$m_{ij}^{s}(x,s,r)$：分性别在 x 岁到 $x+1$ 岁之间婚姻状态 i 转换为 j 的发生/风险率标准模式。

输出的综合参数如下。

$m_{ij}(x,s,r,t)$：分性别 t 年 x 岁到 $x+1$ 岁之间婚姻状态 i 转换为 j $(i\neq j)$ 的发生/风险率，并与估得的标准化一般结婚率、一般离婚率、一般同居率和一般同居终止率相一致且确保两性一致性。

在此需要做一个重要的阐释：为了与预测的综合参数相一致，且确保两性一致性，我们对初始的分年龄、性别、婚姻状态转换的发生/风险率标准模式进行调整，而不是对结婚（或同居）和离婚（或同居终止）概率进行调整。我们定义分年龄、性别、状态的发生/风险率为某一年龄段人口事件发生数除以该年龄段处于可能发生该事件的风险人数。分年龄的发生/风险率可以通过多状态模型中的矩阵公式转换为分年龄、性别、状态的发生概率（Preston et al.，2001；Schoen，1988；Willekens et al.，1982）。此方法可以很好地解决竞争风险的问题。另外，直接调整概率可能会导致出现概率大于 1 这种不合逻辑的结果，而调整年龄别发生/风险率后则不会出现这种情况。

调整方法具体分为以下两步（Zeng et al.，2004）。

步骤 1：用调和均值法来满足男女两性的一致性。

我们用调和均值法来确保一夫一妻制社会中家庭户预测的男女两性的一致性。调和均值法可以满足绝大多数两性模型的理论要求和实践考量，并解决一致性问题（Keilman，1985；Pollard，1977；Schoen，1981）。

为了计算 t 年的人口事件发生数，我们需要计算分年龄、性别、婚姻状态，种族或居住地类型的年中人数（$\overline{N_i'}(x,s,r,t)$）。$\overline{N_i'}(x,s,r,t)$ 是 t 年的年初和年末人数的平均数，可被视为居住在状态 i 的人年数的近似值（即从状态 i 转换为 j 的历险人数）。

用 $N_i'(x,s,r,t)$ 表示通过上一年的预测所得的在 t 年，年龄为 x 岁，婚姻状态为 i，性别为 s，种族（或城乡）为 r 的人数。当 t 为预测起始年份时，$N_i'(x,s,r,t)$ 可从普查数据中得到。分性别、年龄的人口事件发生/风险率 $m_{ij}(x,s,r,t)$ 和分性别、年龄的概率 $P_{ij}(x,s,r,t)$ 的关系可用矩阵公式表示（Willekens et al.，1982）。我们通过调整上一年估得的 $m_{ij}(x,s,r,t-1)$ 来估算 $m_{ij}(x,s,r,t)$。当 t 为预测起始年份，$m_{ij}(x,s,r,t-1)$ 等于标准模式。估得的 $m_{ij}(x,s,r,t)$ 一定要满足所有种族合计（或城乡）合计的两性一致性，并且与预测所得的 t 年的分种族或分居住地类型的标准化一般结婚率、一般离婚率、一般同居率和一般同居终止率一致。

$$N_i'(x+1,s,r,t+1)=\sum_j P_{ij}'(x,s,r,t)N_j(x,s,r,t) \qquad \text{(A3.7)}$$

$$\overline{N_i'}(x,s,r,t)=0.5[N_i(x,s,r,t)+N_i'(x+1,s,r,t+1)] \qquad \text{(A3.8)}$$

需要注意的是，$\overline{N_i'}(x,s,r,t)$ 仅是一个初始近似值，因为 $N_i'(x+1,s,r,t+1)$ 是基于 $P_{ij}'(x,s,r,t)$ 估得的，而 $P_{ij}'(x,s,r,t)$ 并不是 t 年的最终估计值。

对 t 年性别为 s（$s=1,2$，分别表示女性和男性）的婚前未同居的种族（或城乡）合计的新婚人数（$\mathrm{TM}(s,t)$）的估算如下：

$$\mathrm{TM}(s,t)=\sum_r\left[\sum_i\sum_{x=\alpha}^{\omega}\overline{N_i'}(x,s,r,t)m_{i2}(x,s,r,t-1)\right],\quad i=1,3,4$$

其中，ω表示家庭户预测包含的最大年龄；α表示结婚的最小年龄。为满足两性一致性，婚前未同居的人的分性别、年龄的结婚率需要经过如下调整：

$$m_{i2}'(x,s,r,t)=m_{i2}(x,s,r,t-1)\left\{\frac{2[\mathrm{TM}(1,t)\mathrm{TM}(2,t)]}{\mathrm{TM}(1,t)+\mathrm{TM}(2,t)}\Big/\mathrm{TM}(s,t)\right\},\quad i=1,3,4 \qquad \text{(A3.9)}$$

记估得的 t 年性别为 s 的所有种族（或城乡）合计的新离婚人数（ $\mathrm{TD}(s,t)$ ）为

$$\mathrm{TD}(s,t)=\sum_r\left[\sum_{x=\alpha}^{\omega}\overline{N_2'}(x,s,r,t)m_{24}(x,s,r,t-1)\right]$$

为满足两性一致性，分性别、年龄的离婚发生/风险率需要经过如下调整：

$$m_{24}'(x,s,r,t)=m_{24}(x,s,r,t-1)\left\{\frac{2[\mathrm{TD}(1,t)\mathrm{TD}(2,t)]}{\mathrm{TD}(1,t)+\mathrm{TD}(2,t)}\Big/\mathrm{TD}(s,t)\right\} \quad （A3.10）$$

丧偶率取决于配偶的死亡率，而配偶死亡率是在调整两性一致性之前，根据 t 年的死亡标准模式和出生期望寿命估算而得的。已经预测得到的配偶的死亡率不应该再被调整，而应该被当作“标准”。这样一来，我们只需要调整 t 年的男女年龄别丧偶率，使其与相应的丧偶总人数相一致，而不需要再用调和均值法。根据已经预测出的分性别、年龄的死亡率，在 t 年，性别为 s 的种族（或城乡）合计死亡的已婚人数（ $\mathrm{TDM}(s,t)$ ）为

$$\mathrm{TDM}(s,t)=\sum_r\left[\sum_{x=\alpha}^{\omega}\overline{N_2'}(x,s,r,t)d_2(x,s,r,t)\right]$$

其中，$d_2(x,s,r,t)$ 表示已经预测得出的在 t 年，年龄为 x，性别为 s 的已婚人口的死亡率。

t 年性别为 s 的种族（或城乡）合计的新丧偶人数 $\mathrm{TW}(s,t)$ 为

$$\mathrm{TW}(s,t)=\sum_r\left[\sum_{x=\alpha}^{\omega}\overline{N_2'}(x,s,r,t)m_{23}(x,s,r,t-1)\right]$$

为满足两性一致性，分性别、年龄的丧偶发生/风险率需要以 $\mathrm{TDM}(s,t)$ 为“标准”进行如下调整：

$$m_{23}'(x,s,r,t)=m_{23}(x,s,r,t-1)\left[\frac{\mathrm{TDM}(s^{-1},t)}{\mathrm{TW}(s,t)}\right] \quad （A3.11）$$

其中，s^{-1} 表示 s 的异性。

t 年性别为 s 的种族（或城乡）合计的新开始同居的人数（ $\mathrm{TC}(s,t)$ ）为

$$\begin{aligned}\mathrm{TC}(s,t)=\sum_r\Bigg[&\sum_{x=\alpha}^{\omega}\overline{N_1'}(x,s,r,t)m_{15}(x,s,r,t-1)\\&+\sum_{x=\alpha}^{\omega}\overline{N_3'}(x,s,r,t)m_{36}(x,s,r,t-1)\\&+\sum_{x=\alpha}^{\omega}\overline{N_4'}(x,s,r,t)m_{47}(x,s,r,t-1)\Bigg]\end{aligned}$$

为满足两性的一致性，分性别、年龄的同居发生/风险率需要经过如下调整：

$$m'_{15}(x,s,r,t)=m_{15}(x,s,r,t-1)\left\{\frac{2[\mathrm{TC}(1,t)\mathrm{TC}(2,t)]}{\mathrm{TC}(1,t)+\mathrm{TC}(2,t)}\Big/\mathrm{TC}(s,t)\right\} \quad (\text{A3.12})$$

$$m'_{36}(x,s,r,t)=m_{36}(x,s,r,t-1)\left\{\frac{2[\mathrm{TC}(1,t)\mathrm{TC}(2,t)]}{\mathrm{TC}(1,t)+\mathrm{TC}(2,t)}\Big/\mathrm{TC}(s,t)\right\} \quad (\text{A3.13})$$

$$m'_{47}(x,s,r,t)=m_{47}(x,s,r,t-1)\left\{\frac{2[\mathrm{TC}(1,t)\mathrm{TC}(2,t)]}{\mathrm{TC}(1,t)+\mathrm{TC}(2,t)}\Big/\mathrm{TC}(s,t)\right\} \quad (\text{A3.14})$$

t 年性别为 s 的种族（或城乡）合计的婚前已同居的新婚人数（ $\mathrm{TCM}(s,t)$ ）为

$$\mathrm{TCM}(s,t)=\sum_r\left[\sum_i\left[\sum_{x=\alpha}^{\omega}\left(\overline{N'_i}(x,s,r,t)m_{i2}(x,s,r,t-1)\right)\right]\right], \qquad i=5,6,7$$

为满足两性的一致性，分性别、年龄的婚前已同居人口的结婚率需要经过如下调整：

$$m'_{i2}(x,s,r,t)=m_{i2}(x,s,r,t-1)\left\{\frac{2[\mathrm{TCM}(1,t)\mathrm{TCM}(2,t)]}{\mathrm{TCM}(1,t)+\mathrm{TCM}(2,t)}\Big/\mathrm{TCM}(s,t)\right\}, \qquad i=5,6,7$$

（A3.15）

t 年性别为 s 的种族（或城乡）合计的同居终止人数（ $\mathrm{TCD}(s,t)$ ）为

$$\mathrm{TCD}(s,t)=\sum_r\left[\sum_{x=\alpha}^{\omega}\overline{N'_5}(x,s,r,t)m_{51}(x,s,r,t-1)+\sum_{x=\alpha}^{\omega}\overline{N'_6}(x,s,r,t)m_{63}(x,s,r,t-1)+\sum_{x=\alpha}^{\omega}\overline{N'_7}(x,s,r,t)m_{74}(x,s,r,t-1)\right]$$

为满足两性一致性，分性别、年龄的婚前已同居人口的同居终止发生/风险率需要经过如下调整：

$$m'_{51}(x,s,r,t)=m_{51}(x,s,r,t-1)\left\{\frac{2[\mathrm{TCD}(1,t)\mathrm{TCD}(2,t)]}{\mathrm{TCD}(1,t)+\mathrm{TCD}(2,t)}\Big/\mathrm{TCD}(s,t)\right\} \quad (\text{A3.16})$$

$$m'_{63}(x,s,r,t)=m_{63}(x,s,r,t-1)\left\{\frac{2[\mathrm{TCD}(1,t)\mathrm{TCD}(2,t)]}{\mathrm{TCD}(1,t)+\mathrm{TCD}(2,t)}\Big/\mathrm{TCD}(s,t)\right\} \quad (\text{A3.17})$$

$$m'_{74}(x,s,r,t)=m_{74}(x,s,r,t-1)\left\{\frac{2[\mathrm{TCD}(1,t)\mathrm{TCD}(2,t)]}{\mathrm{TCD}(1,t)+\mathrm{TCD}(2,t)}\Big/\mathrm{TCD}(s,t)\right\} \quad (\text{A3.18})$$

上述分性别、年龄的发生/风险率 $m'_{ij}(x,s,r,t)$ 经步骤 1 调整，满足了两性一致性，但仍需以下步骤 2 的调整来使其与预测的 t 年分种族（或城乡）的标准化一般结婚率、一般离婚率、一般同居率和一般同居终止率相一致。

步骤 2：满足 t 年分种族（或城乡）的标准化一般结婚率、一般离婚率、一般同居率、一般同居终止率一致性的调整。

为计算 $m_{ij}(x,s,r,t)$ 并确保其与分种族（或城乡）的标准化一般人口事件发生率 GM（r,t）、GD（r,t）、GC（r,t）和 GCD（r,t）相一致，我们首先用 A3.2 节中介绍的公式，根据从最近的人口普查数据中得到的 $N_i(x,s,r,T1)$ 和步骤 1 中估得的满足两性一致性的 $m'_{ij}(x,s,r,t)$，估算 GM′（r,t）、GD′（r,t）、GC′（r,t）和 GCD′（r,t）。我们再用同样的调整系数来调整男性和女性的年龄别婚姻状态转换发生/风险率：

$$m''_{i2}(x,s,r,t)=\frac{\mathrm{GM}(r,t)}{\mathrm{GM}'(r,t)}m'_{i2}(x,s,r,t), \qquad i=1,3,4,5,6,7 \tag{A3.19}$$

$$m''_{24}(x,s,r,t)=\frac{\mathrm{GD}(r,t)}{\mathrm{GD}'(r,t)}m'_{24}(x,s,r,t) \tag{A3.20}$$

$$m''_{15}(x,s,r,t)=\frac{\mathrm{GC}(r,t)}{\mathrm{GC}'(r,t)}m'_{15}(x,s,r,t) \tag{A3.21}$$

$$m''_{36}(x,s,r,t)=\frac{\mathrm{GC}(r,t)}{\mathrm{GC}'(r,t)}m'_{36}(x,s,r,t) \tag{A3.22}$$

$$m''_{47}(x,s,r,t)=\frac{\mathrm{GC}(r,t)}{\mathrm{GC}'(r,t)}m'_{47}(x,s,r,t) \tag{A3.23}$$

$$m''_{51}(x,s,r,t)=\frac{\mathrm{GCD}(r,t)}{\mathrm{GCD}'(r,t)}m'_{51}(x,s,r,t) \tag{A3.24}$$

$$m''_{63}(x,s,r,t)=\frac{\mathrm{GCD}(r,t)}{\mathrm{GCD}'(r,t)}m'_{63}(x,s,r,t) \tag{A3.25}$$

$$m''_{74}(x,s,r,t)=\frac{\mathrm{GCD}(r,t)}{\mathrm{GCD}'(r,t)}m'_{74}(x,s,r,t) \tag{A3.26}$$

需要注意的是，步骤 1 调整用的年中人口（$\overline{N'_i}(x,s,r,t)$）只是初步估得的 t 年年初和年末人口平均值的近似值，并非基于分性别、年龄的一般结婚率、一般离婚率、一般同居率和一般同居终止率的最终估计值得到的。因为 $\overline{N'_i}(x,s,r,t)$ 并不是最终的估算，所以虽然我们对男女两性的调整系数是一样的，但步骤 2 调整后的男女年龄别发生/风险率可能不完全满足两性的一致性。因此，我们需要用步骤 2 中估得的 $m''_{ij}(x,s,r,t)$ 来重复步骤 1 的调整。具体来说，我们通过式（A3.7）和式（A3.8）来计算 $N''_i(x+1,s,r,t+1)$ 和 $\overline{N''_i}(x,s,r,t)$。接下来，我们用 $\overline{N''_i}(x,s,r,t)$ 和 $m''_{ij}(x,s,r,t)$ 来替换步骤 1 公式中的 $\overline{N'_i}(x,s,r,t)$ 和 $m''_{ij}(x,s,r,t-1)$，估得满足两性一致性的 $m'''_{ij}(x,s,r,t)$。之后，我们用新估得的 $m'''_{ij}(x,s,r,t)$ 来估算分种族（或城乡）的标准化一般结婚率、一般离婚率、一般同居率和一般同居终止率：$\mathrm{GM}''(r,t)$、$\mathrm{GD}''(r,t)$、$\mathrm{GC}''(r,t)$ 和 $\mathrm{GCD}''(r,t)$。如果新估得的标准化一般人口事件发生率和预测所得的一般人口事件发生率之差的绝对值小于一个预先选定的误差（如 0.01 或 0.001），我们就达到了计算 t 年的分性别、年龄（如果区分的话），分种族（或城乡）婚姻状态转换发生/风险率的目的。否则，我们需要重复步骤 1 和步骤 2 中的迭代调整，直到满足选定的误差为止。

作为案例，我们利用上述步骤 1 和步骤 2 的方法，用标准化一般人口事件发生率作为综合参数来计算预测 t 年随时间变化的分性别、年龄的婚姻状态转换率。年龄别标准模式是基于估得的 1990～1996 年美国分性别、年龄的婚姻状态转换率（Zeng et al.，2012）。预测起始年份的分性别、年龄的婚姻状态分布是从美国 2000 年普查微观样本数据中得来的。我们的预测模型考虑到了 7 种婚姻（包括同居）状态，包括 4 个不同种族。

如表 A3.1 所示，利用标准化一般率作为综合参数来估测 t 年随时间变化的分性别、年龄的婚姻状态转换率需要重复步骤 1 和步骤 2 的迭代次数为 2～4 次。表 A3.1 中列出了不同误差标准得出的迭代重复次数，证明了步骤 1 和步骤 2 的实用可行性。

表 A3.1　重复步骤 1 和步骤 2 的迭代次数（GM（*r*，*t*）下降 4%，GD（*r*，*t*）上升 5%，GC（*r*，*t*）上升 8%，GCD（*r*，*t*）上升 6%）　单位：次

标准 （相对差异）: 0.01		标准（相对差异）: 0.001	
所有种族合计	分四个种族	所有种族合计	分四个种族
2	3	3	4

资料来源: Zeng 等（2004）

A3.4　估算预测起始年份的标准化一般结婚率、一般离婚率、一般同居率和一般同居终止率

为了更直观地展示如何估算，我们下面介绍估算美国州层面分种族的一般结婚率、一般离婚率、一般同居率，以及一般同居终止率的详细步骤（Zeng et al.，2013a），这些步骤也同样适用于其他国家和地区。其中，种族（用 r 表示）这一

维度可以替换为城乡居住地类型，在具体应用中如果没有区分种族或居住地类型，也可以忽略不计。

A3.4.1 估算预测起始年份美国各州分种族的一般结婚率和一般离婚率

我们采用的公开发布数据包括了美国各州和华盛顿特区的结婚与离婚人数，但为所有种族的合计数据，没有区分种族。因此，我们采用以下步骤来估算普查年份（即预测起始年份 $T1$ ）美国各州分种族的一般结婚率（ $\mathrm{GM}(r,T1)$ ）和一般离婚率（ $\mathrm{GD}(r,T1)$ ）。表示婚姻状态的标识 i 和 j 在 2.2 节中有详细定义，在此不再赘述。为简化表达，我们在此省略了所有变量和公式中表示州的标识。

相关变量定义如下。

$N_i(x,s,r,T1)$：预测起始年份（ $T1$ ）某州年龄为 x，种族为 r，婚姻状态为 i，性别为 s 的普查登记人数。

$M_{ij}(x,s,r)$：分种族、性别、年龄的婚姻/同居状态由 i 转换为 j （ $i \neq j$ ）的发生/风险率的全国标准模式，其中，i 和 j 表示 7 种婚姻与同居状态。

$m_{ij}(x,s,r,T1)$：$T1$ 年某州分种族、性别、年龄的婚姻状态由 i 转换为 j（ $i \neq j$ ）的发生/风险率估计值。

$\mathrm{TM}(T1)$：公开发布的 $T1$ 年某州所有种族合计的新婚（包括初婚和再婚）人数。

$\mathrm{TD}(T1)$：公开发布的 $T1$ 年某州所有种族合计的离婚人数。

我们假定 $T1$ 年某州分种族、性别、年龄的初婚和再婚发生/风险率年龄别模式与全国的年龄别标准模式类似，但水平与全国平均很可能不同。

$m_{i2}(x,s,r,T1) = \gamma(T1)M_{i2}(x,s,r)$，$i \neq 2$（下标 2 表示已婚有配偶状态）；其中，

$$\gamma(T1) = \frac{2\mathrm{TM}(T1)}{\sum_{x=\alpha}^{\beta}\sum_{s=1,2}\sum_{r}\sum_{i} N_i(x,s,r,T1)M_{i2}(x,s,r)}, \ i \neq 2 。$$

α （通常为 15 岁）和 β 分别表示结婚（或同居）及离婚（或同居终止）可能发生的最小年龄和最大年龄。然后基于估得的 $m_{i2}(x,s,r,T1)$ 和 $N_i(x,s,r,T1)$，应用 A3.2 节中的式（A3.3）估算在 $T1$ 年某州分种族的 $\mathrm{GM}(r,T1)$ 。

我们假定 $T1$ 年某州分种族、性别、年龄的离婚发生/风险率年龄别模式与全国的年龄别标准模式类似，但水平与全国平均很可能不同。

$m_{24}(x,s,r,T1) = \delta(T1)M_{24}(x,s,r)$（下标 2 和 4 分别代表已婚有配偶和离婚状态）；其中，

$$\delta(T1) = \frac{2\mathrm{TD}(T1)}{\sum_{x=\alpha}^{\beta}\sum_{s=1,2}\sum_{r} N_2(x,s,r,T1)M_{24}(x,s,r)}$$

最后，我们用估得的 $m_{24}(x,s,r,T1)$ 和 $N_2(x,s,r,T1)$，通过 A3.2 节中的式（A3.4）来估算在 $T1$ 年各州分种族的 $\mathrm{GD}(r,T1)$。

A3.4.2　估算美国各州分种族的一般同居率和一般同居终止率

因为缺乏州级关于同居和同居终止事件数量的公开发表数据，我们无法直接估算美国州级分种族的一般同居率（$\mathrm{GC}(r,T1)$）和一般同居终止率（$\mathrm{GCD}(r,T1)$）。因此，我们需要采用间接方法——迭代比例拟合方法来进行估算。首先，我们用前一次的普查数据作为基数人口，用分种族、性别的年龄别婚姻状态转换标准模式和其他估得的综合参数作为输入，来预测从上一个普查年份到最近的普查年份（即预测起始年份 $T1$）的分种族的家庭户分布。通过预测，我们得到在最近的普查年份中所有种族合计的同居伴侣户占所有家庭户的比例，用 PC 表示。然后，我们比较 PC 和最近的普查年份登记的所有种族合计的同居伴侣户占所有家庭户的实际比例，后者用 CC 表示。如果 PC 比 CC 更大或更小，且大于一个预先确定的误差标准，如 1%，我们就用下列公式来等比例调整分种族、性别、年龄的同居发生/风险率和同居终止发生/风险率：

$$m_{15}(x,s,r,T1)=M_{15}(x,s,r)(2-\mathrm{PC}/\mathrm{CC}) \tag{A3.27}$$

$$m_{36}(x,s,r,T1)=M_{36}(x,s,r)(2-\mathrm{PC}/\mathrm{CC}) \tag{A3.28}$$

$$m_{47}(x,s,r,T1)=M_{47}(x,s,r)(2-\mathrm{PC}/\mathrm{CC}) \tag{A3.29}$$

$$m_{51}(x,s,r,T1)=M_{51}(x,s,r)(\mathrm{PC}/\mathrm{CC}) \tag{A3.30}$$

$$m_{63}(x,s,r,T1)=M_{63}(x,s,r)(\mathrm{PC}/\mathrm{CC}) \tag{A3.31}$$

$$m_{74}(x,s,r,T1)=M_{74}(x,s,r)(\mathrm{PC}/\mathrm{CC}) \tag{A3.32}$$

我们用调整后的分种族、性别、年龄的同居发生/风险率和同居终止发生/风险率及其他数据来对预测起始年份 $T1$ 之前上一个普查年份到 $T1$ 期间重新进行预测，计算新得到的 PC 并与 CC 比较。如果新得出的 PC 仍然比 CC 更大或更小并超出合理区间（±1%），则重复上述迭代比例拟合方法，直到 PC 和 CC 的差距缩小至合理区间。之后，我们再根据 A3.2 节中的式（A3.5）和式（A3.6）来估算某州的 $\mathrm{GC}(r,T1)$ 和 $\mathrm{GCD}(r,T1)$。在州级关于同居状态数据缺乏的情况下，这种方法可以估得较为合理的 $\mathrm{GC}(r,T1)$ 和 $\mathrm{GCD}(r,T1)$。第 4 章介绍的 1990～2000 年美国 50 个州以及华盛顿特区的家庭人口预测检验验证了估算的准确性。

第 4 章　ProFamy 多维家庭人口预测方法的评估及其与户主率方法的对比分析①

4.1　引　　言

本章 4.2 节阐述在中国与美国国家和地区层面应用 ProFamy 多维家庭人口预测方法得到的预测数和人口普查登记数的比较；4.3 节对于户主率方法和 ProFamy 多维家庭人口预测方法分别在基本概念是否清楚问题、与人口事件（婚姻、生育、迁移、死亡）发生/风险率的联系、预测的基本途径、非户主的家庭成员、预测信息在社会经济发展规划和市场分析方面是否满足需求、计算方法的简易、所需数据和时间人力成本等方面进行比较深入的比较分析；4.4 节中我们就户主率方法与 ProFamy 多维家庭人口预测方法在美国住房需求预测中的误差进行比较分析。

4.2　评估：国家和地区层面应用 ProFamy 多维家庭人口预测方法得到的预测数和人口普查登记数的比较

验证一个预测模型和软件最有效的方法，是用该模型预测有实际登记数据的过去两个时点的变化，然后比较预测数据与实际登记数据的拟合程度。为了评估多维家庭人口预测模型和软件的准确性，我们进行了以下预测：① 1990～2000 年美国分种族的家庭户预测（Zeng et al.，2006）；② 1990～2000 年美国 50 个州和华盛顿特区的家庭户预测；③ 我国 1990～2000 年城乡家庭户预测（Zeng et al.，2008b）；④ 我国 2000～2010 年东、中、西部城乡家庭户预测（曾毅和王正联，2010）。

我们用美国 1990 年人口普查数据计算了预测起始年份至 2000 年的人口数据，然后进行了两种检验。第一种检验使用多维家庭人口预测方法和软件，采用 20 世纪 80 年代实际登记的分种族、性别、年龄的标准模式，以及根据 1970～1990 年时间序列数据外推预测出的 20 世纪 90 年代的综合参数（Gu et al.，2005）。这一检验假定我们没有 1990 年后的数据，整个预测仅基于 1991 年前的数据和多维家庭人

① 本章由曾毅教授、王正联研究员、顾大男研究员和杨涵墨博士研究生撰写；作者工作单位和邮箱地址见第 1 章首页脚注。

口预测模型。在 2000 年人口普查数据准确的情况下，我们可以通过对比检验出多维家庭人口预测模型在实践中的准确性。第二种检验使用多维家庭人口预测方法和软件，用 20 世纪 90 年代实际数据估算的分种族、性别、年龄的标准模式和综合参数作为输入来预测美国 2000 年的家庭户情况。这些模型准确性检验的基本假定是 20 世纪 90 年代实际登记的输入数据和 2000 年人口普查数据是比较准确的。

根据上述检验，我们对比 2000 年美国人口普查登记数和模型预测所得的家庭户分布的重要指标，发现两者之间的差异在合理范围之内（表 4.1 和表 4.2）。具体而言，在两种检验中，预测所得的平均家庭户规模比实际登记的分别小 2.7%和 2.4%。在两种检验中， 1 人户、2 人户、3 人户、4 人户（这四种家庭户涵盖了美国大部分家庭户）占家庭户总数比例的预测值与观测值所得之差的绝对值分别是 0.9%～9.3%和 2.4%～9.4%；夫妻户占家庭户总数比例的预测值与观测值之差分别是 4.1%和 3.9%；属于集体户成员数占总人口数比例的预测值与观测值之差为–1.5%和–1.3%；总人口规模、18 岁以下少年所占比例、65 岁及以上老人所占比例、老少抚养比的预测值之差和观测值的绝对值分别在 0.6%～4.6%和 1.2%～4.9%。两种检验表明，高龄老人和大家庭户这样较小群体的预测值和观测值之间的差异率相对较大一些：80 岁及以上的高龄老人所占比例的预测值与观测值之差分别为 10.3%和 10.6%；5 人及以上的家庭户所占比例的预测值和观测值之差分别为–14.1%和–15.9%。

表 4.1　根据多维家庭人口预测模型及 1991 年以前数据预测的 2000 年美国家庭人口主要指标与人口普查数的比较

家庭人口指标	人口普查数	ProFamy 预测数	差异
平均户规模/人	2.59	2.52	–2.7%
1 人户	25.82%	26.05%	0.9%
2 人户	32.63%	33.01%	1.2%
3 人户	16.53%	18.06%	9.3%
4 人户	14.20%	13.57%	–4.4%
5+人户	10.83%	9.30%	–14.1%
夫妻户合计	51.66%	53.76%	4.1%
总人口规模/人	281 421 906	277 170 688	–1.5%
18 岁以下少年	25.69%	25.53%	–0.6%
60+岁老人	16.27%	16.87%	3.7%
65+岁老人	12.43%	13.0%	4.6%
80+岁高龄老人	3.26%	3.6%	10.3%
集体户成员	2.76%	2.72%	–1.5%

续表

家庭人口指标	人口普查数	ProFamy 预测数	差异
少儿抚养比	0.42	0.42	1.2%
老年抚养比	0.20	0.21	4.5%
总抚养比	0.62	0.63	2.3%

注：本表数据由原始数据计算并经四舍五入得到，其中有的数值与按表中数据计算有差异，是因为四舍五入和保留小数位不同的影响

表 4.2　根据多维家庭人口预测模型及 20 世纪 90 年代数据预测的 2000 年美国家庭人口主要指标与人口普查数的比较

家庭人口指标	人口普查数	ProFamy 预测数	差异
家庭户总数/户	105 480 101	105 901 696	0.4%
平均户规模/人	2.59	2.53	–2.4%
不同规模家庭户			
1 人户	25.82%	25.19%	–2.4%
2 人户	32.63%	33.81%	3.6%
3 人户	16.53%	18.09%	9.4%
4 人户	14.20%	13.80%	–2.8%
5+人户	10.83%	9.11%	–15.9%
夫妻户合计	51.66%	53.69%	3.9%
人口指标			
总人口规模/人	281 421 906	276 417 600	–1.8%
18 岁以下少年	25.69%	25.33%	–1.4%
60+岁老人	16.27%	16.92%	4.0%
65+岁老人	12.43%	13.04%	4.9%
80+岁高龄老人	3.26%	3.61%	10.6%
集体户成员	2.76%	2.73%	–1.3%
抚养比			
少儿抚养比	0.42	0.41	–1.2%
老年抚养比	0.20	0.21	4.5%
总抚养比	0.62	0.62	0

注：本表数据由原始数据计算并经四舍五入得到，其中有的数值与按表中数据计算有差异，是因为四舍五入和保留小数位不同的影响

我们也对中国全国 2000~2010 年的家庭户预测和人口预测结果进行了与表 4.1 及表 4.2 类似的检验，对比了我国 2010 年人口普查登记数和预测结果（表 4.3），发现两者的差异也在合理范围内（Zeng et al.，2013b）。

表 4.3　根据多维家庭人口预测模型及 2000～2010 年数据预测的 2010 年我国家庭人口主要指标与人口普查数的比较

家庭人口指标	2010 年人口普查登记数	ProFamy 预测数	差异
总人口/亿人	13.33	13.29	–0.31%
0～9 岁/亿人	1.46	1.56	6.27%
10～14 岁/亿人	0.75	0.76	1.20%
15～19 岁/亿人	1.00	1.00	0.61%
15～59 岁/亿人	9.34	9.28	–0.59%
60+岁/亿人	1.78	1.69	–4.93%
65+岁/亿人	1.19	1.11	–6.45%
集体户成员/亿人	0.93	0.92	–1.16%
家庭户总数/亿人	4.02	4.03	0.18%
65 岁及以上人口比重	8.92%	8.37%	–6.16%
平均家庭户规模/人	3.08	3.07	–0.43%

注：本表数据由原始数据计算并经四舍五入得到，其中有的数值与按表中数据计算有差异，是因为四舍五入和保留小数位不同的影响

为了进一步检验多维家庭人口预测模型和软件是否能在地区层面的分析中保持准确性，我们分别对美国 50 个州和华盛顿特区的家庭户和居住安排预测进行了一系列实证检验，基于国家层面调查数据①估得了美国全国分种族、性别、年龄的标准模式，根据美国各州和华盛顿特区 5%普查微观数据估算得出分种族、年龄、性别的国内迁移率（Zeng et al.，2013a）。我们从美国 1990 年人口普查数据估算预测起始年份的基数人口，用多维家庭人口预测模型和将基于 1991 年以前数据的分种族、性别、年龄的标准模式和综合参数作为数据输入来对 2000 年的数据进行预测，并对比预测所得结果和 2000 年人口普查登记的实

① (a) 1987～1988 年、1992～1994 年，以及 2002 年的美国家庭与住户调查（National Survey of Family Households，NSFH）；(b) 1983 年、1988 年、1995 年，以及 2002 年的美国家庭增长调查（National Survey of Family Growth，NSFG）；(c) 1980 年、1985 年、1990 年和 1995 年的美国当前人口调查（Current Population Surveys，CPS）；(d) 1996 年的收入及项目参与调查（Survey of Income and Program Participation，SIPP）。有关这四个数据整合应用的讨论参见 Zeng 等（2012）。

际数据之间的差异。这些检验假定我们在预测 1990 年至 2000 年以及评估多维家庭人口预测模型在地区层面的实际应用时没有 1990 年以后的数据，且 2000 年人口普查数据是准确的。

我们用百分比误差（percent error，PE）、绝对百分比误差、平均绝对百分比误差（mean absolute percent error，MAPE）、中位数绝对百分比误差（median absolute percent error，MEDAPE）这四种最常见的计算人口预测误差的方法（Smith et al.，2001）来评估多维家庭人口预测方法在地区层面的家庭户和居住安排预测的准确性。具体而言，计算百分比误差是用美国各州和华盛顿特区 2000 年的预测值与人口普查登记数之差，除以 2000 年人口普查登记数，再乘以 100%。平均绝对百分比误差和中位数绝对百分比误差分别是美国 50 个州和华盛顿特区的百分比误差的绝对值的平均数和中位数，而平均百分比误差则是美国各州和华盛顿特区的百分比误差之和的平均值（正负误差可以相互抵消）。

表 4.4 总结了 1990~2000 年多维家庭人口预测模型预测所得和 2000 年人口普查登记数相比较得出的美国 50 个州和华盛顿特区的家庭户总数，平均家庭户规模，1 人户、2～3 人户、4 人及以上户所占比例、夫妻户所占比例、总人口总规模、0～18 岁儿童所占比例、65 岁及以上老人所占比例、80 岁及以上高龄老人所占比例，以及老少抚养比的预测误差。在对美国 50 个州和华盛顿特区的共 306 个有关家庭户和居住安排主要指标[①]的所有预测值与人口普查实际登记数据的检验中，有 29.1%的预测误差小于 1.0%，有 33.9%的预测误差在 1.0%～2.99%，有 17.4%的预测误差在 3.0%～4.99%，有 12.9%的预测误差在 5.0%～9.99%，只有 6.7%的预测误差大于或等于 10%（表 4.4）。人口数相关的主要指标的预测误差也很低：有 29.7%小于 1%，有 43.4%在 1.0%～2.99%，有 16.5%在 3.0%～4.99%，有 9.5%在 5.0%～9.99%，只有 0.8%大于等于 10%[②]（表 4.4）。

表 4.4　美国 50 个州和华盛顿特区 2000 年人口普查登记数与根据多维家庭人口预测模型以及 1991 年以前数据预测结果进行比较得出的平均预测误差

家庭人口指标	平均绝对百分比误差	中位数绝对百分比误差	平均百分比误差
（A）家庭户预测主要指标			
家庭户总数	1.63%	1.07%	0.04%
平均家庭户规模	1.75%	1.16%	–0.56%
1 人户比重	4.73%	3.45%	2.91%

① 我们对比了美国 50 个州和华盛顿特区（共计 51 个区域）的 6 个家庭户预测的主要指标和 6 个人口预测的主要指标，所以在家庭户预测和人口预测中分别有 306 个主要指标被纳入了研究。

② 由于数据进行了四舍五入，比例合计不等于 100%。

续表

家庭人口指标	平均绝对百分比误差	中位数绝对百分比误差	平均百分比误差
2~3 人户比重	2.63%	2.20%	–1.06%
4 人及以上户比重	4.08%	2.76%	0.06%
夫妻户合计比重	2.07%	1.35%	0.56%
（B） 人口预测主要指标			
总人口规模	1.35%	1.09%	–0.58%
18 岁及以下未成年人所占比重	1.96%	1.82%	1.39%
65 岁及以上低龄老人所占比重	2.52%	2.08%	–1.45%
80 岁及以上高龄老人所占比重	3.44%	2.81%	–2.02%
少儿抚养比	2.55%	2.21%	1.56%
老年抚养比	2.80%	2.19%	–1.05%

美国 50 个州和华盛顿特区的主要家庭户指标的预测数据和普查数据的平均绝对百分比误差和中位数绝对百分比误差均在合理范围内，两种误差分别在 1.63%～4.73%和 1.07%～3.45%［表 4.4（A）的第二列和第三列］。平均家庭户规模和 2~3 人户比重的平均百分比误差为负，分别是–0.56%和–1.06%，其他指标的平均百分比误差均为正数，都在 0.04%~2.91%［表 4.4（A）的第四列］。与主要家庭户指标的预测误差率相似，美国 50 个州和华盛顿特区的主要人口指标的预测误差也非常小［表 4.4（B）的第二列至第四列］。各州的人口预测数的误差与各州人口规模之间没有显著关系。这与一些机构所做的人口预测项目的结果类似（ESRI，2007）。

另外，我们对美国 50 个州和华盛顿特区进行了另一组系列检验，对比多维家庭人口预测模型根据 2001 年前的数据预测所得数据和 2006 年美国社区调查（American Community Survey，ACS）观测所得数据。结果显示，306 个家庭户预测主要指标中，有 34.2%的预测误差小于 1.0%，有 35.0%的预测误差在 1.0%～2.99%，有 21.9%的预测误差在 3.0%～4.99%，有 9.0%的预测误差在 5.0%～9.99%，没有误差大于 10%①。另一个检验用同样方法和数据对美国加利福尼亚州和明尼阿波利斯-圣保罗都会区的 6 个县进行预测，将该预测所得数据与美国社区调查 2006 年和 2009 年观测所得数据进行对比得出的预测误差及其分布与上一个检验类似（Wang，2009a，2009b，2011a，2011b）。为避免同一议题篇幅过长，我们不再详细介绍这几个检验。

我们还对比了我国东、中、西部地区从 2000 年到 2010 年人口家庭户的预测

① 由于数据进行了四舍五入，比例合计不等于 100%。

结果与2010年人口普查登记数来检验预测的准确性（表4.5），结果显示预测数据与普查数据的差异在合理范围内（Zeng et al.，2013b）。

表4.5 我国2010年人口普查登记数与根据多维家庭人口预测模型从2000年到2010年预测的我国东、中、西部家庭户与人口主要指标的比较

家庭人口指标	东部			中部			西部		
	人口普查登记数	ProFamy预测值	差异	人口普查登记数	ProFamy预测值	差异	人口普查登记数	ProFamy预测值	差异
总人口规模/亿人	5.53	5.50	–0.52%	6.88	6.90	0.26%	0.91	0.8	–3.39%
0～9岁人数/亿人	0.51	0.56	8.55%	0.83	0.86	4.04%	0.12	0.14	11.78%
10～14岁人数/亿人	0.28	0.28	0.84%	0.40	0.41	0.99%	0.07	0.07	4.00%
15～19岁人数/亿人	0.39	0.38	–2.85%	0.53	0.55	2.86%	0.08	0.08	2.51%
15～59岁人数/亿人	3.96	3.92	–1.08%	4.75	4.78	0.50%	0.63	0.59	–5.74%
60岁及以上人数/亿人	0.78	0.75	–4.14%	0.90	0.86	–4.79%	0.10	0.08	–12.64%
65岁及以上人数/亿人	0.52	0.50	–4.95%	0.60	0.56	–6.62%	0.07	0.05	–16.98%
集体户成员人数/亿人	0.47	0.47	0.05%	0.41	0.40	–2.41%	0.05	0.05	–2.29%
家庭户总数/亿户	1.75	1.75	0.16%	2.02	2.03	0.49%	0.25	0.25	–2.20%
65岁及以上所占比重	9.47%	9.05%	–4.46%	8.72%	8.12%	–6.86%	7.15%	6.14%	–14.06%
平均家庭户规模/人	2.90	2.88	–0.79%	3.21	3.20	–0.09%	3.46	3.40	–1.72%

注：本表数据由原始数据计算得到

值得注意的是，如何判断预测结果是否准确并不存在一个固定的准则，但可以将我们的预测结果与他人的预测结果相比较。不论是在国家层面还是地区层面，我们对美国和中国从1990年到2000年家庭户和人口预测的误差均类似甚至小于美国人口普查局（Campbell，2002）和其他一些机构的人口预测误差。在联合国以往的诸多预测中不乏见到，一些国家的总人口预测误差达到2%～5%，10年期分年龄的人口群体的预测误差达到5%～10%（Khan and Lutz，2008）。这些以往的预测和预测评估为我们解释表4.1～表4.4所总结的预测准确性检验结果提供了科学基础，充分说明使用ProFamy多维家庭人口预测模型在国家和地区层面进行家庭人口预测的误差在合理且相对较小的范围之内，甚至比其他一些评估研究中得到的预测误差更小。我们并不确定表4.1～表4.4中列出的差异是由模型设定还是由观测数据不精确造成的，或许两个原因同时存在。但可以肯定的是，不论在国家层面还是在地区层面，多维家庭人口预测模型同时对家庭户、居住安排和人口年龄性别分布进行预测的效果都很好。

4.3　户主率方法和ProFamy多维家庭人口预测方法的比较

传统的户主率方法在家庭户预测中存在着严重局限，20 世纪 90 年代以来广受人口学家的批评（Bell and Cooper，1990；Burch，1999a；Mason and Racelis，1992；Murphy，1991；Spicer et al.，1992）。然而，户主率方法现在仍然被较多统计部门和市场分析机构用来进行家庭户预测。因此，我们有必要将户主率方法与新的多维家庭人口预测模型进行详细的比较。

4.3.1　“户主”的概念不清楚问题

户主率：“户主”概念本身有许多模糊不清之处，选择户主的方式也不严谨，这加大了预测的难度和误差（Murphy，1991），并对户主率的趋势分析造成困难（Mason and Racelis，1992）。各地分性别的户主率可能因普查或调查入户访问时间不同而异。例如，一般白天在家的女性比男性多，如入户访问在白天进行，女主人作为被访人的可能性会显著上升。一些女性将户主认为是一种家庭地位的象征，所以倾向于申报自己为户主。这种情况与女性的社会经济地位不断上升而成为一些家庭的户主混淆在一起，降低了户主率数据的可信度。因此，户主定义很难有统一标准，不利于比较分析与预测。

多维家庭人口预测模型 ：没有概念模糊的问题。

4.3.2　与人口事件（婚姻、生育、迁移、死亡）发生/风险率的联系

户主率方法的第二个缺点是它与人口事件发生/风险率没有直接联系，其内在关系极不清楚；因此很难通过预测（或假定）生育、死亡、结婚、离婚等人口要素来推测户主率的变动（Mason and Racelis，1992；Spicer et al.，1992）。

多维家庭人口预测模型使用人口事件发生/风险率作为家庭户预测的输入，完全可以根据人口事件发生/风险率的变化对家庭户结构造成的影响进行分析（见表 3.1 和第 2 章、第 3 章中的讨论）。Morgan（2004）指出，多维家庭人口预测模型为探究结婚、离婚、生育、死亡、迁移等人口事件的发生将对家庭户造成何种影响提供了一个研究方法框架。因此，多维家庭人口预测模型可以找出哪个因素是导致近期和中长期家庭人口变化的主要原因。

4.3.3　横断面趋势推断和按队列及人口要素预测

户主率方法的第三个缺点是由于其横断面趋势推断的特点［图 4.1（b）］，

无法对不同队列的老人和年轻人分别预测，而老人和年轻人所经历的人口事件、家庭户类型和规模可能差异很大；因此，用户主率方法预测的结果就可能不准确。例如，根据当今老人队列的户主率外推预测 20～30 年后进入老年人群的户主率肯定有误，因为 20～30 年后的老年人群是现在还年轻的人群，他们所经历的离婚率和同居终止率比当今已经走完大部分人生历程的老人高得多。

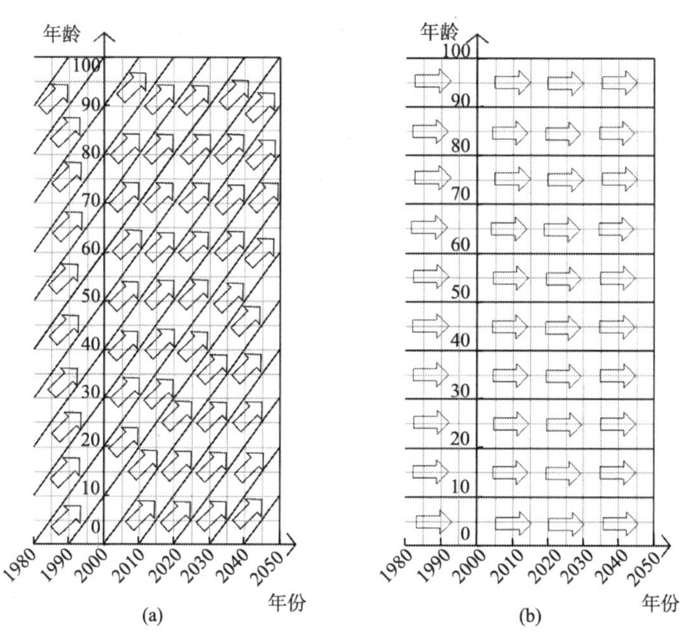

图 4.1　多维家庭人口预测模型和户主率方法的基本框架之比较

与之相反，多维家庭人口预测模型按照不同队列和特定属性对人口分组（例如，相同年龄、种族、性别、婚姻状态、与父母和子女同住状态的人分为一组），并使用人口事件发生/风险率作为输入，分队列、年龄组和时期进行预测［图 4.1（a）］。显然，多维家庭人口预测模型不论在理论还是实际操作上都比户主率模型更稳健，因后者只依赖于横断面趋势推断，而不考虑队列差异。

4.3.4　非户主的家庭成员

户主率方法的第四个缺点是将除户主外的所有其他家庭成员统一归为“非户主”，不对他们进行预测。这一局限致使户主率方法不能用于对老人、中青年、孩子等“非户主”的家庭户成员的婚姻状态和居住安排进行预测分析，而这些“非户主”在总人口中占大多数。这对于学术、政策和商业分析规划而言都是一个很大的缺陷。

多维家庭人口预测模型预测全部家庭成员的婚姻状态和居住安排。例如，预测不同性别年龄的独居、只与配偶同住、与子女或其他人同住的家庭户成员数量及比例。这些信息对政府和企业了解分析老人照料需求、贫困状况、福利、社会保障、保险、银行业务，以及信用卡服务等都可起到重要作用。

4.3.5　预测信息与社会经济发展规划和市场分析需求

户主率方法的第五个缺点是预测得出的信息非常有限，不能服务于详细的分析和规划（Bell and Cooper，1990）。美国人口普查局（U.S. Census Bureau，1996）用户主率方法和横断面回归趋势推测法，只按照户主年龄组预测了 5 个家庭户类型，而没有考虑家庭户规模（表 4.6）。因为不同规模的家庭户对产品和服务的需求差别很大，所以不考虑家庭户规模是户主率方法的一大缺点。虽然户主率方法后来得到延伸，但只能预测有限的几个家庭户类型和规模（Ediev，2007；Ediev et al.，2012）。当然，如果不使用横断面回归趋势推测法，而假定未来分性别、年龄的户主率是恒定不变的，那么人口普查数据就可以提供比美国人口普查局（U.S. Census Bureau，1996）更详细的户主率预测，包括家庭户规模等。这样虽然可以进行更详细的家庭户预测，但假定恒定户主率的方法与现实生活显然不符，很难被研究者和政策制定者所接受。

表 4.6　传统的户主率方法预测的家庭户类型

类型编码	家庭户类型	家庭户规模
1	夫妻户	无
2	女性户主无配偶户	无
3	男性户主无配偶户	无
4	女性非家庭户	无
5	男性非家庭户	无

资料来源：U.S. Census Bureau（1996）

多维家庭人口预测模型可以按家庭户代表的年龄提供比户主率方法详细得多的家庭户类型和规模的预测（表 4.7），并可以用随时间变化的人口事件发生/风险率作为输入。例如，用户主率方法预测的“女性户主无配偶户”的家庭户（U.S. Census Bureau，1996）没有详细区分婚姻状态和家庭户规模，混淆了只有一个女性的 1 人户和与子女一起居住的单身母亲的家庭户 。与之相反，多维家庭人口预测方法按照女性的婚姻状态，并与家庭户规模分类组合；例如，分类为只有一个女性的 1 人户，离婚或丧偶且非同居但与子女一起居住、不同家庭户规模的不同类型单身母亲家庭户（Zeng et al.，2006）。

表 4.7　多维家庭人口预测模型预测的家庭户类型和规模

类型编码	家庭户类型	家庭户规模/人
一代户		
1～3	男性 1 人（不同婚姻状态）	1
4～6	女性 1 人（不同婚姻状态）	1
7～9	男性 1 人（不同婚姻状态）+其他亲属或非亲属	2，3，4，5，6+
10～12	女性 1 人（不同婚姻状态）+其他亲属或非亲属	2，3，4，5，6+
13	1 对夫妇	2
14	1 对同居伴侣户	2
15	1 对夫妇+其他亲属或非亲属	3，4，5，6，7+
16	1 对同居伴侣+其他亲属或非亲属	3，4，5，6，7+
二代户		
17	1 对夫妇+子女或其他亲属或非亲属	3，4，5，6，7，8，9+
18	1 对同居伴侣+子女或其他亲属或非亲属	3，4，5，6，7，8，9+
19～21	单亲母亲（不同婚姻状态）+子女或其他亲属或非亲属	2，3，4，5，6，7，8，9+
22～24	单亲父亲（不同婚姻状态）+子女或其他亲属或非亲属	2，3，4，5，6，7，8，9+
三代户		
25	1 或 2 位祖父母老人+1 对夫妇或同居伴侣+子女	4，5，6，7，8，9+
26	1 或 2 位祖父母老人+单亲父亲或母亲+子女	3，4，5，6，7，8，9+

Prskawetz 等（2004）和 Zeng 等（2013a）发现，用户主率方法预测奥地利和美国的汽车需求可能产生严重的误差。因为户主率方法的预测结果只能提供家庭户数量，不能提供家庭规模信息（U.S. Census Bureau，1996），如果仅凭平均每户家庭的汽车数和家庭户数量来预测汽车需求，就忽视了未来家庭户小型化（只包括 1 人或 2 人小型家庭户比例上升）对汽车需求的影响。Prskawetz 等（2004）和 Feng 等（2011）应用多维家庭人口预测模型预测了未来家庭户的变化，提供了更符合实际的奥地利和美国的未来汽车需求预测。户主率方法的缺点和多维家庭人口预测方法的优势还体现在其他商业分析上，如许多国家未来都将面临只有 1 人或 2 人的小型家庭户比例上升的情况，而分析家庭户能源消费和其他产品和服务的消费需要利用家庭户规模的信息。两篇在 *Nature* 杂志上发表的文章表明，小型家庭户增多会导致能源消费的人均和总量增多，这种庞大需求将对资源环境保护造成威胁（Keilman，2003），也对生物多样性保护提出了严峻挑战（Liu et al.，2003）。

4.3.6　计算方法

户主率：美国人口普查局的一项研究被视为是户主率方法预测应用典型案例（U.S. Census Bureau，1996），该研究为预测分年龄、性别的户主率，进行了 100 组时间序列回归模型计算（100 组=10 个年龄组× 2 种婚姻状态× 5 个家庭户类型）。其中，10 个年龄组分别是 15～17 岁、18～19 岁、20～24 岁、25～29 岁、30～34 岁、35～44 岁、45～54 岁、55～64 岁、65～74 岁和 75 岁及以上；2 种婚姻状态分别是未婚和曾婚（U.S. Census Bureau，1996）；5 种家庭户类型见表 4.6。这 100 组回归模型的因变量是户主率的罗吉特转换值，自变量是时间。户主率的未来变化趋势只取决于日历时间（与人口事件发生/风险率无关），在很多情况下被不合理地外推到了未来年份。为了让结果不像 100 个回归方程直接外推得到的那么极端离谱，只好人为调整回归方程斜率来进行看上去比较合理的家庭户预测。例如，表示 35 岁以下未婚比例变化的斜率变小了三分之二；表示所有年龄夫妻户比例变化的斜率变小了三分之一；表示其余家庭户类型比例变化的斜率保持在 1990 年的水平不变。这些调整使得预测看起来更合理了，但是调整背后的机制不明，纯属主观判断（U.S. Census Bureau，1996），这是户主率方法的第六个缺点。

多维家庭人口预测模型并不需要对回归方程的斜率进行任何武断的调整，只需要有分年龄、性别的人口事件发生/风险率的标准模式［表 3.1 第（2）项］，并根据时间序列分析或专家估测方法来预测（或假定）综合参数［表 3.1 第（3）项］。年龄别标准模式预测人口动态变化的年龄分布模式，而综合参数预测人口事件发生的水平。多维家庭人口预测模型还可以通过调整标准模式来与预测的未来人口事件发生平均年龄相吻合，从而把预期的年龄构成变化嵌入模型，如结婚和生育年龄的提前或推后。基于标准模式和综合参数，多维家庭人口预测模型可以估算对未来进行家庭户和人口预测所需的分年龄、性别的人口事件发生/风险率。同时可以通过使用时间序列分析的统计软件或者采用专家估测方法预测未来综合参数。使用者甚至可以在综合参数预测分析中纳入其他相关的社会经济协变量（如人均 GDP、平均收入、劳动参与率、教育、城镇化等）的时间序列数据。根据时间序列分析的预测或者根据专家估测的假定是基于能影响未来家庭户分布的人口因素。这类似于经典队列要素人口预测模型，也是它的一个实质性的扩展。

4.3.7　所需数据和时间人力成本

户主率方法所需的数据比多维家庭人口预测模型少。如果假定所有分性别、年龄的户主率不随时间变化，那么户主率方法就非常简单，需要的时间和资源也非常少。然而，这种静态方法无法提供准确的预测结果，特别是对于人口和社会经济正在不断变化的社会而言。如 Zeng 等（2006）文章中的 3.3 节和本书 25.4 节介绍的家庭户惯性的实证研究表明，即使假定美国人口事件发生/风险率在未来几十年保持不变，分年龄的户主率也一定会改变，因为传统家庭模式的老人群体将在未来一二十年内逐渐被现代家庭模式的年轻群体所取代。如果采用一般的户主率横断面回归统计分析趋势推测法，需要使用大量的数据、时间和资源，如像美国人口普查局那样计算 100 个回归方程的趋势外推。

与之相比，多维家庭人口预测模型准备分年龄、性别的标准模式需要较多时间和资源。不过，一旦有学者估得了一个国家分年龄、性别的标准模式（并且最好每 10 年左右能予以更新），其他使用者就可以直接将这些年龄别标准模式当作国家层面和地区层面家庭户预测的“标准模式”。这与人口预测和估算中广泛应用的模型生命表 （Coale et al.，1983；United Nations，1982）、Brass-logit 模型生命表（Murray et al.，2003）、Brass-Gompertz 相关生育模型（Brass，1974），以及人口预测和估算的其他参数模型类似（Coale and Trussell，1974；Rogers，1986）。如 2.3.4 节所述，大量研究表明，包括年龄别人口事件发生/风险率标准模式和少量综合参数的参数模型是预测与估算分年龄的人口事件发生/风险率的一个高效且实用的方法（Booth，1984；Paget and Timaeus，1994；Zeng et al.，2000）。

利用年龄别标准模式和预测或假设的未来年份总和生育率、出生期望寿命、一般结婚率、一般离婚率、一般同居率和一般同居终止率等综合参数，通过多维家庭人口预测软件，可以非常方便地进行国家层面和地区层面的家庭户预测。

我们虽然对很多人口学家对户主率方法的批评表示赞同（Bell and Cooper，1990；Burch，1999a；Mason and Racelis，1992；Murphy，1991；Spicer et al.，1992），但我们也相信对不同方法的选择取决于使用者的需要。若只需要对静止恒定且没有回归横断面趋势推测的家庭户数量进行预测，不需要详细的家庭户类型和规模信息，且希望用易得的截面数据和较少的时间与资源投入，那么户主率方法也许可以满足要求。若要使用多种人口事件发生/风险率作为输入，对家庭户类型和规模、老人居住安排、不同类型规模的家庭户所需产品和服务进行详细而切合实际的预测与分析，多维家庭人口预测模型则是一个更好的选择。下面，我们以住房需求预测误差为例来进行比较分析。

4.4 户主率方法与 ProFamy 多维家庭人口预测方法在美国住房需求预测中的误差比较

如前文所述，与现在依然广泛使用的传统的户主率方法相比，多维家庭人口预测方法在理论和方法上更具优势，而且能预测更详细的家庭户类型、规模以及居住安排信息。但是，多维家庭人口预测方法所需的数据远比经典户主率方法多。这就带来了一个问题：如果使用者只需要预测家庭户消费需求，如分卧室数量的住宅单元数量，而不关心如家庭户类型、规模，家庭户代表的婚姻状态，是否与父母同住，与几个子女同住等详细特征，是否还值得选择多维家庭人口预测模型而非更简单的传统户主率方法？下文的讨论将回答这个问题。

我们通过以下两种方法来对美国 1990～2000 年的住房单元数量进行预测：①用户主率方法预测美国 50 个州和华盛顿特区各地的卧室数量（见本章附录 A4.1 节）；②用多维家庭人口预测模型和 1991 年以前的数据预测分年龄、性别、家庭户类型及家庭户规模的卧室数量（见本章附录 A4.2 节）。通过对比预测结果和 2000 年普查登记的私人住房单元数量，我们估算以上两种方法对按卧室数量分的住房单元的预测误差率。如表 4.8 所示，用假定户主率保持不变得出的 0～1 间卧室[①]、2 间卧室、3 间卧室、4 间卧室的平均百分比误差分别为–18.67%、5.01%、4.30% 和–3.23%，而用多维家庭人口预测方法得出的平均百分比误差分别为–6.25%、2.51%、1.38%和 1.15%。用假定户主率保持不变得出的 0～1 间卧室、2 间卧室、3 间卧室、4 间卧室的平均绝对百分比误差和中位数绝对百分比误差，比多维家庭人口预测方法得出的结果分别高出 114.4%和 128.4%、20.4%和 37.0%、27.9%和 13.2%、24.4%和 53.4%。

表 4.8　美国 50 个州和华盛顿特区 1990～2000 年住房需求预测的平均预测误差（与 2000 年人口普查登记数对比）——基于多维家庭人口预测方法和户主率方法

误差类别	0～1 间卧室住房单元			2 间卧室住房单元			3 间卧室住房单元			4 间卧室住房单元		
	ProFamy	户主率	差异	ProFamy	户主率	差异	ProFamy	户主率	差异	ProFamy	户主率	差异
平均百分比误差	–6.25%	–18.67%	198.7%	2.51%	5.01%	99.6%	1.38%	4.30%	211.6%	1.15%	–3.23%	–380.9%
平均绝对百分比误差	8.71%	18.67%	114.4%	5.87%	7.07%	20.4%	3.94%	5.04%	27.9%	6.52%	8.11%	24.4%
中位数绝对百分比误差	8.11%	18.52%	128.4%	4.86%	6.66%	37.0%	3.10%	3.51%	13.2%	5.19%	7.96%	53.4%

注：本表数据由原始数据计算得到

即使是用回归或横断面趋势推测法得到变化的户主率来进行更准确的家庭户数量预测，估得的家庭户消费需求仍有可能是偏误的，因为传统的户主率方法不包括家庭户规模，而这正是准确预测家庭户消费需求所必需的（Myers et al., 2002）。为了检验这个设想，我们进行了另一项调整预测结果的评估，即对比调整假定变化的户主率和 ProFamy 多维家庭人口预测方法预测结果，使调整后的结

① 0 间卧室即卧室和客厅中间没有隔墙的小户型。

果分别和2000年普查登记的美国50个州和华盛顿特区各地的家庭户数量完全一致（见本章附录的A4.3节和A4.4节），但是户主率方法预测不包括家庭户规模信息，而多维家庭人口预测包括了家庭户规模。我们通过对比美国50个州和华盛顿特区 2000 年普查登记数据与调整后的由变化户主率方法以及由多维家庭人口预测方法预测所得的住房单元数量，得到的平均预测误差如表4.9所示。

表4.9　基于ProFamy多维家庭人口预测方法和变化的户主率预测的美国50个州和华盛顿特区1990～2000年的住房需求量与2000年人口普查登记数相比的平均预测误差

误差	0～1间卧室住房单元			2间卧室住房单元			3间卧室住房单元			4间卧室住房单元		
	ProFamy	户主率	差异	ProFamy	户主率	差异	ProFamy	户主率	差异	ProFamy	户主率	差异
平均百分比误差	–6.37%	–15.35%	141.0%	2.46%	5.96%	142.3%	1.41%	3.71%	163.1%	1.22%	–4.23%	–446.7%
平均绝对百分比误差	8.24%	15.45%	87.5%	5.48%	7.53%	37.4%	4.23%	4.37%	3.3%	6.97%	8.27%	18.7%
中位数绝对百分比误差	7.73%	16.50%	113.5%	5.06%	7.88%	55.7%	2.80%	3.03%	8.2%	4.57%	7.64%	67.2%

注：本表数据由原始数据计算得到

表4.9展示的实证评估表明，通过上面阐述的调整，户主率方法预测的0～1间卧室住房单元的平均百分比误差减少了3.32个百分点，但仍远大于多维家庭人口预测方法的预测误差。具体而言，户主率方法预测所得的平均百分比误差、平均绝对百分比误差、中位数绝对百分比误差分别是–15.35%、15.45%和16.50%，而多维家庭人口预测方法的这三项误差分别是–6.37%、8.24%和7.73%（表4.9）。用户主率方法得出的 2 间卧室和 3 间卧室住房单元的平均百分比误差分别是5.96%和3.71%，而用多维家庭人口预测方法得出的平均百分比误差分别是2.46%和1.41%。户主率方法预测的4间卧室的住房单元数量偏低，平均百分比误差为–4.23%，而多维家庭人口预测方法的平均百分比误差只有1.22%。表4.9中列出的预测误差显示，与多维家庭人口预测方法相比，户主率方法的预测误差更大。

1990～2000年人口普查数据可以帮助我们更好地理解上述评估检验结果：与1990年相比，2000年1人户、2人户、3人户、4～5人户，以及6人及以上户的数量分别增加了20.6%、16.9%、9.2%、9.3%、15.1%。很明显，美国的1人户（大多有0～1间卧室）、2人户（大多有0～1间卧室或2间卧室）和6人及以上户

（大多需要 4 间卧室）[①]的增速较快，显著快于 3 人户和 4～5 人户（大多需要 2～3 间卧室）。因此，与详细预测家庭户规模的多维家庭人口预测模型相比，未考虑家庭户规模的户主率方法将严重低估 0～1 间卧室和 4 间卧室的住房单元数量，同时高估 2 间卧室和 3 间卧室住房单元的数量。这与 Prskawetz 等（2004）用两种方法估算奥地利汽车需求得出的预算误差结果一致。

本 章 附 录

本章附录介绍户主率方法与 ProFamy 多维家庭人口预测方法预测住房需求的相关计算公式。本项预测范围涵盖了美国 50 个州和华盛顿地区。为了便于表述，我们在本附录中省略了所有公式和变量中表示州的下标。

A4.1　用假定不变的户主率方法预测住房需求

美国人口普查局曾进行过一个分年龄、性别、家庭户类型的户主率预测，被视为是户主率方法预测应用的一个典型案例。前文列出了美国人口普查局区分的 5 个家庭户类型和 10 个年龄组。

用 $\mathrm{Hr}(x,s,h)$ 表示根据 1990 年人口普查数据估得的分年龄、性别、家庭户类型的户主率，其中 x 和 s 分别表示户主的年龄和性别，h 表示家庭户类型。

用 $P2000(x,s)$ 表示根据传统的队列要素方法进行人口预测所得的在 2000 年年龄为 x，性别为 s 的人数，这也是多维家庭人口预测模型的一个输出。

用 $\mathrm{HH}(x,s,h)$ 表示根据户主率方法预测的 2000 年分户主年龄、性别和家庭户类型的家庭户数量。

用 $b(x,s,h,i)$ 表示根据 1990 年普查数据估得的分年龄、性别、家庭户类型的卧室数量为 i 的家庭户所占比例（$i=1,2,3,4$，分别表示 0～1，2，3，4+间卧室）；$\sum_i b(x,s,h,i)=1.0$。

用 $\mathrm{HU}(x,s,h,i)$ 表示根据户主率方法预测的 2000 年分卧室数量、户主年龄、性别以及家庭户类型的住宅单元。

预测 $\mathrm{HH}(x,s,h)$ 和 $\mathrm{HU}(x,s,h,i)$ 的估算公式是

$$\mathrm{HH}(x,s,h)=\mathrm{Hr}(x,s,h)P2000(x,s)$$

$$\mathrm{HU}(x,s,h,i)=\mathrm{HH}(x,s,h)b(x,s,h,i)$$

① 我们的研究指出，美国 6 人及以上大家庭户比例在 1990～2000 年增加是由于种族构成发生了变化：西班牙裔、亚裔和其他一些不是白种人的少数民族人口增多，尤其是西班牙裔，而他们的家庭户规模通常较大。

A4.2　用多维家庭人口预测模型预测住房需求

用 $\mathrm{EH}(x,s,m,z)$ 表示用多维家庭人口预测方法根据 1991 年前的数据预测的 2000 年分年龄、性别、家庭户类型以及家庭户规模的家庭户数量。其中，x 表示以 5 岁分组的年龄组；s 表示性别；m 表示家庭户类型；z 表示家庭户规模（1 人、2 人、3 人、4 人、5 人、6 人及以上）。用 $\mathrm{EHU}(x,s,m,z,i)$ 表示用多维家庭人口预测模型预测的 2000 年分年龄、性别、家庭户类型及家庭户规模的卧室数量为 i 的住宅单元数量。用 $\mathrm{CHU}(x,s,m,z,i)$ 表示根据 1990 年人口普查数据估得的 1990 年分年龄、性别、家庭户类型及家庭户规模的卧室数量为 i 的住宅单元数量。用 $\mathrm{eb}(x,s,m,z,i)$ 表示根据 1990 年人口普查数据估得的分年龄、性别、家庭户类型及家庭户规模的卧室数量为 i 的家庭户占同类家庭户总数的比例。$\mathrm{eb}(x,s,m,z,i)=\mathrm{CHU}(x,s,m,z,i)\big/\sum_i \mathrm{CHU}(x,s,m,z,i)$；$\sum_i \mathrm{eb}(x,s,m,z,i)=1.0$。

预测 $\mathrm{EHU}(x,s,m,z,i)$ 的估算公式是

$$\mathrm{EHU}(x,s,m,z,i)=\mathrm{EH}(x,s,m,z)\mathrm{eb}(x,s,m,z,i)$$

A4.3　调整变化的户主率方法预测住房需求

在预测时可以根据时间序列数据，用回归或横断面趋势推测法来预测未来随时间变化的户主率，而不是假定户主率保持不变。例如，美国人口普查局曾用时间序列回归模型来预测随时间变化的分年龄、性别、家庭户类型的户主率。然而，即使用回归或横断面趋势推测法得到的变化户主率准确预测出了家庭户数量，但由于经典的户主率方法不考虑家庭户的规模（U.S. Census Bureau，1996），而消费需求在很大程度上取决于家庭户规模，户主率方法对家庭户消费需求的预测仍存在偏误（Myers et al.，2002）。为检验这一假定，我们进行了另一项评估：假定变化户主率预测出的美国 50 个州和华盛顿特区的家庭户规模数据和 2000 年人口普查中登记的一致。具体而言，我们等比例调整了 1990 年登记的分年龄、性别、家庭户类型的户主率，用它乘以 2000 年人口普查登记的家庭户总数与用假定保持不变的户主率预测所得的 2000 年家庭户总数之比。我们再用调整过的分年龄、性别、家庭户类型的变化的户主率来预测家庭户数量（总数与普查中登记的一致），然后预测 2000 年不同卧室数量的住宅单元数量。

用 TH2000 表示 2000 年人口普查数据得到的某州或特区家庭户总数。

基于调整后使预测所得的家庭户数量与 2000 年人口普查登记数一致的分年龄、性别、家庭户类型的户主率，预测分年龄、性别、家庭户类型的卧室数量为 i 的住房单元数量的估计公式为

$$\mathrm{HU}'(x,s,h,i)=\mathrm{HH}(x,s,h)\frac{\mathrm{TH2000}}{\sum\limits_{x}\sum\limits_{s}\sum\limits_{h}\mathrm{HH}(x,s,h)}b(x,s,h,i)$$

A4.4　用多维家庭人口预测模型预测住房需求，并予以调整

为了确保与调整户主率预测的可比性，我们等比例调整了用多维家庭人口预测模型预测的分年龄、性别、家庭户类型的家庭户数量，从而得到与 2000 年人口普查登记数一样的家庭户总数，然后进行预测。调整后预测所得的家庭户数量与 2000 年人口普查登记数一致。基于调整后的分年龄、性别、家庭户类型的家庭户数量，我们预测分年龄、性别、家庭户类型的卧室数量为 i 的住房单元数量的估计公式为

$$\begin{aligned}&\mathrm{EHU}'(x,s,m,z,i)\\&=\mathrm{EH}(x,s,m,z)\frac{\mathrm{TH2000}}{\sum\limits_{x}\sum\limits_{s}\sum\limits_{m}\sum\limits_{z}\mathrm{EH}(x,s,m,z)}\mathrm{eb}(x,s,m,z,i)\end{aligned}$$

第 5 章　小区域家庭户和居住安排预测①

5.1 引　　言

5.2 节介绍将 ProFamy 模型和比例法结合起来预测小区域家庭户和居住安排的基本思路。5.3 节阐述和讨论如何将 ProFamy 模型与恒定比例法及变动比例法相结合。5.4 节对在美国随机选取、地理区域分布较均匀的 25 个小县和 25 个小城市，应用 ProFamy 模型和比例法结合进行 1990 年至 2000 年的家庭人口预测，并与 2000 年人口普查登记数进行比较，从而实证评估结合 ProFamy 模型和比例法预测小区域家庭户和居住安排的可信度。

5.2 结合 ProFamy 模型和比例法预测小区域家庭户和居住安排的基本思路

一般而言，在对人口规模较小的小城镇、社区或住宅区等小区域进行预测时，很难得到充足的数据来估算传统队列要素法进行人口预测与多维家庭人口预测模型进行家庭户和居住安排预测所需的人口参数。事实上，即使是很有价值的人口普查微观数据也无法提供在小区域进行队列要素预测所需的全部信息。因此，绝大多数学者采用"间接"的方法，从对小区域所在的母区域的预测中"借来"预测结果基本框架。这里说的"母区域"可以是我国的地区级行政区域（包括较大的市、县、区）、美国的一个州、其他国家的一个人口规模较小的省。这种方法可以提高较小城镇和小区县人口预测的准确性和稳定性（Rao，2003；Smith and Morrison，2005；Smith et al.，2001）。因为对数据的要求最低，计算步骤简单，并且预测结果比较准确合理，这种比例法（即外推小区域人口在母区域中所占比重）在小区域预测中较为常用（Smith，2003）。

在用多维家庭人口预测模型进行小区域家庭户和居住安排预测时，我们基于对母区域的家庭户和居住安排预测，采用恒定比例法和变动比例法进行调整

---

① 本章由曾毅教授、王正联研究员、顾大男研究员和杨涵墨博士研究生撰写；作者工作单位和邮箱地址见第 1 章首页脚注。

$$H_c(h,s,r,x,t)=H_p(h,s,r,x,t)g(h,s,r,x,T1)$$

$$P_c(t)=P_p(t)[P_c(T1)/P_p(T1)]$$

根据变动比例法（Smith et al.，2001）：

$$H_c(h,s,r,x,t)=H_p(h,s,r,x,t)\{g(h,s,r,x,T1)+[(t-T1)/(T1-T0)][g(h,s,r,x,T1)-g(h,s,r,x,T0)]\}P_c(t)$$

$$=P_p(t)\{P_c(T1)/P_p(T1)+[(t-T1)/(T1-T0)][P_c(T1)/P_p(T1)-P_c(T0)/P_p(T0)]\}$$

其中，$T0$ 表示预测起始年份 $T1$ 之前的一个普查年份。

为了保证从按家庭户类型、规模、种族（或城乡）、性别和家庭户代表年龄分的家庭户预测数量中所得出的总人口规模与预测所得小区域的总人口规模相一致，我们需要进行一些额外调整。用 $H'_c(h,s,r,x,t)$ 表示在年份 t 小区域内类型为 h，规模为 s，种族（或城乡）为 r，家庭户代表年龄为 x 的家庭户预测数量最终调整后的结果：

$$H'_c(h,s,r,x,t)=H_c(h,s,r,x,t)\left\{P_c(t)\Big/\sum_s\sum_h\sum_r\sum_x[H_c(h,s,r,x,t)\times s]\right\}$$

5.4　实证评估和应用

为了验证将比例法和多维家庭人口预测方法结合进行小区域家庭人口预测的准确性，并展示实际应用案例，我们对在美国随机选取的地理区域分布较均匀的25个小县和25个小城市1990年至2000年的家庭户和人口进行了预测，并与2000年人口普查登记数做比较。对比分析表明，预测误差大多小于或略高于 5%，均在合理范围内。具体而言，如表 5.2 所示，小县和小城市的平均百分比误差均在一个很小的范围内（均值：0.69%和–0.58%），预测误差之间差异不大。然而，用平均绝对百分比误差和中位数绝对百分比误差测算的小县和小城市的预测误差间的差别显著：25 个小县的平均绝对百分比误差和中位数绝对百分比误差分别在2.99%～8.62%（均值：5.63%）和 2.32%～6.29%（均值：4.07%）；25 个小城市的平均绝对百分比误差和中位数绝对百分比误差分别在 4.78%～14.78%（均值：9.33%）和 2.66%～9.81%（均值：7.09%）。很明显，结果显示小城市的平均绝对百分比误差比小县的大。因为 20 世纪 90 年代，大型企业和机构经历了兴盛、倒闭和迁移等经济变化，某些城市的人口变化显著，对小城市家庭户和居住安排预测有可能会违背恒定比例法的假定。

表 5.2　与 2000 年人口普查登记数据比较得到的预测指标百分比误差

县市和预测指标误差	人口规模	家庭户总数	平均家庭户规模	1 人户	2～3 人户	4 人及以上	夫妇户	平均误差
25 个小县								
平均百分比误差	0.40%	1.18%	–1.55%	3.05%	–1.87%	1.36%	2.23%	0.69%
平均绝对百分比误差	7.69%	8.62%	2.99%	5.78%	3.45%	6.68%	4.23%	5.63%
中位数绝对百分比误差	4.49%	4.57%	2.32%	4.69%	2.79%	6.29%	3.34%	4.07%
25 个小城市								
平均百分比误差	–4.39%	–0.72%	–1.24%	4.60%	–1.89%	–0.59%	0.16%	–0.58%
平均绝对百分比误差	14.78%	13.37%	5.29%	10.73%	4.78%	9.77%	6.60%	9.33%
中位数绝对百分比误差	9.81%	9.30%	4.97%	7.58%	2.66%	9.77%	5.53%	7.09%

如表 5.3 所示，在 25 个随机选取的小城市中，有 32%的人口小于 2 000 人；在 25 个随机选取的小县中，有 32%的人口小于 10 000 人。我们按照 1990 年至 2000 年这 25 个随机选取的小城市和 25 个随机选取的小县的规模大小分析了预测误差，并未发现人口规模和预测误差之间有显著相关性。

表 5.3　25 个随机选取的小县和 25 个随机选取的小城市的人口规模分布

25 个随机选取的小城市			25 个随机选取的小县		
人口规模/人	数量/个	占比	人口规模/人	数量/个	占比
<2 000	8	32.0%	<10 000	8	32.0%
2 000～4 999	8	32.0%	10 000～49 999	9	36.0%
5 000～29 999	6	24.0%	50 000～99 999	4	16.0%
≥30 000	3	12.0%	≥100 000	4	16.0%
合计	25	100%	合计	25	100%

表 5.2 和表 5.3 展示了多维家庭人口预测方法在小区域的应用评估检验结果，证明预测误差保持在较小范围内，预测结果令人满意。我们虽然不能确定误差中有多少是由模型设定导致，有多少是由数据错误导致，但可以肯定的是，多维家庭人口预测方法不仅可用于国家和省、州层面的预测（Zeng et al.，2006，2008a，

2013a），也可以在小区域层面同时进行家庭户和居住安排以及人口的年龄性别分布的预测。多维家庭人口预测方法和比例法结合对小区域进行预测的效果也非常好。当然，如果要预测的小区域（市、县、区、镇）具有估算所需综合参数的人口数据，也可以不用通过间接的比例法，而可以直接使用多维家庭人口预测模型进行预测。

第 6 章　退休金缺口率预测的简易方法和应用[①]

6.1　引　　言

随着人口快速老龄化不可避免地到来，学者、政策制定者以及社会公众都十分关注人口老化对经济与国家财政的影响，尤其是退休金缺口问题。由于生育率快速下降，20 世纪五六十年代生育高峰期出生的人已陆续步入了老年人行列，再加上死亡率的持续大幅下降，致使我国老年人的数量和比例均在不断快速上升。

世界银行开发的养老金改革方案选择模拟预测模型 PROST（pension reform options simulation tool-kit，养老金改革方案仿真模拟工具），需要起始年份和未来每一年的以下两类数据来进行预测：①分年龄和性别的劳动力参与率、失业率、收入概况、退休金缴费者、退休金受益者、退休时工龄、退休金支付状况、退休率、生育率，死亡率和迁移率[②]；②宏观经济指标，如 GDP、GDP 增长率、储备基金缴费率、退休金替代率等（Sin，2005；World Bank，2003；Becker and Paltsev，2001）。另外一些经济或金融预测模型也大多需要分年龄、性别的残障率、存活率、逃税率和免税率（Becker and Paltsev，2001）。然而，对于发达国家的某些地区，或者很多发展中国家和处于社会转型期的国家而言，从分散管理体制下的不同规章制度的系统中获得这些高质量数据是非常困难的，如此庞大而严格的数据要求通常很难达到。例如，世界银行一项对中国退休金系统改革的研究得到了很好的人力、物力资源支持，采用了 PROST 模型，然而因为大部分地区的数据达不到要求，所以研究最终只包括了 6 个城市（重庆、广州、淮北、天津、芜湖、资阳）和 3 个省（辽宁、福建、浙江，均为沿海较发达省份）（Sin，2005）。由于区域数据的限制，对区域退休金缺口的研究结果无法准确代表全国水平。除此之外，包含如此众多变量和复杂关系的精算模型大大增加了预测结果的随机性和计算偏误。这种偏差会增大预测误差，被一些学者称为“明细单随机性”

---

① 本章由曾毅教授、王正联研究员、顾大男研究员和杨涵墨博士研究生撰写；作者工作单位和邮箱地址见第 1 章首页脚注。

② 有少数预测退休金缺口的精算模型不需要分年龄、性别的数据，但这些模型往往更复杂，需要使用者具备更多统计学知识（Becker and Paltsev, 2001; Bedard, 1999; Cairns and Parker, 1997; Haberman and Wong, 1997; Hamayon and Legros, 2001）；因此，这些模型应用的普及程度较低。

（specification randomness）（van Imhoff and Post，1998）。例如，Smith 和 Sincich（1992）用五种简单的外推法、一种队列要素法，以及两种结构复杂的模型，分别预测美国 50 个州从 20 世纪 50 年代中期开始的 5 年、10 年、15 年、20 年的人口规模，并对比不同方法估得的预测误差。结果表明，模型越复杂，预测结果越不准确。很多其他研究也得到了相似的结论（Ahlburg，1995）。所以，选择简单还是复杂的模型取决于研究的目的。如果目的是想要具体分析分年龄、性别的退休金缴费、收益、支出和盈利，复杂精算模型就是一个合适的选择（West，1999）。但对于人口学家和政策分析者而言，如此具体的细节并不在他们的研究兴趣之内，那么使用复杂精算模型来处理庞大的数据就没有什么必要了，更何况如此庞大复杂的数据对于很多发展中国家和地区是不可得的。

本章将要介绍一种与多维家庭人口预测模型相联系的简单实用的方法，以中国的实例来探索人口要素和退休年龄政策将如何影响未来退休金缺口。

6.2　应用 ProFamy 多维家庭人口预测模型预测退休金缺口率的简易方法

在本章中，“年退休金缺口”是指各种参保人、企事业单位养老保险缴费总额和资产收益与当年应发退休金总额之差，外加政府管理退休金系统的行政费用。退休金主要有待遇确定型计划[①]、缴费确定型计划[②]和二者混合三种模式。为了评估总体的退休金缺口（或盈余），待遇确定型计划和缴费确定型计划可被整合形成一个统一的退休金缴费与发放模式。退休金缴费总额也包括在减去政府行政管理费后缴费确定型计划中收入的基金按利率的增值以及基金的投资效益。

为简化表达，本章正文仅介绍简易方法的基本公式及其输入参数。公式的数学推导见本章附录。

相关变量的定义如下。

$P(t)$：t 年的缴费率，即参保人养老保险缴费（包括企事业单位与个人缴费）占当年工资总额的平均比例[③]。$P(t)$ 包括个人与企事业单位通过待遇确定型计划和

① 待遇确定型计划事先明确参保人未来退休后的每月待遇水平。

② 缴费确定型计划中每个参保人实行个人账户管理，待遇水平取决于个人账户积累额，也受储备基金的缴费、收益、支出和盈利等的影响，所以不能保证每个月支付的退休金相同。

③ 为了计算简单且避免数据不可得，我们用“平均比例”和“平均工资”等基础数据来定义和估算平均缴费率和平均替代率。

缴费确定型计划的缴费，也包括缴费确定型计划中收入的基金按利率的增值以及投资回报。

$B(t)$: t 年的替代率，即退休者的平均退休金与当年在职职工平均工资之比[①]。

$n(t)$: t 年退休金缺口率，即退休金缺口金额（参保人养老保险缴费和资产收益与当年应发退休金与管理费用总额之差）与当年在职职工工资总额之比。我们将待遇确定型计划和缴费确定型计划的所有收入与支出算作一个政府管理的系统。$n(t)$ 的值有可能为正（退休金缺口）、为负（退休金盈余）或为零（退休金收支平衡）。

$d_2(t)$: 退休年龄人口数与工作年龄（例如，从 18 岁至平均退休年龄）人口数之比，可以通过多维家庭人口预测方法或传统的人口队列要素预测法得到。

$r(t)$: 退休率，即领取退休金的退休人数与高于平均退休年龄的退休年龄人口总数之比。

$e(t)$: 养老金参保率，即工作年龄人口中参与养老保险的人数与工作年龄人口总数之比。

如附录中所详细介绍，我们可以用数学方法推导出以下公式：

$$n(t) = B(t) \cdot d_2(t) \frac{r(t)}{e(t)} - P(t) \tag{6.1}$$

于是，只要有退休年龄人口数与工作年龄人口数之比($d_2(t)$)、替代率($B(t)$)、缴费率（ $P(t)$ ）、退休率（ $r(t)$ ）和养老金参保率（ $e(t)$ ），即可用式（6.1）估算未来年份的退休金缺口率。

如果我们有质量较高的时间序列数据 $r(t)$ 和 $e(t)$ ，可以直接代入式（6.1）中进行未来退休金缺口率的预测。但如果像中国和其他一些发展中国家或正在经历社会转型的国家一样，$r(t)$ 和 $e(t)$ 数据并不完整，则可以依照式（6.1）中的逻辑，用相对更可靠的数据 $n(t)$ 、$d_2(t)$ 、$B(t)$ 和 $P(t)$ 来估算退休率和养老金参保率之比（ $r(t)/e(t)$ ）。我们用 $c(t)$ 表示 $r(t)/e(t)$ ， $c(t)$ 本身也是一个衡量达到退休年龄的“老一代”退休人口和“年轻一代”工作年龄人口参与养老保险比例的差别的指标。如果 $c(t)$ 约等于 1，则两代参与养老保险的比例保持平衡；如果 $c(t)$ 显著大于 1，则“老一代”参保率高于“年轻一代”；如果 $c(t)$ 显著小于 1，则“老一代”参保率低于“年轻一代”。所以，如果不具备准确估算 $r(t)$ 和 $e(t)$ 的条件，我们可以简单地用 $c(t)(= r(t)/e(t))$ 来作为一个独立的输入参数。如此一来，

$$n(t) = B(t) d_2(t) c(t) - P(t) \tag{6.2}$$

① 退休者和在职职工的工资也包括了实物福利，如房屋补贴和不定期发放的物质福利。

退休年龄人口数与工作年龄人口数之比（$d_2(t)$）可以根据生育、死亡、迁移等综合参数，从采用标准人口预测或采用多维家庭人口预测模型的家庭人口预测中得到。其他所需参数，即 $B(t)$、$P(t)$、$r(t)$ 和 $e(t)$（若无 $r(t)$ 和 $e(t)$，则 $c(t)$），都有实际的政策意义，可以用时间序列数据采用横断面趋势推测法预测或者专家评估预测。

6.3　退休金缺口率预测的简易方法在中国的应用

6.3.1　中国的退休金制度

中国的退休金制度始于 1955 年，在最初只覆盖机关事业单位的工作人员，绝大部分在城镇地区，在建立之初是社会主义计划经济下典型的待遇确定型计划。20 世纪末，中国的退休金制度已覆盖全部 12.7 亿人口中的 1.4 亿人（Poston and Duan，2000）。根据 1992 年的中国老年人供养体系调查，60 岁以上的农村老人中只有 5.9%领取退休金，而城市老人中退休金受益者所占比重为 73.7%（CRCA，1994）。中国现行的法定退休年龄是男性 60 周岁，女工人的法定退休年龄是 50 周岁，女干部（包括骨干教师、医生、科研人员、政府官员等）的法定退休年龄是 55 周岁，加权平均后的女性法定退休年龄为 52.2 周岁。然而实际的退休年龄不尽相同。高级干部和高级专家一般可以（或被要求）多工作几年，而如果有医学证明的因病丧失劳动能力的人也可以申请提前退休。

20 世纪 90 年代起，我国的退休金制度进入了改革创新阶段。在新的社会养老保障体系中有一项标志性的保留条款，即老职工的退休金管理按照老模式，新职工按照新模式。具体来说，对在退休金制度改革前就已经任职的国有企业职工采用待遇确定型计划，而对于在改革后新入职的国有企业职工、私有企业职工、集体企业职工以及个体经营户，采用个人账户与社会统筹结合的社会养老保障体系。改革后的体系包括个人、企业共同缴费与政府通过税收等社会统筹予以的适当补贴（He，1998）。因此，我国新的社会养老保障体系是一种缴费确定型计划和待遇确定型计划的混合模式。

我国的农村社会养老保险于 20 世纪 90 年代初在山东试点后，迅速在全国开展。养老保险费由参保农民缴纳，政府主管部门和农村集体福利资金[①]予以补贴。到 1995 年末，有 6120 万名 20～60 岁的农民加入了农村社会养老保险，占年龄段人口总数的 14.2%；至 1999 年已有 8000 万名农村居民参保，其中 89 万

① 我国农村集体福利基金包括村民集体所有的累计收入和资产。

名 60 岁以上的农村参保人开始每月领取退休金[①]。然而，这项农村社会养老保险事业在 1999～2008 年逐渐萎缩，到 2004 年末，仅有 5390 万参保人，比 1999 年减少了 32.6%，约有 10%的区县完全停止了农村社会养老保险业务（曾毅，2005）。官方称这一现象为“整顿改革”，然而背后的实际原因是很多学者和政策制定者对人口快速老龄化带来的城镇退休金缺口问题的担忧；他们认为城镇退休金缺口问题将会越来越严重，以至于未来没有足够的资源向农村地区老人发放退休金。

2009 年，国务院宣布在全国 10%的县（市、区）开展“新型农村社会养老保险”试点（Ye，2009）。与之前的农村社会养老保险项目相比，新型农村社会养老保险的政府财政支持力度大大增加，并明确规定保险基金由个人缴费、集体补助、政府补贴构成，国家保障所有参保老人收入达到最低标准。政府部门的发布指出，到 2012 年底，新型农村社会养老保险基本实现了农村居民的全覆盖。这种新实施的农村养老保障制度结合了缴费确定型计划和待遇确定型计划，尽管还在发展之中，但可以预见，将来会继续推进，快速发展。

显然，我国现行的养老金制度在城镇地区和农村地区之间，国有企业和快速发展的私有企业之间，老一代职工和年轻一代职工之间均存在明显差异。养老保险基金的管理缺乏统筹，管理权分散在省级甚至市、县区级政府机构[②]。这些特点与很多发展中国家和处于社会转型期的国家相似。这样一来，用复杂的精算模型来预测我国未来退休金缺口就变得非常困难，因为我们无法得到适用于所有地域，且按年龄、性别、地区等分的详细数据作为输入。然而，我们可以采用 6.2 节中阐述的简易方法来分析探讨未来生育政策和法定退休年龄的可能变化对年退休金缺口率的影响（曾毅，2005；Zeng，2011）。这种方法仅需要一些简单可得的综合参数，具体包括国有企业、集体企业和私有企业，老一代职工和年轻一代职工，城镇地区和农村地区等不同类别参数的平均值。这一简化方法的提出和应用不仅是由于缺少详细精算数据，更因为它可以很好地适用于宏观政策分析。

6.3.2 不同模拟预测方案下的参数假定

1. 中、低生育率

我国 2000 年人口普查给出了极低的总和生育率 1.22，在人口学家和统计部门考虑瞒报漏报情况加以调整后，2000 年的时期总和生育率约在 1.6 和 1.8 之间，而一些研究结果表明，时期总和生育率可能更靠近 1.6 （郭志刚，2004； Zhang

① 数据来源：民政部。参见 Zeng（2002）。

② 关于养老金体制改革的更多详细讨论参见 Johnson（2000）、West（2000）、Yin 等（2000）。

and Zhao，2006）。根据人口普查登记的农村、城镇总和生育率之比，我们估得 2000 年城乡合计的时期总和生育率为 1.63，城镇和农村分别为 1.15 和 1.9。

较为宽松的生育政策可能提高生育率，而经济快速发展可能降低生育率。考虑到二者的相反作用、城乡生育观念以及社会经济发展水平之间的巨大差别，我们设计了两组不同生育政策假定下的城乡家庭人口预测方案。低生育率方案假定 2020 年之后农村和城镇的时期总和生育率分别为 1.98 和 1.2，并保持平稳；而中生育率方案假定 2015～2030 年的农村和城镇时期总和生育率分别为 2.09 和 1.67；假定在 2030 年之后与其他一些国家类似实行鼓励生育政策，时期总和生育率将有所提高（表 6.1）。我们这里灵敏度分析假设的低、中生育率方案是 2005 年设计和发表的，可能不太适合十几年后今天的生育态势情况，但是作为本章退休金缺口率预测的简易方法讨论的“如果”“那么”模拟分析案例还是可行的。

表 6.1　中、低生育率方案下的时期总和生育率

年份	中生育率方案		低生育率方案	
	农村	城镇	农村	城镇
2000	1.90	1.15	1.90	1.15
2030	2.09	1.67	1.98	1.20
2035	2.27	1.80	1.98	1.20
2050	2.27	1.80	1.98	1.20
2080	2.27	1.80	1.98	1.20

2. 中、低死亡率

本章采用的中死亡率方案假定我国 21 世纪死亡率降低速度相对缓慢，2000 年，男女合一的人均期望寿命为 71.4 岁，到 2050 年达到 78.1 岁，到 2080 年达到 81.3 岁，符合联合国等机构和其他学者为中国假定中死亡率进行预测的结果。日本的人均期望寿命在 2009 年就已达到 83 岁①，说明我们的假定是相对保守的。一些研究表示，由于生物医药研究的突破和包括健康饮食、戒烟、锻炼等良好生活习惯的普及，死亡率在 21 世纪上半叶有可能较快降低（Shekell et al.，2005）。因此，我们做了一个更为乐观的低死亡率假定，即男女合一的人均期望寿命在 2050 年达到 84.8 岁，在 2080 年达到 88 岁（表 6.2；男女合一人均期望寿命等于男女人均期望寿命的平均值）。低死亡率方案虽然含有不确定性，但中、低死亡率的假定为我国 21 世纪未来几十年死亡率的可能性给出了一个可能范围。

① 数据来源：日本厚生劳动省，http://www.mhlw.go.jp/english/database/db-hw/lifetb09/1.html[2011-03-24]。

表 6.2 中、低死亡率假定下的出生期望寿命 单位：岁

年份	中死亡率方案						低死亡率方案					
	农村		城镇		城乡合计		农村		城镇		城乡合计	
	男性	女性	男性	女性	男性	女性	男性	女性	男性	女性	男性	女性
2000	68.0	72.0	72.0	76.0	69.4	73.4	68.0	72.0	72.0	76.0	69.4	73.4
2050	73.5	77.5	77.0	81.0	76.1	80.1	79.4	85.6	81.9	89.1	81.3	88.2
2080	76.0	80.1	79.6	83.7	79.2	83.4	82.0	88.3	84.6	91.9	84.4	91.5

3. 退休年龄假定

如上文所述，我国实施法定退休年龄政策，而不像美国等其他西方国家那样可以按个人的健康状况和意愿更自由地选择退休时间。依照我国政策，男性平均退休年龄为 60 周岁，女性平均退休年龄为 52.2 周岁。有医学证明因病丧失劳动能力的职工可以申请提前退休，而高级干部和高级专家一般可以（或被要求）多工作几年，二者对平均退休年龄的相反作用可以抵消。因为我国没有公开且有代表性的数据可供估算实际退休年龄，所以我们简单假定实际平均退休年龄等于法定退休年龄。

我们假定平均退休年龄将会由 2000 年的男性 60 岁、女性 52.2 岁逐渐增加，到 2050 年均为 65 岁，达到目前国际标准的男女退休年龄，然后保持不变。2000 年至 2050 年间的男女退休年龄通过线性内插法估得。为了对比分析，我们做另一个方案假定，即现行的法定退休年龄不变：到 2050 年男性平均退休年龄仍为 60 岁，女性仍为 52.2 岁。

4. 社会养老保险制度参数假定

根据公开数据估算，2000 年的平均替代率（ $B(t)$ ）为 0.8789，总和平均缴费率（ $P(t)$ ）为 0.1821，退休金缺口率（ $n(t)$ ）为 0.069。如上文所述，由于现在我国社会养老保险制度针对不同地区和人群的复杂情况，退休率（ $r(t)$ ）和养老金参保率（ $e(t)$ ）的数据并不完整，我们不能合理地给出对 $r(t)$ 和 $e(t)$ 的估算。因此，我们用从普查数据中得出的 $d_2(t)$，以及正式发布的 2000 年 $B(t)$、$P(t)$、$n(t)$ 的数据，采用式（6.2）来估算退休率与养老金参保率之比（ $c(t)$ ），估得我国 2000 年的 $c(t)$ 为 1.275，即退休职工占退休年龄人口总数比例比在职职工占工作年龄人口总数比例要多 27.5%。这主要是因为由于保留性条款，大部分城镇退休职工现今仍属于待遇确定型计划，主要由国家负担养老金。然而，很大一部分不属于待遇确定型计划的年轻和中年城镇在职职工也没有自愿加入现有的缴费确定型计划和待遇确定型计划混合的新型社会养老保障体系；而 2000 年我国农村地区的老人

退休率和年轻人的参保率都非常低。

我们预计在未来几十年内，我国养老金参保率将比退休率上升更快，因为在人口快速老化且出生率大幅下降的背景下，传统的子女照顾老人的方式将被改变，因此现今人们越发关注自己未来的养老问题。除此之外，为应对人口老龄化的严峻挑战，政府自2009年起进一步加大了补贴力度以提高社会养老保险的参保率。考虑到这些情况，我们假定$c(t)$会在2000年至2040年从1.275呈线性下降至1.0，并在之后保持不变，也就是说，我们假定在2040年后，老一代和年轻一代职工的社会养老保险参保率达到均衡（$c(t)=1.0$）。

由于经济增长也伴随着工资的快速增长，我国绝大多数相关领域专家都主张逐渐将现在的高替代率（2000年为0.8789）降低到被视为国际通行标准的0.6[①]（He，1998；何平，2001；张金峰，2007）。在2005年12月初，国务院发布了《国务院关于完善企业职工基本养老保险制度的决定》，规定要逐步实现缴费率达到0.28（其中0.20来自政府补贴和企业缴费，另外0.08属于个人缴费记入个人账户）的目标。因此，我们假定在不同生育率、死亡率、平均退休年龄的所有8($=2\times2\times2$)种情况下，替代率将从2000年的0.8789逐渐降低至2040年的0.60，而缴费率将从2000年的0.1821逐渐提高至2040年的0.28，2000年至2040之间的其他年份则通过线性内插估得。我们假定替代率和缴费率在2040年后均维持2040年的水平不变[②]。对养老保险制度参数的假定虽然有不确定性，但它们在应用中可以满足我们的政策分析预测要求。

以上所有8种情况均考虑了城乡之间的迁移：2000年，我国城镇人口所占比重为36%，将在2030年上升至61.7%，在2050年上升至75%，在2080年上升至90%。因为中国人口规模庞大，相比之下国际迁移人口少到可忽略不计，且现在没有可靠的数据能够预测我国未来的国际净迁移，所以我们假定在8种情况下的国际净迁移均为零。

6.3.3　应用结果：逐步提高退休年龄、生育水平和死亡率变化的影响

1. 逐步提高退休年龄的显著影响

结果表明，不论在哪种预测方案下，相比于保持现行法定退休年龄不变，逐步提高退休年龄都将大幅度缩小年度退休金缺口率。若中死亡率假定不变，在中生育率和逐渐提高退休年龄的情况下，年退休金缺口率将从2000年的6.9%稳步

---

① 例如，2005年经济合作与发展组织（Organization for Economic Co-operation and Development，OECD）国家的平均替代率为0.569(Whiteford and Whitehouse，2006)，2007年为0.587。

② 在我们假定的将缴费率提高到0.28，将替代率降低至0.60，将$c(t)$降低至1.0的目标可以分别在2030年和2050年实现（而非2040年）的另外两类模拟方案下，所得结论与本章阐述的类似，在此不再赘述。

下降至 2030 年的 3.3%，至 2040 年和 2050 年分别达到-1.5%和-1.7%，即退休金盈余，在 2050 年之后波动稳定在很低的水平（1.9%～3.7%）。在其他三种生育率和死亡率假定组合的情况下，逐渐提高退休年龄也都可以带来年退休金缺口率的稳步缩小。在低生育率和低死亡率情况下，到 2060～2080 年增长至 15.1%～25.1%。但如果中生育率和低死亡率假定成立，年退休金缺口率仍能保持在较低水平，在 2060～2080 年保持在 7.3%～9.0%（表 6.3 和图 6.1）。

表 6.3　在不同生育、死亡、退休年龄假定组合方案下的退休金缺口率

年份	退休年龄提高				退休年龄不变			
	中死亡率		低死亡率		中死亡率		低死亡率	
	中生育率	低生育率	中生育率	低生育率	中生育率	低生育率	中生育率	低生育率
2000	6.9%	6.9%	6.9%	6.9%	6.9%	6.9%	6.9%	6.9%
2010	4.6%	4.6%	4.6%	4.6%	7.5%	7.5%	7.6%	7.6%
2020	1.9%	1.9%	2.2%	2.2%	11.2%	11.2%	11.5%	11.5%
2030	3.3%	3.9%	4.2%	4.7%	17.0%	18.0%	18.2%	19.1%
2040	–1.5%	0.2%	0.4%	2.1%	14.4%	17.5%	16.8%	19.8%
2050	–1.7%	1.2%	1.7%	4.9%	22.0%	29.4%	26.9%	34.5%
2060	2.5%	9.2%	7.6%	15.1%	22.3%	35.9%	28.9%	43.7%
2070	1.9%	12.5%	7.3%	19.5%	23.8%	42.7%	30.6%	52.3%
2080	3.7%	17.1%	9.0%	25.1%	25.4%	49.1%	32.3%	59.9%

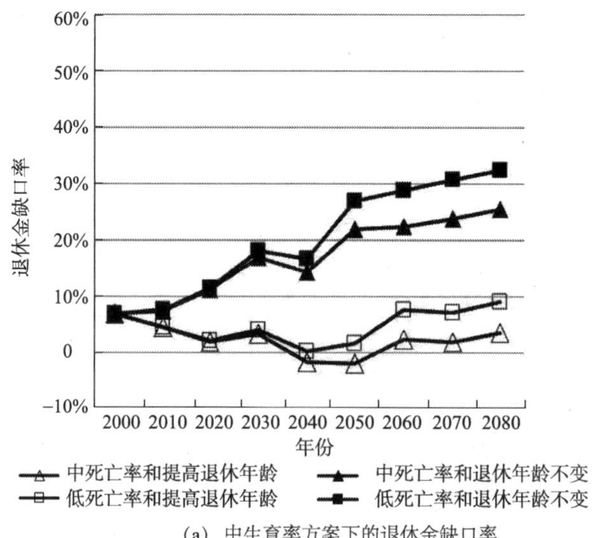

(a) 中生育率方案下的退休金缺口率

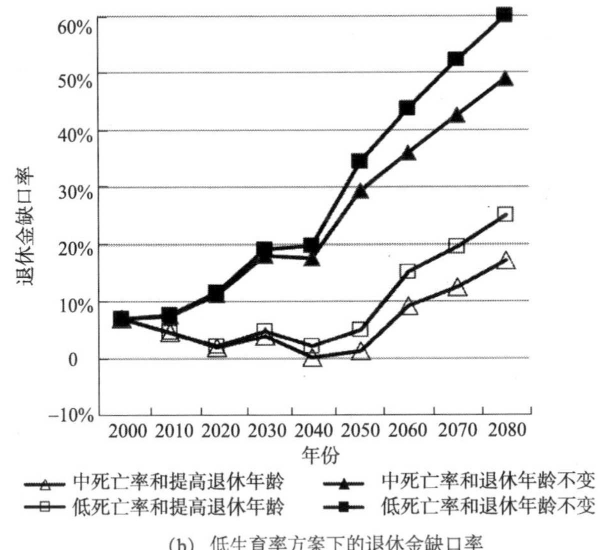

（b）低生育率方案下的退休金缺口率

图 6.1　不同生育水平方案下不同退休年龄和死亡率退休金缺口率的比较

然而，如果现行的低法定退休年龄一直保持不变，即使我们假定缴费率显著增加、替代率降低、老一代和年轻一代职工的社会养老保险参与率达到均衡，在任何生育率和死亡率情况下，退休金缺口率依然会稳定且快速上升。例如，若中死亡率假定成立，在中生育率方案下，如果法定退休年龄不变，年退休金缺口率将从 2000 年的 6.9%上升至 2030 年的 17.0%，在 2050 年达到 22.0%，在 2080 年达到 25.4%；然而，在低生育水平方案下，如果现行的低法定退休年龄一直保持不变，退休金缺口率则会高很多，占职工工资总额的比例在 2030 年将达到 18.0%～19.1%，在 2050 年将达到 29.4%～34.5%，在 2080 年将达到 49.1%～59.9%（表 6.3 和图 6.1）。如果平均退休年龄逐渐提高，退休金缺口率将显著低于退休年龄不变的情况［表 6.4（Ⅲ）］。

表 6.4　生育水平变化、死亡率变化、退休年龄变化对退休金缺口率的可能影响 单位：个百分点

	（Ⅰ）生育水平影响：中生育率与低生育率的比较 退休金缺口率的绝对差异百分点				（Ⅱ）死亡率变化影响：低死亡率与中死亡率的比较 退休金缺口率的绝对差异百分点				（Ⅲ）退休年龄变化影响：退休年龄提高与退休年龄不变的比较 退休金缺口率的绝对差异百分点			
年份	退休年龄提高		退休年龄不变		退休年龄提高		退休年龄不变		中死亡率		低死亡率	
	中死亡率	低死亡率	中死亡率	低死亡率	中生育率	低生育率	中生育率	低生育率	中生育率	低生育率	中生育率	低生育率
2000	0	0	0	0	0	0	0	0	0	0	0	0
2010	0	0	0	0	0	0	0.1	0.1	−2.9	−2.9	−3.0	−3.0

续表

年份	（Ⅰ） 生育水平影响：中生育率与低生育率的比较 退休金缺口率的绝对差异百分点				（Ⅱ） 死亡率变化影响：低死亡率与中死亡率的比较 退休金缺口率的绝对差异百分点				（Ⅲ） 退休年龄变化影响：退休年龄提高与退休年龄不变的比较 退休金缺口率的绝对差异百分点			
	退休年龄提高		退休年龄不变		退休年龄提高		退休年龄不变		中死亡率		低死亡率	
	中死亡率	低死亡率	中死亡率	低死亡率	中生育率	低生育率	中生育率	低生育率	中生育率	低生育率	中生育率	低生育率
2020	0	0	0	0	0.3	0.3	0.3	0.3	−9.3	−9.3	−9.3	−9.3
2030	−0.6	−0.5	−1.0	−0.9	0.9	0.8	1.2	1.1	−13.7	−14.1	−14.0	−14.4
2040	−1.7	−1.7	−3.1	−3.0	1.9	1.9	2.4	2.3	−15.9	−17.3	−16.4	−17.7
2050	−2.9	−3.2	−7.4	−7.6	3.4	3.7	4.9	5.1	−23.7	−28.2	−25.2	−29.6
2060	−6.7	−7.5	−13.6	−14.8	5.1	5.9	6.6	7.8	−19.8	−26.7	−21.3	−28.6
2070	−10.6	−12.2	−18.9	−21.7	5.4	7.0	6.8	9.6	−21.9	−30.2	−23.3	−32.8
2080	−13.4	−16.1	−23.7	−27.6	5.3	8.0	6.9	10.8	−21.7	−32.0	−23.3	−34.8

2. 生育水平的影响

无论未来的法定退休年龄逐渐提高还是保持不变，2030 年后，在低生育率和中生育率两种情况下的退休金缺口率的差别将会越来越大。若未来中、低死亡率的假定成立和退休年龄逐渐上升，中生育率情况下的年退休金缺口率将比低生育率情况下更低，在 2030 年、2050 年、2080 年分别低 0.5～0.6 个百分点、2.9～3.2 个百分点、13.4～16.1 个百分点［表 6.4（I）］。这些百分点的绝对差值代表着持续快速扩大的相对差异：年退休金缺口率在低生育率的情况下，在 2030 年要比在中生育率方案下相对高 11.9%～18.2%，在 2050 年要相对高 170.6%～188.2%，在 2080 年要相对高 178.9%～362.2%（图 6.1）。若中、低死亡率的假定成立，且法定退休年龄保持不变，退休金缺口率在低生育率方案下将在 2030 年、2050 年和 2080 年分别达到 18.0%～19.1%、29.4%～34.5%和 49.1%～59.9%（表 6.3），比在中生育率方案下分别相对高出 4.9%～5.9%、28.3%～33.6%和 85.4%～93.3%（图 6.1）。

很明显，与中生育率方案相比，低生育率方案对退休金缺口的影响是长期而负面的，且这种影响在 2030 年后将越来越严重，到 2040 年后两种生育水平方案导致的结果差异更为严重［图 6.1 和表 6.4（Ⅰ）］。

3. 死亡率变化的影响

如表 6.3、表 6.4 和图 6.1 所示，与假定死亡率进一步下降幅度中等（即中死亡率）的情况相比较，如果死亡率以更大幅度下降达到低死亡率水平，而其他条件不变，我国的退休金缺口率将在 2020 年开始受到影响，在 2030 年、2050 年和 2080 年分别提高 0.8～1.2 个百分点、3.4～5.1 个百分点、5.3～10.8 个百分点［表 6.4（Ⅱ）］。一般而言，死亡率变化远不如生育率和退休年龄变化对未来退休金缺口的影响大（表 6.4）。

6.4　讨论和相关政策建议

在上述应用案例中，由于 21 世纪初出生的孩子要过至少 18 年才能达到工作年龄，开始为养老金保险缴费，所以不论在中生育率还是低生育率情况下，年退休金缺口在 2030 年以前均没有明显差异，这并不奇怪。然而，无论未来退休年龄保持不变还是逐渐提高，无论中死亡率还是低死亡率假定成立，若低生育率方案成为现实，2030 年后的退休金缺口问题将比中生育率方案下严重得多。上述分析表明，从退休金收支平衡的角度考虑，我国在从当年严格的生育政策过渡到 2015 年开始实施的普遍允许生育二孩政策之后，2021 年 5 月底宣布允许三孩和鼓励二孩，进一步完善了生育政策。这也是除了努力解决家庭养老资源短缺、适婚年龄男女性别结构失衡等问题之外，我国继续完善生育政策的又一大举措。本章的贡献在于用创新的方式对比分析了中生育率或低生育率、退休年龄提高或不变、中死亡率或低死亡率等不同情况的组合对未来退休金缺口影响的程度和时间（表 6.3、表 6.4 和图 6.1）。

值得注意的是，生育水平改变带来的影响有一个前提假定，即继续完善生育政策并鼓励二孩导致的中生育率方案意味着城乡合一的总和生育率将有所上升，总和生育率将从 2000 年的 1.63 上升至 2030 年的 1.83。也许有读者会质疑政策的转变是否能使总和生育率上升达到我们的假定水平，毕竟在我国周边的国家，如日本、韩国，即使没有生育限制，总和生育率也常年保持在很低水平。然而，我国并不像日本、韩国这样高度工业化，发展仍然十分不平衡，近一半人口仍居住在欠发达的农村地区。继续完善生育政策，允许三孩并鼓励二孩可能会使落后农村地区的生育潜力得到释放。当然，在当前的低生育率社会经济环境下，假定我国总和生育率到 2030 年达到 1.83 是非常乐观的，也有可能只是我们期盼继续完善生育政策并成功实施允许三孩并鼓励二孩的社会经济措施的一个美好愿望。

本章研究结果表明，如果我国的平均退休年龄能从现在的低水平逐渐提高，保守假定在 2050 年达到目前国际标准水平（男女均为 65 岁），那么不论在哪种预测方案下，我国的退休金缺口都将在 21 世纪中期大幅度缩小甚至完全消失。如本章所分析，现行的低法定退休年龄实际上为我国面对人口老龄化挑战提供了一个好机遇，因为未来退休年龄的逐渐提高伴随着生育政策的继续完善和允许三孩并鼓励二孩，能使我国避免未来严重的退休金缺口问题。很明显，本章的分析并不支持一些政策制定者和学者以未来严重的退休金缺口问题为理由，为农村社会养老保险业务在 1999～2008 年的萎缩找的借口（如 6.3.1 节所述）。

此外，工作到 65 岁可以使老人保持健康的生活方式和积极乐观的生活态度，整个社会也能从老人丰富的工作经验和技能中受益。然而，许多政策制定者和学者认为提高退休年龄可能会使年轻人的就业机会减少，因此对这一想法表示强烈反对。但是，年轻人的就业压力可以通过大力发展劳动密集型产业和创造就业机会丰富的产业来缓解，尤其是可以发展我国目前仍然欠发达的服务业。我国也可以通过延长年轻人教育年限，支持和鼓励年轻人接受教育和职业培训来减轻年轻人的就业压力。另一种比较创新的政策建议是允许每个人（不论年轻人还是老人）每周少工作几小时，但在整个生命历程中多工作几年（Vaupel，2010）。这个政策不仅可以帮助解决健康老人与年轻人之间工作机会的矛盾，也可以改善人的健康状态。因为每周少工作几个小时可以减少繁重的工作量，给人们更多的休闲时间，从而减轻压力。这一创新政策也可以刺激旅游业和休闲社交活动产业的发展，为社会提供更多的工作机会，促进经济发展，甚至有可能使年轻人敢于和可能生育第三个孩子，从而提高生育水平。

6.5　结合多维家庭人口预测模型预测未来年份退休金缺口率简易方法的评估

本章介绍了利用多维家庭人口预测模型和 ProFamy 软件，基于生育、死亡、迁移和退休年龄等人口统计数据和其他 3～4 个可得且可预测的养老保险参数，来预测未来年份退休金缺口率的简易方法。这个简易方法也可以用作在预期的人口结构基础上，假定在职职工和退休职工的缴费和收益保持平衡或有某种明确的相对变化，预测未来实现年退休金缺口率为零所需的替换率和缴费率（见本章附录）。

我们不难理解，生育、死亡、退休年龄等的改变会影响未来退休金缺口率。本章介绍的简易方法还可以预测这种影响会在什么时候开始凸显，在不同假定下影响的程度如何，这对政策分析起到很大的帮助。不仅如此，此方法还可以比较在不同人口参数和退休年龄假定下各种影响的相对大小。如表 6.4 所示，如果逐渐提高退休年龄，其影响比生育政策转变和死亡率快速降低对我国未来退休金缺口的影响来得更早，且影响更大。无论退休年龄是逐渐提高还是保持不变，死亡率的快速下降对退休金缺口的影响均早于生育率上升带来的影响，且在 2030 年之前，相比生育率变化的影响，死亡率下降对退休金收支平衡的影响都更显著，直到 2040～2050 年，二者的影响程度大致一样；但在 2050 年之后，生育水平提高的影响就远大于死亡率下降的影响了（表 6.4）。

需要注意的是，我们的实例分析中做出了以下假定：国际迁移为零，达到预期的替代率和缴费率，老一代和年轻一代职工参保率逐步达到平衡，并且在不同方案下相应调整出生、死亡、平均退休年龄等参数。本章实例分析的目的是探究我国当今环境下，生育水平和法定退休年龄的改变的影响，以及尽可能加快死亡率降低速度对未来退休金缺口的影响。另外，一些针对其他国家的研究也许旨在发现国际迁移的政策或退休金制度的改革对退休金缺口率的影响，因此对国际迁移的人口规模、年龄、性别结构，以及退休金制度参数［$P(t)$，$B(t)$，$r(t)$ 与 $e(t)$（或 $c(t)$）］做出预测和估算，但同时假定生育、死亡、平均退休年龄等参数保持不变。

与精算方法相比，本章所介绍的分析方法十分简单，仅需要一些易得的人口数据和少量养老保险制度参数。这种方法在预测模拟未来退休金缺口率方面非常简单直接，实用性也很强，可作为一个政策分析的“预警系统”来时时提示统筹养老金保险的政府部门。当精算方法所需的分年龄和性别的劳动力参与率、失业率、收入概况、退休金缴费者、退休金受益者、退休时工龄等详细数据难以得到时，本方法就尤为实用。但需要说明的是，本章用简易方法和有限的数据进行的研究只能反映在特定假定条件下做出的政策分析和建议，并不能对退休金收入和支出金额进行任何精确预测。我们的分析不能用来计算待遇确定型和缴费确定型计划之间，城乡之间，不同年龄、性别、社会经济条件的人之间的缴费和支付的差别，也不能用来计算养老金制度的具体支出和收益。如果用户对探究这些细节有兴趣，而且得到了所需数据，那么 PROST 等精算模型则是更好的选择。

本 章 附 录

本章附录介绍退休金缺口率预测简易方法的推导。相关变量的定义如下。

$W(t)$：t 年在职职工人数；此处“职工”是指在城乡居住或工作并参加待遇确定型或缴费确定型养老保险的人。

$R(t)$：t 年退休者人数；此处“退休者”指参与养老保险的退休人员，不论其是在城镇还是在乡村居住，不论其参加的是待遇确定型计划还是缴费确定型计划。

$d(t)$：t 年赡养率，即 t 年退休者数与在职工作者数之比，$d(t)=\dfrac{R(t)}{W(t)}$。

$A(t)$：t 年在职工作者的平均工资。

$P(t)$（t年缴费率）和$B(t)$（t年替代率）的定义已在正文中给出。

如果 t 年的在职工作者养老保险缴费总额与当年支付退休者退休金总额相等，即达到收支平衡，以下方程式成立：

$$P(t)\left[A(t)W(t)\right]=\left[B(t)A(t)\right]R(t)$$

等式两边同时除以$A(t)W(t)$，得到

$$P(t)=B(t)\cdot\frac{R(t)}{W(t)}=B(t)\cdot d(t) \tag{A6.1}$$

以上的传统基本平衡方程表示年养老保险金收支平衡（Becker and Paltsev，2001；Hamayon and Legros，2001；Sin，2005）。如果可以合理地预测未来年份的$d(t)$，就可以用传统基本平衡方程来预测年退休金缺口。然而，直接对$d(t)$的预测非常困难，因为赡养率不仅受到如生育、死亡、迁移等人口参数的影响，还受到养老保险在老人和工作年龄人口中的覆盖面的影响。因此，我们将$d(t)$分解为几个更易预测的人口参数和养老保险变量 （曾毅，2005；Zeng，2011）。

用$n(t)$表示 t 年退休金缺口率，即退休金缺口金额占当年在职工作者工资总额之比。以下方程式在退休金缺口、平衡或盈余情况下均成立：

$$P(t)\left[A(t)W(t)\right]+n(t)A(t)W(t)=\left[B(t)A(t)\right]R(t)$$

等式两边同时除以$A(t)W(t)$，得到

$$P(t)+n(t)=B(t)\cdot d(t)$$

$$n(t)=B(t)d(t)-P(t) \tag{A6.2}$$

式（A6.2）也可改写为

$$n(t)=B(t)d_2(t)\frac{d(t)}{d_2(t)}-P(t)$$

其中，$d_2(t)$表示退休年龄人口数与工作年龄人口数之比，可从多维家庭人口预测或一般的人口预测结果很方便地获得。

$$\frac{d(t)}{d_2(t)}=\frac{\text{退休者人数}}{\text{在职工作者人数}}\Big/\frac{\text{退休年龄人口总数}}{\text{工作年龄人口总数}}$$

我们对上述等式右边的分子分母进行不改变分数值的表述方式重新安排：

$$\frac{d(t)}{d_2(t)}=\frac{\text{退休者人数}}{\text{退休年龄人口总数}}\Bigg/\frac{\text{在职工作者人数}}{\text{工作年龄人口总数}}$$

以上等式中的分子为退休率 $r(t)$，分母为养老金参保率 $e(t)$（ $r(t)$ 和 $e(t)$ 的定义已在正文中给出），因此：

$$n(t)=B(t)d_2(t)\frac{r(t)}{e(t)}-P(t) \tag{A6.3}$$

如上文所述，如果数据不具备分别预测或估算 $r(t)$ 和 $e(t)$ 的条件，则可以直接预测（或假定）一个 $c(t)\big(=r(t)/e(t)\big)$。由此得到

$$n(t)=B(t)d_2(t)c(t)-P(t) \tag{A6.4}$$

根据式（A6.3）和式（A6.4），我们可以探讨另一个有趣的政策分析问题：如何设定替代率 $B(t)$、缴费率 $P(t)$ 以及平均退休年龄，才能使未来年退休金缺口率为零？在这道政策分析题中，我们可以同时列出几个满足条件的联立方程，例如，将式（A6.3）或式（A6.4）中的 $n(t)$ 设为零。另外一种情况是由政策分析者假定限制条件，例如，向相反方向调整替代率和缴费率，同时确保缴费确定型或是待遇确定型养老金保险参与者的工资和退休者的收益保持平衡①。用于调整替代率和缴费率的调整幅度可通过求解联立方程或数值模拟取得。

尽管 $n(t)$（年退休金缺口率）是一个衡量年退休金缺口的有效指标，我们仍可以非常方便地再进一步预测年退休金缺口占 GDP 比重的 $m(t)$。计算 $m(t)$ 可以用 $n(t)$ 乘以 $S(t)$， $S(t)$ 为工资总额占 GDP 比重，比较容易预测，且通常时间序列数据都比较易得。

$$m(t)=n(t)S(t)=\left[B(t)d_2(t)\frac{r(t)}{e(t)}-P(t)\right]S(t) \tag{A6.5}$$

或者

$$m(t)=n(t)S(t)=[B(t)d_2(t)c(t)-P(t)]S(t) \tag{A6.6}$$

① 例如，如果缴费确定型计划没有得到国家的大力补贴，就没办法随意调整每个退休者的收益，因为他们的待遇是根据过去多年的缴费而确定的。这样一来，政府只能重点调整待遇确定型计划的参保人待遇，而只能微调或不调整缴费确定型计划参保人的待遇。

第二篇　多维家庭人口预测方法在中国的应用

第 7 章　全国和各省区市家庭人口预测的数据来源、年龄别标准模式及综合参数估算①

7.1 引　　言

7.2 节和 7.3 节阐述和讨论预测起点年份家庭人口基数矩阵，以及全国、31 个省区市和五大区域城乡总和生育率和年龄孩次别已婚与非婚生育频率的数据来源及估算；7.4 节阐述和讨论全国、31 个省区市和五大区域城乡男女年龄别初婚发生/风险率的估算，以及全国和五大区域城乡男女年龄别离婚和再婚发生/风险率的数据来源及估算；7.5 节阐述和讨论五大区域城乡男女迁移率年龄别标准模式和综合参数的数据来源和估算；7.6 节阐述和讨论全国和分省区市城乡 2010 年男女 0～100 岁单岁生命表的数据来源和估算。我们在 7.7 节创新性地提出和论证未来年份 31 个省区市相关综合参数估测并保持协调一致性的方法，最后在 7.8 节阐述和讨论全国和 31 个省区市 2010～2050 年各年份分城乡综合参数的估测，包括城镇人口占总人口比例、城乡男女出生期望寿命、城乡男女平均初婚年龄、城乡出生性别比、城乡平均生育年龄、城乡总和生育率，以及城乡男女一般迁入率和一般迁出率的估测。

7.2 预测起点年份家庭人口基数矩阵的数据来源及估算

北京大学 ProFamy 研究组与中国人口与发展研究中心及神州医疗科技股份有限公司相关研究人员密切合作，并获得国家统计局人口和就业统计司与局领导大力支持，同意我们到国家统计局计算中心分析使用样本量为 1.34 亿人的 2010 年人口普查 10%微观数据。基于 2010 年人口普查 10%微观数据库的性别、

---

① 本章由曾毅（北京大学国家发展研究院教授和杜克大学老龄与人类发展研究中心教授；zengyi@nsd.plu.edu.cn）、王正联（中国人口与发展研究中心特聘研究员；wangzhenglian8886@163.com）、白晨（中国人民大学劳动人事学院助理教授；baichen_1023@126.com）、程令国（南京大学经济学院副教授；chenglingguo@nju.edu.cn）、陈华帅（湘潭大学商学院副教授；huashuai.chen@gmail.com）、周立权（神州医疗科技股份有限公司项目经理；zlq20012056@163.com）、周圣智（神州医疗科技股份有限公司软件工程师；zsz23187@outlook.com）、李怡（神州医疗科技股份有限公司软件工程师；0711yyax@sina.com）等撰写。

年龄、婚姻状态、与户主的关系、曾生子女数，以及住在家中或入住机构等变量，我们应用 ProFamy 人机友好软件，从样本数据中导出预测起始年份的基数家庭人口矩阵数据，按以下状态予以识别分类：单岁年龄、性别、婚姻状态、曾生子女数、一起居住子女数、是否与父母一起居住（如“是”，则分“与父母双亲一起居住”和“与父亲或母亲一起居住”），以及是居住在家庭户或集体户。我们将根据2010年人口普查10%微观数据得到的上述详细的单岁年龄分布与国家统计局公布的 2010 年人口普查 100%关于人口和家庭户总数以及按五岁和婚姻状态分组的汇总数据有机结合，得到了预测起始年份 2010 年 31 个省区市的分城乡、性别、单岁年龄、婚姻状态和家庭状态的预测基数 100%家庭人口分布（详见第 3 章附录 A3.1 节）。

7.3　城乡总和生育率和年龄孩次别生育频率的数据来源及估算

7.3.1　全国和 31 个省区市城乡总和生育率

由 2010 年人口普查原始观测数据直接汇总得到的全国城乡合一总和生育率为 1.28；显然大大低估了实际生育水平。我们依据比较可信的 2010 年人口普查 10～19 岁人数和 2000～2009 年死亡率，“反向预测”2000 年 0～9 岁人数，进而估计 2000 年人口普查 0～9 岁人数的漏报率，从而佐证估计 2010 年 0～9 岁的可能漏报率。基于 2010 年人口普查数据、2005 年小普查以及其他相关数据，我们估计了我国 2000～2009 年死亡率和人口城镇化水平。根据这些估计数据和 2000 年的年龄别育龄妇女人数，我们“打靶”预测 2010 年 0～9 岁人数，并综合考虑按上述“反向预测”估计的 2010 年 0～9 岁漏报率。基于这些对 2010 年人口普查等数据的人口学深入分析，我们估计我国 2010 年较为可信的实际总和生育率为 1.63（农村 1.97，城镇 1.29），处于近十年来绝大多数人口专家估计的 1.5～1.8 区间的低中端。2015 年底发布普遍允许生育二孩的政策以后，我国很低的生育水平稍有回升。中国人口与发展研究中心组织的 2017 年全国样本量为 25 万名 15～60 岁妇女生育状况调查表明，我国 2016～2017 年育龄妇女城乡合一总和生育率为 1.7（农村 2.01，城镇 1.48），与根据漏报可能性很小的住院分娩活产数的估计非常吻合。

根据分省区市的人口普查等各种相关人口数据来源、教育水平和人类发展指数以及相关文献，根据尹文耀等（2013）关于分省区市 2010 年生育水平状况及省际差异的分析和其他人口学家关于 2010 年人口普查原始数据反映的生育水平严重漏报的深入研究（郭志刚，2011，2012），以及根据中国人口与发展研究中心组织的 2017 年全国妇女生育状况调查得到的各省区市生育水平的区域差异及城乡差异，我们对 31 个省区市分城乡和城乡合一的总和生育率进行了适当调整，并使各省区市农村、城镇和城乡合一总和生育率加权平均值与前面阐述的我们进行深入人口学分析调整漏报后的估计值相吻合（表 7.1）。

表 7.1　各省区市 2010 年调整漏报后的总和生育率估计值

省区市	原始数据	调整漏报后的估计值		
	城乡合一	城乡合一	农村	城镇
北 京	0.71	1.11	1.22	1.10
天 津	0.91	1.12	1.57	0.99
河 北	1.31	1.76	2.04	1.43
山 西	1.10	1.57	1.85	1.31
内蒙古	1.07	1.33	1.51	1.20
辽 宁	0.74	1.15	1.55	0.93
吉 林	0.76	1.21	1.50	0.97
黑龙江	0.75	1.21	1.44	1.04
上 海	0.74	1.08	1.28	1.06
江 苏	1.05	1.40	1.77	1.18
浙 江	1.02	1.43	1.75	1.27
安 徽	1.48	1.94	2.39	1.42
福 建	1.12	1.52	1.93	1.25
江 西	1.39	2.00	2.30	1.63
山 东	1.17	1.56	1.82	1.32
河 南	1.30	1.90	2.08	1.63
湖 北	1.34	1.82	2.26	1.40
湖 南	1.42	1.95	2.26	1.58
广 东	1.06	1.62	2.45	1.30
广 西	1.79	1.85	2.21	1.43
海 南	1.51	1.98	2.46	1.54
重 庆	1.16	1.64	2.28	1.23
四 川	1.08	1.58	1.73	1.37
贵 州	1.75	2.06	2.36	1.57

续表

省区市	原始数据	调整漏报后的估计值		
	城乡合一	城乡合一	农村	城镇
云 南	1.41	1.92	2.17	1.49
西 藏	1.05	1.51	1.68	1.05
陕 西	1.05	1.33	1.55	1.07
甘 肃	1.28	1.58	1.85	1.10
青 海	1.37	1.70	2.02	1.33
宁 夏	1.36	1.71	2.11	1.31
新 疆	1.53	1.94	2.40	1.36
全 国	1.28	1.63	1.97	1.29

7.3.2 全国城乡单岁年龄别分孩次已婚和非婚生育频率

根据 2010 年人口普查 10%微观数据库（样本量为 1.34 亿人）里包括的普查时点前一年内所有城乡育龄妇女是否生育，如“是”，何年何月生育和孩次等详细信息，我们估算了全国，东北、东部、中部、西南和西北五大区域，以及 31 个省区市分城乡已婚及非婚妇女合计 2368 套单岁年龄孩次别生育频率①和分城乡单岁年龄孩次别生育发生/风险率②（孩次别分为 1 孩、2 孩和 3+孩，以及所有孩次合并），并根据表 7.1 列出的各省区市 2010 年调整漏报后的城乡总和生育率估计值对各大区域和各省区市分城乡已婚及非婚妇女单岁年龄孩次别生育频率与分城乡单岁年龄孩次别生育发生/风险率的漏报分别进行了适当调整。因篇幅限制，下面只概述和讨论全国和五大区域的分城乡已婚及非婚妇女单岁年龄孩次别生育频率估算结果。

从基于全国数据的估算结果来看，年龄别生育频率存在着明显的城乡、婚态及孩次差异，即生育频率不仅农村地区明显高于城镇，且总体随孩次增加而呈显著递减的趋势。

从城乡已婚女性来看，女性婚后的一孩生育频率迅速达到峰值，此后随着年龄的增长而稳步下降，到 35 岁时农村和城镇已婚女性的一孩生育频率分别由峰值

① t 年 x 岁孩次为 i（i=1,2,3+）生育频率的定义：t 年 x 岁妇女生育的孩次为 i 孩子数除以 t 年年中 x 岁妇女总人数。

② t 年 x 岁孩次为 i（i=1,2,3+）生育发生/风险率的定义：t 年 x 岁妇女生育的孩次为 i 孩子数除以 t 年年中 x 岁曾生子女数为 $i-1$ 的妇女人数。

年龄的 0.113、0.081 降至 0.006、0.012（图 7.1）。此外，对已生育一孩的已婚女性来说，其年龄别二孩生育频率在达到峰值后也随着年龄增长而迅速下降，二孩生育频率整体处于较低水平，农村和城镇的峰值分别仅为 0.066、0.025（图 7.1）。已婚女性的年龄别三孩及以上生育频率处于很低水平，农村和城镇的峰值分别为 0.013 和 0.003（图 7.1）。

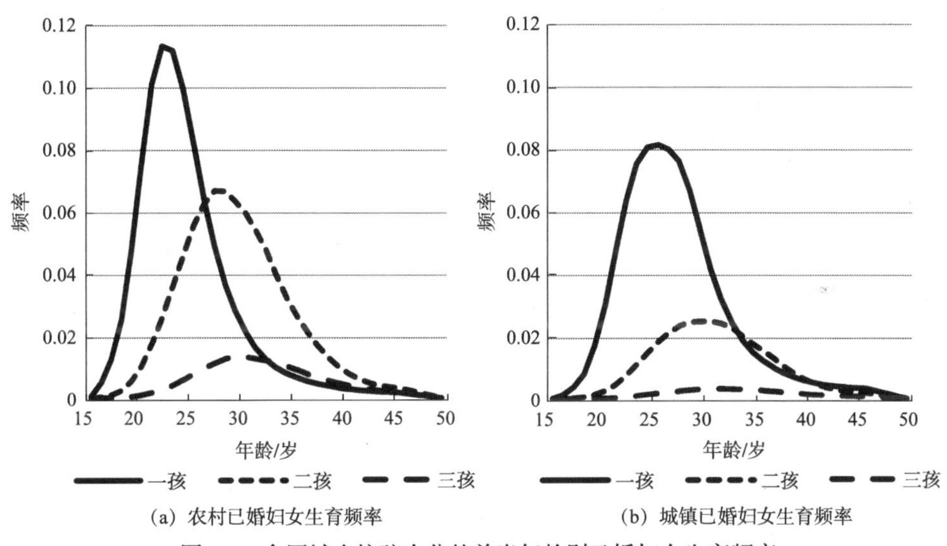

图 7.1　全国城乡按孩次分的单岁年龄别已婚妇女生育频率

不论城乡，非婚女性生育频率均显著低于已婚女性，非婚年龄别一孩生育频率大约在 20 岁达到峰值（城镇略晚于农村），城乡峰值分别为 0.001 34、0.000 78，随后迅速下降，其中城镇降幅相对较缓，大约在 45 岁以后降至 0.0001 以下极低水平，农村降幅较快，大约在 37 岁以后降至 0.0001 以下。此外，不论城乡，非婚女性年龄别非婚二孩生育频率和非婚三孩及以上生育频率均处于很低水平，在所有年龄段均不超过 0.0003（图 7.2）。

7.3.3　五大区域城乡单岁年龄别分孩次已婚和非婚生育频率

五大区域数据的估算结果显示，各地区城乡已婚妇女一孩生育频率的分布同全国总体趋势一致，农村高于城镇，但地区之间的差异相对较小。其中西南及中部地区城镇已婚妇女一孩生育频率峰值出现的年龄较早，为 24 岁，中部地区高于其他地区，其峰值达到 0.093；东北峰值相对较晚，为 27 岁；东部地区生育频率低于其他地区，峰值为 0.074（图 7.3）。五大区域农村已婚妇女一孩生育频率的峰值年龄（21～23 岁）大大早于城镇。东北地区农村已婚妇女一孩生育频率峰值较高，大约在 21 岁达到峰值 0.118。

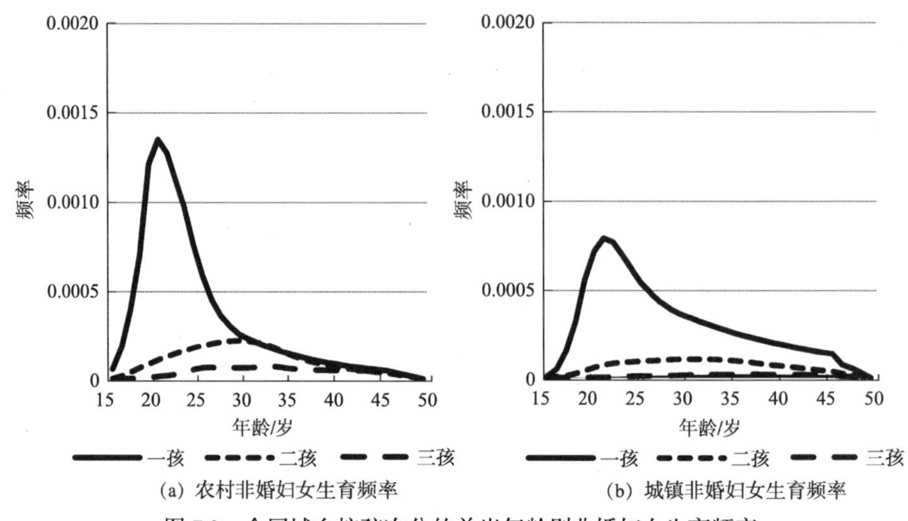

(a) 农村非婚妇女生育频率　(b) 城镇非婚妇女生育频率

图 7.2　全国城乡按孩次分的单岁年龄别非婚妇女生育频率

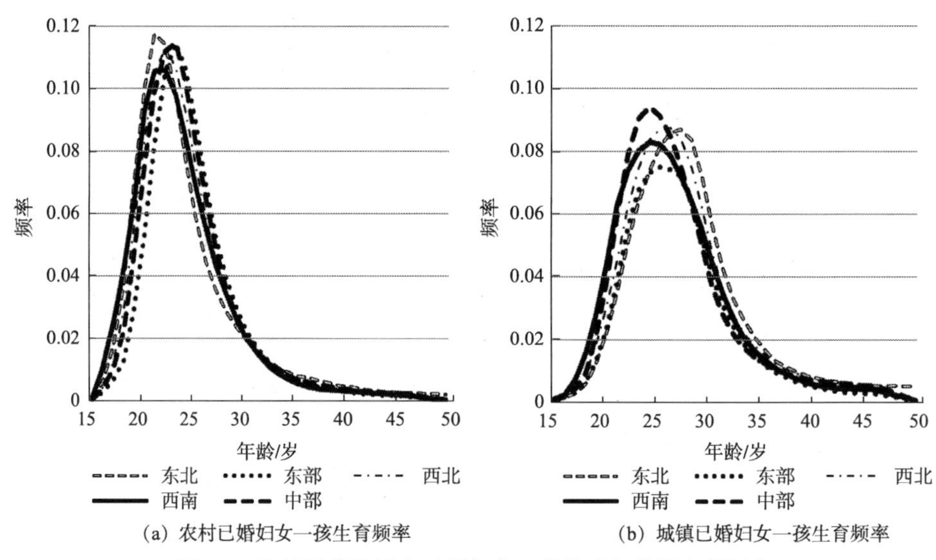

(a) 农村已婚妇女一孩生育频率　(b) 城镇已婚妇女一孩生育频率

图 7.3　按地区分的城乡已婚妇女一孩单岁年龄别生育频率

各地区城乡已婚妇女二孩生育频率有着明显的差异（图 7.4）。中部地区农村二孩生育频率的峰值最高，出现在 28 岁，为 0.083；西北、西南次之，其峰值分别出现在 27 岁、26 岁，分别为 0.077、0.075；东北峰值最低，为 0.041，不及中部的一半。就城镇地区而言，西北峰值较高，为 0.039；东北不仅峰值最低，为 0.008，且出现年龄最迟，为 32 岁。从各地区城乡已婚妇女三孩生育频率来看，城镇地区的地区差异很小，各地区三孩生育频率普遍极低；农村地区西北及西南已婚妇女三孩生育频率较高，峰值分别为 0.025、0.026，且出现年龄较早，均为

29 岁；中部次之，峰值为 0.019；东部及东北部较低，特别是东北，峰值出现年龄最晚，为 34 岁，且峰值最低，仅有 0.004（图 7.5）。

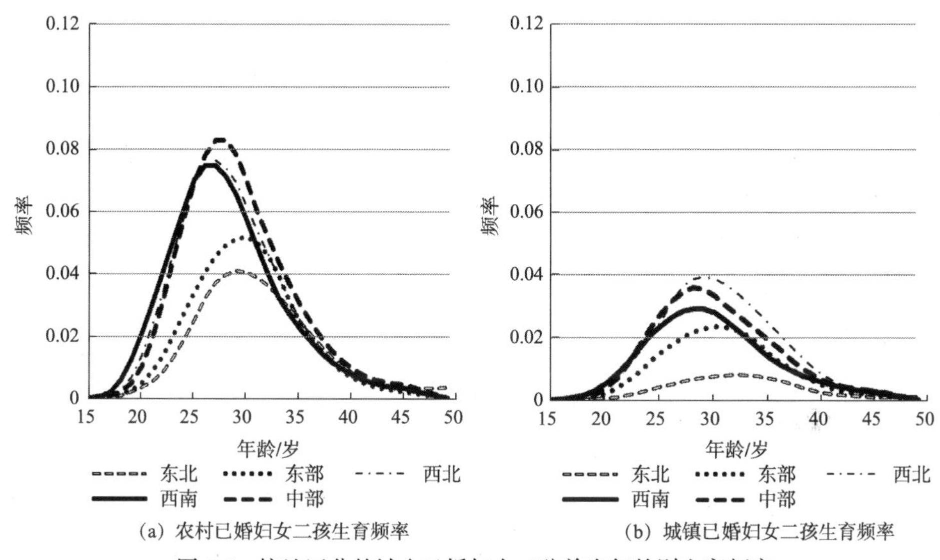

(a) 农村已婚妇女二孩生育频率　(b) 城镇已婚妇女二孩生育频率

图 7.4　按地区分的城乡已婚妇女二孩单岁年龄别生育频率

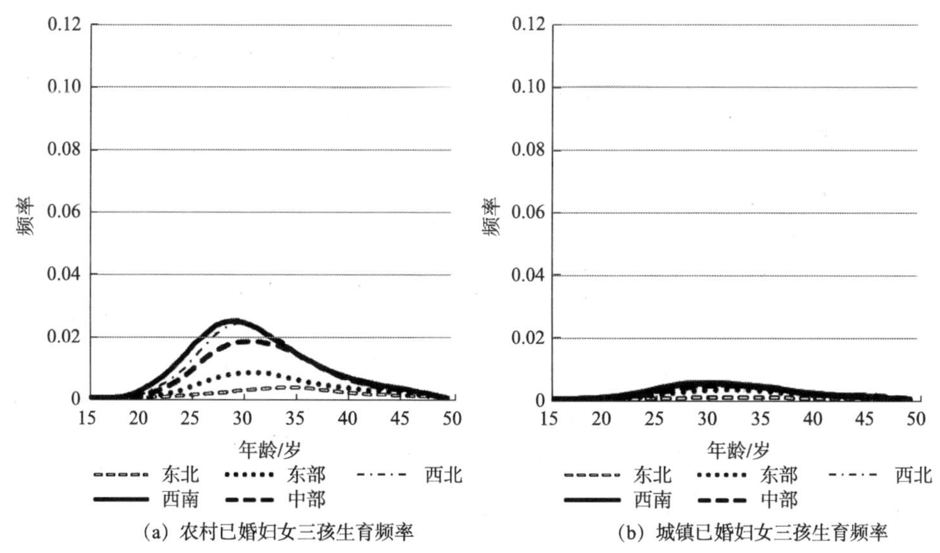

(a) 农村已婚妇女三孩生育频率　(b) 城镇已婚妇女三孩生育频率

图 7.5　按地区分的城乡已婚妇女三孩单岁年龄别生育频率

从城乡非婚妇女生育频率来看，城乡非婚妇女一孩生育频率存在较明显的地区差异（图 7.6）。农村非婚妇女一孩生育频率最高的是西南地区，其峰值出现的年龄也最小，即在 20 岁达到 0.0021；东北峰值最低，仅有 0.0003。城镇非婚妇女一孩生育频率最低的东北，峰值出现在 28 岁，仅有 0.0004，较生育频率最高的西南地区，不仅峰值年龄晚出现 8 岁，且生育频率仅为后者的四分之一。东部与中部相近，峰值均出现在 21 岁，分别为 0.0007、0.0008。此外，各地区非婚妇女二孩、三孩生育率极低，特别是城镇，五大区域非婚妇女二孩、三孩生育频率普遍极低，尤其是非婚三孩生育频率几乎可以忽略不计。相对于城镇地区，农村非婚妇女生育频率略高，以二孩为例，西北地区峰值最高，在 27 岁达到 0.0003；西南次之；中部及东部再次，但中部峰值出现的年龄要明显早于东部；东北最低（图 7.7）。

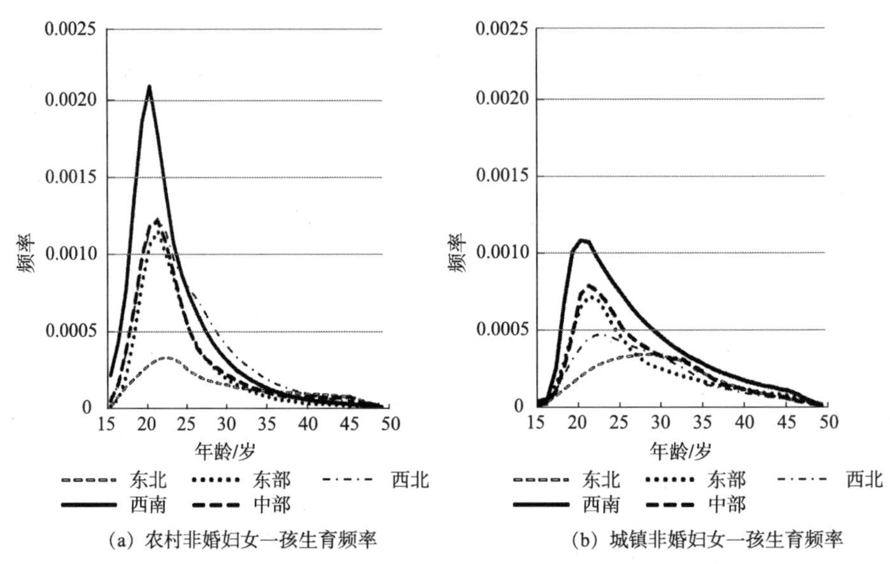

图 7.6　按地区分的城乡非婚妇女一孩单岁年龄别生育频率

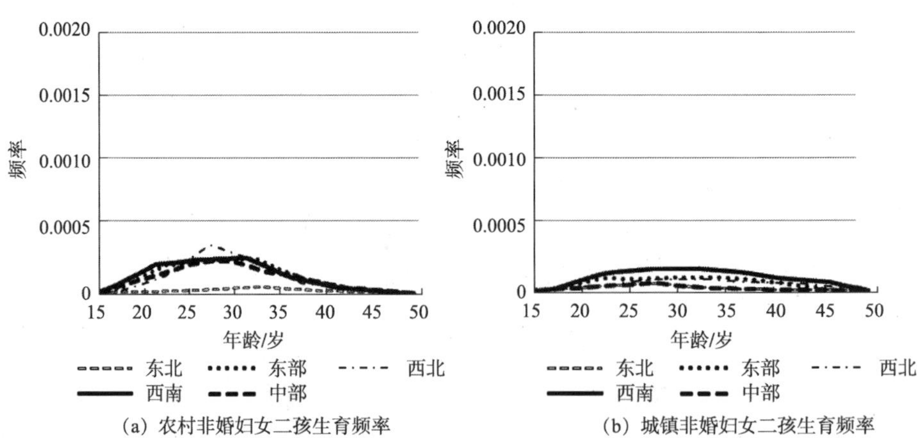

图 7.7　按地区分的城乡非婚妇女二孩单岁年龄别生育频率

7.4　城乡男女年龄别初婚、离婚和再婚发生/风险率的估算

7.4.1　全国、31 个省区市和五大区域城乡男女年龄别初婚发生/风险率的估算

根据 2010 年人口普查 10%微观数据库（样本量为 1.34 亿人）里包括的初婚年月信息，我们估算了普查时点前一年全国，东北、东部、中部、西南和西北五大区域，以及 31 个省区市合计 296 套分城乡男女单岁年龄别初婚频率①和初婚发生/风险率②。基于深入的数据分析，我们发现，如果不做适当调整而直接按人口普查数据估算，将高估年龄别初婚发生/风险率，因为人口普查没有收集非婚同居状态数据，人口普查得出的有配偶状态是事实婚姻，即实际包括了已婚和未婚同居者（详见第五次全国人口普查和第六次全国人口普查问卷填表说明），导致按人口普查数据直接估得的未婚人数没有包括未婚同居者，即低估了实际的未婚风险人数，从而若不调整将高估年龄别初婚发生/风险率。因此，我们根据北京大学组织的“中国家庭追踪调查”多期大样本回顾性调查数据（详见 7.4.2 节）估算 2010 年按城乡、性别、单岁年龄分的未婚同居者占未婚总人数（包括未婚不同居和未婚同居人数）的比例分布，并根据这些比例分布估算值，对普查数据的按城乡、性别、单岁年龄分的未婚人数进行了适当调整，然后计算分城乡男女单岁年龄别初婚发生/风险率。

因为篇幅限制，下面仅阐述全国和五大区域的男女年龄别初婚发生/风险率。

我国男女年龄别初婚发生/风险率随年龄增加呈倒“U”形趋势（图 7.8～图 7.10）。刚进入初婚历险时期的年龄别初婚发生/风险率处于很低的水平，例如，男性 18 岁的初婚发生/风险率仅为 0.0126（农村）、0.0051（城镇），女性 18 岁初婚发生/风险率略高一点，为 0.0375（农村）、0.0165（城镇）。从 20 岁开始，男性和女性的年龄别初婚发生/风险率均迅速上升，在 23～28 岁达到峰值。从地域和性别差异来看，农村女性和男性的初婚年龄别发生/风险率峰值分别在 23 岁、25 岁，而城镇女性和男性的峰值年龄则分别为 27 岁、28 岁，呈现出“城镇晚于农村、男性晚于女性”的现象。

在峰值年龄之后，年龄别初婚发生/风险率开始稳步下降，而农村人群的下降

① t 年男（或女）x 岁初婚频率的定义：t 年 x 岁男（或女）初婚人数除以 t 年年中男（或女）x 岁总人数。

② t 年男（或女）x 岁初婚发生/风险率的定义：t 年 x 岁男（或女）初婚人数除以 t 年年中男（或女）x 岁从未结过婚人数。

速度比城镇人群更快。到 35 岁时，农村地区男性和女性的初婚发生/风险率分别由峰值年龄的 0.1179、0.1531 下降到 0.0356、0.0835，这意味着农村人群尤其是男性到了 35 岁的大龄阶段找对象越来越难。城镇人群的年龄别初婚发生/风险率下降得相对缓慢，到了 35 岁时城镇男性和女性的初婚发生/风险率仍然分别维持在 0.1009 和 0.0990，仍有相当部分的城镇人口选择在这个年龄段初婚。到 50 岁时，农村男性和女性的初婚发生/风险率分别下降到 0.0051、0.0389，城镇男性和女性分别下降到 0.0181、0.0252，说明中年后期未婚者初婚概率很低。随着年龄继续增长，初婚发生/风险率持续下降，而 50 岁以后的初婚事件规模在统计上基本可以忽略不计。

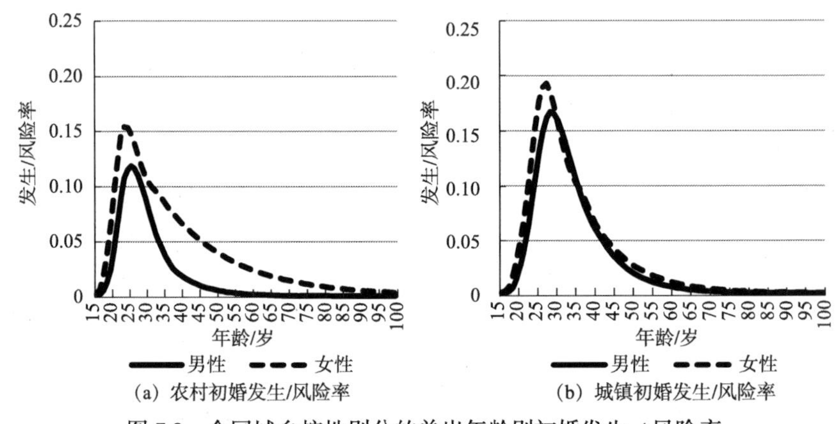

图 7.8　全国城乡按性别分的单岁年龄别初婚发生 / 风险率

分地域来看，东部、中部、西北、东北地区 2010 年城镇男性的年龄别初婚发生/风险率峰值年龄均出现在 28 岁，西南地区略高，为 29 岁；城镇女性的峰值年龄均为 27 岁，地域差异不明显。但农村人群的年龄别初婚发生/风险率峰值年龄存在较明显的地域差异。东北地区农村男性的初婚发生/风险率峰值年龄在 22～23 岁，而东部、中部、西南和西北地区农村男性初婚发生/风险率峰值年龄在 25 岁，东北地区农村男性初婚比中西部地区农村男性更早一些。东北地区农村女性人群的初婚发生/风险率峰值年龄为 22 岁，中部地区农村女性的初婚发生/风险率峰值为 23 岁，而其他地区（包括东部、西南和西北）农村女性的初婚发生/风险率峰值则在 24 岁。

从初婚事件发生/风险率的集中度来看，无论是男性还是女性，城镇人群初婚事件更集中于峰值年龄附近，峰值年龄的初婚发生/风险率显著高于农村。与城镇人群相比，农村男女初婚事件发生年龄相对分散一些，峰值年龄的初婚发生/风险率显著低于城镇。从地域分布来看，东部、东北、中部、西南和西北五大区域人群的初婚事件均呈现这一现象（图 7.9 和图 7.10）。

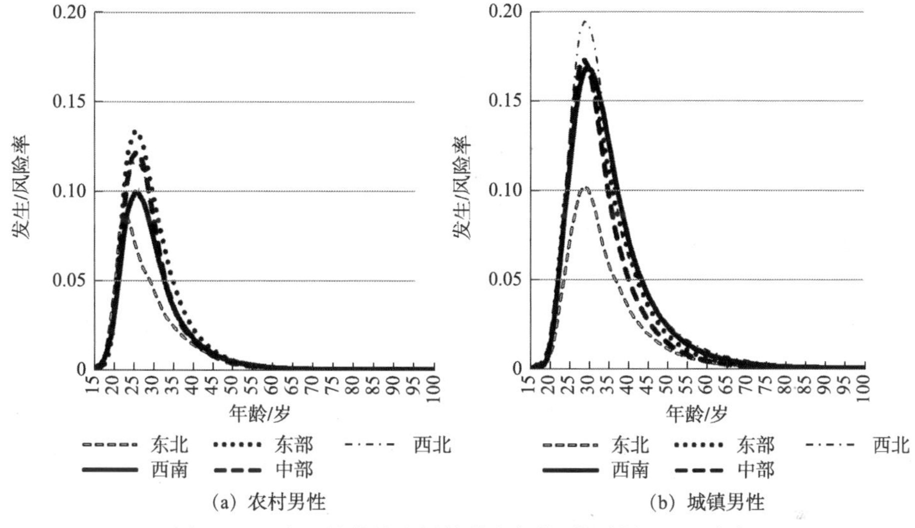

图 7.9　五大区域的城乡男性单岁年龄别初婚发生/风险率

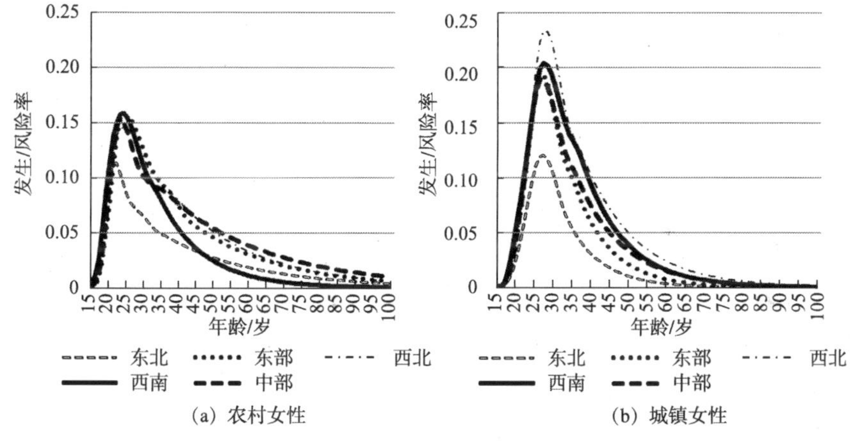

图 7.10　五大区域的城乡女性单岁年龄别初婚发生/风险率

7.4.2　全国和五大区域城乡男女年龄别离婚和再婚发生/风险率

我们整合“中国家庭追踪调查” 2010 年、2012 年、2014 年、2016 年和 2018 年五期调查数据，根据以 15 岁及以上男性和女性为调查对象、合计总样本量为 57 879 人[①]的初婚、离婚、丧偶和再婚等婚姻事件历史回顾性数据，估算了全国及五大区域合计 72 套分城乡男女单岁年龄别离婚、离婚后再婚以及丧偶后再婚的发生/风险率。

图 7.11 和图 7.12 描绘了全国分男女单岁年龄别离婚发生/风险率[②]。无论城镇

① 参与多期跟踪调查者在计算总样本量时只统计一次。

② t 年男（或女）x 岁离婚发生/风险率的定义：t 年 x 岁男（或女）新离婚人数除以 t 年年中男（或女）x 岁已婚有配偶人数。

还是农村地区，男性的年龄别离婚发生/风险率随年龄增长呈持续下降趋势，而女性的年龄别离婚发生/风险率则先随年龄上升，在 25 岁达到峰值，然后随年龄增长而持续下降。城镇居民的年龄别离婚发生/风险率均高于同性别、同年龄的农村居民。在性别差异方面，无论城镇还是农村，男性在各年龄别的离婚发生/风险率均高于女性。分五大区域来看，东北地区男性的年龄别离婚发生/风险率显著高于其他区域的男性，而其他四个区域男性的离婚发生/风险率彼此差异不明显。就女性而言，仍然是东北地区女性的年龄别离婚发生/风险率相对最高，其次是西南地区女性，而西北地区女性的年龄别离婚发生/风险率最低。

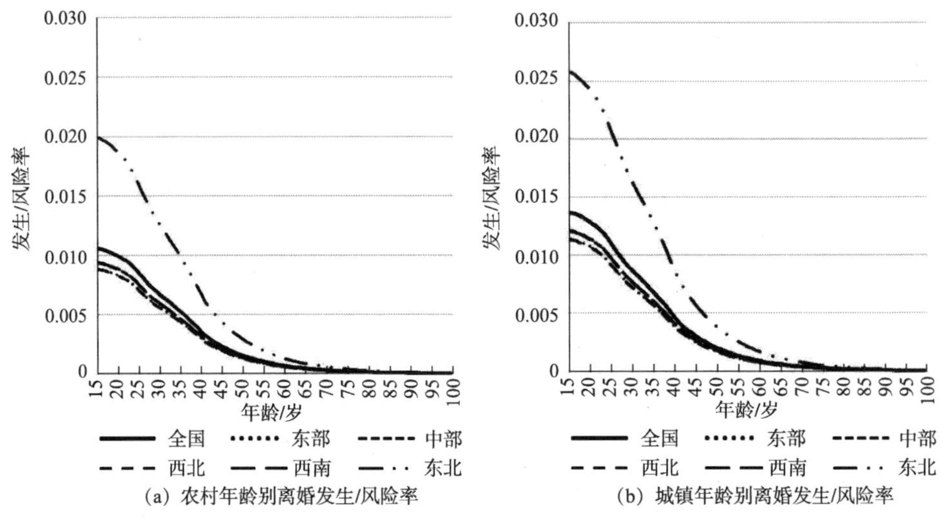

(a) 农村年龄别离婚发生/风险率　(b) 城镇年龄别离婚发生/风险率

图 7.11　全国和五大区域城乡男性单岁年龄别离婚发生/风险率

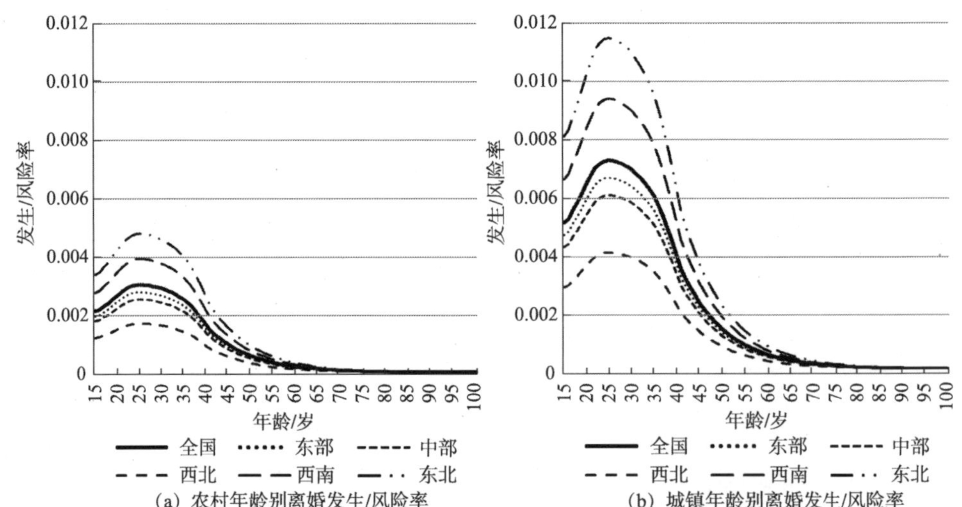

(a) 农村年龄别离婚发生/风险率　(b) 城镇年龄别离婚发生/风险率

图 7.12　全国和五大区域城乡女性单岁年龄别离婚发生/风险率

图 7.13 和图 7.14 显示，无论是男性还是女性，年龄别离婚后再婚发生/风险率[①]都随年龄增长而单调下降，且呈现“农村高于城镇、女性高于男性”的趋势。从地域分布来看，五大区域人群的年龄别离婚后再婚发生/风险率很接近，并未表现出明显的地域差异。25 岁时的农村男性和城镇男性离婚后再婚发生/风险率分别为 0.1163、0.1061，农村女性和城镇女性离婚后再婚发生/风险率分别为 0.3064、0.2793，女性离婚后的再婚发生/风险率显著高于男性。到了 60 岁时，男性和女性离婚后再婚发生/风险率分别下降到 0.010、0.025 以下，处于很低的水平。

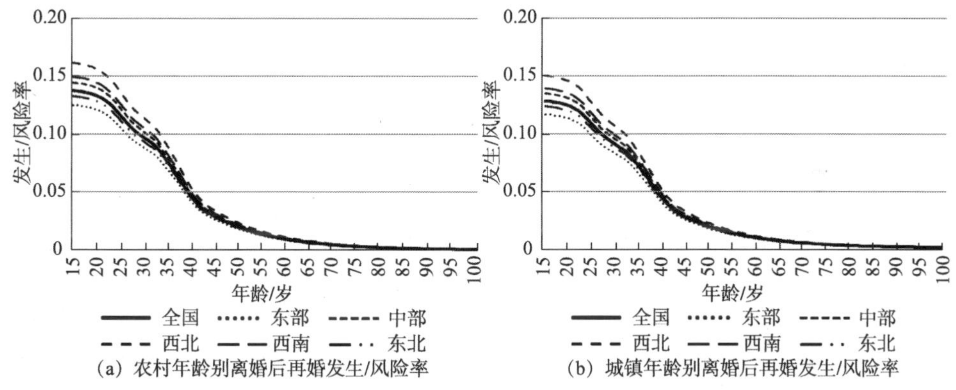

图 7.13　全国和五大区域城乡男性单岁年龄别离婚后再婚发生/风险率

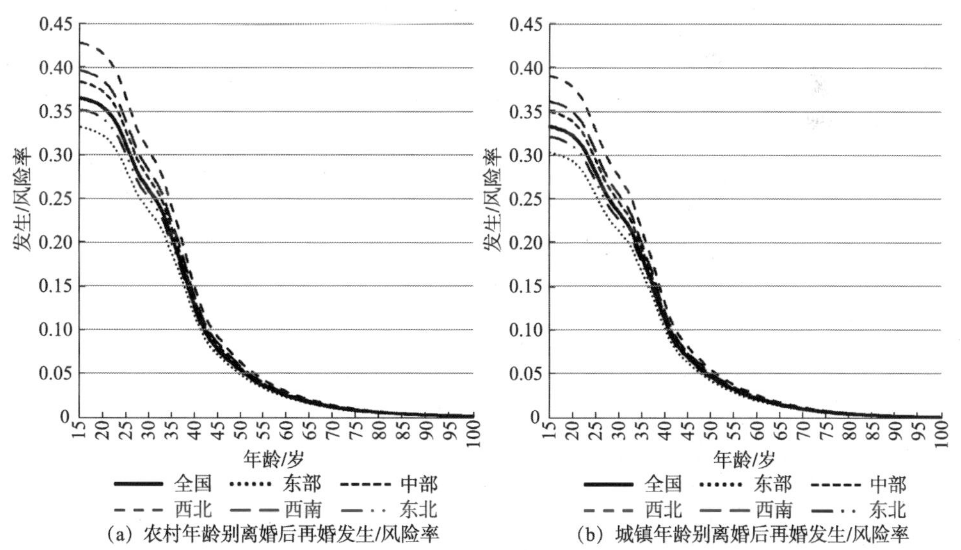

图 7.14　全国和五大区域城乡女性单岁年龄别离婚后再婚发生/风险率

① t 年男（或女）x 岁离婚后再婚发生/风险率的定义：t 年 x 岁男（或女）离婚后新再婚人数除以 t 年年中男（或女）x 岁处于离婚状态人数。

男性和女性丧偶后再婚发生/风险率[①]均随年龄增长呈现先上升后下降的倒"U"形趋势。城镇地区男性和女性丧偶后再婚发生/风险率在 32 岁前后分别达到峰值水平 0.133、0.163，到了 60 岁时，分别下降到 0.006、0.007，老年阶段丧偶后再婚的发生/风险率处于极低的水平（图 7.15 和图 7.16）。

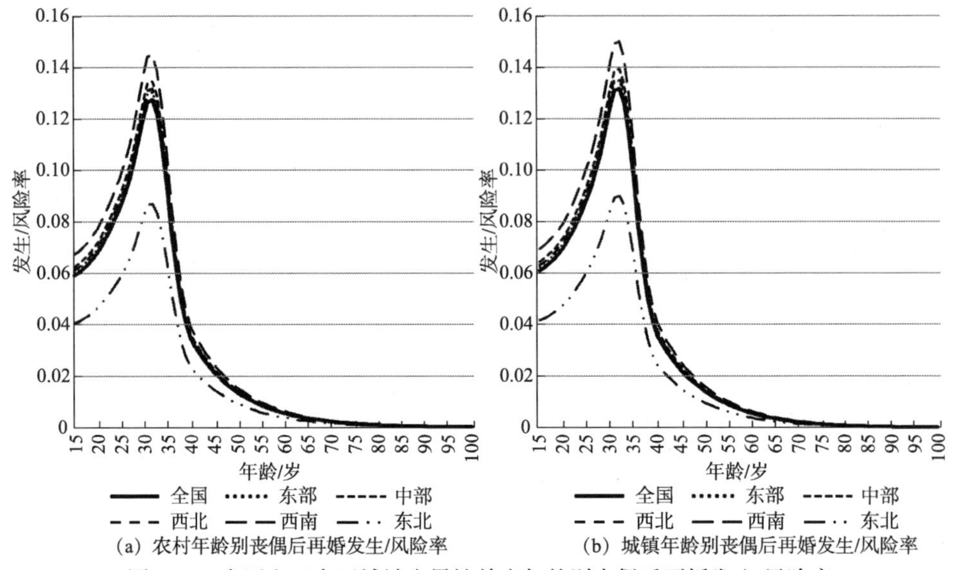

(a) 农村年龄别丧偶后再婚发生/风险率　(b) 城镇年龄别丧偶后再婚发生/风险率

图 7.15　全国和五大区域城乡男性单岁年龄别丧偶后再婚发生/风险率

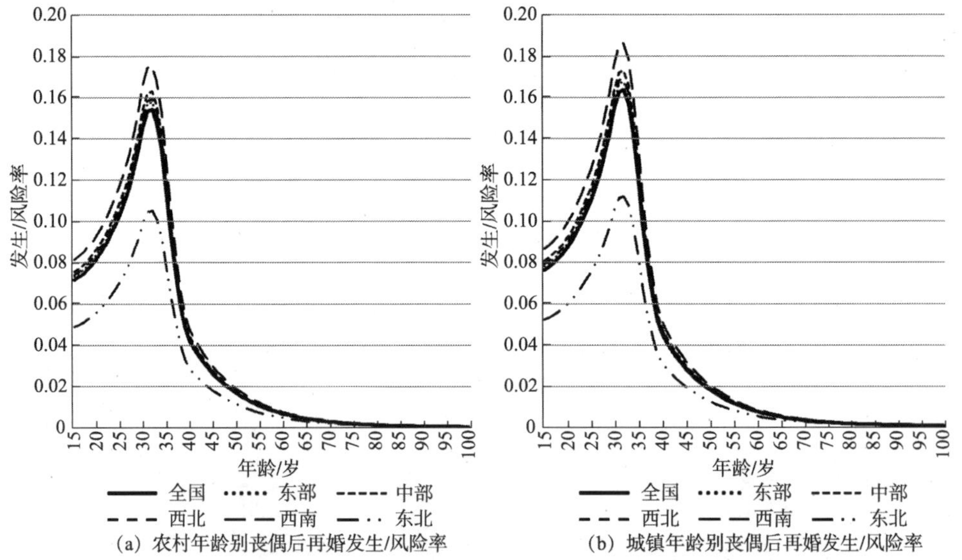

(a) 农村年龄别丧偶后再婚发生/风险率　(b) 城镇年龄别丧偶后再婚发生/风险率

图 7.16　全国和五大区域城乡女性单岁年龄别丧偶后再婚发生/风险率

① t 年男（或女）x 岁丧偶后再婚发生/风险率的定义：t 年 x 岁男（或女）丧偶后新再婚人数除以 t 年年中男（或女）x 岁处于丧偶状态人数。

7.5　城乡男女迁移率年龄别标准模式和综合参数的数据来源和估算

我们根据 2010 年人口普查 10%微观数据（样本规模为 1.34 亿人）估算了以下三项概述的合计 362 套全国、五大区域和 31 个省区市城乡男女单岁年龄别人口迁移率，并进行了平滑处理。

（1）2009～2010 年 31 个省区市内及五大区域内 74 套从农村迁入城镇男女单岁年龄别净迁移频率（确切定义和估算公式见本章附录 A7.1 节）。

（2）2009～2010 年 31 个省区市和五大区域 144 套分城乡男女单岁年龄别从外省（区市）或区外迁入本省（区市）或本区的迁入频率（简称迁入率；确切定义和估算公式见本章附录 A7.2 节）。

（3）2009～2010 年 31 个省区市和五大区域 144 套分城乡男女单岁年龄别从本省（区市）或本区迁出到外省（区市）或区外的迁出率（简称迁出率；确切定义和估算公式见本章附录 A7.3 节）。

因为篇幅限制，下面仅阐述五大区域的男女年龄别农村—城镇净迁移频率、迁入率和迁出率。

7.5.1　五大区域内男女年龄别农村—城镇净迁移频率

图 7.17 显示，我国人口从农村迁往城镇的净迁移频率曲线呈现“双峰型”，

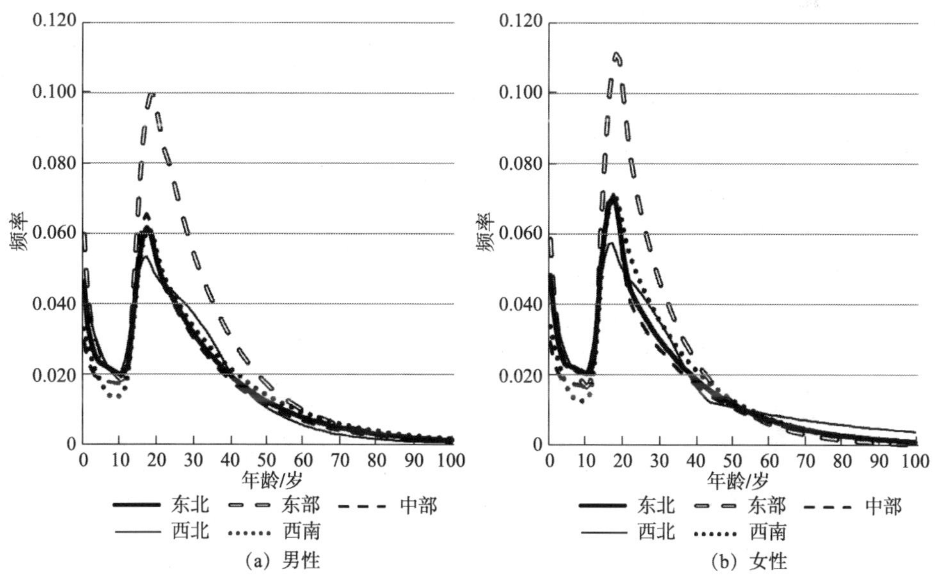

图 7.17　五大区域内从农村迁往城镇男女单岁年龄别净迁移频率（2009～2010 年）

最高峰值在 18 岁左右，反映了农村青年高中毕业后进城打工或继续学习的潮流；0 岁是一个“小峰”，反映了不少进城务工夫妇希望孩子在城镇出生，以便取得城镇户口。在 10 岁以前，从农村到城镇的净迁移频率随年龄增加而迅速下降，由 0 岁的约 0.05 下降到 10 岁的约 0.02，原因可能在于已经在农村出生的孩子因户口在农村，进城入学比较困难只好留守农村；在 10～18 岁区间，从农村到城镇的净迁移频率随年龄增加而迅速上升，18 岁以后随年龄增加而单调递减，到 60 岁时净迁移频率下降到平均 0.008 左右，60 岁以后从农村到城镇的净迁移频率很低。东部地区男女从农村到城镇的净迁移频率峰值分别达 0.10、0.11，显著高于其他区域的峰值。

7.5.2 五大区域从区外迁来本区的分城乡年龄别迁入率

图 7.18 展示了 2009～2010 年五大区域城乡男女单岁年龄别迁入率。0～10 岁儿童时期迁入率的性别、城乡和地区差异均不太明显。在 10 岁以后，迁入率迅速上升，20 岁左右达到峰值，农村男性迁入率在 40 多岁还有第二个峰值，反映了年轻时进城已经挣到足够钱的中年农民工回乡创业并与妻子和儿女团聚的现象。

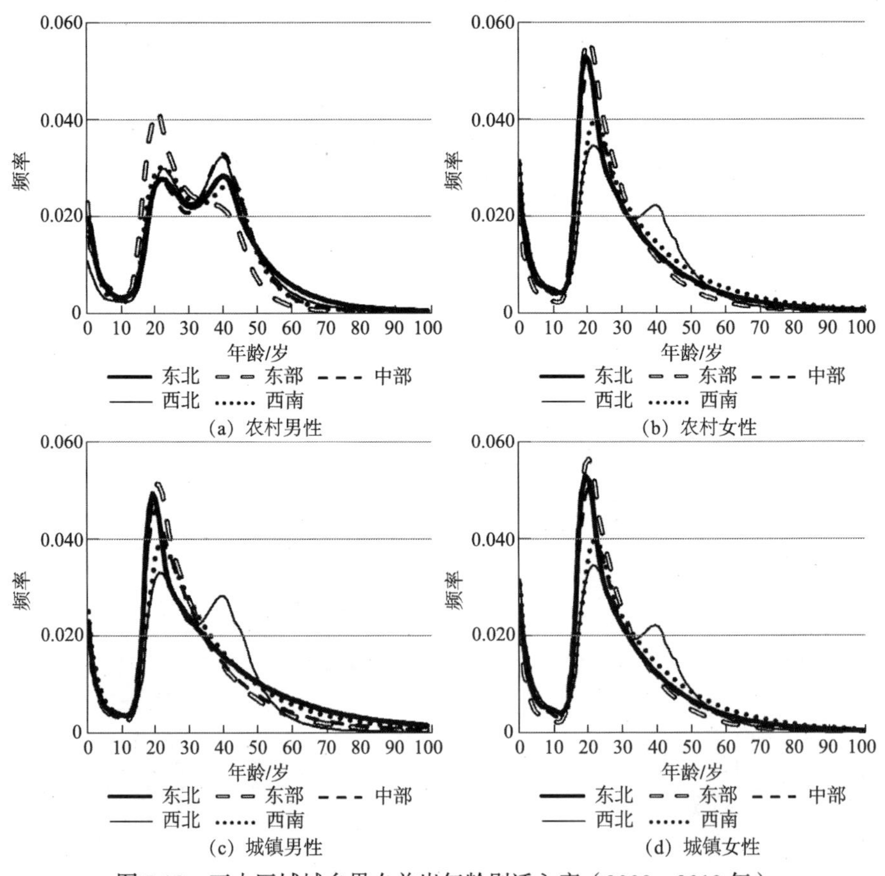

图 7.18 五大区域城乡男女单岁年龄别迁入率（2009～2010 年）

7.5.3　五大区域从本区迁往区外的年龄别迁出率

如图7.19所示，五大区域农村各年龄段的男女迁出率均大大高于城镇。儿童（0～10岁）迁出率随年龄增加而递减，10岁时到达低谷；10岁以后的迁出率随年龄迅速上升，到22岁左右到达峰值，然后随年龄增加而单调递减。在性别差异方面，男性迁出率高于女性。分地区来看，中部地区的迁出率最高，西南地区的迁出率次之，西北和东北人口迁出率排第三位、第四位，而东部地区人口的迁出率最低。

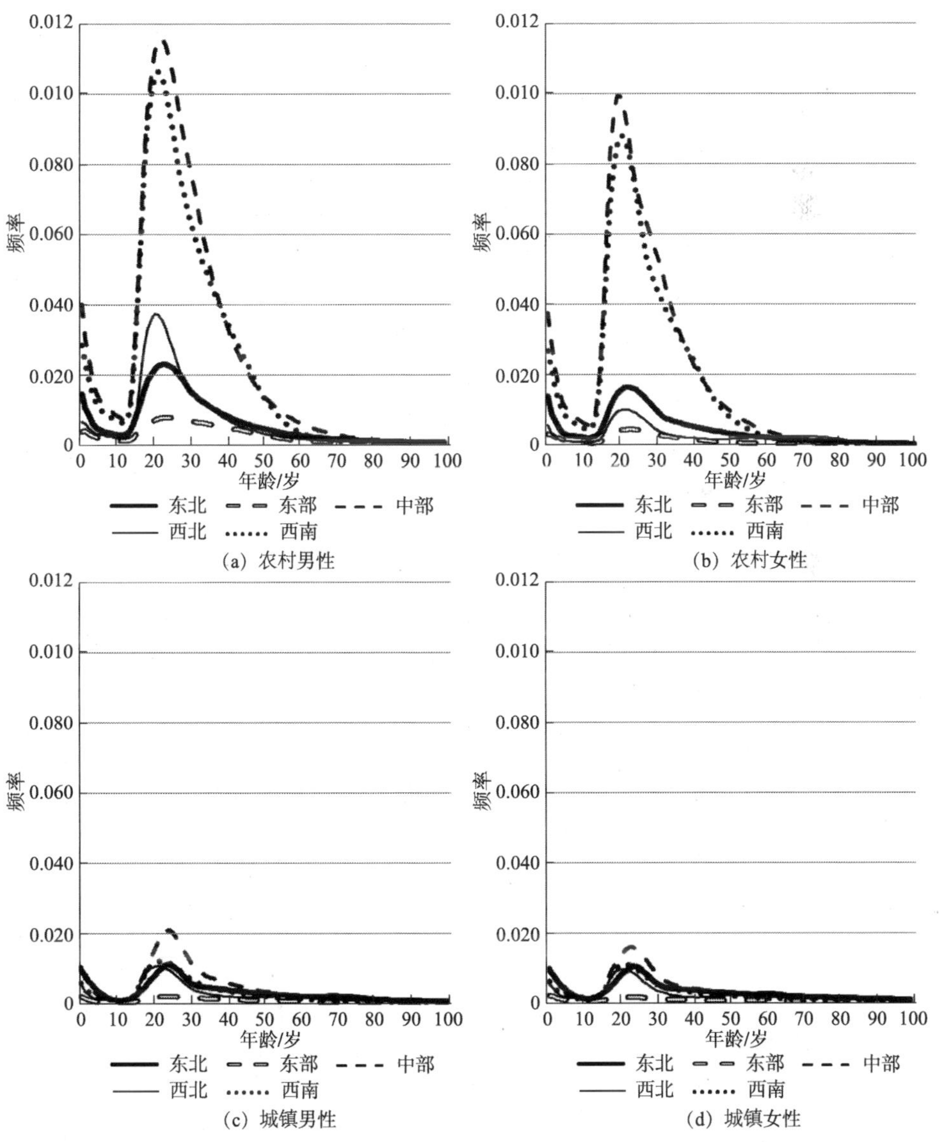

图7.19　五大区域城乡男女单岁年龄别迁出率（2009～2010年）

7.6　全国和分省区市城乡 2010 年男女 0～100 岁单岁生命表的数据来源和估算

我们对全国分城乡男女 80～105 岁高龄段死亡人口的漏报和死亡率不规则波动进行深入研究，对比分析国际认可的各种高龄段死亡率模型拟合效果，选择最优估计拟合进行分城乡男女 80～105 岁单岁死亡率修正，并根据中国疾病预防控制中心（以下简称中国疾控中心）死因监测得到的漏报比例和以往研究揭示的死亡规律进行调整（熊婉茹等，2019）。针对 0～4 岁婴幼儿死亡率漏报，在参考联合国婴幼儿死亡率研究组（UN Interagency Group for Child Mortality Estimation，UN IGME）的估计值和死因监测评估数据基础上，对其进行调整。对其他所有年龄段死亡率，则根据死因监测漏报进行估计。按性别和城乡对所有调整后的年龄别死亡率进行修匀，基于调整后的第六次全国人口普查数据估算得到的全国城乡合一出生期望寿命男性为 72.75 岁，女性为 77.55 岁（熊婉茹等，2019）。

我们根据 2010 年人口普查数据和中国疾控中心关于死亡监测与死亡漏报的相关数据，以及国内外相关文献的认真检索分析，对 2010 年人口普查中 31 个省区市原始死亡数据进行了描述分析，指出原始数据中可能存在的问题，估计了排除漏报后的 2010 年 31 个省区市分城乡男女婴儿死亡率、1～4 岁幼儿死亡率，并分年龄组对城乡死亡数据进行了修正和调整，对调整后的城乡男女年龄别死亡率进行平滑处理，得到了城乡男女出生期望寿命。我们根据分省区市的各种相关人口数据来源、教育水平和人类发展指数以及相关文献，对 31 个省区市城乡男女出生期望寿命进行了进一步估算调整（表 7.2），进而构建了可供学界同仁和政府及企业部门使用的全国和 31 个省区市 128 套分城乡男女 0～100 岁单岁生命表（李月等，2020）。

表 7.2　根据第六次全国人口普查数据估计的各省区市 2010 年出生期望寿命　单位：岁

省区市	男性			女性		
	农村	城镇	城乡合一	农村	城镇	城乡合一
安徽	69.75	76.39	72.62	75.53	80.92	77.84
北京	71.92	78.76	77.39	76.19	81.63	80.48
福建	69.47	76.07	73.24	75.55	80.95	78.64
甘肃	68.21	74.70	70.57	72.22	77.38	74.06
广东	69.55	76.16	73.97	75.82	81.24	79.37

续表

省区市	男性			女性		
	农村	城镇	城乡合一	农村	城镇	城乡合一
广西	68.63	75.15	71.22	74.06	79.35	76.20
贵州	66.29	72.59	68.40	72.35	77.51	74.11
海南	68.94	75.50	72.19	74.74	80.08	77.40
河北	69.77	76.40	72.67	75.10	80.46	77.47
河南	69.26	75.84	71.81	75.52	80.91	77.59
黑龙江	69.81	76.45	73.49	75.78	81.19	78.81
湖 北	69.38	75.97	72.65	74.69	80.02	77.35
湖 南	69.41	76.01	72.25	75.13	80.50	77.48
吉 林	70.54	77.24	74.09	75.54	80.93	78.44
江 苏	70.49	77.20	74.57	75.59	80.98	78.81
江 西	69.04	75.61	71.91	74.72	80.05	77.06
辽 宁	69.98	76.64	74.09	75.48	80.87	78.86
内蒙古	68.43	74.94	72.01	74.29	79.59	77.27
宁 夏	68.17	74.65	71.28	73.20	78.43	75.71
青 海	65.29	71.50	68.08	69.84	74.83	72.07
山 东	70.66	77.38	74.02	76.36	81.81	79.06
山 西	69.69	76.31	72.84	74.69	80.02	77.28
陕 西	69.78	76.42	72.81	74.31	79.61	76.74
上 海	72.06	78.91	78.17	77.48	83.02	82.44
四 川	69.57	76.19	72.22	75.41	80.79	77.59
天 津	71.92	78.76	77.39	76.19	81.63	80.48
西 藏	64.88	71.05	66.30	68.97	73.89	70.07
新 疆	67.54	73.96	70.27	72.62	77.80	74.86
云 南	64.92	71.09	67.03	70.65	75.69	72.43
浙 江	71.37	78.15	75.55	76.82	82.31	80.21
重 庆	69.64	76.26	73.13	75.71	81.12	78.60
全 国	69.55	76.17	72.88	75.16	80.53	77.86

7.7　31 个省区市相关综合参数估测并保持协调一致性的方法

我们需要根据普查或其他数据估算的预测起点年份 2010 年每一个省区市的参数，趋势外推估测 31 个省区市 2010～2050 年各年份的相关综合参数（包括城镇人口比例、出生期望寿命、总和生育率、一般结婚率、一般离婚率等），并保证未来年份各省区市估测参数的协调一致性，即都在合理范围内（不超出理论和实际预期的可能极限值），而且各省区市估测综合参数的加权平均值等于根据全国数据和专家估计另行估测的相同年份全国综合参数。

记 $T1$ 和 $T2$ 为未来年份中间隔 10 年（或 5 年或 7 年，由应用者选定）预测期间的左侧端点和右侧端点年份；例如，除总和生育率外的所有其他综合参数，我们选择了 2010 年、2020 年、2030 年、2040 年、2050 年为 2010～2050 年预测区间的 5 个间隔年份，2010～2020 年的 $T1$ 年和 $T2$ 年分别为 2010 年和 2020 年，2020～2030 年的 $T1$ 年和 $T2$ 年分别为 2020 年和 2030 年……而 $T1$ 年和 $T2$ 年之间的 $a_i(t)$ 则通过线性内插估得。因为我国于 2015 年底宣布启动实施普遍允许二孩政策，导致 2017 年生育水平由之前的 1.6 左右升高为 1.7，所以对于总和生育率我们还增选 2017 年作为间隔年份之一。

记 $T1$ 年和 $T2$ 年某一省区市的相关综合参数（以下简称参数）为 $a_i(T1)$ 和 $a_i(T2)$，下标 i 代表省区市的编码，“*”表示其前后两个变量相乘。最简单的预测方法有复利公式法和指数增长法。

复利公式法：

$$a_i(T2) = a_i(T1)(1.0+n)^{(T2-T1)}$$

指数增长法：

$$a_i(T2) = a_i(T1)\mathrm{e}^{n*(T2-T1)}$$

其中，n 表示 $T1$ 年和 $T2$ 年之间参数的年均变化率；e 为自然常数。如果用预测起始年份之前 10 年（或 5 年）期间或其他方法估计的某一参数未来年份年均增长率（n）按复利公式法或指数增长法进行预测，有的省区市预测的未来参数很有可能超过正常范围，比如，预测的城镇人口占总人口比例可能超过 1.0，有的省区市预测的出生期望寿命超过 95 岁，甚至超过 100 岁，这是不可行的。

因此，我们应用可以控制预测参数不超过事先给定的最大值、经典的 logistic 函数模型进行预测。记 K 为各省区市所预测参数可能的最大值，记 r 为 $T1$ 年与 $T2$ 年之间该预测参数的年均变化率；r 衡量曲线变化快慢，即预测参数的变化快慢；r 可以是正值，表明该参数在 $T1$ 年与 $T2$ 年之间呈增长趋势；r 也可以是负值，

表明该参数在 $T1$ 年与 $T2$ 年之间呈递减趋势。当 r 为正值时，极限值 K 大于参数在 $T1$ 年的值，当 r 为负值时，极限值 K 小于参数在 $T1$ 年的值；根据 logistic 函数模型、i 省区市 $T1$ 年参数值 a_i（$T1$）以及 $T1$ 年与 $T2$ 年之间年均变化率 r，预测 i 省区市 $T2$ 年参数值 a_i（$T2$）的公式为

$$a_i(T2)=\frac{K*a_i(T1)\mathrm{e}^{r*(T2-T1)}}{K+a_i(T1)\left[\mathrm{e}^{r*(T2-T1)}-1.0\right]} \tag{7.1}$$

其他学者也有应用 logistic 函数模型预测有最大值限制变量的成功先例。例如，基于全球的煤炭产量以及碳排放存在上限的设定，有学者应用 logistic 增长模型对不同碳排放情景下的全球煤炭产量进行了预测。Kwasnicki（2013）认为各个经济体的人口增长率以及经济增长率均存在上限，因此，运用扩展的 logistic 增长模型对全球的长期经济增长率进行了预测。有学者认为生物质能源产量的增长比地热能及风能产量增长更快，由于生物质能源存在最大产能限制，作者在预测中使用了 logistic 增长模型对美国可再生能源的未来产量进行预测。

我们尝试用各省区市 2000 年和 2010 年城镇人口占总人口比例实际观测值及式（7.1）反推估计各省区市自己的城镇人口占总人口比例在 2000～2010 年的年均变化率，并将它作为在 2010 年、2020 年、2030 年、2040 年和 2050 年预测年份 $T1$ 年与 $T2$ 年之间的年均变化率代入式（7.1）估测未来年份各省区市城镇人口比例，结果很不好，表现在相当多的省区市在全国的排名顺序发生难以解释的不合理变化。例如，有的 2010 年城镇人口比例排前列（或欠发达但 2000～2010 年进步较快）的省区市因为 2000～2010 年城镇人口比例增长速度很小（或很大），将它们自己的 2000～2010 年均变化率代入式（7.1）进行预测，得到的城镇人口比例排序由 2010 年全国前列（或最后几名）逆转为 2050 年倒数第几名（或前列），显然是不合理的，因为假定未来几十年各省区市都按本省区市 2000～2010 年城镇人口比例等参数变化速度发展不符合实际。因此，必须根据事先估测的未来年份全国参数来预测各省区市未来年份参数年均变化率 r，并使用式（7.1）估测未来年份各省区市的参数。这样估测的结果较好，避免了上面谈到的不合理现象，各省区市未来各个年份（包括 2050 年）城镇人口比例等参数排序与 2010 年排序一致。

因为式（7.1）也适用于全国综合参数预测，估算预测各省区市未来年份参数所需要的全国参数年均变化率 r 的方法可以从式（7.1）通过简单的数学推导得到。记 A（$T1$）和 A（$T2$）为根据相关数据信息和专家估计预测的未来年份全国 $T1$ 年和 $T2$ 年参数值。

因为 $A(T2)=\dfrac{K*A(T1)\mathrm{e}^{r*(T2-T1)}}{K+A(T1)[\mathrm{e}^{r*(T2-T1)}-1.0]}$，所以推得估算 $T1$ 年和 $T2$ 年之间年均变化率 r 的公式为

$$r=\frac{\ln\left((K*A(T2)-A(T2)*A(T1))/(K*A(T1)-A(T2)*A(T1))\right)}{T2-T1} \quad (7.2)$$

综上所述，结合应用 logistic 函数模型得到的式（7.1）和式（7.2）以及下面将要阐述讨论的式（7.3）或式（7.4），即可基于 $T1$ 年的 a_i（$T1$）来估测 $T2$ 年的 a_i（$T2$），并保证不超过极限值和达到必要的协调一致性。

按式（7.1）和式（7.2）估算得到的 31 个省区市的 $T2$ 年参数初始预测值的加权平均值（权数为各省区市人口占全国总人口的比例）很可能不等于我们根据相关数据信息和专家估计预测的全国 $T2$ 年参数值 A（$T2$）；因此，需要对 31 个省区市的 $T2$ 年参数初始预测值进行适当调整，使它们的加权平均值等于预测的全国 $T2$ 年参数值，而且适当调整后的各省区市参数不得超出事先设定的最大值 K。下面阐述讨论保证达到这两个协调一致性要求的适当调整方法。

记 $\omega_i(T2)$ 为各省区市 $T2$ 年的人口权重，$\sum_{i=1}^{31}\omega_i(T2)=1.0$，$a_i(T2)$ 为根据式（7.1）和式（7.2）估算、适当调整前的 $T2$ 年 i 省区市参数初始预测值；$a_i'(T2)$ 为适当调整后的 $T2$ 年 i 省区市预测参数；调整前 31 个省区市 $T2$ 年初始预测的参数加权平均值为 $v(T2)$，$v(T2)=\sum_{i=1}^{31}[a_i(T2)\omega_i(T2)]$。

$$a_i'(T2)=K-[K-a_i(T2)]*[K-A(T2)]/[K-v(T2)] \quad (7.3)$$

式（7.3）调整方法的原理是将 i 省区市 $T2$ 年相关参数理论极限值 K（如城镇人口比例的 K=0.95）减去调整前初始估测值与该参数理论极限值的差距 $[K-a_i(T2)]$ 与一个固定的调整系数（即[$K-A$（$T2$）]与[$K-v$（$T2$）]的比值）的乘积，从而得到各省区市调整后的参数 $a_i'(T2)$。这一调整方法实际上是对各省区市相关参数调整前初始估测值距离理论极限值的差距进行适当的等比例调整。以城镇人口比例为例，城镇人口比例较高（或较低）的省区市，其初始估测值距离理论极限值（$K=0.95$）的差距较小（或较大），因此其调整幅度较小（或较大）；对城镇人口比例、出生期望寿命、平均初婚年龄、平均生育年龄和出生性别比等综合参数的初始估测值进行适当调整是合理的，因为这类综合参数较高（或较低）的省区市该参数继续提高的空间较小（或较大），调整以后的省际差异趋于缩小，这符合社会经济发展的一般趋势。同时，应用式（7.3）进行调整可以保证调整后的参数值 $a_i'(T2)$ 不会超过最大值 K，而且调整后各省区市参数的加权平均值等于

预测的全国 $T2$ 年参数值 A（$T2$）；其数学证明见本章附录 A7.4 节。

7.8　全国和 31 个省区市分城乡综合参数的估测

全国和 31 个省区市未来各年份分城乡综合参数的预测包括城镇人口比例、出生期望寿命、总和生育率、一般结婚率、一般离婚率；如果我们对各省区市不同分城乡综合参数分别假设高、中、低方案，将得到非常多的不同组合而难以操作，而且很难保证各省区市许多不同组合综合参数加权平均值都等于相应的全国参数估测值而保持协调一致性。因此，目前我们只对 31 个省区市分城乡的各综合参数中方案进行预测，以分析研究 2010～2050 年家庭人口发展变动一般趋势，至于预测的高、中、低概率区间，有待今后关于概率家庭人口预测的进一步深化拓展研究。

7.8.1　城镇人口占总人口比例的估测

各省区市 2020 年、2030 年、2040 年和 2050 年的城镇人口占总人口比例可以直接根据 7.7 节阐述的式（7.1）、式（7.2）和式（7.3）估测得到（假定 K=0.95）。

7.8.2　城乡男女出生期望寿命的估测

因为出生期望寿命以及其他综合参数必须分城乡，有的还要分性别，它们的估测没有不分城乡和性别的城镇人口比例估测那么直截了当，而是稍微复杂一些。下面阐述讨论分省分城乡和性别出生期望寿命的估测步骤。

（1）数据准备：如 7.6 节所述，我们基于 2010 年人口普查死亡申报数据和中国疾控中心的死因监测数据，对死亡漏报进行了适当调整，估算得到各省区市 2010 年农村和城镇分性别的出生期望寿命 $e_i^{\mathrm{R}}(s,2010)$ 和 $e_i^{\mathrm{U}}(s,2010)$，其中，s 表示性别：s=1，男性；s=2，女性。上标 R、U 分别表示农村和城镇；下标 i 表示第 i 省区市。我们估测了全国 2020 年、2030 年、2040 年和 2050 年农村及城镇分性别的出生期望寿命。

（2）应用式（7.2）估得全国 $T1$ 年和 $T2$ 年期间全国农村分性别的出生期望寿命年均变化率 $r^{\mathrm{R}}(s)$ 和全国城镇分性别的出生期望寿命年均变化率 $r^{\mathrm{U}}(s)$：

$$r^{\mathrm{R}}(s)=\frac{\ln[(K*e_{\mathrm{W}}^{\mathrm{R}}(s,T2)-e_{\mathrm{W}}^{\mathrm{R}}(s,T2)*e_{\mathrm{W}}^{\mathrm{R}}(s,T1))/(K*e_{\mathrm{W}}^{\mathrm{R}}(s,T1)-e_{\mathrm{W}}^{\mathrm{R}}(s,T2)*e_{\mathrm{W}}^{\mathrm{R}}(s,T1))]}{T2-T1}$$

$$r^{\mathrm{U}}(s)=\frac{\ln[(K*e_{\mathrm{W}}^{\mathrm{U}}(s,T2)-e_{\mathrm{W}}^{\mathrm{U}}(s,T2)*e_{\mathrm{W}}^{\mathrm{U}}(s,T1))/(K*e_{\mathrm{W}}^{\mathrm{U}}(s,T1)-e_{\mathrm{W}}^{\mathrm{U}}(s,T2)*e_{\mathrm{W}}^{\mathrm{U}}(s,T1))]}{T2-T1}$$

（3）假定农村、城镇分性别出生期望寿命的极限值分别为 K=上海 2010 年农村、城镇分性别出生期望寿命+5 岁；根据式（7.1）和式（7.2），分别应用全国 $T1$ 年和 $T2$ 年之间农村、城镇分性别出生期望寿命的年均变化率 $r^{R}(s)$ 和 $r^{U}(s)$，以及基于估得的各省区市 2010 年农村、城镇分性别出生期望寿命，得到各省区市 $T2$ 年农村、城镇分性别出生期望寿命初始值估测值 $e_i^{R}(s,T2)$ 和 $e_i^{U}(s,T2)$，并根据式（7.3）进行适当调整，以保证各省区市 $T2$ 年农村、城镇分性别出生期望寿命初始值估测值的加权平均值等于全国 $T2$ 年农村、城镇分性别出生期望寿命（表 7.2）。

（4）基于上述（3）估得的各省区市 $T2$ 年农村、城镇分性别出生期望寿命 $e_i^{R}(s,T2)$ 和 $e_i^{U}(s,T2)$，以及 $T2$ 年各省区市城镇人口占总人口比例 urb($T2$)，根据以下公式估算得到各省区市 $T2$ 年城乡合一出生期望寿命 $e_i^{T}(s,T2)$：

$$e_i^{T}(s,T2)=e_i^{R}(s,T2)*[1.0-\text{urb}(T2)]+e_i^{U}(s,T2)*\text{urb}(T2)$$

（5）应用上述（2）～（4）阐述的方法和步骤，我们估测得到各省区市 2020 年、2030 年、2040 年和 2050 年农村、城镇和城乡合一分性别出生期望寿命（表 7.2）；而这些年份之间每一年各省区市的农村、城镇和城乡合一出生期望寿命则通过线性内插估得。

7.8.3 城乡男女平均初婚年龄的估测

各省区市分城乡的男女平均初婚年龄的估测步骤与上述各省区市分城乡的男女出生期望寿命的估测步骤（1）～（5）相同，不再赘述。

7.8.4 城乡出生性别比的估测

下面阐述分省区市分城乡出生性别比的估测步骤。

（1）数据准备：如 7.6 节所述，我们基于 2010 年人口普查数据，估算得到各省区市 2010 年农村和城镇出生性别比 $\text{SRB}_i^{R}(2010)$ 和 $\text{SRB}_i^{U}(2010)$，以及全国 2010 年农村和城镇出生性别比 $\text{SRB}_W^{R}(2010)$ 和 $\text{SRB}_W^{U}(2010)$。

（2）应用式（7.2）估得全国 $T1$ 年和 $T2$ 年期间全国农村出生性别比年均变化率 $r^{R}(s)$ 和全国城镇出生性别比年均变化率 $r^{U}(s)$：

$$r^{R}(s)=\frac{\ln[(K*\text{SRB}_W^{R}(T2)-\text{SRB}_W^{R}(T2)*\text{SRB}_W^{R}(T1))/(K*\text{SRB}_W^{R}(T1)-\text{SRB}_W^{R}(T2)*\text{SRB}_W^{R}(T1))]}{T2-T1}$$

$$r^{U}(s)=\frac{\ln[(K*\text{SRB}_W^{U}(T2)-\text{SRB}_W^{U}(T2)*\text{SRB}_W^{U}(T1))/(K*\text{SRB}_W^{U}(T1)-\text{SRB}_W^{U}(T2)*\text{SRB}_W^{U}(T1))]}{T2-T1}$$

（3）各省区市 2010 年出生性别比都显著高于正常值 106；我们假定之后农村和城镇出生性别比将逐步下降回归到正常值（极限值）K=106。根据式（7.1）和式（7.2），分别应用全国 $T1$ 年和 $T2$ 年之间农村和城镇出生性别比的年均变化率 $r^{R}(s)$ 和 $r^{U}(s)$，以及基于估得的各省区市 2010 年农村和城镇出生性别比，得到各省区市 $T2$ 年农村和城镇出生性别比初始值估测值 $\mathrm{SRB}_i^{R}(T2)$ 与 $\mathrm{SRB}_i^{U}(T2)$，并根据式（7.3）进行适当调整，以保证各省区市 $T2$ 年农村和城镇出生性别比初始值估测值的加权平均值等于全国 $T2$ 年农村和城镇出生性别比。

（4）基于上述（3）估得的各省区市 $T2$ 年农村和城镇出生性别比 $\mathrm{SRB}_i^{R}(T2)$ 与 $\mathrm{SRB}_i^{U}(T2)$ 以及 $T2$ 年各省区市城镇人口占总人口比例 urb($T2$)，估算得到各省区市 $T2$ 年城乡合一出生性别比 $\mathrm{SRB}_i^{T}(T2)$。

（5）应用上述（2）～（4）阐述的方法和步骤，我们估测得到各省区市 2020 年、2030 年、2040 年和 2050 年农村、城镇和城乡合一出生性别比；而这些年份之间每一年各省区市的农村、城镇和城乡合一出生性别比通过线性内插估得。

7.8.5　城乡平均生育年龄的估测

各省区市分城乡的平均生育年龄的估测步骤与上述各省区市分城乡的出生性别比的估测步骤（1）～（5）相同，不再赘述。

7.8.6　城乡总和生育率的估测

对于总和生育率的估测，除了 2010 年、2020 年、2030 年、2040 年和 2050 年外，我们还选择 2017 年作为间隔年份之一，这是因为我国政府于 2015 年底宣布启动实施普遍允许二孩政策，导致 2017 年生育水平升高。

（1）数据准备：如 7.3 节和表 7.1 所述，我们对生育漏报进行适当调整估算得到 i 省区市 2010 年城乡合一总和生育率 $\mathrm{TFR}_i^{T}(2010)$、农村总和生育率 $\mathrm{TFR}_i^{R}(2010)$ 和城镇总和生育率 $\mathrm{TFR}_i^{U}(2010)$；根据相关调查数据估计得到 2017 年全国城乡合一总和生育率 $\mathrm{TFR}_W^{T}(2017)$、农村总和生育 $\mathrm{TFR}_W^{R}(2017)$ 和城镇总和生育率 $\mathrm{TFR}_W^{U}(2017)$（下标 W 表示全国）。

（2）应用式（7.2）估得全国 2010～2017 年城乡合一总和生育率年均变化率 r^{T} 和全国农村总和生育率变化率 r^{R}：

$$r^{T}=\frac{\ln[(K*\mathrm{TFR}_W^{T}(2017)-\mathrm{TFR}_W^{T}(2017)*\mathrm{TFR}_W^{T}(2010))/(K*\mathrm{TFR}_W^{T}(2010)-\mathrm{TFR}_W^{T}(2017)*\mathrm{TFR}_W^{T}(2010))]}{2017-2010}$$

$$r^{R}=\frac{\ln[(K*\mathrm{TFR}_W^{R}(2017)-\mathrm{TFR}_W^{R}(2017)*\mathrm{TFR}_W^{R}(2010))/(K*\mathrm{TFR}_W^{R}(2010)-\mathrm{TFR}_W^{R}(2017)*\mathrm{TFR}_W^{R}(2010))]}{2017-2010}$$

（3）根据式（7.1）和式（7.2）（假定城乡合一总和生育率的极限值 K=2.3），应用全国 2010～2017 年城乡合一总和生育率年均变化率 r^{T} 以及基于估得的各省区市 2010 年城乡合一 $\mathrm{TFR}_i^{\mathrm{T}}(2010)$，得到各省区市 2017 年城乡合一初始值估测值 $\mathrm{TFR}_i^{\mathrm{T}}(2017)$，并根据式（7.4）进行等比例调整，以保证各省区市 2017 年城乡合一 $\mathrm{TFR}_i^{\mathrm{T}}(2017)$ 的加权平均值等于全国 2017 年城乡合一 $\mathrm{TFR}_{\mathrm{W}}^{\mathrm{T}}(2017)$。

（4）根据式（7.1）和式（7.2）（假定农村总和生育率的极限值 K=2.8），应用全国 2010～2017 年农村总和生育率年均变化率 r^{R} 以及基于估得的各省区市 2010 年农村 $\mathrm{TFR}_i^{\mathrm{R}}(2010)$，得到各省区市 2017 年农村初始估测值 $\mathrm{TFR}_i^{\mathrm{R}}(2017)$。

式（7.3）调整方法不适用于总和生育率初始估计值逐步升高的适当调整；这是因为它将使总和生育率较高（或较低）的省市区的调整幅度较小（或较大）；例如，它将使社会经济发展水平较高的省市（如上海市和北京市）的总和生育率初始估计值被调高幅度较大，而偏远落后省区的总和生育率调高幅度较小，不符合情理。因此，我们不能使用式（7.3）对总和生育率的逐步升高进行调整，而必须用等比例调整方法：

$$a_i'(T2) = a_i(T2) * A(T2) / v(T2) \tag{7.4}$$

（5）基于上述（3）和（4）估得的各省区市 2017 年城乡合一 $\mathrm{TFR}_i^{\mathrm{T}}(2017)$、各省区市 2017 年农村 $\mathrm{TFR}_i^{\mathrm{R}}(2017)$ 和 2017 年各省区市城镇人口占总人口比例 urb(2017)，根据以下公式估算得到各省区市 2017 年城镇 $\mathrm{TFR}_i^{\mathrm{U}}(2017)$：

$$\mathrm{TFR}_i^{\mathrm{U}}(2017) = [\mathrm{TFR}_i^{\mathrm{T}}(2017) - \mathrm{TFR}_i^{\mathrm{R}}(2017) * (1.0 - \mathrm{urb}(2017))] / \mathrm{urb}(2017)$$

（6）应用上述（2）～（5）阐述的方法和步骤，我们估测得到各省区市 2017 年和 2020 年城乡合一、农村和城镇总和生育率。我们假定 2030 年、2040 年、2050 年各省区市农村和城镇总和生育率保持 2020 年农村和城镇总和生育率水平不变（当然也可以假定以某种模式和速度增长或降低，取决于所研究人口的实际情况和研究者的判断）。根据各省区市 2030 年、2040 年、2050 年农村和城镇估测的总和生育率以及当年城镇人口比例，则可得到各省区市 2030 年、2040 年、2050 年城乡合一总和生育率；而这些年份之间每一年各省区市的农村、城镇和城乡合一总和生育率则通过线性内插估得。

7.8.7　城乡男女一般迁入率和一般迁出率的估测

关于各省区市分城乡分性别一般迁入率 $\mathrm{GI}_i(r,s,t)$ 和一般迁出率 $\mathrm{GO}_i(r,s,t)$ 的估测，包括以下步骤。

（1）根据人口普查数据估计各省区市估测起始年份 $T1$ 年分城乡分性别的一般迁入率 $\mathrm{GI}_i\left(r,s,T1\right)$ 和一般迁出率 $\mathrm{GO}_i\left(r,s,T1\right)$。

（2）用趋势外推或专家估计估测全国 t 年国内省际迁移城乡合一分性别总迁入率 $\mathrm{TI}(s,t)$ 和全国 t 年国内省际迁移城乡合一分性别总迁出率 $\mathrm{TO}(s,t)$（ $\mathrm{TI}(s,t)$ 和 $\mathrm{TO}(s,t)$ 两者相等。例如，假定 2010～2050 年 $\mathrm{TI}(s,t)$ 和 $\mathrm{TO}(s,t)$ 保持 2010 年水平不变或逐渐减小）。

（3）记 h 为估测年份中需要估测全国和分省区市综合参数的间隔年份；例如，我们选择了 2010 年、2017 年、2020 年、2030 年、2040 年、2050 年为 2010～2050 年预测区间的间隔年份，即 2010 年，h=1；2017 年，h=2；2020 年，h=3；2030 年，h=4；2040 年，h=5；2050 年，h=6。从 h=2 开始，我们根据 $\mathrm{GI}_i(r,s,h-1)$ 、$\mathrm{GO}_i\left(r,s,h-1\right)$ 、$P_i(r,s,h-1)$ 、$\mathrm{TI}(s,h)$ 和 $\mathrm{TO}(s,h)$，估测 $\mathrm{GI}_i(r,s,h)$ 和 $\mathrm{GO}_i(r,s,h)$：

$$\mathrm{GI}_i\left(r,s,h\right)=\mathrm{GI}_i\left(r,s,h-1\right)*\frac{\mathrm{TI}(s,h)}{\left\{\sum_{i=1}^{31}\sum_{r=1}^{2}[P_i(r,s,h-1)\mathrm{GI}_i(r,s,h-1)]\right\}\Big/\sum_{i=1}^{31}\sum_{r=1}^{2}P_i(r,s,h-1)}$$

$$\mathrm{GO}_i\left(r,s,h\right)=\mathrm{GO}_i\left(r,s,h-1\right)*\frac{\mathrm{TO}(s,h)}{\left\{\sum_{i=1}^{31}\sum_{r=1}^{2}[P_i(r,s,h-1)\mathrm{GO}_i(r,s,h-1)]\right\}\Big/\sum_{i=1}^{31}\sum_{r=1}^{2}P_i(r,s,h-1)}$$

上述方法隐含着假定估测年份各省区市之间的一般迁入率和一般迁出率的省际相对差异保持不变。因为当前我们缺乏对估测年份一般迁入率和一般迁出率的省际相对差异进行比较合理估测所需要的信息，我们只能使用上述方法，这当然是一种可行的选择。

本 章 附 录

A7.1　分省区市 t 年男女年龄别农村—城镇净迁移频率的估算公式

记 $M_{\mathrm{r\to u}}(x,s,t,i)$ 为 i 省区市（i=1,2,⋯,31）t 年男（s=1）或女（s=2）x 岁从农村迁往城镇的人数；$M_{\mathrm{u\to r}}(x,s,t,i)$ 为 i 省区市 t 年分性别 x 岁从城镇迁往农村的人数；$N(x,s,t,i)$ 为 i 省区市 t 年农村—城镇分性别 x 岁净迁移人数；$n(x,s,t,i)$ 为 i 省区市 t 年按年龄性别分的农村—城镇净迁移频率。

$$N(x,s,t,i)=M_{\mathrm{r\to u}}(x,s,t,i)-M_{\mathrm{u\to r}}(x,s,t,i)$$

$$n(x,s,t,i)=\frac{N(x,s,t,i)}{\sum_{x}N(x,s,t,i)},\quad \sum_{x}n(x,s,t,i)=1.0 \tag{A7.1}$$

A7.2　从省外迁来本省的年龄别迁入率以及全国和分省一般迁入率的估算公式

记 $I_i(r,x,s,t)$ 为 i 省 t 年分性别 x 岁从省外（包括国外）迁来本省农村（r=1）或城镇（r=2）的男性或女性的迁入率分布；$M_{j\to i}(r,x,s,t)$ 为 t 年从 j（$j\neq i$）省迁入 i 省农村或城镇的分性别 x 岁人数；$M_{国外\to i}(r,x,s,t)$ 为 t 年从国外迁入 i 省农村或城镇的分性别 x 岁人数。

$$I_i(r,x,s,t)=\frac{\sum_{j(j\neq i)}M_{j\to i}(r,x,s,t)+M_{国外\to i}(r,x,s,t)}{\sum_{x}\left[\sum_{j(j\neq i)}M_{j\to i}(r,x,s,t)+M_{国外\to i}(r,x,s,t)\right]},\quad \sum_{x}I_i(r,x,s,t)=1.0 \tag{A7.2}$$

记 $GI_i(r,s,t)$为 i 省 t 年分城乡性别的一般迁入率，即 t 年从省外（包括国外）迁入 i 省农村或城镇的男性或女性人数，除以 t 年 i 省农村或城镇的男性或女性总人数；$P_i(r,s,t)$为 i 省 t 年分城乡性别的总人数。

$$\mathrm{GI}_i(r,s,t)=\frac{\sum_{x}\left[\sum_{j\neq i}^{31}M_{j\to i}(r,x,s,t)+M_{国外\to i}(r,x,s,t)\right]}{P_i(r,s,t)} \tag{A7.3}$$

记 $\mathrm{MI}_i(r,s,t)$ 为 i 省 t 年分城乡性别的迁入人数；$\mathrm{TI}(s,t)$为全国 t 年城乡合一分性别总迁入率。

$$\mathrm{TI}(s,t)=\frac{\sum_{i=1}^{31}\sum_{r=1}^{2}\mathrm{MI}_i(r,s,t)}{\sum_{i=1}^{31}\sum_{r=1}^{2}P_i(r,s,t)} \tag{A7.4}$$

A7.3　从本省迁往省外的年龄别迁出率及全国和分省一般迁出率的估算公式

记 $O_i(x,r,s,t)$ 为 i 省 t 年 x 岁迁出本省农村或城镇（无论迁出到除本省以外的哪个省或国外）的男女年龄别迁出率；$P_i(x,r,s,t)$为 i 省 t 年农村或城镇分性别 x 岁人数；$M_{i\to j}(x,r,s,t)$为 t 年从 i 省农村或城镇迁出到 j 省的分性别 x 岁人数；$M_{i\to 国外}(x,r,s,t)$ 为 t 年从 i 省农村或城镇迁出到国外的分性别 x 岁人数； $P_i(x-1,r,s,t-1)=P_i(x,r,s,t)+\sum_{j(j\neq i)} M_{i\to j}(x,r,s,t)+M_{i\to 国外}(x,r,s,t)-\sum_{j(j\neq i)} M_{j\to i}(x,r,s,t)-M_{国外\to i}(x,r,s,t)$。

$$O_i\left(x,r,s,t\right)=\frac{\sum\limits_{j(j\neq i)} M_{i\to j}(x,r,s,t)+M_{i\to 国外}(x,r,s,t)}{[P_i(x-1,r,s,t-1)+P_i(x,r,s,t)]/2} \tag{A7.5}$$

记 $GO_i(r,s,t)$为 i 省 t 年分城乡性别的一般迁出率，即 t 年从 i 省农村或城镇迁出到省外（包括国外）的男性或女性人数，除以 t 年 i 省农村或城镇的男性或女性总人数。

$$\mathrm{GO}_i\left(r,s,t\right)=\frac{\sum\limits_{x}\left[\sum\limits_{j\neq i}^{31} M_{i\to j}(r,x,s,t)+M_{i\to 国外}\left(r,x,s,t\right)\right]}{P_i(r,s,t)} \tag{A7.6}$$

记 $\mathrm{MO}_i(r,s,t)$ 为 i 省 t 年分城乡性别的迁出人数；$\mathrm{TO}(s,t)$ 为全国 t 年城乡合一分性别总迁出率。

$$\mathrm{TO}\left(s,t\right)=\frac{\sum\limits_{i=1}^{31}\sum\limits_{r=1}^{2}\mathrm{MO}_i(r,s,t)}{\sum\limits_{i=1}^{31}\sum\limits_{r=1}^{2}P_i(r,s,t)} \tag{A7.7}$$

$\mathrm{TO}(s,t)$必须等于 $\mathrm{TI}(s,t)$，即保证全国城乡合一分性别总迁入率等于全国城乡合一分性别总迁出率。

A7.4　关于调整后各省 *T*2 年参数的加权平均值等于全国 *T*2 年参数预测值的数学证明

如 7.7 节所讨论，记调整后各省 $T2$ 年参数 $a_i'(T2)$ 和全国 $T2$ 年参数预测值 $A(T2)$，对 i 省 $T2$ 年估测参数初始值 $a_i(T2)$的调整公式为

$$a_i'(T2)=K-[K-a_i(T2)]*[K-A(T2)]/[K-v(T2)]$$

上式左右两侧同时乘以权重 $\omega_i(T2)$，并对 i（i=1,2,⋯,31）求和得

$$\sum_{i=1}^{31}\omega_i(T2)a_i'(T2)$$
$$=\sum_{i=1}^{31}\omega_i(T2)K-\left(\sum_{i=1}^{31}\omega_i(T2)K-\sum_{i=1}^{31}\omega_i(T2)a_i(T2)\right)*(K-A(T2))/(K-v(T2))$$

因为 $\sum_{i=1}^{31}\omega_i(T2)K=K$ 以及 $\sum_{i=1}^{31}\omega_i(T2)a_i(T2)=v(T2)$，上式等于

$$K-(K-v(T2))*(K-A(T2))/(K-v(T2))=K-(K-A(T2))=A(T2)$$

即证明调整后各省参数的加权平均值等于预测的全国 $T2$ 年参数值 A（$T2$）。

第 8 章　中国全国分城乡的多维家庭人口预测[①]

8.1　引　　言

通过对 1982 年、1990 年、2000 年和 2010 年人口普查数据的分析发现，中国的家庭户构成在过去几十年发生了很大的变化（曾毅和王正联，2004）。这些变化表现在，一人户和一对夫妇户显著增加，平均家庭户规模缩小，不与子女同住的老年夫妇和独居老人的比例增长迅速。家庭结构的变化已经并将继续削弱家庭赡养老人的功能，这对社会服务和经济增长将产生重要影响。显然，在人口老化和家庭结构变动的情况下，家庭养老正面临严峻挑战。

本章运用本书第 2 章至第 4 章阐述的多维家庭人口预测方法（曾毅等，1998；Zeng et al.，2006，2013a，2013b，2014），采用 2010 年人口普查和近期相关人口抽样调查数据（详见本书第 7 章），预测全国 2010～2050 年在生育、死亡、城乡人口迁移、结婚、离婚等人口参数中方案假定条件下的农村和城镇地区家庭户规模与结构，尤其是老年人居住安排的变动。与其他已有的中国人口预测研究相比，本章研究有两个新的特点。其一，我们同时预测家庭户、老人居住安排与人口年龄性别结构。这一点很重要，因为家庭户结构、老人居住安排、人口年龄性别结构的变动总是相互影响、同步进行的。其二，考虑到城乡间在生育、死亡、婚姻、迁移等方面的巨大差异，我们在预测分析中区分了农村和城镇地区，进行城乡家庭户、老人居住安排，以及家庭人口老龄化动态趋势的对比与综合分析，这对更好地理解未来社会结构变迁、探讨可持续发展战略具有重要意义。

研究发现，目前，我国人口发展处于深度转型阶段，人口进入惯性增长末期，即将进入负增长，老龄化和家庭规模小型化趋势明显，空巢和独居老年明显增多等结构性挑战日益凸显。同时，老年人群需求向高品质、多元化转变。人们的居住安排、交通工具使用、食物消费、能源消费、其他许多耐用消费品和服务，以及子女养育、老年人照料等通常以家庭户（而非个人）为单位进行。因此，家庭

---

① 本章由张许颖（中国人口与发展研究中心研究员；zhxy88480371@163.com）、周立权（神州医疗科技股份有限公司项目经理；zlq20012056@163.com）、王正联（中国人口与发展研究中心特聘研究员；wangzhenglian8886@163.com）和曾毅（北京大学国家发展研究院教授和杜克大学老龄与人类发展研究中心教授；zengyi@nsd.pku.edu.cn）撰写。

户及家庭居住安排的预测是开展未来人口发展趋势研判、政策制定和市场需求分析的重要基础，未来家庭人口结构变化趋势将对积极应对老龄化产生长远影响。

8.2 数据估算与参数假设

使用 ProFamy 模型进行家庭户预测需要的基数家庭人口、分性别年龄的标准模式以及综合参数等数据及其估算方法已在本书第 7 章详细阐述,在此不再赘述。因为我们的研究需要进行分城乡的家庭人口预测，所需要的分性别年龄的标准模式和综合参数都需要按城乡分组。我们只需要根据最近的数据估算一套分性别年龄的标准模式（相关估算方法请参阅本书第 3 章），ProFamy 软件将根据这套数据并利用提供的综合参数，估算未来不同年份随时间变动的分年龄、性别及其他状态的人口事件发生率和婚姻家庭状态转化率。

8.2.1 我国当前低生育水平现状以及未来城乡总和生育率的假设

基于人口普查及其他相关数据进行的深入细致的分析研究，我们估计我国 2010 年排除漏报后的城乡合一总和生育率为 1.63 （农村为 1.97，城镇 1.29）（曾毅，2014b，2015），处于多数人口专家估计的 1.5～1.8 区间的低中端。面对中国人口快速大规模老化的严峻挑战以及长期处于低生育水平的客观现实，我国于 2015 年底出台普遍允许生育二孩的政策。然而，国家统计局公布的数据表明，我国 2016 年出生人数仅比 2015 年增长 7.9% （国家统计局，2017）；2017 年出生人数反而比 2016 年减少 63 万人（国家统计局，2018a，2018b）。全国 2018 年全年出生人口 1523 万人，比 2017 年减少 200 多万人，降幅达 11.6%（国家统计局，2019）。

中国人口与发展研究中心组织的 2017 年全国样本量为 25 万名的 15～60 岁妇女生育状况调查表明，我国 2017 年育龄妇女城乡合一总和生育率为 1.70（农村 2.01，城镇 1.48），与根据漏报可能性很小的住院分娩活产数的估计高度吻合。显然，各种信息表明，我国实行普遍允许生育二孩政策之后的总和生育率仍然大大低于更替生育水平[①]。基于我国的低生育率现状，我们在多维家庭人口预测中设计了未来“中生育率”方案，假定今后继续完善生育政策并实施鼓励生育二孩政策，总和生育率由 2017 年的城乡合一 1.70（农村 2.01，城镇 1.48）增长至 2020 年的城乡合一 1.80（农村 2.11，城镇 1.60；城乡合一增长 5.9%）；假定 2020～2050

① 更替生育水平指新出生一代活到生育年龄的妇女人数与上一代生育年龄妇女人数相同所对应的生育水平。考虑到死亡率影响，我国的更替生育水平为平均每对夫妇生育 2.1 个孩子。如果忽略国际人口迁移影响，长期保持低于、等于或高于更替生育水平的人口将实现持续负增长、零增长或正增长。

年农村、城镇总和生育率分别保持不变，然而，由于生育率更低的城镇人口占总人口比例不断增长，导致城乡合一总和生育率由 2020 年的 1.80 逐步降低到 2050 年的 1.65。表 8.1 列出了我们对全国城乡未来总和生育率和其他主要相关综合参数的假设。

表 8.1　全国家庭人口预测输入的主要综合参数

年份	项目	总和生育率	男出生期望寿命/岁	女出生期望寿命/岁	一般结婚率	一般离婚率	城镇人口占比
2010	农村	1.97	69.55	75.16	0.0852	0.0054	49.70%
	城镇	1.29	76.17	80.53	0.0895	0.0095	
	合计	1.63	72.84	77.83	0.0873	0.0075	
2020	农村	2.11	71.63	76.96	0.0852	0.0054	61.30%
	城镇	1.60	77.89	82.03	0.0895	0.0095	
	合计	1.80	75.47	80.07	0.0878	0.0079	
2030	农村	2.11	73.36	78.40	0.0852	0.0054	71.12%
	城镇	1.60	79.31	83.23	0.0895	0.0095	
	合计	1.72	77.59	81.83	0.0883	0.0083	
2040	农村	2.11	74.80	79.55	0.0852	0.0054	80.13%
	城镇	1.60	80.49	84.19	0.0895	0.0095	
	合计	1.68	79.36	83.27	0.0887	0.0087	
2050	农村	2.11	76.00	80.47	0.0852	0.0054	87.64%
	城镇	1.60	81.48	84.96	0.0895	0.0095	
	合计	1.65	80.81	84.40	0.0890	0.0090	

8.2.2　未来城镇人口占总人口比例和农村向城镇转移平均年龄的假定

我们假定 2010～2020 年我国城镇人口比例平均每年增长 1.16 个百分点，比 2000～2010 年平均每年增长 1.34 个百分点的增速有所递减，但仍保持较快增长。假定 2020 年以后我国人口城镇化继续发展，但逐渐减速，2020～2030 年、2030～2040 年和 2040～2050 年平均每年增长百分点分别为 0.98 个百分点、0.90 个百分点和 0.75 个百分点，2030 年、2040 年和 2050 年全国城镇人口占总人口比例分别为 71.12%、80.13%和 87.64%。

我们的深入分析研究发现，如果假定从 2010 年人口普查微观数据得到的从农村到城镇的迁移人口（绝大多数为 35 岁以下年轻人）的年龄分布和平均年龄保持不变，2030 年以后有的地区农村年轻人即使全部迁往城镇也难以达到所预期的城镇人口占总人口比例，有时个别农村年龄别人口甚至出现负值。显然，假定 2010 年人口普查得到的从农村到城镇的迁移人口年龄分布完全保持不变是不合理的。实际上，今后将有越来越多的农村地区当地所有年龄（包括老年人）人口整体转化为城镇人口，即“就地整体城镇化”，还有越来越多的数年甚至十来年前从农村到城镇打工但未能计入城镇人口、已经不年轻的“暂住人口”随新户籍政策而就地转为正式城镇人口。因此，农村向城镇转移人口平均年龄将不断提高；而且经济越发达的地区，今后“就地整体城镇化”的趋势越强，农村向城镇转移人口平均年龄提高幅度越大。因此，我们假定全国 2050 年农村向城镇转移人口平均年龄将比 2010 年增加 5.5 岁，2010～2050 年每一年的平均年龄由线性内插得到。

8.2.3　未来出生期望寿命的估测和假定

基于我国人口结构快速老化而死亡率较高的老年人口比例不断增高的实际情况，我们认为 2010 年以后出生期望寿命年均增幅比 2000～2010 年有所减缓，假定 2010～2050 年城镇和农村每一个后 10 年男女出生期望寿命增幅都比其前 10 年增幅分别减少 20%。参考联合国人口司和其他国内外关于男女期望寿命差异趋于逐渐缩小的相关研究，我们假定 2010～2050 年男性出生期望寿命年均增长速度相比女性高 20%；因此，2050 年男女出生期望寿命的性别差异比 2010 年减少 20%（与联合国人口司关于中国 2050 年出生期望寿命的性别差异减小 20%的假定相同）。另外，在上述关于出生期望寿命年均增幅和性别差异逐步减小的框架内，考虑到我国农村健康服务改善和死亡率进一步下降的潜力空间显著大于城镇的现实，我们还假定 2010～2050 年农村出生期望寿命每 10 年增长幅度比城镇高 20%。

根据上述基于相关数据和现实情况的分析和假定，2010～2050 年全国城镇、农村和城乡合一男女出生期望寿命估测结果表明，2050 年城镇男女出生期望寿命分别为 81.48 岁与 84.96 岁，农村男女出生期望寿命分别为 76.00 岁与 80.47 岁，城乡合一男女出生期望寿命分别为 80.81 岁与 84.40 岁；2050 年男女出生期望寿命城乡差异比 2010 年分别减小 1.14 岁和 0.88 岁，相对减小 17.2%和 16.4%。我国 2050 年城乡合一男女平均出生期望寿命为 82.60 岁，比联合国人口司估测的我国 2050 年男女平均出生期望寿命（81.46 岁）高出 1.14 岁。联合国人口司没有分城乡进行估测，很有可能低估了人口城镇化对期望寿命增长的结构性影响。因此，我们分城乡的期望寿命估测也许相对更切合实际一些，但也仅仅是一个基于相关假定的估计，任何关于未来几十年的估测都包含着很大的不确定性，只能用于“如果”“那么”的学术和政策模拟预测分析，绝非任何精确预报。

8.2.4　关于其他相关综合参数的假设

我们假设未来的分城乡一般结婚率和一般离婚率保持在 2010 年的水平，而城乡合一一般结婚率和一般离婚率则随着城镇人口占总人口的比例不断提高而相应发生变化。我们关于分城乡的综合参数保持不变的假设的思路，在预测研究文献中被普遍采用（Day，1996；Treadway，1997）。Smith 等（2001）指出，在两种情况下，假设某一比例或比率在预测期间保持不变是合理的。第一种情况是，未来的比例或比率与现在相比，不会发生很大的变化；第二种情况是，由于未来的不确定因素太多，无法准确预测未来变动的方向或程度。因此，采用保持不变假定不是因为目前的比率在未来不会变化，而是因为科学理论或历史数据不能提供预测未来变动的可靠依据。如果这一比率在未来上升和下降的可能性同样存在，那么采用当前的水平来预测未来的情况应该是合理的。另外，本章的主要目的是预测分析在快速人口老化的情况下未来家庭户和老人居住安排的总体趋势以及中生育率与低生育率方案的不同影响，对不同死亡、婚姻和迁移水平方案影响的灵敏度分析不在本章研究范围之内。

8.3　预测结果分析

全国家庭人口老化预测（中方案）主要结果见表 8.2。

8.3.1　65+岁老人和 80+岁高龄老人数量和比例快速上升

中国人口老化的特点是超大规模的老年人口数量。2010 年 65 岁及以上老年人口为 1.19 亿人。按照中生育率和中死亡率的方案预测，老年人口的数量在 2030 年和 2050 年将分别达到 2.58 亿人和 3.80 亿人（图 8.1）。尽管 2010 年 65 岁及以上老年人占总人口的比例并不是很高（2010 年为 8.93%），但人口老化的速度在 21 世纪上半叶将非常快。

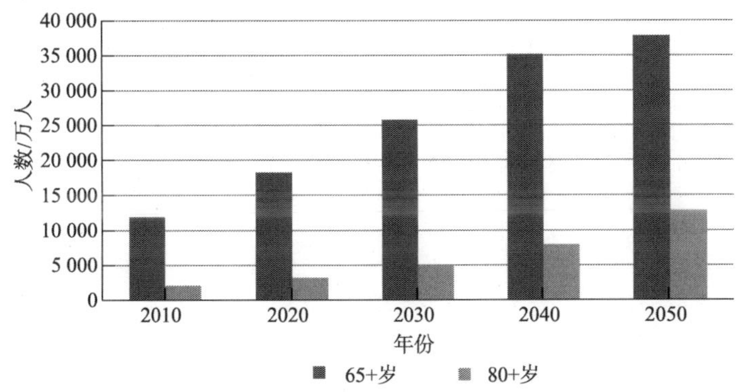

图 8.1　中方案下全国 65+岁老人和 80+岁高龄老人人数

表 8.2　全国家庭人口老化预测（中方案）主要结果

家庭人口 综合指标	2010 年			2020 年			2030 年			2040 年			2050 年		
	农村	城镇	合计	农村	城镇	合计	农村	城镇	合计	农村	城镇	合计	农村	城镇	合计
65+岁老人占比	10.06%	7.81%	8.93%	16.68%	10.68%	13.01%	25.82%	14.75%	17.95%	41.01%	20.93%	24.93%	50.71%	24.33%	27.74%
80+岁高龄老人占比	1.80%	1.36%	1.58%	2.89%	1.95%	2.32%	5.23%	2.78%	3.49%	10.03%	4.56%	5.65%	20.64%	7.81%	9.46%
65+岁空巢老人占比	5.28%	4.42%	4.85%	6.24%	5.00%	5.48%	9.86%	7.00%	7.83%	15.79%	9.95%	11.12%	18.82%	11.40%	12.36%
80+岁空巢老人占比	0.91%	0.77%	0.84%	0.87%	0.79%	0.83%	1.32%	1.06%	1.14%	2.70%	1.82%	1.99%	6.25%	3.23%	3.62%
65+岁独居老人占比	2.12%	1.54%	1.83%	1.49%	1.02%	1.20%	2.20%	1.40%	1.63%	3.69%	2.02%	2.35%	5.13%	2.48%	2.83%
80+岁独居老人占比	0.58%	0.44%	0.51%	0.48%	0.37%	0.41%	0.60%	0.43%	0.48%	1.24%	0.73%	0.83%	2.81%	1.24%	1.44%
老年家庭户占比	33.47%	21.80%	27.45%	30.76%	21.04%	24.77%	41.61%	26.63%	31.16%	59.36%	36.98%	41.81%	68.98%	42.77%	46.57%
老年抚养比	0.15	0.11	0.13	0.27	0.15	0.20	0.46	0.23	0.29	0.90	0.34	0.43	1.33	0.41	0.49
劳动人口占比	66.64%	73.61%	70.14%	60.95%	69.89%	66.42%	55.87%	64.52%	62.02%	45.48%	61.60%	58.38%	38.26%	59.24%	56.53%
劳动人口/万人	44 200	49 300	93 500	33 300	60 300	93 700	23 300	66 200	89 500	12 900	70 000	82 800	6 800	70 600	77 400
总人口/亿人	6.63	6.70	13.33	5.47	8.63	14.10	4.18	10.26	14.44	2.83	11.36	14.19	1.77	11.92	13.69

注：表中数据根据原始数据计算得到

2010 年 80 岁及以上的高龄老人的数量为 2106 万人，但根据中方案的预测，高龄老人的数量将快速增长到 2020 年的 3266 万人、2040 年的 8015 万人和 2050 年的 1.3 亿人（图 8.1）。2010 年至 2050 年间高龄老人的年均增长率为 4.7%。在 2010 年至 2040 年间，高龄老人的比例每 10 年平均增长 1.36 个百分点（图 8.2）。但 2040 年至 2050 年 10 年间高龄老人的比例将增长 3.81 个百分点，因为届时 20 世纪五六十年代生育高峰时期出生的人口将进入高龄阶段。尽管对高龄老人的预测存在一定的不确定性，但 21 世纪上半叶高龄老人将快速增长的结论却是不容置疑的。毫无疑问，我国 21 世纪中叶如此严重的人口老化问题将给社会经济持续发展带来严峻的挑战。

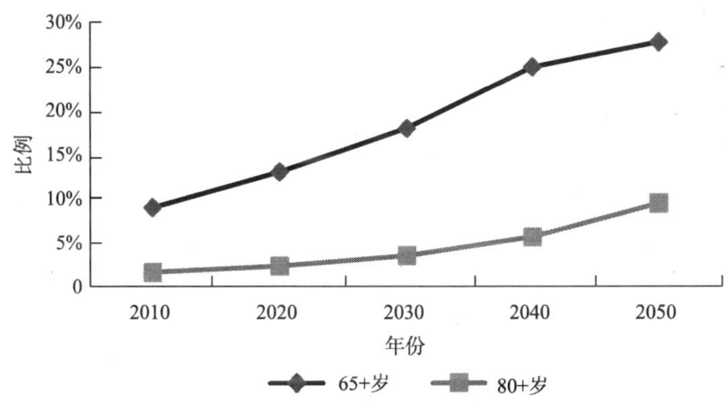

图 8.2　中方案下全国 65+岁老人和 80+岁高龄老人占总人口的比例

尽管中国农村的生育水平大大高于城镇，但由于大量年轻人从农村迁移到城镇，农村的人口老化问题将更加突出。在中生育率和中死亡率方案下，21 世纪中叶 65 岁及以上老年人口比例在农村和城镇将分别达到 50.71%和 24.33%

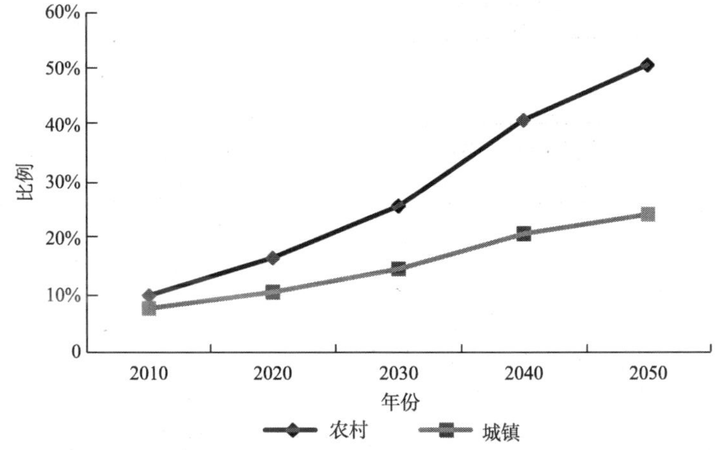

图 8.3　中方案下全国农村和城镇 65+岁老人占总人口的比例

（图 8.3），2050 年农村高龄老人的比例将是城市的 2.6 倍（图 8.4）。如果中国城乡人口迁移只包括大量的农村迁往城镇的年轻人，其老年父母留守农村，未来农村老年人口尤其是高龄老人的比例会非常高，使农村地区的家庭福祉和社会和谐难以维系。因此应该鼓励城乡家庭迁移，并鼓励当年轻人在城市安顿下来之后让其老年父母来城市团聚，以避免农村地区成为“老年村”而带来的严重社会问题。

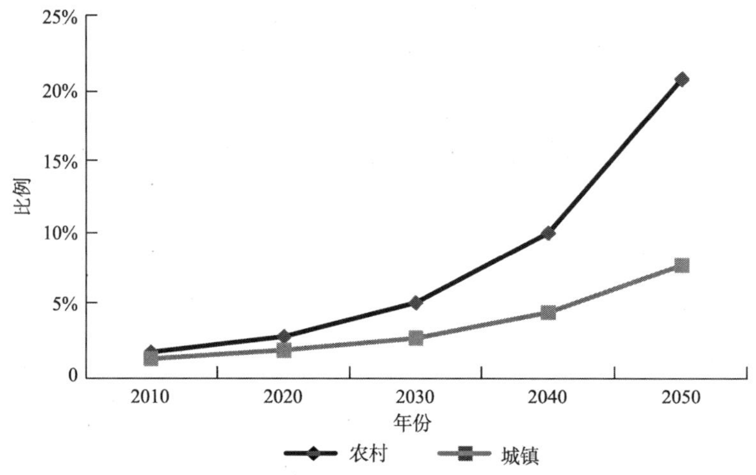

图 8.4　中方案下全国农村和城镇 80+岁高龄老人占总人口的比例

8.3.2　老年抚养比和总抚养比快速升高以及老年支持比大幅降低

1. 老年抚养比和总抚养比快速升高

老年抚养比是 65 岁及以上老年人口与劳动年龄（18～64 岁）人口的比率，少儿抚养比是 18 岁以下少儿人口数量与劳动年龄人口的比率。总抚养比是通常用来量测劳动年龄人口和需要抚养人口之比的一个综合指标。传统的总抚养比等于老年抚养比与少儿抚养比之和（Smith and Sincich，1992）。传统的总抚养比实际上假设一个少儿和一个老年人对劳动年龄人口的平均负担完全相等，即假定老年抚养比与少儿抚养比的权重相等，分别等于 1.0，两者权重之和等于 2.0。这一假设在现实生活中并不成立，尤其在期望寿命和老人存活年数不断延长的社会里更是如此。例如，研究表明，美国、德国和法国政府为老人的平均支出与为少儿的平均支出的比率分别为 1∶0.33、1∶0.58 和 1∶0.31（Clark and Spengler，1978）。中国的三项调查得到的为老人的平均支出与为少儿的平均支出的比率分别是 1∶0.40、1∶0.55 和 1∶0.53（刘铮，1984；World Bank，1985）。

我们采用我国三项相互独立的调查得到的均值1∶0.5作为中国老年抚养与少儿抚养平均支出的比率。设老年抚养比的权重为 k；那么少儿抚养比的权重为 $0.5k$；与未加权的权重之和等于 2.0 一样，加权之后老年抚养比和少儿抚养比的权重之和等于 2.0，即 $k + 0.5k = 2.0$；求解这一方程，得到老年抚养比的权重（k）为 1.333，而少儿抚养比的权重（$0.5k$）为 0.667；于是，我们可以用以下公式计算更加贴近实际的加权总抚养比：

加权的总抚养比=（0.667 × 少儿抚养比）+（1.333 × 老年抚养比）

应该指出的是，并非所有的 15～64 岁劳动年龄人口都工作和所有的 65 岁及以上老年人口都不工作，因此从上述我国三项调查得到的老人/少儿平均抚养支出比率均值在未来年份也许不是很准确，下文用估算的未加权和加权的抚养比对 21 世纪潜在劳动年龄人口和抚养负担的讨论都只能视为一种近似。

根据中生育率和中死亡率方案的预测，我国老年抚养比在 2020 年和 2030 年将比 2010 年分别增长 0.07 和 0.16，相对增幅分别为 53.3%和 126.4%。但是同期少儿抚养比基本保持不变（表 8.3）。老年抚养比的增加被少儿抚养比的基本保持不变所部分抵消，2020 年和 2030 年未加权的总抚养比分别比 2010 年增加 0.07 和 0.18，相对增幅分别为 18.6%和 43.6%。考虑了老人比少儿需要更多支持的 2020 年和 2030 年加权的总抚养比分别比 2010 年增长 0.10 和 0.23，相对增幅分别为 26.6%和 62.7%。2030 年之后，由于老年抚养比的大幅增长和少儿抚养比继续保持稳定，不管是加权之后的还是未加权的总抚养比都将显著上升，而加权总抚养比的增幅更大（表 8.3）。

表 8.3　少儿抚养比、老年抚养比、加权和未加权的总抚养比

抚养比	2010 年	2020 年		2030 年		2040 年		2050 年	
	绝对值	绝对值	相比 2010 年的增幅	绝对值	相比 2010 年的增幅	绝对值	相比 2010 年的增幅	绝对值	相比 2010 年的增幅
少儿抚养比	0.30	0.31	+3.8%	0.32	+8.3%	0.29	–4.2%	0.28	–6.7%
老年抚养比	0.13	0.20	+53.3%	0.29	+126.4%	0.43	+234.1%	0.49	+284.1%
未加权的总抚养比	0.43	0.50	+18.6%	0.61	+43.6%	0.71	+67.1%	0.77	+80.3%
加权的总抚养比	0.37	0.47	+26.6%	0.60	+62.7%	0.76	+105.5%	0.84	+127.1%

注：本表数据中绝对值由于显示精度问题，计算得出的增幅可能与真实值略有出入

2. 老年支持比大幅下降

老年支持比（potential support ratio）指标反映未来的养老负担，表示每个老年人对应的劳动年龄人数，即多少个劳动年龄人承担一个老人的赡养费用，其值越低表明养老负担越重。该指标从老年赡养资源的角度考察养老负担，有助于更全面地认识这一问题。根据劳动年龄人口定义为 15～64 岁的口径计算，2018 年我国老年支持比为 5.84 人，即 5.84 个劳动年龄人赡养一个老人。2018～2035 年老年支持比下降很快，2035 年为 2.73 人，此后继续下降，但速度显著放缓，2050

年为 2.04 人。显然，2025～2030 年之后，由于人口快速老化、家庭抚养的能力和资源不断减少，人口红利将会消失，随之而来的将是老年抚养比和总抚养比快速上升以及老年支持比大幅下降的“人口负债”。

8.3.3　家庭户将迅速老化

1. 老年家庭户比例迅速增加

表 8.4 是在中生育率和中死亡率方案下预测的不同类型家庭户在总家庭户中的比例。预测结果表明，至少拥有一位 65 岁及以上老人的家庭户（简称老年家庭户）在未来几十年将迅速增长。到 2030 年和 2050 年，老人独居家庭户的比例将是 2010 年的 1.08 倍和 1.74 倍，一对老人夫妇户比例将分别为 2010 年的 1.77 倍和 2.74 倍。老年家庭户（户代表为老人户）比例在 2030 年和 2050 年将分别比 2010 年高出 12.69 个百分点和 29.79 个百分点。

表 8.4　中生育率和中死亡率方案下全国不同类型家庭户占总家庭户数的百分比

年份	项目	单身一人	单身一人与非配偶子女的其他亲属或非亲属住	一对夫妇不与子女住	一对夫妇与子女同住	单身和子女同住	三代家庭户	合计
2010	户代表为非老人户	9.99%	1.54%	14.84%	39.58%	6.59%	17.74%	90.29%
	户代表为老人户	4.54%	0.76%	4.18%	0.10%	0.10%	0.03%	9.71%
	合计	14.53%	2.31%	19.02%	39.68%	6.69%	17.77%	100.00%
2030	户代表为非老人户	11.03%	1.13%	14.04%	34.48%	8.15%	8.76%	77.60%
	户代表为老人户	4.89%	0.52%	7.38%	4.46%	5.04%	0.12%	22.40%
	合计	15.92%	1.66%	21.42%	38.94%	13.19%	8.87%	100.00%
2040	户代表为非老人户	10.20%	1.02%	13.18%	27.68%	6.11%	6.89%	65.07%
	户代表为老人户	6.78%	0.71%	10.50%	7.67%	9.06%	0.21%	34.93%
	合计	16.98%	1.72%	23.69%	35.35%	15.17%	7.09%	100.00%
2050	户代表为非老人户	9.29%	0.91%	12.76%	25.07%	5.39%	7.07%	60.50%
	户代表为老人户	7.92%	0.81%	11.46%	8.45%	10.62%	0.25%	39.50%
	合计	17.21%	1.72%	24.22%	33.52%	16.01%	7.33%	100.00%

注：表中数据由于四舍五入，存在运算不等的情况

65 岁以下非老人 1 人户的比例在 2010～2050 年保持稳定。但是，非老人夫妇子女户的比例将从 2010 年的 39.58%下降到 2030 年的 34.48%和 2050 年的 25.07%。非老人一对夫妇户的比例在 2010～2050 年持续下降。非老人单亲家庭户的比例在 2010～2030 年有所上升，但在 2030 年之后有明显下降。非老人家庭

户（户代表为非老人户）总的比例将由 2010 年的 90.29%减少到 2030 年的 77.60%和 2050 年的 60.50%（表 8.4）。年轻家庭户和中年家庭户比例的大幅度下降与老年家庭户比例的大幅度上升表明未来几十年中国家庭户将迅速老化。

2. 空巢老人数量和比例迅速不断增加

我国 65 岁及以上独居老人将从 2010 年的 1823 万户增加到 2030 年、2040 年和 2050 年的 2487 万户、3503 万户和 3974 万户（图 8.5）。

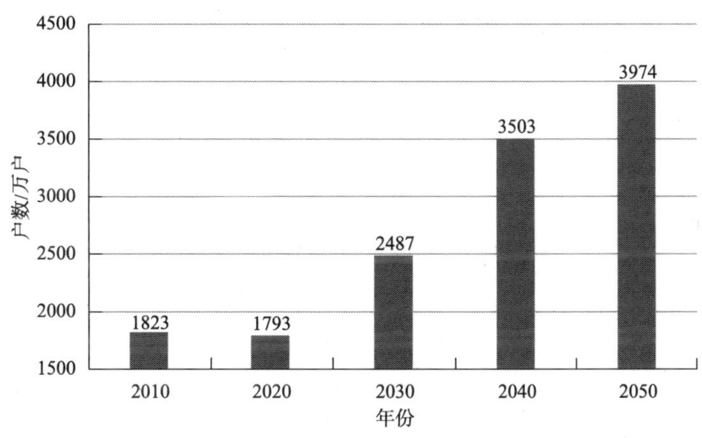

图 8.5　我国 65 岁及以上独居老人户变动趋势

全国 2030 年和 2050 年居住在没有子女同住的空巢家庭的 65 岁及以上老人占总人口的比例将是 2010 年的 1.61 倍和 2.55 倍，高龄老人居住在空巢家庭的比例将增长更快，到 2030 年和 2050 年这一比例将是 2010 年的 1.36 倍和 4.31 倍。图 8.6 和图 8.7 展示了老人尤其是高龄老人空巢家庭户比例的城乡差别。2010 年城乡之间的差别不大，但在 2030 年之后城乡差别迅速扩大，农村空巢老人比重上升更快。

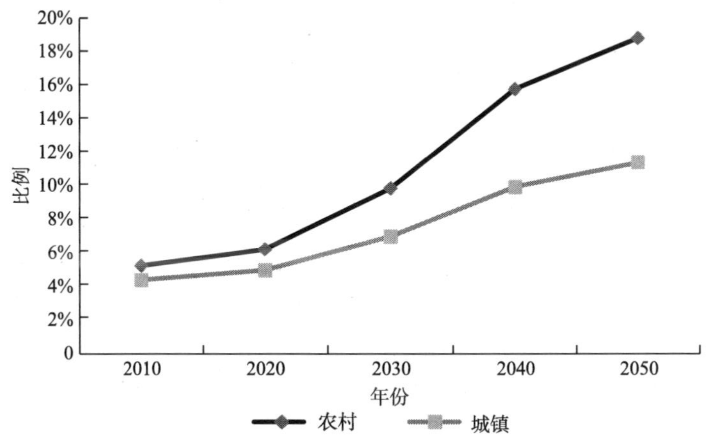

图 8.6　全国农村与城镇居住在空巢家庭的 65+岁老人占总人口的比例

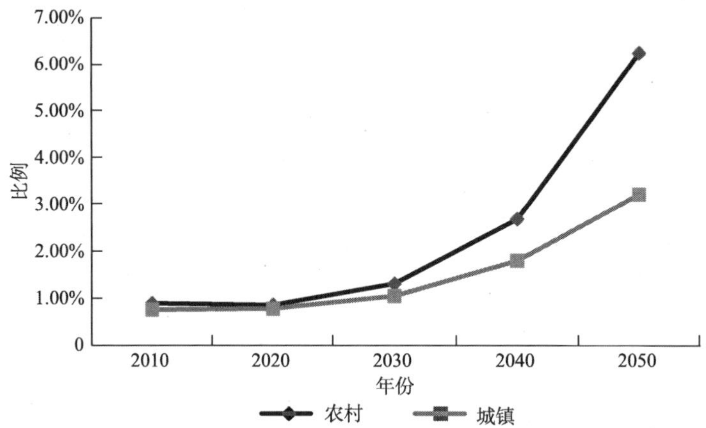

图 8.7　全国农村和城镇居住在空巢家庭的 80+岁高龄老人占总人口的比例

应该指出的是，在本章报告的家庭人口预测中，我们并没有假设老年父母与成年子女合住的意愿下降。因此，老人空巢家庭户比例大幅上升的主要原因是生育率下降使未来年份可与老人合住的后代人数大幅减少。一方面生育率下降使老年人口比例显著提高；另一方面，由于孩子数量的减少，中国未来相当数量的老年人即使希望与子女同住，其愿望也无法实现。

8.3.4　家庭户数量、规模及其构成的预测

1. 家庭户数量不断增加

2010 年普查数据显示我国家庭户数量为 40 193 万户。预测结果显示，家庭户数量将持续增长。2030 年我国家庭户数量超过 50 000 万户，2010～2050 年家庭户数量增长速度将高于人口增长速度，家庭户总量峰值比人口峰值要晚 10 年左右，峰值为 51 675 万户（图 8.8）。

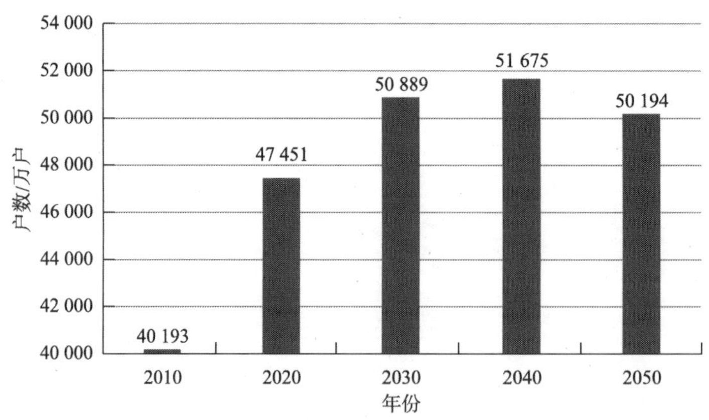

图 8.8　我国家庭户数量变动趋势

2. 平均家庭户规模不断缩小，构成显著变化

2010 年普查数据显示平均家庭户规模已下降到 3.07 人，2015 年前后下降到 3 人以下，之后呈继续下降态势，2050 年平均家庭户规模下降到 2.53 人（图 8.9）。

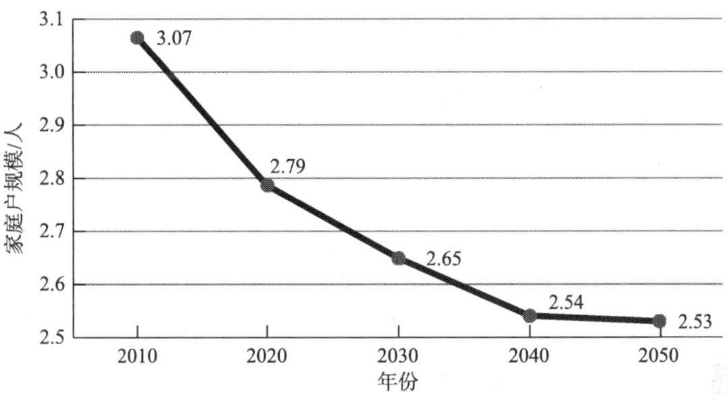

图 8.9　我国平均家庭户规模变动趋势

图 8.10 表明，我国 2010～2050 年 1 人户和 2 人户数量及比例持续上升，2050 年 1 人户、2 人户数量将分别达到 0.86 亿户和 1.92 亿户。3～4 人户数量在 2010～2020 年明显上升，但 2020～2030 年基本持平，2030 年以后开始下降；3～4 人户在 2020 年前后达到峰值 2.23 亿户。我国 5 人及以上户数量基本上将持续下降。

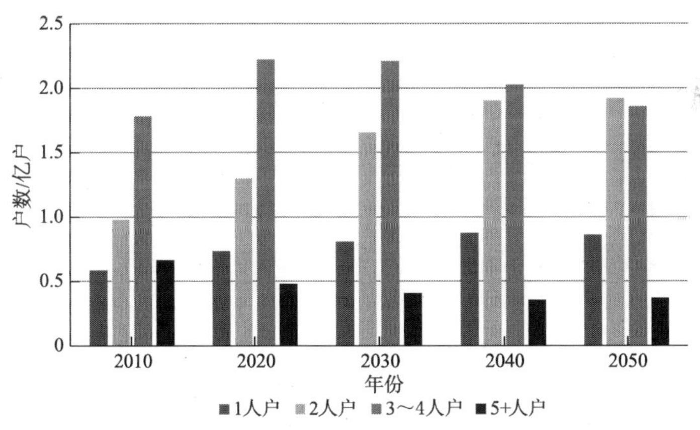

图 8.10　我国家庭户规模构成变动趋势

3. 家庭户结构变化显著，一代家庭户比重增加，三代家庭户比重持续减少

我国一代家庭户（独居一人、单身一人与其他亲属非亲属一起住、已婚夫妇且没有子女一起居住等）比重将不断升高（图 8.11）。二代家庭户（已婚夫妇有子女一起居住、单身母亲有子女一起居住、单身父亲有子女一起居住等）比重先上

升，后下降，仍然是主流家庭。三代家庭户比重基本上将持续下降。

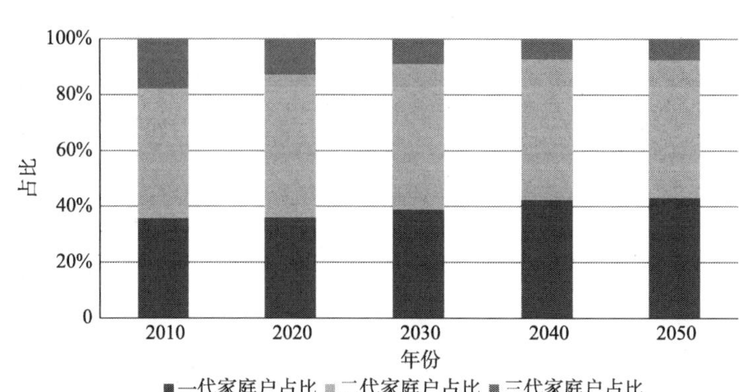

图 8.11　我国家庭户结构变动趋势

8.4　讨论和相关政策建议

中国生育率从20世纪五六十年代平均一个妇女终身生育6个以上孩子急速下降到今天的 1.6～1.7 个孩子，目前的生育水平显著低于美国。中国平均出生期望寿命也从 1950 年的 41 岁提高到 1990 年的 68.4 岁、2010 年的 74.83 岁，以及 2015 年的 76.34 岁，期望寿命在未来还将继续提高。20 世纪五六十年代生育高峰期出生的人群将很快进入老年阶段。中国人口变动的特点决定了这个在 2010 年拥有 13.4 亿人的人口大国将大规模地迅速老化，其中 80 岁及以上高龄老人的增长尤为突出。

中国的家庭户从 1980 年以前的大家庭模式，在 21 世纪初已经转变为小家庭模式。未来几十年家庭规模的缩小将会继续。这种现象是生育率的迅速下降、老年父母与成年子女同住的社会观念的变化以及人口迁移的共同影响的结果。按照中生育率和中死亡率方案的预测，拥有至少一位 65 岁及以上老人的老年家庭户的比例将迅速上升，2030 年和 2050 年将比 2010 年分别高出 12.69 个百分点和 29.79 个百分点，同时，年轻和中年家庭户（非老人户）的比例将显著降低。因此，21 世纪上半叶的中国家庭户将迅速而大幅度地老化。到 2030 年和 2050 年，65 岁及以上老年人居住在无子女同住的空巢家庭占总人口的比例将分别是 2010 年的 1.61 倍和 2.55 倍，80 岁及以上高龄老人居住在空巢家庭的比例在 2030 年和 2050 年将等于 2010 年的 1.36 倍和 4.31 倍。

尽管农村地区的生育率远高于城镇地区，但由于大规模的年轻人口向城镇的迁移，农村地区的人口老化程度、老年人口比例和老年家庭比例，以及居住在空巢家庭的老人比例将大大高于城镇地区。研究结果清楚地表明，我国应当研究和制定相应政策，鼓励农村向城镇包括老年人的家庭迁移，或鼓励年轻的流动人口在城市安顿之后尽快将老年父母接来城镇的家庭团聚，以避免未来农村地区“老人村”可能造成的严重社会问题。

预测结果显示，我国人口发展处于深度转型阶段，结构性挑战日益凸显。第一阶段（2020～2035 年），我国将迎来人口总量高峰，历经两次老年人口增长高峰、养老负担超过抚幼负担等转折性变化，“人口金字塔”底部收缩，人口结构性矛盾日益凸显，同时我国也将跨越中等收入陷阱，进入较高收入国家行列。这一阶段，人口惯性增长消失，城镇化快速发展，新增劳动力素质快速提升，抚养负担总体不高，相当于发展中国家整体水平，与发达国家相比仍有一定的优势，是有利于我国挖掘人口数量、素质、健康等综合红利，推进创新驱动型发展，积极构建适应老龄化社会政策制度的战略机遇期。由于现有的大量劳动年龄人口、少儿人口数量的减少以及还不是很高的老年抚养负担，我国的人口红利将持续，但是人口数量红利逐步减小。在这段“黄金时期”内，中国有可能调动大量的个人储蓄和国家资金，在农村和城镇地区建立稳固的社会养老保险财政和制度基础。

第二阶段（2036～2050 年），我国人口总量平稳下降，老年人口规模增量放缓，劳动力总量仍较庞大。但这一阶段“人口金字塔”呈现“蘑菇云”状态，劳动人口继续快速下降，老年人口高龄化明显，进入老龄化较为严重的国家行列，养老负担成为主要抚养负担且快速增大，老年抚养比高达 0.49，未加权和加权的老年及少儿总抚养比分别达到 0.77 和 0.84。毫无疑问，我们应该迅速行动起来，尽快发展和完善应对老龄化的一系列政策制度，使促进人的全面发展制度保障更加成熟；绝不能等待、观望从而错失时机，因为 2025～2030 年之后人口红利将会完全结束，到那时再来处理人口老化带来的一系列严重社会和经济问题为时已晚。

第 9 章　东北地区分省家庭人口预测分析与对策探讨①

9.1　引　　言

本章应用本书第 2 章至第 4 章阐述的 ProFamy 多维家庭人口预测方法（曾毅等，1998；Zeng et al.，2006，2013a，2013b，2014），以及分省区市多维家庭人口预测结果（参阅本书第 7 章至第 8 章）、2010 年人口普查和近期相关人口抽样调查数据，比较分析东北地区黑龙江、吉林和辽宁三省 2010～2050 年在中生育率方案和低生育率方案，以及死亡、城乡人口迁移、结婚、离婚等人口参数中方案假定条件下的家庭户规模与结构，尤其是老年人居住安排的变动，聚焦于东北地区省际差异的分析。考虑到城乡间在生育、死亡、婚姻、迁移等方面的巨大差异，我们在各省的家庭人口预测分析中，区分农村和城镇地区来进行城乡家庭户、老人居住安排，以及家庭人口老龄化动态趋势的对比与综合分析。

基于国内外文献综述，我们发现，前人关于东北地区家庭人口相关省际差异研究要么是关于人口与家庭过去和现状的省际差异分析，要么是关于省际人口迁移的研究，但尚未见到将东北三省分城乡的未来人口家庭结构动态变化等省际差异综合对比分析的研究。本章试图填补这一空白，对未来几十年东北地区人口发展变化情况和家庭结构变化发展趋势进行分析与说明。

9.2　主要参数假设

使用 ProFamy 模型进行家庭户预测需要的家庭人口基数、分城乡性别年龄的标准模式以及综合参数等数据及其估算方法已在本书第 7 章详细阐述，在此不再赘述。我国东北地区分城乡的家庭人口预测主要参数三省加权平均值列在表 9.1，各省主要参数列在本章附录表 A9.1。

---

① 本章由王笑非（中国人口与发展研究中心副研究员；sunstone218@126.com）主要基于王正联研究员、周立权经理、周圣智工程师、张许颖研究员和曾毅教授研究组提供的家庭人口预测数据撰写。

表 9.1　东北地区家庭人口预测输入主要综合参数三省加权平均值

年份	项目	综合生育率	男出生期望寿命/岁	女出生期望寿命/岁	一般结婚率	一般离婚率	城镇人口占比
2010	农村	1.55	70.76	76.14	0.0671	0.0101	57.68%
	城镇	1.09	76.96	80.96	0.0656	0.0153	
	合计	1.28	74.34	78.92	0.0662	0.0131	
2020	农村	1.71	72.31	77.51	0.0676	0.0102	67.74%
	城镇	1.40	78.49	82.38	0.0671	0.0155	
	合计	1.50	76.48	80.79	0.0672	0.0138	
2030	农村	1.71	73.81	78.79	0.0673	0.0102	76.44%
	城镇	1.39	79.85	83.61	0.0670	0.0156	
	合计	1.46	78.40	82.45	0.0671	0.0143	
2040	农村	1.69	75.24	80.02	0.0674	0.0103	84.10%
	城镇	1.37	81.09	84.74	0.0672	0.0157	
	合计	1.42	80.13	83.97	0.0672	0.0148	
2050	农村	1.69	76.47	81.07	0.0672	0.0103	89.18%
	城镇	1.36	82.14	85.68	0.0673	0.0157	
	合计	1.40	81.49	85.16	0.0673	0.0151	

从 2010 年东北地区总和生育率来看，各省总和生育率水平十分接近，差异较小。其中黑龙江和辽宁的总和生育率分别为 1.28 和 1.26，吉林总和生育率水平略高，为 1.32。三省农村地区总和生育率均高于城市地区，三省差异比较接近，黑龙江、吉林和辽宁城乡间总和生育率差距分别为 0.48、0.44 和 0.45。

从 2010 年东北地区各省期望寿命来看，东北三省省际差异较小，其中黑龙江男性和女性期望寿命分别为 73.95 岁和 79.01 岁；吉林男性和女性期望寿命分别为 74.57 岁和 78.64 岁；辽宁男性和女性期望寿命分别为 74.53 岁和 79.01 岁。2010 年东北三省一般结婚率差异不大，其中黑龙江一般结婚率为 6.47%，吉林为 6.83%，辽宁为 6.63%，黑龙江一般结婚率在东北三省中处于最低水平；三省离婚率水平差异不大，且都维持约 1%的水平。东北三省中城镇化率最高的为辽宁，城镇人口占比为 62.15%；城镇化率最低的为吉林，城镇人口占比为 53.36%。

9.3　预测结果分析

9.3.1　人口老龄化伴随着老年人口高龄化

表 9.2 展示了东北地区 2010～2050 年家庭人口老龄化的发展趋势。总体来看，21 世纪上半叶整个东北地区呈现老龄化进程明显加快的趋势。从 65 岁及以上老人占总人口比重这一指标来看，2010 年时 65 岁及以上老人占比为 9.11%；此后 40 年间，65 岁及以上老人占比呈现逐渐上升趋势，到 2050 年达到 36.56%；表明整个东北地区，每三人中就有一名 65 岁及以上的老年人。

表 9.2　东北地区家庭人口老化预测主要结果（三省合一）

年份	项目	65+岁老人占比	80+岁高龄老人占比	65+岁空巢老人占比	80+岁空巢老人占比	65+岁独居老人占比	80+岁独居老人占比	65+岁老人户占家庭户总数比例	老年抚养比
2010	农村	8.46%	1.42%	4.51%	0.65%	1.66%	0.41%	29.08%	0.11
	城镇	9.59%	1.50%	5.89%	0.90%	2.06%	0.50%	18.99%	0.13
	合计	9.11%	1.46%	5.31%	0.79%	1.89%	0.46%	22.90%	0.12
2020	农村	17.37%	2.42%	6.27%	0.58%	1.13%	0.28%	27.97%	0.26
	城镇	14.54%	2.85%	7.00%	1.28%	1.55%	0.60%	23.54%	0.21
	合计	15.46%	2.71%	6.76%	1.05%	1.42%	0.50%	24.90%	0.22
2030	农村	30.58%	5.29%	11.48%	1.05%	2.36%	0.38%	43.71%	0.54
	城镇	22.26%	4.25%	11.40%	1.56%	2.69%	0.63%	34.75%	0.36
	合计	24.25%	4.50%	11.42%	1.44%	2.61%	0.57%	36.86%	0.40
2040	农村	48.27%	12.53%	18.14%	2.86%	4.63%	1.17%	62.94%	1.11
	城镇	29.94%	8.23%	15.69%	3.40%	4.26%	1.38%	46.53%	0.53
	合计	32.95%	8.94%	16.10%	3.31%	4.32%	1.35%	49.22%	0.60
2050	农村	59.08%	24.47%	21.15%	6.27%	6.56%	2.81%	73.68%	1.73
	城镇	33.82%	13.07%	17.77%	5.92%	5.48%	2.63%	52.74%	0.63
	合计	36.56%	14.30%	18.13%	5.96%	5.59%	2.65%	55.04%	0.71

在东北地区人口老龄化程度持续加深的同时，人口高龄化的趋势不容忽视。2010 年数据显示东北地区 80 岁及以上高龄老人占总人口比例为 1.46%，此后 40

年呈现快速上升趋势，特别是在 2030～2040 年，高龄老人占总人口比例由 4.50%迅速提升至 8.94%，增加将近一倍，到 2050 年时，高龄老人占总人口比例达到 14.30%。显然，老年人口高龄化发展趋势迅猛。

由于东北地区当年实施了较为严格的计划生育政策，且人口流失现象较为明显，与人口老龄化趋势相伴的是空巢老人占比的不断提升，2010 年东北地区 65 岁及以上空巢老人占总人口比例为 5.31%；但未来 40 年空巢老人占比不断上升，到 2050 年将达到 18.13%，等于 40 年前的约 3.4 倍；80 岁及以上空巢老人占比由 2010 年的 0.79%迅速上升到 2050 年的 5.96%，等于 40 年前的约 7.5 倍；65 岁及以上独居老人和 80 岁及以上独居老人占总人口比例同样在 2010～2050 年整体上呈现迅速上升趋势；由于 2010～2050 年东北地区老龄化程度不断加深，老年户家庭占家庭户总数比例呈现不断上升的态势，2010 年时占比为 22.90%，到 2050 年将上升到 55.04%，表明整个东北地区将有一半的家庭都是老年户家庭，未来东北地区老年照护问题将成为家庭和社会共同面临的严峻挑战。

表 9.3 和表 9.4 呈现了 21 世纪上半叶东北地区分省老年人口占总人口比例的发展趋势。东北三省 2010～2050 年 65 岁及以上老人占总人口比例和 80 岁及以上高龄老人占总人口比例都呈现逐渐上升趋势；其中黑龙江和吉林两省 65 岁及以上老人占总人口比例在 2010～2050 年十分接近，辽宁 65 岁及以上老人占总人口比例除 2050 年外略高于黑龙江和吉林；辽宁老年人口高龄化的程度整体上要略高于黑龙江和吉林。与这一发展趋势相类似的是，2010～2050 年 65 岁及以上空巢老人占比和 80 岁及以上空巢老人占比也呈现不断上升的趋势，预测结果表明到 2050 年，黑龙江和辽宁 65 岁及以上空巢老人占总人口比例已接近 20%，且辽宁空巢老人占比略高于其他两省，这表明辽宁是东北地区未来老龄化程度更高的省份，将面临更加严峻的老年照护压力。

表 9.3　东北地区各省老年人口占总人口比例

年份	65+岁老人占总人口比例			80+岁高龄老人占总人口比例		
	黑龙江	吉林	辽宁	黑龙江	吉林	辽宁
2010	13.03%	13.21%	15.43%	1.17%	1.29%	1.83%
2020	21.47%	21.71%	24.98%	2.63%	2.47%	2.95%
2030	32.31%	32.47%	34.94%	4.49%	4.25%	4.66%
2040	40.49%	39.53%	41.07%	8.67%	8.34%	9.54%
2050	46.24%	45.18%	46.17%	14.61%	13.87%	14.23%

表 9.4 东北地区各省空巢老年人口占总人口比例

年份	65+岁空巢老人占总人口比例			80+岁高龄空巢老人占总人口比例		
	黑龙江	吉林	辽宁	黑龙江	吉林	辽宁
2010	4.89%	4.55%	6.15%	0.63%	0.64%	1.03%
2020	6.33%	6.34%	7.72%	1.08%	0.89%	1.25%
2030	11.00%	10.41%	12.94%	1.50%	1.40%	1.62%
2040	16.48%	14.84%	17.15%	3.32%	3.02%	3.84%
2050	18.89%	16.68%	18.95%	6.45%	5.49%	6.25%

9.3.2 农村人口老龄化程度高于城镇

表 9.5 展示了 2010～2050 年东北地区分省份、分城乡 65 岁及以上老人占总人口比例的变化趋势。表 9.5 显示，在 2010 年，三省农村地区和城镇地区 65 岁及以上老人占比基本持平，说明城镇地区和农村地区老龄化程度并无显著差异，其中黑龙江和吉林城镇地区老年人口占比略高于农村地区；2010 年后，三省城乡老年人口占比均呈现不断上升趋势，但农村地区 65 岁及以上老人占比均高于城镇地区。虽然农村地区生育水平显著高于城镇地区，但由于大量农村地区人口涌入城市打工，且打工群体多数为年轻人，导致未来年份农村地区老年人口占比高于城镇地区。预测结果显示，到 2050 年东北地区三个省份农村地区老龄化程度均高于城镇地区，其中农村地区 65 岁及以上老人占比为城镇地区的 1.42～1.77 倍（表 9.5）。

表 9.5 东北地区各省分城乡 65+岁老人占各自总人口比例

年份	黑龙江		吉林		辽宁	
	农村	城镇	农村	城镇	农村	城镇
2010	12.08%	13.79%	12.79%	13.58%	16.21%	14.96%
2020	21.93%	21.23%	23.34%	20.80%	29.60%	23.10%
2030	36.85%	30.79%	40.76%	29.47%	48.77%	31.19%
2040	51.28%	38.26%	55.79%	35.94%	64.72%	36.98%
2050	63.03%	44.12%	69.62%	41.94%	75.77%	42.92%

表 9.6 展示了 2010～2050 年 65 岁及以上空巢老人占比的变化情况。结果显示，2010 年黑龙江、吉林和辽宁城镇地区空巢老人占比分别是农村地区的 1.52 倍、1.39 倍和 1.09 倍，到 2050 年，三省城镇地区空巢老人占比则分别是农村地

区的 0.99 倍、0.92 倍和 0.68 倍，说明东北城镇地区“空巢化”速率低于农村地区。此外，2050 年时，辽宁农村地区 65 岁及以上空巢老人占总人口比例为 26.70%，城镇地区为 18.10%，城乡差异最大。

表 9.6　东北地区各省分城乡 65+岁空巢老人占总人口比例

年份	黑龙江		吉林		辽宁	
	农村	城镇	农村	城镇	农村	城镇
2010	3.80%	5.76%	3.77%	5.24%	5.82%	6.34%
2020	5.41%	6.81%	5.77%	6.67%	8.01%	7.61%
2030	9.74%	11.42%	10.13%	10.51%	15.20%	12.33%
2040	15.96%	16.59%	15.71%	14.65%	23.33%	16.08%
2050	19.02%	18.87%	17.93%	16.51%	26.70%	18.10%

表 9.7 展示的预测结果显示，21 世纪上半叶，不论城乡，东北三省 65 岁及以上独居老人占比均呈现波动中快速上升的趋势。

表 9.7　东北地区各省 65+岁独居老人占总人口比例

年份	黑龙江		吉林		辽宁	
	农村	城镇	农村	城镇	农村	城镇
2010	1.39%	1.98%	1.46%	1.83%	2.10%	2.24%
2020	0.96%	1.54%	1.10%	1.40%	1.35%	1.64%
2030	2.02%	2.74%	2.21%	2.35%	2.84%	2.79%
2040	4.07%	4.60%	4.00%	3.74%	5.70%	4.24%
2050	6.01%	6.20%	5.41%	4.77%	8.11%	5.26%

9.3.3　家庭小型化

表 9.8 展示了东北地区家庭户规模和结构的主要预测结果。结果表明，2010～2050 年东北地区平均家庭户规模呈现日益小型化的趋势，2010 年平均家庭户规模为 2.84 人，之后不断下降，直至 2050 年的 2.21 人。分省份来看（表 A9.3），三省平均家庭户规模下降幅度较为接近，其中黑龙江、吉林和辽宁平均家庭户规模分别下降 0.64 人、0.68 人和 0.57 人。

与平均家庭户规模下降相伴的现象是 1 人家庭户和 2 人家庭户占比的大幅度

提高，其中2人家庭户占比提高最为明显，由2010年的28.87%提高到2050年的45.32%，在40年的时间内提高了0.6倍；与此同时，1人家庭户占比也呈现较快递增的趋势，由2010年的13.00%提升至2050年的22.54%，表明到2050年，东北地区每5个家庭中就有一个“单人户”家庭。伴随1人家庭户和2人家庭户占比的不断提升，3～4人家庭户和5人及以上家庭户占比整体呈现下降的趋势。2010年时，东北地区3～4人家庭户占比达47.38%，而2050年这一比重已降至29.13%；5人以上家庭户比例也由2010年的10.75%下降到2050年的3.01%，说明未来东北地区的“核心家庭”和“主干家庭”规模将逐渐缩小，而2人家庭户将成为未来家庭结构的主要类型。

表9.8　东北地区家庭户规模和结构预测主要结果（三省合一）

年份	项目	平均家庭户规模/人	1人家庭户占比	2人家庭户占比	3～4人家庭户占比	5+人家庭户占比	已婚夫妇二代户占比	单亲家庭二代户占比	三代家庭户占比
2010	农村	3.19	9.15%	24.63%	48.10%	18.11%	43.15%	4.26%	20.74%
	城镇	2.61	15.44%	31.56%	46.92%	6.09%	41.65%	6.78%	8.98%
	合计	2.84	13.00%	28.87%	47.38%	10.75%	42.23%	5.80%	13.54%
2020	农村	2.74	13.72%	31.83%	46.31%	8.15%	39.15%	11.27%	11.87%
	城镇	2.43	19.60%	34.66%	41.24%	4.50%	35.22%	10.88%	7.92%
	合计	2.53	17.79%	33.79%	42.80%	5.62%	36.43%	11.00%	9.13%
2030	农村	2.45	15.31%	42.34%	38.78%	3.57%	31.80%	20.79%	5.74%
	城镇	2.31	21.46%	39.91%	35.08%	3.55%	29.49%	13.19%	6.47%
	合计	2.34	20.01%	40.48%	35.96%	3.55%	30.03%	14.98%	6.30%
2040	农村	2.31	15.91%	49.31%	32.44%	2.34%	25.61%	29.47%	4.13%
	城镇	2.20	23.00%	44.13%	30.17%	2.70%	25.07%	15.40%	5.08%
	合计	2.22	21.84%	44.98%	30.54%	2.64%	25.16%	17.70%	4.93%
2050	农村	2.25	16.04%	53.48%	28.45%	2.02%	22.09%	36.93%	3.67%
	城镇	2.21	23.34%	44.31%	29.22%	3.13%	23.86%	16.07%	5.92%
	合计	2.21	22.54%	45.32%	29.13%	3.01%	23.67%	18.36%	5.67%

黑龙江1人家庭户占比提高最快，由2010年的12.88%提高到2050年的

23.66%，提高了 10.78 个百分点；吉林 1 人家庭户占比提高相对较慢，由 2010 年的 12.43%提升至 2050 年的 20.87%，提升了 8.44 个百分点（表 A9.3）。黑龙江 3～4 人家庭户占比下降最快，从 2010 年的 47.69%下降至 2050 年的 27.99%，降低了 19.70 个百分点；吉林 3～4 人家庭户占比下降相对较慢，由 2010 年的 47.21%下降至 2050 年的 30.73%，下降了 16.48 个百分点（表 A9.3）。

9.4　思考和相关政策建议

本章的预测结果分析表明，在 21 世纪上半叶，东北三省均面临着严峻的人口老龄化挑战，老年人口高龄化趋势也十分明显。65 岁及以上和 80 岁及以上空巢老人占总人口比重随着时间推移而不断提高，这给社会老年照料等服务的供给带来了很大压力。与此同时，东北地区三省人口老龄化存在着区域差异，65 岁及以上老年人口在农村地区占比更高，说明农村地区人口老龄化问题较城镇地区更加严重。针对东北地区青年人口外流现象较为严重、老龄化程度较高和城镇与农村地区面临的不同人口老龄化特点，我们建议结合东北地区农村、城镇地区的各自特点，有的放矢，采取具有针对性的老龄化应对策略，例如，着力提高农村地区老年人医疗保障水平，为老年人提供更多样的养老服务，防止“因病致贫”“因病返贫”等现象的发生，提高老年人养老保障待遇，注意提高特别是没有固定收入、经济条件较差的老年人的生活质量；在城镇地区，特别应该关注空巢老人，关注其身心健康，针对空巢老人提供心理慰藉等服务，制定相关惠民政策，鼓励“邻里汇”等互帮互助老年组织的成长，为空巢老人提供相应服务。

本章预测结果表明，东北地区未来几十年在面临人口老龄化和老年人口高龄化严峻挑战的同时，东北三省均呈现家庭规模小型化的发展趋势；表现为 1 人家庭户和 2 人家庭户占比的持续升高，其中尤为明显的是 2 人家庭户占比的迅速增加，到 2050 年占比几乎达到家庭户总数的二分之一；而 3 人及以上家庭户占比则整体上呈现下降的趋势，表明在未来几十年“核心家庭”将不再是东北地区家庭的主要类型，取而代之的是 2 人家庭户。家庭规模小型化和人口老龄化将使越来越多的老年人处于独居和空巢状态，家庭照料缺位更加严重，人口家庭结构的变化使得居家养老这一主流养老形式面临诸多困难，未来如何解决养老问题、如何做到“社会化”养老还需要进行更多的思考和实践层面的探索。

本章附录

表 A9.1　东北各省家庭人口预测主要综合参数

省份	综合参数	2010年			2020年			2030年			2040年			2050年		
		农村	城镇	合计	农村	城镇	合计	农村	城镇	合计	农村	城镇	合计	农村	城镇	合计
黑龙江	总和生育率	1.55	1.07	1.28	1.71	1.39	1.50	1.70	1.38	1.46	1.68	1.36	1.42	1.68	1.35	1.39
	男出生期望寿命/岁	70.50	76.69	73.95	71.88	77.98	75.90	73.29	79.23	77.73	74.69	80.43	79.45	75.96	81.52	80.86
	女出生期望寿命/岁	76.31	81.16	79.01	77.37	82.23	80.58	78.47	83.27	82.06	79.60	84.29	83.49	80.63	85.22	84.68
	一般结婚率	0.0695	0.0608	0.0647	0.0697	0.0620	0.0647	0.0693	0.0619	0.0637	0.0693	0.0620	0.0633	0.0692	0.0622	0.0630
	一般离婚率	0.0106	0.0155	0.0134	0.0107	0.0157	0.0140	0.0107	0.0157	0.0145	0.0108	0.0158	0.0149	0.0108	0.0158	0.0153
	城镇人口占比			55.66%			65.93%			74.89%			82.84%			88.20%
	男一般迁入率	0.0008	0.0045	0.0029	0.0005	0.0031	0.0022	0.0003	0.0020	0.0016	0.0003	0.0019	0.0016	0.0003	0.0018	0.0008
	女一般迁入率	0.0008	0.0030	0.0020	0.0005	0.0021	0.0016	0.0003	0.0013	0.0011	0.0003	0.0012	0.0011	0.0003	0.0012	0.0008
	男一般迁出率	0.0160	0.0074	0.0112	0.0141	0.0065	0.0091	0.0111	0.0051	0.0066	0.0134	0.0062	0.0074	0.0156	0.0072	0.0160
	女一般迁出率	0.0131	0.0072	0.0098	0.0115	0.0063	0.0081	0.0090	0.0049	0.0060	0.0107	0.0059	0.0067	0.0124	0.0068	0.0131
吉林	总和生育率	1.55	1.11	1.32	1.71	1.39	1.51	1.70	1.38	1.46	1.68	1.36	1.42	1.69	1.35	1.39
	男出生期望寿命/岁	71.23	77.49	74.57	72.39	78.62	76.39	73.65	79.72	78.11	74.92	80.81	79.74	76.08	81.79	81.09
	女出生期望寿命/岁	76.07	80.90	78.64	77.19	82.02	80.28	78.33	83.09	81.83	79.50	84.15	83.31	80.56	85.10	84.54
	一般结婚率	0.0708	0.0661	0.0683	0.0711	0.0674	0.0687	0.0706	0.0672	0.0681	0.0706	0.0674	0.0680	0.0705	0.0676	0.0680

续表

省份	综合参数	2010年			2020年			2030年			2040年			2050年		
		农村	城镇	合计	农村	城镇	合计	农村	城镇	合计	农村	城镇	合计	农村	城镇	合计
吉林	一般离婚率	0.0103	0.0156	0.0131	0.0103	0.0157	0.0138	0.0104	0.0157	0.0143	0.0104	0.0158	0.0148	0.0105	0.0159	0.0152
	城镇人口占比			53.36%			64.08%			73.50%			81.94%			87.66%
	男一般迁入率	0.0009	0.0053	0.0032	0.0006	0.0037	0.0026	0.0004	0.0023	0.0018	0.0004	0.0022	0.0019	0.0003	0.0021	0.0009
	女一般迁入率	0.0007	0.0045	0.0028	0.0005	0.0031	0.0022	0.0003	0.0020	0.0015	0.0003	0.0019	0.0016	0.0003	0.0018	0.0007
	男一般迁出率	0.0118	0.0065	0.0090	0.0104	0.0057	0.0074	0.0082	0.0045	0.0055	0.0099	0.0054	0.0062	0.0115	0.0064	0.0118
	女一般迁出率	0.0093	0.0061	0.0076	0.0082	0.0053	0.0064	0.0064	0.0042	0.0048	0.0076	0.0050	0.0054	0.0088	0.0057	0.0093
辽宁	总和生育率	1.54	1.09	1.26	1.71	1.39	1.48	1.69	1.38	1.44	1.68	1.36	1.40	1.68	1.35	1.38
	男出生期望寿命/岁	70.67	76.88	74.53	72.00	78.13	76.36	73.37	79.34	78.07	74.75	80.52	79.67	75.99	81.58	81.00
	女出生期望寿命/岁	76.01	80.84	79.01	77.15	81.97	80.57	78.30	83.05	82.04	79.48	84.12	83.44	80.54	85.08	84.61
	一般结婚率	0.0617	0.0690	0.0663	0.0619	0.0704	0.0680	0.0615	0.0703	0.0684	0.0615	0.0704	0.0691	0.0614	0.0706	0.0697
	一般离婚率	0.0094	0.0150	0.0129	0.0094	0.0151	0.0135	0.0095	0.0152	0.0140	0.0095	0.0152	0.0144	0.0096	0.0153	0.0147
	城镇人口占比			62.15%			71.06%			78.66%			85.26%			89.63%
	男一般迁入率	0.0023	0.0116	0.0081	0.0016	0.0081	0.0062	0.0010	0.0050	0.0042	0.0009	0.0048	0.0042	0.0009	0.0047	0.0043
	女一般迁入率	0.0015	0.0083	0.0058	0.0010	0.0058	0.0044	0.0007	0.0036	0.0030	0.0006	0.0034	0.0030	0.0006	0.0033	0.0030
	男一般迁出率	0.0058	0.0030	0.0041	0.0051	0.0026	0.0033	0.0040	0.0021	0.0025	0.0049	0.0025	0.0029	0.0057	0.0029	0.0032
	女一般迁出率	0.0041	0.0025	0.0031	0.0036	0.0022	0.0026	0.0028	0.0017	0.0020	0.0033	0.0021	0.0022	0.0038	0.0024	0.0025

表 A9.2　东北部各省家庭人口老化预测主要结果

省份	主要家庭人口指标	2010 年			2020 年			2030 年			2040 年			2050 年		
		农村	城镇	合计	农村	城镇	合计	农村	城镇	合计	农村	城镇	合计	农村	城镇	合计
黑龙江	65+岁独居老人占比	1.39%	1.98%	1.71%	0.96%	1.54%	1.35%	2.02%	2.74%	2.56%	4.07%	4.6%	4.51%	6.01%	6.20%	6.19%
	80+岁独居老人占比	0.29%	0.41%	0.36%	0.25%	0.63%	0.5%	0.37%	0.69%	0.62%	1.03%	1.45%	1.38%	2.51%	3.04%	2.97%
	老年家庭户占比	26.77%	17.96%	21.55%	24.47%	22.94%	23.43%	38.26%	34.03%	35.06%	57.27%	47.33%	49%	68.84%	54.07%	55.71%
	老年抚养比	0.09	0.12	0.11	0.21	0.2	0.2	0.42	0.35	0.37	0.87	0.55	0.6	1.35	0.67	0.73
	18～64 劳动人口占比	75.81%	76.86%	76.4%	68.81%	71.2%	70.38%	60.52%	62.23%	61.8%	48.04%	56%	54.63%	38.51%	52.36%	50.81%
	18～64 劳动人口/万人	1288	1639	2927	923	1848	2771	587	1800	2387	298	1677	1975	142	1531	1673
	总人口/万人	1699	2132	3831	1341	2596	3937	970	2893	3863	620	2995	3615	369	2924	3293
吉林	65+岁独居老人占比	1.46%	1.83%	1.65%	1.10%	1.40%	1.29%	2.21%	2.35%	2.32%	4.00%	3.74%	3.79%	5.41%	4.77%	4.85%
	80+岁独居老人占比	0.33%	0.41%	0.37%	0.23%	0.51%	0.41%	0.47%	0.61%	0.57%	1.12%	1.25%	1.23%	2.28%	2.35%	2.35%
	老年家庭户占比	30.96%	18.49%	23.76%	27.11%	22.71%	24.2%	42.49%	33.16%	35.57%	62.12%	45.11%	48.13%	73.12%	51.26%	53.82%
	老年抚养比	0.10	0.12	0.11	0.23	0.2	0.21	0.49	0.34	0.38	1.03	0.50	0.58	1.62	0.6	0.68
	18～64 劳动人口占比	75.44%	76.94%	76.24%	67.46%	70.39%	69.33%	58.26%	62.28%	61.21%	44.81%	57.67%	55.34%	35.24%	54.41%	52.17%
	18～64 劳动人口/万人	966	1127	2093	686	1277	1963	430	1275	1705	211	1232	1443	98	1141	1239
	总人口/万人	1280	1465	2745	1017	1814	2831	738	2047	2785	471	2136	2607	278	2097	2375
辽宁	65+岁独居老人占比	2.10%	2.24%	2.19%	1.35%	1.64%	1.55%	2.84%	2.79%	2.8%	5.7%	4.24%	4.45%	8.11%	5.26%	5.54%
	80+岁独居老人占比	0.60%	0.61%	0.61%	0.4%	0.65%	0.57%	0.39%	0.64%	0.58%	1.44%	1.44%	1.45%	3.69%	2.52%	2.63%
	老年家庭户占比	30.05%	20.06%	23.56%	32.29%	24.51%	26.66%	50.33%	36.34%	39.33%	69.35%	46.69%	50.13%	78.95%	52.45%	55.2%
	老年抚养比	0.14	0.14	0.14	0.32	0.22	0.25	0.69	0.38	0.44	1.45	0.52	0.62	2.29	0.62	0.71
	18～64 劳动人口占比	72.59%	76.25%	74.86%	64.29%	70.24%	68.52%	51.99%	60.8%	58.92%	37.46%	57.19%	54.28%	28.46%	54.13%	51.59%
	18～64 劳动人口/万人	1202	2073	3275	823	2208	3031	477	2056	2533	219	1934	2153	100	1733	1202
	总人口/万人	1656	2719	4375	1280	3143	4423	917	3382	4299	585	3382	3967	351	3202	1656

注：本表数据由原始数据计算得到

表 A9.3　东北地区各省家庭户规模和结构预测主要结果

省份	家庭户综合指标	2010年			2020年			2030年			2040年			2050年		
		农村	城镇	合计	农村	城镇	合计	农村	城镇	合计	农村	城镇	合计	农村	城镇	合计
黑龙江	平均家庭户规模/人	3.18	2.59	2.83	2.72	2.41	2.51	2.44	2.26	2.31	2.33	2.17	2.20	2.28	2.17	2.19
	1人家庭户占比	9.44%	15.25%	12.88%	14.45%	19.70%	18.01%	16.33%	22.34%	20.87%	16.75%	23.93%	22.72%	16.82%	24.51%	23.66%
	2人家庭户占比	24.30%	31.98%	28.85%	31.32%	35.36%	34.06%	41.40%	40.99%	41.09%	47.50%	44.89%	45.33%	51.19%	44.72%	45.44%
	3～4人家庭户占比	48.61%	47.06%	47.69%	46.28%	40.89%	42.63%	38.59%	33.52%	34.76%	32.99%	28.63%	29.36%	29.49%	27.81%	27.99%
	5+人家庭户占比	17.65%	5.71%	10.57%	7.96%	4.04%	5.31%	3.68%	3.15%	3.28%	2.78%	2.55%	2.59%	2.50%	2.96%	2.91%
	已婚夫妇二代户占比	44.35%	42.06%	42.99%	39.58%	35.08%	36.53%	32.10%	28.07%	29.05%	26.56%	23.50%	24.01%	23.34%	22.38%	22.49%
	单亲家庭二代户占比	4.25%	6.62%	5.66%	10.82%	11.47%	11.26%	19.50%	14.00%	15.34%	27.49%	16.37%	18.23%	34.73%	17.14%	19.09%
	三代家庭户占比	19.64%	8.30%	12.92%	11.35%	7.09%	8.46%	5.73%	5.78%	5.77%	4.61%	4.88%	4.83%	4.31%	5.78%	5.61%
吉林	平均家庭户规模/人	3.33	2.64	2.93	2.80	2.45	2.57	2.52	2.34	2.38	2.38	2.23	2.26	2.31	2.24	2.25
	1人家庭户占比	8.71%	15.14%	12.43%	13.57%	18.87%	17.08%	14.77%	20.38%	18.93%	14.70%	21.69%	20.45%	14.07%	21.77%	20.87%
	2人家庭户占比	21.91%	31.36%	27.37%	29.74%	34.57%	32.94%	39.79%	39.51%	39.58%	47.14%	43.97%	44.53%	52.55%	44.34%	45.30%
	3～4人家庭户占比	47.95%	46.65%	47.21%	47.34%	41.90%	43.74%	41.16%	36.47%	37.68%	35.41%	31.59%	32.26%	31.20%	30.65%	30.73%
	5+人家庭户占比	21.43%	6.84%	12.99%	9.36%	4.66%	6.25%	4.27%	3.65%	3.81%	2.75%	2.75%	2.75%	2.19%	3.23%	3.11%
	已婚夫妇二代户占比	43.42%	41.46%	42.29%	40.01%	35.84%	37.25%	34.10%	30.81%	31.66%	28.26%	26.50%	26.81%	24.35%	25.33%	25.21%
	单亲家庭二代户占比	4.19%	6.81%	5.70%	10.65%	10.75%	10.72%	20.55%	13.23%	15.11%	30.16%	15.53%	18.13%	39.02%	16.37%	19.03%
	三代家庭户占比	23.66%	9.52%	15.49%	13.37%	8.10%	9.88%	6.52%	6.63%	6.60%	4.72%	5.12%	5.05%	4.01%	6.00%	5.77%

续表

省份	家庭户综合指标	2010 年			2020 年			2030 年			2040 年			2050 年		
		农村	城镇	合计	农村	城镇	合计	农村	城镇	合计	农村	城镇	合计	农村	城镇	合计
辽宁	平均家庭户规模/人	3.11	2.60	2.78	2.71	2.44	2.51	2.40	2.32	2.34	2.24	2.21	2.22	2.18	2.21	2.21
	1 人家庭户占比	9.18%	15.75%	13.45%	13.06%	19.94%	18.04%	14.67%	21.33%	19.90%	15.98%	22.99%	21.93%	16.73%	23.27%	22.59%
	2 人家庭户占比	26.93%	31.32%	29.78%	33.96%	34.13%	34.08%	45.28%	39.21%	40.51%	52.81%	43.53%	44.94%	56.48%	43.91%	45.21%
	3～4 人家庭户占比	47.69%	46.94%	47.21%	45.55%	41.16%	42.38%	37.15%	35.62%	35.95%	29.63%	30.67%	30.51%	25.37%	29.60%	29.16%
	5+人家庭户占比	16.20%	5.99%	9.57%	7.42%	4.78%	5.51%	2.90%	3.84%	3.63%	1.58%	2.82%	2.62%	1.42%	3.22%	3.04%
	已婚夫妇二代户占比	41.75%	41.43%	41.54%	38.03%	34.99%	35.83%	29.72%	29.94%	29.89%	22.64%	25.59%	25.14%	19.16%	24.29%	23.76%
	单亲家庭二代户占比	4.31%	6.88%	5.98%	12.20%	10.46%	10.94%	22.34%	12.45%	14.57%	30.98%	14.43%	16.94%	37.57%	14.88%	17.23%
	三代家庭户占比	19.73%	9.22%	12.90%	11.26%	8.50%	9.26%	5.15%	6.98%	6.59%	3.18%	5.25%	4.93%	2.77%	5.99%	5.66%

注：本表数据由原始数据计算得到

第 10 章　东部地区分省家庭人口预测分析与对策探讨①

10.1　引　　言

家庭变迁是社会变革的重要组成部分，也是社会发展研究的重要内容之一。新中国成立以来，受到工业化、城市化和现代化的影响，我国家庭结构和家庭规模发生了明显变化，家庭人口老化趋势不断加速，家庭规模明显缩小。东部地区是我国经济社会发展最快的区域，既有常住人口规模过亿的广东，也有人口超过 2000 万的超大城市北京、上海，还有人口不到 1000 万的海南。家庭人口发展受到经济社会快速发展的深刻影响，各地家庭人口特征差异显著。第六次全国人口普查数据显示，部分省市老龄化程度（65 岁及以上老年人口比例）超过 10%，如江苏为 10.89%，上海为 10.12%；也有部分省市老龄化程度不足 7%，如广东为 6.75%。海南、河北、山东的平均家庭规模明显大于 3 人，也有部分省市的平均家庭规模明显小于 3 人，如北京为 2.45 人，浙江为 2.62 人。那么，未来经济社会继续发展的同时，东部地区的家庭规模、家庭结构趋势如何？家庭规模缩小的态势是否继续？家庭老化是否继续？

本章运用本书第 2 章至第 4 章阐述的多维家庭人口预测方法（曾毅等，1998；Zeng et al.，2006，2013a，2013b，2014），以及分省区市多维家庭人口预测结果（参阅本书第 7 章和第 8 章）、2010 年人口普查和近期相关人口抽样调查数据，聚焦于我国东部地区省际差异，比较分析 2010～2050 年东部地区北京、天津、河北、山东、上海、江苏、浙江、福建、广东、海南等 10 个省市，在生育、死亡、城乡人口迁移、结婚、离婚等人口参数中方案假定条件下的家庭户规模与结构变动趋势，尤其是老年人居住安排的变动。考虑到城乡间在生育、死亡、婚姻、迁移等方面的巨大差异，我们在各省市的家庭人口预测分析中，区分了农村和城镇地区，进行城乡家庭户、老人居住安排，以及家庭人口老龄化动态趋势的对比与综合分析。

基于国内外文献综述，我们发现，前人关于东部地区家庭人口相关省际差异

---

① 本章由刘厚莲（中国人口与发展研究中心副研究员；liuhoulian1@126.com）主要基于王正联研究员、周立权经理、周圣智工程师、张许颖研究员和曾毅教授研究组提供的家庭人口预测数据撰写。

的研究要么是关于人口与家庭过去和现状的省际差异分析，要么是关于省际人口迁移的研究,尚未见到将东部 10 个省市分城乡的家庭人口结构动态变化预测进行对比分析研究。本章试图填补这一空白，主要回答以下重要问题：我国东部 10 个省市人口家庭老化（老年人口比例、空巢老人比例、独居老人比例等）的省际差异将发生什么变化？人口家庭老化趋势将对我国东部地区 10 个省市的人口和社会经济均衡发展带来哪些问题，譬如，养老资源配置问题？我们应采取什么对策？

10.2 主要参数假设

使用 ProFamy 模型进行家庭户预测需要的家庭人口基数、分城乡性别年龄的标准模式以及综合参数等数据及其估算方法已在本书第 7 章详细阐述，在此不再赘述。2010～2050 年我国东部 10 个省市分城乡的家庭人口预测主要参数列在表 10.1，每个省市城乡家庭人口预测主要参数请参阅本章附录表 A10.1。

表 10.1 东部地区家庭人口预测主要综合参数的 10 个省市加权平均值

年份	项目	总和生育率	男出生期望寿命/岁	女出生期望寿命/岁	一般结婚率	一般离婚率	城镇人口占比
2010	农村	1.66	70.95	76.41	0.0932	0.0048	58.85%
	城镇	1.16	77.83	81.96	0.1010	0.0089	
	合计	1.34	74.65	79.25	0.0972	0.0072	
2020	农村	1.80	71.85	77.06	0.0930	0.0048	67.81%
	城镇	1.46	78.90	82.89	0.1026	0.0089	
	合计	1.55	76.44	80.77	0.0991	0.0077	
2030	农村	1.79	73.16	78.14	0.0922	0.0049	75.60%
	城镇	1.45	79.95	83.82	0.1018	0.0090	
	合计	1.51	78.13	82.22	0.0991	0.0080	
2040	农村	1.77	74.48	79.26	0.0920	0.0049	82.45%
	城镇	1.44	80.99	84.74	0.1016	0.0090	
	合计	1.47	79.73	83.60	0.0996	0.0084	
2050	农村	1.77	75.74	80.33	0.0916	0.0050	87.04%
	城镇	1.43	81.91	85.54	0.1015	0.0090	
	合计	1.45	81.06	84.76	0.1000	0.0086	

如附录表 A10.1 所示，东部地区的各省市总和生育率、一般结婚率和一般离婚率差异明显。在总和生育率方面，表现出经济发展水平高、总和生育率低的特征。第六次全国人口普查数据显示，经过调整漏报后的总和生育率最高的省份为河北，达到 1.85，上海最低，仅为 1.08，北京和天津两个超大城市仅有 1.11。从城镇和农村来看，农村总和生育率明显高于城镇，其中海南农村总和生育率处于更替水平（2.08）。北京、上海、浙江等省市一般结婚率明显更高，而广东、天津、海南等明显更低。就离婚状况而言，情况则正好相反，超大城市的一般离婚率明显高于山东、福建、海南等，超大城市面临更大的婚姻压力。

经济发展水平越高的省市，出生期望寿命也越高。第六次全国人口普查数据显示，北京、上海的男性出生期望寿命分别为 78.20 岁和 78.48 岁，而河北、海南分别为 73.17 岁和 72.66 岁。另外，男性出生期望寿命普遍低于女性，城镇出生期望寿命普遍高于农村。各省市城镇化率差异显著，表现出经济发展水平越高的省市，城镇化率也越高。2010 年北京、上海城镇化率超过 80%，而河北（43.94%）低于全国平均水平（49.68%）（表 A10.1）。

另外，我们还考虑了人口迁移。2010 年是我国人口迁移流动的高峰，我们假设未来的迁移水平逐年下降。中方案预测假定 2010～2030 年一般迁入率及迁出率相对于 2010 年每年降低 2.5%，2030 年后保持不变。从东部各省市人口迁移情况来看，北京、上海、天津、广东表现出迁入多、迁出少，河北为迁出多、迁入少（表 A10.1）。

10.3　预测结果分析

10.3.1　家庭人口老化的发展趋势与城乡差异

21 世纪中叶，我国东部地区总人口表现为先增长后下降趋势。中方案预测结果表明，东部地区总人口规模由 2010 年的 50 629 万人增长至 2030 年的 53 800 万人，而后逐渐下降至 2050 年的 49 141 万人（表 10.2），比 2010 年减少 1488 万人。

预测结果显示，我国东部地区家庭人口老化趋势明显，各类老年人口比重明显提高，其中 65 岁及以上老人、80 岁及以上高龄老人、65 岁及以上空巢老人、80 岁及以上高龄空巢老人、65 岁及以上独居老人与 80 岁及以上高龄独居老人占总人口比例均整体呈增长态势。我国东部地区 65 岁及以上老人占比由 2010 年的 8.87%提高至 2050 年的 31.12%，将进入重度老龄化社会（即 65 岁及以上老年人口占比超过 20%）；65 岁及以上空巢老人占比由 2010 年的 5.10%提高至 2050 年的 14.61%；65 岁及以上独居老人占比由 2010 年的 1.81%提高至 2050 年的 3.27%（表 10.2）。老年人口规模不断增长、比例不断上升，空巢老人和独居老人占比上升将成为东部地区积极应对人口老龄化的重要挑战。

表 10.2　东部地区家庭人口老化预测主要结果

家庭人口 综合指标	2010 年			2020 年			2030 年			2040 年			2050 年		
	农村	城镇	合计	农村	城镇	合计	农村	城镇	合计	农村	城镇	合计	农村	城镇	合计
65+岁老人占比	10.84%	7.55%	8.87%	18.07%	10.86%	13.10%	29.15%	15.64%	18.76%	44.92%	22.60%	26.17%	55.41%	28.22%	31.12%
80+岁高龄老人占比	2.23%	1.49%	1.78%	3.22%	1.98%	2.37%	5.63%	2.88%	3.52%	11.63%	5.03%	6.08%	23.04%	8.64%	10.17%
65+岁空巢老人占比	6.28%	4.31%	5.10%	7.28%	5.16%	5.82%	12.66%	7.54%	8.72%	20.37%	10.85%	12.37%	24.93%	13.37%	14.61%
80+岁空巢老人占比	1.24%	0.86%	1.01%	1.24%	0.84%	0.96%	1.57%	1.16%	1.25%	3.73%	2.10%	2.36%	8.84%	3.72%	4.27%
65+岁独居老人占比	2.33%	1.46%	1.81%	1.73%	1.01%	1.23%	2.68%	1.44%	1.73%	4.83%	2.14%	2.57%	7.04%	2.82%	3.27%
80+岁独居老人占比	0.75%	0.49%	0.60%	0.69%	0.39%	0.48%	0.67%	0.46%	0.51%	1.65%	0.83%	0.96%	4.11%	1.42%	1.70%
65+岁一对夫妇占比	3.95%	2.85%	3.29%	5.55%	4.15%	4.59%	9.98%	6.10%	7.00%	15.54%	8.70%	9.80%	17.89%	10.56%	11.34%
80+岁一对夫妇占比	0.49%	0.37%	0.42%	0.55%	0.45%	0.48%	0.90%	0.70%	0.75%	2.08%	1.27%	1.40%	4.73%	2.31%	2.57%
老年家庭户占比	32.51%	21.43%	25.87%	31.80%	20.33%	23.90%	44.77%	27.08%	31.42%	62.45%	38.06%	42.39%	72.55%	46.60%	49.80%
18～64 岁劳动人口占比	68.16%	75.38%	72.47%	61.58%	70.99%	68.07%	55.47%	65.61%	63.27%	44.72%	62.49%	59.65%	36.45%	57.94%	55.64%
少儿抚养比	0.31	0.23	0.26	0.33	0.26	0.28	0.28	0.29	0.28	0.23	0.24	0.24	0.22	0.24	0.24
老年抚养比	0.16	0.10	0.12	0.29	0.15	0.19	0.53	0.24	0.30	1.00	0.36	0.44	1.52	0.49	0.56
0～17 岁人口/万人	4 286	5 159	9 444	3 363	6 641	10 005	1 913	7 756	9 669	863	6 517	7 380	426	6 078	6 504
18～64 岁人数/万人	13 904	22 788	36 693	10 175	25 982	36 159	6 890	27 150	34 042	3 723	27 317	31 038	1 910	25 435	27 344
总人口/万人	20 398	30 231	50 629	16 524	36 598	53 122	12 422	41 378	53 800	8 325	43 711	52 036	5 241	43 900	49 141

东部地区农村家庭人口老龄化趋势明显强于城镇。虽然东部地区农村生育水平明显高于城镇，但是由于大量农村年轻人口迁移流动至城镇，导致农村家庭人口老化程度更高。中方案预测结果显示，2010～2050 年我国东部地区农村 65 岁及以上老人占比由 10.84%提高至 55.41%，即超过半数的东部农村人口为老年人口；城镇地区相应地由 7.55%提高至 28.22%，老龄化水平明显低于农村。从 65 岁及以上空巢老人占比、65 岁及以上独居老人占比、老年抚养比等指标来看，也发现农村家庭人口老化趋势更明显，养老负担明显更大。这表明未来东部地区农村家庭人口老龄化形势比城镇更严峻（表 10.2）。

10.3.2　平均家庭户规模不断缩小

到 21 世纪中叶，我国东部地区平均家庭户规模不断缩小，家庭户小型化趋势十分明显。中方案预测结果显示（表 10.3），2010～2050 年，我国东部地区平均家庭户规模由 2.94 人减少至 2050 年的 2.46 人，家庭小型化将大大削弱家庭功能。从家庭结构来看，2010～2050 年，1 人家庭户占比总体有所提高，2 人家庭户和 3～4 人家庭户仍为主要家庭户结构，其中 2 人家庭户占比逐年明显提高，3～4 人家庭户占比总体有所下降，5 人家庭户占比也总体下降，即户规模较大的家庭比例下降，户规模较小的家庭占比提高，这表明未来我国东部地区家庭小型化趋势明显。

表 10.3　东部地区家庭户规模和结构预测主要结果

年份	项目	平均家庭户规模/人	1 人家庭户占比	2 人家庭户占比	3～4 人家庭户占比	5+人家庭户占比	已婚夫妇二代户占比	单亲家庭二代户占比	三代家庭户占比
2010	农村	3.17	13.60%	24.90%	42.07%	19.42%	37.85%	5.68%	20.02%
	城镇	2.79	17.99%	27.34%	43.19%	11.48%	38.68%	5.62%	13.06%
	合计	2.94	16.23%	26.36%	42.74%	14.66%	38.35%	5.64%	15.85%
2020	农村	2.88	13.43%	28.95%	46.47%	11.15%	39.55%	11.24%	13.76%
	城镇	2.64	17.19%	28.43%	46.77%	7.61%	41.40%	9.04%	10.35%
	合计	2.72	16.02%	28.59%	46.68%	8.71%	40.83%	9.73%	11.41%
2030	农村	2.58	14.21%	38.34%	41.78%	5.66%	34.90%	17.99%	7.24%
	城镇	2.58	17.17%	32.46%	43.53%	6.84%	39.36%	11.12%	8.10%
	合计	2.58	16.44%	33.91%	43.10%	6.55%	38.26%	12.80%	7.89%
2040	农村	2.38	15.85%	45.85%	35.03%	3.27%	28.18%	23.91%	4.51%

续表

年份	项目	平均家庭户规模/人	1 人家庭户占比	2 人家庭户占比	3～4 人家庭户占比	5+人家庭户占比	已婚夫妇二代户占比	单亲家庭二代户占比	三代家庭户占比
2040	城镇	2.48	18.09%	37.21%	39.07%	5.63%	35.16%	12.87%	6.54%
	合计	2.46	17.69%	38.75%	38.35%	5.21%	33.92%	14.83%	6.18%
2050	农村	2.27	17.36%	49.83%	30.35%	2.47%	23.90%	28.86%	3.54%
	城镇	2.48	17.60%	38.99%	37.30%	6.10%	33.39%	14.14%	6.99%
	合计	2.46	17.57%	40.33%	36.44%	5.66%	32.22%	15.95%	6.57%

从城乡来看，我国东部农村、城镇家庭户规模总体缩小，其中，2030 年前农村家庭户规模大于城镇家庭户，此后小于城镇家庭户。中方案预测结果显示，2020 年、2030 年、2040 年、2050 年农村平均家庭户规模分别为 2.88 人、2.58 人、2.38 人、2.27 人，而城镇平均家庭规模分别为 2.64 人、2.58 人、2.48 人和 2.48 人，表现出农村家庭户规模先大于后小于城镇家庭户规模的特征，这主要是由于农村人口大量迁出，出现较多的空巢老人家庭和独居老人家庭。2020～2050 年，东部地区农村 2 人家庭户占比由 28.95%提高至 49.83%，城镇相应地由 28.43%提高至 38.99%，农村 3～4 人家庭户占比由 46.47%下降至 30.35%，城镇相应地由 46.77%下降至 37.30%（表 10.3）。

10.3.3　各省市家庭人口老化区域差异明显

到 21 世纪中叶，我国东部地区各省市的家庭人口老化趋势一致，均为持续加深态势，其中北京、天津、上海提高幅度最大。预测结果显示，2050 年北京、天津和上海 65 岁及以上老年人口占总人口比例分别为 38.76%、36.81%、41.12%，人口老龄化程度十分严重；山东（30.99%）、江苏（32.92%）、浙江（36.13%）和福建（31.80%）65 岁及以上老年人口占总人口比例处于 30%～40%；广东 65 岁及以上老年人口占总人口比例为 29.12%，是东部地区人口老龄化程度相对较轻的省份，主要是由生育水平较高以及大量年轻人口流入所致。未来东部地区的北京、天津、上海等超大城市的养老形势严峻（表 A10.2）。

2020～2050 年，东部地区各省市的 65 岁及以上独居老人比例不断提高。多数省市 2020 年 65 岁及以上独居老人占总人口比例约为 1%，而 2050 年差异显著，天津、上海等超大城市提高至 4%以上，北京、山东超过 3%，海南仅为 2.42%。这说明未来北京、天津、上海的独居老人比例高，给积极应对人口老龄化带来较大的压力。

10.3.4　各省市老年抚养比稳步提高

中方案预测数据显示，到 21 世纪中叶，东部地区各省市老年抚养比稳步提高，其中天津、北京、上海提高更显著，广东提高幅度较小。2010～2050 年上海老年抚养比从 0.13 提高至 0.84，提高幅度最大；北京从 0.11 提高至 0.76；天津从 0.11 提高至 0.70；广东由 0.10 提高至 0.50。分城乡来看，农村老年抚养比明显高于城镇；山东、浙江、江苏、福建等农村老年抚养比明显高于其他省市。2050 年，山东、浙江、江苏、福建的农村抚养比均在 1.70 及以上，甚至高于 2.00；山东农村老年抚养比为 2.20，明显高于城镇的 0.44；福建农村老年抚养比为 1.70，明显高于城镇的 0.49（表 A10.2）。这说明未来山东、浙江、江苏、福建等省份农村老年抚养压力明显较大。

10.3.5　京津沪家庭小型化更为严重

中方案预测结果显示，21 世纪中叶我国东部地区各个省市的家庭户小型化趋势一致，均为不断缩小的态势，而北京、天津、上海、浙江的平均家庭户规模明显小于其他省份。2050 年北京、天津、上海、浙江平均家庭户规模分别为 2.32 人、2.32 人、2.34 人、2.23 人，而河北、海南均在 2.6 人以上，其他省份在 2.45 人左右。分城乡来看，北京、天津、上海城镇和农村的平均家庭户规模差距较小，而河北、山东、海南城镇比农村高出约 0.35 人（表 A10.3）。

从家庭户规模结构来看，北京、上海、天津等家庭小型化更明显，广东、海南等省份 3～4 人家庭户仍为主体。2050 年，北京、上海和天津 1 人家庭户占比约 20%，明显高于河北、海南等省份。海南和广东 3～4 人家庭户占家庭户总数比例分别为 44.77%、39.74%，明显高于其他省市（表 A10.3）。

10.4　主要结论与对策思考

东部地区各省市家庭人口预测结果表明，到 21 世纪中叶，我国东部地区总人口规模呈现先增后减趋势，2030 年左右达到峰值 53 800 万人，2050 年降至 49 141 万人，比 2010 年减少 1488 万人。东部地区家庭人口老化趋势明显，老年人口、高龄老人、空巢老人和独居老人占总人口比例均整体上升，且农村家庭人口老化趋势强于城镇，家庭小型化趋势明显。

北京、上海、天津的家庭人口老化趋势明显强于其他省份，这三个超大城市的老年人口、高龄老人、空巢老人和独居老人比例明显要高于其他省份；广东、海南等家庭人口老化速度相对较慢一些。虽然作为超大城市的北京、上海、天津流入了大量的年轻外来人口，但由于生育水平处于很低水平，未来仍然表现出最为突出的家庭人口老化趋势；同时这三个超大城市的家庭小型化趋势也十分明显，家庭小型化将导致家庭功能弱化。这促使我们在未来积极应对人口老龄化的过程中，需要深入结合家庭老化和小型化趋势特征，建设与之相适应的养老服务体系。

未来东部地区农村家庭人口老化程度明显强于城镇，尤其是空巢老人、独居老人、高龄老人的比例较高，山东、浙江、江苏、福建等省份农村老年抚养负担较重，说明农村是未来东部地区积极应对人口老龄化的重要阵地，需要在促进农民工携带老年父母全家向城镇迁移和养老服务供给等方面重点突破。

本章的研究为我们应对东部地区家庭人口老化严峻挑战提供了几点重要启示。其一，以人口老龄化和家庭变迁趋势为基础规划经济社会发展。持续性的人口老龄化和快速的家庭结构变迁，给未来经济社会发展带来巨大的挑战和压力。东部地区作为中国经济发展的重要承载地，既包含经济社会发展水平较高的超大城市（北京、上海、天津），还有发达省份的城镇和农村，也有相对落后省份的城镇和农村。东部地区走出一条具有中国特色的积极应对和适应家庭人口老龄化的道路尤为重要，对其他地区具有示范引领作用。

其二，未来东部地区农村家庭人口老化程度明显比城镇更为严峻。山东、浙江、江苏、福建等省份农村老年抚养负担明显较重，说明农村是未来东部地区积极应对家庭人口老龄化的重要阵地，需要在促进农民工携带老年父母全家向城镇迁移和养老服务供给等方面重点突破。积极探索农村健康养老服务发展模式，推动农村互助养老模式发展，加快农村价格普惠、质量有保障的健康养老服务供给。

其三，家庭小型化给当前居家社区机构养老服务体系带来挑战。北京、上海、天津等超大城市的家庭小型化趋势更加明显，家庭小型化将导致家庭功能弱化。这促使我们在未来积极应对人口老龄化的过程中，需要深入结合家庭老化和小型化趋势特征，建设与之相适应的养老服务体系，尤其是要发挥好社区层面对居家养老服务的支持保障作用。

其四，处理好空巢老人、独居老人、高龄老人等特殊老年群体养老问题。伴随着人口老龄化、人口迁移流动等发展，这些特殊老年群体规模将不断扩大，占比不断提高。坚持“保基本”，重视特殊老年群体养老问题，为农村五保、困难、空巢及失能失智老人等提供基本养老服务。加快推动长期护理保险覆盖全国高龄老人、失能和部分失能老年人等重点人群。

本章附录

表 A10.1　东部各省市家庭人口预测主要综合参数

省市	综合参数	2010 年			2020 年			2030 年			2040 年			2050 年		
		农村	城镇	合计	农村	城镇	合计	农村	城镇	合计	农村	城镇	合计	农村	城镇	合计
北京	总和生育率	1.28	1.08	1.11	1.45	1.32	1.33	1.44	1.31	1.32	1.42	1.29	1.30	1.43	1.28	1.29
	男出生期望寿命/岁	72.72	79.10	78.20	73.44	79.92	79.19	74.37	80.71	80.14	75.36	81.54	81.09	76.31	82.34	81.96
	女出生期望寿命/岁	77.98	82.93	82.24	78.59	83.69	83.12	79.38	84.44	83.98	80.26	85.23	84.87	81.11	85.99	85.68
	一般结婚率	0.0946	0.1108	0.1085	0.0950	0.1131	0.1110	0.0944	0.1128	0.1111	0.0944	0.1131	0.1117	0.0942	0.1134	0.1122
	一般离婚率	0.0049	0.0087	0.0082	0.0049	0.0088	0.0083	0.0050	0.0088	0.0085	0.0050	0.0088	0.0086	0.0050	0.0089	0.0086
	城镇人口占比			85.96%			88.73%			90.90%			92.67%			93.76%
	男一般迁入率	0.0446	0.0423	0.0427	0.0309	0.0293	0.0295	0.0193	0.0183	0.0184	0.0184	0.0175	0.0175	0.0180	0.0171	0.0171
	女一般迁入率	0.0324	0.0350	0.0346	0.0224	0.0242	0.0240	0.0139	0.0151	0.0150	0.0133	0.0143	0.0142	0.0129	0.0139	0.0138
	男一般迁出率	0.0041	0.0029	0.0030	0.0036	0.0025	0.0026	0.0028	0.0020	0.0021	0.0034	0.0024	0.0025	0.0040	0.0028	0.0029
	女一般迁出率	0.0037	0.0018	0.0021	0.0033	0.0016	0.0018	0.0026	0.0013	0.0014	0.0031	0.0015	0.0016	0.0035	0.0017	0.0019
天津	总和生育率	1.28	1.07	1.11	1.45	1.32	1.34	1.44	1.31	1.32	1.42	1.29	1.30	1.43	1.28	1.29
	男出生期望寿命/岁	72.63	79.01	77.69	73.37	79.84	78.81	74.32	80.66	79.88	75.33	81.50	80.93	76.30	82.31	81.87
	女出生期望寿命/岁	76.72	81.60	80.60	77.67	82.60	81.81	78.70	83.56	82.96	79.77	84.53	84.09	80.75	85.41	85.07
	一般结婚率	0.0768	0.0885	0.0861	0.0771	0.0903	0.0882	0.0766	0.0900	0.0884	0.0766	0.0903	0.0890	0.0764	0.0905	0.0895
	一般离婚率	0.0051	0.0084	0.0077	0.0051	0.0084	0.0079	0.0052	0.0084	0.0080	0.0052	0.0085	0.0082	0.0052	0.0085	0.0083
	城镇人口占比			79.44%			84.06%			87.77%			90.84%			92.77%
	男一般迁入率	0.0152	0.0606	0.0513	0.0105	0.0420	0.0370	0.0066	0.0262	0.0238	0.0063	0.0250	0.0233	0.0061	0.0244	0.0231

续表

省市	综合参数	2010 年			2020 年			2030 年			2040 年			2050 年		
		农村	城镇	合计	农村	城镇	合计	农村	城镇	合计	农村	城镇	合计	农村	城镇	合计
天津	女一般迁入率	0.0098	0.0322	0.0276	0.0067	0.0222	0.0197	0.0042	0.0138	0.0127	0.0040	0.0131	0.0123	0.0039	0.0128	0.0121
	男一般迁出率	0.0051	0.0033	0.0036	0.0045	0.0029	0.0031	0.0035	0.0023	0.0024	0.0042	0.0027	0.0029	0.0050	0.0032	0.0033
	女一般迁出率	0.0040	0.0026	0.0029	0.0035	0.0023	0.0025	0.0027	0.0018	0.0019	0.0033	0.0021	0.0022	0.0038	0.0024	0.0025
河北	总和生育率	2.12	1.52	1.85	2.24	1.79	1.98	2.22	1.77	1.91	2.20	1.74	1.84	2.20	1.73	1.80
	男出生期望寿命/岁	70.45	76.64	73.17	71.84	77.94	75.27	73.27	79.19	77.27	74.68	80.41	79.14	75.95	81.50	80.68
	女出生期望寿命/岁	75.63	80.43	77.74	76.86	81.63	79.55	78.09	82.78	81.26	79.33	83.90	82.89	80.43	84.89	84.23
	一般结婚率	0.1008	0.0955	0.0985	0.1012	0.0975	0.0991	0.1005	0.0972	0.0983	0.1005	0.0975	0.0981	0.1003	0.0978	0.0981
	一般离婚率	0.0051	0.0087	0.0067	0.0051	0.0087	0.0072	0.0052	0.0088	0.0076	0.0052	0.0088	0.0080	0.0052	0.0088	0.0083
	城镇人口占比			43.94%			56.30%			67.54%			77.91%			85.17%
	男一般迁入率	0.0018	0.0088	0.0049	0.0013	0.0061	0.0040	0.0008	0.0038	0.0028	0.0008	0.0037	0.0030	0.0007	0.0036	0.0031
	女一般迁入率	0.0013	0.0057	0.0032	0.0009	0.0039	0.0026	0.0006	0.0024	0.0018	0.0005	0.0023	0.0019	0.0005	0.0023	0.0020
	男一般迁出率	0.0130	0.0039	0.0090	0.0114	0.0034	0.0069	0.0090	0.0027	0.0047	0.0108	0.0033	0.0049	0.0126	0.0038	0.0051
	女一般迁出率	0.0083	0.0029	0.0059	0.0072	0.0025	0.0046	0.0057	0.0020	0.0032	0.0068	0.0023	0.0033	0.0078	0.0027	0.0035
上海	总和生育率	1.22	1.06	1.08	1.38	1.30	1.31	1.37	1.29	1.29	1.36	1.27	1.27	1.36	1.26	1.27
	男出生期望寿命/岁	72.77	79.16	78.48	73.47	79.97	79.39	74.39	80.75	80.27	75.37	81.57	81.17	76.32	82.36	82.01
	女出生期望寿命/岁	78.03	82.99	82.46	78.62	83.74	83.28	79.41	84.48	84.09	80.28	85.26	84.94	81.12	86.01	85.73
	一般结婚率	0.1424	0.1383	0.1388	0.1430	0.1411	0.1413	0.1420	0.1408	0.1409	0.1421	0.1411	0.1412	0.1418	0.1415	0.1416
	一般离婚率	0.0054	0.0085	0.0081	0.0054	0.0085	0.0083	0.0055	0.0086	0.0083	0.0055	0.0086	0.0084	0.0055	0.0086	0.0085
	城镇人口占比			89.30%			91.07%			92.45%			93.55%			94.23%
	男一般迁入率	0.0567	0.0470	0.0480	0.0393	0.0325	0.0331	0.0245	0.0203	0.0206	0.0234	0.0194	0.0196	0.0229	0.0189	0.0192
	女一般迁入率	0.0454	0.0419	0.0423	0.0313	0.0289	0.0291	0.0195	0.0180	0.0181	0.0185	0.0171	0.0172	0.0180	0.0167	0.0167

续表

省市	综合参数	2010年			2020年			2030年			2040年			2050年		
		农村	城镇	合计	农村	城镇	合计	农村	城镇	合计	农村	城镇	合计	农村	城镇	合计
上海	男一般迁出率	0.0030	0.0018	0.0019	0.0026	0.0015	0.0016	0.0021	0.0012	0.0013	0.0025	0.0015	0.0015	0.0029	0.0017	0.0018
	女一般迁出率	0.0018	0.0011	0.0012	0.0015	0.0010	0.0010	0.0012	0.0008	0.0008	0.0014	0.0009	0.0009	0.0017	0.0011	0.0011
江苏	总和生育率	1.55	1.08	1.27	1.71	1.39	1.48	1.70	1.37	1.45	1.68	1.35	1.40	1.68	1.35	1.38
	男出生期望寿命/岁	71.19	77.44	74.95	72.36	78.59	76.69	73.63	79.69	78.33	74.90	80.78	79.88	76.07	81.78	81.16
	女出生期望寿命/岁	76.12	80.95	79.03	77.22	82.06	80.59	78.36	83.13	82.06	79.52	84.18	83.46	80.57	85.13	84.64
	一般结婚率	0.0839	0.0997	0.0934	0.0842	0.1018	0.0964	0.0836	0.1015	0.0975	0.0837	0.1018	0.0990	0.0835	0.1021	0.1001
	一般离婚率	0.0046	0.0086	0.0070	0.0046	0.0086	0.0074	0.0046	0.0087	0.0078	0.0046	0.0087	0.0081	0.0046	0.0087	0.0083
	城镇人口占比			60.22%			69.55%			77.56%			84.56%			89.22%
	男一般迁入率	0.0145	0.0248	0.0207	0.0100	0.0172	0.0150	0.0063	0.0107	0.0097	0.0060	0.0102	0.0096	0.0058	0.0100	0.0096
	女一般迁入率	0.0106	0.0197	0.0160	0.0073	0.0136	0.0117	0.0045	0.0085	0.0076	0.0043	0.0080	0.0075	0.0042	0.0078	0.0074
	男一般迁出率	0.0147	0.0030	0.0077	0.0129	0.0027	0.0058	0.0102	0.0021	0.0039	0.0123	0.0025	0.0040	0.0143	0.0030	0.0042
	女一般迁出率	0.0075	0.0019	0.0042	0.0066	0.0017	0.0032	0.0052	0.0013	0.0022	0.0062	0.0016	0.0023	0.0071	0.0018	0.0024
浙江	总和生育率	1.54	1.09	1.26	1.71	1.39	1.48	1.70	1.38	1.44	1.68	1.36	1.40	1.68	1.35	1.38
	男出生期望寿命/岁	72.07	78.40	75.97	72.98	79.36	77.49	74.05	80.29	78.94	75.17	81.22	80.32	76.21	82.10	81.49
	女出生期望寿命/岁	77.36	82.28	80.39	73.14	83.16	81.68	79.05	84.01	82.94	80.02	84.89	84.16	80.93	85.71	85.21
	一般结婚率	0.1480	0.1240	0.1332	0.1485	0.1265	0.1330	0.1476	0.1262	0.1308	0.1476	0.1265	0.1296	0.1473	0.1269	0.1290
	一般离婚率	0.0046	0.0090	0.0073	0.0046	0.0090	0.0077	0.0046	0.0091	0.0081	0.0047	0.0091	0.0084	0.0047	0.0091	0.0087
	城镇人口占比			61.64%			70.66%			78.37%			85.08%			89.52%
	男一般迁入率	0.0423	0.0631	0.0551	0.0293	0.0437	0.0395	0.0183	0.0273	0.0254	0.0174	0.0260	0.0248	0.0170	0.0254	0.0246
	女一般迁入率	0.0330	0.0549	0.0465	0.0228	0.0379	0.0335	0.0142	0.0236	0.0216	0.0135	0.0224	0.0211	0.0131	0.0218	0.0209
	男一般迁出率	0.0106	0.0027	0.0057	0.0093	0.0024	0.0044	0.0073	0.0019	0.0031	0.0088	0.0023	0.0033	0.0103	0.0027	0.0035
	女一般迁出率	0.0070	0.0019	0.0039	0.0061	0.0017	0.0030	0.0048	0.0013	0.0021	0.0057	0.0016	0.0022	0.0066	0.0018	0.0023

续表

省市	综合参数	2010年			2020年			2030年			2040年			2050年		
		农村	城镇	合计	农村	城镇	合计	农村	城镇	合计	农村	城镇	合计	农村	城镇	合计
福建	总和生育率	1.55	1.08	1.28	1.71	1.40	1.50	1.70	1.38	1.46	1.68	1.36	1.42	1.68	1.36	1.39
	男出生期望寿命/岁	70.15	76.32	73.67	71.63	77.67	75.68	73.12	78.99	77.57	74.59	80.26	79.32	75.90	81.38	80.76
	女出生期望寿命/岁	76.08	80.92	78.84	77.20	82.03	80.44	78.35	83.11	81.95	79.51	84.16	83.39	80.56	85.11	84.59
	一般结婚率	0.0927	0.1007	0.0973	0.0931	0.1028	0.0996	0.0924	0.1025	0.1001	0.0925	0.1028	0.1011	0.0923	0.1031	0.1019
	一般离婚率	0.0050	0.0093	0.0074	0.0050	0.0093	0.0079	0.0050	0.0094	0.0083	0.0051	0.0094	0.0087	0.0051	0.0094	0.0089
	城镇人口占比			57.09%			67.07%			75.74%			83.39%			88.53%
	男一般迁入率	0.0138	0.0335	0.0251	0.0096	0.0232	0.0187	0.0060	0.0145	0.0124	0.0057	0.0138	0.0125	0.0056	0.0135	0.0126
	女一般迁入率	0.0093	0.0271	0.0195	0.0064	0.0187	0.0147	0.0040	0.0117	0.0098	0.0038	0.0111	0.0099	0.0037	0.0108	0.0100
	男一般迁出率	0.0188	0.0039	0.0103	0.0165	0.0034	0.0077	0.0130	0.0027	0.0052	0.0157	0.0032	0.0053	0.0183	0.0038	0.0054
	女一般迁出率	0.0124	0.0025	0.0067	0.0108	0.0022	0.0050	0.0085	0.0017	0.0034	0.0101	0.0021	0.0034	0.0117	0.0024	0.0034
山东	总和生育率	1.55	1.06	1.31	1.71	1.42	1.53	1.70	1.40	1.49	1.69	1.38	1.44	1.69	1.37	1.42
	男出生期望寿命/岁	71.36	77.63	74.48	72.48	78.74	76.30	73.71	79.81	78.06	74.95	80.87	79.71	76.10	81.84	81.08
	女出生期望寿命/岁	76.89	81.78	79.32	77.80	82.75	80.82	78.79	83.68	82.27	79.83	84.62	83.69	80.80	85.49	84.87
	一般结婚率	0.0961	0.1053	0.1007	0.0964	0.1074	0.1032	0.0958	0.1072	0.1039	0.0958	0.1074	0.1052	0.0956	0.1078	0.1062
	一般离婚率	0.0046	0.0085	0.0066	0.0047	0.0086	0.0071	0.0047	0.0086	0.0075	0.0047	0.0087	0.0079	0.0047	0.0087	0.0082
	城镇人口占比			49.71%			61.10%			71.25%			80.44%			86.75%
	男一般迁入率	0.0012	0.0099	0.0055	0.0008	0.0068	0.0045	0.0005	0.0043	0.0032	0.0005	0.0041	0.0034	0.0005	0.0040	0.0035
	女一般迁入率	0.0010	0.0071	0.0040	0.0007	0.0049	0.0032	0.0004	0.0030	0.0023	0.0004	0.0029	0.0024	0.0004	0.0028	0.0025
	男一般迁出率	0.0107	0.0027	0.0067	0.0094	0.0024	0.0051	0.0074	0.0019	0.0035	0.0089	0.0023	0.0036	0.0104	0.0026	0.0037
	女一般迁出率	0.0069	0.0018	0.0044	0.0061	0.0016	0.0033	0.0048	0.0012	0.0022	0.0057	0.0015	0.0023	0.0066	0.0017	0.0023

续表

省市	综合参数	2010 年			2020 年			2030 年			2040 年			2050 年		
		农村	城镇	合计	农村	城镇	合计	农村	城镇	合计	农村	城镇	合计	农村	城镇	合计
广东	总和生育率	1.54	1.12	1.26	1.70	1.40	1.48	1.69	1.39	1.45	1.68	1.37	1.41	1.68	1.36	1.39
	男出生期望寿命/岁	70.23	76.40	74.31	71.69	77.74	76.18	73.16	79.04	77.92	74.61	80.30	79.54	75.92	81.41	80.89
	女出生期望寿命/岁	76.36	81.21	79.57	77.40	82.27	81.01	78.50	83.30	82.38	79.62	84.32	83.69	80.64	85.24	84.80
	一般结婚率	0.0557	0.0773	0.0700	0.0560	0.0788	0.0729	0.0556	0.0786	0.0742	0.0556	0.0788	0.0757	0.0555	0.0791	0.0768
	一般离婚率	0.0049	0.0095	0.0079	0.0049	0.0096	0.0084	0.0049	0.0096	0.0087	0.0050	0.0097	0.0090	0.0050	0.0097	0.0092
	城镇人口占比			66.17%			74.17%			80.89%			86.66%			90.43%
	男一般迁入率	0.0142	0.0745	0.0541	0.0098	0.0516	0.0408	0.0062	0.0323	0.0273	0.0059	0.0308	0.0274	0.0057	0.0300	0.0277
	女一般迁入率	0.0105	0.0676	0.0483	0.0072	0.0467	0.0365	0.0045	0.0291	0.0244	0.0043	0.0276	0.0245	0.0042	0.0269	0.0247
	男一般迁出率	0.0036	0.0012	0.0020	0.0031	0.0010	0.0016	0.0025	0.0008	0.0011	0.0030	0.0010	0.0013	0.0035	0.0012	0.0014
	女一般迁出率	0.0022	0.0008	0.0013	0.0019	0.0007	0.0010	0.0015	0.0006	0.0007	0.0018	0.0007	0.0008	0.0021	0.0008	0.0009
海南	总和生育率	2.08	1.56	1.82	2.20	1.80	1.96	2.18	1.78	1.90	2.16	1.76	1.84	2.16	1.75	1.80
	男出生期望寿命/岁	69.62	75.74	72.66	71.25	77.20	74.89	72.85	78.62	76.96	74.42	79.98	78.89	75.82	81.18	80.47
	女出生期望寿命/岁	75.26	80.05	77.64	75.59	81.31	79.47	77.89	82.52	81.19	79.18	83.69	82.81	80.32	84.72	84.14
	一般结婚率	0.0827	0.0743	0.0785	0.0830	0.0758	0.0786	0.0825	0.0756	0.0776	0.0825	0.0758	0.0771	0.0823	0.0760	0.0769
	一般离婚率	0.0053	0.0088	0.0070	0.0053	0.0089	0.0075	0.0053	0.0089	0.0079	0.0054	0.0089	0.0082	0.0054	0.0090	0.0085
	城镇人口占比			49.69%			61.08%			71.23%			80.43%			86.74%
	男一般迁入率	0.0046	0.0211	0.0128	0.0032	0.0146	0.0102	0.0020	0.0091	0.0071	0.0019	0.0087	0.0074	0.0018	0.0085	0.0076
	女一般迁入率	0.0032	0.0156	0.0093	0.0022	0.0108	0.0074	0.0014	0.0067	0.0052	0.0013	0.0064	0.0054	0.0013	0.0062	0.0056
	男一般迁出率	0.0095	0.0044	0.0070	0.0084	0.0038	0.0056	0.0066	0.0030	0.0041	0.0079	0.0037	0.0045	0.0093	0.0043	0.0049
	女一般迁出率	0.0084	0.0039	0.0062	0.0074	0.0035	0.0050	0.0058	0.0027	0.0036	0.0069	0.0032	0.0039	0.0080	0.0037	0.0043

表 A10.2　东部各省市家庭人口老化预测主要结果

省市	主要家庭人口指标	2010 年			2020 年			2030 年			2040 年			2050 年		
		农村	城镇	合计	农村	城镇	合计	农村	城镇	合计	农村	城镇	合计	农村	城镇	合计
北京	65+岁老人占比	9.71%	8.55%	8.71%	15.30%	12.83%	13.11%	24.88%	19.89%	20.35%	32.45%	28.00%	28.33%	36.34%	38.92%	38.76%
	80+岁高龄老人占比	1.68%	1.52%	1.54%	2.29%	2.72%	2.67%	3.61%	3.60%	3.60%	7.43%	7.22%	7.24%	11.72%	11.16%	11.19%
	65+岁空巢老人占比	6.02%	4.52%	4.73%	6.30%	5.99%	6.02%	11.90%	9.37%	9.60%	16.41%	13.26%	13.49%	18.55%	18.32%	18.33%
	80+岁空巢老人占比	1.00%	0.83%	0.85%	0.97%	1.15%	1.13%	0.98%	1.52%	1.47%	2.66%	3.18%	3.15%	4.96%	4.89%	4.89%
	65+岁独居老人占比	2.46%	1.51%	1.64%	1.42%	1.16%	1.19%	2.27%	1.88%	1.91%	3.72%	2.85%	2.91%	4.60%	3.81%	3.86%
	80+岁独居老人占比	0.70%	0.45%	0.49%	0.57%	0.49%	0.50%	0.42%	0.60%	0.58%	1.21%	1.22%	1.23%	2.43%	1.88%	1.91%
	老年家庭户占比	26.15%	17.38%	18.53%	26.62%	20.95%	21.54%	40.01%	31.19%	31.98%	49.96%	41.94%	42.53%	54.98%	56.57%	56.47%
	老年抚养比	0.12	0.11	0.11	0.22	0.18	0.19	0.41	0.32	0.32	0.56	0.45	0.46	0.70	0.76	0.76
	18～64 岁劳动人口占比	78.44%	80.79%	80.46%	69.97%	70.77%	70.68%	60.62%	62.93%	62.72%	57.88%	61.86%	61.57%	51.77%	51.21%	51.24%
	18～64 岁劳动人口/万人	216	1 362	1 578	165	1 314	1 479	116	1 203	1 319	84	1 135	1 219	58	880	938
	总人口/万人	275	1 686	1 961	236	1 857	2 092	191	1 912	2 103	145	1 835	1 980	112	1 719	1 831
天津	65+岁老人占比	9.15%	8.36%	8.52%	16.13%	14.15%	14.46%	25.51%	22.10%	22.52%	35.09%	28.53%	29.13%	39.00%	36.65%	36.81%
	80+岁高龄老人占比	1.64%	1.56%	1.58%	2.08%	2.49%	2.43%	3.97%	3.97%	3.97%	8.04%	8.30%	8.27%	13.64%	11.77%	11.90%
	65+岁空巢老人占比	5.76%	5.16%	5.28%	6.34%	6.99%	6.88%	11.15%	11.78%	11.70%	15.99%	15.47%	15.52%	17.45%	20.00%	19.82%
	80+岁空巢老人占比	0.84%	0.93%	0.91%	0.65%	1.12%	1.05%	0.77%	1.58%	1.48%	2.07%	3.65%	3.51%	4.30%	5.45%	5.37%
	65+岁独居老人占比	2.07%	1.85%	1.90%	1.04%	1.28%	1.23%	1.77%	2.14%	2.09%	3.19%	3.25%	3.25%	4.00%	4.28%	4.26%

续表

省市	主要家庭人口指标	2010 年			2020 年			2030 年			2040 年			2050 年		
		农村	城镇	合计	农村	城镇	合计	农村	城镇	合计	农村	城镇	合计	农村	城镇	合计
天津	80+岁独居老人占比	0.53%	0.57%	0.56%	0.35%	0.53%	0.51%	0.24%	0.58%	0.53%	0.82%	1.33%	1.29%	1.84%	2.15%	2.13%
	老年家庭户占比	30.03%	20.49%	22.54%	28.94%	25.20%	25.81%	41.84%	36.99%	37.60%	55.06%	46.73%	47.53%	60.43%	56.86%	57.12%
	老年抚养比	0.13	0.10	0.11	0.24	0.20	0.20	0.42	0.35	0.36	0.66	0.47	0.48	0.79	0.69	0.70
	18～64 岁劳动人口占比	71.78%	80.66%	78.83%	66.15%	71.37%	70.54%	60.17%	62.80%	62.48%	52.51%	60.80%	60.04%	48.93%	52.87%	52.59%
	18～64 岁劳动人口/万人	191	829	1 020	142	808	950	98	734	832	60	689	749	39	559	598
	总人口/万人	266	1 028	1 294	215	1 132	1 347	163	1 169	1 332	114	1 133	1 247	80	1057	1 137
河北	65+岁老人占比	8.80%	7.53%	3.24%	15.57%	10.70%	12.83%	25.43%	14.05%	17.74%	37.77%	17.58%	22.04%	48.55%	20.20%	24.17%
	80+岁高龄老人占比	1.53%	1.17%	1.37%	2.17%	1.71%	1.91%	4.31%	2.58%	3.14%	9.48%	4.30%	5.44%	18.27%	6.42%	8.08%
	65+岁空巢老人占比	4.81%	4.29%	4.58%	6.38%	5.23%	5.73%	10.77%	6.92%	8.17%	16.17%	8.71%	10.36%	20.37%	9.91%	11.38%
	80+岁空巢老人占比	0.74%	0.64%	0.70%	0.74%	0.73%	0.73%	1.07%	0.96%	1.00%	2.60%	1.66%	1.87%	5.74%	2.57%	3.02%
	65+岁独居老人占比	0.19%	0.15%	0.17%	1.26%	0.79%	0.99%	2.27%	1.21%	1.56%	3.89%	1.62%	2.12%	5.46%	1.87%	2.38%
	80+岁独居老人占比	0.01%	0.02%	0.02%	0.31%	0.23%	0.26%	0.44%	0.35%	0.38%	1.15%	0.63%	0.75%	2.65%	0.95%	1.20%
	老年家庭户占比	31.86%	24.97%	23.83%	29.71%	25.30%	27.23%	41.96%	27.67%	32.70%	56.16%	34.28%	39.73%	67.04%	38.84%	43.50%
	老年抚养比	0.13	0.10	0.12	0.26	0.16	0.20	0.46	0.22	0.29	0.76	0.28	0.37	1.20	0.33	0.42
	18～64 岁劳动人口占比	69.69%	72.49%	70.92%	59.55%	66.59%	63.51%	55.58%	62.29%	60.11%	49.51%	62.99%	60.01%	40.42%	60.25%	57.47%
	18～64 岁劳动人口/万人	2 807	2 289	5 096	2 027	2 920	4 947	1 445	3 370	4 815	869	3 899	4 768	445	4 068	4 513
	总人口/万人	4 028	3 158	7 185	3 404	4 385	7 789	2 600	5 410	8 010	1 755	6 190	7 945	1 101	6 752	7 853

续表

省市	主要家庭人口指标	2010 年			2020 年			2030 年			2040 年			2050 年		
		农村	城镇	合计	农村	城镇	合计	农村	城镇	合计	农村	城镇	合计	农村	城镇	合计
上海	65+岁老人占比	12.14%	9.89%	10.13%	17.24%	16.12%	16.22%	24.26%	23.80%	23.84%	32.19%	31.02%	31.09%	39.02%	41.24%	41.12%
	80+岁高龄老人占比	2.78%	2.53%	2.55%	2.83%	3.00%	2.99%	4.43%	4.68%	4.66%	7.38%	9.62%	9.47%	11.37%	12.51%	12.45%
	65+岁空巢老人占比	8.89%	5.84%	6.17%	7.53%	7.86%	7.83%	13.23%	12.18%	12.26%	20.50%	15.81%	16.11%	26.13%	21.16%	21.44%
	80+岁空巢老人占比	1.88%	1.41%	1.46%	1.66%	1.25%	1.29%	1.14%	1.89%	1.84%	3.13%	4.08%	4.02%	6.74%	5.43%	5.51%
	65+岁独居老人占比	3.10%	1.96%	2.08%	1.63%	1.46%	1.48%	2.37%	2.32%	2.33%	4.61%	3.22%	3.31%	6.61%	4.05%	4.20%
	80+岁独居老人占比	1.23%	0.79%	0.84%	0.99%	0.55%	0.59%	0.40%	0.64%	0.63%	1.40%	1.48%	1.47%	3.36%	2.00%	2.08%
	老年家庭户占比	23.27%	19.47%	19.90%	26.74%	24.93%	25.09%	36.15%	36.03%	36.04%	46.75%	44.86%	44.98%	55.74%	57.98%	57.85%
	老年抚养比	0.16	0.12	0.13	0.25	0.23	0.24	0.38	0.39	0.39	0.55	0.52	0.53	0.78	0.84	0.84
	18～64 岁劳动人口占比	77.11%	79.44%	79.19%	68.67%	68.61%	68.62%	63.08%	60.81%	60.98%	58.39%	59.27%	59.21%	50.20%	49.15%	49.21%
	18～64 岁劳动人口/万人	190	1 633	1 823	147	1 498	1 645	113	1 334	1 447	83	1 222	1 305	57	925	982
	总人口/万人	246	2 056	2 302	214	2 183	2 397	179	2 194	2 373	142	2 062	2 204	114	1 882	1 996
江苏	65+岁老人占比	13.58%	9.29%	10.99%	22.78%	13.08%	16.03%	34.14%	18.06%	21.67%	50.99%	25.71%	29.62%	58.28%	30.02%	32.92%
	80+岁高龄老人占比	2.72%	1.95%	2.26%	4.23%	2.42%	2.97%	7.71%	3.62%	4.54%	14.49%	5.85%	7.18%	28.33%	10.41%	12.24%
	65+岁空巢老人占比	7.58%	5.42%	6.28%	8.99%	6.20%	7.05%	14.21%	8.74%	9.97%	22.09%	12.60%	14.06%	24.66%	14.60%	15.63%
	80+岁空巢老人占比	1.40%	1.12%	1.23%	1.48%	0.99%	1.14%	2.01%	1.46%	1.58%	4.21%	2.43%	2.70%	10.00%	4.50%	5.07%
	65+岁独居老人占比	3.12%	1.98%	2.43%	2.10%	1.21%	1.48%	2.92%	1.63%	1.92%	4.89%	2.34%	2.73%	6.78%	2.87%	3.27%
	80+岁独居老人占比	0.95%	0.70%	0.80%	0.80%	0.46%	0.56%	0.81%	0.57%	0.62%	1.75%	0.95%	1.07%	4.32%	1.59%	1.88%

续表

省市	主要家庭人口指标	2010 年			2020 年			2030 年			2040 年			2050 年		
		农村	城镇	合计	农村	城镇	合计	农村	城镇	合计	农村	城镇	合计	农村	城镇	合计
江苏	老年家庭户占比	36.47%	26.66%	30.65%	37.91%	22.91%	27.56%	51.17%	30.64%	35.55%	69.91%	42.70%	47.34%	76.51%	49.53%	52.67%
	老年抚养比	0.20	0.12	0.15	0.39	0.19	0.24	0.66	0.28	0.35	1.32	0.42	0.52	1.78	0.52	0.60
	18～64 岁劳动人口占比	69%	74%	72%	59%	70%	67%	52%	65%	62%	38%	61%	57%	32%	58%	55%
	18～64 岁劳动人口/万人	2 154	3 527	5 681	1 447	3 947	5 394	925	4 023	4 948	446	3 891	4 337	230	3 604	3 834
	总人口/万人	3 129	4 747	7 876	2 457	5 613	8 071	1 794	6 202	7 996	1 169	6 400	7 568	716	6 266	6 982
浙江	65+岁老人占比	12.97%	7.07%	9.34%	21.21%	10.88%	13.91%	34.22%	17.31%	20.97%	52.00%	26.89%	30.64%	61.69%	33.29%	36.13%
	80+岁高龄老人占比	2.82%	1.45%	1.97%	4.10%	1.96%	2.59%	7.04%	3.02%	3.89%	14.13%	5.56%	6.83%	26.96%	10.65%	12.28%
	65+岁空巢老人占比	8.66%	4.76%	5.26%	9.31%	5.56%	6.66%	17.45%	9.67%	11.36%	29.07%	15.64%	17.64%	35.53%	19.58%	21.17%
	80+岁空巢老人占比	1.87%	0.98%	1.32%	2.18%	1.05%	1.38%	2.38%	1.39%	1.60%	5.92%	2.77%	3.24%	14.23%	5.83%	6.67%
	65+岁独居老人占比	3.59%	1.69%	2.43%	2.47%	1.13%	1.52%	3.65%	1.68%	2.11%	6.99%	2.84%	3.45%	10.82%	4.02%	4.69%
	80+岁独居老人占比	1.23%	0.58%	0.83%	1.26%	0.51%	0.73%	1.01%	0.53%	0.63%	2.59%	1.04%	1.28%	6.83%	2.19%	2.65%
	老年家庭户占比	28.98%	18.15%	22.43%	34.50%	17.72%	22.72%	49.68%	27.04%	32.19%	69.22%	40.88%	45.48%	78.66%	50.25%	53.45%
	老年抚养比	0.19	0.09	0.13	0.33	0.15	0.20	0.63	0.26	0.33	1.31	0.45	0.54	1.96	0.61	0.69
	18～64 岁劳动人口占比	70.13%	75.83%	73.64%	63.38%	72.04%	69.50%	53.87%	65.98%	63.36%	39.25%	59.86%	56.78%	31.07%	54.32%	52.00%
	18～64 岁劳动人口/万人	1 464	2 544	4 008	1 044	2 858	3 902	653	2 898	3 551	313	2 722	3 035	153	2 410	2 563
	总人口/万人	2 088	3 355	5 443	1 647	3 967	5 614	1 212	4 392	5 604	797	4 548	5 345	492	4 437	4 929

续表

省市	主要家庭人口指标	2010年			2020年			2030年			2040年			2050年		
		农村	城镇	合计	农村	城镇	合计	农村	城镇	合计	农村	城镇	合计	农村	城镇	合计
福建	65+岁老人占比	9.97%	6.33%	7.89%	15.64%	8.86%	11.10%	26.38%	13.66%	16.74%	44.61%	22.04%	25.79%	58.76%	28.50%	31.80%
	80+岁高龄老人占比	2.16%	1.24%	1.63%	3.02%	1.58%	2.06%	4.82%	2.22%	2.85%	11.02%	4.16%	5.30%	22.80%	8.08%	9.68%
	65+岁空巢老人占比	5.25%	3.31%	4.14%	6.09%	4.08%	4.75%	10.73%	5.92%	7.09%	18.47%	9.32%	10.84%	24.01%	11.96%	13.27%
	80+岁空巢老人占比	1.14%	0.69%	0.88%	1.04%	0.58%	0.73%	1.51%	0.95%	1.09%	3.65%	1.73%	2.05%	8.07%	3.17%	3.71%
	65+岁独居老人占比	2.54%	1.43%	1.91%	1.60%	0.89%	1.13%	2.49%	1.25%	1.55%	4.41%	1.86%	2.28%	6.51%	2.41%	2.85%
	80+岁独居老人占比	0.82%	0.45%	0.61%	0.60%	0.28%	0.39%	0.73%	0.41%	0.50%	1.71%	0.73%	0.89%	3.72%	1.16%	1.44%
	老年家庭户占比	32.24%	21.28%	25.97%	28.49%	17.45%	21.08%	41.56%	23.47%	28.10%	62.51%	36.57%	41.35%	75.68%	46.48%	50.16%
	老年抚养比	0.14	0.08	0.11	0.24	0.12	0.16	0.45	0.20	0.25	0.97	0.35	0.43	1.70	0.49	0.57
	18～64岁劳动人口占比	69.35%	74.87%	72.50%	64.29%	72.05%	69.49%	59.03%	67.93%	65.77%	45.58%	63.49%	60.52%	33.97%	58.18%	55.54%
	18～64岁劳动人口/万人	1 098	1 577	2 675	821	1 874	2 695	564	2 026	2 590	290	2 028	2 318	134	1 876	2 010
	总人口/万人	1 583	2 106	3 689	1 277	2 601	3 878	955	2 983	3 938	636	3 194	3 830	394	3 225	3 619
山东	65+岁老人占比	11.45%	8.21%	9.84%	19.93%	11.82%	14.98%	33.01%	16.12%	20.98%	52.16%	22.36%	28.18%	64.89%	26.12%	30.99%
	80+岁高龄老人占比	2.32%	1.48%	1.90%	3.39%	2.16%	2.64%	6.42%	3.15%	4.09%	13.62%	5.19%	6.84%	28.85%	8.78%	11.30%
	65+岁空巢老人占比	7.78%	5.47%	6.63%	8.70%	5.78%	6.92%	16.51%	8.71%	10.95%	28.29%	12.70%	15.75%	35.40%	15.01%	17.57%
	80+岁空巢老人占比	1.46%	0.93%	1.20%	1.54%	1.03%	1.23%	1.74%	1.14%	1.31%	4.69%	2.12%	2.62%	13.25%	4.27%	5.40%
	65+岁独居老人占比	3.10%	1.89%	2.50%	1.92%	1.07%	1.41%	3.10%	1.42%	1.90%	6.35%	2.18%	3.00%	10.10%	2.91%	3.81%
	80+岁独居老人占比	0.96%	0.57%	0.77%	0.89%	0.49%	0.64%	0.62%	0.39%	0.45%	1.88%	0.72%	0.95%	6.10%	1.52%	2.10%

续表

省市	主要家庭人口指标	2010 年			2020 年			2030 年			2040 年			2050 年		
		农村	城镇	合计	农村	城镇	合计	农村	城镇	合计	农村	城镇	合计	农村	城镇	合计
山东	老年家庭户占比	30.17%	21.72%	26.08%	33.20%	21.23%	26.08%	47.39%	28.11%	34.28%	67.11%	38.08%	44.77%	77.85%	43.86%	49.10%
	老年抚养比	0.17	0.11	0.14	0.33	0.17	0.22	0.61	0.24	0.34	1.32	0.36	0.49	2.20	0.44	0.56
	18～64 岁劳动人口占比	69.42%	73.22%	71.31%	61.01%	70.01%	66.51%	53.54%	65.86%	62.31%	39.14%	62.04%	57.56%	28.98%	59.52%	55.68%
	18～64 岁劳动人口/万人	3 344	3 487	6 831	2 333	4 205	6 538	1 504	4 585	6 089	714	4 655	5 369	315	4 508	4 823
	总人口/万人	4 817	4 762	9 579	3 824	6 006	9 830	2 809	6 962	9 771	1 824	7 503	9 327	1 087	7 574	8 661
广东	65+岁老人占比	9.34%	5.49%	5.79%	13.10%	7.55%	8.98%	21.77%	11.49%	13.46%	35.48%	19.44%	21.58%	46.81%	27.34%	29.12%
	80+岁高龄老人占比	2.15%	1.09%	1.45%	2.81%	1.42%	1.78%	4.03%	1.92%	2.33%	8.52%	3.36%	4.05%	17.89%	6.97%	7.97%
	65+岁空巢老人占比	3.93%	2.28%	2.84%	4.77%	3.10%	3.53%	7.61%	4.05%	4.73%	12.10%	6.41%	7.17%	15.59%	9.00%	9.60%
	80+岁空巢老人占比	1.06%	0.56%	0.73%	0.83%	0.44%	0.54%	1.32%	0.78%	0.88%	2.71%	1.25%	1.44%	5.47%	2.31%	2.60%
	65+岁独居老人占比	2.15%	1.09%	1.45%	1.44%	0.75%	0.92%	2.13%	1.06%	1.26%	3.40%	1.67%	1.91%	4.66%	2.48%	2.68%
	80+岁独居老人占比	0.79%	0.39%	0.52%	0.51%	0.24%	0.31%	0.74%	0.40%	0.46%	1.46%	0.65%	0.75%	2.75%	1.06%	1.21%
	老年家庭户占比	37.58%	19.48%	25.16%	27.90%	15.34%	18.50%	39.24%	20.50%	24.21%	57.29%	33.20%	36.70%	68.97%	45.02%	47.52%
	老年抚养比	0.15	0.07	0.10	0.21	0.10	0.13	0.37	0.17	0.20	0.70	0.30	0.34	1.08	0.46	0.50
	18～64 岁劳动人口占比	61.32%	75.87%	70.94%	63.12%	74.44%	71.52%	58.40%	68.98%	66.96%	49.69%	65.35%	63.26%	42.69%	60.05%	58.46%
	18～64 岁劳动人口/万人	2 164	5 237	7 401	1 820	6 163	7 983	1 304	6 520	7 824	768	6 562	7 330	435	6 075	6 510
	总人口/万人	3 529	6 903	10 432	2 883	8 279	11 162	2 233	9 452	11 684	1 546	10 041	11 587	1 019	10 117	11 136

续表

省市	主要家庭人口指标	2010 年			2020 年			2030 年			2040 年			2050 年		
		农村	城镇	合计	农村	城镇	合计	农村	城镇	合计	农村	城镇	合计	农村	城镇	合计
海南	65+岁老人占比	9.27%	6.85%	8.07%	13.01%	8.17%	10.05%	22.89%	11.48%	14.76%	38.97%	16.25%	20.70%	57.06%	20.49%	25.08%
	80+岁高龄老人占比	2.21%	1.31%	1.76%	3.16%	1.84%	2.36%	4.53%	2.06%	2.77%	9.32%	3.26%	4.45%	21.55%	6.07%	8.01%
	65+岁空巢老人占比	4.37%	2.95%	3.66%	4.98%	3.42%	4.03%	8.87%	4.21%	5.55%	15.28%	5.68%	7.56%	22.28%	6.99%	8.91%
	80+岁空巢老人占比	1.21%	0.66%	0.94%	1.14%	0.56%	0.79%	1.68%	0.80%	1.06%	3.54%	1.21%	1.66%	8.27%	2.00%	2.79%
	65+岁独居老人占比	2.17%	1.29%	1.73%	1.57%	0.84%	1.13%	2.58%	1.07%	1.51%	4.37%	1.46%	2.03%	6.60%	1.82%	2.42%
	80+岁独居老人占比	0.82%	0.42%	0.63%	0.65%	0.28%	0.43%	0.90%	0.40%	0.55%	1.81%	0.61%	0.84%	3.98%	0.92%	1.31%
	老年家庭户占比	34.82%	26.42%	30.66%	27.75%	22.60%	24.61%	40.21%	23.28%	28.49%	58.52%	32.42%	38.22%	75.13%	40.33%	45.59%
	老年抚养比	0.15	0.10	0.12	0.21	0.12	0.15	0.39	0.18	0.23	0.79	0.25	0.34	1.60	0.34	0.43
	18～64 岁劳动人口占比	63.26%	70.33%	66.77%	62.54%	68.74%	66.33%	59.10%	64.93%	63.26%	48.95%	63.77%	60.87%	35.14%	60.81%	57.58%
	18～64 岁劳动人口/万人	276	303	579	229	395	624	168	457	625	96	514	610	44	530	574
	总人口/万人	436	431	867	366	575	941	284	704	988	196	806	1002	125	872	997

注：本表数据由原始数据计算得到

表 A10.3　东部各省市庭户规模和结构预测主要结果

省市	主要家庭户指标	2010 年			2020 年			2030 年			2040 年			2050 年		
		农村	城镇	合计	农村	城镇	合计	农村	城镇	合计	农村	城镇	合计	农村	城镇	合计
北京	平均家庭户规模/人	2.76	2.40	2.45	2.67	2.44	2.47	2.49	2.40	2.41	2.29	2.24	2.25	2.34	2.32	2.32
	1 人家庭户占比	18.68%	25.74%	24.82%	15.96%	21.58%	20.99%	15.58%	21.10%	20.61%	19.09%	23.02%	22.73%	18.79%	20.48%	20.38%
	2 人家庭户占比	28.97%	30.43%	30.24%	30.92%	29.70%	29.83%	38.08%	33.55%	33.96%	44.35%	39.95%	40.28%	44.00%	40.61%	40.82%
	3～4 人家庭户占比	40.62%	38.08%	38.41%	45.13%	44.14%	44.25%	42.25%	41.58%	41.64%	33.94%	34.63%	34.59%	33.08%	35.04%	34.93%
	5+人家庭户占比	11.71%	5.75%	6.53%	7.99%	4.57%	4.94%	4.09%	3.76%	3.79%	2.61%	2.40%	2.41%	4.13%	3.86%	3.87%
	夫妇二代户占比	35.29%	32.18%	32.59%	39.20%	38.39%	38.47%	36.92%	36.61%	36.64%	29.12%	30.35%	30.26%	28.59%	30.09%	30.00%
	单亲二代户占比	3.80%	7.46%	6.97%	8.43%	10.80%	10.55%	13.29%	13.97%	13.90%	16.52%	15.66%	15.72%	16.47%	16.14%	16.16%
	三代家庭户占比	14.77%	8.96%	9.72%	11.10%	7.91%	8.24%	5.98%	5.96%	5.96%	4.08%	3.81%	3.83%	6.00%	6.18%	6.17%
天津	平均家庭户规模/人	3.20	2.69	2.80	2.89	2.56	2.61	2.61	2.41	2.44	2.44	2.28	2.29	2.38	2.31	2.32
	1 人家庭户占比	8.67%	13.63%	12.56%	9.80%	16.09%	15.07%	11.05%	17.51%	16.69%	12.73%	18.40%	17.86%	13.56%	17.98%	17.65%
	2 人家庭户占比	24.99%	29.64%	28.64%	29.41%	31.38%	31.06%	39.36%	38.03%	38.20%	46.06%	45.63%	45.67%	48.81%	45.63%	45.86%
	3～4 人家庭户占比	49.12%	50.19%	49.96%	50.78%	47.16%	47.75%	44.16%	40.69%	41.14%	37.46%	33.40%	33.78%	34.17%	32.70%	32.81%
	5+人家庭户占比	17.21%	6.55%	8.84%	10.00%	5.37%	6.12%	5.43%	3.76%	3.96%	3.74%	2.59%	2.69%	3.47%	3.69%	3.68%
	夫妇二代户占比	44.74%	44.55%	44.59%	44.77%	41.63%	42.14%	38.16%	35.58%	35.91%	31.63%	28.73%	29.00%	28.73%	27.46%	27.56%
	单亲二代户占比	2.74%	5.79%	5.13%	8.22%	9.16%	9.01%	14.63%	12.35%	12.63%	19.93%	14.66%	15.17%	23.12%	14.57%	15.20%
	三代家庭户占比	19.49%	9.82%	11.89%	13.25%	8.70%	9.43%	7.63%	6.38%	6.54%	5.58%	4.47%	4.57%	5.30%	6.35%	6.28%

续表

省市	主要家庭户指标	2010年			2020年			2030年			2040年			2050年		
		农村	城镇	合计	农村	城镇	合计	农村	城镇	合计	农村	城镇	合计	农村	城镇	合计
河北	平均家庭户规模/人	3.48	3.17	3.34	3.11	2.95	3.02	2.75	2.88	2.83	2.54	2.76	2.70	2.43	2.77	2.72
	1人家庭户占比	8.94%	9.64%	9.25%	10.86%	11.48%	11.21%	12.98%	12.51%	12.68%	13.93%	13.53%	13.63%	14.16%	13.33%	13.46%
	2人家庭户占比	20.23%	23.55%	21.69%	25.73%	26.67%	26.26%	35.52%	30.58%	32.32%	43.09%	34.53%	36.66%	48.43%	35.62%	37.74%
	3~4人家庭户占比	47.11%	50.39%	48.55%	48.24%	48.13%	48.18%	42.90%	42.97%	42.94%	37.22%	40.36%	39.57%	32.87%	38.74%	37.77%
	5+人家庭户占比	23.71%	16.41%	20.50%	15.18%	13.71%	14.36%	8.61%	13.93%	12.06%	5.76%	11.57%	10.13%	4.54%	12.30%	11.03%
	夫妇二代户占比	44.69%	47.21%	45.80%	43.17%	44.07%	43.67%	38.15%	42.90%	41.23%	31.70%	39.85%	37.82%	27.35%	38.37%	36.55%
	单亲二代户占比	4.10%	4.26%	4.17%	9.34%	7.10%	8.09%	17.41%	8.48%	11.62%	23.74%	9.41%	12.98%	29.85%	9.62%	12.96%
	三代家庭户占比	22.99%	16.91%	20.32%	16.47%	15.51%	15.93%	8.08%	11.16%	10.07%	5.59%	9.09%	8.21%	4.23%	9.57%	8.69%
上海	平均家庭户规模/人	2.36	2.51	2.49	2.50	2.49	2.49	2.37	2.43	2.42	2.22	2.30	2.30	2.21	2.35	2.34
	1人家庭户占比	22.80%	19.52%	19.89%	16.76%	18.63%	18.46%	17.49%	19.08%	18.96%	21.32%	20.74%	20.78%	23.62%	19.39%	19.65%
	2人家庭户占比	41.46%	33.02%	33.99%	37.23%	32.58%	33.00%	43.05%	36.61%	37.11%	47.27%	41.69%	42.07%	46.26%	42.84%	43.05%
	3~4人家庭户占比	28.81%	41.19%	39.77%	40.75%	43.43%	43.20%	35.94%	39.81%	39.51%	28.39%	34.24%	33.84%	25.95%	33.37%	32.92%
	5+人家庭户占比	6.91%	6.28%	6.35%	5.25%	5.35%	5.35%	3.52%	4.50%	4.42%	3.02%	3.32%	3.31%	4.18%	4.39%	4.37%
	夫妇二代户占比	24.89%	34.94%	33.79%	35.49%	37.80%	37.59%	31.09%	35.16%	34.84%	24.20%	30.00%	29.60%	21.79%	29.05%	28.61%
	单亲二代户占比	3.27%	6.24%	5.89%	9.37%	9.34%	9.35%	12.36%	11.97%	12.00%	11.29%	13.99%	13.81%	9.42%	14.35%	14.04%
	三代家庭户占比	8.68%	9.83%	9.70%	7.44%	8.68%	8.57%	4.92%	6.48%	6.36%	4.43%	4.71%	4.69%	5.99%	5.88%	5.89%

续表

省市	主要家庭户指标	2010年			2020年			2030年			2040年			2050年		
		农村	城镇	合计	农村	城镇	合计	农村	城镇	合计	农村	城镇	合计	农村	城镇	合计
江苏	平均家庭户规模/人	3.02	2.87	2.93	2.79	2.69	2.72	2.56	2.62	2.60	2.39	2.51	2.49	2.30	2.50	2.48
	1人家庭户占比	14.19%	14.01%	14.08%	12.97%	14.30%	13.89%	12.94%	14.38%	14.03%	13.89%	15.46%	15.19%	15.32%	15.64%	15.60%
	2人家庭户占比	28.98%	28.10%	28.46%	32.59%	30.49%	31.14%	40.47%	34.36%	35.82%	47.27%	39.21%	40.58%	50.49%	40.91%	42.03%
	3～4人家庭户占比	39.24%	45.16%	42.75%	44.85%	47.11%	46.42%	41.60%	44.59%	43.87%	35.86%	39.95%	39.25%	31.79%	37.67%	36.98%
	5+人家庭户占比	17.59%	12.73%	14.71%	9.60%	8.09%	8.56%	5.00%	6.67%	6.28%	2.98%	5.39%	4.97%	2.40%	5.79%	5.40%
	夫妇二代户占比	31.20%	38.95%	35.79%	35.78%	40.53%	39.06%	33.01%	39.19%	37.71%	27.89%	35.16%	33.92%	24.65%	32.92%	31.96%
	单亲二代户占比	6.15%	5.57%	5.81%	11.70%	8.40%	9.42%	18.49%	9.99%	12.02%	24.94%	11.73%	13.99%	29.74%	13.28%	15.19%
	三代家庭户占比	22.36%	16.35%	18.80%	14.46%	12.33%	12.99%	8.07%	9.39%	9.08%	5.06%	7.30%	6.92%	4.20%	7.60%	7.20%
浙江	平均家庭户规模/人	2.66	2.58	2.62	2.57	2.50	2.52	2.36	2.39	2.39	2.18	2.27	2.25	2.07	2.26	2.23
	1人家庭户占比	20.13%	20.52%	20.36%	16.52%	18.28%	17.75%	17.36%	18.50%	18.24%	20.55%	20.43%	20.45%	24.72%	21.17%	21.57%
	2人家庭户占比	32.23%	31.13%	31.56%	35.96%	32.76%	33.72%	44.54%	38.02%	39.50%	50.07%	43.31%	44.40%	51.08%	44.51%	45.25%
	3～4人家庭户占比	36.96%	40.37%	39.02%	41.40%	43.89%	43.15%	34.87%	39.61%	38.53%	27.40%	33.21%	32.26%	22.61%	30.76%	29.84%
	5+人家庭户占比	10.69%	7.98%	9.05%	6.13%	5.07%	5.39%	3.23%	3.87%	3.72%	1.98%	3.05%	2.88%	1.59%	3.56%	3.34%
	夫妇二代户占比	31.12%	35.82%	33.96%	34.54%	39.36%	37.92%	28.22%	35.53%	33.87%	21.43%	29.35%	28.07%	17.58%	26.87%	25.82%
	单亲二代户占比	4.89%	4.93%	4.92%	12.25%	8.66%	9.73%	18.20%	10.10%	11.94%	22.44%	11.43%	13.21%	24.82%	12.51%	13.90%
	三代家庭户占比	13.78%	9.88%	11.42%	8.65%	6.95%	7.46%	4.82%	5.31%	5.20%	3.08%	4.22%	4.04%	2.53%	4.81%	4.55%

续表

省市	主要家庭户指标	2010年			2020年			2030年			2040年			2050年		
		农村	城镇	合计	农村	城镇	合计	农村	城镇	合计	农村	城镇	合计	农村	城镇	合计
福建	平均家庭户规模/人	3.14	2.83	2.96	2.84	2.66	2.72	2.53	2.55	2.55	2.34	2.46	2.44	2.23	2.47	2.44
	1人家庭户占比	16.31%	19.88%	18.35%	14.88%	17.24%	16.46%	15.89%	17.18%	16.85%	16.91%	18.03%	17.83%	17.74%	17.18%	17.25%
	2人家庭户占比	22.64%	24.38%	23.64%	27.10%	26.80%	26.90%	36.42%	31.17%	32.51%	44.98%	36.52%	38.08%	49.96%	38.70%	40.12%
	3～4人家庭户占比	41.66%	42.94%	42.39%	47.61%	48.51%	48.21%	43.25%	46.30%	45.52%	35.84%	40.79%	39.88%	30.76%	39.07%	38.03%
	5+人家庭户占比	19.39%	12.79%	15.62%	10.40%	7.46%	8.42%	4.43%	5.35%	5.12%	2.26%	4.65%	4.21%	1.56%	5.04%	4.61%
	夫妇二代户占比	36.45%	38.02%	37.35%	40.03%	42.72%	41.84%	35.87%	41.14%	39.79%	28.48%	36.34%	34.89%	23.80%	34.68%	33.32%
	单亲二代户占比	6.42%	6.03%	6.19%	11.81%	9.54%	10.28%	18.73%	11.66%	13.47%	26.39%	13.89%	16.19%	33.30%	16.39%	18.51%
	三代家庭户占比	20.81%	14.53%	17.22%	13.40%	10.47%	11.43%	6.31%	7.70%	7.34%	3.63%	6.06%	5.61%	2.72%	6.35%	5.90%
山东	平均家庭户规模/人	3.07	2.88	2.98	2.83	2.74	2.78	2.50	2.66	2.61	2.27	2.55	2.49	2.14	2.50	2.44
	1人家庭户占比	11.35%	11.45%	11.40%	11.58%	12.72%	12.26%	12.56%	13.28%	13.05%	15.15%	14.44%	14.60%	18.33%	15.36%	15.82%
	2人家庭户占比	26.38%	26.94%	26.65%	31.76%	29.84%	30.62%	44.41%	35.03%	38.03%	52.78%	39.57%	42.61%	56.19%	42.05%	44.23%
	3～4人家庭户占比	47.69%	51.75%	49.65%	47.55%	49.65%	48.81%	39.11%	44.84%	43.01%	30.24%	40.34%	38.01%	24.36%	37.08%	35.12%
	5+人家庭户占比	14.58%	9.86%	12.30%	9.11%	7.78%	8.33%	3.91%	6.85%	5.92%	1.83%	5.65%	4.78%	1.12%	5.51%	4.83%
	夫妇二代户占比	43.49%	47.85%	45.60%	41.50%	45.02%	43.60%	33.12%	41.04%	38.51%	24.26%	36.62%	33.77%	18.80%	33.25%	31.02%
	单亲二代户占比	4.72%	4.47%	4.60%	10.88%	7.50%	8.86%	18.04%	8.43%	11.50%	23.61%	9.61%	12.84%	27.98%	10.39%	13.10%
	三代家庭户占比	15.79%	11.31%	13.62%	11.22%	9.97%	10.47%	4.97%	7.98%	7.02%	2.66%	6.60%	5.69%	1.84%	6.52%	5.80%

续表

省市	主要家庭户指标	2010 年			2020 年			2030 年			2040 年			2050 年		
		农村	城镇	合计	农村	城镇	合计	农村	城镇	合计	农村	城镇	合计	农村	城镇	合计
广东	平均家庭户规模/人	3.64	2.78	3.05	3.01	2.57	2.68	2.72	2.56	2.59	2.49	2.47	2.47	2.36	2.46	2.45
	1 人家庭户占比	14.49%	25.27%	21.88%	16.11%	23.14%	21.37%	15.32%	22.00%	20.67%	15.70%	22.02%	21.10%	16.00%	20.51%	20.04%
	2 人家庭户占比	17.91%	24.75%	22.61%	21.66%	23.74%	23.21%	29.15%	26.56%	27.08%	38.05%	31.06%	32.08%	44.52%	34.02%	35.11%
	3～4 人家庭户占比	35.17%	35.12%	35.13%	47.17%	46.05%	46.33%	48.04%	44.63%	45.30%	42.47%	41.43%	41.58%	37.17%	40.04%	39.74%
	5+人家庭户占比	32.43%	14.86%	20.38%	15.05%	7.08%	9.09%	7.49%	6.82%	6.95%	3.78%	5.49%	5.24%	2.32%	5.44%	5.10%
	夫妇二代户占比	33.72%	31.99%	32.53%	38.91%	40.42%	40.04%	38.66%	39.79%	39.57%	33.02%	36.61%	36.09%	28.07%	35.17%	34.43%
	单亲二代户占比	9.81%	6.59%	7.60%	12.08%	10.57%	10.95%	17.76%	13.91%	14.67%	25.35%	16.89%	18.12%	32.21%	19.60%	20.92%
	三代家庭户占比	27.16%	14.07%	18.18%	17.90%	9.52%	11.63%	10.87%	8.05%	8.61%	6.41%	6.75%	6.70%	4.55%	6.77%	6.53%
海南	平均家庭户规模/人	3.56	3.22	3.39	3.13	2.89	2.99	2.76	2.80	2.79	2.49	2.68	2.64	2.33	2.67	2.62
	1 人家庭户占比	16.47%	18.23%	17.34%	14.01%	15.75%	15.07%	15.13%	14.93%	15.00%	16.51%	15.73%	15.91%	17.44%	15.84%	16.08%
	2 人家庭户占比	15.95%	18.34%	17.13%	20.20%	21.38%	20.92%	28.18%	23.34%	24.83%	37.30%	27.10%	29.37%	44.19%	29.27%	31.53%
	3～4 人家庭户占比	36.82%	41.95%	39.36%	49.09%	50.78%	50.12%	48.78%	52.06%	51.06%	42.25%	49.35%	47.77%	36.18%	46.30%	44.77%
	5+人家庭户占比	30.75%	21.48%	26.17%	16.70%	12.09%	13.89%	7.89%	9.67%	9.12%	3.94%	7.82%	6.96%	2.19%	8.60%	7.62%
	夫妇二代户占比	40.75%	40.78%	40.77%	44.87%	44.54%	44.67%	42.28%	45.19%	44.30%	34.61%	42.71%	40.91%	28.19%	40.81%	38.90%
	单亲家庭户占比	5.52%	5.96%	5.73%	9.55%	9.00%	9.21%	14.98%	10.68%	12.00%	22.03%	12.03%	14.25%	29.89%	13.30%	15.81%
	三代家庭户占比	22.56%	18.90%	20.75%	16.63%	15.57%	15.98%	9.37%	14.17%	12.69%	5.80%	12.11%	10.71%	3.97%	11.65%	10.49%

注：本表数据由原始数据计算得到

第 11 章　中部地区分省家庭人口预测分析与对策探讨[①]

11.1　引　　言

从 2010 年全国人口普查数据看，中部六省共有家庭户 1.02 亿户，约占全国家庭户总数的 25.28%，家庭户最多的省份是河南，最少的省份是山西。中部六省平均家庭户规模为 3.28 人，高出全国水平 6.89%。其中平均家庭户规模最大的是江西，最小的是安徽。从家庭户的规模构成看，占比最高的是三人户，约占 25.38%，其次分别是二人户、四人户、一人户和五人户等。从家庭户类别的构成看，占比最高的是二代户，约占 50.16%，其次分别是一代户、三代户和四代户。

本章运用本书第 2 章至第 4 章阐述的多维家庭人口预测方法（曾毅等，1998；Zeng et al.，2006，2013a，2013b，2014）进行的分省区市多维家庭人口预测结果（参阅本书第 7 章和第 8 章），以及 2010 年人口普查和相关人口抽样调查数据（参阅本书第 7 章），比较分析我国中部地区山西、安徽、江西、河南、湖北、湖南等六省 2010～2050 年在生育、死亡、城乡人口迁移、结婚、离婚等人口参数中方案假定条件下的家庭户规模与结构，尤其是老年人居住安排的变动，聚焦于我国中部地区省际差异的分析。考虑到城乡间在生育、死亡、婚姻、迁移等方面的巨大差异，我们在各省的家庭人口预测分析中，区分了农村和城镇地区，进行城乡家庭户、老人居住安排，以及家庭人口老龄化动态趋势的对比与综合分析。

国内外文献综述尚未发现关于中部六省分城乡的未来家庭人口结构动态变化预测等省际差异综合对比分析研究，而前人关于中部地区家庭人口相关省际差异的研究要么是关于人口与家庭过去和现状的省际差异分析，要么是关于省际人口迁移的研究。本章试图填补中部六省分城乡的未来家庭人口结构动态变化预测分析研究的空白。

---

① 本章由王英安（中国人口与发展研究中心副研究员；wya486@163.com）主要基于王正联研究员、周立权经理、周圣智工程师、张许颖研究员和曾毅教授研究组提供的家庭人口预测数据撰写。

11.2　主要参数假设

使用 ProFamy 模型进行家庭户预测需要的家庭人口基数、分城乡性别年龄的标准模式以及综合参数等数据及其估算方法已在本书第 7 章详细阐述，在此不再赘述。我国中部地区六省家庭人口预测主要参数加权平均值列在表 11.1，每个省城乡家庭人口预测主要参数请参阅本章附录表 A11.1。

表 11.1　中部地区家庭人口预测主要综合参数的六省加权平均值

年份	项目	总和生育率	男出生期望寿命/岁	女出生期望寿命/岁	一般结婚率	一般离婚率	城镇人口占比
2010	农村	2.16	70.08	75.68	0.0817	0.0049	43.55%
	城镇	1.51	76.25	80.44	0.0802	0.0084	
	合计	1.88	72.77	77.75	0.0810	0.0065	
2020	农村	2.27	71.58	76.90	0.0819	0.0050	55.92%
	城镇	1.78	77.62	81.64	0.0817	0.0085	
	合计	2.00	74.96	79.55	0.0818	0.0069	
2030	农村	2.26	73.08	78.12	0.0813	0.0050	67.21%
	城镇	1.76	78.95	82.79	0.0815	0.0085	
	合计	1.93	77.02	81.26	0.0814	0.0074	
2040	农村	2.24	74.56	79.35	0.0812	0.0050	77.65%
	城镇	1.74	80.22	83.92	0.0816	0.0086	
	合计	1.85	78.96	82.90	0.0815	0.0078	
2050	农村	2.24	75.89	80.45	0.0810	0.0050	84.98%
	城镇	1.73	81.36	84.91	0.0818	0.0086	
	合计	1.81	80.54	84.24	0.0817	0.0081	

2010 年中部六省中城乡合一的总和生育率最高的为河南（1.97），最低的为湖北（1.77）。男性出生期望寿命最高为山西（73.35 岁），最低为河南（72.31 岁）；女性出生期望寿命最高为安徽（78.14 岁），最低为江西（77.33 岁）。一般结婚率

最高的是安徽（0.0992），最低的是山西（0.0689）。一般离婚率最高的是山西（0.0068），最低的是湖南（0.0063）[①]。城镇人口比例最高的是湖北（49.70%），最低的是河南（38.52%）（表 A11.1）。

中部地区六省城乡合一的一般迁入率和一般迁出率列在表 A11.1。中部六省中一般迁入率最高的为山西，最低的为河南，安徽、江西、湖北三省的迁入率水平较为接近。从一般迁出率看，2030 年之前安徽最高，之后被江西超越，且与湖北、湖南越来越接近。迁出率水平最低的为山西，其次为河南。从净迁移水平看，中部六个省份均为净迁出，水平分布与一般迁出率类似，即净迁移率最低的为山西，其次为河南；2030 年之前安徽省最高，之后被江西超越，且与湖北、湖南越来越接近。

11.3 预测结果分析

基于相关家庭人口预测主要参数及 ProFamy 模型的我国中部地区分城乡的家庭人口老化预测结果见表 11.2。

11.3.1 家庭人口老化的省际差异

本章的多区域家庭人口预测分析表明：中部地区 21 世纪家庭人口老化比较严重的是湖北、湖南和安徽，这三个省份老龄化程度明显高于其他三个省份（表 11.3）。从 65+岁老人占总人口比例来看，在 2020 年之前，安徽和湖南都要高于湖北，但 2020 年之后湖北的老龄化程度显著提高，开始高于安徽和湖南，至 2050 年中部地区 65+岁老人占总人口比例最高的三个省仍然是湖北、湖南和安徽。从 80+岁高龄老人占总人口比例来看，2020 年之前，安徽高于其他各省，此后湖南和湖北的高龄老人占比快速提高，逐渐超过中部其他省份，至 2050 年中部地区 80+岁高龄老人占总人口比例最高的三个省仍然是湖北、安徽和湖南。此外，大多数年份安徽 65+岁空巢老人占总人口比例要高于其他省份，表明安徽面临的老年人照料问题更为严峻，其次是山西、湖北和湖南。江西和河南两个省份老龄化发展趋势较为接近，65+岁老人占总人口比例、80+岁高龄老人占总人口比例、65+岁空巢老人与 80+岁高龄空巢老人分别占总人口比例在中部省份中相对较低（表 11.3 和表 11.4）。

① 表 A11.1 中湖南和湖北的一般离婚率都是 0.0063，但从更精确的原始数据来看，湖南的一般离婚率最低。

表 11.2　中部地区家庭人口老化预测主要结果各省加权平均值

家庭人口 综合指标	2010 年			2020 年			2030 年			2040 年			2050 年		
	农村	城镇	合计	农村	城镇	合计	农村	城镇	合计	农村	城镇	合计	农村	城镇	合计
65+岁老人占比	9.89%	7.56%	8.87%	15.97%	9.87%	12.56%	24.27%	13.05%	16.72%	38.72%	18.38%	22.93%	47.48%	20.36%	24.21%
80+岁高龄老人占比	1.74%	1.22%	1.51%	2.71%	1.71%	2.16%	4.86%	2.42%	3.23%	8.99%	3.70%	4.88%	19.41%	6.60%	8.41%
65+岁空巢老人占比	5.10%	4.19%	4.70%	5.80%	4.46%	5.05%	8.82%	5.89%	6.86%	14.17%	8.35%	9.65%	16.60%	9.07%	10.14%
80+岁空巢老人占比	0.85%	0.67%	0.77%	0.71%	0.62%	0.66%	1.18%	0.87%	0.97%	2.20%	1.34%	1.54%	5.28%	2.48%	2.87%
65+岁独居老人占比	2.20%	1.57%	1.93%	1.36%	0.90%	1.10%	1.94%	1.14%	1.41%	3.16%	1.57%	1.92%	4.28%	1.80%	2.15%
80+岁独居老人占比	0.58%	0.40%	0.50%	0.39%	0.29%	0.33%	0.54%	0.36%	0.42%	1.02%	0.55%	0.65%	2.29%	0.90%	1.09%
老年家庭户占比	35.56%	24.49%	30.68%	30.36%	21.88%	25.62%	40.21%	25.15%	30.40%	57.52%	34.90%	40.50%	66.28%	38.90%	43.37%
老年抚养比	0.15	0.11	0.13	0.27	0.14	0.20	0.44	0.20	0.27	0.84	0.30	0.39	1.20	0.33	0.42
18～64 岁劳动人口占比	65.88%	71.15%	68.18%	59.40%	68.27%	64.36%	55.55%	63.93%	61.18%	46.14%	61.99%	58.45%	39.74%	61.02%	58.00%
18-64 岁劳动人口/万人	13 268	11 054	24 322	10 022	14 614	24 635	7 223	17 036	24 260	4 088	19 081	23 168	2 205	20 452	22 657
总人口/万人	20 139	15 536	35 675	16 872	21 407	38 279	13 003	26 650	39 652	8 859	30 778	39 638	5 548	33 515	39 063

表 11.3 中部地区六个省份老人占总人口比例

年份	65+岁老人占总人口比例						80+岁高龄老人占总人口比例					
	山西	安徽	江西	河南	湖北	湖南	山西	安徽	江西	河南	湖北	湖南
2010	11.53%	15.01%	11.44%	12.73%	13.93%	14.54%	1.15%	1.81%	1.31%	1.48%	1.41%	1.72%
2020	16.52%	17.53%	15.23%	16.54%	19.02%	18.33%	1.75%	2.39%	1.77%	2.05%	2.14%	2.55%
2030	23.26%	25.82%	21.22%	22.55%	27.36%	25.87%	2.53%	3.58%	2.53%	3.11%	3.48%	3.63%
2040	27.94%	30.32%	26.87%	25.49%	31.58%	29.73%	4.69%	4.51%	4.18%	4.63%	5.73%	5.29%
2050	31.5%	32.48%	30.20%	29.56%	35.87%	33.67%	7.70%	9.14%	6.94%	7.55%	9.73%	9.15%

表 11.4 中部地区六个省份空巢老人占总人口比例

年份	65+岁空巢老人占总人口比例						80+岁高龄空巢老人占总人口比例					
	山西	安徽	江西	河南	湖北	湖南	山西	安徽	江西	河南	湖北	湖南
2010	4.57%	5.93%	3.53%	4.43%	4.63%	4.92%	0.69%	0.95%	0.64%	0.75%	0.66%	0.88%
2020	4.84%	5.64%	4.08%	4.92%	5.20%	5.37%	0.72%	0.83%	0.47%	0.59%	0.59%	0.76%
2030	7.72%	7.60%	5.35%	6.32%	7.48%	7.00%	0.89%	0.94%	0.83%	0.90%	1.03%	1.19%
2040	11.26%	11.91%	7.53%	8.42%	10.18%	9.66%	1.87%	1.32%	1.34%	1.37%	1.74%	1.75%
2050	12.35%	12.15%	8.44%	8.62%	10.69%	10.19%	3.38%	3.53%	2.15%	2.39%	3.08%	3.11%

11.3.2 家庭人口老化的城乡差异

虽然我国农村生育水平高于城镇，但是，由于大量人口由农村向城镇迁移，而且这些迁移人口中绝大多数是年轻人，由此导致 21 世纪上半叶农村老人比例高于城镇。本章分别模拟预测了中部地区六个省份人口家庭老化城乡差异的区域分布。预测结果表明，21 世纪中叶，中部地区六个省份农村 65+岁老人比例等于城镇的 1.71 倍至 2.36 倍（表 11.5），农村地区的老龄化程度要高于城镇地区，中部地区六个省份城乡差异从小到大依次为江西、安徽、湖南、湖北、河南和山西。

表 11.5 中部地区六个省份 65+岁老人占总人口比例

年份	山西		安徽		江西		河南		湖北		湖南	
	农村	城镇	农村	城镇	农村	城镇	农村	城镇	农村	城镇	农村	城镇
2010	13.20%	9.72%	16.87%	12.55%	12.16%	10.52%	13.87%	10.90%	15.75%	12.09%	16.18%	12.41%
2020	21.44%	13.19%	21.66%	14.21%	17.57%	13.39%	20.50%	12.82%	23.63%	16.09%	22.46%	15.06%

续表

年份	山西		安徽		江西		河南		湖北		湖南	
	农村	城镇	农村	城镇	农村	城镇	农村	城镇	农村	城镇	农村	城镇
2030	34.74%	18.39%	35.17%	21.20%	26.91%	18.47%	32.40%	16.99%	39.05%	22.65%	35.28%	21.26%
2040	48.11%	22.82%	46.41%	25.64%	37.50%	23.84%	42.97%	19.77%	50.19%	27.05%	46.14%	25.00%
2050	60.92%	27.12%	54.53%	28.81%	47.03%	27.44%	57.53%	24.40%	61.75%	32.15%	58.71%	29.52%

从 65+岁空巢老人占总人口比例的城乡预测结果来看，各省的城乡差异也呈现类似特点。从表 11.6 给出的城乡预测结果可以看到，21 世纪中叶，中部地区六个省份农村 65+岁空巢老人占总人口比例约为城镇的 1.42 倍至 2.37 倍（表 11.6），农村地区的老龄化程度要高于城镇地区。中部地区六个省份城乡差异从小到大依次为江西、湖北、湖南、安徽、河南和山西。这表明河南、山西和安徽的农村地区在未来可能面临更为严重的老年人照护问题。

表 11.6　中部地区六个省份 65+岁空巢老人占总人口比例

年份	山西		安徽		江西		河南		湖北		湖南	
	农村	城镇	农村	城镇	农村	城镇	农村	城镇	农村	城镇	农村	城镇
2010	4.97%	4.13%	6.55%	5.10%	3.64%	3.40%	4.80%	3.84%	5.10%	4.15%	5.30%	4.42%
2020	5.81%	4.18%	6.63%	4.84%	4.30%	3.91%	5.77%	4.14%	5.74%	4.85%	6.16%	4.75%
2030	10.70%	6.46%	9.65%	6.58%	6.11%	4.99%	8.77%	4.94%	9.30%	6.74%	8.73%	6.16%
2040	17.95%	9.55%	17.46%	10.30%	9.28%	7.03%	13.99%	6.60%	13.79%	9.31%	13.31%	8.60%
2050	22.35%	10.86%	19.66%	10.90%	11.30%	7.97%	16.83%	7.11%	14.96%	10.08%	15.48%	9.31%

21 世纪中叶，中部地区六个省份农村 65+岁独居老人比例等于城镇的 1.73 倍至 3.18 倍（表 11.7），农村地区的独居老人比例要高于城镇地区。中部地区六个省份城乡差异从小到大依次为江西、湖北、湖南、安徽、河南和山西。

表 11.7　中部地区六个省份 65+岁独居老人占总人口比例

年份	山西		安徽		江西		河南		湖北		湖南	
	农村	城镇	农村	城镇	农村	城镇	农村	城镇	农村	城镇	农村	城镇
2010	2.17%	1.45%	2.57%	1.77%	1.72%	1.38%	2.08%	1.46%	2.19%	1.53%	2.39%	1.77%
2020	1.49%	0.85%	1.32%	0.85%	1.04%	0.82%	1.33%	0.85%	1.31%	0.94%	1.63%	1.09%
2030	2.53%	1.19%	1.57%	1.02%	1.48%	1.05%	1.92%	1.01%	2.03%	1.27%	2.27%	1.37%

续表

年份	山西		安徽		江西		河南		湖北		湖南	
	农村	城镇	农村	城镇	农村	城镇	农村	城镇	农村	城镇	农村	城镇
2040	4.49%	1.82%	3.12%	1.54%	2.11%	1.37%	3.18%	1.28%	3.08%	1.76%	3.30%	1.83%
2050	6.37%	2.25%	4.65%	1.90%	2.72%	1.57%	4.42%	1.39%	3.71%	1.99%	4.17%	2.08%

11.3.3　家庭小型化的发展趋势

从表 11.8 中可以看到，中部地区六个省份面临快速的家庭小型化趋势，从2010 年的平均家庭户规模 3.28 人降至 2.67 人；降幅最大的为江西，从 2010 年的3.60 人降至 2050 年的 2.75 人；降幅最小的为安徽，从 2010 年的 2.98 人降至 2050年的 2.60 人。伴随着家庭小型化的发展，1 人家庭户和 2 人家庭户在所有家庭户中的占比大幅提高，而且 2 人家庭户的占比提高最为快速。中部地区 1 人家庭户占比从2010年的11.94%提高到2050年的15.23%，2人家庭户从21.29%提高到2050年的 36.05%。分省来看，江西 2 人家庭户占比提高最快，从 2010 年的 17.32%提高至 2050 年的 34.29%，提高了近 17 个百分点。

表 11.8　中部地区家庭户规模和结构预测主要结果各省加权平均值

年份	项目	平均家庭户规模/人	1人家庭户占比	2人家庭户占比	3～4人家庭户占比	5+人家庭户占比	已婚夫妇二代户占比	单亲家庭二代户占比	三代家庭户占比
2010	农村	3.45	11.09%	19.91%	44.49%	24.51%	39.38%	7.34%	24.84%
	城镇	3.06	13.02%	23.04%	49.11%	14.83%	44.68%	6.52%	16.04%
	合计	3.28	11.94%	21.29%	46.53%	20.24%	41.72%	6.98%	20.96%
2020	农村	3.08	12.88%	24.00%	47.72%	15.40%	41.32%	11.28%	16.97%
	城镇	2.85	14.32%	25.43%	48.83%	11.41%	44.17%	8.41%	13.41%
	合计	2.95	13.69%	24.80%	48.34%	13.17%	42.91%	9.68%	14.98%
2030	农村	2.76	13.54%	32.27%	45.48%	8.71%	39.26%	17.91%	9.10%
	城镇	2.80	14.48%	29.01%	44.69%	11.81%	43.09%	9.86%	10.35%
	合计	2.79	14.15%	30.15%	44.97%	10.73%	41.75%	12.67%	9.91%
2040	农村	2.58	13.63%	39.69%	40.82%	5.85%	34.21%	24.60%	6.29%
	城镇	2.71	15.44%	32.71%	41.22%	10.62%	40.13%	11.22%	8.39%
	合计	2.68	14.99%	34.44%	41.12%	9.44%	38.67%	14.53%	7.87%
2050	农村	2.48	13.61%	45.43%	36.15%	4.81%	29.74%	31.47%	4.80%
	城镇	2.71	15.54%	34.22%	39.22%	11.01%	38.07%	12.06%	8.62%
	合计	2.67	15.23%	36.05%	38.72%	10.00%	36.71%	15.23%	8.00%

11.4　思考和相关政策建议

本章分析表明，中部地区 21 世纪人口家庭老化比较严重的地区为湖北，湖北面临的老年人照护问题更严峻。此外，研究还发现，中部地区六个省份的人口家庭老化均存在明显的城乡差异，农村地区的人口老龄化问题更为严重。当然，这些数字是在本章所设定的各项参数假定的条件下得到的，有可能与未来的人口发展变化存在一定差异。但这也能够反映出中部地区未来人口家庭结构变动的大体趋势。未来中部地区各省农村和城镇可能面临不同的老年人口问题，需要结合各自问题的特点，采取有针对性的措施。在农村地区应注重提高老年人养老保障待遇、为老年人提供更丰富的养老服务、加强老年人的医疗保障水平等，以提高我国农村地区老年人的生活质量。在城镇地区，应尤其关注空巢老人现象，结合空巢老人特点提供相应的服务，同时，建议制定优惠政策，鼓励支持与老人同居或紧邻居住的家庭。此外，研究还表明，中部地区在未来几十年将面临快速的家庭小型化趋势，2 人家庭户占比在 2050 年将达到三分之一以上。老龄化和家庭小型化的双快速发展，必将给社会养老问题带来严峻挑战。建议各省针对农村和城镇地区老龄化问题的特点，结合家庭结构的变动趋势，未雨绸缪，有效应对人口老龄化的挑战。

《国家人口发展规划（2016—2030 年）》指出，“人口问题始终是人类社会共同面对的基础性、全局性和战略性问题”。党的十九大报告提出要“实施健康中国战略”“促进生育政策和相关经济社会政策配套衔接，加强人口发展战略研究”[①]。完善和优化生育政策与每个家庭息息相关，科学可信的家庭人口预测结果能够为社会经济和可持续发展规划提供决策信息支持和政策建议。此外，《“健康中国 2030”规划纲要》提出要健全人口与发展的综合决策体制机制，推进基本公共卫生服务均等化，县和市域内基本医疗卫生资源按常住人口和服务半径合理布局，可见家庭人口数据也是卫生健康公共服务资源配置的基础参数之一。因此，全面、系统、及时地掌握全国及各区域内的家庭人口变动情况，可以为各级卫生健康部门及相关部门提供家庭人口数据资料，为党和国家制定相关政策、促进生育政策和相关经济社会政策配套衔接提供依据。

① 习近平：决胜全面建成小康社会 夺取新时代中国特色社会主义伟大胜利——在中国共产党第十九次全国代表大会上的报告，http://www.gov.cn/zhuanti/2017-10/27/content_5234876.htm[2021-06-01]。

本章附录

表 A11.1 中部各省家庭人口预测主要综合参数

省份	主要综合参数	2010 年			2020 年			2030 年			2040 年			2050 年		
		农村	城镇	合计	农村	城镇	合计	农村	城镇	合计	农村	城镇	合计	农村	城镇	合计
山西	总和生育率	2.08	1.54	1.82	2.20	1.79	1.96	2.18	1.77	1.90	2.16	1.75	1.83	2.17	1.74	1.80
	男出生期望寿命/岁	70.37	76.56	73.35	71.79	77.87	75.42	73.23	79.14	77.38	74.66	80.37	79.21	75.94	81.47	80.71
	女出生期望寿命/岁	75.21	79.99	77.51	76.55	81.26	79.36	77.86	82.48	81.10	79.16	83.66	82.75	80.30	84.70	84.09
	一般结婚率	0.0694	0.0684	0.0689	0.0697	0.0698	0.0697	0.0692	0.0696	0.0695	0.0692	0.0698	0.0697	0.0691	0.0700	0.0699
	一般离婚率	0.0051	0.0087	0.0068	0.0051	0.0087	0.0073	0.0052	0.0088	0.0077	0.0052	0.0088	0.0081	0.0052	0.0088	0.0083
	城镇人口占比			48.05%			59.73%			70.20%			79.73%			86.31%
	男一般迁入率	0.0062	0.0092	0.0076	0.0043	0.0064	0.0055	0.0027	0.0040	0.0036	0.0026	0.0038	0.0035	0.0025	0.0037	0.0035
	女一般迁入率	0.0016	0.0048	0.0031	0.0011	0.0033	0.0024	0.0007	0.0021	0.0017	0.0006	0.0020	0.0017	0.0006	0.0019	0.0017
	男一般迁出率	0.0096	0.0036	0.0067	0.0084	0.0031	0.0053	0.0066	0.0025	0.0037	0.0080	0.0030	0.0040	0.0093	0.0035	0.0043
	女一般迁出率	0.0066	0.0027	0.0047	0.0058	0.0023	0.0037	0.0045	0.0018	0.0026	0.0054	0.0022	0.0028	0.0062	0.0025	0.0030
安徽	总和生育率	2.14	1.52	1.87	2.25	1.79	2.00	2.24	1.77	1.93	2.21	1.75	1.85	2.22	1.74	1.81
	男出生期望寿命/岁	70.44	76.63	73.10	71.84	77.93	75.22	73.26	79.19	77.23	74.68	80.41	79.12	75.95	81.49	80.66
	女出生期望寿命/岁	76.06	80.89	78.14	77.18	82.01	79.86	78.33	83.09	81.51	79.50	84.15	83.10	80.56	85.10	84.41
	一般结婚率	0.0972	0.1018	0.0992	0.0975	0.1039	0.1011	0.0969	0.1036	0.1014	0.0969	0.1039	0.1023	0.0967	0.1042	0.1031
	一般离婚率	0.0050	0.0085	0.0065	0.0050	0.0086	0.0070	0.0050	0.0086	0.0074	0.0051	0.0086	0.0078	0.0051	0.0087	0.0081
	城镇人口占比			42.99%			55.49%			66.90%			77.48%			84.90%

续表

省份	主要综合参数	2010年			2020年			2030年			2040年			2050年		
		农村	城镇	合计	农村	城镇	合计	农村	城镇	合计	农村	城镇	合计	农村	城镇	合计
安徽	男一般迁入率	0.0015	0.0074	0.0040	0.0010	0.0051	0.0033	0.0007	0.0032	0.0024	0.0006	0.0030	0.0025	0.0006	0.0030	0.0026
	女一般迁入率	0.0014	0.0041	0.0026	0.0010	0.0028	0.0020	0.0006	0.0018	0.0014	0.0006	0.0017	0.0014	0.0006	0.0016	0.0015
	男一般迁出率	0.0526	0.0072	0.0331	0.0462	0.0064	0.0241	0.0365	0.0050	0.0154	0.0439	0.0060	0.0146	0.0512	0.0070	0.0137
	女一般迁出率	0.0428	0.0058	0.0269	0.0375	0.0051	0.0195	0.0293	0.0040	0.0124	0.0349	0.0047	0.0115	0.0405	0.0055	0.0108
江西	总和生育率	2.12	1.55	1.87	2.24	1.80	1.99	2.22	1.78	1.93	2.20	1.76	1.86	2.20	1.75	1.82
	男出生期望寿命/岁	69.72	75.85	72.40	71.32	77.29	74.67	72.90	78.69	76.81	74.45	80.04	78.80	75.83	81.22	80.42
	女出生期望寿命/岁	75.24	80.02	77.33	76.58	81.29	79.22	77.88	82.50	81.00	79.17	83.68	82.68	80.31	84.71	84.06
	一般结婚率	0.0792	0.0772	0.0783	0.0795	0.0788	0.0791	0.0790	0.0786	0.0787	0.0790	0.0788	0.0788	0.0788	0.0790	0.0790
	一般离婚率	0.0052	0.0086	0.0067	0.0053	0.0087	0.0072	0.0053	0.0087	0.0076	0.0053	0.0088	0.0080	0.0053	0.0088	0.0083
	城镇人口占比			43.75%			56.14%			67.41%			77.83%			85.12%
	男一般迁入率	0.0015	0.0061	0.0036	0.0011	0.0042	0.0029	0.0007	0.0027	0.0020	0.0006	0.0025	0.0021	0.0006	0.0025	0.0022
	女一般迁入率	0.0013	0.0047	0.0028	0.0009	0.0032	0.0022	0.0006	0.0020	0.0015	0.0005	0.0019	0.0016	0.0005	0.0019	0.0017
	男一般迁出率	0.0472	0.0091	0.0305	0.0414	0.0080	0.0226	0.0327	0.0063	0.0149	0.0394	0.0076	0.0146	0.0460	0.0088	0.0144
	女一般迁出率	0.0386	0.0072	0.0249	0.0338	0.0063	0.0184	0.0265	0.0049	0.0120	0.0315	0.0059	0.0116	0.0365	0.0068	0.0112
河南	总和生育率	2.28	1.47	1.97	2.38	1.78	2.07	2.36	1.76	1.98	2.34	1.74	1.88	2.34	1.73	1.83
	男出生期望寿命/岁	69.94	76.08	72.31	71.48	77.49	74.58	73.01	78.84	76.74	74.52	80.15	78.76	75.87	81.30	80.41
	女出生期望寿命/岁	76.05	80.88	77.91	77.18	82.00	79.67	78.33	83.08	81.36	79.50	84.14	83.00	80.55	85.09	84.35

续表

省份	主要综合参数	2010年			2020年			2030年			2040年			2050年		
		农村	城镇	合计	农村	城镇	合计	农村	城镇	合计	农村	城镇	合计	农村	城镇	合计
河南	一般结婚率	0.0746	0.0734	0.0741	0.0749	0.0749	0.0749	0.0744	0.0747	0.0746	0.0744	0.0749	0.0747	0.0742	0.0751	0.0750
	一般离婚率	0.0050	0.0086	0.0064	0.0050	0.0087	0.0069	0.0050	0.0087	0.0074	0.0050	0.0088	0.0078	0.0051	0.0088	0.0082
	城镇人口占比			38.52%			51.67%			63.87%			75.35%			83.52%
	男一般迁入率	0.0004	0.0027	0.0013	0.0003	0.0019	0.0011	0.0002	0.0012	0.0008	0.0002	0.0011	0.0009	0.0002	0.0011	0.0009
	女一般迁入率	0.0004	0.0017	0.0009	0.0002	0.0012	0.0007	0.0002	0.0007	0.0005	0.0001	0.0007	0.0006	0.0001	0.0007	0.0006
	男一般迁出率	0.0331	0.0059	0.0226	0.0290	0.0052	0.0167	0.0229	0.0041	0.0109	0.0276	0.0050	0.0105	0.0322	0.0058	0.0101
	女一般迁出率	0.0244	0.0044	0.0167	0.0214	0.0039	0.0123	0.0168	0.0030	0.0080	0.0200	0.0036	0.0076	0.0231	0.0042	0.0073
湖北	总和生育率	2.07	1.46	1.77	2.19	1.74	1.91	2.18	1.72	1.85	2.16	1.69	1.79	2.16	1.68	1.75
	男出生期望寿命/岁	70.06	76.22	73.12	71.56	77.59	75.25	73.07	78.93	77.24	74.56	80.21	79.10	75.89	81.35	80.62
	女出生期望寿命/岁	75.21	79.99	77.59	76.56	81.26	79.43	77.86	82.48	81.15	79.16	83.66	82.78	80.31	84.70	84.12
	一般结婚率	0.0855	0.0779	0.0817	0.0859	0.0795	0.0820	0.0853	0.0793	0.0810	0.0853	0.0795	0.0806	0.0851	0.0797	0.0805
	一般离婚率	0.0047	0.0080	0.0063	0.0047	0.0081	0.0068	0.0047	0.0081	0.0071	0.0047	0.0082	0.0075	0.0047	0.0082	0.0077
	城镇人口占比			49.70%			61.09%			71.24%			80.43%			86.74%
	男一般迁入率	0.0014	0.0060	0.0037	0.0010	0.0042	0.0029	0.0006	0.0026	0.0020	0.0006	0.0025	0.0021	0.0006	0.0024	0.0022
	女一般迁入率	0.0015	0.0046	0.0030	0.0010	0.0031	0.0023	0.0006	0.0020	0.0016	0.0006	0.0019	0.0016	0.0006	0.0018	0.0016
	男一般迁出率	0.0441	0.0091	0.0267	0.0387	0.0080	0.0199	0.0306	0.0063	0.0133	0.0368	0.0076	0.0133	0.0430	0.0089	0.0134
	女一般迁出率	0.0358	0.0071	0.0215	0.0314	0.0062	0.0160	0.0246	0.0048	0.0105	0.0292	0.0058	0.0104	0.0339	0.0067	0.0103

续表

省份	主要综合参数	2010 年			2020 年			2030 年			2040 年			2050 年		
		农村	城镇	合计	农村	城镇	合计	农村	城镇	合计	农村	城镇	合计	农村	城镇	合计
湖南	总和生育率	2.12	1.54	1.87	2.24	1.80	2.00	2.22	1.78	1.93	2.20	1.76	1.86	2.20	1.75	1.82
	男出生期望寿命/岁	70.10	76.25	72.76	71.59	77.62	74.95	73.09	78.95	77.02	74.57	80.23	78.96	75.89	81.36	80.54
	女出生期望寿命/岁	75.66	80.47	77.74	76.89	81.66	79.55	78.11	82.80	81.26	79.34	83.92	82.90	80.44	84.91	84.24
	一般结婚率	0.0835	0.0807	0.0823	0.0839	0.0823	0.0830	0.0833	0.0821	0.0825	0.0833	0.0823	0.0825	0.0831	0.0826	0.0827
	一般离婚率	0.0048	0.0082	0.0063	0.0048	0.0083	0.0067	0.0048	0.0083	0.0071	0.0049	0.0083	0.0075	0.0049	0.0083	0.0078
	城镇人口占比			43.31%			55.76%			67.12%			77.62%			84.98%
	男一般迁入率	0.0007	0.0050	0.0026	0.0005	0.0035	0.0021	0.0003	0.0022	0.0016	0.0003	0.0021	0.0017	0.0003	0.0020	0.0018
	女一般迁入率	0.0008	0.0037	0.0021	0.0005	0.0026	0.0017	0.0003	0.0016	0.0012	0.0003	0.0015	0.0013	0.0003	0.0015	0.0013
	男一般迁出率	0.0433	0.0078	0.0279	0.0380	0.0068	0.0206	0.0300	0.0054	0.0135	0.0362	0.0065	0.0131	0.0422	0.0076	0.0128
	女一般迁出率	0.0359	0.0066	0.0232	0.0315	0.0058	0.0171	0.0246	0.0045	0.0111	0.0293	0.0054	0.0107	0.0340	0.0062	0.0104

表 A11.2　中部各省家庭人口老化预测主要结果

省份	主要家庭人口指标	2010年			2020年			2030年			2040年			2050年		
		农村	城镇	合计	农村	城镇	合计	农村	城镇	合计	农村	城镇	合计	农村	城镇	合计
山西	65+岁独居老人占比	2.17%	1.45%	1.83%	1.49%	0.85%	1.11%	2.53%	1.19%	1.59%	4.49%	1.82%	2.36%	6.37%	2.25%	2.79%
	80+岁独居老人占比	0.55%	0.34%	0.45%	0.46%	0.33%	0.39%	0.59%	0.31%	0.40%	1.52%	0.61%	0.79%	3.40%	1.10%	1.40%
	老年家庭户占比	31.37%	19.04%	25.28%	27.62%	19.16%	22.53%	41.43%	22.74%	28.66%	59.53%	32.42%	38.63%	69.19%	36.63%	41.59%
	老年抚养比	0.13	0.09	0.11	0.22	0.12	0.16	0.44	0.20	0.26	0.85	0.29	0.38	1.27	0.33	0.41
	18～64岁劳动人口占比	68.40%	70.51%	69.42%	64.67%	69.58%	67.60%	56.41%	62.45%	60.65%	47.17%	61.50%	58.60%	39.54%	61.17%	58.36%
	18～64岁劳动人口/万人	1269	1210	2479	1007	1607	2614	684	1784	2468	388	1990	2378	205	2130	2335
	总人口/万人	1855	1716	3571	1557	2310	3867	1213	2857	4069	823	3236	4058	519	3482	4001
安徽	65+岁独居老人占比	2.57%	1.77%	2.23%	1.32%	0.85%	1.06%	1.57%	1.02%	1.20%	3.12%	1.54%	1.90%	4.65%	1.90%	2.30%
	80+岁独居老人占比	0.69%	0.46%	0.59%	0.50%	0.32%	0.40%	0.36%	0.28%	0.31%	0.63%	0.42%	0.46%	2.54%	0.96%	1.19%
	老年家庭户占比	32.59%	22.72%	28.35%	30.68%	20.68%	25.24%	38.30%	24.33%	29.29%	58.05%	35.96%	41.50%	65.91%	39.54%	43.91%
	老年抚养比	0.18	0.12	0.15	0.30	0.16	0.21	0.43	0.21	0.28	0.91	0.33	0.43	1.22	0.36	0.44
	18～64岁劳动人口占比	64.38%	71.00%	67.23%	58.31%	68.61%	64.02%	55.22%	64.37%	61.34%	42.81%	61.17%	57.03%	37.52%	60.45%	57.17%
	18～64岁劳动人口/万人	2184	1816	4000	1636	2400	4036	1185	2792	3977	621	3053	3674	338	3269	3607
	总人口/万人	3392	2558	5950	2806	3498	6304	2146	4337	6483	1451	4991	6442	901	5408	6309
江西	65+岁独居老人占比	1.72%	1.38%	1.57%	1.04%	0.82%	0.92%	1.48%	1.05%	1.18%	2.11%	1.37%	1.54%	2.72%	1.57%	1.73%
	80+岁独居老人占比	0.47%	0.37%	0.43%	0.25%	0.22%	0.24%	0.49%	0.36%	0.39%	0.86%	0.54%	0.61%	1.40%	0.75%	0.84%

续表

省份	主要家庭人口指标	2010 年			2020 年			2030 年			2040 年			2050 年		
		农村	城镇	合计	农村	城镇	合计	农村	城镇	合计	农村	城镇	合计	农村	城镇	合计
江西	老年家庭户占比	38.01%	27.62%	33.37%	27.29%	23.08%	24.93%	34.82%	24.46%	28.05%	50.97%	34.88%	38.80%	61.00%	40.53%	43.77%
	老年抚养比	0.13	0.10	0.12	0.20	0.13	0.16	0.31	0.19	0.23	0.58	0.29	0.34	0.83	0.34	0.39
	18～64 岁劳动人口占比	64.03%	68.77%	66.1[illegible]%	60.82%	67.46%	64.55%	59.58%	65.20%	63.37%	51.72%	62.10%	59.80%	45.69%	60.49%	58.40%
	18～64 岁劳动人口/万人	1605	1341	2946	1284	1823	3107	980	2218	3198	590	2487	3077	330	2668	2998
	总人口/万人	2507	1950	4457	2111	2702	4813	1645	3402	5047	1141	4005	5145	722	4411	5133
河南	65+岁独居老人占比	2.08%	1.46%	1.84%	1.33%	0.85%	1.07%	1.92%	1.01%	1.34%	3.18%	1.28%	1.75%	4.42%	1.39%	1.86%
	80+岁独居老人占比	0.56%	0.38%	0.49%	0.37%	0.23%	0.29%	0.47%	0.32%	0.38%	0.91%	0.47%	0.57%	2.18%	0.65%	0.89%
	老年家庭户占比	34.66%	26.76%	31.63%	29.51%	23.49%	26.39%	38.54%	23.46%	29.19%	54.35%	31.19%	37.44%	63.48%	34.38%	39.55%
	老年抚养比	0.14	0.10	0.13	0.27	0.13	0.19	0.42	0.17	0.25	0.77	0.24	0.34	1.12	0.27	0.36
	18～64 岁劳动人口占比	63.90%	69.96%	66.23%	57.00%	68.17%	62.77%	54.80%	65.03%	61.33%	46.76%	63.84%	59.63%	40.29%	63.52%	59.90%
	18～64 岁劳动人口/万人	3694	2534	622[illegible]	2810	3593	6403	2114	4435	6549	1248	5209	6457	678	5797	6475
	总人口/万人	5781	3622	9403	4930	5271	10201	3858	6820	10678	2669	8159	10828	1683	9126	10809
湖北	65+岁独居老人占比	2.19%	1.53%	1.86%	1.31%	0.94%	1.09%	2.03%	1.27%	1.49%	3.08%	1.76%	2.01%	3.71%	1.99%	2.20%
	80+岁独居老人占比	0.50%	0.37%	0.43%	0.31%	0.28%	0.29%	0.56%	0.38%	0.44%	1.10%	0.64%	0.73%	2.10%	1.02%	1.15%
	老年家庭户占比	36.96%	23.11%	29.97%	32.02%	21.18%	25.37%	46.17%	28.36%	33.86%	63.91%	38.57%	44.06%	71.10%	42.93%	46.94%
	老年抚养比	0.15	0.10	0.13	0.28	0.16	0.20	0.52	0.25	0.32	0.98	0.35	0.44	1.34	0.40	0.47
	18～64 岁劳动人口占比	70.26%	74.14%	72.19%	61.31%	68.82%	65.89%	53.38%	62.34%	59.76%	43.93%	61.23%	57.85%	37.57%	59.55%	56.79%
	18～64 岁劳动人口/万人	2023	2109	4132	1456	2566	4022	955	2763	3718	520	2979	3499	275	3035	3310
	总人口/万人	2879	2845	5724	2375	3729	6104	1789	4432	6221	1184	4865	6049	732	5096	5828

续表

省份	主要家庭人口指标	2010 年			2020 年			2030 年			2040 年			2050 年		
		农村	城镇	合计	农村	城镇	合计	农村	城镇	合计	农村	城镇	合计	农村	城镇	合计
湖南	65+岁独居老人占比	2.39%	1.77%	2.13%	1.63%	1.09%	1.33%	2.27%	1.37%	1.66%	3.30%	1.83%	2.17%	4.17%	2.08%	2.38%
	80+岁独居老人占比	0.66%	0.47%	0.58%	0.45%	0.35%	0.40%	0.80%	0.47%	0.57%	1.34%	0.69%	0.83%	2.44%	1.09%	1.28%
	老年家庭户占比	39.55%	26.31%	33.69%	33.50%	22.38%	27.32%	43.14%	27.27%	32.88%	60.78%	37.57%	43.40%	69.79%	41.90%	46.52%
	老年抚养比	0.16	0.11	0.14	0.29	0.16	0.21	0.45	0.22	0.29	0.86	0.33	0.42	1.25	0.37	0.45
	18～64 岁劳动人口占比	66.93%	71.84%	69.06%	59.14%	67.34%	63.71%	55.48%	63.39%	60.79%	45.27%	60.89%	57.39%	38.22%	59.30%	56.31%
	18～64 岁劳动人口/万人	2493	2044	4537	1829	2625	4454	1305	3044	4349	721	3363	4084	379	3553	3932
	总人口/万人	3725	2845	6570	3093	3898	6991	2352	4802	7154	1593	5523	7116	992	5991	6983

注：本表数据由原始数据计算得到

表 A11.3　中部各省家庭户规模和结构预测主要结果

省份	主要家庭户指标	2010 年			2020 年			2030 年			2040 年			2050 年		
		农村	城镇	合计	农村	城镇	合计	农村	城镇	合计	农村	城镇	合计	农村	城镇	合计
山西	平均家庭户规模/人	3.43	3.03	3.23	3.02	2.81	2.90	2.68	2.78	2.75	2.44	2.66	2.61	2.31	2.63	2.59
	1 人家庭户占比	10.57%	10.95%	10.75%	12.39%	13.43%	13.02%	13.32%	13.33%	13.32%	15.13%	15.41%	15.34%	16.28%	16.21%	16.22%
	2 人家庭户占比	20.48%	23.34%	21.89%	24.40%	24.90%	24.70%	34.44%	29.07%	30.77%	43.18%	34.27%	36.31%	48.58%	36.42%	38.27%
	3～4 人家庭户占比	45.46%	54.04%	49.69%	50.19%	52.20%	51.40%	45.86%	47.14%	46.74%	38.33%	40.55%	40.03%	32.68%	37.28%	36.58%
	5+人家庭户占比	23.50%	11.67%	17.66%	13.01%	9.46%	10.87%	6.38%	10.46%	9.16%	3.36%	9.78%	8.31%	2.46%	10.09%	8.94%
	已婚夫妇二代户占比	44.09%	51.58%	47.79%	44.25%	47.73%	46.34%	39.47%	45.69%	43.72%	31.78%	40.72%	38.67%	26.28%	37.48%	35.77%
	单亲家庭二代户占比	5.18%	5.20%	5.19%	10.01%	7.29%	8.38%	16.77%	8.24%	10.94%	23.43%	9.09%	12.38%	29.11%	9.44%	12.44%
	三代家庭户占比	21.18%	11.25%	16.23%	15.00%	11.76%	13.05%	7.86%	9.54%	9.01%	4.48%	6.82%	6.29%	3.44%	6.97%	6.43%
安徽	平均家庭户规模/人	3.10	2.82	2.98	2.88	2.78	2.83	2.62	2.70	2.67	2.47	2.62	2.58	2.39	2.64	2.60
	1 人家庭户占比	15.33%	16.76%	15.95%	13.33%	12.89%	13.09%	13.69%	12.70%	13.05%	14.24%	14.44%	14.39%	15.17%	15.12%	15.13%
	2 人家庭户占比	24.46%	25.80%	25.04%	28.67%	27.80%	28.20%	37.22%	31.36%	33.43%	43.55%	36.05%	37.93%	48.10%	37.77%	39.48%
	3～4 人家庭户占比	42.36%	46.61%	44.18%	46.80%	50.07%	48.58%	42.69%	48.10%	46.18%	37.65%	41.04%	40.19%	32.41%	36.93%	36.18%
	5+人家庭户占比	17.87%	10.83%	14.84%	11.20%	9.24%	10.14%	6.41%	7.84%	7.33%	4.55%	8.47%	7.49%	4.31%	10.17%	9.20%
	已婚夫妇二代户占比	36.02%	41.99%	38.59%	39.41%	44.68%	42.27%	35.80%	43.26%	40.62%	30.89%	38.75%	36.78%	26.59%	35.88%	34.34%
	单亲家庭二代户占比	7.89%	6.29%	7.20%	12.62%	8.59%	10.43%	18.13%	9.61%	12.63%	23.12%	10.70%	13.81%	29.30%	11.64%	14.57%
	三代家庭户占比	19.39%	12.48%	16.42%	13.82%	12.10%	12.89%	7.81%	10.26%	9.39%	5.85%	7.87%	7.36%	4.53%	7.99%	7.41%

续表

省份	主要家庭户指标	2010年			2020年			2030年			2040年			2050年		
		农村	城镇	合计	农村	城镇	合计	农村	城镇	合计	农村	城镇	合计	农村	城镇	合计
江西	平均家庭户规模/人	3.81	3.35	3.60	3.18	2.93	3.04	2.82	2.86	2.85	2.67	2.80	2.77	2.60	2.78	2.75
	1人家庭户占比	8.06%	10.00%	8.93%	11.92%	12.45%	12.22%	12.77%	13.29%	13.11%	12.17%	13.52%	13.19%	11.91%	13.60%	13.34%
	2人家庭户占比	15.37%	19.75%	17.32%	20.38%	23.20%	21.96%	28.30%	27.59%	27.83%	35.80%	31.04%	32.20%	41.70%	32.90%	34.29%
	3～4人家庭户占比	44.88%	49.86%	47.10%	51.08%	52.84%	52.07%	50.68%	46.61%	48.02%	45.73%	43.77%	44.24%	40.27%	42.03%	41.75%
	5+人家庭户占比	31.68%	20.39%	26.65%	16.63%	11.50%	13.74%	8.26%	12.50%	11.04%	6.30%	11.67%	10.36%	6.13%	11.47%	10.63%
	已婚夫妇二代户占比	42.21%	45.82%	43.82%	44.80%	46.49%	45.75%	44.12%	45.28%	44.87%	39.42%	43.03%	42.15%	35.01%	41.00%	40.05%
	单亲家庭二代户占比	6.19%	6.87%	6.49%	9.58%	8.72%	9.10%	15.70%	10.48%	12.30%	22.88%	12.33%	14.90%	30.36%	13.84%	16.46%
	三代家庭户占比	30.08%	20.76%	25.92%	18.91%	15.28%	16.87%	10.01%	10.63%	10.42%	7.25%	8.93%	8.52%	5.47%	8.76%	8.24%
河南	平均家庭户规模/人	3.55	3.28	3.45	3.20	2.94	3.07	2.88	2.89	2.89	2.68	2.80	2.77	2.54	2.78	2.73
	1人家庭户占比	9.73%	10.94%	10.20%	12.57%	15.48%	14.08%	13.35%	15.81%	14.88%	13.16%	15.97%	15.21%	13.03%	15.48%	15.04%
	2人家庭户占比	18.89%	19.63%	19.17%	22.59%	23.41%	23.02%	30.95%	26.64%	28.28%	38.73%	29.83%	32.23%	45.24%	31.69%	34.10%
	3～4人家庭户占比	45.18%	50.44%	47.19%	46.46%	46.23%	46.34%	43.85%	42.49%	43.00%	39.87%	41.42%	41.01%	35.73%	40.57%	39.71%
	5+人家庭户占比	26.20%	18.98%	23.45%	18.37%	14.87%	16.57%	11.86%	15.06%	13.84%	8.23%	12.79%	11.55%	6.01%	12.26%	11.14%
	已婚夫妇二代户占比	40.84%	47.12%	43.24%	41.88%	43.07%	42.49%	39.68%	42.38%	41.36%	34.64%	40.92%	39.22%	29.84%	39.48%	37.77%
	单亲家庭二代户占比	8.98%	6.54%	8.05%	11.98%	7.82%	9.83%	18.38%	9.17%	12.67%	24.58%	10.35%	14.20%	31.38%	11.12%	14.72%
	三代家庭户占比	24.29%	18.70%	22.15%	17.02%	15.18%	16.07%	9.22%	11.82%	10.83%	6.51%	9.77%	8.89%	4.73%	9.68%	8.80%

续表

省份	主要家庭户指标	2010 年			2020 年			2030 年			2040 年			2050 年		
		农村	城镇	合计	农村	城镇	合计	农村	城镇	合计	农村	城镇	合计	农村	城镇	合计
湖北	平均家庭户规模/人	3.38	2.91	3.14	3.02	2.75	2.85	2.72	2.75	2.74	2.55	2.63	2.61	2.49	2.65	2.62
	1 人家庭户占比	10.79%	13.79%	12.30%	12.03%	14.54%	13.57%	12.59%	14.37%	13.82%	13.00%	15.87%	15.25%	12.57%	15.99%	15.50%
	2 人家庭户占比	21.00%	25.70%	23.37%	25.55%	27.62%	26.82%	33.59%	31.09%	31.86%	40.59%	34.90%	36.13%	46.00%	35.84%	37.29%
	3～4 人家庭户占比	45.26%	48.29%	46.78%	48.24%	48.83%	48.60%	46.61%	43.94%	44.77%	41.45%	40.58%	40.77%	36.58%	38.50%	38.23%
	5+人家庭户占比	22.96%	12.21%	17.53%	14.18%	9.02%	11.01%	7.21%	10.60%	9.55%	4.96%	8.65%	7.86%	4.85%	9.67%	8.97%
	已婚夫妇二代户占比	37.62%	42.74%	40.20%	39.99%	43.13%	41.92%	38.93%	42.40%	41.33%	33.85%	38.83%	37.75%	29.86%	36.70%	35.73%
	单亲家庭二代户占比	6.37%	6.40%	6.39%	10.92%	8.44%	9.40%	19.58%	10.45%	13.27%	27.99%	12.15%	15.59%	35.51%	12.86%	16.09%
	三代家庭户占比	26.84%	14.99%	20.85%	18.26%	12.26%	14.58%	9.10%	9.03%	9.05%	6.08%	7.14%	6.91%	4.91%	8.08%	7.63%
湖南	平均家庭户规模/人	3.51	3.03	3.30	3.09	2.84	2.95	2.76	2.79	2.78	2.57	2.71	2.67	2.47	2.71	2.67
	1 人家庭户占比	11.18%	14.21%	12.52%	14.47%	15.71%	15.16%	15.09%	15.96%	15.66%	14.47%	16.64%	16.09%	13.58%	16.66%	16.15%
	2 人家庭户占比	18.40%	23.56%	20.68%	22.60%	25.60%	24.27%	30.18%	29.12%	29.50%	37.71%	32.03%	33.46%	43.66%	32.97%	34.74%
	3～4 人家庭户占比	44.31%	47.30%	45.63%	46.67%	46.37%	46.50%	46.10%	42.37%	43.70%	42.88%	40.28%	40.94%	39.12%	39.09%	39.09%
	5+人家庭户占比	26.11%	14.94%	21.16%	16.25%	12.32%	14.07%	8.63%	12.54%	11.16%	4.95%	11.04%	9.52%	3.63%	11.28%	10.02%
	已婚夫妇二代户占比	37.92%	41.43%	39.47%	39.58%	42.41%	41.15%	38.76%	41.42%	40.48%	34.66%	39.03%	37.93%	30.71%	37.41%	36.30%
	单亲家庭二代户占比	6.78%	7.42%	7.07%	10.96%	9.48%	10.14%	17.79%	11.10%	13.46%	25.34%	12.62%	15.82%	32.78%	13.51%	16.70%
	三代家庭户占比	28.38%	17.40%	23.52%	18.65%	13.13%	15.59%	10.18%	9.90%	10.00%	6.82%	8.55%	8.11%	5.37%	9.01%	8.40%

注：本表数据由原始数据计算得到

第 12 章　西南地区分省家庭人口预测分析[①]

12.1　引　言

本章运用本书第 2～4 章阐述的多维家庭人口预测方法（曾毅等，1998；Zeng et al.，2006，2013a，2013b，2014）进行的分省区市多维家庭人口预测结果（参阅本书第 7～8 章），比较分析我国西南地区广西、重庆、四川、贵州、云南、西藏等六个省区市 2010～2050 年，在生育、死亡、城乡人口迁移、结婚、离婚等人口参数中方案假定条件下的家庭户规模与家庭结构，尤其是老年人居住安排的变动。考虑到城乡间在生育、死亡、婚姻、迁移等方面的巨大差异，我们在各省区市的家庭人口预测分析中区分了农村和城镇地区，对西南地区六个省区市分城乡的未来家庭人口结构动态变化进行预测，重点对比分析城乡间及不同省区市间 65 岁及以上、80 岁及以上老人、空巢老人、独居老人及家庭结构规模的变动趋势。

12.2　主要参数假设

使用 ProFamy 模型进行家庭户预测需要的家庭人口基数、分城乡性别年龄的标准模式，以及综合参数等数据及其估算方法已在本书第 7 章详细阐述，在此不再赘述。

我们假定西南地区中生育方案下，2010 年、2020 年、2030 年、2040 年和 2050 年城乡合一总和生育率分别为 1.90、2.01、1.93、1.84 和 1.79，其中城镇总和生育率分别为 1.42、1.74、1.72、1.70 和 1.70，农村总和生育率分别为 2.20、2.30、2.29、2.27 和 2.28。2010～2050 年的男女出生期望寿命不断增加，一般结婚率维持在约 0.08～0.09 的范围，一般离婚率维持在 0.006～0.011 的范围。西南地区分城乡的家庭人口预测主要参数列在表 12.1 中，每一个省区市的城乡家庭人口预测主要参数请参阅本章附录中表 A12.1。

① 本章由王丹寅（中国人口与发展研究中心副研究员；danyin_wang@163.com）主要基于王正联研究员、周立权经理、周圣智工程师、张许颖研究员和曾毅教授研究组提供的家庭人口预测数据撰写。

表 12.1　西南地区家庭人口预测主要综合参数的六省区市加权平均值

年份	项目	总和生育率	男出生期望寿命/岁	女出生期望寿命/岁	一般结婚率	一般离婚率	城镇人口占比
2010	农村	2.20	68.50	74.12	0.0885	0.0058	38.30%
	城镇	1.42	74.89	79.21	0.0899	0.0106	
	合计	1.90	70.95	76.07	0.0888	0.0077	
2020	农村	2.30	70.41	75.70	0.0891	0.0059	51.41%
	城镇	1.74	76.42	80.51	0.0919	0.0107	
	合计	2.01	73.50	78.17	0.0903	0.0084	
2030	农村	2.29	72.24	77.19	0.0888	0.0059	63.60%
	城镇	1.72	77.93	81.81	0.0917	0.0108	
	合计	1.93	75.86	80.13	0.0905	0.0090	
2040	农村	2.27	74.03	78.65	0.0890	0.0060	75.11%
	城镇	1.70	79.42	83.08	0.0921	0.0109	
	合计	1.84	78.08	81.97	0.0912	0.0096	
2050	农村	2.28	75.60	79.92	0.0889	0.0060	83.33%
	城镇	1.70	80.74	84.19	0.0924	0.0109	
	合计	1.79	79.88	83.48	0.0918	0.0101	

我们假设 2010 年是人口迁移流动的高峰。西南六省区市除西藏外，广西、重庆、四川、贵州、云南的迁移水平表现为净迁出（表 A12.1）。广西 2010 年一般迁出率为 23‰、一般迁入率为 3.8‰；重庆 2010 年一般迁出率为 23.5‰、一般迁入率为 6.7‰；四川 2010 年一般迁出率为 18.3‰、一般迁入率为 3.1‰；贵州 2010 年一般迁出率为 30.4‰、一般迁入率为 4.1‰；云南 2010 年一般迁出率为 8.3‰、一般迁入率为 4.2‰。广西、重庆、四川、贵州、云南一般迁出率自 2010 年起至 2050 年呈逐年下降趋势，2030 年起下降幅度有所减缓；一般迁入率自 2010 年起至 2030 年逐年下降，2040 年和 2050 年有所上升。西藏迁移水平表现为净迁入，2010 年一般迁出率为 2.6‰，并逐年增加至 2049 年的 5.1‰；2010 年一般迁入率为 9.5‰，2010 年至 2049 年保持在 8.0‰～10.5‰的水平。

12.3 预测结果分析

12.3.1 家庭人口老化的发展趋势

表12.2是在表12.1列出的假定参数条件下对西南地区城乡家庭人口老化的主要预测结果。西南地区中生育方案下2050年65岁及以上老人占总人口比例上升为24.72%，比2010年增加15.04个百分点；80岁及以上高龄老人占总人口比例上升为8.53%，比2010年增加6.89个百分点；65岁及以上空巢老人占总人口比例上升为9.43%，比2010年增加4.71个百分点，80岁及以上空巢老人占总人口比例为2.77%，比2010年增加1.99个百分点；65岁及以上独居老人占总人口比例为2.16%，比2010年增加0.31个百分点；80岁及以上独居老人占总人口比例为1.10%，比2010年增加0.63个百分点；65岁及以上一对夫妇老人占总人口比例为7.27%，比2010年增加4.40个百分点；80岁及以上一对夫妇老人占总人口比例为1.67%，比2010年增加1.37个百分点。

西南地区2050年老年家庭户占总户数的42.96%，比2010年增加13.04个百分点；18～64岁劳动人口比例为57.52%，比2010年减少7.97个百分点；少儿抚养比为0.31，比2010年减少0.07个百分点；老年抚养比为0.43，比2010年增加0.28个百分点。各家庭人口老化指标持续大幅上升，65岁及以上老年人口、空巢老人、独居老人、65岁及以上一对夫妇老人、老年家庭户比例增加幅度很大（表12.2）。

12.3.2 农村家庭人口老化程度将是城镇的2倍

以往的研究都表明，虽然我国农村生育水平大大高于城镇，但是，市场经济造成大量人口由农村向城镇迁移，这些迁移人口中绝大多数是年轻人。年轻人的大量流失将导致21世纪上半叶农村老人比例高于城镇。

本章进一步分别模拟预测西南地区六省区市人口家庭老化的城乡差异。如表12.2所示，预测结果表明，2010年农村65岁及以上老人占比是城镇的1.3倍，至2050年增加至2.4倍；2010年农村80岁及以上高龄老人占比是城镇的1.3倍，至2050年增加至3.1倍；2010年农村65岁及以上空巢老人占比是城镇的1.2倍，至2050年增加至1.9倍；2010年农村80岁及以上空巢老人占比是城镇的1.2倍，至2050年增加至2.3倍；2010年农村65岁及以上独居老人占比是城镇的1.5倍，至2050年增加至2.4倍；2010年农村80岁及以上独居老人占比是城镇的1.4倍，至2050年增加至2.7倍；2010年农村65岁及以上一对夫妇老人占比是城镇的1.1倍，至2050年增加至1.8倍；2010年农村80岁及以上一对夫妇老人占比是城镇的90%，至2050年增加至2.0倍；2010年农村老年家庭户占比是城镇的1.5倍，至2050年增加至1.8倍。今后几十年农村地区老年抚养比高于城镇地区，农村家庭人口老化程度大大高于城镇。

表 12.2　西南地区家庭人口老化预测主要结果六省区市加权平均值

家庭人口综合指标	2010 年			2020 年			2030 年			2040 年			2050 年		
	农村	城镇	合计	农村	城镇	合计	农村	城镇	合计	农村	城镇	合计	农村	城镇	合计
65+岁老人占比	10.65%	8.16%	9.68%	17.17%	10.19%	13.52%	24.07%	12.55%	16.66%	39.09%	18.23%	23.32%	49.25%	20.21%	24.72%
80+岁高龄老人占比	1.81%	1.39%	1.64%	3.25%	1.88%	2.53%	5.89%	2.60%	3.77%	9.86%	3.66%	5.17%	20.01%	6.42%	8.53%
65+岁空巢老人占比	5.12%	4.12%	4.72%	6.14%	4.56%	5.31%	8.28%	5.35%	6.40%	13.45%	7.66%	9.07%	15.82%	8.26%	9.43%
80+岁空巢老人占比	0.82%	0.70%	0.78%	0.88%	0.65%	0.76%	1.43%	0.97%	1.13%	2.39%	1.33%	1.59%	5.31%	2.30%	2.77%
65+岁独居老人占比	2.11%	1.45%	1.85%	1.60%	1.01%	1.29%	2.09%	1.20%	1.52%	3.18%	1.57%	1.96%	4.29%	1.77%	2.16%
80+岁独居老人占比	0.53%	0.38%	0.47%	0.48%	0.30%	0.39%	0.70%	0.42%	0.52%	1.17%	0.59%	0.73%	2.37%	0.87%	1.10%
65+岁一对夫妇老人占比	3.00%	2.67%	2.87%	4.54%	3.55%	4.02%	6.18%	4.15%	4.88%	10.27%	6.09%	7.11%	11.53%	6.49%	7.27%
80+岁一对夫妇老人占比	0.29%	0.32%	0.30%	0.40%	0.35%	0.38%	0.73%	0.54%	0.61%	1.22%	0.74%	0.86%	2.95%	1.44%	1.67%
老年家庭户占比	34.31%	23.54%	29.92%	32.80%	21.72%	26.99%	40.74%	24.45%	30.55%	58.63%	33.79%	40.41%	68.56%	37.56%	42.96%
18～64 岁劳动人口占比	62.28%	70.42%	65.49%	59.05%	69.33%	64.43%	55.51%	64.95%	61.58%	44.53%	61.30%	57.20%	37.86%	61.13%	57.52%
少儿抚养比	0.43	0.30	0.38	0.40	0.30	0.34	0.37	0.35	0.35	0.37	0.33	0.34	0.34	0.31	0.31
老年抚养比	0.17	0.12	0.15	0.29	0.15	0.21	0.43	0.19	0.27	0.88	0.30	0.41	1.30	0.33	0.43
0～17 岁人口/万人	3 912	2 023	5 935	2 861	2 708	5 569	1 911	3 791	5 702	1 053	4 071	5 125	518	4 085	4 603
18～64 岁劳动人口/万人	9 004	6 650	15 652	7 103	9 169	16 271	5 193	10 944	16 138	2 863	12 185	15 049	1 521	13 385	14 906
总人口/万人	14 457	9 444	23 900	12 029	13 225	25 255	9 356	16 851	26 206	6 430	19 879	26 309	4 018	21 895	25 913

注：本表数据按照原始数据计算得出

12.3.3　重庆和四川的家庭人口老化更为严重

西南地区每一个省区市的城乡家庭人口老化预测主要结果请参阅附表A12.2。人口家庭老龄化程度随年份而增加。中生育方案下，2050年广西、重庆、四川、云南、贵州和西藏65岁及以上老人占总人口比例分别为23.25%、37.42%、25.94%、23.88%、21.40%和19.68%；广西、重庆、四川、贵州、云南和西藏80岁及以上高龄老人占总人口比例分别为7.36%、11.71%、9.86%、7.08%、6.96%和5.11%，四川和重庆地区80岁及以上高龄老人占总人口的比例最大；西南各省区市2020～2050年65岁及以上空巢老人、独居老人比例也将大幅度上升。

西南地区各省区市家庭人口老化最为严重的地区是重庆、四川（表A12.2）。这两个地区几乎所有的人口家庭老化指标，包括65岁及以上老人与80岁及以上高龄老人分别占总人口百分比、65岁及以上空巢老人与80岁及以上空巢老人分别占总人口百分比、65岁及以上独居老人与80岁及以上独居老人分别占总人口百分比等都将比西南地区其他四省区市的比例高。从2010年到2050年，这一格局都未发生变化。

12.3.4　家庭小型化趋势明显

表12.3列出了西南地区六个省区市家庭户规模和结构预测主要预测结果的加权平均值，每一个省区市的城乡家庭户规模和结构预测主要结果请参阅本章附录表A12.3。

表12.3　西南地区家庭户规模和结构预测主要结果六省区市加权平均值

年份	项目	平均家庭户规模/人	1人家庭户占比	2人家庭户占比	3～4人家庭户占比	5+人家庭户占比	已婚夫妇二代户占比	单亲家庭二代户	三代家庭户占比
2010	农村	3.29	14.61%	21.31%	41.63%	22.45%	35.59%	9.50%	23.09%
	城镇	2.85	18.54%	24.95%	43.72%	12.79%	37.34%	8.98%	15.41%
	合计	3.11	16.21%	22.79%	42.48%	18.52%	36.30%	9.29%	19.96%
2020	农村	2.91	16.29%	25.03%	45.93%	12.75%	37.83%	13.90%	15.43%
	城镇	2.68	18.41%	26.67%	46.27%	8.65%	39.16%	11.06%	12.84%
	合计	2.79	17.40%	25.89%	46.11%	10.60%	38.52%	12.41%	14.07%
2030	农村	2.68	15.89%	32.01%	44.46%	7.63%	36.34%	19.81%	9.79%
	城镇	2.69	17.37%	28.40%	44.47%	9.76%	39.69%	12.13%	11.47%
	合计	2.69	16.82%	29.75%	44.47%	8.96%	38.43%	15.00%	10.84%
2040	农村	2.55	15.27%	38.59%	40.74%	5.40%	32.72%	26.41%	7.02%
	城镇	2.65	17.89%	30.61%	42.16%	9.35%	38.24%	13.19%	9.98%
	合计	2.62	17.19%	32.74%	41.78%	8.30%	36.77%	16.71%	9.19%
2050	农村	2.44	15.10%	44.10%	36.73%	4.07%	28.89%	33.32%	5.24%
	城镇	2.61	18.18%	32.41%	40.34%	9.07%	36.34%	14.10%	9.65%
	合计	2.58	17.64%	34.45%	39.71%	8.20%	35.04%	17.45%	8.88%

西南地区 2010 年农村平均家庭户规模为 3.29 人、城镇平均家庭户规模为 2.85 人。中生育方案下，城乡合一平均家庭户规模由 2010 年的 3.11 人减小到 2050 年的 2.58 人，其中，2050 年农村平均家庭户规模为 2.44 人、城镇平均家庭户规模为 2.61 人。显然，家庭户规模呈小型化趋势，由于农村很多年轻人不断迁往城镇，西南地区 21 世纪中叶农村的家庭户规模将小于城镇（表 12.3）。

2010 年 1 人家庭户、2 人家庭户、3～4 人家庭户、5+人家庭户的占比分别为 16.21%、22.79%、42.48%、18.52%，其中 3～4 人家庭户占比最多。中生育方案下，2050 年 1 人家庭户、2 人家庭户、3～4 人家庭户、5+人家庭户的占比分别为 17.64%、34.45%、39.71%、8.20%，家庭户规模以 2 人家庭户和 3～4 人家庭户为主（表 12.3）。

2010 年农村 1 人家庭户、2 人家庭户、3～4 人家庭户、5+人家庭户的占比分别为 14.61%、21.31%、41.63%、22.45%，而 2050 年则分别为 15.10%、44.10%、36.73%、4.07%；农村家庭户规模以 2 人家庭户和 3～4 人家庭户为主（表 12.3）。

2010 年城镇 1 人家庭户、2 人家庭户、3～4 人家庭户、5+人家庭户的占比分别为 18.54%、24.95%、43.72%、12.79%，而 2050 年分别为 18.18%、32.41%、40.34%、9.07%；城镇家庭户规模也是以 2 人家庭户和 3～4 人家庭户为主（表 12.3）。

12.4　思考和相关政策建议

预测结果表明，西南地区家庭人口老化指标逐年上升，2010 年 18～64 岁劳动人口占比为 65.49%、65 岁及以上老人占比为 9.68%，到 2050 年 18～64 岁劳动人口占比为 57.52%、65 岁及以上老人占比为 24.72%，劳动年龄人口占比减少约 12.17%，老年人口占比增加约 1.55 倍。未来将面临劳动力资源减少、人口老化成倍增长的压力。偏低的生育水平不仅会阻碍地区经济的发展，还将加重地区的养老负担，对社会和谐稳定造成影响。因此，须出台促进生育水平提高的政策和保障措施，提高生育水平，缓解人口老化产生的社会压力。

西南农村地区 18～64 岁劳动人口占比由 2010 年的 62.28%减少至 2050 年的 37.86%，减少了 39.21%；65 岁及以上老人占比由 2010 年的 10.65%增加至 2050 年的 49.25%，等于 2010 年的 4.62 倍；65 岁及以上空巢老人占比由 2010 年的 5.12%增加至 2050 年的 15.82%，等于 2010 年的 3.09 倍；65 岁及以上独居老人占比由 2010 年的 2.11%增加至 2050 年的 4.29%，等于 2010 年的 2.03 倍。城镇地区 18～64 岁劳动人口占比由 2010 年的 70.42%减少至 2050 年的 61.13%，减少了 13.19%；65 岁及以上老人占比由 2010 年的 8.16%增加至 2050 年的 20.21%，等于 2010 年的 2.48 倍；65 岁及以上空巢老人占比由 2010 年的 4.12%增加至 2050 年的 8.26%，等于 2010 年的 2 倍；65 岁及以上独居老人占比由 2010 年的 1.45%增加至 2050 年的 1.77%，等于 2010 年的 1.22 倍。

农村地区65岁及以上老年人口的增长幅度远大于城镇地区，农村地区劳动人口减少的幅度远大于城镇地区，这与城镇化过程中年轻人大批向城镇迁移有关。为避免农村地区劳动年龄人口偏少、老年人口占比太大带来的严重后果，建议出台更多鼓励老年父母迁往城镇定居，与已经在城镇就业的子女团聚的政策，尤其是出台更多鼓励独生子女的父母进入老年后与子女共同居住生活的政策，鼓励“大家庭”的居住模式。

从预测结果来看，重庆65岁及以上老人所占的比重由2010年的17.42%增加至2050年的37.42%，是2010年的2.15倍；四川65岁及以上老人所占的比重由2010年的10.95%增加至2050年的25.94%，是2010年的2.4倍；广西65岁及以上老人所占的比重由2010年的9.24%增加至2050年的23.25%，是2010年的2.52倍。重庆18～64岁劳动人口的比重由2010年的66.28%减至2050年的56.73%，减少了14.41%；四川18～64岁劳动人口的比重由2010年的67.16%减至2050年的56.15%，减少了16.39%；广西18～64岁劳动人口的比重由2010年的64.58%减至2050年的57.56%，减少了10.87%。从预测结果来看，西南六省区市当前和未来人口家庭老化相对最严重的地区依然是重庆，重庆家庭人口老龄化预测指标最高，其次是四川和广西，必须引起高度的重视。

西南地区家庭人口预测分析表明，农村家庭人口老化程度大大高于城镇，农村独居和高龄空巢老年家庭户数高于城镇，农村地区的养老问题将更为严重，说明农村是未来西南地区积极应对人口老龄化的重要地区，需要在促进老年父母随已经在城镇就业的子女向城镇迁移、在城镇养老等方面出台具体的措施，鼓励出台更多有利于父母随子女共同居住的政策。西南地区家庭老化最严重的重庆、四川和广西，应积极探索农村健康养老服务模式。重视农村老年人的社会保障水平和各项社会化服务程度明显低于城镇等问题，进一步完善农村地区的社会保障体系；重视农村地区养老服务设施和场所均少于城镇社区的现状，提高农村地区养老、就医、抚幼等社会保障与服务功能。

此外，空巢老人的日常生活照料和情感支持主要依靠自己和配偶，而独居老人的日常生活照料和情感支持只能依靠自己，独居老人和空巢老人的照料问题将给社会造成更多的压力和负担。需要以社区为单位处理好空巢老人、独居老人、高龄老人等特殊群体的养老问题。

提升生育水平对应对家庭人口老化有缓解作用，然而，生育水平的提升并不可能完全解决家庭人口老化严重的问题。除出台更多携老年父母迁往城镇定居的政策外，还应提高健康水平以延迟退休年龄、制订包括农村和城镇在内的全人群的养老保障计划。家庭户规模的小型化带来的是家庭户数的增加，给当前居家社区机构养老服务体系带来新的挑战，要加快推进老年人长期护理保险的覆盖水平，尤其是老龄化严重的地区，需要提前谋划、提前布局。此外，必须重视家庭户规模小型化带来的以家庭为单位的消费水平的提高，进一步促进资源节约型社会的构建。

本章附录

表 A12.1　西南各省区市家庭人口预测主要综合参数

省区市	主要综合参数	2010 年			2020 年			2030 年			2040 年			2050 年		
		农村	城镇	合计	农村	城镇	合计	农村	城镇	合计	农村	城镇	合计	农村	城镇	合计
广西	总和生育率	2.23	1.56	1.96	2.33	1.82	2.06	2.31	1.80	1.98	2.29	1.78	1.90	2.29	1.77	1.85
	男出生期望寿命/岁	69.30	75.39	71.74	71.02	76.92	74.15	72.69	78.41	76.40	74.32	79.82	78.50	75.76	81.06	80.21
	女出生期望寿命/岁	74.58	79.32	76.48	76.09	80.70	78.53	77.51	82.03	80.44	78.90	83.30	82.24	80.12	84.39	83.71
	一般结婚率	0.0809	0.0808	0.0809	0.0812	0.0824	0.0819	0.0807	0.0822	0.0817	0.0807	0.0824	0.0820	0.0805	0.0827	0.0823
	一般离婚率	0.0060	0.0107	0.0078	0.0060	0.0107	0.0085	0.0060	0.0108	0.0091	0.0061	0.0108	0.0097	0.0061	0.0109	0.0101
	城镇人口占比			40.02%			52.96%			64.90%			76.08%			83.99%
	男一般迁入率	0.0011	0.0092	0.0043	0.0007	0.0064	0.0037	0.0005	0.0040	0.0028	0.0004	0.0038	0.0030	0.0004	0.0037	0.0032
	女一般迁入率	0.0009	0.0067	0.0032	0.0006	0.0046	0.0027	0.0004	0.0029	0.0020	0.0004	0.0027	0.0022	0.0004	0.0026	0.0023
	男一般迁出率	0.0382	0.0049	0.0249	0.0336	0.0043	0.0181	0.0265	0.0034	0.0115	0.0319	0.0041	0.0108	0.0373	0.0048	0.0100
	女一般迁出率	0.0315	0.0043	0.0206	0.0276	0.0037	0.0150	0.0216	0.0029	0.0095	0.0257	0.0035	0.0088	0.0298	0.0040	0.0082
四川	总和生育率	2.22	1.54	1.95	2.33	1.81	2.05	2.31	1.79	1.97	2.29	1.77	1.89	2.29	1.76	1.84
	男出生期望寿命/岁	70.26	76.43	72.74	71.71	77.77	74.93	73.17	79.06	77.00	74.62	80.31	78.96	75.92	81.43	80.55
	女出生期望寿命/岁	75.94	80.76	77.88	77.09	81.90	79.65	78.26	83.00	81.34	79.45	84.08	82.98	80.52	85.04	84.32
	一般结婚率	0.0720	0.0840	0.0768	0.0723	0.0857	0.0794	0.0718	0.0855	0.0807	0.0718	0.0857	0.0824	0.0717	0.0860	0.0837
	一般离婚率	0.0054	0.0103	0.0074	0.0055	0.0104	0.0081	0.0055	0.0104	0.0087	0.0055	0.0105	0.0093	0.0055	0.0105	0.0097
	城镇人口占比			40.22%			53.13%			65.04%			76.17%			84.05%
	男一般迁入率	0.0011	0.0072	0.0035	0.0008	0.0050	0.0030	0.0005	0.0031	0.0022	0.0004	0.0030	0.0024	0.0004	0.0029	0.0025

续表

省区市	主要综合参数	2010年			2020年			2030年			2040年			2050年		
		农村	城镇	合计	农村	城镇	合计	农村	城镇	合计	农村	城镇	合计	农村	城镇	合计
四川	女一般迁入率	0.0009	0.0052	0.0026	0.0006	0.0036	0.0022	0.0004	0.0023	0.0016	0.0004	0.0021	0.0017	0.0004	0.0021	0.0018
	男一般迁出率	0.0308	0.0064	0.0210	0.0270	0.0056	0.0157	0.0213	0.0044	0.0103	0.0257	0.0053	0.0102	0.0300	0.0062	0.0100
	女一般迁出率	0.0227	0.0051	0.0156	0.0199	0.0045	0.0117	0.0155	0.0035	0.0077	0.0185	0.0041	0.0076	0.0215	0.0048	0.0075
贵州	总和生育率	2.32	1.40	2.01	2.41	1.75	2.10	2.39	1.74	1.99	2.37	1.71	1.89	2.37	1.70	1.82
	男出生期望寿命/岁	66.94	72.82	68.93	69.31	74.80	71.92	71.49	76.75	74.67	73.57	78.57	77.21	75.36	80.12	79.26
	女出生期望寿命/岁	72.86	77.49	74.42	74.79	79.16	76.87	76.53	80.77	79.09	78.18	82.28	81.17	79.59	83.55	82.83
	一般结婚率	0.0966	0.0963	0.0965	0.0970	0.0983	0.0976	0.0963	0.0980	0.0974	0.0963	0.0983	0.0978	0.0961	0.0986	0.0982
	一般离婚率	0.0060	0.0112	0.0077	0.0060	0.0113	0.0085	0.0060	0.0113	0.0092	0.0061	0.0114	0.0099	0.0061	0.0114	0.0104
	城镇人口占比			33.78%			47.53%			60.51%			72.93%			81.92%
	男一般迁入率	0.0024	0.0100	0.0050	0.0017	0.0069	0.0042	0.0010	0.0043	0.0030	0.0010	0.0041	0.0033	0.0010	0.0040	0.0035
	女一般迁入率	0.0014	0.0069	0.0032	0.0010	0.0048	0.0028	0.0006	0.0030	0.0020	0.0006	0.0028	0.0022	0.0005	0.0027	0.0023
	男一般迁出率	0.0471	0.0065	0.0334	0.0413	0.0057	0.0244	0.0326	0.0045	0.0156	0.0393	0.0054	0.0146	0.0459	0.0063	0.0135
	女一般迁出率	0.0385	0.0053	0.0273	0.0337	0.0046	0.0199	0.0264	0.0036	0.0126	0.0314	0.0043	0.0116	0.0364	0.0050	0.0107
云南	总和生育率	2.32	1.40	2.00	2.40	1.75	2.09	2.39	1.74	1.99	2.37	1.71	1.89	2.37	1.70	1.82
	男出生期望寿命/岁	65.56	71.32	67.56	68.30	73.55	70.84	70.77	75.76	73.82	73.11	77.81	76.56	75.11	79.55	78.76
	女出生期望寿命/岁	71.14	75.66	72.71	73.50	77.61	75.49	75.53	79.50	77.96	77.44	81.24	80.23	79.05	82.69	82.04
	一般结婚率	0.1258	0.1068	0.1192	0.1263	0.1089	0.1179	0.1254	0.1087	0.1152	0.1254	0.1089	0.1133	0.1252	0.1093	0.1121

续表

省区市	主要综合参数	2010年			2020年			2030年			2040年			2050年		
		农村	城镇	合计	农村	城镇	合计	农村	城镇	合计	农村	城镇	合计	农村	城镇	合计
云南	一般离婚率	0.0066	0.0113	0.0082	0.0066	0.0113	0.0089	0.0066	0.0114	0.0095	0.0067	0.0114	0.0102	0.0067	0.0115	0.0106
	城镇人口占比			34.72%			48.36%			61.18%			73.42%			82.25%
	男一般迁入率	0.0019	0.0113	0.0052	0.0013	0.0079	0.0045	0.0008	0.0049	0.0033	0.0008	0.0047	0.0036	0.0008	0.0046	0.0039
	女一般迁入率	0.0009	0.0074	0.0032	0.0006	0.0051	0.0028	0.0004	0.0032	0.0021	0.0004	0.0030	0.0023	0.0004	0.0030	0.0025
	男一般迁出率	0.0129	0.0021	0.0091	0.0113	0.0018	0.0067	0.0089	0.0014	0.0043	0.0108	0.0017	0.0041	0.0125	0.0020	0.0039
	女一般迁出率	0.0104	0.0019	0.0074	0.0091	0.0016	0.0055	0.0071	0.0013	0.0035	0.0085	0.0015	0.0034	0.0098	0.0018	0.0032
西藏	总和生育率	2.32	1.16	2.06	2.41	1.67	2.13	2.39	1.66	2.01	2.37	1.63	1.88	2.37	1.62	1.79
	男出生期望寿命/岁	65.52	71.27	66.82	68.27	73.52	70.23	70.74	73.40	72.13	73.09	75.99	75.02	75.10	78.16	77.47
	女出生期望寿命/岁	69.45	73.87	70.45	72.20	76.08	73.65	74.53	78.23	76.45	76.70	80.20	79.03	78.49	81.82	81.07
	一般结婚率	0.0549	0.0671	0.0577	0.0551	0.0685	0.0601	0.0548	0.0683	0.0618	0.0548	0.0684	0.0639	0.0547	0.0687	0.0655
	一般离婚率	0.0075	0.0124	0.0086	0.0075	0.0125	0.0094	0.0075	0.0125	0.0101	0.0076	0.0126	0.0109	0.0076	0.0126	0.0115
	城镇人口占比			22.67%			37.47%			52.02%			66.51%			77.42%
	男一般迁入率	0.0035	0.0355	0.0108	0.0025	0.0246	0.0107	0.0015	0.0154	0.0087	0.0015	0.0146	0.0102	0.0014	0.0143	0.0114
	女一般迁入率	0.0017	0.0298	0.0081	0.0012	0.0206	0.0084	0.0007	0.0128	0.0070	0.0007	0.0122	0.0083	0.0007	0.0119	0.0093
	男一般迁出率	0.0012	0.0066	0.0024	0.0010	0.0058	0.0028	0.0008	0.0045	0.0027	0.0010	0.0055	0.0040	0.0011	0.0064	0.0052
	女一般迁出率	0.0016	0.0065	0.0027	0.0014	0.0057	0.0030	0.0011	0.0044	0.0028	0.0013	0.0053	0.0039	0.0015	0.0061	0.0051

续表

省区市	主要综合参数	2010年			2020年			2030年			2040年			2050年		
		农村	城镇	合计	农村	城镇	合计	农村	城镇	合计	农村	城镇	合计	农村	城镇	合计
重庆	总和生育率	1.55	1.07	1.35	1.71	1.40	1.54	1.70	1.39	1.49	1.68	1.37	1.44	1.69	1.36	1.41
	男出生期望寿命/岁	70.33	76.50	72.98	71.75	77.83	75.12	73.20	79.11	77.15	74.64	80.35	79.06	75.93	81.45	80.62
	女出生期望寿命/岁	76.24	81.09	78.32	77.32	82.17	80.01	78.43	83.22	81.63	79.57	84.25	83.20	80.61	85.18	84.49
	一般结婚率	0.0720	0.0916	0.0804	0.0723	0.0934	0.0840	0.0718	0.0932	0.0861	0.0718	0.0934	0.0885	0.0717	0.0937	0.0904
	一般离婚率	0.0050	0.0101	0.0072	0.0050	0.0102	0.0079	0.0051	0.0102	0.0085	0.0051	0.0103	0.0091	0.0051	0.0103	0.0095
	城镇人口占比			42.99%			55.49%			66.90%			77.48%			84.90%
	男一般迁入率			0.0074			0.0059			0.0041			0.0043			0.0044
	女一般迁入率			0.0060			0.0048			0.0033			0.0034			0.0035
	男一般迁出率			0.0267			0.0195			0.0126			0.0122			0.0119
	女一般迁出率			0.0203			0.0149			0.0097			0.0094			0.0092

表 A12.2　西南各省区市家庭人口老化预测主要结果

省区市	主要家庭人口指标	2010 年			2020 年			2030 年			2040 年			2050 年		
		农村	城镇	合计	农村	城镇	合计	农村	城镇	合计	农村	城镇	合计	农村	城镇	合计
广西	65+岁老人占比	10.39%	7.52%	9.24%	14.66%	8.95%	11.64%	22.20%	11.34%	15.15%	35.31%	15.35%	20.12%	48.44%	18.76%	23.25%
	80+岁高龄老人占比	2.05%	1.36%	1.77%	3.13%	1.76%	2.40%	4.95%	2.18%	3.15%	8.80%	3.20%	4.54%	18.35%	5.40%	7.36%
	65+岁空巢老人占比	4.75%	3.37%	4.20%	5.47%	3.94%	4.66%	8.20%	4.44%	5.76%	12.94%	5.68%	7.41%	17.35%	6.75%	8.36%
	80+岁空巢老人占比	1.00%	0.68%	0.87%	0.95%	0.55%	0.74%	1.56%	0.88%	1.12%	2.79%	1.21%	1.58%	5.82%	1.80%	2.41%
	65+岁独居老人占比	2.28%	1.52%	1.98%	1.68%	1.01%	1.33%	2.40%	1.18%	1.61%	3.61%	1.43%	1.94%	4.96%	1.60%	2.12%
	80+岁独居老人占比	0.70%	0.45%	0.60%	0.54%	0.28%	0.40%	0.84%	0.44%	0.58%	1.47%	0.60%	0.80%	2.76%	0.77%	1.08%
	老年家庭户占比	34.44%	24.58%	30.48%	30.60%	23.12%	26.68%	39.70%	23.16%	29.41%	56.27%	30.92%	37.81%	69.47%	37.31%	43.11%
	老年抚养比	0.17	0.11	0.14	0.25	0.13	0.18	0.39	0.17	0.24	0.75	0.24	0.34	1.28	0.31	0.40
	18～64 岁劳动人口占比	61.22%	69.61%	64.58%	58.42%	68.29%	63.65%	56.56%	65.59%	62.42%	46.83%	63.38%	59.42%	37.11%	61.20%	57.56%
	18～64 岁劳动人口/万人	1690	1282	2972	1351	1778	3129	1020	2187	3207	588	2531	3119	295	2729	3024
	总人口/万人	2761	1842	4602	2313	2604	4916	1803	3334	5138	1256	3993	5249	795	4459	5254
四川	65+岁老人占比	12.26%	9.00%	10.95%	20.69%	12.07%	16.11%	27.25%	14.46%	18.93%	42.47%	21.29%	26.34%	48.09%	22.01%	25.94%
	80+岁高龄老人占比	2.12%	1.53%	1.88%	3.83%	2.24%	2.99%	7.42%	3.31%	4.75%	11.94%	4.51%	6.28%	22.10%	7.69%	9.86%
	65+岁空巢老人占比	6.10%	4.76%	5.56%	7.52%	5.31%	6.35%	9.76%	6.35%	7.54%	15.72%	9.42%	10.92%	16.73%	9.63%	10.70%
	80+岁空巢老人占比	0.96%	0.79%	0.89%	1.05%	0.82%	0.93%	1.75%	1.20%	1.39%	2.81%	1.64%	1.92%	6.08%	2.94%	3.41%
	65+岁独居老人占比	2.80%	1.73%	2.37%	1.97%	1.10%	1.51%	2.45%	1.32%	1.71%	3.62%	1.79%	2.22%	4.64%	2.00%	2.40%

续表

省区市	主要家庭人口指标	2010年			2020年			2030年			2040年			2050年		
		农村	城镇	合计	农村	城镇	合计	农村	城镇	合计	农村	城镇	合计	农村	城镇	合计
四川	80+岁独居老人占比	0.71%	0.46%	0.61%	0.59%	0.36%	0.47%	0.84%	0.48%	0.60%	1.36%	0.68%	0.84%	2.69%	1.04%	1.29%
	老年家庭户占比	35.06%	24.02%	30.56%	37.53%	21.73%	29.17%	45.54%	26.43%	33.56%	63.75%	38.16%	44.87%	69.42%	40.18%	45.12%
	老年抚养比	0.19	0.13	0.16	0.36	0.18	0.25	0.52	0.23	0.32	1.04	0.36	0.48	1.30	0.37	0.46
	18～64岁劳动人口占比	64.15%	71.64%	67.16%	56.83%	68.63%	63.10%	52.13%	63.11%	59.27%	40.22%	58.89%	54.44%	36.37%	59.66%	56.15%
	18～64岁劳动人口/万人	3084	2317	5401	2260	3094	5354	1590	3581	5171	829	3880	4709	464	4289	4753
	总人口/万人	4807	3234	8042	3977	4508	8485	3050	5674	8724	2061	6588	8650	1276	7189	8465
贵州	65+岁老人占比	9.49%	7.17%	8.71%	14.98%	8.14%	11.73%	20.98%	9.79%	14.21%	35.02%	14.60%	20.13%	44.93%	16.56%	21.40%
	80+岁高龄老人占比	1.31%	1.05%	1.22%	2.71%	1.50%	2.13%	4.89%	1.87%	3.06%	8.23%	2.56%	4.09%	17.77%	4.88%	7.08%
	65+岁空巢老人占比	5.12%	3.80%	4.67%	5.44%	3.64%	4.58%	7.90%	4.32%	5.73%	14.02%	6.46%	8.51%	17.26%	7.27%	8.98%
	80+岁空巢老人占比	0.65%	0.58%	0.63%	0.77%	0.53%	0.66%	1.07%	0.70%	0.85%	1.97%	0.97%	1.24%	5.24%	1.87%	2.45%
	65+岁独居老人占比	2.17%	1.54%	1.95%	1.20%	0.86%	1.03%	1.59%	0.97%	1.21%	2.77%	1.26%	1.67%	4.06%	1.48%	1.93%
	80+岁独居老人占比	0.45%	0.35%	0.42%	0.41%	0.26%	0.34%	0.44%	0.33%	0.38%	0.81%	0.45%	0.54%	2.08%	0.72%	0.95%
	老年家庭户占比	29.88%	21.03%	26.82%	28.28%	19.72%	24.25%	36.28%	22.02%	27.85%	53.77%	27.78%	35.37%	64.20%	31.33%	37.52%
	老年抚养比	0.17	0.11	0.14	0.25	0.12	0.18	0.37	0.15	0.23	0.75	0.23	0.35	1.07	0.26	0.35
	18～64岁劳动人口占比	57.41%	66.88%	60.61%	59.97%	70.02%	64.75%	56.01%	65.85%	61.97%	46.03%	62.56%	58.08%	41.22%	64.33%	60.38%
	18～64岁劳动人口/万人	1321	785	2106	1161	1228	2389	871	1569	2440	502	1838	2340	283	2144	2427
	总人口/万人	2301	1174	3475	1936	1754	3690	1555	2383	3938	1091	2938	4029	687	3333	4020

续表

省区市	主要家庭人口指标	2010 年			2020 年			2030 年			2040 年			2050 年		
		农村	城镇	合计	农村	城镇	合计	农村	城镇	合计	农村	城镇	合计	农村	城镇	合计
云南	65+岁老人占比	7.88%	7.16%	7.63%	11.31%	7.85%	9.64%	18.72%	9.93%	13.34%	34.81%	14.99%	20.26%	50.79%	18.46%	23.88%
	80+岁高龄老人占比	1.30%	1.16%	1.25%	2.08%	1.32%	1.71%	3.46%	1.63%	2.34%	6.71%	2.45%	3.59%	17.14%	4.91%	6.96%
	65+岁空巢老人占比	2.77%	3.35%	2.97%	3.81%	3.48%	3.65%	5.03%	3.97%	4.38%	8.13%	5.75%	6.38%	10.79%	6.89%	7.54%
	80+岁空巢老人占比	0.45%	0.54%	0.48%	0.33%	0.40%	0.37%	0.95%	0.59%	0.73%	1.51%	0.82%	1.01%	2.85%	1.50%	1.73%
	65+岁独居老人占比	0.31%	0.36%	0.32%	0.94%	0.75%	0.85%	1.45%	0.96%	1.15%	2.07%	1.26%	1.47%	2.67%	1.46%	1.66%
	80+岁独居老人占比	0.04%	0.05%	0.05%	0.14%	0.16%	0.15%	0.53%	0.29%	0.39%	0.88%	0.41%	0.54%	1.32%	0.61%	0.73%
	老年家庭户占比	37.41%	23.21%	31.92%	26.38%	20.57%	23.46%	34.57%	20.86%	26.24%	54.80%	28.89%	36.13%	70.50%	34.83%	41.33%
	老年抚养比	0.12	0.10	0.11	0.18	0.11	0.14	0.31	0.15	0.21	0.70	0.23	0.34	1.34	0.30	0.41
	18～64 岁劳动人口占比	64.82%	70.30%	56.72%	63.96%	70.44%	67.09%	60.43%	66.34%	64.05%	49.48%	63.73%	59.95%	37.55%	61.80%	57.73%
	18～64 岁劳动人口/万人	1945	1122	3067	1628	1679	3307	1212	2097	3309	690	2455	3145	329	2687	3016
	总人口/万人	3001	1596	4597	2545	2384	4929	2006	3161	5166	1395	3852	5246	876	4348	5224
西藏	65+岁老人占比	5.57%	3.45%	5.09%	7.48%	4.42%	6.33%	12.34%	6.94%	9.53%	20.70%	11.44%	14.54%	33.70%	15.87%	19.68%
	80+岁高龄老人占比	0.86%	0.42%	0.76%	1.63%	0.57%	1.24%	2.78%	0.92%	1.81%	4.85%	1.55%	2.65%	10.88%	3.55%	5.11%
	65+岁空巢老人占比	0.61%	0.89%	0.68%	1.35%	1.41%	1.37%	1.49%	1.71%	1.60%	2.20%	2.62%	2.48%	3.92%	3.71%	3.76%
	80+岁空巢老人占比	0.12%	0.08%	0.11%	0.11%	0.09%	0.10%	0.39%	0.20%	0.29%	0.52%	0.30%	0.37%	1.07%	0.62%	0.71%
	65+岁独居老人占比	0.45%	0.43%	0.45%	0.68%	0.59%	0.64%	0.97%	0.72%	0.84%	1.56%	1.17%	1.30%	2.92%	1.84%	2.08%
	80+岁独居老人占比	0.10%	0.04%	0.08%	0.09%	0.07%	0.08%	0.28%	0.14%	0.20%	0.39%	0.21%	0.27%	0.82%	0.43%	0.51%

续表

省区市	主要家庭人口指标	2010年			2020年			2030年			2040年			2050年		
		农村	城镇	合计	农村	城镇	合计	农村	城镇	合计	农村	城镇	合计	农村	城镇	合计
西藏	老年家庭户占比	46.53%	12.94%	35.74%	27.63%	12.76%	21.22%	28.00%	14.30%	20.47%	41.59%	21.36%	27.86%	59.44%	28.85%	35.32%
	老年抚养比	0.09	0.04	0.08	0.12	0.06	0.10	0.20	0.10	0.15	0.36	0.17	0.23	0.71	0.25	0.33
	18～64岁劳动人口占比	62.03%	76.40%	65.29%	61.30%	74.32%	66.18%	61.31%	68.82%	65.21%	56.18%	66.54%	63.07%	46.11%	63.65%	59.90%
	18～64岁劳动人口/万人	144	52	196	128	93	221	106	129	235	71	167	238	38	193	231
	总人口/万人	232	68	300	209	125	334	173	187	360	126	251	377	82	303	386
重庆	65+岁老人占比	21.45%	13.84%	17.42%	31.59%	18.25%	23.08%	43.36%	25.58%	30.33%	52.81%	30.8%	34.81%	56.69%	34.85%	37.42%
	80+岁高龄老人占比	2.34%	1.68%	1.99%	4.71%	2.51%	3.31%	9.59%	3.92%	5.43%	14.64%	5.77%	7.38%	25.50%	9.86%	11.71%
	65+岁空巢老人占比	8.35%	4.86%	6.50%	10.25%	6.07%	7.58%	13.34%	7.70%	9.21%	21.77%	11.39%	13.28%	22.54%	11.58%	12.87%
	80+岁空巢老人占比	1.22%	0.85%	1.02%	1.78%	0.88%	1.21%	2.07%	1.41%	1.59%	3.49%	2.09%	2.34%	9.21%	3.70%	4.35%
	65+岁独居老人占比	3.53%	1.85%	2.64%	2.55%	1.27%	1.73%	2.92%	1.59%	1.95%	4.69%	2.13%	2.59%	6.65%	2.36%	2.87%
	80+岁独居老人占比	0.87%	0.51%	0.67%	0.99%	0.40%	0.62%	0.84%	0.56%	0.64%	1.45%	0.86%	0.96%	4.07%	1.30%	1.63%
	老年家庭户占比	16.50%	9.50%	12.94%	31.1%	13.04%	19.92%	42.22%	20.54%	26.82%	62.17%	35.39%	40.84%	65.72%	37.97%	41.77%
	老年抚养比	0.24	0.13	0.18	0.47	0.2	0.28	0.64	0.27	0.35	1.3	0.44	0.55	1.35	0.45	0.52
	18～64岁劳动人口占比	60.51%	71.39%	66.28%	54.76%	70.05%	64.52%	51.23%	65.40%	61.62%	36.46%	58.25%	54.28%	37.07%	59.35%	56.73%
	18～64岁劳动人口/万人	820	1092	1912	575	1297	1872	394	1381	1775	183	1314	1497	112	1343	1455
	总人口/万人	1355	1530	2885	1050	1851	2901	769	2111	2881	502	2256	2758	302	2263	2565

注：本表数据按照原始数据计算得出

表 A12.3　西南各省区市家庭户规模和结构预测主要结果

省区市	主要家庭户指标	2010 年			2020 年			2030 年			2040 年			2050 年		
		农村	城镇	合计	农村	城镇	合计	农村	城镇	合计	农村	城镇	合计	农村	城镇	合计
广西	平均家庭户规模/人	3.43	3.11	3.30	2.96	2.80	2.87	2.67	2.77	2.73	2.51	2.76	2.69	2.39	2.75	2.68
	1 人家庭户占比	13.33%	16.06%	14.42%	16.86%	17.84%	17.37%	17.42%	17.28%	17.33%	16.55%	18.00%	17.60%	16.18%	17.73%	17.45%
	2 人家庭户占比	19.43%	21.14%	20.11%	23.03%	22.67%	22.84%	30.40%	24.61%	26.80%	38.17%	27.58%	30.46%	44.53%	29.30%	32.05%
	3～4 人家庭户占比	41.75%	45.22%	43.15%	46.36%	48.62%	47.54%	44.90%	47.01%	46.22%	40.60%	42.17%	41.74%	36.21%	40.84%	40.01%
	5+人家庭户占比	25.50%	17.58%	22.32%	13.75%	10.87%	12.25%	7.29%	11.09%	9.66%	4.68%	12.26%	10.19%	3.09%	12.13%	10.50%
	已婚夫妇二代户占比	36.62%	41.05%	38.40%	37.46%	41.30%	39.47%	35.86%	42.16%	39.78%	31.58%	39.91%	37.65%	27.43%	38.64%	36.62%
	单亲家庭二代户占比	11.69%	9.08%	10.64%	14.68%	10.32%	12.40%	20.18%	11.66%	14.88%	26.37%	12.81%	16.49%	33.37%	14.18%	17.64%
	三代家庭户占比	23.22%	17.26%	20.82%	16.17%	15.24%	15.68%	9.65%	12.96%	11.71%	7.02%	11.01%	9.93%	5.06%	10.56%	9.57%
四川	平均家庭户规模/人	3.09	2.73	2.94	2.82	2.61	2.71	2.63	2.69	2.67	2.54	2.65	2.62	2.48	2.63	2.61
	1 人家庭户占比	16.36%	19.25%	17.54%	17.66%	18.48%	18.10%	17.23%	17.71%	17.53%	16.78%	18.55%	18.08%	16.54%	19.09%	18.66%
	2 人家庭户占比	23.71%	27.54%	25.27%	26.93%	28.87%	27.96%	33.68%	30.75%	31.84%	38.78%	32.46%	34.12%	42.69%	33.53%	35.08%
	3～4 人家庭户占比	41.54%	42.64%	41.99%	44.04%	45.21%	44.66%	41.75%	40.50%	40.96%	38.10%	38.42%	38.34%	34.89%	36.81%	36.48%
	5+人家庭户占比	18.39%	10.57%	15.20%	11.37%	7.43%	9.27%	7.35%	11.04%	9.66%	6.34%	10.57%	9.46%	5.88%	10.58%	9.78%
	已婚夫妇二代户占比	32.34%	34.50%	33.22%	34.57%	37.66%	36.21%	32.99%	37.80%	36.00%	30.35%	36.18%	34.65%	27.85%	34.08%	33.03%
	单亲家庭二代户占比	10.11%	9.67%	9.93%	14.69%	12.33%	13.44%	20.93%	13.76%	16.44%	26.92%	14.77%	17.96%	32.64%	15.35%	18.27%
	三代家庭户占比	22.70%	15.20%	19.64%	15.27%	12.00%	13.54%	9.79%	9.81%	9.80%	7.22%	8.56%	8.21%	5.78%	8.81%	8.30%
贵州	平均家庭户规模/人	3.27	2.95	3.16	2.88	2.75	2.82	2.72	2.75	2.74	2.55	2.67	2.63	2.40	2.56	2.53
	1 人家庭户占比	14.39%	17.34%	15.41%	16.53%	17.54%	17.00%	14.80%	15.83%	15.41%	15.08%	15.99%	15.72%	15.47%	17.39%	17.03%
	2 人家庭户占比	22.57%	22.88%	22.68%	25.16%	24.82%	25.00%	31.87%	26.16%	28.49%	38.78%	28.32%	31.37%	44.99%	32.04%	34.48%
	3～4 人家庭户占比	40.53%	45.54%	42.27%	45.87%	47.73%	46.75%	44.86%	48.02%	46.73%	40.63%	47.39%	45.41%	36.00%	43.74%	42.29%

续表

省区市	主要家庭户指标	2010年			2020年			2030年			2040年			2050年		
		农村	城镇	合计	农村	城镇	合计	农村	城镇	合计	农村	城镇	合计	农村	城镇	合计
贵州	5+人家庭户占比	22.51%	14.22%	19.64%	12.44%	9.91%	11.25%	8.48%	9.99%	9.37%	5.52%	8.32%	7.49%	3.53%	6.82%	6.21%
	已婚夫妇二代户占比	38.66%	42.76%	40.08%	39.85%	42.15%	40.93%	38.29%	42.23%	40.61%	33.94%	41.89%	39.57%	29.22%	38.50%	36.75%
	单亲家庭二代户占比	8.87%	8.02%	8.57%	13.04%	8.79%	11.04%	17.48%	8.57%	12.23%	23.25%	9.42%	13.46%	29.69%	10.06%	13.76%
	三代家庭户占比	18.54%	13.19%	16.69%	13.38%	12.77%	13.09%	9.96%	13.61%	12.11%	6.82%	11.65%	10.24%	4.76%	9.86%	8.90%
云南	平均家庭户规模/人	3.85	2.97	3.51	3.20	2.72	2.96	2.85	2.69	2.76	2.65	2.62	2.63	2.53	2.60	2.58
	1 人家庭户占比	7.29%	17.38%	11.19%	11.11%	19.07%	15.11%	11.68%	17.66%	15.31%	10.63%	17.97%	15.92%	9.25%	17.45%	15.95%
	2 人家庭户占比	13.51%	23.10%	17.22%	20.11%	24.21%	22.17%	28.39%	25.84%	26.84%	37.14%	28.52%	30.93%	45.04%	30.55%	33.19%
	3～4 人家庭户占比	46.76%	45.00%	46.08%	52.19%	46.86%	49.51%	51.36%	47.37%	48.94%	47.23%	45.59%	46.05%	42.50%	44.30%	43.98%
	5+人家庭户占比	32.45%	14.52%	25.51%	16.60%	9.87%	13.22%	8.58%	9.13%	8.91%	5.00%	7.93%	7.11%	3.22%	7.71%	6.87%
	已婚夫妇二代户占比	43.35%	38.95%	41.65%	45.58%	39.91%	42.73%	44.07%	41.06%	42.24%	38.86%	39.68%	39.46%	33.42%	38.39%	37.48%
	单亲家庭二代户占比	6.14%	8.26%	6.96%	10.76%	10.48%	10.62%	18.02%	11.52%	14.07%	27.77%	12.60%	16.83%	38.39%	13.68%	18.19%
	三代家庭户占比	31.52%	16.62%	25.76%	18.91%	13.96%	16.42%	10.47%	12.91%	11.95%	6.99%	11.35%	10.13%	5.12%	11.18%	10.08%
西藏	平均家庭户规模/人	4.49	2.65	3.90	3.54	2.50	3.09	3.18	2.57	2.84	2.96	2.52	2.66	2.78	2.50	2.56
	1 人家庭户占比	9.52%	25.66%	14.70%	15.15%	25.55%	19.63%	14.38%	22.53%	18.86%	13.73%	22.61%	19.75%	13.34%	22.25%	20.37%
	2 人家庭户占比	10.58%	28.07%	16.19%	11.39%	24.26%	16.93%	15.53%	24.10%	20.24%	21.29%	26.34%	24.71%	28.26%	27.83%	27.93%
	3～4 人家庭户占比	30.00%	34.42%	31.42%	43.95%	43.53%	43.77%	53.54%	46.22%	49.52%	54.25%	44.41%	47.57%	50.97%	43.56%	45.13%
	5+人家庭户占比	49.92%	11.83%	37.69%	29.52%	6.66%	19.67%	16.55%	7.15%	11.39%	10.72%	6.65%	7.96%	7.44%	6.35%	6.58%
	已婚夫妇二代户占比	26.99%	29.83%	27.90%	42.96%	36.62%	40.23%	45.91%	39.64%	42.47%	43.67%	38.61%	40.23%	38.96%	37.87%	38.10%
	单亲家庭二代户占比	14.70%	12.85%	14.11%	13.79%	14.51%	14.10%	19.38%	16.94%	18.04%	25.57%	18.52%	20.79%	33.92%	19.79%	22.79%
	三代家庭户占比	44.05%	10.79%	33.38%	22.94%	9.81%	17.28%	16.38%	10.48%	13.14%	13.03%	9.31%	10.51%	10.06%	9.00%	9.22%

注：本表数据按照原始数据计算得出；重庆的预测参数及主要预测结果见第 15 章

第 13 章　西北地区分省家庭人口预测分析与对策探讨①

13.1　引　　言

本章运用本书第 2～4 章阐述的多维家庭人口预测方法进行的分省区市多维家庭人口预测结果（参阅本书第 7～8 章），以及应用 2010 年人口普查和相关人口抽样调查数据（参阅本书第 7 章），比较分析我国西北地区内蒙古、陕西、甘肃、青海、宁夏、新疆等六个省区 2010～2050 年在生育、死亡、城乡人口迁移、结婚、离婚等人口参数中方案假定条件下的家庭户规模与结构，尤其是老年人居住安排的变动，聚焦于我国西北地区省区间差异的分析。考虑到城乡间在生育、死亡、婚姻、迁移等方面的巨大差异，我们在各省区的家庭人口预测分析中区分了农村和城镇地区，进行城乡家庭户、老人居住安排，以及家庭人口老龄化动态趋势的对比与综合分析。

基于国内外文献综述，我们尚未见到将西北地区六个省区分城乡进行未来家庭人口结构动态变化预测等省区间差异综合对比分析的研究。本章试图填补这一空白，主要回答以下重要问题：西北地区各省区在 21 世纪上半叶家庭人口结构变化的趋势如何？家庭人口老龄化特征怎样变动？家庭人口结构变动的城乡差异有多大？

13.2　主要参数假设

使用 ProFamy 模型进行家庭户预测需要的家庭人口基数、分城乡性别年龄的标准模式，以及综合参数等数据及其估算方法已在本书第 7 章详细阐述，在此不再赘述。我国西北六个省区分城乡的家庭人口预测主要参数的加权平均值列在表 13.1，每一个省区的城乡家庭人口预测主要参数请参阅本章附录表 A13.1。

---

① 本章由李月（中国人口与发展研究中心副研究员；liyuefeiyang@126.com）主要基于王正联研究员、周立权经理、周圣智工程师、张许颖研究员和曾毅教授研究组提供的家庭人口预测数据撰写。

表 13.1 西北地区家庭人口预测主要综合参数的六省区加权平均值

年份	项目	总和生育率	男出生期望寿命/岁	女出生期望寿命/岁	一般结婚率	一般离婚率	城镇人口占比
2010	农村	2.17	69.14	73.72	0.0889	0.0045	45.19%
	城镇	1.53	75.26	78.61	0.0926	0.0072	
	合计	1.88	71.90	75.93	0.0906	0.0057	
2020	农村	2.28	70.90	75.43	0.0892	0.0045	57.24%
	城镇	1.79	76.80	80.07	0.0941	0.0072	
	合计	2.00	74.27	78.09	0.0920	0.0061	
2030	农村	2.26	72.60	77.00	0.0886	0.0045	68.17%
	城镇	1.77	78.30	81.48	0.0936	0.0072	
	合计	1.93	76.48	80.06	0.0920	0.0064	
2040	农村	2.24	74.26	78.52	0.0888	0.0046	78.28%
	城镇	1.75	79.73	82.83	0.0937	0.0073	
	合计	1.85	78.54	81.90	0.0927	0.0067	
2050	农村	2.24	75.73	79.84	0.0888	0.0046	85.35%
	城镇	1.74	80.98	84.00	0.0939	0.0073	
	合计	1.81	80.21	83.39	0.0932	0.0069	

从 2010 年西北地区六个省区的总和生育率来看，各省区生育水平之间存在较大差异，最低的为内蒙古和宁夏，其在 2010 年的总和生育率均为 1.82；生育水平最高的省份为甘肃，2010 年总和生育率达到 2.00。六个省区均存在较大的城乡差异，最大的为甘肃，其城镇总和生育率比农村地区低 0.88；城乡差异最小的为内蒙古，其城镇总和生育率比农村地区低 0.46。六个省区总和生育率从高到低依次为甘肃、新疆、青海、陕西、宁夏和内蒙古。

从 2010 年西北地区六个省区的出生期望寿命来看，各省区之间也存在较大差异，青海是出生期望寿命最低的省份，男性和女性出生期望寿命分别为 68.53 岁、72.33 岁；陕西和内蒙古是出生期望寿命最高的两个省区，陕西男性和女性出生期望寿命分别为 73.30 岁、77.00 岁，内蒙古男性和女性出生期望寿命分别为 72.48 岁、77.45 岁。

2010 年西北地区六个省区的一般结婚率存在较大差异，最高的为新疆的

114.4‰，最低的为甘肃的 72‰。各省区一般离婚率均处于较低的水平，均在6‰左右的水平。西北地区的城镇化水平差异较大，城镇化率最高的为内蒙古，城镇人口占比为 55.53%，城镇化率最低的为甘肃，城镇人口占比为 35.94%，城镇化率从高到低依次为内蒙古、宁夏、陕西、青海、新疆、甘肃。此外，本章考虑了各省区在预测期间的人口迁移情况。以 2010 年为起点对未来各省区的迁移情况进行预测，假设未来的迁移水平逐年下降，并结合各省区的迁入、迁出情况进行了参数设置。

13.3　预测结果分析

基于西北地区六个省区分城乡的家庭人口预测主要参数及 ProFamy 模型，预测得到西北地区六个省区分城乡的家庭人口老化加权平均值，列在表 13.2。每一个省区的城乡家庭人口老化预测主要结果请参阅本章附录表 A13.2。总体来说，西北地区在 21 世纪上半叶将经历严重的家庭人口老龄化，而且家庭人口高龄化问题更为严重，65+岁老人占比快速上升，80+岁空巢老人占比以更快的速度提高（表 13.2）。

13.3.1　家庭人口老化的省区间差异

本章的多区域家庭人口预测分析表明，21 世纪上半叶西北地区六个省区家庭人口老龄化程度均呈现快速提升的趋势。2010 年六个省区的 65+岁老人占总人口百分比在 9.45%至 12.85%之间，到 2050 年时快速提升至 30.34%至37.25%之间，达到 2010 年时的 3 倍左右。在人口老龄化快速提升的同时，西北地区各省区人口高龄化问题发展更为严峻。2010 年六个省区的 80+岁高龄老人占总人口百分比在 0.67%至 1.13%之间，到 2050 年时该比例已高达 7.13%至10.02%之间，人口高龄化发展十分迅猛（表 13.3）。在人口快速老龄化的同时，老年人口空巢比例的发展速度还要更快。2010 年西北地区六个省区 65+岁空巢老人占总人口百分比在 2.39%至 5.06%之间，2050 年时提高到 8.61%至 17.63%之间；80+岁高龄空巢老人占总人口百分比从 2010 年的 0.26%至 0.57%之间快速提高到 2050 年的 2.41%至 4.72%之间（表 13.4）。这些数据表明，未来西北地区六个省区在面临人口快速老龄化的同时，老年人照护将面临更为严峻的挑战。

表 13.2　西北地区家庭人口老化预测主要结果六省区加权平均值

家庭人口综合指标	2010 年			2020 年			2030 年			2040 年			2050 年		
	农村	城镇	合计	农村	城镇	合计	农村	城镇	合计	农村	城镇	合计	农村	城镇	合计
65+岁老人占比	8.00%	7.33%	7.68%	13.28%	9.18%	10.93%	21.89%	12.94%	15.78%	36.93%	19.35%	23.16%	45.79%	22.15%	25.43%
80+岁高龄老人占比	0.96%	0.88%	0.95%	1.95%	1.72%	1.82%	3.72%	2.39%	2.81%	7.62%	3.85%	4.67%	16.90%	7.09%	8.44%
65+岁空巢老人占比	3.61%	4.54%	4.03%	4.59%	4.39%	4.48%	7.19%	6.66%	6.83%	11.39%	10.43%	10.64%	13.36%	11.93%	12.13%
80+岁空巢老人占比	0.41%	0.54%	0.47%	0.42%	0.80%	0.64%	0.93%	0.86%	0.88%	1.82%	1.57%	1.63%	3.73%	3.30%	3.36%
65+岁独居老人占比	1.57%	1.51%	1.54%	1.13%	0.90%	1.00%	1.73%	1.23%	1.39%	2.65%	1.91%	2.07%	3.37%	2.44%	2.57%
80+岁独居老人占比	0.28%	0.29%	0.28%	0.24%	0.37%	0.31%	0.50%	0.34%	0.39%	0.91%	0.60%	0.67%	1.68%	1.24%	1.30%
老年家庭户占比	31.64%	17.60%	24.79%	26.04%	18.17%	21.43%	36.63%	23.81%	27.96%	54.83%	34.63%	39.25%	64.17%	39.57%	43.26%
老年抚养比	0.12	0.10	0.11	0.21	0.13	0.16	0.38	0.20	0.26	0.76	0.32	0.40	1.09	0.37	0.45
18～64 岁劳动人口占比	68.25%	72.84%	70.33%	64.02%	69.41%	67.09%	58.09%	63.20%	61.58%	48.82%	61.08%	58.43%	42.03%	59.47%	57.06%
18～64 岁劳动人口/万人	4 539	3 995	8 535	3 605	5 233	8 836	2 542	5 924	8 467	1 455	6 561	8 017	789	6 939	7 729
总人口/万人	6 651	5 484	12 135	5 631	7 539	13 170	4 376	9 373	13 749	2 980	10 742	13 722	1 877	11 669	13 546

表 13.3　西北地区六个省区老人占总人口百分比

年份	65+岁老人占总人口百分比						80+岁高龄老人占总人口百分比					
	内蒙古	陕西	甘肃	青海	宁夏	新疆	内蒙古	陕西	甘肃	青海	宁夏	新疆
2010	11.48%	12.85%	12.44%	9.45%	9.67%	9.66%	0.98%	1.13%	0.85%	0.67%	0.75%	0.81%
2020	17.86%	17.71%	15.35%	12.66%	13.28%	12.79%	1.90%	1.89%	1.80%	1.66%	1.46%	1.81%
2030	26.96%	24.16%	23.19%	21.29%	20.44%	20.70%	2.86%	2.88%	2.79%	2.62%	2.28%	2.82%
2040	33.56%	28.38%	27.38%	28.84%	27.02%	27.58%	5.80%	4.97%	3.99%	3.95%	3.63%	4.18%
2050	37.25%	33.46%	30.34%	32.73%	30.86%	32.35%	10.02%	7.88%	8.05%	8.69%	7.13%	8.32%

表 13.4　西北地区六个省区空巢老人占总人口百分比

年份	65+岁空巢老人占总人口百分比						80+岁高龄空巢老人占总人口百分比					
	内蒙古	陕西	甘肃	青海	宁夏	新疆	内蒙古	陕西	甘肃	青海	宁夏	新疆
2010	5.06%	4.23%	3.58%	2.39%	4.00%	3.48%	0.57%	0.55%	0.32%	0.26%	0.42%	0.46%
2020	5.23%	4.72%	4.08%	3.54%	3.95%	4.09%	0.85%	0.57%	0.41%	0.44%	0.53%	0.85%
2030	9.96%	6.54%	5.19%	4.98%	6.24%	6.50%	0.78%	0.93%	0.80%	0.83%	0.59%	1.12%
2040	15.61%	9.06%	8.01%	8.58%	10.58%	11.57%	2.17%	1.66%	1.12%	1.27%	1.17%	1.81%
2050	17.63%	10.02%	8.61%	10.39%	12.83%	14.13%	4.72%	2.74%	2.41%	2.98%	2.95%	4.25%

从各省区之间差异来看，2010 年西北地区人口家庭老化比较严重的是内蒙古、陕西和甘肃，这三个省区老龄化程度明显高于其他三个省区（表 13.3 和表 13.4）。从 65+岁老人占总人口百分比来看，在 2020 年之前，内蒙古、陕西和甘肃比较接近，2020 年之后内蒙古的老龄化发展速度显著提高，显著高于陕西和甘肃，2050 年西北地区 65+岁老人占总人口百分比最高的三个省区分别为内蒙古、陕西和青海。从 80+岁高龄老人占总人口百分比来看，2010 年占比最高的分别为陕西、内蒙古和甘肃，此后，内蒙古高龄老人占比快速提高，陕西和甘肃则保持较为一致的水平，至 2050 年，西北地区 80+岁高龄老人占总人口百分比最高的三个省区分别为内蒙古、青海和新疆。此外，内蒙古 65+岁空巢老人与 80+岁高龄空巢老人分别占总人口百分比要高于青海和新疆，表明内蒙古面临的老年人照料问题更为严重。

13.3.2　家庭人口老化的城乡差异

虽然我国农村地区生育水平高于城镇，但是，大量人口由农村向城镇迁移，而且这些迁移人口中绝大多数是劳动年龄人口，由此导致各个地区农村老人比例高于城镇。本章分别模拟预测了西北地区六个省区家庭人口老化城乡差异情况。预测结果表明，到 21 世纪中叶，西北地区六个省区城乡地区 65+岁老人比例呈现持续快速提高的趋势，各省区在 2050 年时的该比例多数达到 2010 年的 3 倍之高。2010 年，青海和新疆农村地区的老龄化程度要低于城镇地区，其余四个省区农村地区的老龄化程度均高于城镇地区。到 2050 年时，西北地区六个省区农村地区的老龄化程度均高于城镇地区，各省区农村地区 65+岁老人比例等于城镇的 1.3 倍至 2.2 倍（表 13.5）。2050 年，西北地区六个省区的城乡差异从小到大依次为新疆、青海、宁夏、内蒙古、甘肃、陕西。

表 13.5　西北六个省区分城乡 65+岁老人占总人口百分比

年份	内蒙古		陕西		甘肃		青海		宁夏		新疆	
	农村	城镇	农村	城镇	农村	城镇	农村	城镇	农村	城镇	农村	城镇
2010	12.79%	10.44%	14.14%	11.32%	13.28%	10.94%	9.27%	9.68%	9.88%	9.44%	8.86%	10.73%
2020	22.92%	15.24%	22.78%	14.00%	18.23%	12.40%	13.29%	12.18%	15.73%	11.63%	12.50%	13.03%
2030	37.97%	23.25%	36.50%	18.53%	32.27%	17.64%	24.20%	19.92%	27.89%	17.28%	21.58%	20.27%
2040	52.06%	29.72%	48.93%	22.82%	44.59%	21.35%	37.81%	26.35%	42.37%	23.11%	31.22%	26.51%
2050	63.91%	33.87%	61.45%	29.07%	55.95%	25.33%	49.45%	30.05%	54.98%	27.26%	40.87%	30.92%

然而，西北地区部分省区城镇地区 65+岁老人空巢现象却比农村地区严重。从表 13.6 给出的城乡预测结果可以看到，到 21 世纪中叶，甘肃、青海、新疆城镇地区 65+岁空巢老人占总人口百分比是农村地区的 1.23 倍至 1.62 倍。这些省区城镇地区的空巢老人比例更高，如城乡差异最大的青海，2050 年农村地区 65+岁空巢老人占总人口百分比为 6.79%，而城镇地区的该比例达到 10.97%（表 13.6）。到 21 世纪中叶，内蒙古、陕西、宁夏三个省区农村地区的 65+岁老人空巢现象要比城镇地区更为严重。从 65+岁独居老人占总人口百分比的城乡预测结果来看，各省区的城乡差异有所不同，到 21 世纪中叶，内蒙古、陕西、青海、宁夏、新疆农村地区 65+岁独居老人占总人口百分比要高于城镇地区，而甘肃城镇地区 65+岁独居老人占总人口百分比要高于农村地区（表 13.7）。

表 13.6　西北六个省区分城乡 65+岁空巢老人占总人口百分比

年份	内蒙古		陕西		甘肃		青海		宁夏		新疆	
	农村	城镇	农村	城镇	农村	城镇	农村	城镇	农村	城镇	农村	城镇
2010	5.05%	5.06%	4.33%	4.12%	3.14%	4.35%	1.45%	3.55%	3.65%	4.39%	2.32%	5.03%

续表

年份	内蒙古		陕西		甘肃		青海		宁夏		新疆	
	农村	城镇	农村	城镇	农村	城镇	农村	城镇	农村	城镇	农村	城镇
2020	5.76%	4.95%	5.47%	4.18%	4.12%	4.04%	3.05%	3.91%	3.94%	3.96%	3.37%	4.67%
2030	12.30%	9.17%	8.45%	5.67%	4.96%	5.34%	3.44%	5.71%	6.77%	6.02%	5.07%	7.21%
2040	20.73%	14.55%	12.67%	8.08%	7.29%	8.26%	5.24%	9.51%	12.31%	10.14%	8.83%	12.36%
2050	25.51%	16.64%	14.15%	9.37%	7.12%	8.91%	6.79%	10.97%	16.01%	12.36%	11.77%	14.52%

表 13.7　西北六个省区分城乡 65+岁独居老人占总人口百分比

年份	内蒙古		陕西		甘肃		青海		宁夏		新疆	
	农村	城镇	农村	城镇	农村	城镇	农村	城镇	农村	城镇	农村	城镇
2010	1.85%	1.55%	1.98%	1.47%	1.38%	1.56%	0.86%	1.35%	1.24%	1.32%	1.19%	1.57%
2020	0.90%	0.84%	1.37%	0.87%	1.16%	0.91%	1.01%	0.90%	0.59%	0.68%	1.09%	1.09%
2030	1.89%	1.39%	2.09%	1.13%	1.50%	1.10%	1.30%	1.14%	1.02%	0.92%	1.62%	1.45%
2040	3.96%	2.47%	2.96%	1.56%	1.83%	1.61%	1.88%	1.75%	1.96%	1.60%	2.61%	2.32%
2050	5.83%	3.31%	3.54%	1.87%	1.75%	1.94%	2.49%	2.14%	2.93%	2.18%	3.62%	3.15%

13.3.3　家庭小型化的发展趋势

西北地区六个省区在未来几十年均面临快速的家庭小型化趋势，各省区的平均家庭户规模从 2010 年的 3.14 人降至 2050 年的 2.58 人，详见表 13.8。分省区来看，降幅最大的为甘肃，从 2010 年的 3.46 人降至 2050 年的 2.63 人，降幅最小的为内蒙古，从 2010 年的 2.81 人降至 2050 年的 2.49 人（表 A13.3）。

表 13.8　西北地区家庭户规模和结构预测主要结果六省自治区加权平均值

年份	项目	平均家庭户规模/人	1 人家庭户占比	2 人家庭户占比	3～4 人家庭户占比	5+人家庭户占比	已婚夫妇二代户占比	单亲家庭二代户占比	三代家庭户占比
2010	农村	3.50	10.21%	19.05%	44.67%	26.08%	42.78%	5.64%	24.20%
	城镇	2.77	15.38%	27.34%	48.69%	8.59%	45.01%	6.57%	9.27%
	合计	3.14	12.73%	23.10%	46.63%	17.54%	43.87%	6.10%	16.91%

续表

年份	项目	平均家庭户规模/人	1人家庭户占比	2人家庭户占比	3～4人家庭户占比	5+人家庭户占比	已婚夫妇二代户占比	单亲家庭二代户占比	三代家庭户占比
2020	农村	3.09	11.67%	23.84%	49.25%	15.23%	44.78%	9.83%	15.64%
	城镇	2.71	14.61%	27.67%	49.76%	7.96%	45.36%	8.47%	9.80%
	合计	2.87	13.39%	26.09%	49.55%	10.96%	45.12%	9.03%	12.22%
2030	农村	2.83	11.74%	31.37%	47.80%	9.09%	43.47%	16.58%	8.32%
	城镇	2.69	14.45%	31.60%	44.78%	9.17%	42.67%	9.48%	8.52%
	合计	2.73	13.58%	31.52%	45.76%	9.14%	42.93%	11.77%	8.45%
2040	农村	2.63	11.84%	38.49%	44.09%	5.58%	38.73%	23.87%	5.38%
	城镇	2.59	16.43%	36.09%	38.90%	8.58%	37.74%	10.60%	6.69%
	合计	2.60	15.38%	36.64%	40.09%	7.89%	37.97%	13.64%	6.39%
2050	农村	2.54	11.47%	43.87%	40.15%	4.51%	34.33%	30.89%	4.44%
	城镇	2.58	17.23%	37.73%	35.55%	9.49%	34.75%	11.16%	7.05%
	合计	2.58	16.36%	38.65%	36.24%	8.74%	34.69%	14.12%	6.66%

伴随着家庭小型化的发展，1 人家庭户和 2 人家庭户在所有家庭户中的占比大幅提高，而且 2 人家庭户的占比提高最为快速。西北地区 1 人家庭户占比从 2010 年的 12.73%提高到 2050 年的 16.36%，2 人家庭户占比从 2010 年的 23.10%提高到 2050 年的 38.65%。与此同时，3 人及以上各类家庭户占比随之下降，其中，3～4 人家庭户占比从 2010 年的 46.63%降至 2050 年的 36.24%，5+人家庭户占比从 2010 年的 17.54%降至 2050 年的 8.74%。可见，2 人家庭户和 3～4 人家庭户将成为西北地区未来主要的家庭户类型，二者合计占比达到七成多。

分省区来看，青海 2 人家庭户占比提高最快，从 2010 年的 19.12%提高至 2050 年的 37.02%，提高了 17.90 个百分点，陕西 2 人家庭户占比提高最慢，从 2010 年的 21.80%提高至 2050 年的 35.49%，提高了 13.69 个百分点。内蒙古的 3～4 人家庭户占比下降速度最快，从 2010 年的 50.42%降至 2050 年的 30.55%，下降了 19.87 个百分点，甘肃 3～4 人家庭户占比下降速度最慢，从 2010 年的 45.02%降至 2050 年的 40.20%，降低了 4.82 个百分点，详见本章附录表 A13.3。

13.4　思考和讨论

本章分析表明,西北地区六个省区在 21 世纪上半叶均面临着严重的家庭人口老龄化现象，而且家庭人口高龄化形势更为严峻。在人口老龄化快速发展的同时，65+岁和 80+岁空巢老人占比以更快的速度提高。未来，西北地区各省区将面临严峻的家庭人口老龄化挑战。西北地区六个省区的家庭人口老化均存在明显的城乡差异，农村地区的家庭人口老龄化问题更为严重，但部分省区城镇地区的空巢老人比例更高。当然，这些数字是在本章所设定的各项参数假定的条件下得到的，有可能与未来的人口发展变化存在一定偏差，但这也能够反映出西北地区未来人口家庭结构变动的大体趋势。未来，西北地区各省区农村和城镇可能面临不同的老年人口问题，需要结合各自问题的特点，采取有针对性的措施。在农村地区应注重提高老年人养老保障待遇、为老年人提供更丰富的养老服务、加强老年人的医疗保障水平等，提高农村地区老年人的健康水平和生活质量。在城镇地区，应尤其关注空巢老人现象，结合空巢老人特点提供相应的服务，同时，建议制定优惠政策，鼓励支持成年子女与老人同居或紧邻居住的家庭模式。

本章研究还表明，西北地区六个省区在未来几十年都将面临快速的家庭小型化趋势，伴随着家庭小型化，1 人家庭户和 2 人家庭户占比持续提高，尤其是 2 人家庭户占比快速增加，而 3 人及以上家庭户占比不断下降。到 2050 年，各省区的 2 人家庭户将占到四成左右，3～4 人家庭户将占到三成多。家庭小型化与人口老龄化的快速发展，使得更多的老年人处于空巢和独居的状态，家庭照料可能变得更加缺失。居家养老当前仍然是大多数老年人的养老选择，但人口家庭结构的变化可能使这一养老方式变得更加困难。

总的来看，本章的西北地区六个省区人口家庭老化预测分析表明，西北地区六个省区在 21 世纪上半叶均将面临快速的人口老龄化和人口高龄化,同时将面临家庭小型化的趋势，空巢老人比例、高龄空巢老人比例和独居老人比例都快速提高。这必将在未来几十年给西北地区各省区的养老保障带来严峻挑战。建议针对各省区农村和城镇地区人口变动的特点，结合家庭结构的变动趋势，未雨绸缪，积极有效应对人口老龄化带来的挑战。

本章附录

表 A13.1 西北各省区家庭人口预测主要综合参数

省区	主要综合参数	2010 年			2020 年			2030 年			2040 年			2050 年		
		农村	城镇	合计	农村	城镇	合计	农村	城镇	合计	农村	城镇	合计	农村	城镇	合计
内蒙古	总和生育率	2.07	1.61	1.82	2.19	1.80	1.93	2.18	1.78	1.88	2.16	1.76	1.83	2.16	1.75	1.80
	男出生期望寿命/岁	69.11	75.18	72.48	70.88	76.75	74.74	72.60	78.27	76.84	74.26	79.72	78.78	75.73	80.98	80.36
	女出生期望寿命/岁	74.81	79.56	77.45	76.26	80.90	79.31	77.63	82.19	81.04	78.99	83.43	82.66	80.18	84.50	83.99
	一般结婚率	0.1086	0.1070	0.1077	0.1090	0.1092	0.1091	0.1083	0.1089	0.1088	0.1083	0.1092	0.1091	0.1081	0.1096	0.1094
	一般离婚率	0.0044	0.0072	0.0059	0.0044	0.0072	0.0063	0.0044	0.0073	0.0065	0.0045	0.0073	0.0068	0.0045	0.0073	0.0070
	城镇人口占比			55.53%			65.83%			74.81%			82.79%			88.17%
	男一般迁入率	0.0141	0.0268	0.0212	0.0098	0.0186	0.0156	0.0061	0.0116	0.0102	0.0058	0.0111	0.0102	0.0057	0.0108	0.0102
	女一般迁入率	0.0045	0.0115	0.0084	0.0031	0.0079	0.0063	0.0019	0.0049	0.0042	0.0018	0.0047	0.0042	0.0018	0.0046	0.0042
	男一般迁出率	0.0103	0.0044	0.0070	0.0091	0.0038	0.0056	0.0072	0.0030	0.0041	0.0086	0.0036	0.0045	0.0101	0.0043	0.0049
	女一般迁出率	0.0088	0.0042	0.0062	0.0077	0.0037	0.0050	0.0060	0.0029	0.0037	0.0072	0.0034	0.0041	0.0083	0.0040	0.0045
陕西	总和生育率	2.09	1.51	1.83	2.21	1.78	1.96	2.19	1.76	1.90	2.17	1.74	1.83	2.17	1.73	1.79
	男出生期望寿命/岁	70.47	76.66	73.30	71.85	77.95	75.38	73.27	79.21	77.35	74.68	80.42	79.20	75.95	81.50	80.71
	女出生期望寿命/岁	74.83	79.58	77.00	76.27	80.92	78.96	77.65	82.21	80.78	79.00	83.44	82.49	80.19	84.51	83.89
	一般结婚率	0.0732	0.0786	0.0757	0.0735	0.0802	0.0774	0.0730	0.0800	0.0778	0.0730	0.0802	0.0787	0.0729	0.0804	0.0794
	一般离婚率	0.0041	0.0071	0.0055	0.0041	0.0071	0.0059	0.0041	0.0071	0.0062	0.0042	0.0072	0.0065	0.0042	0.0072	0.0068

续表

省区	主要综合参数	2010 年			2020 年			2030 年			2040 年			2050 年		
		农村	城镇	合计	农村	城镇	合计	农村	城镇	合计	农村	城镇	合计	农村	城镇	合计
	城镇人口占比			45.70%			57.78%			68.69%			78.71%			85.67%
	男一般迁入率	0.0025	0.0106	0.0062	0.0018	0.0074	0.0050	0.0011	0.0046	0.0035	0.0010	0.0044	0.0037	0.0010	0.0043	0.0038
陕西	女一般迁入率	0.0012	0.0074	0.0040	0.0008	0.0051	0.0033	0.0005	0.0032	0.0023	0.0005	0.0030	0.0025	0.0005	0.0029	0.0026
	男一般迁出率	0.0200	0.0052	0.0132	0.0176	0.0045	0.0100	0.0139	0.0036	0.0068	0.0167	0.0043	0.0069	0.0195	0.0050	0.0071
	女一般迁出率	0.0146	0.0036	0.0096	0.0128	0.0031	0.0072	0.0100	0.0024	0.0048	0.0119	0.0029	0.0048	0.0138	0.0034	0.0049
	总和生育率	2.31	1.43	2.00	2.40	1.77	2.09	2.38	1.75	1.99	2.36	1.73	1.89	2.36	1.72	1.83
	男出生期望寿命/岁	68.89	74.94	71.06	70.72	76.55	73.60	72.48	78.12	75.98	74.19	79.60	78.20	75.69	80.89	79.99
	女出生期望寿命/岁	72.73	77.35	74.39	74.70	79.05	76.85	76.45	80.68	79.07	78.12	82.20	81.14	79.55	83.49	82.81
	一般结婚率	0.0699	0.0757	0.0720	0.0702	0.0772	0.0736	0.0697	0.0770	0.0742	0.0697	0.0772	0.0752	0.0696	0.0774	0.0761
	一般离婚率	0.0043	0.0070	0.0053	0.0043	0.0071	0.0057	0.0043	0.0071	0.0060	0.0043	0.0071	0.0064	0.0043	0.0072	0.0067
甘肃	城镇人口占比			35.94%			49.42%			62.05%			74.05%			82.66%
	男一般迁入率	0.0013	0.0094	0.0042	0.0009	0.0065	0.0037	0.0006	0.0041	0.0027	0.0005	0.0039	0.0030	0.0005	0.0038	0.0032
	女一般迁入率	0.0006	0.0057	0.0024	0.0004	0.0039	0.0021	0.0003	0.0024	0.0016	0.0002	0.0023	0.0018	0.0002	0.0022	0.0019
	男一般迁出率	0.0198	0.0068	0.0151	0.0174	0.0060	0.0117	0.0137	0.0047	0.0081	0.0165	0.0057	0.0085	0.0193	0.0066	0.0088
	女一般迁出率	0.0141	0.0054	0.0110	0.0123	0.0047	0.0086	0.0097	0.0037	0.0060	0.0115	0.0044	0.0062	0.0133	0.0051	0.0065
	总和生育率	2.11	1.54	1.85	2.22	1.80	1.98	2.21	1.78	1.92	2.19	1.75	1.85	2.19	1.74	1.81
青海	男出生期望寿命/岁	65.94	71.73	68.53	68.58	73.90	71.61	70.97	76.04	74.42	73.23	78.02	76.98	75.18	79.71	79.04
	女出生期望寿命/岁	70.33	74.80	72.33	72.88	76.88	75.16	75.06	78.89	77.67	77.09	80.74	79.95	78.78	82.27	81.76
	一般结婚率	0.0948	0.0951	0.0950	0.0952	0.0971	0.0963	0.0946	0.0968	0.0961	0.0946	0.0970	0.0965	0.0944	0.0973	0.0969

续表

省区	主要综合参数	2010年			2020年			2030年			2040年			2050年		
		农村	城镇	合计	农村	城镇	合计	农村	城镇	合计	农村	城镇	合计	农村	城镇	合计
青海	一般离婚率	0.0051	0.0074	0.0061	0.0051	0.0075	0.0065	0.0051	0.0075	0.0067	0.0052	0.0075	0.0070	0.0052	0.0075	0.0072
	城镇人口占比			44.72%			56.95%			68.05%			78.27%			85.39%
	男一般迁入率	0.0062	0.0341	0.0187	0.0043	0.0236	0.0153	0.0027	0.0148	0.0109	0.0026	0.0141	0.0116	0.0025	0.0137	0.0121
	女一般迁入率	0.0015	0.0187	0.0092	0.0010	0.0129	0.0078	0.0006	0.0081	0.0057	0.0006	0.0077	0.0061	0.0006	0.0074	0.0064
	男一般迁出率	0.0089	0.0052	0.0072	0.0078	0.0046	0.0060	0.0061	0.0036	0.0044	0.0074	0.0044	0.0050	0.0086	0.0051	0.0056
	女一般迁出率	0.0061	0.0046	0.0054	0.0054	0.0040	0.0046	0.0042	0.0031	0.0035	0.0050	0.0037	0.0040	0.0058	0.0043	0.0045
宁夏	总和生育率	2.08	1.54	1.82	2.20	1.79	1.96	2.19	1.77	1.90	2.17	1.75	1.83	2.17	1.74	1.80
	男出生期望寿命/岁	68.84	74.89	71.74	70.69	76.51	74.16	72.46	78.09	76.41	74.18	79.58	78.48	75.69	80.88	80.17
	女出生期望寿命/岁	73.71	78.40	75.96	75.44	79.93	78.12	77.02	81.40	80.09	78.54	82.79	81.92	79.85	83.97	83.41
	一般结婚率	0.0960	0.1061	0.1008	0.0964	0.1082	0.1035	0.0957	0.1080	0.1043	0.0958	0.1082	0.1057	0.0956	0.1086	0.1068
	一般离婚率	0.0049	0.0076	0.0062	0.0050	0.0077	0.0066	0.0050	0.0077	0.0069	0.0050	0.0078	0.0072	0.0050	0.0078	0.0074
	城镇人口占比			47.96%			59.65%			70.14%			79.69%			86.29%
	男一般迁入率	0.0098	0.0279	0.0185	0.0068	0.0193	0.0143	0.0043	0.0121	0.0097	0.0041	0.0115	0.0100	0.0040	0.0112	0.0102
	女一般迁入率	0.0039	0.0173	0.0103	0.0027	0.0119	0.0082	0.0017	0.0074	0.0057	0.0016	0.0071	0.0060	0.0016	0.0069	0.0062
	男一般迁出率	0.0108	0.0050	0.0080	0.0095	0.0044	0.0065	0.0075	0.0035	0.0047	0.0090	0.0042	0.0052	0.0105	0.0049	0.0057
	女一般迁出率	0.0072	0.0043	0.0058	0.0063	0.0038	0.0048	0.0049	0.0030	0.0035	0.0059	0.0035	0.0040	0.0068	0.0041	0.0045

续表

省区	主要综合参数	2010 年			2020 年			2030 年			2040 年			2050 年		
		农村	城镇	合计	农村	城镇	合计	农村	城镇	合计	农村	城镇	合计	农村	城镇	合计
新疆	总和生育率	2.22	1.56	1.94	2.33	1.82	2.04	2.31	1.80	1.97	2.29	1.78	1.89	2.29	1.76	1.84
	男出生期望寿命/岁	68.21	74.20	70.77	70.23	75.94	73.39	72.14	77.64	75.82	73.98	79.24	78.05	75.58	80.63	79.86
	女出生期望寿命/岁	73.13	77.78	75.12	75.00	79.40	77.44	76.68	80.97	79.55	78.29	82.44	81.50	79.67	83.69	83.08
	一般结婚率	0.1185	0.1089	0.1144	0.1190	0.1111	0.1146	0.1182	0.1108	0.1132	0.1182	0.1110	0.1127	0.1180	0.1114	0.1124
	一般离婚率	0.0052	0.0072	0.0061	0.0052	0.0073	0.0064	0.0053	0.0073	0.0066	0.0053	0.0073	0.0069	0.0053	0.0074	0.0071
	城镇人口占比			42.79%			55.33%			66.77%			77.39%			84.83%
	男一般迁入率	0.0070	0.0287	0.0163	0.0048	0.0199	0.0132	0.0030	0.0124	0.0093	0.0029	0.0119	0.0098	0.0028	0.0116	0.0103
	女一般迁入率	0.0039	0.0180	0.0099	0.0027	0.0124	0.0081	0.0017	0.0077	0.0057	0.0016	0.0073	0.0060	0.0016	0.0071	0.0063
	男一般迁出率	0.0019	0.0028	0.0023	0.0017	0.0025	0.0021	0.0013	0.0019	0.0017	0.0016	0.0023	0.0022	0.0019	0.0027	0.0026
	女一般迁出率	0.0022	0.0028	0.0024	0.0019	0.0024	0.0022	0.0015	0.0019	0.0018	0.0018	0.0023	0.0022	0.0020	0.0026	0.0025

表 A13.2　西北各省区家庭人口老化预测主要结果

省区	主要家庭人口指标	2010 年			2020 年			2030 年			2040 年			2050 年		
		农村	城镇	合计	农村	城镇	合计	农村	城镇	合计	农村	城镇	合计	农村	城镇	合计
内蒙古	80+岁独居老人占比	0.36%	0.30%	0.32%	0.38%	0.43%	0.42%	0.21%	0.23%	0.23%	1.02%	0.65%	0.71%	2.84%	1.66%	1.78%
	老年家庭户占比	22.90%	14.71%	18.26%	25.29%	17.76%	20.32%	40.96%	27.49%	31.11%	59.33%	39.70%	43.44%	70.33%	45.38%	48.56%
	老年抚养比	0.11	0.10	0.10	0.22	0.14	0.17	0.46%	0.26	0.30	0.90	0.40	0.47	1.41	0.48	0.56
	18～64 岁劳动人口占比	74.46%	74.20%	74.31%	67.93%	69.19%	68.76%	58.72%	61.55%	60.84%	47.28%	58.28%	56.39%	37.91%	55.32%	53.37%
	18～64 岁劳动人口/万人	818	1018	1836	613	1203	1816	399	1242	1641	214	1269	1483	108	1246	1354
	总人口/万人	1099	1372	2471	902	1739	2641	679	2018	2697	453	2177	2630	285	2252	2537
陕西	80+岁独居老人占比	0.37%	0.32%	0.35%	0.25%	0.31%	0.28%	0.62%	0.36%	0.44%	1.22%	0.62%	0.74%	1.98%	0.96%	1.11%
	老年家庭户占比	36.21%	20.90%	28.89%	30.52%	19.76%	24.26%	44.45%	23.86%	30.66%	62.46%	32.87%	39.86%	69.89%	37.90%	42.86%
	老年抚养比	0.13	0.10	0.12	0.24	0.14	0.18	0.47	0.20	0.28	0.90	0.28	0.38	1.26	0.33	0.42
	18～64 岁劳动人口占比	70.11%	73.33%	71.58%	63.76%	68.72%	66.63%	55.23%	62.23%	60.04%	45.90%	62.97%	59.33%	39.38%	61.49%	58.49%
	18～64 岁劳动人口/万人	1421	1251	2672	1088	1605	2693	725	1792	2517	403	2044	2447	216	2150	2366
	总人口/万人	2027	1706	3733	1707	2335	4042	1313	2880	4192	878	3246	4124	549	3497	4045
甘肃	80+岁独居老人占比	0.16%	0.26%	0.20%	0.11%	0.31%	0.21%	0.53%	0.34%	0.41%	0.63%	0.50%	0.53%	0.79%	0.97%	0.95%
	老年家庭户占比	40.83%	20.08%	32.54%	28.89%	18.65%	23.67%	36.28%	21.92%	27.45%	57.64%	32.36%	39.31%	65.50%	35.51%	40.85%
	老年抚养比	0.13	0.10	0.12	0.22	0.12	0.17	0.37	0.18	0.24	0.81	0.27	0.38	1.10	0.29	0.39
	18～64 岁劳动人口占比	65.25%	72.03%	67.68%	62.38%	70.34%	66.31%	56.76%	64.12%	61.33%	46.20%	62.67%	58.40%	41.14%	62.89%	59.33%
	18～64 岁劳动人口/万人	1069	662	1731	876	965	1841	627	1158	1785	349	1351	1700	194	1514	1708
	总人口/万人	1638	919	2558	1404	1372	2776	1105	1806	2911	755	2156	2911	472	2407	2879

续表

省区	主要家庭人口指标	2010 年			2020 年			2030 年			2040 年			2050 年		
		农村	城镇	合计	农村	城镇	合计	农村	城镇	合计	农村	城镇	合计	农村	城镇	合计
青海	80+岁独居老人占比	0.15%	0.19%	0.16%	0.12%	0.27%	0.20%	0.47%	0.34%	0.39%	0.63%	0.49%	0.52%	1.09%	1.00%	1.02%
	老年家庭户占比	37.02%	18.91%	27.76%	24.05%	17.18%	19.91%	28.77%	22.63%	24.47%	46.97%	35.40%	37.82%	60.17%	41.41%	43.97%
	老年抚养比	0.09	0.09	0.09	0.15	0.12	0.13	0.25	0.19	0.21	0.55	0.34	0.38	0.92	0.41	0.46
	18～64 岁劳动人口占比	64.62%	71.14%	67.53%	64.34%	70.80%	68.02%	62.07%	65.57%	64.45%	52.33%	59.86%	58.22%	44.03%	58.08%	56.14%
	18～64 岁劳动人口/万人	201	179	380	169	246	415	128	288	416	75	309	384	40	329	369
	总人口/万人	311	252	563	263	347	610	206	439	645	143	516	660	91	566	657
宁夏	80+岁独居老人占比	0.21%	0.23%	0.22%	0.16%	0.29%	0.23%	0.22%	0.17%	0.18%	0.51%	0.36%	0.39%	1.39%	0.96%	1.01%
	老年家庭户占比	26.59%	15.10%	20.61%	20.69%	16.23%	17.96%	30.46%	19.95%	23.09%	48.86%	30.09%	34.03%	62.39%	36.24%	39.83%
	老年抚养比	0.10	0.09	0.10	0.18	0.12	0.14	0.31	0.17	0.21	0.66	0.28	0.34	1.11	0.35	0.42
	18～64 岁劳动人口占比	63.43%	70.81%	66.97%	63.47%	69.38%	66.99%	59.95%	65.35%	63.73%	50.20%	61.97%	59.58%	40.73%	59.99%	57.49%
	18～64 岁劳动人口/万人	208	214	422	177	286	463	132	338	470	77	373	450	40	395	435
	总人口/万人	328	302	630	279	412	691	220	517	737	153	602	755	98	658	757
新疆	80+岁独居老人占比	0.25%	0.28%	0.26%	0.29%	0.50%	0.41%	0.57%	0.49%	0.53%	0.90%	0.73%	0.77%	1.71%	1.67%	1.67%
	老年家庭户占比	22.37%	14.86%	18.73%	17.75%	16.58%	17.07%	24.41%	22.70%	23.25%	38.97%	35.01%	35.89%	49.96%	40.60%	41.93%
	老年抚养比	0.08	0.11	0.09	0.13	0.13	0.13	0.22	0.20	0.21	0.42	0.35	0.36	0.63	0.42	0.45
	18～64 岁劳动人口占比	65.87%	71.87%	68.44%	63.36%	69.61%	66.82%	62.27%	64.55%	63.79%	56.42%	59.43%	58.75%	49.88%	57.05%	56.02%
	18～64 岁劳动人口/万人	822	671	1493	682	928	1610	531	1106	1637	337	1215	1552	191	1305	1496
	总人口/万人	1248	934	2182	1076	1333	2409	853	1713	2566	597	2044	2642	383	2287	2670

注：本表数据由原始数据计算得出

表 A13.3　西北各省区家庭户规模和结构预测主要结果

省区	主要家庭户指标	2010 年			2020 年			2030 年			2040 年			2050 年		
		农村	城镇	合计	农村	城镇	合计	农村	城镇	合计	农村	城镇	合计	农村	城镇	合计
内蒙古	平均家庭户规模/人	2.96	2.69	2.81	2.78	2.68	2.71	2.52	2.63	2.60	2.34	2.52	2.48	2.27	2.52	2.49
	1 人家庭户占比	11.26%	11.96%	11.66%	10.31%	11.51%	11.10%	11.04%	12.38%	12.02%	13.18%	14.96%	14.62%	14.62%	16.12%	15.93%
	2 人家庭户占比	29.10%	30.00%	29.61%	34.65%	31.61%	32.65%	45.28%	38.70%	40.47%	51.98%	43.56%	45.17%	54.97%	44.06%	45.45%
	3～4 人家庭户占比	47.13%	52.93%	50.42%	47.49%	50.54%	49.51%	39.83%	40.55%	40.36%	32.44%	33.57%	33.36%	28.00%	30.93%	30.55%
	5+人家庭户占比	12.51%	5.11%	8.31%	7.55%	6.34%	6.75%	3.85%	8.36%	7.16%	2.40%	7.90%	6.85%	2.41%	8.91%	8.08%
	已婚夫妇二代户占比	43.17%	49.39%	46.70%	41.79%	46.79%	45.08%	34.40%	40.09%	38.56%	27.14%	33.49%	32.29%	23.16%	31.08%	30.06%
	单亲家庭二代户占比	4.17%	4.82%	4.53%	11.58%	7.78%	9.08%	19.24%	9.41%	12.05%	25.36%	10.86%	13.61%	30.24%	11.16%	13.61%
	三代家庭户占比	13.83%	6.34%	9.59%	9.26%	7.83%	8.32%	4.62%	6.15%	5.74%	3.04%	5.03%	4.65%	2.86%	5.71%	5.35%
陕西	平均家庭户规模/人	3.52	2.85	3.20	3.10	2.79	2.92	2.85	2.82	2.83	2.61	2.67	2.66	2.51	2.67	2.65
	1 人家庭户占比	9.56%	15.91%	12.59%	12.22%	15.44%	14.09%	12.01%	15.18%	14.13%	12.00%	16.97%	15.80%	11.15%	17.20%	16.26%
	2 人家庭户占比	18.24%	25.69%	21.80%	22.76%	24.73%	23.90%	30.88%	27.93%	28.91%	38.96%	32.00%	33.65%	45.21%	33.70%	35.49%
	3～4 人家庭户占比	46.31%	47.17%	46.72%	49.99%	49.92%	49.95%	47.47%	44.36%	45.39%	44.05%	41.04%	41.75%	40.00%	38.41%	38.66%
	5+人家庭户占比	25.89%	11.23%	18.87%	15.03%	9.92%	12.05%	9.64%	12.53%	11.57%	5.00%	9.99%	8.82%	3.65%	10.68%	9.60%
	已婚夫妇二代户占比	40.77%	42.30%	41.50%	42.43%	44.99%	43.92%	41.35%	43.82%	43.00%	36.38%	39.84%	39.02%	31.73%	36.84%	36.04%
	单亲家庭二代户占比	6.34%	8.01%	7.14%	10.76%	9.45%	9.99%	19.34%	10.81%	13.63%	28.37%	11.79%	15.70%	36.14%	11.99%	15.75%
	三代家庭户占比	27.44%	12.63%	20.36%	18.04%	12.02%	14.54%	9.35%	9.53%	9.47%	5.53%	7.47%	7.01%	4.45%	8.38%	7.77%

续表

省区	主要家庭户指标	2010 年			2020 年			2030 年			2040 年			2050 年		
		农村	城镇	合计	农村	城镇	合计	农村	城镇	合计	农村	城镇	合计	农村	城镇	合计
甘肃	平均家庭户规模/人	3.86	2.86	3.45	3.24	2.73	2.98	2.93	2.72	2.80	2.73	2.63	2.66	2.63	2.64	2.63
	1 人家庭户占比	7.29%	14.78%	10.2[illegible]%	11.19%	15.67%	13.47%	10.77%	14.02%	12.77%	9.65%	15.97%	14.23%	7.92%	16.90%	15.30%
	2 人家庭户占比	15.67%	25.52%	19.60%	19.59%	25.57%	22.63%	25.55%	27.16%	26.54%	33.46%	31.94%	32.36%	40.73%	34.45%	35.57%
	3～4 人家庭户占比	42.38%	48.98%	45.02%	51.16%	50.39%	50.76%	54.36%	50.63%	52.07%	51.72%	43.70%	45.90%	47.58%	38.60%	40.20%
	5+人家庭户占比	34.66%	10.72%	25.10%	18.07%	8.38%	13.14%	9.32%	8.18%	8.63%	5.18%	8.40%	7.51%	3.78%	10.05%	8.94%
	已婚夫妇二代户占比	37.62%	44.72%	40.46%	44.15%	45.14%	44.65%	47.13%	45.50%	46.13%	43.87%	41.16%	41.91%	39.00%	37.43%	37.71%
	单亲家庭二代户占比	6.34%	7.18%	6.67%	9.64%	8.65%	9.14%	16.46%	9.35%	12.09%	25.48%	10.51%	14.62%	35.03%	11.11%	15.37%
	三代家庭户占比	34.86%	11.85%	25.66%	20.98%	11.14%	15.97%	11.33%	11.12%	11.20%	6.88%	8.29%	7.90%	5.34%	8.22%	7.71%
青海	平均家庭户规模/人	3.99	2.86	3.41	3.28	2.66	2.90	3.04	2.61	2.74	2.89	2.58	2.65	2.78	2.57	2.60
	1 人家庭户占比	7.22%	16.41%	11.92%	11.71%	17.59%	15.25%	11.18%	16.28%	14.75%	9.67%	17.04%	15.50%	8.89%	17.32%	16.17%
	2 人家庭户占比	11.51%	26.40%	19.12%	17.96%	27.73%	23.84%	23.44%	30.51%	28.38%	29.18%	34.77%	33.60%	35.13%	37.32%	37.02%
	3～4 人家庭户占比	45.04%	45.38%	45.22%	51.66%	46.77%	48.71%	53.08%	46.29%	48.33%	52.40%	39.69%	42.36%	49.23%	36.47%	38.22%
	5+人家庭户占比	36.22%	11.80%	23.74%	18.68%	7.92%	12.20%	12.32%	6.92%	8.54%	8.74%	8.48%	8.54%	6.75%	8.89%	8.59%
	已婚夫妇二代户占比	43.26%	41.52%	42.37%	48.91%	41.74%	44.60%	50.83%	41.43%	44.26%	48.90%	38.01%	40.29%	44.60%	35.34%	36.61%
	单亲家庭二代户占比	8.03%	8.24%	8.14%	8.85%	9.06%	8.97%	13.85%	10.13%	11.25%	20.98%	12.06%	13.94%	28.87%	13.95%	15.99%
	三代家庭户占比	33.42%	12.11%	22.53%	17.56%	10.11%	13.07%	10.06%	9.24%	9.49%	7.36%	7.13%	7.18%	5.91%	6.71%	6.60%

续表

省区	主要家庭户指标	2010 年			2020 年			2030 年			2040 年			2050 年		
		农村	城镇	合计	农村	城镇	合计	农村	城镇	合计	农村	城镇	合计	农村	城镇	合计
宁夏	平均家庭户规模/人	3.52	2.82	3.16	3.10	2.78	2.90	2.79	2.67	2.71	2.59	2.55	2.55	2.48	2.52	2.51
	1 人家庭户占比	10.20%	14.04%	12.20%	9.86%	12.90%	11.71%	10.07%	13.20%	12.26%	10.22%	14.72%	13.77%	10.15%	15.69%	14.93%
	2 人家庭户占比	19.70%	26.04%	23.00%	24.13%	26.62%	25.65%	32.96%	31.31%	31.80%	41.43%	35.89%	37.05%	47.80%	39.04%	40.24%
	3～4 人家庭户占比	43.52%	51.48%	47.66%	52.02%	51.88%	51.93%	49.55%	47.91%	48.41%	44.01%	43.23%	43.39%	38.61%	38.17%	38.23%
	5+人家庭户占比	26.57%	8.45%	17.15%	14.00%	8.61%	10.71%	7.42%	7.57%	7.53%	4.34%	6.17%	5.79%	3.44%	7.10%	6.60%
	已婚夫妇二代户占比	47.34%	49.84%	48.64%	49.91%	48.75%	49.20%	45.81%	44.59%	44.96%	39.50%	39.88%	39.80%	34.07%	36.16%	35.88%
	单亲家庭二代户占比	4.34%	5.13%	4.75%	8.50%	6.90%	7.52%	13.34%	6.96%	8.87%	20.00%	7.48%	10.10%	27.65%	8.37%	11.01%
	三代家庭户占比	19.22%	7.39%	13.06%	12.58%	9.52%	10.71%	7.34%	8.80%	8.36%	4.64%	7.33%	6.77%	3.40%	6.76%	6.30%
新疆	平均家庭户规模/人	3.50	2.62	3.07	3.16	2.62	2.85	2.89	2.58	2.68	2.73	2.51	2.56	2.65	2.49	2.52
	1 人家庭户占比	14.33%	20.09%	17.13%	13.14%	16.03%	14.83%	13.80%	16.10%	15.36%	14.17%	18.02%	17.17%	14.60%	19.09%	18.45%
	2 人家庭户占比	15.52%	28.29%	21.72%	22.18%	29.57%	26.51%	28.40%	33.40%	31.81%	33.61%	38.28%	37.24%	37.12%	39.89%	39.50%
	3～4 人家庭户占比	42.41%	44.74%	43.54%	45.99%	48.05%	47.19%	45.42%	43.42%	44.06%	42.82%	35.51%	37.13%	39.95%	32.29%	33.39%
	5+人家庭户占比	27.73%	6.88%	17.61%	18.69%	6.35%	11.47%	12.38%	7.08%	8.78%	9.41%	8.18%	8.46%	8.33%	8.72%	8.67%
	已婚夫妇二代户占比	50.57%	42.63%	46.71%	49.86%	44.21%	46.55%	47.97%	40.99%	43.22%	43.49%	35.32%	37.13%	39.80%	32.39%	33.44%
	单亲家庭二代户占比	4.99%	6.33%	5.65%	7.53%	7.95%	7.78%	11.52%	8.27%	9.30%	15.29%	9.31%	10.63%	19.66%	10.19%	11.54%
	三代家庭户占比	16.13%	5.89%	11.16%	11.28%	7.57%	9.11%	6.07%	7.02%	6.71%	5.03%	5.52%	5.42%	4.62%	5.58%	5.44%

注：本表数据由原始数据计算得出

第 14 章　五大区域家庭人口预测的比较分析[①]

14.1　引　言

本章应用本书第 2～4 章阐述的多维家庭人口预测方法（曾毅等，1998；Zeng et al.，2006，2013a，2013b，2014）进行的分省区市多维家庭人口预测结果（参阅本书第 7～8 章），以及应用 2010 年人口普查和相关人口抽样调查数据（参阅本书第 7 章），比较分析东北、东部、中部、西南和西北五大区域 2010～2050 年，在中生育率方案，以及死亡、城乡人口迁移、结婚、离婚等人口参数中方案假定条件下的家庭户规模与结构，尤其是老年人居住安排的变动，聚焦于五大区域差异的分析。考虑到城乡间在生育、死亡、婚姻、迁移等方面的巨大差异，我们在各大区域的家庭人口预测分析中区分了农村和城镇地区，进行城乡家庭户、老人居住安排，以及家庭人口老龄化动态趋势的对比与综合分析，这对更好地理解未来社会结构变迁、探讨可持续发展战略具有重要意义。

曾毅和王正联（2010）进行了我国东、中、西部分城乡的家庭人口预测研究，但基于国内外文献综述，我们尚未见到将东北、东部、中部、西南和西北五大区域分城乡的人口家庭结构动态变化等区域差异综合到一个模型的对比分析研究。本章试图填补分区域家庭人口预测这一空白。由于五大区域人口规模差异较大，本章主要通过区域家庭人口预测结果主要指标，进行五大区域家庭人口老龄化、老年人居住安排变动、家庭户规模与结构及城乡差异的比较分析。按照国家统计局的地理区域划分，东北地区包括辽宁、吉林、黑龙江 3 省；东部地区包括北京、天津、河北、山东、上海、江苏、浙江、福建、广东、海南等 10 省市；中部地区包括山西、安徽、江西、河南、湖北、湖南等 6 省；西南地区包括广西、重庆、四川、贵州、云南、西藏等 6 省区市；西北地区包括内蒙古、陕西、甘肃、青海、宁夏、新疆等 6 省区。

14.2　主要参数假设

使用 ProFamy 模型进行家庭户预测需要的家庭人口基数、分城乡性别年龄的标准模式，以及综合参数等数据及其估算方法已在本书第 7 章详细阐述，在此不再赘述。我国东北、东部、中部、西南和西北五大区域分城乡的家庭人口预测主要参数列在表 14.1。

① 本章由张许颖研究员、王正联研究员、周立权经理和曾毅教授撰写；作者工作单位和邮箱地址见第 8 章首页脚注。

表 14.1　五大区域家庭人口预测输入主要综合参数

区域	综合指标	2010 年			2020 年			2030 年			2040 年			2050 年		
		农村	城镇	合计	农村	城镇	合计	农村	城镇	合计	农村	城镇	合计	农村	城镇	合计
东北地区	总和生育率	1.55	1.09	1.28	1.71	1.40	1.50	1.71	1.39	1.46	1.69	1.37	1.42	1.69	1.36	1.40
	男出生期望寿命/岁	70.76	76.96	74.34	72.31	78.49	76.48	73.81	79.85	78.40	75.24	81.09	80.13	76.47	82.14	81.49
	女出生期望寿命/岁	76.14	80.96	78.92	77.51	82.38	80.79	78.79	83.61	82.45	80.02	84.74	83.97	81.07	85.68	85.16
	一般结婚率	0.0671	0.0656	0.0662	0.0676	0.0671	0.0672	0.0673	0.0670	0.0671	0.0674	0.0672	0.0672	0.0672	0.0673	0.0673
	一般离婚率	0.0101	0.0153	0.0131	0.0102	0.0155	0.0138	0.0102	0.0156	0.0143	0.0103	0.0157	0.0148	0.0103	0.0157	0.0151
	城镇人口占比			57.68%			67.74%			76.44%			84.10%			89.18%
东部地区	总和生育率	1.66	1.16	1.34	1.80	1.46	1.55	1.79	1.45	1.51	1.77	1.44	1.47	1.77	1.43	1.45
	男出生期望寿命/岁	70.95	77.83	74.65	71.85	78.90	76.44	73.16	79.95	78.13	74.48	80.99	79.73	75.74	81.91	81.06
	女出生期望寿命/岁	76.41	81.96	79.25	77.06	82.89	80.77	78.14	83.82	82.22	79.26	84.74	83.60	80.33	85.54	84.76
	一般结婚率	0.0932	0.1010	0.0972	0.0930	0.1026	0.0991	0.0922	0.1018	0.0991	0.0920	0.1016	0.0996	0.0916	0.1015	0.1000
	一般离婚率	0.0048	0.0089	0.0072	0.0048	0.0089	0.0077	0.0049	0.0090	0.0080	0.0049	0.0090	0.0084	0.0050	0.0090	0.0086
	城镇人口占比			58.85%			67.81%			75.60%			82.45%			87.04%
中部地区	总和生育率	2.16	1.51	1.88	2.27	1.78	2.00	2.26	1.76	1.93	2.24	1.74	1.85	2.24	1.73	1.81
	男出生期望寿命/岁	70.08	76.25	72.77	71.58	77.62	74.96	73.08	78.95	77.02	74.56	80.22	78.96	75.89	81.36	80.54
	女出生期望寿命/岁	75.68	80.44	77.75	76.90	81.64	79.55	78.12	82.79	81.26	79.35	83.92	82.90	80.45	84.91	84.24
	一般结婚率	0.0817	0.0802	0.0810	0.0819	0.0817	0.0818	0.0813	0.0815	0.0814	0.0812	0.0816	0.0815	0.0810	0.0818	0.0817
	一般离婚率	0.0049	0.0084	0.0065	0.0050	0.0085	0.0069	0.0050	0.0085	0.0074	0.0050	0.0086	0.0078	0.0050	0.0086	0.0081
	城镇人口占比			43.55%			55.92%			67.21%			77.65%			84.98%

续表

区域	综合指标	2010 年			2020 年			2030 年			2040 年			2050 年		
		农村	城镇	合计	农村	城镇	合计	农村	城镇	合计	农村	城镇	合计	农村	城镇	合计
西南地区	总和生育率	2.20	1.42	1.90	2.30	1.74	2.01	2.29	1.72	1.93	2.27	1.70	1.84	2.28	1.70	1.79
	男出生期望寿命/岁	68.50	74.89	70.95	70.41	76.42	73.50	72.24	77.93	75.86	74.03	79.42	78.08	75.60	80.74	79.88
	女出生期望寿命/岁	74.12	79.21	76.07	75.70	80.51	78.17	77.19	81.81	80.13	78.65	83.08	81.97	79.92	84.19	83.48
	一般结婚率	0.0885	0.0899	0.0888	0.0891	0.0919	0.0903	0.0888	0.0917	0.0905	0.0890	0.0921	0.0912	0.0889	0.0924	0.0918
	一般离婚率	0.0058	0.0106	0.0077	0.0059	0.0107	0.0084	0.0059	0.0108	0.0090	0.0060	0.0109	0.0096	0.0060	0.0109	0.0101
	城镇人口占比			38.30%			51.41%			63.60%			75.11%			83.33%
西北地区	总和生育率	2.17	1.53	1.88	2.28	1.79	2.00	2.26	1.77	1.93	2.24	1.75	1.85	2.24	1.74	1.81
	男出生期望寿命/岁	69.14	75.26	71.90	70.90	76.80	74.27	72.60	78.30	76.48	74.26	79.73	78.54	75.73	80.98	80.21
	女出生期望寿命/岁	73.72	78.61	75.93	75.43	80.07	78.09	77.00	81.48	80.06	78.52	82.83	81.90	79.84	84.00	83.39
	一般结婚率	0.0889	0.0926	0.0906	0.0892	0.0941	0.0920	0.0886	0.0936	0.0920	0.0888	0.0937	0.0927	0.0888	0.0939	0.0932
	一般离婚率	0.0045	0.0072	0.0057	0.0045	0.0072	0.0061	0.0045	0.0072	0.0064	0.0046	0.0073	0.0067	0.0046	0.0073	0.0069
	城镇人口占比			45.19%			57.24%			68.17%			78.28%			85.35%

14.3 五大区域家庭人口预测结果分析

14.3.1 家庭人口老化发展趋势

本章的五大区域家庭人口预测中方案数据显示，我国 21 世纪人口家庭老化最为严重的“重灾区”在生育率最低的东北地区。表 14.2、图 14.1、图 14.2 和图 14.3 的预测结果表明，我国东北地区几乎所有的家庭人口老化指标，包括 65+岁老人与 80+岁高龄老人分别占总人口百分比、65+岁空巢老人与 80+岁空巢老人分别占总人口百分比、65+岁独居老人与 80+岁独居老人分别占总人口百分比等都将比其他地区明显更高。

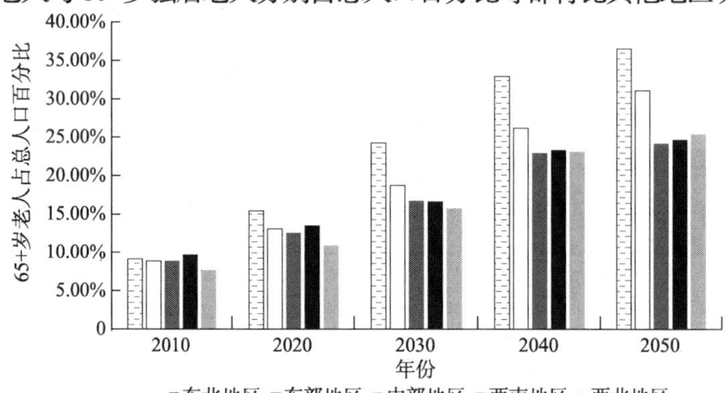

图 14.1 五大区域（城乡合一）65+岁老人占总人口百分比

2010 年人口普查呈现的家庭人口老化程度排序是西南地区、东北地区、东部地区、中部地区、西北地区（按 65+岁老人占比数据降序排列）。但是，2020 年以后人口家庭老化最为严重的是东北地区，其原因在于持续不断的区域迁移和很低的生育率。因为迁移人口中绝大多数为年轻人，东北地区大量年轻人迁往东部，加上其较低的生育水平，导致它成为 2030 年以后我国家庭人口老化的“重灾区”。

东部地区包括 10 个省市，人口规模很大，尽管老龄化程度低于东北地区，但是，老龄人口规模大。2030 年东部地区 65+岁老人、80+岁高龄老人分别为 1 亿人、0.19 亿人，2050 年东部地区 65+岁老人、80+岁高龄老人分别为 1.53 亿人、0.5 亿人。

2020 年东北地区、东部地区、中部地区、西南地区、西北地区老年抚养比分别为 0.22、0.19、0.20、0.21、0.16，2030 年分别大幅上升为 0.40、0.30、0.27、0.27、0.26，2050 年进一步上升为 0.71、0.56、0.42、0.43、0.45，即到 2050 年，东北地区每 100 个劳动年龄人需要抚养 71 个老年人，而中部地区每 100 个劳动年龄人仅需要抚养 42 个老年人，东部地区、西南地区、西北地区每 100 个劳动年龄人分别需要抚养 56 个、43 个、45 个老年人。

农村老年抚养比偏高的情况更为严重。其中，2050 年东北地区农村每 100 个劳动年龄人需要抚养 173 个老年人，东部地区农村、中部地区农村、西南地区农村、

表 14.2　五大区域家庭人口老化预测主要结果

区域	家庭人口综合指标	2010 年			2020 年			2030 年			2040 年			2050 年		
		农村	城镇	合计	农村	城镇	合计	农村	城镇	合计	农村	城镇	合计	农村	城镇	合计
东北地区	65+岁老人占比	8.46%	9.59%	9.11%	17.37%	14.54%	15.46%	30.58%	22.26%	24.25%	48.27%	29.94%	32.95%	59.08%	33.82%	36.56%
	80+岁高龄老人占比	1.42%	1.50%	1.46%	2.42%	2.85%	2.71%	5.29%	4.25%	4.50%	12.53%	8.23%	8.94%	24.47%	13.07%	14.30%
	65+岁空巢老人占比	4.51%	5.89%	5.31%	6.27%	7.00%	6.76%	11.48%	11.40%	11.42%	18.14%	15.69%	16.10%	21.15%	17.77%	18.13%
	80+岁空巢老人占比	0.65%	0.90%	0.79%	0.58%	1.28%	1.05%	1.05%	1.56%	1.44%	2.86%	3.40%	3.31%	6.27%	5.92%	5.96%
	65+岁独居老人占比	1.66%	2.06%	1.89%	1.13%	1.55%	1.42%	2.36%	2.69%	2.61%	4.63%	4.26%	4.32%	6.56%	5.48%	5.59%
	80+岁独居老人占比	0.41%	0.50%	0.46%	0.28%	0.60%	0.50%	0.38%	0.63%	0.57%	1.17%	1.38%	1.35%	2.81%	2.63%	2.65%
	老年家庭户占比	29.08%	18.99%	22.90%	27.97%	23.54%	24.90%	43.71%	34.75%	36.86%	62.94%	46.53%	49.22%	73.68%	52.74%	55.04%
	老年抚养比	0.11	0.13	0.12	0.26	0.21	0.22	0.54	0.36	0.40	1.11	0.53	0.60	1.73	0.63	0.71
	18～64 岁劳动人口占比	74.56%	76.62%	75.74%	66.84%	70.61%	69.38%	56.90%	61.66%	60.51%	43.44%	56.89%	54.68%	34.06%	53.57%	51.46%
	总人口/万人	4 635	6 316	10 951	3 638	7 553	11 192	2 625	8 322	10 947	1 676	8 513	10 189	998	8 222	9 221
东部地区	65+岁老人占比	10.84%	7.55%	8.87%	18.07%	10.86%	13.10%	29.15%	15.64%	18.76%	44.92%	22.60%	26.17%	55.41%	28.22%	31.12%
	80+岁高龄老人占比	2.23%	1.49%	1.78%	3.22%	1.98%	2.37%	5.63%	2.88%	3.52%	11.63%	5.03%	6.08%	23.04%	8.64%	10.17%
	65+岁空巢老人占比	6.28%	4.31%	5.10%	7.28%	5.16%	5.82%	12.66%	7.54%	8.72%	20.37%	10.85%	12.37%	24.93%	13.37%	14.61%
	80+岁空巢老人占比	1.24%	0.86%	1.01%	1.24%	0.84%	0.96%	1.57%	1.16%	1.25%	3.73%	2.10%	2.36%	8.84%	3.72%	4.27%

续表

区域	家庭人口综合指标	2010 年			2020 年			2030 年			2040 年			2050 年		
		农村	城镇	合计	农村	城镇	合计	农村	城镇	合计	农村	城镇	合计	农村	城镇	合计
东部地区	65+岁独居老人占比	2.33%	1.46%	1.81%	1.73%	1.01%	1.23%	2.68%	1.44%	1.73%	4.83%	2.14%	2.57%	7.04%	2.82%	3.27%
	80+岁独居老人占比	0.75%	0.49%	0.60%	0.69%	0.39%	0.48%	0.67%	0.46%	0.51%	1.65%	0.83%	0.96%	4.11%	1.42%	1.70%
	老年家庭户占比	32.51%	21.43%	25.87%	31.80%	20.33%	23.90%	44.77%	27.08%	31.42%	62.45%	38.06%	42.39%	72.55%	46.60%	49.80%
	老年抚养比	0.16	0.10	0.12	0.29	0.15	0.19	0.53	0.24	0.30	1.00	0.36	0.44	1.52	0.49	0.56
	18～64 岁劳动人口占比	68.16%	75.38%	72.47%	61.58%	70.99%	68.07%	55.47%	65.61%	63.27%	44.72%	62.49%	59.65%	36.45%	57.94%	55.64%
	总人口/万人	20 398	30 231	50 629	16 524	36 598	53 122	12 422	41 378	53 800	8 325	43 711	52 036	5 241	43 900	49 141
中部地区	65+岁老人占比	9.89%	7.56%	8.87%	15.97%	9.87%	12.56%	24.27%	13.05%	16.72%	38.72%	18.38%	22.93%	47.48%	20.36%	24.21%
	80+岁高龄老人占比	1.74%	1.22%	1.51%	2.71%	1.71%	2.16%	4.86%	2.42%	3.23%	8.99%	3.70%	4.88%	19.41%	6.60%	8.41%
	65+岁空巢老人占比	5.10%	4.19%	4.70%	5.80%	4.46%	5.05%	8.82%	5.89%	6.86%	14.17%	8.35%	9.65%	16.60%	9.07%	10.14%
	80+岁空巢老人占比	0.85%	0.67%	0.77%	0.71%	0.62%	0.66%	1.18%	0.87%	0.97%	2.20%	1.34%	1.54%	5.28%	2.48%	2.87%
	65+岁独居老人占比	2.20%	1.57%	1.93%	1.36%	0.90%	1.10%	1.94%	1.14%	1.41%	3.16%	1.57%	1.92%	4.28%	1.80%	2.15%
	80+岁独居老人占比	0.58%	0.40%	0.50%	0.39%	0.29%	0.33%	0.54%	0.36%	0.42%	1.02%	0.55%	0.65%	2.29%	0.90%	1.09%
	老年家庭户占比	35.56%	24.49%	30.68%	30.36%	21.88%	25.62%	40.21%	25.15%	30.40%	57.52%	34.90%	40.50%	66.28%	38.90%	43.37%
	老年抚养比	0.15	0.11	0.13	0.27	0.14	0.20	0.44	0.20	0.27	0.84	0.30	0.39	1.20	0.33	0.42
	18～64 岁劳动人口占比	65.88%	71.15%	68.18%	59.40%	68.27%	64.36%	55.55%	63.93%	61.18%	46.14%	61.99%	58.45%	39.74%	61.02%	58.00%
	总人口/万人	20 139	15 536	35 675	16 872	21 407	38 279	13 003	26 650	39 652	8 859	30 778	39 638	5 548	33 515	39 063

续表

区域	家庭人口综合指标	2010 年			2020 年			2030 年			2040 年			2050 年		
		农村	城镇	合计	农村	城镇	合计	农村	城镇	合计	农村	城镇	合计	农村	城镇	合计
西南地区	65+岁老人占比	10.65%	8.16%	9.68%	17.17%	10.19%	13.52%	24.07%	12.55%	16.66%	39.09%	18.23%	23.32%	49.25%	20.21%	24.72%
	80+岁高龄老人占比	1.81%	1.39%	1.64%	3.25%	1.88%	2.53%	5.89%	2.60%	3.77%	9.86%	3.66%	5.17%	20.01%	6.42%	8.53%
	65+岁空巢老人占比	5.12%	4.12%	4.72%	6.14%	4.56%	5.31%	8.28%	5.35%	6.40%	13.45%	7.66%	9.07%	15.82%	8.26%	9.43%
	80+岁空巢老人占比	0.82%	0.70%	0.78%	0.88%	0.65%	0.76%	1.43%	0.97%	1.13%	2.39%	1.33%	1.59%	5.31%	2.30%	2.77%
	65+岁独居老人占比	2.11%	1.45%	1.85%	1.60%	1.01%	1.29%	2.09%	1.20%	1.52%	3.18%	1.57%	1.96%	4.29%	1.77%	2.16%
	80+岁独居老人占比	0.53%	0.38%	0.47%	0.48%	0.30%	0.39%	0.70%	0.42%	0.52%	1.17%	0.59%	0.73%	2.37%	0.87%	1.10%
	老年家庭户占比	34.31%	23.54%	29.92%	32.80%	21.72%	26.99%	40.74%	24.45%	30.55%	58.63%	33.79%	40.41%	68.56%	37.56%	42.96%
	老年抚养比	0.17	0.12	0.15	0.29	0.15	0.21	0.43	0.19	0.27	0.88	0.30	0.41	1.30	0.33	0.43
	18～64 岁劳动人口占比	62.28%	70.42%	65.49%	59.05%	69.33%	64.43%	55.51%	64.95%	61.58%	44.53%	61.30%	57.20%	37.86%	61.13%	57.52%
	总人口/万人	14 457	9 444	23 900	12 029	13 225	25 255	9 356	16 851	26 206	6 430	19 879	26 309	4 018	21 895	25 913
西北地区	65+岁老人占比	8.00%	7.33%	7.68%	13.28%	9.18%	10.93%	21.89%	12.94%	15.78%	36.93%	19.35%	23.16%	45.79%	22.15%	25.43%
	80+岁高龄老人占比	0.96%	0.88%	0.95%	1.95%	1.72%	1.82%	3.72%	2.39%	2.81%	7.62%	3.85%	4.67%	16.90%	7.09%	8.44%
	65+岁空巢老人占比	3.61%	4.54%	4.03%	4.59%	4.39%	4.48%	7.19%	6.66%	6.83%	11.39%	10.43%	10.64%	13.36%	11.93%	12.13%
	80+岁空巢老人占比	0.41%	0.54%	0.47%	0.42%	0.80%	0.64%	0.93%	0.86%	0.88%	1.82%	1.57%	1.63%	3.73%	3.30%	3.36%
	65+岁独居老人占比	1.57%	1.51%	1.54%	1.13%	0.90%	1.00%	1.73%	1.23%	1.39%	2.65%	1.91%	2.07%	3.37%	2.44%	2.57%

续表

区域	家庭人口综合指标	2010年			2020年			2030年			2040年			2050年		
		农村	城镇	合计	农村	城镇	合计	农村	城镇	合计	农村	城镇	合计	农村	城镇	合计
西北地区	80+岁独居老人占比	0.28%	0.29%	0.28%	0.24%	0.37%	0.31%	0.50%	0.34%	0.39%	0.91%	0.60%	0.67%	1.68%	1.24%	1.30%
	老年家庭户占比	31.64%	17.60%	24.79%	26.04%	18.17%	21.43%	36.63%	23.81%	27.96%	54.83%	34.63%	39.25%	64.17%	39.57%	43.26%
	老年抚养比	0.12	0.10	0.11	0.21	0.13	0.16	0.38	0.20	0.26	0.76	0.32	0.40	1.09	0.37	0.45
	18～64岁劳动人口占比	68.25%	72.84%	70.33%	64.02%	69.41%	67.09%	58.09%	63.20%	61.58%	48.82%	61.08%	58.43%	42.03%	59.47%	57.06%
	总人口/万人	6 651	5 484	12 135	5 631	7 539	13 170	4 376	9 373	13 749	2 980	10 742	13 722	1 877	11 669	13 546

西北地区农村每 100 个劳动年龄人需要抚养 152 个、120 个、130 个、109 个老年人。

14.3.2　老年人居住安排变动分析

图 14.2 和表 14.2 的预测结果显示，五大区域的空巢、独居老人比例都在不断快速增加。在五大区域中，东北地区是空巢老人占总人口百分比最高的地区，而西南地区空巢老人占总人口百分比相对低一些。东北地区是独居老人占总人口百分比最高的地区，而中部地区独居老人占总人口百分比相对低一些。

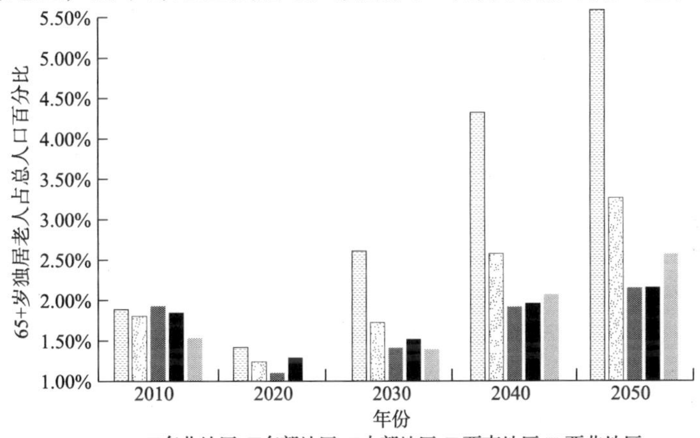

图 14.2　五大区域（城乡合一）65+岁独居老人占总人口百分比

14.3.3　平均家庭户规模

五大区域家庭户规模和结构的中方案预测主要结果见表 14.3。预测结果显示，未来平均家庭户规模将会继续下降，家庭小型化趋势明显。其中，东北地区和东部地区平均家庭户规模到 2050 年将下降到 2.5 人以下（图 14.3 和表 14.3）。

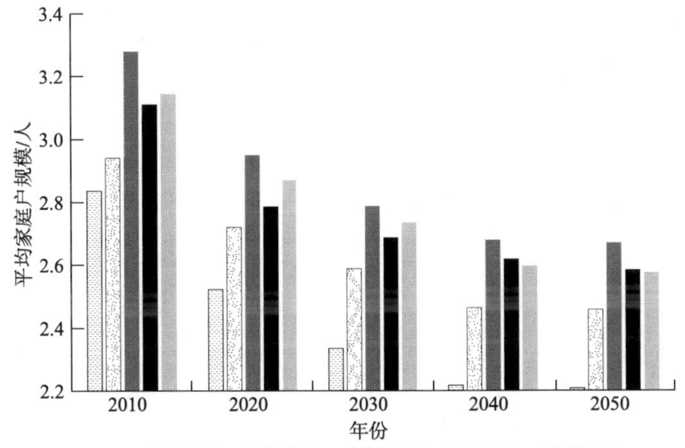

图 14.3　五大区域（城乡合一）平均家庭户规模

表 14.3　家庭户规模和结构预测主要结果

区域	家庭户综合指标	2010 年			2020 年			2030 年			2040 年			2050 年		
		农村	城镇	合计	农村	城镇	合计	农村	城镇	合计	农村	城镇	合计	农村	城镇	合计
东北地区	平均家庭户规模/人	3.19	2.61	2.84	2.74	2.43	2.53	2.45	2.31	2.34	2.31	2.20	2.22	2.25	2.21	2.21
	1 人家庭户占比	9.15%	15.44%	13.00%	13.72%	19.60%	17.79%	15.31%	21.46%	20.01%	15.91%	23.00%	21.84%	16.04%	23.34%	22.54%
	2 人家庭户占比	24.63%	31.56%	28.87%	31.83%	34.66%	33.79%	42.34%	39.91%	40.48%	49.31%	44.13%	44.98%	53.48%	44.31%	45.32%
	3～4 人家庭户占比	48.10%	46.92%	47.38%	46.31%	41.24%	42.80%	38.78%	35.08%	35.96%	32.44%	30.17%	30.54%	28.45%	29.22%	29.13%
	5+人家庭户占比	18.11%	6.09%	10.75%	8.15%	4.50%	5.62%	3.57%	3.55%	3.55%	2.34%	2.70%	2.64%	2.02%	3.13%	3.01%
	已婚夫妇二代户占比	43.15%	41.65%	42.23%	39.15%	35.22%	36.43%	31.80%	29.49%	30.03%	25.61%	25.07%	25.16%	22.09%	23.86%	23.67%
	单亲家庭二代户占比	4.26%	6.78%	5.80%	11.27%	10.88%	11.00%	20.79%	13.19%	14.98%	29.47%	15.40%	17.70%	36.93%	16.07	18.36%
	三代家庭户占比	20.74%	8.98%	13.54%	11.87%	7.92%	9.13%	5.74%	6.47%	6.30%	4.13%	5.08%	4.93%	3.67%	5.92%	5.67%
东部地区	平均家庭户规模/人	3.17	2.79	2.94	2.88	2.65	2.72	2.59	2.59	2.59	2.38	2.48	2.46	2.27	2.48	2.46
	1 人家庭户占比	13.60%	17.99%	16.23%	13.36%	17.12%	15.95%	14.09%	17.06%	16.33%	15.70%	17.97%	17.57%	17.31%	17.54%	17.51%
	2 人家庭户占比	24.90%	27.34%	26.36%	28.97%	28.46%	28.62%	38.35%	32.50%	33.94%	45.92%	37.26%	38.80%	49.87%	39.04%	40.38%
	3～4 人家庭户占比	42.07%	43.19%	42.74%	46.47%	46.77%	46.67%	41.88%	43.56%	43.15%	35.10%	39.11%	38.40%	30.36%	37.30%	36.44%
	5+人家庭户占比	19.42%	11.48%	14.66%	11.20%	7.65%	8.75%	5.68%	6.87%	6.58%	3.27%	5.65%	5.23%	2.46%	6.12%	5.67%
	已婚夫妇二代户占比	37.85%	38.68%	38.35%	39.63%	41.43%	40.87%	35.02%	39.42%	38.34%	28.24%	35.21%	33.97%	23.88%	33.40%	32.23%
	单亲家庭二代户占比	5.68%	5.62%	5.64%	11.01%	8.93%	9.58%	17.73%	10.95%	12.61%	23.80%	12.73%	14.69%	28.81%	14.03%	15.85%
	三代家庭户占比	20.02%	13.06%	15.85%	13.79%	10.38%	11.44%	7.27%	8.12%	7.91%	4.52%	6.55%	6.19%	3.54%	7.00%	6.57%

续表

区域	家庭户综合指标	2010 年			2020 年			2030 年			2040 年			2050 年		
		农村	城镇	合计	农村	城镇	合计	农村	城镇	合计	农村	城镇	合计	农村	城镇	合计
中部地区	平均家庭户规模/人	3.45	3.06	3.28	3.08	2.85	2.95	2.76	2.80	2.79	2.58	2.71	2.68	2.48	2.71	2.67
	1 人家庭户占比	11.09%	13.02%	11.94%	12.88%	14.32%	13.69%	13.54%	14.48%	14.15%	13.63%	15.44%	14.99%	13.61%	15.54%	15.23%
	2 人家庭户占比	19.91%	23.04%	21.29%	24.00%	25.43%	24.80%	32.27%	29.01%	30.15%	39.69%	32.71%	34.44%	45.43%	34.22%	36.05%
	3～4 人家庭户占比	44.49%	49.11%	46.53%	47.72%	48.83%	48.34%	45.48%	44.69%	44.97%	40.82%	41.22%	41.12%	36.15%	39.22%	38.72%
	5+人家庭户占比	24.51%	14.83%	20.24%	15.40%	11.41%	13.17%	8.71%	11.81%	10.73%	5.85%	10.62%	9.44%	4.81%	11.01%	10.00%
	已婚夫妇二代户占比	39.38%	44.68%	41.72%	41.32%	44.17%	42.91%	39.26%	43.09%	41.75%	34.21%	40.13%	38.67%	29.74%	38.07%	36.71%
	单亲家庭二代户占比	7.34%	6.52%	6.98%	11.28%	8.41%	9.68%	17.91%	9.86%	12.67%	24.60%	11.22%	14.53%	31.47%	12.06%	15.23%
	三代家庭户占比	24.84%	16.04%	20.96%	16.97%	13.41%	14.98%	9.10%	10.35%	9.91%	6.29%	8.39%	7.87%	4.80%	8.62%	8.00%
西南地区	平均家庭户规模/人	3.29	2.85	3.11	2.91	2.68	2.79	2.68	2.69	2.69	2.55	2.65	2.62	2.44	2.61	2.58
	1 人家庭户占比	14.61%	18.54%	16.21%	16.29%	18.41%	17.40%	15.89%	17.37%	16.82%	15.27%	17.89%	17.19%	15.10%	18.18%	17.64%
	2 人家庭户占比	21.31%	24.95%	22.79%	25.03%	26.67%	25.89%	32.01%	28.40%	29.75%	38.59%	30.61%	32.74%	44.10%	32.41%	34.45%
	3～4 人家庭户占比	41.63%	43.72%	42.48%	45.93%	46.27%	46.11%	44.46%	44.47%	44.47%	40.74%	42.16%	41.78%	36.73%	40.34%	39.71%
	5+人家庭户占比	22.45%	12.79%	18.52%	12.75%	8.65%	10.60%	7.63%	9.76%	8.96%	5.40%	9.35%	8.30%	4.07%	9.07%	8.20%
	已婚夫妇二代户占比	35.59%	37.34%	36.30%	37.83%	39.16%	38.52%	36.34%	39.69%	38.43%	32.72%	38.24%	36.77%	28.89%	36.34%	35.04%
	单亲家庭二代户占比	9.50%	8.98%	9.29%	13.90%	11.06%	12.41%	19.81%	12.13%	15.00%	26.41%	13.19%	16.71%	33.32%	14.10%	17.45%
	三代家庭户占比	23.09%	15.41%	19.96%	15.43%	12.84%	14.07%	9.79%	11.47%	10.84%	7.02%	9.98%	9.19%	5.24%	9.65%	8.88%

续表

区域	家庭户综合指标	2010年			2020年			2030年			2040年			2050年		
		农村	城镇	合计	农村	城镇	合计	农村	城镇	合计	农村	城镇	合计	农村	城镇	合计
西北地区	平均家庭户规模/人	3.50	2.77	3.14	3.09	2.71	2.87	2.83	2.69	2.73	2.63	2.59	2.60	2.54	2.58	2.58
	1人家庭户占比	10.21%	15.38%	12.73%	11.67%	14.61%	13.39%	11.74%	14.45%	13.58%	11.84%	16.43%	15.38%	11.47%	17.23%	16.36%
	2人家庭户占比	19.05%	27.34%	23.10%	23.84%	27.67%	26.09%	31.37%	31.60%	31.52%	38.49%	36.09%	36.64%	43.87%	37.73%	38.65%
	3～4人家庭户占比	44.67%	48.69%	46.63%	49.25%	49.76%	49.55%	47.80%	44.78%	45.76%	44.09%	38.90%	40.09%	40.15%	35.55%	36.24%
	5+人家庭户占比	26.08%	8.59%	17.54%	15.23%	7.96%	10.96%	9.09%	9.17%	9.14%	5.58%	8.58%	7.89%	4.51%	9.49%	8.74%
	已婚夫妇二代户占比	42.78%	45.01%	43.87%	44.78%	45.36%	45.12%	43.47%	42.67%	42.93%	38.73%	37.74%	37.97%	34.33%	34.75%	34.69%
	单亲家庭二代户占比	5.64%	6.57%	6.10%	9.83%	8.47%	9.03%	16.58%	9.48%	11.77%	23.87%	10.60%	13.64%	30.89%	11.16%	14.12%
	三代家庭户占比	24.20%	9.27%	16.91%	15.64%	9.30%	12.22%	8.32%	8.52%	8.45%	5.38%	6.69%	6.39%	4.44%	7.05%	6.66%

注：本表数据由原始数据计算得出

14.3.4　家庭规模构成和结构变化

1. 1 人家庭户和 2 人家庭户比重快速上升，5 人及以上家庭户比重大幅下降

21 世纪中叶，我国五大区域 1 人家庭户和 2 人家庭户比重将不断上升，5 人及以上家庭户比重将下降。例如，东北地区 1 人家庭户和 2 人家庭户占比将从 2010 年的 13.00%和 28.87%上升到 2050 年的 22.54%和 45.32%，而 5 人及以上家庭户占比将从 2010 年的 10.75%下降到 2050 年的 3.01%。

东部地区 1 人家庭户占比从 2010 年的 16.23%增高到 2050 年的 17.51%；2 人家庭户占比从 2010 年的 26.36%上升到 2050 年的 40.38%，5 人及以上家庭户占比将从 2010 年的 14.66%下降到 2050 年的 5.67%。

中部地区家庭规模构成变化的主要特征是 1～2 人家庭户占比上升快、5 人及以上家庭户占比下降幅度大。1 人家庭户占比将从 2010 年的 11.94%上升到 2050 年的 15.23%。2 人家庭户占比从 2010 年的 21.29%上升到 2050 年的 36.05%，而 5 人及以上家庭户占比将从 2010 年的 20.24%下降到 2050 年的 10.00%。西南地区、西北地区家庭结构变动趋势与中部地区类似。

2. 单亲家庭二代户比重上升明显，三代家庭户比重下降

表 14.3 表明，五大区域单亲家庭二代户占比将从 2010 年的 5.64%～9.29%，上升到 2050 年的 14.12%～18.36%，而五大区域三代家庭户占比将从 2010 年的 13.54%～20.96%下降到 2050 年的 5.67%～8.88%。

14.4　讨论和政策思考及建议

五大区域家庭人口预测比较分析研究的结果大致可以概括为以下四个要点。

其一，受人口迁移流动和低生育率影响，我国家庭人口老龄化在区域分布上很不均衡，如果迁移人口中大多数是年轻人的年龄分布长期保持不变，我国 21 世纪家庭人口老化最为严重的“重灾区”为东北地区，其次是东部地区、西南地区、西北地区、中部地区。其中，中部地区家庭人口老龄化程度相对最低，但是，这只是相对而言，东部地区也面临人口老化的严峻挑战，其老年人口规模巨大。应对老龄化的严峻挑战不仅要关注比例，也要关注老年人口规模带来的压力和挑战。

其二，各区域农村家庭人口老龄化程度普遍高于城镇。这种家庭人口老龄化城乡倒置现象将会持续较长时间，农村人口年龄结构变动是老龄化城乡倒置的基础，伴随城市化人口大规模乡—城流动，加速了农村家庭人口老龄化。例如，2050 年东北地区农村劳动年龄人口与老年人口之比接近 1∶1.73，抚养负担非常严重，

需要提前谋划，积极应对农村的家庭人口过度老龄化问题。

其三，五大区域的空巢、独居老人比例不断增加。东北地区是空巢老人、独居老人占总人口百分比最高的地区，而西南地区空巢老人占总人口百分比相对比较低一些，中部地区独居老人占总人口百分比相对低一些。老年居住状态的变化，导致养老服务需求多元化，也给养老服务形式带来严峻挑战。

其四，五大区域家庭户小型化趋势明显，家庭结构深刻变化。未来平均家庭户规模均降到 2.5 人左右，1 人家庭户、2 人家庭户比重显著上升，5 人及以上家庭户比重大幅下降。单亲家庭二代户比重上升明显，三代家庭户比重快速下降。这将给居家养老、长期照护、医养结合等带来一系列严峻挑战。

家庭人口老龄化区域不均衡，城乡倒置与家庭规模小型化，空巢、独居老年人比例明显增高等问题相互交织，一方面给养老服务带来一系列严峻挑战；另一方面，人口向城市群聚集，老年居住安排和家庭类型变化，将产生更多的老年人群多元化（包括高、中、低品质）需求。建议根据分区域家庭人口变动和老年居住安排发展趋势，积极引导城乡之间人口的合理流动，发展多层次养老服务。建议继承发扬中华民族家庭养老优良传统，以家庭为基本养老依托，积极应对家庭人口老化挑战和改善家庭福祉。大力发展社会养老保障，在全国各地区出台优惠政策，鼓励人们自愿选择成年子女与老人同住或近邻居住模式，建设多代共居的生活社区；积极鼓励支持农村进城务工人群将他们留守农村的老年父母和孩子们接来城镇团聚。

第 15 章　重庆家庭人口中长期变动趋势研究及其应用[①]

15.1　引　　言

人口研究是研究经济社会发展的重要基础和核心要素，重庆近年来一直围绕完善人口政策和编制人口发展规划，在生育政策实施效果、劳动年龄人口、老龄人口等方面积极开展研究。当前在医疗、养老、能源、住房等消费研究中，家庭户相比个人而言是更合适的分析单位，因为家庭医生服务、老年照料、能源（水、电、做饭、取暖、燃料）、住房、家用车、家庭税收和其他社会服务，通常以家庭户为单位进行购买和消费，而非个人。越来越多的学者认为对家庭户数量结构的分析预测比对人口数量结果的分析预测在家庭能力建设、公共资源配置和能源消耗等研究中更有价值。如果能科学预测未来家庭人口类型、数量和结构的变动，并将预测结果应用于社会、经济、资源、环境等方面的综合决策，则有助于经济社会可持续发展，有助于公共资源合理配置，有助于社会资本有序流动。

重庆具有大城市、大农村的双重特点，被称作中国的缩影，其既有较发达的主城区、渝西片区，也有欠发达的渝东北、渝东南片区。重庆的经济社会发展态势，尤其是人口发展接近全国平均水平。以重庆为研究对象，开展重庆人口和家庭中长期变动趋势研究，对全国家庭人口变动的研究和重庆未来人口发展规划布局都具有重要的参考价值。为此，本课题应用多维家庭人口预测方法和 ProFamy 软件，融合统计部门、民政部门、卫生健康部门的人口和家庭数据，合理调整预设参数，对重庆 2050 年前家庭人口发展态势进行预测，明确未来家庭人口态势呈现的特点。在此基础上，运用人口学、经济学和社会学的原理，分析家庭人口发展趋势对经济社会发展的影响，揭示未来面临的社会问题，并提出对策建议。本章研究既可为重庆制订未来家庭人口与经济社会发展规划和战略决策提供依据和支持，也有助于正确处理家庭人口与经济、社会发展的关系，对于促进经济、社会长期可持续发展，具有一定的现实和长远意义。

---

① 本章由王卫（重庆市卫生健康委员会；wangwei3479@sina.com）、黄鹤（重庆市卫生健康委员会；7049573@qq.com）、杨姗（重庆市卫生健康委员会；543406423@qq.com）撰写。

15.2　重庆家庭人口预测应用的方法

家庭是住房消费、社会结构、老年照料和许多经济活动和消费、储蓄及微观投资的基本单元。毫无疑问，将传统的人口数量、年龄性别结构预测与家庭结构（包括老年人居住安排，如有无配偶、有无子女，是否独居等）相结合，综合到一个模型中，同时进行预测分析，其科学和政策分析实际应用价值更大。

本章应用曾毅等建立的，已在国际、国内一流期刊发表的，克服了经典的户主率家庭户预测方法一系列局限的 ProFamy 多维家庭人口预测新方法（见本书第 2～4 章）和王正联等开发的相应软件（见本书第四篇），用人口生育率、死亡率、迁移率、结婚率、离婚率和可从相邻两个人口普查数据估算的子女离家率等作为输入，在进行人口数量和年龄性别分布预测的同时，预测详细的家庭户类型和规模、老人的居住安排，以及所有家庭成员的婚姻、生育、是否与父母子女一起居住等状况，并保证人口数量结构预测与家庭结构预测两者的内部一致性。关于多维家庭人口预测方法的数学模型、计算策略、如何保证结婚离婚的两性平衡，子女离家与父母和子女一起居住的两代平衡，以及其在中国、美国家庭人口预测中的应用等，请参阅相关文献（曾毅等，1998；Zeng et al.，1998，2006，2013a，2013b，2014）及本书第 2～4 章。

15.3　数据来源和家庭人口预测模型检验

15.3.1　数据来源和基准人口数据准备

按照多维家庭人口预测方法和 ProFamy 软件的要求，基准数据中每个人的人口状态用 9 个指标维度来进行表述，这 9 个指标分别为：与户主关系、年龄、性别、婚姻状态、曾生子女数、户类型、居住地类型、种族和户编码。每个指标的不同状态用不同的数字进行区分（表 15.1）。

表 15.1　个体人口状态的定义

人口状态	定义
与户主关系	1 户主；2 配偶；3 子女；4 孙子女；5 父母；6 祖父母；7 其他亲属；8 非亲属
年龄	单岁组，不超过 3 位数
性别	1 男性；2 女性
婚姻状态	1 未婚；2 有配偶；3 丧偶；4 离婚
曾生子女数	从 0 开始，不超过 2 位数
户类型	1 家庭户；2 集体户

续表

人口状态	定义
居住地类型	1 农村；2 城镇
种族	1 不区分种族
户编码	从 1 开始，同一户的成员应具有相同的户编码

由于 2010 年全国开展了第六次人口普查，家庭人口数据比较全面与客观，同时，重庆市卫生和计划生育委员会的业务系统-家庭人口信息系统（Family Information System，FIS）包含了全市人口及家庭信息，FIS 的数据可以与人口普查数据进行比对；而且 2011～2016 年的预测结果可以与已知的情况做一个对比，对预测模型及参数进行校正，因此，本章决定使用重庆 2010 年的数据为预测基础数据。使用的基数人口个案数据共 2884 万余条，家庭户数据共 1027 万余户，基本做到了当年重庆常住人口的全覆盖。

重庆家庭人口预测所用的预测基础数据信息包括：①2000 年 100%普查数据；②本课题根据第五次人口普查、第六次人口普查和 2005 年 1%全国人口抽样调查（小普查）等数据估测的出生期望寿命、城镇人口占总人口比例、一般结婚率、一般离婚率、平均初婚年龄和平均结婚年龄等相关人口参数。

15.3.2 多维家庭人口预测模型在重庆应用的检验

在预测前进行模型的准确度检验是重庆家庭人口预测基础工作中一个必不可少的环节，为了检验 ProFamy 多维家庭人口预测方法在重庆城乡预测分析应用中的可信度，检验重庆预测模型设计的合理可行性。

预测结果显示，2011～2016 年已知的重庆常住人口数据和我们预测的结果非常接近。预测的 2011～2016 年的人口数和统计局公布的人口数误差较小（表 15.2），表明此次预测效果非常好，预测结果可以做进一步分析讨论，为未来人口社会经济相关政策的制定提供支撑。

表 15.2 2011～2016 年重庆市统计局公布常住人口数与多维家庭人口预测数对比

年份	统计局公布常住人口数/万人	预测人口数/万人	与统计局公布数据的相对误差
2011	2919.00	2899.57	–0.67%
2012	2945.00	2925.05	–0.68%
2013	2970.00	2940.40	–1.00%
2014	2991.40	2956.96	–1.15%
2015	3016.55	2970.74	–1.52%
2016	3048.43	2988.32	–1.97%

显然，根据我们的数据估计和预测模型设计，应用 ProFamy 家庭人口预测方法得到的重庆 2010 年主要家庭人口指标预测结果与第六次人口普查观测数据很接近。这些检验结果既进一步证明了 ProFamy 家庭人口预测方法在重庆使用落地的有效性，也说明重庆第五次人口普查和第六次人口普查的主要家庭人口参数的一致性和可信度较好。因为，如果第五次人口普查和第六次人口普查数据的一致性和可信度不高，无论用什么方法，以 2000 年为起点预测 2010 年家庭人口主要指标，也将因为数据质量差而不太可能得到与 2010 年预测值和普查观测值比较接近的结果。这为我们用 2010 年第六次人口普查数据及 ProFamy 模型和方法进行准确预测奠定了坚实的基础。

15.3.3 重庆家庭人口预测年龄别标准模式和综合参数

基于第五次人口普查、第六次人口普查和 2005 年 1%全国人口抽样调查（小普查）数据和其他相关调查数据，我们估算了用于家庭人口预测的分年龄、性别、城乡的死亡率，分年龄、性别的婚姻状态转化的发生/风险率，分年龄、孩次别的生育发生/风险率，分年龄、性别的迁出到其他地区的迁出概率，以及从其他地区迁入的分年龄、性别的频率分布等年龄别标准模式。表 15.3 列出了重庆家庭人口预测综合参数。

表 15.3 重庆家庭人口预测综合参数

项目	农村					城镇				
	2010 年	2015 年	2030 年	2035 年	2050 年	2010 年	2015 年	2030 年	2035 年	2050 年
男零岁期望寿命/岁	70.9	71.6	74.3	75.0	77.4	74.2	75.4	75.7	77.1	79.3
女零岁期望寿命/岁	74.7	75.7	78.3	79.0	81.3	78.3	79.3	82.3	83.0	85.0
男平均初婚年龄/岁	25.1	25.4	26.1	26.5	27.1	26.0	26.2	27.0	27.2	27.4
女平均初婚年龄/岁	23.8	24.1	24.8	25.2	25.8	25.4	26.2	26.4	26.8	27.2
平均生育年龄/岁	28.4	28.5	29.4	29.6	29.8	28.5	28.6	29.5	30.0	30.5
出生性别比	115.3	112.0	107.0	107.0	107.0	110.3	108.3	106.0	106.0	106.0
城镇人口占比						53.00%	60.90%	68.80%	70.00%	75.00%
迁出人口/万人	42.05	53.38	89.86	101.9	104.4	47.41	83.27	193.4	205.4	207.9
迁入人口/万人	48.97	58.67	85.27	95.27	92.77	55.23	91.54	198.0	208.0	205.5

需要说明的是，与所有的人口和经济学模拟预测类似，本章研究的不确定因素太多，比如限于参数的假定、普查及调查的数据质量。但是，所有的参数假定均是基于实际情况设置的，符合当前经济社会政策背景，如果在死亡率和生育政策等不出现大幅变化的情况下，本章研究结果所反映的家庭人口结构的发展变化则是可信的。当然，我们决不能将这些模拟预测数字视为准确预报。

15.4　重庆家庭人口预测结果分析

15.4.1　总人口变动分析

从图 15.1 可以看到，按照我们的预测，2017 年到 2050 年的重庆常住人口总数是一个先增长后回落的状态。2017 年到 2030 年快速增长，随后几年平稳变化，2036 年达到峰值 3323.93 万人后一路下行回落到 2050 年的 3191.28 万人。常住人口数未来十几年快速增长的主要可能的原因包括以下几点：一是“二孩政策”开放后生育率得到回升。二是重庆作为长江中上游的核心城市，随着经济的快速发展，其在未来对云贵川片区的吸引力较大，将吸引较多的人口迁入，体现在总人口上就是人口的持续增长。

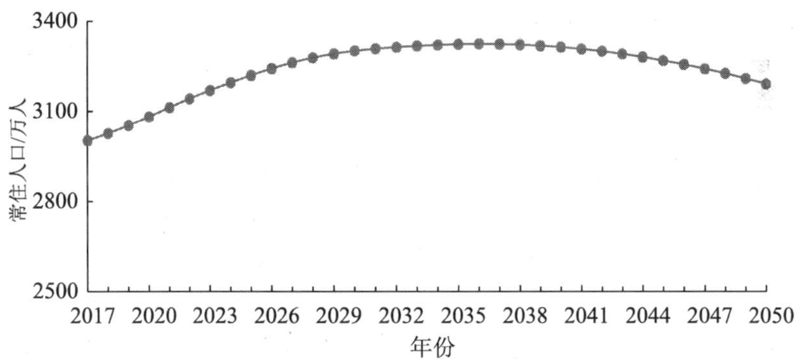

图 15.1　2017～2050 年重庆常住人口预测值

从图 15.2 可以看到，根据预测，随着城镇化进程的加快，城镇人口增长明显，由 2017 年的 1867.24 万人达到 2050 年的 2393.46 万人，农村人口和城镇人口变动趋势相反，人口持续下降，2050 年降到 797.82 万人。

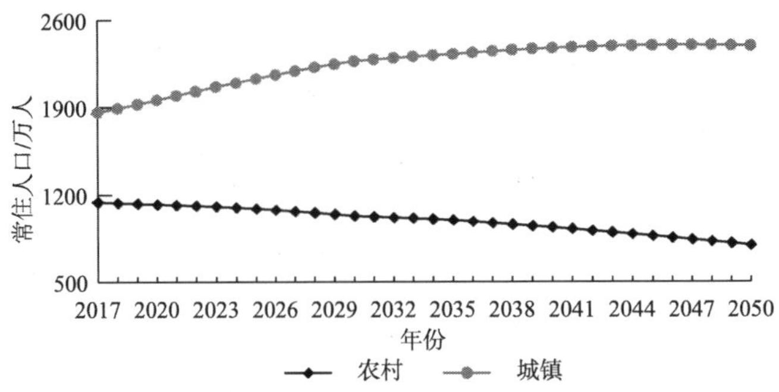

图 15.2　2017～2050 年重庆常住人口分城乡预测值

15.4.2　年龄结构变动分析

图 15.3 为预测的主要年份的人口金字塔，可以看到，2017 年人口金字塔表现出的中间年龄段的人口较多，高年龄组人口较少，低年龄组人口居中，是一个收缩型的年龄结构。随着“全面二孩”的政策效果显现，以及重庆对周边人口的吸引，到了 2050 年，中间年龄组和低年龄组人口相当，形成了一个较稳定型的人口年龄结构。

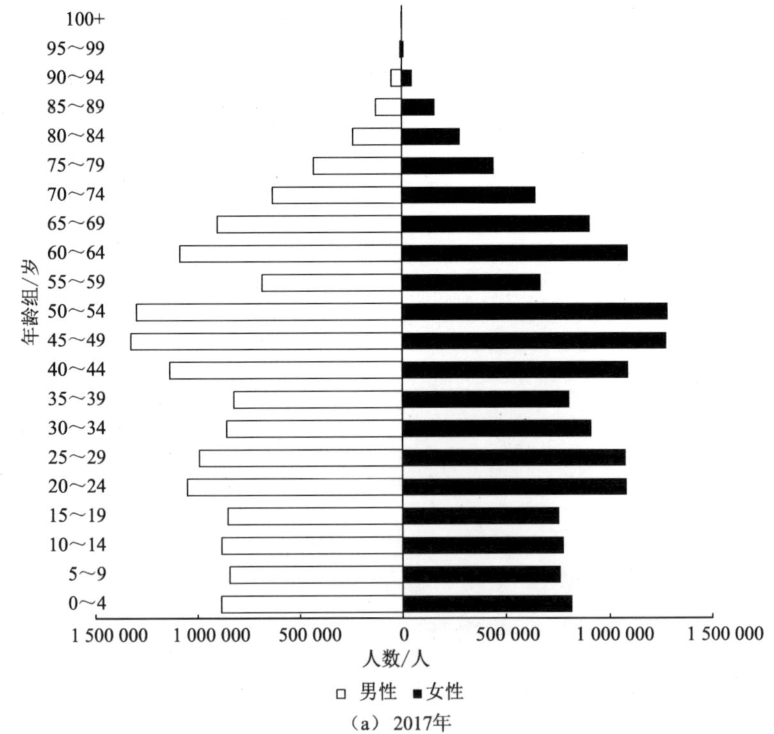

（a）2017年

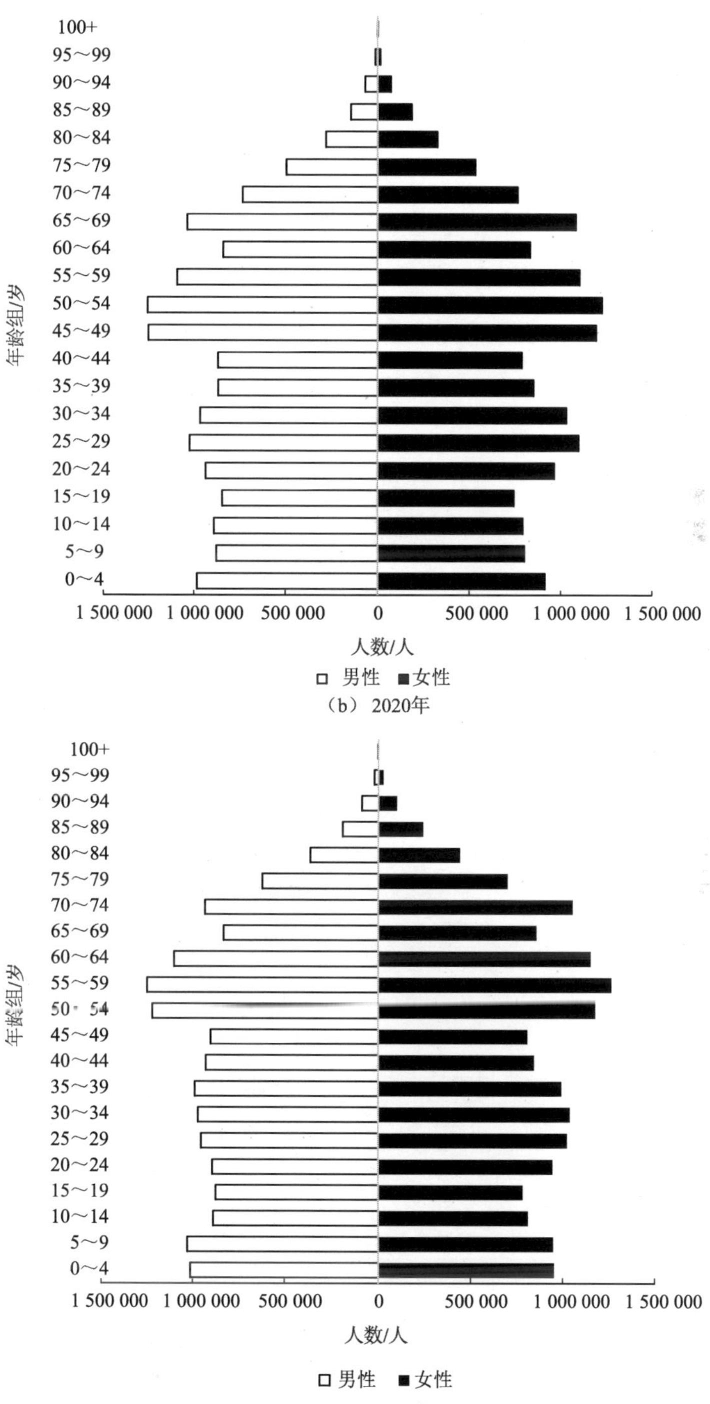

（b）2020年

（c）2025年

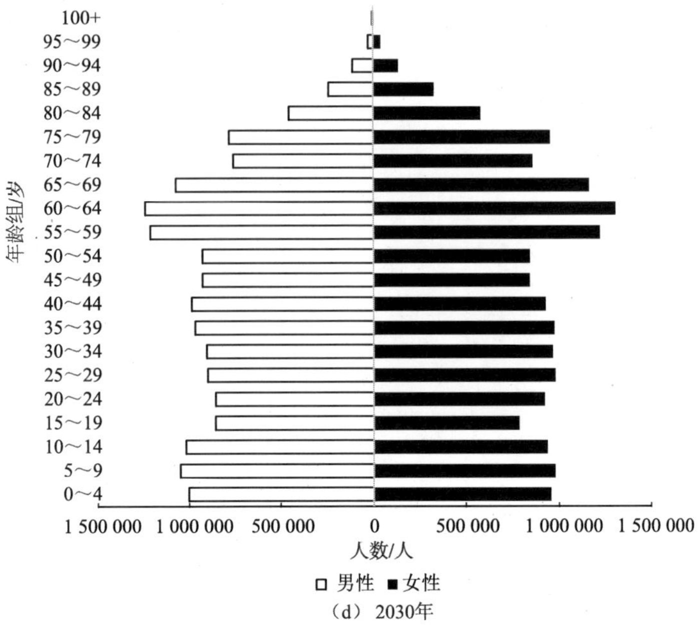

（d） 2030年

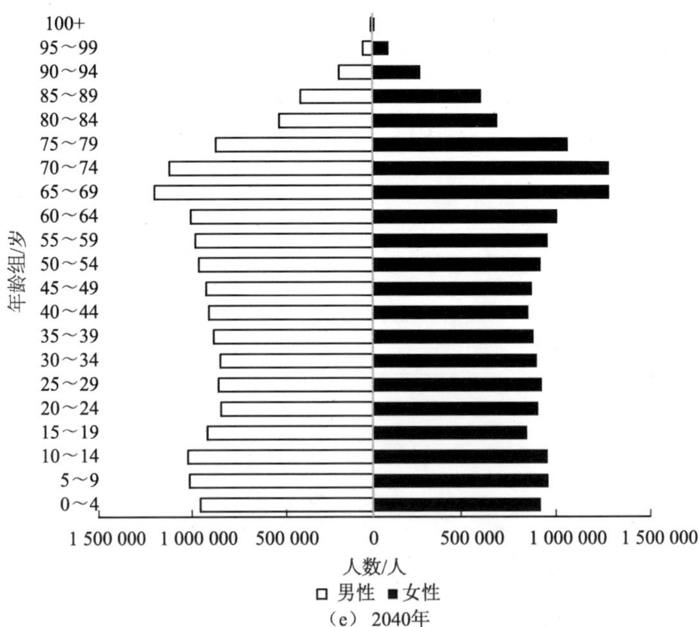

（e） 2040年

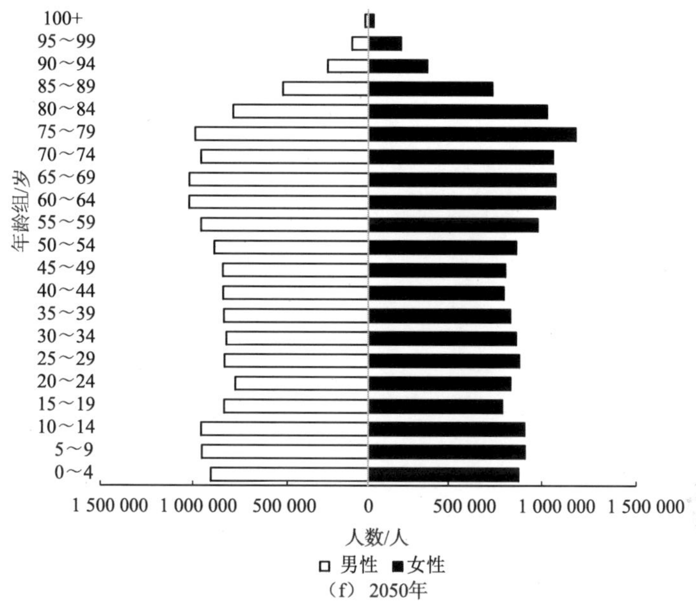

（f）2050年

图 15.3　2017～2050 年人口年龄金字塔预测值

表 15.4 为 2017～2050 年重庆人口预测总体概况，可以看到，根据预测，重庆未来 33 年的儿童抚养比和老人抚养比均呈逐年增长趋势，总抚养比从 2017 年的 48.99%上升到 2050 年的 91.37%，劳动年龄人口负担逐渐加重。

表 15.4　2017～2050 年重庆人口预测总体概况（城乡合一）

家庭人口综合指标	2017 年	2020 年	2025 年	2030 年	2035 年	2040 年	2050 年
儿童抚养比	24.67%	26.58%	28.07%	30.36%	31.44%	32.02%	31.92%
老人抚养比	24.33%	29.11%	32.23%	38.52%	46.24%	53.15%	59.45%
儿童和老人抚养比	48.99%	55.69%	60.30%	68.88%	77.69%	85.17%	91.37%
65+岁老人不与子女及他人一起居住占比	2.34%	2.72%	3.13%	3.62%	4.17%	4.65%	5.31%
80+岁老人不与子女及他人一起居住占比	0.60%	0.71%	0.86%	1.15%	1.67%	1.92%	2.74%
65+岁老年人口/万人	489.91	576.24	647.26	752.75	864.95	951.39	991.73
80+岁老年人口/万人	93.38	111.11	148.14	193.65	255.37	276.20	378.57
85+岁老年人口/万人	41.20	50.34	67.75	90.01	118.67	158.20	203.82
65+岁老年人口比例	16.10%	18.52%	19.93%	22.58%	25.83%	28.50%	30.80%
80+岁老年人口比例	3.02%	3.52%	4.51%	5.77%	7.60%	8.24%	11.76%
85+岁老年人口比例	1.32%	1.58%	2.05%	2.66%	3.51%	4.72%	6.32%
80+岁老人占 65+岁老人比例	18.77%	18.99%	22.66%	25.54%	29.41%	28.92%	38.20%
18 岁以下少年人口比例	19.48%	20.07%	20.46%	21.01%	21.06%	20.61%	19.85%

1. 0～14 岁少儿人口比例

根据预测，农村 0～14 岁少儿人口比例在 2017～2024 年会微微下降，随后持续上涨。城镇少年人口比例从 2017 年起持续上涨，2030 年达到高位 17.19%，随后处于平稳微跌状态。总的来说，重庆少年人口比例在 2017～2030 年逐年增高，未来一段时间少年人口的配套设施将出现缺口（图 15.4）。

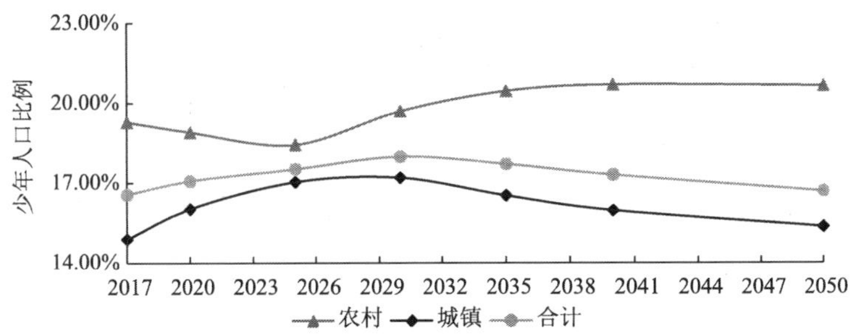

图 15.4　2017～2050 年重庆少儿人口比例变化预测

2. 65+岁老年人口比例

如图 15.5 所示，按照预测结果，总体而言，2017～2050 年重庆 65+岁老年人口比例呈持续增长态势。其中农村老年人口比例明显高于城镇，可能是农村青壮年的流出现象导致的。但是，城镇老年人口比例的增长速度快于农村，一方面是基数小的原因，另一方面，可能和城镇医疗水平高于农村、人均期望寿命高于农村有关。

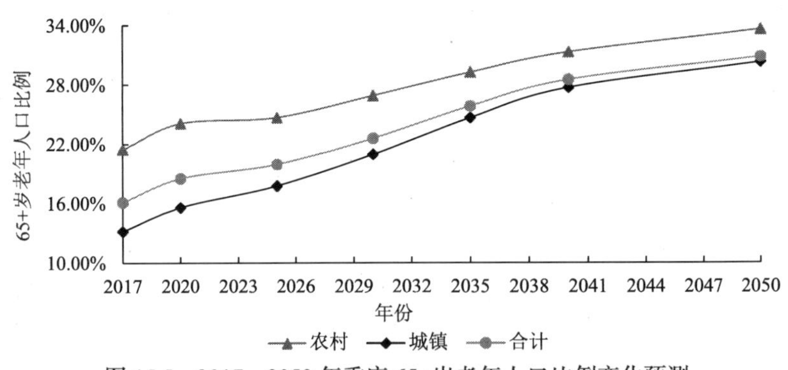

图 15.5　2017～2050 年重庆 65+岁老年人口比例变化预测

3. 劳动年龄人口比例

如图 15.6 所示，2017～2050 年重庆农村劳动年龄人口比例和城镇劳动年龄人口比例的变化趋势较一致，均为持续下降。总的来说，城镇劳动年龄人口比例还是高于农村劳动年龄人口比例，这和大量农村劳动力进城务工或者留在城市定居

有较强的关系。

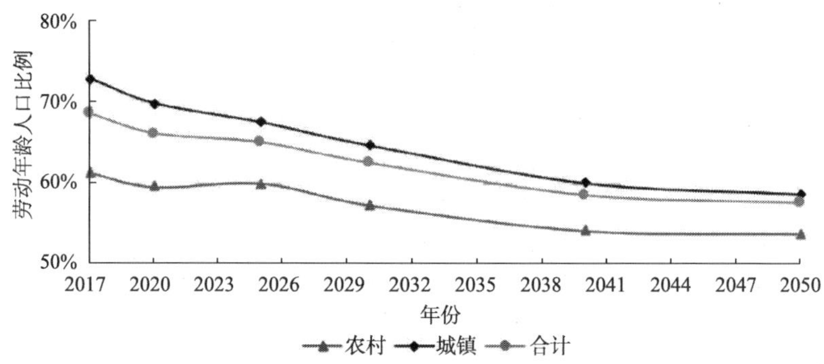

图 15.6　2017～2050 年重庆劳动年龄人口比例变化预测

15.4.3　人口婚姻变动情况分析

表 15.5 的预测结果显示，2017～2050 年重庆有配偶人口占比逐年下降，未婚、丧偶和离婚人口占比逐年上升。一方面，随着社会经济的发展、科学技术的进步，人们的婚育观念发生了较大转变，结婚意愿有所降低；另一方面，夫妻双方在感情破裂后也倾向于离婚，这和前面的历史数据的趋势也比较一致。丧偶人口比重增加则主要是由于人均限期寿命的增加。

表 15.5　2017～2050 年重庆男女合一婚姻状况占比分布

年份	未婚	有配偶	丧偶	离婚
2017	31.21%	58.20%	6.30%	4.29%
2020	31.78%	57.20%	6.40%	4.62%
2025	33.08%	55.44%	6.56%	4.92%
2030	34.29%	53.75%	6.77%	5.19%
2040	35.19%	51.81%	7.11%	5.89%
2050	35.28%	51.03%	7.35%	6.33%

注：因数据经四舍五入，可能存在合计值不等于 100%的情况

1. 分性别的婚姻变动分析

表 15.6 的预测结果显示，未来 33 年间，男性和女性的未婚、丧偶、离婚人口占比持续增长，相比较而言，女性的未婚和丧偶人口占比增长更为明显。一是女性权利意识的崛起导致宁愿单身也不愿凑合；二是我们认为未来预期寿命会随着医学发展和社会发展而增加，同时女性的预期寿命高于男性，所以女性丧偶人口比重的增长和我们的一般认知趋势也较吻合。

表 15.6　2017～2050 年重庆按性别分组的婚姻状况占比分布

年份	未婚		有配偶		丧偶		离婚	
	男	女	男	女	男	女	男	女
2017	16.40%	14.81%	29.13%	29.07%	1.86%	4.44%	2.96%	1.33%
2020	16.46%	15.32%	28.61%	28.58%	1.88%	4.52%	3.28%	1.34%
2025	16.98%	16.09%	27.70%	27.75%	1.85%	4.72%	3.47%	1.45%
2030	17.40%	16.89%	26.89%	26.86%	1.82%	4.95%	3.63%	1.56%
2040	17.34%	17.85%	25.91%	25.90%	1.87%	5.24%	4.13%	1.76%
2050	17.03%	18.26%	25.50%	25.53%	1.94%	5.41%	4.36%	1.97%

注：因数据经四舍五入，可能存在合计值不等于 100%的情况

2. 城乡婚姻状态变动分析

如表 15.7 所示，2017～2050 年城乡未婚人口占比逐年上升，但是城镇增速明显快于农村。2017～2050 年城乡有配偶人口占比呈下降趋势，城镇的下降趋势快于农村。2017～2050 年，城乡丧偶人口占比缓慢增加，但农村丧偶的人口占比要高于城镇。农村离婚人口占比和城镇离婚人口占比逐年增加，但城镇离婚人口仍高于农村。

表 15.7　2017～2050 年重庆按城乡分组的婚姻状况占比分布

年份	未婚		有配偶		丧偶		离婚	
	城镇	农村	城镇	农村	城镇	农村	城镇	农村
2017	31.31%	31.06%	58.44%	57.81%	4.60%	9.05%	5.64%	2.08%
2020	32.13%	31.19%	57.19%	57.21%	4.73%	9.31%	5.95%	2.29%
2025	34.00%	31.27%	54.90%	56.51%	4.97%	9.67%	6.12%	2.55%
2030	35.46%	31.91%	52.93%	55.58%	5.30%	9.79%	6.30%	2.73%
2040	35.80%	33.64%	51.13%	53.54%	6.03%	9.84%	7.04%	2.98%
2050	35.82%	33.68%	50.27%	53.12%	6.54%	10.00%	7.37%	3.20%

注：因数据经四舍五入，可能存在合计值不等于 100%的情况

15.4.4　家庭户变动趋势分析

1. 家庭户数量

如图 15.7 所示，重庆在未来 33 年间的家庭总户数呈先增长后平稳变化的态势，全市家庭总户数从 2017 年的 1091.23 万户增加至 2050 年的 1266.69 万户，

上升了 16.08%。城乡家庭户数呈现对称性变动，城镇家庭户数逐年上升，农村家庭户数稳定下降，这和城镇化的发展有较密切的关系。

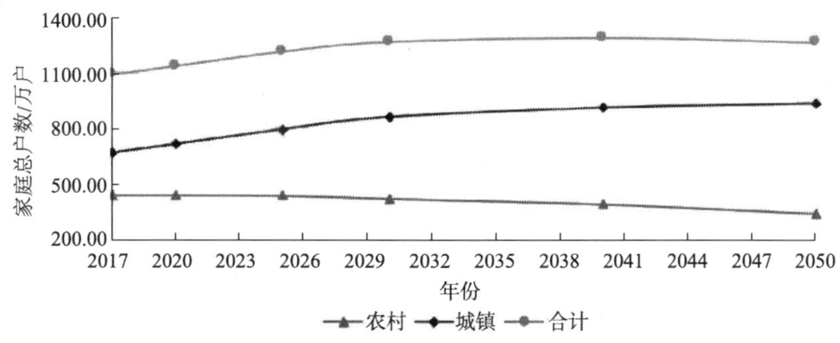

图 15.7　2017～2050 年重庆家庭总户数变化预测

2. 家庭户规模

表 15.8 的预测结果显示，未来家庭户类型还是主要以 1～3 户的主流家庭户型为主，其次是 4 人户。同时，2017～2050 年重庆家庭户规模呈小型化发展趋势，从 2017 年的平均每户 2.59 人降到了 2050 年的平均每户 2.45 人（图 15.8）。

表 15.8　2017～2050 年重庆按家庭规模分组的家庭户数占总户数比例

城乡分类	家庭户规模	2017 年	2020 年	2025 年	2030 年	2040 年	2050 年
城乡合一	1 人户	24.08%	24.58%	25.24%	25.61%	25.85%	25.75%
	2 人户	27.17%	27.71%	28.53%	29.17%	30.09%	30.74%
	3 人户	26.30%	25.79%	24.68%	24.06%	23.66%	23.50%
	4 人户	13.87%	13.75%	14.01%	14.30%	14.43%	14.30%
	5+人户	8.58%	8.18%	7.53%	6.86%	5.96%	5.70%
农村	1 人户	23.74%	24.48%	25.66%	25.89%	26.51%	26.55%
	2 人户	27.88%	28.17%	28.71%	29.57%	30.00%	30.70%
	3 人户	22.68%	22.48%	21.25%	20.31%	19.51%	19.29%
	4 人户	15.98%	15.51%	15.47%	15.91%	16.61%	16.56%
	5+人户	9.72%	9.37%	8.91%	8.32%	7.37%	6.90%
城镇	1 人户	24.30%	24.64%	25.01%	25.47%	25.57%	25.47%
	2 人户	26.71%	27.43%	28.43%	28.98%	30.13%	30.76%
	3 人户	28.64%	27.79%	26.53%	25.85%	25.39%	24.99%
	4 人户	12.50%	12.68%	13.23%	13.54%	13.53%	13.51%
	5+人户	7.85%	7.46%	6.80%	6.16%	5.38%	5.27%

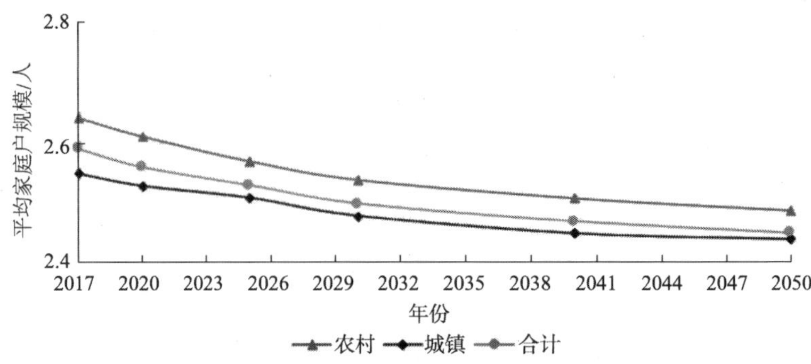

图 15.8　2017～2050 年重庆平均家庭户规模变化预测

3. 家庭户结构

据预测，2017～2050 年，重庆家庭户主要以一代家庭户和二代家庭户为主。一代家庭户占比先上升后下降，总体来说变化平稳；二代家庭户占比持续上升，从 2017 年的 42.65%上升到 2050 年的 49.39%；三代及以上家庭户占比持续减少，从 2017 年的 11.18%降低到 2050 年的 5.10%（表 15.9）。

表 15.9　2017～2050 年重庆家庭户代际占比预测

年份	一代家庭户			二代家庭户			三代及以上家庭户		
	农村	城镇	合计	农村	城镇	合计	农村	城镇	合计
2017	46.30%	46.08%	46.16%	42.23%	42.93%	42.65%	11.47%	11.00%	11.18%
2020	46.43%	46.64%	46.56%	42.78%	43.73%	43.37%	10.79%	9.63%	10.07%
2025	46.96%	47.04%	47.01%	43.35%	45.10%	44.48%	9.69%	7.86%	8.50%
2030	46.86%	46.90%	46.89%	44.74%	46.49%	45.92%	8.40%	6.61%	7.19%
2040	46.53%	45.86%	46.06%	46.87%	48.95%	48.34%	6.60%	5.18%	5.60%
2050	46.49%	45.16%	45.51%	47.75%	49.97%	49.39%	5.76%	4.87%	5.10%

4. 65+岁独居老人家庭户

独居老人家庭户指的是年龄大于等于 65 岁的老人一个人居住的家庭户。如图 15.9 所示，2017～2050 年重庆独居老人家庭户占比呈现逐年上升趋势，从 2017 年的 6.29%上升到了 2050 年的 9.99%，且城乡变动趋势相似，但农村独居老人家庭户占比远远高于城镇。独居老人家庭户占比的上升表明劳动年龄人口流动增加，老人居住方式以独居为主的社会现象突出。

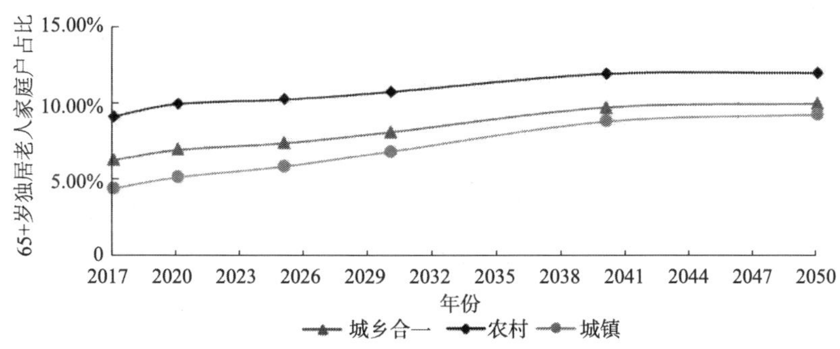

图 15.9 2017～2050 年重庆 65+岁独居老人家庭户占比预测

5. 80+岁高龄空巢老人家庭户

80+岁高龄空巢老人家庭户指的是子女长大成人后从父母家庭中相继分离出去，只剩下年龄大于等于 80 岁的老年一代人独自生活的家庭户。如图 15.10 所示，2017～2050 年重庆 80 岁以上的高龄空巢老人家庭占比上升明显，从 2017 年的 0.93%上升到 2050 年的 3.08%，城乡变动趋势相似，且农村高龄空巢老人家庭户占比远高于城镇。农村高龄空巢老人家庭户占比高于城镇的原因可能是农村青壮年人口打工流出较多，同时带走了部分能帮忙照顾家庭的相对健康和年轻的老人，剩下了大量高龄空巢老人。

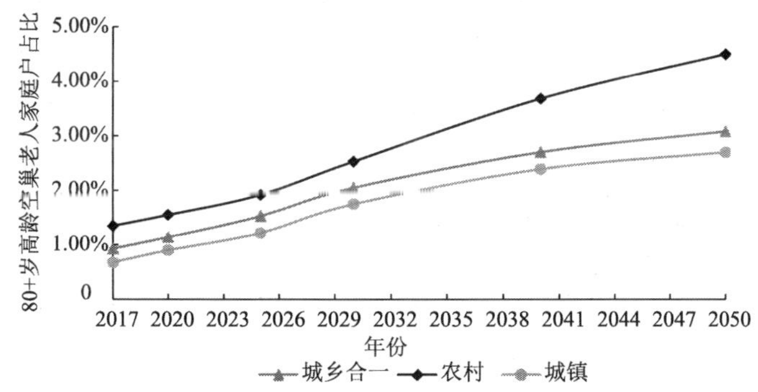

图 15.10 2017～2050 年重庆 80+岁高龄空巢老人家庭户占比预测

6. 单亲家庭户

图 15.11 的预测结果显示，未来的 33 年间，重庆单亲家庭户占比逐年上升，从 2017 年的 9.22%上升到了 2050 年的 16.63%。同时从图 15.11 可以看到，2030 年前农村和城镇单亲家庭占比相差不大，但到了 2030 后城镇的单亲家庭户占比将高于农村。

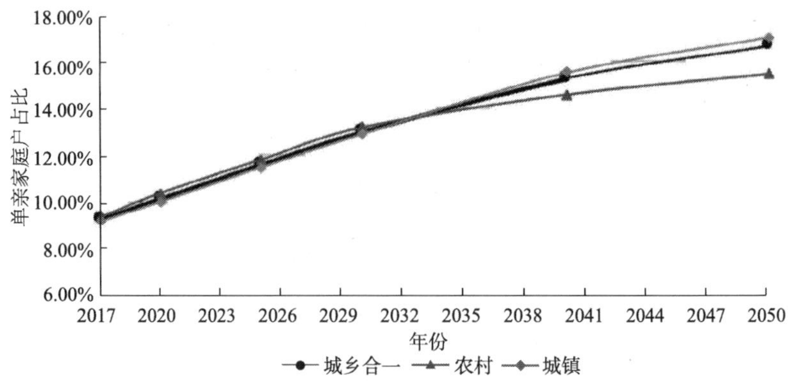

图 15.11　2017～2050 年重庆单亲家庭户占比变动趋势预测

15.5　重庆家庭与人口发展面临的问题

自 1982 年我国将计划生育确定为基本国策并写入宪法以来，严控人口增长的人口发展政策和战略取得了巨大成就，人口再生产类型已经从“高生育、低死亡、高自然增长”的过渡型阶段转入“低生育、低死亡、低自然增长”的现代型阶段，标志着我国人口增长跨过了一个分水岭，具有里程碑意义。但与此同时，人口结构乃至家庭结构都发生了深刻变化，产生了新的人口特点，也带来了一系列新的人口问题。2016 年“全面二孩”政策实施，人口政策得到调整，符合新时代人口形势的新要求，为未来人口形势提供了新的发展环境。在人口形势的新时代背景下，重庆人口发展同样面临着新的机遇和挑战。

基于重庆人口基本特征和人口发展趋势的预测，我们对该地区人口发展形势形成初步的认识和判断，其主要呈现以下几点特征。

15.5.1　人口年龄结构性矛盾较为突出，总抚养比增长且处于高位

重庆人口发展最大的特点是人口老龄化程度不断加深，少年人口比重呈上升趋势，劳动年龄人口比重不断下降，人口年龄结构矛盾较为突出。从预测结果看，2017～2050 年，65 岁及以上的老年人口比重将从 16.10%上升到 30.80%。0～14 岁少年人口比重将从 16.56%上升到 16.68%。合理均衡的人口年龄结构是保持人口自身良性循环发展的需要，也是保持合理劳动力供给，维系经济和社会平衡发展的重要前提，而预测结果显示，未来重庆人口年龄结构分布并不均衡，呈现“两头重，中间轻”的特征，老少抚养比处于高位，劳动年龄人口比重低于全国平均水平。

15.5.2　家庭规模小型化，家庭类型多样化

家庭规模是指家庭的人口容量，而家庭类型是指家庭成员的构成方式。家庭规模大小和家庭结构特征与人口政策密切相关，还受到不同时期不同经济文化背景的影响。在计划生育政策和人口流迁等因素的多重影响下，重庆家庭户呈现规模小型化和多样化的趋势。预测结果显示，2017～2050 年，重庆平均家庭规模一路小幅下滑，从 2.59 人/户下降到 2.45 人/户，曾经常见的大家庭正在快速消失，家庭规模呈现小型化的特点。与此同时，单人家庭、空巢家庭、单亲家庭等家庭形态比重不断上涨，家庭类型出现多样化的趋势。

15.5.3　独居和高龄空巢老年家庭户比例持续上升，农村地区尤为明显

按照预测，2017～2050 年，65 岁及以上独居老人家庭户比例从 2017 年的 6.29%上升到 2050 年的 9.99%，80 岁以上的高龄空巢老人家庭户比例从 2017 年的 0.93%上升到 2050 年的 3.08%。其中农村地区均高于城镇地区，其 65 岁及以上独居老人家庭户比例在 2050 年达到 12.02%，80 岁以上的高龄空巢老人家庭户比例在 2050 年达到 4.16%。在社会福利制度缺位和不完善的情况下，独居老人和空巢老人的照料问题早已不是个人或家庭问题，更是一个亟待解决的社会问题和政策命题。空巢老人的日常生活照料和情感支持主要依靠自己和配偶，而独居老人的日常生活照料和情感支持只能依靠自己，其不仅容易陷入经济危机，还可能增加产生心理问题的风险和精神疾病的患病率。

15.5.4　家庭养老方式发生变化，农村养老服务需求高于城市

随着社会老龄化程度的加深和家庭结构的变迁，家庭养老方式也在发生着深刻的变化。生存竞争压力的增加、跨地域的流动频繁、生活方式的改变和之前独生子女政策的推行，导致家庭代际结构发生变化。根据预测结果，重庆二代家庭户的占比由 2017 年的 42.65%上升到 2050 年的 49.39%，三代及以上家庭户的占比由 2017 年的 11.18%下降到 2050 年的 5.10%。随着家庭户代际结构的变化，父母辈权威制度不断削弱，亲子间的感情纽带也在松弛，家庭养老制度的基础被动摇，老年人口在家中的地位降低，单纯依赖家庭养老的时代已然不能满足新时代的养老需求。

同时，随着人口老龄化的加剧、预期寿命的提高，年轻人口肩挑养家糊口、赡养老人、抚育子女三重重压；而低龄老年人口既要照料孙子女，还要赡养高龄老年父母，精力有限且分散，使得高龄老年人口养老需求难以满足。重庆独居老人和空巢老人比例的增多在一定程度上也反映出重庆地区老年人口获得家庭支持的力度在减弱，养老服务需求，尤其是高龄老人对养老服务、医疗卫生水平、医

疗资源设施的需求也会相应增多，社会养老服务将面临机遇和挑战。

此外，社会保障体系仍有待完善，尤其是农村地区，传统的家庭养老理念导致养老设施的缺位，各项养老、托幼、健身等公共服务设施和场所均大大少于城镇社区，养老、抚幼等社会保障与服务功能也弱于城镇社区；而其独居和高龄空巢老年家庭户占比高于城镇的现状，使得农村老年人对各项社会服务的需求高于城镇，但农村老年人的社会保障水平和各项社会化服务的程度明显低于城镇，这无疑让其养老问题更为严重，需要予以高度重视，逐步解决。

15.5.5　婚姻观念发生变化，单亲家庭比例不断上升

婚姻观念发生变化，家庭问题日益增多，家庭不稳定风险增大。传统的婚姻观念正在经受着更加追求个性和自由的价值观念和生活方式的冲击，离婚率大大上升。预测结果显示，单亲家庭户的占比由 2017 年的 9.22%上涨到了 2050 年的 16.63%，婚姻的解体，直接导致了单亲家庭比重上升。大量单亲家庭的出现也将会带来家庭贫困、子女心理健康等诸多社会问题。单亲家庭本身的残缺、双亲抚育功能的缺失，使得单亲家庭中子女的成长环境和成长过程与完整家庭的子女不同，形成了单亲子女在教育成长中的困境。

15.6　促进重庆家庭与人口发展对策

重庆人口发展已进入深度转型阶段，人口数量、结构均衡和人口与经济社会、资源环境之间的平衡都将面临不可忽视的问题和挑战。面对人口发展重大趋势性变化，必须实施人口均衡发展重大战略，加强统筹规划，把握有利因素，积极有效应对风险挑战，努力实现重庆人口自身均衡发展，人口与经济社会、资源环境协调可持续发展。建议从以下几方面进行政策完善及引导。

15.6.1　准确把握托幼供需缺口，建立完善托育公共服务体系

计划生育政策调整、“全面二孩” 政策的实施等现实因素带来一定规模的婴幼儿人口增长，进而导致家庭对托育公共服务需求的刚性增长；同时，家庭小型化和家庭代际的缩短使得传统家庭互助的托幼模式受到了冲击，社会托幼将成为托幼的主要方式。构建托育公共服务体系，对生育新政落实、妇女就业、解除家庭后顾之忧具有重要的推动作用。

要准确把握重庆人口托幼供需缺口，加强托育公共服务的供给。政府应逐步将 3 岁及以下的婴幼儿教育纳入义务教育的范围，加大财政投入，科学评估托幼供需缺口，扩大学前教育资源，鼓励投资发展公办、民办托幼园，建设一批托幼

机构。同时，还应强化托幼教育硬件设施和师资专业化建设，完善农村幼儿园的基础设施建设和师资配备，保证托幼供给的数量和质量。

政府应将托育服务纳入政府公共服务体系，探索符合重庆实际和家庭需求的托育服务模式，推动政策、制度、规范的创新，通过公建民营、政府购买服务引入专业社会组织方式，建立各类育儿看护服务机构，解决儿童入托难问题，使育儿期妇女可以安心工作。可采取政府直接承办、补贴企事业单位或城乡社区开办、购买社会服务等多种方式，建设婴幼儿托育机构，鼓励支持社会组织开展托育服务试点，为家庭提供良好的育儿服务，鼓励女职工集中的单位恢复托儿所；在商场、医院、车站等公共场所及有条件的单位建立母婴室；在社区建立学习教育场所，为儿童免费开放等。

与此同时，市政府及相关部门应合理落实好生育保险和基本医疗保险相关政策，将产假、生育费用保障等待遇落到实处；还要建立完善行业和服务标准，保证服务质量，加强对月嫂、婴幼儿看护人员等的职业培训和政府监管，消除生育家庭顾虑，减轻家庭负担，为促进“全面两孩”政策的实施发挥积极作用。

15.6.2 弘扬孝亲敬老文化，完善老年人权益保障法的配套政策法规

家庭照料的地位和作用是任何其他形式的照料不能替代的。目前，重庆农村老年照料社会福利政策低水平、低覆盖的特点还会持续较长的时间，家庭照料的地位和作用更为重要，发挥家庭在老年照料中的核心作用是必要的。因此，我们要把弘扬孝亲敬老纳入社会主义核心价值观宣传教育，建设具有民族特色、时代特征的孝亲敬老文化。与此同时，市政府可出台相应的政策，对家庭养老给予经济上的支持，给照料者发放津贴补助，鼓励支持家庭照料，夯实社会养老服务建设的底层架构。

同时，要完善养老和医疗保险制度，落实支持养老服务业发展、促进医疗卫生和养老服务融合发展的政策措施。要建立老年人状况统计调查和发布制度、相关保险和福利及救助相衔接的长期照护保障制度、老年人监护制度、养老机构分类管理制度，制定家庭养老支持政策、农村留守老人关爱服务政策、扶助老年人慈善支持政策、为老服务人才培养政策，促进各种政策制度衔接，增强政策合力。

15.6.3 要着力发展养老服务业和老龄产业，实现城乡一体化发展

我国老年群体数量庞大，老年人用品和服务需求巨大，老龄服务事业和产业发展空间十分广阔。要积极发展养老服务业，推进养老服务业制度、标准、设施、人才队伍建设，构建居家为基础、社区为依托、机构为补充、医养相结合的养老服务体系，更好满足老年人养老服务需求。要培育老龄产业新的增长点，完善相

关规划和扶持政策。同时，探索社会养老服务补贴和政府购买服务制度，释放老年人口的有效需求。根据综合评估结果，应制定合理的养老服务补贴标准，尤其是针对农村地区及贫困地区的老年人口，对部分老人给予专项补贴。

要充分考虑城乡之间的差异，分别构建适合城市和农村地区的社会养老服务体系。加大对农村地区社会养老服务体系的投入，根据老年人口对社会养老服务的需求偏好，兼顾好当前和未来、潜在需求和有效需求的关系，合理安排机构养老服务、社区养老服务和居家养老服务的优先发展次序，协调好供养型、养护型、医护型养老设施的建设，实现各类养老服务之间的差异化发展，相互补充、相互支持。

15.6.4 提高老年人晚年生活质量，实现医养有机结合

统筹医疗卫生与养老服务资源，建立健全医养结合服务体系，鼓励医疗机构设立老年护理床位，以多种形式推动医疗卫生资源进入养老机构和社区日间照料中心，为居家老年人提供医养结合上门服务。建立完善居家养老照护服务机制，强化社区养老照护服务。充分利用城乡社区卫生服务体系，培育护理人员队伍，提高基层卫生服务机构为老年人提供日常护理、慢性疾病管理、康复治疗、健康教育和咨询等服务的能力，鼓励医疗机构设立家庭病床，重点为失能、部分失能老年人提供长期护理服务。

将医养结合纳入经济社会建设发展总体规划，建立社会养老服务需求评估机制，甄别不同的老年群体及其需求偏好。科学制定社会养老服务需求评估表格，对老人的年龄分布、经济状况、身体状况、家庭特征、服务需求等方面进行摸底和综合评估，在这一基础上构建动态性的社会养老服务需求信息库，定期对老人进行跟踪调查与评估，并发布社会养老服务需求状况，运用现代信息技术，形成基于家庭和社区的养老网络空间云服务平台和智能终端，集成第三方老年健康医疗等服务资源，为老年人提供集健康咨询、数据管理、慢病防控、紧急救助及生活服务为一体的养老服务。

15.6.5 出台符合家庭结构和规模变化趋势的普惠性政策

1. 推进出台密切家庭成员关系的相关民生政策

出台密切家庭成员关系的相关民生政策，如建立父亲与母亲同样享受产假的政策；出台家中有 70 岁以上老年人的成年人带薪假期政策，促进子女与老人的联系；出台家中有 0～5 岁儿童的成年人带薪假期政策，促进父母在儿童抚育等方面发挥更多作用；建立祖父母和外祖父母照料 0～3 岁婴幼儿的政府补贴政策，为家庭成员代际关系传递和亲情联系提供社会支持。

2. 完善婚姻相关法律法规，切实维护离婚家庭中未成年人的合法权益

在离异家庭中，未成年人往往成为离婚事件发生的弱势群体，不仅容易遭受心理打击，同时也容易陷入无人看护照料的生活困境，因此，完善婚姻相关法律法规，维护离婚家庭中未成年人的合法权益十分必要。与此同时，还要积极宣传引导健康婚恋观，营造良好的社会氛围，增强社会对各种家庭类型的包容、理解和接纳程度，在学校和社区等为各种新生家庭类型的青少年提供社会支持，了解不同家庭类型的切实需要，动员学校、社区乃至社会的资源，从生活照护、心理疏导和劳动帮扶等多方面向他们提供社会支持，为他们营造舒适、友好的成长发展环境。

家庭人口问题始终是影响全面、协调、可持续发展的重大问题，是制约经济社会发展的关键因素，是社会主义初级阶段面临的全局性、长期性和根本性问题。重庆家庭人口发展战略的研究要始终坚持国家人口发展战略的总体思路，坚持综合决策，突出以人为本，强化正向调节，尊重人口规律，顺应经济社会发展要求和群众根本利益，完善服务保障政策，将生育水平调控并维持在适度区间，推动家庭人口结构优化调整，同时加强风险防范，深化改革创新，完善家庭人口预测预报机制，健全重大决策家庭人口影响评估制度。在把握家庭人口基本特征的基础上，根据家庭人口发展长期趋势，准确把握未来家庭人口发展形势；及时、有效地做好政策调整、产业布局、资源配置、福利安排，引导人口合理分布，保障人口安全，实现人口与经济社会资源环境的协调和可持续发展。

第16章　我国未来老年家庭照料需求成本变动趋势预测分析[①]

16.1　引　　言

由于人均期望寿命的提高及生育率的持续下降，人口老龄化已经成为中国经济社会发展所面临的一个严峻问题和长期挑战。据联合国人口司2019年发布的比较保守的中死亡率和中生育率方案最新人口预测，我国65岁及以上老人占总人口比例将从2010年的8.9%快速增加到2030年的16.9%和2050年的26.1%，2030年和2050年的比例分别等于2010年的1.9倍和2.9倍（UNDP，2019）。最需照料的80岁及以上高龄老人将从2010年的2000万人迅猛增为2050年的1.2亿人，40年间增长了5倍（曾毅，2014a）。我国在2010年时的老年抚养比为0.11，即每一个劳动年龄人口只需供养0.11个老年人；到2030年时，老年抚养比将上升为0.24，比2010年增长118%；而2050年的老年抚养比将上升为0.42，等于2010 年的3.8倍（United Nations，2011）。

快速的人口老龄化将给家庭和社会造成沉重的负担，包括劳动力供给相对减少，而GDP中用于养老和医疗保障的转移支付比例越来越高，对中长期的经济增长将产生显著的负面影响；而我国社会养老功能还很不完善，家庭养老负担越来越重，将促使预防性储蓄的动机日趋强烈，而消费意愿则可能日显不足。目前我国的80岁以上高龄老人平均有5～6个子女。然而，20世纪五六十年代生育高峰期出生、2015年后步入老年的巨大人群中，平均每人不到2个子女，家庭的空巢化将加速发展，而空巢老人面临无人照料的困境。快速老龄化使得我国未来老年家庭照料基础将大大削弱，子女平均每人对老年父母的家庭照料负担和机会成本将大大提高。如果对这些问题没有深入研究和科学对策，必将负面影响我国老中青的生活质量和经济社会发展。

“老年家庭长期照料需求”（home-based long term care demand）指的是老年人

---

① 本章由曾毅教授、陈华帅副教授、李月副研究员、白晨助理教授和王正联研究员撰写；作者工作单位和邮箱地址见第7章和第13章首页脚注。

因失能、患慢性疾病等导致生活无法自理而产生的居家照料需求。国际上通常用数据可得性更强，且被大量研究证实与老年人照料需求密切相关的，对健康、死亡状况具有很好指示性的“生活自理能力”（activities of daily living，ADL）指标进行测量（梁鸿，1999）。在家庭成员为老人提供长期照料过程中所产生的花费、付出的时间，以及单列的医疗费用等在内的现金与非现金支出，统称为“老年家庭长期照料成本”（home-based long term care costs）（曾毅等，2012）。

目前，老年长期照料需求成本预测已被越来越多的国家视为“第一序列政策议题”（first order policy issue），受到政府及学术界的高度重视（European Commission，2015）。国际上关于老年照料需求成本的定量研究较多（Center for Medicare and Medicaid Services，2004）。例如，Kalbarczyk 和 Mackiewicz-Łyziak（2019）估计了波兰老年人的长期照料服务成本的增长情况，结果显示到 2060 年，波兰老年人长期照料服务成本预计将从 2018 年 GDP 的 0.5%上升至 1.4%。OECD 报告显示，2010～2060 年，OECD 国家老年人长期照料公共支出占 GDP 的比重平均将增长 7.7 个百分点（de la Maisonneuve and Martins，2015）。此外，日本政府也做了相关预测，预计在 2012～2025 年长期照料成本将从 8.9 万亿日元增长至 18 万亿～21 万亿日元（Hayashi，2013）。

国际上关于老年长期照料需求成本的研究侧重从政府公共支出的角度预测老年人长期照料成本，忽视了对来自家庭的非正式照料负担的讨论。在已有的国际文献里，老年人长期照料成本（或支出）大多指的是由政府财政或社会保险支付的“在医院住院”（in-patient）老人的“正式的”照料支出（特别是现金支出），而来自家庭成员的非正式照料往往被排除在外（Xu and Chen，2019）。但事实上，即便在西方发达国家，尽管家庭小型化、少子化趋势下越来越多的老年人依靠养老机构的正式照料，但居家非正式照料仍是最为普遍的养老模式。以 OECD 国家为例，由家庭成员提供照料的老人占比平均高达 70%～90%，非正式照料者规模是正式照料者规模的 2～10 倍（Fujisawa and Colombo，2009）。显然，在老年照料供给方面，非正式照料者规模远大于正式照料者规模，对深受家庭养老传统影响的中国来说更是如此，因此，亟待从家庭层面展开非正式长期照料需求及成本趋势的预测研究。

而我国关于老年照料需求成本的研究大多停留在定性讨论上，仅有为数不多的研究进行了定量分析（李建民，1998；姚远，2001；汤哲等，2004；蒋承，2008；曾毅等，2012）。例如，较早的如蒋承和赵晓军（2009）、蒋承等（2009）利用“中国老年健康影响因素跟踪调查”（The Chinese Longitudinal Healthy Longevity Survey，CLHLS）数据，实证考察了中国老年家庭长期照料需求的机会成本，同时还基于拓展的多状态生命表方法首次对 65 岁及以上中国老年人的日常生活和临终照料需求成本进行估计。Xu 和 Chen（2019）在拓展的宏观模拟方法的基础上通过蒙特卡洛模拟估计老年家庭长期照料需求及支出情况。研究显示，2020～2050 年，生活自理能力中等受损的老人长期照料成本将从 8.98 亿美元增长至 39.28 亿美元。

曾毅等（2012）基于新的多维家庭人口预测模型，建立了包括老年人口年龄、性别、城乡、婚姻、家庭结构，以及生活自理能力状态动态变化的老年家庭照料需求成本预测模型。并利用 CLHLS 数据，通过该模型对 2000～2050 年中国老年家庭照料需求成本的动态变化趋势进行了更加全面系统的评估与模拟预测。曾毅团队的创新性研究将老年人口家庭结构与生活自理能力及长期照料成本有机整合，为考察中国老年家庭长期照料需求成本奠定了重要的理论与方法基础。毫无疑问，本章关于我国 21 世纪上半叶老年家庭照料需求成本变动趋势分析的选题，具有重要的科学和现实意义。

16.2 老年家庭照料需求成本预测方法

众所周知，老年照料需求成本与老人的健康状况密切相关。然而，以医院疾病诊断量测的健康状态数据的可获性差，而且不同疾病只反映健康状况的一个侧面。老人吃饭、穿衣、洗澡、室内活动、上厕所等生活自理能力数据较易获得，且被国内外许多研究证明是健康、照料需求成本及死亡风险的统计显著性很强的预测因子。因此，国内外很多研究一般用数据可获性较好的老人生活自理能力来量测照料需求（梁鸿，1999）。

国际上近十几年来对老人生活自理能力状况的预测倍加重视，各种预测方法可归纳为两大类：①苏利文（Sullivan）简单比例分布法，即将老年人群按年龄、性别和婚姻家庭状态分的生活自理能力状况分布乘以相应的人口预测年龄、性别分布（Mayhew，2000）。这一方法在健康期望寿命研究领域被广泛应用，即基于时期生命表，根据横向截面调查或人口普查观测到的分年龄、分性别的处于不同健康状态的比例乘以同一时期分年龄、分性别的生命表存活人年数，进而计算健康期望寿命。②多状态转换预测法，即用跟踪调查数据估算出老人生活自理能力状况转换概率矩阵，再将其与人口预测矩阵结合（Lakdawalla et al.，2003）。另外，也有的学者对死亡老人临终前一年的照料费用与存活老人照料费用分开预测（Serup-Hansen et al.，2002）。

国内外的许多研究表明，老年人的年龄、性别、婚姻和家庭结构与家庭照料需求成本密切相关。例如，无配偶和独居老人对居家有偿服务的需求和成本比与配偶、子女一起居住老人高得多，与子女同住老人获得的家庭照料较多（Grundy，2001）。但是，国内外迄今为止的其他相关研究，要么预测老年人口家庭结构而不含生活自理能力状态与照料需求成本，要么根据不区分家庭结构状态的老年人口预测基数乘以人均照料成本而预测比较粗略的老人照料需求成本。显然，不考虑家庭结构的老年照料需求成本预测具有很大的局限性。本章研究试图突破这一局限，将老人生活自理能力状态与已得到国内外学界较普遍认可的多维家庭人口预测模型（曾毅等，1998；Zeng et al.，2006，2012，2013a，2013b，2014）的应用有机结合起来，进行老年家庭人口结构、生活自理能力状况及家庭照料需求成本预测分析。

基于 CLHLS 2005 年和 2008～2009 年两次调查时点的老年人生活自理能力状态数据及多元回归和曲线拟合方法，曾毅等（2012）估算了按年龄、城乡、性别、是否有配偶、是否与子女一起居住分的老年生活自理能力状态转换概率，并应用多状态转换预测法，将老人生活自理能力状态引入多维家庭人口预测模型，即增加了老人生活自理能力“好”与“不好”的维度来计算老年人婚姻家庭和生活自理能力状态的多维度转换，进而对全国 21 世纪上半叶老年家庭照料需求成本变动趋势进行了预测分析。这对于全国性的宏观模拟分析研究是可行的，但无法应用到 31 个省区市层面，因为受跟踪调查样本量限制，无法估算各省区市按年龄、性别和婚姻家庭状态分的老人生活自理能力状态转换概率数据。

另外，大型调查没有（也很难）收集老人们哪年哪月生活自理能力发生“好”与“不好”之间的转换，只能根据两次调查时点老年人生活自理能力状态数据估算男女年龄别状态转换概率。这就隐含着假定“每个老人在两次调查期间的健康状态转换只有一次”。换句话说，这种方法很难或无法考虑两次调查时点之间老人健康状况转换多于一次的情况。当两次调查之间的间隔长于 6 个月时，这种假定是不合理的。因此，本章和第 17 章应用和扩展前面概述的苏利文简单比例分布法，将 60+岁老年人群按单岁年龄、性别、婚姻及是否与子女一起居住状态分的“生活能自理”和“生活不能自理”比例，乘以 2010 年、2020 年、2030 年、2040 年和 2050 年每一省区市相应的人口预测单岁年龄、性别、婚姻及是否与子女一起居住的状态分布，对 31 个省区市城乡男女老年人生活自理能力[①]和家庭照料需求成本分别进行预测；并将各省区市的预测结果按五大区域和全国分别进行汇总，进而分别分析五大区域的特征趋势，以及全国未来老年人生活自理能力和家庭照料需求成本的变动趋势。经典的苏利文简单比例分布法用于健康状态生命表构建，假定按年龄、性别分的健康状态分布保持不变而用于假想队列生命表分析，而我们将苏利文方法扩展为按地域，按年龄、性别分的老人健康状态分布随时间变化而变化，用于未来随时间变动的老年家庭照料需求成本预测。因此，不妨称之为“扩展的苏利文简单比例分布法”。

本章关于家庭照料需求、家庭照料供给、家庭照料成本三者的相互制约关系及其社会经济效益的人口经济学研究理论框架见图 16.1。

① 本章以生活自理能力来量测老人健康状况，当然也可用其他健康状态变量量测。

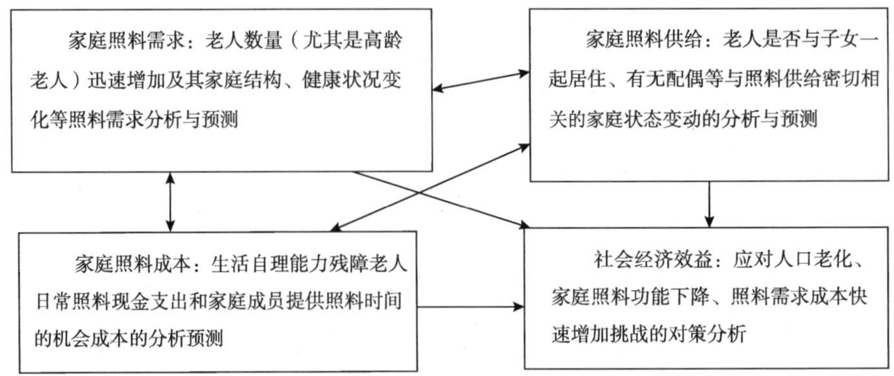

图 16.1　本章研究的人口经济学基本理论框架

作为本章老年家庭照料需求成本预测基础的多维家庭人口预测模型及其应用成果，已在国际、国内一流期刊发表（曾毅等，1998；Zeng et al.，2006，2012，2013a，2013b，2014）。该模型克服了经典的户主率家庭户预测方法的一系列局限，以生育率、死亡率、迁移率、结婚率、离婚率和可从相邻两个人口普查数据估算的子女离家率等常规的人口数据作为输入，在进行人口数量和年龄性别分布预测的同时，可以预测详细的家庭户类型和规模、老人及其他家庭成员的婚姻、居住安排、生育、是否与子女和父母同住等状况，并保证家庭结构、居住安排预测与人口数量结构预测的内部一致性（曾毅等，1998；Zeng et al.，2006，2012，2013a，2013b，2014，详见本书第 2～4 章）。

老人照料成本一般分为家庭照料现金支出与非现金支出的家庭成员照料时间（机会成本），以及单列分析的医疗费用开支。本章侧重于老人居家养老家庭照料现金开支与家属提供照料时间折合工作日数（即机会成本）的预测分析，而不涉及需要门诊和住院等数据可获性较差的医疗费用成本的预测分析。

由于老年抽样调查和人口普查数据中住养老院老人子样本太小而无代表性，缺乏住养老院老人生活自理能力状况和照料成本的数据，因此本章分析未能包括住养老院老人的机构照料需求和成本预测。考虑到我国子女孝敬赡养老年父母的数千年文化传统，我国绝大多数老人更愿意得到社会服务支持的居家养老，而并不喜爱机构养老，本章研究假定未来住养老院的老人数与基本家庭结构特征相同的居家养老的老人数等比例增长，即未假定我国将向西方更侧重机构养老的模式转化。但是，这不等于假定我国的居家养老模式本身不发生变化。恰恰相反，本章预测分析老年人口的年龄、城乡、婚姻状态、一起居住子女数、是否空巢或独居，即居家养老模式本身结构的动态变化，以及其对家庭照料需求成本的影响。

我们还将 65 岁及以上老年家庭人口、生活自理能力状态预测与 0～64 岁家庭人口预测（含生育、婚姻、一起居住子女数、是否与父母一起居住、死亡、迁移）

有机结合，形成一个少、青、中、老年家庭人口动态预测模型，既预测老年家庭照料需求成本，又预测按年龄、性别、城乡分的劳动年龄人口，即预测照料者的数量和年龄、性别、家庭结构变动趋势。

16.3　数据来源、估算及预测方案设计

16.3.1　数据来源

预测起点年份按城乡、单岁年龄、性别、婚姻状态、一起居住子女数、是否与父母一起居住状态分的家庭人口基数取自 2010 年人口普查 10%抽样微观数据（参阅本书 7.1 节）。基于 2010 年人口普查微观数据，我们分别估算了 31 个省区市按城乡、单岁年龄、性别分的初婚概率，孩次别生育概率，按年龄、性别分的城乡净迁移频率分布（参阅本书 7.3～7.5 节）。基于整合的中国家庭追踪调查 2010 年、2012 年、2014 年及 2016 年四期调查数据，我们估算了全国分城乡-男女-单岁年龄别离婚、离婚者再婚及丧偶者再婚的发生/风险率标准模式；根据 2010 年人口普查数据及民政部公布的 2010 年结婚和离婚总数，我们分别估计了 31 个省区市按城乡分的一般结婚率和一般离婚率（参阅本书 7.4 节）。基于全国 2000 年与 2010 年人口普查数据，以及应用队列内部迭代内插方法（Coale，1985；Stupp，1988），估得按城乡、年龄、性别分的子女净离家率。

本章老年家庭照料需求成本预测所需要的起始年份（即 2010 年）按城乡、性别、年龄和婚姻状态分的老年人生活自理能力状态数据取自 2010 年人口普查 10%抽样微观数据。我国 2010 年人口普查长表问卷包括了 60 岁及以上城乡居民必须填报的“身体健康状况”问项，其包括可供选择的 4 个答案：健康、基本健康、不健康但生活能自理、生活不能自理。考虑到老年健康调查收集的照料成本数据没有，而且很难准确定义“健康、基本健康、不健康但生活能自理”的分类，我们将“健康、基本健康、不健康但生活能自理”归并为“生活能自理”，即区分“生活能自理”和“生活不能自理”两大类。

CLHLS 在询问老人日常生活自理活动是否需要他人帮助后，若回答为需要帮助，则接着问“近一个星期[①]，这些照料所支付的费用总计是多少元”；还询问了“近一个星期以来，您的子女/孙子女及其他亲属为您提供家庭照料帮助的总小时数有多少”。另外，对于在两次调查之间死亡的被访老人，访问了他的一位家属，询问收集了死亡老人临终前一个月的家庭照料费用。调查中所询问、本章所分析

① 之所以按国内外同类调查惯例询问存活老人“最近一周”的照料费用，而不是更长的期间，是为了减少因时间跨度较长导致的记忆误差，而我们可以通过一周数据来估计一年的家庭照料费用。

的老人家庭照料费用包括请保姆的费用和其他上门服务的各项照料相关（包括照料所需物品）费用等，但不包括门诊和住院医药费。根据 2008 年、2011～2012 年、2014 年和 2017～2018 年进行的 CLHLS 第 5～8 次调查整合数据集及多元回归分析方法，我们估算了按年龄、城乡、性别、是否有配偶和是否与子女一起居住状态分的生活自理能力残障存活老人一年人均家庭照料费用（元）、死亡老人临终前一个月人均家庭照料费用（元），以及生活自理能力残障存活老人一年人均需要家庭成员提供的非现金支付照料工作日数。

老年照料服务工资水平（属于居民服务行业）随国民经济发展而变化。因此，我们必须根据过去年份居民服务行业平均工资的统计数据，应用趋势外推或专家估测方法，得到未来年份残障存活老人平均每年人均家庭照料现金开支和死亡老人临终前一个月家庭照料费用年增长率，进而估得人均现金成本，再分别乘以预测得到的当年残障老人数和死亡老人数，即可估得当年老年家庭照料现金成本总额。

比较估测未来年份和当前的老人照料现金成本人民币总额的差异，可以了解未来老年家庭照料成本的相对变化，但难以反映未来年份老年家庭照料成本对国民经济的影响程度和对国家、人民的负担到底有多大，因为未来年份的 GDP 总量将显著增长。因此，我们应用国务院发展研究中心发布的未来 GDP 年增率估得未来年份的 GDP 总量，再用我们估测的未来老年家庭照料现金成本总额除以相应年份的 GDP 总量，从而估得未来老年家庭照料现金成本总额占当年 GDP 总量的百分比。

16.3.2 预测方案设计与参数假定

在进行老年家庭结构、生活自理能力状况和家庭照料需求成本预测分析时，必须考虑未来老年生活自理能力状况变化和人均照料成本等相关制约因素的不确定性。随着死亡率的下降和寿命的延长，老年残障期是否延长？目前有三种理论假设。第一种理论是 Fries（1980）提出的残障疾病期缩减理论，即随着老年存活率的提高和健康生活方式的改善，残障和患病率将降低。第二种理论与此相反，认为死亡率的下降将使健康较差群体存活率提高，而这些健康较差群体的残障率或患病率较高，因此，将导致残障和带病比例普遍增加（Olshansky et al.，1991）。第三种理论是混合平衡理论，该理论认为由于医疗技术进步，从慢性病到严重残障的演变进程放慢，因此，严重残障比例会减少，但低度或中度残障的比例会增加（Manton，1982）。哪一种理论能更好地反映我国近期与未来的变化还有待进一步考证。顾大男和曾毅（2006）的研究认为，我国老人的生活自理能力残障比例可能以每年 0.98%的速度下降。然而，杜鹏和武超（2006）的研究认为，我国残障老人比例可能以每年超过 1%的速度增长。黄成礼（2006）的研究则假设年龄别残障率不变，认为这种情况出现的可能性最大。

综合前人和我们自己的前期研究，为了分析探讨未来老年家庭照料需求成本动态趋势和特征及其变化的可能范围，我们设计了以下关于老年人 ADL 低、中、高等三个预测方案。

（1）ADL 残障低方案：在中死亡率方案下（参阅本书 8.2 节），假定老人生活自理能力状况普遍持续改善，即残障疾病期缩减的第一种理论成立。具体来说，假定按城乡、性别、年龄和婚姻状态分的老人“生活不能自理”（即需要他人照料）的比例在 2010～2050 年每年降低 0.8%，这意味着 2050 年这类较细分组的老年生活不能自理的残障比例比 2010 年下降 27.5%；而同时老人“生活能自理”的比例相应提高（每一相同城乡、性别、年龄和婚姻状态组内老人的“生活不能自理”的比例和“生活能自理”的比例之和等于 1.0）。

（2）ADL 残障中方案：在中死亡率方案下，假定老人整体健康水平保持不变，即“混合平衡”的第三种理论成立。具体来说，假定按城乡、性别、年龄和婚姻状态分的老人“生活能自理”的比例和“生活不能自理”的比例保持不变。

（3）ADL 残障高方案：在中死亡率方案下，假定老人整体生活自理能力水平普遍持续变差，即关于“死亡率下降将伴随老年残障比例普遍增加”的第二种理论成立。具体来说，假定按城乡、性别、年龄和婚姻状态分的老人“生活不能自理”的比例在 2010～2050 年每年增加 0.8%，这意味着 2050 年这类较细分组的老年生活不能自理的残障比例比 2010 年上升 27.5%。

在 ADL 残障低、中、高等三个预测方案下，我们假定残障老人家庭照料人均现金成本年增率与 GDP 年增率相同；假定残障老人需要家庭成员提供的非现金支付人均照料工作日数保持 2008 年的水平不变。

上述老年家庭照料需求成本低、中、高预测方案是在中生育水平方案下进行的测算。中生育水平方案假定今后生育政策将进一步放宽，让生育决策回归家庭，并取消生育政策限制（参阅本书第 19 章），总和生育率由 2010 年的城乡合一 1.63（农村 1.97，城镇 1.29）和 2017 年的城乡合一 1.70（农村 2.01，城镇 1.48）增加为 2021 年的城乡合一 1.80（农村 2.11，城镇 1.60；城乡合一增长 5.6%）；假定 2020～2050 年农村、城镇总和生育率分别保持不变；然而，生育率更低的城镇人口占总人口比例不断增长，导致城乡合一总和生育率由 2021 年的 1.80 逐步降低到 2040 年的 1.70 和 2050 年的 1.66（见本书表 8.1）。

关于全国城乡家庭人口预测所需要的男女出生期望寿命、一般结婚率、一般离婚率、城镇人口比例等其他输入主要综合参数，请参阅本书表 8.1。需要说明的是，与所有的人口和经济学预测类似，本章研究的预测结果不可能很准确，因为不确定因素太多，各种参数的假定与人口普查及调查的数据不一定很准确。但是，在所有其他参数假定完全相同，仅仅因为今后老人生活自理能力状况变动趋势不同的情况下，则模拟情境所反映的老年家庭照料需求和成本的差异，以及其相关的政策分析定性讨论是可信的。当然，我们决不能将这些预测数字视为准确预报。

16.4　估测结果及讨论

16.4.1　生活自理能力残障老人人均家庭照料成本的城乡、性别和婚姻家庭状态差异

图 16.2 给出了根据第 5～8 次 CLHLS 汇总数据集估算（并作为本章预测输入参数）的分“城乡-男女”不同群组的存活残障老人一年人均家庭照料现金支出。这些估算结果表明，城镇残障老人的人均家庭照料现金支出大大高于农村残障老人，男性残障老人的人均家庭照料现金支出显著高于女性残障老人，有配偶残障老人和无配偶残障老人的人均家庭照料现金支出之间没有显著差别，不与子女同住的残障老人的人均家庭照料现金支出大大高于与子女同住的残障老人。

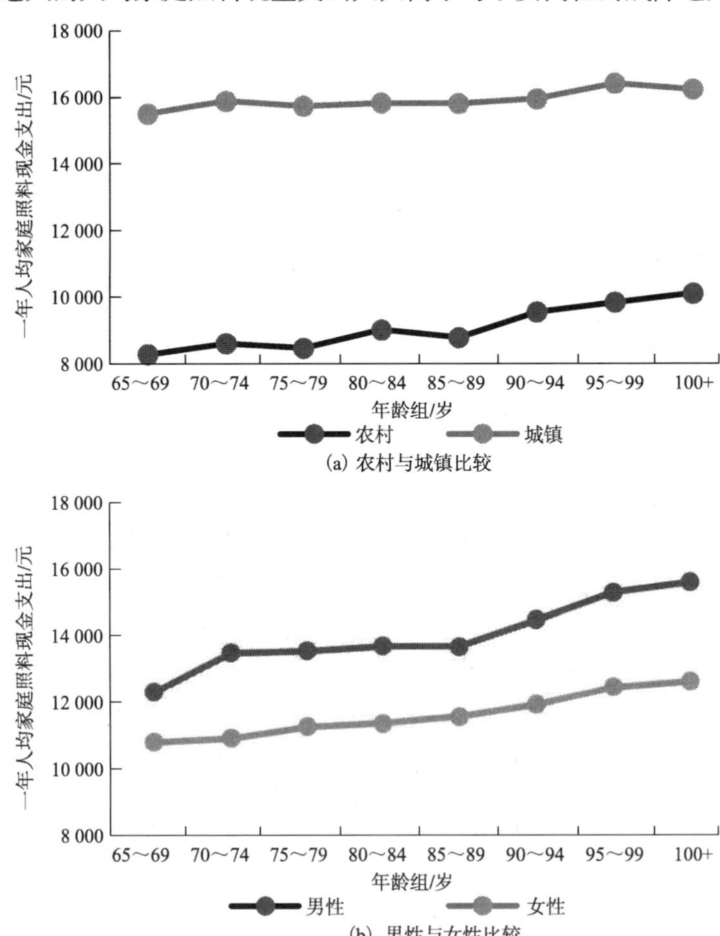

(a) 农村与城镇比较

(b) 男性与女性比较

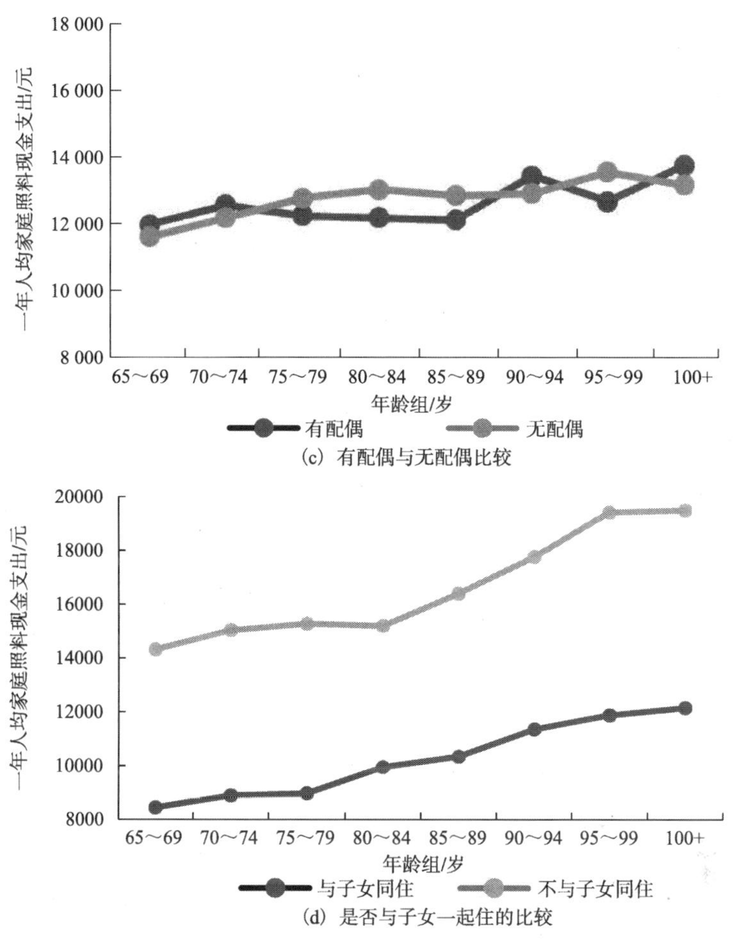

(c) 有配偶与无配偶比较

(d) 是否与子女一起住的比较

图 16.2　存活残障老人一年人均家庭照料现金支出

图 16.3 给出了根据 CLHLS 数据估算（并作为本章预测输入）的分“城乡-男女”不同群组的死亡老人临终前一个月人均家庭照料费用。估算结果表明，城镇死亡老人临终前人均家庭照料费用显著高于农村死亡老人，男性死亡老人临终前人均家庭照料费用略高于女性死亡老人，有配偶死亡老人临终前人均家庭照料费用高于无配偶死亡老人，不与子女同住死亡老人临终前人均家庭照料费用高于与子女同住死亡老人。

图 16.4 给出了根据 CLHLS 数据估算（并作为本章预测输入）的分“城乡-男女”不同群组存活残障老人一年人均家属提供照料工作日数。估算结果表明，城镇存活残障老人一年人均家属提供照料工作日数大大高于农村存活残障老人，女性存活残障老人一年人均家属提供照料工作日数大大高于男性存活残障老人，有配偶存活残障老人和无配偶存活残障老人的一年人均家属提供照料工作日数之间没有显著差异，与子女同住存活残障老人一年人均家属提供照料工作日数高于

不与子女同住存活残障老人。

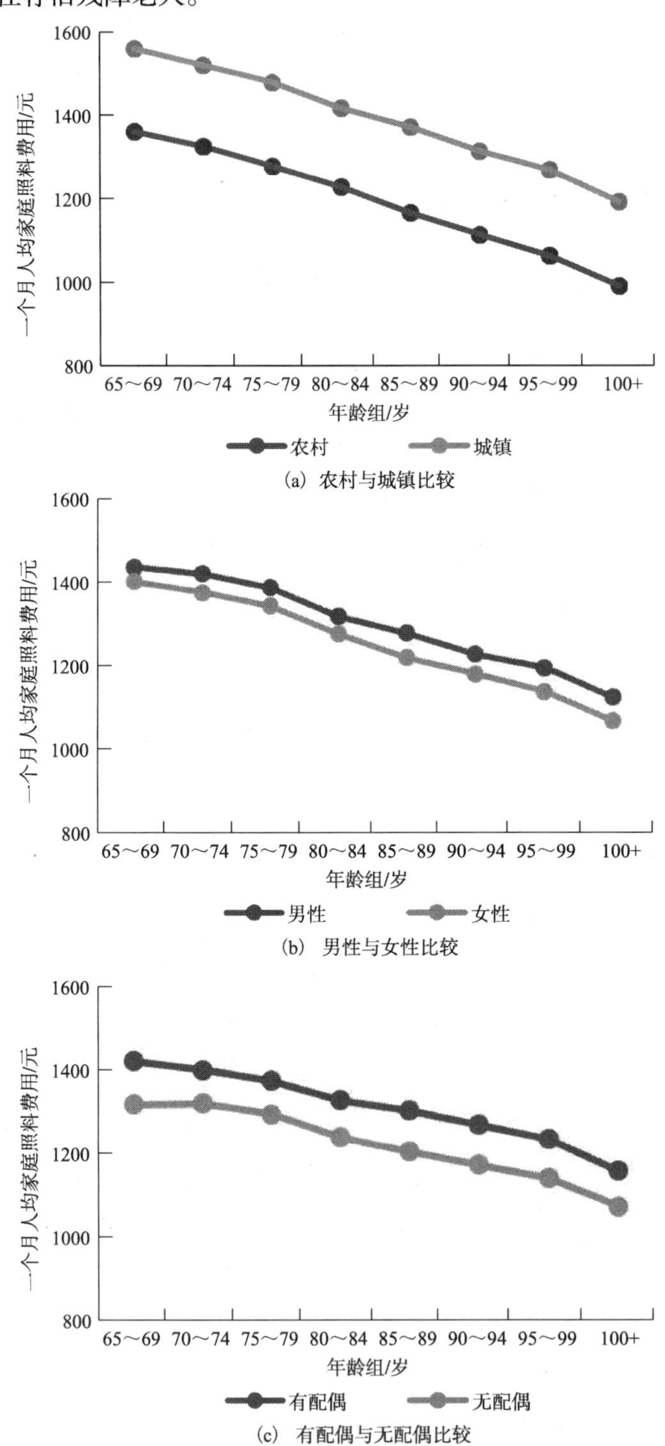

(a) 农村与城镇比较

(b) 男性与女性比较

(c) 有配偶与无配偶比较

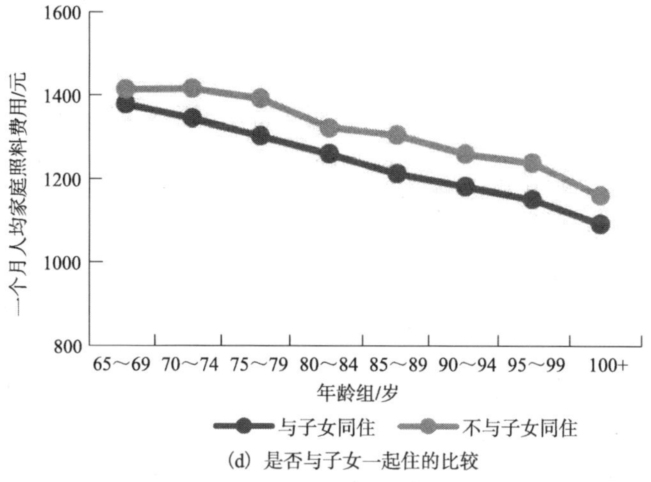

(d) 是否与子女一起住的比较

图 16.3　死亡老人临终前一个月人均家庭照料费用

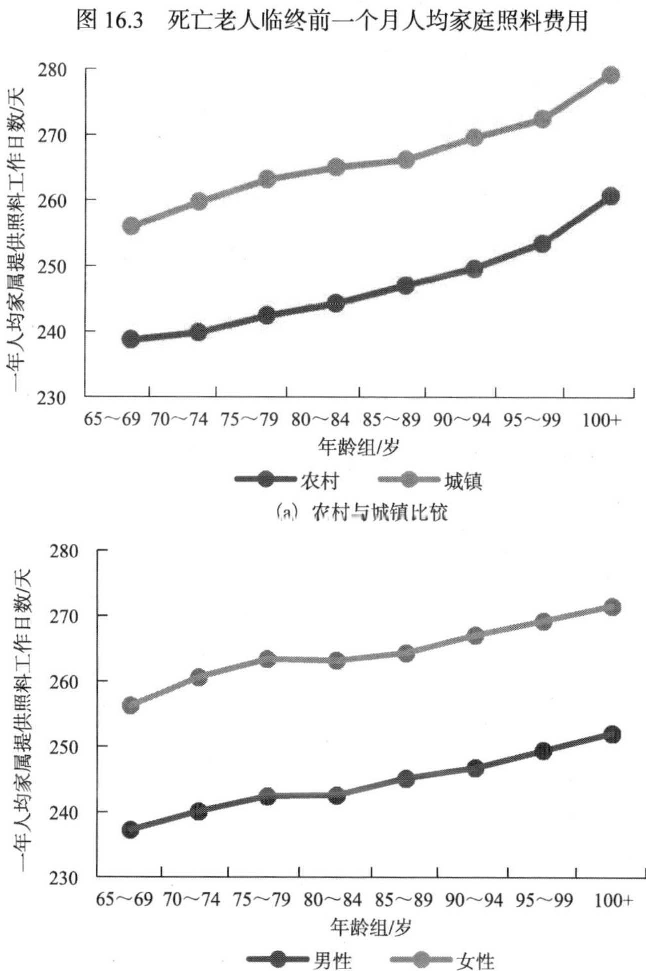

(a) 农村与城镇比较

(b) 男性与女性比较

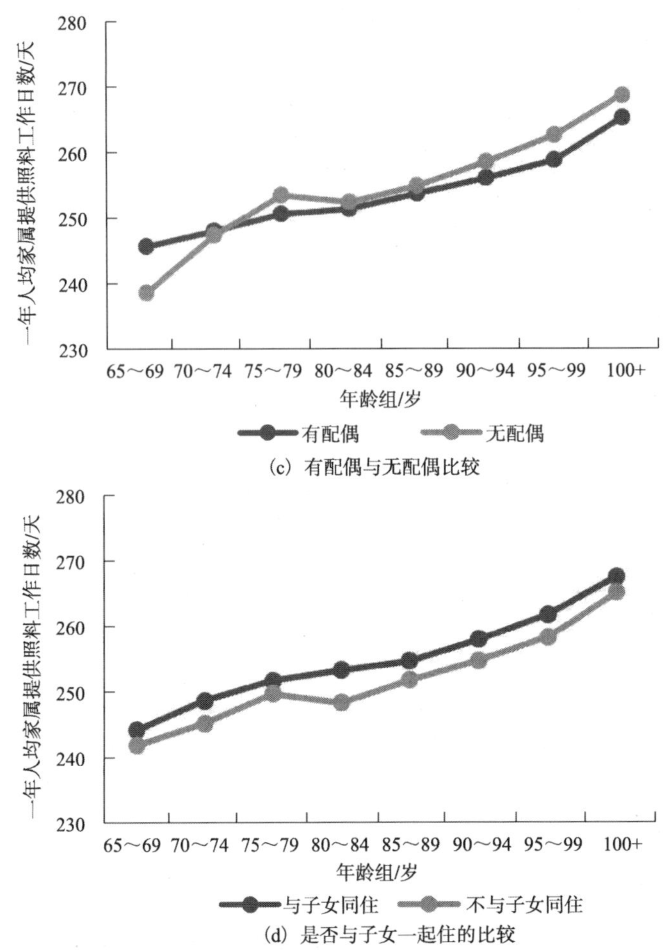

(c) 有配偶与无配偶比较

(d) 是否与子女一起住的比较

图 16.4　存活残障老人一年人均家属提供照料工作日数

一年人均家属提供照料工作日数 =（平均每周人均家属提供照料工作小时数 × 52 周）/8，即按每年 52 周每天 8 小时计算

16.4.2　生活自理能力残障中方案下老年家庭照料需求成本的变动趋势和特征

表 16.1、表 16.2、表 16.3 给出了在 ADL 残障中方案（以下简称中方案）下老年家庭照料需求成本假定条件下的相关预测结果。如前所述，关于在死亡率下降和人口老化进程中老年人平均生活自理能力可能变差或改善的相关实证研究与三种理论假设大相径庭。不少学者认为，在对生活自理能力变差或改善的可能性大小不能准确衡量的情况下，保持不变的假定是比较合理和可行的选择，因为它的可能性较大（Smith et al.，2001）。因此，对中方案假定老年生活自理能力状态比例分布保持当前水平不变的预测结果的分析，有助于我们理解未来老年家庭照料

需求成本变动趋势的基本特征，其反映的变动趋势基本特征可以归纳为以下几点。

表 16.1　中方案下按年龄、婚姻状态、是否与子女同住分的生活自理能力残障老人数（城乡男女合计）

项目	65～79 岁生活自理能力残障中低龄老人数					80+岁生活自理能力残障高龄老人数					生活自理能力残障老人总数				
	有配偶		无配偶		合计	有配偶		无配偶		合计	有配偶		无配偶		合计
	与子女同住	不与子女同住	与子女同住	不与子女同住		与子女同住	不与子女同住	与子女同住	不与子女同住		与子女同住	不与子女同住	与子女同住	不与子女同住	
2010 年/万人	88.2	158.5	109.2	47.6	403.5	43.5	65.4	130.5	36.7	276.2	131.8	223.9	239.7	84.3	679.7
2020 年/万人	131.9	235.1	151.0	66.0	583.9	58.6	92.3	250.7	69.9	471.5	190.5	327.3	401.7	135.9	1055.4
2030 年/万人	201.3	377.8	211.6	98.2	888.9	99.2	158.4	390.9	108.2	756.7	300.5	536.2	602.6	206.4	1645.6
2040 年/万人	297.2	580.1	255.7	130.1	1263.1	181.8	284.5	650.7	180.1	1297.1	479.0	864.6	906.4	310.2	2560.2
2050 年/万人	298.6	611.8	228.2	126.5	1265.1	326.3	515.4	1027.2	286.1	2155.0	624.9	1127.2	1255.4	412.6	3420.1
年增长率	3.1%	3.4%	1.9%	2.5%	2.9%	5.2%	5.3%	5.3%	5.3%	5.3%	4.0%	4.1%	4.2%	4.0%	4.1%
2030 年等于 2010 年倍数	2.3	2.4	1.9	2.1	2.2	2.3	2.4	3.0	2.9	2.7	2.3	2.4	2.5	2.4	2.4
2050 年等于 2010 年倍数	3.4	3.9	2.1	2.7	3.1	7.5	7.9	7.9	7.8	7.8	4.7	5.0	5.2	4.9	5.0

表 16.2　中方案下中低龄和高龄生活自理能力残障老人数的城乡分布（男女合计）

年份	65～79 岁生活自理能力残障中低龄老人数						80+岁生活自理能力残障高龄老人数					
	城镇		农村		城乡合计		城镇		农村		城乡合计	
	人数/万人	占比	人数/万人	占比	人数/万人	占比	人数/万人	占比	人数/万人	占比	人数/万人	占比
2010	220.3	54.6%	183.2	45.4%	403.5	100%	145.9	52.8%	130.4	47.2%	276.2	100%

续表

年份	65～79 岁生活自理能力残障中低龄老人数						80+岁生活自理能力残障高龄老人数					
	城镇		农村		城乡合计		城镇		农村		城乡合计	
	人数/万人	占比	人数/万人	占比	人数/万人	占比	人数/万人	占比	人数/万人	占比	人数/万人	占比
2020	345.4	59.2%	238.5	40.8%	583.9	100%	283.2	60.1%	188.4	39.9%	471.5	100%
2030	592.5	66.7%	296.4	33.3%	888.9	100%	492.7	65.1%	264.0	34.9%	756.7	100%
2040	944.1	74.7%	319.0	25.3%	1263.1	100%	921.6	71.1%	375.5	28.9%	1297.1	100%
2050	1051.5	83.1%	213.6	16.9%	1265.1	100%	1673.2	77.6%	481.8	22.4%	2155.0	100%

表 16.3　中方案下老人总数、生活自理能力残障老人数、残障老人家庭照料现金成本总和占GDP 的百分比和残障老人家属提供照料工作日数（城乡男女合计）

项目	老人总数			生活自理能力残障老人数			残障老人家庭照料现金成本总和占 GDP 的百分比		残障老人家属提供照料工作日数		
	65～79 岁	80+岁	合计	65～79 岁	80+ 岁	合计	人均成本年增率与 GDP 年增率相同	回归分析趋势外推估算人均成本年增率	65～79 岁	80+岁	合计
2010 年	9 796 万人	2 106 万人	11 902 万人	404 万人	276 万人	680 万人	0.16%	0.16%	12.1 亿日	9.4 亿日	21.5 亿日
2020 年	15 082 万人	3 266 万人	18 348 万人	584 万人	471 万人	1 055 万人	0.25%	0.25%	17.5 亿日	15.9 亿日	33.4 亿日
2030 年	20 873 万人	5 042 万人	25 915 万人	889 万人	757 万人	1 646 万人	0.39%	0.42%	26.8 亿日	25.5 亿日	52.2 亿日
2040 年	27 364 万人	8 015 万人	35 379 万人	1 263 万人	1 297 万人	2 560 万人	0.63%	0.69%	38.0 亿日	44.0 亿日	82.0 亿日
2050 年	25 012 万人	12 956 万人	37 968 万人	1 265 万人	2 155 万人	3 420 万人	0.85%	0.95%	37.9 亿日	72.8 亿日	110.7 亿日
年增率	2.4%	4.6%	2.9%	2.9%	5.3%	4.1%	4.3%	4.6%	2.9%	5.3%	4.2%
2030 年等于 2010 年倍数	2.1	2.4	2.2	2.2	2.7	2.4	2.5	2.7	2.2	2.7	2.4
2050 年等于 2010 年倍数	2.6	6.2	3.2	3.1	7.8	5.0	5.5	6.1	3.1	7.8	5.2

（1）残障老人增长速度明显快于老年人口总体；80+岁高龄残障老人增长速度大大快于 65～79 岁中低龄残障老人。我国 21 世纪上半叶生活自理能力残障老人总数的年增长率为 4.1%，等于老年人口总数年增长率（2.9%）的 1.41 倍。2050 年我国老年人口总数比 2010 年增长 220%；然而，2050 年我国残障老人数比 2010 年增长 400%（表 16.1）。我国高龄残障老人年增长率（5.3%）等于中低龄残障老人年增长率（2.9%）的 1.83 倍；2030 年和 2050 年高龄残障老人数分别比 2010 年增长 170%和 680%，而 2030 年和 2050 年中低龄残障老人数分别比 2010 年增长 120%和 210%（表 16.1）。21 世纪上半叶我国残障老人增速显著高于老年人口总体，而且高龄残障老人增速大大快于中低龄残障老人，其主要原因是：随着社会经济的发展和人类寿命的延长，老年人群尤其是高龄老人死亡率下降速度加快，导致 21 世纪上半叶高龄老人数量增长迅猛，比老年人口总量增加快得多。同时，2030 年后，我国 20 世纪五六十年代生育高峰期出生的庞大队列人群陆续进入高龄年龄段，而高龄老人生活自理能力残障的可能性比中低龄老人大得多。

（2）独居残障老人年增长率明显高于非独居的残障老人。我国高龄和中低龄独居残障老人年均增长率分别为 5.3%与 2.5%，明显高于非独居的高龄和中低龄残障老人年均增长率（表 16.1）。我国 2050 年独居高龄和中低龄残障老人数比 2010 年增长的幅度也大于同期非独居的高龄和中低龄残障老人增长幅度。由于我们的中方案假定子女不与老年父母一起居住的比例保持当前水平不变，因此，表 16.1 所反映的独居残障老人年增长率明显高于非独居残障老人的趋势主要是生育率大幅下降导致未来老人子女数减少及离婚率上升造成的。

（3）高龄残障老人城镇比例比中低龄残障老人城镇比例低。2010 年高龄残障老人城镇比例（52.8%）只比中低龄残障老人城镇比例低 1.8 个百分点，然而 2050 年高龄残障老人城镇比例（77.6%）比同期的中低龄残障老人城镇比例低 5.5 个百分点。

（4）照料残障老人现金成本总和占 GDP 百分比的增长速度大大快于残障老人数的增长。表 16.3 表明，因为残障老人数大幅增加，即使相当保守地假定残障老人人均照料现金成本年增长率与 GDP 年增率相同，2010～2050 年我国照料残障老人现金成本总和占 GDP 百分比的年均增长率仍将高达 4.3%，等于残障老人数和全体老年人口总数年均增长率的 1.05 倍和 1.48 倍；如果按照时间序列数据回归分析趋势外推估测未来年份人均照料现金成本，我国照料残障老人现金支出总和占 GDP 百分比将以每年 4.6%的速度增加，等于残障老人数和全体老年人口总数年均增长率的 1.12 倍和 1.59 倍。导致这些差异的主要原因是城镇、高龄和独居残障老人比例增加，而他们的人均照料成本较高。

16.4.3 未来老年照料需求成本变动趋势的可能范围

16.4.2 节阐述讨论的 ADL 残障中方案预测假定按城乡、性别、年龄、婚姻和是否与子女同住等变量划分的老年人生活自理能力状态保持不变；换句话说，ADL 残障中方案下的变化趋势和特征主要是人口快速老化和老年人口高龄化等人口要素变动造成的，而不是老人生活自理能力状态变化造成的。为了探讨未来老年人自理能力状态变化对我国老年照料需求和成本的影响，我们进一步做了 16.3.2 节概述的 ADL 残障低方案和 ADL 残障高方案两个方案的模拟预测分析。

图 16.5 给出的低、中、高方案下生活自理能力残障老人数（即照料需求）的预测数据表明，我国残障老人总数将从 2010 年的 680 万人快速增加到 2020 年、2030 年和 2050 年的 975 万～1144 万人、1403 万～1933 万人和 2480 万～4704 万人①。图 16.6 表明，即使相当保守地假定残障老人人均家庭照料现金支出水平（相当于居民服务业工资水平）年均增长率与 GDP 年均增长率相同，我国残障老人家庭照料现金支出总和占 GDP 的百分比仍将由 2010 年的 0.16%增加到 2020 年、2030 年和 2050 年的 0.23%～0.27%、0.34%～0.46%和 0.62%～1.17%。图 16.7 表明，我国家属照料残障老人的非现金支付照料时间折合成的工作日数将由 2010 年的 21.45 亿日快速增加到 2020 年、2030 年和 2050 年的 30.83 亿～36.17 亿日、44.56 亿～61.37 亿日和 80.43 亿～152.54 亿日。

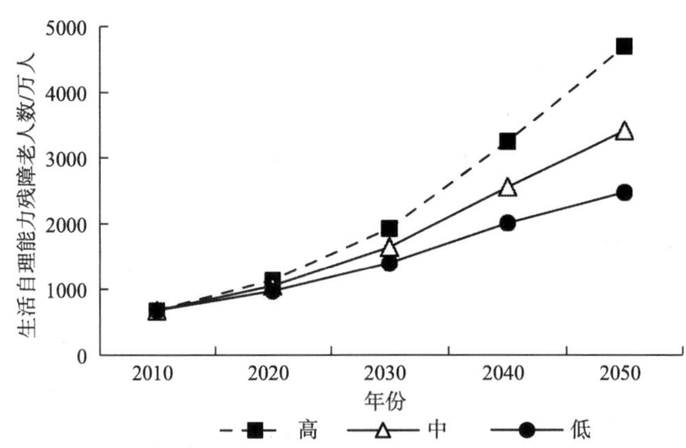

图 16.5 不同方案下生活自理能力残障老人数

① 与其他预测的高、低区间随预测时期增加而加速增大类似（Lee and Tuljapurkar，2001），我们的高、低方案构成的可能变动区间在 2030 年以后变得较大。

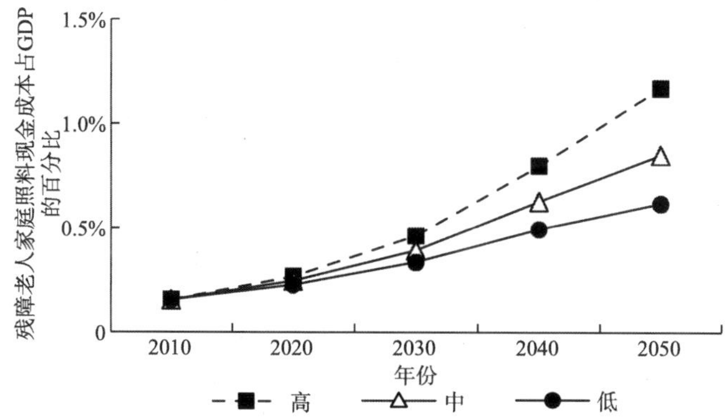

图 16.6　不同方案下残障老人家庭照料现金成本占 GDP 的百分比

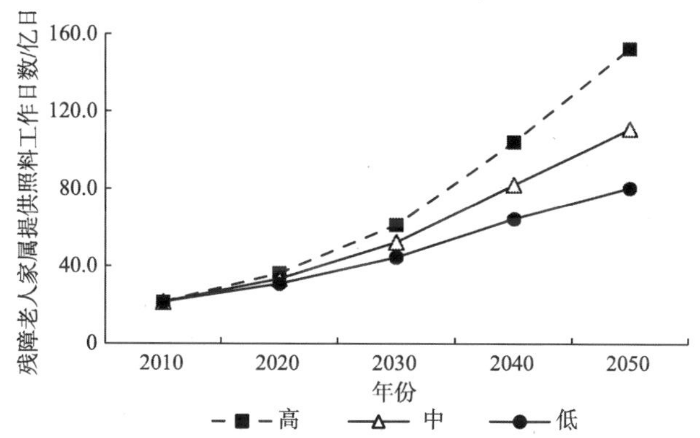

图 16.7　不同方案下残障老人家属提供照料工作日数

16.4.4　中生育率方案下平均每位劳动者承担的老年家庭照料负担的增长趋势

前面 16.4.2 节和 16.4.3 节阐述讨论的未来年份残障老人总数、老年家庭照料现金成本、家属照料残障老人的机会成本（即非现金支付照料时间）等，反映了老年家庭照料需求和成本负担随时间的变化。但是，由于未来年份的劳动年龄人数将不断发生变化，16.4.2 节和 16.4.3 节的分析讨论不能说明平均每位劳动者承担的老年家庭照料负荷的变化趋势。因此，我们进一步将预测得到的未来年份老年家庭照料负荷总量，除以当年 18～64 岁劳动年龄人数，从而得到平均每位 18～64 岁劳动者承担的老年家庭照料负荷；再将其与 2010 年相比较来分析中生育水平方案下平均每位劳动者承担的老年家庭照料负荷的增长趋势。

表 16.4 的预测结果表明，在中生育率方案下，我国 2050 年平均每位劳动者负担的 65+岁残障老人数将等于 2010 年的 4.41～8.36 倍，2050 年平均每位劳动者负担的老年家庭照料现金成本等于 2010 年的 31.72～60.16 倍，2050 年

平均每位劳动者负担的非现金支付家庭照料老人时间成本等于 2010 年的 4.53～8.59 倍。

表 16.4　中生育率方案下未来年份平均每位 18～64 岁劳动者承担的老年家庭照料负荷等于 2010 年的倍数

年份	平均每位劳动者负担的残障老人数等于 2010 年的倍数			平均每位劳动者负担的老年家庭照料现金成本等于 2010 年的倍数						平均每位劳动者负担的非现金支付家庭照料老人时间成本等于 2010 年的倍数		
				人均照料成本年增率与 GDP 年增率相同			回归分析趋势外推估算人均照料成本年增率					
	高	中	低	高	中	低	高	中	低	高	中	低
2010	1.0	1.0	1.0	1.0	1.0	1.0	1.0	1.0	1.0	1.0	1.0	1.0
2020	1.68	1.55	1.43	3.43	3.17	2.92	3.43	3.17	2.92	1.68	1.55	1.43
2030	2.97	2.53	2.16	10.60	9.01	7.70	11.38	9.68	8.27	2.99	2.54	2.17
2040	5.41	4.25	3.35	29.08	22.84	17.99	32.02	25.15	19.81	5.49	4.31	3.40
2050	8.36	6.07	4.41	60.16	43.69	31.72	67.27	48.85	35.47	8.59	6.24	4.53

显然，即使在比较乐观的中生育率方案下，我国未来几十年平均每位劳动者的老年家庭照料负担也将迅速大幅度增长，其原因是我国过去几十年生育率和死亡率大幅下降带来的人口快速大规模老化，这必须引起政府和社会的高度重视，除了尽快取消生育政策限制外，还必须尽快采取其他相应的社会经济应对措施（见本书第 19 章）。

16.5　讨论和相关对策思考

本章分析表明，以日常生活自理能力量测的老年健康水平是影响老年照料需求成本的最主要的直接因素。无论假定老人整体生活自理能力普遍改善、保持不变或变差，我国 21 世纪中叶老年照料需求成本都将因为不可改变的人口老龄化和老年人口高龄化的趋势而大幅增长，只是在不同假定方案下增幅有所不同而已。因此，我们必须为应对今后老年照料需求成本大幅度增长的严峻挑战在社会经济规划和相关政策调整完善上做好准备。

我们的预测表明，假定随着死亡率的继续下降，老人整体生活自理能力因健康老龄化效应而普遍持续改善（ADL 残障低方案）或因更多老人延长寿命带病生存而普遍持续变差（ADL 残障高方案），将大大相对降低（或提高）老年照料的需求和成本。毫无疑问，随着社会经济的发展，老年人死亡率的进一步下降和寿命延长是不可改变的趋势。任何政府、社会和个人不可能为了避免老年人总数和残障老人数增加而人为扭转死亡率下降和寿命延长的趋势。因此，在老年人生活自理能力水平和死亡率这两个影响老年照料需求成本总量的最主要的直接因素中，我们只能通过改善老年健康来达到降低老年照料需求和成本的目的。而改善老年健康的最有效途径不是仅仅治病，而应是治病的同时更侧重防病和改善老年健康，因为如果老人的防病能力没有提高、健康状况没有改善，他们的一种病治好了，很快就会得另一种病或长期处于生活不能自理的残障状态，即出现前面讨论过的“死亡率下降将导致残障和带病生存比例普遍增加”第二种理论假设的情景。因此，我们必须切实加强健康长寿影响因素的跨学科研究，即探讨为什么有的老人活到八十、九十甚至百岁，仍然思维敏捷和健康快乐，最后无大病或较少病痛而终，而其他一些老人却重病缠身、痛苦连年而终。我国应尽快实现从以疾病为主导（“治已病之人”）向以健康为主导（“治未病之人”）的思想观念、研究内容、治理方略和经费投入重心的战略“前移”。

相对于男性老人来说，我国女性老人在生活自理能力状况方面明显处于劣势（Zeng et al.，2017），但是，女性残障老人得到的人均家庭照料支出大大低于男性残障老人［图 16.2（b）］。这一男女不平等问题需要引起社会和政府的高度重视。政府向老年人提供家庭和长期照料服务补贴时应对处于劣势的女性老人，尤其是高龄女性老人予以特别关注，从而保证男性女性老人享受完全平等的权益。本章的实证分析表明，有配偶残障老人人均家庭照料现金支出显著低于无配偶残障老人［图 16.3（c）］。这一研究结果启示我们，从降低未来老年家庭照料成本的角度来看，应大力支持和鼓励丧偶老人再婚，从法律、政策和社会家庭道德各个层面消除丧偶老人再婚的障碍。而且，丧偶老人再婚有利于老人家庭生活幸福并改善心理和生理健康。

本章研究以令人信服的预测数据分析证明，如果我国长期保持偏低生育水平，未来平均每位劳动者承担的老年家庭照料负荷将越来越重。而且，本书第 19 章和其他研究表明，长期保持很低的生育水平还有其他严重弊端：①将导致劳力资源加速萎缩和老年人口占总人口比例加速大幅上升而削弱资源环境保护的国家实力（曾毅，2018a）；②越来越多的独生子女在家庭中的“唯一性”造成的心理缺陷，天灾人祸与疾病事故导致中老年夫妇唯一的孩子先于父母死亡，造成较多无后与孤寡老人等，将严重危及家庭幸福、社会和谐与国防实力（曾毅，2015），以及削弱应对诸如新型冠状病毒肺炎疫情（以下简称新冠肺炎疫情）等灾害突发事件的能力，等等。因此，我们建议尽快取消生育政策限制（详见本书第 19 章）。

最后，必须指出，我们的模拟结果也表明，即使实行中生育率方案，我国未来几十年平均每位劳动者的老年家庭照料负担也将迅速增长，这一点必须引起政府和社会高度重视。除了尽快继续完善生育政策并鼓励二孩和放开三孩外，还必须尽快采取其他相应的社会经济应对措施。例如，逐步提高退休年龄（曾毅，2005；参阅本书第 6 章）；大力鼓励支持成年子女与老人一起居住或紧邻居住，这有利于老人享受天伦之乐，在生病时得到适当家庭照料，并减少现金支付的照料开支，在不生病时向子女提供一些帮助，实现老年父母与子女晚辈的“双赢”（详见本书第 19 章）。

第 17 章　各大区域分省老年家庭照料需求成本变动趋势预测分析[①]

17.1　引　　言

人口结构变迁是解释改革开放以来中国经济快速增长的一个重要因素。从 20 世纪 60 年代中期开始，随着总和生育率的见顶下滑、劳动年龄人口的迅速增加与社会总抚养比的持续下降，曾为中国“塑造”了一个富于“生产性”的人口结构（劳动力规模大于消费人口），为推动中国经济的高速增长提供了持续的人口动能（红利）（Cai and Du，2009）。根据蔡昉等学者的估计，1982～2000 年，人均 GDP 有近 30%的增长率可以归因于人口结构贡献（蔡昉，2010）。

当然，人口红利的“机会窗口”不会为中国永久开放，伴随总和生育率的持续下降与预期寿命的不断延长，未来三十年，中国将迎来 21 世纪最大规模的老龄化进程，65 岁以上老年人口规模在 2050 年预计将超过 4 亿（其中 80 岁以上的高龄老人将达 1.4 亿之多），接近总人口比重的 30%（29.31%）（贺丹，2018）。曾经的人口红利势必将随人口老龄化进程的不断加剧，转换为日益增长的养老需求与家庭照料负担。在这样的背景下，加强对中国各省区市老年家庭照料需求成本规模及其变动趋势的预测研究，不仅为推进养老保险体系可持续发展、探索建立长期护理保险制度等一系列积极应对人口老龄化的举措提供坚实的科学依据，更是新时代人口均衡发展战略实施过程中，“加强统筹谋划，把握人口发展的有利因素，积极有效应对风险挑战，努力实现人口自身均衡发展，并与经济社会、资源环境协调发展”的必然要求（国务院，2016）。

17.2　方法、数据来源与引入“地理区域”要素

“老年家庭照料需求成本”（也称长期照料费用）通常指的是在照料老年人的

① 本章由白晨助理教授、陈华帅副教授、王正联研究员、曾毅教授撰写；作者工作单位和邮箱地址见第 7 章首页脚注。

过程中所产生的，包括家庭照料现金支出、家庭成员照料时间等的非现金支出（机会成本），以及单列的医疗费用支出三部分在内的总花费（曾毅等，2012）。国际学界对老年家庭照料需求成本的估算及其影响因素分析已经展开了大量的研究，相比之下，针对中国老年家庭照料需求成本的考察仍然十分有限，且大多限于简单的定性讨论。为数不多的定量研究，如蒋承等（2009）、蒋承和赵晓军（2009）利用 CLHLS 的数据，不仅实证考察了中国老年家庭照料需求的机会成本，即照料父母将使子女的每周工作时间平均减少 1.4 个小时，而与父母同住的女性照料者每周将减少 7 个小时的工作时间，同时还基于拓展的多状态生命表方法首次对 65 岁及以上中国老年人的日常生活和临终前的照料需求成本进行了分城乡、性别、初始年龄及初始自理状态的估计。此后，曾毅等（2012）及本书第 16 章基于扩展的多维家庭人口预测模型，建立了包括老年人口年龄、性别、城乡、婚姻、家庭结构及生活自理能力状态动态变化的老年家庭照料需求成本预测模型。并利用 CLHLS 的数据，通过该模型对 21 世纪中叶中国老年家庭照料需求成本的动态变化趋势进行更加全面系统的评估与模拟预测。结果发现，城镇、男性、无配偶及独居老人长期照料支出更高。这些创新性研究将老年人口家庭结构与生活自理能力及照料成本有机整合，克服了以往预测研究中单一化（只考虑家庭结构或只考虑照料成本）的不足，为老年家庭照料需求成本预测研究奠定了重要的理论与方法基础。

当然，尽管已有研究取得了不少成果，但中国的人口老龄化不是“铁板一块”，受到社会经济发展及人口流动等因素的影响，不同地区老年人的健康状况、老龄化进程的快慢及趋势特点不尽相同，这一点也将深刻地影响老年家庭照料需求成本动态变化的区域特征。例如，陈华帅等（2019）基于 2008～2014 年 CLHLS 数据中死亡老人的数据发现，老人临终前的医疗与照料费用与地区人均生产总值之间呈现“U”形变化趋势，东部地区老人临终前的医疗与照料费用绝对值及其占家庭收入比重均高于中西部地区。因此，为了建立更加精准的老年家庭照料需求应对方案，既有研究亟待从全国性的总体预测向更加细致的分区域乃至分省预测推进。只有这样，才能在分区域老年家庭照料需求成本估计与预测的基础上形成对中国老年家庭照料需求及负担发展规律更加全面而深刻的认识与把握。

鉴于此，本章尝试在党的十八大以来党和国家政府提出的人口均衡发展战略的新框架下，以老年家庭照料需求成本为切入点，通过在既有的“老年家庭照料需求成本预测模型”（详见本书第 16 章）中引入“地理区域”要素，将老年人口发展与涵盖经济社会、资源环境因素在内的区域条件有机结合起来。本章充分利用全国 2010 年人口普查数据和 CLHLS 最新数据，对东北地区、东部地区、中部地区、西南地区和西北地区各大区域老年家庭照料需求成本动态趋势展开更加细致、科学的预测与比较分析，为促进满足养老需求与区域社会经济、资源环境协调发展，形成更加有效的老年人口照料财政风险预判与防范机制提供数据支撑与科学依据。

17.3　估算结果与讨论

17.3.1　ADL 残障中方案下老年家庭照料需求成本的变动趋势和特征

1. 东部地区

表 17.1～表 17.3 给出了东部地区在 ADL 残障中方案下按年龄、婚姻状态、是否与子女一起同住分的生活自理能力残障老人规模的相关预测结果。东部地区残障老人规模最大，预计将从 2010 年的 250.0 万人上升至 2050 年的 1242.1 万人，增长 4 倍，年均增速为 4.1%，高于该地区老年人口增速（3.1%）。其中，高龄残障老人年均增长速度更快，达到 5.0%，到 2050 年增长至 779.4 万人，占当年残障老人总数的 62.7%，较 2010 年的 112.5 万人高出 5.9 倍。此外，不与子女同住的残障老人在 2050 年将达到 578.6 万人，空巢率达到 46.6%。相比之下，中低龄残障老人中不与子女同住的相对较多，高龄残障老人中（特别是无配偶老人）与子女同住的较多。东部地区残障老人城镇化率最高，特别是在 2030 年之后，增幅加速，到 2050 年，中低龄与高龄残障老人城镇化率预计将分别达到 88.7%、83.4%。最后，从照料需求成本来看，东部地区残障老人家庭照料现金成本总和占 GDP 的百分比持续上升，2050 年达到 0.72%，其中高龄残障老人的家庭照料现金成本增长幅度较中低龄残障老人更快。残障老人家属提供照料工作日数增速更快，特别是高龄老人，2050 年为高龄老人提供照料的工作日数达到 29.1 亿日，是中低龄老人的近两倍。

表 17.1　东部地区 ADL 残障中方案下按年龄、婚姻状态、是否与子女一起同住分的生活自理能力残障老人数（城乡男女合计）

项目	65～79 岁生活自理能力残障中低龄老人数					80+岁生活自理能力残障高龄老人数					65+岁生活自理能力残障老人总数				
	有配偶		无配偶		合计	有配偶		无配偶		合计	有配偶		无配偶		合计
	与子女同住	不与子女同住	与子女同住	不与子女同住		与子女同住	不与子女同住	与子女同住	不与子女同住		与子女同住	不与子女同住	与子女同住	不与子女同住	
2010 年/万人	32.7	61.5	29.7	13.6	137.5	19.6	29.8	49.0	14.1	112.5	52.4	91.3	78.7	27.7	250.0
2020 年/万人	47.8	89.1	43.7	19.5	200.2	23.4	37.4	87.8	24.9	173.5	71.2	126.5	131.6	44.4	373.7
2030 年/万人	77.2	151.3	67.4	32.3	328.2	38.4	63.3	128.0	36.7	266.3	115.6	214.6	195.4	69.0	594.6
2040 年/万人	108.4	220.0	78.5	41.1	448.0	73.3	119.8	224.9	64.8	482.8	181.7	339.8	303.3	105.9	930.8
2050 年/万人	112.9	236.4	72.4	41.0	462.6	124.5	200.9	353.7	100.4	779.4	237.3	437.2	426.1	141.4	1242.1

续表

项目	65～79 岁生活自理能力残障中低龄老人数					80+岁生活自理能力残障高龄老人数					65+岁生活自理能力残障老人总数				
	有配偶		无配偶		合计	有配偶		无配偶		合计	有配偶		无配偶		合计
	与子女同住	不与子女同住	与子女同住	不与子女同住		与子女同住	不与子女同住	与子女同住	不与子女同住		与子女同住	不与子女同住	与子女同住	不与子女同住	
年增长率	3.1%	3.4%	2.2%	2.8%	3.1%	4.7%	4.9%	5.1%	5.0%	5.0%	3.9%	4.0%	4.3%	4.2%	4.1%
2030 年等于 2010 年倍数	2.4	2.5	2.3	2.4	2.4	2.0	2.1	2.6	2.6	2.4	2.2	2.4	2.5	2.5	2.4
2050 年等于 2010 年倍数	3.4	3.8	2.4	3.0	3.4	6.3	6.7	7.2	7.1	6.9	4.5	4.8	5.4	5.1	5.0

表 17.2　东部地区 ADL 残障中方案下中低龄和高龄生活自理能力残障老人数的城乡分布（男女合计）

年份	65～79 岁生活自理能力残障中低龄老人						80+岁生活自理能力残障高龄老人					
	城镇		农村		城乡合计		城镇		农村		城乡合计	
	人数/万人	占比	人数/万人	占比	人数/万人	占比	人数/万人	占比	人数/万人	占比	人数/万人	占比
2010	89.8	65.3%	47.7	34.7%	137.5	100%	71.2	63.3%	41.3	36.7%	112.5	100%
2020	139.6	69.7%	60.7	30.3%	200.2	100%	121.9	70.3%	51.5	29.7%	173.5	100%
2030	246.3	75.0%	81.9	25.0%	328.2	100%	199.8	75.0%	66.5	25.0%	266.3	100%
2040	364.9	81.5%	83.1	18.5%	448.0	100%	382.2	79.2%	100.6	20.8%	482.8	100%
2050	410.1	88.7%	52.5	11.3%	462.6	100%	650.3	83.4%	129.1	16.6%	779.4	100%

表 17.3　东部地区 ADL 残障中方案下 65+岁老人总数、生活自理能力残障老人数、残障老人家庭照料现金成本总和占 GDP 的百分比和残障老人家属提供照料工作日数（城乡男女合计）

项目	老人总数			生活自理能力残障老人数			残障老人家庭照料现金成本总和占 GDP 的百分比		残障老人家属提供照料工作日数		
	65～79 岁	80+岁	合计	65～79 岁	80+岁	合计	人均成本年增率与 GDP 年增率相同	回归分析估算人均成本年增率	65～79 岁	80+岁	合计
2010 年	3 592 万人	901 万人	4 493 万人	138 万人	112 万人	250 万人	0.18%	0.18%	4.5 亿日	4.2 亿日	8.7 亿日

续表

项目	老人总数			生活自理能力残障老人数			残障老人家庭照料现金成本总和占 GDP 的百分比		残障老人家属提供照料工作日数		
	65～79 岁	80+岁	合计	65～79 岁	80+岁	合计	人均成本年增率与 GDP 年增率相同	回归分析估算人均成本年增率	65～79 岁	80+岁	合计
2020 年	5 699 万人	1 259 万人	6 958 万人	200 万人	173 万人	374 万人	0.23%	0.23%	6.5 亿日	6.5 亿日	13.0 亿日
2030 年	8 199 万人	1 893 万人	10 092 万人	328 万人	266 万人	595 万人	0.35%	0.37%	10.7 亿日	9.9 亿日	20.6 亿日
2040 年	10 453 万人	3 166 万人	13 619 万人	448 万人	483 万人	931 万人	0.54%	0.60%	14.6 亿日	18.0 亿日	32.6 亿日
2050 年	10 293 万人	4 998 万人	15 292 万人	463 万人	779 万人	1 242 万人	0.72%	0.80%	15.1 亿日	29.1 亿日	44.1 亿日
年增长率	2.7%	4.4%	3.1%	3.1%	5.0%	4.1%	3.6%	3.9%	3.1%	5.0%	4.2%
2030 年等于 2010 年倍数	2.3	2.1	2.2	2.4	2.4	2.4	2.0	2.1	2.4	2.4	2.4
2050 年等于 2010 年倍数	2.9	5.5	3.4	3.4	6.9	5.0	4.1	4.5	3.4	6.9	5.1

2. 东北地区

从表 17.4～表 17.6 来看，东北地区残障老人规模较小，但增速很快，预计将从 2010 年的 59.4 万人增长至 2050 年的 346.8 万人，年均增长率达 4.5%，超过该地区同期老年人口的增长速度（3.1%）。高龄残障老人增速尤甚，年均增长率达 6.2%，是中低龄老人增速的 2 倍多，且高于东部地区。2050 年，高龄残障老人将达 234.5 万人，是 2010 年的近 11 倍，占当年残障老人总数的 67.6%。此外，不与子女同住的独居残障老人在 2050 年将达到 142.9 万人，空巢率达 41.2%。2050 年，高龄与中低龄残障老人城镇化率接近，均在 86%以上，其中中低龄残障老人农村人口数量在 2030 年后呈下降趋势，农村高龄残障老人增速也明显放缓。从照料需求成本变化来看，东北地区残障老人照料不论是现金支出还是照料时间的增长速度不仅较东部地区更快，还超过了本地区残障老人的增长速度，特别是 80 岁以上高龄残障老人人数和家庭照料现金成本总和占 GDP 的百分比的平均年增率分别达到 6.1%和 5.2%。

表 17.4 东北地区 ADL 残障中方案下按年龄、婚姻状态、是否与子女一起同住分的生活自理能力残障老人数（城乡男女合计）

项目	65～79 岁生活自理能力残障中低龄老人数					80+岁生活自理能力残障高龄老人数					65+岁生活自理能力残障老人总数				
	有配偶		无配偶		合计	有配偶		无配偶		合计	有配偶		无配偶		合计
	与子女同住	不与子女同住	与子女同住	不与子女同住		与子女同住	不与子女同住	与子女同住	不与子女同住		与子女同住	不与子女同住	与子女同住	不与子女同住	
2010 年/万人	7.6	14.7	10.7	4.9	38.0	3.1	4.8	10.4	3.2	21.4	10.7	19.4	21.1	8.1	59.4
2020 年/万人	12.2	22.6	15.3	6.8	56.9	5.5	8.7	23.7	7.1	45.1	17.7	31.4	39.0	14.0	102.0
2030 年/万人	20.3	39.9	26.4	13.1	99.6	9.6	15.0	41.4	11.8	77.8	29.9	54.9	67.8	24.9	177.4
2040 年/万人	24.7	50.3	31.3	17.9	124.2	19.5	30.2	75.6	22.1	147.4	44.2	80.5	107.0	39.9	271.7
2050 年/万人	22.0	46.2	27.3	16.9	112.4	30.8	45.1	123.9	34.7	234.5	52.8	91.3	151.2	51.6	346.8
年增长率	2.7	2.9	2.4	3.1	2.7	5.9	5.8	6.4	6.1	6.2	4.1	3.9	5.0	4.7	4.5
2030 年等于 2010 年倍数	2.7	2.7	2.5	2.7	2.6	3.1	3.2	4.0	3.7	3.6	2.8	2.8	3.2	3.1	3.0
2050 年等于 2010 年倍数	2.9	3.1	2.5	3.4	3.0	10.0	9.4	11.9	10.8	10.9	4.9	4.7	7.2	6.3	5.8

表 17.5 东北地区 ADL 残障中方案下中低龄和高龄生活自理能力残障老人数的城乡分布（男女合计）

年份	65～79 岁生活自理能力残障中低龄老人						80+岁生活自理能力残障高龄老人					
	城镇		农村		城乡合计		城镇		农村		城乡合计	
	人数/万人	占比	人数/万人	占比	人数/万人	占比	人数/万人	占比	人数/万人	占比	人数/万人	占比
2010	26.5	69.9%	11.4	30.1%	38.0	100%	14.3	67.0%	7.1	33.0%	21.4	100%
2020	39.8	69.9%	17.1	30.1%	56.9	100%	34.8	77.3%	10.2	22.7%	45.1	100%
2030	75.1	75.4%	24.5	24.6%	99.6	100%	62.1	79.8%	15.7	20.2%	77.8	100%
2040	100.4	80.8%	23.8	19.2%	124.2	100%	121.5	82.4%	25.9	17.6%	147.4	100%
2050	96.9	86.2%	15.5	13.8%	112.4	100%	202.0	86.1%	32.5	13.9%	234.5	100%

表 17.6 东北地区 ADL 残障中方案下 65+岁老人总数、生活自理能力残障老人数、残障老人家庭照料现金成本总和占 GDP 的百分比和残障老人家属提供照料工作日数（城乡男女合计）

项目	老人总数			生活自理能力残障老人数			残障老人家庭照料现金成本总和占 GDP 的百分比		残障老人家属提供照料工作日数		
	65～79 岁	80+岁	合计	65～79 岁	80+岁	合计	人均成本年增率与 GDP 年增率相同	回归分析估算人均成本年增率	65～79 岁	80+岁	合计
2010 年	838 万人	160 万人	998 万人	38 万人	21 万人	59 万人	0.15%	0.15%	1.2 亿日	0.8 亿日	1.9 亿日
2020 年	1427 万人	303 万人	1730 万人	57 万人	45 万人	102 万人	0.28%	0.28%	1.7 亿日	1.6 亿日	3.4 亿日
2030 年	2162 万人	493 万人	2655 万人	98 万人	77 万人	175 万人	0.53%	0.57%	3.0 亿日	2.8 亿日	5.8 亿日
2040 年	2446 万人	911 万人	3357 万人	122 万人	146 万人	267 万人	0.87%	0.96%	3.7 亿日	5.3 亿日	9.0 亿日
2050 年	2052 万人	1319 万人	3371 万人	110 万人	232 万人	341 万人	1.19%	1.34%	3.3 亿日	8.4 亿日	11.8 亿日
年增长率	2.3%	5.4%	3.1%	2.7%	6.1%	4.5%	5.2%	5.5%	2.7%	6.1%	4.6%
2030 年等于 2010 年倍数	2.6	3.1	2.7	2.6	3.7	3.0	3.5	3.8	2.5	3.5	3.1
2050 年等于 2010 年倍数	2.4	8.2	3.4	2.9	11.0	5.8	7.9	8.9	2.8	10.5	6.2

3. 中部地区

表 17.7～表 17.9 报告了中部地区的预测结果：中部地区残障老人规模仅次于东部地区，预计将从 2010 年的 183.3 万人上升至 2050 年的 898.2 万人，其年均增速为 4.1%，虽高于该地区老年人口增速（2.8%），但不及东北地区增速。其中，高龄残障老人增长速度达到 5.3%，到 2050 年增长至 559.8 万人，占当年残障老人总数的 62.3%，较 2010 年高出 6.8 倍。不与子女同住的残障老人在高龄老人中增长速度最快，2050 年不与子女同住的残障老人将达到 405.4 万人，空巢率达到 45.1%。中部地区残障老人中，城镇居民的比重要显著高于农村，且农村居民占比在 2040 年以后呈下降趋势。相比之下，高龄残障老人城镇化率略低，为 74.0%。中部地区残障老人家庭照料现金成本总和占 GDP 的百分比及家属提供照料工作日数都有较快的增长，特别是在照料工作日数上，高龄残障老人照料工作日数增长迅速，2050 年达到 20.5 亿日，是中低龄残障老人的近两倍，年均增速达到 5.3%。

表 17.7　中部地区 ADL 残障中方案下按年龄、婚姻状态、是否与子女一起同住分的生活自理能力残障老人数（城乡男女合计）

项目	65～79 岁生活自理能力残障中低龄老人数					80+岁生活自理能力残障高龄老人数					65+岁生活自理能力残障老人总数				
	有配偶		无配偶		合计	有配偶		无配偶		合计	有配偶		无配偶		合计
	与子女同住	不与子女同住	与子女同住	不与子女同住		与子女同住	不与子女同住	与子女同住	不与子女同住		与子女同住	不与子女同住	与子女同住	不与子女同住	
2010 年/万人	23.2	40.3	33.3	14.3	111.1	9.4	14.1	38.2	10.4	72.2	32.5	54.4	71.5	24.8	183.3
2020 年/万人	36.2	62.7	42.8	18.6	160.3	13.7	21.4	68.4	18.5	122.0	49.9	84.1	111.2	37.1	282.2
2030 年/万人	53.7	97.3	56.6	25.5	233.0	24.1	38.8	104.2	28.3	195.4	77.8	136.1	160.7	53.8	428.5
2040 年/万人	84.5	161.0	70.3	34.2	350.0	43.1	67.1	168.7	45.3	324.1	127.6	228.0	238.9	79.5	674.1
2050 年/万人	81.9	164.8	59.5	32.2	338.4	83.7	134.7	267.7	73.7	559.8	165.6	299.5	327.2	105.9	898.2
年增长率	3.2%	3.6%	1.5%	2.0%	2.8%	5.6%	5.8%	5.0%	5.0%	5.3%	4.2%	4.4%	3.9%	3.7%	4.1%
2030 年等于 2010 年倍数	2.3	2.4	1.7	1.8	2.1	2.6	2.7	2.7	2.7	2.7	2.4	2.5	2.2	2.2	2.3
2050 年等于 2010 年倍数	3.5	4.1	1.8	2.2	3.0	8.9	9.5	7.0	7.1	7.8	5.1	5.5	4.6	4.3	4.9

表 17.8　中部地区 ADL 残障中方案下中低龄和高龄生活自理能力残障老人数的城乡分布（男女合计）

年份	65～79 岁生活自理能力残障中低龄老人数						80+岁生活自理能力残障高龄老人数					
	城镇		农村		城乡合计		城镇		农村		城乡合计	
	人数/万人	占比	人数/万人	占比	人数/万人	占比	人数/万人	占比	人数/万人	占比	人数/万人	占比
2010	53.9	48.5%	57.2	51.5%	111.1	100%	31.9	44.2%	40.3	55.8%	72.2	100%
2020	87.6	54.7%	72.6	45.3%	160.3	100%	64.9	53.2%	57.1	46.8%	122.0	100%
2030	144.5	62.0%	88.6	38.0%	233.0	100%	117.4	60.1%	78.1	39.9%	195.4	100%
2040	251.1	71.8%	98.8	28.2%	350.0	100%	214.3	66.1%	109.8	33.9%	324.1	100%
2050	274.8	81.2%	63.6	18.8%	338.4	100%	414.3	74.0%	145.5	26.0%	559.8	100%

表 17.9　中部地区 ADL 残障中方案下 65+岁老人总数、生活自理能力残障老人数、残障老人家庭照料现金成本总和占 GDP 的百分比和残障老人家属提供照料工作日数（城乡男女合计）

项目	老人总数			生活自理能力残障老人数			残障老人家庭照料现金成本总和占 GDP 的百分比		残障老人家属提供照料工作日数		
	65～79 岁	80+岁	合计	65～79 岁	80+岁	合计	人均成本年增率与 GDP 年增率相同	回归分析估算人均成本年增率	65～79 岁	80+岁	合计
2010 年	2627 万人	539 万人	3166 万人	111 万人	72 万人	183 万人	0.15%	0.15%	3.8 亿日	2.6 亿日	6.5 亿日
2020 年	3982 万人	825 万人	4807 万人	160 万人	122 万人	282 万人	0.27%	0.27%	5.5 亿日	4.4 亿日	10.0 亿日
2030 年	5350 万人	1281 万人	6631 万人	232 万人	196 万人	428 万人	0.47%	0.50%	8.0 亿日	7.1 亿日	15.1 亿日
2040 年	7154 万人	1936 万人	9090 万人	349 万人	325 万人	675 万人	0.77%	0.85%	12.0 亿日	11.8 亿日	23.9 亿日
2050 年	6171 万人	3286 万人	9457 万人	338 万人	563 万人	901 万人	1.07%	1.19%	11.7 亿日	20.5 亿日	32.1 亿日
年增长率	2.2%	4.6%	2.8%	2.8%	5.3%	4.1%	5.0%	5.3%	2.8%	5.3%	4.1%
2030 年等于 2010 年倍数	2.0	2.4	2.1	2.1	2.7	2.3	3.1	3.4	2.1	2.7	2.3
2050 年等于 2010 年倍数	2.3	6.1	3.0	3.0	7.8	4.9	7.2	8.0	3.0	7.8	5.0

4. 西南地区

表 17.10～表 17.12 报告了西南地区的预测结果：西南地区残障老人规模大于东北及西北地区，预计将从 2010 年的 127.0 万人增长至 2050 年的 568.7 万人，平均增速为 3.8%，高于该地区老年人口的平均增速（2.6%）。高龄残障老人增速较快，年均增速达到 4.9%，是中低龄残障老人增长速度的近两倍，其规模到 2050 年达到 359.2 万人，占当年残障老人总数的比例达到 63.2%，是 2010 年 52.1 万人的 6.9 倍。不与子女同住的残障老人在 2050 年达到 249.3 万人，空巢率为 43.8%。其中，不与子女同住的高龄残障老人在 2050 年达到 129.8 万人，略高于中低龄老人。从城镇化率来看，西南地区残障老人城镇化率总体较低，其中中低龄老人城镇化率较高，在 2050 年达到 74.4%，高龄老人 2050 年为 65.7%。表 17.12 显示，西南地区残障老人家庭照料现金成本总和占 GDP 的百分比的增速较快，超过残障老人规模增速。高龄残障老人所需家属提供照料工作日数年均增速最快，达到

4.9%，接近中低龄老人的两倍，2050 年达到 8.9 亿日。

表 17.10 西南地区 ADL 残障中方案下按年龄、婚姻状态、是否与子女一起同住分的生活自理能力残障老人数（城乡男女合计）

项目	65～79 岁生活自理能力残障中低龄老人数					80+岁生活自理能力残障高龄老人数					65+岁生活自理能力残障老人总数				
	有配偶		无配偶		合计	有配偶		无配偶		合计	有配偶		无配偶		合计
	与子女同住	不与子女同住	与子女同住	不与子女同住		与子女同住	不与子女同住	与子女同住	不与子女同住		与子女同住	不与子女同住	与子女同住	不与子女同住	
2010 年/万人	16.7	27.8	21.4	8.9	74.9	9.0	12.9	23.9	6.3	52.1	25.7	40.7	45.3	15.3	127.0
2020 年/万人	23.6	39.6	30.8	13.3	107.4	11.4	17.1	49.2	12.9	90.6	35.0	56.7	80.0	26.2	198.0
2030 年/万人	30.6	53.8	36.8	16.6	137.8	18.9	28.3	78.9	20.5	146.7	49.5	82.1	115.7	37.1	284.5
2040 年/万人	47.5	87.8	43.9	21.5	200.7	29.9	42.4	117.8	30.1	220.2	77.5	130.2	161.7	51.5	420.9
2050 年/万人	49.0	97.9	41.0	21.6	209.5	54.4	83.1	175.0	46.7	359.2	103.4	181.0	216.0	68.3	568.7
年增长率	2.7%	3.2%	1.6%	2.2%	2.6%	4.6%	4.8%	5.1%	5.1%	4.9%	3.5%	3.8%	4.0%	3.8%	3.8%
2030 年等于 2010 年倍数	1.8	1.9	1.7	1.9	1.8	2.1	2.2	3.3	3.2	2.8	1.9	2.0	2.6	2.4	2.2
2050 年等于 2010 年倍数	2.9	3.5	1.9	2.4	2.8	6.1	6.4	7.3	7.4	6.9	4.0	4.4	4.8	4.5	4.5

表 17.11 西南地区 ADL 残障中方案下中低龄和高龄生活自理能力残障老人数的城乡分布（男女合计）

年份	65～79 岁生活自理能力残障中低龄老人						80+岁生活自理能力残障高龄老人					
	城镇		农村		城乡合计		城镇		农村		城乡合计	
	人数/万人	占比	人数/万人	占比	人数/万人	占比	人数/万人	占比	人数/万人	占比	人数/万人	占比
2010	28.7	38.4%	46.1	61.6%	74.9	100%	19.5	37.4%	32.6	62.6%	52.1	100%
2020	46.3	43.2%	61.1	56.8%	107.4	100%	37.1	40.9%	53.5	59.1%	90.6	100%
2030	71.3	51.8%	66.5	48.2%	137.8	100%	67.6	46.1%	79.0	53.9%	146.7	100%
2040	128.5	64.0%	72.2	36.0%	200.7	100%	117.7	53.4%	102.6	46.6%	220.2	100%
2050	155.9	74.4%	53.6	25.6%	209.5	100%	236.0	65.7%	123.2	34.3%	359.2	100%

表 17.12 西南地区 ADL 残障中方案下 65+岁老人总数、生活自理能力残障老人数、残障老人家庭照料现金成本总和占 GDP 的百分比和残障老人家属提供照料工作日数（城乡男女合计）

项目	老人总数			生活自理能力残障老人数			残障老人家庭照料现金成本总和占 GDP 的百分比		残障老人家属提供照料工作日数		
	65～79 岁	80+岁	合计	65～79 岁	80+岁	合计	人均成本年增率与 GDP 年增率相同	回归分析估算人均成本年增率	65～79 岁	80+岁	合计
2010 年	1922 万人	391 万人	2313 万人	75 万人	52 万人	127 万人	0.16%	0.16%	1.6 亿日	1.3 亿日	2.9 亿日
2020 年	2775 万人	639 万人	3414 万人	108 万人	91 万人	199 万人	0.29%	0.29%	2.3 亿日	2.3 亿日	4.6 亿日
2030 年	3378 万人	989 万人	4367 万人	138 万人	148 万人	286 万人	0.46%	0.49%	3.0 亿日	3.7 亿日	6.7 亿日
2040 年	4774 万人	1361 万人	6135 万人	201 万人	224 万人	425 万人	0.71%	0.79%	4.3 亿日	5.6 亿日	9.9 亿日
2050 年	4195 万人	2210 万人	6405 万人	209 万人	357 万人	566 万人	0.97%	1.09%	4.5 亿日	8.9 亿日	13.4 亿日
年增长率	2.0%	4.4%	2.6%	2.6%	4.9%	3.8%	4.6%	4.9%	2.6%	4.9%	3.9%
2030 年等于 2010 年倍数	1.8	2.5	1.9	1.8	2.8	2.3	2.9	3.1	1.8	2.8	2.3
2050 年等于 2010 年倍数	2.2	5.7	2.8	2.8	6.9	4.5	6.1	6.8	2.8	6.9	4.6

5. 西北地区

表 17.13～表 17.15 报告了西北地区残障老人的预测结果。总体来看，西北地区残障老人规模相对较小，预计将从 2010 年的 60.1 万人上升至 2050 年的 364.3 万人，年均增速为 4.6%，高于该地区老年人口增速（3.3%）。高龄残障老人增速更快，年均增速为 6.5%，是中低龄残障老人增速的 2 倍多，到 2050 年达到 222.0 万人，占比 60.9%。不与子女同住的残障老人到 2050 年增至 163.6 万人，空巢率为 44.9%，其中多为高龄老人。此外，从城镇化率来看，西北地区中低龄残障老人城镇化率不断提升，2050 年达到 80.0%，高于同期高龄残障老人（76.9%）。表 17.15 报告了西北地区残障老人照料现金成本总和占 GDP 的百分比及家属提供照料工作日数，其中照料现金成本占 GDP 的百分比较其他地区低，但增长迅速，平均增速超过该地区残障老人规模增速。高龄残障老人照料工作日数增长尤为迅速，年均增速达到 6.5%，是中低龄老人的 2 倍多。

表 17.13 西北地区 ADL 残障中方案下按年龄、婚姻状态、是否与子女一起同住分的生活自理能力残障老人数（城乡男女合计）

项目	65～79 岁生活自理能力残障中低龄老人数					80+岁生活自理能力残障高龄老人数					65+岁生活自理能力残障老人总数				
	有配偶		无配偶		合计	有配偶		无配偶		合计	有配偶		无配偶		合计
	与子女同住	不与子女同住	与子女同住	不与子女同住		与子女同住	不与子女同住	与子女同住	不与子女同住		与子女同住	不与子女同住	与子女同住	不与子女同住	
2010 年/万人	8.0	14.2	14.0	5.8	42.0	2.5	3.8	9.1	2.6	18.1	10.5	18.1	23.0	8.4	60.1
2020 年/万人	12.0	21.0	18.4	7.7	59.1	4.7	7.6	21.7	6.5	40.5	16.7	28.6	40.1	14.2	99.6
2030 年/万人	19.5	35.4	24.5	10.8	90.3	8.2	13.0	38.5	10.8	70.5	27.7	48.5	63.0	21.6	160.8
2040 年/万人	32.0	61.0	31.8	15.4	140.2	16.0	25.0	63.7	17.8	122.5	122.5	1.0	95.5	33.2	252.2
2050 年/万人	32.8	66.5	28.0	14.9	142.3	32.9	51.7	106.9	30.5	222.0	65.8	118.2	134.9	45.4	364.3
年增长率	3.6%	3.9%	1.8%	2.4%	3.1%	6.7%	6.7%	6.4%	6.3%	6.5%	4.7%	4.8%	4.5%	4.3%	4.6%
2030 年等于 2010 年倍数	2.4	2.5	1.8	1.9	2.1	3.3	3.4	4.2	4.1	3.9	2.6	2.7	2.7	2.6	2.7
2050 年等于 2010 年倍数	4.1	4.7	2.0	2.6	3.4	13.3	13.4	11.8	11.5	12.3	6.3	6.5	5.9	5.4	6.1

表 17.14 西北地区 ADL 残障中方案下中低龄和高龄生活自理能力残障老人数的城乡分布（男女合计）

年份	65～79 岁生活自理能力残障中低龄老人数						80+岁生活自理能力残障高龄老人数					
	城镇		农村		城乡合计		城镇		农村		城乡合计	
	人数/万人	占比	人数/万人	占比	人数/万人	占比	人数/万人	占比	人数/万人	占比	人数/万人	占比
2010	21.3	50.6%	20.7	49.4%	42.0	100%	9.0	49.6%	9.1	50.4%	18.1	100%
2020	32.1	54.2%	27.1	45.8%	59.1	100%	24.5	60.5%	16.0	39.5%	40.5	100%
2030	55.3	61.3%	35.0	38.7%	90.3	100%	45.7	64.9%	24.7	35.1%	70.5	100%
2040	99.2	70.7%	41.0	29.3%	140.2	100%	85.9	70.1%	36.6	29.9%	122.5	100%
2050	113.8	80.0%	28.5	20.0%	142.3	100%	170.6	76.9%	51.4	23.1%	222.0	100%

表 17.15　西北地区 ADL 残障中方案下 65+岁老人总数、生活自理能力残障老人数、残障老人家庭照料现金成本总和占 GDP 的百分比和残障老人家属提供照料工作日数（城乡男女合计）

项目	老人总数			生活自理能力残障老人数			残障老人家庭照料现金成本总和占 GDP 的百分比		残障老人家属提供照料工作日数		
	65～79 岁	80+岁	合计	65～79 岁	80+岁	合计	人均成本年增率与 GDP 年增率相同	回归分析估算人均成本年增率	65～79 岁	80+岁	合计
2010 年	817 万人	115 万人	932 万人	42 万人	18 万人	60 万人	0.08%	0.08%	1.0 亿日	0.5 亿日	1.5 亿日
2020 年	1199 万人	240 万人	1439 万人	59 万人	40 万人	100 万人	0.15%	0.15%	1.4 亿日	1.1 亿日	2.5 亿日
2030 年	1784 万人	386 万人	2170 万人	90 万人	70 万人	161 万人	0.25%	0.27%	2.1 亿日	1.9 亿日	4.0 亿日
2040 年	2537 万人	641 万人	3178 万人	141 万人	122 万人	263 万人	0.44%	0.49%	3.3 亿日	3.3 亿日	6.6 亿日
2050 年	2301 万人	1143 万人	3444 万人	143 万人	221 万人	364 万人	0.64%	0.71%	3.4 亿日	5.9 亿日	9.3 亿日
年增长率	2.6%	5.9%	3.3%	3.1%	6.5%	4.6%	5.2%	5.5%	3.1%	6.5%	4.7%
2030 年等于 2010 年倍数	2.2	3.4	2.3	2.1	3.9	2.7	3.0	3.2	2.1	3.9	2.7
2050 年等于 2010 年倍数	2.8	9.9	3.7	3.4	12.2	6.1	7.6	8.5	3.4	12.2	6.3

17.3.2　未来老年照料需求成本变动趋势的可能范围

考虑到 17.3.1 节估计所依据的 ADL 残障中方案预测是以假定按城乡、性别、年龄、婚姻和是否与子女一起同住等变量划分的老年人生活自理能力状态保持不变为前提的，也即 ADL 残障中方案下的变化趋势和特征主要是人口快速老化和老年人口高龄化等人口要素变动造成的，而不是老人生活自理能力状态变化造成的。为了探讨未来老年人自理能力状态变化对我国老年照料需求和成本的影响，本节进一步加入 ADL 残障低方案和 ADL 残障高方案的模拟预测分析，将 ADL 变动纳入分析模型。

图 17.1 给出了五大区域低、中、高方案下生活自理能力残障老人数（即照料需求）的预测数据。可以看到，东部地区残障老人总数将从 2010 年的 250 万人快速增长到 2030 年和 2050 年的 506 万～697 万人和 901 万～1708 万人。东北地区残障老人总数将从 2010 年的 59 万人增长至 2030 年和 2050 年的 151 万～208 万人和 252 万～477 万人。中部地区残障老人总数将从 2010 年的 183 万人增长至 2030 年和 2050 年的 365 万～502 万人和 651 万～1235 万人。西南地区残障老人总数将从 2010 年的 127 万人增长至 2030 年和 2050 年的 244 万～336 万人和 412 万～782

万人。西北地区残障老人总数将从 2010 年的 60 万人增长至 2030 年和 2050 年的 137 万～189 万人和 264 万～501 万人。

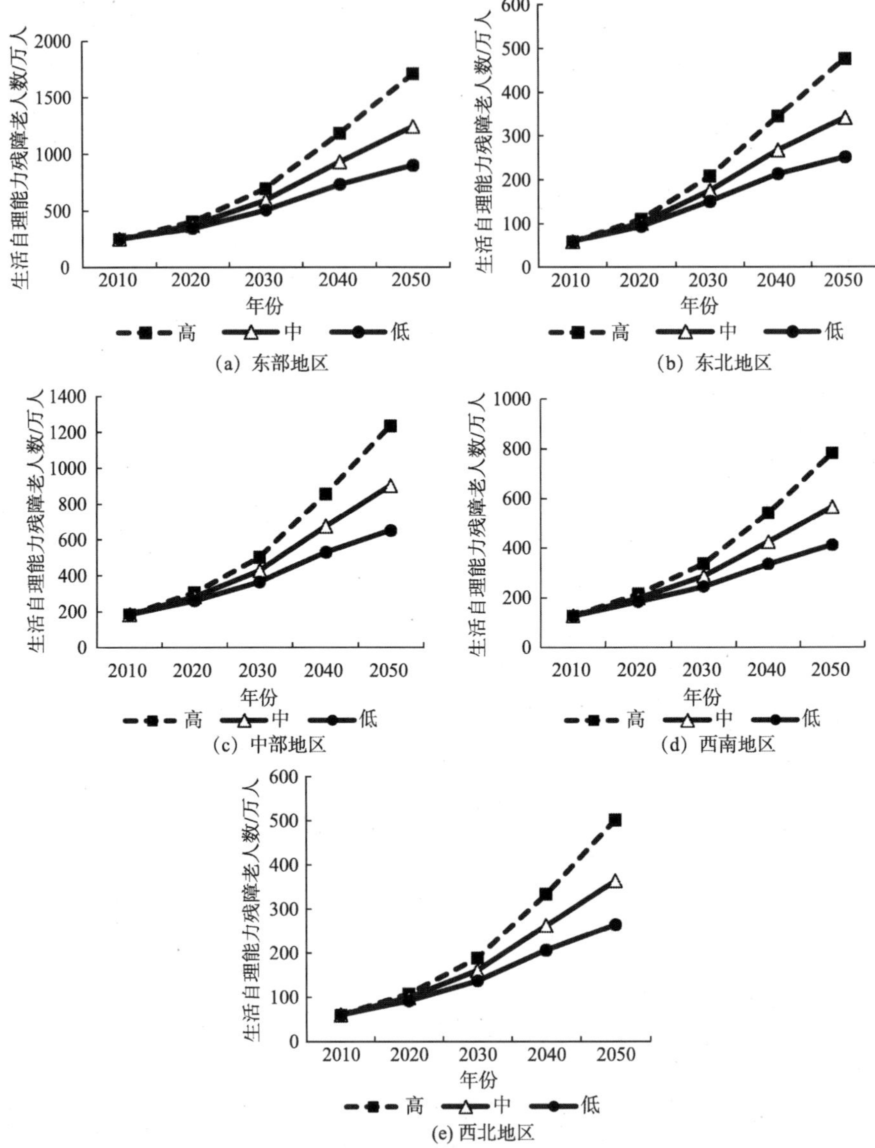

图 17.1　五大区域不同方案下生活自理能力残障老人数

图 17.2 表明，东部地区家属照料残障老人的非现金支付照料时间折合成的工作日数将由 2010 年的 8.7 亿日快速增加到 2030 年和 2050 年的 17.6 亿～24.2 亿日和 32.1 亿～60.7 亿日。东北地区家属照料残障老人的时间也将由 2010 年的 1.9 亿日增长至 2030 年和 2050 年的 5.0 亿～6.9 亿日和 8.7 亿～16.5 亿日。中部地区

家属照料残障老人的时间将由 2010 年的 6.5 亿日增长至 2030 年和 2050 年的 12.9 亿～17.8 亿日和 23.2 亿～44.0 亿日。西南地区家属照料残障老人的时间将由 2010 年的 2.9 亿日增长至 2030 年和 2050 年的 5.7 亿～7.9 亿日和 9.8 亿～18.6 亿日。西北地区家属照料残障老人的时间将由 2010 年的 1.5 亿日增长至 2030 年和 2050 年的 3.4 亿～4.7 亿日和 6.7 亿～12.8 亿日。

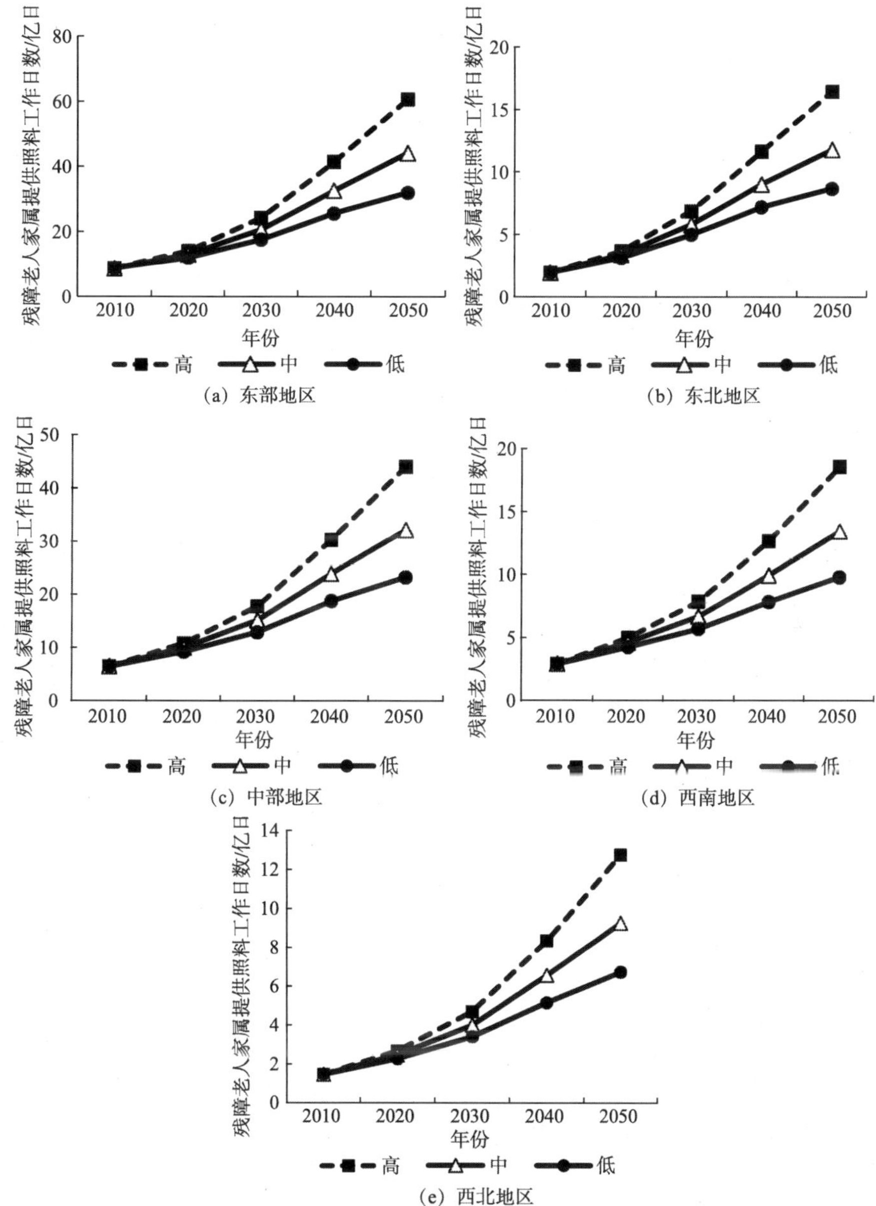

图 17.2　五大区域不同方案下残障老人家属提供照料工作日数

图 17.3 表明，即使相当保守地假定残障老人人均家庭照料现金支出水平（相当于居民服务业工资水平）年均增长率与 GDP 年均增长率相同，东部地区残障老人家庭照料现金成本总和占 GDP 的百分比仍将由 2010 年的 0.18%增加到 2030 年和 2050 年的 0.30%～0.41%和 0.52%～0.99%。东北地区残障老人家庭照料现金成本总和占 GDP 的百分比将由 2010 年的 0.15%增加到 2030 年和 2050 年的 0.46%～0.64%和 0.89%～1.68%。中部地区残障老人家庭照料现金成本总和占 GDP 的百分

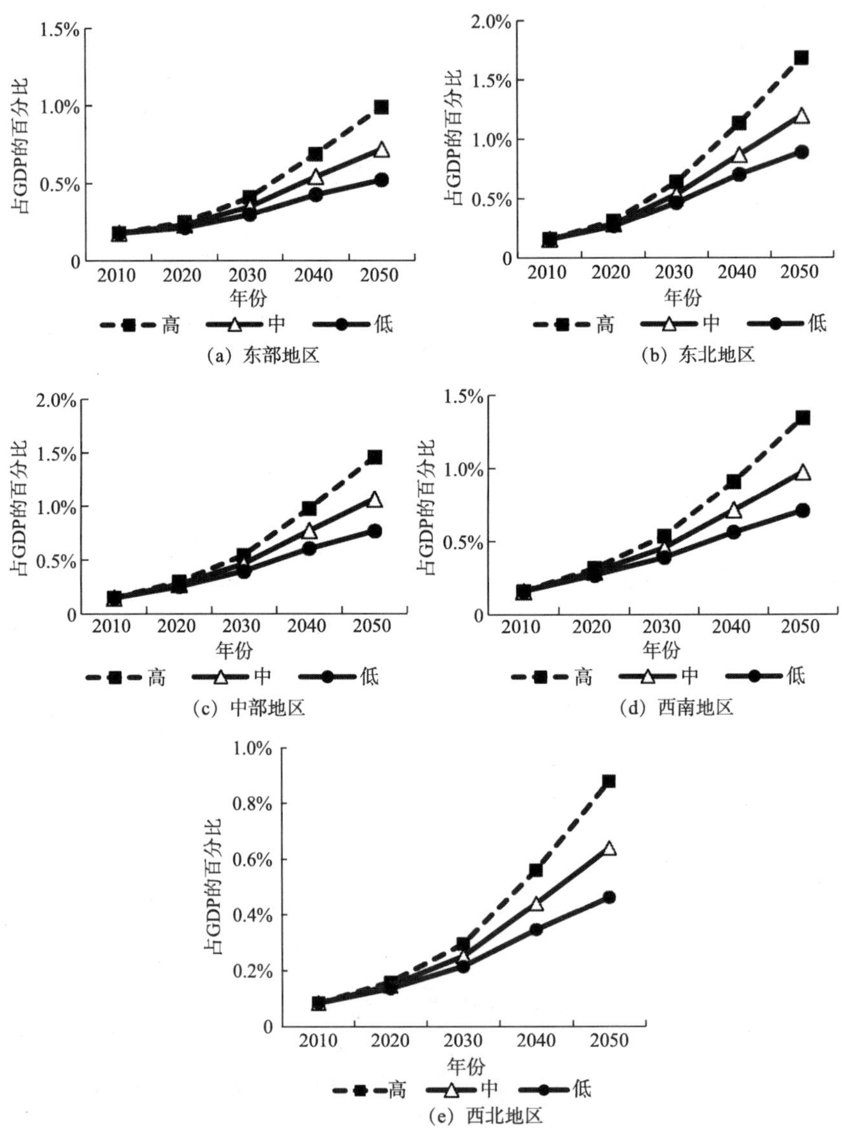

图 17.3　五大区域不同方案下老年家庭照料现金成本总和占 GDP 的百分比

假定服务业工资与 GDP 年增长率相同

比将由 2010 年的 0.15%增加到 2030 年和 2050 年的 0.40%～0.55%和 0.77%～1.46%。西南地区残障老人家庭照料现金成本总和占 GDP 的百分比将由 2010 年的 0.16%增加到 2030 年和 2050 年的 0.39%～0.54%和 0.71%～1.34%。西北地区残障老人家庭照料现金成本总和占 GDP 的百分比将由 2010 年的 0.08%增加到 2030 年和 2050 年的 0.21%～0.30%和 0.46%～0.88%。

17.4　结论与相关政策建议

面对我国人口老龄化与高龄化不断加剧的趋势，无论假定老人整体生活自理能力普遍改善、保持不变或变差，残障老人规模及其照料成本的大幅增长都将成为我国 21 世纪中建设富强民主文明和谐美丽的社会主义现代化强国伟大历程中不可回避的严峻挑战。正因为如此，加强对我国老年健康、家庭结构和照料需求及成本的科学预测与精细化区域研究，努力改善老年人群健康，就成为积极应对老龄化挑战、优化人口战略布局的必然要求。

本章首次在结合全国人口普查和老龄健康调查数据的基础上，通过在既有的“老年家庭照料需求成本预测模型”中引入“地理区域”要素，预测分析了 21 世纪上半叶中国五大区域老年家庭照料需求成本的变动趋势。我们的预测结果如下。

一方面，五大区域残障老人规模、结构及照料需求成本变动呈现出总体一致性。其一，残障老人，特别是高龄残障老人规模快速增长（普遍高于本地区老年人口总体增速）、规模扩大的趋势在各个区域都有鲜明的体现，尤其是在 2030 年以后，都将在不同程度上迎来增长高峰。其二，独居残障老人增速总体上高于非独居残障老人增速，其中在中低龄残障老人群体中，独居老人规模普遍高于非独居老人，在高龄残障老人群体中，尽管多数老人仍与子女同住，但“空巢化”的趋势明显。其三，至 21 世纪中叶，残障老人城镇化水平呈大幅上升趋势，中低龄残障老人城镇化水平尤其突出，而农村残障老人规模在 2040 年以后出现普遍下降的趋势。其四，伴随着残障老人规模的不断扩大，所需家庭照料现金成本及照料时间都将呈现快速上升的趋势，其中高龄老人照料现金成本及时间机会成本的增长幅度尤为突出，不仅高于中低龄残障老人增长速度，还高于他们的照料现金成本及时间机会成本水平。其五，即使在比较乐观的中生育率方案下，我国未来几十年平均每位劳动者的老年家庭照料负担也将迅速大幅度增长，其主要原因是我国过去几十年生育率和死亡率的大幅下降带来的人口快速大规模老化。当然，相较很低的生育率，中生育率对适当减少平均每位劳动者的赡养老人负担以应对人口老化严峻挑战，具有显著的缓解作用。

另一方面，五大区域残障老人照料需求及成本变化也呈现出较突出的地域特征。其一，从残障老人规模及增长情况来看，东部地区规模最大，中部、西南地区次之，东北、西北地区较少。尽管如此，东北及西北地区残障老人增速更快，特别是西北地区，其残障老人年均增速达到 4.6%，高龄老人增速更达到 6.5%。相比之下，东部、中部、西南地区相对较慢一些。其二，从残障老人空巢及高龄化程度来看，东部及西北地区到 2050 年高龄化率相对较低，其他地区，特别是东北地区高龄化率较为突出。不与子女同住的空巢残障老人中，东部地区的比例较高。此外，尽管多数地区空巢残障老人多以中低龄老人为主，但到 2050 年，西南地区高龄空巢残障老人的规模超过中低龄。其三，从残障老人照料成本、时间增长趋势及劳动力供养负担来看，东北和西北地区不仅照料成本支出及照料时间增长较快，其劳动力供养负担也明显高于其他地区，特别是东北地区，不仅增速最快，从照料现金成本占 GDP 的比重来看，其现金成本负担也最高，劳动年龄人口的平均供养负担也最重。

基于上述预测结果，我们的相关政策建议如下。

首先，高度重视针对老年人口，特别是残障老人发展的地域性规律研究，将老年人口发展与涵盖经济社会、资源环境因素在内的区域条件有机结合起来，建立以五大区域为基础的区域性老年人口健康与照料负担监测预警机制，以形成对不同地区更有针对性与精准性的人口发展战略与政策干预机制。具体来说，既要集中力量应对残障老人基数最大、照料总体负担重地区老年群体的照料问题，加快推进该地区长期护理保险等养老保障与服务体系的建设工作，同时也要针对残障老人规模和照料负担快速增长，以及残障老人快速城镇化将给东北传统老工业地区及西北经济欠发达地区家庭与社会经济带来的巨大冲击，未雨绸缪地建立起预警防范机制，特别是要确保社会养老保险基金的可持续性与进一步提升上述地区社会养老服务（照料服务）的发展水平。

其次，高度重视"带残生存"问题，警惕寿命延长背后的"胜利的失败"（failure of success），切实推进健康老龄化进程。随着社会经济的发展，老年人死亡率的进一步下降和寿命延长是不可改变的趋势，但这并不意味着老年人的健康长寿，事实上，"带残生存"的问题已经成为加剧未来养老负担的重要因素。因此，我们必须也只能通过改善老年健康来达到降低老年照料需求和成本的目的。切实推进健康老龄化，重要的是要改变过去以疾病为中心的应对思路，转而重视通过环境、饮食、运动、社交等多种渠道，强化对老年人的疾病预防及健康改善干预效能。

最后，高度重视低生育率问题，出台更加积极的人口政策，强化生育保障与鼓励措施。本书第 16 章和第 19 章的研究以令人信服的实证和预测数据分析证明，如果我国长期保持很低的生育水平，未来平均每位劳动者承担的老年家庭照料负荷将越来越重。实施更加积极的人口政策，有助于在未来几十年缓解平均每位劳动者的老年家庭照料负担，但即便如此，照料负担的大幅增长仍然无法避免。这一点必须引起政府和社会的高度重视。除了尽快继续完善生育政策并鼓励二孩和放开三孩外，还必须正视当前生育意愿低下的问题，注重通过完善包括 0～3 岁儿童照料、育龄妇女生育鼓励与就业保障等一系列以家庭为中心的生育保障及鼓励措施，努力提升育龄妇女的生育意愿。

第 18 章　我国一人户变动趋势及其特征分析[①]

18.1　引　　言

一人户研究是目前家庭人口研究中的前沿课题。早在 20 世纪 60 年代，西方社会就出现了家庭规模变小的趋势，开始出现较多一人独居的家庭户，也就是一人户（Goode，1963；Belcher，1967）。在接下来的几十年中，一人户的兴起逐渐成为发达国家主要的人口变动趋势之一（Kobrin，1976；Burch and Matthews，1987；Hall et al.，1997；Klinenberg，2012）。目前在许多欧洲国家中，如挪威、芬兰、丹麦、瑞典和德国，全部家庭户的 1/3 左右是由一人户组成的（OECD，2013）。这种家庭类型不仅在欧洲大规模出现，近年在全球普及开来。尤其值得注意的是，世界上一人户数量最高的前十个国家中，有四个是亚洲国家（Euromonitor International，2012），这已经引起了亚洲人口学界的高度关注（Yeung and Cheung，2015）。我国目前拥有世界上最多的一人户，并且数量还在迅速增长。1990 年，我国大约有 1700 万一人户，约占家庭总数的 5%；到了 2010 年，这个数字增长到了约 6000 万，约占家庭总数的 15%（Cheung and Yeung，2015）。

独居人口的增加对社会和经济都会产生重要影响。一方面，因晚婚而独居的年轻人的生活质量可能不尽如人意（Raymo，2015；Ho，2015），独居成年人往往工作时间更长而在家里的时间更短（Fox，2009；Bachman and Barua，2015），而老年独居者则有可能会伴随着社会孤立和健康风险（Guilmoto and de Loenzien，2015；Park and Choi，2015）。从另一方面来看，和多人户家庭相比，一人户的资源和能源消耗的成本效益往往更低，这意味着独居通常会造成更高的人均能耗及更大的资源需求（MacKellar et al.，1995；Keilman，2003），从而影响社会的可持续发展（Gu et al.，2015）。

一人户迅速增长的趋势及其对社会和环境的特殊影响，使预测我国一人户未来变动趋势变得十分迫切。然而，现阶段的政策文件和学术文献对这个群体的关注不够，尤其是很多研究经常将一人户视为一个整体类别，而不重视对这个群体

---

① 本章由杨李唯君（新加坡国立大学教授；ariywj@nus.edu.sg）、冯秋石（新加坡国立大学副教授；socfq@nus.edu.sg）、王正联（中国人口与发展研究中心特聘研究员；wangzhenglian8886@163.com）和曾毅（北京大学国家发展研究院教授和杜克大学老龄与人类发展研究中心教授；zengyi@nsd.plu.edu.cn）撰写。

多样性的研究。

一人户是一个复杂的多元群体。从历史角度来看，现代社会中一人户的兴起是基于工业化引发的多种社会变迁，包括分工的出现、经济的增长、人口的流动、教育的扩张、公共福利的发展，以及个人主义价值观的传播（Fu and Heaton，1995；McGarry and Schoeni，2000；Klinenberg，2012；Jamieson and Simpson，2013）。这些复杂的历史因素使得一人户成分十分复杂，包括了那些为了获得更好的经济机会从农村迁移到城市的年轻人、那些具有较高社会经济地位从而选择独自生活的中年人、那些受过高等教育终身不结婚的女性、那些因为离异而无法找到配偶的男性，以及那些晚年没有子女共同居住而只能独自生活的孤寡老人。

研究发现，一人户群体内部的基本人口特征存在重大差异。独居的生活方式通常因性别和年龄而各异（Belcher，1967；Kaufmann，1994）。中国的男性青年比女性青年更可能离开家人在外地独自生活，而到了老年，女性由于预期寿命比男性长而更可能因丧偶而独居（王跃生，2006）。独居在城市青年中更普遍，因为城市青年有更多资源脱离父母而独立生活（郭志刚，2008）。由于我国快速的城市化，在接下来的几十年中，预计中国独居者将会更多地集中在城市地区。另外，虽然许多农村青年迁移到城市，从而造成众多的农村留守老人，但现有研究表明，城市中老年女性的独居比例却仍然高于农村地区（曾毅和王正联，2004）。

有鉴于此，本章使用 ProFamy 方法预测 2010 年到 2050 年间中国一人户的变动趋势，并系统地分析这些独居者的年龄、性别和城乡居住状况的基本人口特征。这些预测将有助于我们理解这个特殊的家庭户类别，并有助于相关的政策制定和商业规划。

18.2　方法、数据来源和假设

18.2.1　ProFamy 方法预测一人户的优势

ProFamy 方法在预测一人户方面和其他预测方法相比有着明显的优势，主要因为 ProFamy 的模型直接预测家庭户规模，而这一点是传统预测方法，如户主率方法无法实现的（Crone and Mills，1991；Nishioka et al.，2011）。相关研究发现，由于户主率预测的应用研究无法直接预测家庭户规模，其结果会存在较大的误差（Prskawetz et al.，2004；Zeng et al.，2013a）。除此之外，ProFamy 方法还可以揭示一人户未来变动情况中有重要的政策价值的人口结构信息，如年龄、性别和城乡的构成，这是 ProFamy 方法的独特优势。ProFamy 方法还可以采纳或者假设不同人口事件（如生育、婚配）发生的水平和早晚，因此我们可以模拟在不同的假设下一人户的变动趋势，从而为全面理解未来可能的变动模式奠定坚实基础，也为相关政策干预提供合理的依据。综上所述，ProFamy 方法是预测一人户趋势的一个理想选择。

18.2.2 基数人口和标准模式

我们将 2010 年人口作为基数人口。根据 2010 年全国人口普查数据，我国的总人口共有 13.4 亿人（除港澳台），其中 51.3%是男性，48.7%是女性，49.9%是城市居民，50.1%是农村居民。本章预测使用的标准模式请参阅本书第 7 章的相关阐述和讨论。

18.2.3 综合参数

为了预测我国一人户的变动情况，我们在现有文献和现有预测的基础上，对于未来人口的变动情况做出了一系列假设。由于参数假设固有的不确定性，我们设计了高、中、低三个方案，其中高方案对应了家庭规模较小而一人户较多的情况，而低方案对应了家庭规模较大而一人户较少的情况。下面的介绍以中方案为主，而在最后我们介绍高方案和低方案以供比较参考，详细内容可参照表 18.1。

表 18.1 预测中国一人户的主要综合参数设定

主要综合参数	2010 年			2030 年			2050 年		
	农村	城镇	合计	农村	城镇	合计	农村	城镇	合计
中方案									
总和生育率	1.97	1.29	1.63	1.98	1.50	1.64	1.98	1.50	1.56
男出生预期寿命	69.55	76.17	72.84	73.36	79.31	77.59	76.00	81.48	80.80
女出生预期寿命	75.16	80.53	77.83	78.40	83.23	81.84	80.47	84.96	84.41
一般结婚率	0.0762	0.0801	0.0781	0.0524	0.0551	0.0543	0.0524	0.0551	0.0547
一般离婚率	0.0049	0.0086	0.0067	0.0078	0.0137	0.0120	0.0078	0.0137	0.0130
高方案（其他参数与中方案一样）									
总和生育率	1.97	1.29	1.63	1.83	1.39	1.52	1.78	1.35	1.41
男出生预期寿命	69.55	76.17	72.84	73.36	79.31	77.59	76.00	81.48	80.80
女出生预期寿命	75.16	80.53	77.83	78.40	83.23	81.84	80.47	84.96	84.41
一般结婚率	0.0762	0.0801	0.0781	0.0445	0.0468	0.0462	0.0393	0.0413	0.0411
一般离婚率	0.0054	0.0095	0.0074	0.0090	0.0158	0.0138	0.0097	0.0171	0.0162
低方案（其他参数与中方案一样）									
总和生育率	1.97	1.29	1.63	2.13	1.61	1.76	2.18	1.65	1.72
男出生预期寿命	69.55	76.17	72.84	73.36	79.31	77.59	76.00	81.48	80.80

续表

主要综合参数	2010 年			2030 年			2050 年		
	农村	城镇	合计	农村	城镇	合计	农村	城镇	合计
低方案									
女出生预期寿命	75.16	80.53	77.83	78.40	83.23	81.84	80.47	84.96	84.41
一般结婚率	0.0762	0.0801	0.0781	0.0602	0.0633	0.0624	0.0655	0.0689	0.0684
一般离婚率	0.0054	0.0095	0.0074	0.0066	0.0117	0.0102	0.0058	0.0103	0.0097

1. 总和生育率

2010 年普查数据得出的总和生育率低至 1.18，明显过低，因此有必要调整。根据专家估计，我国 20 世纪 90 年代末期的总和生育率大约在 1.5 到 1.8 之间（Zhang and Zhao，2006；Zeng，2007；Zhao and Zhang，2010）。我们根据 2010 年普查数据中 10～19 岁组人口，使用“反向预测”的方法来估算 2000 年普查数据中 0～9 岁组人口的低报率，然后再结合 2000 年普查数据中的育龄妇女人数来“正向预测”2010 年的 0～9 岁组人口，从而得出 2010 年的总和生育率是 1.63。根据普查数据中得到的城乡差异，我们进一步得出 2010 年中国的农村和城市的总和生育率分别是 1.97 和 1.29。根据计划生育政策逐步放开的事实，我们假设，农村和城市的总和生育率在 2050 年会分别增加到 1.98 和 1.50。另外，在高方案中，我们假设分城乡的总和生育率相对于 2010 年水平，至 2030 年降低 7.5%，至 2050 年降低 10%；在低方案中，我们假设分城乡的总和生育率相对于 2010 年水平，至 2030 年上升 7.5%，至 2050 年上升 10%。

2. 出生预期寿命

就预期寿命而言，根据 2006～2011 年出生预期寿命的年增长率，我们假设 2010 年到 2050 年期间，农村的女性和男性的出生预期寿命将分别从 75.16 岁上升到 80.47 岁和从 69.55 岁上升到 76.00 岁，而城市的女性和男性的出生预期寿命将分别从 80.53 岁上升到 84.96 岁和从 76.17 岁上升到 81.48 岁。这些假设和联合国的世界人口展望报告的设定类似。以上设定在高方案和低方案中保持不变。

3. 一般结婚率和一般离婚率

一般结婚率和一般离婚率对家庭结构有重要影响。在中方案中，我们假设，和 2020 年相比，分城乡的一般结婚率至 2030 年将逐步降低 10%，然后保持不变；而分城乡的一般离婚率至 2030 年将逐步升高 5%，然后保持不变。在高方案中，我们假设，和 2020 年相比，分城乡的一般结婚率至 2030 年逐步降低 15%，至 2040

年降低20%，至2050年降低25%；而分城乡的一般离婚率至2030年逐步升高15%，至2040年升高20%，至2050年升高25%。在低方案中，我们假设，和2020年相比，分城乡的一般结婚率至2030年逐步升高15%，至2040年升高20%，至2050年升高25%；而分城乡的一般离婚率至2030年逐步降低15%，至2040年降低20%，至2050年降低25%。具体情况可参照表18.1。

18.3　预测结果分析

18.3.1　我国的一人户将迅速增加

表18.2总结了中方案下我国各种家庭户类型在2010年到2050年的变动情况，其中一人户在这个期间的迅速增加明显可见。根据预测结果，我国的总家庭户户数将从2010年的大约4亿户增长到2050年的大约5.4亿户，而在同一时期，一人户将从大约6000万增长到大约1.2亿户，而一人户的比重也将从14.53%上升到22.62%，也就是说，到了2050年，我国每5个家庭户中大约就有一户将是一人户。相比而言，一对夫妻的二代户作为目前最为普遍的家庭类型，从大约40%的比重降低到大约30%，而三代户的比重也将从大约17%下降到6%。

表18.2　2010～2050年我国家庭户类型的分布

家庭户类型主要指标	2010年	2020年	2030年	2040年	2050年
一代户占比					
一人户占比	14.53%	17.92%	20.94%	23.12%	22.62%
一人和他人同居户占比	2.72%	2.25%	2.63%	2.85%	2.76%
夫妻户占比	18.99%	17.21%	18.36%	20.06%	20.34%
二代户占比					
夫妻户占比	39.75%	39.84%	35.10%	30.48%	29.72%
单亲母亲户占比	2.63%	6.25%	9.21%	11.14%	11.39%
单亲父亲户占比	4.00%	4.71%	5.82%	6.69%	7.25%
三代户占比	17.37%	11.80%	7.93%	5.66%	5.92%
家庭户总数/亿户	4.02	4.87	5.42	5.58	5.38

我们进一步从家庭规模的角度来考察一人户的增长。基于中方案的预测结果，图18.1清楚地表明，从2010年到2050年，我国一人户和二人户的比重快速增长，三人户的比重基本平稳，而四人户及以上更大的家庭户类型的比重将显著下降。

实际上，这四十年间，我国家庭户的平均规模将从 2010 年的 3.07 人下降到 2050 年的 2.53 人。在这个重大变化背后，一人户的迅速增长将是主要原因之一。当然，我们也不能忽视二人户的增长，尤其是二人户中的那些单亲家庭。结合表 18.2 的结果，单亲父亲户和单亲母亲户的总比重将在 2050 年超过 15%，这提醒了我们应该在政策上重视这些单亲家庭数量的增长。

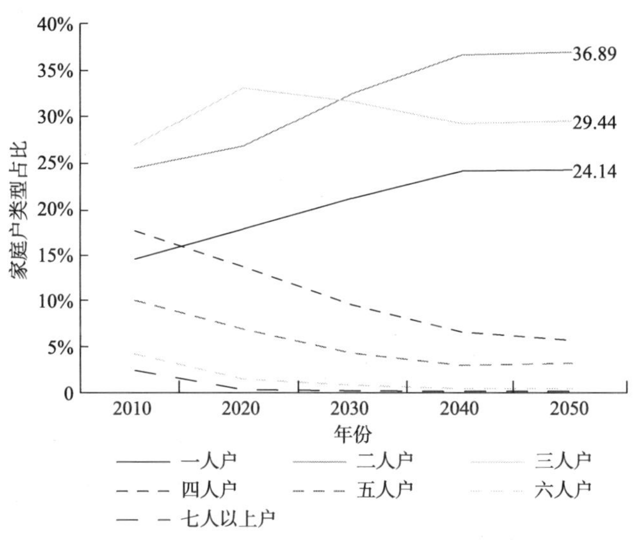

图 18.1　2010～2050 年我国家庭户规模的分布

18.3.2　高中低三个方案下的我国一人户

以上的预测结果是基于我们参数设定的中方案，而本节对高、中、低三个方案下我国一人户的数量和比重进行了比较。根据表 18.3 的预测结果，我们发现，相对于高方案，在低方案下，我国的一人户的数量将在 2050 年减少大约 3600 万户，即使相对于中方案，一人户的数量也将减少大约 1500 万户。相应地，低方案下，我国的一人户的比重在 2050 年将达到大约 20%，少于高方案的 26%及中方案的 23%。由于婚姻行为是这三种模拟的主要参数，这些模拟预测结果说明了婚姻行为趋势对一人户的影响，也为从政策角度来控制我国一人户的过快增长提供了启示。

表 18.3　2010～2050 年高中低方案下我国一人户的数量和比重

不同方案	2010 年	2020 年	2030 年	2040 年	2050 年
一人户数量/万户					
高方案	5 840	8 770	11 686	13 971	14 255
中方案	5 840	8 723	11 359	12 904	12 179
低方案	5 840	8 770	11 119	11 979	10 638

续表

不同方案	2010 年	2020 年	2030 年	2040 年	2050 年
一人户占总户数比例					
高方案	14.53%	17.99%	21.46%	24.81%	25.99%
中方案	14.53%	17.92%	20.94%	23.12%	22.62%
低方案	14.53%	17.99%	20.54%	21.62%	20.05%

18.3.3 我国一人户的人口特征

表 18.4 展示了 2010～2050 年我国一人户的人口特征分布。据此可见，未来我国一人户大多来自城市。城市地区的一人户在 2010 年到 2050 年期间年均增长 2.82%，到 2050 年总数将达到拥有大约 1 亿户，占全国一人户总量大约 85%。虽然女性一人户户数在 2010 年高于男性，但是这个局面已经在 2020 年开始逆转，并将至少保持到 2050 年。从年龄分布来看，老年独居者群体相对其他年龄组增长速度最快，年均增长率达到 2.75%；在数量上，老年独居者群体将在 2050 年左右超过青年和中年独居者群体，到 2050 年老年独居者的比重将达到约 37%。

表 18.4 2010～2050 年我国一人户的人口特征分布

人口特征	2010 年	2020 年	2030 年	2040 年	2050 年	年均变化率
城乡						
农村	24 227 444 户	33 196 398 户	41 850 212 户	28 979 044 户	17 719 078 户	–0.78%
城镇	34 168 896 户	54 031 000 户	71 738 680 户	100 063 784 户	104 066 824 户	2.82%
城镇一人户占一人户总数比例	58.51%	61.94%	63.16%	77.54%	85.45%	
性别						
男	25 824 426 户	46 682 376 户	62 448 484 户	70 716 136 户	67 642 984 户	2.44%
女	32 571 904 户	40 545 012 户	51 140 416 户	58 326 700 户	54 142 928 户	1.28%
性别比	0.79	1.15	1.22	1.21	1.25	
年龄组						
15～39 岁	20 354 639 户	38 912 854 户	42 527 964 户	40 900 925 户	36 004 950 户	1.86%
15～39 岁占一人户总数比例	34.86%	44.61%	37.44%	31.70%	29.56%	
40～64 岁	18 785 343 户	28 590 610 户	42 543 943 户	47 556 082 户	40 401 041 户	1.71%
40～64 岁占一人户总数比例	32.17%	32.78%	37.45%	36.85	33.17%	
≥65 岁	19 256 354 户	19 723 931 户	28 516 991 户	40 585 826 户	45 379 922 户	2.75%
≥65 岁占一人户总数比例	32.98%	22.61%	25.11%	31.45%	37.26%	
总数	58 396 340 户	87 227 400 户	113 588 896 户	129 042 832 户	121 785 904 户	1.85%

图 18.2 的人口金字塔更加直观地揭示了以上的变动趋势。从图中可以看到，从 2010 年到 2050 年，我国城市一人户在各个年龄段都增长很快，尤其是年轻人和老年人的一人户，从而在分布上将呈现出一种双峰形态。而同一时期，农村地区的一人户在数量上有所减少，而独居者将集中来自老年群体，尤其是老年女性群体。

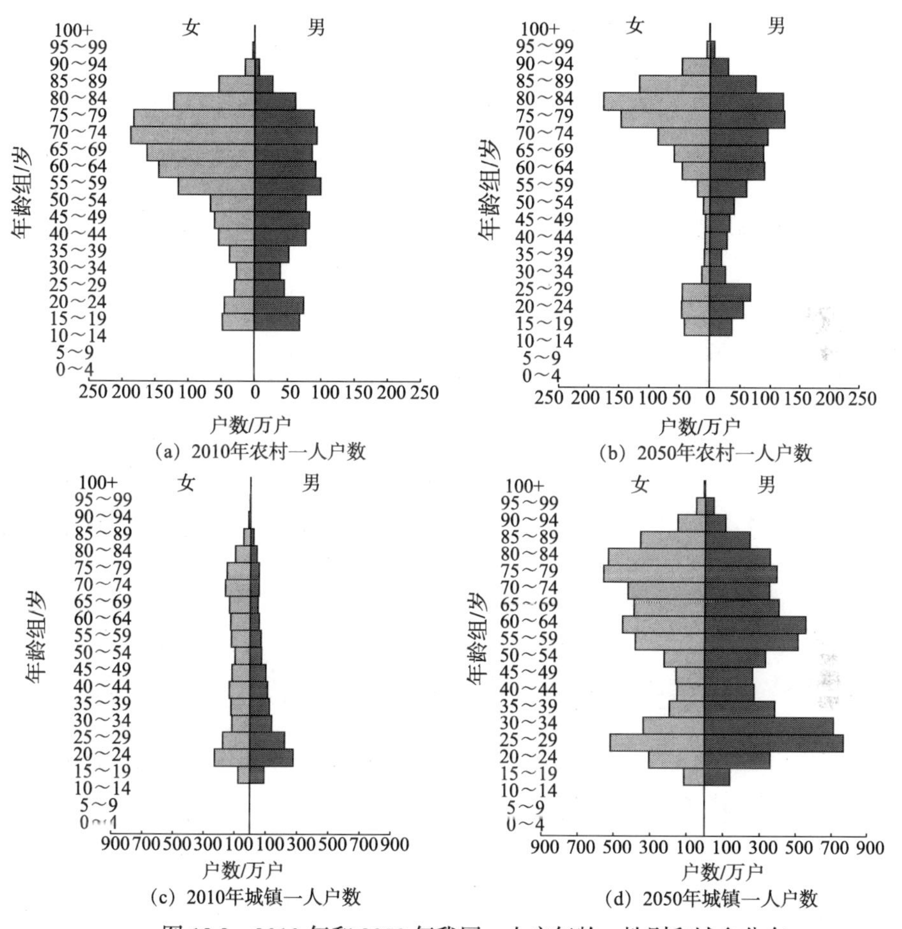

图 18.2　2010 年和 2050 年我国一人户年龄、性别和城乡分布

18.4　小结和思考讨论

独居正在成为世界范围的家庭和人口变化趋势，这种趋势影响着现代社会生活方式、家庭功能、能源消耗，以及可持续发展（Gu et al.，2015）。本章使用 ProFamy 方法预测了我国一人户未来的变化，并揭示了这些独居者的主要人口特征。这些预测提供了此类家庭类型未来变动和构成的丰富信息，有益于相关的政策制定和商业规划。

基于 ProFamy 方法的预测结果显示，一人户的迅速增加将成为未来几十年我国家庭结构变迁的主要趋势之一。目前一人户占我国家庭总数的比例约为 17%，远低于西方社会的平均水平。这是因为我国结婚率水平相对较高，离婚率水平相对较低，而且传统文化影响犹在，父母和子女共同居住的情况仍然普遍存在（胡湛和彭希哲，2014；曾毅和王正联，2004）。但是，在未来几十年间，这种情况将发生重大改变，大约每 5 个中国家庭中就将会出现一人独居的情况，从而使一人户成为中国最普遍的家庭结构类型之一，也将使我国一人户比重接近很多欧洲国家在 21 世纪初的水平。一般结婚率和一般离婚率水平不同的高、中、低三个方案也证实了婚姻行为对一人户的重大影响。我们认为，倡导严肃负责的婚姻观念，促进健康合理的婚姻行为是维护家庭稳定、社会和谐的重要对策，也是控制我国未来一人户迅速增长的有效途径。

本章的预测结果还发现，我国迅速增长的一人户将是一个人口特征高度分化的多元群体。根据预测结果，到了 2050 年，我国最大的独居者人群来自城市青年，出现这种情况是可以理解的。我国的快速城市化进程将使大部分人口集中在城市地区，而这些城市中的大批年轻人由于社会发展将受到良好的教育并可以负担在城市的独立生活费用，还很有可能倾向于享受单身的生活方式。这个预测结论具有重要的社会和经济意义，比如，这类独居者可能会对家庭之外的社交活动有很高的需求，而且适合他们生活的小型公寓和小型轿车在不久的将来也可能在市场上越来越受欢迎。本章的预测结果还显示，在快速城市化的背景下，城乡迁移导致的独居者的比重将逐渐下降。到 2050 年，我国 85%左右的地区将实现城市化，而农村地区的家庭总数将从约 2 亿减少到 7500 万。在这个背景下，我们需要重新认识农村地区一人户户数下降的预测结果。实际上，在农村家庭总数大规模减少的情况下，从 2010 年到 2050 年，虽然农村地区一人户的绝对数量下降了，但其占全部家庭类型的比重是显著增加的，由 12.4%上升到 22.2%。也就是说，一人户的增加也将是未来我国农村地区家庭结构的一个重要趋势。

根据本章的预测，在未来我国的一人户中，独居老人将占据很大的比重，而令人更加担忧的是，这其中有相当比例是 80 岁以上的高龄独居老人。高龄老人通常会出现健康问题，需要家庭照料，而独居生活往往意味着他们将没有家人的陪伴，这必将导致额外的健康风险。孝道在中国属于传统家庭的核心价值观，其中的核心观念是成年子女要承担起照顾家中父母的责任。然而，近年来随着经济的快速发展及历史上独生子女政策的实施，中国的生育率处于偏低的状态。其结果是成年子女也变得越来越少，而选择和父母同居的成年子女更少。人们因此开始担心传统家庭价值观的消失。从这个意义上来看，独居老年人的增长将会是中国老龄社会所面临的一个重大挑战。

本章所预测的我国一人户的趋势和特征是模拟众多社会、经济、人口因素的相互影响的结果，其中包括城市化的进程、婚姻行为的变迁、生育率的下降及性别比例的失衡等。由于家庭变动的复杂机制， 我们采用了许多假设。虽然这些假设都是基于现有文献而严格确认过的，而且我们还特别设计了围绕一般结婚率和一般离婚率的三种高、中、低方案，但是有些假设可能仍然需要根据实际情况进行调整和更正。另外，我们的预测也有可能高估未来的一人户水平，这是因为我国普查并不区分已婚同居和未婚同居，将这两类都算作有配偶，而我们预测的一人户有可能未婚同居，所以就会高估实际的一人户水平。任何预测都不可能十全十美，我们的一人户研究也不例外。我们建议对本章预测结果的解读应该保持谨慎态度。

第19章　进一步完善人口政策并提倡尊老爱幼代际互助家庭模式①

19.1　引　　言

19.2节和19.3节回顾和讨论我国人口快速老化和低生育水平社会经济环境，以及我国家庭价值观逐渐弱化的状况和新加坡成功经验的借鉴。19.4节报告本章作者赴河北省灵寿县调研的启示。我们在19.5节和19.6节重点实证论述进一步完善人口政策并提倡尊老爱幼代际互助家庭模式既可以促进国家发展和提高应对灾害突发事件的能力，又将改善亿万家庭福祉。19.5节包括在生育率高、中、低不同方案下人口总数与劳动力资源及其对经济发展影响的比较分析，以及人口老化严峻挑战的比较分析，论证为什么进一步完善人口政策并提倡尊老爱幼代际互助家庭模式将提高我国应对灾害突发事件严峻挑战的能力，避免独生子女太多对国防安全造成负面影响，以及有助于儿童健康成长和青年发展。19.6节和19.7节论证为什么进一步完善人口政策并提倡尊老爱幼代际互助家庭模式将缓解未来数千万"剩男"找妻难的大问题，避免形成过多"四二一"畸形家庭结构，促进老年人与子女"双赢"，并提升我国的国际竞争综合实力。最后在19.8节，我们提出一系列相关政策建议。

19.2　我国人口快速老化和低生育水平社会经济环境

根据联合国人口司2019年发布的中方案人口预测，我国65+岁老人占总人口的比例将从2010年的8.9%快速增加到2030年和2050年的16.9%和26.1%，分别等于2010年的1.9倍和2.9倍（UNDP，2019）。我国最需要照料的80岁及以上高龄老人弱势群体将从2010年的2000万人迅猛增为2050年的1.2亿人，40年间

① 本章由曾毅教授（北京大学国家发展研究院教授和杜克大学老龄与人类发展研究中心教授；zengyi@nsd.pku.edu.cn）撰写；作者感谢国家统计局人口和就业统计司及中国人口与发展研究中心的大力支持；感谢王正联研究员、刘旻晖博士研究生、姚尧博士、杨涵墨博士研究生和郭牧琦博士研究生的协助。

增长了 5 倍（曾毅，2014a）。我国 65+岁老年人口增长速度等于西方大国的 2 倍以上；如图 19.1 所示，根据联合国人口司中方案预测，我国 65+岁老年人口占总人口比例在 2035 年后将显著超过美国，在 2041 年后将显著超过英国（UNDP，2019）。而且，社会经济发展和医疗科技进步使更多患病老人继续生存而延长寿命，将导致老年人群（尤其是高龄老人）中认知和生理功能比较弱而需要长期照料者的比例上升（Zeng et al.，2017）。

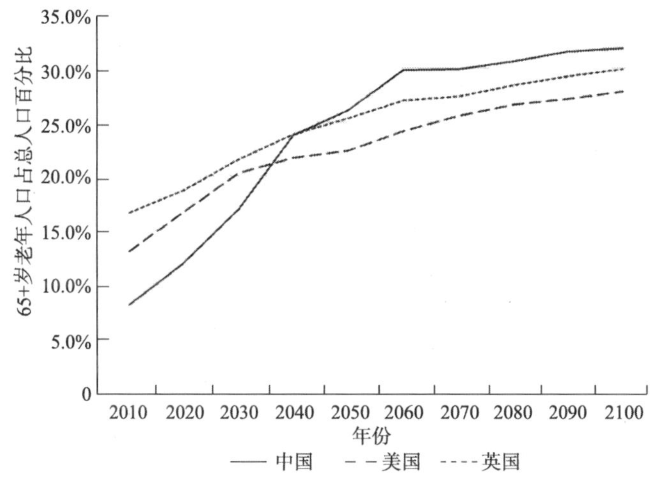

图 19.1　2010～2100 年中国、美国和英国 65+岁老年人口占总人口百分比

资料来源：根据联合国人口司 2019 年发布的中方案预测结果（UNDP，2019）

根据2000年和2010年人口普查及其他相关数据进行的深入细致的分析研究，我们估计我国 2000 年和 2010 年排除漏报后的总和生育率分别为 1.66 和 1.63 左右（曾毅，2014a，2014b），处于多数人口专家估计的 1.5～1.8 区间的低中端。21 世纪初全国各地 50 多篇生育意愿调查报告的综合分析（风笑天和张青松，2002），以及 1997～2006 年全国生殖健康大样本调查数据分析表明，中国城镇育龄妇女理想子女数超过 2 个孩子的比例在 2%左右；即使在生育意愿最高的西部农村欠发达地区，理想子女数超过 2 个孩子的农民只占 13%左右（郑真真，2004）。2010 年的"中国城乡居民生育意愿调查"结果显示，如果没有生育政策限制而由夫妇自由选择，希望生 3 个孩子的城市、小城镇和农村居民分别占调查总样本的 1.0%、2.2%和 4.9%。庄亚儿等（2014）根据 2013 年全国生育意愿调查数据分析得出我国城乡居民的理想子女数平均为 1.93。中国人口与发展研究中心于 2017 年组织的全国 31 个省区市 25 万名妇女特大样本生育调查结果表明，如果没有任何生育政策限制，我国城乡合一育龄妇女平均理想子女数为 1.96，而育龄夫妇实际打算生育子女数平均为 1.75。

世界各地众多的研究发现，许多国家出现了抽样调查反映的理想子女数生育意愿高于实际生育水平的现象（Bongaarts，2001；顾宝昌，2006）。这是因为生儿育女成本越来越高的客观现实迫使很多夫妇实际上选择少生，一些年轻人甚至选择不生；但是，考虑到繁衍后代的社会责任与道德标准，他们倾向于口头上申报不是太低（如两个孩子）的理想子女数生育意愿。显然，我国生儿育女成本大增而形成的低生育水平社会经济环境已是不争的客观现实。

我国政府于 2015 年底发布普遍允许二孩政策。然而，国家统计局公布的数据表明，我国 2016 年出生人数仅比 2015 年增长 7.9%（国家统计局，2017）；2017 年出生人数反而比 2016 年减少 63 万人，比国家卫生和计划生育委员会 2016 年研究报告的 2017 年预期出生人数（王培安，2016）少 387 万人，少于预期数 18.3%（国家统计局，2018a）；2018 年全年出生人口 1523 万人，比 2017 年减少 200 万人，即减少 11.6%（国家统计局，2019）；2019 年全年出生人口 1465 万人，比 2018 年再减少 58 万人，即减少–3.8%（国家统计局，2020），自 2017 年以来连续三年显著下降。根据各省区市统计局发布的信息，全国 31 个省区市 2018 年的出生率和出生人数均比 2017 年减少，下降幅度最大的山东省高达–24.4%。

2017 年全国样本量为 25 万名 15～60 岁妇女的生育状况调查表明，我国 2016～2017 年育龄妇女城乡合一总和生育率为 1.7（农村为 2.01、城镇为 1.48），与根据漏报可能性很小的住院分娩活产数的估计非常吻合。有学者根据国家统计局发布的 2018 年出生数比 2017 年减少 11.6%推算得到 2018 年总和生育率为 1.46 左右（梁建章和黄文政，2019）。也有学者认为，我国 2017～2018 年出生人数比 2016 年显著下降既反映了当前偏低的生育水平，也受到我国低生育水平时期出生的“80 后”“90 后”生育年龄妇女人数大幅下降及婚育年龄显著推迟的影响（黄匡时，2019）。受很低生育水平的城镇人口比例持续上升的结构性影响，我国城乡合一总和生育率将继续降低。毫无疑问，我国实行普遍二孩政策之后的总和生育率仍然大大低于更替生育水平，生育意愿仍然低迷；湖北宜昌、江苏淮安、辽宁、吉林、新疆石河子等一些地区已经陆续出台鼓励二孩的地方性政策；一些学者主张全面放开生育政策（乔晓春，2016；于长永等，2017；吴顺军和马慧芳，2019；曾毅，2018b，2021）。

19.3　我国家庭价值观逐渐弱化的状况和新加坡成功经验的借鉴

许多研究证明，中华民族以尊老爱幼、三代同堂或紧邻居住模式为特征的传统家庭价值观正受到主要来自两个方面的冲击（丁文，2001；史秉强，2007；郭于华，2001）。其一，西方“个人独立至上”思潮导致不少青年人的家庭价值观逐渐有所削弱；其二，劳动力的跨区域流动和住房条件限制等客观因素导致老年父母与成年子女的远距离分离。基于 1990 年和 2010 年人口普查的实证数据分析表明，我国 2010 年 1 人独居户和一对夫妇 2 人户占总户数的比例分别比 1990 年增长 131.8%和 171.8%，而三代家庭户比例比 1990 年下降 10.3%（Zeng and Wang，2018）。我国 2010 年 65+岁独居老人和仅与老伴一起居住的 65+岁空巢老人占 65+岁老人总数的比例分别比 1990 年增长 24.3%和 78.6%，而 2010 年与子女一起居住的 65+岁老人占老人总数的比例则比 1990 年下降 23.3%（Zeng and Wang，2018）。根据民政部发布的年度结婚对数和离婚对数，以及国家统计局发布的人口普查和 1%人口抽样调查等数据估算，我国一般结婚率[①]在 1982～2013 年有升有降，上下波动，而 2013～2018 年显著下降（图 19.2），从 2013 年的 87.0‰下降到 2018 年的 67.3‰，五年间下降了 22.6%。我国一般离婚率[②]在 1982～1997 年缓慢上升，1997～2001 年处于平稳状态；然而，2002 年以来却一直持续直线上升（图 19.3），2018 年的一般离婚率等于 2002 年的 3.3 倍。我国 20 世纪 80 年代初以来结婚率和离婚率的变化受到社会经济发展、人们观念、人口年龄结构和结婚年龄变动等各种因素的影响，而目前学界对这些复杂因素的分析解释尚未达成完全共识；但大家都认同一点：我国的家庭价值观正在逐渐弱化（丁文，2001；史秉强，2007；郭于华，2001；Zeng and Wang，2018）。

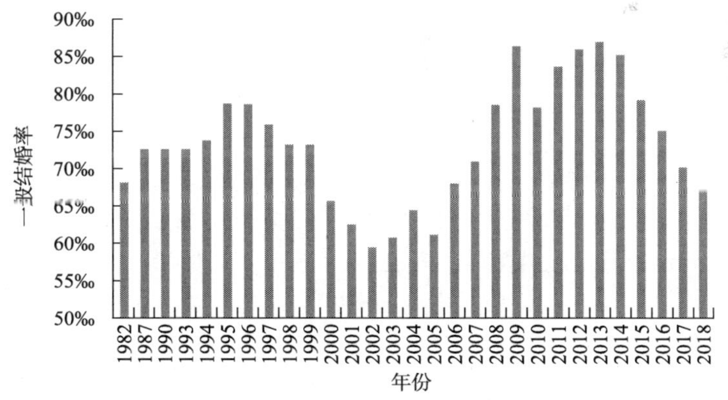

图 19.2　1982～2018 年我国的一般结婚率

1983~1986 年、1988~1989 年、1991~1992 年数据缺失

① 一般结婚率等于某年新结婚对数乘 2 再除以当年年中 15 岁以上无配偶（包括未婚、离婚和丧偶）男女合计人数，然后乘以 1000，即某年平均每 1000 位 15 岁以上男女无配偶者中的结婚人数。

② 一般离婚率等于某年新离婚夫妇对数除以当年年中 15 岁以上已婚夫妇对数，然后乘以 1000，即某年平均每 1000 对夫妇中的离婚对数。

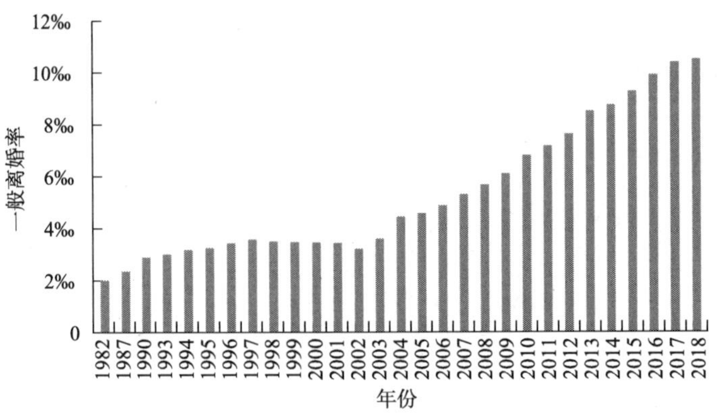

图 19.3　1982～2018 年我国的一般离婚率

1983~1986 年、1988~1989 年、1991~1992 年数据缺失

同时，学者也认为，我国传统家庭价值观虽然受到很大冲击，但其根基还在，并未走向全面衰落，多数青年人在总体上还是赞成家庭利益高于个人利益的（李银河，2011；徐安琪，2013；刘汶蓉，2011；Zeng and Wang，2018）。因此，不少学者主张，基于中华民族千年尊老爱幼家庭价值观的优良传统，只要国家和社会高度重视这一问题，大力加强宣传教育和政策导向，我国还是有可能把正在逐渐削弱的家庭价值观找回来而逐步增进家庭凝聚力的（杨善华，2011；康岚，2012；Zeng and Wang，2018）。

新加坡政府通过适当减免个人所得税，在购房和其他相关社会福利等方面给予照顾和优惠等，对老人与已婚成年子女三代同堂或紧邻居住的家庭给予可观的经济补助，取得了非常好的效果。例如，新加坡政府自 2013 年以来大力推动精心设计的“三代同堂组屋”建设，面积在 120 平方米左右，四居室，有老年父母、成年子女及孙子女各自的活动空间及两个独立厕所。新加坡建屋发展局出台实施“三代同堂优先计划”等一系列举措，为三代同堂居住家庭提供 30 000 新元购房津贴，为紧邻居住的三代家庭提供 20 000 新元购屋津贴，鼓励成年子女和年长父母三代同堂或紧邻居住，以便于互相照应（杨丹旭，2014）。抽样调查表明，新加坡 53%的已婚年轻人与父母一起或紧邻居住，68%的老年人与他们的已婚子女同住或紧邻居住（杨丹旭，2014），形成了尊老爱幼代际互助的良好社会氛围，以有效应对人口快速老化的严峻挑战。同时，新加坡政府也充分意识到，当前的超低生育水平将导致“子女短缺”，从而导致即使老年父母希望与子女一起或紧邻居住但无法实现的问题。因此，新加坡政府也在实施一系列鼓励生育的政策（Jones and Hamid，2015）。新加坡的成功经验确实值得我国学习和借鉴（梁燕君，2014）。

19.4　赴河北省灵寿县调研的启示

为了加深对我国人口家庭和生育水平状况第一手信息的了解，在河北省县乡村卫生健康委员会各级领导的大力支持下，笔者于 2019 年 8 月下旬赴河北省灵寿县进行了专题调研，受益良多，获得以下几方面启示。

（1）2017～2018 年出生人口数显著减少，在包括贫穷山区的农村地区，多数人不想生三个孩子。河北省全省和灵寿县 2018 年出生人口数比 2017 年分别减少 14.2%和 20.0%；贫困人口占 26.9%的陈庄镇 2018 年出生人口数比 2017 年减少 29.5%；贫穷山区西庄窝村干部说，即使政策允许，他们村多数人也不想生三孩，因为婚育观念发生了很大变化，养育孩子成本高而不愿多生。

（2）计生干部们反映，有的中老年人的独生子女不幸因病或山洪、车祸等天灾人祸死亡或残疾，这些失独中老年人的心理生理健康处境很惨，给社会和个人带来沉重负担，必须引起高度重视。

（3）河北省 2016～2019 年新办理发放独生子女证 14 万份。河北调研结束后，我们通过互联网检索了解到，在实施普遍二孩政策后，对于 2016 年 1 月前生一孩夫妇是否新颁发独生子女证各省做法不一；辽宁、四川、青海、湖南和贵州已全部停发，其他 26 个省区市虽然对 2015 年 12 月以后生一孩夫妇不再颁发独生子女证，但继续对 2016 年 1 月以前生一孩自愿终身不再生育夫妇颁发独生子女证。大家一致认为，继续新颁发独生子女证，实际上是在鼓励那些可以生二孩的年轻夫妇只生一孩，很不利于普遍二孩政策的全面落实。

（4）大家都十分忧虑农村经济落后地区“男光棍”较多的大问题，而“男光棍”文化程度普遍低、素质差，是社会安定的大隐患，必须引起高度重视，尽快设法解决这一重大问题。

（5）大力支持鼓励代际互助家庭模式势在必行；与会同志们都认为，主要靠社会养老来应对人口快速老化的严峻挑战是不现实的，建议由政府出台具体政策，大力鼓励成年子女与老人同住或紧邻居住的代际互助家庭模式。

19.5　促进国家发展和提高应对灾害突发事件能力

上述全国数据分析、赴灵寿县调研，以及我们书面征询湖北、浙江、广东、福建和吉林等省人口社会研究及卫生健康委员会同志们的意见结果都一致表明，普遍允许生育二孩政策实施 4 年多来，我国生育水平和生育意愿仍然偏低，即使让生育决策回归家庭，农村经济落后地区多数人也不想生三孩，不会造成人口失控。然而，人们仍然会问：如果完善人口政策让生育决策回归家庭和鼓励二孩，将带来的人口增长幅度可能有多大？将对避免劳力资源快速萎缩、缓解人口老化、降低无子女老人高风险人群比例和改善亿万家庭福祉起多大作用？为回答这些问题并提供科学依据，我们设计了 A、B、C 三个家庭人口预测方案。

（1）方案 A：假定 2020 年开始实施让生育决策回归家庭并鼓励二孩，总和生育率由 2017 年的城乡合一 1.7 增加为 2021 年的城乡合一 1.8（增长 5.9%）。

（2）方案 B：假定 2015 年底公布的现行生育政策长期保持不变和 2021～2050 年我国农村和城镇总和生育率分别保持在 2017 年水平不变。

（3）方案 C：假定现行生育政策长期保持不变，由于生育成本持续上升等种种因素，2021 年和 2030 年的城乡总和生育率分别比 2017 年下降 2%和 8%，之后保持不变。

虽然方案 A 和方案 B 假定 2021 年之后，以及方案 C 假定 2030 年之后农村、城镇总和生育率分别保持不变，但由于城镇人口比例持续增长的结构性影响，方案 A、方案 B 和方案 C 的全国城乡合一总和生育率分别将逐步下降到 2050 年的 1.66、1.55 和 1.42。关于出生期望寿命、未来城镇人口比例和其他参数的估测及其中方案假定见表 8.1。

基于上述不同方案的参数假设，应用由中国学者创建、在国际国内得到广泛认可和应用的 ProFamy 多维家庭人口预测方法及软件（www.profamy.com.cn；参阅本书第 1～4 章和第 27～28 章）（曾毅等，1998；Zeng et al.，2014），我们进行家庭人口预测分析；19.4 节、19.5 节和 19.6 节分别从促进国家发展、改善亿万家庭福祉和提升我国际竞争综合实力方面进行分析讨论。最后，我们提出关于“让生育决策回归家庭并放开三孩和鼓励二孩”和“提倡和鼓励代际互助家庭模式，把正在失落的家庭价值观找回来”等相关政策建议。

19.5.1 不同方案下人口总数与劳动力资源及其对经济发展影响的比较分析

不同方案的家庭人口预测表明，如果从 2020 年下半年开始实施的让生育决策回归家庭并鼓励二孩政策取得良好效果（方案 A），我国将在 2030 年达到 14.45 亿的人口总数峰值，然后平缓下降到 2050 年的 13.74 亿（图 19.4）。显然，让生育决策回归家庭并鼓励二孩政策绝不会造成人口失控；而生育水平更低的保持现行生育政策不变的方案 B 和方案 C 下，我国将分别在 2028 年和 2027 年达到 14.34 亿和 14.29 亿的人口峰值，随后较快下降，2050 年时分别为 13.45 亿和 13.19 亿。

我国 18～64 岁劳动力数量在 2015 年达到峰值之后以较快速度下降，2035 年之前劳动力数量变化模式在 A、B、C 三种不同方案下并无显著差异。这是因为让生育决策回归家庭并鼓励二孩政策的方案 A 下增加的新生儿童必须在 18 年以后才能进入劳动年龄。但是，在很低生育水平的方案 B 和方案 C 下，2030～2050 年劳动年龄人口平均每十年分别减少 6243 万和 6837 万，造成劳动力严重短缺；而在让生育决策回归家庭并鼓励二孩政策的方案 A 下，2035 年以后劳动力资源下降速度将比方案 B、方案 C 显著减缓（图 19.5）。

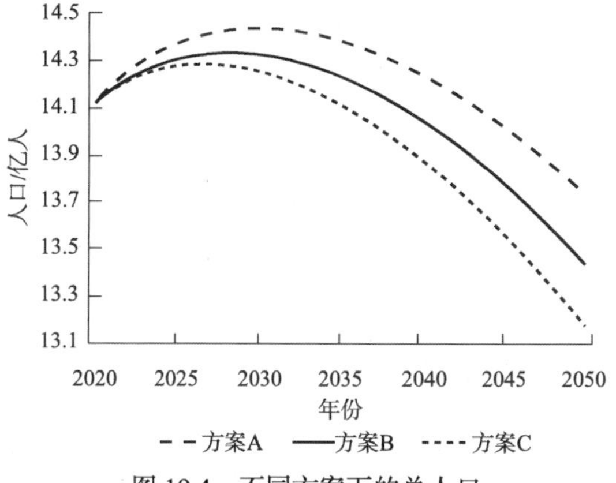

图 19.4　不同方案下的总人口

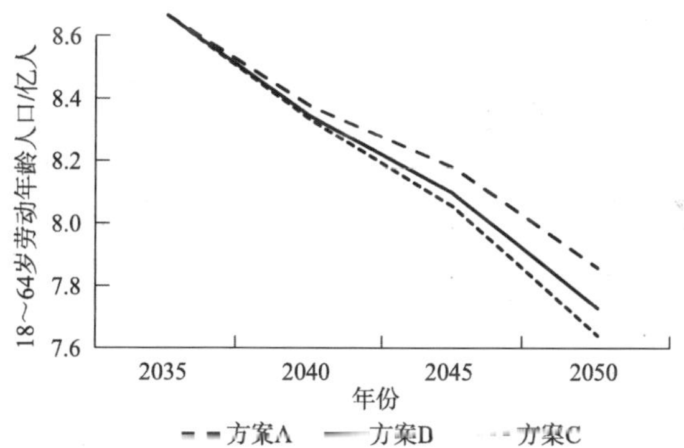

图 19.5　不同方案下的 18～64 岁劳动年龄人口

让生育决策回归家庭并鼓励二孩的方案 A 下我国 2050 年总人口分别比维持现行生育政策不变的很低生育率方案 B 和方案 C 相对增加 2900 万人（+2.2%）和 5500 万人（+4.2%），是否会因此而负面影响我国的经济发展呢？我们的答案是“恰恰相反”，主要基于下面概述的我国改革开放前后与当前人口增长与经济发展关系的客观事实。

20 世纪 70 年代末启动改革开放的 40 多年以来，我国摒弃了自我封闭和效率低下的计划经济体系，改为走社会主义市场经济发展道路。同时，由于人口惯性作用，我国 2018 年总人口比 1978 年增长 45.0%；然而，扣除物价因素后的 2018 年全国人均 GDP 是 1978 年的 25.3 倍，2018 年人均可支配纯收入是

1978 年的 24.8 倍；广大民众生活水平大幅提升，中国发生了天翻地覆的变化。

自我国 1979 年开始实行社会主义市场经济以来，虽然由于人口惯性也经历了人口规模的大幅度增长，但经济发展速度、人均收入和生活水平的提高却远远快于改革开放之前。如何解释这些与马尔萨斯人口分母决定论完全背道而驰的客观现实呢？林毅夫（2010，2013）、蔡昉和王德文（1999）等的深入研究为回答这一问题提供了理论和实证依据。改革开放之前，我国在计划经济体制下推行重工业优先发展战略，投资多但创造的就业岗位少，人浮于事、效率低下，人多成了社会的负担。然而，改革开放 40 多年来，我国充分利用劳力多而便宜的比较优势，大力发展劳动密集型产业；同时利用经济贸易发展全球化的国际市场条件，生产的产品除了满足国内市场的巨大需求外，还远销海外国际市场，价廉物美，非常有竞争力。例如，我国改革开放后经济增长较快和人民生活水平改善较大的是广东、江苏、浙江、福建、山东等人口密度较高的地区，这一现象与全球人口密度最高但经济高速发展的“亚洲四小龙”非常相似。因此，在如今生育率大大低于替代水平的市场经济新时代，生育水平提高一点和人口增加一些就不是社会负担，而将成为推动经济发展的动力（林毅夫，2010，2013；蔡昉和王德文，1999；梁建章和李建新，2012）。

许多研究表明，较大的劳动年龄人口规模对经济发展及粮食安全至关重要。例如，1982～1987 年，中国 GDP 大幅增长的 23.7%归功于快速增长的大量劳动力（蔡昉和王德文，1999）。日本 2016 年的劳动年龄人口占总人口比例比 1995 年下降 12.4%，而同一时期日本的粮食自给率下降 28.6%（侯解和侯怡，2017）。荷兰 2010 年的劳动年龄人口占总人口比例比 1990 年下降 4.8%，而同期荷兰的粮食自给率下降 28.1%①。

虽然我国经济目前仍然保持增长，但由于长期实施生育控制政策，已面临着劳动力供不应求和成本不断上涨的严峻挑战。根据蔡昉（2010）和田巍等（2013）的研究，我国的蓝领工人工资在 2004 年之后呈现指数级增长，并在 2010 年左右到达劳动力需求增长速度超过供给增长速度的刘易斯转折点。我国 2019 年的劳工成本是孟加拉国、缅甸等东南亚国家的 4～5 倍，更是埃塞俄比亚等非洲国家的 10 倍左右，许多企业，特别是中小企业面临“招不到、留不住、用不起”的用工困境。所以，我国目前在劳力密集型产品的生产上并没有比较优势，这些产业也不得不大规模转移到亚非国家，给我国工人的就业造成压力。归根到底，这是劳动力资源短缺造成的。

很低生育水平的方案 B 和方案 C 下的劳动力资源加速萎缩，除了对经济发展、粮食安全和劳工成本的严重负面影响外，还将造成参加社会养老保险缴费的青中

① 资料来源：http://ishare.iask.sina.com.cn/f/23536560.html，2012 年 3 月 16 日。

年人数大减，但领取退休养老金的老年人群仍然庞大并快速增长，使退休金缺口问题日趋严重而危及社会稳定。显然，如果我国在已经持续二十几年低生育水平的客观现实情况下，尽快完善人口政策让生育决策回归家庭并鼓励二孩（方案 A），则将会因人口总数和劳力资源比很低生育率方案 B 和方案 C 相对多一些而有利于促进经济发展。

19.5.2　不同方案下人口老化严峻挑战的比较分析

在很低生育水平的方案 B 和方案 C 下，不仅将加剧劳动力资源短缺，还将产生老年人口和不与子女一起居住的空巢老人比例偏高及随之而来的养老金赤字和社会保障困难等一系列社会经济问题。在让生育决策回归家庭并鼓励二孩的方案 A 下，老年人口和空巢老人比例虽然也将持续上升，但比方案 B 和方案 C 减缓较多，见图 19.6～图 19.7。

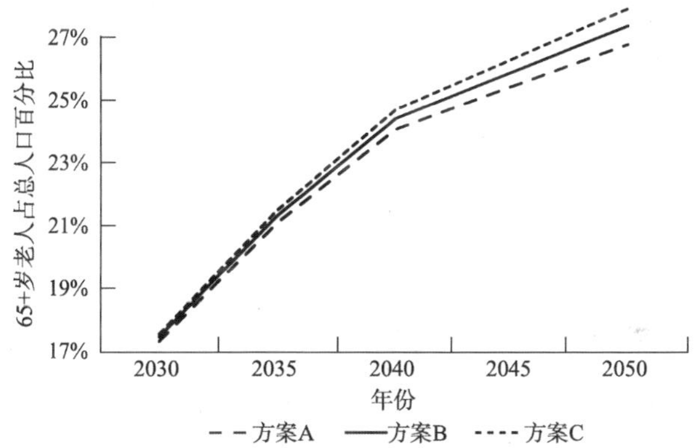

图 19.6　不同方案下 65+岁老人占总人口百分比

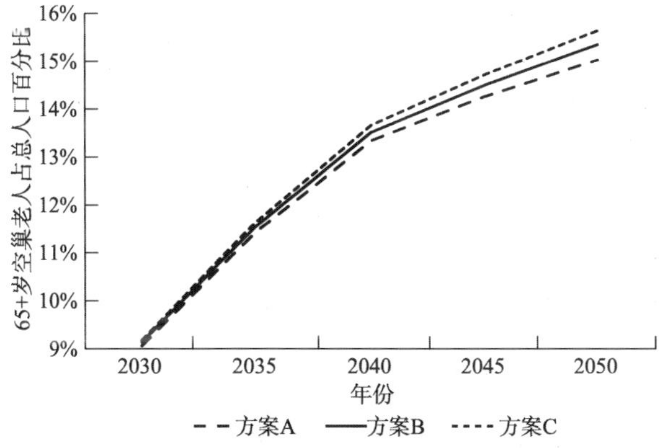

图 19.7　不同方案下 65+岁空巢老人占总人口百分比

19.5.3　提高应对灾害突发事件严峻挑战的能力

根据我国2010年人口普查数据并调整死亡漏报后得到的生命表估算，在一般正常情况下，独生子女在其母亲45岁、80岁、85岁、90岁之前死亡的平均概率分别大约为4.0%、11.6%、15.5%与21.4%。而在地震洪水和其他自然灾害及流行病暴发等灾害突发事件中，中老年夫妇子女死亡比例则要比正常情况下高得多；而只有一个子女、已无再生育能力的中老年夫妇一旦其独生子女死亡，则成为心理、生理健康非常脆弱的无子女老人，为社会和个人带来沉重的负担。独生子女的死亡给他们的中老年父母造成的长期性心理打击和健康损伤是难以估量的。

毫无疑问，无子女老人是典型的高风险人群，而让生育决策回归家庭和鼓励更多夫妇生育二孩将显著降低未来无子女老人高风险人群比例，有效提高我国应对灾害突发事件的能力。因此，我国必须尽快完善人口政策，让生育决策回归家庭，使生育水平提高一些，避免陷入超低生育率陷阱；并切实推进健康老龄化，这也是应对灾害突发事件的重要中长期对策之一。

19.5.4　避免独生子女太多对国防安全造成负面影响，促进儿童健康成长和青年发展

许多心理学家与社会学家的研究表明，独生子女在家庭中的“唯一性”、娇生惯养和“小皇帝”地位造成的心理缺陷等弊端，可能负面影响军人心理素质与国防实力及征兵难度。例如，张理义等（2013）随机选取各大军区陆、海、空兵种不同年代军人共1.08万人进行标准的心理量表测评，发现独生子女军人的行为、人际关系因子等得分显著差于非独生子女军人。衣新发等（2012）整合1990～2007年18年间的142组抽样调查数据，研究了10.87万名中国军人的心理健康状况随年代变化的趋势，发现独生子女军人的心理健康状况一直相对低于非独生子女军人。一项对驻津部队5000名海陆空及武警部队现役军人的调查也发现，独生子女军人相对于同龄非独生子女子女军人，具有想法较多但做的较少、自我评价较高、对父母的依赖性较强、相对不够习惯严格纪律约束的心理性格特征（孙燕平等，2015）。显然，让生育决策回归家庭和鼓励二孩将减少独生子女数量和比例，避免未来独生子女太多对国防安全造成负面影响。

我国和世界各国的研究证明，与独生子女的心理缺陷形成鲜明对照，日常生活中兄弟姐妹间无数的交流机会能够促进儿童心理发展、身体健康和成年以后的发展（陈英和等，2001；Mosli et al.，2016）。研究发现，兄弟姐妹互助合作可以有效地降低因提供老年照料对女性劳动参与的负面影响，还有利于充分利用更多的家庭和社会网络资源，促进职业发展和改善生活质量（陈璐和范红丽，2016；Zhang，2014）。因此，让生育决策回归家庭和鼓励二孩将有助于儿童健康成长和青年发展。

19.6　改善亿万家庭福祉

19.6.1　缓解未来数千万“剩男”找妻难的大问题

根据国家统计局公布的数据，我国出生性别比从 1982 年的 107.1 持续快速上升到 2010 年的 121.2，之后逐渐回落到 2015 年的 113.5 和 2017 年的 111.9，但仍然高出正常水平（105～106）6 个百分点，我国是世界上极少数出生性别比最高的国家之一。预计我国出生性别比将逐步回归至正常水平。但是，如国家人口和计划生育委员会 2007 年发布的《国家人口发展战略研究总报告》所述，我国 2020 年、2030 年和 2040 年婚龄男性比女性将分别多出大约 3000 万、4000 万和 4800 万（国家人口发展战略研究课题组，2007）；我国这一独特的数千万“剩男”问题是无法完全避免的，因为过去 30 多年的出生性别比偏高现象已经发生。如果我国生育水平继续长期处于很低水平，更年轻的年龄组人数大大少于年长年龄组，比相同年龄女性“多”出的数千万“剩男”们在更年轻女子中找到妻子的概率继续大大下降，这必将加剧今后众多男子找妻难大问题的严重程度（曾毅，2009）。找不到妻子的大龄“剩男”多为贫穷与文化心理素质低下者，势必严重影响社会安定和谐。因此，让生育决策回归家庭和鼓励二孩大大有利于缓解未来数千万“剩男”找妻难的大问题，也有益于国家长治久安和家庭福祉。

19.6.2　避免形成过多“四二一”家庭结构

如果多数人只生一个孩子，那么孩子们成年后肯定形成无数的一对中青年夫妇照护 4 位老年父母的“四二一”家庭；如果中青年夫妇的祖父母或外祖父母也在世，年轻人和老年人的压力和困难将更大。毫无疑问，让生育决策回归家庭和鼓励更多夫妇生育二孩可以避免形成过多“四二一”家庭结构及其所带来的家庭和社会重压。

19.6.3　促进老年人与子女“双赢”的尊老爱幼代际互助家庭模式

沈可和程令国（2012）根据北京大学 CLHLS 大样本数据的实证研究发现，控制相关协变量后，与空巢老人相比，和子女同住或紧邻居住的老人认知功能显著改善 40%，自评健康良好可能性明显升高 32.4%，生活满意可能性大幅提高 54.8%，其解释是：子女与老人经常互动交流，为老人提供更多新鲜讯息，能有效延缓老人记忆力、语言表达能力等方面认知功能的衰退，并避免老人因孤独空虚引发的焦虑抑郁情绪进而显著改善心理和生理健康。国外学者对芬兰、意大利和荷兰老年人的研究也有相似发现（van Gelder et al.，2006）。

CLHLS 数据分析还发现，与子女一起居住老人的居家人均照料现金支出比不与子女一起居住的老人低 40.4%（曾毅等，2012）；相对于与父母分隔较远居住的女性，与父母一起居住或紧邻居住女性的家务时间每周明显减少近 10 个小时，就业可能性增加 23.1%，女性和男性就业者每周工作时间分别增长 9.4 个和 6.2 个小时；与父母同住（或紧邻居住）女性自评健康良好可能性上升 19.8%（沈可等，2012b）。显然，三代同堂或紧邻居住模式既能改善老年人健康，又能有效增强父母对子女的家务协助，从而促进子女的就业和工作时数，可实现老年父母与儿女互助“双赢”（沈可和程令国，2012；沈可等，2012b；曾毅和胡鞍钢，2017）。

但是，如果多数年轻夫妇为了节省生育二孩成本选择只生一孩，即使不切实际地假设未来所有独生子女都能与老年父母一起居住或紧邻居住，那还有一半的老年父母因为子女的短缺而不得不“空巢”。因此，实施让生育决策回归家庭和鼓励二孩及代际互助家庭模式，将使老年人和子女“双赢”的可能性大大提高。

19.7 提升我国国际竞争综合实力

如图 19.1 所示，我国 65+岁老年人口占总人口比例在 2035 年后显著超过美国，中国劳动年龄人口占总人口比例将从 2010 年的高于美国 10.7%逆转为 2050 年和 2060 年分别低于美国 1.4%和 5.7%（UNDP，2019）。21 世纪，中国的最大国际竞争者除了第一大发达国家——美国之外，另一位是第二大发展中国家——印度。根据联合国 2019 年公布的世界各国中方案人口预测，我国劳动年龄人数占总人口比例将由 2010 年比印度高 18.9%变为在 2050 年与 2060 年分别比印度低 10.8%与 14.5%，老人加少儿总抚养比由 2010 年比印度低 34.8%变为 2050 年与 2060 年分别比印度高 41.7%与 50.0%；我国 2050 年与 2060 年 65+岁老人比例分别等于印度的 1.9 倍与 1.7 倍，80+岁高龄老人比例分别等于印度的 3.2 倍与 2.7 倍（UNDP，2019）。

联合国人口司的2019年中方案人口预测假定我国总和生育率由2015～2020年的 1.69（比美国当年的 1.78 低 5.1%，比印度当年的 2.24 低 24.6%）增加到 2050～2055 年的 1.75（UNDP，2019），显著高估了我国未来的生育水平，其原因在于联合国人口司的人口预测没有区分农村和城镇人口，忽略了快速城镇化带来低生育水平的城镇人口比例大幅升高而导致城乡合一总和生育率结构性下降的影响。毫无疑问，如果我国继续长期保持当前很低的生育水平（方案 B 和方案 C），今后与美国、印度等大国对比的人口发展趋势将比上面阐述的联合国人口司中方案预测严峻得多，不仅将造成我国与美国公平友好竞争的严重劣势，还将使我国与印度相比在劳动力资源与总抚养负担等方面由现在的显著优势逆转为未来的严重劣势，有可能因养老保障压力太大和劳动力资源不足而使我国的经济实力被印度抛在后面，更谈不上赶超美国。

近两年来，美国鹰派挑起中美经贸摩擦，发动了多轮对我出口美国产品征收不合理高关税的贸易战。根据余淼杰（2018）的研究，如果我国采取同等力度反制美国贸易战，同时充分发展国内生产和消费及扩大对其他国家的贸易，则可以将损失最小化；而要做到这一点的最重要支撑就是规模巨大的国内市场，这就要求我国必须避免劳力资源快速萎缩和保持稳定适度的人口增长以促进生产与消费市场发展。

20 世纪七八十年代西方反华人士攻击中国计划生育而我国国际友人支持并为中国计划生育辩护的情景截然不同，21 世纪一二十年代国际上很多中国人民的新老朋友们十分忧虑中国很低的生育水平与快速人口老化，以及不久将来劳力资源短缺的严重问题；而美国一些反华人士对我国的生育限制政策不再攻击，反而乐观其成，还利用中国人口严重老化与劳力资源趋于萎缩及这次新冠肺炎疫情流行等试图唱衰中国。显然，继续花费大量人力物力限制生育导致劳力资源加快萎缩等许多弊端，正中西方反华势力的下怀，极不利于我国应对美国鹰派挥舞贸易战大棒试图遏制中国发展的严峻挑战，是非常不明智的做法。

联合国 2015 年发布的人口政策数据库表明，全世界有 55 个国家实行包括延长带薪产假、增加托儿补助并按生育数量发放奖励补贴等旨在提高生育水平的鼓励生育政策，其中有 27 个国家的总和生育率显著高于中国，包括总和生育率大于 1.8 的美国、英国、法国、澳大利亚、土耳其、库克群岛、朝鲜、加蓬、格鲁吉亚、以色列、科威特、蒙古国、纽埃、卡塔尔国、沙特阿拉伯、土库曼斯坦和阿联酋等（UNDP，2015a）。例如，我们的邻国俄罗斯已经充分认识到人力资源对国家可持续发展的至关重要性。普京总统 2020 年 1 月 15 日向俄罗斯议会上下两院发表国情咨文[①]，一开场用了长达 5 页的篇幅讲述俄罗斯必须和如何鼓励生育。他说，俄罗斯于 2007 年起开始实施的对生育第二个及更多孩子的家庭提供补贴的“母亲资本”计划，使俄罗斯出生率显著提高，达到 2019 年平均每名育龄妇女生育 1.5 个孩子；普京总统认为，这个数字是不够的，必须继续鼓励和提高生育率，实行全国平均每个孩子从出生到 3 周岁领取国家发放的每月超过 11 000 卢布的补贴，将每个孩子享受的“母亲资本”计划补贴金额增加 15 万卢布；从 2020 年 1 月 1 日起，在加强补贴三岁以下儿童的同时，另外增加每月向三至七周岁的孩子给予资助。普京总统一再强调，必须跳出人口陷阱，使俄罗斯 2024 年的生育率达到平均每个妇女生育 1.7 个孩子的目标。

① 资料来源：《俄罗斯总统普京 2020 年国情咨文全文：苏联解体后，我们仍然有同样的雄心壮志》，https://m.guancha.cn/f-putin/2020_01_19_532168.shtml?from=timeline&isappinjuanqi= 0，2020 年 1 月 19 日。

德国政府实行每个 18 岁以下儿童享受每年 7428 欧元的免税额和每月 194 欧元的现金补贴；政府为住房面积较小家庭的每个儿童提供每年 1200 欧元的购房补贴（Bauernschuster et al.，2016）。新加坡总理李显龙指出，“新加坡万事俱备，只缺一样，那就是下一代人数不够”。他希望国人再接再厉，多多生育。为了鼓励生育，政府近年推出多项措施，提高生儿育女津贴，帮助新加坡居民负担育儿费用（Jones and Hamid，2015）。为了促进生育，多年来美国家庭每年可以根据未成年孩子个数获得免税额；美国政府在 2019 年新修订的税法中将每名儿童的税收抵免税额（child tax credit）由 1000 美元提高到 2000 美元（The Internal Revenue Service，2019）。美国各州立法设立带薪产假制度，并且保障休假期间母婴的基本生活需求（可参阅美国各州政府网站）。

毫无疑问，让生育决策回归家庭并鼓励二孩而使我国生育水平提高一些和未来的劳动力资源多一些，非常有利于提升我国与美欧和印度等大国公平友好竞争，以及在世界舞台上可持续发展的综合实力。

19.8　相关政策建议

本章上述分析讨论和其他相关研究清楚地表明，让生育决策回归家庭和鼓励二孩及放开三孩既利国又惠民，完全必要而且可行；大力提倡尊老爱幼代际互助家庭模式，真正把正在失落的家庭价值观找回来，非常有利于促进国家发展和改善亿万家庭福祉。因此，我们的建议如下。

（1）建议让生育决策回归家庭和鼓励二孩及放开三孩，包括取消对生育数量和间隔的所有限制，并奖励生育二孩。在对城乡所有生育第 1、2、3+孩实行法律和相关社会福利政策规定的带薪产假、生殖健康服务、婴幼儿保健、制止因生育对女性的就业歧视及实行弹性工作制等前提下，因地制宜对生育第二孩育龄夫妇提供适当减免税收、增加带薪产假、发放育孩津贴和提供托儿服务优惠等额外补贴措施，以鼓励更多夫妇生育两个孩子。建议对于 2016 年 1 月时女方小于 35 岁的年轻夫妇不再发放独生子女证，2016 年 1 月时已经领证的女方小于 35 岁的年轻夫妇除已施行绝育手术或医院证明无生育能力者外停发独生子女补贴，以避免仍然鼓励只生一孩而极不利于落实鼓励生育两孩政策的负面影响。

（2）大力加强和迅速改善妇产科、儿科、学前教育和生育健康管理等当前急需专业人才的培训和配套设施建设，使之适应让生育决策回归家庭和鼓励二孩及放开三孩的需要。

（3）大力加强“让生育决策回归家庭和鼓励二孩及放开三孩既利国又惠民”的宣传报道，对于当前客观存在的生儿育女成本太高等困难，多从正面角度讨论解决问题的途径，加强关于对养育孩子超高成本投入不利于孩子健康成长科学道理的宣传教育，通过社会和互联网宣传培训等各种渠道努力倡导节俭而高效的养育孩子科学途径。

（4）在托儿所、幼儿园、中小学和大学加强中华文明传统尊老爱幼、兄弟姐妹和亲友邻里和谐互助博爱的家庭社会价值观教育，努力使目前庞大的独生子女大军摒弃西方“个人至上”思潮的影响，支持帮助爸爸妈妈再生育，并终身受益于兄弟姐妹之间互相关怀帮助的亲情和家庭福祉。

（5）借鉴新加坡的成功经验，在高度重视与大力发展社会养老服务的同时，继承发扬中华民族家庭养老优良传统，尽快出台尊老爱幼代际互助家庭模式优惠政策，对于老年父母与子女同住或紧邻居住的家庭给予适当经济补助，包括：在购买和租用政府补贴住房、适当减免个人所得税和住房购置税等方面给予照顾和优惠，保障承担赡养老年父母的成年子女休假和请假照护老人的权利等。

（6）建议推进可以相对独立的老人与子女三代同堂或紧邻居住的复式单元公寓房的房地产发展，以利于解决老人与子女、孙子女在饮食、起居、电视娱乐等偏好差异方面可能引发的代际矛盾，使老人和晚辈的生活更加幸福愉快。积极鼓励支持成年子女与老人同住或近邻居住，这既有利于老人享受天伦之乐，在生病时得到适当家庭照料，还可以向子女提供照料孙子女等家务帮助，促成老人和晚辈代际互助“双赢”；建议对尊老爱幼、和谐幸福的家庭给予适当的精神和物质奖励。

当然，生育政策的进一步改革完善只是应对人口老化严峻挑战的对策之一。同时，我们建议尽快逐步提高退休年龄，这既大大有利于解决退休金缺口问题，又可以使很多 55～64 岁年富力强的中年人继续为经济社会发展做贡献，并避免虽然身体好但因无所事事而造成的心理障碍，从而改善身心健康（曾毅，2005）。同时，建议积极引导可产生更多就业机遇的第三产业（尤其是人口大规模老化催生的老年服务产业）的发展，实行鼓励支持个体私营中小企业发展等政策，创造更多工作岗位，避免因适当延迟退休年龄而影响年轻人就业的问题。从国家经济发展与社会长治久安的战略高度，建议继续下大决心，花大力气，全面深入发展农村新型养老保险，尽快实现社会养老保险的城乡一体化，使广大农民从年轻时即承担相应的参保缴费义务，年老时享受与城镇居民同样的个人账户加政府补贴的社会养老保障待遇，消除养儿防老后顾之忧，为铲除重男轻女传统陋习奠定经济社会基础（曾毅，2001）。

第 20 章　京津冀家庭人口老化趋势与特色小镇建设①

20.1　引　　言

在京津冀协同发展积极推进的大背景下，深入研究三地家庭人口老化状况和发展趋势，对推动京津冀协同应对人口老龄化意义重大。我们根据人口普查和相关调查数据，运用得到国内外普遍认可和应用的多维家庭人口预测新方法，对北京、天津和河北 2010～2050 年家庭和人口的结构变动、家庭人口老化的速度和规模等进行预测，并做京津冀之间的比较分析，对京津冀 2010～2050 年家庭人口老化水平与全国平均水平进行比较。同时，就特色小镇建设进行分析和讨论，为推动京津冀协同应对家庭人口快速老化趋势提供相关政策建议。

20.2　京津冀地区家庭人口快速老龄化的变动趋势

京津冀地区正面临严重的人口老龄化问题。我们基于 2010 年的人口普查和调查数据进行了 2010～2050 年家庭人口老龄化预测（参数估计见本章附录，预测方法见本书第 2～4 章），京津冀地区 65 岁及以上老人占总人口的百分比将迅速从 2010 年的 8.36%提高到 2030 年的 18.78%和 2050 年的 27.97%。其中，80 岁及以上高龄老人占总人口的百分比将提高五倍，从 2010 年的 1.43%上升到 2050 年的 9.01%（表 20.1 和表 20.2）。

表 20.1　2000～2050 年 65 岁及以上老人占总人口比例

项目	2000 年	2010 年	2020 年	2030 年	2040 年	2050 年
北京	8.33%	8.71%	13.11%	20.35%	28.33%	38.76%
天津	8.30%	8.52%	14.46%	22.52%	29.13%	36.81%

① 本章由曾毅（北京大学国家发展研究院教授和杜克大学老龄与人类发展研究中心教授；zengyi@nsd.pku.edu.cn）、李岚（河北省宏观经济研究所研究员；li_lan2008@sina.com）和王正联（中国人口与发展研究中心特聘研究员；wangzhenglian8886@163.com）撰写。

续表

项目	2000 年	2010 年	2020 年	2030 年	2040 年	2050 年
河北	7.07%	8.24%	12.83%	17.74%	22.04%	24.17%
京津冀平均	7.90%	8.36%	13.08%	18.78%	23.95%	27.97%
全国平均	7.08%	8.93%	13.01%	17.95%	24.93%	27.74%

表 20.2　2000～2050 年 80 岁及以上高龄老人占总人口比例

项目	2000 年	2010 年	2020 年	2030 年	2040 年	2050 年
北京	0.97%	1.54%	2.67%	3.60%	7.24%	11.19%
天津	1.05%	1.58%	2.43%	3.97%	8.27%	11.90%
河北	0.90%	1.37%	1.91%	3.14%	5.44%	8.08%
京津冀平均	0.97%	1.43%	2.11%	3.32%	6.07%	9.01%
全国平均	0.98%	1.58%	2.32%	3.49%	5.65%	9.46%

从表 20.1 和表 20.2 可以看出，随着医疗技术和生活水平的提升、人均期望寿命的提高，20 世纪五六十年代生育高峰时期出生的庞大人群将于 2020 年后步入高龄老年人口队伍，京津冀地区人口老龄化速度加快，而且三地人口老龄化水平差异较大，北京、天津两地的人口老龄化严重程度显著高于河北。

从老年人口数与劳动年龄人口数之比（老年抚养比）来看，京津冀 2010 年平均每 100 个 15～64 岁劳动年龄者负担 11 个和 12 个老人。2010～2050 年，老年抚养比将迅速提高，北京、天津、河北三地 2050 年达到平均每 100 个劳动年龄者负担 76 个、70 个和 42 个老人（表 20.3），北京、天津抚养老人的负担比河北更重。

表 20.3　2000～2050 年老年抚养比

项目	2000 年	2010 年	2020 年	2030 年	2040 年	2050 年
北京	0.11	0.11	0.19	0.32	0.46	0.76
天津	0.12	0.11	0.20	0.36	0.48	0.70
河北	0.11	0.12	0.20	0.29	0.37	0.42
京津冀平均	0.11	0.12	0.20	0.30	0.40	0.51
全国平均	0.11	0.13	0.20	0.29	0.43	0.49

2010～2050 年，老年人的居住模式变化较大。京津冀地区 65 岁及以上空巢老人（不与子女同住的老年人）占总人口比例从 2010 年的 4.69%上升到 2050 年

的 13.44%，增长将近 2 倍；65 岁及以上独居老人占总人口比例将从 2010 年的 0.66%上升到 2050 年的 2.83%，增长 3.3 倍；京津冀地区的空巢老人比例均显著高于全国平均水平（表 20.4 和表 20.5）。

表 20.4　2000～2050 年 65 岁及以上空巢老人占总人口比例

项目	2000 年	2010 年	2020 年	2030 年	2040 年	2050 年
北京	3.19%	4.73%	6.02%	9.60%	13.49%	18.33%
天津	3.47%	5.28%	6.88%	11.70%	15.52%	19.82%
河北	2.63%	4.58%	5.73%	8.17%	10.36%	11.38%
京津冀平均	3.10%	4.69%	5.92%	8.84%	11.49%	13.44%
全国平均	2.45%	4.85%	5.48%	7.83%	11.12%	12.36%

表 20.5　2000～2050 年 65 岁及以上独居老人占总人口比例

项目	2000 年	2010 年	2020 年	2030 年	2040 年	2050 年
北京	0.81%	1.64%	1.19%	1.91%	2.91%	3.86%
天津	0.75%	1.90%	1.23%	2.09%	3.25%	4.26%
河北	0.62%	0.17%	0.99%	1.56%	2.12%	2.38%
京津冀平均	0.73%	0.66%	1.06%	1.69%	2.39%	2.83%
全国平均	0.64%	1.83%	1.20%	1.63%	2.35%	2.83%

到21世纪中叶，北京、天津两地的至少有一个老人的家庭户占家庭户总数的比例将翻倍，分别从2010年的18.53%上升到2050年的56.47%和从2010年的22.54%上升到2050年的57.12%；河北的增长速度相对稍慢一些，从2010年的28.83%增长到2050年的43.50%（表20.6）。

表 20.6　2000～2050 年至少有一个老人的家庭户占家庭户总数比例

项目	2000 年	2010 年	2020 年	2030 年	2040 年	2050 年
北京	21.36%	18.53%	21.54%	31.98%	42.53%	56.47%
天津	20.24%	22.54%	25.81%	37.60%	47.53%	57.12%
河北	23.76%	28.83%	27.23%	32.70%	39.73%	43.50%
京津冀平均	21.79%	26.12%	26.00%	33.14%	41.10%	47.13%
全国平均	23.89%	27.45%	24.75%	31.10%	41.73%	46.48%

伴随着人口老龄化加剧，家庭户规模也将会发生变化，京津冀地区的家庭规模逐渐缩小。从 2010 年到 2050 年，北京的平均家庭规模将从每户 2.45 人缩小到每户 2.32 人；天津从每户 2.80 缩小到每户 2.32 人；河北缩小幅度更大，从每户 3.34 人缩小到每户 2.72 人；2010 年以后，京津冀的平均家庭规模大于全国平均水平（表 20.7）。

表 20.7　2000～2050 年平均家庭户规模　　单位：人

项目	2000 年	2010 年	2020 年	2030 年	2040 年	2050 年
北京	2.97	2.45	2.47	2.41	2.25	2.32
天津	3.30	2.80	2.61	2.44	2.29	2.32
河北	3.57	3.34	3.02	2.83	2.70	2.72
京津冀平均	3.28	3.11	2.87	2.71	2.57	2.61
全国平均	3.42	3.07	2.79	2.65	2.54	2.53

综上所述，2010～2050 年京津冀地区的人口和家庭户老龄化有以下三个特征。

（1）人口和家庭户老龄化的挑战非常严峻。65 岁及以上老人占总人口比例，尤其是 80 岁及以上高龄老人占总人口比例迅速上升，由此导致更高的老年抚养比。

（2）中国传统的代际居住安排和家庭养老模式正在弱化，越来越多的老年人不再与子女一起居住，家庭规模逐渐缩小。快速增长的老年人口无法从下一代获得足够的照料，因此要求更多的社会养老和政府支持或补贴的商业化养老服务。

（3）相比于河北省，北京市和天津市两大直辖市面临更严重的家庭人口老龄化问题和由此带来的老年照料需求和社会经济负担。

20.3　京津冀养老一体化发展协同应对家庭人口老龄化严峻挑战

2010～2050 年，京津冀地区家庭人口加快老化，老年人口尤其是 80 岁及以上高龄老人快速增长，家庭养老功能不断削弱，北京、天津人口老化程度比河北更高。这些特征对服务于老年人口的健康医疗行业及其他相关服务业、政府扶持的社会福利项目既提出了严峻的挑战，又带来了巨大的发展机遇。北京、天津、河北三地在地理和经济上紧密联系，应有效发挥其各自的比较优势和资源禀赋，联合应对人口老龄化的挑战。要通过体制机制创新，打通政策衔接渠道，打破京津冀异地养老障碍。

推广河北三河“燕达国际健康城”等京津冀养老协同发展试点单位的经验，

实现京津冀异地就医即时报销全覆盖。将北京、天津的养老政策外延至河北，与北京、天津的知名医疗机构合作共建医养结合养老机构，实现京津冀养老床位运营补贴、机构综合责任保险、医保等政策互联互通。统一京津冀社会养老服务标准，提高河北养老服务业的水平和档次。以医养结合型养老机构为突破口，鼓励三地通过共建养老医疗机构、推动养老院和护理院的对接等方式，加强三地医疗机构之间的合作。

结合非首都功能疏解，推动北京的医疗资源向河北转移，发挥北京、天津在医疗和养老方面的人才、技术、管理、资金优势，以及河北在土地和人力资源成本等方面的优势，通过京津冀联合办分院、合作共建、委托管理、管理输出等多种模式，建设跨区域的养老服务合作载体，建立一批现代化、设施齐全、针对不同消费水平人群的各类收费等级养老院，并且对京津冀地区所有老年居民开放，充分满足不同经济条件的老年人的养老需求。

随着家庭护理和社会机构护理的需求持续增加，京津冀地区对老年护工的需求也会快速增长，河北要加强对家庭护理和养老院护工的培养；发挥北京、天津两地科技、教育资源的比较优势，为京津冀地区老年照料护工提供专业教育和培训，保证京津冀地区老年人获得正规的优质健康护理服务。

20.4　协同建设一批旅游和养老产业结合的特色小镇

充分发挥北京、天津在医疗和养老方面的人才、技术、管理、资金等优势，以及河北在自然环境、山水旅游、土地与人力资源等方面的优势，通过京津冀合办，重点建设一批旅游和养老产业密切结合的特色小镇，既使京津冀地区的老人们能在绿色优美的小镇环境中颐养天年，又使在京津冀地区工作的子女和孙子女们在周末、节假日来看望老人的同时，也能游山玩水，一举多得。

建设旅游和养老产业结合的特色小镇最重要的一点是加强养老院护工的专业教育和培训，既保证老年人获得正规的优质心理生理健康护理服务，又大大提升特色小镇的吸引力。

20.5　高度重视家庭养老健康服务行业与养老机构的协同发展

京津冀地区老年人口的迅速增长将会带来对健康医疗服务及其他相关服务产业的巨大需求，尤其是高龄老人人口将急剧增长，而高龄老人最可能需要日常生活照料，他们的健康护理需求和人均护理成本也是最多的。然而，由于低生育率，每个家庭养育的孩子数量较少，老年抚养比将逐渐上升，越来越多的老年人将面临“空巢”的挑战，而成年子女很难为老年父母提供足够的照料护理。即使老年人与成年子女同住，但子女需要全职外出工作，失能老年人得到的看护照料也不足。因此，需要社会福利和商业服务机构提供形式多样的日常护理服务，政府和企业都要高度重视职业化的家庭养老健康服务行业与养老机构的协同发展，将目前仍处于初级阶段的家庭养老健康服务行业与养老机构发展得更为成熟、职业化和专业化，将家庭养老健康服务和养老院等服务项目紧密结合起来。同时，应当尽快研究制定诸如允许和扶助老年人抵押房产来获得养老健康服务和机构养老等现实可行的助老养老政策。

本章附录

北京市、天津市和河北省家庭人口预测基准年（2010 年）的按城乡、年龄、性别、婚姻状态、是否与子女同住及是否与父母同住等状态分的家庭人口数来自 2010 年人口普查的 10%微观抽样数据，占京津冀总人口的 10%。基于北京市、天津市、河北省 2010 年人口普查 10%微观数据，我们估算了按城乡、年龄、性别分的死亡率，按城乡、年龄、性别分的初婚发生/风险率，以及按城乡、年龄、孩次分的生育发生/风险率；还估算了按年龄、性别分的农村—城镇净迁移率，按城乡、年龄、性别分的迁往省外的迁移发生/风险率，以及按城乡、年龄、性别分的省外迁入本市或本省的迁入频率。按城乡、年龄、性别分的离婚和再婚模型标准发生/风险率是根据中国家庭追踪调查数据得到的，该调查的数据样本包含京津冀。基于北京市、天津市和河北省 2000 年、2010 年人口普查数据，运用 Coale（1985）提出、Stupp（1988）拓展的队列内迭代插值方法，估算了按城乡、年龄、性别分的子女离家率。

根据 2010 年人口普查数据和 2010 年北京市、天津市民政局和河北省民政厅公布的结婚、离婚总数，估计了按城乡分的一般结婚率和一般离婚率。按城乡、性别分的平均预期寿命的估算基于 1990 年、2000 年、2010 年人口普查数据，并应用趋势外推至未来预测年份。根据 2010 年人口普查数据和其他数据来源，调整瞒报漏报之后，估计了北京市、天津市和河北省 2010 年的总和生育率；这些估计与其他学者和两市一省卫生健康委员会的估计基本一致。考虑到我国已放宽计划生育政策，估计 2030 年京津冀总和生育率有所上升，随后缓慢下降。

基于人口普查及年度人口统计的时间序列数据，对北京市、天津市和河北省城镇人口比例的变化进行趋势外推。基于 1990 年、2000 年、2010 年的人口普查数据，运用趋势外推方法估测了北京市、天津市和河北省分性别的市/省外净迁入人数（即市/省外迁入人数与迁往市/省外人数之差）。假设未来迁入和迁出人口的年龄、性别分布与2010年人口普查得到的分布相同。北京市、天津市和河北省的家庭人口预测主要参数见表A20.1、表A20.2和表A20.3。

表A20.1　北京市家庭人口预测主要参数

综合参数	农村			城镇			城乡合一		
	2010年	2030年	2050年	2010年	2030年	2050年	2010年	2030年	2050年
总和生育率	1.28	1.44	1.43	1.08	1.31	1.28	1.11	1.32	1.29
男性出生预期寿命/岁	72.7	74.4	76.3	79.1	80.7	82.3	78.2	80.1	82.0
女性出生预期寿命/岁	78.0	79.4	81.1	82.9	84.4	86.0	82.2	84.0	85.7
一般结婚率	94.6‰	94.4‰	94.2‰	110.8‰	112.8‰	113.4‰	108.5‰	111.1‰	112.2‰
一般离婚率	4.9‰	5.0‰	5.0‰	8.7‰	8.8‰	8.9‰	8.2‰	8.5‰	8.6‰
城镇居民占总人口比例							86.0%	90.9%	93.8%

表A20.2　天津市家庭人口预测主要参数

综合参数	农村			城镇			城乡合一		
	2010年	2030年	2050年	2010年	2030年	2050年	2010年	2030年	2050年
总和生育率	1.28	1.44	1.43	1.07	1.31	1.28	1.11	1.32	1.29
男性出生预期寿命/岁	72.6	74.3	76.3	79.0	80.7	82.3	77.7	79.9	81.9
女性出生预期寿命/岁	76.7	78.7	80.8	81.6	83.6	85.4	80.6	83.0	85.1
一般结婚率	76.8‰	76.6‰	76.4‰	88.5‰	90.0‰	90.5‰	86.1‰	88.4‰	89.5‰
一般离婚率	5.1‰	5.2‰	5.2‰	8.4‰	8.4‰	8.5‰	7.7‰	8.0‰	8.3‰
城镇居民占总人口比例							79.4%	87.8%	92.8%

表A20.3　河北省家庭人口预测主要参数

综合参数	农村			城镇			城乡合一		
	2010年	2030年	2050年	2010年	2030年	2050年	2010年	2030年	2050年
总和生育率	2.01	2.10	2.13	1.32	1.70	1.72	1.71	1.85	1.82
男性出生预期寿命/岁	70.5	73.3	76.0	76.6	79.2	81.5	73.2	77.3	80.7
女性出生预期寿命/岁	75.6	78.1	80.4	80.4	82.8	84.9	77.7	81.3	84.2
一般结婚率	100.8‰	100.5‰	100.3‰	95.5‰	97.2‰	97.8‰	98.5‰	98.3‰	98.1‰
一般离婚率	5.1‰	5.2‰	5.2‰	8.7‰	8.8‰	8.8‰	6.7‰	7.6‰	8.3‰
城镇居民占总人口比例					67.5%	85.2%	43.9%	67.5%	85.2%

第 21 章　河北省家庭户住房需求预测[①]

21.1　引　　言

住房是反映人们生活质量的一个重要指标，而房地产行业与经济发展联系紧密，至关重要。住房不仅与人们生活水平的提高息息相关，也深深地影响着社会与经济的健康持续发展。家庭户是反映住房需求的基本单元，对家庭户规模与结构的变化如何影响未来家庭户需求的预测可以作为政府科学制定相关政策的参考，也将为房地产业健康发展与人民生活水平提高做出贡献。

中国有当今世界上最大的房地产市场。2012 年，我国房地产投资达到 3040 亿美元（The Hindu，2013），全国住房自有率将近 90%（Jiang，2012）。以往关于我国家庭户住房需求的研究很少（蒋耒文和任强，2005；杨霞和徐邓耀，2011），本章试图研究这一非常重要但却缺乏关注的课题。本章以河北省作为研究案例，我们通过一个合作研究项目获取了河北省 2010 年人口普查 10%样本微观数据。河北省地处我国东北部地区，2010 年人口约为 7185 万人，社会经济发展和城镇化居于全国中等水平（Starmass International，2009）。我们相信，对这一具有代表性的省份进行研究，不仅可以帮助人们了解河北省家庭户住房需求的一般变化趋势，也能为人们了解全国其他地区的住房需求提供重要参考信息。

需要注意的是，本章旨在探究家庭户结构和规模的变化如何影响未来住房需求，而并非对房地产业本身进行预测。在 21.2 节中，我们将简要介绍预测方法、数据来源，以及估测输入参数。我们将在 21.3 节阐述主要的预测分析结果，在 21.4 节对相关政策进行讨论。21.5 节总结本章研究的独特贡献和局限性，并对未来研究做出展望。

21.2　方法和数据

21.2.1　关于住房需求预测方法的评估

文献报道的预测未来住房需求的方法有很多。有的研究对不同的人口和经济

① 本章由曾毅教授、李岚研究员和王正联研究员撰写。作者的工作单位和邮箱地址见第 20 章首页脚注。

方案做出假设（Berson et al.，2006）；有的研究使用计量经济模型（Green and Hendershott，1996；Meen，1998；Ng et al.，2008）；有的研究采用队列方法（Myers et al.，2002；Pendall et al.，2012；Pitkin and Myers，1994）；有的研究结合了线性内插法和专家估测方法（Forrest and Leather，1998）；另有一些住房需求预测采用了家庭户预测方法（Berson et al.，2006；Nishioka et al.，2011）。以往对住房消费预测的研究方法尽管在模型中整合了多种经济和政策因素，但没有包含分年龄、性别、城乡的家庭户类型和规模的预测。而家庭户结构的不同特征对住房消费有着很大的影响，尤其是对于像中国这样在相对较短的时间内家庭户产生极大变化的国家而言。此外，尽管很多住房预测模型纳入了关于未来社会经济发展和政策的因素作为协变量，但实际上对这些因素的准确预测是相当困难的（Hendershott and Weicher，2002），尤其是对于一些正在快速发展和变迁的社会而言，这些因素不能作为最佳选择。

本章研究的一个主要目的是探索家庭户结构规模的变化如何影响未来住房需求，而不是对未来房地产业的发展进行精确预报。为了做出更符合实际且合理的住房需求预测，一个更好的方法是基于家庭户预测来进行住房需求预测，因为二者紧密相关（Gan，2010；Kennett and Chan，2011）。在本章中，我们采用多维家庭人口预测模型（详见本书第 2～4 章）来预测家庭户的住房需求。

21.2.2　数据来源、估算和参数假设

我们从 2010 年河北省人口普查微观数据中得到预测起始年份按城乡、单岁年龄、性别、婚姻状态、一起居住子女数、是否与父母一起居住，以及住在家中（家庭户）或入住机构（集体户）等状态划分的人口数据。河北省统计局的微观数据包括了不识别身份信息的 700 万人口的普查数据，即河北省 10%人口的数据。

2010 年人口普查微观数据包括了家庭户成员在普查标准时点之前 12 个月内死亡的详细信息，我们基于这些数据信息估得按城乡、单岁年龄、性别分的死亡率；同时，我们基于 2010 年人口普查微观数据估得按城乡、单岁年龄、性别分的初婚发生/风险率、孩次别生育发生/风险率，按年龄、性别分的省内城乡净迁移频率，以及分年龄、性别的跨河北省的净迁移率。以上的估算基于人口普查搜集的 15 岁以上人口初婚的年份和月份、15～50 岁女性在普查标准时点之前 12 个月内生育的孩次别和生育月份，以及普查标准时点与之前一年、五年的居住地等数据信息。

分年龄、性别的离婚和再婚发生/风险率的标准模式的估算是基于中国家庭追踪调查，该调查包含河北省数据。我们利用 2000 年和 2010 年的河北省人口普查数据，以及 Coale（1985）提出、Stupp（1988）拓展的队列内迭代插值方法，估得分城乡、年龄和性别的子女离家率。

我们根据分年龄、性别的结婚率和离婚率的标准模式，2010 年人口普查数据，以及河北省民政厅 2010 年发布的结婚和离婚数据，估得了分城乡的一般结婚率和一般离婚率。基于 1990 年、2000 年和 2010 年人口普查数据中的死亡率，以及按城乡、年龄、性别分的 1995 年和 2005 年 1%人口调查数据，我们估得了分城乡和性别的 1990～2010 年平均出生预期寿命，并外推得到 2050 年前每年的平均出生预期寿命（表 A20.3）。

2010 年的人口普查数据给出的河北省 2010 年总和生育率为 1.3，显然低估了河北省的实际生育水平。利用 2010 年人口普查 10～19 岁的数据和“反向估测”方法（即用上文估得的分性别、年龄的死亡率，调整估得的迁入和迁出河北省的人数），我们估得河北省 2000 年人口普查的 0～9 岁平均漏报率为 7.6%，再以此为参照估算 2010 年人口普查的 0～9 岁平均漏报率。我们用 2000 年人口普查数据作为育龄女性的基线数据，尝试了多种 2000～2010 年河北省总和生育率输入数据来对 2010 年 0～9 岁儿童数量进行“正向预测”。对照排除漏报后 2010 年人口普查 0～9 岁的人口数据，我们估得河北省 2010 年的总和生育率为 1.71①。这与其他学者和河北省卫生健康委员会的估测高度一致。考虑到生育政策将逐渐放宽到全面放开，我们预计河北省 2030 年的总和生育率将达到 1.85，之后缓慢降低，至 2050 年达到 1.82（表 A20.3）。

我们采用人口普查和反映人口变化的年度调查中的城镇人口比重的时间序列数据，利用简单的横断面趋势外推法，估得河北省城镇人口占总人口的百分比将在 2030 年和 2050 年分别达到 67.5%和 85.2%，见表 A20.3。我们采用 1990 年、2000 年、2010 年的人口普查数据，利用横断面趋势外推法，估得了分性别的从其他省区市（主要是我国西部和中部地区经济发展程度较低的省区市）迁入河北省的净迁移人口数。预测结果表明，净迁移人数将逐渐上升，男、女两性合计的净迁移人数从 2010 年的 230 410 人上升至 2030 年的 260 870 人，至 2050 年达到 288 970 人。我们假设未来省际净迁移人口的年龄与性别分布和 2010 年实际登记的一致。

根据河北省 2010 年人口普查 10%样本微观数据，我们估得分城乡、年龄、性别、家庭户类型和规模的住房自有率和住房租赁率②。我们定义分状态的住房

---

① 我们估得的 0～9 岁平均漏报率为 7.6%。但是，新生儿的瞒报漏报率远比其他年龄儿童（尤其是比已登记入学的 6～9 岁儿童）的漏报率更高。我们估得的河北省 2010 年 1.71 的总和生育率意味着新生儿的漏报率为 24.1%。

② 基于以下三个理由，我们对住房自有率和住房租赁率的估算中没有包括收入变量。其一，根据其他同仁和我们的研究，我们认为我国人口普查数据中自报收入的可信度和准确度不高。其二，即使假设我们能得到收入的准确分类，也很难对城乡不同年龄、不同类型和规模家庭户的未来收入变化进行预测。对收入的准确预测取决于对模型中所有协变量和参数在未来时间的变化路径的准确假设。对未来预测年份的一个错误假设，可能导致整个预测结果大相径庭（Lee and Tuljapurkar，2001）。其三，我们在预测中区分了城镇和农村，这在相当大的程度上代表了收入水平，满足了我们现阶段研究的需求。

自有率为拥有一个住宅单元（房屋或公寓）的家庭户占所有相同状态家庭户的比重；定义分状态的住房租赁率为居住在租赁住房单元的家庭户占所有相同状态家庭户的比重①。住房自有率和住房租赁率之和为 1.0。住房自有率和住房租赁率按城乡、家庭户类型和规模，以及家庭户代表年龄划分，与家庭户分类的划分完全一样。住房自有率和住房租赁率按卧室房间数量被进一步分为三类：1～2 室的住房单元、3～4 室的住房单元和 5 室及以上的住房单元②。我们假定未来住房自有率和住房租赁率保持不变，用它们乘以相应的基于多维家庭人口预测模型得出的分城乡、家庭户类型和规模、家庭户代表年龄的家庭户数量，得到未来家庭户住房需求的预测结果。

值得注意的是，我们采用了一种常用研究方法，即在预测中假设住房自有率和住房租赁率保持现有水平不变，这是因为科学理论和过去的研究不能提供预测未来变动的可靠依据（Day，1996；Smith et al.，2001；Treadway，1997）。此外，保持住房自有率和住房租赁率不变可以使我们聚焦随时间变化的人口发生率，以达到我们探究人口要素和家庭户结构的变化将如何影响未来住房需求的目的。

21.3 结果和讨论

21.3.1 家庭户住房状况概述

基于河北省 2010 年人口普查 10%样本微观数据，表 21.1 和表 21.2 中列出了按房间数量和自有或租赁形式划分的住房单元数量等综合参数，数据表明这些指标与家庭户类型和规模、城乡及家庭户代表年龄等因素密切相关。如表 21.1 所示，家庭户规模越大，越多三代同堂，则住房的房间数量就越多，但人均居住的房间数就明显减少。与中年人（35～64 岁）和青年人（35 岁以下）相比，老年人（65 岁及以上）的住房自有率更高，而且更可能拥有 1～2 室的小户型住房（表 21.2）。值得注意的是，农村居民的住房自有率为 93.2%，而城镇居民的住房自有率为 98.8%（表 21.2），这一城乡差别可能归因于三个主要因素。其一，无法承担买房重负的农村向城市迁移者在城郊的农村以较低价格租房，在人口普查中被统计为农村租赁房。其二，我国农村地区乡镇产业快速发展，吸引了很多农民工在农村低价租房居住。其三，农村地区普遍的低收入、高贫困率等导致许多农村居民无力自建或购买自有房。

① 本章探究了家庭户住房需求的发展趋势，集体户人口的住房需求不在本章的讨论范围之内。

② 与美国人口普查不同，中国的人口普查不收集住房单元卧室数量的数据，而是统计所有房间数，并不区分卧室、客厅、餐厅或是储藏室。

表 21.1　河北省 2010 年按房间数量和家庭户类型划分的住房百分比分布

家庭户类型	按房间数量分的住房单元比例					每户平均房间数	每户平均房间数
	1 室	2 室	3 室	4 室	5+室		
1 人户	18.3%	34.2%	25.5%	11.5%	10.5%	2.74	2.74
2 人户	7.9%	36.1%	28.0%	13.9%	14.2%	3.08	1.54
3 人户	3.9%	35.5%	29.0%	14.7%	16.9%	3.29	1.10
4 人户	1.8%	23.7%	25.8%	20.2%	28.5%	3.93	0.98
5 人户	0.5%	16.8%	24.8%	19.8%	38.1%	4.44	0.89
6+人户	0.3%	4.8%	14.0%	17.3%	63.5%	6.36	0.79
1 代户	28.4%	31.3%	21.9%	9.4%	9.0%	2.49	1.54
2 代户	8.9%	29.8%	29.3%	15.0%	17.0%	3.31	0.99
3+代户	1.3%	10.1%	22.1%	22.2%	44.3%	3.50	0.70

资料来源：2010 年人口普查数据

注：因数据经四舍五入，可能存在合计值不等于 100%的情况

表 21.2　河北省 2010 年按房间数量、城乡、家庭户代表年龄划分的自有房与租赁房百分比分布

项目	自有房				租赁房				总计
	1～2 室	3～4 室	5+室	合计	1～2 室	3～4 室	5+室	合计	
城乡									
城乡合计	34.6%	42.2%	18.9%	95.7%	3.4%	0.9%	0.1%	4.3%	100%
农村	37.8%	42.0%	13.4%	93.2%	5.4%	1.3%	0.1%	6.8%	100%
城镇	30.5%	42.6%	25.8%	98.8%	0.8%	0.3%	0.1%	1.2%	100%
家庭户代表年龄									
35 岁以下	36.4%	40.6%	16.6%	93.5%	5.2%	1.2%	0.1%	6.5%	100%
35～64 岁	32.7%	43.1%	20.5%	96.3%	2.8%	0.8%	0.1%	3.7%	100%
65 岁及以上	43.7%	40.7%	13.6%	97.9%	1.6%	0.4%	0.1%	2.1%	100%

资料来源：2010 年人口普查数据

注：因数据经四舍五入，可能存在合计值不等于各项加总值的情况

21.3.2　家庭户和人口动态变化趋势

我们的预测结果表明，河北省总人口在 2015 年达到 7440 万人，在 2033 年将达到最高点 7710 万人，此后，总人口将逐渐下降。2010～2050 年，河北省平均家庭户规模将呈下降趋势，而其中 1 人户所占比重大幅上升，2 代户和 3 代户所占比重有所下降。

2010～2050 年，城乡合计的单亲父母与子女户数量相较 2010 年将有显著增长。我们并未假定 2010～2050 年河北省城镇或农村离婚率呈上升趋势（表 A20.3），那么为什么预测到单亲父母与子女户数量会有较大幅增长？其中一个因素是近年来城镇地区的离婚率约是农村地区的 2 倍，且预计在未来保持不变，所以快速城镇化导致的人口结构变化将造成单亲父母与子女户的数量增长。另一个因素是关于曾毅等人首先提出并已证实的家庭人口惯性理论（Zeng et al.，2006）。不论是在 2010 年之前或之后，年轻一代的城乡队列人口的离婚率均稳定在较高水平，比同年已经走过大部分人生历程的老一代队列人口的离婚率更高。2010 年的家庭户类型数据代表着过去几十年中老一代和年轻一代队列人口生命历程的综合效应。即使 2010～2050 年离婚率保持不变，家庭户的分布也会有显著变化，因为离婚率很低的老一代队列人口将被离婚率更高的年轻一代人口所替代。这个家庭人口惯性理论与几十年前 Keyfitz（1971）提出的著名的人口动量理论相似，即在生育率等于或低于人口更替水平后，人口数量也会逐渐增多。Zeng 等（2006）基于美国的数据为家庭人口惯性理论提供了实证分析，而本章研究应用中国的数据再一次证实了这个理论。

随着人口老化速度不断加快，65 岁及以上老人和 80 岁及以上高龄老人占总人口的比重呈现出快速上升趋势，老年抚养比也显著增加。55～64 岁等快要步入老龄的劳动人口占 18～64 岁劳动年龄人口的比重也将从 2010 年的 16.65%快速上升至 2050 年的 30.09%（表 21.3）。

表 21.3 河北省 2010～2050 年家庭户和人口主要指标（城乡合计）

综合指标	2010 年	2020 年	2030 年	2040 年	2050 年
主要家庭户指标					
平均家庭户规模/人	3.34	3.02	2.82	2.70	2.66
1 人户占比	9.25%	12.54%	14.07%	15.17%	16.06%
1 对夫妇与子女户占比	45.72%	43.91%	40.29%	36.55%	34.70%
单亲父母与子女户占比	4.44%	6.85%	10.00%	12.14%	13.38%
3 代户占比	20.54%	15.29%	11.22%	9.50%	9.13%
人口和家庭户老化					
65 岁及以上老人/万人	592	971	1374	1715	1895
80 岁及以上高龄老人/万人	99	139	233	406	606
65 岁及以上老人占总人口百分比	8.24%	12.76%	17.80%	22.23%	25.06%
80 岁及以上高龄老人占总人口百分比	1.37%	1.83%	3.01%	5.26%	8.02%
65 岁及以上独居老人占总人口百分比	1.00%	1.18%	1.69%	2.44%	3.14%
家庭户代表为 65 岁及以上老人占家庭户总数百分比	8.32%	10.31%	21.13%	29.40%	33.81%
80 岁及以上独居高龄老人占总人口百分比	0.23%	0.32%	0.37%	0.66%	1.20%

续表

综合指标	2010 年	2020 年	2030 年	2040 年	2050 年
80 岁及以上只与配偶一起居住的高龄老人占总人口百分比	0.25%	0.31%	0.52%	0.96%	1.68%
少儿抚养比	29%	33%	30%	29%	31%
老年抚养比	12%	19%	28%	37%	44%
总抚养比	41%	53%	58%	66%	75%
55～64 岁人数占 18～64 岁劳动年龄人口百分比	16.65%	20.73%	23.09%	23.31%	30.09%

21.3.3　自有房和租赁房需求变动趋势

21.3.3～21.3.6 节按不同分类展示了 2015～2050 年与 2010 年相比，家庭户住房数量和比例的变化趋势预测结果。我们假设住房自有率和住房租赁率保持在 2010 年的水平不变，探究家庭户和人口规模结构的变化对未来住房需求将产生怎样的影响。表 21.4 中的预测结果显示，河北省自有房数量将从 2010 年的 1951 万套上升至 2030 年的 2549 万套，至 2050 年达到 2668 万套，分别较 2010 年上升 30.7%和 36.8%。尽管 5 室及以上的自有房的需求量远低于 1～2 室和 3～4 室的需求量，但其增长速度相对较快。河北省自有房数量将在 2045 年达到最高点，2010～2050 年，1～2 室住房需求将持续上升，而 3～4 室和 5 室及以上住房需求均在 2040 年达到最高点。

表 21.4　河北省 2010～2050 年按房间数量划分的住房数量预测（城乡合一）

年份	自有房								租赁房							
	合计		1～2 室		3～4 室		5+室		合计		1～2 室		3～4 室		5+室	
	数量/万套	比 2010 年增长	数量/万套	比 2010 年增长	数量/万套	比 2010 年增长	数量/万套	比 2010 年增长	数量/万套	比 2010 年增长	数量/万套	比 2010 年增长	数量/万套	比 2010 年增长	数量/万套	比 2010 年增长
2010	1951		705		861		385		88		69		18		2.13	
2015	2194	12.5%	771	9.4%	962	11.7%	461	19.8%	83	–5.7%	64	–7.0%	17	–5.6%	2.28	7.1%
2020	2350	20.5%	817	15.9%	1027	19.2%	506	31.4%	80	–9.1%	61	–10.7%	17	–5.6%	2.33	9.4%
2025	2462	26.2%	854	21.1%	1072	24.5%	535	39.1%	78	–11.4%	59	–14.1%	16	–11.1%	2.21	3.4%
2030	2549	30.7%	890	26.2%	1105	28.3%	554	43.9%	76	–13.6%	57	–16.3%	16	–11.1%	2.14	0.5%
2035	2626	34.6%	917	30.1%	1130	31.2%	579	50.5%	64	–27.3%	48	–29.6%	14	–22.2%	1.97	–7.5%
2040	2673	37.0%	946	34.2%	1145	33.0%	582	51.2%	62	–29.5%	47	–31.8%	13	–27.8%	1.87	–12.2%
2045	2684	37.6%	956	35.6%	1145	33.0%	582	51.2%	60	–31.8%	46	–33.5%	13	–27.8%	1.75	–17.9%
2050	2668	36.8%	957	35.7%	1137	32.0%	574	49.0%	58	–34.1%	44	–36.2%	12	–33.3%	1.64	–23.0%

预测结果表明，2010～2050 年对租赁房的需求总体上将持续下降。租赁房数量将从 2010 年的 88 万套下降至 2030 年的 76 万套，至 2050 年达到 58 万套，分别较 2010 年下降 13.6%和 34.1%。对 1～2 室租赁房的需求下降最为显著，其次是 3～4 室租赁房需求的下降（表 21.4）。如 21.3.1 节的讨论和表 21.2 所示，河北省农村的租赁率比城镇要高，反映了我国农村向城镇迁移者在城郊的农村以较低价格租赁住所的情况，也反映了农村地区乡镇产业快速发展吸引了农民工在农村租房居住的情况。此外，以老年人为代表的家庭户比以年轻人为代表的家庭户的租赁率明显更低。所以，2010～2050 年的城镇化快速发展和人口快速老化将导致租赁房需求量呈显著下降趋势，尤其是 1～2 室的租赁房，而自有房需求量将持续上升。21.3.4 节和 21.3.5 节中将详细讨论未来城镇地区和老年人家庭户的住房需求上升，以及农村地区和年轻人家庭户的住房需求下降，这将进一步佐证我们的这一解释。

21.3.4　农村和城镇居民住房需求

由于城镇和农村的住房需求存在明显差异，因此，我们分别对城镇和农村的自有房和租赁房需求进行预测。由于城镇化的快速发展，城镇的自有房需求将会持续高速增长，而农村的自有房需求将大幅度减小。预测结果表明，2030 年和 2050 年河北省的城镇自有房数量相比 2010 年将分别增长 87.4%和 129.2%（表 21.5），1～2 室、3～4 室和 5 室及以上户型的自有房数量都将增加，其中小户型数量增加尤为显著（图 21.1）。2030 年和 2050 年，农村自有房数量相比 2010 年将分别减少 16.6%和 40.2%（表 21.5），而且农村所有户型的自有房的需求都会减小，见图 21.1。另外，2030 年和 2050 年城镇租赁房需求较 2010 年将分别增加 110.0%和 90.0%，见表 21.5；而农村租赁房需求将分别下降 30.8%和 51.3%，见表 21.5 和图 21.2。

表 21.5　河北省 2010～2050 年按城乡划分的住房预测

年份	自有房				租赁房			
	农村		城镇		农村		城镇	
	数量/万套	比 2010 年增长	数量/万套	比 2010 年增长	数量/万套	比 2010 年增长	数量/万套	比 2010 年增长
2010	1064		887		78		10	
2015	963	–9.5%	1231	38.8%	65	–16.7%	18	80.0%
2020	949	–10.8%	1401	57.9%	59	–24.4%	21	110.0%
2025	925	–13.1%	1537	73.3%	56	–28.2%	21	110.0%
2030	887	–16.6%	1662	87.4%	54	–30.8%	21	110.0%
2035	756	–28.9%	1869	110.7%	42	–46.2%	22	120.0%
2040	730	–31.4%	1943	119.1%	41	–47.4%	20	100.0%
2045	687	–35.4%	1997	125.1%	40	–48.7%	21	110.0%
2050	636	–40.2%	2033	129.2%	38	–51.3%	19	90.0%

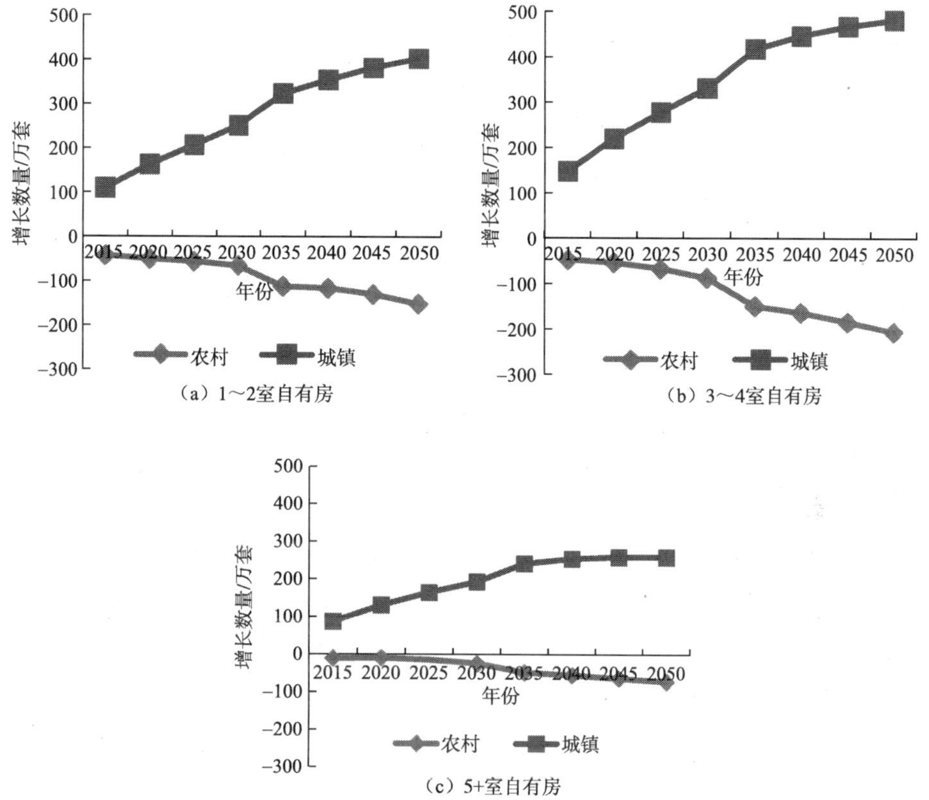

增长数量/万套
年份
农村
城镇
（a）1～2室自有房
（b）3～4室自有房
（c）5+室自有房

图 21.1　河北省 2015～2050 年相比 2010 年城乡自有房数量变化

增长数量/万套
年份
农村
城镇
（a）1～2室租赁房
（b）3～4室租赁房

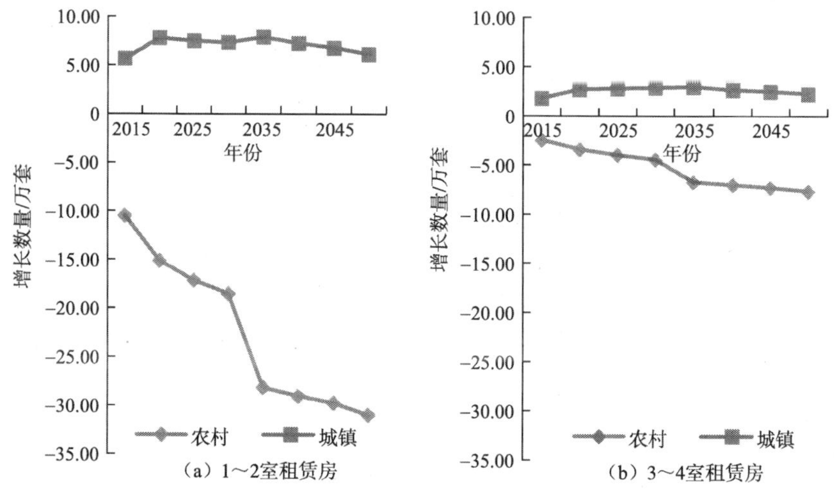

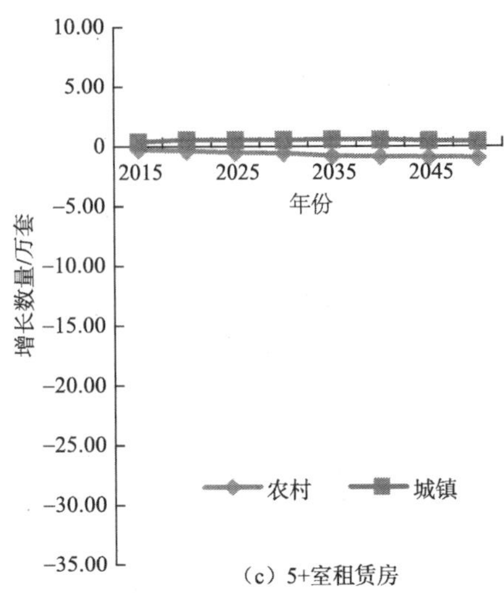

图 21.2　河北省 2015～2050 年相比 2010 年城乡租赁房数量变化

21.3.5　住房需求的老龄化

预测结果表明，2010～2050 年家庭户代表年龄为 65 岁及以上的老年住户自有房需求量将快速增长。年龄为 35～64 岁的中年家庭户的自有房需求量将先上升后下降，35 岁以下的青年家庭户的自有房需求量呈下降趋势。在 2030 年和 2050 年，老年家庭户的自有房需求量将分别较 2010 年增长 228.3%和 447.6%，见表 21.6 和图 21.3。

表 21.6　河北省 2010～2050 年按家庭户代表年龄划分的住房需求预测（城乡合一）

年份	自有房						租赁房					
	<35 岁		35～64 岁		65+岁		<35 岁		35～64 岁		65+岁	
	数量/万套	比 2010 年增长	数量/万套	比 2010 年增长	数量/万套	比 2010 年增长	数量/万套	比 2010 年增长	数量/万套	比 2010 年增长	数量/万套	比 2010 年增长
2010	513		1272		166		356		491		35	
2015	673	31.2%	1340	5.3%	181	9.0%	386	8.4%	409	−16.7%	34	−2.9%
2020	627	22.2%	1476	16.0%	246	48.2%	352	−1.1%	408	−16.9%	45	28.6%
2025	444	−13.5%	1641	29.0%	377	127.1%	287	−19.4%	420	−14.5%	69	97.1%
2030	368	−28.3%	1636	28.6%	545	228.3%	272	−23.6%	389	−20.8%	95	171.4%
2035	410	−20.1%	1511	18.8%	705	324.7%	231	−35.1%	293	−40.3%	117	234.3%
2040	429	−16.4%	1452	14.2%	791	376.5%	239	−32.9%	252	−48.7%	128	265.7%
2045	403	−21.4%	1451	14.1%	830	400.0%	242	−32.0%	233	−52.6%	128	265.7%
2050	356	−30.6%	1403	10.3%	909	447.6%	229	−35.7%	220	−55.2%	127	262.9%

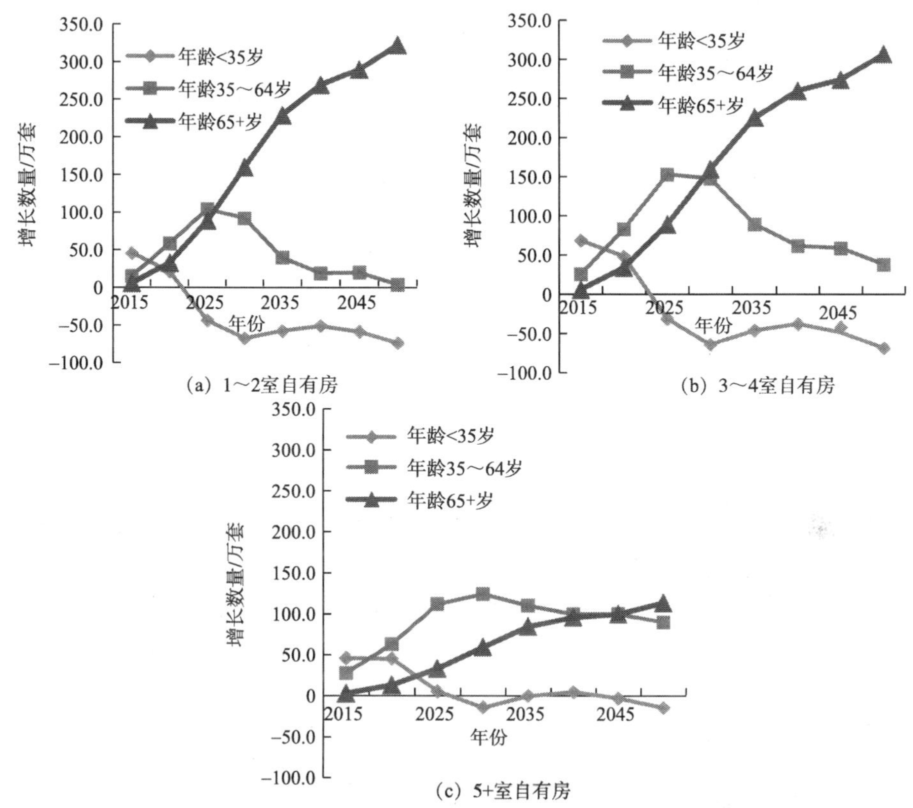

(a) 1～2室自有房

(b) 3～4室自有房

(c) 5+室自有房

图 21.3　河北省 2015～2050 年相比 2010 年按家庭户代表年龄分的自有房数量变化

由于人口快速老化，年轻人所占比重逐渐下降，35 岁以下的青年家庭户和 35～64 岁的中年家庭户的租赁房需求将持续下降。2030 年，青年家庭户和中年家庭户的租赁房需求量将分别较 2010 年下降 23.6%和 20.8%；2050 年，二者的租赁房需求量将分别下降 35.7%和 55.2%。然而，65 岁及以上老年家庭户的租房需求将大幅增加，在 2030 年和 2050 年将分别较 2010 年增长 171.4%和 262.9%（表 21.6 和图 21.4）。

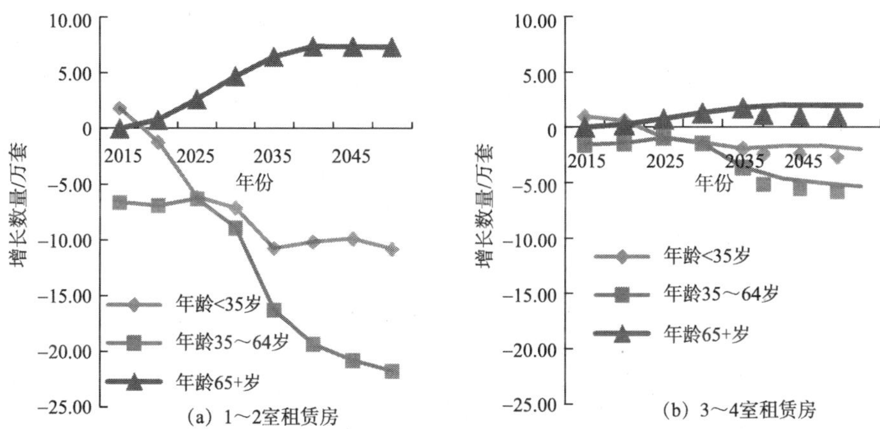

(a) 1～2室租赁房

(b) 3～4室租赁房

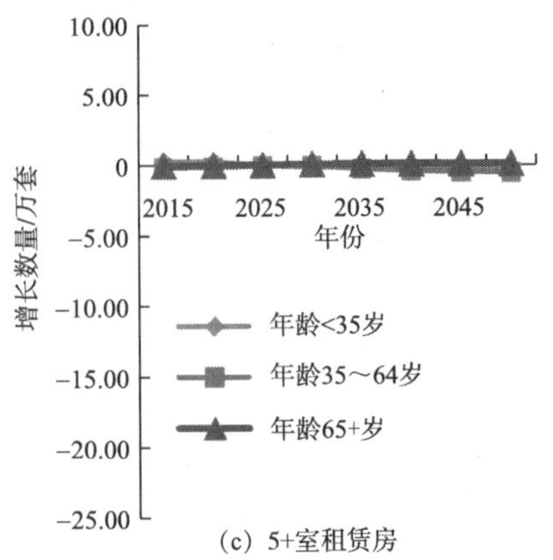

(c) 5+室租赁房

图 21.4 河北省 2015～2050 年相比 2010 年按家庭户代表年龄分的租赁房数量变化

毫无疑问，河北省住房需求的老龄化是家庭人口老化的结果，这一现象应得到政府和房地产业的高度重视。

21.3.6 不同家庭类型的住房需求

预测结果表明，2010～2050年，三代户的比重将下降。因此，三代户的自有房需求将会下降，到2030年和2050年分别下降29.1%和39.9%，一对夫妇与子女家庭户的住房需求在2025年前将缓慢增长，之后开始逐渐下降，但仍是家庭户类型中住房需求最大的一类而其他家庭户类型的自有房需求都将以不同幅度上升（表21.7）。2010～2050年，河北省一人家庭户的自有房需求将显著增加，从2010年的176万套上升至2030年和2050年的350万套和422万套，分别上升98.9%和139.8%。在6种家庭户类型中，自有房需求相对增长幅度最大的是单亲父母与子女家庭户，到2030年和2050年将分别较2010年上升194.3%和311.5%（表21.7）。如21.3.2节所述，城镇化的快速发展和家庭人口惯性理论（Zeng et al.，2006）可以解释单亲父母与子女家庭户自有房需求大幅度上升的现象。

表 21.7 河北省 2010～2050 年按家庭户类型划分的自有房需求预测（城乡合一）

年份	一人家庭户		一对夫妇家庭户		一人与其他成员家庭户		一对夫妇与子女家庭户		单亲父母与子女家庭户		三代户	
	数量/万套	比 2010 年增长	数量/万套	比 2010 年增长	数量/万套	比 2010 年增长	数量/万套	比 2010 年增长	数量/万套	比 2010 年增长	数量/万套	比 2010 年增长
2010	176		362		36		881		87		409	
2015	262	48.9%	391	8.0%	37	2.8%	980	11.2%	118	35.6%	405	-1.0%

续表

年份	一人家庭户		一对夫妇家庭户		一人与其他成员家庭户		一对夫妇与子女家庭户		单亲父母与子女家庭户		三代户	
	数量/万套	比 2010 年增长	数量/万套	比 2010 年增长	数量/万套	比 2010 年增长	数量/万套	比 2010 年增长	数量/万套	比 2010 年增长	数量/万套	比 2010 年增长
2020	287	63.1%	460	27.1%	41	13.9%	1035	17.5%	160	83.9%	366	−10.5%
2025	322	83.0%	516	42.5%	46	27.8%	1049	19.1%	206	136.8%	324	−20.8%
2030	350	98.9%	573	58.3%	49	36.1%	1031	17.0%	256	194.3%	290	−29.1%
2035	373	111.9%	628	73.5%	54	50.0%	1010	14.6%	299	243.7%	262	−35.9%
2040	398	126.1%	656	81.2%	57	58.3%	980	11.2%	325	273.6%	257	−37.2%
2045	414	135.2%	666	84.0%	58	61.1%	950	7.8%	343	294.3%	253	−38.1%
2050	422	139.8%	657	81.5%	59	63.9%	927	5.2%	358	311.5%	246	−39.9%

概而言之，一代户的自有房需求增长速度比二代户和三代户更快。2030 年之前，在一代户中 3～4 室的自有房需求数量增长速度最快；一人家庭户中 1～2 室自有房需求增长速度最快；一对夫妇家庭户中 3～4 室自有房需求增长速度最快；一对夫妇与子女家庭户中 5 室及以上自有房需求增长最快，见图 21.5。

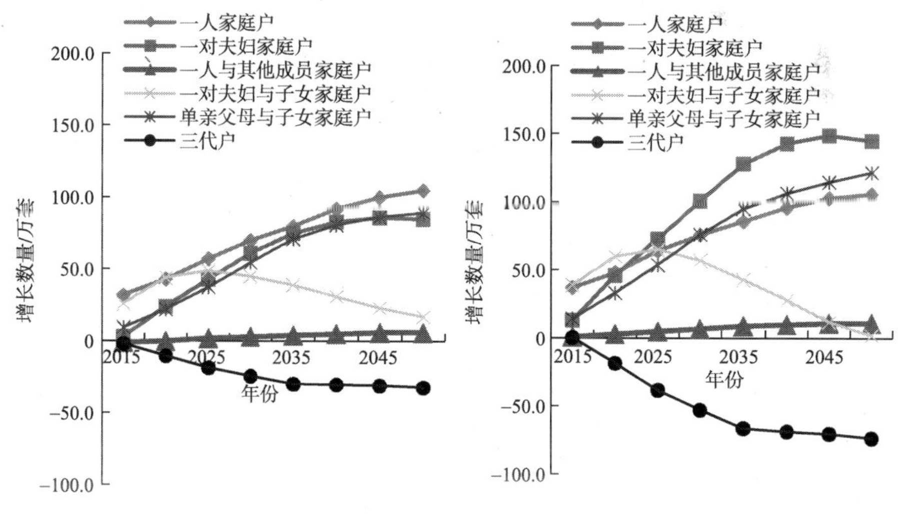

(a) 1～2室自有房　　(b) 3～4室自有房

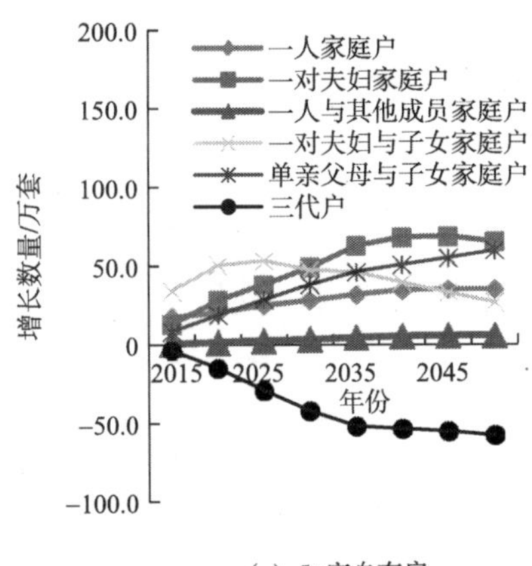

(c) 5+室自有房

图 21.5　河北省 2015～2050 年按家庭户类型划分的自有房需求较 2010 年的变化趋势

21.4　相关政策思考

前面阐述的河北省家庭户和住房需求预测结果表明，2010～2050 年家庭户和人口的动态变化将导致城镇自有房需求不断上升、农村自有房需求不断下降。其中，城镇居民对 3～4 室自有房需求的增长最大，而此类住房在农村地区的需求的减小也最为显著。2035 年前，城镇地区租赁房需求量会增多，之后缓慢下降，而 2010～2050 年农村地区租赁房需求量将持续减少。

未来的住房需求趋势将随家庭户类型的不同而不同。一代户和二代户的住房需求将快速上升。1人家庭户中对1～2室自有房的需求增长最快；一对夫妇家庭户中对3～4室自有房的需求增长最快。由于三代户占所有家庭户的比例将大幅减小，因此对住房（尤其是多房间的大户型住宅）的需求也将减小。

65 岁及以上老人的住房需求将呈快速上升趋势。随着人口老化速度不断加快，65 岁及以上老人对自有房和租赁房的需求都将快速大幅上升：2030 年和 2050 年，老年家庭户的自有房需求量将分别较 2010 年增长 228.3%和 447.6%，租赁房需求量将分别较 2010 年增长 171.4%和 262.9%。年龄为 35～64 岁的中年家庭户的自有房需求量将先上升，至 2025 年达到顶点后开始下降，而中年家庭户租赁房需求量将一直保持下降趋势。年龄在 35 岁以下的青年家庭户的自有房和租赁房需求将在 2015 年后总体呈下降趋势。毫无疑问，未来老年人口的增长将成为河北省住房需求上升的主要动力。

本章的分析对河北省乃至全国的政府和房地产业根据未来家庭户人口变化特征进行政策规划调整和住房投资都非常有价值。例如，本章人口预测最显著的结果是随着人口加速老化，老年人将成为住房需求的主力军。在制订未来房地产行业和住房投资计划时，要充分考虑未来家庭人口老龄化的发展趋势，增建各类便利老人日常生活和室内外活动辅助设施的住房、季节性住房、社区服务中心等，建设老年友好型社区。由于未来老人的住房需求将大幅上升（表 21.6），且三代同堂的传统家庭观念逐渐削弱，我国政府和房地产业应考虑鼓励支持成年子女与老人一起居住或紧邻居住的模式，科学设计老人和年轻晚辈各有相对独立活动空间的紧邻居住“复式单元”公寓房，促使老人与子女互相帮助，满足老人与晚辈在饮食起居、电视娱乐等方面的不同偏好，促成老人晚年生活幸福愉快和儿孙晚辈受益的“双赢”。除本章研究外，其他一些研究也为这种能促进代际紧密关系的双赢理念和多代一起居住“复式单元”公寓房的居住安排提供了理论和实证研究支持（沈可，2011；Zeng et al.，2013a）。

为满足和改善人们的住房需求，应根据农村、城镇住房特点和人口社会经济条件，大力推进经济适用房的建设。要注重优化投资结构，减少对需求下降的大户型住房的投资，增加对需求上升的中小户型住房的投资。例如，预测所得的未来小家庭户逐渐显著增加的趋势和三代户逐渐减少的趋势表明，对特大户型住房的投资和建设应相应减少，重点增加小户型住房的建设。

21.5　成果、局限和未来研究展望

本章采用多维家庭人口预测模型预测分析了处于全国社会经济中等水平的河北省未来按城乡、年龄、家庭户类型规模和房间数量分的住房需求。我们的预测分析利用了常规可得的人口数据，包括 2010 年人口普查 10%样本微观数据（样本量为 700 万人口）。本章的预测和分析用定量的方法展示了家庭户和人口的结构与规模对未来住房需求将产生怎样的影响。尽管本章研究并非对房地产业的准确预报，但它对政府及住宅产业政策分析和未来公共服务战略规划制订，以及私营部门市场潜力研究都有帮助。

但是，本章研究中的预测分析也存在一些重要局限，需要在未来研究中进一步探索。首先，由于篇幅限制，我们在此仅按照房间数量和其他一些主要家庭户代表特征对自有房和租赁房需求的一般趋势进行大致分类，包括城乡、老中青大年龄组、主要家庭户类型等。这些结果是从分类更为详细的分房间数量的自有房和租赁房数量的预测结果中汇总得到的。今后对已经得到的住房需求更加详细的预测结果，如按城乡、5 岁年龄组、婚姻状态、详细的家庭户类型和规模及居住安排的预测结果，进行全面深入的进一步分析和讨论，可以对学术研究、政府规划、商业市场战略分析等做出贡献。

其次，如引言指出，本章旨在探讨家庭结构和规模的变化如何影响未来住房

需求，而非对房地产业的准确预报。房地产市场与社会经济水平、财富、生活方式、政府规章制度等相关，而这些因素并未包括在多状态预测模型内（Cohen et al.，2003；Koklic and Vida，2009）。今后的进一步研究可以考虑在我们的多状态模型框架下，利用时间序列分析方法来预测未来家庭人口和住房消费综合参数，而这些综合参数可以通过利用社会经济、财富、生活方式、政府规章制度等其他与住房有关的协变量的时间序列数据的回归分析来预测。当然，需要注意的是，预测结果的准确性取决于对预测模型中适当选择协变量的未来时间路径的合理假设，包括过多协变量的超复杂模型可能适得其反，带来更多、更大的误差。

再次，本章阐述讨论了以随时间变化的人口事件发生/风险率为输入的中方案预测，未包括灵敏度分析。中方案预测是对未来发展趋势一个较为合理的评估，因为未来的不确定性使我们无法准确预测未来参数变动的方向和程度（Smith et al.，2001）。但是，在未来更深入的研究中需要开展灵敏度分析，乃至进一步创新概率家庭人口预测新方法。

最后，我们再一次强调，对未来 20 年及以内的预测可以用于商业和政府制订规划，但对未来 20 年以后的预测不确定性较大，只能用于模拟分析参考。因此，本章中对 2010～2030 年的预测结果可作为住房市场战略和相关社会经济分析和规划的研究依据，但 2030 年后的预测结果仅可用于模拟分析参考。这种模拟分析结果可以回答在学术和政策分析中假定的某种情况下，人口事件对河北省未来家庭户住房需求变化趋势的影响，但不能视为对房地产业规划的依据。

第 22 章　河北省家庭户能源消费预测分析及政策建议[①]

22.1　引　言

国际国内相关研究表明，随着经济的发展、人口老龄化趋势的加剧、家庭户规模的减少、户数的增加，家庭户能源消费在社会能源总消费中的比重将会上升。为此，我们对河北省未来 40 年家庭户用水、电、燃料的需求进行了预测，为政府调整能源结构的科学决策提供参考依据。本章 22.2 节概述研究家庭户能源消费的重要意义，22.3 节和 22.4 节分别阐述和讨论数据来源和方法及预测分析结果，最后我们提出并讨论相关政策建议。

22.2　研究家庭户能源消费的重要意义

22.2.1　家庭户的增长是拉动能源消费的重要因素

在我国能源消费总量中，居民家庭户直接能源消费所占比例逐渐升高，且越来越重要，家庭户直接能源消费所占比例 2010 年为 10.1%，而 2014 年增长到 11.1%，4 年增长了 1 个百分点。从国际经验和经济理论来看，伴随着收入增长、工业化、城市化、家庭户规模缩小、家庭户数量增长等发展趋势，家庭户直接能源消费所占比例还会继续增长。例如，美国 2015 年的家庭户直接能源消费占能源消费总量比例高达 21.1%（EIA，2019）。

近年来，国际学术界逐渐形成了一个基本共识：在研究能源消费，尤其是居民家庭户直接能源消费时，应以家庭户作为单位进行分析（MacKellar et al.，1995；Liu et al.，2003）。人们与能源相关的消费行为，如烹饪、取暖、制冷和私人交通，都是以家庭户为单位进行的，而非个人消费行为。即使没有人口增长，家庭

① 本章由曾毅教授、李岚研究员和王正联研究员撰写。作者的工作单位和邮箱地址见第 20 章首页脚注。

户规模缩小带来的家庭户数量增加也会拉动能源消费的增长。1970～1990 年，发达国家大约有 3/4 的能源消费增长是家庭户数量增长导致的，人口增长只能解释 1/4（MacKellar et al.，1995）。然而，国内学术界对这一重要问题的研究仍然十分薄弱。例如，仅就河北省能源消费而言，Liu 和 Zhu（2011）搜集了河北省农村家庭户调查数据，探讨了影响居民能源消费的主要因素。Liu 等（2011）估计了能源消费、CO_2 排放和经济增长之间的关系。但是，这些文献只是侧重对家庭户能源消费的基本模式和主要特征的分析，没有分析家庭户数量增长和结构变化对能源消费的影响，更缺乏对未来几十年人口和家庭户与能源消费的预测和分析。

22.2.2　研究河北家庭户能源消费可以为京津冀协同发展科学决策提供依据

本章分析预测河北省居民家庭户能源消费对京津冀协同发展具有重要意义。在京津冀地区，河北省地域最广，人口最多，能源消费总量也最高。2015 年，河北省的能源消费总量几乎是北京和天津能源消费总量之和的两倍。而且随着家庭户能源消费占比的提高，家庭户能源消费变化对总的能源消费影响越来越大。因此，预测河北省居民家庭户能源消费将弥补家庭户能源消费数据资料的欠缺，填补此类研究的空白，帮助了解京津冀地区能源消费量的变化趋势，为京津冀协同发展的能源政策设计提供科学可行、信息丰富的实证依据。

河北省经济年鉴中只有生活能源消费统计数据，如果用这一指标替代家庭户能源消费情况，可以看出，2010～2015 年，河北省居民直接能源消费在能源消费总量中所占比例由 9.98%上升到 11.54%，比 2010 年高出 1.56 个百分点，增长速度比全国平均水平高出 56 个百分点。人均居民直接能源消费从 2010 年的 363.6 千克标准煤上升到 2015 年的 456.7 千克标准煤，5 年间增加了 93.1 千克标准煤，增长了 25.6%，远远高于河北省同时期的人口增长率 3.2%。而 2010～2015 年，河北省家庭户数量增长了 11.3%，从 2039 万户增长到了 2270 万户。可以看出，河北省人口增长与居民直接能源消费增长的相关度不高，只能解释居民直接能源消费增长的一小部分，而家庭户数的增长与居民直接能源消费增长高度相关，可以解释大部分居民直接能源消费的增长。毫无疑问，与人口增长相比，家庭户数量的增长是拉动居民家庭户直接能源消费增长更重要的因素。

22.3　数据来源和方法

根据 2010 年人口普查和相关人口调查数据，我们应用 ProFamy 多维家庭人口预测方法（参见本书第 2～4 章），分析预测未来分城乡、年龄和家庭规模结构的各类家户的数量。根据从统计部门搜集的农村、城镇居民年度调查数据，我们估计了分城乡、户主年龄、性别、家庭规模结构的各类家户水、电、燃料平均消费量，并假设按年龄、性别、家户规模结构分的各类家户平均水、电、燃料消费量不变，而预测未来年份水、电、燃料消费需求。

需要注意的是，我们采用了社会科学应用研究和政策分析中常用的方法，即在预测起始和终止年份区间内假设目前各类家户的平均能源消费量不变。因为经济理论和过去的实证数据都没有为预测未来户均能源消费量的变化提供可靠的科学依据，所以假定按各类家户特征细分的户均能源消费量不变是目前预测分析的最优选择（Day，1996；Smith et al.，2001；Treadway，1997）。另外，假设各类家户的能源消费量不变，也使得我们集中注意力研究各类家户结构和规模特征的变化如何影响未来居民家户能源消费需求，这符合本章研究的主要目的。

22.4 预测分析结果

22.4.1 根据家庭户预测居民能源消费发展趋势比根据人口增长预测更加准确

为了验证根据家户结构规模变化预测居民能源消费的重要性，我们分别以家户特征变化和人口增长变化预测居民能源消费，并比较预测结果。用不同类型和不同规模的家户数量预测数据分别乘以各类家户的户均能源消费，可推算出以家户特征变化预测的居民能源消费总量。用人口预测数据分别乘以人均能源消费，可推算出以人口变化预测的居民能源消费总量（图 22.1～图 22.3，其中电主要用于家庭照明和家用电器，燃料包括家庭炊事用柴草、煤炭、天然气、液化气等）。

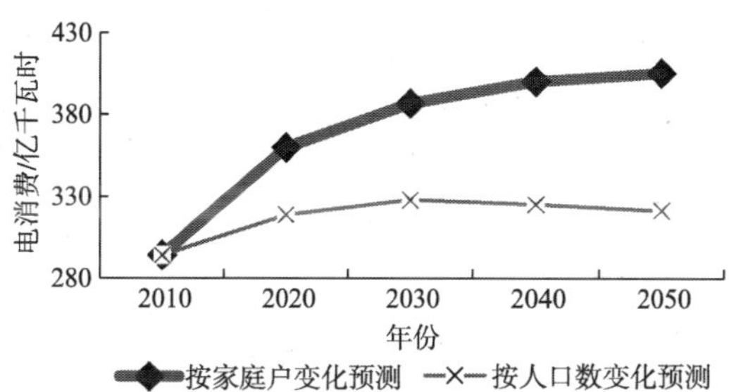

图 22.1 2010～2050 年河北省根据家庭户和人口的电消费预测结果比较

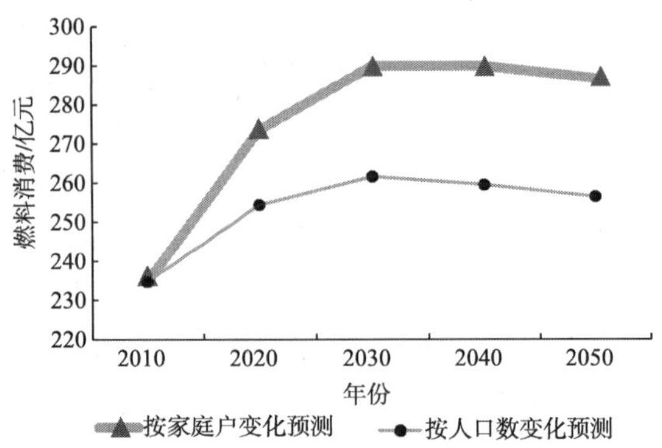

图 22.2　2010～2050 年河北省根据家庭户和人口的燃料消费预测结果比较

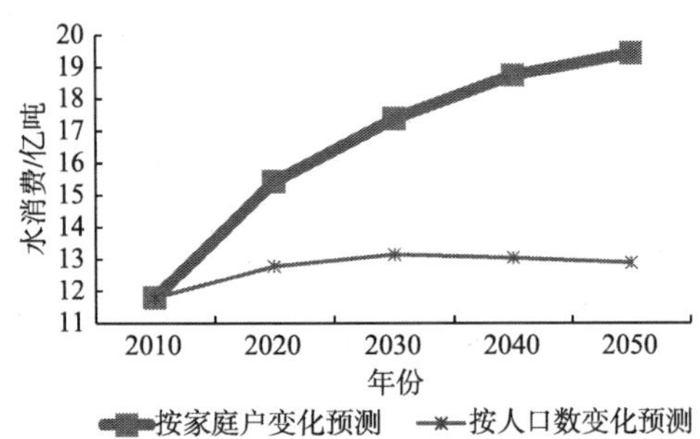

图 22.3　2010～2050 年河北省根据家庭户和人口的水消费预测结果比较

由图 22.1～图 22.3 可以看出，仅以人口变化预测居民能源消费总量严重低估了未来河北的居民能源需求。这是因为目前人口规模的增长速度很慢，而且在 2035 年左右将会变为负增长（即人口减少），但是能够真正反映居民能源需求的家庭户数量在未来 40 年内仍会持续增长。因此，在家用能源消费预测中，考虑不同类型规模的家庭户数量变化是至关重要的。只考虑人口数量变化将严重低估能源消费增长，并对能源政策制定和可持续发展规划带来负面误导影响。

22.4.2　居民家庭户水、电、燃料消费需求的增长趋势

我们预测了 2010～2050 年这 40 年河北省居民家庭户水、电、燃料消费需求量的增长趋势（图 22.4）。由图 22.4 可以看出，在未来的 40 年内，河北省居民家用能源消费增长最快的是水，其在 40 年内将增加超过 60%，其次是电和燃料。

22.4.3　按家庭户规模分类的未来居民能源消费需求预测

从河北省 1 人户、2 人户、3～4 人户、5 人户及以上家庭户的能源消费看

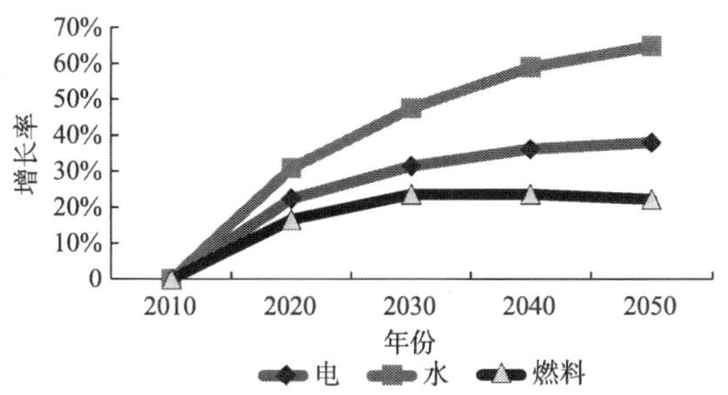

图 22.4　2010～2050 年河北省居民电、水、燃料消费预测的增长率

（图 22.5），2 人户的电、水和燃料消费需求增长最快，2010～2050 年将分别增长 160%、181%、121%。其次是 1 人户，这主要是因为未来 1 人户、2 人户的数量将快速增长。3～4 人户的能源消费将大体维持不变，5 人户及以上家庭户的能源消费在 2010～2050 年将下降 40%～50%。可以看出，未来 40 年居民能源消费增长主要是 1 人户、2 人户这些小型家庭户数量的增加而导致的。这个趋势将导致更高的人均居民直接能源消费。因为更小的家庭户规模意味着共同分享住房、家电、交通工具的家庭户人数较少，降低了能源使用的效率。

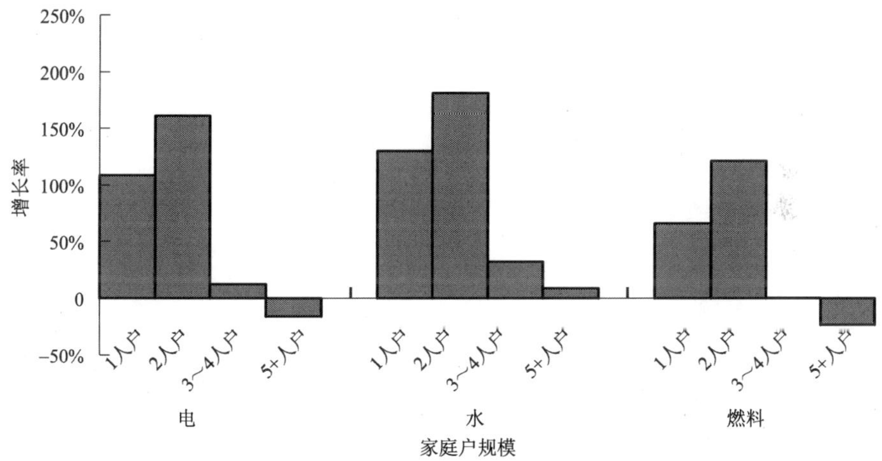

图 22.5　按家庭户规模分类的河北省 2050 年家庭户能源消费比 2010 年的增长率

22.4.4　按城乡分类的未来居民能源消费需求预测

从城乡分类看（图 22.6），未来 40 年，河北省城镇地区的电、水、燃料需求量比 2010 年增长 137.8%、137.7%和 153.8%。城镇化进程导致大量农民进城务工落户，农村地区的需求量将大幅下降。

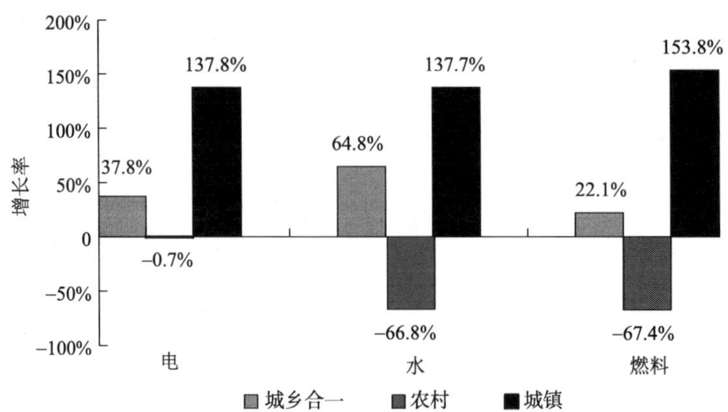

图 22.6　按城乡分类的河北省 2050 年家庭户能源消费比 2010 年的增长率

22.4.5　按家庭户代表年龄分类的未来居民能源消费需求预测

从不同年龄的家庭户代表分组看，我们将家庭户代表年龄分为 15～34 岁的青年户、35～64 岁的中年户和 65 岁及以上的老年户三个类型，并预测未来 40 年的能源消费情况（图 22.7）。结果显示，2010～2050 年，老年人家庭户的能源消费量将大幅增长。一方面是由于老年人居家时间更长，所以不仅老人所需的更稳定的室内温度会导致较高的取暖和空调家庭户能源消费量，而且用水和使用其他燃料方面水平也较高；另一方面是老年家庭户的数量将快速大幅上升，成为未来居民能源消费增长中的主力军。未来 40 年，35 岁以下家庭户的能源消费将显著减少。

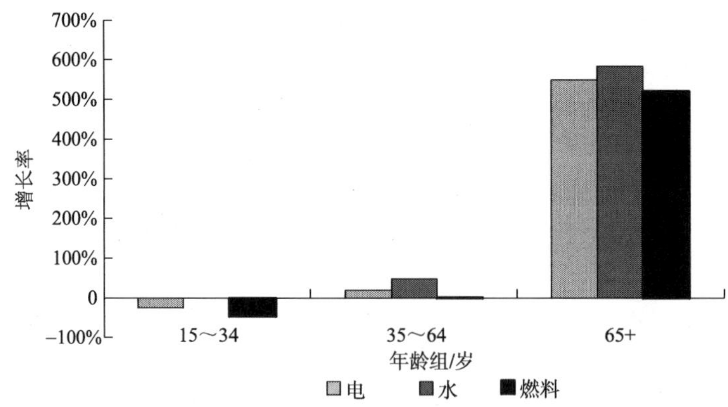

图 22.7　按家户代表年龄分类的河北省家庭户 2050 年能源消费比 2010 年的增长率

22.5　相关政策建议

从对河北省以家庭户特征变化和人口增长变化预测居民能源消费中可以看

出，仅以人口变化预测居民能源消费总量会严重低估未来居民对能源的需求。在家用能源消费预测中，考虑不同类型规模的家庭户数量变化是至关重要的，这样才能更加客观、真实地反映能源消费需求增长变化，为能源政策制定和可持续发展规划提供准确依据。

由于家庭户能源消费状况统计数据的缺失，政府和社会各界对家庭户能源消费逐渐增长的态势缺乏了解。建议有关方面加强对家庭户能源统计数据的收集和研究，完善家庭户用能情况的统计方法制度，开展家庭户能源消费调查，以获取更加精准的家庭户用能统计数据，为各级政府科学制订能源消费规划和政策提供依据。

为了应对未来 40 年人口和家庭户变化带来的挑战,建议专门制订家庭户能源消费方面的规划，实现家庭节能和能源消费总量的控制，促进家庭能源消费方式的转变。重视发展与家庭户能源消费相关的绿色建筑、家庭节电、节水装置、降低能耗装置、绿色能源装置，支持家庭户节能、绿色能源发展技术创新和技术推广使用，为全社会节能降耗水平的提升做出贡献。

第 23 章　我国未来家庭金融资产和负债需求规模及结构预测分析[①]

23.1　引　　言

新中国成立以来，由于社会经济的快速发展及计划生育政策的作用，我国以世界前所未有的速度完成了现代人口转变过程。在这一过程中，我国不仅实现了经济体制和经济增长方式的优化改革，而且形成了富有生产性的人口年龄结构，使国民财富和家庭财富都得到了快速增长和积累。但是，由快速人口转变带来的“劳动年龄人口推动型”经济增长方式只是暂时性的，随着人口预期寿命的不断延长及生育率长期保持较低水平，我国人口金字塔底部人口比例不断缩小、顶部人口比例不断扩大，使得人口老龄化现象在国民生活水平尚未达到足够富裕的情况下提前到来，形成了“未富先老”的发展模式。

考虑到社会发展和宏观经济的基本单元是微观家庭，微观家庭经济活动不仅受到宏观经济发展的影响，还能通过规模效应聚合成宏观力量反作用于宏观经济。所以，在人口老龄化不断加深的背景下，未雨绸缪地研究我国家庭金融资产及负债问题，并基于科学合理的预测方法，判断未来我国家庭金融资产及负债需求规模和结构的变化趋势，具有重要的现实意义。

通过梳理国内现有研究可以发现，我国学者在家庭金融研究方面起步相对较晚，研究内容多关注家庭金融资产，对家庭负债和未来相关预测的研究尚属空白。现有研究中较有代表性的包括：人口特征因素对家庭持有金融资产的影响研究（郭琳，2013）；我国家庭人口结构与家庭金融资产配置间的关系研究（吴卫星和李雅君，2016）；“两孩政策”下多生一个孩子对不同结构家庭持有金融资产的影响研究（卢亚娟和刘澍，2017）；家庭成员的年龄结构对家庭金融资产配置的影响研究（谢绵陛，2017）；人口老龄化对家庭金融资产配置决策的影响研究（陈丹妮，2018）。本章基于微观调查数据并借助 ProFamy 家庭人口预测软件研究我

① 本章由朱宇博士（中国人民人寿保险总公司战略规划部；zhuyulse@163.com）和刘爽教授（中国人民大学社会与人口学院）撰写。

国未来金融资产和负债需求变化趋势，将填补国内现有家庭金融领域研究的空白，具有重要的学术和现实意义。

23.2 研究方法

对于未来我国宏观金融资产和负债需求规模及结构的预测，需要两方面基本信息，即各预测年份以家庭户代表年龄和家庭规模结构（含一人户、一对夫妇户、一对夫妇与子女户、单亲父或母与子女户、3+代户）为特征的各类家庭户对各类金融资产及负债的平均持有量，以及各预测年份所对应的按家庭户代表年龄和家庭规模结构分的各类家庭户数量，通过将这两类数据分别一一对应相乘，再将所有年龄组的所有家庭规模结构类型所得结果加总，可得所求年份我国家庭户对各类金融资产和负债的持有量，分别计算它们占合计数的百分比即可求得相应类别金融资产和负债的结构。其中，按家庭户代表年龄和家庭规模结构分的各类家庭金融资产及负债持有量通过微观调查数据求得，按家庭户代表年龄和家庭规模结构分的家庭户数量预测值通过 ProFamy 家庭人口预测软件计算求得。利用 Profamy 家庭人口预测软件进行家庭户预测的方法不仅考虑到了未来家庭户的年龄分布变化情况，而且考虑到了家庭规模结构变化情况，使得最终对宏观金融资产和负债的需求预测更加准确，这也是 ProFamy 多维家庭人口预测方法优于传统户主率预测方法的独特之处。

由于数据限制，我们只能假定 2010～2050 年（2010 年为预测起始年份）我国按家庭户代表年龄和家庭规模结构分的各类居民家庭对各类家庭金融资产和负债的平均持有量不会发生剧烈改变，且该平均持有量代表各类家庭对各类金融资产和负债的平均需求水平。实际上，该假定方法在国外利用家庭户预测进行的相关研究中并不少见。例如，Prskawetz 等（2002）在利用 1997 年奥地利 1%抽样调查数据预测未来汽车需求的研究中，就是假定未来以家庭户代表年龄和家庭规模结构分的各类家庭对汽车的平均需求量保持抽样调查年份计算出的平均水平不变，通过与未来预测年份相应各年龄、各家庭规模结构类型的家庭户预测数量分别相乘，汇总乘积得到预测年份全国汽车总需求量。Smith 等（2008）在其关于美国家庭户代表年龄和规模结构分布变化背景下住房需求预测研究中，也假定未来各年龄组和家庭规模结构类型的家庭户对住房的需求保持最近一期普查数据中所求平均水平不变，通过与未来预测年份相应各年龄组各家庭规模结构类型的家庭户预测数量分别相乘，汇总得到预测年份美国住房总需求量。

23.3 数据来源及变量选取

如 23.2 节所述，对于未来我国家庭户金融资产和负债需求规模及结构的预测需要获得两方面信息，即按家庭户代表年龄和家庭规模结构分的各类金融资产、负债平均持有量信息，以及未来按家庭户代表年龄和家庭规模结构分的家庭户数量分布信息。其中，前者信息来自西南财经大学中国家庭金融调查与研究中心于 2019 年 12 月发布的中国家庭金融调查 2017 年数据（CHFS① 2017）。该数据分为三部分：家庭部分、个人部分和个人地域信息部分。其中，家庭部分包含 40 011 个家庭户样本，个人和个人地域信息部分各包含 127 012 个个人样本，样本覆盖了全国 29 个省（自治区、直辖市），355 个县、区、县级市，以及 1428 个村，具有全国代表性。经筛选，最终用于本章研究分析的有效样本中城镇家庭 16 099 户（其中男性家庭户代表 11 537 人，平均年龄 55.48 岁；女性家庭户代表 4562 人，平均年龄 57.14 岁），农村家庭 22 434 户（其中男性家庭户代表 19 201 人，平均年龄 54.21 岁；女性家庭户代表 3233 人，平均年龄 56.52 岁）。

考虑到 CHFS 2017 相关数据的可得性及研究需要，本章选取了家庭金融资产中最核心的五类金融资产（货币资产、股票资产、债券资产、基金资产、其他金融资产）和家庭负债中最核心的五类家庭负债（房贷、车贷、教育负债、医疗负债、消费负债）进行研究。为了充分发挥 ProFamy 家庭人口预测软件开展家庭规模结构预测的优势，本章将家庭规模结构类型划分为：一人户、一对夫妇户、一对夫妇与子女户、单亲父或母与子女户、3+代户共五类进行研究。考虑到五类家庭规模结构与年龄组、五类家庭金融资产、五类家庭负债及未来预测年份的交叉组合太多，无法一一进行图表展示，本章将阐述和讨论：①区分家庭户代表年龄分布和家庭规模结构类型的我国当前各类家庭户对五类家庭金融资产及五类家庭负债的年龄别平均持有量变化情况；②不区分家庭户代表年龄分布但区分家庭规模结构类型的我国未来各类家庭对五类家庭金融资产和五类家庭负债总需求规模的变化情况。

家庭人口预测所需数据与本书第 3 章“ProFamy 多维家庭人口预测所需数据和估算”要求一致，具体用到了 2010 年人口 10%的微观数据和 100%的汇总数据、北京大学中国家庭追踪调查（China family panel studies，CFPS）2010 年、2012 年、2014 年、2016 年和 2018 年共五期调查整合后的数据（参见本书第 7 章）；全国分城乡和年龄组的多维家庭人口预测结果（参见本书第 8 章）。

① CHFS 英文全称为 China household finance survey。

23.4　基于中国家庭金融调查（2017 年）数据的分析

23.4.1　当前我国家庭金融资产及负债平均持有量的年龄别变化情况

图 23.1 展示了我国居民家庭对五类家庭金融资产平均持有量的年龄别变化情况。从图中可以看出，货币资产在各年龄组的平均持有量都明显高于其他各类家庭金融资产，且呈较明显的“U”形年龄别变化特征，这表明家庭户在低龄阶段，由于结婚、生育子女等原因，对持有安全性高、流动性好的家庭金融资产倾向较高；当步入工作年龄阶段时，由于家庭财富积累及子女相继成年，家庭风险抵抗能力增强，表现出安全性家庭金融资产持有量降低的特点；当进入高龄阶段时，由于养老安排及收入水平的降低，安全性家庭金融资产持有量再度升高。整体形成了较有特点的年龄别变化轨迹。与安全性家庭金融资产变化特点相反的是风险性家庭金融资产，这里包括股票资产、债券资产、基金资产和其他金融资产，其中，股票资产、其他金融资产的“驼峰状”特征较为明显；债券资产、基金资产的“驼峰状”特征较为平缓。

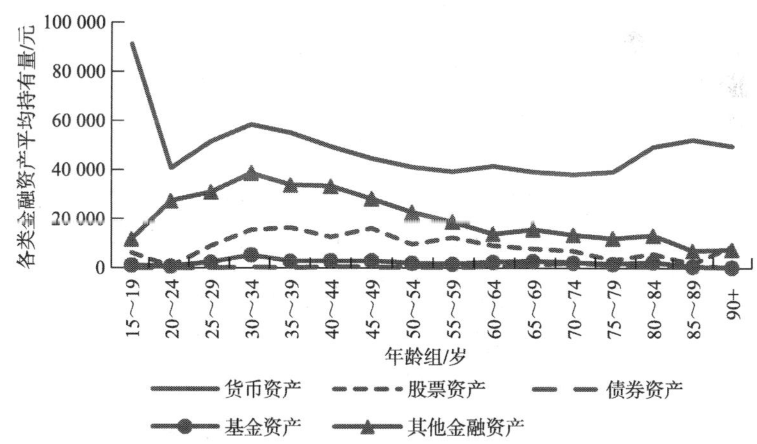

图 23.1　我国按家庭户代表年龄分的五类家庭金融资产平均持有量

资料来源：中国家庭金融调查（2017 年）

图 23.2 展示了我国居民家庭对五类家庭负债平均持有量的年龄别变化情况。从图中可以看出，房贷是我国家庭负债中最核心的部分，持有量远高于其他各类家庭负债，呈现出集中在家庭户代表 50 岁以前的“驼峰状”特点；车贷整体变化波动不大，呈较为平缓的“驼峰状”；教育负债呈现出家庭户代表在接受高等教

育年龄阶段骤增的特点；医疗负债主要集中在家庭户代表中高龄阶段，呈较明显的“驼峰状”；消费负债呈现出集中在家庭户代表低龄阶段的“驼峰状”特点。

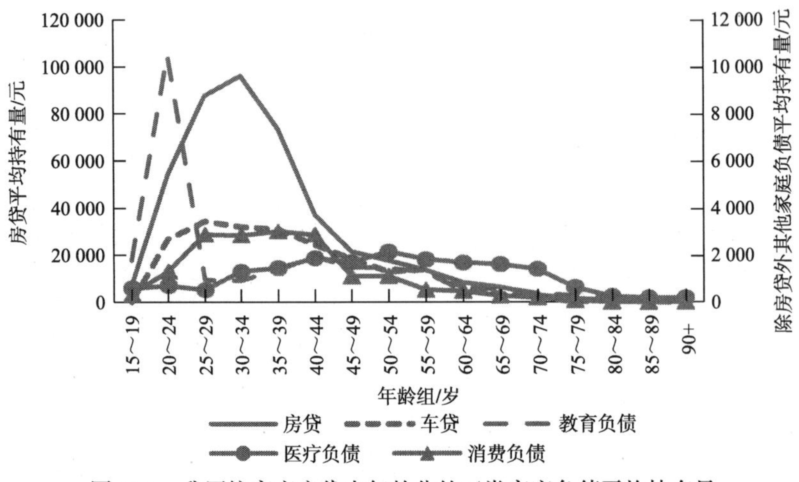

图 23.2　我国按家庭户代表年龄分的五类家庭负债平均持有量

资料来源：中国家庭金融调查（2017 年）

23.4.2　我国按家庭户代表年龄和家庭规模结构分的五类家庭金融资产及负债平均持有量变化情况

对于不同家庭规模结构及不同家庭户代表年龄阶段的家庭而言，由于家庭经济目标、生活需求、抗风险能力不同，其对各类家庭金融资产和家庭负债的平均持有量也各不相同，因此，本节进一步对家庭类型进行细分，考察不同规模结构类型家庭所持有的五类家庭金融资产和家庭负债的家庭户代表年龄分布变化情况。其中，家庭金融资产变化情况如图 23.3 所示，家庭负债变化情况如图 23.4 所示。

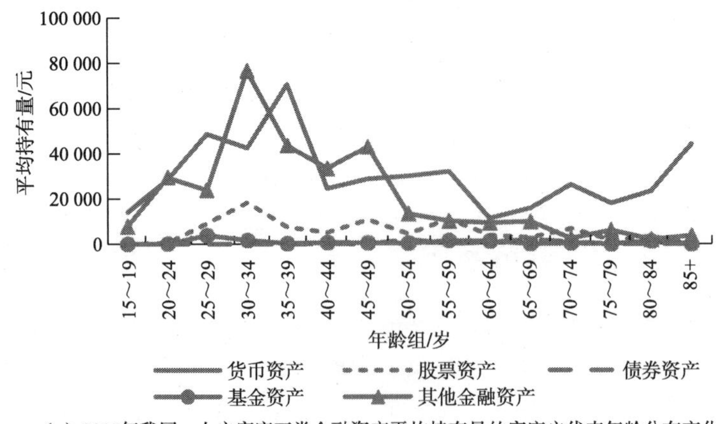

（a）2017年我国一人户家庭五类金融资产平均持有量的家庭户代表年龄分布变化

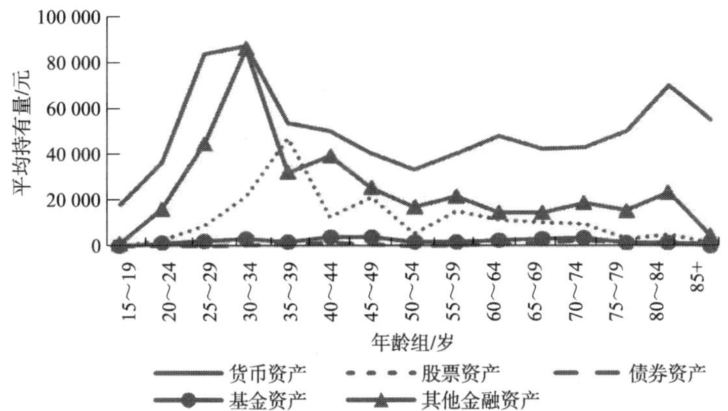

（b）2017年我国一对夫妇户家庭五类金融资产平均持有量的家庭户代表年龄分布变化

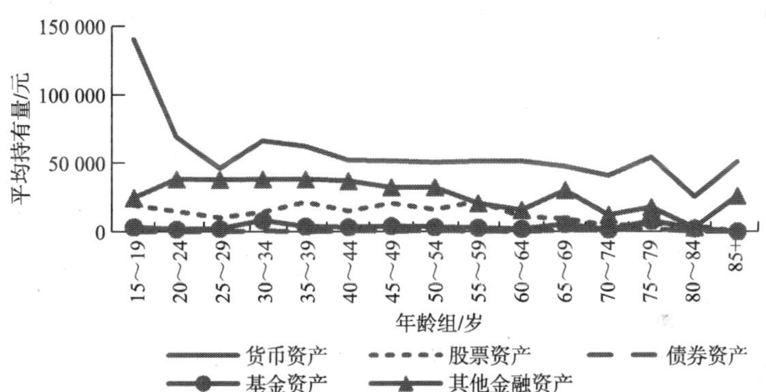

（c）2017年我国一对夫妇与子女户家庭五类金融资产平均持有量的家庭户代表年龄分布变化

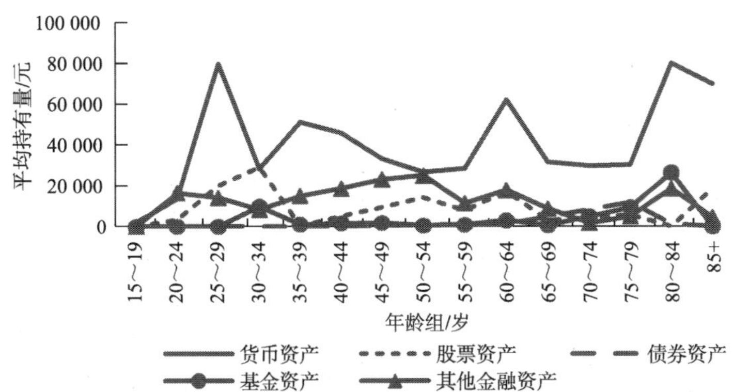

（d）2017年我国单亲父或母与子女户家庭五类金融资产平均持有量的家庭户代表年龄分布变化

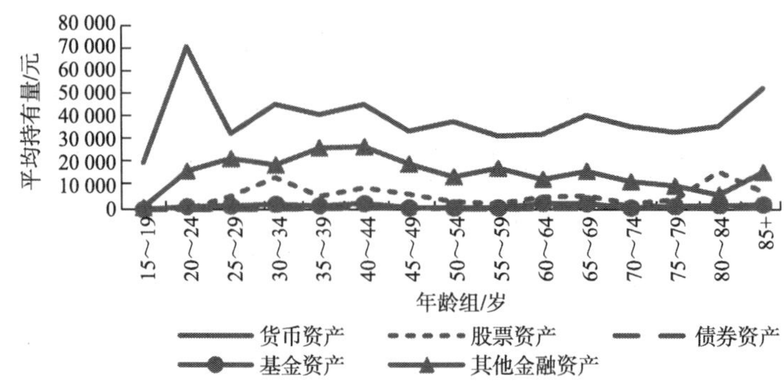

（e）2017年我国3+代户家庭五类金融资产平均持有量的家庭户代表年龄分布变化

图 23.3　我国按家庭类型分的五类家庭金融资产年龄别平均持有量变化情况

资料来源：中国家庭金融调查（2017 年）

图23.3展示了我国按家庭户代表年龄和家庭规模结构类型分的五类家庭金融资产平均持有量变化情况。整体来看，不同类型家庭对五类家庭金融资产平均持有量高低排序基本一致，即货币资产第一、其他金融资产第二、股票第三、基金第四、债券第五，且货币资产的平均持有量明显高于其他各类金融资产。其中，货币资产呈现出“U”形年龄别变化特征，表明处于低龄和高龄阶段的各类家庭分别由于结婚、养老等原因对安全性高、流动性好的家庭金融资产依赖性较强，也反映出了其抗风险能力较弱。除货币资产以外的其他各类资产基本呈“驼峰状”年龄别变化特征，表明随着家庭财富的不断积累，劳动年龄阶段各类家庭的抗风险能力相对提高，因此开始着手投资于具有一定风险性的金融资产，但对于股票和其他金融资产的偏好相较于债券和基金更高。

不同类型家庭由于家庭成员构成的差异，其对各类家庭金融资产的平均持有量之间差异明显。其中，一人户家庭由于不受结婚、生育等家庭人口事件的影响，在退休以前对其他金融资产的平均持有量与货币资产接近，但由于家庭财富积累水平较低，整体抗风险能力较弱，其他各类家庭金融资产平均持有量明显低于其他各类家庭；当进入退休阶段时，一人户家庭对于货币资产的持有量快速提高，表明该阶段对安全性高、流动性好的金融资产高度依赖。一对夫妇户家庭同样由于不存在生育和养育子女问题且晚年缺乏子女赡养支持，各类金融资产的家庭户代表年龄分布情况与一人户家庭类似，但金融资产平均持有量更高。一对夫妇与子女户和 3+代户家庭由于家庭规模相对较大，家庭结构较为完整，这两类家庭对各类金融资产的平均持有量相对较高且他们对各类金融资产的平均持有量的家庭户代表年龄分布情况类似，表明这两类家庭抗风险能力均相对更强，也更倾向持有风险性金融资产，这两类家庭户数量增加有利于金融市场发展。单亲父或母与子女户家庭由于受到离婚、丧偶等事件影响，对安全性高、流动性好的货币资产的平均持有量表现出阶段性波动特点，而对风险性金融资产的平均持有量整体较低，表明其抗风险能力相对较弱。

在家庭负债方面，图 23.4 展示了我国按家庭户代表年龄和家庭规模结构类型分的五类家庭负债平均持有量变化情况。整体来看，房贷是各类家庭负债中平均持有量最高的负债类型，远高于其他各类家庭负债，主要集中在家庭户代表中低龄阶段，表明房产对我国家庭的重要性和特殊意义。除房贷外其他各类家庭负债平均持有量明显低于各类家庭金融资产的平均持有量，表明我国各类家庭对于主动背负债务的行为还存在一定的抵触情绪，但所有类型家庭除房贷外的其他四类家庭负债平均持有量的家庭户代表年龄分布特征具有一定的相似性，即车贷、教育负债、消费负债主要集中在中低龄阶段，医疗负债主要集中在中高龄阶段。具体来看，一人户家庭由于没有养育和教育子女等的负担，各类家庭负债的平均持有量相较于其他类型家庭更低。一对夫妇户家庭由于具有与一人户家庭相似的较低的家庭负担但更高的家庭财富积累水平，相较于其他类型家庭更愿意持有家庭负债，这使得中低龄阶段的车贷和消费负债平均持有量较高。一对夫妇与子女户家庭和 3+代户家庭的各类家庭负债平均持有量及其家庭户代表年龄分布情况基本类似，只是后者的教育负债在家庭户代表低龄阶段更高。单亲父或母与子女户家庭由于受到离婚、丧偶等事件的影响，家庭资金状况较不稳定，各类家庭负债平均持有量阶段性波动较大。

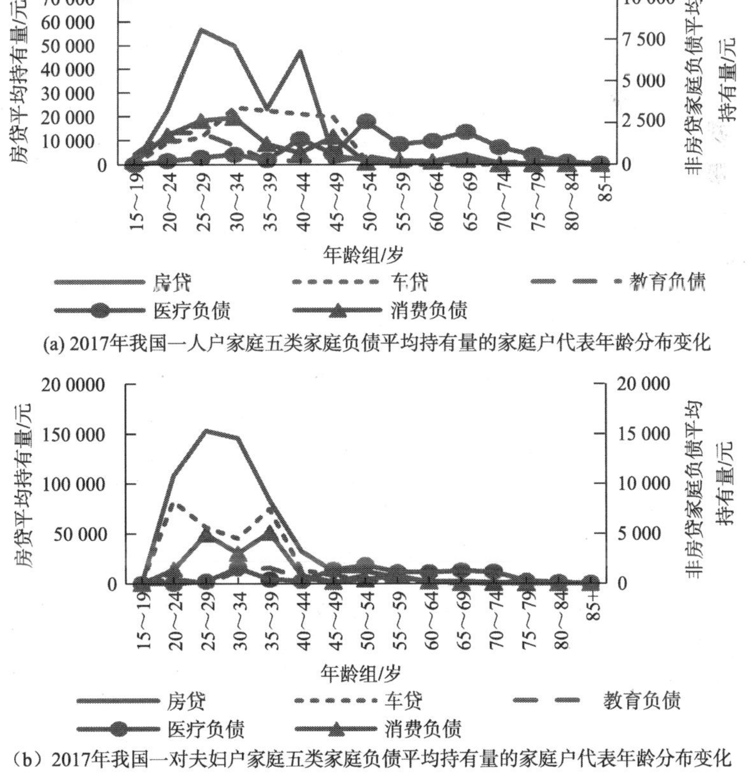

(a) 2017年我国一人户家庭五类家庭负债平均持有量的家庭户代表年龄分布变化

（b）2017年我国一对夫妇户家庭五类家庭负债平均持有量的家庭户代表年龄分布变化

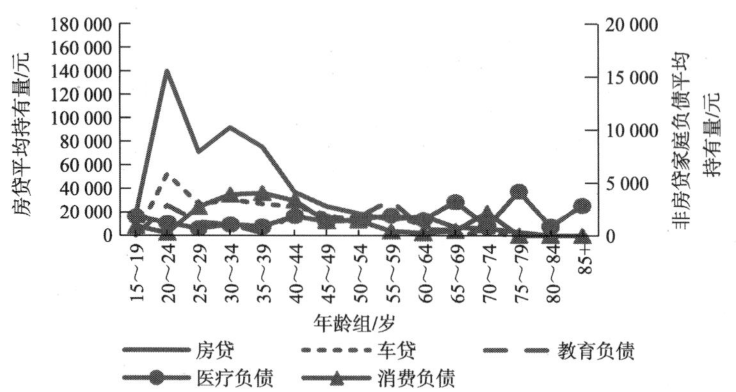

（c）2017年我国一对夫妇与子女户家庭五类家庭负债平均持有量的家庭户代表年龄分布变化

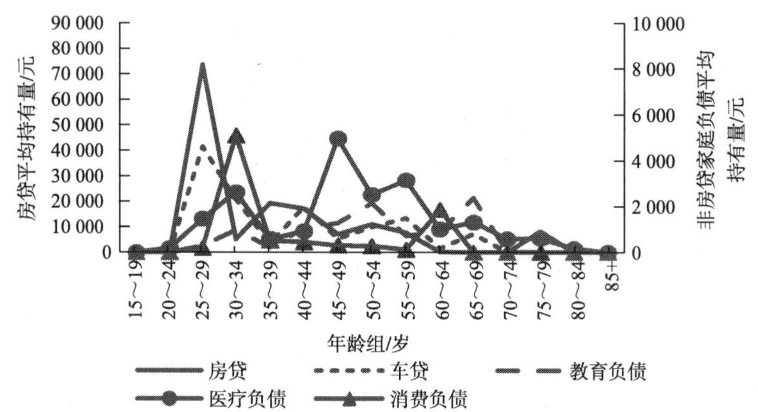

（d）2017年我国单亲父或母与子女户家庭五类家庭负债平均持有量的家庭户代表年龄分布变化

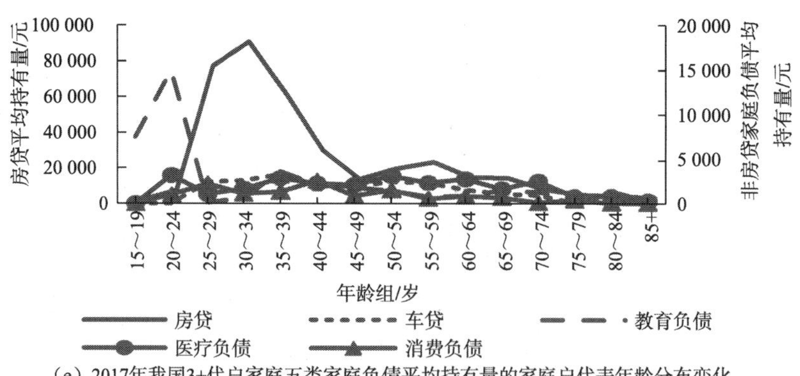

（e）2017年我国3+代户家庭五类家庭负债平均持有量的家庭户代表年龄分布变化

图 23.4　我国按家庭类型分的五类家庭负债年龄别平均持有量变化情况

资料来源：中国家庭金融调查（2017 年）

23.5　预测结果分析

23.5.1　2020～2050 年我国按家庭户代表年龄和家庭类型分的家庭户数量预测分析

本章应用 ProFamy 家庭人口预测软件进行了 2020～2050 年我国按家庭户代表年龄和家庭规模结构类型分的家庭户数量预测分析。如图 23.5 所示，总体来看，随着时间的推移，我国家庭户代表年龄分布峰值正在不断后移，从 2010 年的 40～44 岁年龄组家庭户数量最高变为 2050 年的 60～64 岁年龄组家庭户数量最高；年轻家庭数量不断减少，老年家庭数量不断增加，基于家庭户代表年龄分布视角的人口老龄化过程十分显著。

具体来看，除 3+代家庭户以外，60 岁及以上年龄组的各类家庭户数量都在增加，这表明人口老龄化现象对大多数类型家庭的影响都较为明显。其中，一人户家庭数量整体呈增加趋势，但 60 岁及以上老年家庭户数量增速更快，这在一定程度上反映了我国晚婚、不婚等婚姻观念的变化。60 岁以下年龄组的一对夫妇家庭户数量变化波动不大，但 60 岁及以上各年龄组一对夫妇家庭户数量快速增加。60 岁以下

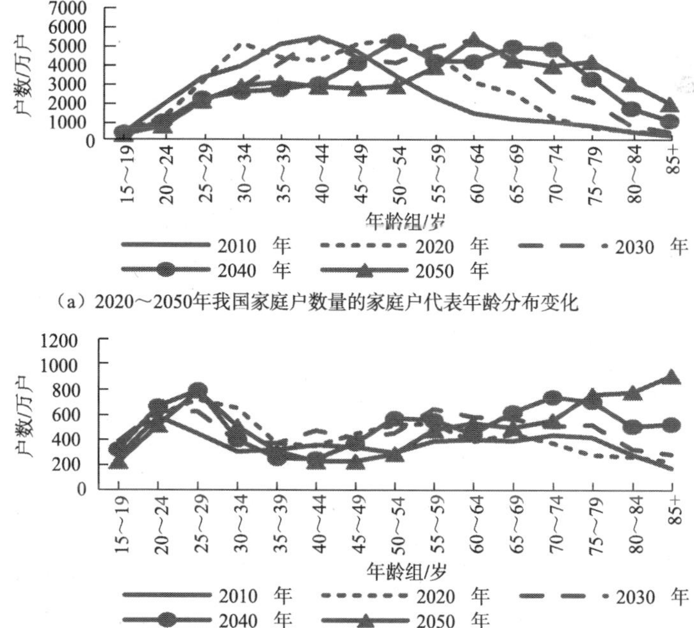

（a）2020～2050年我国家庭户数量的家庭户代表年龄分布变化

（b）2020～2050年我国一人户数量的家庭户代表年龄分布变化

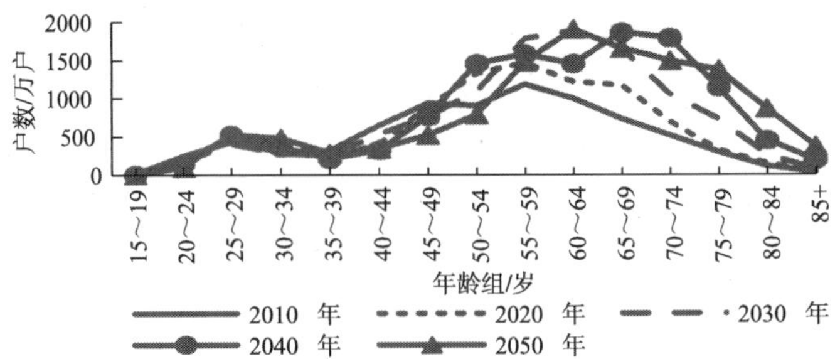

（c）2020～2050年我国一对夫妇户数量的家庭户代表年龄分布变化

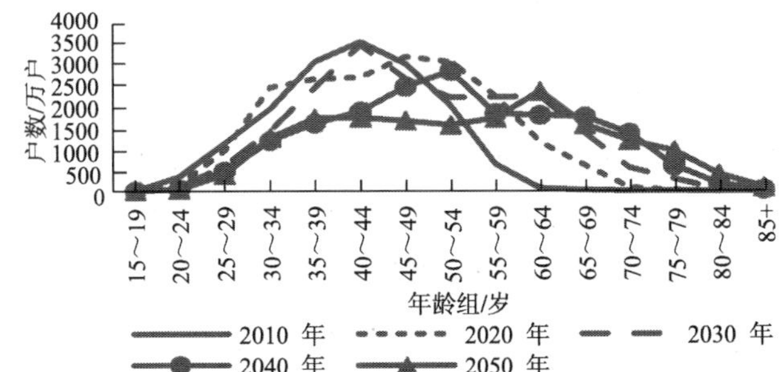

（d）2020～2050年我国一对夫妇与子女户数量的家庭户代表年龄分布变化

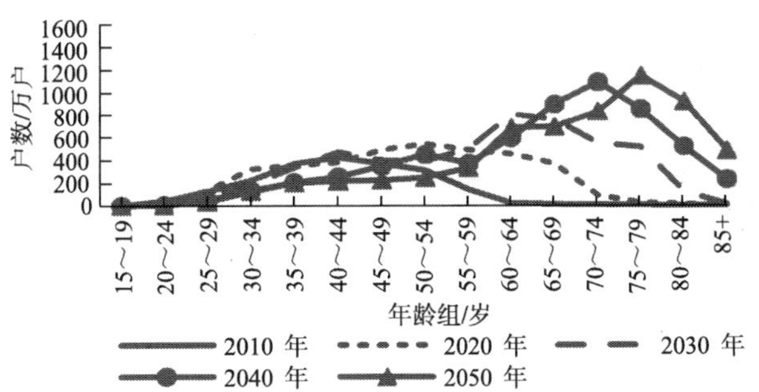

（e）2020～2050年我国单亲父或母与子女户数量的家庭户代表年龄分布变化

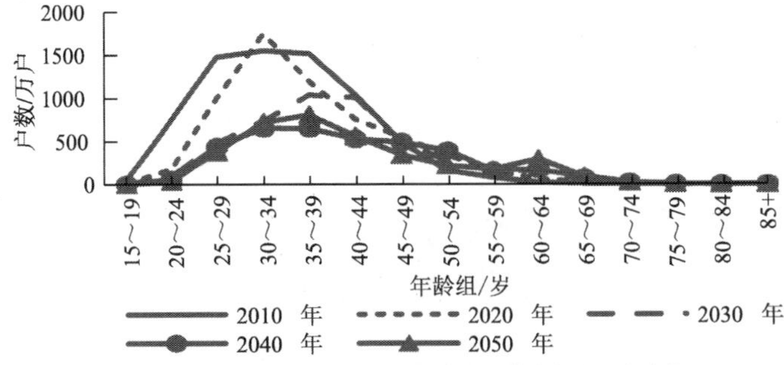

（f）2020～2050年我国3+代户数量的家庭户代表年龄分布变化

图 23.5　2020～2050 年我国按家庭户代表年龄和家庭户规模结构类型分的家庭户数量预测

年龄组的一对夫妇与子女家庭户数量快速减少，但 60 岁及以上各年龄组一对夫妇与子女家庭户数量快速增加。60 岁以下年龄组的单亲父或母与子女家庭户数量缓慢减少，60 岁以上各年龄组单亲父或母与子女家庭户数量显著增加，这在一定程度上反映了我国由子女负责赡养老人的家庭养老特点。50 岁以下年龄组的 3+代家庭户数量快速减少，这表明我国家庭结构向核心家庭转变的特点十分突出。

23.5.2　未来我国五类家庭金融资产需求规模及结构预测结果

基于上一节得到的我国家庭金融资产的分年龄、分家庭类型平均持有量变化信息，以及利用 ProFamy 家庭人口预测软件所得到的未来我国按家庭户代表年龄和家庭规模结构类型分的各类家庭户数量变化信息，通过将按家庭户代表年龄和家庭规模结构类型分的各类家庭金融资产平均持有量与各预测年份相应年龄组和规模结构类型的家庭户数量相乘，分类加总得到各预测年份我国各类家庭金融资产预测的总需求量（图 23.6），再分别计算各预测年份各类家庭金融资产占当年家庭金融总数的百分比，得到各类家庭金融资产的需求结构（图 23.7）。

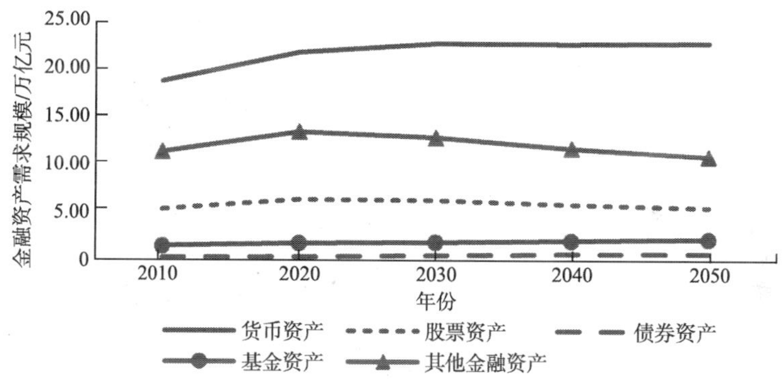

图 23.6　2020～2050 年我国五类家庭金融资产需求规模预测

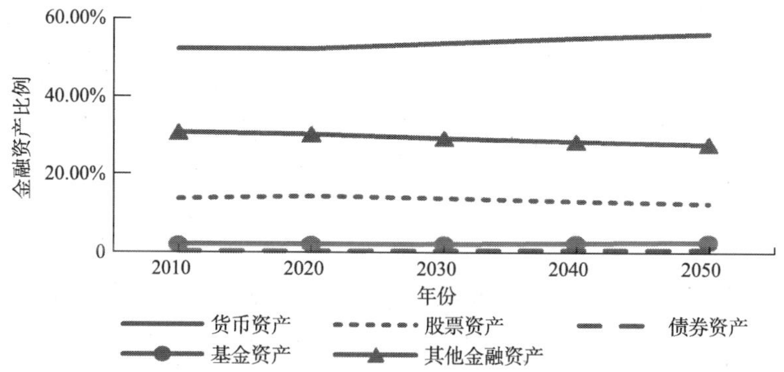

图 23.7　2020～2050 年我国五类家庭金融资产需求结构预测

图 23.6 展示了 2020～2050 年我国五类家庭金融资产需求规模预测的结果。整体来看，一方面，五类家庭金融资产中货币资产规模高居榜首，其他金融资产排名第二，股票资产、基金资产和债券资产依次靠后，这与我国家庭储蓄水平高、现金持有量大、投资倾向较为保守的特征一致；另一方面，我国货币资产、债券资产、基金资产这三类风险相对较小的金融资产需求规模持续增加，股票资产和其他金融资产这两类风险相对较大的金融资产需求规模呈小幅上升后持续下降的变化趋势，表明老龄化会促使我国家庭更倾向于持有风险较小的金融资产，但对于家庭财富增值的追求也会使家庭选择更加多元化的投资组合。

具体来看，货币资产需求规模从 2010 年的 18.71 万亿元持续增加到 2050 年的 22.82 万亿元。股票资产需求规模从 2010 年的 4.91 万亿元增加到 2020 年的 5.94 万亿元，与现有研究中多数学者对该时期股票资产需求规模变化方向的预测一致，表明人口老龄化能够促进居民家庭未雨绸缪地持有高收益金融资产以实现家庭财富的快速积累从而为老年生活做准备，进而促进股票市场的发展。但是根据后续预测趋势，2020 年以后股票资产需求规模开始持续下降，到 2050 年为 5.08 万亿元，表明当我国人口结构进入深度老龄化阶段时，我国家庭持续增加的风险厌恶偏好会给股票市场发展带来抑制作用。债券资产需求规模持续增长，从 2010 年的 0.15 万亿元增加到 2050 年的 0.46 万亿元，这可能与债券中无风险的国债占比较大有关，因为随着老年家庭比例不断增加、整体风险厌恶程度不断加强，该类安全性相对较高的金融资产更加受到我国家庭的青睐。基金资产需求规模持续增加，从 2010 年的 1.08 万亿元增加到 2050 年的 1.61 万亿元。其他金融资产需求规模先升后降，从 2010 年的 10.98 万亿元增加到 2020 年的 12.49 万亿元再减少到 2050 年的 10.62 万亿元。

图 23.7 展示了 2020～2050 年我国五类家庭金融资产需求结构预测的结果。与规模反映的绝对量信息不同，结构反映的相对量信息消除了量纲等因素影响，能更纯粹地反映家庭对不同金融资产的需求特点，这里也得到与需求规模变化趋势不同的金融资产需求结构变化趋势。

整体来看，居民家庭的货币资产需求比例在各类金融资产中遥遥领先，其他金融资产排名第二，股票资产、基金资产和债券资产依次靠后，与金融资产的需求规模排序相同，但不同类别金融资产需求结构的具体变化趋势与需求规模有所区别。总体来说，以安全性为特征的金融资产需求比例持续上升，以风险性为特征的金融资产需求比例不断下降，这说明老龄化加深会使居民家庭对风险较大的家庭金融资产的偏好持续降低。

具体来看，货币资产需求比例持续升高，从 2010 年的 52.22%增长到 2050 年的 56.23%。股票资产需求比例在经历了小幅提高后开始持续下降，从 2010 年的 13.70%增长到 2020 年的 14.25%后一直下降到 2050 年的 12.52%。债券资产需求比例从 2010 的 0.42%增长到 2050 年的 1.12%。基金资产需求比例从 2010 的 3.02%

增长到 2050 年的 3.97%。其他金融资产需求比例持续下降，从 2010 年的 30.64%下降到 2050 年的 26.15%。

23.5.3　未来我国按家庭类型分的五类家庭金融资产需求规模预测分析

如前所述，不同规模结构类型的家庭由于家庭经济目标、生活需求、抗风险能力不同，其对各类家庭金融资产和负债的平均持有量也不相同。所以，随着我国人口生育率、死亡率、迁移率、结婚率、预期寿命等指标进一步改变，未来不同规模结构类型家庭户数量也会随之改变，他们对各类家庭金融资产偏好的差异将会带来其总需求规模的变化。因此，我们基于前述的方法，预测分析未来我国按家庭类型分的五类家庭金融资产需求规模变化情况，预测结果如表 23.1 所示。

表 23.1　2020～2050 年我国不同类型家庭户各类金融资产需求规模预测

金融资产	年份	一人户金融资产需求规模/亿元	一对夫妇户金融资产需求规模/亿元	一对夫妇与子女户金融资产需求规模/亿元	单亲父或母与子女户金融资产需求规模/亿元	3+代户金融资产需求规模/亿元	各类家庭户合计金融资产需求规模/亿元	占家庭金融资产总数的百分比
货币资产	2010	20 252.39	36 732.77	88 224.27	10 721.75	31 165.66	187 096.84	52.22%
	2020	25 991.46	42 498.11	105 599.82	18 930.84	25 039.90	218 060.13	52.26%
	2030	26 548.65	50 924.79	105 166.90	26 656.35	18 617.08	227 913.77	53.72%
	2040	28 913.82	57 286.01	94 485.02	31 918.04	14 723.89	227 326.78	55.03%
	2050	29 582.61	59 947.50	87 166.54	36 710.02	14 837.30	228 243.97	56.23%
股票资产	2010	3 889.61	10 112.86	27 034.21	2 723.47	5 316.99	49 077.13	13.70%
	2020	5 424.43	11 039.49	32 745.84	5 216.24	5 016.44	59 442.43	14.25%
	2030	5 191.73	12 831.74	31 391.47	5 801.03	3 460.67	58 676.63	13.83%
	2040	5 345.25	13 231.67	26 947.01	5 973.17	2 711.49	54 208.59	13.12%
	2050	5 117.94	13 143.51	23 615.90	6 137.58	2 816.26	50 831.20	12.52%
债券资产	2010	299.71	520.06	469.17	64.41	134.71	1 488.06	0.42%
	2020	366.88	636.26	603.90	191.79	130.26	1 929.08	0.46%
	2030	425.34	947.69	697.53	1 021.43	138.55	3 230.54	0.76%
	2040	475.10	1 193.21	799.54	1 584.30	113.75	4 165.91	1.01%
	2050	354.97	1 224.66	759.30	2 113.77	106.40	4 559.10	1.12%
基金资产	2010	585.68	1 978.12	6 391.94	580.36	1 291.86	10 827.97	3.02%
	2020	829.27	2 275.68	7 708.95	1 034.02	1 102.93	12 950.86	3.10%
	2030	803.11	2 758.37	7 354.69	1 994.44	839.86	13 750.46	3.24%
	2040	873.25	3 061.62	6 826.97	3 537.40	640.37	14 939.61	3.62%
	2050	900.03	2 920.57	6 372.33	5 228.96	692.71	16 114.59	3.97%

续表

金融资产	年份	一人户金融资产需求规模/亿元	一对夫妇户金融资产需求规模/亿元	一对夫妇与子女户金融资产需求规模/亿元	单亲父或母与子女户金融资产需求规模/亿元	3+代户金融资产需求规模/亿元	各类家庭户合计金融资产需求规模/亿元	占家庭金融资产总数的百分比
其他金融资产	2010	14 306.31	18 893.58	55 998.36	4 733.11	15 864.18	109 795.54	30.64%
	2020	19 887.81	21 284.89	62 670.40	7 819.45	13 188.59	124 851.15	29.92%
	2030	18 165.45	23 582.51	59 851.54	8 902.25	10 200.10	120 701.84	28.45%
	2040	17 507.84	26 223.14	51 985.20	8 944.24	7 781.48	112 441.90	27.22%
	2050	16 886.08	26 710.20	45 680.75	8 955.57	7 931.02	106 163.63	26.15%

整体来看，未来我国不同类型家庭对五类家庭金融资产的总需求规模高低排序保持一致，即货币资产第一、其他金融资产第二、股票资产第三、基金资产第四、债券资产第五，这表明未来我国各类家庭依然保持相对保守的家庭金融资产配置方式，对于安全性高、流动性好的货币资产需求规模大，但是不同类型家庭对各类金融资产需求规模变化趋势之间存在差异。

具体来看，一人户家庭对各类家庭金融资产需求规模都相对较低，其中货币资产、基金资产的需求规模呈持续增长趋势，分别从 2010 年的 20 252.39 亿元、585.68 亿元增加到 2050 年的 29 582.61 亿元、900.03 亿元，其他各类金融资产均呈先升后降的变化趋势。一对夫妇户家庭对各类家庭金融资产的需求规模基本都保持了持续增长趋势，即货币资产、股票资产、债券资产、基金资产和其他金融资产分别从 2010 年的 36 732.77 亿元、10 112.86 亿元、520.06 亿元、1978.12 亿元和 18 893.58 亿元增长到 2050 年的 59 947.50 亿元、13 143.51 亿元、1224.66 亿元、2920.57 亿元和 26 710.20 亿元。一对夫妇与子女户家庭对各类家庭金融资产的需求规模相较于其他各类家庭而言均更高，其中债券资产从 2010 年的 469.17 亿元增加到 2050 年的 759.30 亿元，除债券资产外其他四类金融资产均呈先升后降趋势。单亲父或母与子女户家庭对货币资产、债券资产和基金资产的需求规模增速较其他各类家庭都更快，分别从 2010 年的 10 721.75 亿元、64.41 亿元和 580.36 亿元增加到 2050 年的 36 710.02 亿元、2113.77 亿元和 5228.96 亿元，股票资产和其他金融资产需求规模均表现出前期快速增加后期缓慢增加的变化特征。3+代户家庭对各类家庭金融资产的需求规模均表现出不同于其他类型家庭的趋势特征，这主要是受到 3+代户家庭总体数量在未来持续减少的影响。

23.5.4 未来我国五类家庭负债需求规模及结构预测结果

在我国家庭户负债需求规模及结构预测方面，采用与家庭户金融资产预测相同的方法，所得需求规模预测结果如图 23.8 所示，需求结构预测结果如图 23.9 所示。图 23.8 展示了 2020～2050 年我国五类家庭负债需求规模预测的结果。整体来看，除医疗负债外，其他各类家庭负债需求规模整体呈下降趋势，这可能是由于我国家庭户结构整体快速老龄化，家庭对多数类别负债需求减少的结果。但值得注意的是，一方面，我国家庭对房贷的需求规模远高于其他各类家庭负债，这表明房贷是我国家庭负债中最核心的部分，与房产在我国具有的特殊经济和文化含义相符；另一方面，我国家庭对除房贷以外的其他家庭负债的需求规模远低于对各类金融资产的需求规模，这表明我国家庭对于主动背负债务这种行为还存在传统观念上的抵触情绪。除此之外，医疗负债需求规模的快速上升反映了未来相关金融产品的巨大发展空间，这不仅与老年家庭数量快速增加导致医疗需求增加有关，而且与未来作为社保基金来源的劳动年龄人口供给不断萎缩迫使我国家庭寻求更加多元的补充医疗方式有关。

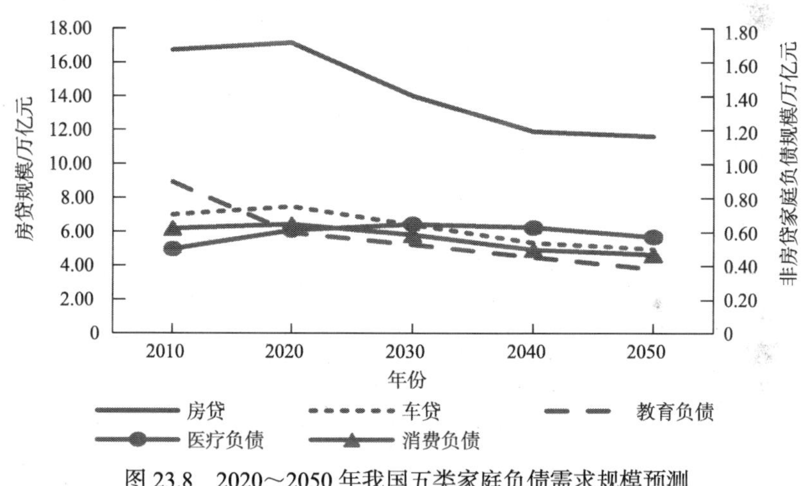

图 23.8　2020～2050 年我国五类家庭负债需求规模预测

具体来看，房贷、车贷和消费负债需求规模的趋势变化特点基本相同，分别从 2010 年的 16.72 万亿元、0.78 万亿元和 0.69 万亿元增加到 2020 年的 17.14 万亿元、0.83 万亿元和 0.71 万亿元后持续下降到 2050 年的 11.61 万亿元、0.55 万亿元和 0.51 万亿元。教育负债需求规模不断降低，从 2010 年的 0.99 万亿元一直下降到 2050 年的 0.42 万亿元，这可能与人口老龄化背景下学龄人口比例减少导致家庭对该类负债需求规模降低有关。医疗负债需求规模从 2010 年的 0.55 万亿元增加到 2030 年的 0.72 万亿元，之后减少到 2050 年的 0.63 万亿元，前期的快速增加可能与老年家庭户数量和比例快速增长有关，后期的减少可能与家庭户数量的整体减少有关。

图 23.9 展示了 2020～2050 年我国五类家庭负债的需求结构预测结果。具体来看，房贷依然占据了家庭负债中的最大比例且保持相对稳定，与其需求规模变

化趋势差异不大，但其他各类负债需求结构的具体变化趋势与其需求规模变化趋势差异较大。

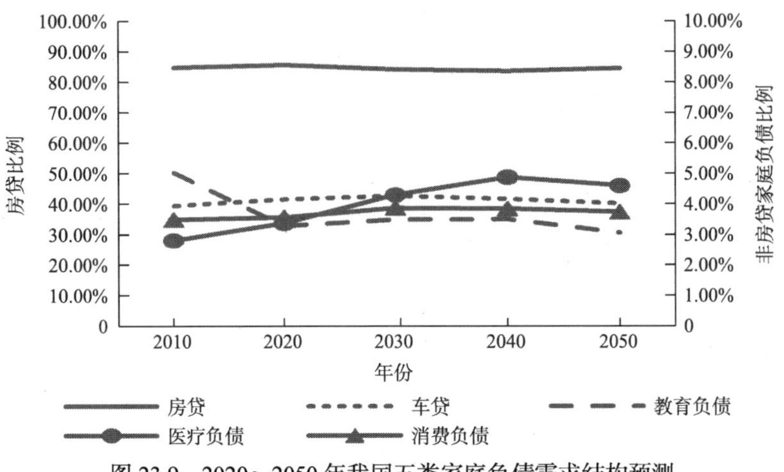

图 23.9　2020～2050 年我国五类家庭负债需求结构预测

具体来看，房贷、车贷和消费负债需求比例都较为稳定，2010～2050 年分别稳定在 84.53%、4.11%和 3.70%左右。教育负债需求比例先从 2010 年的 5.02%下降到 2020 年的 3.28%后持续增长到 2040 年的 3.50%再回落至 2050 年的 3.06%，这与教育负债需求规模绝对量的变化趋势较为不同，虽然前期有所降低，但后期相对量的增长趋势反映了居民家庭对子女教育投入越发重视，这对未来家庭风险偏好提高、家庭金融资产和信用负债的利用及劳动力质量提升都将产生影响。医疗负债需求比例从 2010 年的 2.80%增长到 2040 年的 4.87%后回落至 2050 年的 4.60%，这表明随着老龄化程度不断加深，社保基金增速乏力会迫使老年家庭采取其他信用方式补充医疗支出，导致该负债需求比例整体呈上升趋势，但由于居民主要医疗费用依然由社保承担，医疗负债需求比例整体并不高。

23.5.5　未来我国按家庭类型分的五类家庭负债需求规模预测分析

按照前述的方法，本节预测分析了未来我国按家庭规模结构类型分的五类家庭负债的需求规模变化情况，预测结果如表 23.2 所示。整体来看，在所有家庭分类中，未来房贷需求规模依然远高于其他各类家庭负债，表现出房产对我国家庭的特殊性和重要性将延续下去。同时，除房贷外其他各类家庭负债需求规模同样远低于各类家庭金融资产，表明我国家庭对于主动承担家庭债务行为的排斥感依然长期存在。但是，对于不同类型家庭而言，其对各类家庭负债需求规模未来变化的高低排序各不相同。

表 23.2　2020～2050 年我国不同类型家庭户各类家庭负债需求规模预测

家庭负债	年份	一人户家庭负债需求规模/亿元	一对夫妇户家庭负债需求规模/亿元	一对夫妇与子女户家庭负债需求规模/亿元	单亲父或母与子女户家庭负债需求规模/亿元	3+代户家庭负债需求规模/亿元	各类家庭户合计家庭负债需求规模/亿元	占家庭金融负债总数的百分比
房贷	2010	11 869.33	21 731.41	88 763.53	4 612.49	40 219.35	167 196.11	84.74%
	2020	16 869.17	22 866.12	90 387.60	5 552.87	35 700.28	171 376.03	85.63%
	2030	15 200.66	20 172.57	77 268.50	5 227.57	22 146.96	140 016.25	84.08%
	2040	14 981.48	22 289.33	59 831.04	4 334.76	17 463.88	118 900.49	83.62%
	2050	14 998.83	23 058.85	55 736.26	3 940.55	18 345.64	116 080.13	84.59%
车贷负债	2010	446.62	1 054.60	4 094.43	572.64	1 615.12	7 783.43	3.94%
	2020	694.95	1 021.37	4 346.66	768.54	1 470.11	8 301.63	4.15%
	2030	551.58	925.34	3 919.14	634.22	1 079.30	7 109.58	4.27%
	2040	590.28	956.35	3 023.14	494.63	858.25	5 922.64	4.17%
	2050	548.66	985.87	2 715.46	386.01	872.44	5 508.45	4.01%
教育负债	2010	381.20	311.21	2 309.99	269.11	6 637.68	9 909.19	5.02%
	2020	524.60	350.99	2 962.15	555.87	2 178.68	6 572.28	3.28%
	2030	479.93	366.50	2 825.95	656.14	1 479.13	5 807.65	3.49%
	2040	533.25	392.71	2 413.33	630.88	1 003.10	4 973.27	3.50%
	2050	481.66	363.02	1 991.94	491.14	865.80	4 193.56	3.06%
医疗负债	2010	555.69	797.30	2 106.46	586.61	1 486.24	5 532.30	2.80%
	2020	675.46	1 010.40	2 792.06	1 041.77	1 234.46	6 754.15	3.37%
	2030	772.42	1 161.36	3 148.01	1 074.15	999.33	7 155.28	4.30%
	2040	785.78	1 293.54	3 025.69	1 022.52	802.92	6 930.45	4.87%
	2050	643.85	1 147.13	2 872.43	838.01	808.93	6 310.36	4.60%
消费负债	2010	578.57	720.70	4 247.15	233.75	1 102.90	6 883.07	3.49%
	2020	833.94	748.68	4 247.90	419.52	889.80	7 139.84	3.57%
	2030	728.23	720.69	3 894.14	407.51	695.55	6 446.11	3.87%
	2040	751.30	763.03	3 131.44	299.05	522.53	5 467.35	3.84%
	2050	717.93	798.53	2 800.75	298.89	516.81	5 132.90	3.74%

具体来看，一人户家庭的五类家庭负债需求规模均呈现先增后降的变化趋势，其中，一人户家庭由于不涉及养育和教育子女的负担，日常消费主要满足于个人需求，消费负债整体需求规模高于车贷和教育负债，但随着老龄化的加深和医疗需求的增加，医疗负债在 2030 年和 2040 年成为一人户家庭排名第二的负债类别。一对夫妇户家庭同样由于一般不涉及养育和教育子女问题，车贷需求规模整体高

于消费负债和教育负债，但由于晚年缺乏子女的照护，医疗负债需求规模增长较快。一对夫妇与子女户家庭由于家庭财富积累能力和抗风险能力较强，该类家庭对各类负债需求规模较其他各类家庭都更高，其中各项负债均呈先升后降趋势。单亲父或母与子女户家庭由于经历了离婚、丧偶等相对复杂的家庭人口事件，该类家庭更重视对子女的教育及健康方面的支出，因此在各类负债需求规模排序方面有别于其他各类家庭，即医疗负债需求规模和教育负债需求规模排名较高，消费负债需求规模排名最低。3+代户家庭对各类家庭负债的需求规模大体呈下降趋势的主要原因与家庭金融资产相同，即该类家庭数量在未来持续减少。但可以明显看出，该类家庭在教育负债需求方面明显高于其他各类家庭，表明其对子女教育的重视。

23.6 结论与政策建议

本章基于ProFamy家庭人口预测方法及其配套人机友好软件预测了未来我国家庭户对金融资产和负债的需求规模和结构的变化情况。结果表明，在人口老龄化不断加深的背景下，我国不同规模结构类型家庭的家庭户代表年龄分布情况均呈现明显老化的特点，并且我国家庭对五类金融资产和五类家庭负债的需求规模和结构也在发生改变。虽然本章的预测是基于预测期内各年龄组、各规模结构类型家庭对各类家庭金融资产和负债的平均持有量保持不变的假设下进行的，使得预测结果并不是准确的预报数值，但是能够给予我们对未来金融资产和负债规模和结构变化方向的基本感知和预判。

为积极应对我国未来不断加快加深的人口老龄化并充分抓住这一“双刃剑”可能给经济发展带来的契机，本章提出以下三个方面的政策建议。

第一，大力宣传积极老龄化的概念，向居民大众普及家庭金融资产和负债相关知识及未来变化情况相关信息，从而帮助他们更加合理地配置家庭金融资产和负债，使家庭不同阶段的经济目标得以实现，家庭财富得以快速积累并未雨绸缪地为老年生活做准备。

第二，基于本章研究得到的未来我国家庭对金融资产需求预测的结果，对比分析当前金融市场供给的变化方向，通过探索缩小金融市场供需失衡的供给侧结构改革可行手段，促进金融市场向更加均衡的方向发展。

第三，根据本章研究得到的未来我国家庭对负债需求预测的结果适当发展相应的信用服务市场，努力开发出更加多元化、能够满足未来家庭需求的信用产品。例如，在未来由于工作年龄人口缩减医保资金来源不断萎缩的大趋势下，考虑如何进一步开发医疗信用服务产品补充居民家庭的医疗消费需求。

第 24 章　延迟退休年龄对我国人力资本的影响[①]

24.1　引　　言

随着生育率下降和预期寿命的延长，老龄化正在成为席卷全球的人口变化趋势，这对社会发展的各个方面都提出了挑战。例如，劳动力的供给、养老金的支付、医疗资源的配置及家庭养老支持的能力等（Harper，2014）。各国政府针对人口老龄化主要采取了以下几种公共政策：①提升生育率水平；②吸引年轻移民；③提升人力资本从而提高劳动生产率；④延迟退休年龄。这些政策的实际效果往往不尽如人意。就生育率来说，目前大约有 80 多个国家的生育水平低于更替水平，即平均每个妇女终身生育 2.1 个子女；然而鼓励生育的种种政策手段，诸如经济刺激、增长产假及保育补贴大多效果有限。目前看来，大多数工业化国家的生育率重新恢复到更替水平几乎是不可能的（Kalwij，2010；Davies，2013）。用引进移民来解决人口老龄化对大多数国家来说并不适用，因为在这种政策下，移民的规模将会“大到不切实际”（United Nations，2012）。一些学者提出可以通过发展教育提高人力资本来提升劳动生产率，进而应对人口老龄化的挑战 （Lee and Mason，2010；Lutz and Samir，2011）。然而，对于大多数发展中国家来说，教育系统的建设需要大量投入而且进展相对缓慢。

延迟退休年龄是目前政策讨论中的一个重点。20 世纪 50 年代以来，我国的退休制度要求男性 60 岁退休，女干部或专家 55 岁退休，女职工 50 岁退休。这些退休年龄规定到今天尚没有经历系统调整。延迟现有的退休年龄会引起社会争议，尤其是考虑到一些从事体力劳动的职业人群可能会因此利益受损。但是，受人口老龄化的影响，很多西方国家已经开始着手延迟退休年龄。在众多 OECD 国家中，延迟法定退休年龄已经成为各国的普遍政策选择。截至 2050 年，大多数 OECD 国家的法定退休年龄将延迟至 67 岁（OECD，2013），法定退休年龄的性别差异，即女性早于男性退休，也将逐渐退出历史舞台。

延迟退休年龄将对我国社会经济发展产生重大影响。首先，退休年龄的延迟

① 本章由杨李唯君教授、冯秋石副教授、王正联研究员和曾毅教授撰写；作者的工作单位和邮箱地址见第 18 章首页脚注。

将增加退休金贡献而减少退休金领取，从而将提高国家养老金系统的可持续性。其次，这个政策调整也会增加劳动力供给从而有利于经济增长。实际上，一个更晚的退休年龄不仅仅意味着在劳动力市场上留下更多的劳动者；由于近十几年来的高等教育扩张，这个政策调整的长期后果有可能是延长那些受到更好教育的劳动者的工作年份。也就是说，延长退休年龄将有可能在30～40年后为劳动力市场保留那些目前受益于高校扩招的年轻人群。由此可见，探讨不同的延迟退休年龄方案对未来劳动力的规模和质量的影响十分必要。

24.1.1　现有延迟退休方案设计

延迟退休年龄的具体政策需要设计退休年龄调整的时间起点、时期跨度、调整幅度，以及调整对象。基于目前几种主要的退休年龄延迟提案（表 24.1），我们归纳总结了其中的主要参数设定。

表 24.1　延迟退休年龄的一些主要方案

提案建议人	目标年龄	调整时期	调整后男女差异	摘要
林宝（2001）	65 岁	2000～2045 年	无	女性退休在 2015 年统一到 55 岁，在 2030 年延迟到 60 岁。男性和女性在 2045 年延迟到 65 岁
柳清瑞和苗红军（2004）	男 65 岁、女 60 岁或者男女同步至 65 岁	2015～2050 年	有	每 5 年退休年龄延迟 1 年
孙玄（2005）	男性 65 岁，女干部或专家 60 岁，女职工 55 岁	2005～2015 年	有	每 1 年男性退休延迟半年，女性退休延迟 1 年
曾毅（2005）	男 65 岁、女 63 岁	2006～2030 年	有	从 2006 年起，男女退休年龄每年增加 0.2 岁与 0.333 岁，至 2030 年时男、女退休年龄分别为 65 岁与 63 岁，然后保持不变
邵国栋和翟晓静（2007）	65 岁	2010～2050 年	无	女性退休在 2020 年统一到 55 岁，在 2030 年延迟到 60 岁。男性和女性在 2050 年延迟到 65 岁
杨燕绥（2013）	65 岁	2015～2030 年	无	男女领取养老金年龄统一延迟至 65 岁
蔡昉和张车伟（2015）	65 岁	2015～2045 年	无	女性退休在 2017 年统一延迟到 55 岁，男性和女性在 2045 年延迟到 65 岁

（1）目标年龄。根据现有提案，延迟退休年龄的目标可以有 3 种设定：①所有人的退休年龄都延迟 5 岁（即男性 65 岁，女干部或专家 60 岁，女职工 55 岁）；②所有男性都在 65 岁退休，所有女性都在 60 岁退休；③所有人都在 65 岁退休。

（2）性别设定。对于所有人都在 65 岁退休的情况，由于男性和女性的原有退休年龄不同，我们提出两种调整计划：①先将女性退休年龄提升到男性水平，即 60 岁；然后，男女再一同调整到 65 岁。②同时将男性和女性的退休年龄调整到 65 岁。后者意味着女性退休年龄会经历更快的调整速度。

（3）起始年份。我们设计了两个起始年份，即 2015 年和 2025 年。一般来说，在就业压力较小的情况下，延迟退休年龄可能更容易被大众接受。我们考察了退休年龄没有改变的条件下，2010～2050 年中国城市新增劳动力的情况，发现这期间新增劳动力呈下降趋势，而退休人群保持增长趋势。

（4）调整跨度。根据现有提案，我们设定退休年龄调整的时期跨度为 25 年。这个设定可以保证调整速度相对平缓。例如，将男性退休年龄从 60 岁延迟到 65 岁，25 年跨度意味着每年大约 2 个月的延迟；而将女性退休年龄从 55 岁延迟到 65 岁，25 年跨度意味着每年大约 5 个月的延迟。

24.1.2　延迟退休的 9 种方案

基于现有方案的参数设定，我们进一步提出以下 9 种延迟退休年龄的方案。这些方案拥有不同的调整路径，对中国人力资本会产生不同的影响，也将引起社会不同的反应。基于这些方案，本章将预测和比较 2015～2050 年中国人力资本的规模和质量。

不变方案：这是一个基准方案。假定原有退休年龄一直保持不变，即男性 65 岁，女干部或专家 60 岁，女职工 55 岁。

普遍延迟退休 5 年方案：这个方案假定男性、女干部或专家和女职工在 25 年调整期间退休年龄都延长 5 岁。这个方案还可以分早晚两个方案，早方案从 2015 年开始调整，晚方案则从 2025 年开始调整。

男 65 岁、女 60 岁方案：这个方案假定在 25 年调整期间，男性退休年龄延长至 65 岁，而女性退休年龄延长至 60 岁。这个方案还可以分早晚两个方案，早方案从 2015 年开始调整，而晚方案则从 2025 年开始调整。

男女同步至 65 岁方案：这个方案假定在 25 年调整期间，男性、女干部或专家和女职工的退休年龄都延长至 65 岁，这个调整对男女同步进行。这意味着女性尤其是女职工的调整速度将相对较快。这个方案还可以分早晚两个方案，早方案从 2015 年开始调整，晚方案则从 2025 年开始调整。

男女不同步至 65 岁方案：这个方案和上一个类似，唯一的区别在于首先调整女性退休年龄，使之在前 15 年中达到男性退休年龄的水平，即 60 岁；其次在后 10 年中将男女退休年龄一起延迟至 65 岁。这个方案也分早晚两个方案，早方案从 2015 年开始调整，而晚方案则从 2025 年开始调整。

24.2　预 测 方 法

我们以 2010 年人口普查数据为基础来预测 2010～2050 年，分年龄、分性别、分城乡的中国人口。我们使用 ProFamy 预测方法（Zeng et al.，1997，1998，2006，2013a）。目前，该方法已经被广泛应用于家庭人口预测的各个方面（如 O'Neill and Chen，2002；Jiang and O'Neill，2007；Dalton et al.，2008；Feng et al.，2011）。

不同于联合国世界人口展望及美国统计局的预测方法，ProFamy 对中国人口的预测是分城乡进行的。使用分城乡的两套不同的参数和标准时间表，可以使 ProFamy 的预测结果更加准确。中国的退休系统有城乡之分。城市职工有正式的退休制度安排，享有养老金，而农村居民和无正式职业的城市居民的退休往往是非正式的，退休后由于没有养老金所以常常需要依靠家庭支持。由于缺少养老保障，大多数农村老年人在晚年只要身体允许还在持续从事经济生产活动。虽然新型农村养老保险制度在 2009 年开始启动，但是养老金待遇较低，往往不足以改变农村老年人在晚年的经济活动状态。由于城乡在退休制度上的明显差异，本章所讨论的退休年龄延迟主要针对城市居民。

根据现有文献对中国未来人口变动趋势的研究，我们做出以下假设。就生育率趋势而言，根据 2000 年和 2010 年的人口普查数据，我们调整漏报率，最后得出 2010 年的总和生育率大致在 1.63，这个结果也得到了相关文献的支持（翟振武等，2015）。根据普查得到的城乡总和生育率的差异，我们进一步估计，2010 年农村地区的总和生育率大约为 2.01，城市地区大约为 1.24。考虑到一孩政策的改变，我们预计农村地区的总和生育率在 2050 年将缓慢上升至 2.13，城市地区缓慢上升至 1.72。就预期寿命而言，我们假设 2010～2050 年，死亡年龄将从 74.0 岁上升到 81.8 岁，而男女性别差异将保持不变。这些参数的设定与联合国世界人口展望的设定比较类似。就城市化趋势而言，我们假设中国的城市人口比例将从 2010 年的 50.27%上升到 2050 年的 86.95%。以上参数的设定细节请进一步参照 Feng 等（2018）附件中的表 A。

我们使用健康水平和教育水平作为测量人力资本两个基本指标。就健康水平而言，我们使用 2005 年全国 1%的人口抽样调查数据得到分年龄、分性别的健康水平分布。关于这个参数的设定细节请进一步参照 Feng 等（2018）附件中的表 B。就教育水平而言，我们使用 2010 年人口普查 1%的数据得到分年龄、分性别的教育水平分布。我们假设 20～29 岁年轻人的大学教育比例逐渐提高到 2050 年的 58%，即达到 OECD 国家 21 世纪早期的水平（Yeung，2013）。关于教育水平参数的设定细节可进一步参照 Feng 等（2018）附件中的表 C。根据健康水平和教育水平，我们将 15 岁以上的劳动年龄人口分为 5 组：①健康不好，无法就业；②身体健康，已经退休；

③身体健康，未受正规教育，正就业；④身体健康，有小学或初中文化，正就业；⑤身体健康，高中或以上文化，正就业。我们将最后一组称为“高人力资本劳动力”。

24.3　预 测 结 果

根据以上阐述的参数和假设，我们预测中国的总人口将从 2010 年的 13.3 亿人上升到 2030 年的 14.5 亿人，之后，再缓慢下降至 2050 年的 14.0 亿人，其中城市人口将从 2010 年的 6.7 亿人上升至 2050 年的 12.1 亿人。在城市人口中，15～64 岁的劳动年龄人口将从 2010 年的 5.0 亿人上升到 2030 年的 7.1 亿人，然后保持相对平稳，2050 年达到 6.8 亿人。

24.3.1　劳动力规模

我们估测了在 24.1.2 节阐述的 9 种方案下，2030 年和 2050 年的劳动力和退休人员规模分别相对于 2010 年的比率。如表 24.2 所示，如果原有的退休年龄保持不变，劳动力将在 2030 年增加 17%、2050 年增加 22%，退休人员在 2030 年增加 163%、2050 年增加 304%，而普遍延迟退休 5 年方案，男 65 岁、女 60 岁方案，以及男女同步或不同步至 65 岁方案都会对这种情况有所改善。例如，男女同步或不同步至 65 岁方案将导致在 2050 年劳动力增加 55%，而退休人员仅增加 170%。这个方案对女性的效果尤其显著，即在 2050 年增加女性劳动力 68%的同时，仅增加女性退休人员 118%。普遍延迟退休 5 年方案及男 65 岁、女 60 岁方案也有类似效果，但效果相对较小。

表 24.2　不同退休年龄延迟方案下 2030 年和 2050 年的劳动力和退休人员规模相对于 2010 年的变化率

项目		总数		女性		男性	
		劳动力	退休人员	劳动力	退休人员	劳动力	退休人员
2030 年相对 2010 年变化率	退休年龄不变方案	17%	163%	11%	147%	22%	196%
	普遍延迟退休 5 年早方案	26%	125%	20%	120%	31%	134%
	普遍延迟退休 5 年晚方案	20%	150%	14%	138%	25%	176%
	男 65 岁、女 60 岁早方案	30%	110%	29%	98%	31%	134%
	男 65 岁、女 60 岁晚方案	21%	146%	16%	131%	25%	176%
	男女同步至 65 岁早方案	35%	89%	40%	66%	31%	134%
	男女同步至 65 岁晚方案	22%	140%	20%	122%	25%	176%
	男女不同步至 65 岁早方案	31%	104%	43%	58%	22%	196%
	男女不同步至 65 岁晚方案	21%	146%	20%	121%	22%	196%

续表

项目		总数		女性		男性	
		劳动力	退休人员	劳动力	退休人员	劳动力	退休人员
2050 年相对 2010 年变化率	退休年龄不变方案	22%	304%	17%	256%	26%	400%
	普遍延迟退休 5 年早方案	39%	235%	32%	215%	44%	275%
	普遍延迟退休 5 年晚方案	39%	235%	32%	215%	44%	275%
	男 65 岁、女 60 岁早方案	44%	214%	43%	184%	44%	275%
	男 65 岁、女 60 岁晚方案	44%	214%	43%	184%	44%	275%
	男女同步至 65 岁早方案	55%	170%	68%	118%	44%	275%
	男女同步至 65 岁晚方案	55%	170%	68%	118%	44%	275%
	男女不同步至 65 岁早方案	55%	170%	68%	118%	44%	275%
	男女不同步至 65 岁晚方案	55%	170%	68%	118%	44%	275%

图 24.1 和图 24.2 展示了不同方案下劳动力和退休人员的变动情况。很明显，退休年龄调整不同的起始年份会导致不同的调整效果。相比 2025 年，以 2015 年为起始年份的早方案在 2030 年左右会取得更大的效果。以普遍延迟退休 5 年方案为例，如果从 2015 年开始调整，劳动力在 2030 年将达到 5.8 亿人，高于从 2025 开始晚方案的 5.4 亿人。另外，男女是否同步进行调整也会产生效果上的差异。对比男女同步至 65 岁方案和男女不同步至 65 岁方案，如果以 2025 作为起始年份，那么到 2040 年，同步方案将产生 3.1 亿人的退休人员，低于不同步方案下的 3.3 亿人。

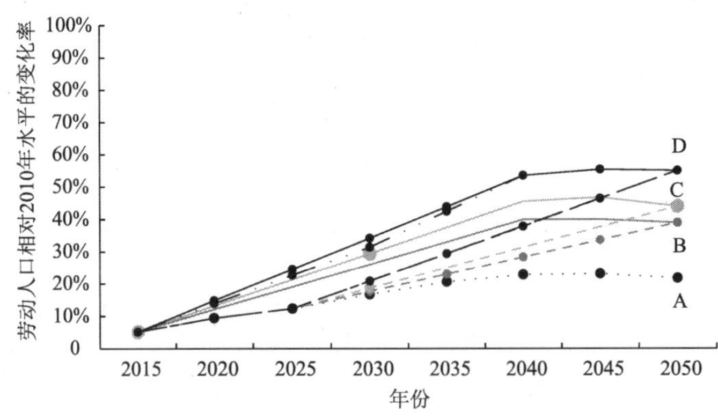

图 24.1　2015～2050 年不同方案下劳动人口相对于 2010 年水平的变化

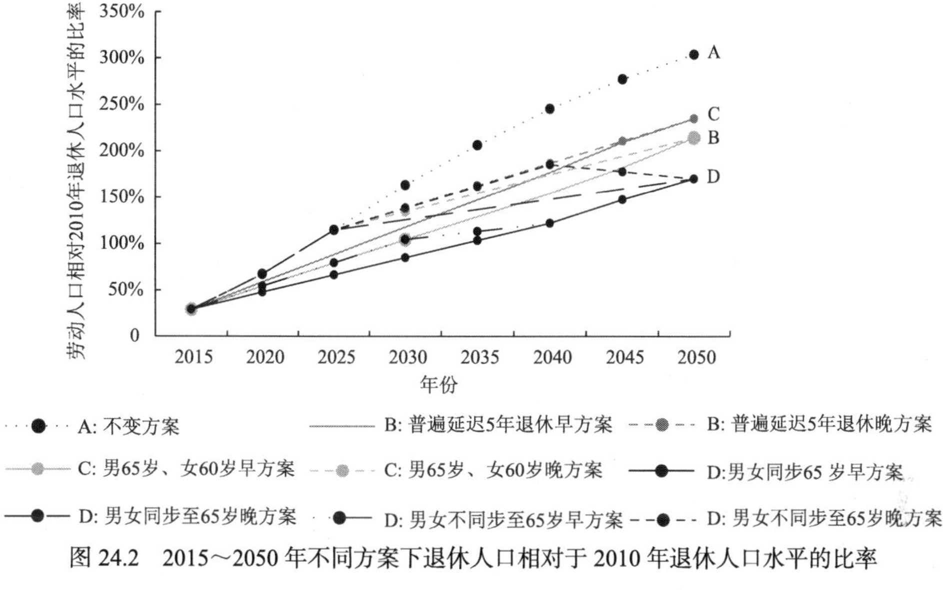

图 24.2　2015～2050 年不同方案下退休人口相对于 2010 年退休人口水平的比率

24.3.2　劳动力质量

表 24.3 展示了以 2015 为起始时点的各个方案对劳动力质量的影响。如表 24.3 所示，如果退休年龄保持不变，高人力资本劳动力将从 2015 年的 39.4%上升至 2050 年的 43.1%，但是在普遍延迟退休 5 年早方案，男 65 岁、女 60 岁早方案及男女同步或不同步至 65 岁早方案下，2050 年的高人力资本劳动力比例将比 2015 分别提升至 48.0%、48.9%和 51.7%，这意味着分别增加大约 5860 万人、6940 万人和 10 280 万人的高人力资本劳动力。相应地，如果原有退休年龄保持不变，健康的退休者比例在 2050 年将达到 38.9%，而男女同步或不同步至 65 岁早方案将使健康的退休者比例降低至 24.4%。相比早方案，晚方案呈现出对劳动力市场相对较差的调整效益。

表 24.3　退休年龄不变方案和不同退休年龄延迟早方案下，15 岁以上劳动年龄人口的教育和健康状况分布

项目		2015 年		2020 年		2030 年		2040 年		2050 年	
		人数/万人	百分比	人数/万人	百分比	人数/万人	百分比	人数/万人	百分比	人数/万人	百分比
退休年龄不变方案	健康不好，无法就业	1 680	2.5%	2 560	3.0%	4 140	4.1%	5 710	5.1%	8 010	6.7%
	身体健康，已经退休	14 410	21.5%	20 770	24.5%	31 110	30.5%	40 830	36.5%	46 490	38.9%
	身体健康，未受教育，正就业	200	0.3%	220	0.3%	180	0.2%	110	0.1%	0	0

续表

项目		2015 年		2020 年		2030 年		2040 年		2050 年	
		人数/万人	百分比	人数/万人	百分比	人数/万人	百分比	人数/万人	百分比	人数/万人	百分比
退休年龄不变方案	身体健康，小学或初中文化，正就业	24 320	36.3%	27 380	32.3%	24 790	24.3%	18 230	16.3%	13 390	11.2%
	身体健康，高中或以上文化，正就业	26 400	39.4%	33 840	39.9%	41 780	41.0%	46 990	42.0%	51 510	43.1%
	合计	67 000	100%	84 780	100%	102 000	100%	111 870	100%	119 520	100%
普遍延迟退休 5 年早方案	健康不好，无法就业	1 680	2.5%	2 560	3.0%	4 140	4.1%	5 710	5.1%	8 010	6.7%
	身体健康，已经退休	14 410	21.5%	19 410	22.9%	26 210	25.7%	31 880	28.5%	37 530	31.4%
	身体健康，未受教育，正就业	200	0.3%	220	0.3%	180	0.2%	110	0.1%	0	0
	身体健康，小学或初中文化，正就业	24 320	36.3%	28 010	33.0%	27 050	26.5%	22 370	20.0%	16 490	13.8%
	身体健康，高中或以上文化，正就业	26 400	39.4%	34 570	40.8%	44 410	43.5%	51 800	46.3%	57 370	48.0%
	合计	67 000	100%	84 780	100%	102 000	100%	111 870	100%	119 520	100%
男 65 岁、女 60 岁早方案	健康不好，无法就业	1 680	2.5%	2 560	3.0%	4 140	4.1%	5 710	5.1%	8 010	6.7%
	身体健康，已经退休	14 410	21.5%	18 970	22.4%	24 620	24.1%	28 970	25.9%	34 780	29.1%
	身体健康，未受教育，正就业	200	0.3%	220	0.3%	180	0.2%	110	0.1%	120	0.1%
	身体健康，小学或初中文化，正就业	24 320	36.3%	28 320	33.4%	28 150	27.6%	24 390	21.8%	18 170	15.2%
	身体健康，高中或以上文化，正就业	26 400	39.4%	34 710	40.9%	44 900	44.0%	526.9	47.1%	58 450	48.9%
	合计	67 000	100%	84 780	100%	102 000	100%	111 870	100%	119 520	100%
男女同步至 65 岁早方案	健康不好，无法就业	1 680	2.5%	2 560	3.0%	4 140	4.1%	5 710	5.1%	8 010	6.7%
	身体健康，已经退休	14 410	21.5%	18 350	21.6%	22 360	21.9%	24 840	22.2%	29 160	24.4%
	身体健康，未受教育，正就业	200	0.3%	220	0.3%	180	0.2%	110	0.1%	120	0.1%
	身体健康，小学或初中文化，正就业	24 320	36.3%	28 640	33.8%	29 310	28.7%	26 510	23.7%	20 440	17.1%
	身体健康，高中或以上文化，正就业	26 400	39.4%	35 010	41.3%	46 000	45.1%	54 700	48.9%	61 790	51.7%
	合计	67 000	100%	84 780	100%	102 000	100%	111 870	100%	119 520	100%

续表

项目		2015 年		2020 年		2030 年		2040 年		2050 年	
		人数/万人	百分比	人数/万人	百分比	人数/万人	百分比	人数/万人	百分比	人数/万人	百分比
男女不同步至 65 岁早方案	健康不好，无法就业	1 680	2.5%	2 490	2.9%	3 880	3.8%	5 710	5.1%	8 010	6.7%
	身体健康，已经退休	14 410	21.5%	19 160	22.6%	25 300	24.8%	24 840	22.2%	29 160	24.4%
	身体健康，未受教育，正就业	200	0.3%	230	0.3%	200	0.2%	110	0.1%	120	0.1%
	身体健康，小学或初中文化，正就业	24 320	36.3%	28 510	33.6%	28 870	28.3%	26 510	23.7%	20 440	17.1%
	身体健康，高中或以上文化，正就业	26 400	39.4%	34 420	40.6%	43 860	43.0%	54 700	48.9%	61 790	51.7%
	合计	67 000	100%	84 780	100%	102 000	100%	111 870	100%	119 520	100%

从分性别来看，我们发现延迟退休年龄对高人力资本劳动力的影响在女性群体中体现得更为明显。2050 年，在男 65 岁、女 60 岁方案及男女同步或不同步至 65 岁方案所增加的高人力资本劳动力中，女性分别占 53%和 68%。这是近几十年来中国女性受教育水平持续提升在未来时期的反映。对于以 2025 为起始时点的各个方案对劳动力质量的影响，请参见 Feng 等（2018）中的图 6。

24.3.3　历年累计劳动力

我们从历年累计劳动力的角度来比较不同方案。2015～2050 年，以退休年龄不变方案为基准来比较，在其他各类方案中，男女同步至 65 岁早方案所增加的累计劳动力最多，男性劳动力人年数和女性劳动力人年数分别大约是 8.5 亿人年和 23.8 亿人年（表 24.4）。这是因为该方案的目标年龄最高，起始时间早，而且男女调整同步。相比而言，普遍延迟退休 5 年晚方案所增加的劳动力最小。截至 2050 年，男性和女性劳动力人年数分别大约是 5.0 亿人年和 4.7 亿人年。就提高历年累计劳动力的效果来说，男女不同步至 65 岁早方案，男 65 岁、女 60 岁早方案，以及普遍延迟退休 5 年早方案分别排列第二、第三和第五。这意味着政策效果受起始时间的影响很大。

在进一步预测历年累计的高人力资本劳动力情况时，我们发现男女同步至 65 岁早方案和男女不同步至 65 岁早方案将增加较多的高人力资本劳动力人年数，而且女性累计的高人力资本劳动力的人年数高于男性。例如，男女不同步至 65 岁早方案从 2015～2050 年，在女性方面平均每年增加大约 3023 万人年，高于男性的 873 万人年。普遍延迟退休 5 年晚方案增加的高人力资本劳动力人年数最少，

2010～2050 年男女合计平均每年仅多大约 1534 万人年。

表 24.4　不同退休年龄延迟方案下与退休年龄不变相比累计增加的劳动力人年数 单位：万人年

项目			退休年龄延迟方案							
			普遍延迟退休 5 年早方案	普遍延迟退休 5 年晚方案	男 65 岁、女 60 岁早方案	男 65 岁、女 60 岁晚方案	男女同步至 65 岁早方案	男女同步至 65 岁晚方案	男女不同步至 65 岁早方案	男女不同步至 65 岁晚方案
劳动力人年数	女性	2015～2030 年	16 016	1 686	30 024	3 009	47 125	4 695	51 417	5 012
		2015～2040 年	45 744	16 786	81 201	28 772	128 989	44 947	136 065	47 570
		2015～2050 年	84 717	47 381	148 162	81 178	237 647	133 015	244 724	137 106
		2015～2050 年均增长	2 427	1 354	4 233	2 319	6 790	3 800	6 992	3 917
	男性	2015～2030 年	14 195	1 972	14 195	1 972	14 195	1 972	0	0
		2015～2040 年	45 369	17 463	45 369	17 463	45 369	17 463	19 124	0
		2015～2050 年	84 856	49 661	84 856	49 661	84 857	49 661	58 611	21 264
		2015～2050 年均增长	2 424	1 419	2 424	1 419	2 424	1 419	1 675	608
	男女合计年均增长		4 845	2 773	6 658	3 738	9 214	5 219	8 667	4 525
高人力资本劳动力人年数	女性	2015～2030 年	5 724	749	9 129	1 142	14 670	1 891	15 082	1 903
		2015～2040 年	20 772	8 485	30 600	12 348	48 791	20 274	49 414	20 157
		2015～2050 年	45 459	28 169	65 117	39 981	105 171	67 471	105 793	67 073
		2015～2050 年均增长	1 299	805	1 861	1 142	3 005	1 928	3 023	1 916
	男性	2015～2030 年	563	737	5 653	737	5 653	737	0	0
		2015～2040 年	19 314	7 645	19 314	7 645	19 314	7 645	8 827	0
		2015～2050 年	41 023	25 527	41 023	25 527	41 023	25 527	30 536	12 141
		2015～2050 年均增长	1 172	729	1 172	729	1 172	729	873	347
	男女合计年均增长		2 471	1 534	3 033	1 872	4 177	2 657	3 895	2 263

24.3.4　劳动力相对退休人员比率

我们还预测了不同方案下劳动力相对退休人员的比率，以及高人力资本劳动力相对退休人员的比率。如图 24.3 所示，如果退休年龄保持不变，劳动力相对退休人员的比率大致将会从 2010 年的 4.0 降低到 2050 的 1.2，也就是平均 1.2 个劳动力对应一个退休人员。如果采纳男女同步或不同步至 65 岁方案，这个比率将会在 2050 年变为 2.3，相当于为每一个退休人员增加了大约 1.1 个劳动力。这个政策的效果在高人力资本劳动力相对退休人员的比例上体现得更加明显。如果退休年龄保持不变，高人力资本劳动力相对退休人员的比例将会从 2010 年的 2.0 降低到 2050 年的 1.0，而男女同步或不同步至 65 岁方案将会使该比例仅仅降低到 1.7。其他两个退休延迟方案，即普遍延迟退休 5 年方案和男 65 岁、女 60 岁方案，也有类似效果，只是会略差于男女同步或不同步至 65 岁方案。

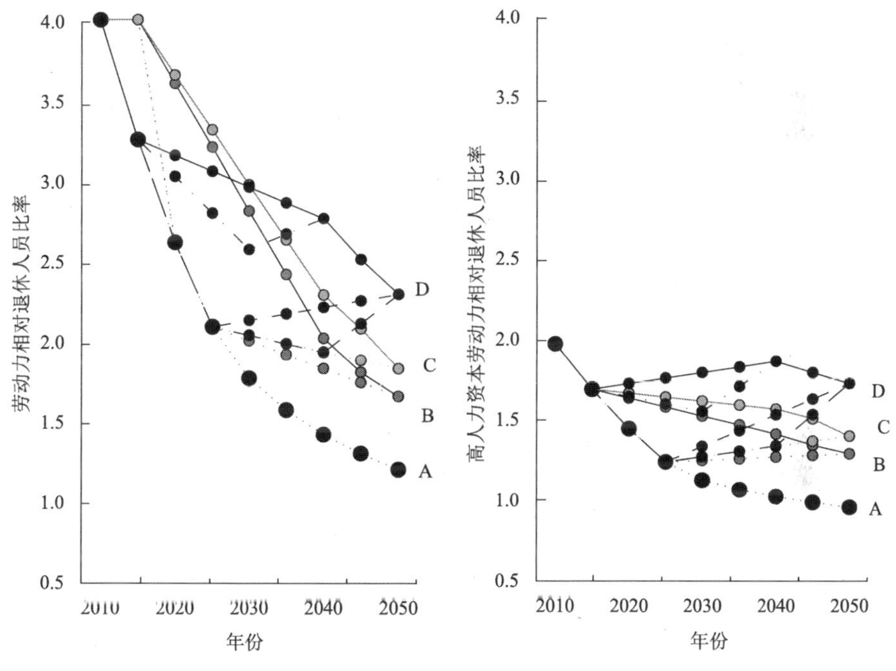

图 24.3　2010～2050 年不同退休延迟方案下劳动力相对退休人员的比率

24.4　结论和讨论

退休制度改革对于中国这个世界上人口最多且正在迅速老龄化的国家来说意义重大。本章研究了几种主要的退休年龄延迟方案，并对各个方案下未来 30 年内的劳动力供给变化进行了预测。本章的预测反映了中国未来劳动力数量和质量变动的主要人口和社会因素，其中包括放宽独生子女政策、人口老龄化、快速城市化及高等教育扩张。基于合理的假定和建模，本章揭示了不同退休年龄延迟方案下中国未来劳动力的变动趋势。尤其是，本章通过教育水平与健康水平来反映中国劳动力质量的未来变化趋势，这正是中国发展模式从劳动密集型向技术创新型转变的关键因素之一。

本章研究表明，延迟退休年龄将显著增加劳动力规模，提高劳动力素质，降低劳动力相对退休人员的比例。尤其是考虑到国民教育水平不断提升的未来趋势时，退休年龄延迟的效果将更加明显。延迟退休年龄不仅将保留那些将要较早退休的健康劳动力，更会越来越多地保留那些人力资本较高的劳动者。从这个角度来看，过去近 30 年间高等教育的扩张，正是通过延迟退休在未来增加更多人力资本的重要条件。20 世纪 90 年代末期以来的高等教育扩张使大学入学人数持续增加，而受益于此的年轻人将于 2050 年左右开始进入退休年龄，因此，延迟退休年龄将在未来为劳动力市场保留这些高人力资本劳动力。由于近年来女性的大学入学率已超过男性，所以退休年龄延迟将在女性劳动力方面增加更多的人力资本。

曾毅（2005）的研究表明，如果退休年龄保持不变，我国 2030 年、2050 年与 2080 年养老金缺口率分别等于 2000 年的 2.39 倍、3.93 倍与 5.14 倍；如果从 2006 年起，男女退休年龄每年分别增加 0.2 岁与 0.333 岁，到 2030 年时男、女退休年龄分别为 65 岁与 63 岁，然后保持不变，在这一退休年龄逐步平稳增加的方案下，我国退休金缺口率将由 2000 年的 6.9%下降到 2010 年的 1.9%；2020 年略有盈余；2030 年盈余 4.3%；2040 年盈余 1.4%；2050 年养老金缺口率为 2.9%。

本章的预测结果展示了各种退休年龄延迟方案对劳动力供给的影响。我们发现，男女同步至 65 岁早方案的效果最大、最好，然而这也是可能面对最大公众阻力的方案，因为这个方案的调整幅度最大而且时间早，特别是对女性而言，她们要自 2015 年开始退休年龄从 50 岁逐步调整至 65 岁。如果这个方案不适当，政策制定者也可以此为基准来考虑以下两种选择途径。第一种途径可以将目标年龄作为主要考虑，即从最高的目标退休年龄开始，逐渐降低目标年龄。沿此途径，男女不同步至 65 岁早方案可以作为第一替代方案。该方案对男性来说阻力较少，因为前 15 年内男性退休不会受到影响。而男女同步至 65 岁晚方案可以作为下一个备选方案，这个方案的好处是所有调整都将延迟 10 年，从而使当前退休人员不受影响。进一步来说，男女不同步至 65 岁晚方案预计将面临更低的阻力，可以作为下一个备选。其他方案，如男 65 岁、女 60 岁方案及普遍延迟退休 5 年方案可以随后放入这个进程。第二种途径可以将起始年份作为主要考虑对象。我们的预测已经证明这个因素同样对未来劳动力供给有着较大影响。沿此路径，如果男女同步至 65 岁早方案不可行，那么可以考虑男女不同步至 65 岁早方案，然后考虑男 65 岁、女 60 岁早方案及普遍延迟退休 5 年早方案。如果这些早方案不可行，再考虑从 2025 年开始的各类晚方案。

需要注意的是，在这些选择的进程中，尽管公众阻力会不断减少，但延迟退休在劳动力市场的收益也会相应降低。根据 2005 年人口小普查数据，到 54 岁时，女性中健康状况不适合工作的比例只有约 1.2%，而大约 1/3 的女性接受过高中及以上的教育；而对于男性，到 60 岁时，健康状况不适合工作的比例只有约 2.0%，有大约 30%的人接受过高中及以上教育。综合这些实际情况，男 65 岁、女 60 岁的早方案可能是一个相对平衡的政策选择。根据这项方案，到 2050 年，劳动力将平均每年增加约 4200 万位女性和约 2400 万位男性，其中有约 1860 万位女性高人力资本劳动力和约 1170 万位男性高人力资本劳动力。与退休年龄不变方案相比，到 2050 年，劳动力相对退休人员比例将增加 52%，而高人力资本劳动力相对退休人员的比例增加 46%。这些变化可能将对未来中国经济的发展产生重要影响。

对本章预测结果的解读需要谨慎。首先，尽管我们在预测中所采用的假设是合理的，参数均来自有关中国人口趋势研究的相关重要文献，但不确定性依旧存在。我们也改变假设进行了测试，但结果显示不同方案下劳动力变动的大体态势并没有实质性改变。其次，本章只考虑了人力资本的供给，一些人可能会担心延迟退休会影响年轻人的就业机会。一项 OECD 国家数据的最近研究显示，延迟退休年龄对年轻人就业没有不利影响，这是因为假设年轻人和老年人在就业方面存在替代关系并不合理（Kalwij et al.，2009）。最后，我们也认识到法定退休年龄与实际退休年龄之间的差异。人们往往在法定退休年龄之前退休，因此我们也预测了按照实际退休年龄延迟退休的情况。由于这些目标年龄均低于按照法定退休年龄来设计的目标年龄，因此其所增加的人力资本也较低，但是各类方案的差异基本没有变化。

尽管政府在退休制度改革中发挥着主导作用，但是如果不全面考虑老年人的需求和社会大众的关注，推进退休制度改革很可能会遇到较大困难。延迟退休首先要确保充分的就业机会，灵活的工作安排，合理的薪酬待遇，合适的工作环境及必要的技能培训。为了退休制度改革平稳而有效地进行，还必须了解和调和劳动力市场中不同利益相关者的关切。究竟要退休还是继续工作，劳动者的决定往往基于复杂的考虑，包括退休金的替代率、个人的储蓄及家庭状况。另外，雇主中仍存在年龄歧视的倾向，以至于会因工资和健康问题而主动解雇老年员工。因此，退休制度改革需要一套综合政策方案，而不仅仅是机械地延迟退休年龄。退休改革尤其不应该导致新的社会不平等。退休改革应优先考虑劳动力市场中弱势群体的需求，应保护老年劳动者的正当权益，特别是那些在劳动密集型部门的劳动者。在这一方面，女性劳动者值得特别考虑。和男性相比，她们原本就处于不利的社会经济地位，而且由于目前相对较早的退休年龄，她们在整个退休制度改革过程中可能会面临更多的问题和更大的挑战。

第三篇　多维家庭人口预测方法在美国和其他国家的应用

第 25 章　美国家庭户惯性与动态变化①

25.1　引　　言

本章利用多维家庭人口预测模型，对 2000～2050 年美国家庭户进行了分种族的预测，旨在回答以下重要问题：人口要素变化将如何影响未来各种类型和规模的家庭户数量及其比例？人口要素变化将如何影响老年人的居住安排？根据模拟预测的结果，我们提出了与著名的人口惯性理论相似的家庭户惯性理论。

25.2　数据来源、估算和参数假设

25.2.1　数据来源

第 3 章表 3.1 中列出了应用多维家庭人口预测模型进行家庭户预测所需的一般数据和美国的相关数据来源。鉴于本章对美国的研究需要进行分种族的预测，表 3.1 中第（2）部分的（a）～（f）列出的国家层面年龄别标准模式和第（3）部分的国家层面和地区层面综合参数都需要提供分种族的数据。我们根据美国人口普查局最新的分类，将美国家庭人口预测区分了 4 个种族群体：①非西班牙裔白人；②非西班牙裔黑人；③西班牙裔；④亚裔和其他非西班牙裔（Hollmann et al.，2000）②。

家庭人口预测中，年龄别死亡率和年龄别净迁移率的标准模式及总和生育率、出生期望寿命、净迁移总人口数等综合性指标的数值均取自美国人口普查局 1999～2100 年人口预测（Hollmann et al.，2000）。预测起始年份的人口年龄性别分布和子女净离家率的年龄别标准模式则从人口普查个体微观数据估算得到（详见第 3 章 3.2 节）。一般结婚率、一般离婚率、一般同居率、一般同居终止率则基于整合多个调查数据和结婚或离婚登记及人口登记数据联合估算而得（详见第 3 章 3.3 节和附录 A3.4）。我们基于整合多个调查的合并数据估算了分种族、性别、年龄的结婚、离婚、同居、同居终止的发生率或风险率和分种族、年龄、孩次别的婚内生育和非婚生育的标准模式。

---

① 本章由曾毅教授、王正联研究员、顾大男研究员和杨涵墨博士研究生撰写；作者的工作单位和邮箱地址见第 1 章首页脚注。

② 我们在本章研究中不考虑混血或混合种族。如果一个人在 2000 年人口普查中登记为白人、黑人或其他种族，我们只将他或她归为白人或黑人。

以往的实证研究表明，合并多个调查的数据可以增加样本量、扩大覆盖面、提高对较小地区和较小群体度量的准确性，进而改善估算结果（详见第 3 章 3.3 节）。基于这一研究基础，我们根据以下 4 个美国国家层面调查中的回顾性事件历史数据，估得了美国家庭人口预测所需的分种族、性别、年龄的婚姻状态转变发生率或风险率和分年龄、孩次别、婚姻状态的生育发生率或风险率（Zeng et al., 2012）：①1987～1988 年、1992～1994 年，以及 2002 年的美国家庭与住户调查；②1983 年、1988 年、1995 年，以及 2002 年的美国家庭增长调查；③1980 年、1985 年、1990 年，以及 1995 年的美国当前人口调查；④1996 年的美国收入及项目参与调查。

在我们合并的调查数据总样本中，共有 97 778 位男性（15～95 岁）和 304 536 位女性（15～98 岁）。这里有三点需要加以说明：首先，合并数据基本解决了少数种族样本规模小的问题。对于不区分种族或对主要大种族的估算而言，一个大型调查的样本数据就足以用来估算各种年龄别标准模式和综合参数。然而，在估算分种族、性别、年龄、状态的发生率或风险率时，如果只使用一个调查的样本数据，少数族裔的子样本规模有可能过小。这一问题对男性少数族裔而言尤其严重。其次，人口登记数据虽然有样本规模大的优点，但由于我们以家庭户为分析单元，包括同居和种族差异，所以它不符合我们对数据的要求。具体而言，人口登记数据的分子是从结婚登记、离婚登记、出生登记中得到的，而这些登记的界定和要求在各州都不尽相同；而分母是从人口普查和人口预测中得到的。人口登记表和人口普查表上的问项都很简单，因此计算分种族的年龄别率时用到的分种族的分子和分母并不完全匹配。Morgan 等（1999）的研究发现，根据人口登记数据估算的分种族的生育率存在严重缺陷。而从美国家庭与住户调查、美国家庭增长调查、美国当前人口调查和美国收入及项目参与调查中汇总的回顾性数据并不存在分子分母不匹配问题，因为调查数据分子和分母中对种族分类的定义是完全一样的。此外，人口登记数据不包含同居的信息，而这是美国家庭户预测的关注点之一。最后，用于估算分种族、性别、年龄的发生率或风险率所需要的年龄、性别、种族、婚姻状态、生育，以及婚姻和同居状态变化日期等几个变量的概念和定义在美国当前人口调查、收入及项目参与调查、美国家庭与住户调查、美国家庭增长调查中近乎相同。

25.2.2　分年龄、性别的人口事件发生率或风险率标准模式和综合参数的估算

美国当前人口调查、美国收入及项目参与调查、美国家庭与住户调查、美国家庭增长调查等 4 个国家级调查均包含详细的结婚和离婚事件历史数据，为合理估计分种族、性别、年龄的初婚和离婚发生率或风险率，以及丧偶和离婚者再婚

发生率或风险率提供了庞大的样本规模。鉴于只有美国家庭与住户调查和美国家庭增长调查 2 个国家级调查搜集了现在和以往的同居时间和年龄信息，所以年龄别同居发生率或风险率的样本规模相对较小。因此，为了充分利用所有可得的关于婚姻和同居状态转变的数据并提高估算的可靠性和可比性，我们调整从美国家庭与住户调查和美国家庭增长调查得到的婚姻和同居状态转换发生率或风险率，使之与根据美国家庭与住户调查、美国家庭增长调查、美国当前人口调查、美国收入及项目参与调查等 4 个调查整合数据估算的婚姻状态转换发生率或风险率保持一致[详见 Zeng 等（2012）的附录]。

本章研究所用的调查数据中，婚史的数据包括最近一次结婚、初婚、第二次结婚（每个受访者最多统计三次婚姻）。这一限制是可行的，因为结婚三次以上的受访者数量非常少。

我们定义分性别、年龄的时期发生率或风险率为某一时段人口事件发生数除以该年龄段处于可能发生该事件的风险人年数。我们采用事件历史分析方法（Allison，1995）来估算 4 个种族 20 世纪 90 年代分种族、性别、年龄的结婚、离婚、同居、同居终止的发生率或风险率，以及分年龄、孩次别、婚姻状态的生育发生率或风险率。在我们的事件历史分析模型中，年龄（5 岁年龄组）和性别是协变量。为保证每个调查都能保持目标总体的代表性，在合并数据的模型分析中，我们使用了每个调查的原始抽样权重。所有按性别、种族和其他相关状态分的发生率或风险率的变化都很平稳，进一步验证了估算的合理性。

25.2.3　预测参数假设

根据 Schoen 和 Standish（2001）使用的 20 世纪 90 年代所有种族合计的男女年龄别死亡率估计值和分婚姻状态（未婚、已婚、丧偶、离婚）的死亡率估计值，以及美国国家卫生统计中心（National Center for Health Statistics，NCHS）发布的分种族、性别、年龄的死亡率（Arias，2004），我们估算了 20 世纪 90 年代分种族、性别、年龄、婚姻状态的死亡率。鉴于同居者的死亡率数据不可得，且文献中通常视同居为美国人结婚前的一个过渡阶段（Goldstein and Kenny，2001），我们假定未婚同居的男女分种族、年龄的死亡率分别与未婚和已婚的男女相应死亡率的平均值一致；假定丧偶同居的男女分种族、年龄的死亡率分别与丧偶和已婚的男女相应死亡率的平均值一致；假定离婚同居的男女分种族、年龄的死亡率分别与离婚和已婚的男女相应死亡率的平均值一致。

为了评估和验证从 4 个国家层面调查合并数据得到的估计值的可靠性，我们对比了 Schoen 和 Standish（2001）的多状态婚姻状态生命表（不包含同居）中的综合指标和我们根据合并数据估算的所有种族合计（不包含同居）的相应综合指标。对比结果表明，一生中初婚、离婚、再婚的比例大致相等，在 8 组综合指标中，有 4

组的差异率为 1%～3%，另外 4 组的差异率为 7%～10%（见本章附录表 A25.1）。此外，与 Zeng 等（2012）的发现类似，基于合并调查数据的多状态生命表分析中得到的水平、趋势和种族差异与以往采用其他完全不同方法的研究结果大致相同。因此，我们相信，我们估算的 1990～1996 年分种族、性别、年龄的结婚、离婚、同居、同居终止的发生率或风险率，以及已婚、同居、非婚非同居女性的分种族、年龄、孩次别的生育发生率或风险率可作为美国分种族的家庭人口预测的标准模式①。

25.3　中方案多维家庭人口预测

我们的中方案预测使用了美国人口普查局最新人口预测中方案中采用的随时间变化的分种族的 0 岁期望寿命，总和生育率（total fertility rate, TFR），以及国际净迁移率（Hollmann et al.，2000）。

我们根据 1990～1996 年人口登记数据和合并的调查数据（见 25.2 节），估算了分种族的一般结婚率、一般离婚率、一般同居率、一般同居终止率，以及分种族的平均初婚年龄和平均生育年龄，并假定这些综合指标在 2001～2050 年保持不变（见本章附录表 A25.2）。我们从 2000 年人口普查微观数据中估算分种族、性别、年龄的入驻机构的人所占比例，以及分种族、性别、年龄、婚姻状态的与子女同住的老人所占比例，并假定这些比例保持不变。

值得注意的是，我们采用了一种常用研究方法，即在预测中假定一些参数保持现有水平不变，这是因为科学理论和过去的研究不能提供预测未来变动的可靠依据（Day，1996；Treadway，1997）。Smith 等（2001）指出，在以下两种情况下，假定某一比例或比率在预测期间保持不变是合理的。第一种情况是未来的比例或比率与现在相比不会发生很大的变化；第二种情况不能准确预测未来变动的方向或程度。因此，采用保持不变的假定不是因为目前的比率在未来不会变化，而是因为科学理论或历史数据不能提供预测未来变动的可靠依据。如果这些比率在未来呈上升趋势和下降趋势的可能性相同，那么采用当前的水平来预测未来的情况是合理的。此外，我们还预测了这些比率的高、中、低方案来考察未来家庭户的变化区间（详见 25.5 节）。

在图 25.1 展示的中方案预测中，平均家庭户规模将从 2000 年的每户 2.59 人下降至 2020 年的每户 2.43 人，之后保持不变。1 人户所占比例将从 2000 年的 25.8%

---

① 我们利用合并数据，试图估算分种族、年龄的结婚、同居终止的发生率或风险率和未婚同居、丧偶同居、离婚同居者的孩次别生育率。但由于少数族裔的子样本规模偏小，估算结果不能令人满意。因此，我们合并三种不同同居状态相关数据估算分种族、年龄的结婚、同居终止、孩次别生育发生率或风险率。

逐渐上升至 2020 年的 27.4%和 2050 年的 27.8%。夫妇户所占比例将从 2000 年的 52.9%下降至 2020 年的 50.5%，相对降低了 2.4 个百分点，到 2050 年降低至 48.3%。同居伴侣户的所占比例从 2000 年的 4.6%上升至 2020 年的 5.5%，到 2050 年为 5.6%。单亲父母户占 2 代户比例将从 2000 年的 25.0%上升至 2020 年的 29.0%和 2050 年的 31.4%。

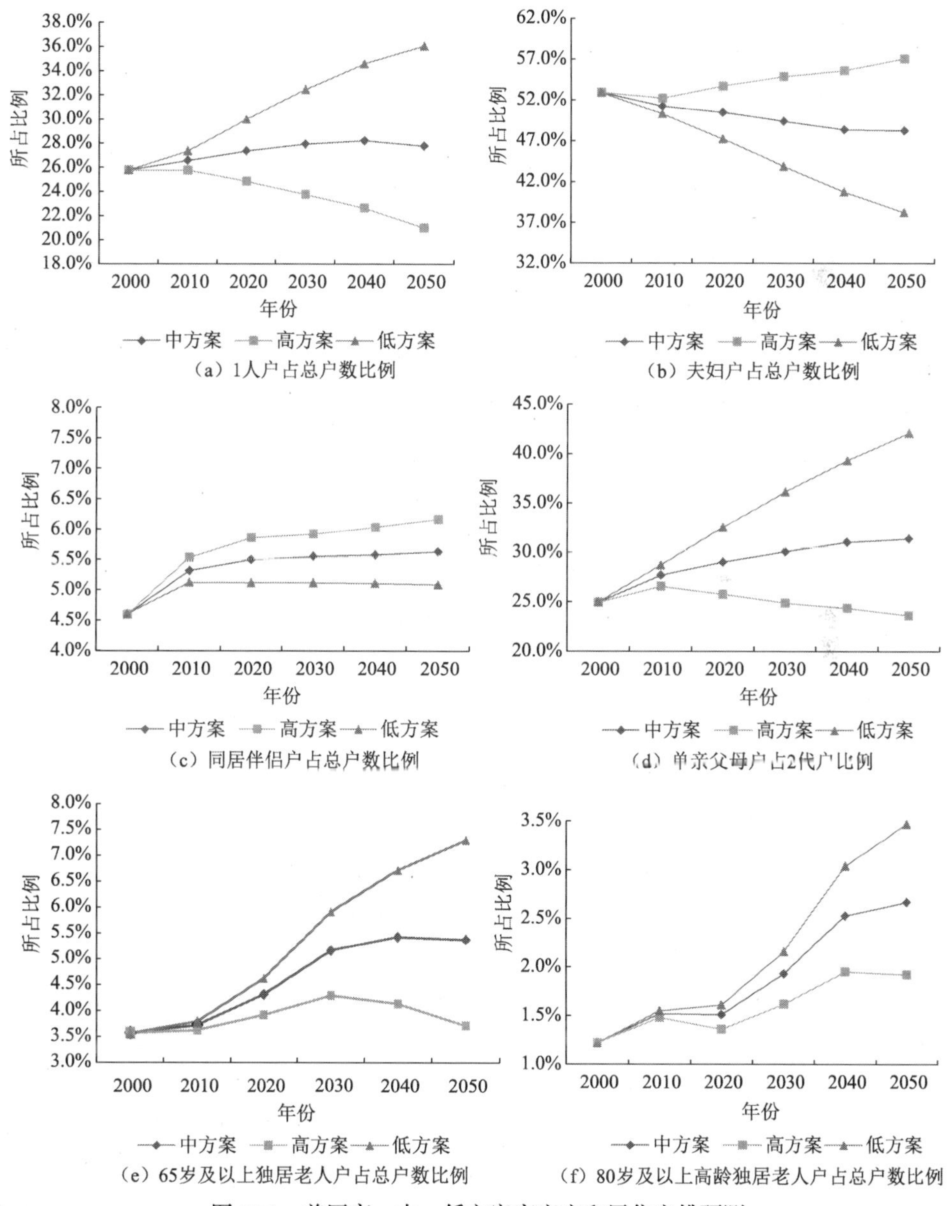

图 25.1　美国高、中、低方案家庭户和居住安排预测

中方案预测结果还表明，到2020年和2050年，65岁及以上独居老人数将分别达到1460万人和2270万人，而在2000年美国只有1010万位独居老人。与2010年相比，2020年和2050年65岁及以上独居老人占总人口百分比将分别上升23.2%和53.4%。80岁及以上高龄独居老人的数量在2000年、2020年和2050年分别为340万人、510万人和1130万人。尽管我们假定分年龄性别的入住养老机构的老人年龄别比例不变，但2050年入住养老机构的65岁及以上的老人数量将是2000年的2.5倍。

独居老人数量及其比例大幅增加的原因是老年人数量、比例的增加和不同人口队列的婚姻状态及居住安排变化共同作用的结果。老年人在不同年龄组内的婚姻状态和居住安排的百分比分布的相对变化主要反映了不同队列和时期的结婚、离婚、同居、终止同居的动态变化。2000年、2020年和2050年，离婚且独居的老年人占65岁及以上老年人总数的比例分别为4.8%、8.9%和10.5%；与伴侣同居的老年人占65岁及以上老年人总数的比例分别为1.3%、3.5%和3.7%。预测结果表明，丧偶且独居的老人所占比例将稳步降低，这可能是因为丧偶的老人往往倾向于与伴侣同居。

25.4 家庭户惯性

如上所述和图25.1所示，在中方案假定条件下，家庭户类型和规模及老年人居住安排的百分比分布将在2000～2020年发生显著变化，在2020年后保持稳定；而高龄独居老人所占百分比在2020年后依然显著上升。然而，如前所述，中方案假定在2000～2050年，一般结婚率、一般离婚率、一般同居率、一般同居终止率等综合参数将保持不变。即使我们假定在2000年后所有参数（结婚、离婚、同居、同居终止、生育、死亡，迁移等）保持在2000年的水平不变，家庭户类型和规模及老年人居住安排的百分比分布也将大幅变化，在2020年后保持稳定。为什么在2000～2020年人口综合参数保持不变，但家庭户分布和老年人居住安排却发生了显著变化？我们认为家庭户惯性在其中起到了重要作用。

与2000年时已经走过大部分人生历程的年老队列相比，2000年时年轻队列的离婚率和同居终止率更高，而结婚率和同居率更低。2000年的家庭户和老年人居住安排的数据代表着过去几十年中年轻队列和年老队列生命历程的综合反映。即使在2000～2050年的结婚率、同居率、离婚率、同居终止率保持不变，家庭户的分布也会有显著变化，因为家庭模式较为传统的年老队列将被家庭模式更为现代的年轻队列所替代。这个家庭户惯性理论与几十年前Keyfitz（1971）提出的关于“在生育率等于或低于人口更替水平后，人口数量仍将持续增长一个时期”的著名人口惯性理论相似。我们应用多维家庭人口预测方法的中方案为家庭户惯性理论提供了实证依据，也为进一步探讨提供了分析工具。

25.5　家庭户和居住安排高、低方案预测区间

为探讨家庭户和居住安排预测的高低区间，我们考察了美国全国家庭小型化（低方案）和相对大家庭（高方案）预测方案。家庭小型化预测方案假定全国一般离婚率和一般同居终止率在 2020 年比中方案高出 15%，在 2050 年高出 25%，而一般结婚率和一般同居率在 2020 和 2050 年比中方案分别低 15%和 25%。家庭小型化方案采用了美国人口普查局人口预测所采用的低生育率、低死亡率，以及低国际净迁移假定（Hollmann et al.，2000）。家庭小型化方案假定离婚率和同居终止率将上升，结婚率和同居率将下降，且生育率和死亡率也将下降[①]，国际迁入规模减小。我们认为人口事件发生率或风险率的这种组合会导致家庭户的规模和夫妇户、同居伴侣户所占比例处于低值区间，而 1 人户、单亲父母户等所占比例处于高值区间。

相对大家庭方案假定全国一般离婚率和一般同居终止率在 2020 年比中方案低 15%，在 2050 年低 25%；而一般结婚率和一般同居率在 2020 年和 2050 年比中方案分别高 15%和 25%。2000～2020 年和 2020～2050 年各年的一般比率通过线性内插法估计得到。相对大家庭方案采用了美国人口普查局最新人口预测所采用的高生育率、高死亡率，以及高国际净迁移假定。相对大家庭方案假定社会将重拾传统价值观，从而离婚率和同居终止率将下降，结婚率和同居率将上升，生育率上升，且死亡率较高，国际迁入规模增加。相对大家庭方案假定下的人口事件发生率或风险率的组合会导致家庭户的规模增加，夫妇户、同居伴侣户所占比例处于高值，而 1 人户、单亲父母户等所占比例处于低值。

对 2020 年和 2050 年的一般结婚率、一般离婚率、一般同居率、一般同居终止率将上升或下降 15%和 25%的假定是基于对未来几十年结婚、离婚、同居、同居终止等一般率的最大可能变化的经验假定或专家估计。当然，尽管我们在做出这些假定时参照了 1970～2002 年这些参数的时间变化序列，这些假定仍较为主观，而未来的发展趋势具有较大不确定性。即使这样，与传统的人口预测高低方案类似，我们的家庭小型化和相对大家庭方案也为未来家庭户和居住安排分布提供了可能的高低区间。

---

① 低死亡率可能：a. 造成家户规模较小的老人户（多为 1 人户或 2 人户）增多，使得美国平均家庭户规模减小。b. 增加大家庭中成年人和儿童的存活率，使得一些家庭户的规模增大。由于美国成年人和儿童的死亡率降低的空间不大，而老年人延长寿命的空间和相对影响更大，所以 b 的影响可能小于 a。

预测所得的 2020 年和 2050 年美国平均家庭户规模区间分别是 2.3～2.5 人和 2.2～2.7 人。预测所得的2020年和2050年1人户所占比例区间分别为24.8%～30.0%和 21.0%～36.1%[图 25.1（a）]。2020 年预测所得的夫妇户和同居伴侣户所占比例区间分别为 47.2%～53.7%和 5.1%～5.9%，2050 年分别为 38.3%～57.1%和 5.1%～6.2%[图 25.1（b）和 25.1（c）]。2020 年和 2050 年单亲父母户占 2 代户比例的可能范围较大，分别为 25.8%～32.6%和 23.6%～42.1%[图 25.1（d）]。

如图 25.1（e）和图 25.1（f）所示，预测所得的 2020 年和 2050 年 65 岁及以上独居老人占总户数比例区间分别为 3.9%～4.6%和 3.7%～7.3%，80 岁及以上高龄独居老人占总户数比例区间分别为 1.4%～1.6%和 1.9%～3.5%。显然，人口事件发生率或风险率对未来老年人居住安排的影响非常显著。

预测未来年份家庭户数量、类型和规模，对住房、能源、汽车和其他家庭户所需商品和服务的市场发展趋势分析和社会经济规划都非常实用。表 25.1 展示了根据家庭小型化和相对大家庭方案假定下对不同类型家庭户数量及独居老年人数预测的可能区间。由于篇幅限制，我们在本章中只介绍了概括性的预测结果。例如，第 4 章 4.2 节，在多维家庭人口预测模型的家庭户预测输出数据中，家庭户和居住安排预测是按家庭户类型和规模，以及家庭户代表的种族、年龄、性别、婚姻状态等分类的。这些详细的预测结果虽然未能在这里详细阐述，但它们对市场分析和社会经济规划等都很有价值。

表 25.1　不同类型家庭户数量和独居老人数的可能预测区间

年份	家庭户数量					独居老人数量	
	合计/万户	1 人户/万户	单亲父母户/万户	同居伴侣户/万户	夫妇户/万户	65 岁及以上/万人	80 岁及以上/万人
2000	10 520	2 710	1 130	520	5 780	360	120
2010	12 090～12 230	3 260～3 420	1 320～1 370	660～730	6 100～6 400	370～380	150～150
2020	13 300～13 740	3 570～4 140	1 420～1 540	720～870	6 230～7 300	410～450	140～160
2030	14 280～15 320	3 830～4 810	1 580～1 710	770～1 000	6 190～8 260	470～570	180～210
2040	14 950～17 170	4 120～5 360	1 810～1 850	810～1 150	6 040～9 360	460～630	220～280
2050	15 280～19 200	4 320～5 700	1 960～2 050	810～1 310	5 820～10 730	420～680	220～320

25.6　家庭户和居住安排动态变化的种族差异

图 25.2 展示了中方案下 2000～2050 年家庭户和居住安排动态预测的种族差异。2000 年非西班牙裔白人的平均家庭户规模最小；到 21 世纪上半叶，西班牙裔及亚裔

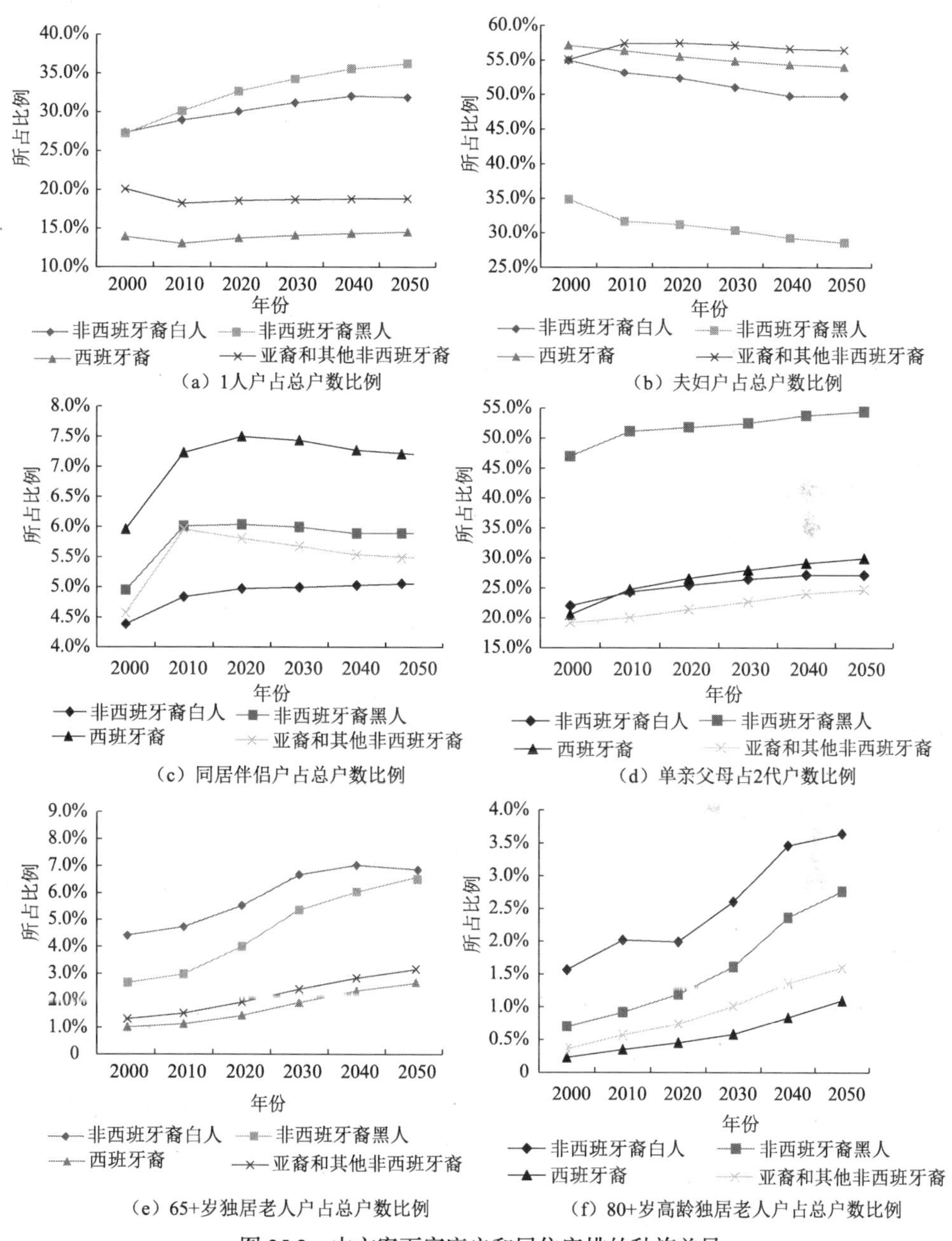

图 25.2　中方案下家庭户和居住安排的种族差异

和其他非西班牙裔的平均家庭户规模远大于白人和黑人的家庭户规模。到 2030 年，非西班牙裔黑人的平均家庭户规模将远大于非西班牙裔白人的平均家庭户规模，但这一差异在 2050 年时逐渐缩小。如图 25.2（a）所示，非西班牙裔黑人和非西班牙裔白人的 1 人户所占比例远高于西班牙裔及亚裔和其他非西班牙裔，并且这一差距将越来越大，到 2040～2050 年，非西班牙裔黑人和非西班牙裔白人的 1 人户所占比例将约是西班牙裔及亚裔和其他非西班牙裔的 2 倍。2010 年前，非西班牙裔黑人和非西班牙裔白人的 1 人户所占比例相近，但 2010 年之后，非西班牙裔黑人的 1 人户所占比例高于非西班牙裔白人，其差异越来越大。

21 世纪上半叶，非西班牙裔黑人的夫妇户（不管有没有孩子）所占比例最低，远低于其他种族；非西班牙裔白人的夫妇户所占比例排名第三，而亚裔和其他非西班牙裔的夫妇户所占比例最高。显然，夫妇户（不管有没有孩子）占比的种族差异非常显著[图 25.2（b）]。如图 25.2（c）所示，西班牙裔的同居伴侣所占比例最高，而非西班牙裔白人的同居伴侣户所占比例最低。在 21 世纪上半叶，非西班牙裔黑人的单亲父母户占 2 代户比例远高于其他三个种族[图 25.2（d）]。

非西班牙裔白人的 65 岁及以上独居老人和 80 岁及以上高龄独居老人所占比例远高于其他种族。非西班牙裔黑人中独居老人（包括高龄老人）所占比例低于非西班牙裔白人，但明显高于西班牙裔及亚裔和其他非西班牙裔。

25.7　小结和相关思考

本章阐述的各种方案下的美国家庭户预测结果表明，尽管我们假定人口事件发生率或风险率保持不变，家庭户和老人居住安排的百分比分布在未来几十年中仍会有明显的变化。我们将这种变化趋势命名为家庭户惯性（Zeng et al.，2006）。这一现象的发生是因为即使当前分年龄性别的人口事件发生率或风险率保持不变，家庭模式较为传统的老一代队列人口也将被家庭模式更为现代的年轻一代队列人口所替代。我们的家庭户预测结果还表明，由于过去的人口事件发生率或风险率之间存在的种族差异可能在未来几十年中延续，21 世纪上半叶不同种族的家庭户类型、规模，以及居住安排仍存在巨大差异。另外，我们的家庭小型化和相对大家庭方案提供了一个很有价值的未来家庭户和居住安排发展趋势的可能区间。据我们所知，我们应用多维家庭人口预测方法，以人口事件发生率或风险率作为输入数据的研究是首次提出有关家庭户惯性的实证分析。

多维家庭人口预测模型及其计算机软件可以为每一个预测年份输出大量不同家庭户类型和规模的图表和数据（第 4 章表 4.7）。多维家庭人口预测模型也对按种族、性别、年龄、婚姻状态（包括同居）、一起居住子女数、是否与父母一起居住等交叉分组的全部人口进行预测，也可以输出大量的人口家庭状态图表和数据。但由于篇幅限制，我们在本章仅展示和讨论了有关总体趋势和种族差异的主要输出。预测所得的关于家庭户和居住安排更详细的输出结果可以服务于市场分析和社会经济规划等。例如，通过多维家庭人口预测模型预测的按家庭户类型、规模和家庭户代表年龄分的家庭户数量，可以与按卧室数量、家庭户类型与规模、家庭户代表年龄和收入分配的平均住房自有率和租赁率（从人口普查或调查登记所估得）相结合，来预测住房需求[详见 Smith 等（2008，2012）；本书第 19 章和第 25 章]。用多维家庭人口预测方法还可以进行另外一些类似的预测，如以家庭户为单位的汽车消费[详见 Feng 等（2011）；Prskawetz 等（2004）；本书第 26 章]、能源消费[Dalton 等（2008）；本书第 20 章]、耐用品消费，家庭服务消费等。

如前面第一部分所讨论的，本章对未来 20 年及以内家庭人口的预测可以用于商业和政府制订规划，但对未来 20 年以后的预测不确定性较大，只能用于模拟仿真学术和政策分析研究。我们采用专家估测方法预测了美国全国未来综合参数，这虽然很好地达到了模拟仿真的目的，但并不能被视为准确的预测，尤其是对于 20 年以后的预测结果而言。利用多维家庭人口预测模型的框架，我们可以对 20 年内进行更准确的预测。例如，可以利用时间序列分析来预测未来综合参数。在预测综合参数时，未来的研究可能也需要包括其他相关社会经济协变量的时间序列。应该注意的是，家庭户预测的准确性在很大程度上取决于对综合参数假定的准确性；如果包括过多协变量，其预测结果可能会因误差叠加而非常离谱。

本 章 附 录

表 A25.1　基于四个调查整合数据得到的婚姻状态生命表主要指标与 Schoen 基于人口登记数据估算结果的比较

男女婚姻状态占比		Schoen	合并调查数据	差异值	差异
		1995 年	20 世纪 90 年代		
女性	一生中初婚比例	0.887	0.878	–0.009	–1.0%
	一生中离婚比例	0.425	0.430	0.005	1.2%
	一生中丧偶后再婚比例	0.048	0.049	0.001	2.1%
	一生中离婚后再婚比例	0.687	0.619	–0.068	–9.9%
男性	一生中初婚比例	0.831	0.841	0.010	1.2%
	一生中离婚比例	0.437	0.392	–0.045	–10.3%
	一生中丧偶后再婚比例	0.123	0.132	0.009	7.3%
	一生中离婚后再婚比例	0.781	0.723	–0.058	–7.4%

注：“Schoen”代表 Schoen 和 Standish（2001）；“合并调查数据”包括美国家庭与住户调查、美国家庭增长调查、美国当前人口调查、美国收入及项目参与调查

表 A25.2 美国高、中、低多维家庭人口预测方案的主要参数

综合参数		非西班牙裔白人			非西班牙裔黑人			西班牙裔			亚裔和其他非西班牙裔		
		2000年	2025年	2050年	2000年	2025年	2050年	2000年	2025年	2050年	2000年	2025年	2050年
中死亡率	男性期望寿命/岁	74.9	77.8	81.1	68.7	73.6	78.5	77.4	80.0	83.0	79.7	81.9	84.6
	女性期望寿命/岁	80.3	83.6	86.4	75.4	80.5	84.6	83.8	86.1	88.4	85.9	87.6	89.7
低死亡率	男性期望寿命/岁	74.9	79.2	83.5	68.7	75.3	81.3	77.4	81.5	85.5	79.7	83.4	86.9
	女性期望寿命/岁	80.3	84.5	88.0	75.4	81.7	86.5	83.8	87.1	90.0	85.9	88.6	91.2
高死亡率	男性期望寿命/岁	74.9	76.9	79.5	68.7	72.4	76.6	77.4	79.0	81.4	79.7	81.0	83.0
	女性期望寿命/岁	80.3	82.6	84.8	75.4	79.3	82.7	83.8	85.1	86.8	85.9	86.6	88.0
中生育率	总和生育率——所有孩次	1.84	2.03	2.04	2.08	2.12	2.11	2.97	2.68	2.56	2.26	2.18	2.16
	第 1 孩总和生育率	0.80	0.87	0.88	0.82	0.77	0.77	0.95	0.94	0.90	0.96	0.91	0.91
	第 2 孩总和生育率	0.66	0.71	0.71	0.67	0.66	0.66	0.90	0.81	0.77	0.73	0.70	0.69
	第 3 孩总和生育率	0.26	0.30	0.31	0.38	0.39	0.39	0.55	0.50	0.48	0.37	0.35	0.35
	第 4 孩总和生育率	0.09	0.10	0.10	0.14	0.18	0.18	0.28	0.25	0.24	0.12	0.13	0.13
	第 5+孩总和生育率	0.03	0.05	0.05	0.07	0.12	0.12	0.20	0.18	0.18	0.08	0.08	0.08
低生育率	总和生育率——所有孩次	1.84	1.73	1.67	2.08	1.80	1.73	2.97	2.28	2.09	2.26	1.86	1.76
	第 1 孩总和生育率	0.80	0.74	0.72	0.82	0.66	0.63	0.95	0.80	0.73	0.96	0.78	0.74
	第 2 孩总和生育率	0.65	0.60	0.58	0.67	0.56	0.54	0.90	0.69	0.63	0.73	0.59	0.57
	第 3 孩总和生育率	0.26	0.26	0.25	0.38	0.33	0.32	0.55	0.42	0.39	0.37	0.30	0.29
	第 4 孩总和生育率	0.09	0.09	0.08	0.14	0.15	0.14	0.28	0.21	0.20	0.12	0.11	0.11
	第 5+孩总和生育率	0.03	0.04	0.04	0.07	0.11	0.10	0.20	0.16	0.14	0.08	0.07	0.07
高生育率	总和生育率——所有孩次	1.84	2.33	2.42	2.08	2.44	2.50	2.97	3.08	3.03	2.26	2.51	2.56
	第 1 孩总和生育率	0.80	0.95	0.95	0.82	0.89	0.91	0.95	0.95	0.95	0.96	0.95	0.95
	第 2 孩总和生育率	0.66	0.84	0.90	0.67	0.76	0.78	0.90	0.90	0.90	0.73	0.86	0.89
	第 3 孩总和生育率	0.26	0.36	0.38	0.38	0.45	0.46	0.55	0.66	0.63	0.37	0.43	0.45
	第 4 孩总和生育率	0.09	0.12	0.13	0.14	0.20	0.21	0.28	0.33	0.32	0.12	0.16	0.17
	第 5+孩总和生育率	0.03	0.05	0.06	0.07	0.14	0.15	0.20	0.24	0.23	0.08	0.10	0.11

续表

综合参数		非西班牙裔白人			非西班牙裔黑人			西班牙裔			亚裔和其他非西班牙裔		
		2000年	2025年	2050年	2000年	2025年	2050年	2000年	2025年	2050年	2000年	2025年	2050年
婚姻同居状态变化中方案	一般结婚率	0.0704	0.0704	0.0704	0.0362	0.0362	0.0362	0.0593	0.0593	0.0593	0.0676	0.0676	0.0676
	一般离婚率	0.0292	0.0292	0.0292	0.0308	0.0308	0.0308	0.0184	0.0184	0.0184	0.0214	0.0214	0.0214
	一般同居率	0.1094	0.1094	0.1094	0.0775	0.0775	0.0775	0.0996	0.0996	0.0996	0.1187	0.1187	0.1187
	一般同居终止率	0.2992	0.2992	0.2992	0.3612	0.3612	0.3612	0.2013	0.2013	0.2013	0.3341	0.3341	0.3341
	男性初婚年龄/岁	27.59	28.45	28.45	29.99	30.57	30.57	27.38	28.14	28.14	30.54	31.12	31.12
	女性初婚年龄/岁	25.45	26.16	26.16	28.57	29.18	29.18	25.83	26.68	26.68	28.25	28.92	28.92
	平均生育年龄/岁	27.56	28.07	28.07	25.74	26.19	26.19	26.88	27.61	27.61	28.77	29.22	29.22

注：中、低、高死亡率和中、低、高生育率参数来自美国人口普查局的人口预测假定（Hollmann et al.，2000）

第 26 章　美国 50 个州和华盛顿特区的家庭户和居住安排预测①

26.1　引　　言

近年来，越来越多的学者和政策制定者强调地区层面的人口与家庭预测的重要性，因为它对政府资源分配、基础设施和公共设施建设规划、家庭户所需商品和服务的市场研究，以及当地商业规模的扩张和缩小的决策都能起到有益的作用（Crowley，2004; Ip and McRae，1999; Rao，2003; Swanson and Pol，2009; Treadway，1997）。基于这些不断增长的实际需求的驱动，本章阐述应用多维家庭人口预测模型对美国 50 个州和华盛顿特区进行的家庭户和居住安排预测。关于县市级和更小区域的家庭人口预测请参阅第 5 章。第 2、3、4 章已经详细介绍了多维家庭人口预测的方法和一般数据来源，在此不再赘述。在 26.2 节中，我们将介绍州一级家庭人口预测综合参数所需的数据和前提假定条件。余下的章节将介绍 2000～2050 年美国 50 个州和华盛顿特区在大、中、小家庭方案下的家庭户和居住安排预测。由于篇幅限制，我们仅展示主要的预测结果。本章的最后将对预测结果进行讨论和总结。

26.2　数据和参数假定

在第 2 章 2.3.4 节讨论的核心理念 4，除了应用人口普查数据分别估计各州按性别、年龄和种族分的国内迁移率外，我们采用根据美国国家层面数据估得的分种族、性别、年龄的人口事件发生率或风险率标准模式来进行美国 50 个州和华盛顿特区的家庭户和居住安排预测。我们也基于 2000 年人口普查 5%微观数据估得分种族、性别、年龄的各州和华盛顿特区迁往国内其他地区的迁出概率，以及分种族、性别、年龄的从国内其他地区迁入各州、华盛顿特区的迁入频率（详见本章附录 A26.1）。

---

① 本章由曾毅教授、王正联研究员、顾大男研究员和杨涵墨博士研究生撰写；作者的工作单位和邮箱地址见第 1 章首页脚注。

各州分种族、性别的出生期望寿命和 2000～2050 年分种族及孩次别的总和生育率来自美国人口普查局人口预测中方案的假定（Hollmann et al.，2000；U.S. Census Bureau，2008）。各州的国内迁入率、迁出率和国际净迁移率则根据 2000～2006 年 ACS 的合并数据估算而得，我们假定迁移综合参数在 2006 年后保持不变。

第 3 章 3.4 节介绍了估算标准化一般结婚率、一般离婚率、一般同居率、一般同居终止率的概念，本章附录 A26.2 阐述在地区层面估算 2000 年标准化一般率的相关计算步骤。我们并不假定所有参数恒定不变，而是对 2000～2010 年一些参数的动态变化进行设置，以使得 2010 年的预测值与 2010 年人口普查的相应综合参数相一致。这些参数包括：分种族的一般结婚率、一般离婚率、一般同居率、一般同居终止率，分种族、年龄、性别地居住在集体户中的人口（persons who live in group quarters，PGQ）比例，分种族、性别的 45～49 岁不与父母一起居住（persons who do not live with parents，PNP）比例，以及分种族、家庭规模的一起居住的其他亲属（除配偶、同居伴侣、父母、子女外）和非亲属（other relations and non-relatives living in the same household，ORNR）的平均人数。这种做法与美国人口普查局将最近人口普查之前一次普查年份作为预测起始年份，并使两次普查之间一些综合参数与最近普查年主要指标保持一致的人口预测方法类似（U. S. Census Bureau，2008）。在我们的中方案中，我们假定 2010～2050 年的分种族的一般结婚率、一般离婚率、一般同居率、一般同居终止率，集体户中的人口比例、45～49 岁不与父母一起居住比例、一起居住的其他亲属和非亲属的平均人数等，都保持在 2010 年的水平不变。

我们采用美国人口普查局发布的人口预测中按各州的种族构成进行的种族分组：在 14 个州内区分了 4 个种族群体（非西班牙裔白人、非西班牙裔黑人、西班牙裔、亚裔和其他非西班牙裔），每个种族群体都有足够人的人口规模样本来进行预测。由于一些州的少数族裔的规模较小，人口普查局在 13 个州区分了 3 个种族群体（非西班牙裔白人、非西班牙裔黑人、西班牙裔及亚裔和其他非西班牙裔）；在另外 13 个州区分了 2 个种族群体（非西班牙裔白人和其他所有种族），而在 11 个州没有区分种族差异，因为这些州的非白人群体的样本规模不足以进行单独预测。

26.3　各州家庭户和居住安排高、中、低预测方案

为探讨各州家庭户和居住安排预测的区间，我们设计了美国 50 个州和华盛顿特区的家庭户小型化和相对大家庭方案。家庭户小型化方案所假定的 2025 和 2050 年时的各州一般离婚率和一般同居终止率要比中方案分别高出 15%和 25%；而一般

结婚率和一般同居率在 2025 年和 2050 年比中方案分别低 15%和 25%。我们分别将人口普查局 2008 年出版的中方案人口预测中假定的各州 2025 和 2050 年的总和生育、预期寿命、国际净迁移人数乘以人口普查局 2000 年出版的各州低方案与中方案相应参数值的比值，来估算家庭户小型化方案中 2025 和 2050 年各州的生育率、死亡率、国际迁移综合参数（Hollmann et al.，2000）。家庭户小型化方案假定离婚率和同居终止率将上升，结婚率和同居率将下降，且生育率和死亡率也将下降，并且外国迁入的移民将减少。我们认为这些人口事件发生率或风险率的组合将导致家庭户的规模和夫妇户、同居伴侣户所占比例达到低值，而 1 人户、单亲父母户等所占比例达到高值。

相对大家庭方案下，2025 和 2050 年各州的一般离婚率和一般同居终止率比中方案的假定分别低 15%和 25%，而各州一般结婚率和一般同居率在 2025 和 2050 年比中方案的假定分别高 15%和 25%。我们分别将人口普查局 2008 年出版的中方案人口预测中假定的 2025 和 2050 年的各州生育、死亡、国际净迁移人数乘以人口普查局 2000 年出版的高方案与中方案各州相应参数值的比值，来估算相对大家庭方案中 2025 和 2050 年的各州生育率、死亡率、国际迁移综合参数（Hollmann et al.，2000）。相对大家庭方案假定社会将重拾传统价值观，从而离婚率和同居终止率将下降，结婚率、同居率和生育率将上升，且死亡率较高，国际迁入增加。相对大家庭方案假定下的人口事件发生率或风险率的组合会导致家庭户的规模和夫妇户、同居伴侣户所占比例达到高值，而 1 人户、单亲父母户等所占比例达到低值。

所有方案假定中，2010 年、2025 年和 2050 年之间每年的一般结婚率、一般离婚率、一般同居率、一般同居终止率、生育、死亡、国际净迁移人数都通过线性内插得到。上述中方案、家庭户小型化和相对大家庭方案的综合参数包含了很大的不确定性。尽管如此，与传统人口预测中所用的高、中、低方案来表示人口增长的可能范围相似，我们的家庭小型化和相对大家庭方案也为未来家庭户和居住安排的分布提供了可能的高低区间①。

26.4 预测结果

本章附录 A26.3 展示了中方案预测下 2010 年、2020 年、2030 年、2040 年、2050 年主要指标的预测结果，以及 2010 年后这些指标的预测区间。我们在本章附录表 A26.3.1～表 A26.3.4 中包括了 2010 年的人口普查观测数据，以对比 2010

① 如果将美国 50 个州和华盛顿特区每个地区 2000～2050 年主要年份的高、中、低三个不同家庭结构变化方案下分种族、性别的人口参数（总和生育率区分孩次）［表 3.1（3）参数（a）～（h）］一一列出，每一个州都需要一个占一整页篇幅的大表格；将全部表格包含在本书需要占用 51 页，篇幅过长，所以不具体展示。

年的预测结果。我们在此概要阐述分析家庭人口预测主要指标，但由于篇幅限制，我们无法展示详细的预测结果。

如本章附录表 A26.3.1 所示，从 2000～2020 年，几乎所有的州和华盛顿特区的平均家庭户规模都将普遍缓慢缩小，从 2000 年全国平均每户 2.58 人缩小至 2020 年每户 2.52 人（区间：2.48～2.55 人）。有 46 个州的平均家庭户规模将在 2020 年后持续缩小，但速度将比 2000～2020 年的更慢一些，从 2020 年的平均每户 2.44 人（区间：2.40～2.48 人）缩小至 2050 年的平均每户 2.36 人（区间：2.14～2.61 人）。而其他 4 个州（加利福尼亚州、科罗拉多州、马里兰州、新泽西州）和华盛顿特区的家庭户规模变化趋势有所不同：从 2020 年的平均每户 2.54 人（区间：2.50～2.57 人）上升至 2050 年的平均每户 2.60 人（区间：2.36～2.86 人）。

我们的预测结果显示，在未来 20 年中，大多数州的 1 人户占总户数的比例将大幅上升：与 2000 年相比，2020 年只有 8 个州的上升幅度小于 5.0%，有 17 个州的上升幅度为 5.0%～9.99%，有 22 个州上升幅度为 10.0%～14.99%，另有 4 个州的 1 人户比例上升幅度大于或等于 15.0%。但是在 2020～2050 年，1 人户比例上升趋势将在 44 个州逐渐放缓：从 2020 年的平均 0.275（区间：0.265～0.284）上升至 2050 年的 0.301（区间：0.238～0.361）。在其余 6 个州（加利福尼亚州、马里兰州、新泽西州、亚利桑那州、夏威夷州、内华达州），1 人户比例将从 2020 年的平均 0.275（区间：0.265～0.284）缓慢下降至 2050 年的 0.266（区间：0.210～0.317）（见本章附录表 26.3.2）。

预测结果显示，加利福尼亚等 6 个州的 1 人户所占比例将在 2020 年后有所降低，其原因可能是这些州巨大的种族差异和种族构成的改变。尽管在未来几十年中，这 6 个州所有种族的 1 人户比例都将显著上升，但由于未来 1 人户比例最小的西班牙裔群体占州总人口和家庭户数的比例明显增大，将导致整个州的 1 人户比例有所降低。

未来的夫妇户比例在几乎所有州中都有所下降，而仅在个别州中有所上升。在中方案假定条件下，与 2000 年相比，在 2020 年有 6 个州的夫妇户占所有家庭户比例的下降幅度小于 5.0%，15 个州下降幅度为 5.0%～9.99%，14 个州下降幅度为 10.0%～14.99%，另有 13 个州的夫妇户占所有家庭户的比例下降幅度大于或等于 15.0%。但是在 2020～2050 年，这一下降趋势将逐渐放缓：与 2020 年相比，在 2050 年有 14 个州的夫妇户占所有家庭户比例下降幅度小于 5.0%，19 个州下降幅度为 5.0%～9.99%，9 个州下降幅度为 10.0%～14.99%，另有 6 个州的下降幅度将超过 15.0%（见本章附录表 A26.3.3）。在中方案假定条件下，同居伴侣户占所有家庭户比例将在未来 20 年显著上升：与 2000 年相比，在 2020 年有 3 个州的同居伴侣户比例上升幅度小于 10.0%，7 个州的上升幅度为 10.0%～29.0%，11 个州的上升幅度为 30.0%～49.9%，18 个州的上升幅度为 50.0%～69.9%，另有 11 个州的上升幅度高达 70.0%～89.9%（见本章附录表 A26.3.4）。在 2020 年后，几乎所有州内同居伴侣户占总户数比例都将保持相对稳定。

在 21 世纪上半叶，各州的单亲父母户所占比例的变化方向有所不同，在有的州缓慢上升，在其他州保持稳定。2000 年所有州和华盛顿特区的单亲父母户占总户数比例平均值为 30.9%，预计将在 2020 年变为 30.8%（区间：29.3%～32.2%），在 2050 年达到 33.1%（区间：24.7%～44.4%）（见本章附录表 A26.3.5）。这一幅度较小的变化可能是由于结婚率的缓慢下降和同居率的显著上升，以及较为稳定的离婚和同居终止率对单亲父母户比例所带来的综合影响。

本章附录表 A26.3.6～表 A26.3.8 展示了家庭户和居住安排预测得出的美国各州家庭户老龄化和老人居住安排变化趋势。在中方案假定条件下，与 2000 年相比，在 2020 年，有 11 个州的老年家庭户（家庭户代表年龄在 65 岁及以上）占总户数的比例上升幅度小于 10.0%，17 个州的上升幅度为 10.0%～19.9%，15 个州的上升幅度为 20.0%～29.9%，4 个州的上升幅度为 30.0%～39.9%，另有 3 个州的上升幅度大于或等于 40.0%。在 2020～2050 年，家庭户将会加速老化。具体而言，与 2020 年相比，在 2050 年有 2 个、24 个、20 个和 4 个州的老年户占所有家庭户比例上升幅度分别为小于 20.0%、20.0%～29.9%、30.0%～39.9%和大于等于 40.0%；只有吸引了很多年轻迁移者的华盛顿特区例外（见本章附录表 A26.3.6）。与 2000 年相比，21 世纪中叶夏威夷州和新罕布什尔州的老人户比例将翻一倍多，阿拉斯加的老人户比例几乎是原来的三倍。与老人户的变化趋势相似，65 岁及以上独居老人户所占比例也将在所有州普遍大幅上升（见本章附录表 A26.3.7）。本章附录表 26.3.8 中的预测结果表明，未来几十年所有州的 80 岁及以上高龄独居老人户的上升趋势更为显著，在 50 个州和华盛顿特区的平均高龄独居老人户占总户数比例在 2020 年和 2050 年将分别达到 1.48%（区间：1.44%～1.51%）和 2.41%（区间 1.85%～2.96%）。这表明，在中方案假定条件下，2020 年高龄独居老人户占比的各州平均值比 2000 年上升 23.8%，而 2050 年与 2000 年相比翻一倍还多。在中方案假定条件下，与 2000 年相比，2050 年的高龄独居老人户占所有家庭户比例在 7 个州将上升 44.5%～79.99%，14 个州上升 80.0%～99.9%，有 24 个州翻了一倍，另有 5 个州的高龄独居老人户比例是 2000 年的三倍（路易斯安那州、南卡罗来纳州、夏威夷州、新罕布什尔州、阿拉斯加州）。

26.5 讨论和结语

我们根据常规可得的人口普查和调查数据，采用 ProFamy 多维家庭人口预测方法和美国全国分年龄、性别、种族的人口事件发生率或风险率标准模式，在州级层面同时对美国 50 个州和华盛顿特区进行了家庭户、居住安排和人口性别年龄结构的预测。

我们在大、中、小家庭户方案下，对 2000～2050 年美国 50 个州和华盛顿特区进行了家庭户和居住安排预测，得到了许多十分有意义的结果，其中未来几十年美国所有州和地区的家庭户老化情况尤其显著。据我们所知，本章研究是唯一一个对美国各州和华盛顿特区分别进行的分种族、年龄，以及家庭户类型和规模，用常规人口数据作为输入的家庭户和居住安排预测。

此外，我们还注意到了现阶段研究存在的局限性，并对未来可能的研究做出展望。首先，我们对综合参数的预测是基于横断面趋势外推和专家评估方法。目前，我们没有包括其他与人口综合参数变化相关的社会经济变量，而这在未来的研究中是有可能实现的。其次，由于篇幅限制，我们在此仅讨论了所有种族合计的主要预测结果。各州分种族预测结果的详细分析也许可成为未来研究的一个有意义的题目。

因为小区域没有足够的数据来估算所需的综合参数，所以不能直接应用多维家庭人口预测方法对小区域进行家庭户和居住安排预测。然而，如第 5 章所介绍的，我们可以先用多维家庭人口预测模型对小区域的母区域，即本章所做的美国 50 个州和华盛顿特区（或中国和其他国家的省或较大的市、县、区），进行预测，再结合常用的比例法预测小区域的家庭户和居住安排。

本 章 附 录

A26.1　50 个州、华盛顿特区、南加州 6 个县及明尼阿波利斯-圣保罗都会区的人口规模

在美国的 50 个州和华盛顿特区中，2000 年，人口规模最小的怀俄明州仅有 49 万人，人口规模最大的加利福尼亚州有 3390 万人。在南加州的 6 个县中，2000 年，人口规模最小的因皮里尔县仅有 14 万人，人口规模最大的洛杉矶县有 951 万人。2000 年，明尼阿波利斯-圣保罗都会区（包括阿诺卡县、达科他县、亨内平县、拉姆西县、斯科特县、华盛顿县、明尼苏达县共 7 个县）的总人口为 264 万人。对于这种较大的县、市，或有足够数据来估算综合参数的区域，我们采用多维家庭人口预测方法，用国家层面分种族、年龄、性别的标准模式来进行家庭户和居住安排预测。Wang（2009a；2009b；2011a；2011b）根据南加州政府联盟（Southern California Association of Governments，SCAG）和明尼苏达双城市政府的要求，应用多维家庭人口预测方法成功对南加州 6 个县和明尼阿波利斯-圣保罗都会区进行了家庭户和居住安排预测。本章附录 A26.3 中表 A26.3.1～表 A26.3.8 引自对此项目的结题报告（Wang，2009a，2009b，2011a，2011b），表中展示了对南加州 6 个县和明尼阿波利斯-圣保罗都会区的主要预测结果。我们衷心感谢 Simon Choi 和 Todd Graham 对报告的评论和建议。

A26.2　估测美国分州和种族的一般结婚率、一般离婚率、一般同居率和一般同居终止率

为了更直观地展示此方法的应用，我们下面介绍估算美国州层面分种族的一般结婚率、一般离婚率、一般同居率，以及一般同居终止率的详细步骤（Zeng et al., 2013a）。

A26.2.1　美国各州分种族一般结婚率和一般离婚率的估算

我们可以得到公开发布的美国各州和华盛顿特区的结婚和离婚人数，但数据为所有种族合计，没有区分种族。因此，我们采用以下步骤来估算在普查年（即预测起始年份 $T1$）美国各州分种族的一般结婚率［GM（r，$T1$）］和一般离婚率［GD（r，$T1$）］。为简化表达，我们在此附录中省略了所有变量和公式中表示州的标识。

我们做出以下定义：N_i（x，s，r，$T1$）表示在普查年 $T1$ 的统计中，各州年龄为 x，种族为 r，婚姻状态为 i，性别为 s 的人数；M_{ij}（x，s，r）表示分种族、性别、年龄的婚姻状态由 i 转换为 j（$i \neq j$）的发生率或风险率的全国标准模式，其中，i 和 j 表示 7 种婚姻与同居状态；m_{ij}（x，s，r，$T1$）表示在普查年 $T1$，估得的各州分种族、性别、年龄的婚姻状态由 i 转换为 j（$i \neq j$）的发生率或风险率；TM（$T1$）表示公开发布的普查年 $T1$ 各州所有种族合计的新结婚（包括初婚和再婚）的总人数。

我们假定在普查年，各州分种族、性别、年龄的新结婚（包括初婚和再婚）发生率或风险率和相应的全国的标准模式成正比，m_{i2}（x，s，r，$T1$）$= \gamma$（$T1$）M_{i2}（x，s，r）；$i \neq 2$（下标 2 表示当前的婚姻状态）；估得 γ（$T1$）为

$$\gamma(T1) = \frac{2\mathrm{TM}(T1)}{\sum_{x=\alpha}^{\beta}\sum_{s=1,2}\sum_{r}\sum_{i} N_i(x,s,r,T1)M_{i2}(x,s,r)},\quad i \neq 2 \qquad (\text{A26.1})$$

其中，α（通常为 15）和 β 分别表示结婚（或同居）及离婚（或同居终止）事件发生的最小年龄和最大年龄。

我们接着用估得的 m_{i2}（x，s，r，$T1$）和 N_i（x，s，r，$T1$），通过附录 A3.2 中的式（A3.3）来估算在 $T1$ 年各州分种族的 GM（r，$T1$）。

用 TD（$T1$）表示公开发布的普查年 $T1$ 各州所有种族合计的离婚人数。我们假定各州在该普查年中分种族、性别、年龄的离婚发生率或风险率和离婚率的标准模式成正比，即

m_{24}（x，s，r，$T1$）$=\delta$（$T1$）M_{24}（x，s，r）；（下标 2 和 4 表示已婚和离婚状态）其中，δ（$T1$）为

$$\delta\,(T1) = \frac{2\mathrm{TD}\,(T1)}{\sum_{x=\alpha}^{\beta}\sum_{s=1,2}\sum_{r}\sum_{i} N_2(x,s,r,T1)M_{24}(x,s,r)} \qquad (\mathrm{A26.2})$$

最后，我们用估得的 m_{24}（x，s，r，$T1$）和 N_2（x，s，r，$T1$），通过附录 A3.2 中的式（A3.4）来估算在 $T1$ 年各州分种族的 GD（r，$T1$）。

A26.2.2　估算美国各州分种族的一般同居率和一般同居终止率

因为缺乏州级关于同居和终止同居事件数量的公开发表数据，我们不能直接估算美国各州分种族的一般同居率[GC（r，$T1$）]和一般同居终止率[GCD（r，$T1$）]；因此，我们需要采用间接方法，即“迭代比例拟合方法”来进行估算。我们用前一次的普查数据作为基数人口，用分种族的标准模式和用其他数据估得的综合参数作为输入，来预测从上一个普查年到最近的普查年（即预测起始年份 $T1$）的分种族的家庭户分布。通过预测，我们得到在最近的普查年中所有种族合计的同居伴侣户占所有家庭户的比例，用 PC 表示。接下来，我们比较 PC 和最近的普查年登记的所有种族合计的同居伴侣户占所有家庭户的实际比例，用 CC 表示。如果 PC 比 CC 更大或更小，且达到一个预先确定的标准，如≥1%，我们就用下列公式来按比例调整分种族、性别、年龄的一般同居率和一般同居终止率：

$$m_{15}\,(x,\ s,\ r,\ T1) = M_{15}\,(x,\ s,\ r)\,(2-\mathrm{PC}/\mathrm{CC}) \qquad (\mathrm{A26.3})$$

$$m_{36}\,(x,\ s,\ r,\ T1) = M_{36}\,(x,\ s,\ r)\,(2-\mathrm{PC}/\mathrm{CC}) \qquad (\mathrm{A26.4})$$

$$m_{47}\,(x,\ s,\ r,\ T1) = M_{47}\,(x,\ s,\ r)\,(2-\mathrm{PC}/\mathrm{CC}) \qquad (\mathrm{A26.5})$$

$$m_{51}\,(x,\ s,\ r,\ T1) = M_{51}\,(x,\ s,\ r)\,(\mathrm{PC}/\mathrm{CC}) \qquad (\mathrm{A26.6})$$

$$m_{63}\,(x,\ s,\ r,\ T1) = M_{63}\,(x,\ s,\ r)\,(\mathrm{PC}/\mathrm{CC}) \qquad (\mathrm{A26.7})$$

$$m_{74}\,(x,\ s,\ r,\ T1) = M_{74}\,(x,\ s,\ r)\,(\mathrm{PC}/\mathrm{CC}) \qquad (\mathrm{A26.8})$$

我们用调整后的一般同居率，一般同居终止率和其他数据来对上一个普查年到预测起始年份 $T1$ 期间重新进行预测，计算新得到的 PC 并与 CC 比较。如果新得出的 PC 仍然比 CC 更大或更小，则重复迭代比例拟合方法，直到 PC 和 CC 的差别缩小至合理区间（±≤1%）内。之后，我们再根据附录 A3.2 中的式（A3.5）和式（A3.6）来估算 GC（r，$T1$）和 GCD（r，$T1$）。

在州级同居状态数据不足的情况下，这种方法可以估得较为合理的 GC（r，$T1$）和 GCD（r，$T1$）。第 4 章中介绍的 1990～2000 年美国 50 个州及华盛顿特区的检验验证了预测的准确性。

A26.3　美国分州和种族的家庭户和居住安排预测主要结果

表 A26.3.1　2000～2050 年美国 50 个州、华盛顿特区和较大县的平均家庭户规模

单位：人/户

国家或地区	2000 年	2010 年		2020 年	2030 年	2040 年	2050 年
	登记	登记	预测	中方案（低方案～高方案）	中方案（低方案～高方案）	中方案（低方案～高方案）	中方案（低方案～高方案）
美国	2.58	2.58	2.56	2.52（2.48～2.55）	2.49（2.38～2.62）	2.49（2.30～2.70）	2.49（2.26～2.77）
亚拉巴马州	2.49	2.48	2.46	2.39（2.35～2.43）	2.34（2.24～2.45）	2.32（2.16～2.50）	2.32（2.12～2.55）
阿拉斯加州	2.73	2.65	2.62	2.59（2.54～2.62）	2.55（2.41～2.66）	2.53（2.31～2.71）	2.52（2.24～2.73）
亚利桑那州	2.62	2.63	2.61	2.64（2.60～2.67）	2.63（2.51～2.77）	2.63（2.44～2.86）	2.62（2.37～2.91）
阿肯色州	2.49	2.47	2.48	2.42（2.39～2.46）	2.37（2.26～2.48）	2.33（2.16～2.51）	2.30（2.09～2.53）
加利福尼亚州	2.84	2.90	2.88	2.86（2.82～2.90）	2.87（2.74～3.01）	2.88（2.69～3.12）	2.89（2.65～3.19）
科罗拉多州	2.52	2.49	2.48	2.48（2.45～2.52）	2.49（2.37～2.62）	2.51（2.32～2.73）	2.52（2.29～2.80）
康涅狄格州	2.53	2.52	2.52	2.47（2.40～2.54）	2.45（2.30～2.62）	2.45（2.25～2.66）	2.44（2.25～2.66）
特拉华州	2.54	2.55	2.54	2.49（2.46～2.53）	2.47（2.37～2.59）	2.46（2.29～2.65）	2.46（2.24～2.70）
华盛顿特区	2.15	2.11	2.08	2.11（2.04～2.14）	2.15（2.00～2.22）	2.19（1.99～2.29）	2.22（2.00～2.37）
佛罗里达州	2.45	2.48	2.49	2.46（2.44～2.48）	2.43（2.37～2.51）	2.43（2.31～2.57）	2.45（2.26～2.66）
佐治亚州	2.64	2.63	2.67	2.63（2.58～2.68）	2.61（2.47～2.75）	2.61（2.41～2.83）	2.62（2.38～2.90）
夏威夷州	2.88	2.89	2.84	2.80（2.76～2.85）	2.81（2.69～2.94）	2.80（2.61～3.00）	2.77（2.54～3.00）
爱达荷州	2.68	2.66	2.63	2.57（2.54～2.60）	2.50（2.38～2.61）	2.45（2.28～2.63）	2.44（2.22～2.66）

续表

国家或地区	2000 年	2010 年		2020 年	2030 年	2040 年	2050 年
	登记	登记	预测	中方案（低方案～高方案）	中方案（低方案～高方案）	中方案（低方案～高方案）	中方案（低方案～高方案）
伊利诺伊州	2.62	2.59	2.58	2.51（2.48～2.55）	2.48（2.36～2.61）	2.48（2.29～2.71）	2.49（2.25～2.79）
印第安纳州	2.52	2.52	2.49	2.44（2.39～2.48）	2.41（2.28～2.55）	2.41（2.22～2.63）	2.43（2.19～2.70）
艾奥瓦州	2.45	2.41	2.41	2.33（2.29～2.36）	2.25（2.15～2.36）	2.21（2.05～2.41）	2.21（1.99～2.47）
堪萨斯州	2.51	2.49	2.50	2.44（2.41～2.48）	2.40（2.28～2.52）	2.38（2.20～2.58）	2.38（2.15～2.63）
肯塔基州	2.47	2.45	2.45	2.39（2.36～2.42）	2.33（2.23～2.44）	2.31（2.14～2.49）	2.30（2.08～2.54）
路易斯安那州	2.61	2.55	2.56	2.46（2.43～2.48）	2.39（2.29～2.49）	2.35（2.20～2.53）	2.34（2.14～2.56）
缅因州	2.39	2.32	2.32	2.25（2.23～2.28）	2.19（2.10～2.28）	2.17（2.02～2.34）	2.19（1.98～2.41）
马里兰州	2.60	2.61	2.59	2.59（2.56～2.63）	2.61（2.50～2.75）	2.64（2.45～2.86）	2.65（2.41～2.93）
马萨诸塞州	2.51	2.48	2.49	2.42（2.39～2.45）	2.39（2.29～2.51）	2.38（2.20～2.58）	2.37（2.15～2.63）
密歇根州	2.55	2.49	2.48	2.40（2.37～2.43）	2.34（2.24～2.46）	2.32（2.16～2.51）	2.32（2.11～2.56）
明尼苏达州	2.52	2.48	2.46	2.36（2.32～2.41）	2.31（2.20～2.44）	2.28（2.11～2.48）	2.27（2.07～2.54）
密西西比州	2.62	2.58	2.56	2.48（2.45～2.50）	2.41（2.32～2.51）	2.39（2.23～2.56）	2.38（2.17～2.60）
密苏里州	2.47	2.45	2.42	2.35（2.31～2.38）	2.28（2.18～2.40）	2.26（2.09～2.44）	2.26（2.04～2.50）
蒙大拿州	2.44	2.35	2.36	2.25（2.22～2.28）	2.16（2.07～2.26）	2.11（1.96～2.27）	2.09（1.90～2.30）
内布拉斯加州	2.49	2.46	2.43	2.33（2.30～2.37）	2.27（2.16～2.38）	2.24（2.07～2.43）	2.22（2.01～2.48）
内华达州	2.60	2.65	2.62	2.64（2.57～2.70）	2.64（2.49～2.80）	2.64（2.43～2.88）	2.64（2.38～2.94）
新罕布什尔州	2.53	2.46	2.48	2.37（2.34～2.41）	2.29（2.19～2.40）	2.24（2.07～2.42）	2.22（2.00～2.45）

续表

国家或地区	2000 年	2010 年		2020 年	2030 年	2040 年	2050 年
	登记	登记	预测	中方案（低方案～高方案）	中方案（低方案～高方案）	中方案（低方案～高方案）	中方案（低方案～高方案）
新泽西州	2.67	2.68	2.67	2.64（2.61～2.67）	2.66（2.55～2.79）	2.69（2.49～2.92）	2.70（2.46～3.00）
新墨西哥州	2.62	2.55	2.51	2.46（2.42～2.49）	2.41（2.29～2.54）	2.37（2.19～2.58）	2.35（2.12～2.62）
纽约州	2.59	2.57	2.55	2.47（2.44～2.51）	2.45（2.33～2.60）	2.44（2.24～2.70）	2.44（2.21～2.78）
北卡罗来纳州	2.48	2.48	2.47	2.43（2.40～2.47）	2.41（2.30～2.51）	2.41（2.24～2.57）	2.42（2.21～2.63）
北达科他州	2.40	2.30	2.33	2.18（2.11～2.26）	2.08（1.95～2.22）	2.03（1.89～2.21）	2.02（1.86～2.20）
俄亥俄州	2.48	2.44	2.41	2.34（2.31～2.38）	2.29（2.19～2.41）	2.27（2.10～2.47）	2.27（2.05～2.54）
俄克拉何马州	2.48	2.49	2.46	2.38（2.35～2.42）	2.33（2.22～2.44）	2.29（2.13～2.48）	2.28（2.06～2.52）
俄勒冈州	2.50	2.47	2.46	2.41（2.37～2.45）	2.38（2.26～2.51）	2.37（2.19～2.58）	2.38（2.15～2.65）
宾夕法尼亚州	2.47	2.45	2.43	2.37（2.34～2.41）	2.35（2.24～2.46）	2.34（2.17～2.52）	2.34（2.12～2.57）
罗得岛州	2.47	2.44	2.47	2.36（2.33～2.40）	2.28（2.18～2.39）	2.21（2.06～2.39）	2.14（1.96～2.39）
南卡罗来纳州	2.52	2.49	2.48	2.38（2.35～2.41）	2.32（2.22～2.42）	2.28（2.13～2.45）	2.26（2.08～2.47）
南达科他州	2.49	2.42	2.40	2.31（2.27～2.34）	2.22（2.11～2.34）	2.18（2.01～2.36）	2.17（1.96～2.40）
田纳西州	2.48	2.48	2.46	2.42（2.38～2.45）	2.38（2.28～2.50）	2.37（2.20～2.56）	2.37（2.16～2.62）
得克萨斯州	2.73	2.75	2.72	2.67（2.63～2.72）	2.64（2.51～2.80）	2.64（2.42～2.88）	2.64（2.36～2.95）
犹他州	3.10	3.10	3.03	2.93（2.89～2.97）	2.86（2.72～3.01）	2.81（2.59～3.04）	2.76（2.47～3.05）
佛蒙特州	2.44	2.34	2.36	2.25（2.22～2.29）	2.19（2.08～2.30）	2.15（1.98～2.33）	2.12（1.91～2.34）
弗吉尼亚州	2.53	2.54	2.52	2.47（2.44～2.51）	2.45（2.34～2.57）	2.44（2.27～2.64）	2.44（2.23～2.69）

续表

国家或地区	2000 年	2010 年		2020 年	2030 年	2040 年	2050 年
	登记	登记	预测	中方案（低方案～高方案）	中方案（低方案～高方案）	中方案（低方案～高方案）	中方案（低方案～高方案）
华盛顿州	2.53	2.51	2.51	2.45（2.41～2.49）	2.42（2.30～2.55）	2.41（2.23～2.62）	2.42（2.19～2.67）
西弗吉尼亚州	2.40	2.36	2.38	2.33（2.30～2.36）	2.28（2.18～2.38）	2.24（2.09～2.40）	2.22（2.03～2.41）
威斯康星州	2.49	2.43	2.43	2.36（2.33～2.40）	2.32（2.21～2.44）	2.31（2.14～2.51）	2.33（2.11～2.60）
怀俄明州	2.47	2.42	2.40	2.32（2.29～2.36）	2.26（2.16～2.36）	2.23（2.07～2.38）	2.22（2.03～2.40）
南加州 6 个县	2.97	3.03	3.00	2.96（2.92～3.01）	2.96（2.84～3.09）	2.95（2.77～3.13）	2.94（2.73～3.17）
因皮里尔县	3.31	3.34	3.32	3.38（3.33～3.42）	3.35（3.24～3.44）	3.28（3.16～3.41）	3.28（3.08～3.38）
洛杉矶县	2.95	2.98	2.93	2.85（2.81～2.89）	2.84（2.73～2.96）	2.84（2.67～3.00）	2.83（2.63～3.03）
橙县	2.96	2.99	3.03	3.02（2.97～3.07）	3.06（2.91～3.22）	3.08（2.87～3.33）	3.11（2.85～3.41）
河滨县	2.96	3.14	3.09	3.09（3.05～3.13）	3.04（2.94～3.17）	2.98（2.81～3.18）	2.95（2.73～3.19）
圣贝纳迪诺县	3.13	3.26	3.26	3.20（3.15～3.26）	3.15（3.02～3.29）	3.10（2.91～3.28）	3.08（2.86～3.30）
文图拉县	3.01	3.04	2.99	2.97（2.92～3.02）	2.96（2.83～3.11）	2.95（2.75～3.17）	2.95（2.70～3.22）
明尼阿波利斯-圣保罗都市区 7 个县	2.52	2.50	2.53	2.48（2.48～2.52）	2.46（2.46～2.61）	2.45（2.45～2.69）	2.45（2.45～2.75）

表 A26.3.2　2000～2050 年美国 50 个州、华盛顿特区和较大县的 1 人户所占比例预测

国家或地区	2000 年	2010 年		2020 年	2030 年	2040 年	2050 年
	登记	登记	预测	中方案（低方案～高方案）	中方案（低方案～高方案）	中方案（低方案～高方案）	中方案（低方案～高方案）
美国	25.8%	26.7%	26.9%	27.9%（26.9%～28.7%）	28.7%（25.8%～31.3%）	29.1%（24.3%～33.3%）	29.1%（22.8%～34.8%）

续表

国家或地区	2000 年	2010 年		2020 年	2030 年	2040 年	2050 年
	登记	登记	预测	中方案（低方案～高方案）	中方案（低方案～高方案）	中方案（低方案～高方案）	中方案（低方案～高方案）
亚拉巴马州	26.1%	27.4%	27.4%	29.4%（28.4%～30.2%）	31.0%（28.1%～33.4%）	31.9%（27.2%～35.9%）	32.3%（26.0%～37.9%）
阿拉斯加州	23.5%	25.6%	25.2%	25.3%（24.8%～27.0%）	26.1%（24.2%～30.1%）	26.2%（22.7%～32.2%）	26.2%（21.5%～33.9%）
亚利桑那州	24.8%	26.1%	25.9%	25.4%（24.5%～26.3%）	25.5%（22.8%～28.0%）	25.2%（20.9%～29.5%）	25.1%（19.4%～31.0%）
阿肯色州	25.6%	27.1%	26.7%	28.1%（27.1%～29.1%）	29.9%（26.8%～32.7%）	31.3%（26.5%～36.0%）	32.4%（26.0%～38.9%）
加利福尼亚州	23.5%	23.3%	23.6%	23.8%（23.1%～24.5%）	23.6%（21.3%～25.5%）	22.9%（19.3%～25.7%）	22.3%（17.7%～26.1%）
科罗拉多州	26.3%	27.9%	28.3%	29.6%（28.6%～30.5%）	30.7%（27.7%～33.4%）	31.0%（26.0%～35.4%）	31.1%（24.5%～36.9%）
康涅狄格州	26.4%	27.3%	27.5%	28.8%（27.5%～29.8%）	29.5%（26.0%～32.4%）	29.8%（24.7%～34.4%）	29.9%（23.9%～35.9%）
特拉华州	25.0%	25.6%	25.7%	26.6%（25.7%～27.5%）	27.4%（24.5%～29.9%）	27.9%（23.4%～32.0%）	28.1%（22.2%～33.9%）
华盛顿特区	43.8%	44.0%	44.5%	44.0%（42.5%～45.2%）	42.9%（39.2%～45.8%）	41.8%（36.4%～45.9%）	40.8%（34.0%～45.8%）
佛罗里达州	26.6%	27.2%	27.5%	28.7%（28.0%～29.5%）	29.8%（27.5%～31.9%）	30.5%（26.5%～33.9%）	30.7%（25.0%～35.6%）
佐治亚州	23.6%	25.4%	25.7%	26.7%（25.7%～27.4%）	27.5%（24.6%～29.9%）	27.7%（23.2%～31.7%）	27.5%（21.7%～32.8%）
夏威夷州	21.9%	23.3%	23.0%	22.4%（21.2%～23.4%）	20.8%（17.8%～23.4%）	20.8%（16.8%～24.9%）	21.8%（17.2%～27.0%）
爱达荷州	22.4%	23.8%	23.5%	24.6%（23.6%～25.5%）	25.9%（23.1%～28.8%）	26.9%（22.4%～31.6%）	27.2%（21.4%～33.8%）
伊利诺伊州	26.8%	27.8%	27.7%	28.9%（27.9%～29.8%）	29.7%（26.6%～32.5%）	30.0%（24.9%～34.6%）	29.9%（23.1%～36.2%）
印第安纳州	25.9%	26.9%	27.3%	28.9%（27.8%～30.0%）	30.5%（27.1%～33.4%）	31.3%（26.0%～35.9%）	31.5%（24.6%～37.6%）
艾奥瓦州	27.2%	28.4%	28.4%	30.4%（29.3%～31.3%）	32.8%（29.4%～35.6%）	34.7%（29.0%～39.3%）	35.7%（27.8%～42.2%）
堪萨斯州	27.0%	27.8%	28.1%	28.1%（27.0%～29.2%）	28.9%（25.7%～31.9%）	29.4%（24.5%～34.2%）	29.4%（23.2%～36.1%）

续表

国家或地区	2000年	2010年		2020年	2030年	2040年	2050年
	登记	登记	预测	中方案（低方案～高方案）	中方案（低方案～高方案）	中方案（低方案～高方案）	中方案（低方案～高方案）
肯塔基州	26.0%	27.5%	27.4%	29.6%（28.6%～30.5%）	31.6%（28.5%～34.3%）	32.9%（27.8%～37.2%）	33.4%（26.5%～39.5%）
路易斯安那州	25.3%	26.9%	26.8%	27.8%（27.4%～28.2%）	28.7%（26.1%～30.9%）	29.3%（24.9%～33.2%）	29.5%（23.7%～35.1%）
缅因州	27.0%	28.6%	28.7%	30.3%（29.1%～31.4%）	32.3%（28.9%～35.5%）	33.5%（28.0%～38.7%）	33.8%（26.2%～40.9%）
马里兰州	25.0%	26.1%	26.3%	26.5%（25.6%～27.3%）	26.6%（23.8%～29.0%）	26.4%（22.0%～30.3%）	26.2%（20.5%～31.3%）
马萨诸塞州	28.0%	28.7%	29.0%	29.5%（28.6%～30.4%）	30.1%（27.1%～32.7%）	30.6%（25.6%～34.9%）	30.9%（24.3%～36.7%）
密歇根州	26.2%	27.9%	28.2%	28.9%（28.0%～29.8%）	29.9%（26.8%～32.7%）	30.5%（25.5%～35.1%）	30.6%（24.0%～37.0%）
明尼苏达州	26.9%	28.0%	28.3%	29.6%（28.5%～30.4%）	31.1%（27.9%～33.7%）	32.5%（27.1%～37.0%）	32.9%（25.5%～39.5%）
密西西比州	24.6%	26.3%	26.3%	27.8%（27.4%～28.1%）	29.1%（26.7%～31.2%）	29.8%（25.7%～33.6%）	30.1%（24.6%～35.5%）
密苏里州	27.3%	28.3%	28.2%	30.2%（29.2%～31.2%）	32.1%（28.9%～34.9%）	33.4%（28.2%～37.9%）	34.0%（26.8%～40.2%）
蒙大拿州	27.4%	29.7%	29.2%	32.0%（31.0%～32.9%）	34.8%（31.8%～37.6%）	36.9%（31.7%～41.5%）	38.2%（31.0%～44.8%）
内布拉斯加州	27.6%	28.7%	29.0%	30.4%（29.3%～31.4%）	32.2%（28.8%～35.3%）	33.6%（28.1%～38.6%）	34.3%（27.0%～41.3%）
内华达州	24.9%	25.7%	25.5%	25.6%（24.5%～26.6%）	25.8%（22.8%～28.5%）	25.7%（21.2%～30.0%）	25.6%（19.8%～31.2%）
新罕布什尔州	24.4%	25.6%	25.8%	27.1%（26.0%～28.0%）	28.4%（25.4%～31.4%）	29.7%（24.7%～34.6%）	30.4%（23.7%～37.4%）
新泽西州	24.5%	25.2%	24.9%	25.0%（24.3%～25.7%）	24.9%（22.2%～27.3%）	24.5%（20.1%～28.5%）	24.2%（18.6%～29.4%）
新墨西哥州	25.4%	28.0%	28.2%	29.3%（28.2%～30.2%）	30.4%（27.3%～33.1%）	31.2%（26.2%～35.7%）	31.8%（24.9%～38.1%）
纽约州	28.1%	29.1%	29.3%	30.9%（29.9%～31.8%）	31.7%（28.3%～34.4%）	32.0%（26.4%～36.3%）	32.0%（24.5%～37.5%）

续表

国家或地区	2000 年	2010 年		2020 年	2030 年	2040 年	2050 年
	登记	登记	预测	中方案（低方案～高方案）	中方案（低方案～高方案）	中方案（低方案～高方案）	中方案（低方案～高方案）
北卡罗来纳州	25.4%	27.0%	27.3%	28.6%（27.6%～29.4%）	29.6%（26.8%～32.2%）	30.1%（25.7%～34.1%）	30.0%（24.3%～35.6%）
北达科他州	29.3%	31.5%	31.0%	34.5%（32.7%～35.7%）	37.4%（33.4%～40.6%）	39.2%（33.3%～44.0%）	40.1%（32.5%～46.5%）
俄亥俄州	27.3%	28.9%	28.9%	30.6%（29.5%～31.6%）	32.3%（29.0%～35.2%）	33.3%（28.0%～38.1%）	33.8%（26.5%～40.3%）
俄克拉何马州	26.7%	27.5%	27.9%	29.9%（28.9%～30.8%）	31.8%（28.7%～34.4%）	33.2%（28.1%～37.5%）	34.0%（27.1%～40.1%）
俄勒冈州	26.1%	27.4%	27.5%	29.1%（28.0%～30.1%）	30.3%（27.1%～33.3%）	31.0%（25.8%～35.8%）	31.1%（24.2%～37.6%）
宾夕法尼亚州	27.7%	28.6%	28.7%	28.9%（27.8%～29.9%）	29.4%（26.2%～32.4%）	29.7%（24.8%～34.5%）	29.5%（23.2%～35.9%）
罗得岛州	28.6%	29.6%	29.8%	30.8%（29.7%～31.7%）	32.5%（29.2%～35.1%）	35.2%（29.6%～39.3%）	39.1%（30.0%～44.6%）
南卡罗来纳州	25.0%	26.5%	26.6%	28.2%（27.3%～29.1%）	29.4%（26.6%～31.9%）	30.2%（25.7%～34.3%）	30.6%（24.7%～36.4%）
南达科他州	27.6%	29.4%	29.5%	31.5%（30.3%～32.6%）	33.3%（29.8%～36.5%）	34.5%（29.1%～39.6%）	34.9%（27.8%～41.8%）
田纳西州	25.8%	26.9%	27.0%	28.2%（27.2%～29.1%）	29.3%（26.3%～31.9%）	29.9%（25.2%～34.3%）	30.0%（23.8%～36.0%）
得克萨斯州	23.7%	24.2%	24.6%	26.1%（25.2%～26.9%）	27.0%（24.2%～29.6%）	27.3%（22.8%～31.5%）	27.2%（21.3%～32.9%）
犹他州	17.8%	18.7%	19.0%	19.9%（19.0%～20.7%）	21.5%（19.1%～24.1%）	23.6%（19.6%～28.1%）	25.5%（20.1%～32.4%）
佛蒙特州	26.2%	28.2%	27.7%	30.5%（29.2%～31.5%）	32.7%（29.2%～36.2%）	34.7%（28.9%～40.1%）	36.0%（29.3%～43.5%）
弗吉尼亚州	25.1%	26.0%	25.7%	26.9%（25.9%～27.8%）	27.7%（24.7%～30.3%）	28.0%（23.3%～32.3%）	28.0%（21.9%～33.8%）
华盛顿州	26.2%	27.2%	27.0%	28.2%（27.1%～29.2%）	29.2%（25.9%～32.1%）	29.7%（24.5%～34.3%）	29.8%（22.9%～35.9%）
西弗吉尼亚州	27.1%	28.4%	28.4%	27.5%（26.5%～28.5%）	27.7%（24.8%～30.6%）	27.9%（23.6%～32.6%）	27.9%（22.5%～34.5%）

续表

国家或地区	2000 年	2010 年		2020 年	2030 年	2040 年	2050 年
	登记	登记	预测	中方案（低方案～高方案）	中方案（低方案～高方案）	中方案（低方案～高方案）	中方案（低方案～高方案）
威斯康星州	26.8%	28.2%	27.9%	29.3%（28.2%～30.4%）	30.9%（27.5%～33.9%）	31.5%（26.2%～36.5%）	31.4%（24.5%～38.1%）
怀俄明州	26.3%	28.0%	27.9%	29.3%（28.2%～30.4%）	30.7%（27.5%～33.8%）	31.8%（26.9%～36.7%）	32.2%（26.2%～38.8%）
南加州 6 个县	22.7%	22.1%	22.0%	21.1%（20.4%～21.7%）	20.0%（18.1%～21.7%）	19.2%（16.9%～21.8%）	18.7%（15.7%～22.1%）
因皮里尔县	17.1%	17.0%	16.8%	15.4%（14.9%～15.8%）	14.5%（13.6%～15.4%）	14.5%（13.1%～14.4%）	13.2%（13.1%～14.7%）
洛杉矶县	24.6%	24.2%	23.9%	23.5%（22.8%～24.1%）	22.5%（20.7%～24.2%）	21.8%（19.7%～24.2%）	21.4%（18.6%～24.4%）
橙县	21.1%	20.9%	21.0%	19.7%（19.0%～20.3%）	18.5%（16.5%～20.2%）	17.8%（14.8%～20.5%）	17.2%（13.7%～20.6%）
河滨县	20.7%	19.3%	19.3%	18.4%（17.6%～19.1%）	17.8%（15.9%～19.8%）	17.6%（14.7%～20.7%）	17.4%（13.9%～21.6%）
圣贝纳迪诺县	18.4%	17.7%	17.9%	16.7%（16.1%～17.3%）	15.8%（14.1%～17.4%）	15.4%（13.1%～17.9%）	15.0%（12.2%～18.2%）
文图拉县	18.9%	19.9%	20.3%	19.1%（18.4%～19.7%）	18.3%（16.5%～20.1%）	17.9%（15.1%～20.7%）	17.3%（13.9%～21.2%）
明尼阿波利斯-圣保罗都市区 7 个县	27.5%	28.5%	28.4%	28.9%（27.9%～28.9%）	29.5%（26.4%～29.5%）	30.2%（25.5%～30.2%）	30.7%（24.5%～30.7%）

表 A26.3.3　2000～2050 年美国 50 个州、华盛顿特区和较大县的夫妇户所占比例预测

国家或地区	2000 年	2010 年		2020 年	2030 年	2040 年	2050 年
	登记	登记	预测	中方案（低方案～高方案）	中方案（低方案～高方案）	中方案（低方案～高方案）	中方案（低方案～高方案）
美国	51.4%	48.4%	48.4%	46.0%（44.9%～47.2%）	44.5%（40.7%～48.5%）	43.6%（37.3%～50.2%）	43.2%（34.3%～52.1%）

续表

国家或地区	2000 年	2010 年		2020 年	2030 年	2040 年	2050 年
	登记	登记	预测	中方案%（低方案%～高方案%）	中方案%（低方案%～高方案%）	中方案%（低方案%～高方案%）	中方案%（低方案%～高方案%）
亚拉巴马州	52.1%	47.9%	47.6%	44.6%（43.4%～45.9%）	42.5%（38.7%～46.5%）	41.0%（34.6%～47.6%）	40.0%（31.1%～49.2%）
阿拉斯加州	50.7%	49.4%	49.4%	49.7%（48.3%～51.4%）	49.2%（44.8%～54.2%）	49.1%（41.5%～56.6%）	49.2%（38.7%～58.5%）
亚利桑那州	51.9%	48.1%	49.4%	49.2%（48.1%～50.5%）	48.9%（45.1%～52.8%）	48.8%（42.3%～55.0%）	48.8%（39.6%～57.0%）
阿肯色州	52.5%	49.5%	50.4%	48.3%（46.8%～49.7%）	46.3%（41.9%～50.8%）	44.7%（37.6%～51.6%）	43.3%（33.5%～52.6%）
加利福尼亚州	50.8%	49.4%	49.6%	47.6%（46.5%～48.7%）	46.7%（43.2%～50.5%）	46.6%（40.7%～53.0%）	46.8%（38.2%～55.3%）
科罗拉多州	52.1%	49.2%	49.6%	47.1%（45.9%～48.4%）	45.0%（41.0%～49.1%）	44.2%（37.5%～51.0%）	43.9%（34.5%～52.8%）
康涅狄格州	48.1%	49.0%	48.8%	47.0%（45.9%～48.1%）	45.6%（42.1%～49.0%）	44.8%（38.9%～50.0%）	44.6%（36.3%～51.2%）
特拉华州	51.3%	48.3%	48.1%	46.5%（45.3%～47.9%）	45.2%（41.2%～49.3%）	44.4%（37.7%～50.8%）	43.9%（34.6%～52.1%）
华盛顿特区	22.4%	22.0%	22.0%	21.0%（20.2%～21.8%）	20.6%（17.9%～23.3%）	20.4%（16.1%～24.9%）	20.5%（14.8%～26.4%）
佛罗里达州	50.3%	46.6%	46.5%	42.4%（41.4%～43.3%）	39.8%（36.7%～43.1%）	38.0%（32.6%～44.0%）	36.8%（29.0%～45.6%）
佐治亚州	51.0%	47.8%	47.6%	45.6%（44.7%～46.5%）	43.5%（40.0%～47.3%）	42.3%（36.2%～48.6%）	41.7%（33.2%～50.2%）
夏威夷州	51.8%	50.5%	50.6%	49.6%（48.3%～51.1%）	52.1%（47.7%～56.6%）	53.3%（46.5%～59.3%）	53.1%（44.4%～59.8%）
爱达荷州	58.8%	55.3%	55.6%	53.3%（51.9%～54.8%）	51.9%（47.2%～56.6%）	51.9%（44.0%～59.2%）	52.6%（41.6%～61.7%）
伊利诺伊州	51.5%	48.2%	48.5%	46.0%（44.9%～47.2%）	45.0%（40.9%～49.1%）	44.7%（37.7%～51.7%）	45.0%（35.0%～54.3%）
印第安纳州	53.5%	49.6%	49.6%	45.0%（43.9%～46.3%）	41.6%（37.8%～45.7%）	38.9%（32.5%～45.7%）	36.8%（28.0%～46.2%）
艾奥瓦州	56.4%	51.2%	51.0%	46.1%（45.0%～47.3%）	42.2%（38.6%～46.0%）	39.0%（33.1%～45.6%）	36.7%（28.3%～46.3%）
堪萨斯州	55.5%	51.1%	51.1%	51.5%（50.1%～53.0%）	50.9%（46.5%～55.1%）	50.3%（43.3%～56.4%）	50.1%（40.4%～57.7%）

续表

国家或地区	2000 年	2010 年		2020 年	2030 年	2040 年	2050 年
	登记	登记	预测	中方案（低方案～高方案）	中方案（低方案～高方案）	中方案（低方案～高方案）	中方案（低方案～高方案）
肯塔基州	54.0%	49.3%	49.2%	45.4%（44.2%～46.7%）	42.5%（38.7%～46.6%）	40.4%（34.0%～47.3%）	39.1%（30.0%～48.7%）
路易斯安那州	43.7%	44.4%	44.7%	44.0%（43.6%～44.5%）	42.8%（39.5%～46.3%）	41.9%（36.0%～48.0%）	41.4%（33.0%～49.5%）
缅因州	53.6%	48.5%	48.3%	44.8%（43.5%～46.1%）	42.2%（38.3%～46.4%）	40.6%（34.0%～47.7%）	40.1%（30.8%～49.9%）
马里兰州	49.8%	47.6%	47.7%	47.2%（45.9%～48.5%）	46.8%（42.7%～51.0%）	46.5%（39.7%～53.1%）	46.4%（37.0%～54.8%）
马萨诸塞州	45.8%	46.3%	46.4%	44.4%（43.2%～45.5%）	42.8%（39.2%～46.2%）	41.7%（35.6%～47.2%）	41.1%（32.5%～48.4%）
密歇根州	51.8%	48.0%	47.7%	47.3%（46.1%～48.4%）	46.7%（42.7%～50.9%）	46.3%（39.5%～53.1%）	46.3%（36.6%～55.1%）
明尼苏达州	55.7%	50.8%	50.8%	48.5%（47.7%～49.3%）	46.5%（43.2%～49.9%）	44.5%（38.5%～50.7%）	43.5%（34.5%～52.4%）
密西西比州	48.7%	45.4%	45.6%	44.0%（43.6%～44.3%）	42.6%（39.4%～45.9%）	41.6%（35.8%～47.4%）	41.0%（32.7%～49.1%）
密苏里州	52.5%	48.4%	48.4%	44.9%（43.6%～46.2%）	42.5%（38.5%～46.7%）	40.8%（34.2%～48.0%）	39.9%（30.5%～50.0%）
蒙大拿州	55.0%	49.2%	49.5%	44.7%（43.5%～45.9%）	41.0%（37.2%～45.0%）	38.4%（32.0%～45.3%）	36.6%（27.7%～46.6%）
内布拉斯加州	55.9%	50.8%	50.8%	47.8%（46.4%～49.2%）	45.3%（41.2%～49.6%）	43.3%（36.5%～50.1%）	41.9%（32.3%～50.9%）
内华达州	49.5%	46.0%	46.1%	43.2%（41.7%～44.7%）	41.7%（37.1%～46.6%）	40.9%（33.4%～48.6%）	40.3%（30.3%～50.5%）
新罕布什尔州	50.0%	52.1%	51.9%	49.5%（48.3%～50.8%）	47.6%（43.5%～51.7%）	46.1%（39.1%～53.0%）	45.4%（35.3%～54.7%）
新泽西州	53.2%	51.1%	51.1%	50.4%（49.4%～51.3%）	50.3%（46.6%～53.8%）	50.4%（44.0%～56.2%）	50.8%（41.7%～58.0%）
新墨西哥州	50.6%	45.3%	45.5%	42.7%（41.4%～44.1%）	41.0%（36.9%～45.4%）	40.0%（33.3%～47.2%）	39.4%（30.1%～49.3%）
纽约州	47.0%	43.6%	43.9%	40.1%（38.9%～41.2%）	38.4%（34.8%～42.2%）	37.7%（31.6%～44.0%）	37.6%（29.2%～46.0%）
北卡罗来纳州	52.2%	48.4%	48.0%	45.4%（44.2%～46.7%）	43.9%（40.0%～47.9%）	43.0%（36.5%～49.4%）	42.6%（33.6%～51.2%）

续表

国家或地区	2000 年	2010 年		2020 年	2030 年	2040 年	2050 年
	登记	登记	预测	中方案（低方案～高方案）	中方案（低方案～高方案）	中方案（低方案～高方案）	中方案（低方案～高方案）
北达科他州	55.2%	48.6%	48.6%	42.1%（40.9%～43.4%）	38.4%（34.5%～42.6%）	36.0%（29.6%～43.2%）	34.6%（25.8%～44.8%）
俄亥俄州	51.4%	47.2%	47.1%	43.9%（42.6%～45.3%）	41.9%（37.7%～46.3%）	40.6%（33.6%～47.8%）	39.9%（30.1%～49.6%）
俄克拉何马州	54.1%	49.5%	49.3%	45.7%（44.5%～47.0%）	42.9%（38.9%～47.2%）	40.8%（34.1%～47.8%）	39.1%（29.9%～49.1%）
俄勒冈州	52.6%	48.3%	48.1%	43.6%（42.3%～45.0%）	41.4%（37.0%～45.8%）	40.0%（32.8%～47.4%）	39.4%（29.4%～49.5%）
宾夕法尼亚州	52.1%	48.2%	48.3%	47.2%（45.8%～48.6%）	46.4%（42.0%～50.7%）	45.8%（38.8%～52.3%）	45.9%（36.2%～54.1%）
罗得岛州	40.2%	44.5%	44.2%	40.8%（39.7%～42.0%）	36.6%（33.1%～40.3%）	32.5%（27.2%～38.8%）	27.6%（20.6%～37.9%）
南卡罗来纳州	47.0%	47.2%	46.9%	45.2%（44.1%～46.4%）	44.1%（40.4%～47.9%）	43.5%（37.3%～49.7%）	43.3%（34.5%～51.6%）
南达科他州	56.0%	50.1%	49.9%	45.9%（44.4%～47.4%）	43.8%（39.2%～48.6%）	42.6%（35.2%～50.1%）	42.0%（31.8%～51.8%）
田纳西州	52.4%	48.7%	48.8%	47.0%（45.8%～48.3%）	45.8%（41.6%～50.1%）	45.0%（38.0%～52.0%）	44.6%（34.9%～54.0%）
得克萨斯州	53.8%	50.6%	50.2%	47.7%（46.4%～49.0%）	46.4%（42.2%～50.8%）	45.8%（38.8%～52.9%）	45.5%（35.8%～55.0%）
犹他州	64.1%	61.0%	60.6%	59.3%（57.7%～60.9%）	58.3%（53.5%～62.7%）	57.7%（50.0%～64.0%）	57.4%（46.6%～65.3%）
佛蒙特州	53.7%	48.5%	48.2%	42.6%（41.2%～44.2%）	39.8%（34.9%～44.7%）	37.6%（29.9%～45.4%）	36.1%（25.8%～45.5%）
弗吉尼亚州	52.5%	50.2%	50.0%	48.1%（46.8%～49.5%）	47.1%（43.0%～51.4%）	46.7%（39.8%～53.5%）	46.6%（37.1%～55.5%）
华盛顿州	52.0%	49.2%	49.1%	45.6%（44.3%～47.0%）	43.7%（39.4%～48.2%）	42.6%（35.6%～49.9%）	42.1%（32.5%～51.9%）
西弗吉尼亚州	49.9%	49.8%	50.1%	52.9%（51.5%～54.4%）	53.2%（48.9%～57.4%）	53.4%（46.5%～59.3%）	53.7%（44.2%～61.2%）
威斯康星州	54.9%	49.6%	49.7%	45.7%（44.3%～47.1%）	43.4%（39.0%～47.9%）	42.1%（35.0%～49.3%）	41.7%（31.9%～51.1%）
怀俄明州	54.6%	50.9%	50.8%	48.2%（46.7%～49.7%）	46.6%（41.9%～51.3%）	45.6%（38.0%～52.9%）	45.1%（34.6%～54.1%）

续表

国家或地区	2000 年	2010 年		2020 年	2030 年	2040 年	2050 年
	登记	登记	预测	中方案（低方案～高方案）	中方案（低方案～高方案）	中方案（低方案～高方案）	中方案（低方案～高方案）
南加州 6 个县	43.0%	49.6%	50.0%	50.5%（49.4%～51.5%）	50.9%（47.5%～54.1%）	51.2%（45.8%～55.6%）	51.7%（44.3%～57.2%）
因皮里尔县	37.6%	53.8%	54.1%	56.0%（55.1%～56.6%）	56.2%（54.0%～57.5%）	56.0%（53.8%～58.0%）	57.4%（51.8%～58.3%）
洛杉矶县	42.8%	45.7%	46.7%	46.5%（45.5%～47.5%）	46.6%（43.3%～50.0%）	46.4%（40.9%～51.1%）	46.2%（38.6%～52.6%）
橙县	45.7%	54.2%	53.9%	53.9%（52.9%～54.9%）	53.1%（49.8%～56.2%）	52.7%（47.1%～57.6%）	52.5%（44.8%～58.8%）
河滨县	42.1%	54.8%	54.8%	55.9%（54.7%～57.1%）	56.3%（52.5%～59.5%）	56.7%（51.0%～61.1%）	57.1%（49.6%～62.3%）
圣贝纳迪诺县	39.8%	53.5%	53.1%	54.1%（52.9%～55.2%）	54.9%（51.4%～58.1%）	55.2%（49.9%～59.3%）	55.8%（48.7%～60.5%）
文图拉县	44.5%	56.4%	56.4%	57.6%（56.5%～58.6%）	57.2%（54.0%～59.9%）	57.2%（52.0%～61.2%）	57.5%（50.1%～62.4%）
明尼阿波利斯-圣保罗都市区 7 个县	45.0%	48.6%	48.8%	47.4%（47.4%～48.3%）	45.2%（45.2%～48.3%）	43.5%（43.5%～48.3%）	42.3%（42.3%～48.6%）

表 A26.3.4　2000～2050 年美国 50 个州、华盛顿特区和较大县的同居伴侣户占总户数的比例

国家或地区	2000 年	2010 年		2020 年	2030 年	2040 年	2050 年
	登记	登记	预测	中方案（低方案～高方案）	中方案（低方案～高方案）	中方案（低方案～高方案）	中方案（低方案～高方案）
美国	5.0%	6.6%	6.6%	7.4%（7.0%～7.7%）	7.6%（6.8%～8.2%）	7.7%（6.8%～8.3%）	7.7%（6.8%～8.4%）
亚拉巴马州	3.0%	4.7%	4.7%	5.0%（4.7%～5.2%）	5.1%（4.6%～5.4%）	5.2%（4.6%～5.4%）	5.2%（4.6%～5.4%）
阿拉斯加州	7.8%	8.6%	8.5%	8.7%（7.4%～8.0%）	8.5%（6.1%～6.9%）	8.4%（5.9%～6.6%）	8.4%（5.8%～6.6%）
亚利桑那州	5.8%	7.8%	7.7%	8.2%（7.8%～8.6%）	8.2%（7.5%～8.8%）	8.1%（7.4%～8.8%）	8.1%（7.3%～8.9%）
阿肯色州	3.3%	5.7%	5.6%	6.3%（6.0%～6.5%）	6.4%（5.9%～6.7%）	6.4%（6.0%～6.7%）	6.5%（6.0%～6.6%）
加利福尼亚州	5.7%	7.2%	7.2%	7.8%（7.4%～8.2%）	8.1%（7.3%～8.9%）	8.6%（7.7%～9.4%）	8.7%（7.8%～9.4%）

续表

国家或地区	2000 年	2010 年		2020 年	2030 年	2040 年	2050 年
	登记	登记	预测	中方案（低方案～高方案）	中方案（低方案～高方案）	中方案（低方案～高方案）	中方案（低方案～高方案）
科罗拉多州	5.3%	6.5%	6.4%	6.7%（6.4%～7.0%）	6.8%（6.2%～7.4%）	6.8%（6.1%～7.4%）	6.9%（6.1%～7.4%）
康涅狄格州	6.5%	6.6%	6.6%	6.9%（6.5%～7.3%）	7.0%（6.1%～7.8%）	6.9%（6.0%～8.2%）	6.9%（5.9%～8.4%）
特拉华州	5.7%	7.3%	7.3%	7.5%（7.1%～7.9%）	7.5%（6.8%～8.2%）	7.5%（6.7%～8.1%）	7.5%（6.6%～8.2%）
华盛顿特区	5.1%	7.7%	8.0%	8.1%（7.4%～8.8%）	8.0%（6.5%～9.7%）	8.0%（6.1%～10.0%）	8.0%（5.8%～10.4%）
佛罗里达州	5.4%	7.3%	7.3%	8.7%（8.2%～9.2%）	9.1%（8.0%～10.2%）	9.3%（7.9%～10.5%）	9.5%（7.7%～10.7%）
佐治亚州	4.4%	5.9%	6.0%	6.2%（5.9%～6.4%）	6.4%（5.7%～7.1%）	6.6%（5.8%～7.3%）	6.7%（5.8%～7.5%）
夏威夷州	5.5%	7.3%	7.3%	9.6%（9.0%～10.1%）	9.8%（9.2%～10.3%）	8.2%（7.7%～8.7%）	6.6%（6.0%～7.5%）
爱达荷州	4.8%	6.3%	6.4%	7.1%（6.9%～7.4%）	7.0%（6.6%～7.2%）	6.2%（6.0%～6.1%）	5.3%（5.2%～5.2%）
伊利诺伊州	4.5%	6.3%	6.4%	7.3%（6.9%～7.6%）	7.5%（6.8%～8.2%）	7.7%（6.9%～8.3%）	7.8%（6.9%～8.4%）
印第安纳州	5.0%	6.9%	6.9%	8.1%（7.6%～8.6%）	8.6%（7.6%～9.6%）	9.1%（7.8%～10.3%）	9.6%（7.9%～10.9%）
艾奥瓦州	4.5%	6.7%	6.8%	8.4%（7.8%～8.9%）	8.9%（7.8%～9.9%）	9.3%（7.9%～10.3%）	9.6%（7.8%～10.5%）
堪萨斯州	3.7%	5.8%	5.8%	6.0%（5.8%～6.2%）	6.0%（5.6%～6.3%）	5.9%（5.6%～6.3%）	5.9%（5.7%～6.5%）
肯塔基州	4.1%	6.4%	6.4%	7.0%（6.6%～7.4%）	7.3%（6.5%～7.8%）	7.5%（6.6%～8.0%）	7.6%（6.5%～8.1%）
路易斯安那州	6.3%	6.8%	6.8%	6.7%（6.4%～6.9%）	6.6%（5.9%～7.2%）	6.5%（5.8%～7.1%）	6.5%（5.7%～7.1%）
缅因州	6.9%	9.4%	9.2%	10.9%（10.3%～11.4%）	11.2%（10.1%～12.1%）	11.3%（10.1%～12.0%）	11.3%（9.9%～11.8%）
马里兰州	5.2%	6.4%	6.2%	6.4%（6.1%～6.7%）	6.5%（5.9%～6.9%）	6.5%（5.9%～6.9%）	6.5%（5.9%～6.9%）
马萨诸塞州	6.7%	7.0%	7.0%	7.5%（7.1%～8.0%）	7.5%（6.6%～8.5%）	7.5%（6.5%～8.7%）	7.5%（6.3%～8.9%）
密歇根州	5.1%	6.4%	6.4%	6.5%（6.2%～6.8%）	6.4%（5.9%～6.8%）	6.3%（5.8%～6.7%）	6.3%（5.8%～6.6%）

续表

国家或地区	2000 年	2010 年		2020 年	2030 年	2040 年	2050 年
	登记	登记	预测	中方案（低方案～高方案）	中方案（低方案～高方案）	中方案（低方案～高方案）	中方案（低方案～高方案）
明尼苏达州	5.0%	6.9%	6.9%	7.4%（7.0%～7.8%）	7.5%（6.7%～8.3%）	7.6%（6.7%～8.4%）	7.7%（6.7%～8.4%）
密西西比州	4.3%	5.7%	5.5%	5.6%（5.4%～5.8%）	5.6%（4.9%～6.2%）	5.6%（4.9%～6.2%）	5.6%（4.9%～6.2%）
密苏里州	4.6%	6.7%	6.7%	7.6%（7.2%～8.0%）	7.8%（7.0%～8.5%）	8.0%（7.0%～8.6%）	8.2%（7.0%～8.7%）
蒙大拿州	4.6%	6.7%	6.8%	8.2%（7.7%～8.6%）	8.6%（7.6%～9.4%）	8.9%（7.7%～9.7%）	9.2%（7.7%～9.8%）
内布拉斯加州	4.0%	6.0%	6.1%	6.9%（6.5%～7.2%）	7.1%（6.4%～7.6%）	7.1%（6.4%～7.6%）	7.2%（6.4%～7.6%）
内华达州	6.6%	8.7%	8.5%	10.1%（9.7%～10.6%）	10.4%（9.5%～11.2%）	10.6%（9.5%～11.3%）	10.7%（9.4%～11.3%）
新罕布什尔州	8.3%	8.3%	8.4%	9.5%（9.1%～10.0%）	9.6%（8.8%～10.2%）	9.6%（8.8%～10.1%）	9.7%（8.8%～10.0%）
新泽西州	4.6%	5.9%	6.1%	6.6%（6.4%～6.9%）	6.7%（6.1%～7.3%）	6.6%（6.0%～7.3%）	6.5%（5.9%～7.3%）
新墨西哥州	5.4%	8.2%	8.2%	9.5%（9.0%～9.9%）	9.6%（8.8%～10.3%）	9.6%（8.6%～10.3%）	9.6%（8.4%～10.1%）
纽约州	5.1%	6.8%	6.8%	8.0%（7.5%～8.4%）	8.1%（7.2%～9.2%）	8.2%（7.1%～9.4%）	8.2%（6.9%～9.5%）
北卡罗来纳州	4.3%	5.9%	5.9%	6.5%（6.1%～6.8%）	6.6%（6.0%～7.1%）	6.7%（6.0%～7.1%）	6.8%（6.0%～7.1%）
北达科他州	4.4%	6.4%	6.5%	7.8%（7.3%～8.2%）	8.2%（7.2%～9.1%）	8.5%（7.3%～9.4%）	8.8%（7.3%～9.5%）
俄亥俄州	4.7%	6.8%	6.7%	7.6%（7.2%～8.0%）	7.8%（7.1%～8.5%）	8.0%（7.1%～8.6%）	8.1%（7.0%～8.7%）
俄克拉何马州	3.5%	5.9%	6.0%	6.7%（6.3%～7.0%）	6.9%（6.2%～7.5%）	7.1%（6.2%～7.6%）	7.3%（6.2%～7.7%）
俄勒冈州	5.8%	8.0%	7.9%	9.6%（9.1%～10.1%）	10.0%（9.0%～10.8%）	10.3%（9.1%～10.9%）	10.4%（9.0%～10.9%）
宾夕法尼亚州	4.6%	6.6%	6.6%	7.6%（7.3%～7.9%）	7.7%（7.1%～8.2%）	7.7%（7.1%～8.3%）	7.7%（7.0%～8.4%）
罗得岛州	8.7%	7.6%	7.5%	7.5%（7.1%～8.0%）	7.4%（6.5%～8.5%）	7.3%（6.1%～8.5%）	7.0%（5.5%～8.6%）

续表

国家或地区	2000年	2010年		2020年	2030年	2040年	2050年
	登记	登记	预测	中方案（低方案～高方案）	中方案（低方案～高方案）	中方案（低方案～高方案）	中方案（低方案～高方案）
南卡罗来纳州	5.8%	6.0%	6.0%	6.2%（5.8%～6.5%）	6.1%（5.5%～6.6%）	6.0%（5.4%～6.5%）	6.0%（5.3%～6.5%）
南达科他州	4.4%	6.5%	6.5%	7.5%（7.1%～7.8%）	7.8%（7.1%～8.2%）	7.9%（7.2%～8.2%）	8.0%（7.2%～8.1%）
田纳西州	3.8%	5.8%	5.8%	6.2%（5.9%～6.5%）	6.2%（5.7%～6.7%）	6.3%（5.7%～6.6%）	6.4%（5.7%～6.6%）
得克萨斯州	4.0%	6.0%	6.0%	6.6%（6.3%～6.9%）	6.7%（6.1%～7.1%）	6.8%（6.2%～7.1%）	6.8%（6.1%～7.0%）
犹他州	3.2%	4.6%	4.6%	4.8%（4.7%～5.0%）	4.8%（4.6%～5.0%）	4.7%（4.7%～4.8%）	4.7%（4.8%～4.7%）
佛蒙特州	7.6%	9.2%	9.3%	11.5%（11.1%～12.0%）	12.1%（11.1%～12.7%）	12.3%（11.2%～12.8%）	12.5%（11.1%～12.5%）
弗吉尼亚州	4.4%	5.7%	5.7%	6.1%（5.8%～6.4%）	6.2%（5.6%～6.7%）	6.3%（5.6%～6.7%）	6.3%（5.6%～6.7%）
华盛顿州	6.0%	7.7%	7.7%	8.9%（8.4%～9.3%）	9.1%（8.2%～9.7%）	9.2%（8.2%～9.7%）	9.2%（8.0%～9.6%）
西弗吉尼亚州	5.6%	6.6%	6.7%	6.3%（6.1%～6.5%）	6.1%（5.8%～6.3%）	5.9%（5.7%～6.1%）	5.8%（5.7%～5.9%）
威斯康星州	5.2%	7.3%	7.4%	8.9%（8.5%～9.4%）	9.3%（8.4%～10.0%）	9.4%（8.4%～10.1%）	9.5%（8.3%～10.2%）
怀俄明州	5.5%	7.1%	6.9%	7.7%（7.4%～8.0%）	7.8%（7.3%～8.1%）	7.9%（7.4%～8.0%）	7.9%（7.4%～8.0%）
南加州6个县	7.9%	7.0%	7.1%	7.2%（6.8%～7.5%）	7.0%（6.3%～7.7%）	6.9%（6.1%～7.7%）	6.8%（5.9%～7.9%）
因皮里尔县	10.7%	6.1%	6.3%	5.8%（5.4%～6.3%）	5.7%（4.9%～6.9%）	5.6%（4.7%～7.2%）	5.7%（4.6%～7.6%）
洛杉矶县	7.3%	7.2%	7.5%	7.4%（7.0%～7.7%）	7.1%（6.4%～7.7%）	7.0%（6.2%～7.5%）	6.9%（6.0%～7.6%）
橙县	7.7%	5.7%	5.8%	6.5%（6.1%～6.9%）	7.0%（6.3%～7.8%）	7.1%（6.3%～8.1%）	7.2%（6.3%～8.5%）
河滨县	9.7%	7.5%	7.3%	7.2%（6.9%～7.6%）	6.9%（6.2%～7.7%）	6.6%（5.9%～7.7%）	6.4%（5.6%～7.7%）
圣贝纳迪诺县	9.8%	7.6%	7.6%	7.7%（7.4%～8.1%）	7.4%（6.7%～8.2%）	7.3%（6.4%～8.5%）	7.1%（6.1%～8.7%）

续表

国家或地区	2000 年	2010 年		2020 年	2030 年	2040 年	2050 年
	登记	登记	预测	中方案（低方案～高方案）	中方案（低方案～高方案）	中方案（低方案～高方案）	中方案（低方案～高方案）
文图拉县	9.4%	6.1%	6.1%	6.0%（5.7%～6.3%）	5.9%（5.4%～6.6%）	5.8%（5.2%～6.8%）	5.8%（5.1%～7.1%）
明尼阿波利斯-圣保罗都市区 7 个县	7.1%	6.9%	6.6%	6.5%（6.5%～6.8%）	6.5%（6.5%～7.2%）	6.6%（6.6%～7.4%）	6.6%（6.6%～7.7%）

表 A26.3.5　2000～2050 年美国 50 个州、华盛顿特区和较大县的单亲父母户占总户数的比例

国家或地区	2000 年	2010 年	2020 年	2030 年	2040 年	2050 年
	登记	预测	中方案（低方案～高方案）	中方案（低方案～高方案）	中方案（低方案～高方案）	中方案（低方案～高方案）
美国	30.9%	28.7%	30.8%（29.3%～32.2%）	32.1%（27.6%～37.0%）	32.8%（26.1%～40.9%）	33.1%（24.7%～44.4%）
亚拉巴马州	34.8%	33.0%	35.8%（34.5%～37.3%）	37.7%（33.6%～42.4%）	39.2%（32.7%～47.0%）	40.1%（31.5%～51.1%）
阿拉斯加州	28.1%	25.5%	24.8%（23.8%～26.7%）	24.9%（21.7%～30.6%）	25.1%（20.2%～34.1%）	25.1%（19.1%～37.3%）
亚利桑那州	30.1%	27.1%	27.2%（25.8%～28.7%）	27.6%（23.4%～32.0%）	28.2%（21.9%～35.3%）	28.4%（20.4%～38.0%）
阿肯色州	32.9%	28.4%	29.5%（27.9%～31.2%）	30.6%（25.9%～35.8%）	31.5%（24.5%～40.2%）	32.2%（23.2%～44.1%）
加利福尼亚州	30.0%	27.2%	29.6%（28.1%～31.1%）	30.6%（26.0%～35.5%）	30.8%（23.8%～39.0%）	31.2%（22.3%～42.6%）
科罗拉多州	26.8%	25.2%	27.9%（26.4%～29.5%）	30.2%（25.8%～35.2%）	30.8%（24.4%～39.1%）	30.8%（23.0%～42.3%）
康涅狄格州	35.6%	30.3%	31.5%（30.1%～32.8%）	32.8%（29.1%～37.0%）	33.6%（28.3%～40.3%）	33.8%（27.4%～43.0%）
特拉华州	31.6%	29.4%	31.2%（29.5%～32.9%）	32.5%（27.9%～37.8%）	33.3%（26.7%～41.8%）	33.8%（26.0%～45.2%）
华盛顿特区	61.0%	57.1%	60.5%（58.9%～62.4%）	62.4%（57.6%～67.9%）	63.5%（56.3%～71.6%）	64.0%（54.9%～74.0%）
佛罗里达州	33.9%	31.2%	34.9%（33.3%～36.5%）	37.5%（32.5%～42.8%）	39.2%（31.0%～48.1%）	40.2%（29.4%～52.6%）

续表

国家或地区	2000 年	2010 年	2020 年	2030 年	2040 年	2050 年
	登记	预测	中方案（低方案～高方案）	中方案（低方案～高方案）	中方案（低方案～高方案）	中方案（低方案～高方案）
佐治亚州	33.9%	32.5%	34.5%（33.6%～35.5%）	36.7%（32.5%～41.0%）	38.1%（31.4%～45.4%）	38.8%（30.1%～48.9%）
夏威夷州	31.7%	29.1%	28.4%（26.8%～30.0%）	26.9%（22.9%～31.2%）	27.7%（22.3%～34.1%）	28.7%（22.3%～37.4%）
爱达荷州	23.0%	20.3%	21.7%（20.2%～23.3%）	22.7%（18.4%～27.6%）	22.9%（16.9%～30.9%）	22.7%（15.7%～33.2%）
伊利诺伊州	29.8%	27.8%	29.5%（28.2%～30.8%）	30.0%（25.5%～34.9%）	29.6%（22.9%～38.1%）	28.8%（20.7%～40.8%）
印第安纳州	28.4%	26.2%	30.3%（28.9%～31.8%）	33.6%（29.1%～38.8%）	36.2%（28.8%～45.0%）	38.1%（28.0%～50.4%）
艾奥瓦州	22.0%	22.1%	26.0%（24.5%～27.6%）	29.3%（25.0%～34.8%）	31.3%（24.6%～40.8%）	32.4%（23.8%～45.7%）
堪萨斯州	25.3%	24.0%	23.8%（22.3%～25.5%）	24.4%（20.5%～29.3%）	25.1%（20.0%～32.8%）	25.4%（19.7%～35.6%）
肯塔基州	29.6%	28.0%	30.6%（29.2%～32.1%）	32.8%（28.6%～37.5%）	34.4%（27.8%～42.6%）	35.6%（26.8%～47.7%）
路易斯安那州	44.8%	35.3%	36.1%（35.5%～36.8%）	38.0%（33.9%～42.3%）	39.4%（32.9%～46.8%）	40.4%（31.9%～50.3%）
缅因州	24.6%	24.7%	26.9%（25.2%～28.6%）	29.0%（24.2%～34.2%）	30.4%（22.8%～39.1%）	30.4%（21.0%～42.5%）
马里兰州	33.3%	31.6%	31.8%（30.3%～33.3%）	31.7%（27.5%～36.6%）	31.8%（25.8%～39.9%）	32.0%（24.8%～43.0%）
马萨诸塞州	34.4%	30.4%	33.4%（31.9%～34.9%）	35.6%（31.5%～40.4%）	36.6%（30.7%～44.7%）	37.2%（29.8%～48.6%）
密歇根州	30.4%	29.1%	29.5%（28.3%～30.8%）	29.8%（25.6%～34.4%）	29.7%（23.4%～37.7%）	29.5%（21.8%～40.6%）
明尼苏达州	21.7%	22.7%	25.5%（24.5%～26.7%）	27.2%（23.6%～31.9%）	28.3%（22.7%～36.5%）	28.8%（21.8%～40.4%）
密西西比州	39.2%	36.1%	37.5%（36.9%～38.1%）	39.0%（34.9%～43.3%）	40.1%（33.4%～47.5%）	40.6%（31.8%～50.9%）
密苏里州	29.6%	27.5%	30.0%（28.3%～31.7%）	31.7%（26.8%～37.0%）	32.5%（25.2%～41.7%）	32.7%（23.4%～45.8%）
蒙大拿州	24.9%	24.5%	27.5%（25.8%～29.2%）	29.9%（24.7%～35.8%）	31.2%（23.2%～41.5%）	31.4%（21.2%～45.7%）

续表

国家或地区	2000 年	2010 年	2020 年	2030 年	2040 年	2050 年
	登记	预测	中方案（低方案～高方案）	中方案（低方案～高方案）	中方案（低方案～高方案）	中方案（低方案～高方案）
内布拉斯加州	23.2%	23.6%	26.3%（24.7%～28.0%）	27.8%（23.6%～33.2%）	28.6%（22.5%～37.6%）	29.2%（22.0%～41.8%）
内华达州	31.7%	28.2%	30.1%（28.1%～32.2%）	31.5%（25.8%～37.8%）	32.5%（24.2%～42.2%）	33.1%（23.0%～46.1%）
新罕布什尔州	32.9%	23.1%	24.4%（22.8%～26.1%）	26.5%（21.9%～31.9%）	27.7%（20.8%～36.9%）	28.0%（19.4%～40.8%）
新泽西州	28.6%	27.4%	28.0%（27.1%～28.9%）	28.2%（24.8%～32.2%）	28.0%（23.1%～34.9%）	27.9%（22.0%～37.6%）
新墨西哥州	32.8%	29.3%	31.1%（29.3%～33.0%）	32.4%（27.3%～38.1%）	33.0%（25.5%～42.1%）	33.3%（23.9%～45.7%）
纽约州	33.6%	33.4%	37.1%（35.5%～38.7%）	38.6%（33.9%～43.9%）	39.1%（32.4%～47.7%）	39.2%（31.1%～50.8%）
北卡罗来纳州	32.5%	30.0%	32.2%（30.7%～33.7%）	33.4%（29.2%～38.3%）	33.9%（27.8%～42.1%）	34.0%（26.3%～45.2%）
北达科他州	21.1%	24.5%	30.9%（29.8%～32.8%）	34.2%（29.1%～40.9%）	35.9%（27.4%～46.9%）	36.1%（24.8%～50.9%）
俄亥俄州	30.8%	28.6%	30.7%（29.0%～32.4%）	32.0%（27.1%～37.6%）	32.7%（25.3%～42.0%）	32.9%（23.9%～45.7%）
俄克拉何马州	29.9%	26.6%	29.1%（27.5%～30.8%）	30.9%（26.2%～36.4%）	32.2%（25.1%～41.4%）	33.2%（24.0%～46.2%）
俄勒冈州	27.2%	26.2%	29.6%（27.8%～31.5%）	31.4%（26.1%～37.4%）	32.2%（24.3%～42.0%）	32.6%（22.8%～46.1%）
宾夕法尼亚州	29.3%	28.4%	29.7%（28.2%～31.2%）	30.5%（26.0%～35.7%）	30.9%（24.5%～39.2%）	31.0%（23.5%～42.1%）
罗得岛州	44.8%	35.0%	39.6%（37.9%～41.3%）	44.4%（39.6%～49.7%）	48.2%（40.8%～56.5%）	52.4%（41.3%～63.8%）
南卡罗来纳州	41.8%	33.9%	35.0%（33.5%～36.5%）	35.9%（31.7%～40.5%）	36.4%（29.9%～44.0%）	36.4%（28.1%～46.9%）
南达科他州	22.6%	25.0%	28.9%（27.0%～30.8%）	30.8%（25.6%～36.7%）	31.4%（23.9%～40.9%）	31.6%（22.4%～44.6%）
田纳西州	33.0%	29.0%	30.1%（28.6%～31.5%）	30.7%（26.3%～35.6%）	31.0%（24.1%～39.2%）	31.1%（22.5%～42.5%）
得克萨斯州	30.0%	28.2%	30.2%（28.7%～31.7%）	31.2%（26.7%～36.2%）	31.7%（24.9%～39.9%）	32.0%（23.5%～43.5%）

续表

国家或地区	2000 年	2010 年	2020 年	2030 年	2040 年	2050 年
	登记	预测	中方案（低方案～高方案）	中方案（低方案～高方案）	中方案（低方案～高方案）	中方案（低方案～高方案）
犹他州	19.9%	19.6%	20.5%（19.1%～22.0%）	21.3%（17.4%～26.0%）	21.9%（16.6%～29.3%）	22.2%（15.8%～32.5%）
佛蒙特州	23.3%	24.3%	26.9%（24.8%～29.2%）	27.9%（22.1%～35.0%）	28.3%（20.8%～39.4%）	28.1%（20.1%～42.8%）
弗吉尼亚州	30.5%	28.0%	29.4%（27.9%～31.0%）	30.1%（25.9%～34.9%）	30.4%（24.2%～38.3%）	30.4%（22.9%～41.2%）
华盛顿州	26.9%	25.0%	27.9%（26.3%～29.7%）	29.6%（24.9%～35.2%）	30.5%（23.8%～39.6%）	30.8%（22.5%～43.1%）
西弗吉尼亚州	36.3%	26.1%	23.2%（21.8%～24.6%）	23.4%（19.8%～27.8%）	23.9%（18.7%～30.9%）	23.9%（17.7%～33.3%）
威斯康星州	24.2%	25.3%	28.5%（26.7%～30.3%）	30.3%（25.1%～36.1%）	31.2%（23.6%～40.4%）	31.5%（22.3%～43.7%）
怀俄明州	25.7%	23.8%	25.8%（24.1%～27.5%）	27.0%（22.4%～32.4%）	27.1%（20.5%～36.0%）	26.8%（19.1%～39.5%）
南加州 6 个县	40.9%	28.8%	29.7%（28.3%～31.1%）	30.7%（26.9%～35.0%）	31.3%（25.9%～38.0%）	31.5%（24.8%～40.4%）
因皮里尔县	48.4%	26.9%	26.2%（25.3%～27.3%）	26.9%（24.7%～29.9%）	27.5%（24.4%～32.5%）	27.8%（23.9%～35.5%）
洛杉矶县	38.4%	31.4%	33.5%（32.1%～34.9%）	35.2%（31.0%～39.8%）	36.7%（30.2%～44.1%）	37.4%（29.1%～47.7%）
橙县	40.0%	26.2%	27.3%（26.1%～28.7%）	29.2%（25.5%～33.4%）	30.2%（24.6%～37.2%）	30.8%（23.6%～40.1%）
河滨县	46.8%	24.4%	23.6%（22.3%～25.0%）	24.2%（20.8%～28.2%）	24.7%（20.3%～30.5%）	25.1%（20.1%～32.4%）
圣贝纳迪诺县	49.2%	26.6%	26.4%（25.0%～27.9%）	26.6%（23.0%～30.9%）	26.9%（22.3%～33.2%）	27.0%（21.5%～35.1%）
文图拉县	42.5%	24.0%	24.1%（22.9%～25.4%）	25.5%（22.4%～29.5%）	26.3%（21.8%～32.5%）	26.8%（21.0%～35.1%）
明尼阿波利斯-圣保罗都市区 7 个县	37.0%	27.5%	30.0%（29.3%～30.0%）	32.5%（29.6%～32.5%）	33.8%（29.5%～33.8%）	34.7%（29.3%～34.7%）

表 A26.3.6　2000～2050 年美国 50 个州、华盛顿特区和较大县的 65 岁及以上老人户占总户数的比例

国家或地区	2000 年	2010 年	2020 年	2030 年	2040 年	2050 年
	登记	预测	中方案（低方案～高方案）	中方案（低方案～高方案）	中方案（低方案～高方案）	中方案（低方案～高方案）
美国	17.8%	17.6%	20.5%（20.3%～20.6%）	23.5%（22.4%～24.1%）	24.5%（22.3%～25.8%）	25.3%（22.2%～27.3%）
亚拉巴马州	18.1%	18.2%	21.0%（20.8%～21.1%）	24.2%（23.2%～24.5%）	25.1%（23.5%～26.0%）	26.1%（23.6%～27.4%）
阿拉斯加州	6.8%	11.3%	15.4%（15.3%～15.4%）	17.7%（17.4%～17.9%）	18.5%（17.9%～18.7%）	19.3%（18.5%～19.8%）
亚利桑那州	18.8%	20.3%	23.2%（23.1%～23.2%）	25.7%（24.7%～26.3%）	27.1%（25.2%～28.2%）	28.2%（25.4%～29.7%）
阿肯色州	20.9%	19.9%	22.4%（22.4%～22.4%）	24.8%（24.4%～24.9%）	25.8%（24.9%～26.1%）	26.6%（25.2%～27.1%）
加利福尼亚州	15.4%	15.5%	18.5%（18.3%～18.6%）	21.5%（19.7%～22.4%）	22.9%（19.5%～25.5%）	24.0%（19.3%～27.6%）
科罗拉多州	13.5%	14.3%	18.3%（18.2%～18.4%）	21.8%（20.7%～22.2%）	23.1%（21.1%～24.0%）	24.2%（21.4%～25.6%）
康涅狄格州	18.1%	20.0%	22.6%（22.3%～22.7%）	25.7%（24.0%～26.7%）	26.6%（23.2%～28.8%）	26.9%（22.3%～29.8%）
特拉华州	18.4%	18.9%	21.4%（21.3%～21.5%）	24.0%（23.3%～24.4%）	25.0%（23.6%～25.8%）	26.0%（24.0%～27.3%）
华盛顿特区	15.3%	14.2%	13.5%（13.2%～13.6%）	12.9%（12.1%～13.2%）	12.9%（11.8%～13.0%）	13.3%（12.2%～13.5%）
佛罗里达州	23.8%	23.6%	25.6%（25.5%～25.7%）	28.0%（26.6%～28.8%）	28.8%（26.0%～30.5%）	29.5%（25.5%～31.9%）
佐治亚州	13.2%	15.2%	18.4%（18.2%～18.5%）	21.4%（20.6%～21.9%）	23.0%（21.4%～24.0%）	24.1%（21.7%～25.7%）
夏威夷州	15.7%	18.4%	22.7%（22.4%～22.8%）	26.3%（24.6%～27.0%）	28.5%（25.5%～29.7%）	30.1%（26.0%～31.7%）
爱达荷州	16.6%	17.8%	20.7%（20.6%～20.7%）	23.2%（22.9%～23.4%）	24.3%（23.5%～24.6%）	25.9%（24.6%～26.6%）
伊利诺伊州	18.1%	16.9%	19.3%（19.2%～19.4%）	22.2%（21.0%～22.8%）	23.1%（20.6%～24.3%）	23.6%（20.1%～25.3%）
印第安纳州	17.9%	17.1%	19.0%（18.9%～19.0%）	20.5%（19.9%～20.8%）	20.3%（19.2%～21.0%）	20.5%（18.9%～21.5%）
艾奥瓦州	22.0%	20.1%	23.3%（23.2%～23.3%）	26.5%（25.7%～26.9%）	27.0%（25.3%～28.1%）	28.2%（25.7%～30.1%）

续表

国家或地区	2000 年	2010 年	2020 年	2030 年	2040 年	2050 年
	登记	预测	中方案（低方案～高方案）	中方案（低方案～高方案）	中方案（低方案～高方案）	中方案（低方案～高方案）
堪萨斯州	19.5%	18.1%	21.6%（21.6%～21.6%）	25.4%（24.6%～25.9%）	26.2%（24.1%～27.4%）	27.0%（23.6%～29.0%）
肯塔基州	17.6%	18.5%	21.5%（21.5%～21.5%）	24.4%（23.9%～24.6%）	25.1%（24.1%～25.8%）	25.8%（24.1%～26.8%）
路易斯安那州	15.6%	16.2%	20.0%（19.8%～20.1%）	24.4%（23.6%～24.8%）	25.8%（24.2%～26.7%）	27.0%（24.5%～28.4%）
缅因州	20.7%	20.9%	25.6%（25.6%～25.5%）	30.1%（29.8%～30.2%）	31.9%（31.0%～32.2%）	33.0%（31.5%～33.6%）
马里兰州	15.6%	16.1%	18.9%（18.6%～19.0%）	21.6%（20.0%～22.3%）	22.4%（19.7%～23.8%）	23.3%（19.7%～25.2%）
马萨诸塞州	17.9%	18.1%	21.3%（21.1%～21.4%）	25.0%（23.3%～25.8%）	26.2%（22.8%～27.8%）	26.5%（21.8%～28.8%）
密歇根州	17.9%	17.6%	21.2%（21.0%～21.3%）	25.3%（24.2%～25.8%）	26.8%（24.8%～27.7%）	27.7%（24.8%～29.2%）
明尼苏达州	18.4%	17.3%	22.1%（21.5%～22.5%）	27.9%（26.5%～28.7%）	28.8%（26.6%～30.1%）	29.6%（26.8%～31.3%）
密西西比州	17.1%	17.0%	19.8%（19.7%～19.9%）	23.5%（22.7%～23.9%）	25.3%（23.8%～26.1%）	26.9%（24.7%～28.2%）
密苏里州	19.2%	18.3%	21.4%（21.3%～21.4%）	24.7%（24.1%～25.1%）	25.3%（23.9%～26.0%）	25.7%（23.7%～27.0%）
蒙大拿州	19.2%	19.2%	23.5%（23.5%～23.5%）	26.9%（26.7%～27.0%）	27.8%（27.3%～28.1%）	29.3%（28.4%～30.0%）
内布拉斯加州	20.5%	19.4%	22.9%（22.9%～22.9%）	26.3%（25.6%～26.6%）	27.4%（25.8%～28.2%）	28.5%（26.2%～29.6%）
内华达州	14.9%	16.3%	18.2%（17.9%～18.3%）	19.6%（18.6%～20.1%）	20.8%（19.0%～21.8%）	21.9%（19.6%～23.6%）
新罕布什尔州	15.1%	17.2%	23.7%（23.7%～23.8%）	29.3%（28.6%～29.5%）	31.0%（29.6%～31.5%）	32.0%（29.8%～32.6%）
新泽西州	19.5%	18.4%	20.4%（20.1%～20.6%）	23.4%（21.3%～24.4%）	24.6%（20.7%～26.3%）	25.2%（20.6%～27.5%）
新墨西哥州	16.4%	17.3%	21.3%（21.2%～21.4%）	24.8%（23.9%～25.2%）	25.7%（23.7%～26.7%）	27.6%（24.3%～29.3%）
纽约州	19.0%	17.8%	20.3%（20.0%～20.4%）	23.5%（21.1%～24.8%）	24.6%（19.9%～27.2%）	25.1%（19.2%～28.5%）

续表

国家或地区	2000 年	2010 年	2020 年	2030 年	2040 年	2050 年
	登记	预测	中方案（低方案～高方案）	中方案（低方案～高方案）	中方案（低方案～高方案）	中方案（低方案～高方案）
北卡罗来纳州	16.6%	16.8%	19.7%（19.6%～19.8%）	22.7%（22.6%～23.2%）	24.1%（24.0%～25.2%）	24.8%（24.4%～26.7%）
北达科他州	21.8%	20.1%	23.2%（23.0%～23.3%）	26.8%（26.3%～27.1%）	27.6%（26.5%～28.4%）	28.9%（27.3%～30.1%）
俄亥俄州	18.9%	18.3%	21.6%（21.5%～21.7%）	25.0%（24.3%～25.3%）	25.7%（24.1%～26.4%）	26.2%（23.7%～27.6%）
俄克拉何马州	19.2%	18.8%	21.6%（21.5%～21.6%）	24.0%（23.4%～24.2%）	24.2%（23.1%～24.9%）	24.8%（23.3%～26.0%）
俄勒冈州	18.2%	17.8%	21.4%（21.3%～21.4%）	23.6%（22.7%～23.9%）	24.1%（22.4%～25.0%）	25.0%（22.6%～26.5%）
宾夕法尼亚州	22.8%	20.7%	23.8%（23.7%～23.8%）	27.7%（26.8%～28.1%）	28.2%（26.2%～29.2%）	28.7%（25.6%～30.4%）
罗得岛州	19.6%	18.1%	19.8%（19.7%～19.9%）	20.7%（19.8%～21.0%）	21.0%（19.1%～21.7%）	22.9%（20.2%～23.8%）
南卡罗来纳州	15.8%	17.1%	20.8%（20.7%～20.8%）	24.4%（23.6%～24.7%）	26.1%（24.6%～26.7%）	27.4%（25.3%～28.3%）
南达科他州	21.3%	19.8%	22.5%（22.5%～22.5%）	26.0%（25.8%～26.1%）	27.0%（26.3%～27.5%）	28.2%（26.7%～29.1%）
田纳西州	16.8%	17.6%	21.0%（20.9%～21.1%）	23.9%（23.2%～24.2%）	24.9%（23.6%～25.5%）	25.6%（23.7%～26.6%）
得克萨斯州	14.4%	14.3%	16.7%（16.5%～16.8%）	19.2%（18.2%～19.8%）	20.2%（18.4%～21.8%）	21.3%（18.7%～23.9%）
犹他州	13.4%	13.1%	15.2%（15.1%～15.2%）	17.2%（16.8%～17.5%）	18.5%（17.7%～19.1%）	20.1%（18.7%～21.1%）
佛蒙特州	18.9%	19.0%	24.0%（24.0%～24.1%）	28.1%（27.8%～28.2%）	29.3%（29.2%～29.3%）	31.1%（30.5%～31.0%）
弗吉尼亚州	15.3%	16.6%	19.7%（19.5%～19.8%）	22.4%（21.2%～22.9%）	23.3%（21.1%～24.4%）	24.3%（21.2%～25.8%）
华盛顿州	16.0%	16.2%	19.5%（19.3%～19.5%）	22.0%（21.0%～22.4%）	22.8%（21.0%～23.8%）	23.9%（21.3%～25.1%）
西弗吉尼亚州	20.5%	19.2%	24.0%（23.9%～24.0%）	27.4%（27.0%～27.6%）	28.5%（27.5%～29.0%）	29.7%（28.3%～30.4%）
威斯康星州	19.9%	18.5%	22.1%（22.1%～22.1%）	25.9%（25.4%～26.0%）	26.7%（25.5%～27.2%）	27.2%（25.3%～28.3%）

续表

国家或地区	2000年	2010年	2020年	2030年	2040年	2050年
	登记	预测	中方案（低方案～高方案）	中方案（低方案～高方案）	中方案（低方案～高方案）	中方案（低方案～高方案）
怀俄明州	16.8%	16.7%	19.8%（19.7%～19.8%）	22.0%（21.7%～22.1%）	22.5%（21.9%～22.7%）	23.5%（22.4%～23.8%）
南加州6个县	13.8%	14.7%	17.9%（17.4%～17.7%）	22.6%（20.2%～21.7%）	26.3%（21.6%～24.6%）	28.3%（21.9%～26.0%）
因皮里尔县	12.6%	16.0%	16.5%（15.7%～16.2%）	18.5%（15.7%～17.5%）	19.5%（15.0%～17.4%）	20.6%（15.4%～18.6%）
洛杉矶县	13.1%	14.1%	17.8%（17.3%～17.6%）	24.2%（21.2%～23.0%）	29.6%（23.5%～27.4%）	31.9%（23.4%～28.9%）
橙县	13.8%	15.0%	19.9%（19.1%～19.6%）	25.1%（21.4%～23.5%）	29.5%（22.2%～26.7%）	31.1%（21.4%～27.4%）
河滨县	20.3%	17.2%	16.9%（16.7%～16.8%）	19.0%（18.3%～18.8%）	21.0%（19.6%～20.6%）	23.8%（21.5%～23.1%）
圣贝纳迪诺县	12.4%	13.3%	15.6%（15.3%～15.5%）	18.2%（17.0%～17.8%）	20.8%（17.8%～19.6%）	23.6%（19.3%～21.9%）
文图拉县	13.6%	16.5%	20.7%（20.1%～20.5%）	24.6%（21.8%～23.3%）	26.6%（21.2%～24.5%）	27.9%（20.7%～25.2%）
明尼阿波利斯-圣保罗都市区7个县	12.5%	14.6%	18.2%（17.9%～18.2%）	21.4%（19.9%～21.4%）	22.0%（19.5%～22.0%）	21.8%（18.7%～21.8%）

表A26.3.7　2000～2050年美国50个州、华盛顿特区和较大县的65岁及以上独居老人户占总户数的比例

国家或地区	2000年	2010年	2020年	2030年	2040年	2050年
	登记	预测	中方案（低方案～高方案）	中方案（低方案～高方案）	中方案（低方案～高方案）	中方案（低方案～高方案）
美国	3.53%	3.78%	4.22%（4.13%～4.30%）	4.82%（4.35%～5.23%）	4.82%（4.23%～5.93%）	5.31%（4.05%～6.62%）
亚拉巴马州	3.94%	4.30%	4.92%（4.84%～5.01%）	5.71%（5.30%～6.08%）	5.71%（5.30%～6.83%）	6.41%（5.22%～7.68%）
阿拉斯加州	1.44%	1.94%	2.46%（2.43%～2.54%）	2.91%（2.73%～3.22%）	2.91%（2.72%～3.66%）	3.27%（2.69%～4.16%）
亚利桑那州	3.26%	3.79%	4.19%（4.10%～4.28%）	4.54%（4.07%～4.95%）	4.54%（3.85%～5.50%）	4.89%（3.68%～6.08%）

续表

国家或地区	2000 年	2010 年	2020 年	2030 年	2040 年	2050 年
	登记	预测	中方案（低方案～高方案）	中方案（低方案～高方案）	中方案（低方案～高方案）	中方案（低方案～高方案）
阿肯色州	4.17%	4.22%	4.47%（4.40%～4.56%）	4.90%（4.51%～5.27%）	4.90%（4.41%～5.90%）	5.50%（4.41%～6.70%）
加利福尼亚州	2.80%	3.02%	3.36%（3.28%～3.42%）	3.79%（3.30%～4.18%）	3.79%（3.08%～4.72%）	4.07%（2.86%～5.16%）
科罗拉多州	2.78%	3.09%	3.74%（3.65%～3.80%）	4.40%（3.95%～4.80%）	4.40%（3.92%～5.63%）	5.16%（3.84%～6.49%）
康涅狄格州	3.51%	4.11%	4.44%（4.27%～4.61%）	4.94%（4.30%～5.54%）	4.94%（4.04%～6.21%）	5.20%（3.74%～6.64%）
特拉华州	3.64%	4.08%	4.54%（4.45%～4.62%）	5.12%（4.68%～5.51%）	5.12%（4.56%～6.19%）	5.67%（4.43%～6.98%）
华盛顿特区	4.89%	4.26%	4.18%（4.10%～4.33%）	4.12%（3.80%～4.55%）	4.12%（3.56%～4.66%）	4.13%（3.43%～4.89%）
佛罗里达州	4.71%	5.21%	5.64%（5.57%～5.72%）	6.15%（5.62%～6.57%）	6.15%（5.36%～7.25%）	6.68%（5.17%～8.11%）
佐治亚州	2.77%	2.97%	3.43%（3.33%～3.49%）	3.95%（3.57%～4.28%）	3.95%（3.53%～4.89%）	4.41%（3.41%～5.49%）
夏威夷州	2.54%	3.10%	3.53%（3.45%～3.60%）	3.77%（3.37%～4.14%）	3.77%（3.22%～4.63%）	4.22%（3.16%～5.23%）
爱达荷州	3.03%	3.45%	3.89%（3.82%～3.96%）	4.46%（4.11%～4.79%）	4.46%（4.09%～5.43%）	5.10%（4.03%～6.29%）
伊利诺伊州	3.64%	3.69%	3.94%（3.85%～4.01%）	4.42%（3.96%～4.82%）	4.42%（3.76%～5.41%）	4.71%（3.51%～5.95%）
印第安纳州	3.72%	3.76%	4.00%（3.91%～4.09%）	4.39%（4.02%～4.75%）	4.39%（3.87%～5.16%）	4.81%（3.85%～5.81%）
艾奥瓦州	4.48%	4.48%	4.96%（4.88%～5.04%）	5.84%（5.35%～6.28%）	5.84%（5.32%～7.29%）	7.04%（5.35%～8.79%）
堪萨斯州	4.05%	4.15%	4.50%（4.41%～4.58%）	5.16%（4.68%～5.60%）	5.16%（4.50%～6.32%）	5.55%（4.17%～7.04%）
肯塔基州	3.93%	4.11%	4.68%（4.59%～4.74%）	5.44%（5.05%～5.81%）	5.44%（5.05%～6.59%）	6.17%（4.99%～7.47%）
路易斯安那州	3.06%	4.00%	4.69%（4.63%～4.75%）	5.54%（5.18%～5.88%）	5.54%（5.10%～6.55%）	5.99%（4.90%～7.19%）
缅因州	4.34%	4.89%	5.72%（5.64%～5.81%）	6.82%（6.38%～7.25%）	6.82%（6.61%～8.37%）	7.96%（6.58%～9.45%）

续表

国家或地区	2000 年	2010 年	2020 年	2030 年	2040 年	2050 年
	登记	预测	中方案（低方案～高方案）	中方案（低方案～高方案）	中方案（低方案～高方案）	中方案（低方案～高方案）
马里兰州	3.24%	3.45%	3.78%（3.71%～3.85%）	4.18%（3.75%～4.55%）	4.18%（3.57%～5.03%）	4.45%（3.39%～5.48%）
马萨诸塞州	3.80%	4.21%	4.59%（4.49%～4.67%）	5.25%（4.67%～5.74%）	5.25%（4.47%～6.57%）	5.66%（4.13%～7.17%）
密歇根州	3.62%	3.96%	4.55%（4.43%～4.64%）	5.37%（4.88%～5.79%）	5.37%（4.87%～6.66%）	6.01%（4.65%～7.40%）
明尼苏达州	3.46%	3.72%	4.49%（4.35%～4.61%）	5.72%（5.16%～6.20%）	5.72%（5.29%～7.41%）	6.86%（5.14%～8.63%）
密西西比州	3.75%	3.92%	4.50%（4.45%～4.54%）	5.30%（4.99%～5.60%）	5.30%（5.06%～6.35%）	6.06%（5.05%～7.18%）
密苏里州	4.13%	4.29%	4.93%（4.83%～5.00%）	5.82%（5.36%～6.24%）	5.82%（5.32%～7.07%）	6.51%（5.15%～8.00%）
蒙大拿州	3.97%	4.44%	5.41%（5.32%～5.49%）	6.47%（6.07%～6.86%）	6.47%（6.26%～7.93%）	7.91%（6.54%～9.43%）
内布拉斯加州	4.14%	4.17%	4.60%（4.50%～4.68%）	5.27%（4.77%～5.71%）	5.27%（4.70%～6.60%）	6.07%（4.61%～7.62%）
内华达州	2.94%	3.41%	3.70%（3.58%～3.80%）	4.03%（3.58%～4.45%）	4.03%（3.51%～5.10%）	4.61%（3.46%～5.82%）
新罕布什尔州	2.76%	3.88%	4.76%（4.67%～4.85%）	5.73%（5.29%～6.16%）	5.73%（5.36%～7.07%）	6.54%（5.24%～7.93%）
新泽西州	3.74%	3.72%	3.80%（3.71%～3.87%）	4.11%（3.64%～4.51%）	4.11%（3.39%～5.01%）	4.26%（3.10%～5.33%）
新墨西哥州	3.34%	3.91%	4.74%（4.63%～4.83%）	5.61%（5.09%～6.10%）	5.61%（5.00%～6.96%）	6.55%（4.97%～8.16%）
纽约州	3.89%	3.92%	4.26%（4.16%～4.35%）	4.91%（4.22%～5.50%）	4.91%（3.93%～6.39%）	5.37%（3.61%～7.05%）
北卡罗来纳州	3.49%	3.82%	4.30%（4.24%～4.38%）	4.94%（4.74%～5.34%）	4.94%（4.87%～6.13%）	5.52%（4.83%～6.90%）
北达科他州	4.51%	4.54%	5.39%（5.18%～5.57%）	6.62%（6.02%～7.23%）	6.62%（6.17%～8.32%）	7.97%（6.35%～9.70%）
俄亥俄州	4.06%	4.22%	4.75%（4.66%～4.83%）	5.54%（5.09%～5.97%）	5.54%（5.00%～6.75%）	6.11%（4.78%～7.58%）
俄克拉何马州	3.94%	4.34%	4.86%（4.78%～4.96%）	5.56%（5.12%～5.96%）	5.56%（5.05%～6.69%）	6.30%（5.04%～7.70%）

续表

国家或地区	2000 年	2010 年	2020 年	2030 年	2040 年	2050 年
	登记	预测	中方案（低方案～高方案）	中方案（低方案～高方案）	中方案（低方案～高方案）	中方案（低方案～高方案）
俄勒冈州	3.64%	3.85%	4.48%（4.38%～4.58%）	5.09%（4.60%～5.55%）	5.09%（4.49%～6.36%）	5.79%（4.40%～7.31%）
宾夕法尼亚州	4.62%	4.68%	4.99%（4.90%～5.08%）	5.72%（5.23%～6.17%）	5.72%（5.02%～6.86%）	5.96%（4.62%～7.44%）
罗得岛州	3.88%	4.47%	4.39%（4.29%～4.47%）	4.56%（4.12%～4.90%）	4.56%（3.95%～5.36%）	5.20%（4.09%～6.31%）
南卡罗来纳州	3.07%	4.04%	4.76%（4.69%～4.84%）	5.45%（5.07%～5.79%）	5.45%（5.02%～6.47%）	6.04%（4.95%～7.20%）
南达科他州	4.16%	4.27%	4.93%（4.83%～5.01%）	5.91%（5.47%～6.33%）	5.91%（5.53%～7.30%）	6.82%（5.46%～8.35%）
田纳西州	3.73%	4.03%	4.59%（4.50%～4.65%）	5.18%（4.78%～5.55%）	5.18%（4.69%～6.18%）	5.64%（4.52%～6.85%）
得克萨斯州	2.70%	2.91%	3.33%（3.23%～3.42%）	3.88%（3.45%～4.25%）	3.88%（3.39%～4.92%）	4.43%（3.31%～5.66%）
犹他州	2.00%	2.18%	2.38%（2.33%～2.44%）	2.67%（2.41%～2.91%）	2.67%（2.36%～3.37%）	3.09%（2.34%～3.99%）
佛蒙特州	3.88%	4.25%	5.23%（5.12%～5.33%）	6.26%（5.70%～6.82%）	6.26%（5.68%～7.93%）	7.26%（5.87%～9.19%）
弗吉尼亚州	3.24%	3.54%	3.96%（3.87%～4.06%）	4.46%（4.04%～4.85%）	4.46%（3.88%～5.40%）	4.80%（3.69%～5.97%）
华盛顿州	3.23%	3.51%	4.06%（3.97%～4.15%）	4.69%（4.20%～5.11%）	4.69%（4.12%～5.83%）	5.29%（4.03%～6.57%）
西弗吉尼亚州	4.56%	5.06%	5.36%（5.26%～5.44%）	5.82%（5.46%～6.18%）	5.82%（5.25%～6.60%）	5.91%（4.95%～7.02%）
威斯康星州	3.72%	3.91%	4.49%（4.41%～4.58%）	5.34%（4.87%～5.78%）	5.34%（4.82%～6.62%）	5.90%（4.56%～7.34%）
怀俄明州	3.43%	3.90%	4.58%（4.50%～4.66%）	5.23%（4.87%～5.57%）	5.23%（4.88%～6.25%）	5.91%（4.88%～7.10%）
南加州 6 个县	2.32%	3.01%	3.17%（3.05%～3.26%）	3.38%（2.96%～3.72%）	3.44%（2.75%～4.03%）	3.45%（2.54%～4.25%）
因皮里尔县	2.01%	2.35%	2.18%（2.06%～2.26%）	2.09%（1.77%～2.33%）	1.95%（1.54%～2.28%）	1.88%（1.44%～2.27%）
洛杉矶县	2.23%	2.84%	3.25%（3.15%～3.34%）	3.77%（3.37%～4.13%）	4.14%（3.43%～4.78%）	4.31%（3.31%～5.20%）

续表

国家或地区	2000 年	2010 年	2020 年	2030 年	2040 年	2050 年
	登记	预测	中方案（低方案～高方案）	中方案（低方案～高方案）	中方案（低方案～高方案）	中方案（低方案～高方案）
橙县	2.24%	2.93%	3.23%（3.09%～3.33%）	3.51%（3.02%～3.93%）	3.62%（2.81%～4.34%）	3.60%（2.56%～4.53%）
河滨县	2.88%	3.25%	2.81%（2.72%～2.87%）	2.68%（2.43%～2.88%）	2.67%（2.26%～3.01%）	2.82%（2.25%～3.38%）
圣贝纳迪诺县	1.82%	2.60%	2.69%（2.60%～2.77%）	2.86%（2.58%～3.11%）	2.89%（2.45%～3.33%）	2.99%（2.37%～3.65%）
文图拉县	2.36%	3.30%	3.61%（3.48%～3.71%）	3.82%（3.36%～4.22%）	3.73%（2.99%～4.40%）	3.58%（2.65%～4.51%）
明尼阿波利斯-圣保罗都市区 7 个县	2.54%	3.44%	3.98%（3.83%～3.98%）	4.62%（4.05%～4.62%）	4.82%（3.82%～4.82%）	4.79%（3.48%～4.79%）

表 A26.3.8　2000～2050 年美国 50 个州、华盛顿特区和较大县的 80 岁及以上高龄独居老人户占总户数的比例

国家或地区	2000 年	2010 年	2020 年	2030 年	2040 年	2050 年
	登记	预测	中方案（低方案～高方案）	中方案（低方案～高方案）	中方案（低方案～高方案）	中方案（低方案～高方案）
美国	1.19%	1.50%	1.48%（1.44%～1.51%）	1.77%（1.58%～1.94%）	2.19%（1.80%～2.55%）	2.41%（1.85%～2.96%）
亚拉巴马州	1.25%	1.54%	1.58%（1.54%～1.62%）	1.93%（1.78%～2.08%）	2.41%（2.10%～2.72%）	2.66%（2.18%～3.16%）
阿拉斯加州	0.31%	0.54%	0.65%（0.64%～0.66%）	0.90%（0.83%～1.00%）	1.21%（1.04%～1.42%）	1.36%（1.11%～1.69%）
亚利桑那州	1.05%	1.33%	1.39%（1.34%～1.42%）	1.62%（1.44%～1.76%）	1.88%（1.54%～2.18%）	2.07%（1.59%～2.51%）
阿肯色州	1.46%	1.53%	1.44%（1.42%～1.48%）	1.65%（1.51%～1.79%）	1.94%（1.67%～2.20%）	2.11%（1.73%～2.53%）
加利福尼亚州	0.93%	1.23%	1.23%（1.18%～1.26%）	1.47%（1.26%～1.65%）	1.80%（1.37%～2.18%）	2.01%（1.39%～2.54%）
科罗拉多州	0.90%	1.17%	1.20%（1.17%～1.22%）	1.55%（1.37%～1.69%）	2.01%（1.63%～2.36%）	2.28%（1.69%～2.82%）
康涅狄格州	1.23%	1.79%	1.72%（1.64%～1.78%）	2.01%（1.72%～2.28%）	2.42%（1.84%～2.96%）	2.67%（1.87%～3.43%）

续表

国家或地区	2000 年	2010 年	2020 年	2030 年	2040 年	2050 年
	登记	预测	中方案（低方案～高方案）	中方案（低方案～高方案）	中方案（低方案～高方案）	中方案（低方案～高方案）
特拉华州	1.13%	1.53%	1.60%（1.56%～1.64%）	1.90%（1.73%～2.05%）	2.29%（1.93%～2.61%）	2.56%（2.03%～3.08%）
华盛顿特区	1.43%	1.42%	1.19%（1.16%～1.24%）	1.21%（1.09%～1.35%）	1.29%（1.11%～1.49%）	1.35%（1.10%～1.59%）
佛罗里达州	1.62%	2.03%	2.01%（1.98%～2.04%）	2.28%（2.07%～2.45%）	2.63%（2.22%～2.98%）	2.85%（2.25%～3.40%）
佐治亚州	0.85%	1.01%	1.03%（1.00%～1.05%）	1.29%（1.15%～1.42%）	1.60%（1.32%～1.87%）	1.82%（1.41%～2.24%）
夏威夷州	0.78%	1.29%	1.42%（1.39%～1.45%）	1.70%（1.51%～1.86%）	2.07%（1.68%～2.40%）	2.39%（1.80%～2.90%）
爱达荷州	1.12%	1.39%	1.39%（1.37%～1.43%）	1.70%（1.56%～1.83%）	2.13%（1.84%～2.39%）	2.32%（1.90%～2.76%）
伊利诺伊州	1.32%	1.56%	1.46%（1.41%～1.49%）	1.69%（1.49%～1.85%）	2.05%（1.65%～2.42%）	2.22%（1.65%～2.76%）
印第安纳州	1.26%	1.49%	1.42%（1.38%～1.45%）	1.60%（1.44%～1.75%）	1.83%（1.54%～2.10%）	1.91%（1.53%～2.29%）
艾奥瓦州	1.82%	2.07%	1.97%（1.93%～2.00%）	2.34%（2.12%～2.53%）	3.02%（2.53%～3.49%）	3.30%（2.52%～4.07%）
堪萨斯州	1.58%	1.84%	1.75%（1.71%～1.78%）	2.09%（1.88%～2.28%）	2.70%（2.23%～3.12%）	2.88%（2.19%～3.55%）
肯塔基州	1.24%	1.45%	1.46%（1.42%～1.50%）	1.81%（1.66%～1.96%）	2.28%（1.96%～2.60%）	2.52%（2.04%～3.03%）
路易斯安那州	0.87%	1.44%	1.51%（1.48%～1.55%）	1.89%（1.74%～2.03%）	2.45%（2.13%～2.77%）	2.69%（2.20%～3.19%）
缅因州	1.54%	1.98%	2.06%（2.05%～2.09%）	2.65%（2.48%～2.79%）	3.43%（3.05%～3.78%）	3.87%（3.28%～4.47%）
马里兰州	1.03%	1.36%	1.36%（1.32%～1.39%）	1.61%（1.43%～1.76%）	1.92%（1.57%～2.24%）	2.13%（1.62%～2.60%）
马萨诸塞州	1.32%	1.83%	1.72%（1.68%～1.76%）	2.07%（1.81%～2.29%）	2.58%（2.03%～3.06%）	2.87%（2.08%～3.60%）
密歇根州	1.23%	1.61%	1.58%（1.53%～1.62%）	1.97%（1.77%～2.15%）	2.55%（2.14%～2.93%）	2.82%（2.20%～3.40%）
明尼苏达州	1.42%	1.66%	1.67%（1.56%～1.78%）	2.22%（1.95%～2.47%）	3.18%（2.63%～3.68%）	3.64%（2.83%～4.41%）
密西西比州	1.19%	1.33%	1.32%（1.30%～1.35%）	1.63%（1.52%～1.74%）	2.08%（1.84%～2.32%）	2.31%（1.96%～2.71%）

续表

国家或地区	2000 年	2010 年	2020 年	2030 年	2040 年	2050 年
	登记	预测	中方案（低方案～高方案）	中方案（低方案～高方案）	中方案（低方案～高方案）	中方案（低方案～高方案）
密苏里州	1.47%	1.64%	1.64%（1.61%～1.68%）	2.04%（1.86%～2.20%）	2.58%（2.21%～2.94%）	2.84%（2.29%～3.44%）
蒙大拿州	1.46%	1.74%	1.82%（1.78%～1.85%）	2.32%（2.18%～2.48%）	2.99%（2.67%～3.33%）	3.29%（2.78%～3.86%）
内布拉斯加州	1.72%	1.95%	1.90%（1.85%～1.94%）	2.21%（2.01%～2.41%）	2.75%（2.30%～3.16%）	2.94%（2.28%～3.60%）
内华达州	0.70%	1.02%	1.09%（1.06%～1.12%）	1.27%（1.12%～1.40%）	1.51%（1.23%～1.77%）	1.74%（1.33%～2.17%）
新罕布什尔州	0.83%	1.43%	1.58%（1.55%～1.61%）	2.10%（1.94%～2.26%）	2.77%（2.41%～3.13%）	3.15%（2.58%～3.73%）
新泽西州	1.29%	1.62%	1.52%（1.48%～1.55%）	1.69%（1.46%～1.88%）	1.97%（1.54%～2.33%）	2.15%（1.57%～2.67%）
新墨西哥州	1.06%	1.42%	1.59%（1.55%～1.63%）	1.99%（1.81%～2.18%）	2.55%（2.11%～2.96%）	2.85%（2.19%～3.53%）
纽约州	1.33%	1.59%	1.51%（1.46%～1.55%）	1.77%（1.50%～2.00%）	2.16%（1.60%～2.67%）	2.42%（1.61%～3.13%）
北卡罗来纳州	1.08%	1.41%	1.42%（1.40%～1.45%）	1.74%（1.66%～1.89%）	2.15%（2.01%～2.50%）	2.41%（2.18%～2.98%）
北达科他州	1.83%	1.98%	1.93%（1.86%～2.02%）	2.35%（2.13%～2.57%）	3.08%（2.65%～3.50%）	3.38%（2.77%～4.03%）
俄亥俄州	1.37%	1.73%	1.68%（1.64%～1.71%）	2.01%（1.85%～2.18%）	2.55%（2.17%～2.92%）	2.75%（2.20%～3.35%）
俄克拉何马州	1.37%	1.62%	1.64%（1.60%～1.67%）	1.98%（1.80%～2.14%）	2.42%（2.07%～2.77%）	2.63%（2.13%～3.18%）
俄勒冈州	1.35%	1.57%	1.48%（1.44%～1.53%）	1.83%（1.66%～2.00%）	2.28%（1.89%～2.63%）	2.44%（1.89%～3.01%）
宾夕法尼亚州	1.60%	2.04%	1.83%（1.78%～1.87%）	2.13%（1.96%～2.31%）	2.72%（2.33%～3.10%）	2.91%（2.32%～3.53%）
罗得岛州	1.28%	2.08%	1.82%（1.78%～1.86%）	1.90%（1.71%～2.05%）	2.16%（1.82%～2.46%）	2.42%（1.96%～2.90%）
南卡罗来纳州	0.80%	1.35%	1.45%（1.43%～1.48%）	1.85%（1.71%～1.99%）	2.29%（1.98%～2.57%）	2.57%（2.14%～3.03%）
南达科他州	1.75%	1.86%	1.84%（1.81%～1.87%）	2.15%（1.98%～2.30%）	2.76%（2.40%～3.11%）	3.06%（2.52%～3.64%）
田纳西州	1.20%	1.43%	1.47%（1.43%～1.49%）	1.81%（1.65%～1.96%）	2.21%（1.90%～2.52%）	2.43%（1.98%～2.92%）

续表

国家或地区	2000年	2010年	2020年	2030年	2040年	2050年
	登记	预测	中方案（低方案～高方案）	中方案（低方案～高方案）	中方案（低方案～高方案）	中方案（低方案～高方案）
得克萨斯州	0.88%	1.09%	1.11%（1.07%～1.14%）	1.34%（1.18%～1.50%）	1.70%（1.37%～2.01%）	1.93%（1.45%～2.43%）
犹他州	0.78%	0.91%	0.92%（0.89%～0.93%）	1.08%（0.96%～1.18%）	1.33%（1.11%～1.55%）	1.47%（1.13%～1.83%）
佛蒙特州	1.37%	1.66%	1.76%（1.72%～1.81%）	2.33%（2.15%～2.52%）	2.96%（2.55%～3.41%）	3.15%（2.51%～3.94%）
弗吉尼亚州	1.00%	1.35%	1.37%（1.35%～1.42%）	1.68%（1.50%～1.83%）	2.01%（1.66%～2.33%）	2.21%（1.70%～2.70%）
华盛顿州	1.17%	1.46%	1.43%（1.40%～1.47%）	1.76%（1.56%～1.92%）	2.19%（1.80%～2.53%）	2.41%（1.85%～2.92%）
西弗吉尼亚州	1.38%	1.88%	1.78%（1.75%～1.83%）	2.12%（1.99%～2.27%）	2.60%（2.31%～2.88%）	2.71%（2.31%～3.13%）
威斯康星州	1.43%	1.74%	1.67%（1.64%～1.70%）	2.01%（1.85%～2.18%）	2.58%（2.21%～2.93%）	2.82%（2.25%～3.40%）
怀俄明州	1.15%	1.55%	1.60%（1.56%～1.64%）	1.96%（1.82%～2.11%）	2.46%（2.17%～2.75%）	2.68%（2.23%～3.15%）
南加州6个县	0.69%	1.24%	1.26%（1.20%～1.31%）	1.46%（1.25%～1.63%）	1.77%（1.39%～2.09%）	2.01%（1.47%～2.47%）
因皮里尔县	0.49%	0.98%	0.91%（0.86%～0.97%）	0.86%（0.69%～1.00%）	0.94%（0.72%～1.12%）	1.02%（0.75%～1.20%）
洛杉矶县	0.65%	1.12%	1.20%（1.16%～1.24%）	1.46%（1.30%～1.63%）	1.90%（1.55%～2.20%）	2.35%（1.78%～2.82%）
橙县	0.68%	1.18%	1.26%（1.19%～1.32%）	1.52%（1.28%～1.74%）	1.88%（1.43%～2.28%）	2.19%（1.54%～2.76%）
河滨县	0.81%	1.43%	1.25%（1.19%～1.29%）	1.18%（1.06%～1.28%）	1.31%（1.11%～1.48%）	1.47%（1.19%～1.73%）
圣贝纳迪诺县	0.47%	1.05%	1.07%（1.04%～1.11%）	1.20%（1.08%～1.33%）	1.49%（1.25%～1.72%）	1.68%（1.34%～2.03%）
文图拉县	0.72%	1.37%	1.44%（1.38%～1.48%）	1.70%（1.47%～1.91%）	2.03%（1.61%～2.41%）	2.13%（1.57%～2.66%）
明尼阿波利斯-圣保罗都市区7个县	0.88%	1.50%	1.48%（1.41%～1.48%）	1.77%（1.52%～1.77%）	2.20%（1.71%～2.20%）	2.37%（1.68%～2.37%）

第 27 章 美国南加州六个县的家庭户和居住安排预测①

27.1 引　言

家庭是政策分析的重要单位。税收、扶贫、社会福利和城市规划，都要以家庭为研究对象。家庭对市场分析来说同样重要，因为家庭是商品和服务的主要消费单位，而家庭消费也通常被当作宏观经济的重要指标。作为资源和能源消费的主要单位，家庭也和可持续发展息息相关（Keilman，2003；Gu et al.，2015）。

对分类型、规模和居住安排的家庭户预测是目前研究的重点（Liu et al.，2003；Nelson，2006；Jiang and O'Neill，2007；Keilman and Christiansen，2010），这是由于家庭户的类型和规模对商品、服务、资源和能源的消费具有重要影响（O'Neill and Chen，2002；Prskawetz et al.，2004；Davis，2008；Feng et al.，2011）。由于人口的迅速老龄化，老年人口的居住安排也成为家庭户预测研究的一个重点。老年人居住安排往往决定了长期照料的性质和水平，进而对政策和市场的供给产生影响（Morris et al.，1998；FIFARS，2010）。在这些方面，ProFamy 正在取代传统户主率方法，成为这个领域的前沿预测方法。

近年来，各个等地区层面的家庭户预测开始受到更多重视（Rao，2003；Smith et al.，2012；Zeng et al.，2013a）。这些地区层面的预测对于地方政府的政策制定和地方市场的战略规划有非常重要的意义。ProFamy 方法在地区层面的预测方面也有重要进展，例如，Zeng 等（2013a）使用 ProFamy 方法给出了美国 50 个州及华盛顿特区的家庭户与居住安排预测。

本章将应用 ProFamy 方法对美国南加州②六个县的家庭户和居住安排进行预测。南加州的六个县包括因皮里尔县，洛杉矶县，橙县，河滨县，圣贝纳迪

---

① 本章由冯秋石（新加坡国立大学副教授；socfq@nus.edu.sg）根据应用 ProFamy 方法和软件进行预测研究的英文论文"Feng Q S，Wang Z L，Choi S，et al. 2020. Forecast households at the county level：an application of the ProFamy extended cohort-component method in six counties of Southern California，2010 to 2040. Population Research and Policy Review，39：253-281."撰写。

② 南加利福尼亚州简称南加州。

诺县和文图拉县。我们将首先介绍 ProFamy 在县级层面应用的方法要点和数据需求，然后我们围绕对南加州六个县的预测，来介绍数据来源和 ProFamy 方法的应用过程。在介绍具体预测结果之前，我们还将对 ProFamy 在南加州六个县的应用进行验证，即先将 ProFamy 方法基于 2000 年数据对 2010 年预测的结果和 2010 年的实际观测数据进行比较，然后再将 ProFamy 预测的分种族分县的人口数和家庭户数与南加州官方机构的预测结果进行比较。在全面阐述应用 ProFamy 方法预测结果的基础上，我们在本章的最后讨论 ProFamy 方法在地区层面的应用前景。

27.2　方法、数据需求和估算

27.2.1　ProFamy 方法在县级层面应用的方法和数据需求要点

现有文献指出，对于县级层面预测来说，使用国家级或者省级的分性别、分年龄的生育、婚姻或同居和死亡的标准模式，与县级的家庭人口相关综合参数（出生预期寿命和总和生育率等），是一个可行和有效的方法 （Feng et al., 2020）。这种做法的理论基础在于，家庭人口相关综合参数对于决定分性别分年龄的人口事件发生的高低水平和时间早晚至关重要，因为它直接决定预测的结果；同时，预测结果对于分性别分年龄的生育、婚姻或同居和死亡等标准模式的适度变化并不非常敏感（Zeng et al.，2006）。因此，研究者可以将国家、省或州层面的分性别、分年龄的生育、婚姻或同居和死亡标准模式应用于县级预测，从而将主要精力放在估算和预测县级的家庭人口相关综合参数上。这个方法要点已经从实证研究中得到了验证（Zeng et al.，2013a；Smith et al.，2012）。

第 3 章的表 3.1 展示了在国家级、省级和县市级使用 ProFamy 方法的数据要求和数据来源，也展示了 ProFamy 方法和常规人口预测方法对数据需求的差异。Willekens（2010）认为，ProFamy 方法的一个主要优势在于其家庭户预测主要是基于来自调查、人口普查等常规人口数据资源。如第 3 章表 3.1 所示，ProFamy 方法所需要的数据和常规人口预测所需要的数据大部分相同。主要例外是 ProFamy 方法要求估算分性别分年龄的结婚或同居和离婚或同居终止的发生率或风险率，以及分孩次、分年龄的婚内生育和非婚生育的发生率或风险率（第 3 章表 3.1），而这些分性别、分年龄的标准模式都可以相对简单地基于各国调查数据估算获得 （Zeng et al.，2006，2013a）。另外，分性别、分年龄的子女净离家率也可以使用 ProFamy 软件，通过相邻两次普查的数据和队列内迭代法来估算，或者通过使用包含子女离家信息的调查数据和人口登记数据来进行估算。

南加州六个县家庭人口预测基数数据来自美国人口普查 5%微观数据和不断

更新累积的 ACS 数据及公布的人口普查和社区调查 100%汇总列表数据。南加州六个县家庭人口预测应用了基于美国家庭与住户调查、美国家庭增长调查、美国当前人口调查、美国收入及项目参与调查等四个全国抽样调查整合数据集估算的美国国家层面分种族和性别的年龄标准模式；六个县地区层面综合参数分别根据美国人口普查局的估计、健康统计数据、日常统计数据和调查汇总数据估计而得。

27.2.2 基数人口

从美国 2010 年人口普查数据中，我们提取出了南加州六个县中每个县的 100%分种族、分性别、分年龄的人口分布。我们区分了四个种族，即西班牙裔、非西班牙裔白人、非西班牙裔黑人、亚裔和其他非西班牙裔。我们从 2009～2013 年 ACS 的五年数据中获得每一个县在基数年份的种族、性别、年龄、婚态或同居状态、同居子女数等的具体分布。机构居住者的分种族分性别、分年龄、分婚态的分布也来自 ACS 数据。

27.2.3 分种族分性别分年龄的标准模式

对于县级预测，我们使用了美国全国的分种族、分性别、分年龄的婚姻或同居和离婚或同居终止的标准模式（Zeng et al.，2006），我们还使用了加州的分种族、分性别、分孩次的生育标准模式、加州的分种族、分性别、分年龄的子女净离家率和国际净移的标准模式 （Zeng et al.，2013a）。六个县总体及每一个县的分种族、分性别、分年龄的国内迁入迁出的标准模式是通过 2009～2013 年的五年 ACS 数据估算得到的。

27.2.4 综合参数

在南加州六个县的县级预测中，估算和预测的 2010～2040 年的综合参数包括：男性和女性的出生预期寿命、标准化一般婚姻或同居率和离婚或同居终止率、男性和女性的平均初婚年龄、分孩次的总和生育率、平均生育年龄、男性和女性国内迁入迁出数及国际净移民数。以上参数对每一个县都要区分四个种族。对这些参数的估算过程简要介绍如下。

1. 出生预期寿命

分种族、分性别的出生预期寿命的数据由南加州政府提供。由于美国国家健康统计中心提供的加州出生预期寿命和生命表数据中没有区分四个种族，加州的分种族、分性别的出生预期寿命需要估算[具体过程请参见 Feng 等（2020）的附录 1]。南加州政府假设县级的分种族、分性别的预测起始年份和 2025 年及 2050

年的出生预期寿命的变化与加州是相同的（U.S. Census Bureau, 2008）。对于 2010 年、2025 年和 2040 年之间的年份，六个县的分种族、分性别的出生预期寿命是通过线性内插估算得到的。

2. 标准化的一般婚姻或同居率和离婚或同居终止率

分县分种族的标准化的一般婚姻或同居率和离婚或同居终止率的估算基于各县在 2010 年普查中分种族、分性别、分年龄、分婚态的分布，美国分种族、分性别、分年龄的婚姻或同居和离婚或同居终止标准模式，以及 2010 年各县的初婚数、离婚数和再婚数（具体估算过程参见本书第 3 章附录 A3.4）。

3. 平均初婚年龄

分种族、分性别的平均初婚年龄是通过美国人口普查局公布的国家数据和加州数据估算得到的[具体过程参见 Feng 等（2020）的附录 1]。就未来趋势而言，2025 年之前的美国平均初婚年龄是通过一个回归模型线性外推所得，我们假设这个平均初婚年龄在 2025 年之后保持不变。

4. 总和生育率、平均生育年龄、移民数

2010～2040 年各县的分种族、分孩次的总和生育率是由南加州政府提供的。我们把加州 2010 年的分种族的平均生育年龄（Zeng et al., 2013a）应用到六个县，未来年份的平均生育年龄由趋势外推专家估计得到。2010～2040 年各县的分种族、分性别的国内迁入和迁出人数及国际净迁移人数是由南加州政府提供的。

27.3　验证 ProFamy 方法在县级应用的可信度

为了验证 ProFamy 方法在县级应用的可信度，我们使用 2000 年人口普查数据和其他相关数据来预测 2010 年南加州六个县的家庭人口情况，然后将预测结果和 2010 年的普查观测值进行比较。如表 27.1 所示，以百分比差异计量的预测误差很小：在 42 对数据比较中，59.5%的百分比误差都低于 2%，40.5%的百分比误差在 2.0%～4.77%。这就验证了 ProFamy 方法在县级应用的有效性。

表 27.1　用 ProFamy 方法 2010 年预测结果和人口普查估测值比较的百分比误差*

家庭人口指标	因皮里尔县	洛杉矶县	橙县	河滨县	圣贝纳迪诺县	文图拉县
人口数	0.30%	−0.31%	−0.26%	0.33%	−0.25%	0.18%
家庭户数	−0.08%	−0.73%	−0.45%	2.24%	0.45%	2.02%
平均家庭户规模	−1.80%	0.06%	0.28%	−1.90%	−0.43%	−1.60%

续表

家庭人口指标	因皮里尔县	洛杉矶县	橙县	河滨县	圣贝纳迪诺县	文图拉县
1 人户百分比	2.93%	−2.46%	−0.96%	0.22%	0.20%	−2.63%
2～3 人户百分比	3.85%	4.37%	2.04%	1.61%	−0.01%	3.97%
4 人及以上户百分比	−4.77%	−3.81%	−2.22%	−2.00%	−0.08%	−3.86%
结婚夫妇户百分比	−2.23%	1.94%	−2.57%	−0.77%	2.27%	1.73%

*表示百分比误差=［（ProFamy 预测结果−普查估测值）/普查估测值］× 100

南加州政府也曾对 2010～2040 年六个县做了常规的人口预测，同时也通过传统的户主率方法对分种族的家庭户数进行过预测。虽然户主率方法的预测无法提供具体的家庭户类型和规模的信息，但是我们可以用这些人口和户数预测结果来验证 ProFamy 方法。这是因为，如果 ProFamy 方法在县级的应用是有效的，那么其预测的人口数和家庭户数就和常规人口预测的人口数以及户主率方法预测的家庭户数相类似。表 27.2 比较了 ProFamy 方法的预测和常规人口预测及户主率方法预测的户数。在 66 对家庭户数预测的比较中，分别有 48.5%、34.8%和 16.7%的百分比差异<1.0%，1.0%～2.99%和 3.0%～6.12%。在其他 66 对人口数预测的比较中，分别有 68.2%、27.3%和 4.5%的百分比差异<1%，1.0%～2.99%和 3.0%～5.75%。这些差异结果进一步验证了 ProFamy 方法应用于县级家庭人口预测的有效性和可信度。

表 27.2　ProFamy 方法的预测与南加州政府人口和家庭户预测比较的百分比差异*

项目		2015 年	2020 年	2025 年	2030 年	2035 年	2040 年
家庭户数	因皮里尔县	6.12%	−3.67%	−3.24%	−3.87%	−5.58%	−4.97%
	洛杉矶县	0.06%	0.20%	0.64%	0.51%	0.31%	−0.33%
	橙县	−0.36%	−0.98%	0.11%	2.04%	0.86%	−0.32%
	河滨县	3.42%	0.37%	2.64%	2.47%	1.03%	1.48%
	圣贝纳迪诺县	4.39%	0.32%	1.42%	1.31%	−0.07%	0.80%
	文图拉县	−1.01%	−0.43%	0.95%	1.83%	1.32%	0.40%
	非西班牙裔白人	−1.28%	−1.30%	−0.14%	0.96%	0.96%	1.59%
	非西班牙裔黑人	4.79%	1.06%	−0.01%	−0.92%	−0.19%	0.75%
	西班牙裔	2.43%	−1.90%	−2.16%	−2.10%	−1.44%	3.18%
	亚裔和其他非西班牙裔	−0.11%	1.67%	3.52%	2.46%	1.33%	0.90%
	合计	0.67%	−0.87%	−0.28%	−0.14%	−0.06%	2.09%

续表

项目		2015 年	2020 年	2025 年	2030 年	2035 年	2040 年
人口数	因皮里尔县	5.75%	−4.31%	−2.67%	−1.56%	−1.42%	−0.45%
	洛杉矶县	0.39%	2.98%	2.66%	1.99%	1.31%	0.05%
	橙县	0.03%	−0.88%	−0.70%	−0.63%	−0.36%	0.10%
	河滨县	0.23%	0.17%	−0.32%	−1.07%	−2.87%	−3.34%
	圣贝纳迪诺县	1.93%	1.87%	−0.21%	−1.40%	−2.64%	−1.65%
	文图拉县	0.51%	−1.16%	−1.33%	−1.19%	−0.97%	−0.61%
	非西班牙裔白人	−0.92%	0.41%	0.49%	0.77%	0.35%	0.46%
	非西班牙裔黑人	−0.05%	0.38%	−0.51%	−0.94%	−0.25%	0.49%
	西班牙裔	0.48%	0.51%	0.09%	−0.08%	0.12%	0.60%
	亚裔和其他非西班牙裔	−0.65%	1.34%	0.62%	0.19%	−0.19%	−0.14%
	合计	−0.17%	0.61%	0.26%	0.14%	0.09%	0.42%

注：南加州政府使用了常规人口预测方法和户主率方法

* 表示百分比差异 =［（ProFamy 预测结果−南加州政府预测结果）/南加州政府预测结果］×100

27.4　六个县的家庭户和居住安排预测结果

27.4.1　一般趋势

表 27.3 展示了南加州六个县 2010～2040 年的人口数和家庭户数。这些预测结果表明，南加州的人口数将从 2010 年的 18 031 354 人增长到 2040 年的 21 986 388 人，增幅为 21.93%，而家庭户数将从 2010 年的 5 847 909 户增长到 2040 年的 7 492 094 户，增幅为 28.12%。预测还表明，在六个县中，因皮里尔县人口数最小，但是在 2010～2040 年将有最高的人口增长率（61.47%）和家庭户数增长率（79.44%）；而洛杉矶县仍然将是未来 30 年中人口最多的县，将持续拥有南加州大约一半的家庭户和人口。

表 27.3　南加州六个县从 2010～2040 年的人口数和家庭户数

项目		2010 年人口数/人	2015 年人口数/人	2020 年人口数/人	2025 年人口数/人	2030 年人口数/人	2035 年人口数/人	2040 年人口数/人	变化率*
人口数	因皮里尔县	174 264	160 289	179 125	194 238	255 827	269 169	281 390	+61.47%
	洛杉矶县	9 807 740	10 198 087	10 632 509	10 886 785	11 093 004	11 295 045	11 522 711	+17.49%
	橙县	3 006 924	3 155 432	3 234 793	3 301 064	3 359 940	3 424 794	3 472 837	+15.49%
	河滨县	2 187 056	2 320 025	2 483 936	2 653 814	2 820 783	2 961 440	3 067 769	+40.27%

续表

项目		2010 年人口数/人	2015 年人口数/人	2020 年人口数/人	2025 年人口数/人	2030 年人口数/人	2035 年人口数/人	2040 年人口数/人	变化率*
人口数	圣贝纳迪诺县	2 033 093	2 150 382	2 236 982	2 332 689	2 448 539	2 566 198	2 682 770	+31.96%
	文图拉县	822 277	857 619	876 408	894 671	914 846	935 871	958 911	+16.62%
	合计	18 031 354	18 841 834	19 643 753	20 263 261	20 892 939	21 452 517	21 986 388	+21.93%
家庭户数	因皮里尔县	49 126	53 435	69 269	74 705	79 685	83 802	88 150	+79.44%
	洛杉矶县	3 241 204	3 285 550	3 503 898	3 626 939	3 727 679	3 826 371	3 938 056	+21.50%
	橙县	992 781	1 060 027	1 114 139	1 154 986	1 192 753	1 210 528	1 223 612	+23.25%
	河滨县	686 260	730 744	806 556	891 623	959 872	1 018 921	1 067 608	+55.57%
	圣贝纳迪诺县	611 618	647 424	689 363	742 032	787 689	824 655	861 750	+40.90%
	文图拉县	266 920	268 901	283 876	294 814	304 166	309 348	312 918	+17.23%
	合计	5 847 909	6 046 081	6 467 101	6 785 099	7 051 844	7 273 625	7 492 094	+28.12%

* 表示变化率=［（2040 年数值–2010 年数值）/2010 年数值］×100

预测结果还揭示了南加州的种族构成在未来 30 年中将出现显著变化。2010～2040 年，西班牙裔人将从占总人口的 45.3%升高到 52.9%，而非西班牙裔白人将从 33.4%下降到 22.0%；在同一时期，非西班牙裔白人的家庭数将从 260 万户下降至 220 万户，而西班牙裔的家庭户数将从 190 万户升高至 330 万户。如图 27.1 所示，六个县的人口种族构成的变动趋势将存在显著的差异。比如，在洛杉矶县和橙县这两个人口数最大的县，亚裔和其他非西班牙裔人口的增长（其中大多是亚洲人）将很显著，而在因皮里尔县，西班牙裔人占总人口比例将一直是最高的。

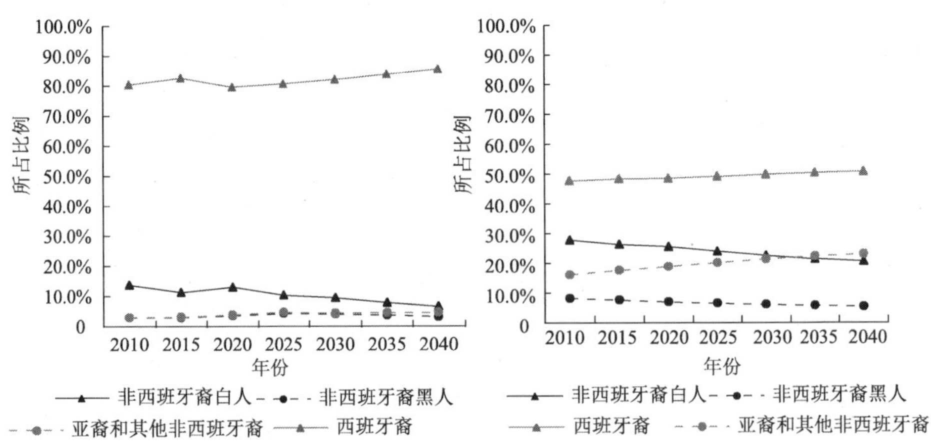

(a) 因皮里尔县　　(b) 洛杉矶县

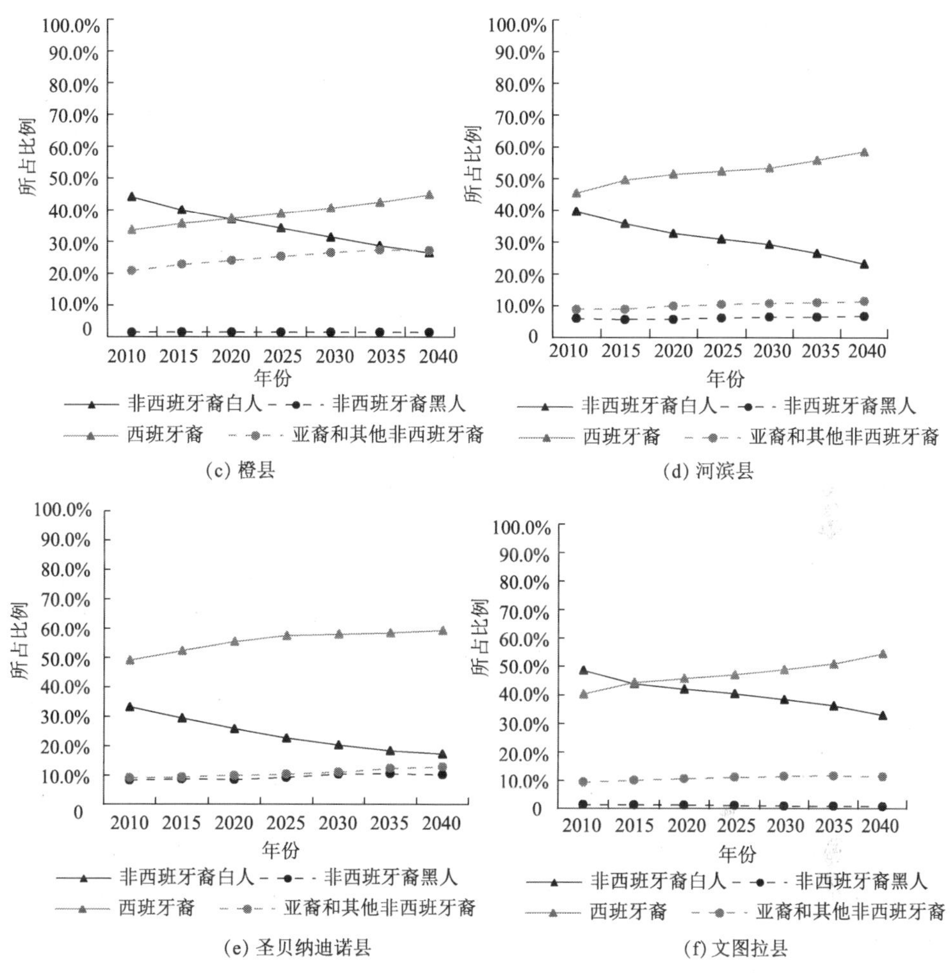

图 27.1　2010~2040 年南加州六个县人口的民族百分比构成

27.4.2　家庭户类型和规模的变动趋势

表 27.4 展示了南加州六个县 2010～2040 年家庭户的规模和类型的变动趋势。这些比较详细的预测内容展示了 ProFamy 方法相比传统的户主率方法的优势。例如，预测结果所揭示的，南加州六个县的家庭户规模将显著缩小，从 2010 年的平均每户 3.01 个成员下降到 2040 年的平均每户 2.88 个成员；同一时期，一人户占全部家庭户比例将从 22.14%升高到 23.99%，结婚父母与子女同住的家庭类型（2010 年比重最高）将从 30.04%降低至 27.41%，同居父母与子女同住的家庭类型将从 2.65%升高到 3.66%，而同居父母不与子女同住的家庭类型将从 2.65%升高到 4.18%（表 27.4）。

表 27.4　2010～2040 年南加州家庭户规模和类型的变动

家庭户规模和类型		2010 年	2015 年	2020 年	2025 年	2030 年	2035 年	2040 年
家庭户规模	1 人户	22.14%	22.70%	23.00%	23.27%	23.60%	23.70%	23.99%
	2 人户	27.09%	25.32%	26.92%	27.72%	27.39%	27.18%	27.53%
	3 人户	16.31%	16.27%	16.51%	16.56%	16.92%	17.30%	17.97%
	4 人户	15.59%	15.00%	14.00%	13.54%	13.49%	13.49%	13.47%
	5 人户	9.16%	9.45%	8.82%	8.50%	8.42%	8.38%	8.18%
	6 人户	4.64%	5.26%	4.97%	4.78%	4.76%	4.75%	4.40%
	7 人户	2.38%	2.81%	2.70%	2.60%	2.63%	2.64%	2.34%
	8 人户	1.42%	1.67%	1.61%	1.57%	1.48%	1.39%	1.15%
	9+人户	1.28%	1.51%	1.47%	1.45%	1.32%	1.18%	0.96%
	合计	100.00%	100.00%	100.00%	100.00%	100.00%	100.00%	100.00%
	平均家庭规模/（人/户）	3.01	3.08	3.01	2.98	2.96	2.95	2.88
家庭户类型	一人户	22.14%	22.70%	23.00%	23.27%	23.60%	23.70%	23.99%
	一人和他人同居户	8.26%	7.86%	8.07%	8.29%	8.02%	7.76%	7.17%
	结婚夫妇无子女同住户	16.94%	16.65%	17.51%	17.26%	16.61%	16.33%	16.19%
	同居伴侣无子女同住户	2.65%	4.17%	4.46%	4.32%	4.21%	4.19%	4.18%
	结婚夫妇有子女同住户	30.04%	29.55%	28.75%	28.19%	27.74%	27.44%	27.41%
	同居伴侣有子女同住户	2.65%	3.42%	3.22%	3.18%	3.39%	3.58%	3.66%
	单亲母亲有子女同住户	11.71%	11.07%	10.53%	10.94%	11.77%	12.33%	12.72%
	单亲父亲有子女同住户	5.62%	4.58%	4.46%	4.55%	4.67%	4.68%	4.68%
	合计	100.00%	100.00%	100.00%	100.00%	100.00%	100.00%	100.00%

我们还进一步考察了分种族的家庭户类型的变化趋势（图 27.2）。2010～2040 年，四个种族相比较，非西班牙裔黑人中的结婚夫妇户比例相对其他种族的结婚

夫妇户比例最低，亚裔和其他非西班牙裔中结婚夫妇户的比例相对其他种族的结婚夫妇户比例最高，而西班牙裔中一人户比例相对其他种族的一人户比例最低。另外，西班牙裔人和非西班牙裔黑人中单亲家庭的比例相对其他种族的单亲家庭比例较高，而非西班牙裔中单亲家庭的比例相对其他种族的单亲家庭比例最低。2010～2040 年，同居家庭的比例在四个种族中都有升高。

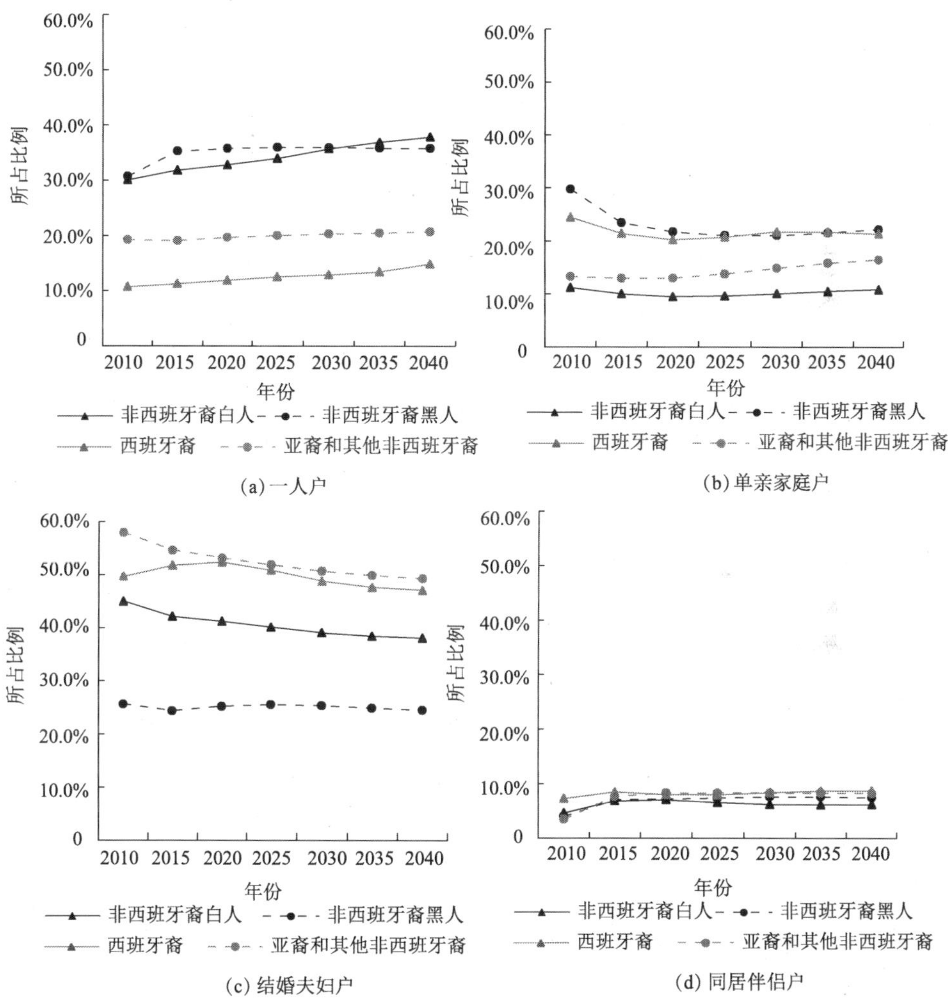

(a) 一人户

(b) 单亲家庭户

(c) 结婚夫妇户

(d) 同居伴侣户

图 27.2　2010-2040 年南加州分种族的家庭户类型百分比分布

27.4.3　人口老龄化和居住安排

南加州家庭人口老龄化的趋势很明显，而在这种情况下，预测老年人的居住安排对于政府的福利政策规划很有价值。根据我们的预测，2010～2040 年，南加州 65+岁老龄人口将增长 90%，从 200 万人上升到 380 万人，而拥有一个 65+岁老年人的家庭户将从 90 万户上升到 170 万户。如表 27.5 所示，2010～2040 年，在老年人居住安排的全部类型中，老年人独居的比例从 26.34%下降到 22.84%；而老年人和子女同住的比例从 27.78%上升到 37.17%。这个趋势背后的主要原因可能是大批西班牙裔人的迁入，这些人的家庭规模往往较大，而且老年父母与子女同居的比例较高。其他老年人居住安排的变动情况也值得注意：同居，无子女同住的比例从 1.20%升高到 4.35%；同居，有子女同住的比例从 0.19%上升到 1.37%；未婚，有子女同住的比例从 0.79%升高到 2.78%；离婚，有子女同住的比例从 2.80%上升到 5.82%。对于老年人的居住安排，我们还进行了分县的预测[结果参见 Feng 等（2020）的附录 2]。

表 27.5　2010～2040 年南加州 65+岁老人分婚姻或同居状态的居住安排百分比分布

项目	2010 年	2015 年	2020 年	2025 年	2030 年	2035 年	2040 年
未婚独居	3.66%	3.06%	3.49%	3.97%	4.24%	4.33%	4.31%
离婚独居	8.06%	7.42%	7.47%	7.66%	7.89%	8.17%	8.46%
丧偶独居	14.62%	13.54%	12.57%	11.60%	10.81%	10.38%	10.07%
独居合计	26.34%	24.02%	23.53%	23.23%	22.94%	22.88%	22.84%
结婚，无子女同住	38.43%	33.82%	32.56%	31.43%	30.25%	29.51%	29.06%
同居，无子女同住	1.20%	2.74%	3.71%	4.08%	4.15%	4.24%	4.35%
仅和配偶或同居伙伴居住合计	39.63%	36.56%	36.27%	35.51%	34.4%	33.75%	33.41%
结婚，有子女同住	14.48%	17.75%	18.45%	19.09%	19.72%	19.98%	20.15%
同居，有子女同住	0.19%	0.80%	1.11%	1.25%	1.33%	1.35%	1.37%
未婚，有子女同住	0.79%	2.12%	2.40%	2.73%	2.96%	2.93%	2.78%
离婚，有子女同住	2.80%	3.90%	4.10%	4.48%	5.02%	5.45%	5.82%
丧偶，有子女同住	9.52%	9.06%	8.31%	7.80%	7.60%	7.35%	7.05%
和子女同住的合计	27.78%	33.63%	34.37%	35.36%	36.63%	37.06%	37.17%
居住在养老机构	2.92%	3.14%	3.12%	3.10%	3.16%	3.27%	3.39%
和除配偶和子女之外的其他人居住	3.33%	2.65%	2.71%	2.80%	2.89%	3.05%	3.20%
总计	100.0%	100.0%	100.0%	100.0%	100.0%	100.0%	100.0%

在老年人居住安排的全部类型中，老年人独居经常是政府最为关注的问题之一，因为这类老年人很可能在老年生活中遇到困难。我们预测了分性别、分婚态或同居状态的老年人居住安排，力图更好地认识这些独居老年人的组成。例如，

在洛杉矶县，丧偶和离婚的妇女将一直是老年独居者中的主要组成部分，而对老年男性独居者而言，丧偶、离婚和未婚的数量在未来 30 年将有显著提高(图 27.3)。

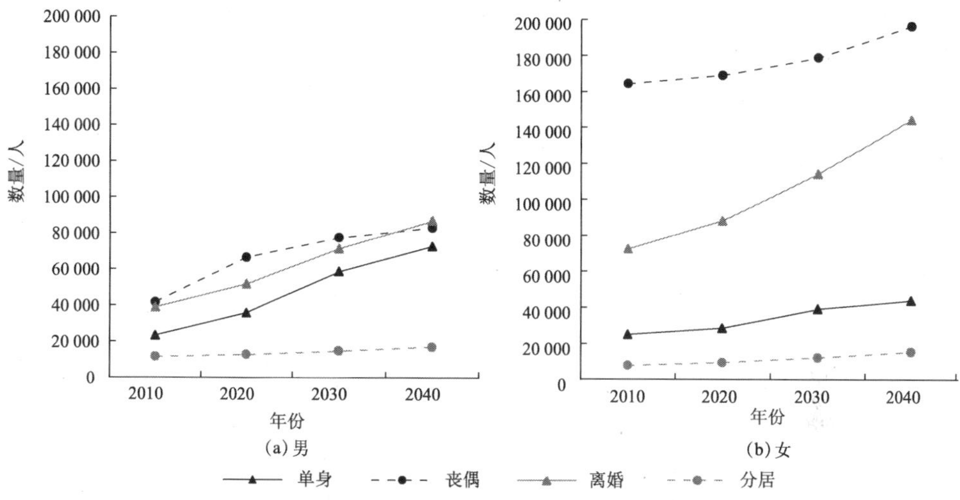

图 27.3　2010~2040 年洛杉矶县分性别分婚态的 65+岁独居老人数量

27.5　讨论和结论

家庭户持续小型化正在对人类社会构成重大挑战，对家庭户未来变迁趋势的研究目前已经引起了广泛关注，而对国家层级以下区域，如县市级的家庭户预测正在成为这个领域的研究重点（Ip and McRae, 1999; Crowley, 2004; Rao, 2003; Egan-Robertson et al.，2008；Zeng et al.，2013a）。本章应用 ProFamy 方法对南加州六个县进行了家庭户和居住安排预测，验证了该方法在县级应用的有效性和可信度。我们对南加州六个县的家庭户规模、类型和居住安排的预测结果体现出了 ProFamy 方法相比户主率方法的优越性。

预测结果显示南加州六个县的家庭户在未来的 30 年间将经历重要的结构转变，如家庭户规模将越来越小及 1 人户和 2 人户将越来越多。这些信息对于地方政府的政策制定和市场的战略规划很有价值，如这些预测可以帮助我们了解这个地区未来房屋、能源和汽车的消费需求（Feng et al.，2011）。一个有趣的发现是，2010～2040 年，南加州地区家庭户数的增幅将显著高于人口数的增幅。这主要是家庭规模减小的结果，而同样的现象在其他国家和地区也被观察到了（Zeng et al.，2013a；Gu et al.，2015）。认识到家庭户增长快于人口增长的事实，可以帮助避免决策和规划中的误区：如果仅仅依赖人口增长来预测未来的能源和其他商品及服务业市场需求，政策制定者和市场分析者可能会犯错误，因为即使人口增长相对较慢甚至转化为负增长，以家庭户为单位的住房和能源消费仍然可能会因为家庭户的增长而快速增加。对老年人居住安排的预测是 ProFamy 方法的另一个特点。我们对分性别、分婚态的独居老人的预测对于地方政府了解这类老年人提供了有价值的信息。居住安排是评估养老需求的基础。通过提供详细的老年人居住安排预测，ProFamy 方法可以有效地帮助地方政府预测养老需求的规模和类型需求，从而提升老龄政策制定的科学性。

我们的研究进一步展示了 ProFamy 方法相比传统户主率方法的优越性。如前所述，ProFamy 方法所预测的丰富的家庭户类别、规模及各年龄组居住安排信息是传统的户主率方法所无法比拟的。对家庭户规模的预测也使 ProFamy 方法在实际应用中可以避免很多错误。比如，Prskawetz 等（2004）发现，传统户主率方法对奥地利的汽车消费将产生严重的高估，这是因为该方法没有考虑家庭户规模。在奥地利，1 人户和 2 人户家庭迅速增长，而这些家庭通常只需一辆汽车，在这种情况下，使用户均家庭汽车拥有量和家庭户总数相乘时，就会因为没有区分家庭户规模而高估未来汽车需求。还有，ProFamy 方法将家庭户与居住安排预测和各种人口事件发生率或风险率相关联，这是传统户主率方法无法做到的。也正因为这样，ProFamy 方法可以量化评估各种人口事件发生率或风险率的改变对未来家庭户和居住安排的影响。

通过对南加州六个县的预测，本章展示了 ProFamy 方法在县级层面的应用，但是目前的研究仍然有所局限。首先，将其他经济因素，如房屋市场因素纳入预测分析可能会增加预测的准确程度，毕竟房屋市场的供给水平也会影响家庭户的形成，而前者会受到经济波动、土地储备和交通基础设施建设等多种因素的影响。我们可以考虑在今后的深入研究中考虑这些因素。其次，仔细分析 ProFamy 方法的预测结果和实际观测值的差异是很有意义的工作，可以帮助我们厘清误差的来源，从而进一步完善预测方法。但由于篇幅所限，这类工作不在本章讨论范围。另外，本章也没有详细讨论预测结果如何受到不同假设综合参数影响的灵敏度分析。关于这方面的讨论，请参见 Zeng 等（2013a）中的相关内容。

第 28 章　家庭结构和居住安排变化对美国老年家庭照料需求/成本的影响[①]

28.1　引　　言

根据人口预测，美国 65 岁及以上的老人数量将在 2050 年将达到 8900 万人，是 2010 年的两倍多（Vincent and Velkoff，2010；见本书第 21、22 章）；这是因为老年人的增长速度远大于总人口的增长速度。80 岁及以上高龄老人数量增长更快，2050 年高龄老人占总人口比例将达到 7.0%，几乎是 2010 年的三倍（U.S. Census Bureau，2008）。而高龄老人是最有可能残障且最需要家庭照料和其他形式长期照料服务的群体。因此，高龄老人的激增将带来残障老人对照料服务（即在吃饭、洗澡、穿衣等日常生活中对老人提供帮助）需求和成本的激增（Congressional Budget Office，2004）。

人口和家庭户老化，伴随着因结婚率下降、家庭规模变小、女性占劳动人口比例增加等带来的非正式照料的不足（Boaz and Muller，1992），对残障老人照料的经济支持和预算的可持续性带来了挑战（Congressional Budget Office，2004）。根据美国国会预算办公室的预测（Congressional Budget Office，2004），2000 年老人长期照料总费用（包括政府和私人的花费，不包括无偿照料）为 1255 亿美元（占 GDP 的 1.3%），即每位残障老人的平均长期照料花费约为 1.5 万美元；预计到 2040 年，长期照料花费将攀升至 3460 亿美元（以 2000 年定值美元计算）。

尽管老年人口数量的增长对未来长期照料费用的影响最大，其他相关因素也发挥了重要的作用。例如，ADL 受损情况的减少可能会减缓老人长期照料费用的增长，而 ADL 受损情况的增多可能加速费用的增长。越来越多的证据表明，美国老年人中 ADL 受损的比例自 20 世纪 90 年代以来逐渐降低，但 ADL 受损的老年人口数量却越来越多（Freedman et al.，2004）。有研究者表示，1910～1980 年，美国残障老人数量每 10 年下降 6%，自 1980 年以来每年下降约 1%（Costa，

① 本章由曾毅教授、王正联研究员、顾大男研究员和杨涵墨博士研究生撰写；作者的工作单位和邮箱地址见第 1 章首页脚注。

2000；Manton et al.，2006）。然而，一些研究表明，这一下降趋势将在未来逆转（Lakdawalla et al.，2003）。相应地，对未来残障老人数量和长期照料费用的预测将会有很大的不确定性。尽管如此，长期照料的费用也很可能大幅上升，因为在生育高峰期出生的一大批人共同步入了老年人的行列，所以即使残障率降低，残障老人数量也会有所上升。另有一些学者认为未来残障率将上升，这样一来，长期照料费用将会更高（Martin et al. 2010）。

在美国 2004 年 1350 亿美元的老人长期照料费用中，有 924 亿美元被用于养老院照料服务，另外 425 亿美元被用于家庭照料（Congressional Budget Office，2004）。2001 年，美国平均每位联邦医疗保险参保人的医疗支出费用是 1 万美元。以往的研究揭示，65 岁及以上老人余生的医疗费用总支出约为 19 000 美元，相当于其一生医疗费用总支出的 60%；绝大部分费用支出发生在高龄阶段（Alemayehu and Warner，2004）。

家庭照料费用在 1990～1995 年增长了 90.7%，在 1999～2004 年增长了 39%；而同期机构照料费用分别增长了 33.4%和 24%（Stallard，2000；Hartman et al.，2008）。显然，家庭照料费用的增速远高于机构照料费用，尤其是对高龄老人而言（Cutler and Meara，1999；Hartman et al.，2008）。Lakdawalla 和 Philipson（2002）表示，男性老人的快速增长将导致机构养老需求的相对减少，因为男性老人可能更偏好于居住在家中由配偶照料。

研究表明，1994 年每位残障老人平均每周能得到 21.6 个小时的家庭照料（Liu et al.，2000）。对于不同的人口、社会经济、居住安排状态而言，家庭照料的需求和成本也有所不同。例如，非裔美国人比美国白人得到的家庭照料更多（Mui and Burnette，1994；Chadiha et al.，1995）。美国长期照护研究（national long term care survey，NLTCS）数据显示，西班牙裔和亚裔美国残障老人得到的家庭照料也比美国白人多（Pinquart and Sörensen，2005；Weiss et al.，2005）。家庭照料成本很有可能取决于不同的居住安排状态（Bass et al.，1992），因为居住安排决定了家庭照料的提供方式（Lawton et al.，1992）。照料成本也与照料服务的可及性、要求，以及地区有关（Kenney and Dubay，1992）。

一些精算研究采用了人口预测与假定的分年龄性别的残障率相结合的方法，而另一些研究则使用了队列与回归相结合的方法来预测未来残障老人的数量及年龄性别分布。例如，Lakdawalla 等（2003）用回归方法预测了居住在养老院的老人数，并将性别、种族、婚姻状态、教育水平、存活子女数量、健康保健措施和疾病等情况纳入了考虑。一些学者根据人口特征，生活行为及其他风险因素，使用包括残障的结构模型来预测未来老人残障状态（Manton et al.，1993）。一些研究试图考察政策项目对未来老人照料费用可能的影响（Heffler et al.，2005）。但是，为了进行这种基于多元回归的预测，研究者首先需要对影响残障状态的多种因素进行预测，但这种预测非常复杂和困难，很有可能导致最终预测的不准确（Lee and Miller，2002）。还有一些学者基于概率人口预测方法和估得的美国联邦医疗保险支出，用随机预测的方法对美国未来联邦医疗保险支出进行了预测（Lee and Miller，2002）。

有学者使用动态微观模拟方法来预测未来残障老人数量和长期照料的使用及照料成本（Kemper et al.，2005；Johnson et al.，2007）。这一方法的基本思路是利用转换概率来模拟每一年、每一队列的事件的发生和状态，从而得到每一个体的生命历程。利用微观模拟方法，只要数据可得，研究者可以纳入任意多的协变量。然而，这一方法的缺点是由于微观模拟需要分年龄、性别、种族等分类比较精细的转换率，所以需要非常大的样本规模。同时，为了与外部人口预测匹配，需要对人口事件发生率或风险率等重要指标进行额外调整（Kemper et al.，2005）。

以往基于美国不同调查数据的多个研究均指出，对于不同的家庭户结构和老年人居住安排而言，家庭照料的需求、使用和成本有明显不同，而且这些相对差异在过去三十年间未发生明显变化（Houser et al.，2010；Kaye et al.，2010；Orsini，2010）。许多实证研究表明，居住安排是影响残障老人家庭照料需求、类型、成本的最主要决定性因素（Breeze et al.，1999；Freedman，1996；Houser et al.，2010；Liu et al.，2000；Morris et al.，1998；Robinson，2007）。因此，预测老人残障状态和家庭照料成本的模型除了基本的人口参数，还需要包括老年人的居住安排状态。然而，如前面文献综述所展示的，过往对美国残障老人照料需求与成本的相关预测研究虽然考虑了年龄和性别变量，有的还考虑了种族差异，但几乎都没有考虑老年人口家庭结构和居住安排状态，其原因可能是缺乏预测家庭户和居住安排状态的可靠方法。为了填补这一空白，本章采用多维家庭人口预测模型来预测家庭户结构和居住安排，结合对分年龄、性别、种族、居住安排的残障率的预测和对每位残障老人的家庭照料成本的预测，对美国 2010～2050 年不同分组的残障老人的家庭照料支出的未来模式及趋势进行预测[①]。第 2～4 章介绍了我们和一些国际同仁对此展开的广泛讨论和实践验证，详述了方法证明，并回顾了发展和利用多维家庭人口预测模型的一些文献。28.2 节将介绍数据来源、估算，以及预测所需参数的假定。28.3 节将介绍预测的结果和讨论。28.4 节总结主要发现，分析本章的贡献和局限，并对未来研究做出展望。

---

① 相比于不需要长期照料的非残障老人，残障老人更可能与子女一起居住。老人的居住安排选择同时取决于年龄、性别、种族、结婚、离婚、同居、子女数量等人口因素。因此，首先，根据可得的人口数据预测老人居住安排；其次，预测老人残障状态的方法是实际且有意义的。

28.2　数据来源、估算与预测参数假定

28.2.1　分年龄性别的人口事件发生率或风险率标准模式和综合参数的估算

利用多维家庭人口预测方法和软件对家庭户和居住安排进行预测，我们需要输入年龄别人口事件发生率或风险率的标准模式，包括分年龄性别的结婚、离婚、同居、终止同居、子女离家、国内迁出的发生率或风险率，国内迁入和国际净迁移频率，以及分年龄、孩次别的婚内生育和非婚生育发生率或风险率。如果像本章研究一样在预测中区分种族，上述的所有标准模式也需要区分种族。同时，我们也需要总和生育率、出生预期寿命、迁移人口数、初婚平均年龄、生育平均年龄，以及一般结婚率、一般离婚率、一般同居率、一般同居终止率等的综合参数（见本章附录表 A28.1）。第 3 章表 3.1 的最后一列中给出了使用多维家庭人口预测模型进行美国家庭户预测的数据来源，本章研究也同样使用这些数据。

在基线年和未来年份分种族、性别的出生预期寿命和分种族、孩次别的总和生育率是根据美国人口普查局人口预测的中方案假定下的数据估得的（U.S. Census Bureau，2008）。国际净迁移人口数是根据 2000～2006 年 ACS 合并数据估得的，假定 2006 年后，迁移人口的参数保持不变。

预测中区分了人口普查局定义的 4 个种族人群（非西班牙裔白人、非西班牙裔黑人、西班牙裔、亚裔和其他非西班牙裔）。美国起始年份和未来年份估算或假定的综合参数见本章附录表 A28.1。

28.2.2　老年残障状态转换和家庭照料成本的估算

我们根据 1999 年的美国 NLTCS 数据①，估得了分年龄、性别、种族、居住安排的残障率和家庭照料成本。美国 NLTCS 数据通过老人吃饭、穿衣、洗澡、室内活动、上厕所、控制大小便这 6 项单独的活动来衡量老人的 ADL 受损情况。按美国 NLTCS 的定义，如果老人在上述六项日常生活自理活动中，有一项或更多项需要他人帮助长达三个月或以上，则被认为是生活自理能力残障。

我们利用美国 NLTCS 和多元回归分析方法估算了美国分年龄、性别、种族、居住安排的残障率和家庭照料成本，结果见本章附录表 A28.2。美国 NLTCS 为 ADL 受损的美国人的家庭照料成本预测提供了充足的数据。事实上，很多政府部门发布的长期照料成本的重要指标都是来源于美国 NLTCS（FIFARS，2000；2004；

① 1999 年美国 NLTCS 数据在筛查阶段的回复率是 88.6%，在详细调查阶段的回复率是 93.2%（http://www.icpsr.umich.edu/web/NACDA/studies/9681[2010-06-21]）。

2008；2010；2012）。NLTCS 搜集了以下数据：①ADL 受损的老年受访者每周需要的家庭照料时长；②ADL 受损的老人每月付给居家有偿服务的照料者的费用。应该注意的是，本章中对残障老人照料的每周平均时长和折合的年工作日数包括有偿服务和无偿服务[①]。本章附录表 A28.2 中展示的估算结果表明，不同居住安排之间的老人残障率和得到的家庭照料时长存在明显差异。独居的老人残障率最低，且获得的家庭照料时长最少，而不与配偶或同居伴侣同住，但与子女和其他人同住的老人残障率最高，且获得的家庭照料时间最多。但是，独居老人对居家有偿照料服务的支出更多。一般而言，残障率、平均每周家庭照料时长，以及平均每月居家有偿照料服务的费用均随着老人的年龄增长（见本章附录表 A28.2）。

以往对美国老年人年龄别残障率趋势的研究结果大多呈下降趋势，也有少数研究发现残障率缓慢上升（Freedman et al.，2004；Freedman et al，2002；Manton et al.，2006）。因此，我们在预测中对未来的残障率变化趋势做了三种不同的方案假定。低残障率方案假定在 2010～2050 年间，年龄别残障率每年下降 1%。中残障率方案假定在 2010～2020 年间，年龄别残障率每年下降 1%，在 2020 年后保持不变。应该注意的是，低方案和中方案均假定年龄别残障率在 2010～2020 年间每年下降 1%，但对 2020 年后的假定有所不同。与前两个方案相反，高残障率方案假定在 2010 年后，年龄别残障率每年上升 0.5%。我们将低、中、高方案的参数与家庭户和居住安排预测中的人口参数中方案假定相结合，对未来家庭照料需求和成本进行预测，在下一节阐述详细的预测结果[②]。

28.3　残障老人及其家庭照料需求成本预测结果

我们的预测结果表明，美国家庭户老化情况十分严重[③]，这也再一次证实了美国人口普查局（Vincent and Velkoff，2010）和社会保障管理局在关于老年及遗保险报告（The Board of Trustees，2012）中指出的人口快速老龄化的趋势。例如，

① 我们不区分有偿服务和无偿照料时间的原因有两个。第一，1999 年 NLTCS 问卷在关于有偿服务和无偿照料时间的两个问题前先单独问了一个总照料时长（不区分有偿无偿）的问题。我们认为总照料时长的数据更可靠，因为另外两个问题中回答“不知道”或拒绝回答的比例更高。第二，如果我们将分年龄、性别、种族、残障状态、居住安排的每位老人得到的照料小时数再分为有偿和无偿两类，一些子样本的规模将过小，估算结果将会不稳定。

② 尽管 Zeng 等（2013a）的预测中有小、中、大家庭规模假定方案，我们在此并不采用类似的假定方案，因为低、中、高残障率假定方案与小、中、大家庭规模假定方案相结合会产生 9 种（=3x3）复合假定方案，我们无法清楚明了地讨论这样复杂的预测结果。

③ 尽管我们在本章中展示了残障老人数量和分年龄、种族、居住安排的家庭照料成本的预测结果的详细图、表，由于篇幅限制，我们在此仅讨论了几个家庭户和居住安排老龄化的综合性指标；详细表格见第 26 章附录 A26.3。

老年家庭户（家庭户代表年龄为 65 岁及以上）占所有家庭户的比例将从 2010 年的 17.6%逐渐上升至 2030 年的 23.5%和 2050 年的 25.3%。相比于 2010 年，2030 年和 2050 年 65 岁及以上独居老人占总人口的比例将分别上升 27.5%和 40.5%。预测结果还表明，2020 年后 80 岁及以上的高龄独居老人数量增长更快。2030 年和 2050 年，高龄独居老人占总人口比例将分别达到 1.77%和 2.41%，即相比于 2010 年、2030 年和 2050 年高龄独居老人比例将分别增加 18%和 61%。例如，下文将要介绍和讨论的人口、家庭户、居住安排的快速老龄化势必将影响残障老人的数量及家庭照料的需求和成本。表 28.1～表 28.3 和图 28.1～图 28.3 详细展示了美国 2010 年、2020 年、2030 年、2040 年、2050 年分年龄、性别、居住安排的残障老人数量、照料时间折合年工作日数、家庭照料现金开支的预测结果。下面，我们概述这些预测年份主要指标的结果。

28.3.1 残障老人尤其是高龄残障老人数的大幅增长

表 28.1 展示了在中残障率假定条件下，按居住安排分的居住在社区的残障老人数量在 2010～2050 年的年增长率、2020 年与 2010 年残障老人数量之比、2030 年与 2020 年残障老人数量之比，以及 2050 年与 2010 年残障老人数量之比。2050 年 65 岁及以上残障老人的数量是 2010 年的 2.2 倍，即在 2010～2050 年每年增长 2.0%。80 岁及以上高龄残障老人数量增长将远高于 65～79 岁较年轻的残障老人数量增长：2050 年高龄残障老人和中低龄残障老人的数量分别为 2010 年的 2.7 和 1.7 倍，在 2010～2050 年的年均增长率分别为 2.4%和 1.4%。

预测结果表明，2020 年后 80 岁及以上高龄残障老人的相对增长将大幅增加，2020 年将较 2010 年增长 1.7%，2030 年将较 2020 年增长 47.6%，2050 年将较 2010 年增长 165.5%[表 28.1（C）]。然而，65～79 岁的中低龄残障老人数量的变化模式与高龄残障老人大不相同。具体而言，中低龄残障老人数量在 2020 年将较 2010 年增长 31.4%，在 2030 年将较 2020 年增长 27.6%，在 2050 年后保持平稳（2040 年与 2030 年相比几乎没有变化，2050 年较 2040 年增长 4.1%）。高龄残障老人数量的增速在 2020～2050 年远高于 2010～2020 年，但中低龄残障老人数量要在 2030 年后才快速增加。这一增长趋势特点的不同主要是因为在 2020～2030 年，二战后生育高峰期出生的庞大人群步入了 65～79 岁中低龄老年阶段；之后，逐渐变为 80 岁及以上的高龄老人。值得注意的是，在 2010 年和 2030 年，80 岁及以上高龄残障老人的数量分别比 65～79 岁中低龄残障老人数量少 2.5%和 12.7%，但是在 2040 年和 2050 年，高龄残障老人将分别比中低龄残障老人多 29.3%和 48.7%（根据表 28.1 估得）。这一现象显然值得政府和社会的高度重视，因为高龄残障老人往往需要更多且更有针对性的照料服务。

表 28.1　2010～2050 年美国按年龄组和居住安排分的残障老人数量和相对增长

各年龄组居住安排		2010 年残障老人数量/人	2020 年残障老人数量/人	2030 年残障老人数量/人	2040 年残障老人数量/人	2050 年残障老人数量/人	2020 年比 2010 年增长	2030 年比 2020 年增长	2050 年比 2010 年增长	2010～2050 年年增长率
（A）65 岁及以上残障老人	两性合计	2 750 660	3 211 179	4 374 511	5 344 072	6 031 669	16.7%	36.2%	119.3%	2.0%
	独居	687 626	728 005	958 124	1 190 786	1 328 057	5.9%	31.6%	93.1%	1.7%
	与配偶、同居伴侣同住，可能与子女或其他人同住	1 379 520	1 707 927	2 343 879	2 718 704	2 983 384	23.8%	37.2%	116.3%	1.9%
	不与配偶、同居伴侣同住，与子女或其他人同住	683 514	775 246	1 072 508	1 434 582	1 720 228	13.4%	38.3%	151.7%	2.3%
	男性合计	1 011 264	1 229 174	1 702 760	2 085 544	2 388 477	21.5%	38.5%	136.2%	2.2%
	独居	161 357	194 352	272 562	348 518	399 536	20.4%	40.2%	147.6%	2.3%
	与配偶、同居伴侣同住，可能与子女或其他人同住	694 668	834 788	1 127 620	1 304 928	1 433 829	20.2%	35.1%	106.4%	1.8%
	不与配偶、同居伴侣同住，与子女或其他人同住	155 239	200 035	302 579	432 099	555 112	28.9%	51.3%	257.6%	3.2%
	女性合计	1 739 395	1 982 005	2 671 751	3 258 528	3 643 192	13.9%	34.8%	109.5%	1.9%
	独居	526 268	533 653	685 562	842 269	928 521	1.4%	28.5%	76.4%	1.4%
	与配偶、同居伴侣同住，可能与子女或其他人同住	684 851	[illegible]73 140	1 216 259	1 413 776	1 549 555	27.5%	39.3%	126.3%	2.0%
	不与配偶、同居伴侣同住，与子女或其他人同住	528 276	575 211	769 929	1 002 483	1 165 116	8.9%	33.9%	120.6%	2.0%

续表

各年龄组居住安排		2010 年残障老人数量/人	2020 年残障老人数量/人	2030 年残障老人数量/人	2040 年残障老人数量/人	2050 年残障老人数量/人	2020 年比 2010 年增长	2030 年比 2020 年增长	2050 年比 2010 年增长	2010～2050 年年增长率
（B）65～79 岁中低龄残障老人	两性合计	1 392 425	1 830 229	2 335 624	2 330 539	2 425 013	31.4%	27.6%	74.2%	1.4%
	独居	228 081	283 523	355 743	341 579	338 857	24.3%	25.5%	48.6%	1.0%
	与配偶、同居伴侣同住，可能与子女或其他人同住	924 135	1 231 772	1 558 229	1 550 078	1 611 159	33.3%	26.5%	74.3%	1.4%
	不与配偶、同居伴侣同住，与子女或其他人同住	240 209	314 934	421 652	438 882	474 997	31.1%	33.9%	97.7%	1.7%
	男性合计	568 494	756 142	968 849	973 717	1 034 090	33.0%	28.1%	81.9%	1.5%
	独居	65 272	90 019	118 898	120 458	128 016	37.9%	32.1%	96.1%	1.7%
	与配偶、同居伴侣同住，可能与子女或其他人同住	443 115	578 062	722 799	709 628	735 041	30.5%	25.0%	65.9%	1.3%
	不与配偶、同居伴侣同住，与子女或其他人同住	60 107	88 061	127 152	143 632	171 032	46.5%	44.4%	184.5%	2.6%
	女性合计	823 930	1 074 088	1 366 776	1 356 822	1 390 924	30.4%	27.2%	68.8%	1.3%
	独居	162 809	193 505	236 845	221 121	210 841	18.9%	22.4%	29.5%	0.7%
	与配偶、同居伴侣同住，可能与子女或其他人同住	481 019	653 711	835 430	840 450	876 118	35.9%	27.8%	82.1%	1.5%
	不与配偶、同居伴侣同住，与子女或其他人同住	180 102	226 872	294 501	295 250	303 965	26.0%	29.8%	68.8%	1.3%

续表

各年龄组居住安排		2010 年残障老人数量/人	2020 年残障老人数量/人	2030 年残障老人数量/人	2040 年残障老人数量/人	2050 年残障老人数量/人	2020 年比 2010 年增长	2030 年比 2020 年增长	2050 年比 2010 年增长	2010～2050 年年增长率
（C）80 岁及以上残障高龄老人	两性合计	1 358 235	1 380 949	2 038 886	3 013 533	3 606 656	1.7%	47.6%	165.5%	2.4%
	独居	459 544	444 482	602 381	849 207	989 200	–3.3%	35.5%	115.3%	1.9%
	与配偶、同居伴侣同住，可能与子女或其他人同住	455 385	476 155	785 650	1 168 626	1 372 225	4.6%	65.0%	201.3%	2.8%
	不与配偶、同居伴侣同住，与子女或其他人同住	443 306	460 312	650 856	995 700	1 245 231	3.8%	41.4%	180.9%	2.6%
	男性合计	442 770	473 032	733 911	1 111 827	1 354 388	6.8%	55.2%	205.9%	2.8%
	独居	96 085	104 333	153 664	228 060	271 520	8.6%	47.3%	182.6%	2.6%
	与配偶、同居伴侣同住，可能与子女或其他人同住	251 553	256 726	404 820	595 300	698 788	2.1%	57.7%	177.8%	2.6%
	不与配偶、同居伴侣同住，与子女或其他人同住	95 132	111 973	175 427	288 467	384 080	17.7%	56.7%	303.7%	3.5%
	女性合计	915 465	907 917	1 304 975	1 901 706	2 252 268	–0.8%	43.7%	146.0%	2.3%
	独居	363 459	340 149	448 717	621 147	717 680	–6.4%	31.9%	97.5%	1.7%
	与配偶、同居伴侣同住，可能与子女或其他人同住	203 832	219 429	380 829	573 326	673 438	7.7%	73.6%	230.4%	3.0%
	不与配偶、同居伴侣同住，与子女或其他人同住	348 173	348 339	475 429	707 233	861 151	0.0%	36.5%	147.3%	2.3%

注：表中数据是基于中残障率假定方案的预测结果

28.3.2　残障老人尤其是高龄残障老人的家庭照料需求/成本大幅增加

在本章研究中，残障老人照料时间从每周的小时数折合成每年的工作日数，每月的照料成本转换成了年度开支。表 28.2 和表 28.3 展示了 65～79 岁、80 岁及以上，以及所有 65 岁及以上残障老人合计的分年龄和居住安排的家庭照料时间折合年工作日数和年现金开支。2050 年，65～79 岁中低龄残障老人的家庭照料时间折合工作日数将较 2010 年增长 85.8%，即在 2010～2050 年每年平均增长 1.6%[表 28.2（B）]。然而，80 岁及以上的高龄残障老人的家庭照料时间折合工作日数将较 2010 年增长 185.3%，即在 2010～2050 年每年增长 2.6%，增长速度显著高于中低龄残障老人[表 28.2（C）]。家庭照料年现金开支的变化趋势与工作日数相似，在 21 世纪上半叶增长几乎翻倍，尤其是高龄残障老人的照料开支（表 28.3）。

我们的预测结果表明，2020 年后，高龄残障老人的家庭照料时间折合工作日数和年现金开支将加速大幅增长，而中低龄残障老人照料时长和成本则保持稳定增长。相比于 2010 年，2020 年高龄残障老人的家庭照料时间折合和现金开支将增长–0.7%～3.7%，而 2030 年比 2020 年的增长将高达 43.9%～50.2%[表 28.2（C）和表 28.3（C）]。但对于中低龄残障老人而言，在 2010～2020 年和 2030～2050 年，家庭照料时间折合年工作日数和年现金开支的增长速度不变，分别在 29.4%～33.1%和 25.7%～29.7%[表 28.2（B）和表 28.3（B）]。显然，相比于 2010～2020 年，2020 年后高龄残障老人家庭照料时间折合工作日数和年现金开支的增长速度将远高于中低龄残障老人。这同样是因为生育高峰期出生的庞大人群步入了老年阶段，很多将在未来几十年内成为高龄老人。这将显著影响残障老人家庭照料成本，尤其是高龄残障老人。

2010～2030 年高龄残障老人家庭照料时间折合工作日数约占所有残障老人家庭照料时间折合工作日数一半左右，这一比例在 2040～2050 年将达到 63%～66%[表 28.2（C）和（A）]。2010～2030 年高龄残障老人家庭照料现金开支约占所有残障老人家庭照料年现金开支的 65%，这一比例将在 2040～2050 年高达 3/4[表 28.3（C）和（A）]。这些预测结果表明，残障老人居家照料服务产业结构将在 2030 年后产生显著变化，高龄残障老人客户的比重将越来越大。这一趋势显然应得到政府部门和商业部门在战略规划上的高度重视。

表 28.2　2010～2050 年美国分年龄和居住安排的残障老人照料时间和相对增长

各年龄组居住安排		2010 年照料时间/周	2020 年照料时间/周	2030 年照料时间/周	2040 年照料时间/周	2050 年照料时间/周	2020 年比 2010 年增长	2030 年比 2020 年增长	2050 年比 2010 年增长	2010～2050 年年增长率
（A）照料 65 岁及以上残障老人	两性合计	1 843 037	2 150 801	3 005 338	3 837 118	4 446 642	16.7%	39.7%	141.3%	2.2%
	独居	262 455	274 394	366 986	477 713	548 026	4.5%	33.7%	108.8%	1.8%
	与配偶、同居伴侣同住，可能与子女或其他人同住	982 754	1 204 076	1 696 530	2 051 028	2 298 594	22.5%	40.9%	133.9%	2.1%
	不与配偶、同居伴侣同住，与子女或其他人同住	597 828	672 331	941 823	1 308 377	1 600 022	12.5%	40.1%	167.6%	2.5%
	男性合计	736 745	891 540	1 260 875	1 601 152	1 876 735	21.0%	41.4%	154.7%	2.3%
	独居	62 165	74 186	105 832	140 906	165 592	19.3%	42.7%	166.4%	2.5%
	与配偶、同居伴侣同住，可能与子女或其他人同住	533 866	637 026	878 958	1 053 748	1 180 194	19.3%	38.0%	121.1%	2.0%
	不与配偶、同居伴侣同住，与子女或其他人同住	140 714	180 328	276 085	406 498	530 949	28.2%	53.1%	277.3%	3.3%
	女性合计	1 106 292	1 259 262	1 744 463	2 235 966	2 569 908	13.8%	38.5%	132.3%	2.1%
	独居	200 290	200 208	261 153	336 807	382 434	0.0%	30.4%	90.9%	1.6%
	与配偶、同居伴侣同住，可能与子女或其他人同住	448 888	567 050	817 572	997 279	1 118 400	26.3%	44.2%	149.1%	2.3%
	不与配偶、同居伴侣同住，与子女或其他人同住	457 114	492 004	665 738	901 880	1 069 073	7.6%	35.3%	133.9%	2.1%

续表

各年龄组居住安排		2010 年照料时间/周	2020 年照料时间/周	2030 年照料时间/周	2040 年照料时间/周	2050 年照料时间/周	2020 年比 2010 年增长	2030 年比 2020 年增长	2050 年比 2010 年增长	2010～2050 年年增长率
（B）照料 65～79 岁中低龄残障老人	两性合计	815 694	1 085 718	1 405 159	1 430 487	1 515 316	33.1%	29.4%	85.8%	1.6%
	独居	63 044	79 290	100 922	98 749	99 947	25.8%	27.3%	58.5%	1.2%
	与配偶、同居伴侣同住，可能与子女或其他人同住	587 795	788 027	1 007 774	1 018 058	1 070 704	34.1%	27.9%	82.2%	1.5%
	不与配偶、同居伴侣同住，与子女或其他人同住	164 855	218 401	296 463	313 680	344 665	32.5%	35.7%	109.1%	1.8%
	男性合计	376 735	503 573	652 052	666 159	717 260	33.7%	29.5%	90.4%	1.6%
	独居	20 719	28 714	38 425	39 657	42 892	38.6%	33.8%	107.0%	1.8%
	与配偶、同居伴侣同住，可能与子女或其他人同住	309 375	406 202	513 391	511 713	536 166	31.3%	26.4%	73.3%	1.4%
	不与配偶、同居伴侣同住，与子女或其他人同住	46 641	68 656	100 236	114 790	138 202	47.2%	46.0%	196.3%	2.7%
	女性合计	438 959	582 145	753 107	764 327	798 057	32.6%	29.4%	81.8%	1.5%
	独居	42 325	50 576	62 497	59 092	57 055	19.5%	23.6%	34.8%	0.8%
	与配偶、同居伴侣同住，可能与子女或其他人同住	278 420	381 825	494 383	506 346	534 538	37.1%	29.5%	92.0%	1.6%
	不与配偶、同居伴侣同住，与子女或其他人同住	118 213	149 744	196 227	198 890	206 464	26.7%	31.0%	74.7%	1.4%

续表

各年龄组居住安排		2010年照料时间/周	2020年照料时间/周	2030年照料时间/周	2040年照料时间/周	2050年照料时间/周	2020年比2010年增长	2030年比2020年增长	2050年比2010年增长	2010～2050年年增长率
(C)照料80岁及以上高龄残障老人	两性合计	1 027 344	1 065 084	1 600 179	2 406 632	2 931 326	3.7%	50.2%	185.3%	2.6%
	独居	199 411	195 104	266 064	378 965	448 080	⊠2.2%	36.4%	124.7%	2.0%
	与配偶、同居伴侣同住，可能与子女或其他人同住	394 959	416 049	688 755	1 032 969	1 227 890	5.3%	65.5%	210.9%	2.8%
	不与配偶、同居伴侣同住，与子女或其他人同住	432 974	453 931	645 360	994 698	1 255 357	4.8%	42.2%	189.9%	2.7%
	男性合计	360 010	387 967	608 823	934 993	1 159 475	7.8%	56.9%	222.1%	2.9%
	独居	41 446	45 472	67 408	101 250	122 701	9.7%	48.2%	196.1%	2.7%
	与配偶、同居伴侣同住，可能与子女或其他人同住	224 492	230 824	365 566	542 036	644 027	2.8%	58.4%	186.9%	2.6%
	不与配偶、同居伴侣同住，与子女或其他人同住	94 073	111 672	175 848	291 707	392 747	18.7%	57.5%	317.5%	3.6%
	女性合计	667 334	677 116	991 356	1 471 638	1 771 851	1.5%	46.4%	165.5%	2.4%
	独居	157 965	149 632	198 656	277 715	325 379	⊠5.3%	32.8%	106.0%	1.8%
	与配偶、同居伴侣同住，可能与子女或其他人同住	170 467	185 225	323 189	490 933	583 862	8.7%	74.5%	242.5%	3.1%
	不与配偶、同居伴侣同住，与子女或其他人同住	338 901	342 259	469 511	702 990	862 610	1.0%	37.2%	154.5%	2.3%

注：表中数据是基于中残障率假定方案的预测结果

表 28.3　2010～2050 年美国分年龄和居住安排的残障老人家庭照料现金开支和相对增长

各年龄组居住安排		2010 年家庭照料年现金开支/美元	2020 年家庭照料年现金开支/美元	2030 年家庭照料年现金开支/美元	2040 年家庭照料年现金开支/美元	2050 年家庭照料年现金开支/美元	2020 年比 2010 年增长	2030 年比 2020 年增长	2050 年比 2010 年增长	2010~2050 年年增长率
（A）照料 65 岁及以上残障老人	两性合计	654 800	714 700	978 500	1 255 000	1 419 900	9.1%	36.9%	116.8%	1.9%
	独居	237 500	241 800	318 900	409 100	456 800	1.8%	31.9%	92.3%	1.6%
	与配偶、同居伴侣同住，可能与子女或其他人同住	229 800	273 100	386 800	468 500	512 900	18.8%	41.6%	123.2%	2.0%
	不与配偶、同居伴侣同住，与子女或其他人同住	187 600	199 700	272 800	377 400	450 200	6.4%	36.6%	140.0%	2.2%
	男性合计	171 000	200 000	282 700	366 800	423 600	17.0%	41.4%	147.7%	2.3%
	独居	56 700	65 900	92 800	122 000	139 100	16.2%	40.8%	145.3%	2.2%
	与配偶、同居伴侣同住，可能与子女或其他人同住	81 400	93 600	128 800	155 000	170 200	15.0%	37.6%	109.1%	1.8%
	不与配偶、同居伴侣同住，与子女或其他人同住	32 800	40 500	61 100	89 700	114 300	23.5%	50.9%	248.5%	3.1%
	女性合计	483 900	514 700	695 800	888 200	996 300	6.4%	35.2%	105.9%	1.8%
	独居	180 800	175 900	226 100	287 100	317 700	–2.7%	28.5%	75.7%	1.4%
	与配偶、同居伴侣同住，可能与子女或其他人同住	148 400	179 600	258 000	313 500	342 700	21.0%	43.7%	130.9%	2.1%
	不与配偶、同居伴侣同住，与子女或其他人同住	154 700	159 200	211 700	287 600	335 900	2.9%	33.0%	117.1%	1.9%

续表

各年龄组居住安排		2010 年家庭照料年现金开支/美元	2020 年家庭照料年现金开支/美元	2030 年家庭照料年现金开支/美元	2040 年家庭照料年现金开支/美元	2050 年家庭照料年现金开支/美元	2020 年比 2010 年增长	2030 年比 2020 年增长	2050 年比 2010 年增长	2010~2050 年年增长率
（B）照料 65～79 岁较中低龄残障老人	两性合计	211 400	274 200	344 600	336 200	342 500	29.7%	25.7%	62.0%	1.2%
	独居	51 600	64 000	79 500	75 300	73 700	24.0%	24.2%	42.8%	0.9%
	与配偶、同居伴侣同住，可能与子女或其他人同住	122 000	161 400	201 300	196 200	200 500	32.3%	24.7%	64.3%	1.2%
	不与配偶、同居伴侣同住，与子女或其他人同住	37 800	48 800	63 900	64 800	68 400	29.1%	30.9%	81.0%	1.5%
	男性合计	66 100	88 100	112 400	111 500	117 100	33.3%	27.6%	77.2%	1.4%
	独居	16 800	23 000	29 900	29 700	31 000	36.9%	30.0%	84.5%	1.5%
	与配偶、同居伴侣同住，可能与子女或其他人同住	40 900	52 800	65 100	62 700	64 000	29.1%	23.3%	56.5%	1.1%
	不与配偶、同居伴侣同住，与子女或其他人同住	8 500	12 300	17 400	19 100	22 200	44.7%	41.5%	161.2%	2.4%
	女性合计	145 300	186 100	232 300	224 700	225 400	28.1%	24.8%	55.1%	1.1%
	独居	34 800	41 000	49 600	45 600	42 700	17.8%	21.0%	22.7%	0.5%
	与配偶、同居伴侣同住，可能与子女或其他人同住	81 100	108 500	136 200	133 500	136 500	33.8%	25.5%	68.3%	1.3%
	不与配偶、同居伴侣同住，与子女或其他人同住	29 400	36 500	46 500	45 700	46 200	24.1%	27.4%	57.1%	1.1%

续表

各年龄组居住安排		2010 年家庭照料年现金开支/美元	2020 年家庭照料年现金开支/美元	2030 年家庭照料年现金开支/美元	2040 年家庭照料年现金开支/美元	2050 年家庭照料年现金开支/美元	2020 年比 2010 年增长	2030 年比 2020 年增长	2050 年比 2010 年增长	2010~2050 年年增长率
（C）照料 80 岁及以上高龄残障老人	两性合计	443 400	440 500	633 900	918 700	1 077 400	–0.7%	43.9%	143.0%	2.2%
	独居	185 900	177 800	239 400	333 800	383 100	–4.4%	34.6%	106.1%	1.8%
	与配偶、同居伴侣同住，可能与子女或其他人同住	107 800	111 800	185 500	272 300	312 400	3.7%	65.9%	189.8%	2.7%
	不与配偶、同居伴侣同住，与子女或其他人同住	149 700	150 900	209 000	312 600	381 900	0.8%	38.5%	155.1%	2.3%
	男性合计	104 800	111 900	170 300	255 200	306 500	6.8%	52.2%	192.5%	2.7%
	独居	39 900	42 900	62 900	92 300	108 200	7.5%	46.6%	171.2%	2.5%
	与配偶、同居伴侣同住，可能与子女或其他人同住	40 500	40 800	63 700	92 300	106 200	0.7%	56.1%	162.2%	2.4%
	不与配偶、同居伴侣同住，与子女或其他人同住	24 400	28 200	43 800	70 600	92 100	15.6%	55.3%	277.5%	3.3%
	女性合计	338 600	328 600	463 500	663 500	770 900	–3.0%	41.1%	127.7%	2.1%
	独居	146 000	134 900	176 500	241 500	275 000	–7.6%	30.8%	88.4%	1.6%
	与配偶、同居伴侣同住，可能与子女或其他人同住	67 300	71 000	121 800	180 000	206 300	5.5%	71.5%	206.5%	2.8%
	不与配偶、同居伴侣同住，与子女或其他人同住	125 300	122 700	165 200	241 900	289 700	–2.1%	34.6%	131.2%	2.1%

注：表中数据是基于中残障率假定方案的预测结果

28.3.3　性别差异

21 世纪上半叶与子女或其他人同住（但不与配偶、同居伴侣同住）的男性残障老人每年将增加约 3.2%，远高于与配偶、同居伴侣同住，可能与子女或其他人同住的男性残障老人的增长率（1.8%）（表 28.1（A）最后一列）；中低龄残障老人和高龄残障老人数量的增长模式相似。然而，女性残障老人的增长率没有类似的差异。男性残障老人的变化趋势可被理解为发生在美国和其他许多发达国家的第二次人口转变的结果，更高的离婚率和更低的结婚率是第二次人口转变的基本特征（van de Kaa，2008）。在 21 世纪上半叶的人口快速老化过程中，离婚率较低且结婚率较高的老一代队列群体将逐渐被离婚率较高且结婚率较低的年轻一代队列群体所替代。这一队列替代的过程可能会导致男性老人数量越来越多，因为他们通常在没有配偶、同居伴侣的情况下也有足够的收入来支持自己的生活，在残障后再与子女或其他人同住。因此，不与配偶、同居伴侣同住的男性残障老人数量的年增长率要高于与配偶、同居伴侣同住的男性残障老人。离婚或丧偶的女性老人更有可能在经济上依赖他人，与另一位男性同居或结婚；因此，残障女性的居住安排与男性有所不同。

如表 28.2 和表 28.3 的最后一列所示，与子女或其他人同住（但不与配偶、同居伴侣同住）的男性残障老人的家庭照料时间和年现金开支的年增长率将远高于与配偶、同居伴侣同住，可能与子女或其他人同住的男性残障老人。这也许是上述第二次人口转变和队列替代的结果，也可能因为是不与配偶、同居伴侣同住的男性残障老人的人均家庭照料成本比与配偶、同居伴侣同住的男性残障老人更高。

表 28.4 展示了残障老人数量、家庭照料时间及年现金开支的男女比（下文简写为性别比）。残障老人、独居残障老人，以及与子女或其他人同住但不与配偶、同居伴侣同住的残障老人的性别比都远低于 1，在接下来的 40 年中将呈上升趋势。这一趋势与以往的研究发现一致，即通常女性老人，特别是残障女性老人数量较多，但未来男性老人的数量增长相对较快（Lakdawalla and Philipson，2002）。

值得注意的是，与表 28.4 中的其他显著小于 1 且逐渐增长的性别比不同，与配偶、同居伴侣同住，可能与子女或其他人同住的残障老人数量和家庭照料时间的性别比接近或大于 1，且在 2010～2030 年有缓慢下降趋势，在 2030 年后保持不变。这些数据再一次证实，一般来说，与配偶、同居伴侣同住，可能与子女或其他人同住的男性老人比例高于女性老人（Zeng et al.，2013a），但因为上述的第二次人口转变和队列替换的原因，这一性别差异将会在未来逐渐改变。

表 28.4　残障老人数和家庭照料年现金开支及家属不付费年工作日数的性别比

性别比		所有 65 岁及以上残障老人合计					65～79 岁中低龄残障老人					80 岁及以上高龄残障老人				
		2010 年	2020 年	2030 年	2040 年	2050 年	2010 年	2020 年	2030 年	2040 年	2050 年	2010 年	2020 年	2030 年	2040 年	2050 年
残障老人数量的性别比	合计	0.58	0.62	0.64	0.64	0.66	0.69	0.70	0.71	0.72	0.74	0.48	0.52	0.56	0.58	0.60
	独居	0.31	0.36	0.40	0.41	0.43	0.40	0.47	0.50	0.54	0.61	0.26	0.31	0.34	0.37	0.38
	与配偶、同居伴侣同住，可能与子女或其他人同住	1.01	0.96	0.93	0.92	0.93	0.92	0.88	0.87	0.84	0.84	1.23	1.17	1.06	1.04	1.04
	不与配偶、同居伴侣同住，与子女或其他人同住	0.29	0.35	0.39	0.43	0.48	0.33	0.39	0.43	0.49	0.56	0.27	0.32	0.37	0.41	0.45
年工作日数的性别比	合计	0.67	0.71	0.72	0.72	0.73	0.86	0.87	0.87	0.87	0.90	0.54	0.57	0.61	0.64	0.65
	独居	0.31	0.37	0.41	0.42	0.43	0.49	0.57	0.61	0.67	0.75	0.26	0.30	0.34	0.36	0.38
	与配偶、同居伴侣同住，可能与子女或其他人同住	1.19	1.12	1.08	1.06	1.06	1.11	1.06	1.04	1.01	1.00	1.32	1.25	1.13	1.10	1.10
	不与配偶、同居伴侣同住，与子女或其他人同住	0.31	0.37	0.41	0.45	0.50	0.39	0.46	0.51	0.58	0.67	0.28	0.33	0.37	0.41	0.46
年现金开支的性别比	合计	0.35	0.39	0.41	0.41	0.43	0.45	0.47	0.48	0.50	0.52	0.31	0.34	0.37	0.38	0.40
	独居	0.31	0.37	0.41	0.42	0.44	0.48	0.56	0.60	0.65	0.73	0.27	0.32	0.36	0.38	0.39
	与配偶、同居伴侣同住，可能与子女或其他人同住	0.55	0.52	0.50	0.49	0.50	0.50	0.49	0.48	0.47	0.47	0.60	0.57	0.52	0.51	0.51
	不与配偶、同居伴侣同住，与子女或其他人同住	0.21	0.25	0.29	0.31	0.34	0.29	0.34	0.37	0.42	0.48	0.19	0.23	0.27	0.29	0.32

28.3.4　种族差异

我们的估算和预测表明，残障率和家庭照料成本的种族差异是显而易见的。本章附录表 A28.2 展示的估算结果指出，非西班牙裔黑人的残障率远高于其他三个种族群体；非西班牙裔白人得到的家庭照料时长较少，但他们的每月人均照料支出是最高的；亚裔和其他非西班牙裔老人的残障率和每月人均照料支出都是最低的。

图 28.1 表明，尽管不同种族的残障老人的绝对增长数量有所不同，但种族差异的一般模式仍然相同：非西班牙裔白人的年增长率最低，其次是非西班牙裔黑人，西班牙裔的年增长率最高。

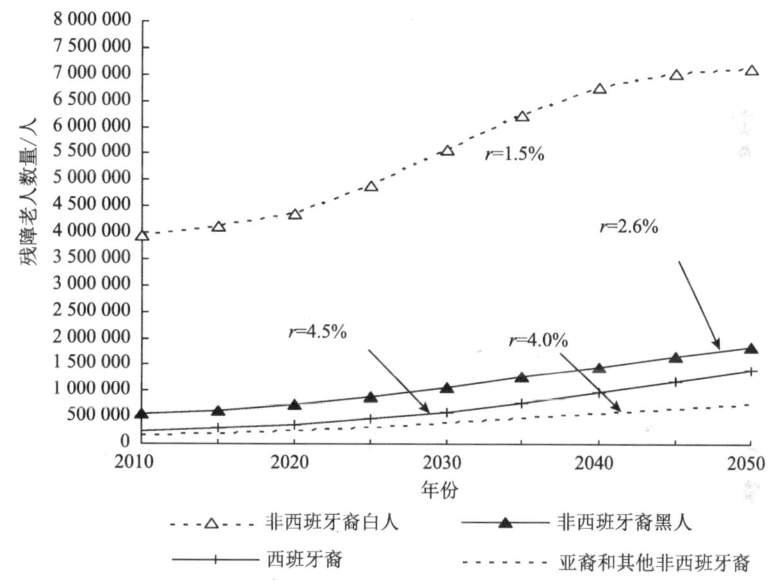

图 28.1　2010～2050 年美国中方案分种族 65 岁及以上残障老人数量和年增长率

预测结果还表明（未在图、表中展示），残障老人家庭照料年现金开支增长的种族差异与残障老人数量的差异相似。因为非西班牙裔黑人、西班牙裔及亚裔和其他非西班牙裔种族群体每周得到的人均居家有偿服务时间远多于非西班牙裔白人（见本章附录表 A28.2），所以他们需要的家庭照料时间的增长将远快于非西班牙裔白人。

28.3.5　家庭照料成本的高、中、低方案预测结果分析

目前，上文介绍和讨论的预测结果均基于中残障率假定方案。图 28.2 和图 28.3 展示了分别基于上文所述的低、高残障率假定方案（28.2.2 节）得到的残障老人家庭照料时间和现金成本的区间。相比于中方案假定下的 2050 年残障老人家庭照料

时间，低方案假定下估得的结果将低 25.1%，而高方案假定下估得的结果将高出 47.4%（图 28.2）。相比于中方案下的 2050 年残障老人家庭照料年现金支出，低方案下估得的结果将低 25.3%，而高方案下估得的结果将高出 47.0%（图 28.3）。

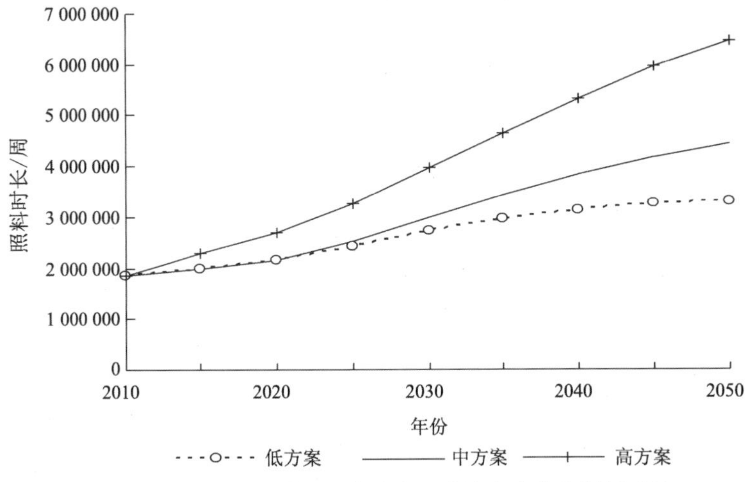

图 28.2　2010~2050 年 65 岁及以上残障老人家庭照料时长

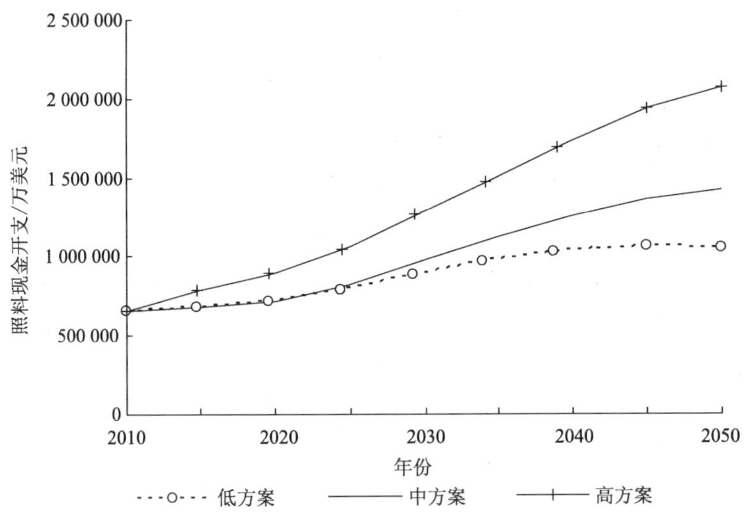

图 28.3　2010~2050 年 65 岁及以上残障老人家庭照料现金开支

28.4　小结和相关思考

基于从人口普查微观数据和 NLTCS 数据，利用多维家庭人口预测方法，我们展示了预测的美国 2010～2050 年分年龄、性别、种族、居住安排的 ADL 残障的老人数量，以及老年人家庭照料的工作时间和家庭照料现金开支。我们结合家庭人口和老年居住安排预测的中方案假定，以及对未来残障率不同模式的假定，估得了高、中、低三种残障率变化趋势。预测结果表明，人口和家庭户老化将导致残障老人数量在 2020 年后加速增长，其中 80 岁及以上的高龄残障老人增长速度将远高于 65～79 岁中低龄残障老人；在 2030 年后，高龄残障老人的数量将超过中低龄残障老人。残障老人照料时间和家庭照料现金开支的增长将在 2020 年后大幅加速，尤其是高龄残障老人。高龄残障老人家庭照料花费将在 2030 年后逐渐成为残障老人家庭照料成本的主要组成部分。尽管不同种族的一般变化趋势非常相似，我们的预测也发现了明显的种族差异。

显然，残障老人（尤其是高龄残障老人）的数量和家庭照料成本将在未来几十年内呈现显著增长的趋势，因此有必要实施新举措以发展更多家庭照料项目。这些新项目尤其应该注意 80 岁及以上高龄残障老人的家庭照料需求或成本，因为相比于 65～79 岁的中低龄残障老人，高龄残障老人的数量增长将明显更快，服务需求或成本也明显更大。

在低、中、高残障率假定方案下的预测结果表明，推迟残障发生的年龄可以大幅减少老人的家庭照料需求和成本。这不仅缓解联邦和州政府的长期照料预算紧张，更可为数百万残障老人的家庭节省长期家庭照料开支。既然人口寿命延长和老年人（尤其是高龄老人）数量快速增长的趋势已不可避免，我们是否能够实现低死亡率假定方案下的残障疾病期缩减理论（Fries，1980）或至少实现中死亡率假定方案下的动态平衡理论（Manton，1982），从而避免高死亡率假定方案下的残障疾病期延长理论（Gruenberg，1977）为什么一些人可以健康活到老，而另一些人则要忍受严重的残障和疾病的困扰？目前，这些关键问题还没有得到解答，而这些问题的答案不仅牵涉到联邦政府和州政府财政支持的可持续性，更关系着所有老年人乃至全社会的生活质量。因此，社会急需科研人员和资助机构对社会、个人行为、基因等因素及其交互作用对健康老龄化产生的影响加以重视，通过跨学科研究，逐步开展更多更有效的干预项目，从而提升老年人的健康。

相较于过去未包含居住安排的研究，本章关于老人居住安排和老人残障状态、残障老人照料时间和家庭照料现金开支的预测研究提供了更实际、更详细的信息。我们分居住安排的详细预测结果对政府政策分析、未来公共服务战略规划，以及私营企业潜在市场研究都非常有用。

同时，本章也存在局限性。其一，由于篇幅限制，我们在本章中只介绍了分年龄（高龄老人和中低龄老人）、性别、种族，以及主要居住方式的一般趋势和模式。但我们也得到了不仅是美国全国，还包括加利福尼亚州、佛罗里达州、北卡罗来纳州，以及明尼苏达州的分 5 岁年龄组、婚姻状态、详细居住安排的残障老人数量、照料时间及家庭照料现金开支的预测输出结果①。但是，由于篇幅限制，我们未能对美国全国和这 4 个州的详细预测结果分别展开全面深入分析，有待深化研究。

其二，长期照料支出受到来自包括人口、经济、社会、政治等各方面的影响。本章应用家庭人口预测分析来探究家庭户和居住安排的变化将如何对未来美国残障老人家庭照料成本产生影响，但并未包括其他未来长期照料支出的重要因素，如收入和服务价格的变化。如文献回顾所述，在预测模型中纳入收入和服务价格需要先对这些微观经济变量进行预测，而这种预测非常复杂和困难，更有可能增加最终预测的不准确（Lee and Miller，2002）。另外，本章研究的重点是人口和残障率的变化对家庭照料成本的影响，而不包括复杂的微观经济变量能实现这一研究目的。当然，未来的更深化分析应同时考虑收入和服务价格的影响。

其三，我们在本章分析中并未考虑养老院照料成本，主要原因是 NLTCS 研究数据中没有足够大的子样本数据来估算分年龄、性别、种族、残障状态的入院和出院的转换率。由于目前关于家庭照料成本的文献研究较少，我们的研究在相关方面迈出了第一步。显然，养老院照料成本对长期照料支出的研究而言非常重要，值得在未来的研究中进一步探索。更深入的研究也应估算家庭照料和养老院照料的成本效益影响。例如，相比于养老院照料，家庭照料是否能在满足残障老人需求的同时节省开支？如果答案为肯定，预测所得的居住安排变化趋势代表着能在何种程度上节省开支？类似的深入研究对制定相关政策而言非常有实用价值。

其四，未来的深入研究还可以探究在残障老人家庭照料成本增长中，有多少是由于寿命的延长？有多少是由于寿命和服务使用的性别差异？有多少是由于离婚、再婚、生育等其他原因？辨识造成家庭照料成本增长的不同外部因素有助于进行更有针对性的干预。

其五，如其他章节在预测应用方面已经说明的，我们再一次强调，对未来 20 年及以内的预测可以用于商业和政府制订规划,但对未来 20 年以后的预测不确定性较大，只能用于模拟分析参考。因此，本章对 2030 年后的预测结果也仅作为模拟分析参考。这种模拟结果可以回答学术和政策分析关于未来相关家庭人口综合参数和残障率的变化趋势对残障老人家庭照料需求或成本模式的影响，但不能被视为对未来的准确预测。

① 利用多维家庭人口预测模型和相关软件，可以得到大量详细的每一年分种族、性别、年龄、婚姻状态、一起居住子女数、是否与父母一起居住的家庭户状态和居住安排的输出结果（Zeng et al.，2006 表 2）。

本 章 附 录

表 A28.1　预测起始年份和未来年份综合参数的估算和假定

综合参数	非西班牙裔白人			非西班牙裔黑人			西班牙裔			亚裔和其他非西班牙裔		
	2010 年	2025 年	2050 年	2010 年	2025 年	2050 年	2010 年	2025 年	2050 年	2010 年	2025 年	2050 年
男性期望寿命/岁	75.3	76.3	77.5	68.8	70.1	73.6	77.4	78.4	79.3	77.2	77.4	78.3
女性期望寿命/岁	80.4	81.1	82.1	75.8	77.1	80.0	82.9	83.7	84.4	80.5	81.4	83.3
总和生育率	1.86	1.90	1.89	2.02	1.91	1.88	2.65	2.53	2.29	1.86	1.90	1.89
1 孩总和生育率	0.82	0.86	0.86	0.84	0.82	0.84	0.95	0.95	0.95	0.88	0.95	0.95
2 孩总和生育率	0.61	0.61	0.60	0.68	0.63	0.60	0.88	0.81	0.69	0.57	0.55	0.55
3 孩总和生育率	0.29	0.29	0.28	0.28	0.26	0.25	0.47	0.43	0.37	0.27	0.26	0.26
4 孩总和生育率	0.10	0.10	0.10	0.13	0.12	0.11	0.21	0.20	0.17	0.10	0.09	0.09
5+孩总和生育率	0.05	0.05	0.05	0.09	0.08	0.08	0.14	0.13	0.11	0.05	0.04	0.04
一般结婚率	0.05	0.05	0.05	0.02	0.02	0.02	0.05	0.05	0.05	0.05	0.05	0.05
一般离婚率	0.02	0.03	0.03	0.02	0.02	0.02	0.02	0.02	0.02	0.02	0.02	0.02
一般同居率	0.09	0.10	0.10	0.07	0.08	0.08	0.09	0.09	0.10	0.10	0.10	0.10
一般同居终止率	0.26	0.26	0.26	0.32	0.32	0.32	0.19	0.19	0.29	0.29	0.29	0.29
男性初婚年龄/岁	28.0	29.00	29.00	31.0	32.15	32.15	27.9	28.50	28.50	31.6	32.80	32.80
女性初婚年龄/岁	26.5	27.8	27.8	30.4	32.1	32.1	27.0	28.1	28.1	29.8	31.2	31.2
平均生育年龄/岁	28.7	29.8	29.8	25.5	25.9	25.9	26.0	26.2	26.2	29.1	29.9	29.9
平均生育年龄/岁	29.2	30.3	30.3	25.9	26.3	26.3	26.4	26.7	26.7	29.6	30.4	30.4

表 A28.2　基于美国 NLTCS 数据的按年龄、性别、种族和居住安排分的老年残障率及照料现金成本和照料小时数的估算结果

项目			男性					女性				
			65～69岁	70～74岁	75～79岁	80～84岁	85+岁	65～69岁	70～74岁	75～79岁	80～84岁	85+岁
老年残障率	独居	非西班牙裔白人	2.31%	2.54%	3.84%	6.12%	11.13%	2.65%	3.32%	4.87%	7.90%	15.26%
		非西班牙裔黑人	3.93%	4.33%	6.48%	10.16%	17.92%	4.51%	5.62%	8.15%	12.91%	23.88%
		西班牙裔	2.19%	2.41%	3.64%	5.81%	10.59%	2.51%	3.14%	4.62%	7.50%	14.55%
		亚裔和其他非西班牙裔	1.94%	2.13%	3.23%	5.17%	9.47%	2.23%	2.79%	4.10%	6.69%	13.07%

续表

项目			男性					女性				
			65～69岁	70～74岁	75～79岁	80～84岁	85+岁	65～69岁	70～74岁	75～79岁	80～84岁	85+岁
老年残障率	与配偶、同居伴侣同住，可能与子女或其他人同住	非西班牙裔白人	4.32%	4.76%	7.11%	11.10%	19.44%	4.95%	6.17%	8.92%	14.06%	25.74%
		非西班牙裔黑人	7.28%	8.00%	11.75%	17.84%	29.73%	8.29%	10.25%	14.53%	22.03%	37.79%
		西班牙裔	4.10%	4.51%	6.74%	10.56%	18.57%	4.70%	5.85%	8.48%	13.40%	24.68%
		亚裔和其他非西班牙裔	3.64%	4.00%	6.00%	9.44%	16.74%	4.17%	5.20%	7.56%	12.03%	22.42%
	不与配偶、同居伴侣同住，与子女或其他人同住	非西班牙裔白人	6.14%	6.75%	9.98%	15.31%	25.99%	7.01%	8.69%	12.41%	19.09%	33.52%
		非西班牙裔黑人	10.21%	11.20%	16.21%	23.96%	38.26%	11.57%	14.22%	19.76%	28.95%	47.06%
		西班牙裔	5.82%	6.40%	9.48%	14.60%	24.91%	6.65%	8.25%	11.81%	18.25%	32.27%
		亚裔和其他非西班牙裔	5.18%	5.69%	8.46%	13.11%	22.61%	5.92%	7.36%	10.58%	16.48%	29.57%
残障老人每周的家庭照料时数/小时	独居	非西班牙裔白人	9.95	11.36	12.43	14.57	17.27	7.99	9.20	10.71	12.01	21.21
		非西班牙裔黑人	13.31	15.48	16.83	19.62	23.10	10.46	12.21	14.49	16.21	27.68
		西班牙裔	13.63	15.79	17.21	19.98	23.56	10.75	12.51	14.78	16.48	27.76
		亚裔和其他非西班牙裔	12.15	14.11	15.36	17.95	21.19	9.57	11.15	13.21	14.81	25.74
	与配偶、同居伴侣同住，可能与子女或其他人同住	非西班牙裔白人	23.43	26.62	28.57	32.10	36.31	18.84	21.51	25.18	27.32	40.17
		非西班牙裔黑人	29.32	32.57	34.69	38.34	42.39	24.22	27.04	31.17	33.28	45.72
		西班牙裔	29.74	33.09	35.30	38.64	42.77	24.62	27.41	31.39	33.33	45.30
		亚裔和其他非西班牙裔	27.46	30.68	32.73	36.47	40.55	22.49	25.30	29.37	31.57	44.38

续表

项目			男性					女性				
			65～69岁	70～74岁	75～79岁	80～84岁	85+岁	65～69岁	70～74岁	75～79岁	80～84岁	85+岁
残障老人每周的家庭照料时数/小时	不与配偶、同居伴侣同住，与子女或其他人同住	非西班牙裔白人	24.85	28.08	30.07	33.72	37.91	20.08	22.83	26.69	28.87	41.84
		非西班牙裔黑人	30.78	33.98	36.12	39.84	43.81	25.61	28.44	32.69	34.80	47.18
		西班牙裔	31.24	34.55	36.77	40.18	44.23	26.04	28.84	32.93	34.87	46.78
		亚裔和其他非西班牙裔	28.91	32.10	34.16	37.99	42.01	23.84	26.67	30.89	33.10	45.89
残障老人每月的家庭照料现金成本/美元	独居	非西班牙裔白人	192.16	240.46	272.40	348.29	389.17	117.20	216.24	251.62	297.58	429.53
		非西班牙裔黑人	117.27	146.27	167.61	223.70	259.53	71.66	131.54	154.62	190.83	285.12
		西班牙裔	169.40	209.93	238.58	304.40	342.06	104.23	190.73	222.54	263.17	381.74
		亚裔和其他非西班牙裔	116.79	142.22	162.78	212.27	242.87	72.26	130.84	153.97	185.60	275.05
	与配偶、同居伴侣同住，可能与子女或其他人同住	非西班牙裔白人	67.56	87.98	101.73	133.42	160.46	95.98	178.16	207.62	253.40	372.39
		非西班牙裔黑人	38.46	50.85	58.94	77.83	94.97	57.27	106.49	124.78	158.10	238.66
		西班牙裔	58.91	76.45	88.47	114.78	137.95	84.22	155.05	180.98	220.14	324.40
		亚裔和其他非西班牙裔	38.87	49.43	57.28	75.26	90.62	56.76	103.51	121.67	149.94	224.73
	不与配偶、同居伴侣同住，与子女或其他人同住	非西班牙裔白人	114.03	147.11	169.18	222.55	262.30	102.75	190.82	222.75	270.83	397.03
		非西班牙裔黑人	66.07	86.06	99.51	133.86	161.77	61.53	113.73	133.89	168.99	255.59
		西班牙裔	98.80	126.52	145.73	190.02	224.40	90.50	166.50	194.82	236.16	347.56
		亚裔和其他非西班牙裔	65.38	82.04	94.78	125.31	149.00	61.51	111.73	131.75	161.72	242.45

第29章　美国人口老化与残障者宜居住房需求预测研究——以犹他、佐治亚、佛罗里达和西弗吉尼亚等4个有代表性州为例[①]

29.1　引　　言

美国2000年65岁及以上的老年人3500万人，占美国总人口的12%。到2050年，美国的老年人口数将超过8700万人，约占总人口的22%（United Nations，2010）。由于残障率随着年龄增加而上升（尤其是在高龄阶段），人口老龄化的进程将伴随着残障人数的上升，这对住宅建筑商、设计者、政策制定者及其他关心无障碍住宅的人们都将产生重要影响。

老人残障通常导致行动不便包括行走有困难，上下楼梯困难；在65岁及以上的老年人中，有这两种困难的老人的比例较高。行动不便者若想在家中舒适而安全地生活，通常需要一些特殊设施，如无障碍入口及宽阔的室内走廊等。遗憾的是，目前美国多数现有住宅建筑不具备这样的设施。

联邦法律中关于无障碍住宅的内容非常有限。美国1988年公平住房法修正案（The Fair Housing Act Amendment）要求，除因特殊地形原因外，新建造的包含四个及以上住宅单位的多家庭式住宅建筑的所有底层住宅单位和电梯可达的高层住宅单位都必须配备无障碍入口、宽阔的室内走廊，以及其他几项无障碍通道设施。1990年美国残疾人法案（Americans with Disabilities Act）提出了对公共建筑的要求，但在住宅建筑方面只涉及了一些特殊情况（如高校建造的住宅）。除了一小部分公共筹资建造的住房外，其他单独家庭的联体式住宅和联排式住宅（通常被称为"town houses"和"row houses"）都不在联邦法律关于住宅通道设施的规定限制之内。虽然很多州和地方性法规对此类设施做出了要求，但美国绝大多数独立式住宅在所有入口处均设有台阶，走廊较窄，为行动不便的人造成障碍，且

① 本章由曾毅教授、王正联研究员和杨涵墨博士研究生根据应用ProFamy方法和软件进行预测研究的英文论文"Smith S K，Rayer S，Smith E，et al. 2012. Population aging，disability and housing accessibility：implications for sub-national areas in the United States. Housing Studies, 27（2）：252-266."撰写。

大多新建造的住宅仍存在这些障碍。

无障碍通道设施的缺失对残障者及其照料者带来了严重的后果。这些住宅内的建筑障碍给残障者造成了更为严重的社会隔离，增加了他们受伤害的风险，更降低了他们的生活满意度（Close et al.，1999；Hammel，2005；Heywood，2005；Saville-Smith et al.，2007）。摔倒是一个尤为严重的问题。据估计，美国每年约有 170 万起老人受伤事件，且每年有近 17 000 例老人因摔倒而死亡（Albert and Freedman，2010）。建筑障碍同时也限制了残障者探亲访友的能力（Maisel，2006；Milner and Madigan，2004）。尽管绝大多数的老年人希望能继续在自己的现居所生活得越久越好（Pynoos et al.，2009；Wagner et al.，2010），但由于现居所不具备合适的通道设施，很多残障老人不得不搬入养老院或其他机构生活（Maisel et al.，2008）。考虑到摔倒造成伤害带来的医疗后果和入住养老机构的高昂费用（Chappell et al.，2004；LaPlante et al.，2007），无障碍通道设施的缺乏将对个人和整个社会带来巨大的经济代价。

在过去的一项研究中，学者分析研究了美国对无障碍住宅的需求（Smith et al.，2008），并提出了两种衡量残障的方法。第一种用认为无障碍通道设施对安全舒适地居住在家中而言“非常有益”的人占总人口比重表示；第二种用认为无障碍通道设施对于安全舒适地居住在家中而言是“必要”的人占总人口的比重表示。用第一种衡量方法预测得到至少有一个残障者的家庭的数量在 2000～2050 年将大约翻一倍，从 1710 万户上升至 3320 万户。用第二种方法得到的数字翻了一倍多，从不到 560 万户上升至 1120 万户以上。总而言之，美国对无障碍住宅的需求巨大，且将会显著上升。

上述的预测结果从一个颇有价值的方面反映了对无障碍住宅的需求，但这并不是故事的全部，因为绝大多数的住宅建筑是会有多个家庭先后居住的。考虑到这一点，学者又估算了新建造的单户独立式住宅在其使用年限中有至少一个残障者居住的概率。用第一种方法计算得到的概率是 60%，用第二种方法计算得到的概率是 25%。总而言之，以住宅建筑总体使用年限计算得到的对无障碍住宅的需求将比在某一时间点计算得到的要大得多。

以往的研究关注的是整个国家，但由于人口特征的差异，不同地方对无障碍住宅的需求也存在差异。这些差异是否显著？是否某些地区对无障碍住宅的需求很大，而其他地区需求很小？本章研究试图通过分析犹他州、佐治亚州、佛罗里达州、西弗吉尼亚州这四个人口年龄结构和残障率差异明显的地区的数据来回答上述问题。

从美国全国来看，2000 年犹他州的人口较为年轻，中位数年龄在各州中最低，老年人（65 岁及以上）比重居倒数第二位。此外，犹他州各年龄别的残障率都相对较低，用两种不同残障方法统计得到的老年人残障率分别排在全国倒数第六位和倒数第四位（U.S. Census Bureau，2003）。2000 年，佐治亚州的人口也较为年轻，中位数年龄在各州中居倒数第六位，老年人比重居倒数第三位，但基于两种残障方法统计得到的老年人残障率均排在前十名。2000 年，佛罗里达州的人口年龄较高，老年人比重在各州中最高，中位数年龄居第二位。但其老年人残障率较低，按两种残障方法统计得到的残障率均居全国后四位。西弗吉尼亚州人口也相对年老，2000 年中位数年龄为全国最高，老年人比重居全国第三位，同时老年人残障率也很高，按两种残障方法统计得到的残障率均居前六位。

本章研究包括了一个人口年轻且残障率低的州（犹他州）、一个人口年轻但残障率高的州（佐治亚州）、一个人口年老但残障率低的州（佛罗里达州）和一个人口年老且残障率高的州（西弗吉尼亚州）。本章研究利用各州数据和与以往研究相同的方法预测了有至少一个残障者的家庭户数量，并估算了新建造的单户独立式住宅在其使用年限中有至少一个残障者居住的概率。我们相信，本章研究结果将对以往研究结果做出有益补充，并对美国无障碍住宅需求的地区差异等的研究提供有价值的见解。

29.2 按家庭户代表年龄分类的包括至少一位残障者的住户比例估算

29.2.1 数据来源和关于残障者的两种定义

残疾人可被定义为“因躯体或精神损伤而严重限制一项或多项主要日常活动的人士”（Brault，2008）。如同以往的研究，本章研究主要关注躯体残障对进入、离开或在家中安全且有效率地活动的能力的限制。这里“残障”一词特指限制行动的障碍，不考虑视力、听力、认知、情绪等其他残障情况。

定义和衡量人口残障状况的方法有很多（Albert and Freedman，2010），一般是考察洗澡、穿衣、吃饭、起床、从椅子上站起、室内行动及如厕等活动（Freedman et al.，2004；Lakdawalla et al.，2003；Manton and Gu，2001）。以往的研究根据从事上述活动的能力提出了两种衡量残障的方法，两种方法均采用 2000 年美国人口普查 5%公用微观数据样本（U.S. Census Bureau，2003）。本章研究使用的方法和数据来源与以往研究相同，但采用了各州的具体数据而非美国全国总体数据。关于对这些数据的详细介绍见 Wang（2005）。

第一种方法（HHDIS-1）是考察家庭户中是否有成员有一种或多种身体活动长期受限，如行走、爬楼梯、伸手够东西、抬举、提拿、搬运等。第二种方法（HHDIS-2）是根据家庭户中是否有成员有穿衣、洗澡或在室内行动等行为中有困难达到 6 个月及以上。HHDIS-1 对应于前面描述的残障的第一种量测方法，即认为无障碍通道设施对安全舒适地居住在家中而言是“非常有益”的人的比例；HHDIS-2 对应于残障的第二种测量方法用，即认为这对于安全舒适地居住在家中而言是“必要”的人的比例。

29.2.2　各州的估算结果

家庭户残障率的定义是：至少有一个残障者的家庭户数量除以家庭户总数量。我们按家庭户代表年龄统计了家庭户残障率，但家庭户中残障者的年龄不做具体区分。家庭户代表年龄组别是基于 ProFamy 多维家庭人口预测模型中的家庭户代表来划分的（Zeng et al.，2006）。表 29.1 中展示了 2000 年各州分家庭户代表年龄的家庭户残障率。

表 29.1　2000 年各州分家庭户代表年龄的家庭户残障率

项目	HHDIS-1				HHDIS-2			
	犹他州	佐治亚州	佛罗里达州	西弗吉尼亚州	犹他州	佐治亚州	佛罗里达州	西弗吉尼亚州
<35 岁	4.6%	5.0%	5.9%	8.9%	1.4%	1.7%	1.9%	2.5%
35～44 岁	9.8%	9.9%	11.6%	17.2%	3.2%	3.5%	4.0%	5.7%
45～54 岁	14.6%	17.1%	18.0%	24.9%	4.8%	5.5%	5.9%	7.7%
55～64 岁	24.0%	28.0%	25.8%	36.2%	4.7%	8.3%	7.4%	9.8%
65～74 岁	30.4%	35.7%	28.9%	37.8%	7.1%	10.6%	7.5%	11.8%
75～84 岁	37.9%	44.8%	35.5%	45.7%	12.1%	16.6%	10.8%	17.8%
85+岁	56.7%	61.4%	50.1%	59.8%	23.8%	29.8%	21.7%	29.3%
合计	14.5%	16.8%	19.0%	25.7%	4.2%	5.6%	5.9%	8.4%

数据来源：美国人口普查局（2003 年）

犹他州两种方法统计得出的总人口残障率均为最低，其次是佐治亚州、佛罗里达州和西弗吉尼亚州。55 岁以下年龄组也呈现类似的分布。而对于 55 岁及以上年龄组而言，佛罗里达州的残障率低于佐治亚州，且佛罗里达州 75 岁及以上年龄组的残障率也低于犹他州。佛罗里达州老年人口的低残障率是由于有大量从其他州搬来的老年人，这些迁入者的残障率通常低于老年人平均残障率（Smith and House，2006）。最高年龄组（85 岁及以上）残障率最高的是佐治亚州，除此之外，西弗吉尼亚州在其他各年龄组的残障率均为最高。

这些残障率统计结果与其他研究中的数据是否相同呢？我们没有可比的各州数据，但和收入及项目参与调查（Steinmetz，2006）中全国数据的对比结果显示，本章研究中两种方法得到的分年龄、性别的个体残障率分别与衡量严重残障率和需要私人看护的比例相似。此外，根据第二种方法测得的年龄别个体残障率与填报使用轮椅、电动代步车、助行器、手杖、拐杖等个人移动辅助器具的人口比例相似（Kaye et al.，2000）。鉴于这些相同之处，我们的研究方法是测量具有严重且长期行动障碍的一个有效指标。此外，我们的方法也是研究美国各州对无障碍住宅需求差异的一个有效工具。

29.3　包括至少一位残障者家庭户的高、中、低方案预测

29.3.1　数据来源和方法

在未来几十年中，美国家庭户残障率将会有怎样的变化？一些分析者认为由于生物医学和流行病学研究的不断进步、公共卫生项目的积极推动、对健身运动和良好营养重要性的愈发重视，以及教育水平的不断提升，残障率将会越来越低（Freedman and Martin，2000；Singer and Manton，1998；Waidmann and Liu，2000）。另一些学者则不那么乐观，因为近年来一些疾病的患病率不断提高，年轻人的残障率有所上升，各年龄的肥胖比例不断提高，且教育程度提高的速度也有所减慢。由于这些趋势，一些学者对残障率将要下降的可能性质疑（Bhattacharya et al.，2004；Spillman，2004；Sturm et al.，2004；Wolf et al.，2005），另有一些学者则预测残障率将会上升（Lakdawalla et al.，2003）。

关于残障率到底会上升还是会下降的假说似乎都言之有理。所以，本章研究的中方案假定各州的残障率将保持在 2000 年水平不变。考虑到未来可能的变化，我们还假定高方案和低方案，即残障率每十年上升 5%或下降 5%。

我们利用家庭户代表年龄别残障率进行了一系列家庭户预测，得到各州各年龄至少有一个残障者的家庭户数量。家庭户预测采用了 Zeng 等（2006）设计的 ProFamy 多维家庭人口预测模型。美国人口普查局并没有各州的家庭预测数，但这里采用的多维家庭人口预测模型预测所得的各州总人口数据与 U.S. Census Bureau（2005 年）公布的当前年份的人口估计数相似。

29.3.2　各州高、中、低参数假定方案下的预测结果

表 29.2 和表 29.3 分别展示了采用 HHDIS-1 方法和 HHDIS-2 方法预测的家庭户总数和至少有一个残障者的家庭户数量及百分比。在 2000～2050 年，犹他州家庭户总数将上升 134%，佐治亚州家庭户总数将上升 96%，而预测结果表示佛罗里达州的家庭户总数上升更快，尤其是在 2020 年之后。西弗吉尼亚州的家庭户总数将在 2000～2020 年缓慢增加，之后有所下降，至 2050 年家庭户总数将净减少 20%。

表 29.2　2000～2050 年各州采用 HHDIS-1 方法预测的家庭户总数和至少有一个残障者的家庭户数量及百分比

项目		2000 年	2010 年	2020 年	2030 年	2040 年	2050 年
犹他州	家庭户总户数/户	701 280	891 971	1 039 426	1 227 450	1 427 373	1 643 365
	低方案残障者家庭户数/户	93 796	124 049	146 114	170 338	195 026	218 542
	占总户数	13.4%	13.9%	14.1%	13.9%	13.7%	13.3%
	中方案残障者家庭户数/户	93 796	130 578	161 900	198 674	239 440	282 435
	占总户数	13.4%	14.6%	15.6%	16.2%	16.8%	17.2%
	高方案残障者家庭户数/户	93 796	137 107	178 494	229 990	291 041	360 466
	占总户数	13.4%	15.4%	17.2%	18.7%	20.4%	21.9%
佐治亚州	家庭户总户数/户	3 006 368	3 678 062	4 070 710	4 636 311	5 233 407	5 882 760
	低方案残障者家庭户数/户	474 310	608 073	688 269	777 299	852 331	920 046
	占总户数	15.8%	16.5%	16.9%	16.8%	16.3%	15.6%
	中方案残障者家庭户数/户	474 310	640 077	762 625	906 603	1 046 439	1 189 027
	占总户数	15.8%	17.4%	18.7%	19.6%	20.0%	20.2%
	高方案残障者家庭户数/户	474 310	672 080	840 794	1 049 506	1 271 953	1 517 533
	占总户数	15.8%	18.3%	20.7%	22.6%	24.3%	25.8%
佛罗里达州	家庭户总户数/户	6 337 930	7 893 954	9 591 333	11 756 482	14 096 392	16 499 724
	低方案残障者家庭户数/户	1 171 019	1 464 088	1 727 984	2 050 573	2 380 542	2 692 264
	占总户数	18.5%	18.5%	18.0%	17.4%	16.9%	16.3%
	中方案残障者家庭户数/户	1 171 019	1 541 145	1 914 664	2 391 687	2 922 682	3 479 362
	占总户数	18.5%	19.5%	20.0%	20.3%	20.7%	21.1%
	高方案残障者家庭户数/户	1 171 019	1 618 202	2 110 917	2 768 676	3 552 538	4 440 645
	占总户数	18.5%	20.5%	22.0%	23.6%	25.2%	26.9%
西弗吉尼亚州	家庭户总户数/户	736 472	760 609	782 972	743 400	673 383	590 679
	低方案残障者家庭户数/户	180 735	186 866	189 133	178 059	158 906	134 935
	占总户数	24.5%	24.6%	24.2%	24.0%	23.6%	22.8%
	中方案残障者家庭户数/户	180 735	196 701	209 566	207 679	195 095	174 384
	占总户数	24.5%	25.9%	26.8%	27.9%	29.0%	29.5%
	高方案残障者家庭户数/户	180 735	206 536	231 047	240 415	237 139	222 563
	占总户数	24.5%	27.2%	29.5%	32.3%	35.2%	37.7%

资料来源：多维家庭人口预测结果及作者计算

表 29.3　2000～2050 年各州采用 HHDIS-2 方法预测的家庭户总数和至少有一个残障者的家庭户数量及百分比

项目		2000 年	2010 年	2020 年	2030 年	2040 年	2050 年
犹他州	家庭户总户数/户	701 280	891 971	1 039 426	1 227 450	1 427 373	1 643 365
	低方案残障者家庭户数/户	27 477	35 476	41 412	48 723	56 530	64 156
	占总户数	3.9%	4.0%	4.0%	4.0%	4.0%	3.9%
	中方案残障者家庭户数/户	27 477	37 343	45 886	56 829	69 404	82 912
	占总户数	3.9%	4.2%	4.4%	4.6%	4.9%	5.0%
	高方案残障者家庭户数/户	27 477	39 210	50 589	65 786	84 360	105 820
	占总户数	3.9%	4.4%	4.9%	5.4%	5.9%	6.4%
佐治亚州	家庭户总户数/户	3 006 368	3 678 062	4 070 710	4 636 311	5 233 407	5 882 760
	低方案残障者家庭户数/户	158 433	201 615	227 156	259 407	289 242	315 636
	占总户数	5.3%	5.5%	5.6%	5.6%	5.5%	5.4%
	中方案残障者家庭户数/户	158 433	212 226	251 696	302 560	355 113	407 913
	占总户数	5.3%	5.8%	6.2%	6.5%	6.8%	6.9%
	高方案残障者家庭户数/户	158 433	222 837	277 495	350 251	431 642	520 612
	占总户数	5.3%	6.1%	6.8%	7.6%	8.2%	8.8%
佛罗里达州	家庭户总户数/户	6 337 930	7 893 954	9 591 333	11 756 482	14 096 392	16 499 724
	低方案残障者家庭户数/户	364 834	456 454	535 270	637 620	748 986	855 492
	占总户数	5.8%	5.8%	5.6%	5.4%	5.3%	5.2%
	中方案残障者家庭户数/户	364 834	480 478	593 097	743 689	919 559	1 105 600
	占总户数	5.8%	6.1%	6.2%	6.3%	6.5%	6.7%
	高方案残障者家庭户数/户	364 834	504 502	653 890	860 913	1 117 730	1 411 057
	占总户数	5.8%	6.4%	6.8%	7.3%	7.9%	8.6%
西弗吉尼亚州	家庭户总户数/户	736 472	760 609	782 972	743 400	673 383	590 679
	低方案残障者家庭户数/户	58 423	60 043	60 961	58 402	53 056	45 501
	占总户数	7.9%	7.9%	7.8%	7.9%	7.9%	7.7%
	中方案残障者家庭户数/户	58 423	63 204	67 546	68 117	65 139	58 803
	占总户数	7.9%	8.3%	8.6%	9.2%	9.7%	10.0%
	高方案残障者家庭户数/户	58 423	66 364	74 470	78 854	79 177	75 050
	占总户数	7.9%	8.7%	9.5%	10.6%	11.8%	12.7%

资料来源：多维家庭人口预测结果及作者计算

在中方案下，假定未来残障率保持不变，犹他州至少有一个残障者的家庭户数量（用 HHDIS-1 方法估得）将在 2000～2050 年上升 201%，佐治亚州将上升 151%，佛罗里达州将上升 197%。西弗吉尼亚州至少有一个残障者的家庭户数量将在 2000～2020 年上升 16%，之后开始下降。利用 HHDIS-2 方法估得的结果相似。在未来 50 年中，犹他州和佐治亚州的残障者家庭（用 HHDIS-1 方法估得）所占比例将分别上升 28%，佛罗里达州将上升 14%，西弗吉尼亚州将上升 20%。同样，利用 HHDIS-2 方法估得的结果相似。

高方案下预测的残障者家庭户数量上升幅度将更加显著。不论是采用 HHDIS-1 方法还是 HHDIS-2 方法，2000～2050 年，佐治亚州、犹他州和佛罗里达州的残障者家庭户数量都会增加两倍以上，而西弗吉尼亚州的增幅也达到20%。即使是在低方案假定情况下，犹他州、佐治亚州和佛罗里达州的残障者家庭户数量也会快速增加，但西弗吉尼亚州将会逐渐减弱。

四个州的预测结果差异显著。但值得注意的是，在三种方案所有假定情况下，四个州中有三个州的残障者家庭户数量都将快速上升，且在中方案和高方案情况下四个州所有的残障者家庭户比例都将上升。我们认为对于大多数人口数量稳定不变或上升的地区，应重点关注的问题并不是残障者家庭户数量在未来几十年中是否会上升，而是会上升多少。此外，即便是对于人口数量将会下降的地区（如 2020 年后的西弗吉尼亚州）而言，残障者家庭户的比例也很有可能上升。

29.4　各州独立式家庭住宅生命周期中至少有一位残障者入住概率的估算

大部分的住宅单位会有多个家庭先后居住，其中可能有残障者家庭户。基于这种情况，本章研究估算了新建造的单户独立住宅在其使用年限中有至少一个残障者居住的概率。这是为了阐述对设有无障碍通道住宅的长期潜在需求，而不是为了预测未来有特定特征的住宅单位数量。因此，我们假定各州所有单户独立住宅内有残障者家庭户居住的概率相同。

本章研究主要关注单户独立住宅，原因有二。第一，美国大部分家庭户均属此类。2007 年，美国所有家庭户中有 65%居住在单户独立住宅，而家庭户代表为 65 岁及以上老人的家庭户中有 69%居住在单户独立住宅（U.S.Census Bureau，2008）。第二，美国 1988 年公平住房法修正案已经对新建造的包含四个或以上住宅单元的多家庭式住宅建筑的通道设施做出了要求。因此，未来的政策导向很可能会更侧重于独立家庭居住的住宅。值得注意的是，本章研究的方法也同样适用于其他类型的住宅类别（联排式住宅和移动式房屋）。

预测新建造的单户独立住宅在其使用年限中有至少一个残障者居住的概率需要按照三个步骤：首先，预测居住在单户独立住宅的家庭中至少有一个残障者的比例；其次，估算家庭户在这些住宅单位中居住的平均时长；最后，估算这些住宅单位的平均使用年限。

我们用预测所得的至少有一个残障者的家庭户占家庭户总数的比例（表 29.2 和表 29.4）近似替代了至少有一个残障者的居住在单户独立住宅的家庭户所占比例。这一替代方法也能间接得出合理的结论，因为单户独立住宅住户的人口残障率与所有家庭户的残障率非常接近（未在此展示）。

表 29.4　2000 年各州在单户独立住宅中居住的平均时长　　单位：年

项目	犹他州	佐治亚州	佛罗里达州	西弗吉尼亚州
<35 岁	3.8	4.1	4.1	5.0
35～44 岁	8.0	7.2	7.0	9.7
45～54 岁	12.8	11.4	10.1	14.9
55～64 岁	19.5	17.4	13.5	21.0
65～74 岁	24.8	23.2	16.8	27.3
75～84 岁	29.1	26.6	20.0	30.0
85+岁	31.9	30.3	23.9	30.0
合计	12.5	12.0	10.7	16.7

资料来源：美国人口普查局（U.S. Census Bureau，2003）

表 29.4 展示了根据数据估得的在单户独立住宅中居住的平均时长。2000 年，犹他州所有家庭户代表平均居住 12.5 年，佐治亚州平均居住 12.0 年，佛罗里达州平均居住 10.7 年，西弗吉尼亚州平均居住 16.7 年。全国范围内所有家庭户代表平均居住 13.7 年（未在此展示）。由于大量迁入者造成的人口快速膨胀，犹他州、佐治亚州和佛罗里达州的平均居住时长均小于全国平均居住时长，尤其是佛罗里达州。而由于迁入人口相对较少，人口增长较慢，西弗吉尼亚州的平均居住时长大于全国平均居住时长。

居住时长随着年龄的增加而显著上升，这并不足为奇，在四个州都是如此，但在佛罗里达州尤为显著，因为佛罗里达州的老年迁入者很多，所以老年人的平均居住时长也被拉低了。

住宅单位的使用年限（即能提供住房服务的期限）主要取决于房屋的设计和建筑质量、暴露于风险危害的程度，以及得到维护和翻修的程度。理论上，如果能投入充足的资源来维护，一个住宅单位几乎可以无限期使用，但事实上这罕见。预测得到的美国单户独立住宅的使用年限约为 75～100 年（Baer，1990）。我们以这一区间的中间值（87.5 年）作为对美国单户独立住宅使用年限的估算。欧洲的使用年限远高于美国（Bradley and Kohler，2007；Johnstone，2001）。

如果居住时长和残障率不相关，就可以用以下公式计算新建造的单户独立住宅在其使用年限中有至少一个残障者居住的概率：

$$\mathrm{PROB}=1-[(1-r)^x]$$

其中，r 表示至少有一个残障者的家庭户所占比例；x 表示单户独立住宅在其使用年限中平均先后有多少家庭居住（x 即为“住宅换手量”）。

我们用 HHDIS-1 方法来衡量残障。第一项 r 表示 2040 年中方案预测下至少有一个残障者的家庭户所占比例，如表 29.2 所示；我们采用 2040 年是因为 2000 年新建造的住宅单元使用年限的中间值大约达到 2040 年。第二项 x 是用平均使用年限除以各州家庭户在住宅单位中居住的平均时长得来的

犹他州：87.5/12.5=7.00

佐治亚州：87.5/12.0=7.29

佛罗里达州：87.5/10.7=8.18

西弗吉尼亚州：87.5/16.7=5.24

也就是说，在上述假定下，犹他州的单户独立住宅在使用年限中可供平均 7.00 个不同家庭先后居住，佐治亚州的住宅可供平均 7.29 个家庭先后居住，佛罗里达州可供平均 8.18 个家庭先后居住，西弗吉尼亚州可供平均 5.24 个家庭先后居住。这样一来，单户独立住宅在其使用年限中有至少一个残障者居住的概率即为

$$\text{犹他州：}\mathrm{PROB}=1-\left[(1-0.168)^{7.00}\right]=1-0.276=0.724$$

$$\text{佐治亚州：}\mathrm{PROB}=1-\left[(1-0.200)^{7.29}\right]=1-0.197=0.803$$

$$\text{佛罗里达州：}\mathrm{PROB}=1-\left[(1-0.207)^{8.18}\right]=1-0.150=0.850$$

$$\text{西弗吉尼亚州：}\mathrm{PROB}=1-\left[(1-0.290)^{5.24}\right]=1-0.166=0.834$$

只有在居住时长和残障率不相关的情况下，这种估算才是合理的。然而，如表 29.1 和表 29.4 所示，残障率和居住时长均随年龄的增长而上升。因此，残障率最高的年龄组别的住宅房主变换率最低。由于存在这样的相关性，上述的估算高估了单户独立住宅在其使用年限中有至少一个残障者居住的概率。

这个问题并没有完美的解决方案，但是我们可以通过用当年至少有一个残障者的家庭户的年龄分布作为权重（用 HHDIS-1 方法和 HHDIS-2 方法估得的残障分布的平均值），来调整在各预测年份中各年龄别的居住时长，这将大大改善我们的预测结果。调整后的估算结果见表 29.5。2000 年各州的加权平均居住时长显著长于表 29.4 中所示的未加权平均值。此外，由于人口老龄化，预计未来各州的

加权平均值还将继续上升。两种预测所得结果均与上述的人口老龄化和残障率变化趋势一致。

表 29.5　以至少有一个残障者的家庭户的年龄分布为权重调整后的单户独立住宅中居住的平均时长　　单位：年

年份	犹他州	佐治亚州	佛罗里达州	西弗吉尼亚州
2000	17.0	16.0	13.8	19.7
2010	18.1	16.9	14.2	20.4
2020	18.8	17.7	14.4	21.0
2030	19.5	18.5	14.8	21.8
2040	20.1	19.1	15.1	22.4
2050	20.6	19.4	15.4	22.8

资料来源：美国人口普查局（U.S. Census Bureau，2003）及英文原文作者计算

我们用 2000 年建造的单户独立住宅的平均使用年限除以调整后的居住时长，得到调整后的住宅换手次数 x 的估计值，如表 29.5 所示。这里同样采用了预测所得的 2040 年的居住时长，因为 2040 年约是 2000 年新建造的住宅单元使用年限的中间值

$$\text{犹他州：}87.5/20.1=4.35$$

$$\text{佐治亚州：}87.5/19.1=4.58$$

$$\text{佛罗里达州：}87.5/15.1=5.79$$

$$\text{西弗吉尼亚州：}87.5/22.4=3.91$$

与其他州相比，佛罗里达州的住宅房主变换率最高，西弗吉尼亚州的住宅房主变换率最低。这与上文提到的迁移趋势相符。现在，我们可以对 2000 年新建造的单户独立住宅在其使用年限中有至少一个残障者居住的概率做出更符合实际的估算。采用中方案假定并用 HHDIS-1 方法衡量残障率得出的估算结果为

$$\text{犹他州：}\mathrm{PROB}=1-\left[(1-0.168)^{4.35}\right]=1-0.449=0.551$$

$$\text{佐治亚州：}\mathrm{PROB}=1-\left[(1-0.200)^{4.58}\right]=1-0.360=0.640$$

$$\text{佛罗里达州：}\mathrm{PROB}=1-\left[(1-0.207)^{5.79}\right]=1-0.261=0.739$$

$$\text{西弗吉尼亚州：}\mathrm{PROB}=1-\left[(1-0.290)^{3.91}\right]=1-0.262=0.738$$

这些估算结果数值比上一个估算结果更低，但更符合实际，因为这里考虑到了残障率和住宅换手频数的相关关系。采用中方案假定并用 HHDIS-2 方法衡量残障率得出的估算结果为

$$\text{犹他州：PROB} = 1 - \left[(1-0.049)^{4.35}\right] = 1 - 0.804 = 0.196$$

$$\text{佐治亚州：PROB} = 1 - \left[(1-0.068)^{4.58}\right] = 1 - 0.724 = 0.276$$

$$\text{佛罗里达州：PROB} = 1 - \left[(1-0.065)^{5.79}\right] = 1 - 0.678 = 0.322$$

$$\text{西弗吉尼亚州：PROB} = 1 - \left[(1-0.097)^{3.91}\right] = 1 - 0.671 = 0.329$$

各州的新建造的单户独立住宅中有至少一个残障者居住的概率各不相同。利用第一种衡量残障的方法（HHDIS-1）得到犹他州新建造的单户独立住宅中有至少一个残障者居住的概率为 55.1%，佐治亚州的概率为 64.0%，佛罗里达州和西弗吉尼亚州的概率均为 73.9%。如果采用第二种方法（HHDIS-2），四个州的概率则分别为 19.6%、27.6%、32.2%和 32.9%。值得注意的是，采用两种方法估得的美国全国新建造的单户独立住宅中有至少一个残障者居住的概率分别为 60%和 25%（Smith et al.，2008）。

由于低残障率和年轻的人口结构，采用两种方法计算的犹他州的概率都是最低的。佐治亚州因为有较高的残障率，所以新建造的单户独立住宅中有至少一个残障者居住的概率高于犹他州。佛罗里达州和西弗吉尼亚州的概率较高，但原因不同。两个州的人口年龄都比较高，但佛罗里达州的残障率低，且住宅房主变换率高，而西弗吉尼亚州的残障率高，住宅房主变换率低。这两个因素的作用相反，相互抵消，以至于两个州的概率基本相同。

我们按照相同的步骤对低方案和高方案假定情况下的概率进行估算。若采用 HHDIS-1 方法，估得的概率区间分别为：犹他州 47%～63%；佐治亚州 56%～72%；佛罗里达州 66%～81%；西弗吉尼亚州 65%～82%。若采用 HHDIS-2 方法，估得的概率区间分别为：犹他州 16%～23%；佐治亚州 22%～32%；佛罗里达州 27%～38%；西弗吉尼亚州 28%～39%。两种方法估得的所有四个州在高方案假定情况下的概率都非常高。即使是在低方案假定情况下，采用 HHDIS-1 方法估得的四个州最低概率为 47%，而用 HHDIS-2 方法估得的最低概率为 16%。

预测结果证实，以住宅建筑总体使用年限来计算的一个家庭对住宅的需求比在某一时间点计算的要大得多。我们认为，考虑到住宅政策，绝大多数的住宅建筑是会有多个不同家庭先后居住的，所以按住宅的总体使用年限来计算更为合理。

尽管本章研究采用的大多数假定和方法与以往研究中的相同（Smith et al.，2008），但计算概率的方法与过去略有不同。过去的研究往往假定四个州的单户独立住宅在使用年限中平均可供 4.0 个不同家庭先后居住。这种假定简化了对概率的计算，导致对单户独立住宅的使用年限的估算过于保守（约为 80 年）。而在本章研究中，我们采用估得的使用年限区间的中间值（87.5 年），并采用了未经四舍五入化简的住宅房主变换率，而不是将每次估得的数值取最近似整数。本章研究中采用的方法能得到对各州房屋交易量更准确的估算。

29.5　小结和相关讨论

预测结果表明，各州至少有一个残障者的家庭户比例存在显著差异，且对各州新建造的单户独立住宅在其使用年限中有至少一个残障者居住的概率也存在显著差异。尽管这些估得的残障率和预测所得的数字并不能对概率的区间给出绝对的界定，但这为预测在不同年龄结构、残障状况、住宅房主变换率相结合情况下的结果区间提供了参照。值得注意的是，若采用第一种衡量残障的方法（HHDIS-1），样本中的每一个州（包括人口年轻、残障率低且住宅房主变换率居中的犹他州）的新建造的单户独立住宅在其使用年限中有至少一个残障者居住的概率都非常高。即使用第二种方法（HHDIS-2）计算，各州得到的概率也不小。

州内各地区的差异可能比各州间的差异更大，因为州内各地区包含的人口特征更为广泛。然而本章研究结果表明，绝大多数地区对无障碍住宅至少会有中等程度的需求，很多地区还会有强烈需求。同样值得注意的是，州内各地区的不确定性比各州之间的不确定性可能更大，因为州内各地区的人口增长率和人口构成的差异变化比州之间差异变化更快。

本章研究中介绍的估算和预测结果是基于对残障率、住宅换手量、人口增长和住宅单元使用年限的多种假定。这些假定都是合理的，但有的假定可能导致了对无障碍住宅需求的低估。例如，残障率的计算是采用某一时间点的残障状况，这样一来就排除了过去身有残障但已经康复的人的影响。此外，计算残障率的数据未包括居住在养老机构中的人，而其中有相当大的比例是残障者。另外，住宅的“可访问性”（即住宅单元是否可供残障的访客居住）未被纳入考虑。

诚然，不同的假定将得出不同的结果。未来的研究可能会对残障率、住宅房主变换率，以及住宅单元使用年限做出其他假定，如通过探索可能影响研究结果的其他因素（如种族构成的改变），分析不同地理单位（如县）的数据，或者考虑其他住宅类型（如联排式住宅和移动式房屋）。本章研究将深化我们对无障碍住宅需求的认识。

本章研究没有对各类无障碍通道设施的费用进行评估。不同设施可能有多种组合方式，从无障碍入口、在入口楼层设置的浴室或洗手间、宽阔的室内走廊（Maisel et al., 2008）等，到其他更多与标准设计相关的设施和配置（Pynoos et al., 2008）。各项设施的费用大不相同，但若能在设计住宅单元时融入这些设施，所需费用将比在住宅单元建成后再添加设施更低。对各种无障碍设施的成本效益分析将会是未来研究中的一个重要题目。

人口老龄化的问题并不是美国独有的。英国、德国、日本、中国及其他很多国家都在经历人口快速老龄化。根据联合国最新统计结果，1950 年美国和欧洲的 65 岁及以上老年人口约占 8%（United Nations，2008），2000 年老年人口占比已分别上升至 12%和 15%，到 2050 年预计将上升至 22%和 27%。日本 65 岁及以上老人占总人口比例从 1950 年的 5%上升至 2000 年的 17%，预计将在 2050 年达到 38%的极高水平。中国 65 岁及以上老人占总人口比例预计将从 2000 年的 7%上升至 2050 年的 23%以上，届时中国老年人口总数将超过美国、欧洲和日本老年人总数之和。

未来几十年中，人口老龄化很有可能为这些国家和其他一些国家带来更多的残障者家庭。考虑到建筑障碍带来的社会隔离和受伤的风险及入驻机构所需的高昂费用，并且绝大多数老年人希望继续在自己的现居所生活得越久越好，世界范围内对无障碍住宅的需求都十分强烈。然而，不只是美国，很多其他国家的绝大多数现有住宅中都缺少合适的无障碍设施，包括英国（Imrie，2003）、西班牙（Alonso，2002），以及新西兰（Saville-Smith et al.，2007）等国家。

我们的研究表明，尽管各地的情况不尽相同，但美国几乎所有地方都有对无障碍住宅的需求。其他国家很可能也是如此。我们强烈建议住房建筑商、设计者、政策制定者在规划和实施住宅政策时能考虑到人口老龄化和残障所带来的影响，增加无障碍住宅的数量。这对现有的残障者及其家人、朋友、照料者，以及未来将会残障的人乃至整个社会都有益处。

我们认为，公共政策应该引导并推动无障碍住宅的建设的项目，并鼓励对现有的住宅增加无障碍通道设施。例如，Pynoos 等（2008）所指出的，社会应将无障碍的理念扩展到所有住宅建筑中去。美国 1988 年公平住房法修正案认可了残障者作为被保护群体的地位，并指出享有无障碍住宅是一项公民权利问题。考虑到住宅环境对身体健康和心理健康的影响，无障碍住宅应被视为一项卫生健康领域的重要问题（Sanford，2010）。

此外，无障碍住宅也是一个重要的财政问题。由于建筑障碍造成的伤害（尤其是摔倒引起的受伤）将带来高昂的医疗费用，而且无障碍通道设施的缺失往往使残障者不得不入驻机构。在许多情况下，这些费用是由公共基金承担的（如美国的医疗补助计划）。在家里提供辅助性服务的费用比在专业机构提供类似服务的费用更低（Chappell et al.，2004；LaPlante et al.，2007），但是如果家中存在的建筑障碍使人们不得不入驻机构的话，节省费用也就无从谈起。人口老龄化将使因无障碍住宅不足带来的财政影响越来越显著。

住宅政策已经有侧重于推动无障碍住宅的迹象。英国已对绝大部分新建住宅做出了关于一系列无障碍设施的要求（Imrie，2003）。在瑞典和其他几个国家，改造住宅以满足残障者的需求已经被视为一种医疗干预（Sanford，2010）。在美国，包容性家庭设计法案将要求所有新建的单户住宅配备有由联邦政府出资的基础无障碍通道设施（Smith et al.，2008）。这一法案已被递交至国会，但尚未通过。家庭无障碍通道设施在公共卫生方面的效益已被美国公共卫生协会（American Public Health Association，2009）强调，并写入美国国家战略“健康人民 2020”（U.S. Department of Health and Human Services，2011）。这些都是推动无障碍住宅的积极举措，我们希望未来会有更多这样的政策和措施。

第 30 章　美国家庭人口老化对未来碳排放和环境保护的影响[①]

30.1　引　言

家庭人口增长和结构变化及技术变革是预测未来二氧化碳和其他温室气体排放时需要考虑的最重要因素（Schelling，1992）。这些排放物主要来自燃烧化石燃料获取能源，但也有其他来源，如开垦土地。这些都加剧了全球变暖的趋势，可能导致地球气候以潜在危险的方式发生变化（O'Neill and Oppenheimer，2002；Mastrandrea and Schneider，2004）。技术变革的影响一直是估计未来温室气体排放基线研究的重点（Weyant，2004），而相关研究中对家庭人口增长和结构变化的考虑明显不足，主要局限在预测人口规模变化对温室气体排放的直接规模效应方面（O'Neill et al.，2001）。然而，这些研究可能忽略了其他家庭人口因素变化对能源使用或者温室气体排放的重要影响。由于家庭人口老龄化、城镇化及其他经济增长因素的影响，间接规模效应可能通过家庭人口构成的变化而出现（Birdsall et al.，2001）。此外，家庭人口构成会影响消费模式，由于不同消费品消耗的能源不同，消费模式不同造成的间接能源需求也不同（Schipper，1996；Bin and Dowlatabadi，2005）。未来几十年，世界许多地区的家庭人口组成将会持续发生变化，这些变化对能源需求和排放的影响目前尚不清楚。

本章估计了美国家庭人口老龄化对能源使用和二氧化碳排放的潜在影响。本章的方法在两个重要方面与现有的能源和排放预测研究不同：第一，使用家庭户而不是个人作为人口分析的单位；第二，通过在能源经济增长模型中引入家庭户的年龄结构来纳入人口的异质性。已有与能源相关的实证研究文献证明规模和年龄结构等家庭户特征，是直接住宅能源需求的关键决定因素（Schipper，1996），并表明美国家庭户构成的变化可能对全国能源需求产生重大影响（O'Neill and Chen，2002）。已有一些研究将家庭户特征纳入对未来能源需求的预测，但这些

① 本章由李曼（北京大学国家发展研究院博士后；manli_nsd@pku.edu.cn）根据应用 ProFamy 方法和软件进行预测研究的英文论文"Dalton M, O'Neill B, Prskawetz A, et al. 2008. 'Population aging and future carbon emissions in the United States.' Energy Economics, 30: 642-675"撰写。

研究仅限于短期和简单的家庭户预测（Lareau and Darmstadter，1983；Weber and Perrels，2000）。家庭户特征尚未被纳入能源经济增长模型，而能源经济增长模型是进行长期二氧化碳预测和分析气候变化政策最广泛使用的工具之一（Weyant and Hill，1999）。

为了构建方法论框架，本章对两类模型进行了概述，即无限期生存代理（infinitely lived agent，ILA）模型和世代交叠（overlapping generations，OLG）模型，它们已被用于长期碳排放预测和气候变化政策分析。方法论框架主要关注对决策的处理和解决方法中隐含的假设，这是判断模型是否适用于引入家庭户异质性的两个关键问题。

30.1.1 无限期生存代理模型

用于气候变化政策分析的大多数能源经济增长模型都有一个动态结构，该结构基于 Ramsey（1928）储蓄模型中的 ILA 的变体，这是比较可供选择的碳减排战略方案成本和收益的典型方法（Manne，1999；Cline，1992；Peck and Teisberg，1992；Nordhaus，1994；Manne et al.，1995；Nordhaus and Yang，1996）。在该模型中，人口被视为无限期生存的单一典型家庭户。对经济进行分析时，就好像有一个计划者充当当代人和后代人的代理人一样。Schelling（1995）和其他学者（如 Azar and Sterner, 1996）批评了基于计划者的 ILA 模型中隐含的强福利假设。尽管如此，ILA 模型已经涵盖详细的能源和其他中间产品生产部门，具有清晰的动态结构来描述资本积累，并且可以根据历史数据进行校准。换句话说，ILA 模型与经济理论大体一致，并且为评估控制温室气体排放的成本和收益提供了最详细的实证工具。

尽管 ILA 模型有许多相似之处，但它们也表现出重要的差异。许多模型采用递归或回溯的投资决策公式，并以 Solow （1956）增长模型的一个变体为基础，该模型假设某种类型的固定储蓄规则，即储蓄是每个时期收入的一个固定部分。固定储蓄规则通常是一种避免解决动态优化问题的简化方法。具有固定储蓄规则的模型通常采用详细的能源部门和其他重要特征，如土地使用和人口变化来弥补这种简化（如 MacCracken et al.，1999）。

能源经济学文献中的其他模型对资本积累采取了一种前瞻性的方法，这种方法假定了理性预期，这与确定性情况下关于资本、价格和其他变量的未来生产率的完美预见相一致（如 Goulder，1995）。具有前瞻性行为的动态竞争均衡的性质可能与基于固定储蓄规则的模型有本质上的不同。尽管完美预见的假设可能不现实，但它确实将未来的信息纳入了当前的决策，从经济理论的角度来看，这是对固定储蓄规则的改进。在不确定的情况下，完美预见也被解释为理性预期的一阶近似（Fair and Taylor，1983）。一些经济增长模型混合了不同类型的储蓄行为，这些模型通过对一小部分人进行假设以解决动态优化问题，而另一部分人则依然遵循固定储蓄规则（McKibbin and Vines，2000）。

30.1.2　世代交叠模型

为处理可持续性和其他代际福利问题，OLG 模型为 ILA 模型提供了一种替代（Howarth and Norgaard，1992；Farmer and Randall，1997）。OLG 模型用明确的人口结构来描述生命周期的关键阶段。与 ILA 模型一样，OLG 模型带有各种结构性假设和解决方法。一般而言，OLG 模型具有不同于 ILA 模型的动态特性（Auerbach and Kotlikoff，1987；Geanakoplos and Polemarchakis，1991；Kehoe，1991）。然而，这些差异取决于这样一个假设，即 OLG 模型中的储户只为自己的退休做计划，而不关心后代。例如，如果父母关心他们孩子的福利，则存在影响储蓄行为的遗赠动机，并导致 OLG 模型和 ILA 模型没有区别（Barro，1974）。

Blanchard-Yaari-Weil 的“永葆青春”模型提供了一系列条件，在这些条件下，OLG 和 ILA 的方法是等价的（Blanchard，1985；Blanchard and Fischer，1987）。Marini 和 Scaramozzino（1995）使用该模型的一个版本来表明，社会规划中，当代际之间不存在异质性时，OLG 模型与 ILA 模型没有区别。换句话说，ILA 模型对环境政策分析的适用性简化为一个实证问题，即不同时代的储蓄和消费决策是否存在显著的异质性。

最近一些研究运用 OLG 模型来重新验证过去通过 ILA 模型得出的气候变化政策影响。在某些情况下，OLG 模型产生的结果与相应的 ILA 模型相似（Stephan et al.，1997；Manne，1999）。然而，另一些研究发现 OLG 模型和 ILA 模型的结果有很大差异。Howarth（1996，1998）将两期 OLG 模型与 Nordhaus（1994）的假设相匹配，发现从经济效率的角度来看，适度或大幅地减少温室气体排放是合理的。Howarth 指出，一般来说，ILA 模型可以被描述为缺乏重要的定性人口特征的简化形式的 OLG 模型。Howarth 认为，Nordhaus（1994）的模型对社会福利函数中使用的代际权重的变化尤其敏感。Gerlagh 和 van der Zwaan（2000，2001）得出了更有力的结论，并质疑 ILA 模型是否适用于分析气候变化政策。他们将自己的研究结果与那些发现 OLG 模型和 ILA 模型产生相似结果的研究的差异，归因于他们在三期 OLG 模型中对预期寿命延长和人口老龄化的详述。

30.1.3　多重群体异质家庭户模型

本章将家庭人口老龄化这一概念引入人口环境技术（population-environment-technology，PET）模型，该能源经济增长模型建立了具有 ILA 和 OLG 方法特征的“多重群体异质家庭户”模型。原 PET 模型具有 ILA 的结构，存在完美的预见性。因此，任何将人口划分为不同年龄组的做法都必须考虑到这样一个事实，即家庭户将根据其生命周期及其子女的生命周期的前瞻性行为做出储蓄和消费决定。因此，本章不是仅按年龄组，而是按包含年龄和家庭户结构规模的群体，并随着群体年龄的增长跟踪这些家庭户及其子女的家庭户。

本章使用美国新的家庭户预测结果来构建家庭户的“队列”，其中家庭户年龄由家庭户代表的年龄来定义（Deaton，1997）。这些预测的实现基于 ProFamy 模型 （Zeng et al.，1998）的应用。结果表明，与已有的家庭户预测模型相比，ProFamy 多维家庭户预测模型有了实质性的改进，已有的家庭户预测模型通常依赖于简单的户主率方法，这种方法有几个严重的缺点（Jiang and O’Neill，2004）。在 PET 模型中，ProFamy 模型将家庭户队列分成三个无限期生存的群体。每一个群体都按平均一代人的长度进行划分，一般是 30 年。例如，80 岁、50 岁和 20 岁的家庭户被归为一个群体，这是基于年轻家庭户通常是年长家庭户的后代的假设。请注意，增加世代的长度会增加群体的数量，因此本章采取最简单的 OLG 框架，每个群体只用一个队列表示，排除任何利他行为。相反，缩短世代长度会减少群体的数量，这更接近典型的 ILA 框架。因此，群体的异质性随着世代长度的增加而增加。

为了校准 PET 模型，每个年龄组家庭户的消费支出、储蓄、资产积累、劳动力供给和其他变量的估计值来自美国消费者支出调查（consumer expenditure survey，CES）。PET 模型有 17 种消费品，包括能源密集型产品，如公用事业和燃料，以及不太密集型的产品，如教育或卫生（Goulder，1995）。根据 CES 数据，不同年龄组的家庭户有不同的收入和消费水平。不同年龄组之间的差异意味着每个群体根据其在每个时间点的年龄分布，都与特定的收入和消费模式相关联。这些差异都会对能源需求产生直接或者间接的影响。

本章的研究结果表明，人口老龄化产生的最重要影响是由不同年龄段的劳动收入差异造成的，这种差异产生了消费和储蓄的复杂动态变化。这种动态性，以及家庭户预测和消费支出数据所呈现的其他关系，形成了影响每个群体当前和未来消费及储蓄决策的互动效应。因此，需要一个动态的一般均衡模型来分析这些行为的相互影响，包括个人消费品的价格变化如何影响个体家庭户消费和储蓄之间的权衡。

利用 PET 模型，我们能够分解和分析上述的一般均衡效应。本章利用 PET 模型来分析未来美国家庭户年龄和规模结构的可能变化如何影响家庭户层面的变量。同时，利用该模型来估计家庭户层面变量的变化如何影响整个经济，以及美国家庭户构成的预期变化是否会对总的能源需求和二氧化碳排放产生实质性影响。本章研究结果显示，结合 ILA 和 OLG 的方法，各个群体的年龄结构会产生复杂的动态变化，并导致劳动收入的周期性变化，从而直接影响消费和储蓄，并对能源需求产生间接影响。本章发现，在低方案下，将美国家庭户的异质性纳入其中可以减少近 40%的长期排放。在其他情况下，异质性的影响不那么极端，长期排放只减少了约 15%。本章还发现，在某些情况下，老龄化对排放的影响可能与技术变革的影响相当，甚至影响更大。

能源经济增长模型建立在许多假设基础上，其中有些假设的局限性较大，PET 模型在这方面也不例外。PET 模型的重要假设包括效用函数和生产函数的常数弹性形式、消费者和厂商的理性（利益最大化）行为、具有跨期决策等比贴现的附加可分性效用函数，以及储蓄和投资决策的完美预见。这些都是新古典增长模型中的标准假设。

除了新古典增长模型的标准假设之外，本章的结果还基于一些关于弹性值、国际贸易和劳动力参与变化的具体假设。PET 模型中描述家庭户对不同消费品需求的效用函数包含两个重要的弹性参数。关于这些参数的实证信息是有限的，并且本章中的结果对两个重要弹性参数值的选择具有敏感性。

本章从与国际贸易相关的复杂问题中抽象出来，将美国视为一个封闭的经济体来关注与人口老龄化相关的问题。回顾有关人口的经济学文献，Barro 和 Becker（1989）曾开创性地提出过这种简化假设。PET 模型完全能够模拟几个国家或地区之间的贸易情况，但缺乏这些国家或地区的家庭户预测和其他人口信息，因而不考虑贸易的影响有助于发展与人口变量有关的预测模型。因为如果没有堪比美国的详细人口统计信息，将贸易纳入 PET 模型可能会稀释老龄化的影响，同时使分析变得复杂。

对于本章的结果，模型中最重要的假设之一是：未来的劳动力参与率因年龄组而异，但按人均计算是固定的。类似的简化假设也出现在 Barro 和 Becker（1989）的研究中，但在本章中，这一假设对结果有直接影响，而且可能与现实不符。人口老龄化的一个看似合理的结果是，老年群体的参与增加了劳动力。此外，人口老龄化和预期寿命的增加将加剧养老金体系的压力。政策制定者可能会通过提高退休年龄，或者减少福利来应对这些情况。这两种选择在美国都被讨论过，前者肯定会增加老年群体的劳动力供给，而后者也可能会产生类似的效果。两种假设都是未来研究的一个重要领域。

本章 30.2 节描述了 PET 模型和家庭户经济数据，30.3 节描述了家庭户预测，30.4 节阐述了 PET 模型的模拟结果。在 30.5 节，本章将讨论分析结果和未来研究的方向。

30.2　本章应用的人口环境技术模型

PET 模型是一个全球尺度的动态可计算一般均衡模型，旨在分析与化石燃料的生产和使用，以及二氧化碳排放相关的经济权衡。通过 PET 模型可以计算美国经济中使用化石燃料所产生的所有二氧化碳排放，这些排放包括政府和其他非消费者相关来源。本章使用 PET 模型来分析人口老龄化如何影响美国经济中使用化石燃料产生的二氧化碳排放总量。本节将介绍 PET 模型的家庭户和消费组成部分，并对模型进行简要概述。

图 30.1 给出了 PET 模型的示意图。生产部分由许多互相竞争的厂商经营，这些厂商生产中间产品，包括能源（E）和材料（M），以及最终产品。除了模型中政府部门生产的最终产品外，消费（C）和投资（I）都是最终产品。模型中各行业的生产函数具有资本劳动能量材料（capital labor energy materials，KLEM）结构，是嵌套的常数弹性替代形式。石油、天然气、煤炭、精炼石油和电力是独立的能源投入来源。其他中间产品被聚合在一起，由一个单一的材料行业生产。

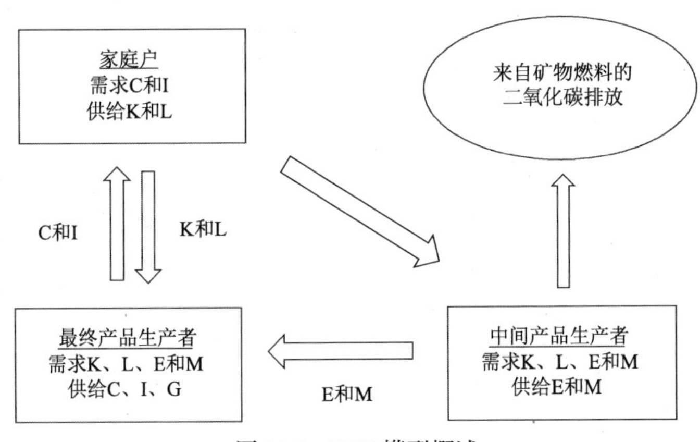

图 30.1　PET 模型概述

家庭户需要消费和投资产品（C 和 I），同时提供资本和劳动力（K 和 L）；
最终产品生产者提供 C、I 和政府商品（G）；中间产品生产者提供能源和材料（E 和 M）；
煤炭、石油和天然气行业等主要的能源生产者制造二氧化碳排放

在 PET 模型中使用单独的生产率系数来描述技术变革，随时间推移，该系数根据模型中每个生产函数的输入而发生变化，兼顾劳动力、资本和能源加快技术变革的不同模式，包括 Hicks 模型、Solow 模型和 Harrod 模型。虽然这些生产率系数的变化是外生的，但由此产生的包括能源在内的投入使用模式是内生的，因为它是由相对价格的变化所驱动的。因此，经济增长和碳排放强度是内生模型产生的。选择不同生产力系数的时间路径应保证人均 GDP 增长率和碳排放强度趋势等产出与特定情景一致。这种方法的一个优点是可以根据 PET 模型的结构参数来指定技术变化的速率和模式，而不是使用纯粹的外生机制，如自主提高能效（autonomous energy efficiency improvement，AEEI）。

PET 模型中的每个生产函数都有一个单独的能源投入来源，其替代参数假设

大于 KLEM 输入的替代参数，这意味着在生产过程中，能源投入比其他投入更具可替代性。如何估计替代参数或分配适当的值是应用一般均衡分析中的一个重要课题，也是过去 PET 模型研究的主题。本章在此根据模型的标准配置分配值，所有行业的能源投入替代弹性设置为 2.0，意味着能源投入的适度替代性，而 KLEM 投入的替代弹性为 0.4，因此对这些投入的需求相对缺乏弹性。能源和气候变化文献中已有关于生产函数和替代弹性结构的不同假设（Weyant and Hill，1999）。本章给出的替代弹性与该文献一致。由于石油、天然气和煤炭行业从化石燃料中生产一次能源，这些行业的产出在模型中考虑了二氧化碳的排放。

PET 模型的消费部分是基于有许多家庭户的人口，并将价格视为给定。模型中的每一种消费品都由不同的行业生产，而由同一个行业生产投资产品。家庭户需要消费品，并通过向生产者提供资本和劳动力来获得收入。家庭户通过购买投资产品来储蓄。该模型通过求解家庭户所属群体的无限域动态优化问题来确定家庭户的储蓄行为。下面将更详细地说明消费和储蓄行为。

以下各节将介绍 PET 模型中与家庭户消费和储蓄有关的部分，以及用于校准模型中家庭户部分的数据。模型的这些部分是本章对影响能源使用和二氧化碳排放的家庭人口因素进行一般均衡分析的核心。由于目前只有美国的家庭户经济数据和预测，因此，本章着重研究美国经济中家庭户消费和要素供给之间的相互作用。为了简化模型，本章省略了贸易，并在更可控的环境中分离出家庭人口因素的影响。本章认为这一遗漏很可能会影响结果，但不考虑贸易影响的初步评估为进一步的工作提供了一个有用的基础，并允许对具有人口异质性的结果进行有效比较。

30.2.1　家庭户消费和储蓄

基于家庭户代表年龄，我们将人口中的单个家庭户分为三个独立的群体，用 i 来表示。每个群体都由大量相同的家庭户个体组成，这扩展了新古典增长模型中的一个标准假设，即人口由大量相同的家庭户组成。我们拓展到多重群体的做法与新古典主义增长理论相一致，而且从一般均衡分析的角度来看，这比假设所有家庭户都一样更符合实际、更有意义。

令 n_{it} 表示时间 $t \geqslant 0$ 时生活在每种家庭户类型中的总人数。每个家庭户都被赋予劳动力 l_{it} 和初始家庭资产 $\overline{k}_i$，这是按人均来表示的。同样，除特别注明外，其他变量均以人均来表示。不同家庭户拥有的资本是同质的，在生产中可以完全替代。家庭户通过以 q_t 的价格购买投资产品 x_{it} 进行储蓄。投资被加入家庭资产或资本 k_{it}。根据资本运动定律，家庭资产以 $\delta > 0$ 的速率贬值，这对于所有家庭户来说都是一样的。

$$k_{it+1} = (1-\delta)k_{it} + x_{it} \tag{30.1}$$

家庭资本收入由资本的租金率 r_t 决定，这对所有家庭户都是一样的。假设劳动工资率（ w_t ）也在家庭户之间是相等的，因此劳动收入的差异来自人均劳动供给或生产率的差异。在我们的分析中，根据瓦尔拉斯定理，劳动被假定为货币兑换率计价标准，对于所有的 t， $w_t=1$ 。

PET 模型有 17 种消费品，用 j 来表示，用 c_{ijt} 表示第 i 类家庭户在 t 日对产品 j 的人均消费。每种消费品的价格用 p_{it} 表示。家庭户有共同的贴现因子 $0<\beta<1$，和跨期替代参数 $-\infty<\rho<1$。对不同消费品的偏好由替代参数 $-\infty<\sigma<1$ 来表征，同时假设该替代参数对所有家庭户都相同。支出份额参数 μ_{ijt} 因家庭户而异，可能随时间而变化。

本章评估了家庭人口因素在百年跨度时期的重要性，并没有解决长期均衡的可能影响。因此，我们假设家庭户从长远来看是相同的。这一假设的基本原理是在有和没有人口异质性的情况下建立比较结果的一致性。在人口异质性情况下，人均劳动供给 l_{it} 、支出份额 μ_{ijt} ，随着时间的推移趋向于所有 i 的值相等。这些长期条件意味着具有人口异质性的最终或长期平衡增长路径均衡与典型家庭户的参考情况相同。

PET 模型的模拟从 2000 年开始。模型的跨度是 100 年，即下文所述家庭人口预测的时间跨度。在此期间，我们假设家庭人口的异质性逐渐消失，因此在 2200 年所有的家庭户都是相同的。即使没有对 l_{it} 和 μ_{ijt} 进行长期限制，如果每个 i 的 ϕ_{it} 资本所得税率相同，那么模型中的其他假设（如下所述）表明每个群体的资产存量 k_{it}（以人均计算）内生地收敛到相等的值。换句话说，从长远来看，即使劳动收入或消费模式不同，各个群体的人均资产持有量是相同的。这一结果取决于每个群体的资本所得税率是相同的，但不受劳动所得税率 θ_{it} 的直接影响。

在该模型中，家庭户从政府（ g_{it} ）获得人均一次性转移，这是一个净值，因此负值代表家庭户的净支付。家庭户之间的私人转移在模型中有所体现，但为了简明表示，未在公式中列出。群体 i 的家庭户在 t 时点的预算约束为

$$\sum_{j=1}^{17} p_{jt}c_{ijt}+q_t x_{it}=(1-\theta_{it})w_t l_{it}+(1-\phi_{it})r_t k_{it}+g_{it} \tag{30.2}$$

对消费品的需求受每一时点 t 不同产品之间的权衡，以及与储蓄和投资有关的动态因素的影响。家庭户将价格视为给定的，是理性的、具有前瞻性的行为，特别是对影响其投资决策的所有变量的未来价值有着完美的预见。这些变量包括相关价格，如 q_t 和 r_t ，以及其他家庭户未来的资产持有情况。前瞻性行为意味着模型中的均衡条件是动态一致的。产品之间的权衡用恒定的替代弹性支出函数来表示，而随着时间的推移，用一个恒定的替代弹性跨期效用函数来描述。PET 模

型不包括家庭户效用函数中的休闲。因此，劳动供给是无弹性的，由每个家庭户的劳动禀赋（l_{it}）给出，由下文所述CES数据确定。

给定价格，在式（30.1）和式（30.2）的约束下，类型i的每个家庭户都针对所有j选择消费序列$\{c^*_{ijt}\}$和投资$\{x^*_{it}\}$以最大化。

$$\frac{1}{\rho}\sum_{t=1}^{\infty}\beta^t n_{it}\left(\sum_{j=1}^{17}\mu_{ijt}c_{ijt}^{\sigma}\right)^{\frac{\rho}{\sigma}} \tag{30.3}$$

为了有助于解释下面的结果，我们阐述一下家庭户优化问题的求解算法中的两个步骤。在第一步中，每种消费品的需求是通过在每一时点t，最小化总支出（取决于给定的效用水平）并根据当时价格而确定。双重价格指数用于计算家庭户的边际消费成本，由于支出份额的异质性，家庭户的边际消费成本是不同的。式（30.3）中与支出函数对偶的价格指数对每种家庭户类型都有一个封闭形式的表达式：每个价格指数都包括一个加权总和，该总和取决于家庭户的支出份额及所有家庭户所面临的消费品价格。在一般均衡PET模型中，消费品价格受到要素供给变化的复杂影响，包括人口老龄化对劳动供给的影响。

$$\bar{p}_{it}=\left(\sum_{j=1}^{17}\mu_{ijt}^{\frac{1}{1-\sigma}}p_{jt}^{\frac{\sigma}{\sigma-1}}\right)^{\frac{\sigma-1}{\sigma}} \tag{30.4}$$

双重价格指数式（30.4）汇总了不同商品的价格变化，以表明对每个家庭户边际消费成本的总体影响。通过比较消费的边际成本p与投资商品的价格q_t，确定家庭户在每一时点t的消费和储蓄之间的最优权衡。

家庭户优化问题的第二步是解决所有时点t的消费支出和投资路径，使式（30.3）最大化。虽然消费品的价格变化对消费模式有静态影响，但消费和储蓄之间的权衡影响模型的动态性。该模型的求解算法使用欧拉方程，该方程是服从方程式（30.1）和式（30.2）；式（30.3）最大化的一阶条件，整理后可得

$$\frac{q_t}{\bar{p}_{it}}\left(\sum_{j=1}^{17}\mu_{ijt}c_{ijt}^{\sigma}\right)^{\frac{\rho-1}{\sigma}}=\beta\left(\frac{r_{t+1}+(1-\delta)q_{t+1}}{\bar{p}_{it+1}}\right)\left(\sum_{j=1}^{17}\mu_{ijt+1}c_{ijt+1}^{\sigma}\right)^{\frac{\rho-1}{\sigma}} \tag{30.5}$$

同时满足一组横截性条件的欧拉方程式（30.5）、资本运动定律式（30.1）和预算约束式（30.2）的解可以使式（30.3）最大化。而且，该解是唯一的（Stokey et al.，1989）。横截性条件使用家庭资本的影子价值λ_{it}，并要求：

$$\lim_{t\to\infty}\lambda_{it}k_{it}=0 \tag{30.6}$$

横截性条件保证了家庭户的资本存量序列是有界的。我们利用这一点来计算一个资本存量的稳态水平 k^*，它对所有的家庭户都是一样的，并且满足上面假设的条件。

PET 模型允许劳动增加和其他类型的技术变革。用 γ 表示劳动力增加技术变革的长期速率。稳态或平衡增长路径给出用于计算资本存量稳态水平的长期条件，用资本回报与投资品价格的比率表示：

$$(1-\phi_{it})\frac{r_t}{q_t}=\frac{1}{\beta}(1+\gamma)^{1-\rho}-(1-\delta) \tag{30.7}$$

根据上面的假设，式（30.7）右侧的参数不依赖于时间，并且在不同的家庭户类型中是相同的。由于家庭户面临相同的资本和投资价格，如果家庭户之间的资本所得税税率相同，那么从长期来看，人均资产积累是相等的，这在上面对长期条件的描述中已经提到。PET 模型使用欧拉方程式（30.5）和费尔泰勒算法（Fair and Taylor，1983）的一个变体，计算每个家庭户从 $\overline{k}_i$ 到 k^* 的最优转换。

30.2.2　生产、消费和收入数据

在能源和其他投入方面的支出份额模式因行业而异。Brenkert 等（2004）描述了在 PET 模型中使用的基准投入产出数据。这些数据用于校准 PET 模型的生产函数，它们来自美国国民收入和生产账户（national income and product accounts，NIPA）和其他来源。为了校准模型的家庭户需求部分，我们使用了来自美国 CES 的数据。CES 是一项具有全国代表性的调查，由两部分组成：访谈调查和日记本调查。在某些情况下，CES 调查结果与 NIPA 数据不同。为了解决消费和生产数据的差异，我们使用 CES 数据来确定每个消费品在整体经济水平上的总支出份额，并将这些经济份额应用到总消费支出中，以确定每个消费品行业的产出。根据 CES 确定的产出水平，使用 NIPA 数据得出的投入产出比来确定每个行业对能源和其他投入的需求。

CES 数据只报告了家庭户总支出，没有区分国内和国外生产的消费品。如上所述，为了简化分析，我们将美国视为一个封闭的经济体，并在一个更可控的环境中将人口效应分离出来。因此，分析中的所有消费品都是根据美国经济的基准数据产生的，这使得我们的结果存在偏差，因为外国生产的产品的能源消耗强度与国内生产的产品有很大差异。

CES 访谈调查的样本规模约为 5500 个家庭户，是基于对调查前三个月的支出和调查前一年的收入的回忆，旨在记录相对较大的支出和定期发生的支出。访

谈调查采用了轮流访谈的小组设计，即对每个小组进行连续 5 个日历季度的访谈，然后访谈一个新的小组。因此，每个季度约有 20%的地址是新的调查。日记本调查是基于过去两周的书面支出记录，旨在更好地记录小额、频繁的消费。

CES 数据被用于消费的经济分析（Paulin，2000；Schmitt，2004）。简而言之，无论是访谈数据还是日记本数据，通过对每个消费类别的选择来整合数据比根据美国劳工统计局的数据更可靠。CES 数据中的分类被聚合为 PET 模型中使用的 17 个消费品类别（Goulder，1995）。这些商品的年人均支出是按家庭户类型计算的。家庭户类型是由家庭户中“参照人”的特征定义的，在 CES 数据中定义为被调查者在被问及“请列出拥有或租赁房屋的人的名字”时提到的第一个成员。我们将“参照人”称为“家庭户代表”。

表 30.1 显示了 17 种消费品的消费在不同年龄组之间的变化情况，使用每种商品的支出份额或支出总额的部分。我们使用这些支出份额作为 PET 模型的基准数据，这些数据被转换成用于校准模型的家庭户需求系统的份额参数 μ_{ijt}。为了总结消费模式的主要差异，我们对年轻家庭户和老年家庭户进行了区分。如下文所述，家庭户预测表明，未来的组成变化是由表 30.1 中年龄范围两端的人口所占比例驱动的。从表 30.1 可以看出，老年家庭户在公用事业、服务和健康方面的支出占收入的比例比年轻家庭户大得多，在服装、汽车和教育方面的支出占收入的比例则小得多。

表 30.1　不同年龄组的各项支出占比

产品	均值	家庭户代表年龄							
		15～24 岁	25～34 岁	35～44 岁	45～54 岁	55～64 岁	65～74 岁	75～84 岁	85～94 岁
1. 食品	15.29%	15.41%	14.71%	15.55%	15.29%	15.31%	15.55%	16.43%	12.43%
2. 酒精	1.02%	1.69%	1.22%	0.96%	0.84%	1.02%	0.87%	0.99%	0.24%
3. 烟草	0.85%	0.93%	0.83%	0.89%	0.86%	0.98%	0.76%	0.43%	0.37%
4. 公用事业	4.22%	2.90%	3.74%	4.01%	3.98%	4.69%	5.53%	6.71%	6.07%
5. 住房服务	20.50%	21.54%	23.80%	21.69%	18.82%	17.80%	16.19%	17.63%	33.63%
6. 家具	4.48%	3.76%	4.29%	4.35%	4.84%	5.07%	4.66%	4.16%	1.21%
7. 电气用具	1.35%	1.65%	1.25%	1.41%	1.33%	1.49%	1.21%	1.19%	0.87%
8. 服装	4.93%	5.35%	5.31%	5.28%	5.40%	4.07%	4.00%	2.85%	1.59%
9. 交通	8.25%	7.71%	8.33%	7.99%	8.68%	8.90%	8.25%	6.78%	4.70%
10. 汽车	12.01%	14.47%	13.06%	12.65%	12.57%	11.20%	9.42%	5.08%	5.12%
11. 服务	7.22%	5.48%	6.25%	6.53%	7.31%	8.35%	9.53%	10.04%	9.19%
12. 金融服务	2.99%	1.93%	2.95%	3.20%	2.80%	3.55%	2.88%	3.26%	1.58%

续表

产品	均值	家庭户代表年龄							
		15～24岁	25～34岁	35～44岁	45～54岁	55～64岁	65～74岁	75～84岁	85～94岁
13. 娱乐	3.75%	3.38%	3.67%	3.65%	4.02%	3.70%	3.99%	3.88%	2.07%
14. 快速消费品	1.98%	2.12%	2.16%	2.09%	2.07%	1.76%	1.74%	1.06%	0.70%
15. 燃料	3.40%	3.50%	3.29%	3.40%	3.50%	3.59%	3.42%	3.02%	2.25%
16. 教育	1.76%	5.50%	1.29%	1.75%	2.41%	1.14%	0.50%	0.19%	0.37%
17. 健康	5.99%	2.69%	3.84%	4.60%	5.28%	7.39%	11.51%	16.30%	17.62%

由于公用事业和燃料是能源密集商品，表 30.1 的支出模式表明，老年家庭户的总消费比年轻家庭户的消费能耗更多。公用事业约占电力的 2/3，剩下的 1/3 由天然气、水和下水道服务支付。电力需求主要是由电器使用驱动的，而天然气消耗主要是由取暖设备驱动的（EIA，2004）。

虽然老年家庭户在公用事业上的支出占收入的比例较大，但考虑到收入差异，年轻和老年家庭户在公用事业上的绝对支出水平大致相同，这与之前对住宅能源使用模式的研究一致（Bin and Dowlatabadi，2005）。燃料类别中汽油占 80%～90%，主要受汽车使用的影响。其余部分主要由燃料油和天然气组成。虽然老年家庭户在燃料上的支出占人均收入的比例高于年轻家庭户，但收入差异意味着燃料使用的绝对水平要小得多，这与其他研究一致（O'Neill and Chen，2002）。

在表 30.2 中，我们总结了其他特定年龄的经济活动。表 30.2 中的政府转移支付包括社会保障、工人补偿、失业救济和其他种类的公共援助，从人均角度来看，这些都大大有利于老年家庭户。储蓄包括养老保险、购买房产的首付、抵押贷款还款、资本改良，以及对自有企业或农场的投资。资产包括金融账户和证券的价值加上财产的权益份额。

表 30.2　总消费支出、储蓄、收入、政府和家庭转移及不同年龄组的所得税税率（人均价值以 1998 年美元计算）　单位：美元

项目	均值	家庭户代表年龄							
		15～24岁	25～34岁	35～44岁	45～54岁	55～64岁	65～74岁	75～84岁	85～94岁
消费	13 214	11 355	11 824	12 175	15 987	15 336	14 156	12 555	12 084
储蓄	3 316	1 080	2 253	3 442	4 674	5 020	2 299	3 036	6 808
劳动收入	14 198	9 659	14 753	15 278	21 583	14 440	4 014	1 324	1 325

续表

项目	均值	家庭户代表年龄							
		15～24岁	25～34岁	35～44岁	45～54岁	55～64岁	65～74岁	75～84岁	85～94岁
资本收入	2 020	192	769	1 336	2 081	4 115	4 998	5 019	3 777
资本	33 377	3 076	5 894	17 040	43 867	66 295	95 910	87 351	82 277
政府转移	371	–440	–822	–811	–1 066	1 270	6 098	7 957	7 384
家庭转移	48	342	210	32	7	65	–244	–364	–474
资本税率	0.23	0.39	0.34	0.31	0.30	0.17	0.16	0.15	0.17
劳动税率	0.09	0.06	0.08	0.08	0.10	0.10	0.18	0.26	0.18

30.3　家庭户预测

表 30.3 给出了本章应用 ProFamy 模型得出的美国家庭人口预测高、中、低三个方案的结果，预测时间为 2000 年到 2100 年。简化起见，本章在分析中假设家庭人口在 2100 年后保持不变。表 30.3 给出了高、中、低三种预测方案下不同预测年份的美国总人口，以及不同年龄组家庭户人口占总人口的百分比。我们在另一篇论文（Jiang and O’Neill，2006）中描述了与 ProFamy 模型（该模型既可预测人口又可预测家庭户）的合作，以及应用于美国家庭户预测研发。

表 30.3　高、中、低三种预测方案下美国总人口和不同年龄组的比例按家庭户代表年龄分的人数占总人口比例

年份	总人口/万人	年龄								
		15～24岁	25～34岁	35～44岁	45～54岁	55～64岁	65～74岁	75～84岁	85～94岁	95+岁
高方案										
2000	28 140	6.5%	23.0%	30.5%	19.7%	9.4%	6.5%	3.6%	0.9%	0.1%
2010	31 660	7.3%	21.7%	25.0%	20.7%	13.6%	7.0%	3.6%	1.0%	0.1%
2020	36 120	6.2%	21.8%	24.5%	17.5%	14.6%	10.1%	4.2%	1.0%	0.1%
2030	41 430	6.4%	19.9%	24.9%	17.4%	12.5%	11.2%	6.3%	1.3%	0.2%
2040	47 500	6.7%	20.5%	23.3%	17.7%	12.4%	9.6%	7.3%	2.3%	0.2%
2050	54 630	6.9%	20.8%	23.9%	16.5%	12.5%	9.5%	6.5%	3.0%	0.4%
2060	63 020	6.9%	20.6%	24.0%	16.9%	11.7%	9.6%	6.6%	3.0%	0.6%
2070	72 830	7.0%	20.5%	23.7%	17.0%	12.0%	9.1%	6.7%	3.3%	0.7%

续表

年份	总人口/万人	年龄								
		15～24岁	25～34岁	35～44岁	45～54岁	55～64岁	65～74岁	75～84岁	85～94岁	95+岁
2080	84 150	6.9%	20.4%	23.5%	16.8%	12.1%	9.3%	6.5%	3.6%	0.9%
2090	97 040	6.9%	20.2%	23.3%	16.7%	12.0%	9.4%	6.8%	3.6%	1.1%
2100	111 700	6.8%	20.1%	23.1%	16.6%	11.9%	9.4%	7.0%	3.8%	1.2%
中方案										
2000	28 140	6.5%	23.0%	30.5%	19.7%	9.4%	6.5%	3.6%	0.9%	0.1%
2010	30 780	6.7%	21.0%	25.2%	21.3%	13.9%	7.1%	3.6%	1.1%	0.1%
2020	33 380	5.8%	20.6%	23.9%	18.0%	15.4%	10.6%	4.4%	1.1%	0.2%
2030	36 060	5.8%	18.9%	23.9%	17.4%	13.2%	12.2%	6.9%	1.4%	0.2%
2040	38 780	5.6%	19.2%	22.5%	17.7%	12.9%	10.7%	8.5%	2.6%	0.3%
2050	41 450	5.4%	19.0%	22.9%	16.8%	13.2%	10.7%	7.8%	3.7%	0.5%
2060	44 230	5.3%	18.6%	22.7%	17.2%	12.6%	11.1%	7.9%	3.9%	0.7%
2070	47 230	5.2%	18.4%	22.2%	17.0%	13.0%	10.7%	8.4%	4.3%	0.8%
2080	50 490	5.0%	18.1%	22.1%	16.8%	12.9%	11.0%	8.2%	4.8%	1.1%
2090	53 830	4.9%	17.7%	21.8%	16.8%	12.8%	11.1%	8.7%	5.0%	1.4%
2100	57 300	4.7%	17.4%	21.5%	16.6%	12.8%	11.1%	8.9%	5.4%	1.7%
低方案										
2000	28 140	6.5%	23.0%	30.5%	19.7%	9.4%	6.5%	3.6%	0.9%	0.1%
2010	30 370	6.8%	21.0%	24.9%	21.1%	14.0%	7.2%	3.7%	1.1%	0.1%
2020	32 120	5.3%	20.3%	23.6%	17.9%	15.7%	11.1%	4.7%	1.2%	0.2%
2030	33 140	4.5%	17.6%	23.6%	17.5%	13.7%	13.1%	7.8%	1.8%	0.3%
2040	33 410	3.9%	16.4%	21.8%	18.0%	13.8%	12.0%	10.0%	3.7%	0.4%
2050	32 850	3.3%	14.9%	21.0%	17.2%	14.8%	12.6%	9.7%	5.6%	0.9%
2060	31 790	2.9%	13.4%	19.8%	17.0%	14.6%	14.1%	10.7%	6.0%	1.6%
2070	30 500	2.5%	12.0%	18.4%	16.5%	15.0%	14.2%	12.3%	7.0%	2.0%
2080	28 770	2.3%	10.7%	16.9%	15.7%	15.0%	15.1%	12.9%	8.5%	2.9%
2090	26 990	2.1%	10.1%	15.5%	14.8%	14.7%	15.5%	14.0%	9.4%	3.9%
2100	25 050	2.0%	9.5%	14.9%	13.7%	14.1%	15.5%	14.8%	10.7%	4.8%

本章的模拟预测方案使用基于一组可信的人口假设，包括生育、死亡、迁移、结婚（同居）、离婚（同居终止），这些假设影响人口规模、年龄结构和家庭户规模结构等一系列结果。本章选择合适的人口事件发生/风险率，并在每种方案下将它们适当组合，产生高、中、低三个模拟预测方案：低方案，即相对较小和老化的

家庭户；高方案，即相对较大而年轻的家庭户；中方案，即家庭户规模和老化中等。这三种方案下的人口规模在 2100 年的差异超过四倍，这是由对生育率、死亡率和国际移民的假设差异造成的。因为美国是世界上主要的移民目的地国家之一，国际移民假设在未来的人口结构中发挥着极其重要的作用。这些预测的一个重要特征是，低方案下的家庭户的年龄构成与高方案和中方案下的家庭人口构成明显不同，在低生育率和低死亡率条件下，生活在老年家庭户的人口比例要高得多。

我们使用按家庭户代表年龄划分的人口分布来构建在每个时间点上由一系列不同年龄的家庭户组成的群体。图 30.2 概述了利用 ProFamy 模型构建队列和群体的过程。我们首先以 10 年为间隔将家庭户进行分组，由 15～25 岁家庭户代表的家庭户组成一组，26～35 岁家庭户代表的家庭户组成另一组，以此类推。年龄最大的群体是 96 岁以上的家庭户代表。根据平均生育年龄，这些年龄组联系在一起形成各个群体，美国的平均生育年龄大约是 30 岁。例如，在 2000 年，由 20 岁、50 岁和 80 岁家庭户代表组成的家庭户是在同一个群体。在 2010 年，这些家庭户代表的年龄都增长了 10 岁，因此，这个群体由 30 岁、60 岁和 90 岁家庭户代表组成。这个过程意味着每个群体在每个时间点都有一个基于每个群体队列人口规模的特定家庭户年龄分布。

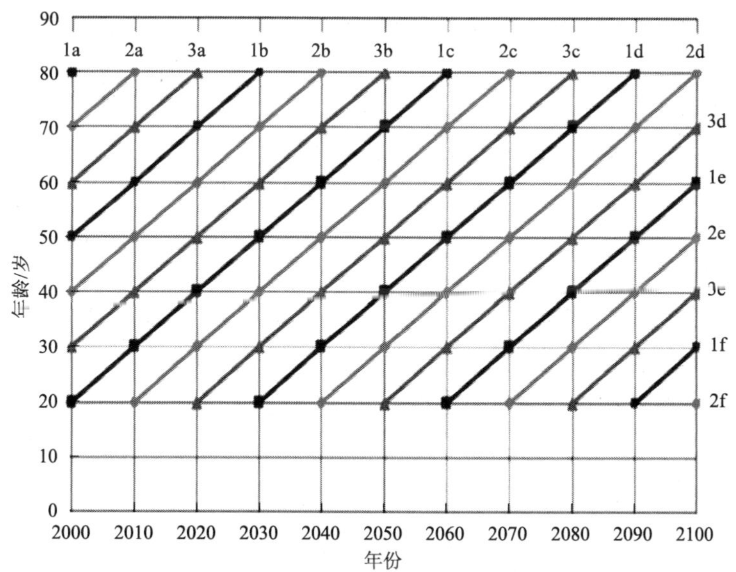

图 30.2　PET 模型中的群体队列结构

群体 1 由 1a-f（方形）组成，群体 2 由 2a-f（圆圈）组成，群体 3 由 3a-e（三角）组成

本章使用 CES 数据中不同年龄家庭户的基准数据，得出一段时间内每个群体消费品的加权平均人均劳动力供给和消费份额。每个年龄组的人均劳动力供给来

自 CES 数据，并乘以不同年龄组家庭户的人口数。这些产品的总和决定了每个群体的劳动力供给总量。对于每个群体，总劳动力供给与群体总人口规模的比率决定了人均劳动力供给的平均值。在模型校准阶段，从家庭户预测中得出的支出份额的动态路径被转换为 PET 模型需求系统的份额参数。通过这种方式，ProFamy 预测被用于确定每个群体内不同家庭户类型的人口构成变化。CES 数据用于计算每个群体的平均人均劳动力供给和家庭户支出份额参数，这些参数随着时间的推移而变化，以反映不断变化的家庭人口构成。除了这些由人口因素驱动的每个群体内参数值的变化之外，在模型模拟中，实际劳动收入和不同消费品的支出还受到价格、资本积累及某些情况下政府政策的影响。

30.4　家庭人口老化对未来碳排放的预测结果分析

我们用 PET 模型进行了两套模拟预测，分析了 2000～2100 年美国人口老龄化对碳排放的影响。为了分离人口因素的影响，第一套不包括技术变革。第二套包括技术变革，其组织方式与第一套模拟相同，分为三个组。第一组使用无老化典型家庭户的 PET 模型的配置。这一组模拟与目前气候变化文献中许多模型使用的典型方法相似，是我们分析的起点。第二组使用的是异质家庭户模型的配置，包括三个在消费模式、初始资本和劳动力供给方面存在年龄差异的群体。第二组模拟结果与第一组模拟结果的比较为我们关于人口异质性的引入是否会显著影响碳排放的主要结论提供了基础。第三组模拟也使用了一个群体的典型家庭户配置，但总劳动力供给随时间变化，以符合变化的年龄结构。这种老化典型家庭户配置与异质家庭户配置具有相同的总劳动力供给，其他人口因素都是均衡的。通过比较检验异质家庭户的结果是否可以用单一群体的更简单模型进行近似。三组中的每一组都由 12 个模拟组成，基于上述高、中、低家庭户模拟预测方案，并通过四个家庭户替代参数组合分层进行敏感性分析。我们使用高、中、低家庭户预测方案来测试未来家庭人口老龄化变化的影响。

30.4.1　异质家庭户与典型家庭户

异质家庭户的模型配置有三个群体，遵循图 30.2 的动态变化。对于每个群体，特定年龄的消费支出权重由表 30.1 中的值得出。初始资本和劳动力供给的权重由表 30.2 得出。无老化典型家庭户的模型配置的人均支出份额等于表 30.1 中的均值。人均的劳动力供给、消费支出等变量相等，由表 30.2 中的均值得出。为简化结果的解释，转移支付和所得税税率的基准值设置为 0。

异质家庭户模型配置的多重群体结构对劳动收入和资本的动态变化有着有趣

的影响。群体内家庭户的 OLG 结构表明，每个群体内部的人均劳动收入和资本积累是周期性的，并且由于老龄化对人均劳动力供给的影响，总体呈下降趋势。

图 30.3（a）显示了三个群体的人均劳动收入。人口老龄化导致各群体人均劳动收入呈下降趋势，而老龄化的影响在低方案中最强。相比之下，一个典型家庭户的人均劳动收入为每年 2 万美元。从 2000 年的劳动力供给情况可以对群体进行识别。例如，在 2000 年，群体 1 有一个属于 45～54 岁年龄段的队列，这是人均劳动收入最高的队列。因此，群体 1 是 2000 年劳动收入最高的群体。每个群体的劳动收入都遵循一个 30 年的周期，在一个年轻群体进入劳动力市场后持续 10 年增长，随后其他群体的老龄化导致持续 20 年的下降。

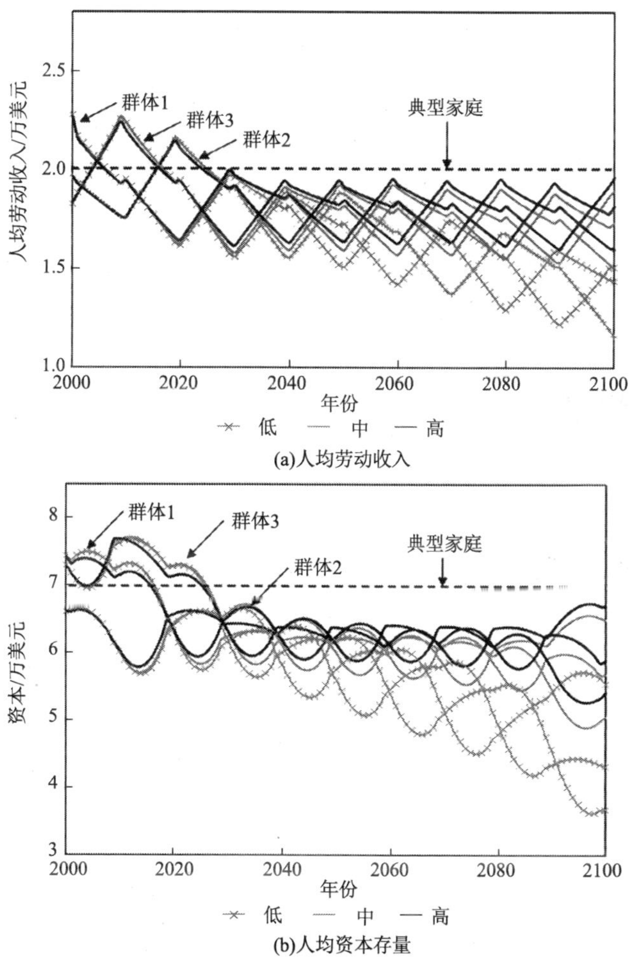

图 30.3　在高、中、低家庭人口预测方案下，三个群体以 2000 年美元计价的人均劳动收入和人均资本存量的动态变化

各群体的资本积累如图 30.3（b）所示，受到劳动收入的影响，但总体格局与劳动收入有质的不同。各群体在劳动收入上升的十年间积累资本，然后十年相对稳定，接着十年下降。这种一般模式表明，各群体在劳动力收入较高的时期，即年轻或中年家庭户时期储蓄，而在家庭户代表年龄较大、劳动收入较低的时期，减少资本存量。这种一般模式与 OLG 模型中的生命周期储蓄行为一致。相比之下，一个典型家庭户的资本用一条平均线表示，人均约为 7 万美元。图 30.3 中，在给定的家庭人口模拟预测方案下，每年各群体间的差异超过跨方案的各群体内的差异，这种情况延续到 2050 年左右，此后跨方案的变化更大。这意味着，年龄结构在短期内很重要，但由于人口增长势头，短期内人口老龄化的影响在不同的人口方案下是相似的。然而，从长远来看，老龄化和家庭人口方案有不同的影响。

图 30.4 比较了异质和典型家庭户的二氧化碳总排放量和人均排放量随时间的变化趋势。异质家庭户的总排放量是由人口年龄组成的变化驱动的。结果表明，2100 年异质家庭户的总排放量为每年 9 亿吨至 51 亿吨。对典型家庭户来说，一段时间内的排放量变化是由人口规模的变化驱动的，在三种家庭人口模拟预测方案下，到 2100 年排放量为每年 14 亿吨至 59 亿吨。

图 30.4（a）表明异质性的影响导致了在每个方案下的较低排放。在以异质和典型家庭户为对象的模拟中，排放的差异是由老龄化导致的劳动力供给变化的直接影响和价格或资本积累变化的间接或一般均衡影响的组合造成的。老龄化意味着年轻工人越来越少，他们的人均劳动贡献往往大于人口平均水平。因此，老龄化意味着在给定的人口规模下总劳动力供给的减少。

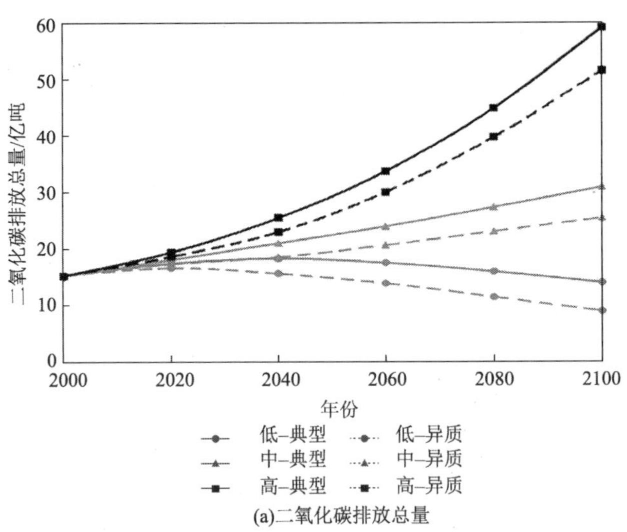

(a)二氧化碳排放总量

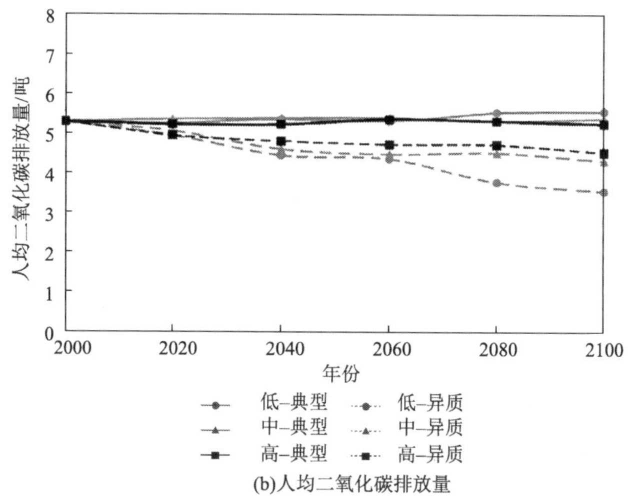

(b)人均二氧化碳排放量

图 30.4　在高、中、低家庭人口预测方案下，异质和典型家庭户的二氧化碳排放总量和人均二氧化碳排放量的可能范围

图 30.4（b）显示了在没有技术变革的情况下，每种方案中异质和典型家庭户的人均排放量。由于每种方案下的人口总数是相同的，人均排放量的差异完全是由总排放量的变化引起的。对于一个典型家庭户而言，以人均 GDP 衡量的人均产出增长基本上是 0。以每美元 GDP 的二氧化碳排放量为代表的碳排放强度变化也很小。因此，一个典型家庭户的人均排放量基本上不随时间和人口情况而变化，约为人均 5.3 吨。图 30.4（b）还显示，在低方案下，人口的异质性会使 2100 年的人均排放量减少约 2 吨。人均劳动力供给是不同年龄组的加权平均值，在中、高方案下也是如此，这就是人均排放量相对接近的原因。年轻工人的稀缺导致了低方案下的结果，对人均排放量有重大影响。到 2100 年，低和高方案下的人均排放差异约为 1 吨，但由于人口增长的势头，这些影响要到 2050 年以后才会显现。

30.4.2　老化典型家庭户

采用相同家庭户的模型配置来评估人口老龄化的主要影响是否可以简单地通过扩大一个典型家庭户的劳动力供给来纳入模型。这种老化典型家庭户结构与异质家庭户模型具有相同的劳动总量水平。与无老化典型家庭户模型相比，作为家庭户替代参数的参考值，老化典型家庭户的长期减排约为异质家庭户的 85%。因此，在本章的参考案例中，人口老龄化的大部分影响可以在具有动态劳动力供给的典型家庭户模型中得到体现。然而，典型家庭户模型是否适用于其他情况尚不清楚。例如，在模拟中使用如下文所述的家庭户替代参数的可选择值，这些影响的方向会发生变化。

30.4.3 家庭户替代参数的敏感性分析

式（30.3）中各家庭户效用函数中替代参数 ρ 和 σ 直接影响模拟预测结果。我们对家庭户跨期替代参数的参考值是 ρ= 0.5 或 1/（1–ρ）= 2.0 的弹性。该值取自 Goulder（1995），他认为该值在 Hall（1988）和 Lawrance（1991）估计的范围内。我们对消费品替代弹性的参考值也是 2.0 或 σ= 0.5。我们通过敏感性分析，检查 ρ 和 σ 作为非弹性值的情况下结果有何不同。

跨期替代弹性的值在宏观经济模型中很重要（Guvenen，2006），获得可靠和一致的估计一直是一个问题。Beaudry 和 van Wincoop（1996）使用美国各州的面板数据，报告估计值接近于 1，与 0 有显著差异。请注意，弹性为 1 意味着 ρ 为 0，这相当于自然对数效用函数的极限。零弹性意味着 $\rho\to-\infty$，这是完美补充的里昂惕夫情形。最近的一项研究，使用了新的计量经济学方法，估计跨期替代弹性小于 1，但与 0 没有显著差异（Yogo，2004）。因此，ρ 的负值似乎是合理的。σ 的非弹性值也是合理的。为了表示不同消费品的非弹性需求，我们使用一个消费替代参数可选值 σ= 3.0 或 0.25 的弹性。为了表示一段时间内的非弹性消耗，我们对跨期替代参数使用一个可选值 ρ= 3.0。这些参数的参考值和可选值的设定旨在为消费中的替代品和补充物设置一个合理的范围。

表 30.4 中的值总结了模型配置、替代参数和人口情景之间的比较。我们主要比较的是考虑人口老龄化的两种模型配置。表中 ρ= 0.5 和 σ= 0.5 的参考情况的值取自图 30.4 所示的模拟。在这种情况下，对于低方案，2100 年异质家庭户的排放量比无老化典型家庭户配置少 37.2%。如上所述，这种差异大部分主要归因于与人口老龄化相关的劳动力供给变化的规模效应，因为 2100 年老化典型家庭户配置的排放量比无老化典型家庭户少 31.5%。剩余的差异是通过资本动态和一般均衡效应产生的。人口老龄化对碳排放量的影响在中、高方案下较小，分别为 18%和 13%。

表 30.4 高、中、低三种家庭人口模拟预测下，不同家庭配置，不同跨期替代参数和消费替代参数下，美国二氧化碳排放的百分比差异

年份	老化典型家庭			异质家庭			老化典型家庭			异质家庭		
	低方案	中方案	高方案	低方案	中方案	高方案	低方案	中方案	高方案	低方案	中方案	高方案
	ρ=0.5，σ=0.5						ρ=0.5，σ= –3.0					
2000	0.1%	0.1%	0.1%	0.1%	0.1%	0.1%	0.1%	0.1%	0.1%	0.2%	0.1%	0.1%
2020	–4.9%	–4.4%	–4.1%	–4.8%	–4.2%	–4.1%	–4.9%	–4.4%	–4.1%	–5.1%	–4.5%	–4.3%

续表

年份	老化典型家庭			异质家庭			老化典型家庭			异质家庭		
	低方案	中方案	高方案	低方案	中方案	高方案	低方案	中方案	高方案	低方案	中方案	高方案
2040	–12.7%	–10.1%	–8.3%	–14.6%	–11.9%	–9.8%	–12.7%	–10.2%	–8.3%	–14.8%	–14.8%	–9.9%
2060	–18.3%	–11.8%	–9.2%	–21.2%	–14.0%	–11.0%	–18.2%	–11.8%	–9.2%	–21.4%	–21.4%	–11.0%
2080	–25.0%	–13.2%	–9.7%	–29.0%	–15.7%	–11.5%	–24.9%	–13.2%	–9.7%	–29.3%	–29.3%	–11.5%
2100	–31.5%	–14.9%	–10.8%	–37.2%	–19.7%	–13.0%	–31.6%	–14.9%	–10.8%	–37.4%	–37.4%	–13.0%
	ρ=0.3，σ=0.5						ρ= –3.0，σ= –3.0					
2000	0.2%	0.2%	0.2%	–0.1%	0.1%	0.0%	0.3%	0.2%	0.2%	0.1%	0.1%	0.1%
2020	–5.5%	–4.8%	–4.3%	–1.0%	–0.8%	–1.0%	–5.3%	–4.7%	–4.3%	–2.6%	–2.2%	–2.2%
2040	–12.6%	–9.8%	–8.1%	–8.6%	–7.3%	–6.3%	–12.6%	–9.9%	–8.1%	–10.5%	–8.7%	–7.3%
2060	–18.4%	–11.7%	–9.1%	–13.7%	–10.0%	–8.0%	–18.3%	–11.7%	–9.1%	–16.2%	–11.2%	–8.9%
2080	–25.1%	–13.3%	–9.8%	–19.0%	–11.3%	–8.4%	–25.1%	–13.2%	–9.7%	–22.3%	–12.6%	–9.3%
2100	–31.1%	–14.8%	–10.7%	–25.3%	–13.0%	–9.5%	–31.3%	–14.8%	–10.8%	–29.0%	–14.4%	–10.5%

对于每种方案，表 30.4 中老化典型家庭户配置值对于不同的替代参数变化不大。原因在于，仅外生劳动力供给的变化对具有新古典增长模型的标准属性的 PET 模型而言存在均衡规模效应。因此，单一群体个案的基线排放量由劳动力规模决定，但对家庭户替代参数的选择不敏感。在跨期替代参数的参考值 ρ= 0.5 的情况下，表 30.4 中针对异质家庭户的结果也对消费替代参数 σ 不敏感。

然而，大多数能源经济增长模型只包括单一的消费品，这种类型的聚集相当于假设对不同消费品的完美互补，即 $\sigma\to\infty$。在表 30.4 中，当非弹性值 ρ= 3.0 时，基线排放量的减少量小于参考情况。在这种情况下，与无老化典型家庭户相比，在相应的人口情景下，异质家庭户的基线排放量减少量小于老化典型家庭户。如上所述，这意味着简单地扩大一个单一的典型群体的劳动力供给规模以考虑未来的老龄化会产生模糊的结果，会低估或高估与人口老龄化相关的碳减排。

根据表 30.4，在消费替代参数的非弹性值 σ=–3.0 的情况下，异质家庭户和老化典型家庭户的减排是相似的。然而，在美国等发达国家，不同的消费品的可替代性是合理的。在 σ= 0.5 和 ρ= 3.0 的情况下，在模拟的最初几年，在不同人口情景下，异质家庭户和老化典型家庭户之间的减排差异都很大。在低方案下，整个模拟过程，两者的减排差异始终很大。

30.4.4　家庭人口和技术变革

技术变革预计将成为未来二氧化碳排放的一个重要因素，也是能源经济增长模式的一个显著特征（Weyant，2004）。PET 模型灵活的生产结构可以模拟不同的技术变革模式，模型中的消费品为解释技术变革的影响提供了一些有趣而现实的可能性。例如，根据表 30.1 的支出份额，人口老龄化意味着对公用事业（能源密集型商品）的需求增加。在这种情况下，忽视技术变革对能源密集型生产的有益影响，可能会高估老龄化导致的能源密集型消费的增加。例如，对卫生保健，这一非能源密集型产品的需求也会随着老龄化而相对增加，因此，在这种情况下忽视技术变革的影响可能会高估与较高的卫生保健支出相关的节能。原因是，卫生支出的增加意味着在其他一些比卫生保健更耗能的商品上的支出减少，这些商品随着技术变革而变得不那么耗能。为了进行比较，碳排放情景特别报告（special report on emissions scenarios，SRES）为组织未来技术变革的备选假设提供了一个逻辑框架（IPCC，2000）。我们的第二套模拟使用 SRES A1 情景，根据 SRES 方法，在未来技术变革的合理模式存在的情况下，比较典型家庭户和异质家庭户的排放量。技术变革的模拟基于 PET 模型的典型家庭户配置，我们的中方案与 SRES A1 情景一致，两类家庭户替代参数的参考值为 0.5。选择劳动力和能源的生产率增长率，使 PET 模型中与 GDP 和二氧化碳排放相关的变量与 OECD 区域 SRES A1 场景中使用的不同模型的平均值相匹配，如图 30.5 所示。

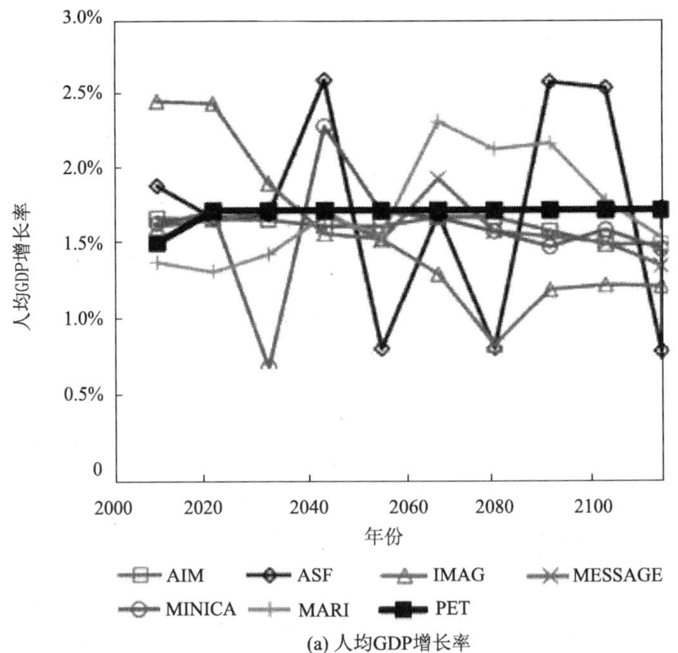

(a) 人均GDP增长率

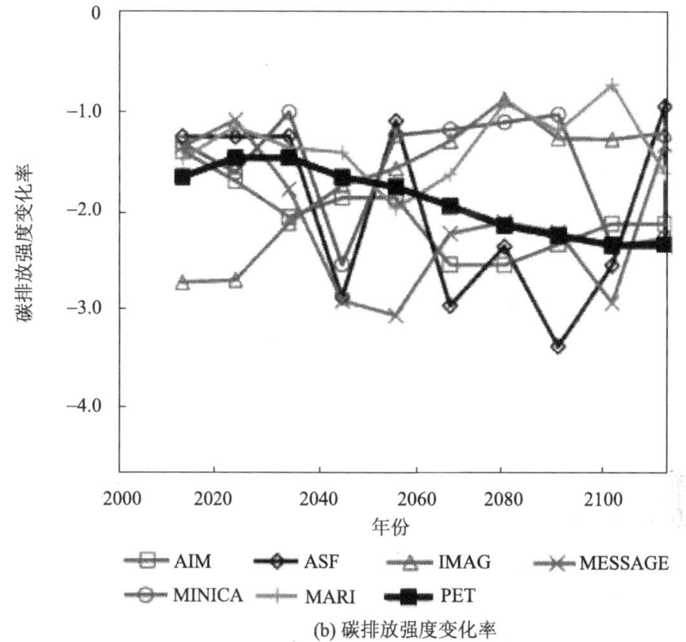

(b) 碳排放强度变化率

图 30.5　PET 模型和 SRES A1 情景模型关于人均 GDP 增长率和碳排放强度变化率趋势比较

SRES A1 情景使用的是 OECD 国家的中方案人口预测，但平均而言，这些国家的年增长率与我们对美国的中方案人口预测相差约 0.5%。因此，我们将 PET 模型与 SRES 人均 GDP 的平均增长率相匹配。为了与 PET 模型中的这些增长率相匹配，以效率单位衡量的劳动生产率假设在 2160 年之前每年增长 1.6%，然后在 2200 年逐渐降至 0。劳动生产率的增长增加了经济的规模，但总体上对产出的碳排放强度没有很大影响，碳排放强度是用二氧化碳排放量除以 GDP 的比率来衡量的。

为了与 SRES A1 情景中 OECD 国家碳排放强度的平均下降率相匹配，我们假设 2160 年之前，在 PET 模型的能源和材料生产行业中，精炼石油和电力每年的生产率增长率为 2.9%。2160 年以后，我们假设这些增长率在 2200 年逐渐降至 0，经济达到稳定状态。图 30.5（a）显示了在这些假设下，与 OECD 地区的 SRES 模型相比，基于 PET 模型的美国人均 GDP 随时间的相对增长率。图 30.5（b）显示了碳排放强度随时间的相对年变化率。注意，PET 模型与图 30.5（a）和（b）中的 AIM 模型相似，AIM 模型是 SRES A1 情景的“标记”。图 30.6 比较了美国典型家庭户和异质家庭户，分别在有无技术变革的情况下 GDP 和二氧化碳排放的结果。图 30.6（a）显示了人口老龄化对美国 GDP 的影响，即典型家庭户和异质家庭户曲线的差异。在没有技术变革的情况下，这一对曲线的上升趋势归因于我们的中方案的人口增长。对于上方的一对曲线，经济规模随着技术变革而增长，到 2100 年，典型家庭户和异质家庭户对 GDP 的绝对差值接近 20 万亿美元（以 2000 年美元表示），相比之下，没有技术变革的家庭户 GDP 差值约为 4 万亿美元。然而，在这两种情况下，GDP 的相对差异大致相同，对于异质家庭户，这一比例要低 16%。

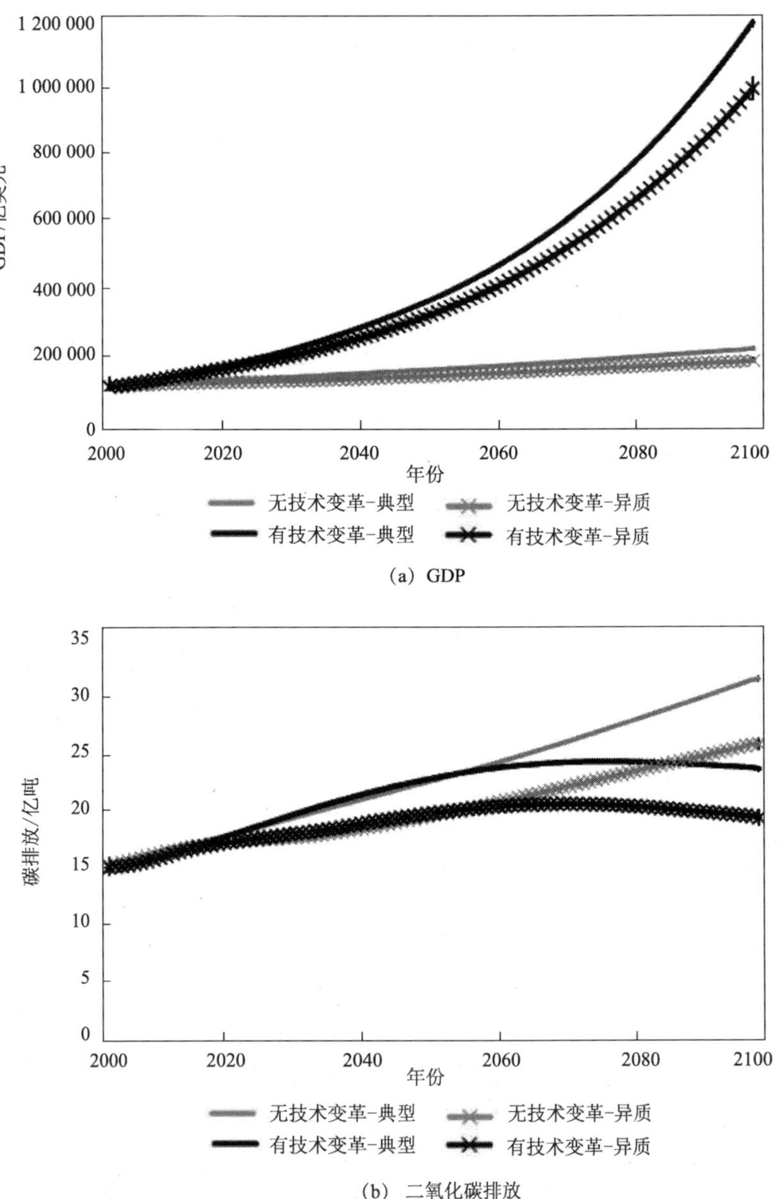

（a）GDP

（b）二氧化碳排放

图 30.6　美国典型家庭户和异质家庭户，分别在有、无技术变革的情况下 GDP 和二氧化碳排放的结果

图 30.6（b）显示了人口异质性和技术变革对二氧化碳排放的影响。这些比较的结果很有趣。如图 30.4 所示，随着时间的推移，基于中方案的预测，对于典型家庭户，二氧化碳排放量呈现出大致线性的增长。在模拟范围内，异质家庭户人口构成的变化对排放量的影响相对较快，到 2030 年，与典型家庭户的相应情况相比，排放量减少了近 10%。相比之下，在 2060 年之前，有技术变革的典型家庭户和无技术变革的典型家庭户在排放量上的差异相对较小，技术变革对排放量的影响要到 2085 年左右才能赶上人口老龄化的影响。对这一结果的解释来自人口增长和经济增长都具有规模和组成效应这一事实。

在中方案预测中，与人口增长的规模效应相比，人口老龄化的构成效应相对较强。技术变革的规模效应主要是由于劳动生产率的提高。技术变革的构成效应来自精炼燃料和电力使用的生产率提高，而不是石油和煤炭等碳密集型能源的使用。由这类技术变革引起的燃料转换过程会随着时间的推移导致碳排放强度的稳步下降。在其他条件相同的情况下，碳排放强度的降低会减少排放。然而，在图 30.6 中，碳排放强度下降的构成效应所导致的排放量减少在几十年内被由劳动力增加技术变革的规模效应引起的同期排放增加所抵消。

虽然比较技术变革和人口变化对排放的影响很有意思，但是图 30.6 显示两者综合效应也很重要，从长远来看，对于这组特定的模拟来说，影响是接近于累加性的。到 2100 年，在没有技术变革的情况下，家庭人口构成效应将减少约 18% 的排放量。相对于异质家庭户和没有技术变革的排放量而言，能源和劳动力增加技术变革的影响使排放量减少了另外的 24%。相比之下，相对于图 30.6（a）曲线所示典型家庭户且没有技术变革的排放量而言，图 30.6（b）曲线所示老龄化和技术变革的影响减少了 38%的排放量。

图 30.6 中的结果来自单个模拟组，并且不是结论性的。使用 SRES A1 情景的模拟旨在说明在 PET 模型中结合人口和技术变革的影响的有趣可能性。表 30.4 中的敏感性测试结果表明，规模效应和组合效应的相对强度取决于用于分析的参数值、家庭人口方案和模型配置。例如，在其他组的模拟中，基于低方案家庭户预测值和家庭户替代参数的参考值，SRES A1 情景中技术变革的影响赶不上 2100 年前老龄化对排放的影响。这个例子很有趣，因为在 SRES A1 情景中，OECD 国家的平均人口增长率是 0.2%，实际上更接近我们低方案预测中的平均人口增长率–0.1%，而不是我们的中方案预测中的平均人口增长率 0.7%。此外，碳排放与消费替代参数的非弹性值更接近，技术变革对碳排放的影响在 2045 年超过了老龄化的影响。这些结果在不同的 SRES 情景下会有所不同，这是未来研究的一个课题。

30.5 相关讨论和思考

家庭人口因素通常隐含在能源经济增长模型中。本章描述了一个框架，通过模拟家庭户结构异质性，重新预测美国家庭户结构规模及经济数据来估计家庭人口老龄化对美国能源使用和二氧化碳排放的影响。该框架基于 PET 模型，这一标准的新古典主义增长模型，包含了能源投入和消费品的细节，详细介绍了能源投入和消费品，并扩展到包括人口年龄结构和其他家庭人口特征。PET 模型是分散的，每个模拟中的动态竞争均衡直接从市场清算条件和家庭户与厂商的最大化行为中求解。

为了使该模型与在无限规划范围内分散式前瞻性家庭户的解释一致，本章假设代际利他主义，即父母关心子女的福利。虽然这种形式的利他主义隐含在新古典增长模型的群体结构中，但我们开发了一个清晰的流程，将队列连接成三个异质无限生存的群体。每个群体的家庭户年龄平均相隔 30 年，因此，一般而言，年轻的家庭户是老年家庭户的后代。总之，三个群体结合了现有的 ILA 和 OLG 模型的特点，这种方法有几个优点。

本章运用了基于 ProFamy 模型的家庭户预测，ProFamy 模型是对以往的家庭户预测方法的重大改进。我们应用 ProFamy 模型做了高、中、低三个方案的家庭人口预测，这是由一系列关于未来生育、死亡、移民、结婚（同居）、离婚（同居终止）等人口事件驱动的。人口老龄化的影响在低方案最为强烈，随着时间的推移，人口的年龄结构出现了很大的组成变化。老龄化导致的组成变化也出现在中、高方案中，但程度较轻，主要是由于较高的假定生育率和较低的假定预期寿命，以及较高的假定迁移率。移民可以部分抵消低生育率对年龄结构的影响，但不能完全抵消（United Nations，2000）。

本章基于美国 CES 数据，依据年龄分布发展了各个群体的支出模式、劳动收入、资产持有和其他经济变量。不同年龄组在劳动和资本收入的水平与构成，以及 PET 模型中 17 种消费品的支出份额方面有显著差异。要素收入、消费模式和人口构成的年龄异质性产生了交互作用。因此，需要一个分散的一般均衡框架，如 PET 模型，来分解和分析这些相互作用的微观和宏观经济效应。劳动力和资本在某个时间点上的稀缺，以及这些因素未来的预期变化，都可以从家庭户观察到的市场价格中得到信号。在 PET 模型中，这些价格信号被直接纳入家庭户的消费和储蓄决策之中。

本章使用 PET 模型来估计人口老龄化的影响，方法是将模拟中具有年龄异质性的排放基线与无老化典型家庭户的基线进行比较。为了分离人口效应的影响，第一套模拟模型不包括技术变革因素的影响。本章的结果比较了两类异质家庭户和典型家庭户。第一类异质性仅在不同消费品的支出份额上存在差异，这取决于家庭户代表的年龄。第二类异质性在支出份额及包括资本和劳动力在内的家庭户收入来源方面存在差异。

第一类异质性只影响需求的构成,但本章的结果显示这些影响可以忽略不计。相比之下，在高、中、低方案下，到 2100 年，劳动力收入的年龄异质性每年分别减少 11%、18%和 37%的二氧化碳排放量。在本章的参考案例中，二氧化碳排放量减少的 85%来自劳动力规模效应，另外 15%来自资本动态和一般均衡效应。然而，敏感性分析表明，仅通过单一典型群体的劳动力供给规模来解释人口老龄化，其影响是不明确的。根据家庭户替代参数的取值，这种影响要么低估，要么高估了人口老龄化带来的碳排放减少，然而，这一参数是无法确定的。

第二套模拟将人口老龄化的排放基线与有技术变革的典型家庭户的排放基线进行比较。关于技术变革的假设是基于 OECD 国家的 SRES A1 情景。从长远来看，老龄化和技术变革对二氧化碳排放的降低对家庭户替代弹性的参考价值是叠加的。最有趣的结果是，在某些情况下，家庭人口老龄化对排放的影响与技术变革的影响一样大，甚至更大。

技术变革由规模效应和技术效应组成，规模效应主要由劳动生产率的提高驱动，劳动生产率的提高提升了经济的整体规模，但通常对能源强度具有均衡影响；技术效应由能源部门的效率提高或燃料转换产生，从而减少了单位生产排放的二氧化碳量。SRES A1 情景假设相对较高的经济增长和二氧化碳排放的适度降低。本章使用中方案家庭户预测与 SRES A1 情景的其他假设一致，使用低方案家庭户预测将加强老龄化对减排的影响，如果在本章中使用 SRES B1 方案分析，将加强技术变革对减排的影响。

本章的研究结果证明了在二氧化碳排放预测的研究中应当进一步考虑人口因素的影响，并表明人口因素可能对于制订新的碳排放政策方案至关重要，特别是那些基于美国低方案的预测，因为老龄化的影响在这种情景中最为突出。然而，我们的模型和当前的方法是基于几个简化的假设，这可能会低估或者高估人口老龄化的经济影响。例如，本章考虑了人口年龄结构，但家庭户规模、移民家庭户比例、家庭户空间分布的变化或其他人口因素的变化也可能是重要的影响因素。此外，在 1998～2008 年，老年家庭户的劳动参与率一直在上升，而且这一趋势似乎还会继续，尤其是当工资随着劳动力总供给的变化而上升时。本章将劳动力供给视为一个外生变量，从而忽略了这些影响。

解决这些问题超出了本章的研究范围，本章的目的是提出一种新的方法，用于在动态一般均衡环境中分离家庭人口年龄异质性（最广泛认可的家庭人口因素）的影响，并为这些影响建立一套初始的实证边界。这一初步评估在排除国际贸易等潜在混淆因素的情况下，比较了有无人口异质性的结果，从而为进一步的工作提供了一个可供参考的比较基准。本章的结果表明，家庭人口因素会对美国的长期排放产生重大影响。本章为进一步研究家庭人口变化、经济增长和能源使用之间的关系提供基础。

未来的相关研究可以解决本章存在的一些局限性。第一，我们对技术变革的分析可以扩展到其他 SRES 情景。第二，家庭户规模和出生地可以作为额外的人口因素。第三，本章使用的家庭户替代弹性系数需要通过实证估计。这些值与消费的可替代性相关联，并跨越不同的商品，包括能源密集型商品，如公用事业和燃料，以及不太密集型商品，如教育或卫生。本章中的一些结果对这些值很敏感。美国 CES 的数据可用于估计消费品的替代弹性，并检验关于这些弹性是否因年龄组和其他人口统计类别而异的假设。我们正在对美国不同年龄组和规模类别的家庭户的消费品需求弹性进行经济计量估计。

本章目前使用的研究方法有一个明显局限，即劳动力供给是无弹性的，对实际工资或者其他变量的变化无法做出及时的反应。显然，对于年龄较大的群体来说，增加劳动力供给是对实际工资、政策、预期寿命或其他因素变化的合理反应，这些因素会促使他们推迟退休或继续工作。本章认为应该对家庭户经济数据进行全面分析，以推断劳动力供给年龄分布的合理范围，并为不同人口群体未来的劳动力参与制订一套政策方案。

本章的另一个局限是研究结果仅适用于假设美国经济是封闭的情况下。一些模型，包括 PET 模型在内，具有包含多个国家或地区及国际贸易的结构，但目前不存在支持本章中分析类型的其他国家的家庭人口预测。这些国家未来研究所需的数据非常复杂，包括家庭户预测、家庭户调查数据和不同消费品行业的生产数据。我们目前正在为中国和印度构建人口统计信息，这些信息将被纳入 PET 模型，并且在未来的研究中考虑与这些国家的贸易影响。

国际贸易的结果很难事先预测，并且将取决于被比较的国家。年龄分布不同的国家将从贸易中获益，因为劳动密集型产品可以由人口较年轻的国家出口。相对于没有贸易的自给自足，国际贸易可能会减少老龄化对能源使用和二氧化碳排放的影响。然而，人口老龄化是一个全球性趋势（O’Neill et al.，2001）。本章的推断结果表明，在当前的全球碳排放预测中，可能存在一种普遍的向上偏差，这将进一步推动这一领域的研究。

第 31 章　美国家庭户汽车需求预测[①]

家庭户汽车[②]消费的预测对汽车市场分析和相关的社会经济规划都非常重要。本章采用多维家庭人口预测方法，预测了 2000～2025 年美国四大地区（东北部、中西部、南部、西部）的家庭户汽车消费。预测结果表明，2025 年家庭户汽车总量将达到 2.35 亿辆，比 2000 年增加 31%。其中，轿车的增加占了总增加数量的一半，而家庭户的厢式车消费增长速度比轿车和卡车更快。与非西班牙裔黑人、亚裔和其他非西班牙裔家庭相比，非西班牙裔白人和西班牙裔家庭的家庭户汽车消费增加更多。美国的家庭户汽车车主将快速老龄化。在不同规模的家庭户中，2 人户的家庭户汽车数量增长最大。在四大地区中，南部地区的家庭户汽车消费增长最大，其次是西部地区、中西部地区和东北部地区（Feng et al.，2011）。

31.1　引　　言

美国的汽车制造商正在经历生产的持续低迷。根据世界汽车工业学会统计，美国全国汽车的年生产量从 1999 年的 560 万辆逐步下降至 2009 年的 220 万辆，下降了约 60%。此外，尽管 20 世纪 80 年代家庭户汽车拥有率迅速增长，但这一趋势在近几十年来已经显著放缓（Hu and Reuscher，2004；Davis and Diegel，2009）：平均每户家庭拥有汽车数量的年增长率从 1970～1980 年的 2.53%下降到 1990～2000 年的 0.48%。对当今市场发展环境和人口变化发展趋势下汽车消费动态的掌握对于制造商、经销商及其他利益相关者而言都非常重要。以家庭户为单元的汽车消费在汽车市场中规模庞大，所以对其进行预测就尤为重要；事实上，这一预测已经在市场研究中得到了广泛关注（Bhat and Sen，2005）。

家庭户的汽车消费在本质上与家庭户人口和社会经济状态有着密切联系。家庭户的调查一贯表明，家庭户购买汽车的选择很大程度上取决于家庭户的类型、规模、收入，以及家庭户代表的年龄、性别、种族等（Hu and Reuscher，2004；

---

① 本章由冯秋石（新加坡国立大学副教授）根据应用 ProFamy 方法和软件进行预测研究的英文论文“Feng Q S，Wang Z L，Gu D，et al. 2011. Household Vehicle Consumption Forecasts in the United States，2000 to 2025. International Journal of Market Research，53（5）：593-618”撰写。

② 本书中“家庭户汽车”是指家庭户使用的汽车。

Vance and Buchheim，2004）。这些因素常常影响着家庭户对某种类型汽车的购买决定（Bhat and Sen，2005；Golob and Brownstone，2005）。例如，有很多孩子的家庭更偏好于购买或使用厢式车而非轿车或卡车，中等收入家庭户的厢式车拥有量较多（Bhat and Sen，2005）。

人口和家庭户结构的变化可能对汽车消费产生重要影响。O'Neill 和 Chen（2002）发现美国家庭户变化对过去几十年的汽车总需求有着显著影响。同样值得注意的是，美国生育高峰时期出生的女性之中持驾照者的比例远高于当今一代的老年女性，预示着老年群体中的汽车消费将在不久的将来有所增长（Spain，1997）。德国的汽车消费也存在类似的趋势（Büttner and Grübler，1995）。

现有的文献明确表示，合理的家庭户汽车需求预测应该基于分家庭户类型、规模、收入和家庭户代表年龄、性别、种族的家庭户预测；然而，很少有研究试图按这些家庭户和家庭户代表特征来预测汽车消费。相反，绝大多数研究者用总人口（而非家庭户）和经济数据，利用回归或其他模型方法来预测未来的汽车需求（California Energy Commission，2003；Cao and Mokhtarian，2003；Natural Resources of Canada，2004）。一些汽车需求预测使用了家庭户信息，但应用的是传统的户主率方法；然而，户主率方法有很大的局限性，在过去 20 多年里受到了学界的广泛批评（Mason and Racelis，1992；Murphy，1991；Spicer et al.，1992；见本书第 4 章 4.2 节）。

本章利用了多维家庭人口预测方法（详见第 2～4 章）对美国四大地区 2000～2025 年的家庭户汽车消费进行预测。在下文中，我们阐述预测的主要内容和步骤，包括主要的分类定义、汽车拥有率的估算，并展示美国四大地区 2000～2025 年的家庭户汽车需求。我们通过对比 2000～2009 年的预测结果和官方发布的家庭户汽车消费数据，证实了多维家庭人口预测方法的准确性。最后一节总结和讨论了本章的主要发现。

31.2　数据来源和考虑区域、收入和种族差异的模型设计

本章研究的四大区域分别是美国人口普查局在 2000 年人口普查中定义的东北部地区、中西部地区、南部地区、西部地区（各地区包含的州见附录 A31.1）。为了将区域间的人口、收入分布，消费模式等差异纳入考虑，我们必须对各地区的家庭户和汽车消费进行预测；然而，这并不意味着简单地对每个地区单独运用多维家庭人口预测方法。这四大区域因为国内迁移而彼此关联，而且需要进行一

系列的一致性检验（见附录 A31.2）。

我们根据2000年人口普查微观数据中收入的四分位数定义了4个家庭户收入类别：高收入、中等收入Ⅰ、中等收入Ⅱ、低收入，其范围分别是大于 71 158 美元、40 713～71 158 美元、20 245～40 712 美元，以及小于 20 245 美元。我们之所以使用收入四分位数而非绝对数值来为家庭户收入分类主要是因为：①收入的绝对数值即使在标准化后也总是随时间变化；②在实际操作中用收入的绝对数值来预测家庭户收入分布非常困难，但是用分位数分类的收入来预测就相对容易；③通过对经济增长、收入差异，以及消费者行为改变的时间序列分析或专家估测方法，为不同分位数分类的收入类别预测家庭户汽车消费也是可行的。我们设计了调整步骤以保证预测中收入类别分布一致性（见附录 A31.3）。

我们在预测中区分了家庭户代表的 4 个种族类别：非西班牙裔白人、非西班牙裔黑人、西班牙裔、亚裔和其他非西班牙裔。本章将家庭户汽车分为 3 个基本类型，包括轿车（小客车、旅行车、SUV，以及其他轿车）、厢式车（小型厢式车、厢式货车、面包车），以及卡车（皮卡和其他卡车）。

为了估算轿车、厢式车、卡车，以及全部车型的家庭户拥有率，本章研究采用了多个数据来源，包括 2000 年全国人口普查微观数据、2000～2002 年 ACS、2001 年和 2003 年的美国住房调查，以及 2001 年美国全国家庭出行调查。数据来源和美国家庭户估算步骤在本书第 21 章 21.1 节和其他文章中有详细介绍（Zeng et al., 2013a），在此不再赘述。

31.3　按家庭户特征、种族和区域分的家用汽车拥有率估计

由于篇幅限制，我们在此只展示对汽车拥有率估算的概况性描述，更多细节详见表 31.1。表中夫妇户（只有一对夫妇或一对夫妇与子女/其他人一起居住的家庭户）的汽车拥有率最高。一般而言，汽车拥有率随家庭户规模的扩大而增加，卡车的拥有率除外。夫妇户的厢式车拥有率远高于单身户（包括一人独居或单亲父母与子女/其他人同住的家庭户），且差距随家庭户规模的扩大而加大。男性单身户的卡车拥有率比女性单身户要高，而男女单身户的厢式车拥有率几乎没有差别（表 31.1）。对于除了卡车以外所有类型的汽车而言，家庭户收入越高，拥有的车辆数量越多。对卡车而言，中等收入Ⅰ的家庭户拥有率最高，高收入和中等收入Ⅱ家庭户之间几乎没有差别（表 31.1）。

表 31.1　按家庭户特征、年龄组、收入类别、种族、区域、车型分的 2000 年平均每户拥有的家用汽车　单位：辆/户

分类		全国				东北部地区				中西部地区				南部地区				西部地区			
		合计	轿车	厢式车	卡车	合计	轿车	厢式车	卡车	合计	轿车	厢式车	卡车	合计	轿车	厢式车	卡车	合计	轿车	厢式车	卡车
家庭户类型/规模	男性单身 1 人户	1.13	0.78	0.08	0.26	0.95	0.74	0.07	0.14	1.21	0.82	0.09	0.29	1.15	0.75	0.09	0.30	1.16	0.82	0.06	0.27
	男性单身 2 人户	1.61	1.16	0.10	0.36	1.39	1.17	0.06	0.16	1.71	1.19	0.12	0.40	1.61	1.18	0.11	0.33	1.68	1.08	0.10	0.50
	男性单身 3 人户	1.83	1.28	0.15	0.40	1.57	1.26	0.14	0.17	1.95	1.39	0.20	0.35	1.81	1.20	0.14	0.48	1.94	1.33	0.12	0.49
	男性单身 4 人户	1.99	1.46	0.18	0.35	1.66	1.33	0.16	0.17	2.09	1.50	0.21	0.38	1.99	1.44	0.16	0.39	2.11	1.54	0.18	0.39
	男性单身 5+人户	2.09	1.57	0.19	0.33	1.67	1.38	0.15	0.14	2.15	1.58	0.22	0.34	2.08	1.53	0.17	0.38	2.36	1.76	0.20	0.40
	女性单身 1 人户	0.86	0.73	0.04	0.09	0.72	0.64	0.03	0.05	0.88	0.75	0.05	0.08	0.90	0.74	0.04	0.12	0.92	0.79	0.04	0.10
	女性单身 2 人户	1.27	1.04	0.07	0.17	1.11	0.95	0.05	0.11	1.32	1.06	0.08	0.18	1.28	1.02	0.07	0.18	1.37	1.12	0.06	0.19
	女性单身 3 人户	1.37	1.10	0.10	0.17	1.20	1.00	0.08	0.11	1.42	1.10	0.12	0.20	1.36	1.10	0.09	0.16	1.52	1.20	0.09	0.23
	女性单身 4 人户	1.54	1.15	0.21	0.17	1.28	0.99	0.18	0.11	1.64	1.18	0.22	0.23	1.53	1.19	0.16	0.17	1.70	1.20	0.33	0.17

续表

分类		全国				东北部地区				中西部地区				南部地区				西部地区			
		合计	轿车	厢式车	卡车	合计	轿车	厢式车	卡车	合计	轿车	厢式车	卡车	合计	轿车	厢式车	卡车	合计	轿车	厢式车	卡车
家庭户类型/规模	女性单身5+人户	1.69	1.26	0.26	0.17	1.33	1.03	0.21	0.09	1.72	1.26	0.23	0.23	1.71	1.27	0.25	0.18	1.94	1.44	0.33	0.16
	一对夫妇户	1.92	1.37	0.13	0.42	1.73	1.37	0.12	0.24	1.99	1.41	0.15	0.43	1.94	1.32	0.13	0.49	1.96	1.42	0.11	0.44
	3人夫妇户	2.20	1.58	0.17	0.45	2.03	1.58	0.17	0.29	2.32	1.62	0.22	0.48	2.20	1.54	0.15	0.51	2.20	1.58	0.17	0.44
	4人夫妇户	2.25	1.51	0.30	0.44	2.10	1.52	0.32	0.26	2.38	1.55	0.36	0.47	2.25	1.47	0.27	0.50	2.26	1.53	0.28	0.46
	5人夫妇户	2.24	1.36	0.47	0.41	2.07	1.33	0.52	0.23	2.39	1.36	0.56	0.47	2.23	1.35	0.41	0.47	2.26	1.40	0.43	0.42
	6+人夫妇户	2.25	1.33	0.53	0.38	1.97	1.25	0.55	0.17	2.37	1.17	0.73	0.47	2.26	1.31	0.53	0.42	2.32	1.50	0.41	0.41
年龄组	<25岁	1.48	1.13	0.10	0.25	1.20	1.01	0.08	0.10	1.56	1.17	0.12	0.27	1.51	1.13	0.09	0.29	1.55	1.18	0.10	0.27
	25～34岁	1.69	1.21	0.16	0.32	1.49	1.18	0.15	0.16	1.77	1.22	0.21	0.35	1.71	1.20	0.14	0.37	1.73	1.25	0.15	0.33
	35～44岁	1.93	1.27	0.27	0.40	1.73	1.22	0.27	0.24	2.04	1.29	0.32	0.43	1.94	1.25	0.24	0.45	1.97	1.31	0.25	0.42
	45～54岁	2.04	1.44	0.20	0.40	1.89	1.44	0.20	0.25	2.14	1.48	0.23	0.43	2.02	1.40	0.18	0.45	2.09	1.49	0.19	0.42
	55～64岁	1.81	1.27	0.16	0.39	1.67	1.25	0.15	0.27	1.88	1.30	0.18	0.41	1.81	1.22	0.16	0.43	1.89	1.33	0.15	0.40
	65～79岁	1.39	1.06	0.11	0.22	1.23	1.02	0.11	0.10	1.44	1.08	0.13	0.23	1.40	1.02	0.11	0.27	1.48	1.13	0.10	0.25
	80+岁	0.91	0.79	0.04	0.08	0.75	0.71	0.03	0.01	0.93	0.80	0.05	0.08	0.93	0.77	0.04	0.12	1.02	0.89	0.04	0.10

续表

分类		全国				东北部地区				中西部地区				南部地区				西部地区			
		合计	轿车	厢式车	卡车	合计	轿车	厢式车	卡车	合计	轿车	厢式车	卡车	合计	轿车	厢式车	卡车	合计	轿车	厢式车	卡车
收入类别	高收入	2.31	1.70	0.25	0.36	2.13	1.68	0.25	0.20	2.40	1.72	0.29	0.39	2.33	1.68	0.22	0.42	2.35	1.74	0.23	0.39
	中等收入Ⅰ	1.99	1.35	0.21	0.44	1.76	1.28	0.20	0.28	2.10	1.38	0.25	0.47	2.04	1.35	0.20	0.49	2.01	1.36	0.20	0.44
	中等收入Ⅱ	1.60	1.10	0.16	0.34	1.36	1.02	0.14	0.19	1.67	1.12	0.18	0.36	1.65	1.11	0.15	0.40	1.62	1.11	0.15	0.35
	低收入	1.07	0.78	0.09	0.20	0.83	0.67	0.07	0.08	1.11	0.80	0.11	0.20	1.12	0.80	0.09	0.23	1.13	0.82	0.09	0.22
种族	非西班牙裔白人	1.82	1.27	0.18	0.37	1.69	1.28	0.18	0.23	1.89	1.29	0.21	0.39	1.83	1.23	0.16	0.43	1.86	1.31	0.16	0.39
	非西班牙裔黑人	1.33	1.07	0.11	0.15	0.98	0.86	0.10	0.02	1.27	1.01	0.13	0.13	1.45	1.14	0.11	0.19	1.41	1.16	0.10	0.15
	西班牙裔	1.59	1.09	0.22	0.27	1.01	0.78	0.16	0.07	1.63	1.08	0.28	0.27	1.67	1.11	0.23	0.33	1.73	1.20	0.23	0.30
	亚裔和其他非西班牙裔	1.69	1.23	0.20	0.26	1.34	1.07	0.18	0.09	1.69	1.19	0.23	0.27	1.78	1.25	0.20	0.34	1.80	1.31	0.19	0.29
合计		1.74	1.23	0.18	0.33	1.56	1.19	0.17	0.19	1.82	1.25	0.21	0.36	1.75	1.21	0.16	0.38	1.81	1.29	0.17	0.35

非西班牙裔黑人家庭户的所有类型汽车拥有率均为最低，而非西班牙裔白人家庭户除了厢式车外，其他类型汽车拥有率都是最高的。与其他种族群体相比，西班牙裔家庭户拥有的厢式车最多。非西班牙裔白人家庭户的卡车拥有率远高于其他种族（表 31.1）。汽车拥有率先随年龄增长，在 35～44 岁或 45～54 岁的中年阶段时达到顶峰，之后开始显著下降。东北部地区的所有车型家庭户拥有率（除厢式车外）大致上都是最低的，尤其是卡车。南部地区的卡车拥有率最高；中西部地区的厢式车拥有率最高；西部地区的轿车拥有率最高（表 31.1）。

31.4　未来家用汽车需求预测结果

31.4.1　家庭户预测结果

表 31.2 列出了家庭户预测的主要结果。如表 31.2 所示，美国 2000～2025 年人口规模将从 281 421 900 人上升至 343 881 468 人，家庭户数量将从 105 480 084 户上升至 130 442 876 户。2000 年美国南部的人口和家庭户数量最多，东北部的人口和家庭户数量最少。中西部地区和西部地区的人口和家庭户数量非常相近。2000～2025 年，除了西部地区的人口和家庭户数量将超过中西部地区以外，上述的人口和家庭户分布模式几乎保持不变。2000～2025 年各地区的平均家庭户规模将逐步缓慢下降。

表 31.2　2000～2025 年美国各地区家庭户预测

地区	年份	人口规模/人	家庭户数量/户	平均家庭户规模/（人/户）	夫妇户	1 人户	单亲父母户	同居伴侣户
东北部	2000	53 594 380	20 285 610	2.55	50.18%	27.21%	13.59%	5.09%
	2010	54 741 484	21 163 530	2.50	48.69%	28.09%	12.39%	5.77%
	2015	54 745 540	21 268 024	2.49	48.48%	28.26%	12.28%	5.81%
	2020	54 751 312	21 241 202	2.49	48.33%	28.29%	12.35%	5.79%
	2025	54 774 228	21 161 876	2.50	48.09%	28.37%	12.46%	5.77%
中西部	2000	64 392 772	24 734 530	2.52	53.02%	26.86%	12.09%	4.80%
	2010	67 293 184	26 515 424	2.47	51.66%	28.46%	10.39%	5.51%
	2015	68 470 448	27 280 866	2.44	51.40%	28.78%	10.19%	5.56%
	2020	69 544 488	27 890 148	2.42	51.13%	29.00%	10.17%	5.56%
	2025	70 519 144	28 403 604	2.41	50.71%	29.26%	10.25%	5.54%
南部	2000	100 236 816	38 015 212	2.56	51.65%	25.33%	14.79%	4.40%

续表

地区	年份	人口规模/人	家庭户数量/户	平均家庭户规模/（人/户）	夫妇户	1 人户	单亲父母户	同居伴侣户
南部	2010	113 848 880	43 663 700	2.53	49.51%	26.75%	12.67%	5.60%
	2015	120 802 040	46 537 776	2.52	49.02%	27.06%	12.56%	5.72%
	2020	127 728 984	48 775 108	2.55	48.78%	27.05%	12.76%	5.75%
	2025	134 841 200	50 318 712	2.60	48.41%	27.03%	13.22%	5.71%
西部	2000	63 197 932	22 444 732	2.73	51.80%	24.22%	13.23%	5.72%
	2010	72 110 904	26 184 768	2.69	51.48%	25.51%	11.15%	6.37%
	2015	76 046 448	27 817 182	2.67	51.39%	25.71%	10.94%	6.36%
	2020	79 913 616	29 257 780	2.67	51.23%	25.81%	10.98%	6.31%
	2025	83 746 896	30 558 684	2.68	51.02%	25.85%	11.14%	6.25%
合计	2000	281 421 900	105 480 084	2.59	51.72%	25.82%	13.59%	4.91%
	2010	307 994 452	117 527 422	2.55	50.29%	27.10%	11.76%	5.78%
	2015	320 064 476	122 903 848	2.53	49.99%	27.34%	11.62%	5.85%
	2020	331 938 400	127 164 238	2.54	49.78%	27.40%	11.72%	5.85%
	2025	343 881 468	130 442 876	2.56	49.47%	27.46%	11.96%	5.81%

如表 31.2 所示，夫妇户在所有家庭户类型中占主导地位，在 2000 年各区域占比均在 50.18%～53.02%。夫妇户的主导地位将在 2025 年后持续，但所占比例将降低至 48.09%～51.02%。南部地区的夫妇户比重下降最多，而西部地区的下降最少。2000 年，1 人户占所有家庭户比例为 24.22%～27.21%，这一比例将在 2025 年稳步上升至 25.85%～29.26%。相比之下，单亲父母家庭户的数量将从 2000 年的 12.09%～14.79%下降至 2025 年的 10.25%～13.22%。同居伴侣户所占比重将从 2000 年的 4.40%～5.72%上升至 2025 年的 5.54%～6.25%。

根据以上总结的家庭户预测结果和 31.3 节中汽车拥有率的估算，我们得出了对家庭户汽车消费的预测。为预测未来家庭户汽车消费，我们假定分年龄、性别、种族、家庭户类型与规模、收入、地区的汽车拥有率保持不变。这是预测中一种常用的方法（Day，1996）。Smith 等（2001）为这一方法提供了科学和实证依据（见本书第 21 章第 21.2 节）。

31.4.2　2000 年至 2009 年家用汽车预测结果和官方发布数据的比较

为了证实多维家庭人口预测方法应用的准确性，我们下面比较对家用乘用车的预测数据和美国交通部官方统计的 2000～2009 年非公共乘用车的实际数据。这是据我们所知进行准确性检验的最好的数据来源。如表 31.3 所示，多维家庭人口预测方法预测的家用乘用车数与美国交通部的官方统计的差异在合理范围之内，平均绝对百分比误差为 2.8%。这证实了多维家庭人口预测方法在家庭户汽车需求预测中的准确性。我们同时注意到，我们对汽车消费的预测略微趋于高估，尤其是 2009 年。这很可能是由于美国家庭户在 2008～2009 年经济大萧条期间减少了汽车消费，而我们根据 2000 年观测所得的家庭户汽车拥有率的预测并没有考虑到这一点。

表 31.3　2000～2009 年预测数据与美国交通部的家用汽车统计数据的比较

年份	多维家庭人口预测模型预测结果/辆	统计数/辆	预测误差
2000	128 043 495	132 247 286	–4.4%
2001	133 836 606	136 340 945	–2.8%
2002	132 001 744	134 604 524	–3.0%
2003	133 732 685	134 336 851	–1.4%
2004	135 398 896	135 007 031	–0.8%
2005	136 997 767	135 192 288	0.3%
2006	138 523 397	134 012 369	2.3%
2007	139 995 950	134 510 252	2.9%
2008	141 409 761	135 637 845	3.1%
2009	142 928 590	133 437 105	7.1%
平均百分比误差			0.3%
平均绝对百分比误差			2.8%

31.4.3　家用汽车需求预测总体概述

表 31.4 展示了美国 2000～2025 年家庭户汽车消费的规模和构成。预测结果表明，家庭户汽车总数将在 2025 年达到 23 509 万辆，比 2000 年增多了 5550 万辆，即在 25 年里增加了约 31%。在这增加的 5550 万辆中，56.2%为轿车，23.3%为卡车，另外 20.5%为厢式车。与 2000 年相比，家庭户轿车数量将在 2025 年增加约 24%，而家庭户厢式车和卡车的数量将在同一时段内分别增加约 64%和 38%。2025 年，家庭户汽车消费的构成为轿车占 67.7%，厢式车占 12.4%，卡车占 19.9%。与 2000 年的构成相比（轿车占 71.3%，厢式车占 9.9%，卡车占 18.8%），厢式车所占比例显著上升。

表 31.4　美国 2000～2025 年家庭户汽车需求预测　　单位：万辆

年份	所有车辆合计		轿车		厢式车		卡车	
	数量/万辆	与 2000 年相比累计增长率	数量/万辆	与 2000 年相比累计增长率	数量/万辆	与 2000 年相比累计增长率	数量/万辆	与 2000 年相比累计增长率
2000	17 959		12 804		1 770		3 385	
2002	18 630	4%	13 200	3%	1 898	7%	3 532	4%
2004	19 144	7%	13 526	6%	1 971	11%	3 646	8%
2006	19 628	9%	13 825	8%	2 044	16%	3 759	11%
2008	20 078	12%	14 099	10%	2 116	20%	3 864	14%
2010	20 532	14%	14 375	12%	2 189	24%	3 967	17%
2012	21 071	17%	14 651	14%	2 310	31%	4 110	21%
2014	21 500	20%	14 901	16%	2 391	35%	4 208	24%
2016	22 020	23%	15 142	18%	2 527	43%	4 351	29%
2018	22 414	25%	15 358	20%	2 616	48%	4 440	31%
2020	22 770	27%	15 543	21%	2 707	53%	4 521	34%
2022	23 106	29%	15 711	23%	2 797	58%	4 597	36%
2025	23 509	31%	15 925	24%	2 906	64%	4 678	38%

注：累计增长率=[（预测年份家用汽车数量–2000 年家用汽车数量）/ 2000 年家用汽车数量] × 100%

31.4.4　按家庭户代表年龄和种族分的家用汽车需求预测

在下文的预测结果展示中，我们按家庭户特征分别介绍了四大地区家庭户汽车消费的累计增长。“累计增长”是指在预测年的家庭户汽车数量与起始年份 2000 年观测到的家庭户汽车数量之差。

如图 31.1 所示，在不同的年龄组中，未来家庭户汽车消费的累计增长主要来自年龄为 45～64 岁的家庭户代表。然而，2010 年后拥有轿车、厢式车、卡车的老年（65 岁及以上）车主和年轻（25～44 岁）车主数量将快速增长。

图 31.2 展示了家庭户汽车消费累计增长的种族差异。非西班牙裔白人的轿车、厢式车和卡车的累计增长最大，其次是西班牙裔，而非西班牙裔黑人、亚裔和其他非西班牙裔种族群体的汽车消费累计增长较小且几乎相同。

种族和年龄对未来家庭户汽车消费的交互作用有着重要的商业含义。如图 31.3 所示，非西班牙裔白人家庭户的 65 岁及以上家庭户代表的汽车消费显著增长，而西班牙裔家庭户中，汽车消费增长最多的是 25～44 岁年龄组。非西班牙裔黑人中的 65 岁及以上年龄组和 25～44 岁年龄组之间汽车消费的差距比亚裔和其他非西班牙裔家庭户更大，除此以外，非西班牙裔黑人、亚裔和其他非西班牙裔家庭户的汽车消费年龄结构相似。

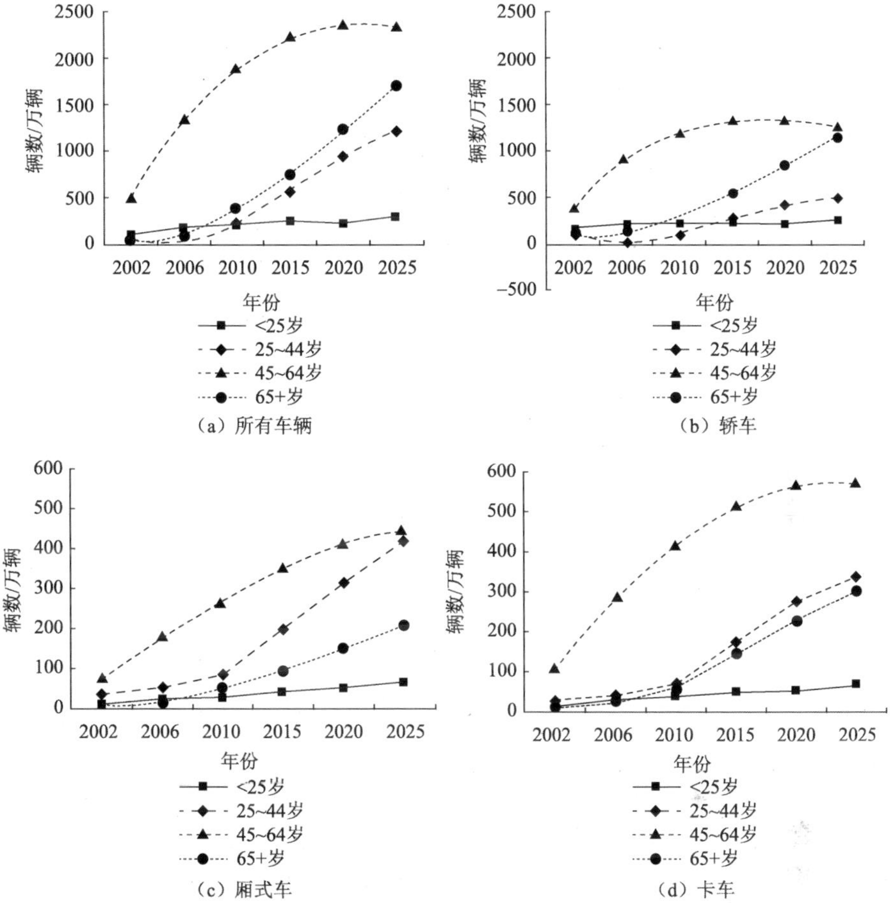

辆数/万辆

年份

<25岁
25~44岁
45~64岁
65+岁

（a）所有车辆

辆数/万辆

年份

<25岁
25~44岁
45~64岁
65+岁

（b）轿车

辆数/万辆

年份

<25岁
25~44岁
45~64岁
65+岁

（c）厢式车

辆数/万辆

年份

<25岁
25~44岁
45~64岁
65+岁

（d）卡车

图 31.1　按家庭户代表年龄分的家用汽车需求累计增长

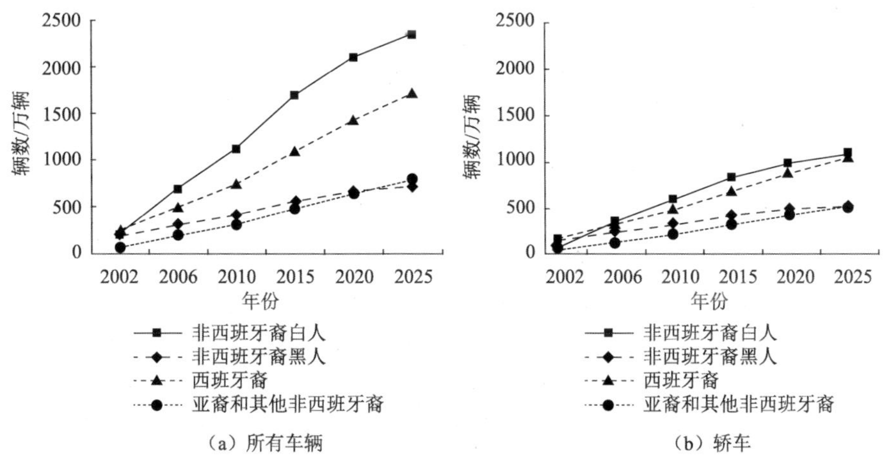

（a）所有车辆　　（b）轿车

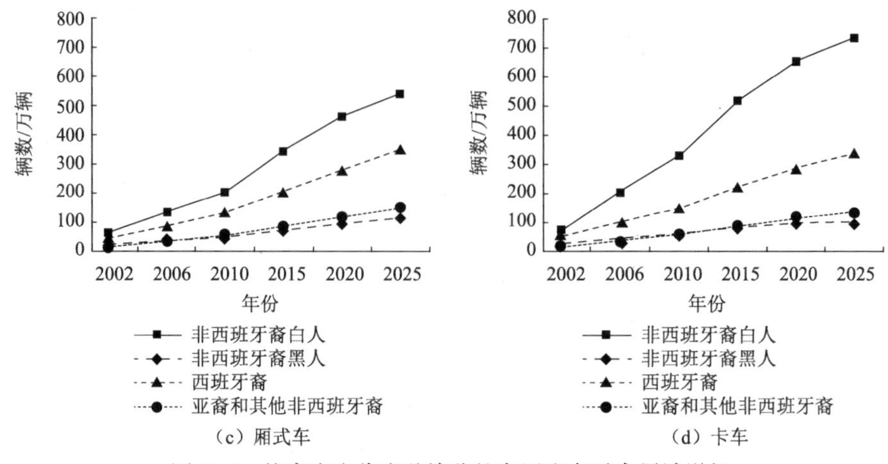

（c）厢式车　　（d）卡车

图 31.2　按家庭户代表种族分的家用汽车需求累计增长

辆数/万辆
年份
<25岁
25~44岁
45~64岁
65+岁

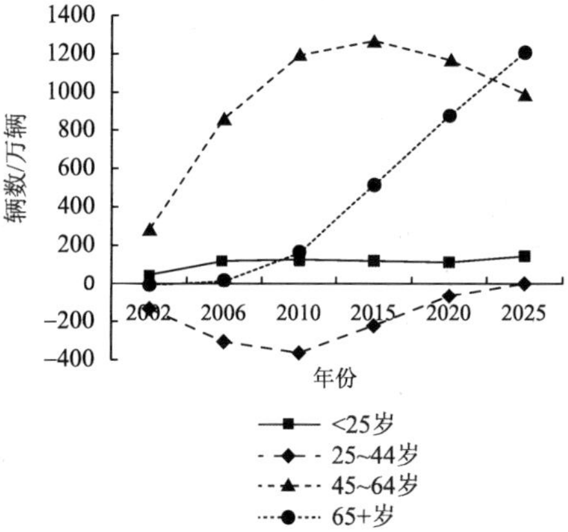

（a）非西班牙裔白人 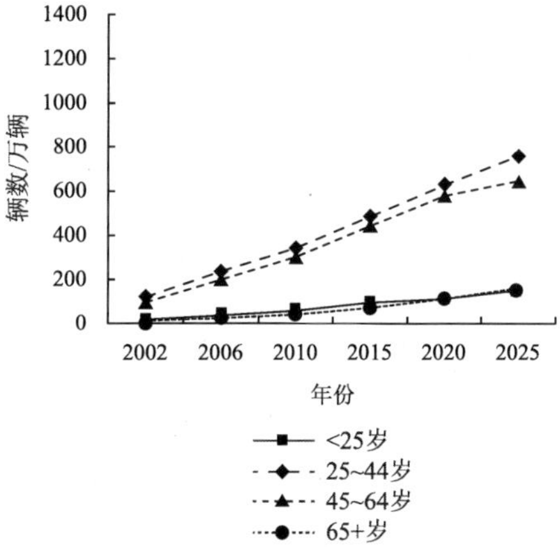　　（b）西班牙裔

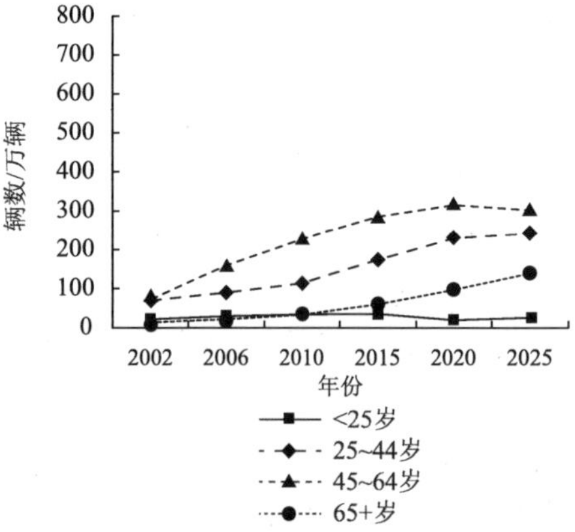

（c）非西班牙裔黑人 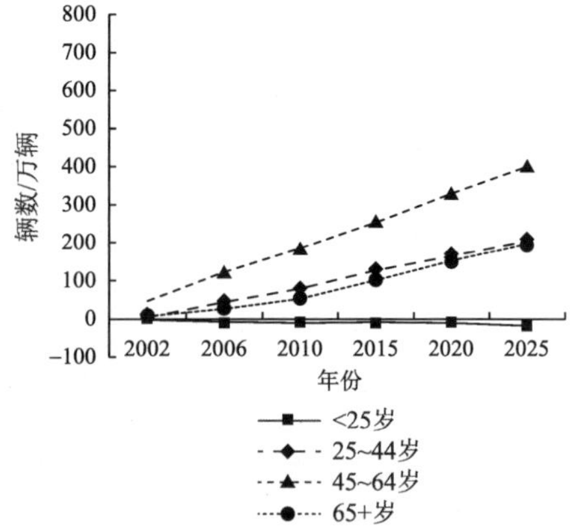　　（d）亚裔和其他非西班牙裔

图 31.3　按家庭户代表种族和年龄分的家用汽车需求累计增长

31.4.5　按家庭户种类、规模和收入分的家用汽车需求预测

就家庭户类型而言，双亲夫妇户（一对夫妇与子女/其他人一起居住的家庭户）和夫妇户（只有一对夫妇的家庭）的汽车拥有率累计增长分别位居第一和第二（图 31.4）。相比之下，单身男性户和单亲父母户（单亲父或母与子女/其他人同住的家庭户）的汽车拥有率累计增长就小了很多。2000～2025 年，单身女性户的汽车拥有率累计增长最小。

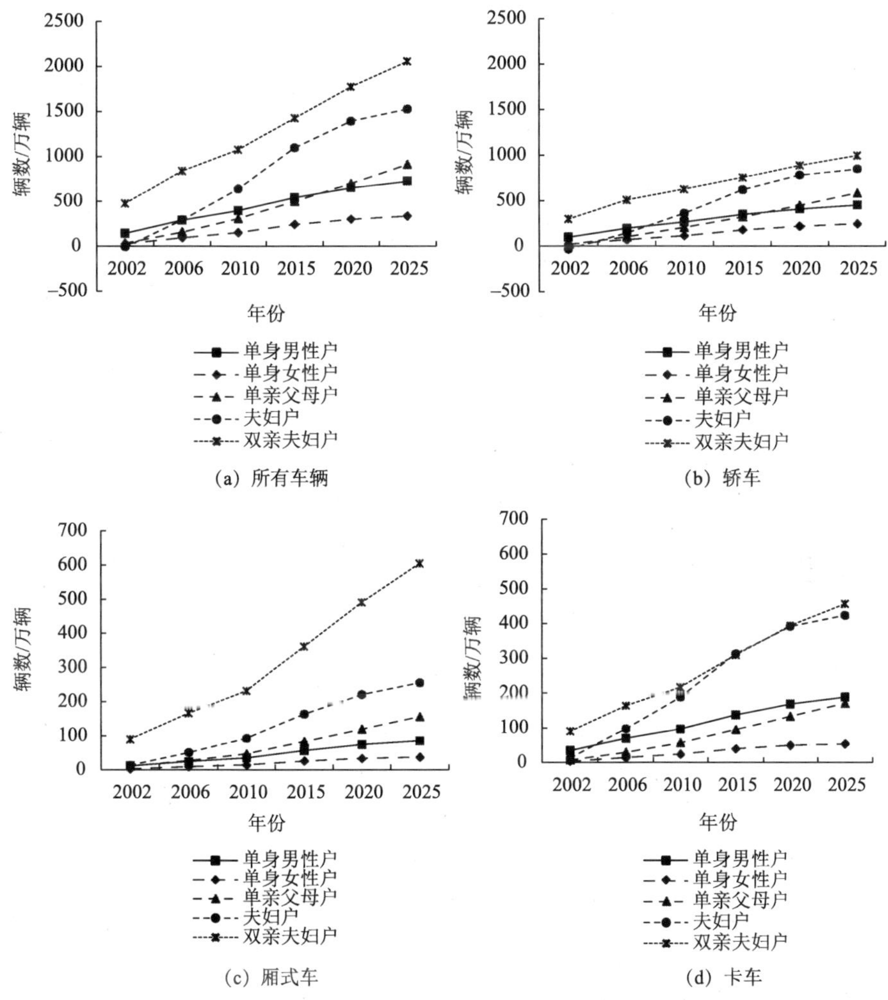

图 31.4　按家庭户类型分的家用汽车需求累计增长

从图 31.5 中可以看出，在不同规模的家庭户中，2000～2025 年轿车消费累计增长最大和第二大的分别是 2 人户和 1 人户；4 人户是轿车消费累计增长最小的

家庭户类型。卡车的消费累计增长也同样是这种模式。而厢式车消费累计增长最大的是 5 人及以上户，1 人户的消费累计增长最小。

图 31.6 按家庭户收入类别展示了需求预测结果。轿车和厢式车的模式相似：在 2000～2025 年，家庭户收入水平越高，汽车消费的累计增长就越大。但对卡车而言，这一增长模式略有不同。高收入家庭的卡车消费累计增长排在中等收入Ⅰ家庭之后，接下来是中等收入Ⅱ家庭和低收入家庭。这有可能是因为当高收入家庭需要使用卡车时，他们会选择购买服务而非直接买卡车。

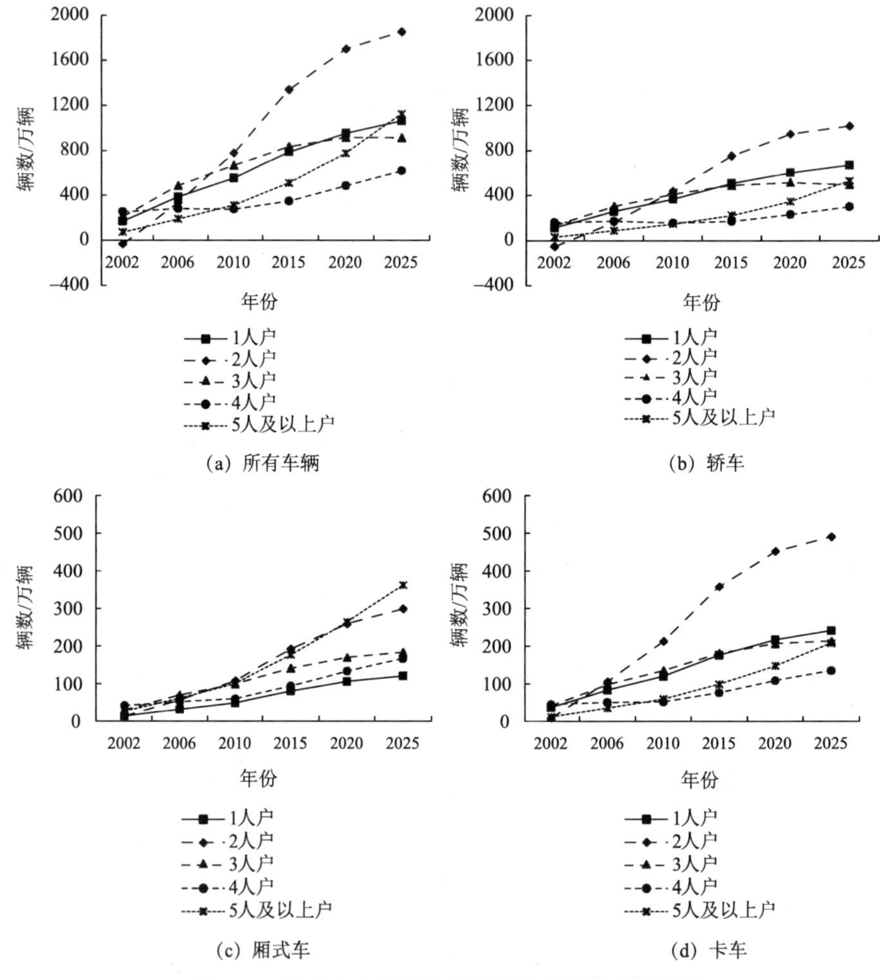

图 31.5　按家庭户规模分的家用汽车需求累计增长

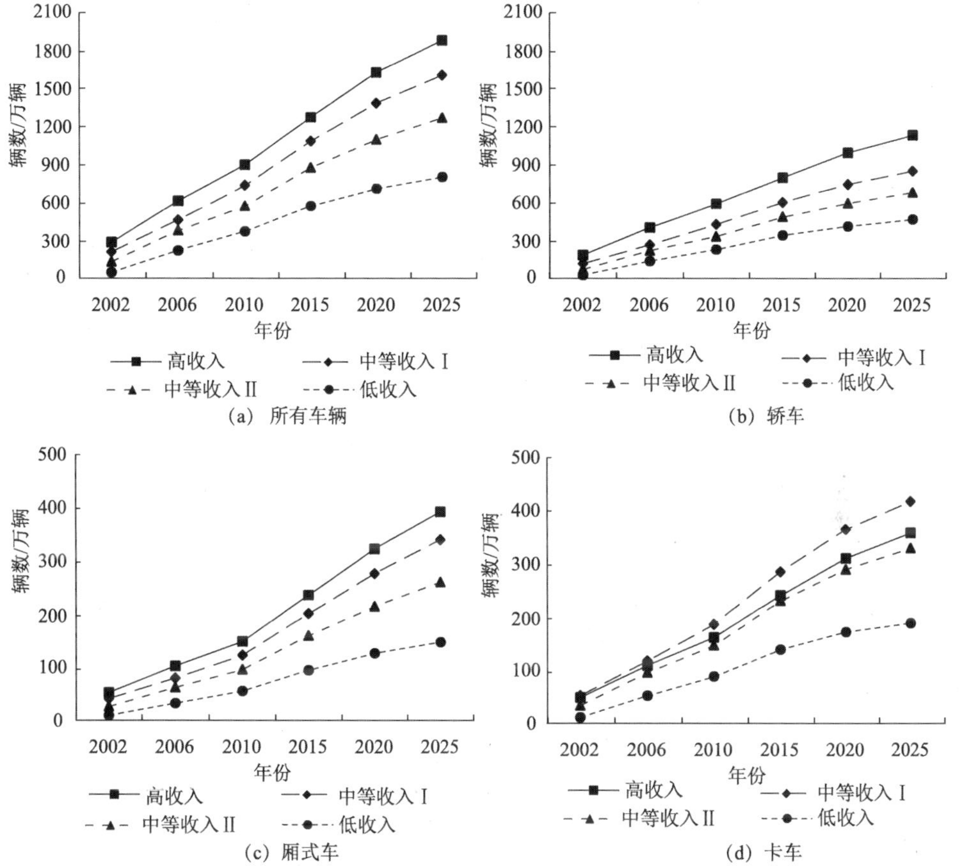

(a) 所有车辆　　(b) 轿车

(c) 厢式车　　(d) 卡车

图 31.6　按家庭户收入分的家庭户汽车消费累计增长

31.4.6　按区域分的家用汽车需求预测

图 31.7 展示了 2000～2025 年美国各地区（东北部、中西部、南部、西部）家庭户汽车消费的累计增长。三种车辆类型的增长模式相同：在 2000～2025 年，

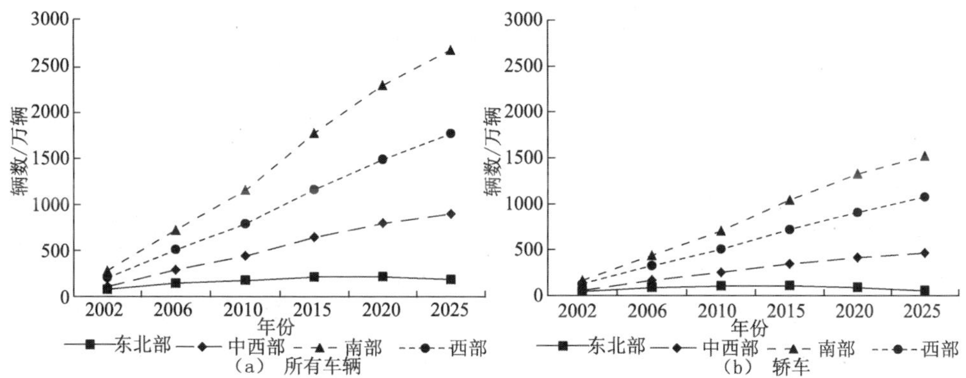

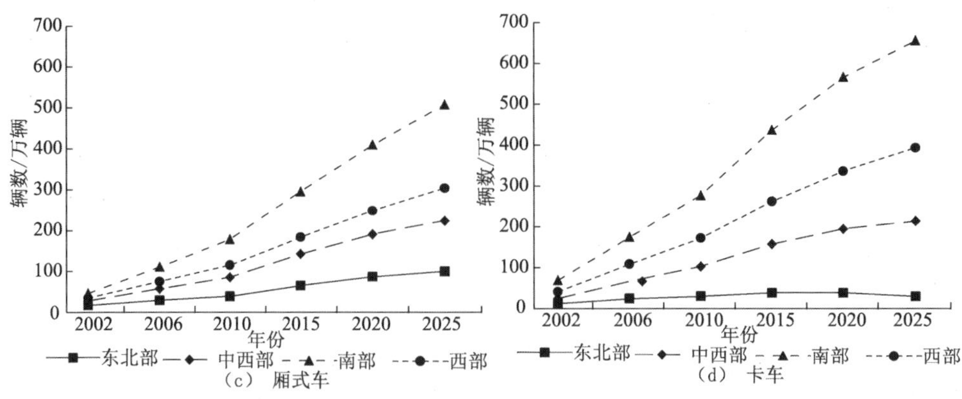

图 31.7　按区域分的家庭户汽车消费累计增长

南部和西部地区的累计增长分别位居第一和第二，中西部地区排名第三，东北部地区的累计增长最小。

31.5　讨论和相关思考

本章利用多维家庭人口预测方法，对 2000～2025 年美国四大地区的家庭户汽车消费进行了分家庭户类型、规模、收入和家庭户代表年龄、性别、种族的预测。以往的许多研究(Bhat and Sen, 2005; Hu and Reuscher, 2004; Vance and Buchheim, 2004) 都曾建议在家庭户汽车预测中包含详细的家庭户特征。本章介绍的多维家庭人口预测方法和详细的家庭户汽车需求预测实例为研究者、汽车制造商和经销商提供了十分有价值的信息。

预测结果表明，家庭户汽车消费累计增长的一大半是源于轿车消费的增加，这意味着未来汽车制造业和市场仍需将轿车放在首位。值得注意的是，2000～2025 年厢式车消费的增长将远大于其他类型汽车消费的增长，相关商业部门应予以高度重视。本章研究对未来厢式车消费者的特征也提供了颇有价值的预测结果：厢式车的消费多来自 25～64 岁的家庭户代表，非西班牙裔白人和西班牙裔家庭户，或是 5 人及以上户。

预测结果表明，45～64 岁年龄组对汽车消费增长的贡献最大。还有一个重要的发现是 65 岁及以上的车主将在 2010 年后快速上升，即表示美国家庭户车主在经历快速老龄化。这一发现并不出乎意料，因为第二次世界大战后美国生育高峰期出生的庞大人群在 2000～2025 年正逐渐步入老年人的行列。这一发现也与美国人口的快速老龄化，以及美国老年人与年轻人对私家车的使用程度相同 (Collia et al., 2003) 等事实相符。本章的预测还指出，西班牙裔家庭户应为未来汽车市场的主要目标群体。预测表明，西班牙裔家庭户在未来几十年的汽车消费增长中起着重要的作用，25～44 岁的西班牙裔家庭户代表将占汽车消费人群的绝大多数。

应该注意的是，如 Prskawetz 等（2004）发现，用户主率方法仅凭预测所得的家庭户数量而没有家庭户规模信息来预测奥地利汽车需求可能产生严重偏高的误差。户主率方法这一严重偏高误差的倾向不难理解，因为未来奥地利和美国的 1 人户和 2 人户数量将越来越多，而这些家庭户往往只需要一辆车，与当今的家庭户平均水平不同，但经典的户主率方法对家庭户的预测并不能辨识家庭户规模的变化。因此，我们认为应用多维家庭人口预测方法比用传统户主率方法进行的预测更为精准。

我们的预测不应被理解为汽车销量预测。我们利用汽车消费的累计增长来衡量 2000 年至未来年份的汽车消费水平和构成的变化,但这并不是对汽车销量变化的预测，原因有三点。首先，我们只对私人家庭户拥有的汽车进行预测，排除了企业、政府部门、公共机构，军队等所有的车辆，这些都不在本章研究预测的范围之内。其次，我们的预测变化是基于家庭户数量和构成的变化，不包括因为置换车带来的销量。最后，累计增长是基于横向对比，代表总的市场规模潜力的变化，并没有计入生活方式、喜好、公共交通政策，以及交通情况等的队列和时期作用的变化。简而言之，本章中“消费”这一概念只是指汽车和汽车相关服务与设备材料等的“市场潜力”，而非实际“销量”。

对家庭户汽车消费潜力的预测也可能受到除我们在本预测中分析到的以外的其他各种因素的影响。显然，立法、政策、社会经济，以及科技等的改变都可能对家庭户汽车消费产生影响。但是，许多影响汽车消费的事件是随机的，对政策趋势的预测很难进行，所以所有汽车消费的预测都有很大的不确定性。例如，油价上调和近年来的国际金融困境给美国家庭户汽车消费带来了深远的影响：汽车销量由于经济低迷持续下降（Vlasic and Bunkley，2008），消费者更偏好于选择节约燃料的车型,如油电混合车,因此 SUV 和皮卡的销量变低了(MSNBC,2008)。这些因素非常重要，但因为它们的不可预见性，很难把它们纳入汽车消费的预测模型中。但是，合理的预测模型仍是可取的，因为它们能为我们提供如本章介绍的对汽车消费市场潜力的未来变化趋势有价值的分析。

本 章 附 录

附录 A31.1 美国人口普查局界定的四大区域

东北部地区（9 个州）：缅因州、新罕布什尔州、佛蒙特州、马萨诸塞州、罗得岛州、康涅狄格州、纽约州、新泽西州、宾夕法尼亚州。

中西部地区（12 个州）：俄亥俄州、印第安纳州、伊利诺伊州、密歇根州、威斯康星州、明尼苏达州、艾奥瓦州、密苏里州、北达科他州、南达科他州、内布拉斯加州、堪萨斯州。

南部地区（16 个州和特区）：特拉华州、马里兰州、华盛顿特区、弗吉尼亚州、西弗吉尼亚州、北卡罗来纳州、南卡罗来纳州、佐治亚州、佛罗里达州、肯塔基州、田纳西州、亚拉巴马州、密西西比州、阿肯色州、路易斯安那州、俄克拉何马州、得克萨斯州。

西部地区（13 个州）：蒙大拿州、爱达荷州、怀俄明州、科罗拉多州、新墨西哥州、亚利桑那州、犹他州、内华达州、华盛顿州、俄勒冈州、加利福尼亚州、阿拉斯加州、夏威夷州。

附录 A31.2　四大区域之间的一致性检验

（1）每年全国范围内四大地区所有迁入者和迁出者的总数应等于零。

（2）每年四大地区的国际净迁移人口数之和应等于同年人口普查局预测所得的全国国际净迁移人口数。

（3）在预测年份，各地区分种族的综合参数必须通过一致性检验，即从分地区、种族的综合参数和各种族在各地所占百分比中导出的加权后全国分种族平均综合参数，与直接估得的全国综合参数一致。

附录 A31.3　按收入分类百分位分布的一致性检验

已有的文献和本章的讨论已经证实,我们假定 2001～2025 年每个家庭户类型和规模类别的分年龄、种族的高收入、中等收入Ⅰ、中等收入Ⅱ，以及低收入家庭户所占比例与 2000 年人口普查 5%样本数据中得到的相同。但是，所有年龄合计的分种族的 4 种收入类别在每个家庭户类别中所占比例并不是恒定的，因为这些比例是各年龄的比例加权平均值，而家庭户代表的年龄结构（即加权后累计占比）是随时间变化的。与之类似，所有种族合计的分年龄的各家庭户类别的收入类别所占比例并不是恒定的，因为这些比例是各种族的比例加权平均值，而家庭户代表的种族构成是随时间变化的。总而言之，由于家庭户分布和家庭户代表年龄结构的变化，2000～2015 年各种族各收入类别的所有年龄合计的百分比、分年龄的各收入类别的所有种族合计的百分比，以及所有年龄、种族合计的收入类别的百分比变化都很大。同时，基于人口普查或美国社区调查，衡量分种族、年龄、性别、地区差异的收入分布的分年龄、种族、家庭户类别的各收入类别所占比例基本保持稳定不变。

一致性检验的步骤如下。

用 $I_k(t)$ 表示收入类别 k 的占比。

用 $P_k(i,x,t,r,j)$ 表示 t 年收入类别为 k 的家庭户占所有类型和规模 i，且家庭户代表年龄组为 x，种族为 r，所在地区为 j 的家庭户的比例。可假定预测年份的 $P_k(i,x,t,r,j)$ 与最新普查年观测到的相同，或假定存在某种变化。不论如何，都有

$$\sum_k P_k(i,x,t,r,j) = 1.0$$

用 $H(i,x,t,r,j)$ 表示预测所得的 t 年家庭户类型和规模 i，且家庭户代表年龄组为 x，种族为 r，所在地区为 j 的家庭户的数量。

用 $P_k(i,x,t,r,j)$ 表示初次估得的 t 年家庭户收入类别 k，类型和规模 i，且家庭户代表年龄组为 x，种族为 r，所在地区为 j 的家庭户的数量。

因为 t 年不同类型和规模的家庭户构成的变化，以及家庭户代表年龄结构的变化，$\sum_i\sum_x\sum_r\sum_j H(i,x,t,r,j)P_k(i,x,t,r,j)/\sum_i\sum_x\sum_r\sum_j H(i,x,t,r,j)$ 可能不与 $I_k(t)$ 完全相同，但差距不大。因此，我们需要采用以下调整：

$$\frac{C_k(t)\sum_i\sum_x\sum_r\sum_j H(i,x,t,r,j)P_k(i,x,t,r,j)}{\sum_i\sum_x\sum_r\sum_j H(i,x,t,r,j)} = 0.25$$

$$C_k(t) = \frac{0.25\sum_i\sum_x\sum_r\sum_j H(i,x,t,r,j)}{\sum_i\sum_x\sum_r\sum_j H(i,x,t,r,j)P_k(i,x,t,r,j)} \quad \text{(A31.3.1)}$$

$$P'_k(i,x,t,r,j) = C_k(t)P_k(i,x,t,r,j) \quad \text{(A31.3.2)}$$

$$P''_k(i,x,t,r,j) = P'_k(i,x,t,r,j)\frac{1.0}{\sum_k P'_k(i,x,t,r,j)} \quad \text{(A31.3.3)}$$

我们再计算高收入、中等收入Ⅰ、中等收入Ⅱ、低收入百分位数。如果它们各自与 0.25 间的相对差距均小于 0.01 或其他标准，我们接受 $P''_k(i,x,t,r,j)$。具体而言，如果对所有的收入类别 k（k=1, 2, 3, 4）都有

$$\left\{\left[\frac{\sum_{i}\sum_{x}\sum_{r}\sum_{j} H(i,x,t,r,j)P_k''(i,x,t,r,j)}{\sum_{i}\sum_{x}\sum_{r}\sum_{j} H(i,x,t,r,j)}-0.25\right]/0.25\right\}<0.01$$

我们接受 $P_k''(i,x,t,r,j)$。否则，我们重复公式（A31.3.1）～（A31.3.3）中的步骤，直到达到标准。

第 32 章　奥地利家庭户汽车市场需求预测分析[①]

32.1 引　　言

大多数关于交通需求的实证研究以汽车拥有率和汽车使用量的经济学模型为基础（de Jong，1990）。较少研究关注到个人和家庭户的人口学特征等非经济因素，然而研究表明这些是重要的影响因素。若干研究表明，即使在控制了收入等经济变量后，人口学变量，如家庭户代表的性别与年龄[②]、家庭规模、家庭中成人和儿童的数量等，是交通行为的重要决定因素[见 Johansson-Stenman（2002）、Carlsson-Kanyama 和 Lindén（1999）关于瑞典的案例；Pucher 等（1998）、O' Neill 和 Chen（2002）关于英国的案例；Karlaftis 和 Golias（2002）关于希腊的案例]。

除了考虑单独的人口学变量，生命周期的概念也被用于解释不同规模、类型、家庭户代表年龄和婚姻状况的家庭户的交通需求和相关温室气体排放的差异（Greening and Jeng，1994；Greening et al.，1997；Bjorner，1999）。

除了以上家庭户层面的研究外，很少有研究者对人口构成随时间的变化如何解释过去总需求变化和预测未来变动这一问题进行量化研究。

O'Neill 和 Chen（2002）使用标准化方法发现过去几十年美国家庭规模、年龄和家庭构成的变化可能对家庭直接能源使用的总需求产生了实质性影响。他们还运用一个简单的家庭户预测方法，预测家庭规模和年龄分布的变化对未来交通需求的影响。Büttner 和 Grübler（1995）发现，在德国，具有性别差异的队列效应对汽车拥有率的影响相当显著，并将随着人口老龄化影响未来的交通需求。Spain（1997）发现美国也存在类似的模式。在美国，持有驾照的婴儿潮一代女性远多于当前这一代的老年女性，这表明未来老年群体交通的需求将日益增长。

然而，这些研究要么只是简单地提出某些在预测中可能很重要的人口变量，要么在没有详细的家庭户预测的情况下进行交通需求预测。本章在既有研究的基

---

① 本章由熊婉茹（普林斯顿大学人口研究所博士研究生；wanrux@princeton.edu）根据应用 ProFamy 方法和软件进行预测研究的英文论文“Prskawetz A，Jiang L，O'Neill B. 2004. Demographic composition and projections of car use in Austria. Vienna Yearbook of Population Research，2：274-326”撰写。

② 我们用“家庭户代表年龄”来表示该家庭户的年龄。注意，随着时间的推移，使用这一定义的家庭户队列不一定由相同的家庭构成，因为家庭户成员重组可导致家庭队列所包含的家庭户发生变化。

础上，将奥地利汽车市场需求的横截面分析和详细的家庭户预测结合起来。这种方法面临方法论上新的挑战，因为如何将横截面上交通行为的重要变量与预测未来需求结合起来需要认真深入研究[①]。

由于忽略了可能的行为和经济变化，我们的分析对预期交通需求的分析是不完整的。然而，由于家庭人口是交通需求的一个重要影响因素，本章应该被视为应用成熟的家庭户预测方法检验未来人口变化对交通需求重要性的首次尝试。因此，我们的重点在于指出交通需求预测研究必须超越简单的基于家庭和人口的预测。

我们的研究分为三个步骤。首先，对 1997 年奥地利使用汽车的人口构成进行描述性分析。其次，对奥地利从 1996 年到 2046 年的家庭户进行详细的预测。应用这些预测结果来研究人口构成随时间的变化。最后，将 1997 年的汽车使用模式（依据特定家庭人口学变量分解）与未来家庭人口构成的变化结合起来预测汽车市场的需求。

32.2　数据来源和相关变量的定义

本章研究基于 1996 年 6 月和 1997 年 6 月的奥地利微观人口普查（每季度对全奥地利所有住宅进行的 1%抽样调查，具有代表性）。每次调查均包含一份核心问卷，内容包括家庭户的人口学特征，如家庭规模、子女人数、年龄、性别，家庭户代表的婚姻状况、受教育程度和工作状况，以及家庭户的住房条件。样本量约为 30 000 个住户，但每个季度都替换其中的 1/8。

1996 年 6 月和 1997 年 6 月的微观人口普查样本分别包含 23 174 和 22 648 个未经加权的有效住户[②]。1996 年 6 月的调查还包括一份关于出生情况的问卷，因此被选为进行下文所述家庭户预测的基线人口。此外，预测所需的部分信息来自 1995～1996 年进行的奥地利家庭和生育率调查（Doblhammer et al.，1997）。在分析私家车使用情况时，我们使用了 1997 年 6 月的微观人口普查数据中关于家庭能源和私家车使用情况的信息。根据这些数据，我们得以部分地刻画家庭前两辆汽车的交通行为。具体来说，我们可以定义以下特征：汽车拥有量及第一辆和第二辆（如有）私家车在调查前一年行驶的公里数。事实上，只有 6%的家庭户代表报告拥有两辆以上的车，所以只有 1～2 辆车的信息是没有问题的。更可能出现问题的是总行驶里程数据，因为这是基于自我评估而非测量的数据。

① 如果人口构成没有在对交通需求影响较大的家庭分类维度上产生变化，就可能导致这一结果（例如，即使规模较小的家庭比较大的家庭交通出行少很多，如果家庭规模在未来人口中的比例保持不变的话，忽略了这一差异的预测方法也不会产生累计误差）。

② Hanika（1999）文中有对1996年6月调查的总结。关于1997年6月调查的详细信息可参考Statistik Austria（1998）。

32.3 汽车使用者的家庭人口构成

为了分析某一时点横截面上汽车的使用情况，我们将家庭户按照以下五个变量或其组合进行分类[①]：家庭户代表年龄，家庭户代表性别，家庭规模、成人和儿童的数量，家庭户代表年龄及家庭规模。我们对这五种分类中的每一类家庭户计算其平均行驶里程。均值的计算仅使用在 1997 年 6 月前一年记录了行驶里程的家庭户数据。比如，在第一种分类下，我们报告在过去一年中有行驶里程的家户的平均行驶里程。由于并非所有（约 90%）拥有汽车的家庭户都报告了行驶里程，我们在第二步中计算了每个分类下不同类型家庭户的汽车拥有率。这些计算的结果记录在 Prskawetz 等（2002）文中。以下我们仅总结其中最重要的结果[②]。

汽车拥有率和汽车使用量随家庭户代表年龄的变化呈现出非常相似的模式：在中年后期之前上升，此后下降。这种年龄模式是由几个因素造成的，包括收入、劳动参与率和家庭规模，所有这些因素都呈现类似的模式。此外，队列效应可能也有影响。如今的中青年一代成长在拥有汽车是一种常态而非例外的时代。随着这些人的年龄增长，我们可能会看到老年人的汽车拥有率和使用量不成比例地增加。不同年龄的人在汽车拥有率和使用方式上均存在性别差异。

家庭规模的扩大提高了汽车拥有率和使用量。家庭规模效应部分反映了年龄效应。较小的家庭更有可能由年轻和年长的人当家，而这两个年龄段的汽车拥有率和使用量都是最低的。

家庭规模可能是一个过于粗糙的指标，因为它只考虑了家庭成员的数量，而不考虑成员的年龄构成。一个三口之家可能由三名成年人、两名成年人和一名儿童或一名成年人和两名儿童组成，而每一种组合都可能有着不同的交通需求[③]。图 32.1 表示区分成人和儿童数量的家庭户汽车拥有率和使用量。从这些数据中我们可以得出以下结论。第一，在所有家庭类型中，只有成年人的家庭汽车使用量和拥有率最高。第二，给定家庭规模，除了一个成人和两个以上成人家庭之间的差异外，汽车拥有率对家庭的成员组成并不敏感（即对于二至四人的家庭来说，如果家里只有一个成年人，汽车的拥有量会大大降低）。第三，汽车的使用量相对于汽车拥有率而言对家庭成员构成很敏感。单亲家庭的汽车使用量在每类家庭规模中

---

① 人口结构变量的选择基于文献和我们之前的工作（Ewert and Prskawetz，2001；Borgoni et al.，2002）的发现，这些发现确定了一组在解释汽车拥有率和使用量方面最重要的变量。

② 对比每个分类方式所解释的总方差比例，单独考虑家庭户代表年龄和家庭规模在解释总方差方面几乎是同等有效的，而家庭户代表年龄和家庭规模一起则是所有测试模型中变量的最佳组合（见附录，表 A32.1）。

③ 我们用 18 岁作为成人和儿童的分界，因为在奥地利 18 岁可获得驾照。

都是最低的，但是汽车的使用量显然会随家庭成员中成年人人数的增加而变化。

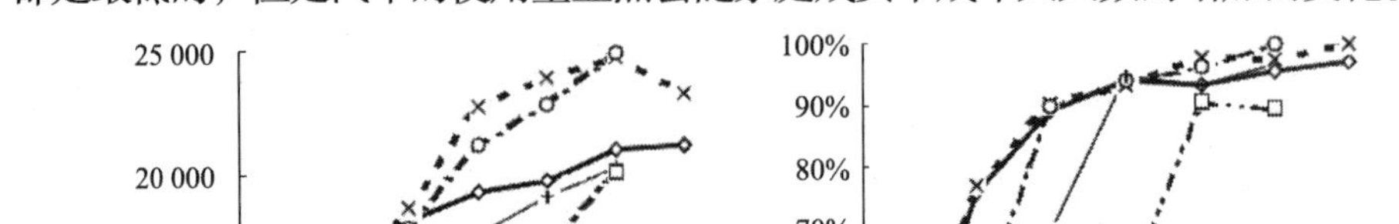

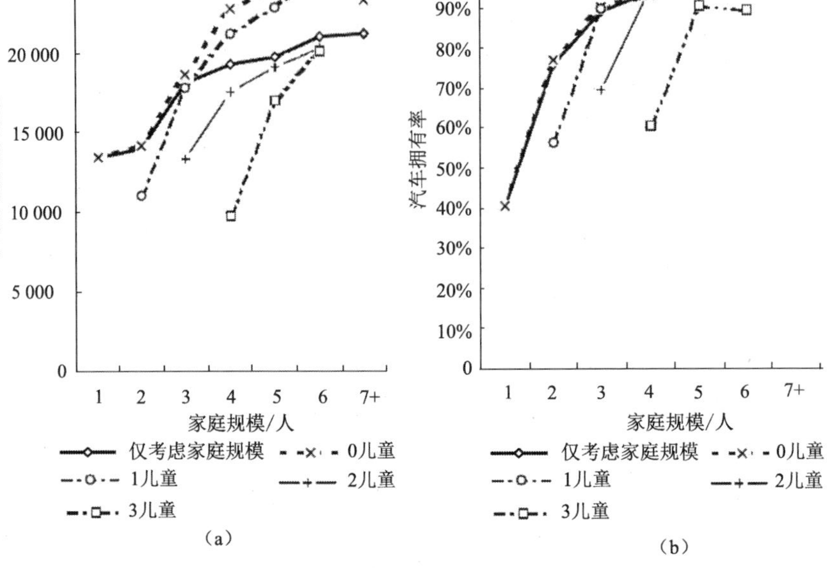

图 32.1　按家庭规模和儿童数量划分的平均行驶里程和汽车拥有率，1997 年

我们的分析结果表明，家庭户代表年龄和家庭规模之间有很强的相关性。我们考察了不同年龄和家庭规模的汽车使用量和拥有率模式（图 32.2），发现所有

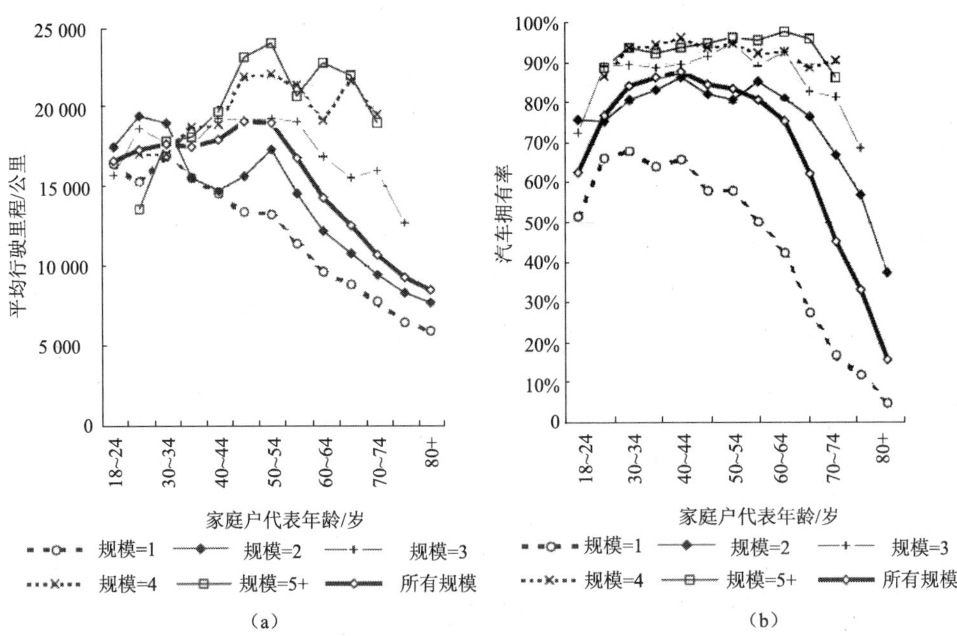

图 32.2　按家庭户代表年龄和儿童数量划分的平均行驶里程和汽车拥有率，1997 年

家庭规模的交通需求合计年龄模式主要反映了在规模为 1 和 2 的家庭观察到的年龄模式。规模较大的家庭通常表现出更稳定的年龄模式。这可能有以下原因：第一，人口较多的家庭不太可能由非常年轻或非常年老的人担任家庭户代表；第二，这些家庭更可能由两代人组成。在多代家庭中，汽车拥有率和使用量的年龄模式反映了几代人的交通需求的混合。就单亲家庭而言（在较小规模的家庭中更为普遍），汽车使用量和拥有率的年龄模式只与一代人的需求模式有关。图 32.2 还显示，不同家庭规模之间的交通需求差异随着家庭户代表年龄的不同而有所变化。在中年特别是中老年群体中，家庭规模之间交通需求的差异最为明显。

综合我们的描述性分析，鉴于未来家庭规模缩小和人口老龄化的趋势（见第 32.4 节），按家庭户代表年龄和家庭规模划分的人口构成似乎更适合对交通需求的长期预测。

32.4　家庭户预测

为了探讨主要人口因素对汽车使用需求的长期影响，应用人口和家庭户预测是很重要的，因为这些预测可以提供未来人口决定性因素变化的详细信息。以前对能源使用情况的预测主要考虑总人口。在考虑到家庭户特征的研究中，主要采用众所周知的“户主率法”来进行家庭户预测。户主率法包括将按年龄、性别和婚姻状况（如有可能）分类的家庭类别依比例进行外推，然后和对人口按年龄和性别的独立预测结合起来，得出按户主的人口特征分类的家庭预测。由于户主率法简单易行，数据需求也不大，因此在过去几十年里成为家庭户预测的主导模型[例如，U. S. Census Bureau（1996）]。然而，户主率模型有几个重要的局限[见 Prskawetz 等（2002）的第 4 节]。

因此，我们采用了 Zeng 等（1997，1998）开发的动态人口和家庭户预测方法。他们的“ProFamy”模型扩展了 Bongaarts 的核心状态生命表模型（Bongaarts，1987），以得到对人口和家庭一致的预测。这种方法很有吸引力，因为它可以直接设置人口学参数，只需要传统来源的数据，并能得到关于家庭类型的详细预测数据。

我们对奥地利 1996～2046 年的动态人口和家庭户进行了预测[数据和方法的详细描述参见 Prskawetz 等（2002），附录 A]。我们从奥地利 1996 年微观普查数据中获得 ProFamy 运行所需要的预测起始年份家庭人口数据，并主要根据 1995～1996 年的奥地利生育和家庭调查（Austria fertility and family survey，FFS）和 1996 年微观普查数据构建决定未来在各种按年龄、性别和婚姻状况分的家庭居住安排之间转换的标准模式。我们对未来主要人口参数变化的假设，如按胎次分的总和生育率、预期寿命、平均生育年龄和迁出率（表 32.1），采用了奥地利统计局的预测（Hanika，2000）。其他参数，如结婚率、再婚率、同居率、离婚率、离开父母家庭率和出生时的性别比在整个预测期间维持在目前的水平，因为我们缺乏关于这些参数未来可能变化的任何信息。家庭户预测的详细结果记录在 Prskawetz 等（2002）的文章中。下文仅总结其中最重要的结论。

表 32.1　人口综合参数变化假设，1996 年、2020 年、2046 年

主要人口综合参数		1996 年	2020 年	2046 年
总和生育率（中方案）	总和生育率	1.34	1.50	1.50
	第一孩	0.55	0.61	0.61
	第二孩	0.39	0.43	0.43
	第三孩	0.21	0.23	0.23
	第四孩	0.11	0.12	0.12
	第五孩	0.09	0.10	0.10
平均预期寿命（中方案）	女性	80.90	84.0	86.7
	男性	74.70	78.3	81.6
平均生育年龄/岁		28.14	30.00	30.00
一般迁入率	女性	33.793‰	37.174‰	37.174‰
	男性	38.930‰	42.826‰	42.826‰
一般迁出率	女性	27.736‰	26.667‰	24.729‰
	男性	36.536‰	35.128‰	32.574‰

我们的预测结果显示，奥地利人口规模和家庭数量在 1996 年至 2035 年期间会适度增长（图 32.3），而在 2035 年之后会下降。此外，家庭数量的变化将比人口规模的变化更为明显。除了人口减少之外，我们还观察到奥地利今后 50 年的人口老龄化趋势（图 32.4）。人口中儿童比例将持续下降，成年人数量增长速度在 1996～2035 年高于总人口增长速度，随后下降速度将慢于总人口下降速度。然而，在成年人中，老年人的比例将会上升，其中 75～84 岁和大于 85 岁年龄组的人口比例将增加最多。人口老龄化也意味着家庭将老化（即家庭户代表的年龄上升）。

考虑到 1996～2035 年家庭数目的增长速度预计将快于总人口增长速度，而到 2035～2046 年家庭数目的下降速度会慢于总人口下降速度，预计平均家庭规模将出现下降。家庭规模预计从 1996 年的 2.4 下降到 2035 年的 1.95 和 2046 年的 1.94。小户型（一人户和二人户）会持续增加，而大户型（四人以上）会减少。

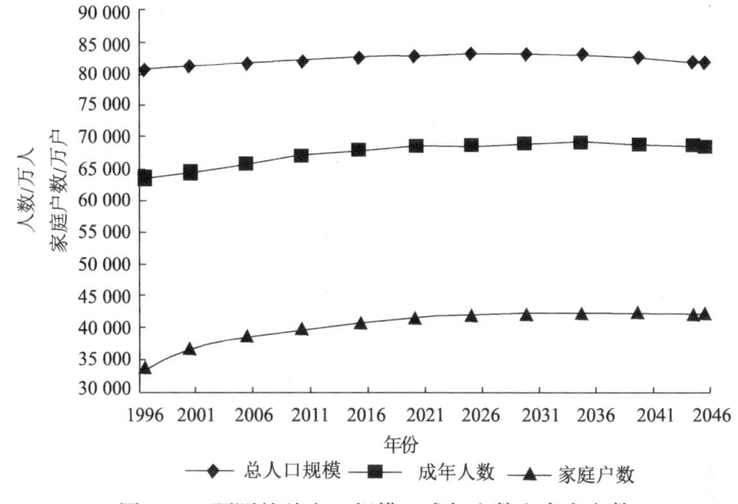

图 32.3　预测的总人口规模、成年人数和家庭户数

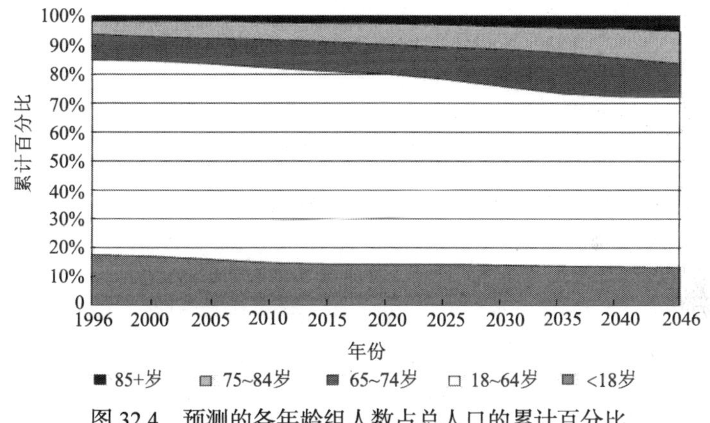

图 32.4　预测的各年龄组人数占总人口的累计百分比

我们还按家庭规模和每个家庭规模类别的成人和儿童人数对家庭户进行了预测。预测显示，一个和两个成年人的家庭将在今后五十年中经历显著和持续的增长，所有的这些增长都来自没有子女的家庭。三个成人的家庭在 1996～2015 年初期会增加，但之后会减少。

考虑到未来人口参数的不确定性，我们还依据死亡率、生育率和婚姻/同居解体模式可能出现的其他情况进行家庭人口预测（见附录）。从这些可能的家庭户预测中，我们发现，生育率参数将主要影响总人口规模和二人以上家庭户的比例。死亡率参数将对预测的成年人数量产生显著影响。与生育率相比，死亡率变化对按家庭户代表年龄和家庭规模划分的家庭类型分布的影响不那么明显。婚姻/同居解体模式的变化将主要影响预测的家庭数目，并将对按规模大小分类的家庭类型分布产生显著影响。总体而言，其他人口参数方案不会扭转家庭人口老龄化和规模缩小的趋势。但是，按规模分类的家庭组成比按家庭户代表年龄计算的家庭组成对人口参数更为敏感。

32.5 交通需求预测

我们的横截面分析显示，家庭汽车的拥有率和使用量随家庭户代表年龄和性别、家庭规模（特别是一至三人家庭）及家庭组成的某些方面的不同而存在显著差异。一个成年人的家庭，特别是单亲家庭不同于有两个或两个以上成年人的家庭。此外，我们发现家庭规模的效应部分是由不同规模家庭的年龄构成变化引起的，反之亦然。更具体地说，尽管不同年龄的家庭汽车拥有率和使用量的差异在规模为一和二的家庭中最为显著，但家庭规模造成的差异在中老年人家庭中最为显著。

家庭户预测表明，就家庭户代表年龄分布而言，家庭将显著变老，伴随着大家庭的减少，家庭规模必然向一人和二人家庭转变。没有孩子的家庭数目的上升将基本上解释所有家庭总数的增长。

为了利用各种人口构成分类结果对汽车市场需求进行预测，我们将家庭户预测的结果与相应的汽车拥有率和使用模式的横截面分析相结合。对于每种家庭户类型，我们将预计的家庭户数量与汽车拥有率和平均里程相乘。我们忽略了不同家庭户类型交通需求模式的任何行为变化。换句话说，这种做法强调了家庭人口结构变化的作用 ，但忽略了不同人口群体的交通行为变化。

32.5.1 不同家庭人口结构下的汽车市场需求分析：中方案预测

在第一步中，我们应用家庭户预测中方案的结果，刻画出预测过程中每个步骤和每种人口结构下汽车使用模式相对于 1996 年的变化（图 32.5）。首先，我们看不分家庭类型的人均汽车使用量和预测的总人口规模相乘所得到的结果，这有利于理解后续的其他预测结果。这一预测方法忽略了家庭人口结构的变化，因此可以作为基准参照，与后续考虑家庭人口结构变化（如家庭规模和家庭户代表年龄）的预测进行对比。其他预测方法与该参照值的差异大小可以作为衡量家庭人口结构在预测中重要性的指标。额外添加家庭人口结构变量（如在年龄的基础上加上性别）的效果可以通过比较包含两个变量的预测是否和只包含主变量的预测有明显的不同来衡量。

我们研究了两组预测：①考虑年龄结构（和其他变量）的预测。②考虑家庭规模（和其他变量）的预测。考虑家庭户代表年龄结构的预测方法给出了和基准参照完全不同的汽车使用量水平和模式，即汽车使用量在 2020 年以前上升，上升幅度比基准高出 12%，此后下降，到 2046 年时比基准高出 4%。这一模式可以用

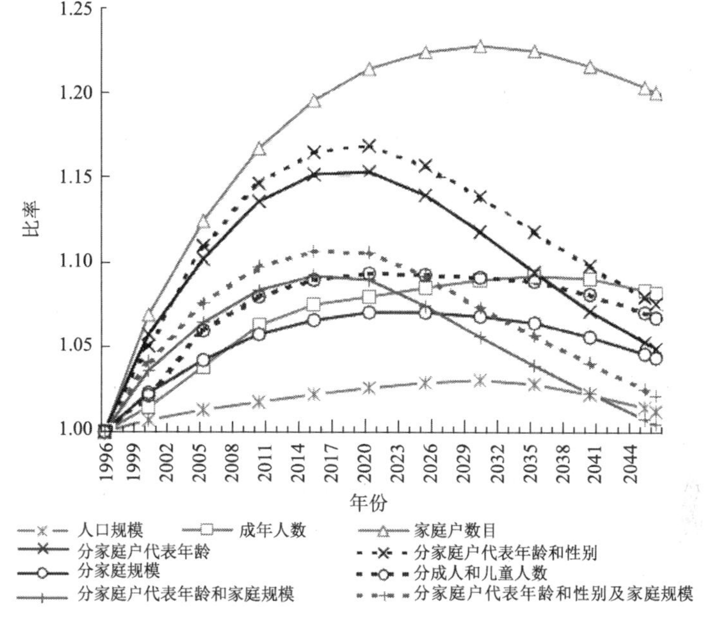

图 32.5　不同家庭人口结构下的汽车需求与 1996 年的比率，中方案

婴儿潮一代的老龄化来解释，这意味着随着年龄增长，汽车的使用呈现出“驼峰”形的趋势，而不区分家庭户类型的人均基准预测忽略了这一效应。需要注意的是，一种更简单的刻画年龄效应的方法（用成年人数量乘以成年人每辆汽车的平均使用量的预测）不能完全捕捉这种年龄效应。尽管这种方法相比基准参照方案预测了更高的汽车使用量，因为成年人口增长快于总人口增长，但它将所有成年人视为同质的，忽略了 2020 年以前大多数成年人口的增长发生在汽车使用量较高的类型中，而此后的成年人口增长逐渐集中在汽车使用量较低的老年组中。

如果在家庭户代表年龄的基础上考虑家庭户代表的性别，则预测的汽车使用量比仅考虑家庭户代表年龄的略高。这是因为男性家庭户代表比女性家庭户代表的汽车使用量高。然而，这种影响是很小的，在考虑家庭户代表年龄的基础上加上性别时，预测的汽车使用量不会提高超过 3%。

如果仅考虑家庭规模，预测得到的汽车使用量趋势和基准参照相似，但在 2025 年达到峰值时要高 4%。这一差异来自家庭户小型化的趋势。尽管规模较小的家庭比较大的家庭汽车使用量低，但规模较小的家庭数目的增加要比较大家庭数目下降的幅度大，家庭数目的增加超过了平均使用量低的效应，导致总使用量的上升。在以往考虑家庭规模的研究中有一种更简单的计算方式，即用预计的家庭数量乘以每个家庭的平均汽车使用量。预计的家庭数目隐含了平均家庭规模的变化，因为它等于总人口除以平均家庭规模。图 32.5 显示，这种方法产生的结果是所有预测中最高的，在 2030 年达到峰值时比基准参照高出约 20%。原因在于这种方法在预测中考虑了家庭规模的变化，但没有考虑到规模较小的家庭汽车使用量较低这一事实，在整个预测过程中采用了不变的户均汽车使用量。

如果在家庭规模的基础上加入家庭成员组成（定义为成人和儿童的数量），预计汽车使用量只增加了几个百分点。这种相对微弱的影响可能是两个效应相互抵消的结果：更多的成年人家庭带来更高的汽车使用量，同时越来越多的单亲家庭导致汽车使用量下降。

最后，我们按照家庭规模及家庭户代表年龄将家庭户分类并进行预测。这一预测的结果与单独考虑每个变量的预测结果在模式和水平上都有着本质的不同。相对于只考虑家庭户代表年龄的预测方案，汽车使用量最多下降了 7%。只考虑家庭户代表年龄的预测方案忽略了老年家庭占比上升的同时也意味着更小的家庭规模，也即更低的使用量。相对于只考虑家庭规模的预测方案，同时考虑家庭户代表年龄的方案预测在 2026 年以前使用量更高，之后更低。只考虑家庭规模的方案没有考虑到婴儿潮一代的年龄效应使得汽车使用量先增加再减少。在家庭户代表年龄和家庭规模的基础上再加上家庭户代表性别，会略微增加预测的汽车使用量，但不会影响汽车使用量的总体模式。

综上所述，这些结果表明，在预测未来汽车使用量时有必要同时考虑家庭规模和家庭户代表年龄。增加家庭户代表性别和家庭的成人/儿童组成的影响较小。此外，对家庭户代表年龄和家庭规模的简单计算方法，如使用成年人数目和家庭数目，不足以反映这些人口变量的影响。

32.5.2 在不同家庭人口结构和综合参数方案下汽车使用量的变化趋势

某一特定人口结构变量对未来汽车使用的影响程度取决于所采用的家庭户预测方案。在有关生育率、死亡率或婚姻/同居解体的其他假设下，预测按年龄、规模、性别和组成划分的家庭类型分布将发生变化。因此，用于预测汽车使用需求的关键家庭户预测结果也可能发生变化。

为了探究这种可能性，我们通过研究预测的汽车使用量对附录中提出并在 32.4 节中总结的家庭户预测结果的敏感性来扩展我们的分析。

我们的研究结果如下。在只有一个人口结构变量的情况下，我们绘制了汽车使用量相对于仅基于人口规模的预测的变化（图 32.6）。如果我们有两个或三个人口结构变量，我们展示包含两个或全部三个变量的预测结果与只包含一个或两个变量的预测结果的比率（图 32.7～图 32.10）。这种方法控制了不同人口参数假设情况下人口规模的差异。结果可以直接反映所测试的人口结构效应的重要性，而不受人口规模差异的影响。

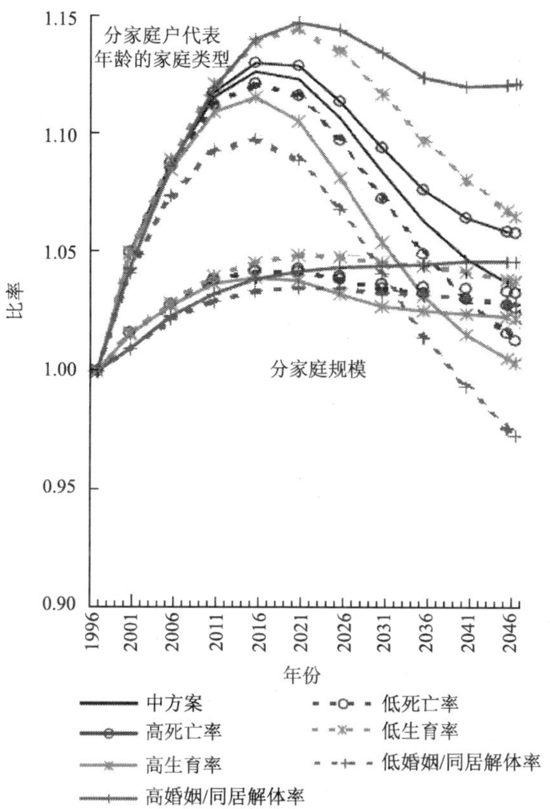

图 32.6　不同综合参数方案下，按家庭规模和家庭户代表年龄分类预测的汽车需求相对于按人口规模预测的比率

图 32.6 所示的结果表明，家庭户代表年龄和家庭规模在未来所有的人口参数方案中都是重要的因素，因为在所有情况下，预测的汽车使用情况与仅根据人口规模进行的预测不同。家庭规模的影响较小，而且对人口参数不那么敏感，使得在各种情况下汽车的使用量增加幅度在 3%～5%之间。家庭户代表年龄的影响相对而言更加显著，在峰值时比基准预测高出 10%～15%，最终在 2046 年达到基准参照的–3%至+12%，具体数值取决于对人口参数的假设。

这些结果也可以用来检验预测汽车使用需求对替代假设敏感性的主要原因。例如，在控制人口规模之后，在预测的时间段内高死亡率和低死亡率方案下的汽车使用量差异并不十分明显。死亡率的变化改变了家庭在中年和老年之间的分布。例如，较低的死亡率导致老年家庭的比例更高，而中年家庭的比例更小，从而减少了总体的汽车使用量，因为老年家庭用车较少。由于老年家庭的增长主要集中在那些交通行为模式与中年人最相似的家庭中（老年群体中相对最年轻的家庭），因此最初预测的汽车使用量差异很小。持续的低死亡率最终导致家庭类型集中在最老的家庭和最低汽车使用量的家庭。因此，在接近预测时段的后期时，较低的

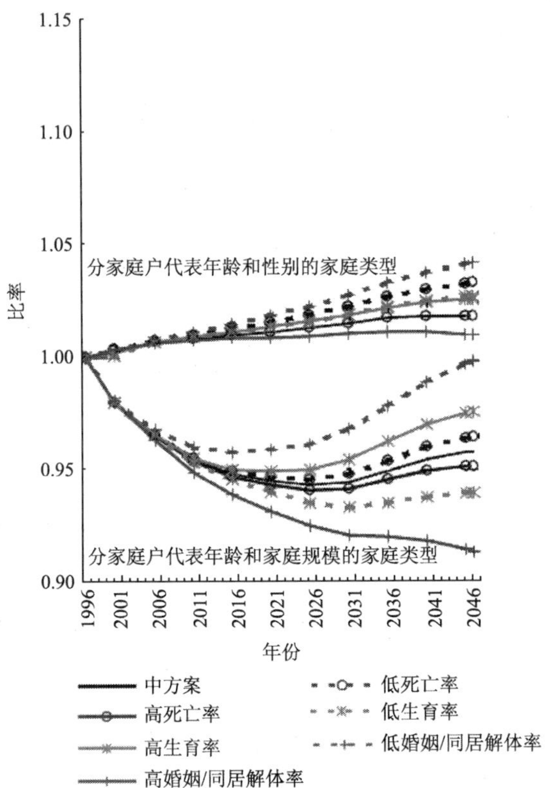

图 32.7　不同综合参数方案下，按家庭户代表年龄和性别、按家庭户代表年龄和家庭规模分类预测的汽车需求相对于仅按家庭户代表年龄预测的比率

死亡率对汽车使用量产生的影响越来越大。

在高生育率和低生育率方案中，汽车使用需求（控制人口规模后）的差异要明显得多。不同的生育方案会改变中年家庭的比例，而汽车使用量对这种变化很敏感。例如，低生育率导致年轻家庭的比例下降，而中年和老年家庭的比例上升。中年家庭（高汽车使用率）的增加占主导地位，因此汽车总使用量增加。如果我们假设其他婚姻/同居解体模式，预测的汽车使用量变化甚至更加明显，因为这些替代方案大大改变了按家庭户代表年龄分类的家庭类型分布（图 32.7）。例如，较高的婚姻和同居解体率使家庭分布向汽车使用率较高的中年群体转移，导致汽车使用量整体上升。

在图 32.7 和图 32.8 中，我们考虑了在家庭户代表年龄或家庭规模的基础上添加第二个人口结构变量的影响。我们预测了相对于只考虑家庭户代表年龄或家庭规模的预测的汽车使用需求。结果证实了上一节中关于不同人口结构变量相对重要性的结论。在家庭户代表年龄的基础上加上性别（图 32.7）导致的汽车使用量的变化相对较小，尽管在低婚姻/同居解体率的情况下影响最大，在预测期结束时

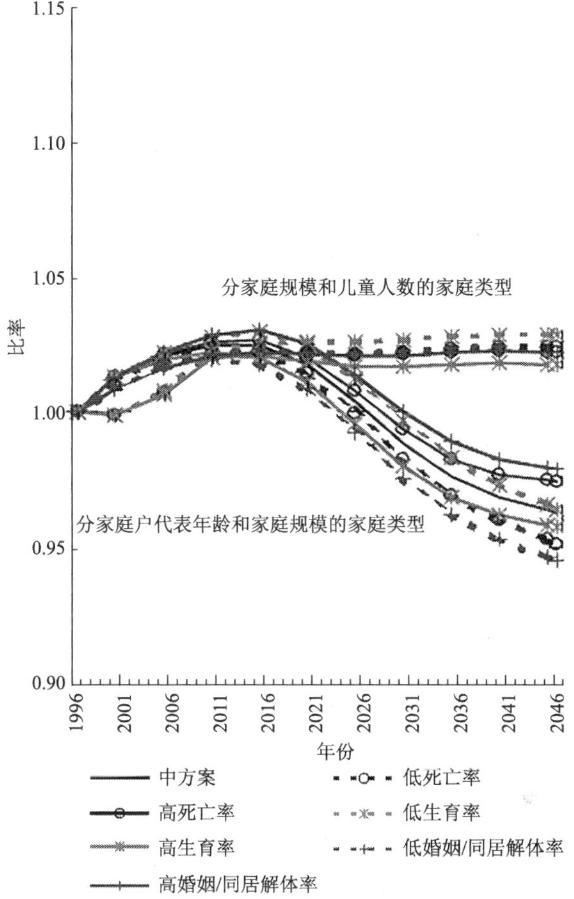

图 32.8　不同综合参数方案下，按照家庭户代表年龄/家庭规模和家庭规模/儿童人数分类预测的汽车需求相对于仅按家庭规模预测的比率

达到 4%。较低的婚姻/同居解体率导致男性家庭户代表家庭的比例较大，而男性家庭户代表家庭的汽车使用量高于女性家庭户代表家庭。然而，这一结果并不包括与婚姻/同居解体率相关的家庭规模效应，而家庭规模效应的影响是相反的。在所有情况下，在家庭户代表年龄的基础上加入家庭规模的影响都很大，尽管这种影响在低婚姻/同居解体率的方案中显著减弱（同理，在高婚姻/同居解体率的方案中显著加强）。

在家庭规模的基础上添加家庭构成（成人或儿童）在所有情况下的效果都相对较小，而在家庭规模的基础上添加家庭户代表年龄在所有情况下都效果明显。

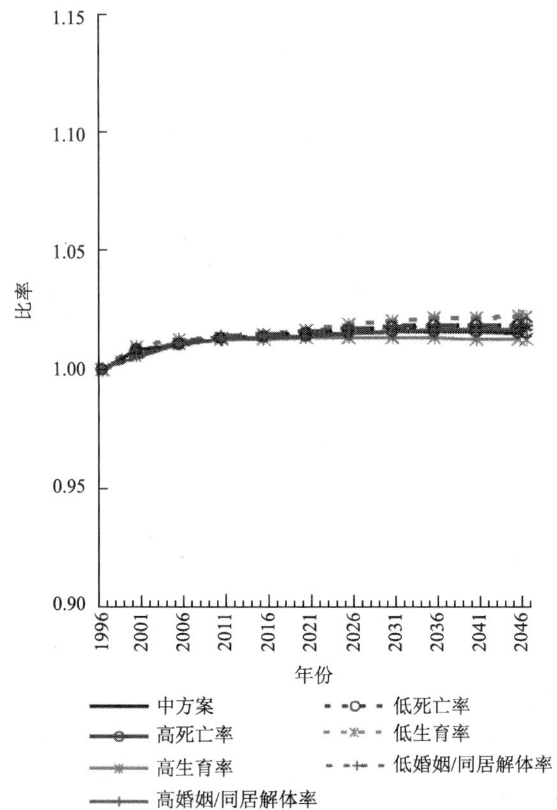

图 32.9　不同综合参数方案下，按家庭规模/家庭户代表年龄和性别分类预测的汽车需求相对于按家庭规模/家庭户代表年龄预测的变化

最后，我们讨论以下三个人口结构变量的效果：家庭户代表的年龄和性别，以及家庭规模（图 32.9 和图 32.10）。在家庭户代表年龄和家庭规模的基础上增加家庭户代表性别在任何人口参数方案下都不会改变未来的汽车使用模式（图 32.9）。与图 32.7 相比，家庭户代表性别差异的部分影响已经被家庭规模这一人口结构变量所抵消，因此，在各种人口参数方案下，加入家庭户代表性别因素仅导致汽车使用需求微小的变化。图 32.10 再次证实了按家庭规模（除了家庭户代表年龄和性别）进行区分的重要性。然而，与图 32.7 相比，如果在考虑家庭户代表年龄的同时也考虑了性别，那么在各种人口参数假设下增加家庭规模导致的差异会更小。

我们的预测结果证实了最初结论的稳健性，即家庭户代表年龄和家庭规模是未来汽车使用量预测中重要的人口结构变量。在此基础上加入家庭户代表性别的影响不大（图 32.9）。因此，我们认为在我们考虑的家庭特征中，家庭户代表年龄和家庭规模确实是最适合用于预测的人口结构变量。关于未来的人口参数假设，

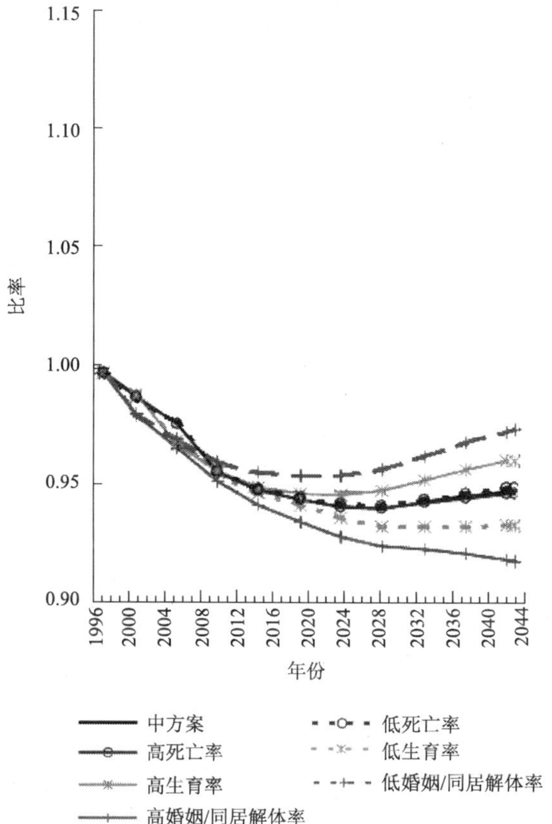

图 32.10　不同综合参数方案下，按照家庭规模/家庭户代表年龄和性别分类预测的汽车使用需求相对于按家庭户代表年龄和性别预测的变化

我们的结果表明，在不同的参数假定下，与特定人口构成的相关性可能在定量层面上发生变化，但定性层面上的模式保持一致。

32.6　结论和相关思考

私家车交通需求与人口变量和反映人口生命周期阶段的变量密切相关。与以往的研究一样，我们发现，由家庭特征，如家庭户代表的年龄和性别、家庭规模和年龄构成所定义的不同人口亚群对家庭的交通需求存在显著差异。我们将横截面上不同类型家庭的交通行为模式和一种新的家庭户预测方法结合起来，证明了未来人口构成中家庭居住安排的变化会显著影响交通需求。

此外，我们还论证了预测结果对于所使用的家庭户分类方式是敏感的。这些结果表明，依照家庭类型对人口进行分解不仅可以提高对未来交通需求预测的表现，还强调了谨慎选择用于分类的变量的重要性。

除了本章分析所涉及的原因外，人口结构变化的重要性至少还表现在两个方面。第一，我们假设特定家庭类别的汽车拥有率和使用量保持不变。但是，如果这些因素在不同家庭类别中的变化有所不同，那么人口构成的变化对汽车总需求的影响就可能加剧或减弱。第二，各家庭类型的汽车拥有率和使用量可能发生变化的原因之一是可能存在的队列效应。例如，随着婴儿潮时期出生的女性年龄增长，老年群体的汽车拥有率可能会增加。

要判断我们的研究结果能否证明人口结构的变化会对于未来交通需求产生实质性的影响，还需要对比其他因素，如行为和科技变化对未来交通需求的影响。根据奥地利环境部提供的数据（图 32.11），预计在 1996 年至 2030 年期间，每个成年人的车辆行驶公里数（vehicle kilometres travelled，VKT）将增加约 62%，相比之下，在 1967 年至 1996 年这段相近长度的历史时期中每个成年人的车辆行驶公里数增长了 155%[①]。与此同时，能源效率和运输燃料的变化可使 1996 年至 2030 年期间车辆每公里的二氧化碳排放量提高 40%，而 1967 年至 1996 年这一历史时期仅提高了 15%。

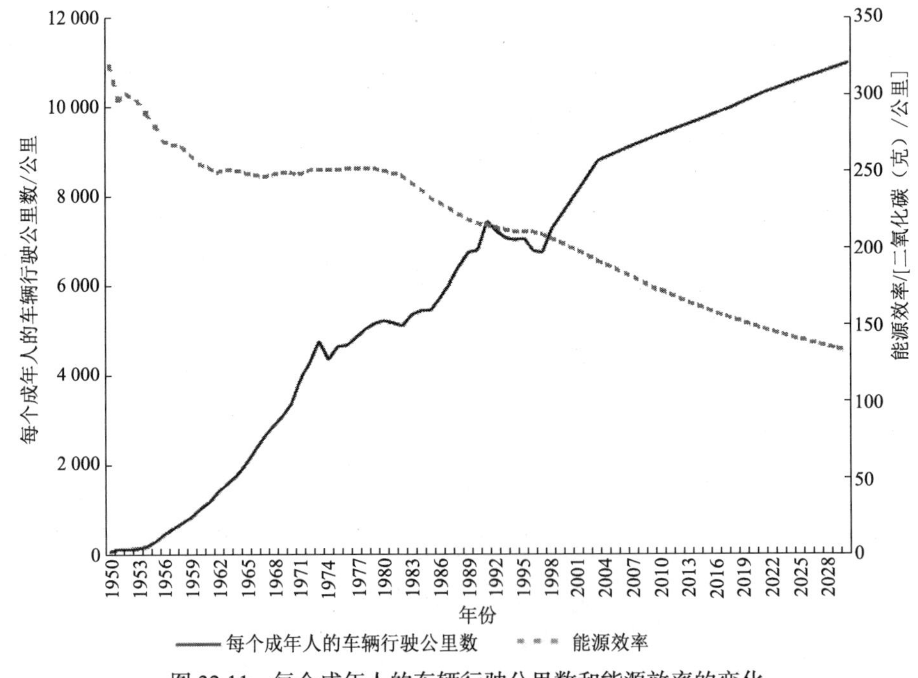

图 32.11　每个成年人的车辆行驶公里数和能源效率的变化

① 我们感谢奥地利环境部 Gunther Lichtblau 和奥地利统计局 Alexander Hanika 提供关于每个成年人的车辆行驶公里数、能源效率和奥地利成人人口的数据。

与每个成年人的车辆行驶公里数和技术因素的预测变化相比，我们预测的由人口构成变化引起的汽车使用量的变化是适中的。例如，基于家庭户代表年龄、性别和家庭规模并采用家庭户预测中方案的预测结果，与忽略人口构成的预测（人均常数预测方法）的差异不超过 8%。就预测未来 50 年运输能源使用总量而言，相对于交通行为或技术变化所带来的影响，8%是比较小的。一个可能的重要发现是，和人均常数预测及图 32.11 所示的预测方法相比，考虑人口结构的预测显示出明显不一样的动态时间趋势，需求在较早时达到峰值，然后下降。此外，在短期内（2010～2015 年），两种预测之间的差异接近 8%。在这段较短的时间内，需求 8%的绝对差异对于类似判断实现温室气体减排目标的难度或规划道路容量需求的变化等实际问题可能是相当重要的。

本 章 附 录

不同人口参数方案下的家庭户预测如下。

如表 A32.1 所示，我们采用了出生率和死亡率的中方案。我们也尝试了用奥地利统计局给出的出生率和死亡率低方案和高方案[表 A32.2 和 Prskawetz 等（2002）的附录 A]进行家庭户预测。关于婚姻和同居解体率，我们没有其他现有可行的方案可以参考，因此我们构造了高低两个婚姻/同居解体方案，分别假设奥地利在 2046 年前向意大利模式趋同（低离婚和低同居解体率方案）或向瑞典模式趋同（高离婚和高同居解体率方案）。在 1996 年至 2046 年间，我们用线性内插法进行估计。在 19 个欧洲国家中，1952～1959 年出生的瑞典女性在 35 岁前经历婚姻/同居解体率最高，是奥地利同辈的 1.5 倍。相反，意大利同期出生的女性经历的婚姻/同居解体率最低，仅为奥地利同辈的 0.26。

表 A32.1　对不同人口结构变量分组的行驶距离进行的 ANOVA 分析占总数的百分比

变量	分组	平方和	自由度	平方均值	F-统计量	显著性	占总数的百分比
							方差
家庭户代表年龄	组间	1.30×10^{13}	12	1.10×10^{12}	7 531.628	0	4.2
	组内	3.00×10^{14}	2 027 985	1.50×10^{8}			
家庭户代表性别	组间	1.80×10^{13}	25	7.30×10^{11}	5 003.61	0	5.8
	组内	2.90×10^{14}	2 027 972	1.50×10^{8}			
家庭规模	组间	1.40×10^{13}	6	2.40×10^{12}	16 424.32	0	4.5
	组内	3.00×10^{14}	2 027 991	1.50×10^{8}			

续表

变量	分组	平方和	自由度	平方均值	F-统计量	显著性	占总数的百分比
							方差
家庭中成年人和儿童数目	组间	1.90×10^{13}	28	6.90×10^{11}	4 773.032	0	6.1
	组内	2.90×10^{14}	2 027 969	1.40×10^{8}			
家庭户代表年龄和家庭规模	组间	2.80×10^{13}	68	4.10×10^{11}	2 948.789	0	9.0
	组内	2.80×10^{14}	2 027 929	1.40×10^{8}			
合计		3.10×10^{14}	2 027 997				

表 A32.2　关于生育、死亡和婚姻/同居解体率变化的假设

方案	总和生育率	出生期望寿命		离婚率		同居解体率	
		男性	女性	男性	女性	男性	女性
低方案	1.2	78.0	84.0	0.09	0.09	0.07	0.05
中方案	1.5	81.6	86.7	0.38	0.37	0.30	0.20
高方案	1.8	86.0	90.0	0.58	0.56	0.45	0.31

对比不同预测方案给出的人口规模、成年人数量和家庭户数量（图 A32.1）可以看出，预测的人口规模对假定的生育率最为敏感。这是因为生育率的变化会产生乘数效应，因为当前出生的孩子将来也会有孩子。预计的成年人数量最初对死亡率模式的变化非常敏感，只有到 2025 年左右，生育率的变化在各年龄组中发挥作用时，我们才能观察到生育率变化对成年人数量的影响。婚姻和同居解体率的变化只对预测的家庭户数量产生影响①。

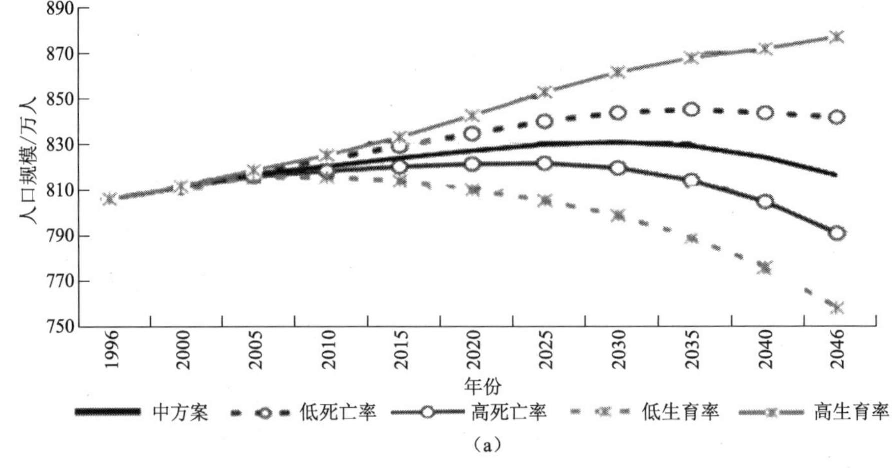

(a)

① 这一结果主要因为我们假设未来总和生育率和出生预期寿命与中方案一致。我们知道婚姻/同居解体率的变化可能导致总和生育率和预期寿命的变化，但我们无法量化这一假设，因为缺乏适当的数据。

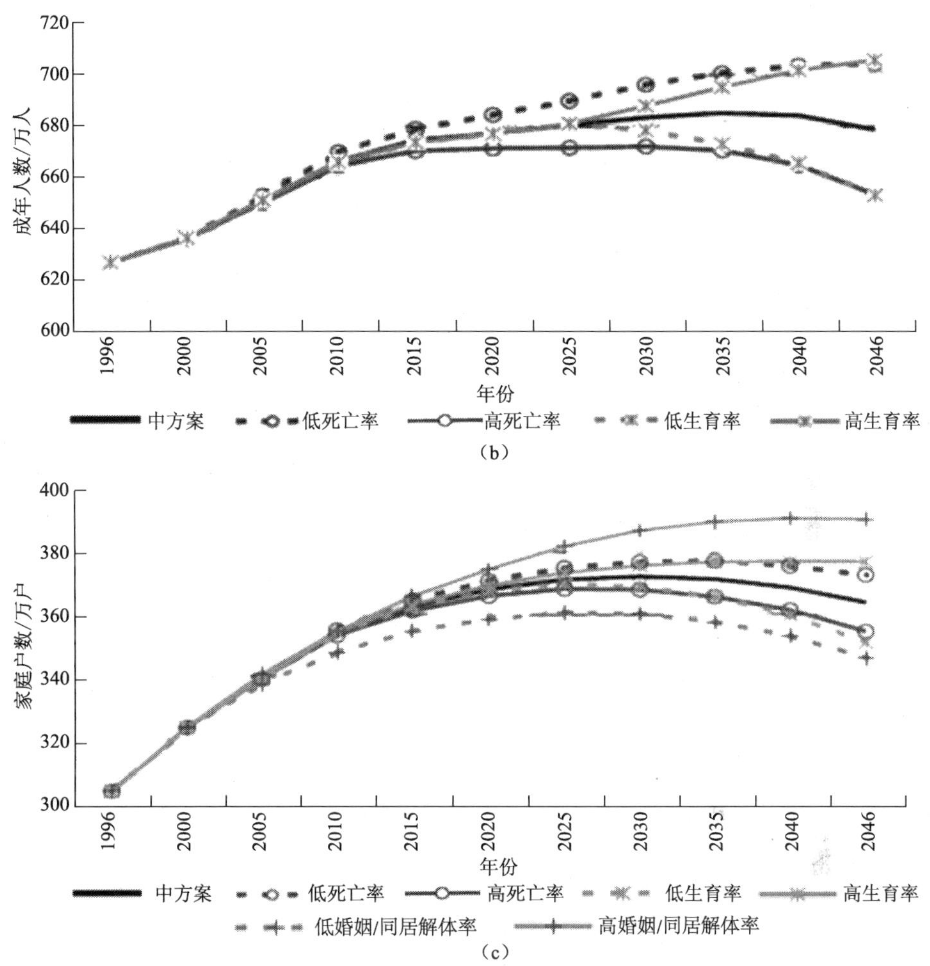

图 A32.1　不同人口参数方案下对人口规模、成年人数量和家庭户数的预测结果

在图 A32.2 中，我们展示了三个年龄组家庭户代表的预计占比。三个主要年龄组中家庭户代表的比例受其他人口参数变化的影响较小。在每一种人口参数方案下，我们都观察到中年家庭户代表的占比显著下降，而老年家庭户代表的占比上升，也即家庭的老龄化进程不会受到未来各种生育率和死亡率假设的重大影响。

然而，预测的家庭规模对其他人口参数更为敏感。图 A32.3 显示，一人户和两人户普遍增加，而三人及以上家庭户则随时间而减少。根据定义，一人户的占比对其他婚姻和同居解体率方案最敏感。结果是没有孩子的夫妇离婚率更高，而离婚后，至少一方所在的新的家庭形式很可能是一人户。两人以上的家庭对生育率和婚姻/同居解体率的假设最敏感。

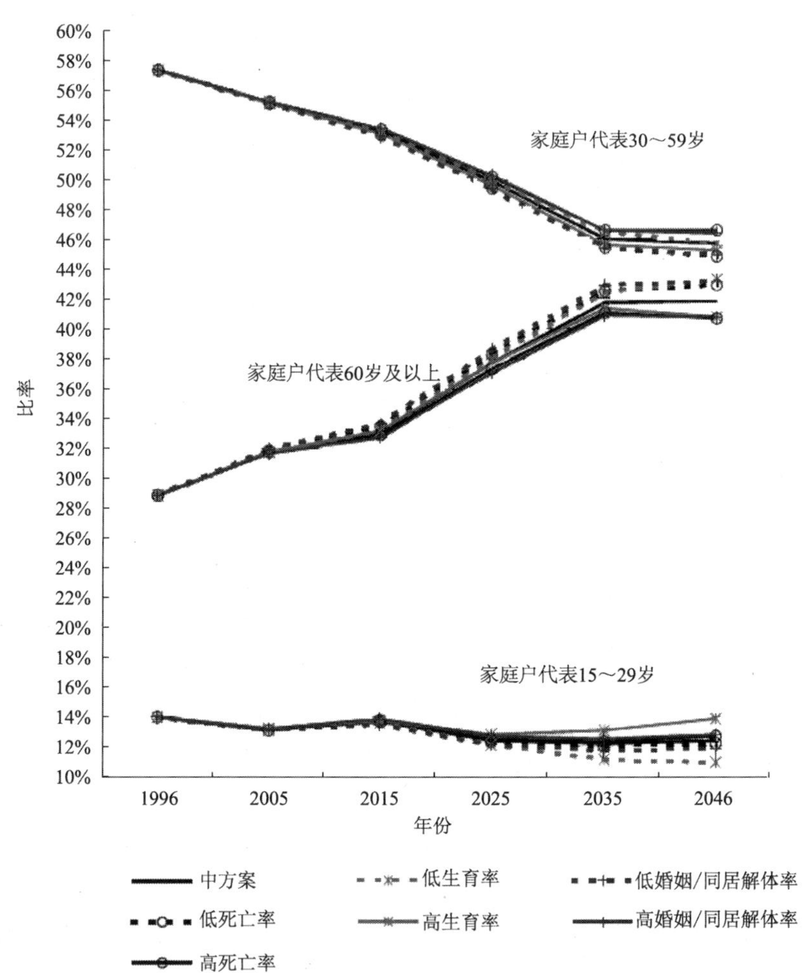

图 A32.2　不同人口参数方案下对 15～29 岁、30～59 岁和 60 岁及以上家庭户代表占比的预测结果

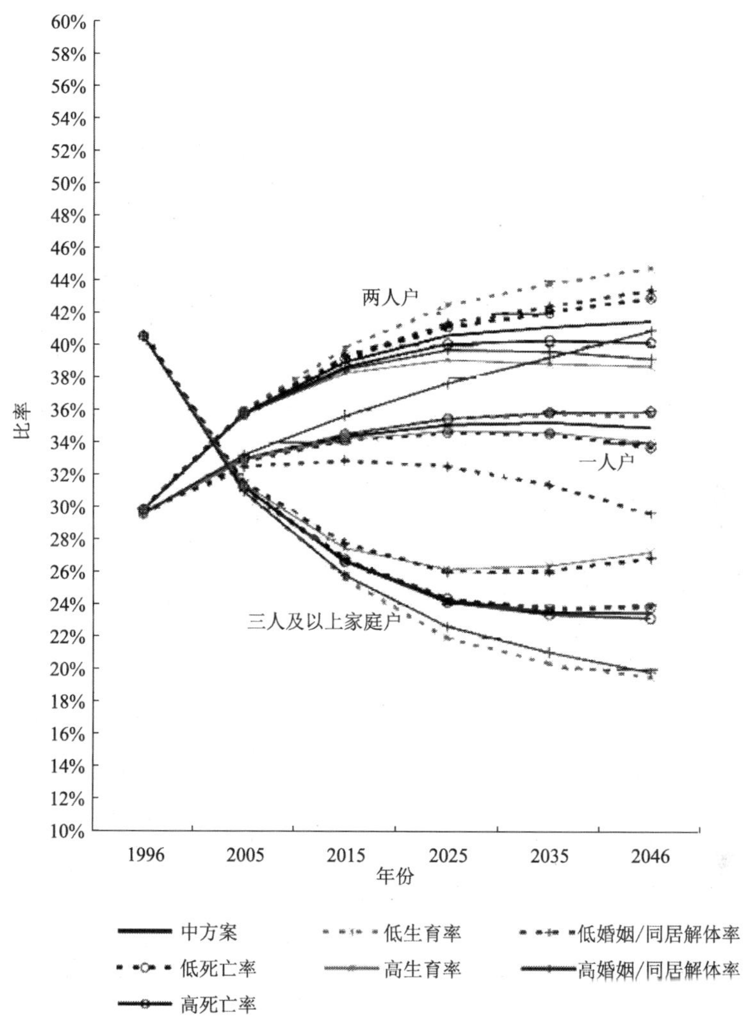

图 A32.3　不同人口参数方案下对一人户、两人户和三人及以上家庭户占比的预测结果

第 33 章　加拿大家庭人口预测及其在社会经济规划中的应用①

33.1　引　言

加拿大人口变动的主要特征是大量的国际移民净流入和较低的生育水平。老年人口是加拿大人口中增长最快的部分。根据 2016 年加拿大人口普查数据，65 岁及以上的老年人共有 590 万人，占加拿大总人口的 16.9%（Statistics Canada，2017）。这是加拿大人口历史上老年人口数首次超过 15 岁以下儿童人口数。这一趋势将在未来的数十年中持续下去。根据最新的人口预测，到 2068 年时，加拿大老年人口占全国总人口的比例将达到 21.4%至 29.5%（Statistics Canada，2019c）。

在人口老龄化进程中，家庭结构也将发生重大变化。事实上，在过去的数十年间，家庭户平均规模始终在以缓慢但稳定的速度下降，从 1981 年的 2.9 人降至 2016 年的 2.4 人（Statistics Canada，2019d）。在所有家庭户中，有 25%的家庭户代表为 65 岁及以上的老人。其中的大部分（75%）老人是其住宅的所有者，其余的 25%是租住（Statistics Canada，2017）。这些"老年家庭"大多是由一对夫妻组成且没有同住的子女。第二种最常见的类型是只有一名女性独居的老年家庭（Statistics Canada，2017），验证了老龄人口呈女性化这一现象，即妻子通常比丈夫拥有更长的寿命。

此外，受加拿大人口种族-文化多元化影响，新的家庭变动趋势正在显现。最近的调查显示，多代同居家庭的数量逐渐增多，这主要是由两方面原因造成的，一是居住行为的改变，而更重要的原因是第二点，即具有移民背景并在习俗传统上更倾向于这种生活方式的加拿大人口的大量增加。2016 年，有 220 万加拿大人口生活在多代同居家庭中，其中有接近 35 万人年龄在 65 岁及以上（Statistics Canada，2017）。

根据 2016 年加拿大人口普查数据，加拿大全国共有接近 1410 万个家庭，总

---

① 本章由李月（中国人口与发展研究中心副研究员；liyuefeiyang@126.com）、张潇潭（首都经济贸易大学统计学院博士研究生）和阮韵晨（福州大学人文社会科学学院副教授）根据 Samuel Vézina 博士应用 ProFamy 方法和软件进行预测研究的英文论文"Samuel Vézina. 2020. Household and Living Arrangement Projections for Canada 2011-2061"翻译，该译文翻译已获得作者的授权。

人口 3510 万人。其中绝大多数（98%）人生活在家庭户中，另有一小部分人生活在集体户中。具体来说，约有 685 480 人生活在 27 780 个集体户中（Statistics Canada，2019d）。除了集体户主要由老年人构成以外，目前社会对于生活在集体户家庭中人口的特征知之甚少（Statistics Canada，2019a）。在加拿大，由国家统计局收集的官方数据仅能对生活在集体户家庭中的人口提供不完整的图像，如这些人大多居住在长期护理机构和其他适应老年人需求的住宿机构。加拿大国家统计局实施的调查，系统性地将居住于集体户家庭中的人们排除在目标人群之外。而在加拿大人口普查中，只使用了一份删减后的“短表”问卷用于收集集体住宅中的居民信息。正因如此，这些调查只收集了家庭户成员的年龄、性别、婚姻状况和对官方语言掌握情况等信息，并且这样的调查很少是由本人亲自参与的，大部分是通过被调查的机构进行收集。

加拿大家庭人口老化动态变化引起了各界对未来老年护理需求的担忧，而通过预测将能够更好地为政策制定者提供信息。举例来说，家庭和居住安排是决定老年人长期照料需求的性质和规模的关键性因素。这样的预测对于经济和环境问题同样十分重要，因为能源消费乃至对基础设施的需求更多的是由家庭户数量和结构决定，而非个体数量（Zeng et al.，2014）。

本章利用 ProFamy 扩展队列要素法，提出并讨论了对加拿大家庭类型、规模和老年人居住安排的预测，同时估测未来的人口变动（Zeng et al.，2013a）。本章试图通过 2016 年至 2066 年期间加拿大的家庭人口变动预测结果来回答如“不断变化的人口和行为要素将如何影响未来老年人的居住安排？”等一系列重要问题。

本章将在第 33.2 节定义与家庭和居住安排预测有关的关键概念，第 33.3 节描述书中所用的预测模型（ProFamy）和人口基数，第 33.4 节重点介绍数据输入和预测假设，第 33.5 节提供预测的结果和解释，第 33.6 节总结本章的主要发现和启示。

33.2 相关概念

在上一节提到，绝大部分加拿大人生活在家庭户中。家庭户由一个或几个一起居住、具有婚姻/同居、血缘亲属或非亲属关系的人组成，住在私人住宅中。相比之下，集体户住宅可以有不同形式，如商业式、机构式或社区式的结构。集体户的例子包括：疗养院、医院、职工宿舍、军事基地及监狱等。虽然有多种类型，加拿大集体户人口中居住在健康和长期护理机构中的人口是最多的。根据住房类型划分的集体户人口依年龄和性别的分布，显示出老年人尤其是老年女性占据了生活在健康护理机构中总人口的大多数，而居住于其他类型集体住宅中的人口，如教养机构和军事基地等的人员平均年龄较低。

在许多西方国家，婚姻关系已经不再是家庭户形成的前提，因为夫妻关系越来越多的起始于非婚同居，这样的同居关系要么与正式婚姻一样持续很久，要么转变为正式的婚姻关系。根据定义，非婚同居虽然发生在由官方承认的司法管辖范围内，但均未进行登记。家庭人口回顾性调查的目的之一，就是收集不以正式婚姻为起点的同居发生和终止数据，以便估计非婚同居家庭关系发生率和终止率。

加拿大国家统计局从 2008 年起不再发布同居情况数据。这一决定的确切原因从未公开过。加拿大的人口学家们正在设法寻找替代的数据来源，以估计同居关系发生和终止率。目前这一工作利用联邦税务档案数据来进行。尽管加拿大个人所得税方案以个人为核心，但它的某些方面需要知晓纳税人是否拥有配偶或伴侣，并且需要知晓此人的社会保障号码。税务记录可以跨年度地联系在一起。因此它们包含的信息可以用来统计给定的某一年中同居形成关系，也就是开始同居对数数量，也可以估计在给定的一年中结束同居关系的对数数量。回顾性地使用这些记录，至少从理论上能够将同居关系的初次发生和后续的再发生区分开。换句话说，至少对于加拿大而言，税务记录能够用来估计 ProFamy 模型中需要的同居发生和终止率，并覆盖了全体人口，是目前加拿大估算同居形成和终止发生/风险率的最佳数据来源。

在加拿大，正式婚姻和合法同居被认为是相似的。因为加拿大最近的人口普查没有区分正式婚姻和合法同居，本章在估算婚姻状态的转变时将正式婚姻和合法同居归为一类。因此对结婚率和同居发生率两者没有进行区别，对离婚和终止同居关系也没有进行区分。

33.3 预测模型和基础数据准备

本章使用 ProFamy 模型，这是要素法人口预测模型的一种扩展。具体来说，ProFamy 是一个根据年龄、性别、婚姻状况、个人与其父母子女一起居住状况来预测家庭人口的一种多状态模型。该模型得到的家庭规模及其构成能够与人口结构及人口事件相一致。换言之，ProFamy 不仅能够得到与预测人口数量相一致的家庭户数量，而且能够保证家庭结构（家庭规模、居住安排）与人口数量结构预测的内部一致性（Zeng et al.，2014）。这一预测模型在 20 世纪 90 年代被首次提出，随后应用于大量研究中并显示了其有效性（Dalton et al.，2008；Feng et al.，2020；Feng et al.，2011；Jiang and O’Neill 2007；Prskawetz et al.，2004；Smith et al.，2008；2012；Zeng et al.，2008b）。

为了使用 ProFamy 模型进行预测，需同时提供三种类型的输入数据：一是预测起始年份基础人口数据，二是分年龄的各项人口事件发生/风险率的标准模式，三是预期寿命、总和生育率、一般结婚率、一般离婚率、一般迁移率等测量未来家庭人口要素水平的各类汇总性综合指标。

本预测的基础人口数据与 2011 年加拿大国家家庭调查的分层公用微观数据文件（public-use microdata file，PUMF）一致。该文件提供了未经汇总的数据，涵盖 1%的加拿大家庭的代表性样本（Statistics Canada，2019b）。这一文件是加拿大人口普查中唯一可公开获得的微观数据资料，包含了与个人记录相关联的家庭和居住层面特征的家庭识别码信息。以上信息是使用 ProFamy 模型进行预测的关键。这份文档也包含了个人的年龄、性别、婚姻状况及用于推测家庭规模的相关信息。这些变量是本章进行家庭人口预测的基础人口数据的一部分。

此外，“与被访者的关系”这一变量需要进行扩展以获得 3+代家庭户，这一步是利用年龄变量和 PUMF 中提供的家庭成员关系中获得的部分信息完成的。最后，对权重进行重新评估以解决人口普查的未覆盖率问题（Statistics Canada，2018）。这项调整是为了使基础人口数据能够与 2011 年 7 月 1 日加拿大按年龄、性别和省份划分的官方人口估计数据相一致（Statistics Canada，2020）。

33.4　综合参数假设和预测方案

如前所述，为了使用 ProFamy 模型预测家庭户和居住安排，需要准备两类不同的输入数据。第一类是根据不同的数据来源计算的年龄别人口事件发生/风险率标准模式。分年龄、分性别的生存率和死亡率从加拿大人类死亡率数据库（2011 年生命表）得到。年龄别生育率和按年龄、胎次分的女性生育发生/风险率从人类生育数据库（2011 年加拿大生育表）得到。本章采用 Zeng 等（2014a，第 310 页）建议的方法来进一步推导按婚姻状况划分的标准模式。据此得到不同婚姻状况的女性年龄别生育发生/风险率。在加拿大人口统计中心的协助下，我们得到了迁移的标准模式（按年龄和性别划分的迁入和迁出加拿大的移民人数）。最后，利用 2011 年综合社会调查（2011 general social survey）数据估计出了分性别的婚姻状况转换和子女离家的标准模式。这项加拿大国家统计局的调查收集了包含被访者婚史（婚姻、同居、分居和离异）等的加拿大家庭生活的详细信息（Statistics Canada，2012）。

第二类输入数据是未来死亡、生育和迁移等人口变动相关的汇总性综合指标，这些指标与加拿大官方预测（Statistics Canada，2015a）的中方案（M1）假设完全一致：中方案假定在 2011 年至 2061 年期间，总和生育率将保持在平均每名妇女一生生育约 1.67 个孩子，出生时的平均预期寿命男性将从 80 岁增至 87 岁，女性从 84 岁增至 90 岁[①]。其他大部分汇总性指标在预测期内保持 2011 年水平不变，如标准化的同居发生和终止率、分孩次的总和生育率、初婚平均年龄、出生性别比，等等。

在综合考虑人口要素变动水平及不同人口事件变动特点的基础上，本章设置了其他的预测方案。其中，低方案和高方案分别结合了加拿大国家统计局对于生育率、死亡率和迁移率预测的低方案和高方案。

本章还设计了“小家庭方案”，这一方案将离婚和同居终止率增加、结婚和同居发生/风险率降低、低生育率、低预期寿命、低移民率结合到一起。这种组合方案会造成家庭规模下降和有婚姻同居伴侣家庭占比的缩减、独居家庭的增多和单亲家庭占比的上升。相反地，“大家庭方案”中结合了离婚和同居终止率下降、结婚和同居发生/风险率上升、高生育率、高预期寿命、高移民率情况。所有预测假设和方案情景都汇总在表 33.1 中。使用多个预测方案是为了反映与未来相关的不确定性。

表 33.1　不同预测方案的综合参数假设

方案	综合参数	2011 年	2021 年	2031 年	2041 年	2051 年	2061 年
中方案	0 岁男性预期寿命/岁	79.4	81.0	82.6	84.1	85.7	87.3
	0 岁女性预期寿命/岁	83.7	84.8	85.8	86.9	87.9	89.0
	总和生育率	1.67	1.67	1.67	1.67	1.67	1.67
	一般迁入率	7.5‰	7.5‰	7.5‰	7.5‰	7.5‰	7.5‰
	一般迁出率	1.7‰	1.7‰	1.7‰	1.7‰	1.7‰	1.7‰
	一般结婚率	0.060	0.060	0.060	0.060	0.060	0.060
	一般离婚率	0.0060	0.0060	0.0060	0.0060	0.0060	0.0060
	平均生育年龄/岁	30.2	31.0	31.0	31.0	31.0	31.0
低方案	0 岁男性预期寿命/岁	79.4	80.7	81.9	83.2	84.5	85.7
	0 岁女性预期寿命/岁	83.7	84.4	85.1	85.8	86.5	87.2
	总和生育率	1.53	1.53	1.53	1.53	1.53	1.53
	一般迁入率	5.0‰	5.0‰	5.0‰	5.0‰	5.0‰	5.0‰
	一般迁出率	1.4‰	1.4‰	1.4‰	1.4‰	1.4‰	1.4‰
	一般结婚率	0.060	0.060	0.060	0.060	0.060	0.060

① 读者可以从加拿大官方人口预测技术报告（Statistics Canada catalogue no. 91-620）中找到中方案情景下更多的参数设置信息（Statistics Canada，2019d）。

续表

方案	综合参数	2011 年	2021 年	2031 年	2041 年	2051 年	2061 年
低方案	一般离婚率	0.0060	0.0060	0.0060	0.0060	0.0060	0.0060
	平均生育年龄/岁	30.2	31.0	31.0	31.0	31.0	31.0
小家庭方案	0 岁男性预期寿命/岁	79.4	80.7	81.9	83.2	84.5	85.7
	0 岁女性预期寿命/岁	83.7	84.4	85.1	85.8	86.5	87.2
	总和生育率	1.53	1.53	1.53	1.53	1.53	1.53
	一般迁入率	5.0‰	5.0‰	5.0‰	5.0‰	5.0‰	5.0‰
	一般迁出率	1.4‰	1.4‰	1.4‰	1.4‰	1.4‰	1.4‰
	一般结婚率	0.048	0.048	0.048	0.048	0.048	0.048
	一般离婚率	0.0072	0.0072	0.0072	0.0072	0.0072	0.0072
	平均生育年龄/岁	30.2	31.0	31.0	31.0	31.0	31.0
高方案	0 岁男性预期寿命/岁	79.4	81.4	83.4	85.5	87.5	89.5
	0 岁女性预期寿命/岁	83.7	85.3	86.9	88.4	90.0	91.6
	总和生育率	1.88	1.88	1.88	1.88	1.88	1.88
	一般迁入率	9.0‰	9.0‰	9.0‰	9.0‰	9.0‰	9.0‰
	一般迁出率	2.0‰	2.0‰	2.0‰	2.0‰	2.0‰	2.0‰
	一般结婚率	0.060	0.060	0.060	0.060	0.060	0.060
	一般离婚率	0.0060	0.0060	0.0060	0.0060	0.0060	0.0060
	平均生育年龄/岁	30.2	31.0	31.0	31.0	31.0	31.0
大家庭方案	0 岁男性预期寿命/岁	79.4	81.4	83.4	85.5	87.5	89.5
	0 岁女性预期寿命/岁	83.7	85.3	86.9	88.4	90.0	91.6
	总和生育率	1.88	1.88	1.88	1.88	1.88	1.88
	一般迁入率	9.0‰	9.0‰	9.0‰	9.0‰	9.0‰	9.0‰
	一般迁出率	2.0‰	2.0‰	2.0‰	2.0‰	2.0‰	2.0‰
	一般结婚率	0.072	0.072	0.072	0.072	0.072	0.072
	一般离婚率	0.0048	0.0048	0.0048	0.0048	0.0048	0.0048
	平均生育年龄/岁	30.2	31.0	31.0	31.0	31.0	31.0

从本质上说，低方案和高方案旨在为预测值提供合理且足够的范围以考虑到在任何预测中固有的不确定性。同样，小家庭和大家庭方案提供了对于家庭形成动态与结婚/同居发生率和终止率之间联系的进一步理解。在这两种方案

下的结婚/同居发生和终止率相当于在中方案参数值基础上增加或减少 20%。

33.5 预 测 结 果

33.5.1 人口规模和 65 岁及以上老年人口占总人口比例的增长

近 20 年来加拿大人口大幅增长，从 1991 年的 2800 万人增加到 2011 年的 3430 万人。在此期间，加拿大的年增长率高于 OECD 国家的平均水平（Statistics Canada, 2015a）。图 33.1 展示的各方案下的结果表明：未来的 50 年间加拿大人口总数增长将会持续，但这一增长的速度因方案而异。

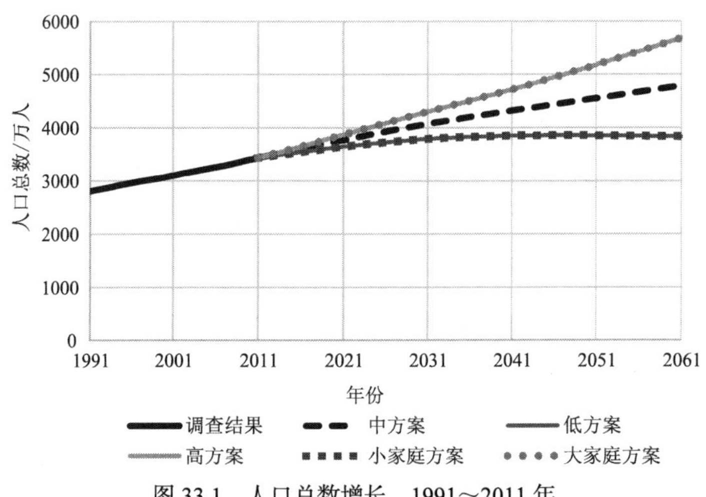

图 33.1　人口总数增长，1991～2011 年

小家庭方案预测结果与低方案重合，大家庭方案预测结果与高方案重合

在中方案下，加拿大人口将稳定增长，从 2011 年的 3430 万人增加到 2061 年的 4790 万人。而根据高方案，加拿大人口将在 2061 年几乎翻倍达到 5690 万人，这主要是由于高方案相比中方案（REF）有更高的迁入率和生育率，以及更高的预期寿命。在 21 世纪 20 年代，年增长率将从 2011 年的 1.0%略微上升，然后从 21 世纪 30 年代起稳定在 1.0%水平直至 2061 年。低方案提供了不同的图景：直到 21 世纪 30 年代中期，加拿大仍将经历人口增长，但随后将稳定在 4000 万人以下。

此外，图 33.1 显示出小家庭方案和大家庭方案得到的预测结果分别直接叠加在低方案和高方案的图形上。这是由于它们分别都使用了相同的决定人口增长的参数，这样的结果符合预期。

随着人口规模的变化，人口年龄结构对社会和人口变动的演变具有重要影响。

例如，人口的年龄结构往往影响经济，劳动年龄人口的高比例或较小的人口抚养比被认为是有益的，被称为“人口红利”。除了劳动年龄人口的规模外，其余人口的组成成分也对社会，尤其是公共支出具有重大影响。

在大多数如加拿大一样的工业化国家中，老龄化已成为一个确切的人口趋势。从 20 世纪初开始，由于死亡率和生育率的下降，65 岁及以上人口的占比一直在逐渐上升。预测结果表明，加拿大的人口老龄化将在未来几十年中持续下去。根据所有预测方案，65 岁及以上人口的占比将从 2011 年的 14.4%开始加速增长，尤其是在接下来的 20 年里。事实上，图 33.2 表明正如婴儿潮一代在 20 世纪 50 年代和 20 世纪 60 年代曾短暂打断了人口老龄化进程，同样的这一代人将在 2011 年至 2031 年间加速人口老龄化进程。

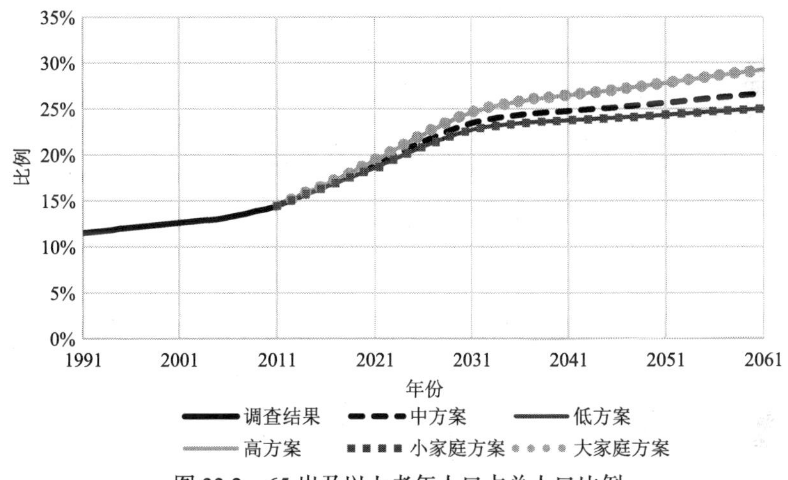

图 33.2　65 岁及以上老年人口占总人口比例

小家庭方案预测结果与低方案重合，大家庭方案预测结果与高方案重合

到 2031 年，婴儿潮一代已基本达到 65 岁，65 岁及以上老年人口占总人口比例将从 2011 年的 14.4%增加至 2031 年的 22%（低方案）与 24.6%（高方案）之间。这一比例在 2031～2061 年将以较慢的速度持续增加，到 2061 年达到 25.0%（低方案）和 29.2%（高方案）之间。同样，和预期一致，小家庭方案和大家庭方案分别直接叠加在低和高方案的增长曲线上。

33.5.2　平均家庭规模和家庭户总数

图 33.3 显示，在中方案下，平均家庭规模预计将略有下降，基本保持在 2.3 人左右。然而在低人口增长率、高婚姻/同居关系终止率和低发生率的小家庭方案下，2061 年平均家庭规模的平均预测值为 2.14 人。相反，在大家庭方案假设下，平均家庭规模将在 2061 年达到 2.47 人。

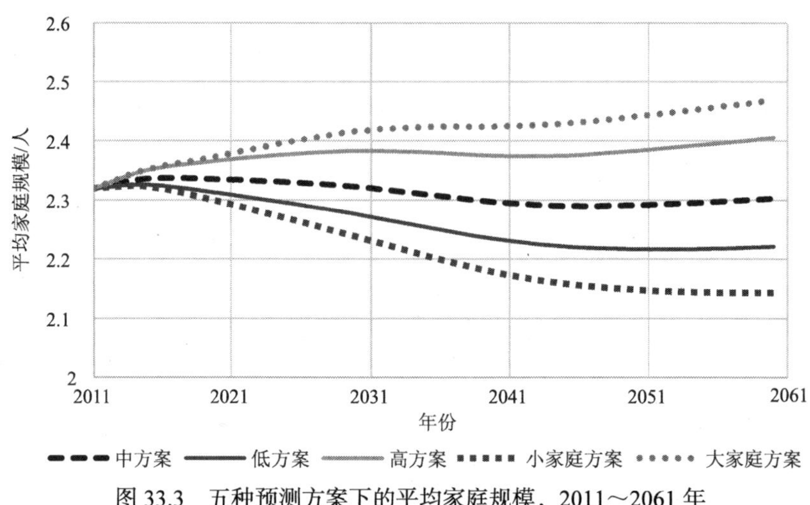

图 33.3 五种预测方案下的平均家庭规模，2011～2061 年

尽管平均家庭规模略有下降，但在未来几十年中家庭总数将持续增长，在中方案下，加拿大在 2061 年约有 2080 万户家庭（图 33.4）。

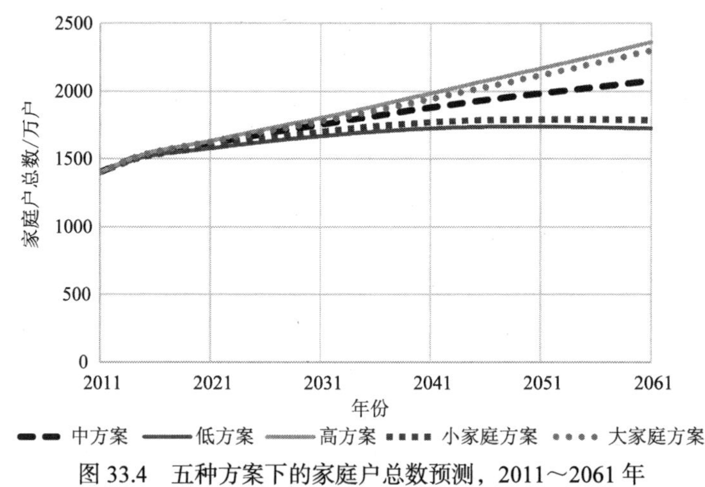

图 33.4 五种方案下的家庭户总数预测，2011～2061 年

简而言之，加拿大总人口和家庭户总数在未来都将持续增长。然而在家庭人口老龄化进程中，人口数量和家庭户数量的增长预计将放缓。

33.5.3 65 岁及以上老年人居住安排

ProFamy 的预测结果还提供了有关老年人居住安排的详细信息。2011 年，大多数（59%）老年人都与配偶或伴侣居住在一起。根据本章设置的 5 种预测方案，未来这一居住安排可能仍然是最普遍的生活方式。实际上，在图 33.5 显示的所有预测方案中，2061 年与配偶或伴侣同居的 65 岁及以上的老年人口比例都超过了 50%。值得注意的是，依照中方案的预测结果，与配偶或伴侣同居的老年人比例可能会随着时间推移而下降，而独居老年人的比重则将上升，在此情景下，老年人独居的比例将从 2011 年的 30%增加到 2061 年的 32%。表明按照当前的人口统计趋势，未来老年人将比现在更可能独自居住。当我们对未来几十年婚姻/同居关系发生和终止的变动情况提出不同的假设时，老年人居住安排的分布也将随之发生明显变化。根据小家庭方案的预测结果，2061 年加拿大老人独居的比例将达到 37%，根据大家庭方案的预测结果则为 28%。

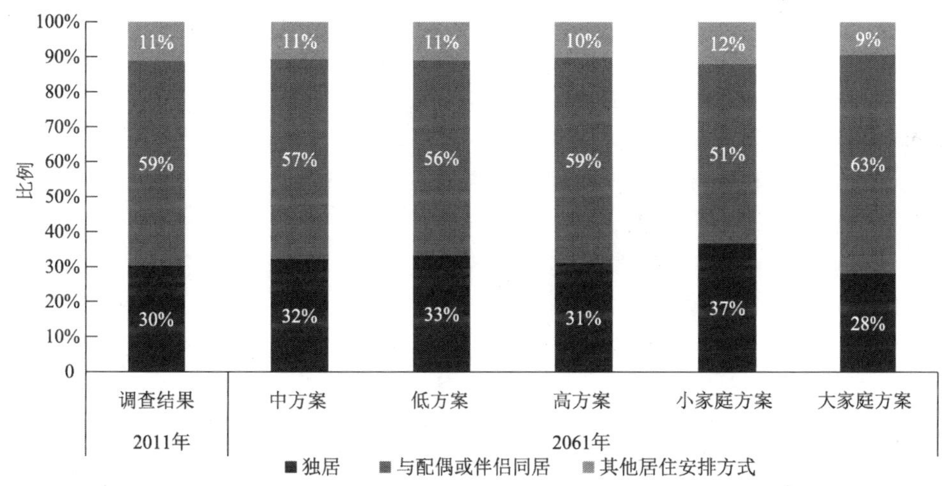

图 33.5　65 岁及以上老年人居住安排比例分别，2011 年与 2061 年的比较

此外，图 33.5 还展示了人口增长和家庭户数量增长对老年人居住安排的敏感性，结果表明，居住安排分布受到人口增长要素的影响较小，而受到人们婚姻家庭行为的影响较大。

33.6　讨论和思考

需要注意的是任何人口家庭预测都难以准确地预报未来实际人口家庭变动；预测是基于当前人口变动态势及设定的参数对于未来趋势的判断。由于有很多不确定性会影响人口预测，因此应该谨慎分析预测结果。使用 ProFamy（一种确定性模型）得到的预测，可以通过设定一些预测方案（低、中和高方案）来显示不同输出结果的相对不确定性。然而，它并不能像概率预测一样来量化这种不确定性。从确定性方法转向概率方法并非易事。尽管 Dunstan 和 Ball（2016）指出这可能并不像看上去那样困难，但对于家庭预测模型而言仍比人口预测模型困难许多。ProFamy 作为一种队列要素法模型的扩展，为未来从确定性到概率性的转变提供了一个可能的框架。

我们使用从人口家庭生命历程调查数据中估得的人口事件发生/风险率作为输入，这些数据结合了生活在不同时期的实际队列。依据 t 时刻人口的规模和结构，以及人口事件发生/风险率计算 t+1 时刻人口的规模和结构的模型方法是否完美是值得商榷的。在预测中，我们根据人口估计和注册信息计算不同地区的结婚率和离婚率。但由于没有其他信息源，我们不得不使用生命历程调查来计算结婚/同居发生率和终止率。

本章对加拿大整个国家趋势的预测没有考虑地区之间的巨大差异。举例来说，合法同居已经成为魁北克省公认的一种家庭形式，但在加拿大其他地区却并非如此（LaPlante，2014）。幸运的是在其他一些方面，加拿大的不同地区并没有与全国平均水平有显著差距。例如，在老年人口的居住安排方面，尽管老年住房的供应在各省间存在差异，老年人进入养老院（长期护理机构）居住的概率在各省之间并没有显著的不同。

为了构建预测所需的基础人口数据，需要做出一些假设。事实上，公开可获得的 2011 年加拿大国家家庭调查数据文件中没有包含集体户，也没有可以估计 3+代同居家庭户的直接信息。为了解决这一问题，我们基于微观数据文件中其他可用信息对“与被访者的关系”变量的估算来得到集体户和 3+代家庭的信息。我们也对文件的权重进行了调整以解决人口普查的未覆盖率问题（Statistics Canada，2018）。

从很多方面来看，加拿大的人口趋势似乎是稳定的：预期寿命正在逐步增加；1980 年以来，生育率始终保持在每名妇女平均生育约 1.7 个孩子；同时，2005 年以来每年的移民人数几乎保持不变。然而，人口形势在事实上正在发生重大变化，这可能对加拿大社会产生持久且深远的影响。随着婴儿潮一代人达到退休年龄，这代人的老化将产生许多负面影响。持续的移民潮和稳定的低生育率正导致加拿大人口迅速多元化。无论是职场雇员还是学生，临时移民的数量都在增加，同时他们成为永久居民的渠道也更加便利。家庭形成的要素正在不断变化，并对人们的居住安排产生影响。

掌握不断变化的加拿大人口与家庭要素的动态数据，并对家庭与居住安排进行预测是至关重要的，因为这能够为决策者提供更精准的信息并帮助其做出更良好的决策。ProFamy 多维度模型能够根据人口动态变化和人口增长过程对家庭和居住安排进行预测。本章采用这一模型对 2011～2061 年加拿大家庭和居住安排做了最新预测。

在预测工作初始，通过使用生育、死亡和迁移的相同假设，我们能够复制加拿大统计局近期的人口预测结果，显示了本预测模型的准确性根据低、中、高 3 个预测方案，加拿大人口将在 2061 年前持续增加，并从 2011 年的 3430 万人增加到 2061 年的 3830 万人（低方案）或 5690 万人（高方案）。同时，依照中方案，加拿大人口将在 2061 年达到 4790 万人。结果还表明，在未来几十年里，加拿大的人口老龄化进程将持续下去。所有的预测方案都表明，随着婴儿潮一代逐步进入老年阶段，65 岁及以上人口的比例将在 2011～2031 年持续快速提升。根据中方案，2011 年加拿大 65 岁及以上人口的比例为 14.4%，而到了 2061 年，这个数字将达到约 26.6%。

除了这些标准的人口统计预测，我们还使用 ProFamy 来获得家庭和居住安排的预测结果。通过预测，我们确信在 2061 年之前，随着总人口数的增加，加拿大家庭户的数量也将持续增长。不过，在中方案的情景下，家庭户平均规模预计将保持大致稳定，约为每家庭户 2.3 人。而在小家庭方案情景下，人口增长幅度较小，结婚/同居关系的终止率提高且发生率降低，因此 2061 年的家庭户平均规模预计仅为每户 2.14 人。相反，在大家庭方案的情景假设下，到 2061 年家庭户平均规模将达到每户 2.47 人。

结果表明，“与配偶或伴侣同居”是老年人目前最普遍的居住安排方式，并且这一趋势在未来的几十年内都不会改变。尽管如此，我们的预测却发现，未来老年人相比如今将更有可能独自居住，并且与配偶或伴侣同居的可能性更低。由于独居者在加拿大人口中所占的份额可能将不断扩大，因此对全社会而言，与独居这种生活方式相联系的住房需求和可负担性问题将变得日益重要。尽管独居家庭的增长速度过去几十年来有所放缓，但我们的预测表明，在加拿大未来数十年里，这种居住安排方式的普遍程度将继续提高。随着加拿大人口老龄化程度在 2031 年左右达到顶峰，仅仅根据老年群体中独居者比例越来越高这一事实，我们就可以推断出独居者占全国人口的比重将持续增长。

尽管如此，若干社会趋势可能会在接下来减缓独居者人数的增长。由于男性的预期寿命趋近于女性，因此越来越多的老年人可以继续与配偶或伴侣共度晚年。对于各年龄群体而言，基于财务因素的考虑，加拿大城市持续上涨的居住成本都可能导致他们更倾向于与家人共同居住而非独居。但总的来说，我们有理由预计在未来几十年里，加拿大社会将围绕着独居者多样化的需求和偏好而发生变化。

第 34 章　巴西圣保罗州的家庭人口预测及其在社会经济规划中的应用[①]

34.1　引　　言

圣保罗（São Paulo）州位于巴西东南部，是巴西经济发展最快的地区之一。自 20 世纪 70 年代起的四十年间，圣保罗州的总人口从 2500 万人增长到 4100 万人，占到巴西总人口的 20%；每 100 名 0 岁到 14 岁人口所对应的 60 岁及以上老年人口数从 20 人增长到 65 人（Aidar et al.，2017；Berquó et al.，2014）。这一迅速人口转型在改变着圣保罗州 1283.7 万余户家庭的规模、类型和居住安排（Aidar et al.，2017）。

在巴西，学术界、社会行政服务机构和能源咨询公司曾经做过有关家庭户的预测。这些预测全部基于传统的户主率方法（Givisiez and Oliveira，2011；Fioravante，2009；Electrobrás，2007；Empresa de Pesquisa Energética，2004）。尽管有这些尝试，巴西仍缺少官方的、全国或者地区的家庭户预测；已有预测也仅限于对未来家庭户总数的估计，并未预测家庭户的大小和类型。

正如许多其他拉美国家一样，巴西只有人口普查和社会调查的横截面数据（Martínez，2011）。跟踪数据的缺乏阻碍了动态的、基于概率的人口预测方法的应用（Keilman，2019；van Imhoff et al.，1995）。然而，ProFamy 方法仅需要依据现有的人口数据，便可实现人口动态预测（Willekens，2010）。

本章旨在对圣保罗州的人口和家庭户进行预测，并检验圣保罗州已有的数据质量是否支持使用 ProFamy 方法。为此，本章分别应用 ProFamy 方法和传统的户主率方法进行了两套预测。第一套预测是基于 2000 年数据预测 2010 年的人口和家庭户，这种对过去已发生情况的预测，可以将 ProFamy 方法的预测结果与普查实际观测数据及户主率方法的预测结果进行比较。第二套预测是基于小、中、大家庭三种预测方案，预测圣保罗州从 2010 年到 2050 年的人口和家庭户变化。

本章使用百分比误差来评估预测结果的准确性（Smith et al.，2001）。基于

---

① 本章由郭牧琦（哈佛大学博士研究生；mguo@hsph.harvard.edu）根据巴西坎皮纳斯州立大学 Gustavo Brusse 和 Tirza Aidar 应用 ProFamy 方法和软件进行预测及应用研究的英文论文“Household projection in São Paulo State, Brazil: ProFamy’s Extended Cohort-Component Method application”翻译。

以往研究，本章将 10 年期（2000～2010 年）全国预测结果的可接受百分比误差控制在 5%之内，区域性预测结果可接受误差控制在 10%之内（Zeng et al., 2014a；Khan and Lutz，2008；ESRI，2007；Campbell，2002）。

34.2　数据、方法和参数假设

34.2.1　数据、方法和参数

本章应用 ProFamy 方法及其配套的计算机软件（Zeng et al., 2014, 2006, 1998, 1997）进行家庭人口预测。同时，本章还应用户主率法进行家庭人口预测。尽管需要不同的信息输入，两种方法在估计圣保罗州 2000 年和 2010 年的死亡率、生育率和迁移情况时，均使用相同的数据源和假设，从而保障了两种方法在预测结果上的可比性。表 34.1 呈现了进行圣保罗州家庭人口预测所需要的数据和数据源。

表 34.1　应用 ProFamy 软件进行家庭人口预测所需要的综合参数和数据来源

参数类别	综合参数和数据来源
基线人口	微观数据：年龄、性别、与户主关系、所在家庭户识别码、婚姻状态、活产子女数；数据来源：2000 年和 2010 年人口普查微观数据
生育率	总和生育率；数据来源：活产婴儿信息系统 孩次别总和生育率；数据来源：2000 年和 2010 年人口普查微观数据 分婚姻状态、孩次别的生育发生/风险率；数据来源：2000 年和 2010 年人口普查微观数据 平均生育年龄；数据来源：2000 年和 2010 年人口普查微观数据 出生性别比；数据来源：2000 年和 2010 年人口普查微观数据
死亡率	分单岁年龄、性别的死亡率；数据来源：死亡率信息系统 出生预期寿命；数据来源：死亡率信息系统
迁移	分性别、单岁年龄的年度净迁移率；数据来源：2010 年人口普查微观数据
婚姻状态	分性别、单岁年龄的婚姻/同居状态转变发生/风险率；数据来源：2000 年民政登记 初婚/初次同居的平均年龄；数据来源：2010 年人口普查微观数据 一般结婚/同居率、一般离婚/同居终止率；数据来源：2000 年民政登记 离婚数；数据来源：2000 年民政登记
家庭户	分性别、年龄的离开父母家的平均年龄；数据来源：2010 年人口普查微观数据 分性别的 45～49 岁人群，不与父母共居的比例；数据来源：2010 年人口普查微观数据 分性别的老年人口中，与子女共居的比例；数据来源：2010 年人口普查微观数据 分性别的平均其他亲属和非亲属数量**；数据来源：2010 年人口普查微观数据

**其他亲属包括除参照人配偶/伴侣、父母和子女以外的亲属；非亲属包括与参照人无亲缘关系的人

在巴西和整个拉美地区存在较高比例的同居行为。从 1970 年到 2000 年，巴西的同居数量占总结婚/同居数量的比例从 7.1%上升到 34.5%。然而，巴西缺乏基于同居状态的婚姻/同居状态转换的人口普查、民政登记和调查数据，我们只能将已婚和同居合并为一个状态，假设同居伴侣和结婚夫妇有着相同的婚姻/同居状态转换发生/风险率。在巴西，不同地区间的数据可得性和数据质量差异很大。本章选取圣保罗州是因为该州的数据收集覆盖性较好。从 2000 年到 2010 年，圣保罗州有关死亡和出生的登记率已达到 90%以上（Paes，2005）。值得说明的是，本章并未考虑 ProFamy 方法所设定的城乡和 3 代户家庭模块。在圣保罗州，城市人口已占到总人口的 96.42%。尽管 3 代户愈加重要，这类家庭在圣保罗州全部家庭户中的比例仍然很小。使用 ProFamy 方法所需数据和预测过程，包括用于检验两性和代际模型预测结果一致性的方法，详见以往文献（Zeng et al.，2014）。

34.2.2 主要人口要素变化趋势分析、未来预测参数假设和方案设计

对圣保罗州人口历史和现状的了解，有助于做出有关人口要素的合理假设，从而对未来的人口态势做出科学推测。为此，本章使用了圣保罗州数据分析系统基金会及巴西地理和统计研究所出版的最新人口预测信息（IBGE，2018）。本章对死亡率、生育率、迁移、平均生育年龄、一般结婚率、离婚率做出了不同的假设，其他所有有关家庭户形成与解体的变量，均被假设为与基线年的情况一样。

巴西的总和生育率从 1960 年的 6.0 急剧降低到 2010 年的 1.9。圣保罗州的总和生育率在历史上就较低。这也是为什么圣保罗州将来的总和生育率会降低至 1.5（Yazaki，2019）。IBGE（2018）的预测更为保守些，该预测显示圣保罗州 2050 年的总和生育率为 1.65。高生育率方案的设计考虑了那些曾经经历过低生育水平（总和生育率低于 1.3 或 1.5）又经历生育率回升的国家的情况。新西兰、美国和法国历史上的总和生育率在 1.6 到 1.8 之间（圣保罗州现在的生育水平），随后又恢复到世代更替水平（Goldstein et al.，2011）。

IBGE（2018）基于最新的巴西死亡率趋势回顾，估计巴西人口的出生预期寿命从 1940 年的 45.5 岁（男性 42.9 岁，女性 48.3 岁）增长到 2010 年的 73.9 岁（男性 72.5 岁，女性 79.6 岁）。在历史上，圣保罗州的预期寿命高于巴西总体水平（IBGE，2018）。依照 IBGE 的预测，本章所设计的死亡水平方案也将考虑预期寿命性别差异逐渐缩小的情况，预计该差异值将从 2010 年的 6.5 年缩减到 2050 年的 5.58 年（IBGE，2018）。考虑到生活方式因素，如果维持现有的肥胖、糖尿病、癌症和心脏病流行率水平不变，加之环境污染日益严重，以及甚至有可能再次出现传染性疾病大流行的情况，保守的死亡水平方案认为新的出生队列将不会更加长寿（Olshansky et al.，2005）。

人口迁移在 1970～1980 年的圣保罗州影响较大。但是现在人口迁移总量在减

少，对人口增长率的影响也在减弱。2000～2010 年的人口净迁入水平是近年来最低的，总迁入人口为 47 265 人，每 1000 个本地居民中仅有 1.21 个外来人口。

参考以往研究，本章所设定的预测方案包括低方案（小家庭）、中方案（中等规模家庭）和高方案（大家庭）（Zeng et al.，2006）。表 34.2 给出了低、中、高三种方案的分性别 0 岁预期寿命、总和生育率、一般结婚/同居率、一般离婚/同居终止率和平均生育年龄的假设。中方案所假设的死亡率和生育率水平中等，一般结婚/同居率、一般离婚/同居终止率和平均生育年龄保持 2010 年水平不变（表 34.2）。中方案将展示如果出生预期寿命呈保守性增长、生育和婚姻/同居水平保持不变，家庭人口将会出现何种变化。

表 34.2　巴西圣保罗州家庭人口预测中、低、高方案主要综合参数的假设

方案	主要综合参数	2010 年	2020 年	2030 年	2040 年	2050 年
中方案（中等规模家庭）	男 0 岁预期寿命/岁	72.31	73.75	75.19	76.63	78.07
	女 0 岁预期寿命/岁	79.28	80.34	81.41	82.47	83.54
	总和生育率	1.70	1.70	1.70	1.70	1.70
	一般结婚/同居率（每千人）	35.30	35.30	35.30	35.30	35.30
	一般离婚/同居终止率（每千人）	5.80	5.80	5.80	5.80	5.80
	平均生育年龄/岁	27.30	27.30	27.30	27.30	27.30
低方案（小家庭方案）	男 0 岁预期寿命/岁	72.31	74.12	75.93	77.74	79.56
	女 0 岁预期寿命/岁	79.28	80.68	82.17	83.65	85.14
	总和生育率	1.70	1.62	1.55	1.47	1.40
	一般结婚/同居率（每千人）	35.30	30.00	28.82	27.65	26.47
	一般离婚/同居终止率（每千人）	5.80	6.67	6.86	7.05	7.25
	平均生育年龄/岁	27.30	28.15	29.00	29.85	30.70
高方案（大家庭方案）	男 0 岁预期寿命/岁	72.31	73.26	74.21	75.16	76.12
	女 0 岁预期寿命/岁	79.28	79.93	80.59	81.24	81.90
	总和生育率	1.70	1.77	1.85	1.92	2.00
	一般结婚/同居率（每千人）	35.30	40.59	41.77	42.94	44.12
	一般离婚/同居终止率（每千人）	5.80	4.93	4.73	4.54	4.35
	平均生育年龄/岁	27.30	27.30	27.30	27.30	27.30

低方案假设一般离婚率/同居终止率增加，而一般结婚/同居率、生育率和死亡率均降低，预期寿命达到预测的最大值，总和生育率持续下降，直至降低到预

测方案设定的最低水平。平均生育年龄从2010年的27.30岁上升至2050年的30.70岁。相比于2010年，一般离婚/同居终止率到2020年高出15%，到2050年高出25%。同时，一般结婚/同居率在2020年和2050年约分别降低15%和25%，2010～2020年和2020～2050年各年的综合参数值通过线性内插法估计得到。低方案将得到家庭规模和夫妇家庭户占总家庭户数比值的低限，以及单人户和单亲家庭户占比的高限。

高方案假设出生时的预期寿命自2010年起缓慢增长，总和生育率有所回升；相比于2010年，一般离婚率和同居终止率在2020年和2050年分别降低15%和25%，一般结婚率和同居率在2020年和2050年约分别增加15%和25%。平均生育年龄维持2010年的水平不变（表34.2）。高方案将得到平均家庭规模和夫妇家庭户占家庭户总数比值的高限，以及单人户和单亲家庭户占比的低限。

34.3　ProFamy 方法应用在巴西圣保罗州的检验

基于圣保罗州2000年和2010年人口普查微观数据，本章比较了用ProFamy模型/软件估得的家庭户数量和人口普查数据得到的家庭户数量。表34.3和表34.4呈现了比较结果。

表 34.3　ProFamy 模型估计和 2000 年人口普查观测的家庭户数比较，巴西圣保罗州

家庭户类型	人口普查观测值	ProFamy 模型估计	差值（#）	百分比误差
男性 1 人户	60 537	60 734	197	0.33%
女性 1 人户	67 292	67 806	514	0.76%
夫妇户	136 698	136 698	0	0
1 代户总计	264 527	265 238	711	0.27%
2 代户	750 207	750 083	–124	–0.02%
3 代及多代户	104 925	104 435	–490	–0.47%
总计	1 119 659	1 119 756	97	0.01%

资料来源：2000 年人口普查微观数据和 ProFamy 方法/软件估得结果

表 34.4　ProFamy 模型估计和 2010 年人口普查观测的家庭户数比较，巴西圣保罗州

家庭户类型	人口普查观测值	ProFamy 模型估计	差值（#）	百分比误差
男性 1 人户	80 666	80 992	326	0.40%

续表

家庭户类型	人口普查观测值	ProFamy 模型估计	差值（#）	百分比误差
女性 1 人户	8 4097	84 542	445	0.53%
夫妇户	177 411	177 336	–75	–0.04%
1 代户总计	342 174	342 870	696	0.20%
2 代户	678 378	677 743	–635	–0.09%
3 代及多代户	105 830	105 093	–737	–0.70%
总计	1 126 382	1 125 706	–676	–0.06%

资料来源：2010 年人口普查微观数据和 ProFamy 方法/软件估得结果

用 ProFamy 软件估得的家庭户数量与实际家庭户数差值的百分比误差小于 1%。以往研究显示，ProFamy 方法应用于中国数据，估得结果与实际值百分比误差小于 1%；应用于美国数据，该百分比误差在 1.5%到 2%之间（Zeng et al.，2014）。因此，ProFamy 模型和软件准确地估得了圣保罗州基线年人口数据信息。

为了检验预测精度，我们分别应用 ProFamy 方法和户主率方法，以 2000 年为基线年预测 2010 年的家庭户，并与 2010 年人口普查观测值进行比较。ProFamy 方法对家庭户总数和平均家庭规模的预测精度良好（百分比误差分别为 0.96%和 0），要好于传统的户主率方法（百分比误差分别为–1.96%和–0.04%，详见表 34.5）。

表 34.5　ProFamy 方法和户主率方法预测的 2010 年家庭人口数，并与 2010 年人口普查相关数据比较的百分比误差，巴西圣保罗州

家庭人口主要指标	ProFamy 方法	户主率方法
人口总数	–0.35%	不适用
家庭户总数	0.96%	–1.96%
平均家庭规模	0	–0.04%
1 人户占家庭户总数百分比	–1.78%	不适用
2～3 人户占家庭户总数百分比	–0.99%	不适用
4 人及以上户占家庭户总数百分比	–1.85%	不适用

注：百分比误差= [（预测值 – 普查值）/ 普查值] × 100%

ProFamy 方法还可以同时预测人口规模和年龄性别分布，以及不同规模和结构的家庭户数量及其比例分布，这是户主率方法无法做到的。如图 34.1 所示，按照家庭规模预测的家庭户数量与人口普查官方数据结果相似。

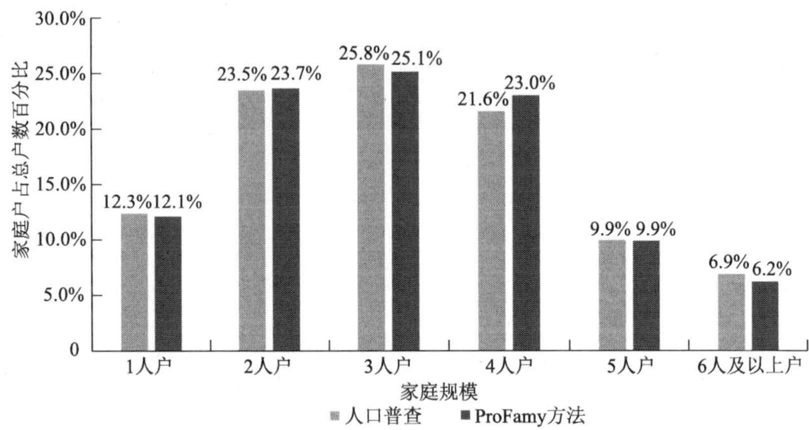

图 34.1　应用 ProFamy 方法预测和 2010 年人口普查观测的按家庭规模分的家庭户数占总户数比例的比较，巴西圣保罗州

34.4　预测结果分析

34.4.1　人口和家庭规模预测

表 34.6 展示了用 ProFamy 方法预测得到的人口总数、家庭户总数和平均家庭规模。预测结果和国际上的相关研究发现一致：即使人口增长率在下降，家庭户数依然持续增长，这主要取决于居住安排特征和家庭小型化（Gu et al.，2015；Zeng et al.，2014）。在中方案下，从 2010 年到 2050 年，圣保罗州的人口预计增长 13.45%，家庭户总数增长 42.29%，而平均家庭规模则降低 22.32%。低方案和高方案所预测的家庭户总数相差约 60 万户（图 34.2）。 相比于低方案（小家庭）所预测的约 1850 万家庭户，中方案和高方案（大家庭方案）分别预测得到约 1830 万和 1790 万家庭户。

表 34.6　巴西圣保罗州家庭人口动态变化（2010～2050 年）

变量	方案	2010 年	2020 年	2030 年	2040 年	2050 年	2050 年相对 2010 年变化相对百分比变化
人口总数/万人	低方案	4126	4431	4605	4645	4571	+10.79%
	中方案	4126	4439	4630	4704	4681	+13.45%
	高方案	4126	4445	4657	4763	4798	+16.29%
家庭户总数/万户	低方案	1284	1551	1697	1807	1847	+43.85%
	中方案	1284	1548	1688	1788	1827	+42.29%
	高方案	1284	1541	1668	1755	1789	+39.33%

续表

变量	方案	2010 年	2020 年	2030 年	2040 年	2050 年	2050 年相对 2010 年变化相对百分比变化
平均家庭规模	低方案	3.27	2.84	2.70	2.55	2.46	−24.77%
	中方案	3.27	2.85	2.73	2.61	2.54	−22.32%
	高方案	3.27	2.87	2.78	2.70	2.66	−18.65%

注：2050 年相对 2010 年变化= [（2050 年的预测值–2010 年的观测值）/2010 年的观测值] × 100%

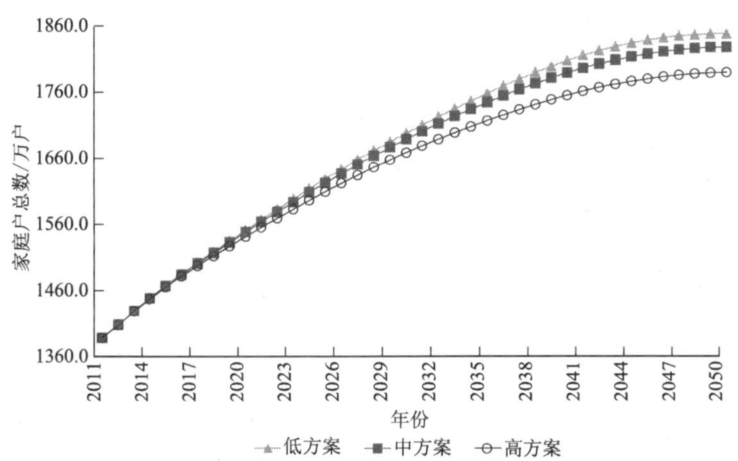

图 34.2　巴西圣保罗州家庭户总数（2010～2050 年）

预测基于 2010 年的数据基础，图中预测值并不包括 2010 年数据，余同

34.4.2　家庭户类型和居住安排预测结果

即使假定人口事件发生/风险率在一定的预测时期内保持不变，家庭人口惯性的存在也会改变家庭户类型的组成和老年人的居住安排（Zeng et al.，2006）。在中方案下，尽管我们假设在预测时期内，婚姻/同居率和终止率保持 2010 年水平不变，老龄化、死亡率和生育率这些要素还是会影响圣保罗州未来的家庭结构和居住安排。相比于那些已经经历了大部分的家庭生命历程的老一代队列人口，年轻一代队列人口会经历持续偏高的离婚/同居终止率和偏低的结婚/同居率。换言之，传统的家庭类型将被年轻一代的现代家庭类型所取代（Zeng et al.，2006）。

图 34.3 展示了用 ProFamy 方法预测得到的不同家庭规模的家庭户占家庭户总数的百分比。在中方案下，1 人户和 2 人户占比分别从 2010 年的 12.1%和 23.6%增加到 2030 年的 18.9%和 31.6%，2050 年的 22.1%和 35.5%；3 人户、4～5 人户和 6 人及以上户占比则将分别从 2010 年的 25.1%、32.9%和 6.8%下降到 2050 年的 21.8%、17.0%和 3.5%。

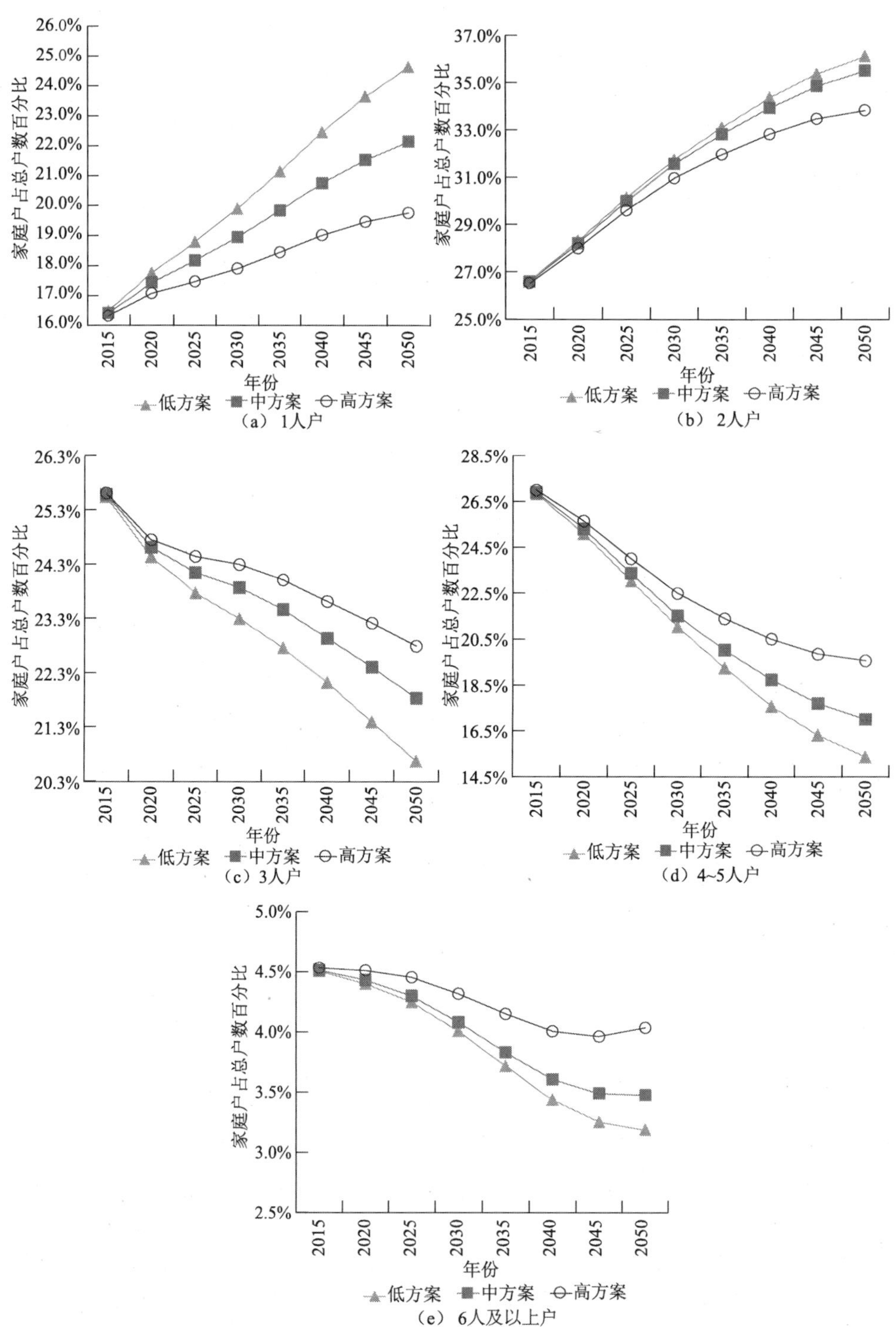

图 34.3　巴西圣保罗州不同规模的家庭户占总户数百分比（2010～2050 年）

小家庭数量的增长和大家庭数量的下降共同影响着平均家庭规模的预测（表 34.6 和图 34.4）。在假设未来家庭规模较大的高方案下，平均家庭规模也会从 2010 年的 3.27 人下降到 2050 年的 2. 66 人。在小家庭方案（低方案）下，平均家庭规模在 2050 年将下降到每户 2.46 人。

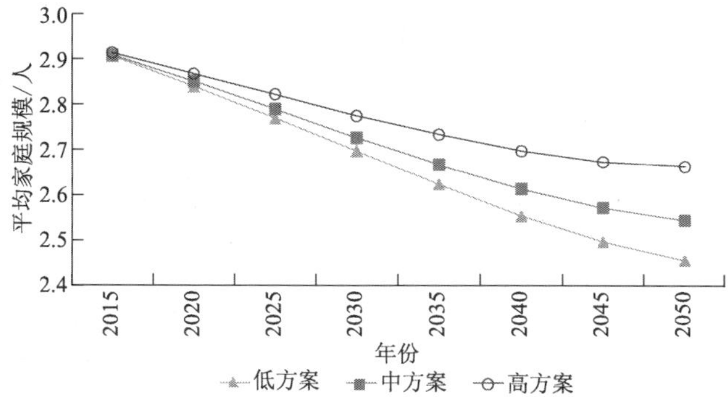

图 34.4 平均家庭规模，巴西圣保罗州（2010～2050 年）

图 34.5 展示了 ProFamy 方法预测的基于居住安排分类的不同家庭户户数占家庭户总数的百分比。结婚夫妇有子女同住是圣保罗州当前最常见的居住安排。在中方案下，这类家庭的占比将从 2010 年的 46.4%下降到 2050 年的 30.4%；结婚夫妇无子女同住户占比将从 16.2%上升到 21.2%；单亲母亲有子女同住户占比将从 17.7%下降到 12.0%；单亲父亲无子女同住户占比将从 3.3%上升到 9.26%。

图 34.6 展示了不同预测方案下的老年人居住安排分布。总的趋势是人口老龄化显著，老人家庭户占家庭户总数的比例增高。在中方案下，65 岁及以上夫妇户占总户数比例将从 2010 年的 2.9%上升至 2050 年的 9.4%；独居老人户占总户数比例将从 2010 年的 3.9%上升至 2050 年的 9.7%。

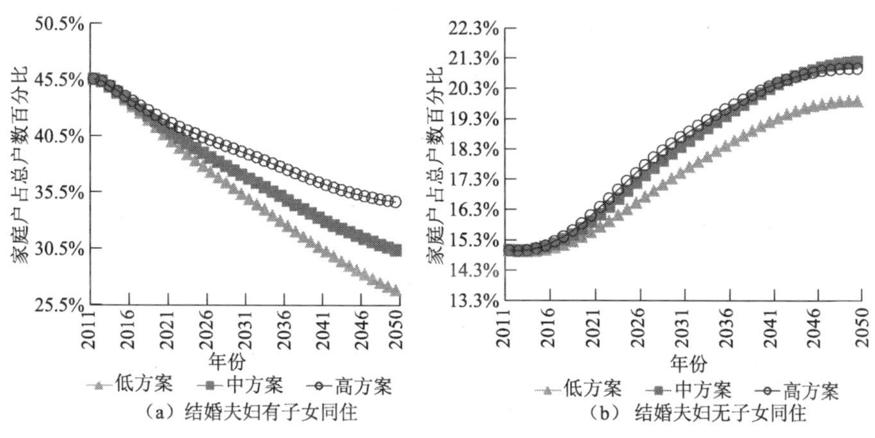

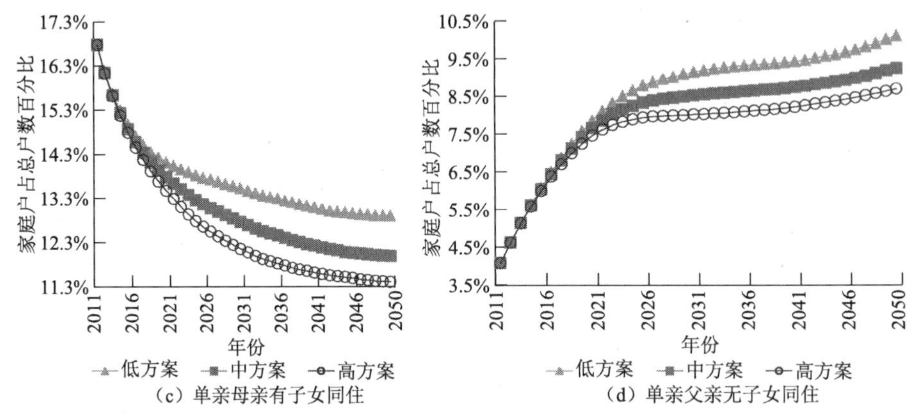

图 34.5　不同类型家庭户数占总户数百分比，巴西圣保罗州，2010～2050 年

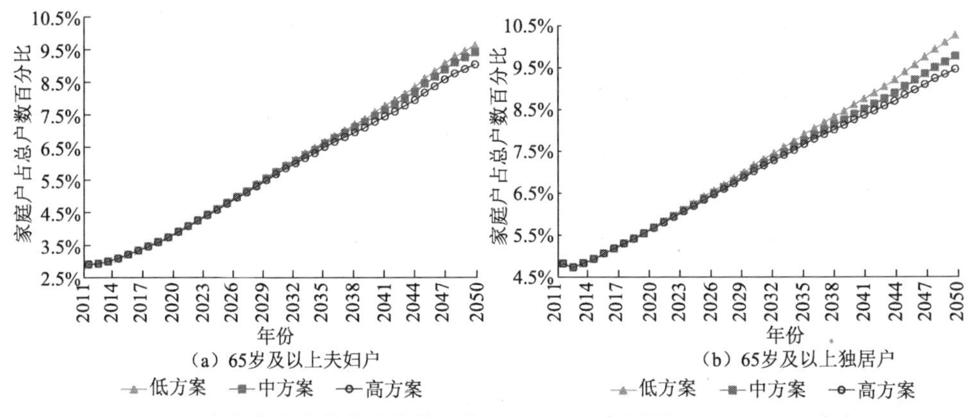

图 34.6　老年家庭户数占总户数百分比，巴西圣保罗州（2010～2050 年）

34.5　总结和讨论

ProFamy 多维家庭人口预测模型在预测圣保罗州的家庭户数、规模和类型的过程中得到了良好应用，能够为巴西全国和地区提供较为详细的家庭人口预测信息。ProFamy 方法在圣保罗州的预测结果显示，即使假设结婚/同居率和离婚/同居终止率维持基线年水平不变，在未来的数十年里，家庭户和老年人的居住安排依然会发生巨大变化。

家庭和人口预测在制订社会经济发展计划过程中发挥了重大作用。应用预测可以更好地掌握社会服务目标人群的规模和变化；能够直接地或间接地服务于公共政策的制定、监测和评估。预测研究的应用和影响覆盖许多领域，如住房建设（房屋供给量、城市规划）、家庭研究（老年人和儿童照料供给、亲属数量），以及资源环境家用能源（电、水和燃料消费，城市交通等）。

本章的研究结果仅是当特定假设成立时，对未来家庭人口的预测，而不应被看作对未来的预报。此外，ProFamy 方法应用于巴西数据还面临着一些挑战。对结果的解读应更为谨慎。首先，2000 年普查数据中的选项并没有“祖父/外祖父”或“曾祖父/曾外祖父”的选项。因此这类关系也只能放入 ProFamy 软件所列的“其他亲属”选项。这一数据局限可能会对 3 代户的预测带来误差。

其次，在巴西的偏远地区，人口出生和死亡登记并不完善，这会对偏远地区的死亡率、生育率的估计带来挑战。ProFamy 软件所需的死亡率和生育率信息需要使用间接方法估计得到。为了纠正低估的死亡率，我们应用了增长平衡方法（Brass，1975）、综合的世代人口消替法（Bennett and Horiuchi，1981）和调整后的世代人口消替法（Hill and Choi，2004）。为了纠正生育率估计误差，我们应用了 P/F 比方法（Brass，1974）。然而，这些方法都需要假设，如假设稳定型人口且无迁移变动。这些假设很容易出现与现实不符的情况，从而导致估计出现误差，尤其是婴儿死亡率和老年人死亡率的预测误差。

最后，在巴西无法直接估计不同婚姻状态之间的转换发生/风险率，因为民政系统仅登记结婚和离婚数量，并没有同居信息；巴西没有可以用来估计包含同居在内的不同婚姻状态之间变化率的追踪数据信息。我们只能将已婚和同居合并为一个婚姻状态，假设同居伴侣和结婚夫妇有着相同的婚姻/同居状态转换发生/风险率。

上述局限性需要逐步克服，将是未来研究的方向，如果数据可得性得到改善，将优化预测结果，并有助于将 ProFamy 方法应用于全国和其他州的家庭户预测。

第 35 章　伊朗家庭人口预测及应用①

35.1　引　　言

近年来，伊朗在社会、经济和人口方面都经历了重大变革。与此同时，家庭和家庭户也发生了急剧变化。性关系和生育只有在结婚后才能发生，年轻人在结婚前通常要和父母住在一起。由于宗教在伊朗家庭户的形成和维持中所起的作用，家庭户的稳定性受到伊斯兰教法和信仰的影响。然而，我们有必要关注变革的力量，有必要对伊朗家庭户结构的变化进行更多的分析研究。尽管伊朗家庭户的结构植根于过去，但似乎已经开始改变（Aghajanian and Thompson，2013）。

研究表明，1956～2016 年，伊朗家庭户数量增长了 5 倍（390 万至 2410 万），而且在最近四次人口普查中，家庭户增长一直超过人口增长（Statistical Center of Iran，2018a）。家庭户规模从 1976 年的 4.76 人上升到 1991 年的 5.16 人，但在 2019 年下降到 3.2 人。在 20 世纪 80 年代初，超过 59%的家庭户有 5 名或更多成员，而在 2016 年，几乎一半的家庭户只有 3 名或更少的成员，而且这种下降趋势预计将持续下去（Bagi，2019）。老年户主率从 60.4%上升到 70.4%，而年轻户主率有所下降，与此同时，女性户主也从 9%增加到 13.3%（Bagi，2019）。

所有这些趋势的累积效应会给传统的家庭户结构带来更大的压力。因此，一个重要的问题是：未来我们还会面临家庭户结构的进一步变化吗?

本章简要回顾了 1984～2018 年伊朗家庭户结构的变化，并预测 2016～2051 年伊朗家庭户的规模和结构。如今，世界各地对家庭户预测的需求越来越大。规划者和决策者对未来的家庭人口变化非常感兴趣，因为家庭户预测可以为他们的计划和政策提供参考。然而，本章研究的主要目的不是解释如何使用 ProFamy 队列组成方法的技术。这些主题可以在不同的书籍和论文中找到（Zeng et al.，2006，2010，2014，2017b）。本章研究的主要目的是在不同的背景下检验和应用 ProFamy

① 本章由李曼（北京大学国家发展研究院博士后；manli_nsd@pku.edu.cn）根据应用 ProFamy 方法和软件进行预测及应用研究的英文论文“Bagi M，Jalal M. 2020. The future of household size and structure in Iran”撰写。

模型。伊朗在文化、政治、经济、社会和人口方面完全不同于那些已经应用 ProFamy 模型开展预测的国家。本章研究试图应用 ProFamy 模型方法来预测伊朗家庭户规模和结构的变化，以回答伊朗的家庭户结构是否有可能与发达国家的家庭户结构趋同。

35.2　伊朗家庭户 1984～2018 年的变迁和现状

随着时间的推移，每个国家的社会经济和人口状况都会导致家庭户结构发生一些变化。对伊朗家庭户结构的评估显示了其在近几十年来，特别是近几年的变化（图 35.1）。

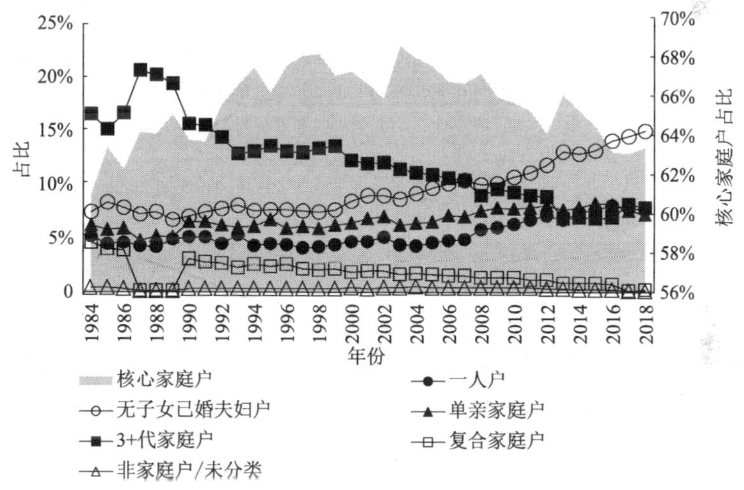

图 35.1　伊朗不同类型家庭户数占总户数百分比，1984～2018 年

资料来源：Bagi（2019），基于家庭户收入和支出调查（household income and expenditure survey，HIES）数据

如图 35.1 所示，在研究期间，伊朗由没有家庭关系人员组成的非家庭户（即集体户）在家庭户总数中所占比例一直很小。相反，核心家庭户（至少有一个孩子的已婚夫妇）的数量在 1992～2014 年一直占家庭户的绝对多数。20 世纪 80 年代，核心家庭户占伊朗家庭户总数的 61.2%。在伊朗伊斯兰革命后的几年里，人口结构的变化，特别是在婚姻和生育领域的变化，增加了核心家庭户的比重，因此其最高值在 2003 年达到 68.5%。但在此之后，这一趋势有所下降，2018 年核心家庭户的占比约是 63.7%。尽管核心家庭户很稳定，但更重要的一点是这些家庭户在孩子数量方面存在多样性。虽然绝大多数 （65%） 家庭户

在初期有三个或三个以上的孩子，但随着时间的推移，这类家庭户的数量急剧下降，2018 年这类家庭户的占比下降到 21%。此外，有一个或两个孩子的家庭户翻了一番。独生子女家庭户从 17%增加到 36.8%，二孩家庭户从 19.6%增加到 42.2%。

此外，如图 35.1 所示，3+代家庭户（extended households）和复合家庭户（composite households，指有已婚兄弟姐妹一起居住的家庭户）的占比在 1984～2018 年逐渐下降。图 35.1 中 1986～1990 年 3+代家庭户比例的突然大幅升高与复合家庭户的突然大幅减少是当时相关数据问题造成的，因为在 1987～1989 年的统计数据中“家庭户成员信息”代码类型只包括户主、配偶、子女、女婿和儿媳，以及其他。因此，不可能准确地确定 3+代家庭户和复合家庭户。但是，考虑到 1984～2018 年整个时期的下降趋势，可以估计出 3+代家庭户和复合家庭户的大致比例。调查结果显示，在 1984～2018 年，3+代家庭户的数量和比例减少近一半，从 1984 年的 15.8%减少到 2018 年的 7.6%。在此期间，复合家庭户的减少幅度也很大，从 1984 年的 4.4%大大减少到 2018 年的 0.2%。

一人户比例从 1985 年的 4.6%上升到 2018 年的 7%。主要的增长与老年一人户有关，其中又以女性居多。1984 年，71%的一人户为女性，29%为男性。这一差距在 2018 年更大（分别为 73%和 26.7%）。在此期间，一人户的平均年龄由 61.5 岁增加到 67.5 岁。

无子女已婚夫妇家庭户是另一个正在经历上升趋势的小家庭户类型，从 1984 年约占家庭户总数的 7.2%增长到 2018 年的 14.6%，增加了一倍多。超过 60%的已婚无子女夫妇家庭户年龄大于 50 岁。因此，很难指望在未来的几年里许多该类型家庭户转变为有子女家庭户。此外，随着不想要孩子的年轻夫妇数量的增加，已婚无子女夫妇家庭户的数量预计将会继续增加。

此外，单亲家庭户的数量也从 1984 年的 5.5%上升到 2018 年的 8%左右。这些家庭户上升趋势是由于单亲母亲家庭户数量的增加，而单亲父亲家庭户的比例却一直在下降。单亲家庭户中，单亲父亲家庭户在 1984 年占单亲家庭户总数 28.8%，2016 年下降到 17.6%。与此同时，单亲母亲家庭户占单亲家庭户总数比例从 71.2%上升到 82.4%。

家庭户的代际结构变化也很重要。调查结果显示，一代户数量占总户数百分比从 1986 年的 12.9%上升到 2016 年的 22.1%。尽管与 1996～2006 年相比有所减少，二代户仍然占绝对多数。特别值得注意的是，三代户数量大幅下降，从 1986 年的 16.2%下降到 2016 年的 6.0%（表 35.1）。

表 35.1　伊朗的家庭户代际结构变化，1986～2016 年

家庭户类型	1986 年	1991 年	1996 年	2001 年	2006 年	2011 年	2016 年
一代户	12.9%	12.7%	12.3%	13.9%	15.3%	16.8%	22.1%
二代户	70.9%	72.6%	75.3%	75.1%	75.2%	74.0%	71.9%
三代户	16.2%	14.7%	12.4%	11.0%	9.1%	8.0%	6.0%

资料来源：Bagi（2019），基于家庭户收入和支出调查数据

35.3　数据和预测方法

人口学家通常使用三种模型进行家庭户预测，包括户主率、微观模拟和宏观模拟（Willekens，2010）。户主率的计算方法是将特定性别或年龄的户主人数除以相同性别和年龄的总人数；并通过推算户主率来预测未来年份的家庭户数目。该方法相对简单，需要的信息不多，但存在三个不足。第一，户主是一个模糊的、不明确的、任意的选择，不容易建模，这使得预测变得困难。第二，户主率和人口要素之间没有直接联系。因此，在预测中不能考虑到结婚、离婚、生育、离家、移民和死亡这些家庭户变化中重要的人口因素的可预测或假定的变化。第三，这种预测产生的家庭户信息非常有限，不足以进行社会经济规划（Zeng et al.，2013a）。户主率方法和 ProFamy 模型的关键区别在于，户主率方法的基本框架是一个横截面趋势推断，而 ProFamy 模型中的家庭户和居住安排预测是基于队列和人口要素的方法。

宏观模拟模型是根据种族、性别、年龄和婚姻状况等特定特征对个体进行分组的。宏观模拟模型的一个突出例子是 LIPRO 的双性多状态模型，该模型根据年龄、性别和家庭户状态预测个体数量（Keilman，2018）。问题是，LIPRO 模型不能直接将家庭户状态和居住安排的变化与人口事件发生/风险率联系起来。因此，很难确定结婚、离婚、生育、死亡和迁移对家庭户结构变化的影响 （Zeng et al.，2014）。

本章研究使用的 ProFamy 模型是基于人口要素（如结婚、生育、离婚、再婚、子女离家等）变化而预测家庭户及人口的最重要的模型和软件之一。该模型由 Zeng 等（1997，1998）开发，需要的数据是调查、民政统计和人口普查收集的常规人口数据。ProFamy 可以通过不同时期的人口事件发生/风险率来预测未来的家庭户变化。

该软件已经在不同的国家，如美国、中国等，以不同的方式预测家庭户结构。在文化和宗教上完全不同的伊朗使用这个软件，可以评估该软件在不同社会宗教环境和人群中的有效性。伊朗家庭户模拟预测所需的大部分数据取自 2011 年和

2016 年伊朗人口和住房普查。国家一级的预测起始年份基本人口数据来源于 2016 年人口普查 2%的微观数据。

按年龄性别分的标准模式所需的数据和人口综合参数均来自伊朗统计中心、伊朗统计研究和培训中心发表的报告。使用的数据及其来源见表 35.2。关于数据，有几点需要考虑。首先，用于基本人口软件模块（BasePop）的 2%微观数据没有提供集体户的信息，只包括普通家庭户。其次，由于无法获得迁移数据，模型中没有包括国际迁移率。然而，伊朗的国际迁移率很低，可以忽略不计。

表 35.2　使用 ProFamy 扩展队列-要素法预测伊朗家庭人口的数据来源

类别	数据内容	数据来源
基数人口	（a）从人口普查微观样本获取的数据，包括性别、年龄、婚姻状态、与户主关系、住在家中或入驻机构等变量	2011 年人口与住房普查 2%微观数据
	（b）人口普查分年龄性别（如可能，分婚姻状态）的 100%人口分布，包括居住在集体户的人，以及家庭户总数	
年龄别标准模式	（a）分年龄性别的死亡率	Eini-Zinab 等（2016）
	（b）分年龄性别的国际迁入率与迁出率，或者分年龄性别的国际净迁移	—
	（c）分年龄性别的国内迁入和迁出率	—
	（d）年龄别生育率 （e）分年龄性别的初婚、离婚、再婚发生 / 风险率	Abbasi-Shavazi 和 Hosseini-Chavoshi（2013）
	（f）分年龄性别的子女净离家率	2006 年和 2011 年人口普查 2%微观数据
综合参数	（a）孩次别总和生育率	人口普查 2%微观数据，联合国人口预测
	（b）出生预期寿命	
	（c）男性和女性总迁入率和总迁出率	
	（d）平均生育年龄	
	（e）标准化一般结婚率和一般离婚率	
	（f）45～49 岁不与父母同住比例	
	（g）分年龄性别的与子女同住老人比例	
	（h）分年龄性别的居住在集体户比例	

35.4　关于 ProFamy 方法在伊朗应用的检验

评估人口预测是一个两步过程。第一步是选择评估预测的标准。Smith 等（2013）报告了一些评估的潜在标准，如提供必要的细节、表面效度、信度、生产成本、应用和解释的简易性、作为分析工具的有用性、可接受性和预测准确性。选择标准取决于进行预测的目标，以及分析师在进行预测时所面临的限制。第二步是利用这些准则来指导预测方法的选择。

也许评估人口预测最基本的标准是它们是否提供用户所需的时期、人口和地理细节。使用 ProFamy 模型适用于长期范围，以及国家和地方层面的预测。因此，该模型可以提供必要的细节。表面效度是指预测为某一特定目的使用最佳方法，基于可靠的数据和合理的假设，并考虑相关因素 （Smith et al.，2013）。如前一节所述，影响家庭户变化的大部分信息和数据都包含在这个模型中。因此，该预测具有表面效度。

信度意味着预测与历史趋势、模型假设和其他地区的预测一致（Smith et al.，2013）。对比 2016 年观察到的和预测的趋势可以证明该方法是否可靠。该方法的可接受性在很大程度上受其结果的影响，应由规划者和决策者加以评价。评价人口预测的最终标准是其准确性，这是许多人口学和其他领域的使用者最重要的标准。因此，目前的评估预测从 2011 年开始，将 2016 年的预测变化与观察到的变化进行比较。此外，在 1990 年至 2000 年期间，美国和中国已确认评估由 ProFamy 模型产生的预测的准确性。换句话说，预测误差非常小（Zeng et al.，2006，2008a）。

模拟预测的第一个重要问题是，从 ProFamy 获得的起始家庭人口模型估计是否与实际观测值一致。为此，ProFamy 软件以两种方式计算预测起始年份的基准家庭人口，称之为“直接计算”和“模型估计”。通过对“直接计算”和“模型估计”的比较，可以看出 ProFamy 在建立起始年份家庭人口基础方面的准确性。比较这些分布的结果如表 35.3 所示。结果表明，两种模型之间的相对差异非常小，除了一人户的误差略高于 1%外，所有误差均小于 1%。一人户差异较大的原因之一可能是非亲属和其他亲属与户主代码问题。显然，用 ProFamy 软件对起始年份基准家庭模型估计具有很高的准确性。

表 35.3　2011 年直接计算和 ProFamy 模型计数的比较

家庭户规模	直接计数	模型计数	差异	家庭户类型	直接计数	模型计数	差异
一人户	21 575	21 799	1.04%	一代户	64 407	64 466	0.09%
2～3 人户	132 257	132 165	−0.07%	二代户	219 908	219 854	−0.02%
4～5 人户	114 475	114 572	0.08%	≥三代户	8 842	8 827	−0.17%
≥6 人户	24 850	24 611	−0.96%				

比较观察和预测的趋势也是一种评估预测精度的方法。我们将应用 ProFamy 模型/软件从 2011 年预测 2016 年得到的预测值与人口普查观测值进行比较。对比结果见表 35.4。相对差异表明，误差值在一个合理的范围内，除一人户外，所有

家庭户的误差值都小于 1%。应该指出的是，预测总是有一定的误差。家庭户总数高估了 0.9%。平均家庭户规模的误差可以忽略不计。单亲家庭户被高估了 8.8%，这是最大差异；一代户比人口普查低估 2.7%（表 35.4）。ProFamy 预测的总人口比人口普查结果高出 1.8%（表 35.4）。应用 ProFamy 模型/软件关于 65+岁老年人口和 80+岁老年人口预测值与人口普查观测值的差异分别为 1.4%和 0。为了更好地理解观察值和 ProFamy 预测值之间的相似性，我们计算了相异指数。女性为 1.1，男性为 1，说明观察和预测的年龄结构高度相似。总的来说，观察值和 ProFamy 预测值的差异是细微和可靠的。

表 35.4　ProFamy2016 年预测值与 2016 年人口普查观测值的比较

家庭人口主要指标	人口普查观测值	ProFamy 预测值	差异
总人口/人	79 926 270	81 368 160	1.8%
家庭户总数/户	24 196 035	23 989 192	0.9%
平均家庭户规模/人	3.30	3.31	0
一人户占总户数百分比	8.50%	8.32%	–2.1%
已婚夫妇无子女户占总户数百分比	16.40%	15.71%	–4.4%
一代户小计占总户数百分比	25.40%	24.73%	–2.7%
已婚夫妇有子女户占总户数百分比	64.80%	60.27%	–7.5%
单亲家庭户占总户数百分比	8.00%	8.77%	8.8%
二代户小计占总户数百分比	69.00%	69.03%	0
三代户占总户数百分比	6.27%	6.24%	–0.5%

2016 年人口普查观察到的人口金字塔与 ProFamy 模型预测的 2016 年人口金字塔的对比结果表明，两种金字塔的观察值及预测值非常相近。为了更好地理解观察值和预测值之间的相似性，我们计算了差异指数。女性为 1.1，男性为 1，说明观察和预测的年龄结构高度相近。

关于预测值和观察值的差异，应考虑以下几点。

（1）我们认为，伊朗 2016 年的人口普查面临着未计入 0 岁人口的问题。因此，在 0 岁观察到的差异与这个问题有关。此外，这也是相比于 ProFamy 预测，2016 年人口普查总人口观测值较低的原因。

（2）用于预测的基数人口是基于 2%的人口普查样本，其中没有关于集体户的信息。因为当局未提供这一信息，研究者无法获得更大的样本。

（3）将 ProFamy 模型的估计结果与人口普查数据的结果进行比较，可以发现在总人口、平均家庭户规模和家庭户总数等方面存在细微差异。然而，人口亚组的预测值与观测值差异有所增加。

35.5 伊朗未来家庭户规模和结构的预测分析

预测起始年和结束年（2016 年和 2051 年）及 2021 年、2031 年和 2041 年的人口综合参数的假设列在表 35.5 中。总和生育率和男女预期寿命取自联合国的中方案预测。我们根据伊朗人口调查数据估得女性平均生育年龄为 28.3 岁，女性初婚年龄为 23.4 岁，男性初婚年龄为 26.7 岁（2011 年）。根据 2016 年的人口普查数据，我们估计了子女平均离家年龄、性别比例和居住在集体户的人口比例。

表 35.5 伊朗家庭人口预测中、低、高方案主要综合参数的假设

主要综合参数	2016 年	2021 年	2031 年	2041 年	2051 年
男 0 岁预期寿命/岁	74.72	75.07	77.05	78.95	80.85
女 0 岁预期寿命/岁	76.98	77.43	79.48	81.23	82.78
总和生育率	1.66%	1.55%	1.51%	1.58%	1.64%
一般结婚率	0.161%	0.153%	0.135%	0.117%	0.010%
一般离婚率	0.002%	0.004%	0.006%	0.008%	0.009%
男性平均初婚年龄/岁	27.40	27.70	28.70	29.70	30.70
女性平均初婚年龄/岁	23.00	24.65	25.90	27.15	28.40
女性平均生育年龄/岁	28.30	28.60	28.90	29.20	29.50

图 35.2 展示了 1956～2051 年根据人口普查数据估计和按 ProFamy 模型预测的平均家庭户规模。2011 年和 2016 年的平均家庭户规模分别为 3.48 人和 3.3

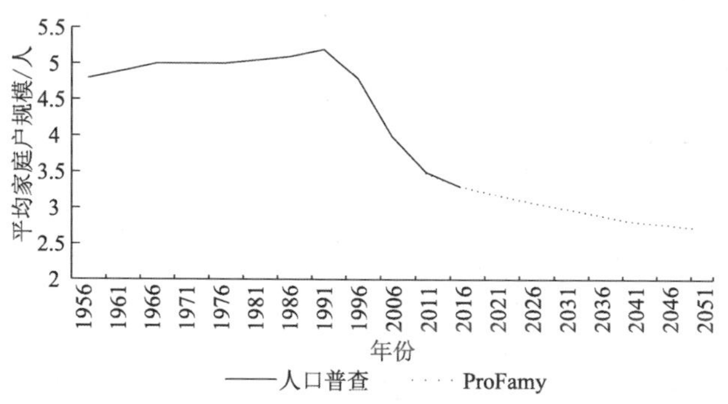

图 35.2 伊朗的平均家庭户规模

资料来源：1956～2016 年根据人口普查数据估计；2016～2051 年根据 ProFamy 预测

在 2006 年之前，伊朗的人口普查每隔 10 年进行一次，2006 年之后每隔 5 年进行一次，因此没有 2001 年数据人；未来平均家庭户人数将继续下降，尽管下降速度较慢。伊朗统计中心的调查结果显示，2020 年平均家庭户规模约为 3.23 人，这与 ProFamy 方法/软件预测的 2021 年 3.22 人高度接近。

表 35.6 显示了 2016～2051 年按家庭户规模分的家庭户占比分布情况。一人户的数量预计将不断增加。此外，二人户和三人户的数量也将增加，二人户的增幅要大得多。相反，四人户和五人及以上户的数量预计会减少，他们所占的比例将减少约 10%。

表 35.6　2016～2051 年按家庭户规模分的家庭户占总户数比例

家庭户类型	2016 年	2021 年	2026 年	2031 年	2036 年	2041 年	2046 年	2051 年
一人户	8.32%	9.23%	10.03%	11.35%	12.56%	13.76%	14.59%	15.38%
二人户	19.03%	22.63%	22.23%	22.02%	25.17%	26.61%	27.46%	28.89%
三人户	24.09%	23.9%	25.42%	26.58%	26.78%	27.41%	28.07%	28.05%
四人户	27.31%	25.07%	23.7%	22.58%	20.66%	19.2%	18.05%	16.67%
五人及以上户	21.24%	19.17%	18.64%	17.47%	14.83%	13.02%	11.84%	11.02%

此外，预计伊朗家庭户类型会有较大的变化（表 35.7）。即使目前的人口趋势在 2051 年之前保持稳定，伊朗的家庭户结构仍将经历许多变化。如前所述，预计一人户将会增加，其中大部分是配偶一方的死亡导致老年人独居。伊朗的年轻人不接受独居，除非他们生活在与父母不同的城市。因此，伊朗的一人户主要是老年人。伊朗的年龄结构在 2010 年左右还很年轻，但 2020 年已经到了中年，并且正在向老龄化结构发展。各种预测的结果表明，到 2051 年左右，伊朗将出现人口老龄化，这将增加一人户的数量。

表 35.7　2016～2051 年按家庭户类型分的家庭户占总户数比例

<table>
<tr><th colspan="2">家庭户类型</th><th>2016 年</th><th>2021 年</th><th>2026 年</th><th>2031 年</th><th>2036 年</th><th>2041 年</th><th>2046 年</th><th>2051 年</th></tr>
<tr><td rowspan="4">一代户</td><td>一人户</td><td>8.32%</td><td>9.23%</td><td>10.03%</td><td>11.35%</td><td>12.56%</td><td>13.76%</td><td>14.59%</td><td>15.38%</td></tr>
<tr><td>一人与其他成员户</td><td>0.70%</td><td>0.78%</td><td>0.85%</td><td>0.97%</td><td>1.07%</td><td>1.18%</td><td>1.25%</td><td>1.32%</td></tr>
<tr><td>无子女已婚夫妇户</td><td>15.71%</td><td>18.55%</td><td>17.88%</td><td>17.37%</td><td>20.00%</td><td>20.89%</td><td>21.10%</td><td>21.76%</td></tr>
<tr><td>一代户小计</td><td>24.73%</td><td>28.55%</td><td>28.76%</td><td>29.68%</td><td>33.62%</td><td>35.84%</td><td>36.94%</td><td>38.46%</td></tr>
<tr><td rowspan="4">二代户</td><td>有子女已婚夫妇户</td><td>60.27%</td><td>55.86%</td><td>56.38%</td><td>56.04%</td><td>52.12%</td><td>49.57%</td><td>47.94%</td><td>45.87%</td></tr>
<tr><td>有子女的单亲母亲户</td><td>6.81%</td><td>7.74%</td><td>6.18%</td><td>4.58%</td><td>5.68%</td><td>6.09%</td><td>6.29%</td><td>6.64%</td></tr>
<tr><td>有子女的单亲父亲户</td><td>1.96%</td><td>1.64%</td><td>2.79%</td><td>4.21%</td><td>3.86%</td><td>3.95%</td><td>4.33%%</td><td>4.81%</td></tr>
<tr><td>二代户小计</td><td>69.03%</td><td>65.24%</td><td>65.35%</td><td>64.83%</td><td>61.66%</td><td>59.61%</td><td>58.57%</td><td>57.32%</td></tr>
<tr><td colspan="2">三代及以上户</td><td>6.24%</td><td>6.21%</td><td>5.90%</td><td>5.49%</td><td>4.71%</td><td>4.56%</td><td>4.48%</td><td>4.21%</td></tr>
</table>

注：表内数据由作者根据原始数据保留

2016～2051 年，无子女已婚夫妇家庭户预计会增加。生育率的降低和对婚后子女居住方式的价值观念和态度的改变，会使这种增长加剧。与 2010 年左右相比，如今的孩子在婚后生活在不同的家庭户，导致无子女已婚夫妇家庭户越来越多。

虽然拥有核心家庭户一直最多，并将保持多数，但他们的数量将大幅减少。这一下降从 2006 年开始，预计到 2041 年将降到 50%或更少。当然，这种下降的部分原因与其他类型家庭户（尤其是已婚无子女夫妇家庭户）的增加有关。单亲家庭户的数量预计会增加。这一增长的重点是，单亲父亲家庭户的增长将高于单亲母亲家庭户。我们预计 3 代及以上家庭户的数量将会下降。

应用 ProFamy 方法/软件的家庭户预测结果表明，伊朗家庭户的世代结构变化是不可避免的（表 35.7），二代户和三代及以上户的数量在预测期内将会减少，而一代户将会增加。一代户数量的增加与所有家庭户中一人户和无配偶家庭户的比例增加有关。

35.6　讨论和相关思考

伊朗的家庭户数量在 1984～2018 年增加了 6 倍，预计未来还会增加。这意味着资源和能源消耗的增加。因此，了解家庭户的数量和规模可以在规划中发挥关键作用，而家庭户预测可以提供这些需要的信息。

然而，伊朗家庭户研究和预测的一个主要问题是，无法获得详细数据和不同时期对家庭户的不同定义。例如，伊朗在进行了 40 年的家庭户收入和支出调查中，在不同的年份为家庭户成员收集了不同的信息。有些年份，除了父母和子女外，所有成员都是同样的代码，这使得无法识别某些家庭户。当然，这些数据在 2010 年后有所改善。

此外，由于无法获得小区域的详细数据，为他们进行预测变得很棘手。分种族的预测也是如此。伊朗是一个多民族社会，但人口普查中没有种族和母语的问题，这使得在伊朗不可能按种族进行研究或预测。

其他人口普查问题也会影响伊朗家庭人口预测的质量。如上所述，2016 年人口普查中 0 岁人口数漏报是 2016 年对 18 岁以下人口和未成年人口抚养比预测差异的主要原因。这一问题还可能导致核心家庭户的预测数量减少。由于无子女夫妇家庭户中超过 50%的人口年龄都在 50 岁以上，因此似乎没有影响对他们的估计。

在过去的几十年里，伊朗的生育率已经下降，预计到 2050 年，伊朗将出现人口老龄化。这使得非常有必要进行家庭户预测，因为伴随人口老龄化而来的是更多的一人户。这些家庭户大多数是独居的老年妇女。离婚率的上升和女性再婚概率的降低会导致单亲母亲家庭户的增多。预测结果证实，在伊朗妇女就业率非常低的情况下，我们预计单亲母亲家庭户比例会增加。在这方面，专门针对这类家庭户的资助计划是必要的。

家庭户预测还为评估住房需要奠定了基础。房地产行业近年来经历了一次严重的衰退。政府运营的住房项目专注于建造小房子，这一做法与增加生育率和家庭户规模的想法相悖。近年来实施的项目主要面临着较大的问题，因此人们对它们的失败有着广泛的共识。如果政府想要鼓励更多家庭户的形成，就需要执行更合适的住房政策。建造大房子，在一定条件下给予年轻夫妇所有权，可以鼓励他们承担户主责任，这将增加三代户的数量。此外，鉴于年轻人对家庭户和与父母一起居住模式的价值观念和态度的变化，我们预计今后独居老人人数会增加。因此，政府应该考虑改善和加强支持老年人的社会保障计划。

家庭户预测对于决策者和计划者来说非常重要，因为家庭户数量和类型的任何变化都会给社会带来不同的社会经济后果。在家庭和家庭户是生育行为的主要单元的传统社会中，这种重要性更大。本章预测了 2016～2051 年伊朗家庭户规模和结构的变化。为此，我们使用了已经在中国和美国等国家应用的 ProFamy 模型，这种预测对伊朗的计划者和政府官员都是至关重要的。因为伊朗的家庭户很大程度上受到宗教机构的控制，因此，可以在与中、美等国不同的情况下评估 ProFamy 方法的有效性。应用 ProFamy 方法从 2011 年预测 2016 年的预测值与 2016 年人口普查观测值的比较，证实了这一方法是有效的。当然，应该指出，任何预测总是有一些误差的。

预测结果显示，即使目前生育、死亡、婚姻等人口要素趋势保持稳定，伊朗未来的家庭户和居住安排也会显著改变。因此，预计到 2036 年，家庭户规模将减少到不到 3 人。此外，预计在 2016～2051 年，一人户和二人户的数量会增加，而其他家庭户所占比例会下降，导致二代户和三代户减少，而一代户则会增加。虽然队列分析显示，年轻一代中独居的年轻人数量正在上升，但似乎人口老龄化是未来一人户增长的主要原因（Bagi，2019）。此外，生育率下降和婚后子女离家可能是二人户增加的主要原因。

伊朗家庭户预测最重要的结果是核心家庭户数量的下降，而在过去几十年里，核心家庭户一直占到家庭户总数的 60%以上，预计从 2041 年起将下降到 50%以下。近几十年来伊朗家庭户结构稳定的主要原因是长期以来核心家庭户占主流，其中大部分是由于年轻人的居住模式。年轻一代花更多的时间在学习教育上，希望找到一份合适的工作，这是结婚的主要先决条件之一。然而，年轻一代的职业状况并不比前几代好。2016 年伊朗年轻人的失业率约为 25.9%（Statistical Centre of Iran，2018）。一些研究表明，年轻人毕业后进入劳动力市场平均需要三年时间（Sadeghi，2016）。

上述情况的后果是推迟结婚，导致推迟向成年过渡和独立家庭户的形成。伊朗的研究证实了经济不安全感对晚婚晚育的影响（Abbasi-Shavazi and Khani，2016，2014）。Abbasi-Shavazi 和 Bagi（2019）在对伊朗青年居住安排的研究中指出，与前几十年相比，生活在父母家中的子女比例有所增加。1984 年有 80% 的 15～19 岁的孩子和父母一起居住，2016 年这个数字达到了 93%。在 20～29 岁的人群中，大约增长了 20%～30%，这被认为是至少有一个孩子的家庭户（核心家庭户）这些年保持多数的最重要原因之一。这个现象表明伊朗社会与其他社会，特别是西方社会之间的一个主要区别。例如，2000～2010 年，成年子女与父母双亲或单亲（父或母）同住的比例，在德国为 4.45%，法国 2.65%，奥地利 9.24%，比利时 6.15%，荷兰 1.28% （De Valk and Bordone，2018）。

西方社会的年轻人通过同居等其他居住方式来应对延迟结婚。他们离开了父母的家，于是出现了新的同居家庭户形式。在伊朗，宗教禁止婚外性行为。因此，孩子们在结婚前都待在父母家里。年轻人受教育年限延长、失业时间延长，导致平均结婚年龄增加，2016 年男性达到 27 岁，女性达到 23 岁 （Statistical Centre of Iran，2018）。因此，孩子们平均要到 25 岁才离开父母的家。尽管西方社会和家庭户对年轻人的性行为 （如同居和自由的性关系） 越来越宽容，导致他们的家庭户结构发生了变化 （Burch and Matthews，1987），但这些行为在伊朗社会依然是被禁止的。所有这些问题使得核心家庭户在过去的几十年里保持着主导地位。

然而，未来这些家庭户数量的减少可能与以下两个因素有关。首先，近几十年来，生育率下降导致这些家庭户的子女数量显著减少，其中大多数有一个或两个子女。随着这些孩子离开家，这样的家庭户数量预计会减少。其次，离婚率和预期寿命的上升趋势预计将继续下去。因此，单亲家庭户的比例将因配偶死亡或离婚而增加。因此，即使婚前离开父母家的年轻人数量没有增加，核心家庭户的比例也将在未来减少。

应用 ProFamy 方法预测家庭户和居住安排表明，即使假设主要人口要素综合参数保持不变，伊朗未来几十年的家庭户结构和居住安排仍将发生变化。这一现象可以用 Zeng 等（2006）提出的“家庭户惯性”理论来解释。根据这一理论，伊朗社会的家庭户结构将在未来发生变化，即使目前的人口要素趋势不变，因为拥有传统家庭模式的老年群体将被拥有现代家庭模式的年轻群体所取代。因此，人口代谢理论中 Ryder（1965）和 Lutz（2013）提出的世代变化和队列更替问题，可以在很大程度上解释目前和未来伊朗家庭户结构和居住安排的变化。

即使年轻一代的家庭价值观目前没有发生大的改变，但这始终将会发生。年轻人价值观的变化会加速伊朗家庭结构变化。因此，虽然家庭户结构和居住安排的进一步变化是不可避免的，但这些变化的速度及未来伊朗家庭户结构是否会与西方发达社会趋同取决于伊朗对偏离理想化家庭户道德的容忍程度。社会决策机构在多大程度上能够灵活地适应价值观和态度的变化，特别是青年人的价值观和态度的变化，以及老一辈人继承的价值观的变化，将决定今后伊朗家庭户结构和居住安排变化的速度。

第四篇　多维家庭人口预测

ProFamy 软件使用手册

第 36 章　如何根据人口数据和用户需求设置预测模型①

本章将详细地介绍如何根据数据可得性和用户需求进行多维家庭人口预测的模型设置。

36.1　引　　言

家庭人口预测在社会经济、保险精算与福利规划、政策分析，以及市场趋势的研究中都很有用。对于各种商品和服务，无论是在公共部门还是私营部门，家庭是人们组织消费的基本单位。能源（如天然气和电力）、汽车、住房、水、耐用品和其他与家庭有关的产品和服务的需求由未来的家庭结构和规模变化决定。具有用户友好界面的用于家庭人口预测的软件工具和数据库对公司、政府，学术组织的研究人员、业务分析师、规划者和政策分析师来说显然是非常有用的。

用于家庭人口预测的新方法/软件，称为多维家庭人口预测（ProFamy）软件。与人口事件发生/风险率不相关的经典户主率法相比，该方法具有显著的优点，多维家庭人口预测软件使用常规的人口数据作为输入，并在预测更详细的家庭类型和规模的同时预测人口。

我们开发了多维家庭人口预测软件网络版，方便用户轻松使用这一软件进行家庭人口和居住安排预测。多维家庭人口预测软件的界面分为两个主要部分：菜单和对话窗口。屏幕左侧为菜单，右侧为对话窗口。菜单包括四个部分："模型设置""数据准备""预测计算""结果查看"。

菜单中的"模型设置"主要涉及模型设计参数的选取，以及基础人口的数据类型；"数据准备"涉及基础人口和输入数据的准备，如年龄别标准模式和未来几年的预测（或假定的）综合参数；"预测计算"涉及如何运行多维家庭人口预测模型；"结果查看"可供查看输出的家庭预测表格、图形及基础人口的综合信息。

---

① 本章由王正联研究员、周立权经理、曾毅教授和杨涵墨博士研究生基于 ProFamy 软件使用手册更新版第 1 章撰写；作者的工作单位和邮箱地址见第 1 章和第 7 章首页脚注。

本章阐述“如何根据人口数据和用户需求设置预测模型”，第 37 章阐述“输入数据准备和计算”，第 38 章是“多维家庭人口预测软件应用练习教程”。

36.2 主 菜 单

成功登录多维家庭人口预测软件后，您将先看到一个包含四个模块的页面(图 36.1)，然后点击“家庭人口预测”展开下拉菜单。

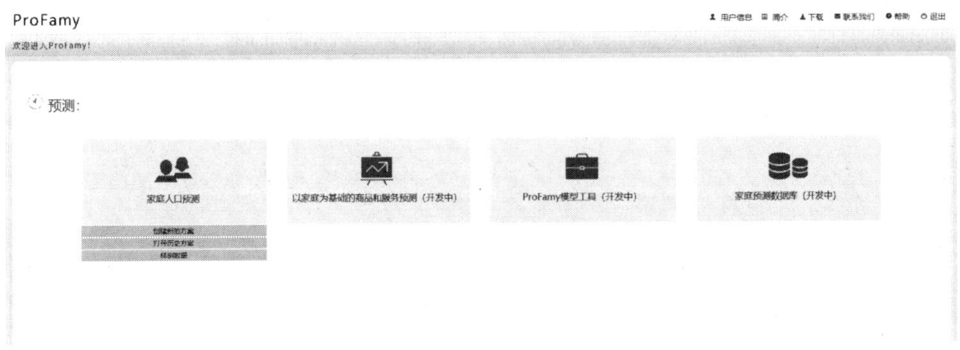

图 36.1 ProFamy 软件主菜单

您可以选择创建新的方案、打开历史方案及查看样例数据，一旦您创建或打开方案，您将在窗口的左侧面板上看到四个目录（图 36.2）。

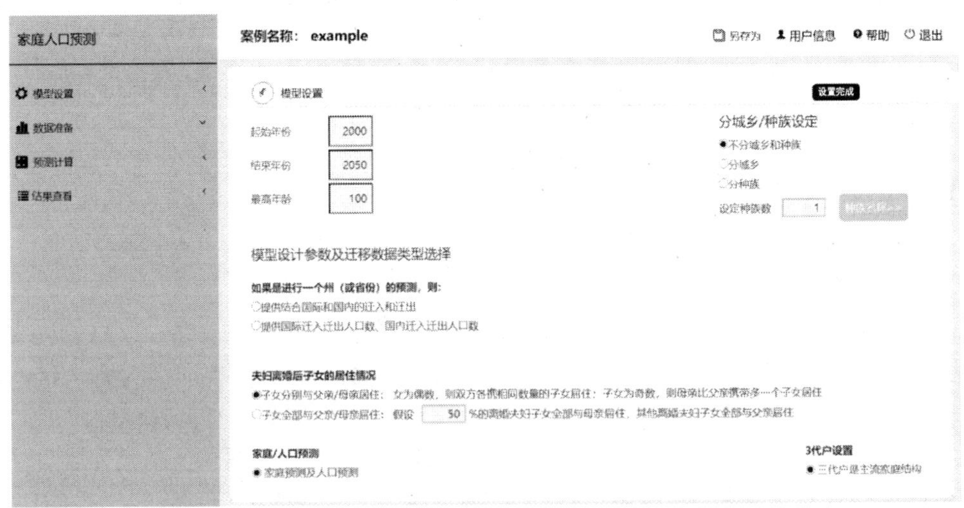

图 36.2 点击“打开历史方案”所显现的菜单

目录“模型设置”主要涉及模型设计参数的格式，基础人口的数据类型及存储预测的输入和输出文件的目录。

目录“数据准备”涉及基础人口的准备工作和输入数据，如年龄别标准模式和未来几年的预测（或假定）参数。

目录“预测计算”涉及如何运行多维家庭人口预测。

目录“结果查看”协助您查看结果的输出和家庭预测的图形，以及基础人口的整合信息。四个目录顶部的“帮助”（或屏幕顶部菜单的右端）提供了帮助您了解如何使用多维家庭人口预测软件的信息。

首次使用多维家庭人口预测软件时，您必须遵循从目录“模型设置”到目录“结果查看”的逻辑顺序。在“模型设置”的右侧屏幕中进行参数设置，然后点击“设置完成”完成参数设置，转到数据准备页面。

36.3　创建和上传预测起点年份的人口基础数据

预测起点年份的人口基础数据是从普查或调查数据得到的按年龄、性别、婚姻状态、与父母及子女一起居住状况分的人口数据。如果您已经准备好人口基础数据（base population output，BPO），您应该先在多维家庭人口预测软件的“数据准备”菜单下上传 BPO 文件，然后才能转到接下来的三个小菜单。

点击“BPO 数据上传”，上传预测起点年份 BPO 文件（图 36.3）。

图 36.3　上传预测起点年份的 BPO 文件

应用随同本软件一起提供的单机版应用程序 BasePop.exe，在人口普查、调查等微观数据的基础上生成 BPO 文件。单机版应用程序 BasePop 的使用包括三个步骤：第一步“运行应用”，第二步“数据准备”和第三步“结果查看”。

1. 第一步“运行应用”

双击运行单机版应用程序文件 BasePop.exe，进行简单的安装，打开程序界面（图 36.4）。

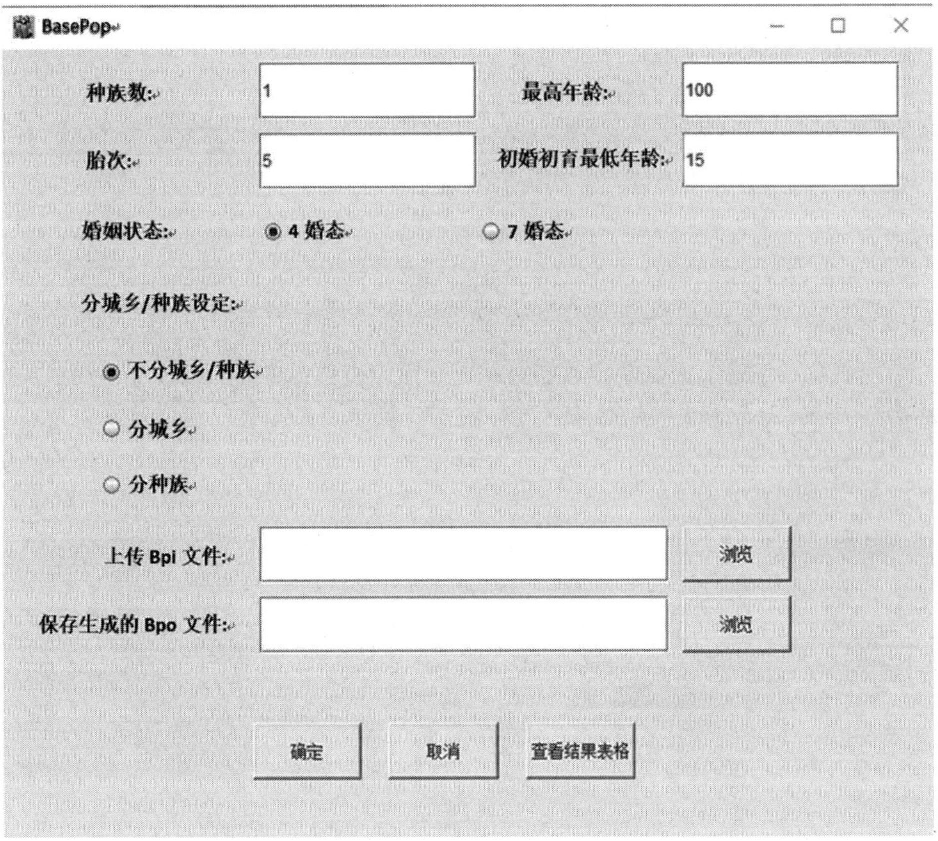

图 36.4　应用程序 BasePop.exe 的界面

2. 第二步“数据准备”

在 BasePop 界面进行种族、婚姻状态等数据设置。数据设置完成后，点击“确定”按钮。

3. 第三步“结果查看”

您将在指定的保存 BPO 文件夹中看到生成的 BPO 文件。

当您完成“数据准备”下面三个小菜单的所有工作后，点击“保存”，以保存您当前设置的所有参数数据（图 36.5），然后点击“家庭人口预测”返回主菜单界面。

图 36.5　保存所设置的参数数据

36.4　选定模型设计特征参数和输入数据类别

当您进入家庭人口预测界面后，您将在屏幕左侧面板中看到四个目录，如图 36.6 所示。

图 36.6　点击“家庭人口预测”所显现的菜单

点击“模型设置”，您将被要求指定预测的起始和结束年份，并考虑最高年龄（图 36.7）。这三个参数非常重要。在模型设置的界面指定这些参数是在多维家庭人口预测软件建立新的预测方案的前提。否则，您将无法正确地继续您的数据准备，因为多维家庭人口预测的数据准备是根据这些参数进行组织的。当您将鼠标指向每个框时，将显示一条帮助信息，为您提供一些指导。在指定模型设计参数之前，您应仔细阅读。做出决定之后，只需移动鼠标或点击 Tab 键到正确的框，然后点击它进行选择或键入数字。选择后，相关框将被黑点“·”填充。

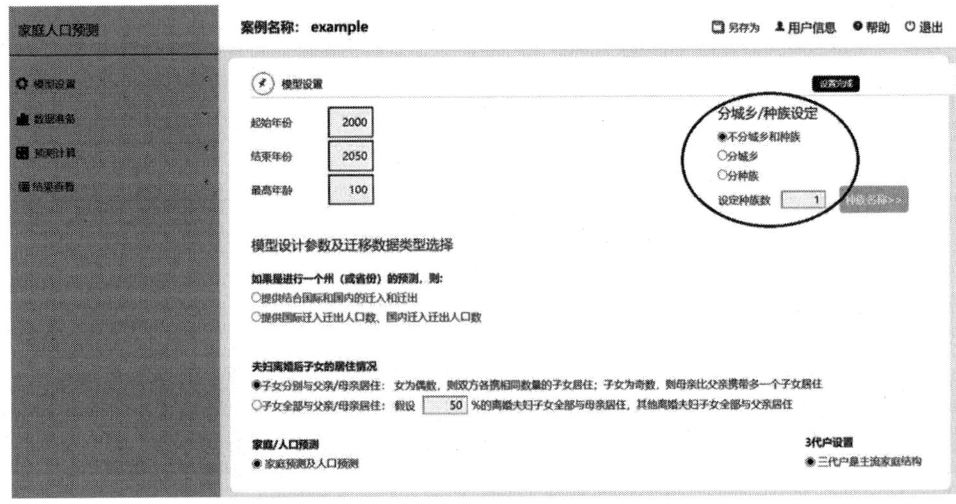

图 36.7　点击“模型设置”所显现的菜单

默认选项和数字不是固定的，您应该确保您的选择符合您的研究目的和现有的人口数据（图 36.8）。在多维家庭人口预测的所有其他对话窗口中也应该遵循这一原则。一旦指定了模型设计参数的值，它们将始终出现在屏幕中，以便提醒您当前预测模型设置的基本特征，您可以随时修改它们。修改之后必须点击“设置完成”保存设置的参数。

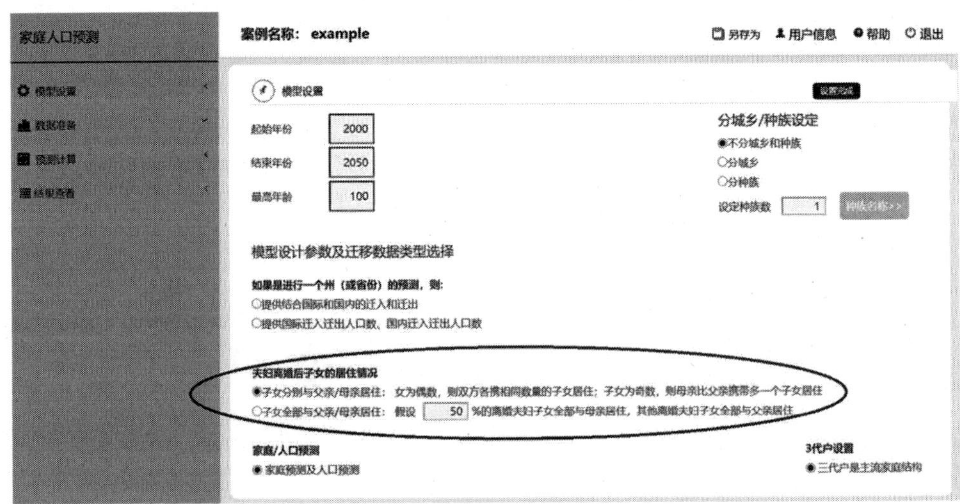

图 36.8　模型设置主要参数的选择

1. 农村/城镇和种族

有三个选择：①不分城乡和种族；②分城乡；③分种族。

如果您点击“不分城乡和种族”，只需要为所研究的人口提供一套数据。如果您点击“分城乡”，则必须分别提供按农村和城市分的所有数据。如果您点击“分种族”，则必须提供按种族分的所有数据。

如果有分种族的情况，则在文本框中填写相应的种族数量（数字大小不超过 8），然后点击“种族名称”填写对应的种族名称。

2. 婚姻状况

（1）如果您点击“未婚，已婚，丧偶，离婚”，您只需提供以下 4 组按年龄（单岁）和性别分的婚姻状态转换发生/风险率：未婚→已婚、已婚→离婚、丧偶→已婚、离婚→已婚。

（2）如果您点击 7 婚态的选项，您必须提供 13 组按年龄（单岁）和性别分的婚姻状态转换发生风险率：未婚&未同居→已婚、未婚&未同居→未婚&同居、丧偶&未同居→丧偶&同居、离婚&未同居→离婚&同居、未婚&同居→未婚&未同居、丧偶&同居→丧偶&未同居、离婚&同居→离婚&未同居、未婚&同居→已婚、丧偶&同居→已婚、离婚&同居→已婚、已婚→离婚&未同居、丧偶&未同居→已婚、离婚&未同居→已婚。

3. 生育发生/风险率

在“生育发生风险率是否分婚态”选项，如果您选择“是”，您将必须提供按婚姻状态分的年龄别-胎次别生育发生/风险率的女性年龄别标准模式。

如果您选择“否”，这意味着您认为非婚生子女可以忽略不计，因此，只需要提供已婚妇女的生育率（图 36.9）。

图 36.9　生育发生/风险率是否分婚态的选择

4. 初婚初育的最低年龄

“初婚初育最低年龄”的规定意味着您认为这个年龄以下的婚姻和生育事件可以忽略不计。

5. 最高胎次

这个说明意味着出生顺序高于“最高胎次”（也被称为“孩次”）的生育事件将被归并到“最高胎次”。

6. 100%人口的数据类型

100%人口的数据类型需要选择以下两个选项之一（图 36.10）。

（1）提供单岁组、性别、婚姻状态分类的 100%人口。

（2）提供单岁组、性别分类的 100%人口。

我们需要从人口普查的微观数据获得基础人口，因为统计机构通常不会公布这样比较详细的信息。微观数据集的权重对于估计平均值将是必要的，但即使在考虑了权重之后，也可能不会产生确切的总人口数量。因此，需要统计局公布的 100%人口，以调整从微观数据得到的基础人口，得到按年龄、性别、婚姻（包括同居）状态，以及父母与子女的居住状态分的 100%人口。多维家庭人口预测软件提供了 100%人口数据的两个数据类型选项。因为来自微观数据的高龄人数可能太小而不可靠，因此您需要提供按照单岁的 100%人口列表，最好提供按婚姻状态分的人口以消除高龄时可能的抽样误差。

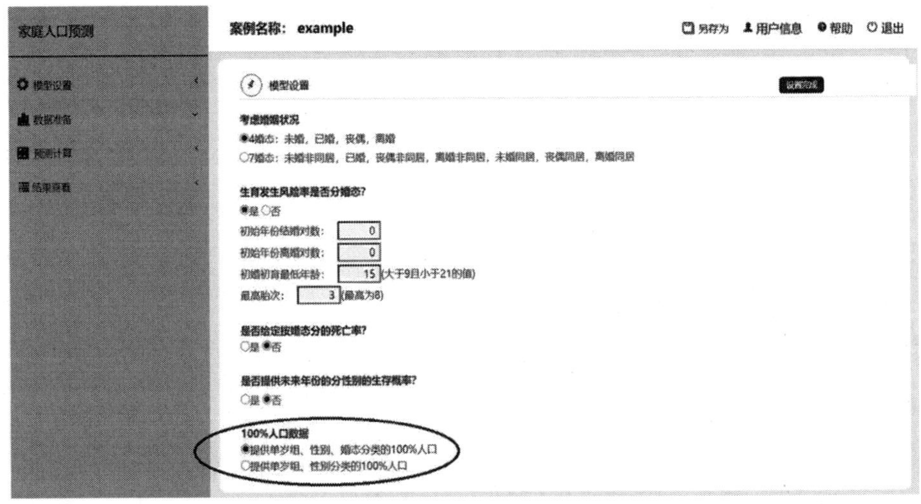

图 36.10　100%人口的数据类型选择

7. 100%集体户人口的数据类型

如果使用微观数据提取的基准数据，集体户人口的抽样比例可能与 100%人口的比例不一致。因此，用户需要提供 100%的生活在集体户中的人口。多维家庭人口预测提供了关于 100%集体户人口列表的数据类型的三个选项（图 36.11）。

图 36.11　100%集体户人口的数据类型选择

（1）提供按五岁年龄组、性别分类的集体户人口。

（2）提供自定义年龄组、性别分类的集体户人口。

（3）提供只按性别分类的集体户人口。

如果基础人口的数据包含被研究人群中所有的 100%人口，则无须点击上面列出的三个选项之一。

8. 迁移的数据类型

如果是进行一个国家（或省份）的预测，请选择以下两个选项之一（图 36.12）。

（1）提供结合国际和国内的迁入人数和迁出人数。

（2）提供国际迁入迁出人数，国内迁入迁出人数。

图 36.12　迁移的数据类型选择

9. 利用队列法估计子女离家率及老年人同子女居住比例

如果您在回答关于“利用队列法估计子女离家率及老年人同子女居住比例”问题时选择“是”，则需要提供成年子女最终离家的队列比例，以及成年子女和其配偶（若子女已经结婚）与父母一起居住的队列比例（图 36.13）。

图 36.13　估计子女离家率及老年人同子女居住比例的选择

10. 指定您所期望要输出表格的年份

输出表格的年份有 4 个选项可供选择：单年、5 年（以 0 或 5 结尾的年份）、10 年（以 0 结尾的年份）或自定义年份（图 36.14）。

图 36.14　输出表格的年份的选择

第 37 章　输入数据准备和计算①

37.1　引　　言

本章第 2 节阐述和讨论如何准备预测起始年份家庭人口数据、输入基础人口数据的格式和变量的列号、定义及代码；第 3 节阐述和讨论如何输入分年龄性别的人口事件发生/风险率标准模式数据，包括分性别的年龄别存活概率，分性别的年龄别婚姻与同居状态转换率，分性别的年龄别离开父母家离家率，分性别的年龄别迁移率；第 4、5、6 节分别阐述讨论如何输入婚姻、生育、死亡、迁移等综合参数，分年龄性别和婚姻状况的预测起始年份 100%人口数据，以及分年龄和性别的预测起始年份集体户人口数据；第 7 节介绍如何运行 ProFamy “预测计算”子程序；第 8 节阐述和讨论如何查看和管理预测结果，包括表格显示、图形显示和人口年龄分布金字塔显示，等等。

37.2　如何准备输入数据

在主菜单中点击“数据准备”后，您将获得输入数据子菜单（图 37.1）。我们将分别描述如何在此部分中准备预测起始年份的人口，年龄别标准模式和参数的输入数据。

图 37.1　输入数据子菜单

① 本章由王正联研究员、周立权经理、曾毅教授和杨涵墨博士研究生基于 ProFamy 软件使用手册更新版第 1 章撰写；作者的工作单位和邮箱地址见第 1 章和第 7 章首页脚注。

37.2.1　预测起始年份家庭人口数据

在本节中，我们将讨论基准数据的内容和格式，以及如何准备预测起始年份的基础数据 BPO 文件及 100%人口数据。

预测起始年份的基础人口包括按照单岁年龄、性别、婚姻状态、共同居住的子女数和父母数分的人口（数量可能是零或者非零），以及是居住在家庭户还是集体户。您需要直接输入基础人口文件的文件名和文件路径，或者点击“浏览”按钮在您的电脑中找到这个文件。多维家庭人口预测软件的“基础人口文件”扩展名为“.bpo”。如果您没有运行“BasePop”，并且文件目前不可用或未准备好，则可以将其留空。但是之后，您需要再回到这一步，并提供其文件夹路径和文件名，然后再运行预测。

“基础人口文件”是通过运行多维家庭人口预测软件包中提供的子程序“BasePop”从人口普查微观数据中得出的。如何准备运行子程序“BasePop”在第 36.3 节已说明。我们需要在这里指定“基础人口文件”文件名的主要原因是：①使多维家庭人口预测软件能够根据起始年份的人口普查数据（基础人口）向用户提供一些基础数据的估计，这将在相应的屏幕中显示，并可在用户输入未来年份相关参数时作为参考；②进行相同起始年份基础人口的不同方案预测。例如，已经通过运行子程序“BasePop”准备了基础人口文件，并且已经针对省（自治区、直辖市）人口进行了家庭户方案 A 预测。现在，我们希望设置与方案 A 中模型设置或综合参数假定不同的预测方案。在这种情况下，不需要重新运行子程序“BasePop”，但需要指定已经准备的 BasePop 的文件名（图 37.2）。

图 37.2　指定已经准备的 BasePop 的文件名

37.2.2　输入基础人口数据的格式

基础人口数据包含按照单岁年龄、性别、种族（如果按种族进行预测）、婚姻状态、居住在家中的子女数量、与父母共同居住的状态、居住在家庭户还是集体户，以及农村户口还是城镇户口（如果分城乡进行预测）的分类。

输入文件的格式将通过下面的一个包含 N（如 N=4 500 000）户家庭（其中包含家庭户和集体户）的样本作为简单的例子进行展示。

10392203111　⇐ 家庭 1 中每个人的记录从此处开始
20371200111
30082000111
30042000111
30022000111
10351200112　⇐ 家庭 2 中每个人的记录从此处开始
20302203112
30072000112
30032000112
10392403113　⇐家庭 3 中每个人的记录从此处开始
⋮
10351200114500000　⇐家庭 4 500 000 中每个人的记录从此处开始
20302203114500000
30072000114500000
30032000114500000

这些序列的数量与所给样本中以单个人计数的数量（或者说全部人口数）相同。基础人口数据的输入文件是以“.bpi”为扩展名的 ASCⅡ格式文件。

37.2.3　变量的列号、定义及代码

（1）第 1 列，与家庭户代表关系（注：家庭户代表即传统文献的“户主”）。

（2）第 2～4 列，年龄。

（3）第 5 列，性别。

（4）第 6 列，婚姻状态。

（5）第 7～8 列，孩次。

（6）第 9 列，住户类型。

（7）第 10 列，居住区域（农村或城镇）。

（8）第 11 列，种族。

（9）第 12 列，家庭代码。

1. 第 1 列：与家庭户代表关系

（1）本户家庭户代表。
（2）配偶。
（3）子女（或媳妇女婿）。
（4）孙子女。
（5）父母（或岳父母）。
（6）祖父母（或岳祖父母）。
（7）其他亲属。
（8）非亲属。
（9）媳妇女婿。
（10）岳父母/公婆。
（11）兄弟姐妹。

注：如果子孙辈无法识别，而且在原始数据序列中被编码为子女（如在西方国家中，三代家庭的案例较少见），只需要简单地输入编码“3”即可。这种简化并不会影响这些国家的计算，因为在这些国家中三代家庭是可以忽略的。值得注意的是多维家庭人口预测软件对于核心家庭和三代家庭均可以进行预测。一个有子女（一个或多个）的家庭户代表，其与子女一起居住而不与父母一起居住的这类家庭户代表两代家庭。家庭户代表与其父母和子女一起居住的代表三代家庭。然而，如果在普查中祖父母辈被视为家庭户代表，而且只有孙辈一起居住， 其孙子女均被编码为子女，那么这种家庭将被视为两代家庭而非三代家庭。因此，我们建议在研究中，如果人口中三代家庭是一种普遍的家庭类型，您一定要注意区分子女与子孙辈。

2. 第 2～4 列：年龄

单岁组的年龄记录为从 0 岁到最高年龄。如果年龄小于 10 岁，您需要把年龄放在第 4 列，第 2 列和第 3 列填“0”或不填；如果年龄大于 9 岁小于 100 岁，您需要把年龄放在第 3 列和第 4 列，第 2 列填“0”或不填。

3. 第 5 列：性别

（1）男。
（2）女。

4. 第 6 列：婚姻状态

如前所述，您可以选择 4 婚态模型，也可以选择 7 婚态模型。
1）4 婚态模型
（1）未婚。

（2）已婚。
（3）丧偶。
（4）离婚。
2）7 婚态模型
（1）未婚&未同居。
（2）已婚。
（3）丧偶&未同居。
（4）离婚&未同居。
（5）未婚&同居。
（6）丧偶&同居。
（7）离婚&同居。

5. 第 7～8 列：孩次

我们在多维家庭人口预测中用到孩次的唯一理由是为了考虑在不同孩次中妇女生育能力的差异。如果在原始数据序列中没有孩次信息，我们将假定妇女再次生育的概率依赖于她的年龄、婚姻状况和与她一起居住的子女数量。这并不是不切实际的，因为有些妇女分娩时有其他子女，但其他子女已经离开家。然而，我们认为这种近似不会导致偏误，因为大多数有离开家子女的妇女已经处于或接近生育年龄晚期。此外，正如稍后将要讨论的，我们用某一具体孩次的总和生育率去明确孩次的生育水平。

6. 第 9 列：住户类型

该个体是居住在家庭户还是集体户。集体户意味着是敬老院、军事单位或其他的非家庭单位。
（1）家庭户。
（2）集体户。

7. 第 10 列：居住区域（选填—如果在预测中无农村-城镇分类可为空）

用于区别农村或城镇的代码。
（1）农村。
（2）城镇。

8. 第 11 列：种族（选填——如果在预测中无种族分类可为空）

例如，在美国的家庭预测中有下面四个种族。
（1）白人&非西班牙裔。
（2）黑人&非西班牙裔。

（3）西班牙裔。

（4）亚洲人&其他非西班牙裔。

9. 第 12 列：家庭代码

家庭代码用于识别相同家庭中的成员。它占据了第 12 列和后面的列。家庭代码识别个体是否居住在一个家庭户，因此相同家庭代码的数据必须排列在一起。家庭代码可简单记为 1，2，…，*N*，*N* 为在基础人口数据（或 100%）数据文件中的总户数(包含家庭户和集体户)。在上述所列举的例子中有 *N* 个家庭(如 *N*=4 500 000)，家庭代码为 1，2，…，4 500 000。这种没有地理标识的阿拉伯数字序列可以很好地识别相同家庭户中的成员。然而，这个阿拉伯数字代码并不是一个必要条件。用户也可以用数字代表省（自治区、直辖市）、国家、乡镇等，在这里家庭代码是我们的研究目的。例如，在华盛顿特区所有家庭的家庭户代码以 01 开始；在华盛顿特区的第 1 区家庭户代码以 01001 开始等，其中最关键的点是在同一家庭户中的成员必须有相同的家庭代码。同一家庭（包括家庭户和集体户）的家庭类型代码（第 9 列）和居住区域（第 10 列）也必须严格相同。与年龄和孩次数据格式不同的是不需要在家庭代码空白栏填“0”或空白，您只需要填写任意长度的代码数字。

37.3　分年龄性别的人口事件发生/风险率标准模式输入数据和估算

37.3.1　输入数据表

在多维家庭人口预测中，我们需要准备分年龄性别人口事件发生/风险率标准模式，但不需要提供预测年份的生育、死亡、迁移、婚姻转移及离家率。基于年龄别标准模式和预测年份的综合参数（如总和生育率，出生预期寿命，以及标准化的一般结婚率和一般离婚率）来估计预测年份的分年龄性别的人口事件发生/风险率。如果州（或省）一级的年龄别标准模式无法估算，您可以使用全国数据估算的分年龄性别标准模式。当某个国家/地区无法估算某些年龄别标准模式时，可以根据来自其他国家或地区的年龄别的标准模式，只要该国家或地区人口统计过程的一般年龄模式与正在研究的国家或地区相一致。

年龄别标准模式数据的内容取决于您的模型设计。例如，如果您选择了 7 个婚姻状态的模型，则数据表格包括 13 组分年龄性别转换的发生/风险率的标准模式。如果在模型中区分出 4 个婚态，列表中会显示相应的 4 组婚态转换的年龄别标准模式。同样，如果您选择假设非婚生育能力可以忽略不计，您将只需要提供已婚妇女分年龄胎次的生育率的标准模式。如果未选择该假设，也需要提供无配偶妇女的非婚生育年龄别标准模式。需要输入的年龄别标准模式基本格式如图 37.3 所示。

年龄	女性	男性
0	1.000000	1.000000
1	0.995180	0.993790
2	0.994710	0.993330
3	0.994450	0.993000
4	0.994220	0.992710
5	0.994030	0.992470
6	0.993840	0.992240
7	0.993670	0.992030
8	0.993530	0.991830
9	0.993360	0.991600
10	0.993210	0.991420
11	0.993080	0.991250
12	0.992920	0.991070
13	0.992750	0.990850
14	0.992570	0.990570
15	0.992350	0.990190

图 37.3　年龄别标准模式基本格式

您可以通过键入数据或从现有文件中读取数据来准备您的年龄别标准模式和其他数据选择输入，系统会自动验证其是否为一个数字，验证失败则屏幕显示红色提示。下载文件所需要的数据模板位置如图 37.4 所示（模板下载）。多维家庭人口预测输入数据表与 Microsoft Excel 工作表兼容，以便您可以从 Excel 文件复制数据。从标准数据表目录下的文件加载数据。点击上传数据的位置如图 37.4 所示（模板上传）。

年龄	女性	男性
0	1.000000	1.000000
1	0.995180	0.993790
2	0.994710	0.993330
3	0.994450	0.993000
4	0.994220	0.992710
5	0.994030	0.992470
6	0.993840	0.992240
7	0.993670	0.992030
8	0.993530	0.991830
9	0.993360	0.991600
10	0.993210	0.991420
11	0.993080	0.991250
12	0.992920	0.991070
13	0.992750	0.990850
14	0.992570	0.990570
15	0.992350	0.990190

图 37.4　年龄别标准模式的下载数据模板和上传数据模板

37.3.2　分性别的年龄别存活概率标准模式

当您点击“年龄别标准模式”树下的“存活概率”时，您将获得从 0 到 x 的单岁的按性别分的存活概率的数据表。这些数据可以从目前所研究的国家或地区的男性和女性的近期生命表中轻易获得。图 37.5 显示的数据表的最高年龄是由用户指定的为模型设计参数之一的最高年龄（如 100 岁）。

年龄	女性	男性
0	1.000000	1.000000
1	0.995180	0.993790
2	0.994710	0.993330
3	0.994450	0.993000
4	0.994220	0.992710
5	0.994030	0.992470
6	0.993840	0.992240
7	0.993670	0.992030
8	0.993530	0.991830
9	0.993360	0.991600
10	0.993210	0.991420
11	0.993080	0.991250
12	0.992920	0.991070
13	0.992750	0.990850
14	0.992570	0.990570
15	0.992350	0.990190

图 37.5　分性别的年龄别存活概率标准模式

存活概率是 0 到年龄 x 的生命表存活概率，x 是从 0 到 nh 的单岁；nh 是您的模型中考虑的最高年龄。

37.3.3　分性别的年龄别婚姻与同居状态转换率标准模式

按照模型设置中的 4 种婚态或者 7 种婚态，您需要输入相应的分性别年龄别的婚态转换发生/风险率（图 37.6）。

家庭人口预测　案例名称：example　另存为　用户信息　帮助　退出

模型设置　数据准备　Bpo数据上传　年龄别标准模式　存活概率　开放年龄组死亡率　女性婚态转移　男性婚态转移　生育频率　已婚妇女生育发生风险率　未婚未同居妇女生育发生风险率　参数　起始年份100%数据　预测计算　结果查看

数据准备(修改数据后，先按Enter键再点击保存即可)　模板下载　模板上传　保存

Bpo数据上传　年龄别标准模式　参数　起始年份100%数据

女性婚态转移

年龄	未婚未同居->已婚	未婚未同居->同居	丧偶未同居->同居	离婚未同居->离婚同居	未婚同居->未婚未同居	丧偶同居->丧偶未同居
15	0.008030	0.070150	0.431170	0.470520	0.410080	0.118520
16	0.014500	0.087930	0.478840	0.521430	0.427370	0.137380
17	0.021150	0.102580	0.491510	0.562810	0.445030	0.151900
18	0.027950	0.108720	0.514440	0.588040	0.436710	0.163720
19	0.040210	0.112680	0.563290	0.559310	0.419920	0.172880
20	0.045410	0.117580	0.614270	0.500070	0.403440	0.186730
21	0.050840	0.121320	0.502110	0.471340	0.397700	0.201500
22	0.056410	0.130820	0.448400	0.444240	0.391940	0.209790
23	0.062110	0.128700	0.416780	0.418690	0.386150	0.224580
24	0.067960	0.125260	0.360520	0.394590	0.380340	0.217050
25	0.073950	0.121800	0.305710	0.371860	0.374510	0.212950
26	0.070190	0.120350	0.257760	0.347250	0.365950	0.207330
27	0.066400	0.118900	0.222540	0.324220	0.357480	0.198850
28	0.062290	0.115000	0.188650	0.302670	0.349120	0.190160
29	0.057150	0.110020	0.176230	0.282520	0.340840	0.181670
30	0.052430	0.105230	0.163810	0.263670	0.332670	0.168440
31	0.046950	0.099720	0.151380	0.247440	0.320510	0.159460

图 37.6　分性别的年龄别婚姻与同居状态转换率标准模式

37.3.4　分胎次（孩次）的年龄别已婚和非婚生育率标准模式

您需要输入分胎次（孩次）、年龄别、婚态的育龄妇女生育发生/风险率（图 37.7）。

年龄	胎次1	胎次2	胎次3	胎次4	胎次5+
15	0.755920	0.378910	0.254090	0.177020	0.000000
16	0.755920	0.378910	0.254090	0.177020	0.000000
17	0.763740	0.294670	0.197600	0.137670	0.000000
18	0.553660	0.210440	0.141110	0.098310	0.000000
19	0.697200	0.283400	0.185540	0.130210	0.012440
20	0.508290	0.230020	0.145240	0.103070	0.024870
21	0.462930	0.249590	0.149370	0.107830	0.049740
22	0.372200	0.288750	0.157630	0.117350	0.099480
23	0.356180	0.286470	0.145630	0.111340	0.096560
24	0.340160	0.284180	0.133630	0.105340	0.093640
25	0.324140	0.281900	0.121630	0.099340	0.090720
26	0.308120	0.279610	0.109620	0.093340	0.087790
27	0.292100	0.277330	0.097620	0.087340	0.084870
28	0.274820	0.263630	0.089250	0.079200	0.080240
29	0.257530	0.249940	0.080880	0.071070	0.075600

图 37.7　分胎次（孩次）的年龄别已婚和非婚生育率标准模式

37.3.5　分性别的年龄别离开父母家离家率标准模式

用户需要输入分性别年龄的子女净离家率（图 37.8）。在准备“模型设计参数”时，如果您选择“根据用户提供的两次普查数据，按照多维家庭人口预测估算单岁组、分性别净离家率”，多维家庭人口预测软件将为您估算普查之间时期的离家率。

年龄	女性	男性
5	0.001534	0.000444
6	0.003099	0.002073
7	0.001362	0.002412
8	0.000555	0.001149
9	0.000782	0.001312
10	0.001377	0.001923
11	0.001970	0.002271
12	0.003101	0.003236
13	0.004233	0.004922
14	0.006340	0.007862
15	0.012736	0.014023
16	0.031506	0.029135
17	0.094774	0.071628
18	0.172444	0.134596
19	0.128280	0.119515

图 37.8　分性别的年龄别离开父母家标准模式

37.3.6　分性别的年龄别迁移率标准模式

用户需要输入分性别年龄的国际/国内迁入率、国际/国内迁出率。迁入率是迁入频率，迁出率是迁出发生/风险率（图 37.9）。

图 37.9　分性别的年龄别迁移标准模式

根据前文阐述的国家层面按年龄性别分的标准模式，将下面第 37.4 节阐述的综合参数作为输入，可以比较方便地进行国家和地区层面家庭人口预测。然而，应用常规统计分析软件（如 Stata、SAS、SPSS 等）估算按年龄性别分的标准模式并非易事，需要既懂人口学专业又有统计分析软件使用经验的研究人员花费大量时间和精力。为了解决这一瓶颈问题，我们研发了作为 ProFamy 软件一部分的 R 人机友好软件程序包 DemoRates（http://www.profamy.com.cn/），用户只需将人口调查和人口普查数据按给定格式进行清理，即可应用 DemoRates 人机友好软件和 Poission 回归模型方便地估算和平滑处理各种按年龄性别和城乡（或种族）分的人口事件发生率标准模式，并得出各种丰富实用的输出结果。

37.4　婚姻、生育、死亡、迁移等综合参数

在完成年龄别标准模式的准备之后，您应该点击“参数”。在参数部分，需要输入婚姻、生育、死亡、迁移等相关综合参数（图 37.10）。

图 37.10　婚姻、生育、死亡、迁移等相关综合参数

选择您输入参数的方法是点击参数数据表右侧面板顶部“特定年份”下的图标或者点击“模板上传”上传数据。您有四个选择从中选一：单年，以 5 和 0 结尾的年份，以 0 结尾的年份，或自定义年份。

您可以使用向上或向下箭头键或鼠标突出显示您的选择。如果您的选择是“单年”“以 5 和 0 结尾的年份”“以 0 结尾的年份”，这些年份将自动出现在数据表的左侧列。

如果您选择了“自定义年份”，您必须指定要提供参数的年份。多维家庭人口预测软件将通过线性内插法自动估计在指定年份之间其他所有未能提供预测参数年份中的参数（图 37.11）。

图 37.11　自定义提供综合参数的年份

1. 男女出生时预期寿命（所有婚姻状况）

男女出生时所有婚姻状况的预期寿命可从官方统计出版物中获得。不同的婚姻状况出生时的预期寿命通常不能从官方统计出版物获得，需要从文献或具体研究中得出。如果没有按婚态的死亡数据，可选择输入不分婚态的男女出生时的预期寿命。

2. 标准化的一般结婚率和一般离婚率

标准化的一般结婚率和一般离婚率是男女合一的；多维家庭人口预测软件根据预测起始年份的按性别、年龄分的标准化人口及婚姻状态转移发生/风险率计算出了预测起始年份的一般结婚率和一般离婚率，供用户预测参考。

一般结婚率：全年初婚或再婚的人数占 15 岁以上未婚（从未结婚、离婚、丧偶）人数的比例（中国的应用为 15 岁到 64 岁的人口）。

一般离婚率：全年新离婚人数占 15 岁以上已婚人数的比例（中国的应用为 15 岁到 64 岁的人口）。

第二行显示灰色的数字是根据您提供的起始年份的人口、结婚和离婚的年龄别标准模式计算的标准化的一般结婚率和离婚率，以及 7 婚态的一般同居率和一般同居终止率。我们通常称之为参考一般率。请注意，参考一般率可能不是起始年份中人口的一般率的正确估计，因为您提供的婚姻和离婚的年龄别标准模式可能是起始年份之前的数据或来自全国人口的数据（如果您做的是地区级的预测）或与您的研究的人口具有相似人口统计学模式的另一个人群的数据。因此，您需要根据您已有的研究数据，预测或假设未来年份的一般结婚率和一般离婚率。

3. 分孩次及不分孩次的总和生育率

分孩次总和生育率是所有婚姻状态的女性的胎次别-年龄别生育率的总和。

不分孩次总和生育率是所有婚姻状态的不分胎次的女性的年龄别生育频率的总和。

4. 平均生育年龄

女性的所有胎次的平均生育年龄。

5. 平均初婚年龄

我们建议使用性别-年龄别的初婚率来估计平均初婚年龄，而不是使用第一次婚姻的数量，因为后者可能会受到人口年龄结构变化的影响。

6. 平均离家年龄

平均离家年龄指所有不与父母一起居住的人群，离家事件发生的年龄的平均值。

7. 居住在集体户的比例

通常根据人口普查数据估计居住在集体户的人口比例。根据您提供的起始年份的人口数据，多维家庭人口预测软件可计算出按性别、5 岁年龄组分的集体户人口占该年龄组的比例。本比例将显示在第一行作为参考值。

8. 老年人与子女居住的比率

根据您提供的基础人口数据，多维家庭人口预测计算出起始年份的比例，显示在灰色第一行作为参考。

9. 按家庭规模分的居住在家庭户中的亲属及非亲属的平均人数

亲属非亲属的平均人数通常是根据普查微观数据估计的。根据您提供的基础人口数据，多维家庭人口预测计算出起始年份的按家庭规模分的居住在家庭户中的亲属及非亲属的平均人数，显示在灰色第一行作为参考。

10. 出生性别比

出生时的性别比定义是每年每百名女性出生对应的男性出生人数。

11. 一般迁入率及一般迁出率

根据您预测的参数设定，您需要提供国际或国内的按城乡/种族、性别分的一般迁入率及一般迁出率。一般迁入/出率是研究地区分性别的迁入/出人口占分性别的总人口的比例。您需要提供的迁移人数类型取决于您之前输入的“离家和迁移”的选择（注：迁移人数可以从人口普查数据估算出来，也可以从生命统计数据中获得）。

37.5　分年龄性别和婚姻状况的预测起始年份 100%人口输入数据

完成参数表的填写后，点击“起始年份 100%数据”开始输入 100%数据，主要包括起始年份 100%人口、100%集体户人口和按家庭规模分的家庭户数。您需要先提供分性别、年龄的 100%人口（图 37.12）。

年龄	女性	男性
0	1856631	1949017
1	1867477	1953105
2	1851456	1938990
3	1873836	1958963
4	1915665	2010658
5	1934031	2031072
6	1961488	2058217
7	2008279	2109868
8	2041401	2137829
9	2081029	2186291
10	2082812	2191244
11	2006936	2108157
12	1988614	2087228
13	1956842	2054008
14	1972671	2079560

图 37.12　预测起始年份 100%人口输入数据

37.6　分年龄和性别的预测起始年份集体户人口输入数据

起始年份 100%集体户人口可以是性别和 5 岁年龄组别，或性别和自由年龄组别，或只分性别，这都是您可以在“起始年份 100%集体户人口”中选择的（图 37.13）。

图 37.13　预测起始年份集体户人口输入数据

37.7　运行 ProFamy“预测计算”子程序

完成数据准备之后，点击“保存”，系统会提示“数据已保存成功”对话框，点击“ok”。

数据保存后，点击左侧“预测计算”按钮，即可开始运行预测计算。如果成功完成预测计算，则可以在表或图形中查看预测的结果。

37.8　查看和管理预测结果

预测结果：您可以查看由表格、图形和金字塔显示的预测结果（图 37.14）。

	2000	2010	2020	2030	2040	2050
所有家庭户						
一代家庭						
独居一人	31796710	28525426	30694964	33067030	34737096	35714768
单身一人与其他亲属非亲属一起住	4494906	4032472	4339164	4674534	4910600	5048780
已婚夫妇, 没有子女一起居住	22833288	19925568	20898442	20586434	19950856	19773390
同居夫妇, 没有子女一起居住	2950075	2582591	2965185	3312054	3485156	3604491
一代家庭合计	62074980	55066056	58897756	61640052	63083708	64141428
二代家庭						
已婚夫妇有子女一起居住	30258304	28162500	27170004	27336798	27930200	28598056
同居夫妇有子女一起居住	1953873	3017121	3081524	3014568	3055422	3110273
单身母亲有子女一起居住	9086392	11551379	11347081	11305414	11515883	11695373
单身父亲有子女一起居住	2286649	5817232	5983319	5889810	6001813	6057368

图 37.14　查看预测结果

37.8 .1　表格显示

在表对话框窗口下，您可以通过选择表的名称来查看所有输出表，然后点击视图按钮（图 37.15）。

	2000	2010	2020	2030	2040	2050
所有家庭户						
一代家庭						
独居一人	31796710	28525426	30694964	33067030	34737096	35714768
单身一人与其他亲属非亲属一起住	4494906	4032472	4339164	4674534	4910600	5048780
已婚夫妇, 没有子女一起居住	22833288	19925568	20898442	20586434	19950856	19773390
同居夫妇, 没有子女一起居住	2950075	2582591	2965185	3312054	3485156	3604491
一代家庭合计	62074980	55066056	58897756	61640052	63083708	64141428
二代家庭						
已婚夫妇有子女一起居住	30258304	28162500	27170004	27336798	27930200	28598056
同居夫妇有子女一起居住	1953873	3017121	3081524	3014568	3055422	3110273
单身母亲有子女一起居住	9086392	11551379	11347081	11305414	11515883	11695373
单身父亲有子女一起居住	2286649	5817232	5983319	5889810	6001813	6057368

图 37.15　选择输出预测结果表格的名称

1. 汇总表输出

（1）按家庭类型和规模分的家庭户数和百分比。

（2）65 岁以上老人家庭规模的数量和百分比。

（3）人口比例、抚养比例、死亡率、出生率和增长率的数量和比例。

2. 详细的表格输出

（1）根据用户指定的未来年份，选择详细的按代际、婚姻状态、户代表的年龄、户代表的性别及家庭规模分的家庭户数量。

（2）根据用户指定的未来年份，按年龄别-性别和婚态分人口。

（3）根据用户指定的未来年份的集体户人口。

37.8.2　图形显示

图形显示通过折线图、柱图等图形展示多维家庭人口预测结果，包括人口、老年居住安排、家庭户的预测结果。例如，图 37.16 展示人口规模，图 37.17 展示预测的 65 岁以上老年人口占总人口的比例，图 37.18 展示预测的 85 岁及以上高龄老人占总人口的比例，图 37.19 展示预测的家庭规模分布，图 37.20 展示预测的家庭类型分布。

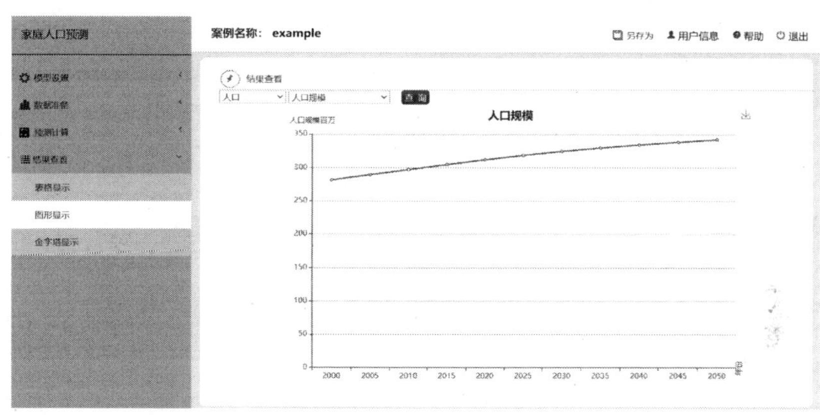

图 37.16　人口规模

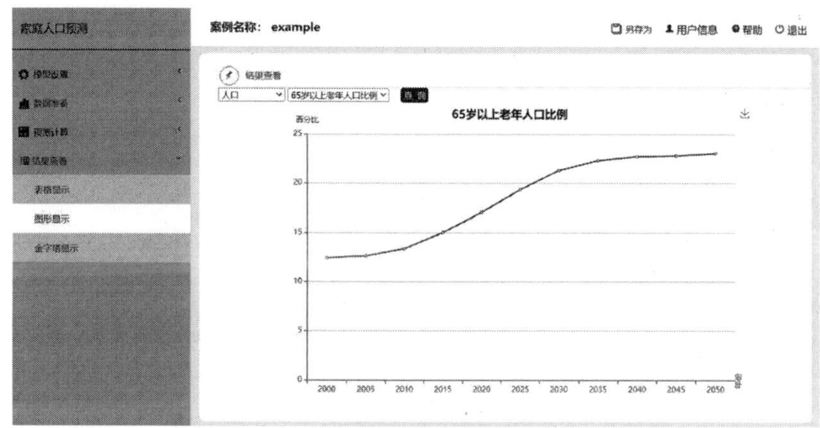

图 37.17　65 岁以上老年人口占总人口的比例

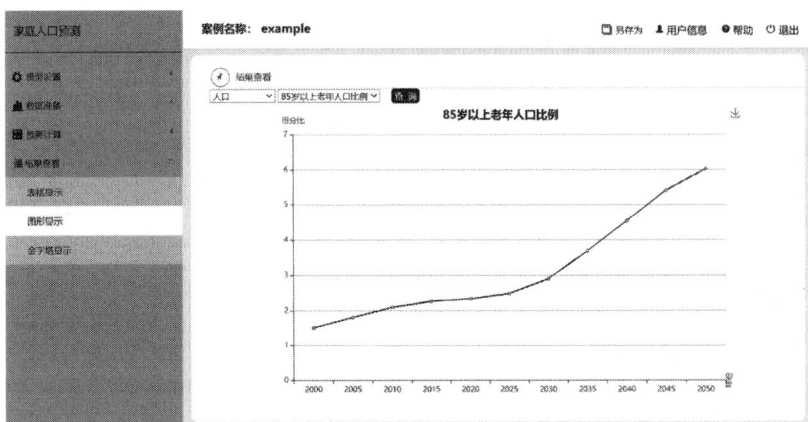

图 37.18　85 岁及以上高龄老人占总人口的比例

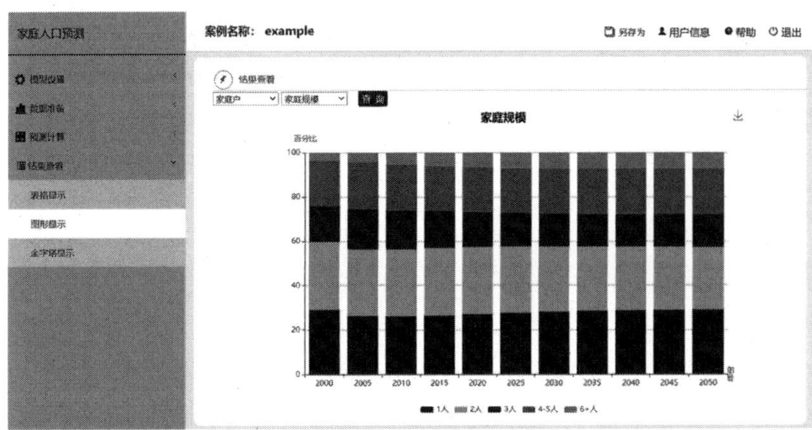

图 37.19　家庭规模分布

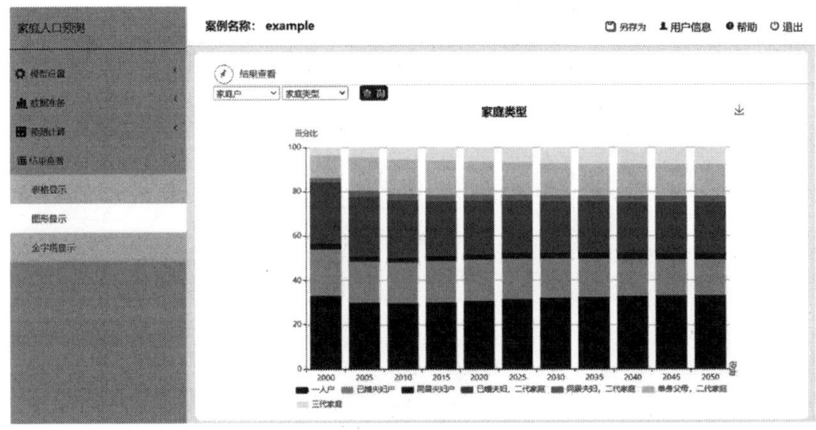

图 37.20　家庭类型分布

37.8.3　人口年龄分布金字塔显示

多维家庭人口预测通过人口金字塔的婚态和时间动态来展示人口金字塔（图 37.21）。

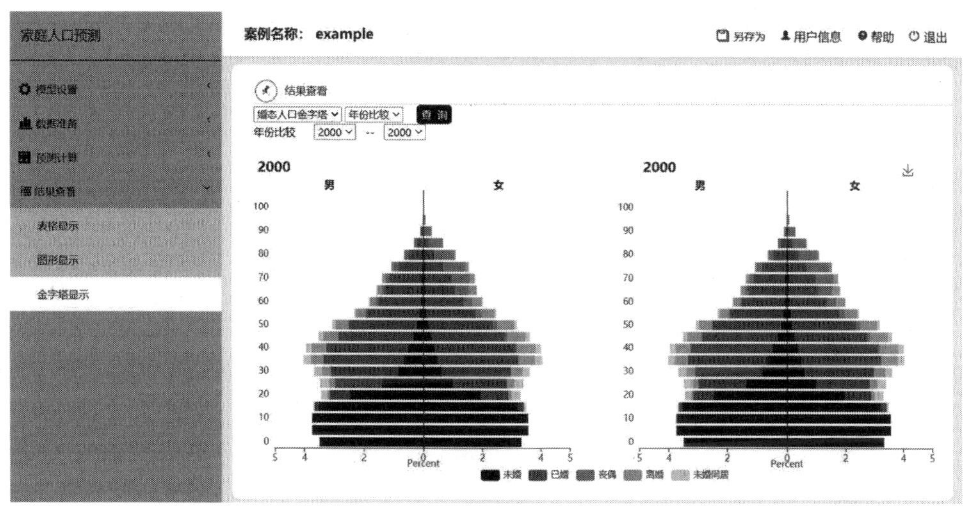

图 37.21　人口年龄分布金字塔显示

第 38 章　多维家庭人口预测软件应用练习教程①

38.1　引　　言

本章是一个快速的应用练习教程，用户可以跟随教程亲自操作，通过简单地使用示例输入文件快速进行以下主要步骤。

第 1 步：模型设置。

第 2 步：数据准备。

第 3 步：预测计算和结果查看。

38.2　第 1 步：模型设置

成功登录“多维家庭人口预测软件”后进入主菜单界面。将鼠标移动至“家庭人口预测”模块后，在下拉菜单中点击“打开历史方案”，将弹出历史记录对话框，可通过记录名搜索，也可直接在列表中选取需要打开的历史记录（图 38.1）。

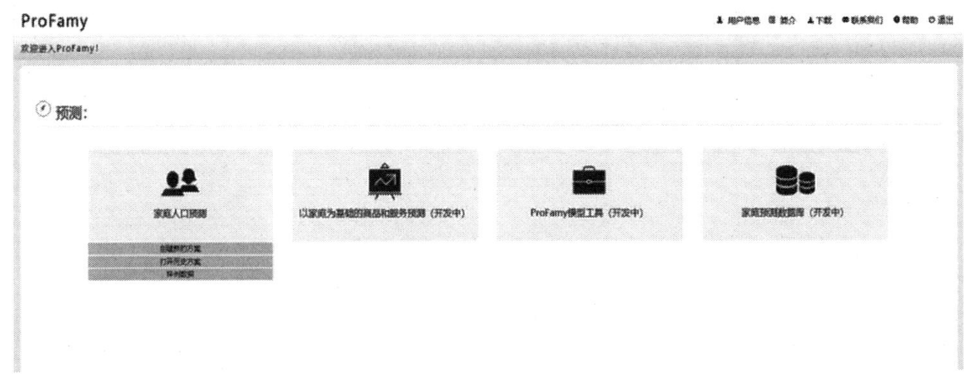

图 38.1　模型设置

① 本章由王正联研究员、周立权经理、曾毅教授和杨涵墨博士研究生基于 ProFamy 软件使用手册更新版第 1 章撰写；作者的工作单位和邮箱地址见第 1 章和第 7 章首页脚注。

为了更好地理解本软件的操作流程，本章使用记录名为“example”的记录进行说明。请点击屏幕下方的历史记录“example”（图 38.2）。

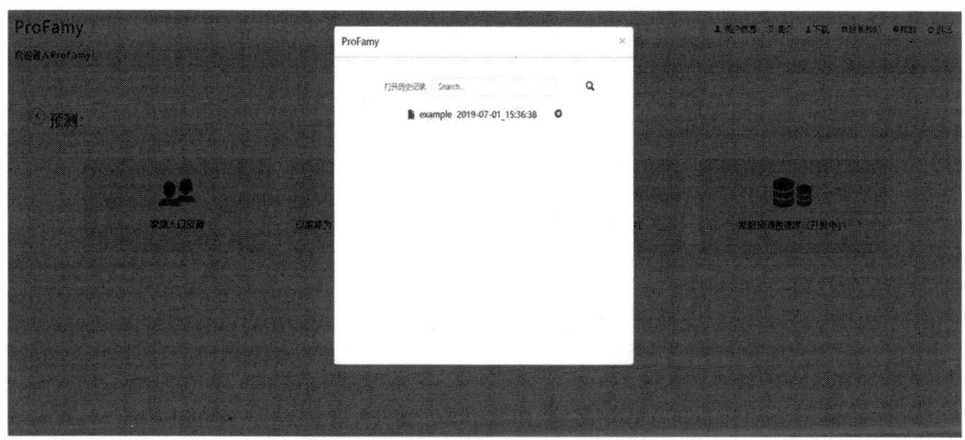

图 38.2　历史记录“example”文件

点击历史记录“example”直接进入数据准备界面，注意：您可以浏览/识别您准备的多维家庭人口预测的预测历史记录（图 38.3）。

图 38.3　多维家庭人口预测的预测历史记录

点击“模型设置”。如图 38.4 和图 38.5 所示。

图 38.4　模型设置参数（1）

图 38.5　模型设置参数（2）

（1）模型设计参数：您将看到一些模型参数，如预测的起始和结束年份及考虑的最高年龄。请仔细阅读屏幕上的注释。实际上，您可以移动鼠标或点击 Tab 键到适当的输入框，并点击它进行选择或键入数字，但是请不要在离开对话窗口时更改参数。

（2）婚姻/生育/死亡：婚姻、生育和死亡的数据类型。

100%人口的数据类型：定义起始年份的 100%人口和 100%集体户人口的数据类型。

（3）离家和迁移：离家和迁移的数据类型。

（4）输出：指定预测输出年份。

（5）请填写起始年份、结束年份和最高年龄，其中最高年龄只能在 65～110 岁。

（6）请选择是否分城乡和种族：若选择分城乡预测，请选择第二个选项；若选择分种族预测，请选择第三个选项，并且请设定种族数（种族数为 1～8 的数字）和种族名称。

（7）国家或州（省份）预测：请在进行国家或州（省份）预测下选择相应的选项，这些选项的选择取决于您的数据类型。

（8）夫妇离婚后子女的居住情况：请根据实际情况填写，默认为第二项。

（9）家庭和人口预测：若要进行家庭和人口预测，请选择第一个选项；若仅做人口预测，请选择第二个选项。

（10）3 代户设置：若 3 代户是主流家庭结构，请选择第一个选项；否则，请选择第二个选项。

（11）考虑婚姻状况：有两个选项，分别为 4 婚态和 7 婚态，请根据实际需要选择。

（12）生育发生/风险率是否分婚态：请根据实际需求选择“是”或“否”，并填写相应的数据。

（13）是否给定按婚态分的死亡率：请按实际需要选择相应的选项。

（14）是否提供未来年份的分性别的生存概率：请按实际需要选择相应的选项。

图 38.6 中的选项均须根据实际数据情况进行选择。比如，我们有单岁组分性别的数据，则需要选择 100%人口数据下的第二个选项。其他均类似。

图 38.6　根据实际数据情况进行选择

利用队列法估计子女离家率及老年人同子女居住比例：如果需要用队列方法估计子女离家率及老年人同子女居住比例，请选择“是”，默认为“否”。

输出年份间隔选择：有四个选项可以选择，单年输出、每 5 年输出和每 10 年输出，还可以自定义输出年份间隔，请根据实际需要选择。

图 38.7 显示成功上传 BPO 文件。

图 38.7　上传 BPO 文件

38.3　第 2 步：数据准备

点击“年龄别标准模式”：准备按单岁年龄、性别分的人口学率的年龄别标准模式。右边是可选选项图。如图 38.8 所示，当选择“年龄别标准模式”按钮后，会展开年龄别标准模式列表，如“存活概率”表、“开放年龄组死亡率”表等。如果您想快速定位到您想要的表，请点击相应的表名，表中内容将会展现在屏幕右侧。您可以在表中直接输入数据，也可以通过“模板上传”按钮将本地数据文件上传。此外，您还可以通过“模板下载”按钮下载表格。“参数”和“起始年份 100%数据”按钮与“年龄别标准模式”按钮使用类似。点击“存活概率”——从 0 岁到 x 岁存活的概率（图 38.8）。

存活概率

年龄	女性	男性
0	1.000000	1.000000
1	0.995180	0.993790
2	0.994710	0.993330
3	0.994450	0.993000
4	0.994220	0.992710
5	0.994030	0.992470
6	0.993840	0.992240
7	0.993670	0.992030
8	0.993530	0.991830
9	0.993360	0.991600
10	0.993210	0.991420
11	0.993080	0.991250
12	0.992920	0.991070
13	0.992750	0.990850
14	0.992570	0.990570
15	0.992350	0.990190

图 38.8　从 0 岁到 x 岁存活的概率

点击“开放年龄组死亡率”，点击“女性婚态转移”——女性年龄别婚姻状态转换发生/风险率（图 38.9）。

女性婚态转移

年龄	未婚未同居->已婚	未婚未同居->同居	丧偶未同居->同居	离婚未同居->离婚同居	未婚同居->未婚未同居	丧偶同居->丧偶未同居
15	0.008030	0.070150	0.431170	0.470520	0.410080	0.118520
16	0.014500	0.087930	0.478840	0.521430	0.427370	0.137380
17	0.021150	0.102580	0.491510	[illegible]	0.443030	0.151900
18	0.027950	0.108720	0.514440	0.588040	0.436710	0.163720
19	0.040210	0.112680	0.563290	0.559310	0.419920	0.172880
20	0.045410	0.117580	0.614270	0.500070	0.403440	0.186730
21	0.050840	0.121320	0.502110	0.471340	0.397700	0.201500
22	0.056410	0.130820	0.448400	0.444240	0.391940	0.209790
23	0.062110	0.128700	0.416780	0.418690	0.386150	0.224580
24	0.067960	0.125260	0.360520	0.394590	0.380340	0.217050
25	0.073950	0.121800	0.305710	0.371860	0.374510	0.212950
26	0.070190	0.120350	0.257760	0.347250	0.365950	0.207330
27	0.066400	0.118900	0.222540	0.324220	0.357480	0.198850
28	0.062290	0.115000	0.188650	0.302670	0.349120	0.190160
29	0.057150	0.110020	0.176230	0.282520	0.340840	0.181670
30	0.052430	0.105230	0.163810	0.263670	0.332670	0.168440
31	0.046950	0.099720	0.151380	0.247440	0.320510	0.159460

图 38.9　女性年龄别婚姻状态转换发生/风险率

点击“男性婚态转移”——男性年龄别的婚态转移的发生/风险率（图 38.10）。

年龄	未婚未同居->已婚	未婚未同居->同居	丧偶未同居->同居	离婚未同居->离婚同居	未婚同居->未婚未同居	丧偶同居->丧偶未同居
15	0.006840	0.039800	0.344560	0.362550	0.336600	0.105760
16	0.012570	0.053010	0.374830	0.415400	0.351420	0.118520
17	0.016110	0.070370	0.400760	0.430960	0.410780	0.124130
18	0.024840	0.088210	0.477220	0.527610	0.428100	0.137380
19	0.029980	0.103820	0.586770	0.629140	0.445780	0.151900
20	0.035110	0.109420	0.640450	0.594930	0.437450	0.163720
21	0.039630	0.115000	0.664420	0.562430	0.422990	0.172880
22	0.044140	0.120600	0.686850	0.499830	0.408650	0.186730
23	0.043560	0.126190	0.574720	0.471120	0.402810	0.201500
24	0.042990	0.131780	0.505650	0.444030	0.396940	0.209790
25	0.042410	0.129640	0.473880	0.418490	0.391040	0.224580
26	0.041780	0.125570	0.417790	0.390830	0.382300	0.215250
27	0.041160	0.121510	0.361910	0.364940	0.373650	0.209420
28	0.040540	0.120070	0.309710	0.340720	0.365110	0.203860
29	0.039910	0.118630	0.259360	0.318070	0.356660	0.195490

图 38.10　男性年龄别婚姻状态转换发生/风险率

点击“生育频率”——年龄别生育率（图 38.11）。

年龄	生育频率
15	0.020130
16	0.020130
17	0.045980
18	0.071850
19	0.075930
20	0.080030
21	0.084110
22	0.088200
23	0.089920
24	0.091650
25	0.093370
26	0.095090
27	0.096820
28	0.092500
29	0.088200

图 38.11　年龄别生育率

点击“已婚妇女生育发生风险率”（图 38.12）。

年龄	胎次1	胎次2	胎次3	胎次4	胎次5+
15	0.755920	0.378910	0.254090	0.177020	0.000000
16	0.755920	0.378910	0.254090	0.177020	0.000000
17	0.763740	0.294670	0.197600	0.137670	0.000000
18	0.553660	0.210440	0.141110	0.098310	0.000000
19	0.697200	0.283400	0.185540	0.130210	0.012440
20	0.508290	0.230020	0.145240	0.103070	0.024870
21	0.462930	0.249590	0.149370	0.107830	0.049740
22	0.372200	0.288750	0.157630	0.117350	0.099480
23	0.356180	0.286470	0.145630	0.111340	0.096560
24	0.340160	0.284180	0.133630	0.105340	0.093640
25	0.324140	0.281900	0.121630	0.099340	0.090720
26	0.308120	0.279610	0.109620	0.093340	0.087790
27	0.292100	0.277330	0.097620	0.087340	0.084870
28	0.274820	0.263630	0.089250	0.079200	0.080240
29	0.257530	0.249940	0.080880	0.071070	0.075600

图 38.12　已婚妇女生育发生/风险率

点击“未婚妇女生育发生风险率”，点击“丧偶妇女生育发生风险率”，点击“离婚妇女生育发生风险率”，点击“离家率”——分年龄性别的净离家率（图 38.13）。

年龄	女性	男性
5	0.001334	0.000444
6	0.003099	0.002073
7	0.001362	0.002412
8	0.000555	0.001149
9	0.000782	0.001312
10	0.001377	0.001923
11	0.001970	0.002271
12	0.003101	0.003236
13	0.004233	0.004922
14	0.006340	0.007862
15	0.012736	0.014023
16	0.031506	0.029135
17	0.094774	0.071628
18	0.172444	0.134596
19	0.128280	0.119515

图 38.13　分年龄性别的净离家率

点击　“参数”，展开列表是可选选项（图 38.14）。

年份	一般结婚率	一般离婚率	一般同居率	一般分散率
2000	0.0598000	0.0279000	0.0819000	0.2605000
2010	0.0598000	0.0279000	0.0819000	0.2605000
2050	0.0598000	0.0279000	0.0819000	0.2605000

年份	胎次1	胎次2	胎次3	胎次4	胎次5+
2000	0.8368000	0.6861000	0.3278000	0.1262000	0.0627000
2025	0.9019000	0.7395000	0.3533000	0.1360000	0.0627000
2050	0.9068000	0.7436000	0.3552000	0.1368000	0.0627000

图 38.14　家庭人口预测综合参数（1）

点击“出生时预期寿命（所有婚姻/结合状况）”，点击“标准化的一般结婚率和一般同居终止率”，点击“分孩次总和生育率”——所有婚态女性的孩次别-年龄别生育频率的总和（图 38.15）。

年份	胎次1	胎次2	胎次3	胎次4	胎次5+
2000	0.8368000	0.6861000	0.3278000	0.1262000	0.0627000
2025	0.9019000	0.7395000	0.3533000	0.1360000	0.0627000
2050	0.9068000	0.7436000	0.3552000	0.1368000	0.0627000

年份	总和生育率
2000	2.0395000
2025	2.1933000
2050	2.2051000

图 38.15　家庭人口预测综合参数（2）

点击“总和生育率”——所有婚态女性的年龄别的生育率的总和，点击“平均生育年龄”，点击“平均初婚年龄”（图 38.16）。

年份	平均年龄
2000	27.12
2050	27.12

年份	女性	男性
2000	24.38	26.06
2050	24.38	26.06

图 38.16　家庭人口预测综合参数（3）

点击“45-49 岁人口不与父母居住的比例”——子女最终离开父母家的比例，点击“平均离家年龄”——离开父母家庭的孩子平均年龄，点击“女性居住在集体户的比例”——通常根据人口普查数据估计居住在集体户中的人员比例（图 38.17）。

年份	年龄组 0-4	年龄组 5-9	年龄组 10-14	年龄组 15-19	年龄组 20-24	年龄组 25-29	年龄组 30-34	年龄组 35-39	年龄组 40-44
Preference	0.046869	0.035334	0.074587		0.882765	0.177303	0.150130	0.140246	0.098923
2000	0.0005000	0.0003600	0.0021000	0.0633600	0.0428400	0.0115700	0.0083100	0.0075600	0.0063900
2050	0.0005000	0.0003600	0.0021000	0.0633600	0.0428400	0.0115700	0.0083100	0.0075600	0.0063900

年份	年龄组 0-4	年龄组 5-9	年龄组 10-14	年龄组 15-19	年龄组 20-24	年龄组 25-29	年龄组 30-34	年龄组 35-39	年龄组 40-44
Preference	0.041073	0.040960	0.126015	0.076146	0.105204	0.854933	0.646770	0.563616	0.379400
2000	0.0015700	0.0015500	0.0051000	0.0761500	0.1052000	0.0420900	0.0364400	0.0342200	0.0286100
2050	0.0015700	0.0015500	0.0051000	0.0761500	0.1052000	0.0420900	0.0364400	0.0342200	0.0286100

图 38.17　家庭人口预测综合参数（4）

点击“男性居住在集体户的比例”，点击“老年女性与子女居住的比例”——根据您提供的基础人口数据，此处显示的为起始年份比例。

点击“队列老人与子女居住的比例”（图 38.18）。

图 38.18　家庭人口预测综合参数（5）

点击“家庭中亲属非亲属的平均人数”——亲属和非亲属的平均数量通常是根据普查数据估计的。根据您提供的基础人口数据，第一行灰色参考是起始年份的平均数字，点击“出生性别比”，点击“国际迁入迁出人数”（图 38.19）。

图 38.19　家庭人口预测综合参数（6）

点击“起始年份 100%数据”，下拉列表可选选项（图 38.20），点击“人口”（图 38.20）。

年龄	女性	男性
0	1856631	1949017
1	1867477	1953105
2	1851456	1938990
3	1873836	1958963
4	1915665	2010658
5	1934031	2031072
6	1961488	2058217
7	2008279	2109868
8	2041401	2137829
9	2081029	2186291
10	2082812	2191244
11	2006936	2108157
12	1988614	2087228
13	1956842	2054008
14	1972671	2079560

图 38.20　起始年份 100%人口数据

点击“起始年份 100%集体户人口”查看 100%集体户人口普查表的数据表。用户在步骤 1 中选择集体户的年龄分类（图 38.21）。

年龄组	女性	男性
0-17	108069	214842
18-64	1722270	3739831
65-100	1446094	547527

规模	家庭数
1	1533821
2	3050986
3	3652873
4	919623
5	456816
6	90958
7	35707

图 38.21　起始年份 100%集体户人口和分规模的家庭户数

重要提示：用户必须保持模型设计参数与步骤 1 中指定的数据类型和步骤 2 中准备的输入数据之间的一致性。例如，如果您指定预测的起始和结束年份为 2000 年和 2050 年，则在 2000 年至 2050 年期间提供参数是灵活和可选的，但提供的参数必须是在 2000 年至 2050 年之间；如果将您的起始和结束年份更改为其他年份，则必须在新的起始和结束年份中添加参数。再如，如果您将 85 岁的最高年龄改为 99 岁，那么所有相关数据（如死亡率、基础人口等）必须延长到 99 岁。模型设计的控制参数与步骤 1 中指定的数据类型和步骤 2 中准备的输入数据之间的任何不一致将导致以前准备好的数据丢失或预测计算错误。

38.4　第 3 步：预测计算和结果查看

到此为止，您已经完成了教程中设置预测模型和准备输入数据的部分。您现在可以进入本教程的最后一部分——运行多维家庭人口预测并进行结果查看。

成功完成预测计算后，您可以转到窗口左侧的菜单，查看输出（图 38.22）。

点击“结果查看”您将发现这里有三种输出的方式：表格显示、图形显示和金字塔显示，点击“表格显示”以表格格式查看预测输出，点击“家庭户结果总表”按类型和规模查看家庭户的数量和百分比。

	2000	2010	2020	2030	2040	2050
所有家庭户						
一代家庭						
独居一人	31796710	28525426	30694964	33067030	34737096	35714768
单身一人与其他亲属非亲属一起住	4494906	4032472	4339164	4674534	4910600	5048780
已婚夫妇，没有子女一起居住	22833288	19925568	20898442	20586434	19950856	19773390
同居夫妇，没有子女一起居住	2950075	2582591	2965185	3312054	3485156	3604491
一代家庭合计	62074980	55066056	58897756	61640052	63083708	64141428
二代家庭						
已婚夫妇有子女一起居住	30258304	28162500	27170004	27336798	27930200	28598056
同居夫妇有子女一起居住	1953873	3017121	3081524	3014568	3055422	3110273
单身母亲有子女一起居住	9086392	11551379	11347081	11305414	11515883	11695373
单身父亲有子女一起居住	2286649	5817232	5983319	5889810	6001813	6057368

图 38.22　家庭户预测输出综合指标结果

点击 “家庭户结果细表”根据不同年份的户代表类型、年龄、性别、婚态及家庭规模来查看预计家庭户数量（图 38.23）。

女性					
年龄	未婚	丧偶	离婚	分居	合计
0-4	0	0	0	0	0
5-9	0	0	0	0	0
10-14	0	0	0	0	0
15-19	129733	2184	2917	34762	169595
20-24	867457	5881	38989	239663	1151991
25-29	744288	6514	118095	375025	1243922
30-34	541444	9300	189785	401336	1141866
35-39	456976	15785	280941	435800	1189502
40-44	407161	37001	424597	494398	1363157
45-49	323386	78591	600160	474605	1476742

图 38.23　按年龄分的家庭户预测输出结果

点击“居住安排结果总表”查看老年人预测年龄别-性别-婚态的居住安排(图 38.24)。

居住安排	2000	2010	2020	2030	2040	2050
65-79 岁，男女合一						
	2000	2010	2020	2030	2040	2050
未婚不与子女及他人一起住	0.25	0.22	0.43	0.72	0.85	1.06
离婚不与子女及他人一起住	0.57	0.82	1.32	1.62	1.46	1.31
丧偶不与子女及他人一起住	[illegible]	1.15	[illegible]	1.33	1.13	0.91
已婚不与子女及他人一起住	4.65	4.35	5.85	6.94	6.42	5.94
同居不与子女及他人一起住	0.10	0.27	0.48	0.63	0.62	0.61
不与子女一起住合计	7.11	6.81	9.31	11.24	10.50	9.83
已婚与子女一起住	0.82	1.11	1.49	1.74	1.58	1.47
同居与子女一起住	0.01	0.07	0.13	0.17	0.16	0.16
未婚与子女一起住	0.02	0.09	0.17	0.26	0.29	0.34
离婚与子女一起住	0.16	0.32	0.52	0.66	0.62	0.56

图 38.24　居住安排预测输出结果

点击“人口结果细表”查看人口预测结果汇总统计数据(人口规模等，图 38.25)。

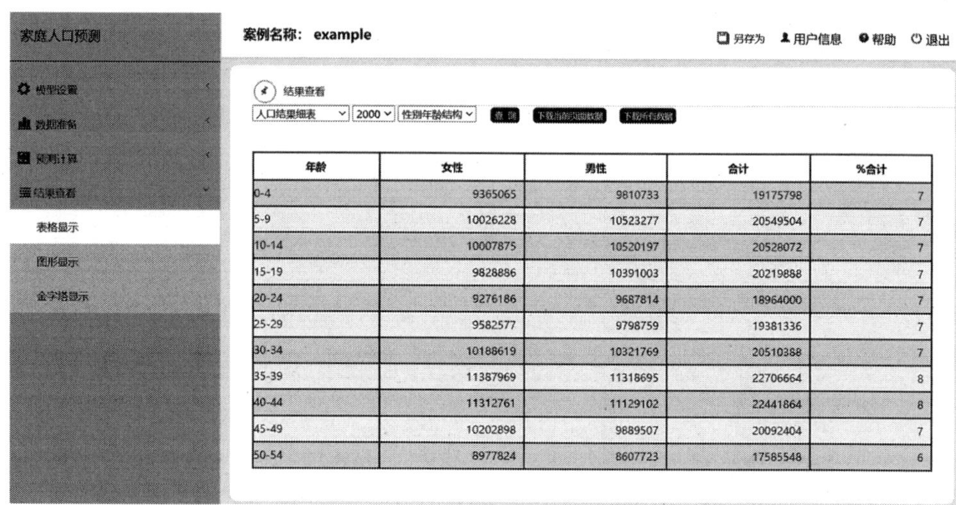

年龄	女性	男性	合计	%合计
0-4	9365065	9810733	19175798	7
5-9	10026228	10523277	20549504	7
10-14	10007875	10520197	20528072	7
15-19	9828886	10391003	20219888	7
20-24	9276186	9687814	18964000	7
25-29	9582577	9798759	19381336	7
30-34	10188619	10321769	20510388	7
35-39	11387969	11318695	22706664	8
40-44	11312761	11129102	22441864	8
45-49	10202898	9889507	20092404	7
50-54	8977824	8607723	17585548	6

图 38.25　人口预测结果汇总统计数据

点击 “人口结果总表” 在不同的年份根据年龄、性别、婚态来查看预测的人口预测综合指标（图 38.26）。

	2000	2010	2020	2030	2040	2050
儿童抚养率	0.42	0.38	0.39	0.41	0.42	0.42
老人抚养率	0.20	0.21	0.29	0.38	0.42	0.42
儿童和老人抚养率	0.62	0.59	0.68	0.80	0.83	0.84
60+ 岁老年人口 (百万)	45.80	55.93	73.28	87.38	92.82	97.16
65+ 岁老年人口 (百万)	34.99	39.69	53.06	68.98	75.76	78.62
80+ 岁老年人口 (百万)	9.18	11.82	13.17	18.94	27.73	32.58
85+ 岁老年人口 (百万)	4.24	6.21	7.23	9.39	15.17	20.58
60+ 岁老年人口百分比	16.27	18.83	23.51	26.94	27.79	28.43
65+ 岁老年人口百分比	12.43	13.36	17.02	21.27	22.69	23.01
80+ 岁老年人口百分比	3.26	3.98	4.23	5.84	8.30	9.53

图 38.26　人口预测综合指标

请注意，所有多维家庭人口预测输出表都是 Excel 兼容的，您可以通过复制/粘贴和相关功能来管理或重新绘制自己的图形等，点击“图形显示”在“预测的结果”下查看图形输出。您可以通过它们来获取当前版本的多维家庭人口预测中可用的图形输出（图 38.27）。

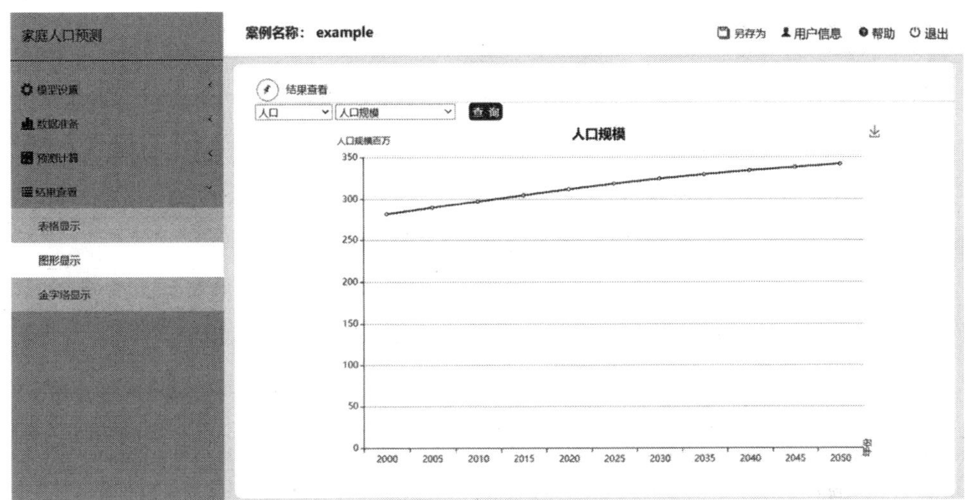

图 38.27　人口规模预测结果

点击“金字塔显示”——在多维家庭人口预测输出视图的左下角。通过不同婚态及时间动态变化来查看人口金字塔（图 38.28）。

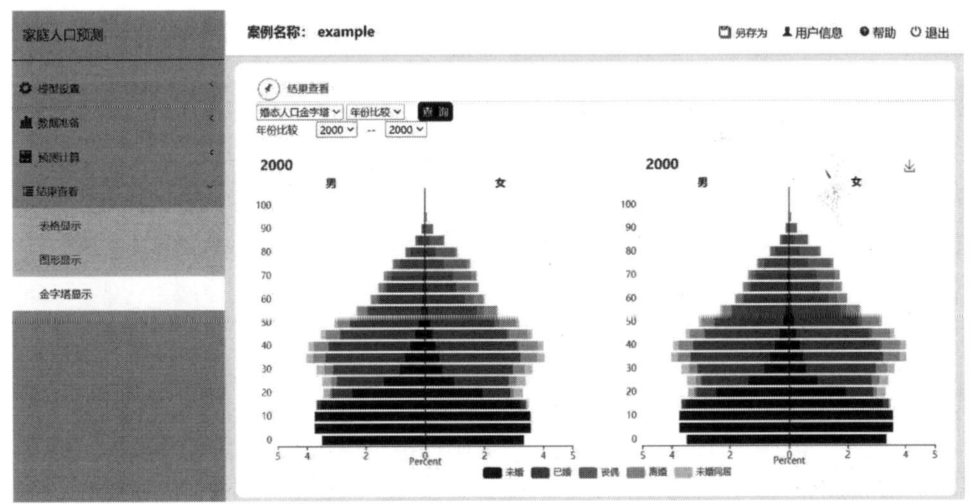

图 38.28　人口年龄性别金字塔预测结果

第 39 章　结语：多维家庭人口方法创新和应用成果概述及进一步研究展望①

39.1　引　　言

本章第 2 节概述多维家庭人口预测方法的核心理念和实证评估；第 3 节和第 4 节分别概述多维家庭人口预测方法在残障老人家庭照料需求/成本和退休金缺口预测中的应用，以及在小区域层面的家庭户和居住安排预测中的应用；第 5 节和第 6 节分别概述多维家庭人口预测方法在中国、美国和其他国家的应用；第 7 节概述家庭户和居住安排预测软件用户指南；第 8 节讨论对未来进一步深入研究的展望。

39.2　多维家庭人口预测方法的核心理念和实证评估

多维家庭人口预测方法的核心理念可总结归纳为以下四点（见第 2 章第 2.2 节）。

（1）多维家庭人口预测方法采用多状态动态建模理论和数学模型框架，以群体作为家庭预测单位，以常规可获的人口数据作为输入，根据家庭户代表的特征得出不同家庭的种类与规模的家庭户数。

（2）多维家庭人口预测方法所采用的计算策略和计算方程在保证计算精度的前提下大大简化了数据要求（Bongaarts，1987；Zeng et al.，1997，1998）。

（3）多维家庭人口预测方法在模型中审慎地采用了合理的随机独立假设；同时，通过调和均值法确保了男性、女性婚姻和同居，以及父母子女间的一致性。

（4）多维家庭人口预测方法在地区层面的预测采用国家层面的年龄别人口事件发生/风险率标准模式和随时间变化的综合参数来预测未来几年地区层面的人口事件发生/风险率。

基于人口普查年份（如 1990 年）及过去观测到的中国和其他国家人口事件发

① 本章由曾毅教授、王正联研究员、顾大男研究员和杨涵墨博士研究生撰写；作者的工作单位和邮箱地址见第 1 章首页脚注。

生/风险率等数据，我们应用多维家庭人口预测方法对下一个已发生的人口普查年份（如 2000 年）的家庭人口进行预测，并将预测值与下一个人口普查年份的观测值进行比较，以检验模型的预测精度。结果表明，在国家层面，预测所得结果与人口普查观测数据间的预测误差较小，模型精度较好（第 4 章表 4.1 和表 4.2）。我们应用多维家庭人口预测方法和基于全国数据估算的人口事件发生/风险率年龄别标准模式及地区综合参数进行区域层面的预测和检验。对比多维家庭人口预测模型对美国 50 个州和华盛顿特区 1990 年至 2000 年的 306 个主要家庭户指标预测数，以及相应的 2000 年人口普查观测数，结果显示有 63.0%的预测值的绝对百分比误差小于 3.0%，有 17.4%在 3.0%～4.99%区间，有 12.9%在 5.0%～9.99%区间，只有 6.7%等于或大于 10.0%（第 4 章表 4.3）。同样，利用多维家庭人口预测方法对 1990～2000 年的预测与中国东、中、西部及河北省的 2000 年人口普查观测值比较结果表明，预测误差较小，都在合理的范围内（第 4 章表 4.4）。

这些预测精度评估检验表明，应用多维家庭人口预测方法进行的家庭户和人口预测的误差在合理且相对较小的范围内。但同时我们必须意识到，这仅验证了多维家庭人口预测方法本身的可信度，并非验证在本书多个章节提到的中美两国直到 2050 年的家庭结构、居住安排、老年人家庭照料成本，以及住房和家用汽车需求的中长期模拟预测；这些模拟预测属于“如果”“那么”很有价值的学术和政策分析，并非“预报”；因为中长期家庭人口发展过程涉及很多不确定因素，无人能够予以精确“预报”。

需要注意的是，传统的户主率方法在今天仍被广泛应用于家庭户预测，但在 30 多年来受到人口学家广泛的批评。户主率方法与人口要素（婚姻、生育、死亡、迁移等）事件发生率并无内在联系，其预测的家庭种类少且并不预测家庭户规模（Bell and Cooper，1990；Mason and Racelis，1992；Murphy，1991；Spicer et al.，1992）；户主率方法的扩展应用虽涉及了家庭户规模，但包括的家庭户类型和规模十分有限。因此，户主率方法不足以进行可靠的家庭消费预测，尤其不适用于家庭户和人口要素正在发生快速和实质性变化的国家，因为家庭户消费与家庭户规模结构及婚姻居住安排等特征密切相关，而这些都深受人口事件发生/风险率变化的影响。

多维家庭人口预测方法和软件突破了传统的户主率家庭户预测方法的一系列局限，用人口生育率、死亡率、迁移率、结婚率、离婚率等常规人口数据作为输入，在进行人口数量和年龄性别分布预测的同时，预测详细的家庭户类型和规模，以及老人、成年人和儿童的居住安排，并保证人口数量结构预测与家庭结构预测两者的内部一致性。

39.3 多维家庭人口预测方法在残障老人家庭照料需求/成本和退休金缺口预测中的应用

本书第16、17和28章应用多维家庭人口预测方法，以年龄、性别、城乡、婚姻状态、是否与父母和子女一起居住作为家庭户与居住安排分类标准，对中国全国和五大区域，以及美国老年人残障状况（以日常生活自理能力衡量）的动态变化及家庭照料需求/成本进行了预测。这些预测分析的关键是通过引入和估计老年人残障状况及相关家庭照料成本的变化，对多维家庭人口预测方法及其应用进行了实质性的扩展。为了形成包含所有个体的人口动态预测模型，扩展后的模型将65岁及以上老年人的家庭户结构、居住安排和日常生活自理能力状态（第16章图16.1）的预测与0至64岁人群的生育、死亡、婚姻状态的变化、是否与子女/父母一起居住及迁移等要素（第2章图2.3）的预测结合起来。在第16、17和28章中，多维家庭人口预测方法不仅预测分析老年人日常生活自理能力、家庭照料需求及成本，还预测分析按年龄和性别分的劳动年龄人口（即残障老人的照料提供者）的数量和家庭户结构。

利用多维家庭人口预测模型对未来几十年中国残障老人状态和家庭照料需求/成本进行的预测分析得到了一些重要结果：①中国残障老人的增长速度远高于老年人口总体增长速度；②80岁及以上高龄残障老人的增长速度远高于65～79岁低龄残障老人的增长速度；③空巢残障老人增长速度远高于与子女一起居住老人的增长速度；④残障老人家庭照料支出占国家GDP百分比的年增率的增长速度远高于残障老年人口总体增长速度；⑤敏感性分析表明，死亡率和老年人残障状态的变化是影响家庭照料需求/成本的最主要直接因素。

第6章介绍了根据多维家庭人口预测方法和软件预测退休金缺口率的简单方法，主要基于：①取决于出生、死亡、迁移等人口要素变化的老年抚养比；②平均退休年龄；③通过横断面趋势推测或专家估计方法预测的3个或4个退休政策相关参数。这些输入的参数可从常规数据中估计得到。在中国应用的预测分析结果表明，如果平均退休年龄能从当前男60岁和女55岁这一很低水平逐渐提高至2050年男女退休年龄均为65岁，中国的年退休金缺口率在多种不同的人口发展方案下都将大幅降低甚至趋于消失。在包括平均退休年龄在内的所有其他综合参数相同的情况下，中生育水平方案下的退休金缺口率显著低于低生育水平方案下的退休金缺口率。死亡率的较快速下降的影响也相当显著，但相对生育水平的影响较为温和。死亡率的影响先于生育率改变产生的影响，因为新生孩子要到18岁以后才能成为劳动年龄人口。值得注意的是，这一简单方法也可在保持生育、死亡、平均退休年龄参数不变的前提下，应用回归分析或专家估计来预测/假定国际移民的规模及其年龄、性别结构（或退休金政策相关参数），从而探讨国际移民（或退休金政策相关参数）变化对未来退休金缺口率的影响。为了阐明多维家庭人口预测方法也可用于其他国家退休金缺口率的预测分析，我们在第一篇（家庭户与居住安排预测方法创新、所需数据和评估）的第 6 章中作为研究案例阐述这些关于中国应用研究的发现，而没有包括在第二篇（在中国的应用）。

39.4　小区域层面的家庭户和居住安排预测

第 5 章介绍和讨论了结合多维家庭人口预测方法和比例法（恒定比例法和变动比例法）预测小区域家庭户和居住安排的基本概念与方法。为评估多维家庭人口预测方法结合比例法的准确度并展示应用案例，我们随机选取了均匀分布在美国的 25 个县和 25 个小城市，计算了它们 1990 年至 2000 年家庭户预测值，并同 2000 年人口普查登记数据进行了比较。比较结果显示，绝大多数的预测误差相当小，大部分小于或略高于 5%。这些预测结果显然证明了多维家庭人口预测方法与比例法结合预测小区域家庭户和居住安排的有效性。

39.5　多维家庭人口预测方法在中国的应用

本书的第二篇报告多维家庭人口预测方法在中国的应用。应用现有的新数据和多维家庭人口预测方法，我们分析预测了中国城乡地区家庭户和老年人居住安排，以及人口快速老龄化的未来发展趋势。我们的研究表明：中国人口老龄化迅速，尤其是 80 岁以上的高龄老人增长很快，而且老年人口规模庞大；在未来的几十年中，中国家庭户规模持续缩小，而至少有一个 65 岁及以上老人的家庭比例将急剧增加。到 2030 年和 2050 年，总人口中 65 岁以上无子女的空巢老人比例和 80 岁以上无子女的高龄空巢老人的增速更为迅猛；一人户比例持续上升，其中老人独居 1 人户比例增加更快。一人户、老年人口、老年家庭户及空巢老人的比例快速增加等问题在农村地区将比城市地区严重得多。这些结果有力地说明，为避免造成未来严重的社会问题，中国需要实施允许从农村向城市地区自由流动的户籍政策，制定鼓励城乡家庭迁移，并鼓励当年轻人在城市安顿下来之后接老年父母来城市团聚。

关于中国 31 个省区市城乡家庭人口结构动态变化分析预测结果表明，如果农村到城市迁移者的当前年龄分布不变，即绝大多数为年轻人，最严重的人口和家庭老龄化问题将出现在农村地区。我们的研究还表明，鼓励老人与子女一起居住或紧邻居住的家庭整体迁移将有助于避免农村地区过度老龄化问题，这一策略也可能为老一代和年轻一代带来双赢的结果。

利用多维家庭人口预测方法，我们对比分析了不同生育水平方案将带来的家庭人口增长和老龄化趋势差异，包括空巢和独居老人、劳动力、退休金缺口、婚姻挤压，及其对社会经济发展的影响等。分析结果表明，中国为了应对人口和家庭老龄化的严峻挑战，应考虑采纳三种战略政策。其一，在 2015 年底开始实施的普遍允许二孩政策基础上，进一步完善生育政策并鼓励三孩，这是促进国家发展和亿万家庭福祉的积极可行战略。与长期保持很低生育水平方案相比，继续完善生育政策并鼓励三孩政策对我国未来的人口和社会经济发展将带来更好的效应，在缓解老年人口和空巢独居老人比例提高、劳动力资源下降、退休金缺口率高、婚姻挤压、“四二一”家庭等方面的问题和压力都有裨益。其二，我们的预测分析结果表明，应逐步提高目前较低的退休年龄，以有效地降低乃至避免退休金缺口问题。其三，应快速大力发展农村养老保险并改善其投资效益，这不仅可以缓解农村人口老龄化的严重问题，也能收集上亿新参保人缴纳的保费，这一巨大的集体资本的积累对未来的经济发展大有益处。总而言之，以上三项政策将帮助中国在未来几十年成功应对人口和家庭老龄化的严峻挑战。

基于中国家庭金融调查 2017 年调查数据与应用 ProFamy 多维家庭人口预测方法得到的我国未来家庭户规模结构预测结果，第 23 章报告我国 2020 年、2030 年、2040 年和 2050 年货币、股票、债券、基金和其他金融资产等五类金融资产，以及房贷、车贷、教育负债、医疗负债和消费负债等五类家庭负债的未来需求及其变动趋势预测，并进行家庭金融投资相关战略策略和政策分析。

在京津冀协同发展深入推进的背景下，第 20 章深入研究京津冀三地家庭人口老化状况和 2010～2050 年的发展趋势，对推动京津冀协同应对家庭人口老龄化意义重大。我们根据最新的人口普查和相关调查数据，应用 ProFamy 多维家庭人口预测新方法，对北京、天津和河北 2010～2050 年家庭人口老化的速度和规模、家庭户规模和结构变动等进行了预测，以及京津冀之间的比较分析，对京津冀 2010～2050 年家庭人口老化水平与全国平均水平进行对比。

为了充分发挥北京、天津在医疗和养老方面的人才、技术、管理、资金等优势，以及河北在自然环境、山水旅游、土地与人力资源等方面的优势，第 20 章分析研究和建议通过京津冀合办，重点建设一批旅游和养老产业密切结合的特色小镇，既使京津冀老人们能在绿色优美的小镇环境中颐养天年，又使在京津冀城市工作的子女和孙子女们在周末节假日来看望老人的同时，也能游山玩水，一举多得。我们建议，建设旅游和养老产业结合的特色小镇最重要的一点是加强养老院护工的专业教育和培训，既保证老年人获得正规的优质心理生理健康护理服务，又大大提升特色小镇的吸引力。

利用人口普查等数据及多维家庭人口预测方法，第 21 章分析预测了河北省城乡家庭户住房需求。河北省约有 7200 万人口，社会经济发展处于全国中等水平。预测结果显示，由于家庭和人口结构的变化，65 岁以上老人对自有房和租房的需求将大幅增长，而年龄小于 35 岁的年轻人的住房需求将下降。1 人户中对 1～2 室自有房的需求增长最大；一对夫妇户中对 3～4 室自有房的需求增长最大。三代同堂家庭对大户型住宅的需求将下降。我们基于预测分析讨论提出了一些可行的政策建议，包括为老人准备“复式单元”公寓房，与子女一起或紧邻居住。这一策略也可能为老一代和年轻一代应对老龄化问题带来双赢的结果。

第 22 章对河北省 2010～2050 年家庭户能源需求的预测分析表明，仅以人口变化预测居民能源消费总量，严重低估了未来河北的居民能源需求。这是因为，目前人口规模的增长速度很慢，而且在 2035 年左右将会变为负增长，但是能够真正反映居民能源需求的家庭户数量在 2010～2050 年仍会持续增长。因此，在家用能源消费预测中，考虑不同类型规模的家庭户数量变化是至关重要的。只考虑人口数量变化将因严重低估能源消费增长而对能源政策制定和可持续发展规划带来误导。我们的预测分析表明，河北省居民家用能源消费未来增长最快的是水，40 年内将增加近 60%，其次是电和燃料；2 人户的用电、用水和燃料消费需求增长最快，其次是 1 人户，3～4 人户的能源消费将大体维持不变，5+人家庭户的能源消费将大幅下降。这一发展趋势将导致更高的人均居民直接能源消费，因为更小的家庭户规模意味着共同分享住房、家电、家用汽车的家庭户人数较少，降低了能源使用效率。

39.6　多维家庭人口预测方法在美国和其他国家的应用

本书的第三部分报告了多维家庭人口预测方法在美国和其他 4 个国家的应用。我们预测分析了美国全国的家庭户和居住安排。利用美国全国调查、人口登记数据、人口普查微观数据和多维家庭人口预测方法，对 2000 年至 2050 年美国家庭户和居住安排进行了分析预测。结合大、中、小家庭户方案假设和相应假设下的一般结婚率、一般离婚率、一般同居率、一般同居终止率、生育率、死亡率和国际迁移等要素，分析了美国家庭户结构的未来变化趋势，同时考虑到了可能的变化区间及巨大的种族差异。据我们所知，该研究最先为家庭人口惯性理论提供了实证分析（Zeng et al.，2006）。

我们对美国 50 个州、华盛顿特区、南加州六个县，以及明尼苏达州的明尼阿波利斯-圣保罗都会区在 2000 年至 2050 年这 50 年中的家庭户和居住安排进行了预测。在众多有趣的预测结果中，我们发现未来几十年美国所有州和地区的家庭人口老龄化现象均非常显著。

我们将多维家庭人口预测方法的应用推广到县市一级，从而拓展了该方法的应用深度和广度，以满足县市一级的政策规划和市场分析的实际需求。我们以美国南加州六个县作为案例，系统地预测分析了这六个县中每一个县的家庭户和老年居住安排从 2010 年到 2050 年的变动，尤其考察了不同种族群体的变动趋势及其差异。通过这些深入的案例研究，我们提出并验证了多维家庭人口预测方法在县市一级应用的路径，详细介绍了数据要求和具体技术细节；而南加州六县的成功应用案例也充分验证了 ProFamy 多维家庭人口预测方法在县市一级应用的有效性和实用性，及其相比传统户主率方法的巨大优势。

基于人口普查微观数据，并利用美国 NLTCS 数据及多维家庭人口预测方法，我们分析预测了在高、中、低三种老年生活自理能力残障率变化趋势下，美国 2010 年至 2050 年按年龄、性别、种族和居住安排分的日常生活自理能力残障老人的数量和家庭照料需求，以及现金开支/工作日数成本。我们重点讨论了家庭结构和居住安排的变化将会如何影响残障老人未来的家庭照料需求和成本。分析预测结果表明，美国 2020 年后 65 岁及以上残障老人数量将显著增加，而 80 岁及以上高龄残障老人数量增速会更快，在 2030 年后将超过 65～79 岁的残障老人。2020 年后，残障老人（尤其是 80 岁及以上高龄残障老人）家庭照料所需的工作天数和现金支出增速将大大加快。我们同时讨论了不同种族和性别间的相似性和差异性，以及相关政策对未来残障老人家庭照料需求及成本的可能影响。

第 29 章将美国家庭户和居住安排应用 ProFamy 多维家庭人口预测方法的预测结果与人口普查得到的住房和残障数据结合，估算了美国犹他、佐治亚、佛罗里达和西弗吉尼亚等四个州未来老年残障者对宜居住房的需求。这一应用研究充分证明，住房建筑商、设计者和政策制定者在规划和实施住宅政策时必须考虑家庭人口老龄化和残障老人不断增加所带来的影响，增加无障碍住宅的数量。公共政策应该引导并推动无障碍住宅建设项目，并鼓励对现有的住宅增加无障碍通道设施，新建的单户住宅配备基础无障碍通道设施，提倡包容性家庭住宅设计。考虑到住宅环境对身体健康和心理健康的影响，无障碍住宅建设应视为一项卫生健康领域应对家庭人口老化的重要对策。

第 30 章报告未来几十年美国家庭户结构的变化对能源使用和温室气体排放（尤其是二氧化碳排放）产生重要影响的分析研究。这一研究将人口年龄结构纳入多重群体异质家庭户能源经济增长模型，估测并分析家庭人口老龄化和技术变革对美国能源使用和二氧化碳排放路径的影响。结果表明，家庭人口老龄化对碳排放的影响非常重要，不能忽视。

第 31 章应用多维家庭人口预测方法分析预测了 2000 年至 2025 年美国 4 个地区（东北部、中西部、南部、西部）的家庭户汽车消费发展趋势。预测结果表明，到 2025 年，4 个地区家庭户汽车总数将达 2.35 亿辆，在 25 年间上升了 31%。其中，轿车的增加占了总增加数量的一半，而家庭户的厢式车消费增长速度比轿车和卡车更快。与非西班牙裔黑人、亚裔和其他非西班牙裔家庭相比，非西班牙裔白人和西班牙裔家庭的家庭户汽车消费增加更快。美国的家庭户汽车车主将快速老龄化。在不同规模的家庭户中，2 人户的家庭户汽车数量增长最大。在 4 个地区中，南部地区的家庭户汽车消费增长最大，其次是西部地区、中西部地区和东北部地区（Feng et al.，2011）。

第 32 章应用 ProFamy 多维家庭人口预测方法分析预测奥地利未来家庭人口变化对交通需求的重要影响，重点在于指出并深入分析交通需求预测研究必须超越简单的基于户主率方法的预测。这一关于奥地利家用汽车交通需求的研究分为三个步骤。首先，对 1997 年奥地利使用汽车的家庭人口构成进行描述性分析。其次，对奥地利从 1996 年到 2046 年的家庭户应用 ProFamy 多维家庭人口预测方法进行详细的预测。最后，将 1997 年的汽车使用模式（按家庭人口变量分组）与未来家庭人口规模结构的变化趋势结合起来预测家用汽车市场的需求，并进行相关市场开发战略策略分析及政策研究。

第 33 章、第 34 章和第 35 章聚焦于加拿大、巴西和伊朗。这三章分别报告了除美国以外的另一个西方发达国家——加拿大、南美洲最大的发展中国家——巴西，以及具有伊斯兰宗教文化背景的中东发展中国家——伊朗等国的家庭人口预测及其在社会经济规划研究中的应用，对于分析研究不同社会制度、经济发展水平和宗教文化背景下，家庭人口变动趋势对社会经济可持续发展规划的影响及相关政策分析研究具有重要的科学和实践意义。

39.7　家庭户和居住安排预测软件用户指南

本书第四篇介绍用于家庭户和消费预测的多维家庭人口预测软件用户指南，并提供了详细的应用练习教程，以帮助用户建立预测模型，准备输入数据，进行计算和管理输出结果。用户可以利用软件附带的样本数据快速学习利用软件进行预测的方法和主要步骤。

39.8　对未来进一步深入研究的展望

本书报告的多维家庭人口预测方法和软件及其关于家庭户和居住安排的预测仍然存在局限性，需要在未来的进一步研究中改进。其中一些局限已在前面各章结语中讨论，在此主要讨论以下一些局限性及对未来进一步深入研究的展望。

其一，目前的多维家庭人口预测模型和软件包括了与父母和子女一起居住状态，这对于预测家庭户和居住安排而言是非常必需的，但并不适用于研究不与父母一起居住的成年子女照料者。为突破这一局限，未来的研究可以选择预测存活子女数和存活父母数量。无论是否与父母一起居住，成年子女都有责任也有可能为老年父母提供照料，因此这一选择对研究老年人的家庭照料资源很有帮助，这一扩展研究在多维家庭人口预测模型框架中是可行的，当然需要研发并在模型和软件中增加新的计算模块和人机友好界面模块。

其二，未来的研究可以考虑在多维家庭人口预测模型和软件中加入所有年龄组的受教育程度及儿童和年轻人受教育程度的变化。这一改进非常有用，因为受教育程度与结婚、离婚、同居、同居终止、生育、死亡及迁移等要素紧密相关，共同影响着家庭户和居住安排的变化。另外，残障老人家庭照料成本及家庭消费行为均与受教育程度紧密相关。我们已成功地在多维家庭人口预测模型/软件中加入 65 岁及以上老人的残障状态转换（按日常生活自理能力衡量）（详见第 5 章），因此，我们相信未来通过加入所有年龄组的受教育程度，并计算儿童和年轻人受教育程度的变化，将进一步扩展多维家庭人口预测模型及其应用。

其三，我们目前需要突破的另一个局限性是应用多维家庭人口预测方法进行有关儿童和单身母亲的研究和政策分析，例如，有多少孩子将生活在有父母双亲的家庭或单亲家庭中；有多少未成年单身母亲和成年单身母亲必须在无配偶/伴侣的情况下抚养孩子等。不论从理论还是实践角度来看，利用多维家庭人口预测方法研究这些问题都是可行的，因为模型和输出中已经包含了子女与一对父母或一位父/母一起居住的状态、女性的婚姻和同居状态，以及一起居住子女数。依据对按年龄性别分的结婚、离婚、同居、同居终止率的估计，并基于对未来结婚、离婚、同居、同居终止率，以及已婚和未婚生育率的不同假设，我们可以设计不同的预测方案研究生活在双/单亲家庭的人数和时间长度的不同，以及未成年和成年单身母亲在无配偶/伴侣情况下抚养孩子的比例。针对这些假设的研究对很多政策问题的研究都非常有帮助。例如，减少或消除未成年人生育及减少离婚将如何影响单身母亲的数量？这将为政府资助单身母亲家庭计划节省多少开支？

其四，我们已有中国、美国、加拿大、奥地利、巴西、伊朗等国家年龄别标准模式数据库，而估算其他国家年龄别人口事件发生/风险率的标准模式数据库十分重要。这种类似于模型生命表的年龄别标准模式数据库对于在地方层面应用多维家庭人口预测方法对家庭户和居住安排进行预测尤为重要。根据国家层面按年龄性别分的标准模式数据库和预测（或假设）的人口综合参数（包括总和生育率、出生预期寿命、一般结婚率、一般离婚率等）作为多维家庭人口预测软件的输入，国家和地区层面家庭结构和居住安排预测都可以比较方便地进行。

其五，相较于本书应用案例用到的中方案和高、低方案预测区间，带有统计置信区间的概率家庭户和居住安排预测（probabilistic household and living arrangement projections）能更好地反映未来家庭人口变化的不确定性。这种概率家庭户和居住安排预测比概率人口预测复杂得多（Alho and Keilman，2010）。但是，多维家庭人口预测模型和软件将传统人口要素参数作为输入，为概率家庭户和居住安排预测的科学研究提供了现实的建模框架和工具。

其六，家庭户和居住安排预测包括了性别、年龄、生育、结婚、离婚、同居、同居终止、离开父母家等多项人口要素，需要大量的计算机编程和计算；如果没有用户友好型软件，预测方法就无法得到实际应用，这也是本书第四篇的重点。因此，进一步开发预测家庭户和居住安排的多维家庭人口预测用户友好型软件网络版和微机版（包括上述五方面的进一步扩展）非常必要。

我们欢迎和鼓励更多学界和管理部门同志们利用多维家庭人口预测方法和软件进行更多的研究和开发工作，并对我们的研究工作提出宝贵意见和建议。

参 考 文 献

蔡昉. 2010. 刘易斯转折点与公共政策方向的转变——关于中国社会保护的若干特征性事实. 中国社会科学, (6): 125-137, 223.

蔡昉, 张车伟. 2015. 人口与劳动绿皮书: 中国人口与劳动问题报告 No. 16. 北京: 社会科学文献出版社.

蔡昉, 王德文. 1999. 中国经济增长可持续性与劳动贡献. 经济研究, (10): 62-68.

陈丹妮. 2018. 人口老龄化对家庭金融资产配置的影响——基于CHFS家庭调查数据的研究. 中央财经大学学报, (7): 40-50.

陈华帅, 刘亮, 许明. 2019. 老年人临终医疗与照料费用的地区差异研究. 中国人口科学, (2): 99-111, 128.

陈璐, 范红丽. 2016. 家庭老年照料会降低女性劳动参与率吗?——基于两阶段残差介入法的实证分析. 人口研究, 40(3): 71-81.

陈英和, 姚端维, 郭向和. 2001. 儿童心理理论的发展及其影响因素的研究进展. 心理发展与教育, (3): 56-59, 27.

丁文. 2001. 论文化转型中家庭观念的变革. 江苏社会科学, (4): 155-159.

杜鹏, 武超. 2006. 中国老年人的生活自理能力状况与变化. 人口研究, (1): 50-56.

风笑天, 张青松. 2002. 二十年城乡居民生育意愿变迁研究. 市场与人口分析, (5): 21-31.

顾宝昌. 2006. 对人口的客观规律性要抱有敬畏感——读"中国未来生育政策的选择". 市场与人口分析, 12(3): 71, 80.

顾大男, 曾毅. 2006. 1992～2002 年中国老年人生活自理能力变化研究. 人口与经济, (4): 9-13.

郭琳. 2013. 家庭结构对金融资产影响的实证研究. 改革与战略, 29(12): 65-68, 104.

郭于华. 2001. 代际关系中的公平逻辑及其变迁——对河北农村养老事件的分析. 中国学术, 3(4): 221-254.

郭志刚. 2000. 从近年来的时期生育行为看终身生育水平——中国生育数据的去进度效应总和生育率的研究. 人口研究, 24(1): 7-18.

郭志刚. 2004. 对中国 1990 年代生育水平的研究与讨论. 人口研究, (2): 10-19.

郭志刚. 2008. 关于中国家庭户变化的探讨与分析. 中国人口科学, (3): 2-10, 95.

郭志刚. 2011. 六普结果表明以往人口估计和预测严重失误. 中国人口科学, (6): 2-13, 111.

郭志刚. 2012. 重新认识中国的人口形势. 国际经济评论, (1): 96-111, 6.

国家人口发展战略研究课题组. 2007. 国家人口发展战略研究总报告. 北京: 中国人口出版社.

国家统计局. 2017. 中华人民共和国 2016 年国民经济和社会发展统计公报. http: //www. stats. gov. cn/tjsj/zxfb/201702/t20170228_1467424. html[2020-03-20].

国家统计局. 2018a. 中华人民共和国 2017 年国民经济和社会发展统计公报. http: //www. stats. gov. cn/tjsj/zxfb/201802/t20180228_1585631. html[2020-03-20].

国家统计局. 2018b. 2017 年"全面两孩"政策效果继续显现. http: //www.xinhuanet.com/

politics/2018-01/21/c_129795524.htm[2018-01-21].
国家统计局. 2019. 中华人民共和国 2018 年国民经济和社会发展统计公报. http: //www.stats.gov.cn/tjsj/zxfb/201902/t20190228_1651265.html[2020-03-20].
国家统计局.2020. 中华人民共和国 2019 年国民经济和社会发展统计公报. http: //www.stats.gov.cn/tjsj/zxfb/202002/t20200228_1728913.html[2020-03-20].
国务院.2016. 《关于印发国家人口发展规划(2016—2030 年)的通知》(国发〔2016〕87 号). http: //www.gov.cn/zhengce/content/2017-01/25/content_5163309.htm[2016-12-30].
何平. 2001. 中国社会保障体系研究报告.社会保障问题研究, (4): 3-6.
贺丹. 2018. 中国人口展望(2018)——从数量压力到结构挑战. 北京: 中国人口出版社.
侯解, 侯怡. 2017. 日本农业是中国的样板吗?. https: //www.sohu.com/a/145589443_663098[2017-06-02].
胡湛, 彭希哲. 2014. 中国当代家庭户变动的趋势分析——基于人口普查数据的考察. 社会学研究, 29(3): 145-166.
黄成礼. 2006. 中国老年人口的健康、负担及家庭照料. 中国卫生资源, (5): 208-210.
黄匡时. 2019. 2018 年出生人口下降? 国家卫健委专家这样说. http: //www.oeeee.com/mp/a/BAAFRD000020190102128453.html[2019-01-02].
蒋承, 顾大男, 柳玉芝, 等. 2009. 中国老年人照料成本研究——多状态生命表方法. 人口研究, 33(3): 81-88.
蒋承, 赵晓军. 2009. 中国老年照料的机会成本研究. 管理世界, (10): 80-87.
蒋承. 2008. 中国老年日常照料成本分析与预测. 北京: 北京大学中国经济研究中心.
蒋耒文, 任强. 2005. 中国人口、家庭户与住房需求预测研究. 市场与人口分析, (2): 20-29.
康岚. 2012. 代差与代同: 新家庭主义价值的兴起. 青年研究, (3): 21-29, 94.
李建民. 1998. 我国老年人口负担的经济分析. 人口研究, (6): 5-10.
李银河. 2011. 家庭结构与家庭关系的变迁——基于兰州的调查分析. 甘肃社会科学, (1): 6-12.
李月, 刘梅, 刘瑞平, 等. 2020. 分省分城乡男女单岁生命表研究//曾毅等. 中国健康老龄影响因素与有效干预基础研究. 北京: 科学出版社.
梁鸿. 1999. 农村老年人自给自理能力研究. 人口与经济, (4): 21-25.
梁建章, 黄文政. 2019. 中国掉入低生育率陷阱确凿无疑. https: //money.163.com/19/0415/16/ECQNK2OC00258J1R.html[2019-04-15].
梁建章, 李建新. 2012. 中国人太多了吗?. 北京: 社会科学文献出版社.
梁燕君. 2014. 新加坡家庭养老模式对中国的启示. 同舟共进, (9): 36-37.
林宝. 2001. 中国退休年龄改革的时机和方案选择. 中国人口科学, (1): 25-31.
林毅夫. 2010. 经济发展战略、老龄化与人口政策//曾毅等. 老年人口家庭、健康与照料需求成本研究. 北京: 科学出版社: 249-256.
林毅夫. 2013. 经济发展战略与现行生育政策调整//曾毅, 顾宝昌, 梁建章, 等. 生育政策调整与中国发展. 北京: 社会科学文献出版社: 1-11.
刘汶蓉. 2011. 家庭价值的变迁和延续——来自四个维度的经验证据. 社会科学, (10): 78-89.
刘铮. 1984. 人口理论问题. 北京: 中国社会科学出版社.
柳清瑞, 苗红军. 2004. 人口老龄化背景下的推迟退休年龄策略研究. 人口学刊, (4): 3-7.
卢亚娟, 刘澍. 2017. 家庭结构对家庭金融资产配置影响的实证研究——基于“全面二孩”政策的视角. 金融发展研究, (9): 3-9.

乔晓春. 2016. 一孩政策后果的历史审视.学海, (1): 52-61.
邵国栋, 翟晓静. 2007.人口老龄化挑战中国现行退休年龄规定. 未来与发展, (6): 33-37.
沈可, 程令国. 2012. 空巢是否损害了老年健康?. 世界经济文汇, (2): 89-103.
沈可, 王丰, 蔡泳. 2012a. 国际人口政策转向对中国的启示. 国际经济评论, (1): 112-122, 6.
沈可, 章元, 鄢萍. 2012b. 中国女性劳动参与率下降的新解释: 家庭结构变迁的视角. 人口研究, 36(5): 15-27.
沈可. 2011. 中国老年人口居住模式的影响因素及福利效应分析. 北京: 北京大学中国经济研究中心.
史秉强. 2007. 代际之间"责任伦理"的重建——解决目前中国家庭养老问题的切入点. 河北学刊, (4): 64-67.
孙玄. 2005. 关于退休年龄的思考. 人口与经济, 3: 67-71.
孙燕平, 孟永霞, 韩维红, 等. 2015. 独生与非独生子女军人心理素质及性格特征的差异分析. 解放军预防医学杂志, 33(6): 664-665.
汤哲, 方向华, 项曼君, 等. 2004. 北京市老年人卫生服务需求研究. 中华医院管理杂志, 20(8): 464-469.
田巍, 姚洋, 余淼杰, 等. 2013. 人口结构与国际贸易. 经济研究, 48(11): 87-99.
王培安. 2016. 实施全面两孩政策人口变动测算研究. 北京: 中国人口出版社.
王跃生. 2006. 当代中国家庭结构变动分析. 中国社会科学, (1): 96-108, 207.
吴顺军, 马慧芳. 2019. 关于全面放开生育政策的探讨. 新西部, (12): 10-11.
吴卫星, 李雅君. 2016. 家庭结构和金融资产配置——基于微观调查数据的实证研究. 华中科技大学学报(社会科学版), 30(2): 57-66.
谢绵陛. 2017. 中国家庭财富构成和分布特征研究. 云南财经大学学报, 33(4): 86-97.
新浪爱问共享资料. 2012. Netherlands. http: //ishare.iask.sina.com.cn/f/23536560.html[2012-03-16].
熊婉茹, 顾大男, 曾毅. 基于六普数据的城乡男女 0—105 岁单岁生命表. 该论文已向学术期刊投稿, 正在评审之中.
徐安琪. 2013. 家庭价值观的变迁特征探析.中州学刊, (4): 75-81.
杨丹旭. 2014. 成熟组屋区将建三代同堂单位 ——当局也考虑奖励多代人到新镇同住. https: //www.hdb.gov.sg/cs/infoweb/residential/ buying-a-flat/resale/living-with-near- parents-or-married -child [2015-12-26].
杨善华. 2011.中国当代城市家庭变迁与家庭凝聚力. 北京大学学报(哲学社会科学版), 48(2): 150-158.
杨霞, 徐邓耀. 2011.城市发展中人口结构变化与住房需求的研究. 开发研究, (2): 84-87.
杨燕绥. 2013. 养老体制改革方案. http: //politics.people.com.cn/n/2013/0814/c70731-22555748. html [2015-11-15].
姚远. 2001. 中国家庭养老研究述评. 人口与经济, 1: 33-43, 11.
衣新发, 赵倩, 蔡曙山. 2012. 中国军人心理健康状况的横断历史研究: 1990～2007. 心理学报, 44(2): 226-236.
尹文耀, 姚引妹, 李芬. 2013. 生育水平评估与生育政策调整. 中国社会科学, (6): 109-128, 206-207.
于学军. 1992. 抚养子女和赡养老人的家庭支出. 北京: 中国人口与发展研究中心.
于长永, 刘二鹏, 代志明. 2017. 生育公平、人口质量与中国全面鼓励二孩政策. 人口学刊, 39(3):

5-20.

余淼杰. 2018. 余淼杰谈中美贸易. 北京: 北京大学出版社.

曾毅. 2001. 农村社会养老保险与计划生育综合改革一体工程——计生系统面临的历史性机遇. 人口研究, 25(6): 75-77.

曾毅. 2005. 中国人口老化、退休金缺口与农村养老保障. 经济学(季刊), (3): 1043-1066.

曾毅. 2006. 试论二孩晚育政策软着陆的必要性与可行性. 中国社会科学, (2): 93-109, 207.

曾毅. 2009. 二孩晚育软着陆方案有利于解决我国出生性别比偏高问题. 社会科学, (8): 54-59, 188.

曾毅. 2012. 力推"二孩晚育软着陆". 新领军决策参考, (17): 32-33.

曾毅. 2014a. "尽快启动普遍二孩软着陆, 实现人口经济社会均衡发展"//中国社会科学院人口与劳动经济研究所. 中国人口年鉴. 北京: 中国社会科学出版社: 199-227.

曾毅. 2014b. 继续完善生育政策调整的思考. 中国国情国力, (2): 59-61.

曾毅. 2015. 尽快实施城乡"普遍允许二孩"政策既利国又惠民. 人口与经济, (5): 115-126.

曾毅. 2018a. 鼓励生育二孩利国益民并有助于粮食安全. 科技促进发展, 14(Z1): 7-16.

曾毅. 2018b. 全面放开生育政策并鼓励二孩，促进国家发展和家庭福祉. 改革内参・高层报告.

曾毅. 2021. 完善人口政策和提倡尊老爱幼代际互助家庭模式. 科技导报, 39(3): 130-140.

曾毅, 陈华帅, 王正联. 2012. 21 世纪上半叶老年家庭照料需求成本变动趋势分析. 经济研究, 47(10）: 134-149.

曾毅, 胡鞍钢. 2017. 整合卫生计生服务与老龄工作, 促进亿万家庭福祉. 人口与经济, (4): 36-42.

曾毅, 金沃泊, 王正联. 1998. 多维家庭人口预测模型的建立及应用. 中国人口科学, (5): 1-17.

曾毅, 王正联. 2004. 中国家庭与老年人居住安排的变化. 中国人口科学, (5): 2-8.

曾毅, 王正联. 2010. 我国 21 世纪东、中、西部人口家庭老化预测和对策分析. 人口与经济, (2): 1-10, 37.

翟振武, 陈佳鞠, 李龙. 2015. 现阶段中国的总和生育率究竟是多少?——来自户籍登记数据的新证据. 人口研究, 39(6): 22-34.

张金峰. 2007. 社会养老保险新政的运行效果分析——基于沈阳市国有大型企业的调查. 石家庄经济学院学报, (6): 27-29.

张理义, 仲爱芳, 孔令明, 等. 2013. 不同年代军人适应不良状况的差异: 独生子女政策的影响. 国际精神病学杂志, 40(2): 69-73.

郑真真. 2004. 中国育龄妇女的生育意愿研究. 中国人口科学, (5): 73-78.

庄亚儿, 姜玉, 王志理, 等. 2014. 当前我国城乡居民的生育意愿——基于 2013 年全国生育意愿调查. 人口研究, 38(3): 3-13.

Abbasi-Shavazi M J, Bagi M.2019. Household formation and living arrangements of the youth in Iran: evidence of delay in the transition to independent living. Quarterly Journal of Iranian Association for Cultural Studies & Communication (forthcoming).

Abbasi-Shavazi M J, Bagi M. 2020. Household formation and living arrangements of the youth in Iran: evidence of delay in the transition to independent living. Quarterly of Cultural Studies & Communication, 16(59): 243-274.

Abbasi-Shavazi M J, Hosseini-Chavoshi M. 2013. Fertility changes during last four decades. Statistical Research and Training Center (SRTC).

Abbasi-Shavazi M J, Khani S. 2014. Economic insecurity and fertility: case study of married women in Sanandaj district. Journal of Population Association of Iran, 9(17): 37-76.

Abbasi-Shavazi M J, Khani S. 2016. Economic insecurity, marriage and fertility ideals: a study among mothers and children generations in Sanandaj district. Iranian Population Studies Journal, 2(4): 63-99.

Aghajanian A, Thompson V. 2013. Female headed households in Iran (1976-2006). Marriage & Family Review, 49(2): 115-134.

Ahlburg D A. 1995. Simple versus complex models: evaluation, accuracy and combining. Mathematical Population Studies, 5(3): 281-290.

Aidar T, Bilac E, Brusse G. 2017. Age of children leaving home in São Paulo State, Brazil: tendencies, sex, and race differences from 1991 to 2010. Cape Town: XXVIII International Population Conference, International Union for the Scientific Study of Population (IUSSP).

Albert S M, Freedman V A. 2010. Public Health and Aging: Maximizing Function and Well-Being. New York: Springer Publishing Company.

Alemayehu B, Warner K E. 2004. The lifetime distribution of health care costs. Health Services Research, 39(3): 627-642.

Alho J, Keilman N. 2010. On future household structure. Journal of the Royal Statistical Society: Series A (Statistics in Society), 173(1): 117-143.

Allison P D. 1995. Survival analysis using the SAS system: a practical guide. Cary, NC: SAS Institute Inc.

Alonso F. 2002. The benefits of building barrier-free: a contingent valuation of accessibility as an attribute of housing. European Journal of Housing Policy, 2(1): 25-44.

American Public Health Association. 2009. Building code development, adoption and enforcement problems impacting injury prevention in, and usability of, homes and other Buildings. American Public Health Association.

Annie E, Casey Foundation. 2012. Children in single-parent families, 2000-2011. Kids Count Data Center, Annie E. Casey Foundation. https: //datacenter.kidscount.org/data/line/106-children-in-single-parent-families?loc=1&loct=1#1/any/false/867,133,38,35,18,17,16,15,14,13/asc/any/430 [2015-05-08].

Anstey K J, Byles J E, Luszcz M A, et al. 2010. Cohort profile: the dynamic analyses to optimize ageing (DYNOPTA) project. International Journal of Epidemiology, 39(1): 44-51.

Arias B. 2004. United States life table, 2002. Hyattsville, Maryland: National Center for Health Statistics.

Auerbach A, Kotlikoff L. 1987. Dynamic Fiscal Policy. Cambridge: Cambridge University Press.

Azar C, Sterner T. 1996. Discounting and distributional considerations in the context of global warming. Ecological Economics, 19(2): 169-184.

Bachman D, Barua A. 2015. Single person households: another look at the changing American family behind the numbers. http: //dupress.com/articles/single-person- households-andchanging-american-family/[2019-04-15].

Bacon B, Pennec S. 2007. APPSIM-Modelling family formation and dissolution. Working paper No.4. National Centre for Social and Economic Modeling: University of Canberra.

Baer W C. 1990. Aging of the housing stock and components of inventory change//Myers D.

Housing demography. Madison: University of Wisconsin Press.

Bagi M. 2019. Household dynamics in Iran: study of the factors affecting on living arrangements, household structure and size during the last three decades. the dissertation submitted in partial fulfilment of requirement for the degree of doctor of philosophy in demography, faculty of social sciences, Department of Demography, University of Tehran.

Barro R, Becker G. 1989. Fertility choice in a model of economic growth. Econometrica, 57(2): 481-501.

Barro R J. 1974. Are government bonds net wealth?. Journal of Political Economy, 82(6): 1095-1117.

Bass D M, Looman W J, Ehrlich P. 1992. Predicting the volume of health and social services: integrating cognitive impairment into the modified Andersen framework. The Gerontologist, 32(1): 33-43.

Bauernschuster S, Hener T M, Rainer H. 2016. Children of a (policy) revolution: the introduction of universal child care and its effect on fertility. Journal of the European Economic Association, 14(4): 975-1005.

Beaudry P, van Wincoop E. 1996. The intertemporal elasticity of substitution: an exploration using a US panel of state data. Economica, 63(251): 495-512.

Becker C M, Paltsev S. 2001. Macro-experimental economics in the kyrgyz republic: social security sustainability and pension reform. Comparative Economic Studies, 43(3): 1-34.

Bédard D. 1999. Stochastic pension funding: proportional control and bilinear processes. ASTIN. Bulletin, 29(2): 271-293.

Belcher J C. 1967. The one-person household: a consequence of the isolated nuclear family?. Journal of Marriage and the Family, 29(3): 534-540.

Bell M, Cooper J. 1990. Household forecasting: replacing the headship rate model. Melbourne: the Fifth National Conference, Australian Population Association.

Bennett N G, Horiuchi S. 1981. Estimating the completeness of death registration in a closed population. Population Index, 47(2): 207-221.

Berquó E S, Waldvogel B C, Garcia S, et al. 2014. Reproduction after 30 years in the state of São Paulo. http. //dx. doi.org/10.1590/S0101-30982014000300002[2016-10-15].

Berson D W, Lereah D, Merski P, et al. 2006. America's home forecast: the next decade for housing and mortgage finance. The Homeownership Alliance.

Bhat C R, Sen S. 2005. Household vehicle type holdings and usage: an application of the multiple discrete-continuous extreme value (MDCEV) model. Transportation Research Part B: Methodological, 40(1): 35-53.

Bhattacharya J, Cutler D M, Goldman D P, et al. 2004. Disability forecasts and future medicare costs. Forum for Health Economics & Policy, 7(1): 75-94.

Bianchi S M, Subaiya L, Kahn J R. 1999. The gender gap in the economic well-being of nonresident fathers and custodial mothers. Demography, 36(2): 195-203.

Bin S, Dowlatabadi H. 2005. Consumer lifestyle approach to US energy use and the related CO_2 emissions. Energy Policy, 33(2): 197-208.

Birdsall N, Kelley A, Sinding S. 2001. Population matters: demographic change, Economic Growth, and Poverty in the Developing World. Oxford: Oxford University Press.

Bjorner T B. 1999. Demand for car ownership and car use in Denmark: a Micro Econometric Model. International Journal of Transport Economics, 26(3): 377-395.

Blanchard O J. 1985. Debt, deficits, and finite horizons. Journal of Political Economy, 93(2): 223-247.

Blanchard O J, Fischer S. 1987. Lectures on Macroeconomics. Cambridge: MIT Press.

Boaz R F, Muller C F. 1992. Paid work and unpaid help by caregivers of the disabled and frail elders. Medical Care, 30(2): 149-158.

Boland L A. 1989. The Methodology of Economic Model Building. London: Routledge.

Bongaarts J. 1987. The projection of family composition over the life course with family status life tables //Bongaarts J, Burch T K, Wachter K. Family Demography: Methods and Applications. Oxford: Clarendon Press: 189-212.

Bongaarts J. 2001. Fertility and reproductive preferences in post-transitional societies, Population and Development Review, 27(4): 260-281.

Bongaarts J, Feeney G. 1998. On the quantum and tempo of fertility. Population and Development Review, 24(2): 271-291.

Booth H. 1984. Transforming gompertis function for fertility analysis: the development of a standard for the relational gompertz function. Population Studies, 38(3): 495-506.

Borgoni R, Ewert U C, Prskawetz A. 2002. How important are household demographic characteristics to explain private car use patterns? A multilevel approach to Austrian data. Rostock: Max Planck Institute for Demographic Research.

Brace P, Sims-Butler K, Arceneaux K, et al. 2002. Public opinion in the American states: new perspectives using national survey data. American Journal of Political Science, 46(1): 173-189.

Brass W. 1974. Perspectives in population prediction: illustrated by the statistics of England and Wales. Journal of the Royal Statistical Society, 137(4): 532-570.

Brass W. 1975. Methods for estimating fertility and mortality from limited and defective data. Chapel Hill: The University of North Carolina, International Program of Laboratories for Population Statistics.

Brass W. 1983. The formal demography of the family: an overview of the proximate determinants // British Society for Population Studies. The family. London: Office of Population Censuses and Surveys: 37-49.

Brault M W. 2008. Americans with disabilities: 2005. Washington D. C. : US Census Bureau.

Breeze E, Sloggett A, Fletcher A. 1999. Socioeconomic and demographic predictors of mortality and institutional residence among middle aged and older people: results from the longitudinal study. Journal of Epidemiology and Community Health, 53(12): 765-774.

Brenkert A,Sands R, Kim S, et al. 2004. Model documentation for the SGM, Pacific Northwest National Laboratory, PNNL-14256.

Building Code Development, Adoption, and Enforcement Problems Impacting Injury Prevention in, and Usability of, Homes and Other Buildings. https: //www.apha.org/policies-and-advocacy/public-health-policy-statements/policy-database/2014/07/22/08/42/building-code-development-adoption-and-enforcement-problems-affecting-injury-prevention[2021-06-30].

Büttner T, Grübler A. 1995. The birth of a “Green” generation? Generational dynamics of resource consumption patterns. Technological Forecasting and Social Change, 50(2): 113-134.

Bumpass L, Lu H H. 2000. Trends in cohabitation and implications for children's family contexts in the United States. Population Studies, 54(1): 29-41.

Bumpass L L, Sweet J A. 1995. Cohabitation, marriage, and non-marital childbearing and union stability: Preliminary findings from NSFH2. NSFH Working Paper No 65. Madison: University of Wisconsin, Center for Demography and Ecology.

Burch T K. 1999a. Comment on a comparison between headship-rate approach and the ProFamy method. Personal email communication.

Burch T K. 1999b. Computer modeling of theory: explanation for the 21st century. PSC Discussion Papers Series 13(4): 1.

Burch T K, Matthews B J. 1987. Household formation in developed societies. Population and Development Review, 13(3): 495-511.

Cai F, Du Y. 2009. The China population and labor yearbook: the approaching Lewis Turning Point and its policy implications. Leiden: BRILL.

Cairns A J G, Parker G. 1997. Stochastic pension fund modelling. Insurance: Mathematics and Economics, 21(1): 43-79.

California Energy Commission. 2003. Forecasts of California transportation energy demand, 2003-2023. Prepared in support of the Transportation Report under the Integrated Energy Policy Report Proceeding.

Campbell P R. 2002. Evaluating forecast error in state population projections using census 2000 counts. U. S. Census Bureau Population Division Working Paper Series No. 57. https: //www.semanticscholar.org/paper/Evaluating-Forecast-Error-in-State-Population-Using-Campbell/5c9c8093773cf7303b858785346661ce0d7010c7 [2015-05-26].

Cao X, P L Mokhtarian. 2003. The future demand for alternative fuel passenger vehicles: a diffusion of innovation approach. https: //www.researchgate.net/publication/237627564_THE_FUTURE_DEMAND_FOR_ALTERNATIVE_FUEL_PASSENGER_VEHICLES_A_DIFFUSION_OF_INNOVATION_APPROACH [2015-06-18].

Carlsson-Kanyama A, Lindén A L. 1999. Travel patterns and environmental effects now and in the future: Implications of differences in energy consumption among socio-economic groups. Ecological Economics, 30(3): 405-417.

Casper L M, Cohen P N. 2000. How does POSSLQ measure up? Historical estimates of cohabitation. Demography, 37(2): 237-245.

Center for Medicare and Medicaid Services. 2004. Projections of national health expenditures: methodology and model specification. Baltimore: the Centers for Medicare & Medicaid Services. http: //www.cms.hhs.gov/statistics/nhe/projections-methodology/ [2015-05-28].

Chadiha L A, Proctor E K, Morrow-Howell N, et al. 1995. Post-hospital home care for African-American and White elderly. The Gerontologist, 35(2): 233-239.

Chappell N L. 1991. Living arrangements and sources of caregiving. Journal of Gerontology, 46(1): S1-S8.

Chappell N L, Dlitt B H, Hollander M J, et al. 2004. Comparative costs of home care and residential care. The Gerontologist, 44(3): 389-400.

Cherlin A J. 1992. Marriage, Divorce, Remarriage. Cambridge: Harvard University Press.

Cherlin A J. 1999. Going to extremes: family structure, children's well-being, and social science. Demography, 36(4): 421-428.

Cheung A K L, Yeung W J J. 2015. Temporal-spatial patterns of one-person households in China, 1982-2005. Demographic Research, 32(44): 1209-1238.

Clark R, Peck B M. 2012. Examining the gender gap in life expectancy: a cross-national analysis, 1980-2005. Social Science Quarterly, 93(3): 820-837.

Clark R L, Spengler J J. 1978. Changing demography and dependency costs: the implications of new dependency ratios and their composition//Herzog B. Aging and Income. New York: Human Sciences Press: 55-89.

Cline W. 1992. Global warming: the economic stakes. Washington D. C. : Institute for International Economics.

Close J, Ellis M, Hooper R, et al. 1999. Prevention of falls in the elderly trial (PROFET): a randomised controlled trial. The Lancet, 353(9147): 93-97.

Coale A J. 1984. Life table construction on the basis of two enumerations of a closed population. Population Index, 50(2): 193-213.

Coale A J. 1985. An extension and simplification of a new synthesis of age structure and growth. Asian and Pacific Forum, 12(1): 5-8.

Coale A, Trussell T J. 1974. Model fertility schedules: variations in the age structure of childbearing in human populations. Population Index, 40(2): 185-258.

Coale A J, Demeny P, Vaughan B. 1983. Regional Model Life Tables and Stable Populations. New York: Academic Press.

Cohen D H, Kozak R A, Vidal N, et al. 2003.Performance expectations and needs of the Japanese house consumer. Forest Products Journal, 55(5): 37-44.

Collia D V, Sharp J, Giesbrecht L. 2003. The 2001 national household travel survey: a look into the travel patterns of older Americans. Journal of Safety Research, 34(4): 461-470.

Congressional Budget Office. 2004. Financing long-term care for the elderly. The Congress of the United States.

Costa D. 2000. Long-term declines in disability among older men: medical care, public health, and occupational change. Cambridge: National Bureau of Economic Research .

CRCA (China Research Center on Aging). 1994. A Data Compilation of The Survey On China's Support Systems for the Elderly. Beijing: Hua Ling Press.

Crone T M, Mills L O. 1991. Forecasting trends in the housing stock using age-specific demographic projections. Journal of Housing Research, 2(1): 1-20.

Crowley F D. 2004. Pikes peak area council of governments: small area estimates and projections 2000 through 2030. Southern Colorado Economic Forum, University of Colorado at Colorado Springs.

Cutler D M, Meara E. 1999. The concentration of medical spending: an update. NBER Working Paper No. W7279 Issued in August.

Dalton M, O'Neill B , Prskawetz A, et al. 2008. Population aging and future carbon emissions in the United States. Energy Economics, 30(2): 642-675.

Davies R. 2013. Promoting fertility in the EU, social policy options for member states, library briefing, Library of the European Parliament. http: //www.europarl.europa.eu/RegData/bibliotheque/briefing/2013/130519/LDM_BRI(2013)130519_REV2_EN.pdf [2014-02-12].

Davis L W. 2003. A dynamic model of demand for durable goods that consume energy. Madison: University of Wisconsin-Madison.

Davis L W. 2004. The role of durable goods in household water and energy consumption: the case of front loading clothes washers. Madison: University of Wisconsin-Madison.

Davis L W. 2008. Durable goods and residential demand for energy and water: evidence from a field trial. The RAND Journal of Economics, 39(2): 530-546.

Davis S C, Diegel S W. 2009. Transportation energy data book, edition 24. Oak Ridge National Laboratory. http: //cta.ornl.gov/data/index. shtml [2010-08-09].

Day J C. 1996. Population projections of the United States by age, sex, race, and Hispanic origin: 1995 to 2050.Washington D. C. : US Government Printing office.

de Jong G C. 1990. An indirect utility model of car ownership and private car use. European Economic Review, 34(5): 971-985.

de la Maisonneuve C, Martins J O. 2014. The future of health and long-term care spending. OECD Journal: Economic Studies, (1): 61-96.

de Valk H A G, Bordone V. 2018. Co-residence of adult children with their parents: differences by migration background explored and explained. Journal of Ethnic and Migration Studies, 45(10): 1790-1812.

Deaton A. 1997. The analysis of household surveys. Washington D. C. : The World Bank.

Demographic Research. http: //www.demogr.mpg.de/Papers/Workin/wp-2002-006.pdf[2014-11-13].

Doblhammer G, Lutz W, Pfeiffer C. 1997. Tabellenband and Zusammenfassung erster Ergebnisse: Familien - und Fertilitätssurvey (FFS) 1996.Vienna: Österreichisches Institut für Familienforschung.

Doty P. 1986. Family care of the elderly: the role of public policy. The Milbank Quarterly, 64(1): 34-75.

Dunstan K, Ball C. 2016. Demographic projections: user and producer experiences of adopting a stochastic approach. Journal of Official Statistics, 32(4): 947-962.

Dykstra P A, Kalmijn M, Knijn T C M, et al. 2006. Family solidarity in the Netherlands. Amsterdam: Dutch University Press.

Ediev D. 2007. On projecting the distribution of private households by size. Vienna: Vienna Institute of Demography Working paper, 4/2007.

Ediev D, Yavuz S, Yüceşahin M. 2012. Private households in Turkey: big changes ahead. Population Review, 51(1): 28-49.

Egan-Robertson D, Harrier D, Wells P. 2008. A report on projected state and county populations and households for the period 2000-2035 and municipal populations, 2000-2030.

EIA (Energy Information Administration). 2004. Annual Energy Review 2003. https: //www.eia.gov/totalenergy/data/annual/previous. php [2011-08-02].

EIA (Energy Information Administration). 2019. Annual Energy Review—Energy Consumption by Sector. U.S. Department of Energy. https: //www.eia.gov/totalenergy/data/annual/[2020-02-01].

Eini-Zinab H, Shams-Ghahfarokhi F, Sajedi A, et al. 2016. Modeling and forecasting mortality in

Iran: 1996-2041. Hakim Health Sys Res, 18 (4) : 336-346.

Electrobrás. 2007. Projeção do nº de Domicílios pela Metodologia da Taxa de Chefia. 16.

Empresa de Pesquisa Energética. 2004. Projeção Demográfica e de Domicílios. 19.

Bradley E P, Kohler N. 2007. Methodology for the survival analysis of urban building stocks. Building Research & Information, 35(5): 529-542.

ESRI. 2007. Evaluating population projections—the importance of accurate forecasting. http: //www.esri.com/library/whitepapers/pdfs/evaluating-population.pdf [2021-06-07].

Euromonitor International. 2012. Special report: rise in single-person households globally impacts consumer international. Spending Patterns. London: Euromonitor International.

European Commission. 2015. The 2015 ageing report. Economic and budgetary projections for the 28 EU Member States (2013-2060). Luxembourg: European Union.

Ewert U C, Prskawetz A. 2001. Can regional variations in demographic structure explain regional differences in car use? A case study in Austria. Population and Environment, 23(3): 315-345.

Fair R C, Taylor J B. 1983. Solution and maximum likelihood estimation of dynamic nonlinear rational expectations models. Econometrica, 51(4): 1169.

Fancy S G. 1997. A new approach for analyzing bird densities from variable circular-plot counts. Pacific Science, 51(1): 107-114.

Farmer M C, Randall A. 1997. Policies for sustainability: lessons from an overlapping generations model. Land Economics, 73(4): 608-622.

Feng Q S, Wang Z L, Choi S, et al. 2020. Forecast households at the county level: an application of the ProFamy extended cohort-component method in six counties of Southern California, 2010 to 2040. Population Research and Policy Review, 39: 253-281.

Feng Q S, Wang Z L, Gu D N, et al. 2011. Household vehicle consumption forecasts in the United States, 2000 to 2005. International Journal of Market Research, 53(5): 593-618.

Feng Q S, Yeung W J J, Wang Z L, et al. 2018. Age of retirement and human capital in an aging China, 2015-2050. European Journal of Population, 35(1): 29-62.

FIFARS (Federal Interagency Forum Aging Related Statistics). 2000. Older Americans 2000: Key indicators of wellbeing. Federal Interagency Forum on Aging-Related Statistics. Washington D. C.: Government Printing Office.

FIFARS (Federal Interagency Forum Aging Related Statistics) . 2004. Older Americans 2004: Key indicators of wellbeing. Federal Interagency Forum on Aging-Related Statistics. Washington D. C.: Government Printing Office.

FIFARS (Federal Interagency Forum Aging Related Statistics). 2008. Older Americans 2008: Key indicators of wellbeing. Federal Interagency Forum on Aging-Related Statistics. Washington D. C.: Government Printing Office.

FIFARS (Federal Interagency Forum Aging Related Statistics). 2010. Older Americans 2010: Key Indicators of Wellbeing. Federal Interagency Forum on Aging-Related Statistics. Washington D. C.: Government Printing Office.

FIFARS (Federal Interagency Forum Aging Related Statistics) . 2012. Older Americans 2012: Key Indicators of Wellbeing. Federal Interagency Forum on Aging-Related Statistics. Washington D. C.: Government Printing Office.

Fioravante E F. 2009. Projeção de domicílios por modelo multiestado e aplicação para previsão da frota de automóveis em Belo Horizonte//Fioravante E F. Centro de Desenvolvimento e Planejamento Regional da Faculdade de Ciências Econômicas da Universidade Federal de Minas Gerais: UFMG Belo Horizonte.

Forrest R, Leather P. 1998. The ageing of the property owning democracy. Ageing and Society, 18(1): 35-63.

Fox K E. 2009. Finding balance in a family of one: time use in single person households. http: //ecommons.luc.edu/luc_diss/273 [2021-06-07].

Frank R G. 2012. Long-term care financing in the United States: sources and institutions. Applied Economic Perspectives and Policy, 34(2): 333-345.

Freedman V A. 1996. Family structure and the risk of nursing home admission. Journal of Gerontology, 51B (2): S61-S69.

Freedman V A, Crimmins E, Schoeni R F, et al. 2004. Resolving inconsistencies in trends in old-age disability: report from a technical working group. Demography, 41(3): 417-441.

Freedman V A, Martin L G. 2000. Contribution of chronic conditions to aggregate changes in old-age functioning. American journal of public health, 90(11): 1755-1760.

Freedman V A, Martin L G, Schoeni R F. 2002. Recent trends in disability and functioning among older adults in the United States. Journal of the American Medical Association, 288(24): 3137-3146.

Fries J F. 1980. Aging, natural death and the compression of morbidity. New England Journal of Medicine, 80(3): 130-135.

Fu X, Heaton T B. 1995. A cross-national analysis of family and household structure. International Journal of Sociology of the Family, 25(2): 1-32.

Fujisawa R, Colombo F. 2009. The long-term care workforce: overview and strategies to adapt supply to a growing demand.OECD Health Working Papers.

Gan J. 2010. Housing wealth and consumption growth: evidence from a large panel of households. The Review of Financial Studies, 23(6): 2229-2267.

Geanakoplos J, Polemarchakis H. 1991. Overlapping generations, Chapter 35// Hildenbrand W, Sonnenschein H. Handbook of Mathematical Economics. Amsterdam: Elsevier: 1899-1960.

George M V.1999. On the use and users of demographic projections in Canada. Perugia: Conference of European Statisticians, Joint ECE-EUROSTAT Work Session on Demographic Projections.

Gerlagh R, van der Zwaan B C C. 2000. Overlapping generations versus infinitely-lived agent the case of global warming // Howarth R, Hall D. The Long-Term Economics of Climate Change. Stanford: JAI Press: 301-327.

Gerlagh R, van der Zwaan B C C. 2001. The effects of ageing and an environmental trust fund in an overlapping generations model on carbon emission reductions. Ecological Economics, 36(2): 311-326.

Givisiez G H N, Oliveira E L. 2011. Demanda demográfica até 2023 por idade e sexo para Brasil, UF e municípios segundo Tamanho do domicílio, Categorias de renda, Categorias de escolaridade do Chefe e Categorias de Déficit Habitacional. Convênio Cedeplar, Secretaria de Habitação do Ministério das Cidades e com o Mestrado em Planejamento Regional e Gestão de Cidades da

UCAM-Campos. Universidade Federal Fluminense.

Goldscheider F K. 1990. The aging of the gender revolution. Research on Aging, 12(4): 531-545.

Goldstein J R. 1999. The leveling of divorce in the United States. Demography, 36(3): 409-414.

Goldstein J, Mason C, Zagheni E. 2011. Can grandma help with the kids? A demographic analysis of the sandwich generation. Washington D. C.: In Annual Meeting of the Population Association of America.

Goldstein J R, Kenney C T. 2001. Marriage delayed or marriage forgone? New cohort forecasts of first marriage for US women. American Sociological Review, 66(4): 506-519.

Golob T F, Brownstone D. 2005. The impact of residential density on vehicle usage and energy consumption. Irvine: Working paper UCI-ITS-WP-05-1 at Institute of Transportation Studies, University of California.

Goode W J. 1963. World Revolution and Family Patterns. New York: The Free Press of Glencoe.

Goulder L H. 1995. Effects of carbon taxes in an economy with prior tax distortions: an intertemporal general equilibrium analysis. Journal of Environmental Economics and Management, 29(3): 271-297.

Green R, Hendershott P H. 1996. Age, housing demand, and real house prices. Regional Science and Urban Economics, 26(5): 465-480.

Greening L A, Jeng H T. 1994. Lifecycle analysis of gasoline expenditure patterns. Energy Economics, 16(3): 217-228.

Greening L A, Schipper L, Davis R E, et al. 1997. Prediction of household levels of greenhouse-gas emissions from personal automotive transportation. Energy, 22 (5): 449-460.

Gruenberg E M. 1977. The failures of success. Milbank Memorial Fund Quarterly, 55(1): 3-24.

Grundy E. 2001. Living arrangements and the health of older persons in developed countries. United Nations Population Bulletin, Special Issue Nos. 42/43.

Gu D, Feng Q, Wang Z, et al. 2015. Recommendation to consider the crucial impacts of changes in smaller household size and its structure on sustainable development goals. https: //sustainabledevelopment.un.org/topics/science/crowdsourcedbriefs [2014-06-15].

Gu D, Wang Z, Zeng Y. 2005. Time series of summary measures of elderly care needs and costs. Item 3 of Appendix of Phase I Report No.2-B: Preliminary Version of the Database to the National Institute on Aging.

Guilmoto C, de Loenzien M. 2015. Emerging, transitory or residual? One-person households in Viet Nam. Demographic Research, 32(42): 1147-1176.

Guvenen F. 2006. Reconciling conflicting evidence on the elasticity of intertemporal substitution: a macroeconomic perspective. Journal of Monetary Economics, 53(7): 1451-1472.

Haberman S, Wong L Y P. 1997. Moving average rates of return and the variability of pension contributions and fund levels for a defined benefit pension scheme. Insurance: Mathematics and Economics, 20(2): 115-135.

Hall R. 1988. Intertemporal substitution in consumption. Journal of Political Economy, 96(2): 339-357.

Hall R, Ogden P E, Hill C. 1997. The pattern and structure of one-person households in England and Wales and France. International Journal of Population Geography, 3(2): 161-181.

Hamayon S, Legros F. 2001. Construction and impact of a buffer fund within the French PAYG pension scheme in a demo-economic model. CESifo Working Paper No.531.

Hamilton B E, S Ventura. 2012. Birth rates for U.S. teenagers reach historic lows for all age and ethnic groups. http: //www.cdc.gov/nchs/data/databriefs/db89.pdf [2013-03-16].

Hammel E A. 2005. Demographic dynamics and kinship in anthropological populations. Proceedings of the National Academy of Science, 102(6): 2248-2253.

Hammel E A, Mason C, Wachter K , et al. 1991. Rapid population change and kinship: the effects of unstable demographic changes on Chinese kinship networks, 1750-2250// Tapinos G P, Blanchet D, Horlacher D. Consequences of Rapid Population Growth in Developing Countries: Proceedings of the United Nations. New York: Taylor & Francis: 243-272.

Hammel E A, Wachter K W, McDaniel C K. 1981. The kin of the aged in A.D. 2000: The chickens come home to roost //Kieseler S B, Morgan J N, Oppenheimer V K. Aging: Social change. New York: Academic Press: 11-39.

Hanika A. 1999. Realisierte Kinderzahl und zusätzlicher Kinderwunsch: Ergebnisse des Mikrozensus 1996. Statistische Nachrichten,5: 311–318.

Hanika A. 2000. Bevölkerungsvorausschätzung 2000-2050 für Österreich und die. Bundesländer. Statistische Nachrichten, 9(2001): 626-637.

Harper S. 2014. Introduction: Conceptualizing social policy for the twenty-first-century demography// Harper S, Hamblin K . International Handbook on Ageing and Public Policy. London: Edward Elgar Publishing.

Hartman M, Catlin A, Lassman D, et al. 2008. U.S. health spending by age, selected years through 2004. Health Affairs, 27(1): w1-w12.

Hayashi M. 2013. Long-term insurance in Japan-social background, evaluation and future; ministry of health, labor and welfare: Tokyo, Japan. http: //www.nuffieldtrust.org.uk/talks/slideshows/masahiko-hayashi-long-term-care-insurancejapan[2021-6-08].

He P. 1998. Research on balance and countermeasures of pension funds. Review of Economic Research, 9(2): 20-45.

Heffler S, Smith S, Keehan S, et al. 2005. U.S. health spending projections for 2004-2014. Health Affairs, 24(2): 74-85.

Hendershott P H, Weicher J C. 2002. Forecasting housing markets: lesson learned. Real Estate Economics, 30(1): 1-11.

Heuveline P, Timberlake J M. 2003. Toward a child-centered life course perspective on family structures: Multi-state early life tables //Klijzing E, Corijn M. Fertility and partnership in Europe: insights and lessons from comparative research, Volume Ⅱ. New York/Geneva: United Nations: 175-191.

Heywood F. 2005. Adaptation: altering the house to restore the home. Housing Studies, 20(4): 531-547.

Hill K, Choi Y. 2004. Death distribution methods for estimating adult mortality: sensitivity analysis with simulated data errors. Marin County: Adult mortality in developing countries workshop.

Himes C L. 1992. Future caregivers: projected family structures of older persons. Journal of Gerontology: Social Sciences, 47(1): S17-S26.

Ho J H. 2015. The problem group? Psychological wellbeing of unmarried people living alone in the

Republic of Korea. Demographic Research, 32(47): 1299-1328.

Hofferth S L. 1987. Recent trends in the living arrangements of children: a cohort life table analysis // Bongaarts J, Burch T, Wachter K W. Family Demography: Methods and Applications. Oxford: Clarendon Press: 168-188.

Hollmann F W, Mulder T J, Kallan J E. 2000. Methodology and assumptions for the population projections of the United States: 1999 to 2100. Washington D. C.: U.S. Bureau of the Census, Population Division Working Paper No.38.

Houser A, Jo Gibson M, Redfoot D L, et al. 2010. Trends in family caregiving and paid home care for older people with disabilities in the community data from the National Long-Term Care Survey. AARP Public Policy Institute: Washington D. C. assets.aarp.org/rgcenter/ppi/ltc/2010-09-care giving. pdf [2021-06-07].

Howarth R B. 1996. Climate change and overlapping generations. Contemporary Economic Policy, 14(4): 100-111.

Howarth R B. 1998. An overlapping generations model of climate-economy interactions. Scandinavian Journal of Economics, 100(3): 575-591.

Howarth R B, Norgaard R. 1992. Environmental valuation under sustainable development. American Economic Review, 82(2): 473-477.

Hu B, Wang J. 2019. Unmet long-term care needs and depression: the double disadvantage of community-dwelling older people in rural China. Health & Social Care in the Community, 27(1): 126-138.

Hu P S, Reuscher T R. 2004. Summary of travel trend: 2001 National Household Travel Survey. http: //nhts.ornl.gov/2001/pub/ STT. Pdf [2010-06-10].

IBGE. 2018. Projeções da população: Brasil e unidades da federação: revisão 2018/IBGE, Coordenação de População e Indicadores Sociais.2ed.Rio de Janeiro: IBGE.

Imhoff E . 1995. Household demography and household modeling. New York: Springer.

Imrie R. 2003. Housing quality and the provision of accessible homes. Housing Studies, 18(3): 387-408.

IPCC. 2000. Special Report on Emissions Scenarios. Cambridge: Cambridge University Press.

Ip F, McRae D. 1999. Small area household projections—a parameterized approach. Population Section, Ministry of Finance and Corporate Relations, Province of British Columbia, Canada.

Jamieson L, Simpson R. 2013. Living Alone: Globalization, Identity and Belonging. Basingstoke: Palgrave Macmillan.

Jiang F. 2012. Report: Nearly 90 percent of Chinese families own houses. http: //english. peopledaily. com.cn/90882/7817224.html[2013-12-09].

Jiang L, O'Neill B C. 2004. Toward a new model for probabilistic household forecasts. International Statistical Review, 72(1): 51-64.

Jiang L W, O'Neill B C. 2007. Impacts of demographic trends on US household size and structure. Population and Development Review, 33(3): 567-591.

Johansson-Stenman O. 2002. Estimating individual driving distance by car and public transport use in Sweden. Applied Economics, 34(8): 959-967.

Johnson D G. 2000. Social security for the rural elderly in China //Yin J Z, Lin S, Gates D F. Social security reform options for China. London: World Scientific: 229-246.

Johnson R W, Toohey D, Wiener J M. 2007. Meeting the long-term care needs of the baby boomers: how changing families will affect paid helpers and institutions. Washington D. C.: The Urban Institute.

Johnstone I M. 2001. Energy and mass flows of housing: estimating mortality. Building and Environment, 36(1): 43-51.

Jones G W, Hamid W. 2015. Singapore's pro-natalist policies: To what extent have they worked?//Rindfuss R R, Choe M K (eds.). Low and Lower Fertility. Cham: Springer: 33-61.

Kalbarczyk M, Mackiewicz-Łyziak J. 2019. Physical activity and healthcare costs: projections for poland in the context of an ageing population. Applied health economics and health policy, 17(4): 523-532.

Kalwij A. 2010. The impact of family policy expenditure on fertility in western Europe. Demography, 47(2): 503-519.

Kalwij A, Kapteyn A, De Vos K, et al. 2009. Early retirement and employment of the young, Discussion Paper. http: //www.rand.org/content/dam/rand/pubs/working_papers/2009/RAND_WR679.pdf[2013-03-07].

Karlaftis M, Golias J. 2002. Automobile ownership, households without automobiles, and urban traffic parameters: are they related?. Transportation Research Record: Journal of the Transportation Research Board, 1792(1): 29-35.

Kaufmann J C. 1994. Les menages d'une personne en Europe. Population (French Edition), 49: 935-958.

Kaye H S, Harington C, LaPlante M P. 2010. Long-term care: who gets It, who provides It, who pays, and how much?. Health Affairs, 29(1): 11-21.

Kaye H S, Kang T, LaPlante M P. 2000. Mobility device use in the United States (Vol. 14). Washington D. C. : National Institute on Disability and Rehabilitation Research, US Department of Education.

Kehoe T. 1991. Computation and multiplicity of equilibria, Chapter 38//Hildenbrand W, Sonnenschein H. Handbook of Mathematical Economics. Amsterdam: Elsevier: 2049-2144.

Keilman N. 1985. Nuptiality models and the two-sex problem in national population forecasts. European Journal of Population, 1(2/3): 207-235.

Keilman N. 1988. Dynamic household models//Keilman N, Kuijsten A, Vossen A. Modelling household formation and dissolution. Oxford: Clarendon Press: 123-138.

Keilman N. 2003. The threat of small households. Nature, 421(6922): 489-490.

Keilman N. 2018. Family projection methods: a review//Schoen R. Analytical Family Demography. New York: Springer Publisher.

Keilman N. 2019. Family projection methods: A review//Lichter D T, Qian Z (eds). Analytical Family Demography. Cham: Springer: 277-301.

Keilman N, Christiansen S. 2010. Norwegian elderly less likely to live alone in the future. European Journal of Population, 26(1): 47-72.

Kemper P, Komisar H L, Alecxih L. 2005. Long term care over an uncertain future: what can current retirees expect?. Inquiry, 42(4): 335-350.

Kennett P, Chan K W. 2011.Women and Housing: An International Analysis. New York: Routledge.

Kenney G M, Dubay L C. 1992. Explaining area variation in the use of medicare home health services. Medical Care, 30(1): 43-57.

Keyfitz N. 1971. On the momentum of population growth. Demography, 8(1): 71-80.

Keyfitz N. 1972. On future population. Journal of the American Statistical Association, 67(338): 347-363.

Khan H T A, Lutz W. 2008. How well did past UN population projections anticipate demographic trends in six south-east Asian countries?. Asian Population Studies, 4(1): 77-95.

Klinenberg E. 2012. Going Solo: The Extraordinary Rise and Surprising Appeal of Living Alone. New York: Penguin Press.

Kobrin F E. 1976. The fall in household size and the rise of the primary individual in the United States. Demography, 13(1): 127-138.

Koklic M K, Vida I. 2009. A strategic household purchase: consumer house buying behavior. Managing Global Transitions, 7(1): 5-96.

Kwasnicki W. 2013. Logistic growth of the global economy and competitiveness of nations. Technological Forecasting and Social Change, 80(1): 50-76.

Lakdawalla D, Goldman D P, Bhattacharya J, et al. 2003. Forecasting the nursing home population. Medical Care, 41(1): 8-20.

Lakdawalla D, Philipson T. 2002. The rise in old-age longevity and the market for long-term care. The American Economic Review, 92(1): 295-306.

Land K, Rogers C A. 1982. Multidimensional Mathematical Demography. New York: Academic Press.

LaPlante B. 2014. Normative groups: the rise of the formation of the first union through cohabitation in Quebec, a comparative approach. Population Research and Policy Review, 33(2): 257-285.

LaPlante M P, Kaye H S, Harrington C. 2007. Estimating the expense of a mandatory home-and community-based personal assistance services benefit under Medicaid. Journal of Aging & Social Policy, 19(3): 47-64.

Lareau T, Darmstadter J. 1983. Energy and household expenditure patterns. Washington D. C.: Resources for the Future.

Laslett P.1986. Kinship and its numerical history: a newly recognized source of change in the social structure. Majorca: a conference on kinship and family.

Laslett P. 1988. La parenté en chiffres. Annales Histoire, Sciences Sociales, 43(1): 5-24.

Laslett P. 1994. Kinship within and kinship beyond the household: instrumental kin relations and their availability in the European past, present, and future. Murcia the Murcia meeting on History of the Family.

Lawrance E C. 1991. Poverty and the rate of time preference: evidence from panel data. Journal of Political Economy, 99(1): 54-77.

Lawton M P, Rajagopal D, Brody E, et al. 1992. The dynamics of caregiving for a demented elder among black and white families. Journal of Gerontology, 47: S156-S164.

Lee R, Mason A. 2010. Fertility, human capital, and economic growth over the demographic transition. European Journal of Population, 26(2): 159-182.

Lee R, Miller T. 2002. An approach to forecasting health expenditures, with application to the US medicare system. Health Services Research, 37(5): 1365-1386.

Lee R, Tuljapurkar S. 2001. Population forecasting for fiscal planning: issues and innovation // Auerbach A J, Lee R D. Demographic changes and fiscal policy. Cambridge: Cambridge University Press: 7-57.

Lee Y J, Palloni A. 1992. Changes in the family status of elderly women in Korea. Demography, 29(1): 69-92.

Lesthaeghe R, van de Kaa D J. 1986. Twee demografische transities?//van de Kaa D J, Lesthaeghe R. Bevolking: Groei en Krimp, Deventer, Van Loghum Slaterus: 9-24.

Liu J, Zhu L. 2011. Empirical research on Chinese rural residential energy consumption. Journal of Agro-technical Economics, 31(2): 35-40.

Liu J G, Daily G C, Ehrlich P R, et al. 2003. Effects of household dynamics on resource consumption and biodiversity. Nature, 421(6922): 530-533.

Liu K, Manton K G, Aragon C. 2000. Changes in home care use by disabled elderly persons: 1982-1994. The Journals of Gerontology, 55 (4): S245-S253.

Liu L C, Wu G, Wang J N, et al. 2011. China's carbon emissions from urban and rural households during 1992-2007. Journal of Cleaner Production, 19(15): 1754-1762.

Lutz W. 2013. Demographic metabolism: a predictive theory of socioeconomic change. Population and Development Review, 38(2): 283-301.

Lutz W, Prinz C. 1994.The population module//Lutz W. Population-development-environment: Understanding their interactions in Mauritius. Berlin: Springer-Verlag Press: 221-231.

Lutz W, Samir K C. 2011. Global human capital: integrating education and population. Science, 333(6042): 587-592.

MacCracken C N, Edmonds J A, Kim S H, et al. 1999. The economics of the Kyoto Protocol. The Energy Journal, 20(Special Issue): 25-72.

MacKellar F L, Lutz W, Prinz C, et al. 1995. Population, households, and CO_2 emissions. Population and Development Review, 21(4): 849-866.

Maisel J, Smith E, Steinfeld E. 2008. Increasing home access: designing for visitability. AARP Public Policy Institute, 14(1): 1-34.

Maisel J L. 2006. Toward inclusive housing and neighborhood design: a look at visitability. Community Development, 37(3): 26-34.

Manne A. 1999. Equity, efficiency, and discounting, Chapter 12//Portney P, Weyant J. Discounting and Intergenerational Equity. Washington D. C.: Resources for the Future.

Manne A, Mendelsohn R, Richels R. 1995. MERGE: a model for evaluating regional and global effects of GHG reduction policies. Energy Policy, 23(1): 17-34.

Manton K G. 1982. Changing concepts of morbidity and mortality in the elderly population. Milbank Memorial Fund Quarterly Health and Society, 60(2): 183-244.

Manton K G, Gu X. 2001. Changes in the prevalence of chronic disability in the United States black and nonblack population above age 65 from 1982 to 1999. Proceedings of the National Academy of Sciences of the United States of America, 98(11): 6354-6359.

Manton K G, Gu X, Lamb V L. 2006. Change in chronic disability from 1982 to 2004/2005 as measured by long-term changes in function and health in the US elderly population. Proceedings of the National Academy of Sciences, 103(48): 18374-18379.

Manton K G, Singer B H, Suzman R M. 1993. Forecasting the health of elderly populations. New York: Springer New York.

Marini G, Scaramozzino P. 1995. Overlapping generations and environmental control. Journal of Environmental Economics and Management, 29(1): 64-77.

Martin L G, Schoeni R F, Andreski P. 2010. Trends in health of older adults in the United States: past, present, future. Demography, 47(1): S17-S40.

Martínez B Y. 2011. Proyecciones de hogares: una aplicación para Venezuela al horizonte 2021. Barcelona: Univesitat Autónoma de Barcelona (UAB).

Mason A, Racelis R. 1992. A comparison of four methods for projecting households. International Journal of Forecasting, 8(3): 509-527.

Mastrandrea M D, Schneider S H. 2004. Probabilistic integrated assessment of "dangerous" climate change. Science, 304(5670): 571-575.

Mayhew L. 2000. Health and elderly care expenditure in an aging world. IIASA: Laxenburg.

McGarry K, Schoeni R F. 2000. Social security, economic growth, and the rise in elderly widows' independence in the twentieth century. Demography, 37(2): 221-236.

McKibbin R, Vines D. 2000. Modelling reality: the need for both inter-temporal optimization and stickiness in models for policy-making. Oxford Review of Economic Policy, 16(4): 106-137.

Meen G. 1998. Modelling sustainable home-ownership: Demographics or economics?. Urban Studies, 35(11): 1919-1934.

Milner J, Madigan R. 2004. Regulation and innovation: rethinking 'inclusive' housing design. Housing Studies, 19(5): 727-744.

Minicuci N, Noale M, Bardage C, et al. 2003. Cross-national determinants of quality of life from six longitudinal studies on aging: The CLESA Project. Aging Clinical and Experimental Research, 15(3): 187-202.

Moffitt R. 2000. Demographic change and public assistance expenditures // Auerbach A J, Lee R D. Demographic Change and Public Policy. Cambridge: Cambridge University Press: 391-425.

Morgan S P. 2004. Interstate differentials in demographic rates are mostly caused by differences in racial compositions. Personal e-mail communication.

Morgan S P, Botev N. Chen R, et al. Huang. 1999. White and nonwhite trends in first birth timing: Comparisons using vital registration and current population surveys. Population Research and Policy Review, 18(4): 339-356.

Morris R, Caro F G, Hansa J E. 1998. Personal Assistance: The Future of Home Care. Baltimore: Johns Hopkins University Press.

Mosli R H, Kaciroti N, Corwyn R F, et al. 2016. Effect of sibling birth on BMI trajectory in the first 6 years of life. Pediatrics, 137(4): 2015-2456.

MSNBC. 2008. Gas prices put Detroit big three in crisis mode. https: //www.nbcnews.com/id/wbna 24896359[2010-06-10].

Mui A C, Burnette D. 1994. Long-term care service use by frail elders: is ethnicity a factor?. The Gerontologist, 34(2): 190-198.

Murphy M. 1991. Modelling households: A synthesis // Murphy M, Hobcraft J. Population Research in Britain, A supplement to Population Studies, Vol. 45. London: Population Investigation Committee, London School of Economics: 157-176.

Murphy M. 2004. Tracing very long-term kinship networks using SOCSIM. Demographic Research, 10(7): 171-196.

Murphy M. 2011. Long-term effects of the demographic transition on family and kinship networks in Britain. Population and Development Review, 37(s1): 55-80.

Murray C J L, Ferguson B D, Lopez A D, et al. 2003. Modified logit life table system: principles, empirical validation, and application. Population Studies, 57(2): 165-182.

Myers D, Pitkin J, Park J. 2002. Estimation of housing needs amid population growth and change. Housing Policy Debate, 13(3): 567-596.

National Center for Health Statistics. 2002. Cohabitation, marriage, divorce, and remarriage in the United States. Vital and Health Statistics, 23(22): 1-93.

National Center for Health Statistics. 2012. Health, United States, 2011: list of trend tables. http: //www.cdc.gov/nchs/hus/contents2011.htm [2012-11-16].

National Research Council. 2001. Preparing for an aging world: the case for cross-national research. Panel on a Research Agenda and New Data for an Aging World, Committee on Population and Committee on National Statistics, Division of Behavioral and Social Sciences and Education. Washing D. C. : National Academy Press.

Natural Resources of Canada. 2004. Light-duty vehicle fuel efficiency scenario: model year 1990 to 2010. https: //open.canada.ca/data/en/dataset/cf2feef0-8893-11e0-9d7c-6cf049291510[2010-06-10].

Nelson A C. 2006. Leadership in a new era. Journal of the American Planning Association, 72(4): 393-405.

New York State. 2019. https: //paidfamilyleave.ny.gov/paid-family-leave-information-employees [2019-05-11].

Ng S T, Skitmore M, Wong K F. 2008. Using genetic algorithms and linear regression analysis for private housing demand forecast. Building and Environment, 43(6): 1171-1184.

Nishioka H, Koyama Y, Suzuki T, et al. 2011. Household projections by prefecture in Japan 2005 - 2030: outline of results and methods. The Japanese Journal of Population, 9(1): 78-133.

Nordhaus W. 1994. Managing the global commons: the economics of climate change. Cambridge: MIT press .

Nordhaus W, Yang Z. 1996. A regional dynamic general equilibrium model of alternative climate change strategies. American Economic Review, 86(4): 741-765.

OECD (The Organisation for Economic Co-operation and Development). 2013. Pensions at a glance 2013: OECD and G20 indicators. https: //www.oecd-ilibrary.org/finance-and-investment/pensions-at-a-glance-2013_pension_glance-2013-en [2015-07-12].

Olshansky S J, Passaro D J, Hershow R C, et al . 2005. A potential decline in life expectancy in the United States in the 21st century. The New England Journal of Medicine, 352(11): 1138-1145.

Olshansky S J, Rudberg M A, Carnes B A, et al. 1991. Trading off longer life for worsening health: the expansion of morbidity hypothesis. Journal of Aging and Health, 3(2): 194-216.

O'Neill B C, Chen B S. 2002. Demographic determinants of household energy use in the United States. Population and Development Review, 28(2): 53-88.

O'Neill B C, MacKellar L, Lutz W. 2001. Population and Climate Change. Cambridge: Cambridge University Press.

O'Neill B C, Oppenheimer M. 2002. Dangerous climate impacts and the Kyoto Protocol. Science, 296(5575): 1971-1972.

Orsini C. 2010. Changing the way the elderly live: evidence from the home health care market in the United States. Journal of Public Economics, 94(1/2): 142-152.

Paes N A. 2005. Avaliação da cobertura dos registros de óbitos dos estados brasileiros em 2000. Revista De Saúde Pública, 39(6): 882-890.

Paget W J, Timaeus I M. 1994. A relational gompertz model of male fertility: development and assessment. Population Studies, 48(2): 333-340.

Park H, Choi J. 2015. Long-term trends in living alone among Korean adults: age, gender, and educational differences. Demographic Research, 32(43): 1177-1208.

Paulin G. 2000. Expenditure patterns of older Americans, 1984-1997. Monthly Labor Review, 123: 1984-1997.

Peck S J, Teisberg T J. 1992. CETA: a model for carbon emissions trajectory assessment. Energy Journal, 13(1): 55-77.

Pendall R, Freiman L, Myers D, et al. 2012. Demographic challenges and opportunities for U.S. housing markets. https: //www.urban.org/research/publication/ demographic-challenges-and-opportunities-us-housing-markets [2014-11-12].

Pinquart M, Sörensen S. 2005. Ethnic differences in stressors, resources, and psychological outcomes of family caregiving: a meta-analysis. The Gerontologist, 45(1): 90-106.

Pitkin J R, Myers D. 1994. The specification of demographic effects on housing demand: avoiding the age-cohort fallacy. Journal of Housing Economics, 3(3): 240-250.

Pollard J H. 1977. The continuing attempt to incorporate both sexes into marriage analysis. Mexico: The General Conference of the International Union for the Scientific Study of Population.

Poston D L, Duan C C. 2000. The current and projected distribution of the elderly and eldercare in the People's Republic of China. Journal of Family Issues, 21(6): 714-732.

Preston S H. 1984. Children and the elderly: divergent paths for America's dependents. Population Association of America (PAA) Presidential Address. Demography, 21(4): 435-457.

Preston S H, Heuveline P, Guillot M. 2001. Demography: Measuring and Modeling Population Processes. London: Blackwell Publishers.

Prskawetz A, Jiang L, O'Neill B C. 2002. Demographic composition and projections of car use in Austria. Vienna Yearbook of Population Research, 2: 274-326.

Prskawetz A, Jiang L, O'Neill B C. 2004. Demographic composition and projections of car use in Austria // Fent T, Prskawetz A. Vienna Yearbook of Population Research 2004, Vienna: Austrian Academy of Sciences Press: 274-326.

Pucher J, Evans T, Wenger J. 1998. Socioeconomics of urban travel: evidence from the 1995 NPTS. Transportation Quarterly, 52(3): 15-33.

Pudney S , Sutherland H. 1994. How reliable are micro simulation results?: An analysis of the role of sampling error in a U.K. tax-benefit model. Journal of Public Economics, 53(3): 327-365.

Pynoos J, Caraviello R, Cicero C. 2009. Lifelong housing: the anchor in aging-friendly communities. Generations, 33(2): 26-32.

Pynoos J, Nishita C, Cicero C, et al. 2008. Aging in place, housing, and the law. The Elder Law Journal, 16(1): 77.

Ramsey F. 1928. A mathematical theory of saving. The Economic Journal, 38(152): 543-559.

Rao J N K. 2003. Small area estimation. New York: John Wiley & Sons Inc.

Raymo J M. 2015. Living alone in Japan: relationships with happiness and health. Demographic Research, 32(46): 1267-1298.

Robinson K. 2007. Trends in health status and health care use among older women. https: //pdfs.semanticscholar.org/85f0/fbefead541cfbb760c4726e3f3eb5dc16cd1.pdf?_ga=2.116939782.1473739702.1597983248-1257702787.1576243406 [2014-10-12].

Rochelle G, Tanuseputro P, Manuel D G, et al. 2018. Transitions to long-term and residential care among older Canadians, Catalogue no. 82-003-X. Ottawa: Statistics Canada.

Rogers A. 1975. Introduction to Multiregional Mathematical Demography. New York: John Wiley & Sons.

Rogers A. 1986. Parameterized multistate population dynamics and projections. Journal of the American Statistical Association, 81(393): 48-61.

Ruggle S.1987. Prolonged Connections: The Rise of the Extended Family in Nineteenth Century England and America. Madison: University of Wisconsin Press.

Ruggles S. 1993. Confessions of a microsimulator: problems in modeling the demography of kinship. Historical Methods, 26(4): 161-169.

Ryder N B. 1965. The cohort as a concept in the study of social change. American Sociological Review, 30(2): 843-861.

Ryder N B. 1987. Reconsideration of a model of family demography//Bongaarts J, Burch T K, Watcher K. Family Demography: Methods and Their Applications. Oxford: Clarendon Press: 102-122.

Sadeghi R, Shekofteh M. 2017. Study of the impacts of unemployment on the delayed marriage of young people in Tehran. Social Development & Welfare Planning, 8 (30): 142-175.

Sanford J. 2010. The physical environment and home health care//The role of human factors in home health care. Washington D. C. : National Research Council: 211-245.

Saville-Smith K, James B, Fraser R, et al. 2007. Housing and disability: future proofing New Zealand's housing stock for an inclusive society. Aotearoa: Centre for Housing Research.

Schelling T C. 1992. Some economics of global warming. American Economic Review, 82(1): 1-14.

Schelling T C. 1995. Intergenerational discounting. Energy Policy, 23(4/5): 395-401.

Schenker N, Raghunathan T E. 2007. Combining information from multiple surveys to enhance estimation of measures of health. Statistics in Medicine, 26(8): 1802-1811.

Schipper L. 1996. Lifestyles and the environment: the case of energy. Daedalus, 125(3): 113-138.

Schmitt J. 2004. Estimating household consumption expenditures in the United States using the interview and diary portions of the 1980, 1990, and 1997 Consumer Expenditure Surveys. https: //core.ac.uk/reader/6360800 [2011-11-21].

Schoen R. 1981. The harmonic mean as the basis of a realistic two-sex marriage model. Demography,

18(2): 201-216.

Schoen R. 1988. Modeling Multigroup Populations. New York: Plenum Press.

Schoen R, Standish N. 2001. The retrenchment of marriage: results from marital status life tables for the United States. Population and Development Review, 27(3): 553-563.

Serup-Hansen N, Wickstrøm J, Kristiansen I S. 2002. Future health care costs—do health care costs during the last year of life matter?. Health Policy, 62(2): 161-172.

Shekell P G, Ortiz E, Newberry S J, et al. 2005. Identifying potential health care innovations for the future elderly. Health Affairs, 24(Suppl 2): W5-R67-R76.

Sin Y. 2005. Pension liabilities and reform options for old age insurance. Working Paper Serial on China. 2005-1. Washington D. C. : The World Bank.

Singer B H, Manton K G. 1998. The effects of health changes on projections of health service needs for the elderly population of the United States. Proceedings of the National Academy of Sciences, 95(26): 15618-15622.

Smith S K. 2003. Small area analysis//Demeny P, McNicoll G. Encyclopedia of population. Farmington Hills: Macmillan Reference: 898-901.

Smith S K. 1997. Further thoughts on simplicity and complexity in population projection models. International Journal of Forecasting, 13(4): 557-565.

Smith S K, House M. 2006. Snowbirds, sunbirds, and stayers: seasonal migration of elderly adults in Florida. The Journals of Gerontology: Series B, 61(5): S232-S239.

Smith S K, Morrison P A. 2005. Small area and business demography // Poston D L, Micklin M. Handbook of population. New York: Kluwer Academic/Plenum Publishers: 761-786.

Smith S K, Rayer S, Smith E , et al. 2012. Population aging, disability and housing accessibility: implications for sub-national areas in the United States. Housing Studies, 27(2): 252-266.

Smith S K, Rayer S, Smith E A. 2008. Aging and disability: implications for the housing industry and housing policy in the United States. Journal of the American Planning Association, 74(3): 289-306.

Smith S K, Sincich T. 1992. Forecasting state and household populations: evaluating the forecast accuracy and bias of alternative population projects for states. International Journal of Forecasting, 8(3): 495-508.

Smith S K, Tayman J, Swanson D A. 2001. State and Local Population Projections and Analysis. New York: Kluwer Academic/Plenum.

Smith S K, Tayman J, Swanson D A. 2013. A Practitioner's Guide to State and Local Population Projections. Dordrecht: Springer.

Smock P J. 2000. Cohabitation in the United States. Annual Review of Sociology, 26(1): 1-20.

Soldo B J, Wolf D A, Agree E M. 1990. Family, households, and care arrangements of the frail elderly: a structural analysis. Journal of Gerontology, 45(6): S238- S249.

Solow R M. 1956. A contribution to the theory of economic growth. The Quarterly Journal of Economics, 70(1): 65-94.

Spain D. 1997. Societal trends: the aging baby boom and women's increased independence. Report prepared for the US Department of Transportation.

Spicer K, Diamond I, Ni Bhrolcham M . 1992. Into the twenty-first century with British households.

International Journal of Forecasting, 8(3): 529-539.

Spillman B C. 2004. Changes in elderly disability rates and the implications for health care utilization and cost. The Milbank Quarterly, 82(1): 157-194.

Stallard E. 2000. Retirement and health: estimates and projections of acute and long-term care needs and expenditures of the US elderly population. Retirement Needs Framework, 30(2): 159-207.

Starmass International .2009. Hebei demographic analysis and economy overview. http: //www.starmass.com/china-review/provincial-overview/hebei-demographic-economy.htm [2013-02-20].

Statistical Center of Iran. 2018a. Household income and expenditure survey, 1986-2016.

Statistical Center of Iran. 2018b. Population and housing census 1986-2016.

Statistics Canada. 2012. 2011 general social survey: overview of families in Canada. Ottawa: Statistics Canada.

Statistics Canada. 2015a. Population projections for Canada (2013 to 2063), provinces and territories (2013 to 2038), catalogue no. 91-520-X. Ottawa: Statistics Canada.

Statistics Canada. 2015b. Population projections for Canada (2013 to 2063), provinces and territories (2013 to 2038), technical report on methodology and assumptions, catalogue no. 91-620-X. Ottawa: Statistics Canada.

Statistics Canada. 2017. Age and sex, and type of dwelling data: key results from the 2016 census, the daily, component of statistics Canada catalogue no. 11-001-X. Ottawa: Statistics Canada.

Statistics Canada. 2018. Coverage estimates for the 2016 Census (final), the daily, component of statistics Canada catalogue no. 11-001-X. Ottawa: Statistics Canada.

Statistics Canada. 2019a. 2016 census of population, population in collective dwellings of Canada, catalogue no. 98-400-X2016018. Ottawa: Statistics Canada.

Statistics Canada. 2019b. 2016 census public use microdata File (PUMF), hierarchical file, catalogue no. 98M0002X2016001. edited by Statistics Canada.

Statistics Canada. 2019c. Population projections for Canada (2018 to 2068), provinces and territories (2018 to 2043), catalogue no. 91-520-X2019001. Ottawa: Statistics Canada.

Statistics Canada. 2019d. Population, dwellings and households of Canada, 1981 to 2016 censuses, catalogue no. 98-400-X2016013. Ottawa: Statistics Canada.

Statistics Canada. 2020. Population estimates on July 1st, by age and sex. https: //www150.statcan.gc.ca/t1/tbl1/en/tv.action?pid=1710000501&pickMembers%5B0%5D=1.11&pickMembers%5B1%5D=2.1&cubeTimeFrame.startYear=2016&cubeTimeFrame.endYear=2020&referencePeriods=20160101%2C20200101[2020-07-17].

Statistik Austria. 1998. Energieverbrauch der Haushalte 1996/97: Ergebnisse des Mikrozensus Juni 1997. Bearbeitet im Österreichischen Statistischen Zentralamt, 1998.

Steinmetz E. 2006. Americans with disabilities, 2002. Washington D. C. , USA: US Department of Commerce, Economics and Statistics Administration, US Census Bureau.

Stephan G, Müller-Fürstenberger G, Previdoli P. 1997. Overlapping generations or infinitely-lived agents: intergenerational altruism and the economics of global warming. Environmental and Resource Economics, 10: 27-40.

Stokey N, Lucas R, Prescott E C. 1989. Recursive Methods in Economic Dynamics. Cambridge: Harvard University Press.

Strow C W, Strow B K. 2006. A history of divorce and remarriage in the United States. Humanomics, 22(4): 239-257.

Stupp P W. 1988. A general procedure for estimating intercensal age schedules. Population Index, 54(3): 209-234.

Sturm R, Ringel J S, Andreyeva T. 2004. Increasing obesity rates and disability trends. Health Affairs, 23(2): 199-205.

Swanson D A, Pol L G. 2009. Applied demography: its business and public sector Components//Zeng Y. Demography volume of the Encyclopedia of Life Support Systems (EOLSS) (www.eolss.net), coordinated by the UNESCO-EOLSS Committee. Oxford: EOLSS Publishers: 321.

Tabatabaei M G, Abdolahi A. 2017. Examining a theoretical-conceptual model of economic and social rationality synergy in low childbearing. Iranian Population Studies Journal, 12(23): 84-117.

The Board of Trustees, federal old-age and survivors insurance and federal disability insurance trust funds. 2012. The 2012 annual report of the board of trustees of the federal old-age and survivors insurance and federal disability insurance trust funds. House Document 112-102. https: //www.treasury.gov/resource-center/economic-policy/ss-medicare/Documents/TR2012%20OASDI%20Final.pdf[2021-06-07].

The Center for Development and Regional Planning. 2007. Projeção do Total de Domicílios, por Idade e Sexo, para o Brasil e Unidades da Federação, 2003-2023. Belo Horizonte: Universidade Federal de Minas Gerais.

The Employment Development Department. 2019. https: //www.edd.ca.gov/disability/pfl_mothers.htm [2019-05-11].

The Hindu. 2013. India among world's top 20 real estate investment markets. http: //www.thehindu.com/todays-paper/tp-business/india-among-worlds-top-20-real-estate-investment-markets/article4549070.ece [2013-03-31].

The Internal Revenue Service. 2019. https: //www.irs.gov/newsroom/the-child-tax-credit-benefits-eligible-parents[2019-05-11].

Thornton A, Axinn W G, Xie Y. 2007. Marriage and Cohabitation. Chicago: University of Chicago Press.

Treadway R. 1997. Population Projections for the State and Counties of Illinois. Springfield: State of Illinois.

UNDP. 2015a. The world Population Policies Database. https: //esa.un.org/PopPolicy/about_database.aspx [2017-08-15].

UNDP. 2015b. World Population Prospects: The 2015 Revision, New York: Department of Economic and Social Affairs.

UNDP. 2019. World Population Prospects 2019. https: //population. un.org/wpp/Download/Probabilistic/Fertility/[2019-11-12].

UNICEF, WHO, The World Bank and UN Population Division. 2007. Levels and trends of child mortality in 2006: estimates developed by the Inter-agency group for child mortality estimation. United Nations, New York. https: //childmortality.org/wp-content/uploads/2006/09/Levels-and-Trends-of-Child-Mortality-in-2006-Working-Paper.pdf [2013-10-12].

United Nations. 1973. The determinants and consequences of population trend. https: //www.un.org/

development/desa/pd/content/determinants-and-consequences-population-trends-new-summary-findings-interaction-0 [2011-02-12].

United Nations. 1982. Model life tables for developing Countries. https: //www.un.org/en/development/desa/population/publications/pdf/manuals/model/lifetables/pre-en.pdf [2011-12-11].

United Nations. 2000. Replacement migration: is it a solution to declining and aging populations?. https: //www.un.org/en/development/desa/population/publications/ageing/replacement-migration.asp [2012-11-16].

United Nations. 2008. Principles and recommendations for population and housing censuses. https: //unstats.un.org/unsd/demographic-social/Standards-and-Methods/files/Principles_and_Recommendations/Population-and-Housing-Censuses/Series_M67rev3-E.pdf [2015-08-12].

United Nations. 2010. World population prospects: the 2008 Revision. https: //www.un.org/en/development/desa/population/publications/trends/population-prospects.asp[2021-06-30].

United Nations. 2011. World population prospects: the 2005 revision Volume Ⅱ: Sex and Age. https: //population.un.org/wpp/Publications/Files/ WPP2012_HIGHLIGHTS.pdf[2012-11-16].

United Nations. 2012. Replacement Migration, Population Division. Retrieved from: http: //www.un.org/esa/population/publications/ReplMigED/chap2-Litrev.pdf [2013-10-12].

United Nations. 2013. World population prospects: the 2012 Revision. https: //www.un.org/en/development/desa/publications/world-population-prospects-the-2012-revision.html[2013-10-12].

U.S. Census Bureau.1996. Projections of the number of households and families in the United States: 1995 to 2010. U.S. Department of Commerce Economics and Statistics Administration, Current Population Reports P25-1129. Washington D. C. : U.S. Government Printing Office.

U.S. Census Bureau. 1998. Statistical abstract of the United States: 1998. Washington D. C. : Government Printing Office.

U.S. Census Bureau. 2001. U.S. adults postponing marriage. Census Bureau Reports.

U.S. Census Bureau. 2003. 2000 Census of Population and Housing. https: //www.census.gov/prod/www/decennial.html [2013-10-12].

U.S. Census Bureau. 2005. State Interim Population Projections by Age and Sex: 2004-2030. https: //wonder.cdc.gov/wonder/help/populations/population-projections/ProjectionsStateAgeSex2005.html [2021-06-30].

U.S. Census Bureau. 2008. National population projections (Based on Census 2000). https: //www.census.gov/programs-surveys/popproj.html [2013-10-12].

U.S.Census Bureau . 2012. The 2012 Statistical Abstract. Table 1337. Single-parent households. http: //www.census.gov/compendia/statab/cats/international_statistics/population_households.html [2012-11-16].

U.S. Department of Health and Human Services. 2011. Healthy People 2020. http: // healthypeople.gov/2020/topicsobjectives2020/objectiveslist.aspx?topicid¼9 [2013-10-12].

van de Kaa D J. 2008. Demographic transition // Y. Zeng y (ed.). Demography: encyclopedia of life support systems (EOLSS), developed under the Auspices of the UNESCO: Oxford: EOLSS Publishers. http: //www.eolss.net[2010-09-02].

van Gaalen R, van Poppel F. 2009. Long-term changes in the living arrangements of children in the Netherlands. Journal of Family Issues, 30(5): 653-669.

van Gelder B M, Tijhuis M, Kalmijn S, et al. 2006. Marital status and living situation during a 5-year period are associated with a subsequent 10-year cognitive decline in older men: the FINE Study. The Journals of Gerontology: Series B, 61(4): 213-219.

van Imhoff E. 1999. Modelling life histories: Macro robustness versus micro substance. San Miniato: Paper presented at the International Workshop on Synthetic Biographics: State of the Art and Developments.

van Imhoff E, Keilman N. 1992. LIPRO 2.0: an application of a dynamic demographic projection model to household structure in the Netherlands. Amsterdam: Swets & Zeithinger.

van Imhoff E, Kuijsten A C, Hooimeiger P, et al. 1995. Epilogue//van Imhoff E, Kuijsten A, Hooimeijer P, et al. Household Demography and Household Modeling. New York: Plenum: 345-351.

van Imhoff E, Post W. 1998. Microsimulation methods for population projection. New methodological approaches in the social sciences, Population: An English Selection, 10(1): 97-138.

vance C, Buchheim S. 2004. Household demographic composition, community design and travel behavior: an analysis of motor vehicle use in Germany. Chicago: Paper prepared for presentation at the Research on Women's Issues in Transportation Conference.

Vaupel J W. 2010. Biodemography of human ageing. Nature, 464(7288): 536-542.

Vincent G K, Velkoff V A. 2010. The next four decades: the older population in the United States: 2010 to 2050. Current Population Reports, Population Estimates and Projections. Washington D. C.: U. S. Census Bureau.

Vlasic B, Bunkley N. 2008. Hazardous conditions for the auto industry. http: //www.nytimes.com/2008/10/02/business/02sales.html?_r=1&partner=rssnyt&emc=rss [2010-06-10].

Wachter K W. 1987. Microsimulation of household cycles//Bongaarts E, Burch T K, Wachter K W. Family Demography: Methods and Applications. Oxford: Clarendon Press: 215-227.

Wagner S L, Shubair M M, Michalos A C. 2010. Surveying older adults' opinions on housing: recommendations for policy. Social Indicators Research, 99(3): 405-412.

Waidmann T A, Liu K. 2000. Disability trends among elderly persons and implications for the future. The Journals of Gerontology Series B: Psychological Sciences and Social Sciences, 55(5): S298-S307.

Wang Q. 2005. Disability and American families: 2000. Census 2000 Special Reports, CENSR-23. Washington D. C. : U. S. Census Bureau.

Wang Z. 2009a. Households and living arrangements forecasting and the associated database development for Southern California six counties and the whole Region, 2000-2040 (In response to RFP No. 09-043-IN of SCAG: Household Projection Model Development: Simulation Approach). Technical report No. 09-02 of Households and Consumption Forecasting Inc.

Wang Z. 2009b. Household projection and living arrangements projections for Minneapolis-St Paul region, 2000-2050. Technical report No. 09-03 of Households and Consumption Forecasting Inc.

Wang Z. 2011a. The 2011 updating of households and living arrangements forecasting for Southern California six counties and the whole region, 2000-2040. Technical report No. 11-01 of Households and Consumption Forecasting Inc., NC.

Wang Z. 2011b. The 2011 updating of household projection and living arrangements projections for

Minneapolis-St Paul region, 2000-2050. Technical report No. 11-02 of Households and Consumption Forecasting Inc., NC.

Watkins S C, Menken J A, Bongaarts J. 1987. Demographic foundations of family change. American Sociological Review, 52(3): 346-358.

Weber C, Perrels A. 2000. Modelling lifestyle effects on energy demand and related emissions. Energy Policy, 28(8): 549-566.

Weiss C O, González H M, Kabeto M U, et al. 2005. Differences in amount of informal care received by non-Hispanic whites and latinos in a nationally representative sample of older Americans. Journal of the American Geriatrics Society, 53(1): 146-151.

West L A. 1999. Pension reform in China: preparing for the future. The Journal of Development Studies, 35(3): 153-183.

West L A. 2000. Demographic underpinnings of China's old-age pension reform//Yin J Z, Lin S, Gates D F. 2000. Social Security Reform Options for China. London: World Scientific: 117-131.

Weyant J P. 2004. Introduction and overview. Alternative technology strategies for climate change policy. Energy Economics, 26(4): 501-515.

Weyant J P, Hill J. 1999. Introduction and overview, costs of the Kyoto Protocol: a multimodel evaluation. Energy Journal, Kyoto Special Issue vii-xiv.

Whiteford P, Whitehouse E. 2006. Pension challenges and pension reforms in OECD countries. Oxford Review of Economic Policy, 22(1): 78-94.

Willekens F. 2010. Family and household demography//Zeng Y. Encyclopedia of Life Support Systems Vol 2 Demography. Oxford: UNESCO in partnership with EOLSS Publishers: 86-122.

Willekens F J, Shah I, Shah J M, et al. 1982. Multi-state analysis of marital status life tables: theory and application. Population Studies, 36(1): 129-144.

Wolf D A. 1988. Kinship and family support in aging societies//UNDP. Economic and social implications of population aging. New York: United Nations: 305-330.

Wolf DA. 1990. Coresidence with an aged parent: lifetime patterns and sensitivity to demographic changes. Kitakyushu: Paper presented at the United Nations Conference on Population Aging in the Context of Family.

Wolf D A. 1994. The elderly and their kin: patterns of availability and access // Martin L G, Preston S H. Demography of Aging. Washington D. C. : National Academy Press: 146-194.

Wolf D A, Hunt K, Knickman J. 2005. Perspectives on the recent decline in disability at older ages. The Milbank Quarterly, 83(3): 365-395.

Wooldridge J. 2003. Introductory Econometrics—A Modern Approach. Mason: Thomson South-Western Press.

World Bank. 1985. China: Problems and Programs of Long Term Development. Beijing: China Finance and Economics Press.

World Bank. 2003. Modeling pension reform: the World Bank's pension reform options simulation toolkit. Washington D. C. : The World Bank.

Xu X C, Chen L H. 2019. Projection of long-term care costs in China, 2020-2050: based on the Bayesian quantile regression method. Sustainability, 11(13): 3530.

Yazaki L M. 2019. Profile of births and fertility in the State of São Paulo in 2018. SP Demographic.

Ye Z. Establish a green cover for people—the 60-years of the social security program in China. People's Daily (oversee edition) [2009-09-29].

Yelowitz A S. 1998. Will extending Medicaid to two-parent families encourage marriage?. The Journal of Human Resources, 33(4): 833-865.

Yeung W J J. 2013. Higher education expansion and social stratification in China. Chinese Sociological Review, 45(4): 54-80.

Yeung W J J, Cheung A K L. 2015. Living alone. Demographic Research, 32(1): 1099-1112.

Yin J Z, Lin S, Gates D F. 2000. Social Security Reform Options for China. London: World Scientific.

Yogo M. 2004. Estimating the elasticity of intertemporal substitution when instruments are weak. Review of Economics and Statistics, 86(3): 797-810.

Zagheni E. 2011.The impact of the HIV/AIDS epidemic on kinship resources for orphans in Zimbabwe. Population and Development Review, 37(4): 761-783.

Zeng Y. 1986. Changes in family structure in China: a simulation study. Population and Development Review, 12(4): 675-703.

Zeng Y. 1988. Changing demographic characteristics and the family status of Chinese women. Population Studies, 42(2): 183-203.

Zeng Y. 1990. User's manual and software of "FAMY"— a PC computer program for family status life table analysis. Groningen, The Netherlands: iec ProGAMMA (Inter-university Expert Center for Computer Software Development and Distribution).

Zeng Y. 1991. Family Dynamics in China: A Life Table Analysis. Wisconsin: The University of Wisconsin Press.

Zeng Y. 2002. Old age insurance and sustainable development in rural China // Kochendörfer-L, Pleskovic B. Gudrun Sustainable Development with a Dynamic Economy. Washington D. C.: World Bank.

Zeng Y. 2007. Options of fertility policy transition in China. Population and Development Review, 33(2): 215-246.

Zeng Y. 2011. Effects of demographic and retirement-age policies on future pension deficits, with an application to China. Population and Development Review, 37(3): 553-569.

Zeng Y, Brasher M S, Gu D N, et al. 2016a. Older parents benefit more in health outcome from daughters' than sons' emotional care in China. Journal of Aging and Health, 28(8): 1426-1447.

Zeng Y, Coale A, Choe M K, et al. 1994. Leaving the parental home: census-based estimates for China, Japan, South Korea, United States, France, and Sweden. Population Studies, 48(1): 65-80.

Zeng Y, Feng Q S, Hesketh T, et al. 2017a. Survival, disabilities in activities of daily living, physical and cognitive functioning among the oldest-old in China: a cohort study. The Lancet, 389(10079): 1619-1629.

Zeng Y, George L K. 2010. Population ageing and old-age insurance in China//Dannefer D, Phillipson C. The SAGE Handbook of Social Gerontology. London: SAGE Publications Ltd: 420-430.

Zeng Y, George L, Sereny M, et al. 2016b. Older parents enjoy better filial piety and care from daughters than sons in China. American Journal of Medical Research, 3(1): 244-272.

Zeng Y, Land K C. 2001. A sensitivity analysis of the bongaarts-feeney method for adjusting bias in observed period total fertility rates. Demography, 38(1): 17-28.

Zeng Y, Land K C, Gu D N, et al. 2014. Household and Living Arrangement Projections: the Extended Cohort-Component Method and Applications to the U.S. and China. New York: Springer Netherlands.

Zeng Y, Land K C, Wang Z L, et al. 2006. U.S. family household momentum and dynamics: an extension and application of the ProFamy method. Population Research and Policy Review, 25(1): 1-41.

Zeng Y, Land K C, Wang Z L, et al. 2008a. Households forecasting at the state and sub-state levels. New Orleans: Invited paper presented at the conference of Federal-State Cooperative Program for Population Projections.

Zeng Y, Land K C, Wang Z L, et al. 2010. Household and population projections at sub-national levels: an extended cohort-component approach. Max Planck Institute for Demographic Research.

Zeng Y, Land K C, Wang Z L, et al. 2013a. Household and living arrangement projections at the subnational level: an extended cohort-component approach. Demography, 50: 827-852.

Zeng Y, Li L, Wang Z L. 2017b. Households and Home-based Energy Consumption Projections in Hebei Province of China, part of the final report of the Asian Development Bank Technical Assistance Project (TA-9042 PRC).

Zeng Y, Morgan S P, Wang Z L, et al. 2012. A multistate life table analysis of union regimes in the United States: trends and racial differentials, 1970-2002. Population Research and Policy Review, 31(2): 207-234.

Zeng Y, Shen K, Wang Z L. 2013b. Multistate projections and policy analysis of population and household aging in Eastern, Middle, and Western Regions of China in the 1st Half of the 21st Century. Journal of Marriage and Family, 64(3): 717-729.

Zeng Y, Stallard E, Wang Z L. 2004. Computing time-varying sex-age-specific rates of marriage/union formation and dissolution in family household projection or simulation. Demographic Research, 11: 263-304.

Zeng Y, Vaupel J W, Wang Z L. 1997. A Multi-dimensional model for projecting family households—with an illustrative numerical application. Mathematical Population Studies, 6(3): 187-216.

Zeng Y, Vaupel J W, Wang Z L. 1998. Household projection using conventional demographic data. Population and Development Review, 24(2): 59-87.

Zeng Y, Wang Z L. 2018. Dynamics of family households and elderly living arrangements in China, 1990-2010. China Population and Development Studies, 2(2): 129-157.

Zeng Y, Wang Z L, Jiang L, et al. 2008b. Future trend of family households and elderly living arrangement in China. GENUS-An International Journal of Demography,64 (1-2): 9-36.

Zeng Y, Wang Z L, Ma Z, et al. 2000. A simple method for estimating α and β: An extension of brass relational Gompertz fertility model. Population Research and Policy Review, 19(6): 525-549.

Zeng Y, Wu D Q. 2000. A regional analysis of divorce in China since 1980. Demography, 37 (2): 215-219.

Zhang G Y, Zhao Z W. 2006. Reexamining China's fertility puzzle: data collection and quality over the last two decades. Population and Development Review, 32(2): 293-321.

Zhang Q F. 2014.The strength of sibling ties: sibling influence on status attainment in a Chinese family. Sociology, 48(1): 75-91.

Zhao Z W, Zhang X M. 2010. China's recent fertility decline: evidence from reconstructed fertility statistics. Population, 65(3): 451.